中国审计年鉴

1989—1993

中 国 审 计 出 版 社

（京）新登字 043 号

责任编辑：黎　夏　孔凡青

图书在版编目（CIP）数据

1989～1993/吕培俭主编．—北京：中国审计出版社，1994，9
ISBN　7－80064－344－1

Ⅰ．中…　Ⅱ．吕…　Ⅲ．审计－中国－年鉴－1989～1993 年
Ⅳ．F239．22－54

中国版本图书馆 CIP 数据核字（94）第 11835 号

中国审计年鉴
1989—1993
《中国审计年鉴》编辑委员会
＊
中国审计出版社出版
（北京海淀区白石桥路甲 4 号）
中国人民解放军第 1201 印刷厂印刷
新华书店总店科技发行所发行　各地新华书店经销
＊
787×1029 毫米　16 开　41．5 印张　1100 千字
1994 年 12 月北京第 1 版　1994 年 12 月北京第 1 次印刷
印数：8000 册　定价：48．00 元
ISBN7—80064—344—1/Z・7

编 辑 说 明

一、本年鉴是中华人民共和国审计署编纂的一部大型资料性参考书，也是审计系统的第二部年鉴，起迄时间自1989年1月至1993年12月。

二、本年鉴记载了五年来全国审计工作的发展概况，主要工作成果和经验，力求做到全面、系统、真实、正确。

三、本年鉴采用的稿件，除少数综述性文章由编辑部人员撰写外，绝大部分由国家审计机关、内部审计机构和社会审计组织提供。稿件经主管领导审阅后再由年鉴编辑委员会审定。

四、本年鉴所载的部分内部审计机构和社会审计组织的工作简介，均系从来稿中选辑；驻国务院各部门审计局有少量的稿件，由于截稿时间关系，未及刊载。

五、本年鉴采用分类编排法，分为十一个部分，每部分下设分目和条目；部分、分目和条目在字号、字体和编排上都有明显区分，以便读者检索。

六、台湾省的资料暂缺。

七、本年鉴在编辑过程中得到各级审计机关、内部审计机构、社会审计组织大力支持和协助，在此谨致谢忱。由于年鉴包容的时间跨度大，资料浩繁，以及我们编辑人员水平有限，缺点和错误在所难免，谨此一并向广大读者致歉并祈批评指正。

1994年11月

加强审计监督为社会主义现代化建设服务

江泽民

一九九三年九月八日

加强审计监督
发展社会主义市
场经济

李鹏
一九九三年八月

努力发展我国社会主义审计事业

姚依林

一九九三年七月二十三日

强化审计监督，保障社会主义市场经济顺利发展！

[illegible]

93.7.13.

坚持依法审计原则
维护社会主义市场
经济秩序

王丙乾
一九九三年七月十四日

加强审计监督促進
社会主義市场经济的
发展

薄一波
一九九三年七月二十四日

加強审计工
作促进国民经
济健康发展

陈慕华
一九九三年
七月二十三日

▲1991年12月，李鹏总理、姚依林副总理听取全国审计工作会议情况汇报

▲1991年5月，李鹏总理会见最高审计机关亚洲组织第五届大会及第四次国际研讨会各国代表团团长和国际组织首席观察员。

◀1991年3月,彭冲副委员长在审计署颁发特约审计员证书大会上讲话。

▲1991年5月，陈慕华副委员长（中）同德国联邦审计院院长扎维尔伯格和印度尼西亚审计委员会主席尤素福亲切交谈。

◀1993年9月,王丙乾副委员长在庆祝审计机关成立十周年大会上讲话。

▲1992年1月，国务院秘书长罗干（右三）视察无锡市审计事务所。

▶吕培俭审计长(右)审阅航空工业审计标准体系表。

◀1993年9月，郭振乾副审计(中)在内蒙古自治区考察。

▶崔建民副审计长(右二)在云南考察。

▲金基鹏副审计长（中）在攀钢考察。

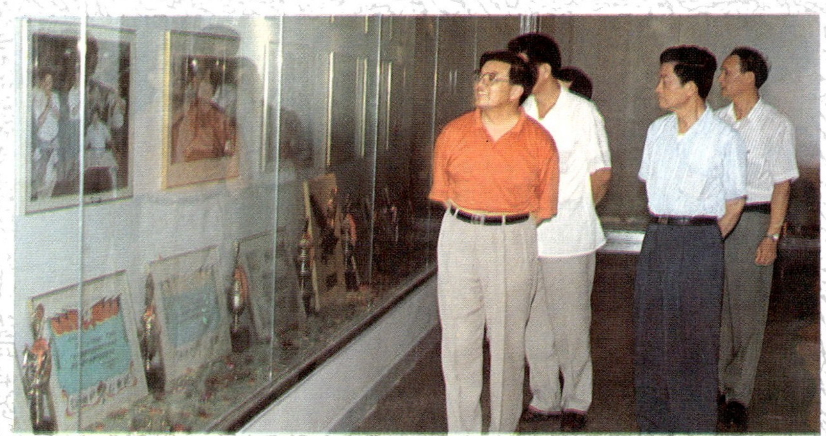

▲李金华副审计长（前）在广东考察。

▲郑力副审计长（左）在浙江考察。

▲刘鹤章副审计长（右二）在广西自治区审计署听取工作汇报。

▲罗进新同志在哈尔滨听取审计工作汇报。

▲于明涛同志（左）同四川省审计局同志亲切交谈。

▲周光春同志（右二）向德国联邦审计院院长扎维尔伯格颁发聘书。

▲祁玉同志在深圳特区审计研讨会上发言。

▲王宸生同志（右二）在福州市审计局听取工作汇报。

▲任景德同志（左二）在山西临汾地区审计局参观档案室。

▲1993年9月纪念审计署成立十周年大会主席台。

▲泰王国审计长普拉亚特·斯雷瓦特（左七）应邀对云南进行访问。

▲1991年3月，审计署召开颁发特约审计员聘书大会。

▲交通部科学研究院审计处进行审计查证工作。

▲解放军审计署工作人员在进行审计。

▲浙江省1990年全省审计系统先进集体、先进工作者表彰大会。

▲1992年12月，云南省审计局联合省纪委、省监察厅召开新闻发布会。

▲青海省审计局1991年起实行目标管理责任制，连续二年被省人民政府评为优秀单位。

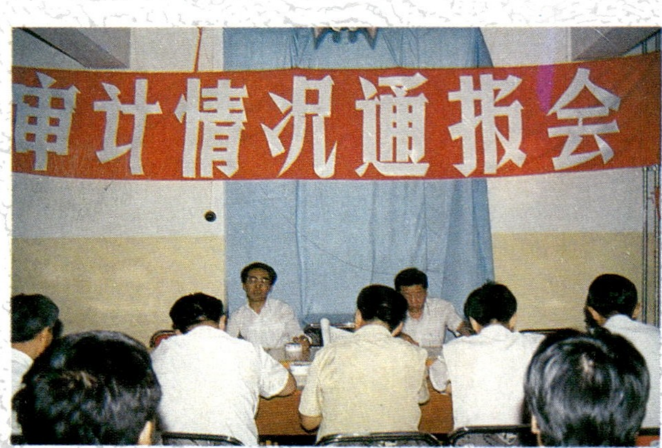

▲宁夏回族自治区审计局于1989年8月召开审计情况通报会。

▲1991年2月，内蒙古自治区召开全区审计工作电视会议。

▲审计署驻沈阳特派办举行1992年审计档案管理表彰活动。

▲全国少数民族地区审计工作研讨会1992年8月在西藏人民会堂召开。

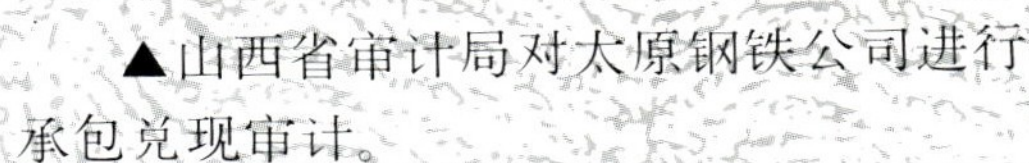

▲山西省审计局对太原钢铁公司进行承包兑现审计。

▲湖北省审计局工作人员到重灾区汉川县了解救灾款物发放情况。

▲沈阳铁路局向沈阳市审计局赠送锦旗。

▲山东省菏泽地区为庆祝审计机关成立十周年在街头进行宣传。

▲安徽省芜湖市审计局组织开展审计档案检查评比活动。

▲武汉钢铁总公司审计处对公司“双增双节”的活动成果进行评审。

▲广东省韶关市审计局举行特约审计员代表座谈会。

▲上海黄浦审计师事务所的注册审计师，共同研究审计问题。

▲吉林省长春市朝阳区乡镇企业局配备专职审计人员，开展定期审计。

▲江苏省张家港市泗港镇审计人员在施工现场了解基建工程情况。

▲1991年10月，四川省审计局在四川电视台现场直播“长城杯”审计知识大赛。

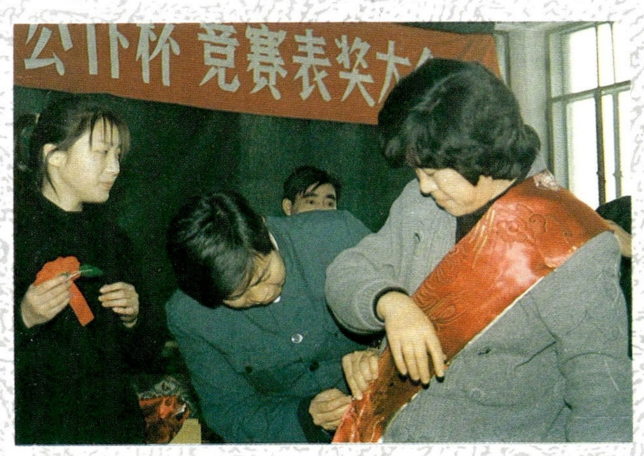

▲1990年，辽宁省审计局举行“公仆杯”审计知识竞赛。

▲审计署机关计算机房一瞥。

目 录

特 载

中共中央国务院有关文件选登

一九九一年

一九九二年

一九九三年

全国人大有关文件选登

党和国家领导人对审计工作的指示

审计工作文件

审计署有关审计工作的规章制度

审计署有关审计工作的文件

审计署重要会议文件

审计事业发展概况

审 计 署

组织机构

部分司局工作简介

驻地方特派员办事处工作简介

驻部门派出机构工作简介

地方审计机关

地方审计机关工作简介

地方审计机关的机构设置及领导成员名单

地方党政领导谈审计

内部审计工作概况

部分单位内部审计工作简介

部门、单位领导谈内部审计

全国内部审计工作先进单位和先进个人

解放军审计工作概况

军委、总部首长对军队审计工作指示和批示

解放军审计组织机构

解放军审计工作简介

军队审计教育培训、科研和期刊简介

社会审计概况

社会审计工作综述

中国注册审计师协会

部分审计事务所工作简介

部分审计事务所名录

审计教育培训、出版、科研事业、学术团体

审计教育培训

审计出版事业概况

审计科学研究

审计学术团体

精神文明建设

审计工作大事记

特　载

中共中央、国务院有关文件选登

〔一九八九年〕

中共中央、国务院关于近期做几件群众关心的事的决定

中发〔1989〕6 号

清理整顿工作首先从国务院所属公司做起。决定：撤销康华发展总公司、中国工商经济开发公司，其中有的业务移交有关部门处理；中国农村信托投资公司并入国家农业投资公司；保留中国国际信托投资公司，但要重新核定经营范围和资金，把金融和投资分开；对光大实业公司提出进一步整顿的方案。同时，尽快将对这五家公司的审计情况向社会公布。

中共中央、国务院关于进一步清理整顿公司的决定

中发〔1989〕8 号

二、进一步清理整顿的基本要求。一是通过清理整顿，坚决撤并一批不符合社会需要、重复设置、不具备开办条件、严重违法乱纪的公司，以及长期经营不善、严重亏损、已经资不抵债的公司，重点是砍掉各级党政机关开办的公司，流通领域中过多、过滥的从事商业批发、对外贸易、物资供应的公司和金融性公司。二是通过清理整顿，认真查处违法违纪案件，特别是查处社会影响大的有县级以上领导干部参与的大案要案。三是通过清理整顿，逐步建立健全公司的各项管理法规和制度，特别是财会、税收和审计制度，以保证公司的健康发展。

十二、清理整顿期间，一律不得批准新成立除生产型、科技开发型以外的公司。清理整顿后保留下来的公司，必须严格按照有关政策法规，明确经营范围，结合工商年检登记，重新注册发证，依法从事经营活动。工商行政管理、财政、税务、银行、审计、监察等部门要切实加强对各类公司的行政管理和指导监督。

中共中央关于进一步治理整顿和深化改革的决定

中发〔1989〕11 号

(32)扎扎实实地全面深入开展“双增双节”运动。现在所有的生产、建设、流通单位，所有的机关、团体、事业单位，几乎都存在严重的浪费现象，增产节约、增收节支的潜力很大。所有机关、团体和企业事业单位都要抓好“双增双节”工作，认真进行清产核资，加强国有资产管理，在一切环节上精打细算，厉行节约，反对铺张浪费，堵塞跑冒滴漏，提高工作效率。大力加强对各项经济活动的审计和监督，严格财经纪律。在整个社会主义现代化建设过程中，都必须充分发动群众，长期不懈地抓好“双增双节”工作，深入开展以“双增双节”为主要内容的社会主义劳动竞赛。在治理整顿期间，尤其要高度重视和认真抓好这件大事。这不仅对于克服经济困难具有重要意义，而且对于促进廉政建设，改善社会

风气，密切党和政府同群众的关系，都具有特别重要的意义。

中共中央关于坚持和完善中国共产党领导的多党合作和政治协商制度的意见

中发〔1989〕14 号

三、举荐民主党派成员、无党派人士担任各级政府及司法机关的领导职务

(11)推荐符合条件的民主党派成员和无党派人士担任检察、审判机关的领导职务。聘请一批符合条件和有专门知识的民主党派成员、无党派人士担任特约监察员、检察员、审计员和教育督导员等。

政府监察、审计、工商等部门组织的重大案件的调查，以及税收等检查，可吸收民主党派成员、无党派人士参加。

国务院批转国家教委等部门关于深化改革鼓励教育科研卫生单位增加社会服务意见的通知

国发〔1989〕10 号

(六)学校在各项社会服务活动中要按照等价有偿的原则合理定价和收取服务费用。凡由国家统一管理价格的，未经物价部门批准，不得自行制定收费标准和产品价格。要加强学校财务管理和审计监察工作，管好用好学校预算外资金。

国务院批转国家工商行政管理局关于公司年检和重新登记注册若干问题意见的通知

国发〔1989〕11 号

(五)公司注册资金必须符合国家规定，并与实有资金相符。全民所有制的公司，应提交由财政部门出具的证明文件；集体所有制的公司，国家、集体与个人投资、入股的公司，应提交由注册会计师事务所或审计事务所出具的验资证明。

国务院办公厅关于转发国务院贫困地区经济开发领导小组第七次会议纪要的通知

国发〔1989〕12 号

(三)各级扶贫开发机构，资金、物资管理部门和审计、监察机关要加强对扶贫资金、物资使用的监督和检查，并定期公布检查结果，接受社会监督。各项扶贫资金和物资，由资金和物资管理部门专项下达，专项使用，不准任何单位、任何个人以任何借口截留、挤占、挪用或延缓下达。对一切贪污、挪用、私分、倒卖以及各种以权谋私的行为，一定要及时查清，从严惩处。请各级审计、监察机关对各项扶贫资金的使用进行严格监督，发现有徇私舞弊行为的，要及时查处。新闻舆论界要加强舆论监督，公开报道。凡属徇私舞弊行为，就要及时揭露，有关的上级主管部门要积极支持审计、监察机关和新闻舆论界的监督工作，决不能姑息和袒护徇私舞弊的单位和个人。

国务院关于当前产业政策要点的决定

国发〔1989〕29 号

(九)各省、自治区、直辖市和计划单列省辖市人民政府要认真贯彻执行产业政策，各级计划部门具体负责组织产业政策的实施。各级工商行政管理部门要认真进行年检登记，通过核发营业执照、核定经营范围、查处违法行为等手段，保证产业政策的实施。各级统计、监察、审计部门要定期核查并负责反馈分产业的投资、信贷、产值、利税、市场供求等情况，与计划、银行、

财政部门互通信息，加强对产业政策实施的监督检查，完善信息反馈和市场监测系统。

国务院批转国家计委关于加强商品房屋建设管理指示的通知

国发〔1989〕39 号

五、商品房屋开发建设项目要纳入清理整顿范围，请建设部门会同审计、建设银行和工商管理等部门按照上述规定，对商品房屋开发建设项目进行清理、整顿。

国务院办公厅转发国家土地开发建设基金管理领导小组两个管理办法的通知

国发〔1989〕45 号

（三）加强财务监督检查。各级土地开发领导小组办公室和审计、财政部门以及业务主管部门，都要加强对建设单位的财务监督检查。好的经验要及时推广，对存在问题要及时研究处理。

国务院办公厅转发审计署关于对停缓建固定资产投资项目跟踪审计情况报告的通知

国办发〔1989〕50 号

一九八九年九月三十日

各省、自治区、直辖市人民政府，国务院各部委、各直属机构：

审计署《关于对停缓建固定资产投资项目跟踪审计情况的报告》已经国务院同意，现转发给你们，请研究执行。

压缩固定资产投资规模是治理整顿的重要内容之一。从跟踪审计的情况看，当前这项工作还存在不少迫切需要解决的问题，各地区、各部门、各单位应引起高度重视。对已决定停缓建的项目，必须在规定期限内办理停缓建手续，并切实做好善后处理工作。审计部门要进一步加强审计监督，对违反停缓建决定的，应给予严肃处理。

附：

关于对停缓建固定资产投资项目跟踪审计情况的报告

国务院：

今年以来，审计机关对国务院各部门和地方各级政府决定停缓建的固定资产投资项目，进行了跟踪审计。七月下旬，我署召开了广东、湖南等十四个省市审计局和我署驻成都、济南等六个特派员办事处人员参加的停缓建项目跟踪审计座谈会，国家计委和国务院清理固定资产投资项目领导小组办公室的负责同志参加了会议。会上交流了这项工作的进展情况，研究了当前存在的问题，提出了解决的意见。现报告如下。

一、跟踪审计工作的主要情况

据参加会议的二十个单位统计，应审计决定停缓建的项目共一万一千三百九十二个，总投资四百九十亿元。目前，已审计七千五百二十六项，占应审项目的 66%；审计总投资二百八十亿元，占应审项目总投资的 57%。进展快的湖南、吉林、河南、宁夏、内蒙古等省、区，已基本审计了一遍。经过跟踪审计，督促一大批项目按照决定停缓建，并加强了善后维护；及时制止了不执行停缓建决定继续施工的一百五十三个项目，压缩投资三亿二千万元，对其中严重违反财经法规的建设单位依法进行了处罚。

二、跟踪审计发现的问题

经过跟踪审计，发现停缓建工作中存在的主要问题有：

（一）有禁不止，继续施工。据参加会议的二十个单位统计，审计中发现有五百零八个项目(占已审项目的7%)未执行停缓建决定，总投资八亿七千万元。这些项目，有的拒不执行停缓建决定，有的停缓后又擅自复工，还有的改头换面继续建设。湖南省一个市的建设银行挪用信贷资金建办公楼，投资五百五十万元，一九八八年市政府决定停缓建，在今年三月市审计局审计后仍拒不执行。直至今年六月，湖南省审计局根据群众举报再次审计时，才停了下来。四川省一个干部疗养院工程，计划面积一万一千平方米，在仅完成基础工程时通知其停缓建，但停工一月后未办正式手续又自行复工，至今年五月审计时主体工程已建完。

(二)等待观望，伺机续建。广东省审计的八百九十九个停缓建项目中，办理吊销执照，撤离施工队伍，停止拨款和停止供电、供料的只有五十六个，占6.2%；办理部分停缓建手续的三百九十二个，占43.6%；没有办理任何手续的四百五十一个，占50.2%。这类项目，一有机会就可能续建。

(三)迟迟不下达停缓建通知，大批项目乘机抢工。有些地方政府和部门向国务院清理固定资产投资项目领导小组办公室上报了停缓建项目，但不向建设单位下达停缓建决定。成都、济南两特派员办事处审计的中央单位七十个停缓建项目中，有四十二个未接到主管部门下达的停缓建决定。有一个市确定停缓建项目五百五十个，到今年七月底，仅对十四个项目正式下达了停缓建通知。有些部门和省市在下达停缓建项目决定时，不明确规定停缓建时间和做到什么部位停缓建。一些建设单位以未接到停缓建通知或通知不明确为由，继续施工或突击抢工。

(四)停缓建项目中非在建项目比重很大。据到会的二十个单位统计，已审计过的停缓建项目中，有三千八百四十四个项目不是在建项目，占已审项目数的51%，总投资达一百二十八亿元。其中，有的已立项未开工，有的是尚未立项的“影子工程”，还有的是已经竣工或早已下马的项目。六个特派员办事处审计的一百二十二个中央单位项目中，有七十三项是非在建项目，占60%。陕西省审计的二百二十六个全民项目中，非在建项目有一百三十九个，投资占已审项目总投资的94.3%。

(五)资金不落实、来源不正当的项目为数不少。河南省审计的四百九十九个停缓建项目中，资金不落实的有二百八十六个，占58%。四川省电力工业局的四个业务楼项目所支付的三千六百多万元工程款中，挪用更新改造资金二千三百三十万元、大修理基金九百七十九万元、业务扩充资金一百六十七万元，全部不符合国家规定。

三、今后工作意见

根据上述情况，我们研究提出以下几点意见：

(一)严格执行停缓建决定。已决定停缓建的项目，属于停建的，要撤销立项；属于缓建的，未经批准不得复工。确需恢复建设的项目，应由审计机关对有无投资计划指标、资金是否落实和来源是否正当，进行审计出具证明后，再由批准机关进行审批。

(二)限期办完停缓建手续，搞好现场维护。各省、自治区、直辖市清理项目办公室要遵照国务院《关于清理固定资产投资在建项目、压缩投资规模、调整投资结构的通知》(国发〔1988〕64号)文件的精神，对决定停缓建的项目，已建到停缓部位的，于一九八九年十月底前要收回筹建许可证，吊销施工执照、停止拨款、供电、供料，清理资金等；未建到停缓部位的，按规定期限建立停缓部位后一个月内，要办好停缓手续。所有停缓后的项目，都必须做好现场维护，尽量减少损失浪费。

(三)认真清理下达停缓建通知。国务院各部门和地方各级政府对下达停缓建通知的情况，要尽快进行一次认真清理。未下达停缓建通知的，要尽快下发正式通知；已下达通知而要求不具体的，要明确通知项目的停缓期限、停缓部位和建至停缓部位所需的投资额。所需投资必须按隶属关系纳入地区或部门的投资计划笼子，否则严肃处理。地方各级政府和国务院各部门的停缓建通知，要及时抄送审计机关，以便进行跟踪审计。

(四)加强对停缓建项目的监督检查。对于不执行停缓建决定，继续施工和明停暗建的项目建设单位，审计机关要给予通报批评和经济处罚；情节严重的，建议政府没收建筑物。对责任人员需要追究行政责任的，提请监察机关处理。

以上报告，如无不妥，请批转各地区、各部门执行。

审　计　署

一九八九年八月十九日

国务院关于开展一九八九年税收、财务、物价大检查的通知

国发〔1989〕58号

二、检查的时间和重点。

要尽量避免重复检查，具体办法，由审计署和国务院税收、财务、物价大检查办公室另行制定，下达执行。

四、检查工作的组织领导。

……国务院仍将从中央部门抽调一批得力干部，组成工作组下去协助和推动工作。国务院大检查办公室将继续委托地方搞好检查中央企事业单位的工作。各级财政、税务、审计、物价部门，在大检查期间，除了搞好日常工作外，要集中力量投入大检查。

国务院批转国家计委关于加强和改进全国抗灾救灾工作报告的通知

国发〔1989〕65号

2．抗灾救灾资金、物资必须专款(物)专用。各省、自治区、直辖市每年要对抗灾救灾资金、物资的分配使用情况进行一次检查，并对全年抗灾救灾工作进行总结，于次年一月份书面报国家计委，同时抄送国务院有关部门。监察、审计部门要配合有关部门进行必要的抽查。

〔一九九〇年〕

中共中央办公厅、国务院办公厅关于进一步做好海峡两岸交往工作的通知

中办发〔1990〕14号

三、改进对台商投资企业的服务和管理

……要切实加强对台商投资企业的税收管理和审计监督，防止偷漏国家税收和侵犯职工权益。

中共中央、国务院关于坚决制止乱收费、乱罚款和各种摊派的决定

中发〔1990〕16号

八、切实加强监督检查。今后，各级政府要把对收费、罚款、集资、摊派的检查列为税收、财务、物价大检查的一项重要内容，使之制度化、经常化。财政、物价、审计、监察部门都要切实加强对收费、集资、摊派的监督检查。

国务院办公厅转发农业部等部门关于中国北方草原与畜牧发展项目执行结果报告的通知

国办发〔1990〕7号

(四)建立项目管理机构和各项制度，保证项目的顺利执行。项目所在地区的省(区)、县(旗)人民政府组成由农业、财政、计划、农行、审计等部门参加的项目协调组，研究解决项目建设中的一些重大问题。同时，还根据国际农业发展基金会的要求，结合我国的实际情况，制定了计划、财务、监测、审计等一整套管理制度，不断

完善管理监测体系,保证了项目建设和资金的有效管理,各级项目机构人员的素质和管理水平也不断提高。

国务院办公厅转发国家旅游局关于进一步清理整顿旅行社意见的通知

国办发〔1990〕15号

五、清理整顿旅行社要与建立健全规章制度结合起来,进一步加强旅行社的管理。

(二)一九九○年,国家审计机关将对一、二类旅行社的财务收支情况及其经营活动进行行业审计。

国办院关于批转国家计委一九九○年至一九九二年用工业品以工代赈安排意见的通知

国发〔1990〕21号

八、加强组织领导

这项工作由各省、自治区计划部门或由负责此项工作的专门机构牵头,并负责协调和处理日常工作;银行、财政部门负责审查配套资金的来源和使用;审计、物价部门及工商行政管理机关要加强检查和监督,对挪用、倒卖以工代赈工业品和物资以及违反有关规定的,要及时处理。

国务院批转机构改革办公室对建设部、国家测绘局与国家土地管理局有关职能分工意见的通知

国发〔1990〕31号

六、关于地籍管理和地籍测绘管理问题国家土地管理局负责全国地籍管理工作,组织土地调查,进行土地统计,提供土地数据并进行审计,进行土地估价和分等定级,开展土地动态监测,建立地籍档案资料,并向用地单位提供地籍资料。

国务院批转国家体改委关于在治理整顿中深化企业改革强化企业管理意见的通知

国发〔1990〕33号

(二)切实抓好两个承包期的衔接。对承包已经到期和今年底到期的企业,要依据《承包条例》和承包合同的规定进行审计,对企业和经营者作出实事求是的评价,为新一轮承包提供依据。在审计的基础上,根据企业具体情况分类排队,可分别实行滚动承包、延长承包期或新的一轮承包。

(三)认真兑现承包合同,维护承包合同的严肃性。经全面审计认定,对企业靠自身努力挖潜,超额完成承包指标的,要坚决按照承包合同规定兑现。

(六)选好企业承包经营者。原承包经营者只要完成了承包合同,经审计认定无违法乱纪行为,领导班子比较团结,受到职工拥护的,可以继续承包。

(十一)加强对承包企业的经济监督。逐步建立由国家、主管部门、企业内部和社会审计组织相结合,分层次的企业承包审计体系,强化工商管理和审计部门对承包合同签定前的参与和签定后的监督。

(十四)加强对承包经营者收入的管理。兑现承包合同和经营者收入,要坚持先审计、后兑现;

国务院批转国家计委和清理固定资产投资项目领导小组关于一九九○年继续搞好清理固定资产投资项目工作报告的通知

国发〔1990〕35号

二、抓好停缓建项目的处理工作,对已经复

工的项目进行全面核查。对已停缓建的项目，要继续进行跟踪审计，原则上不得恢复建设。少数符合国家产业政策，只因资金不落实而停缓建，又急需的生产性建设项目，在资金落实的情况下，由审计部门审计后，经批准可以复工；

七、整顿建设秩序。各级清理固定资产投资项目领导小组办公室，要参与各地区、各部门对建设项目收费的清理、检查工作，并提出整顿意见；要协助审计部门、计委（计经委）做好今年审计、检查八十二个按合理工期组织建设的国家重点项目和地方大中型项目的工作。

国务院办公厅关于严禁各单位动用外汇购买商品房的通知

国办发〔1990〕48号

六、重申只有商品房售给华侨、归侨、港澳台同胞时，才能以外汇计价结算的政策原则。各级监察、审计、银行和外汇管理等部门要做好监督、检查。

国务院关于开展一九九〇年税收财务物价大检查的通知

国发〔1990〕49号

四、大检查工作的组织领导。国务院仍将从中央部门抽调一批得力干部，组成工作组下去帮助和推动工作。各级财政、税务、审计、物价部门，在大检查期间，除了搞好日常工作外，要集中力量投入大检查。

国务院关于进一步做好城市副食品工作的通知

国发〔1990〕50号

八、广泛筹集副食品建设资金。各地要加强菜地基金的管理，切实管好用好，严禁挪作它用。有关部门要完善管理办法，加强对菜地基金的审计监督。

国务院批转劳动部等部门关于加强城镇集体所有制企业职工工资收入管理意见的通知

国发〔1990〕59号

（五）各级计划、财政、税务、统计、审计、银行等部门协助劳动部门进行集体企业职工工资收入管理。

国务院关于认真抓好增收节支工作确保完成今年国家预算的通知

国发〔1990〕60号

四、厉行节约，紧缩开支，努力做到收支平衡。各部门、各单位都要严格执行国家财经纪律和财政制度，不得乱发奖金、补贴和实物；严禁化公为私，用公款请客送礼，挥霍浪费；严禁年终突击花钱，或用公费过节过年。财政、监察、审计部门要加强监督检查，一经发现，要认真追究有关负责人的责任。

国务院批转国家计委、国家地震局关于加强破坏性地震减灾工作意见的通知

国发〔1990〕62号

五、地震灾害的预防、抵御和救灾工作的资金及物资

（三）地震灾害的预防、抵御和救灾工作的资金及物资一定要专款（物）专用，按时到位，不得“层层截留、站站停车”，严禁挤占挪用。审计、监察等部门要协助各级人民政府管理好这项工作。

国务院办公厅关于进一步改进涉外宴请工作和加强管理的通知

国办发〔1990〕67号

七、切实加强对涉外宴请工作的监督管理。今后，凡违反国家规定的，超过规定部分的费用一律由接待单位主管外事工作负责人承担，财务部门不予报销；各级审计、监察部门要把对这项工作的监督管理列入日程，定期进行检查，发现问题，按国家有关规定严肃处理。

〔一九九一年〕

中共中央关于制定国民经济和社会发展十年规划和“八五”计划的建议

中发〔1991〕1号

(59)加强宏观经济调控体系的建设。

……加强和改进审计、统计、物价、税务、信息、计量、工商行政管理等部门的工作，特别要适应改革开放以后的新情况，建立健全国民经济的核算体系，建立健全科学的统计、监测方法和制度，更好地为调控经济运行服务。

——加快经济法制建设，促进经济调控的规范化、制度化。“八五”期间，要逐步建立比较完备的经济法规体系，使各方面的经济关系和经济活动有法可依。抓紧制定《计划法》、《预算法》、《银行法》、《投资法》、《公司法》、《价格法》、《市场法》、《劳动法》、《工资法》和《审计法》等基本经济法律法规，并切实加强经济监督和经济司法工作。

中共中央办公厅、国务院办公厅关于认真检查对严禁用公款吃喝送礼等有关规定执行情况的通知

中办发〔1991〕17号

三、……在本通知下发后，如再有违反者，一定从严查处，发现一起，查处一起，决不姑息迁就。情节轻微者，除批评教育外，不能让其在经济上占便宜；情节严重的，要给予党纪、政纪处分；对顶风违纪的，要加重处分。各级财政部门要切实加强财务管理，特别是对预算外开支要严格把关，对违反规定的开支一律不准报销。审计机关要加强经常性的审计监督，严格执行财经纪律。银行要加强现金管理，严防套取现金。

国务院关于下达一九九一年国民经济和社会发展计划（草案）的通知

国发〔1991〕1号

第四，积极完善和深化改革，使改革更好地为治理整顿和经济发展服务。……

——投资体制改革，要改变现行按生产能力和投资限额划分项目审批权限的办法，实行按产业政策，分行业，分产品确定项目审批权限，控制投资规模，避免重复建设。为促进投资结构的合理调整，开征固定资产投资方向调节税。同时，要进一步完善设计、施工的招标投标办法，建立基本建设项目全过程的审计监督制度。

国务院办公厅转发文化部关于加强演出市场管理报告的通知

国办发〔1991〕12号

七、各级政府文化行政管理部门要加强对演出市场的管理，逐步理顺演出管理体制，并积极会同工商、税务、审计、监察、公安等部门，对各类营业性组台(团)演出活动实行有效的监督、检查、管理。……对私分演出收入、偷税漏税、违反现金管理规定的，由政府文化行政管理部门会同税务、审计、监察等部门，依照有关法规予以查处。

国务院批转国家体改委关于一九九一年经济体制改革要点的通知

国发〔1991〕27号

(五)按照稳定政策、稳定企业和坚持完善承包经营责任制的精神，加强对新一轮承包工作的组织领导，并针对存在的问题，做好落实工作。对一些长期亏损、产品无销路、技术管理水平低的企业，可根据自愿互利的原则，由有能力的优势企业承包或兼并，实行企业组织结构的调整。各地要在第一轮承包审计、兑现的基础上，大张旗鼓地宣传和表彰一批作出显著贡献的先进企业和优秀经营者，并认真总结经验，积极加以推广。

(二十四)沿海开放地区的基础设施已初具规模，当前重点要建设良好的投资软环境，减少审批环节，提高工作效率，以推动沿海地区外向型经济的稳步发展。……认真总结引进和利用外资工作的经验，加强对"三资"企业包括成本、财务监督在内的管理，进一步理顺"三资"企业管理体制，简化办事程序；积极推行新的会计制度改革试点，健全会计、审计等社会监督服务体系。

国务院关于企业职工养老保险制度改革的决定

国发〔1991〕33号

五、企业和职工个人缴纳的基本养老保险费转入社会保险管理机构在银行开设的"养老保险基金专户"，实行专项储存，专款专用，任何单位和个人均不得擅自动用。……

地方各级政府要设立养老保险基金委员会，实施对养老保险基金管理的指导和监督。委员会由政府主管领导任主任，劳动、财政、计划、审计、银行、工会等部门的负责同志参加，办公室设在劳动部门。

十、社会保险管理机构可从养老保险基金中提取一定的管理服务费，具体的提取比例根据实际工作需要和节约的原则，由当地劳动部门提出，经同级财政部门审核，报养老保险基金委员会批准。管理服务费主要用于支付必要的行政和业务等费用。养老保险基金及管理服务费，不计征税、费。

社会保险管理机构应根据国家的政策规定，建立健全基金管理的各项制度，编制养老保险基金和管理服务费收支的预、决算，报当地人民政府在预算中列收列支，并接受财政、审计、银行和工会的监督。

国务院关于继续严格控制固定资产投资新开工项目的通知

国发〔1991〕43号

四、新开工项目所需的能源、运输、原材料等建设和生产条件必须具备，建设投资要纳入国家下达的固定资产投资计划，建设资金(包括项目总投资和开工以后各年度的投资)要经审计部门审计并确认资金落实、来源正当以后，才能批准开工。

国务院关于加强审计执法几个问题的通知

国发〔1991〕45 号

为了加强和改进审计监督，保障审计机关依法进行审计，现就审计执法中的几个问题，通知如下：

一、县级以上地方各级人民政府要加强对审计机关的领导，支持审计工作，保证审计机关按照《中华人民共和国宪法》和《中华人民共和国审计条例》的规定，依法独立行使审计监督权。审计机关对法定范围内的单位进行审计，其他行政机关、社会团体和个人不得以任何理由，拒绝和阻挠审计机关履行职责。审计机关依法作出的审计结论和决定，有关主管部门应当协助执行，不得改变。审计机关正在审计的事项，其他行政机关、社会团体和个人不得干预检查和处理，有关财经部门应避免重复检查。因情况特殊必须同时进行检查的，要与审计机关充分协商，采取联合检查的方式进行。

二、审计机关在审计中认为被审计单位违反财经法规的行为，是由于执行上级政府主管部门制定的规定与法律、法规、规章的具有普遍约束力的决定、命令相抵触而造成的，应当建议有关政府主管部门加以纠正；其主管部门不同意纠正的，应当提请有权处理的机关依法处理；情节严重的，应当提请监察机关追究有关主管部门领导人员的责任。

三、审计机关为检查被审计单位非法转移国家资金、侵占国家资产的行为，需要查核有关单位以及单位以个人名义在银行或其他金融机构存款的，凭县级以上审计机关的主要负责人批准的三式查核通知书，并提供存款人的姓名或其他线索等有关情况，由银行或其他金融机构协助执行。具体办法，由审计署与中国人民银行商定。

四、审计机关查处应当上缴中央财政的违反国家财经法规的资金，全部缴入中央金库设立的审计收入过渡科目，以利于督促检查被审计单位执行审计结论和决定。具体办法，由审计署、财政部、中国人民银行商定。

国务院关于开展一九九一年税收财务物价大检查的通知

国发〔1991〕46 号

（四）要采取专业人员检查与群众检查相结合的方法，坚持走群众路线。在自查阶段，企业和单位的广大干部和职工群众，都要发扬主人翁的精神，自觉维护国家和人民的利益，主动检查纠正本单位存在的各种违法违纪问题。在重点检查阶段，各级财政、税务、审计、物价部门和业务主管部门从事财会、审计、物价工作的人员，除了搞好日常工作外，要集中力量投入大检查，并在各级大检查领导小组和大检查办公室统一安排下，组成检查组，深入企业和单位进行重点检查。

（五）切实采取措施，防止重复检查。各级大检查办公室在确定重点检查名单时，要同有关监督检查部门充分协商，避免重复检查，减轻企业负担。在前三年大检查中，没有查出违反财经法规问题的单位，今年可免于重点检查。在一九九一年内，由财政部组织财政驻厂员检查过的中央单位，可不进行财税大检查。凡已列入审计署经常性审计名单的中央单位，原则上不再进行财税大检查；在大检查期间进行经常性审计的中央单位，大检查与审计可结合进行；经审计机关审计过的财政、财务收支，并已作了审计结论和处理决定的中央单位，一般不进行财税大检查。

五、大检查的组织领导。……

在当地人民政府的统一领导下，各级大检查办公室与财政、税务、审计、物价和业务主管部门要加强联系，密切配合，互相支持，通力合作，共同搞好大检查工作。

国务院关于停止对企业进行不必要的检查评比和不干预企业内部机构设置的通知

国发〔1991〕65号

二、政府职能部门按国务院规定对企业进行财政、税收、物价、审计、质量、安全等监督和检查，要依法办事，精减人员，简化程序，避免重复，为政清廉，并不得干预企业的正常生产经营活动，以减轻企业负担。

国务院第88号令《中华人民共和国城镇集体所有制企业条例》

第四十五条　集体企业必须执行国家有关财务、会计制度，接受审计监督，加强企业内部的财务管理。

国务院第90号令《国家预算管理条例》

第六十九条　各级审计部门有权对本级各部门和下一级人民政府的决算实行审计监督。

第七十二条　对有预算违法行为的财政部门，除依法清还违法所得外，上一级财政部门、审计部门或者本级人民政府可以给予警告或者通报批评；本级人民政府并可以追究该财政部门有关领导人员的行政责任。

国务院第91号令《国有资产评估管理办法》

第九条　持有国务院或者省、自治区、直辖市人民政府国有资产管理行政主管部门颁发的国有资产评估资格证书的资产评估公司、会计师事务所、审计事务所、财务咨询公司，经国务院或者省、自治区、直辖市人民政府国有资产管理行政主管部门认可的临时评估机构（以下统称资产评估机构），可以接受占有单位的委托，从事国有资产评估业务。

〔一九九二年〕

中共中央、国务院关于加快发展第三产业的决定

中发〔1992〕5号

（八）加快发展第三产业的重点是：一、投资少、收效快、效益好、就业容量大、与经济发展和人民生活关系密切的行业，主要是商业、物资业、对外贸易业、金融业、保险业、旅游业、房地产业、仓储业、居民服务业、饮食业和文化卫生事业等。二、与科技进步相关的新兴行业，主要是咨询业（包括科技、法律、会计、审计等咨询业）、信息业和各类技术服务等。

中共中央办公厅关于转发中央统战部《九十年代统一战线部门工作纲要》的通知

中办发〔1992〕4号

（6）协助有关部门落实中央关于民主党派参政和监督的各项措施。主要有：（一）会同有关部门做好举荐民主党派成员和无党派人士担任政府及司法机关领导职务的工作。（二）举荐民主党派成员和无党派人士担任特约监察员、检查员、审计员和教育督导员等职。

国务院关于下达一九九二年国民经济和社会发展计划及一九九三年框架计划(草案)的通知

国发〔1992〕1号

第三，坚持有多少资金安排多少项目。所有建设项目都要打足投资，包括建设期利息、物价、汇率等变化因素，不留缺口；项目投产后的铺底流动资金也必须安排落实。要坚持先落实资金、后开工建设的原则，并切实做到资金先经审计部门审核后才能批准开工。凡在建项目的年度投资靠拖欠维持的，要一律停缓建。

国务院批转国家计委、国务院生产办关于控制若干长线产品和热点产品建设项目审批请示的通知

国发〔1992〕17号

三、对近几年在我国开始起步发展，但已经出现盲目布点现象的产品项目的建设，首先要从分析市场需求入手，根据各种建设条件的可能，由国家制定总体发展规划。

监察和审计部门，要定期检查地方政府和经济主管部门执行上述规定的情况。对于违反规定擅自批准立项和开工建设的项目，财政、银行、税务、物资、海关、土地管理等部门，一律不得办理有关手续。

国务院关于下达《国家中长期科学技术发展纲领》的通知

国发〔1992〕18号

31．提高科技投资强度，改善科技经费管理。……

继续改革科技经费管理体制。国家科技投资要实行统一管理，引入竞争机制。根据不同类型的科研项目，实行专项拨款、基金制、包干制、招标制或合同制。列入国家计划的有经济效益的项目，实行由政府和受益单位匹配投资的办法。建立研究开发项目评审制度和独立的技术评审机构，对科技经费的分配和使用进行监督与审查。健全科技财务管理办法，加强审计工作。

国务院批转农业部关于促进乡镇企业持续健康发展报告的通知

国发〔1992〕19号

四、不断深化企业改革。

乡镇企业要在改革中不断发展和提高。对乡村集体企业要继续稳定和完善承包经营责任制与厂长(经理)负责制，坚持以集体承包为主，完善和健全承包指标体系，把企业的产品质量、经济效益、资产增殖、企业素质等作为重要的承包考核内容。建立健全内部财务管理制度，认真执行分配政策，处理好国家、集体、个人的关系，积累与消费的关系。要实行内部审计制度。

六、切实加强对乡镇企业的领导。

……

要积极鼓励和扶持各种形式的集体企业的发展，引导农民走共同富裕的道路。认真加强乡村集体企业的经营管理，严格执行财务、审计和监督等制度，防止集体资产的流失。同时，要引导个体经济、私营企业健康发展。

国务院批转国家计委关于加强水库移民工作若干意见的通知

国发〔1992〕20号

五、要用好管好移民经费。

……

为保证移民安置和专项迁建方案按计划实

施，要对移民经费的使用实行必要的监督、检查、审计、验收制度。这项工作应由国务院主管部门会同有关省、自治区负责，并要十分注意发挥设计单位和银行的作用。为顺利开展这方面的工作，建议由水利部、能源部主持制定有关规定。诸如工作量完成的报表制度，拨款用款的财务管理制度，检查、审计、验收制度，以及各部门各单位的职责等。

国务院批转国家体改委、国务院生产办关于股份制企业试点工作座谈会情况报告的通知

国发〔1992〕23 号

三、股份制企业试点中的主要问题。

（一）股份制企业组建和试点的有关法规跟不上。……

股份制企业是一种与传统企业不同的新的企业形式，原来的那一套企业管理办法，包括财务、会计、审计、劳动、人事、税务、工商、统计等规定，都已不适应股份制企业的需要，必须本着改革的精神进行调整或重新制定。

国务院关于深入开展企业扭亏增盈工作的通知

国发〔1992〕24 号

三、认真落实扭亏增盈的政策措施。

（一）对一九九一年底以前发生的亏损，应由企业分析原因，列出数额，经审计部门审计后，由企业主管部门和财政、银行、税务等部门批准，在会计报表中如实反映。

（四）所有亏损企业，都要实行职工利益同企业减亏、扭亏额挂钩的办法。没有完成减亏、扭亏任务的不能发放奖金和增加工资，并给予通报批评。对亏损继续增加的企业，要减发厂（矿）长、经理和有关人员的工资，并限期达到减亏、扭亏目标；限期内达不到目标的，要追究企业主要领导人的责任。企业主管部门和财政、审计部门要加强监督和审计。

国务院办公厅关于进一步做好农民承担费用和劳务监督管理工作的通知

国发〔1992〕42 号

六、定期进行执法检查。今年下半年，国务院委托农业部、国务院法制局、监察部等部门组成检查组，重点检查各地《条例》的情况。县、乡两级农村经营管理部门每年应对农民负担情况（包括有关单位使用乡统筹费和劳务的情况）定期进行审计。

国务院关于开展一九九二年税收财务物价大检查的通知

国发〔1992〕47 号

二、为避免重复检查，减轻企业负担，审计、税收、物价部门和会计师事务所、审计事务所等社会力量统一组织起来，投入大检查工作。各有关部门要密切配合，互相支持，共同完成大检查的各项任务。

国务院第 103 号令《全民所有制工业企业转换经营机制条例》

第十三条　企业享有投资决策权。

……

企业遵照国家产业政策和行业、地区发展规划，以留用资金和自行筹措的资金从事生产性建设，能够自行解决建设和生产条件的，由企

业自主决定立项，报政府有关部门备案并接受监督。政府有关部门应当根据登记注册的会计师事务所或者审计事务所的验资证明，出具认可企业自行立项的文件。经土地管理、城市规划、城市建设、环境保护等部门依法办理有关手续后，企业自主决定开工。

第二十一条　企业享有拒绝摊派权。

企业有权拒绝任何部门和单位向企业摊派人力、物力、财力，企业可以向审计部门或者其他政府有关部门控告、检举、揭发摊派行为，要求作出处理。

第二十四条　企业必须建立分配约束机制和监督机制。

……

企业的工资调整方案和奖金分配方案，应当提请职工代表大会审查同意。厂长晋升工资应当报政府有关部门审批。企业工资、奖金的分配应当接受政府有关部门的监督，有条件的可以由登记注册并经政府有关部门特别认可的会计师事务所或者审计事务所审核。

第三十条　企业必须严格执行国家财政、税收和国有资产管理的法律、法规，定期进行财产盘点和审计，做到帐实相符，如实反映企业经营成果，不得造成利润虚增或者虚盈实亏，确保企业财产的保值、增殖。

企业应当依照国家有关规定，建立资产负债和损益考核制度，编制年度财务会计报表，报政府有关部门审批。有条件的，经登记注册的会计师事务所或者审计事务所审查后，报政府有关部门审核。

第四十二条　为确保企业财产所有权，政府及其有关部门分别行使下列职责：

（一）考核企业财产保值、增殖指标，对企业资产负债和损益情况进行审查和审计监督；

第四十六条　政府应当采取下列措施为企业提供社会服务：

（二）建立和发展会计师事务所、审计事务所、职业介绍所、律师事务所、资产评估机构和信息、咨询服务机构等社会服务组织。

〔一九九三年〕

国务院办公厅转发国务院清理三角债领导小组《关于全国清理三角债工作情况的报告》

（1993年2月9日）

（四）狠抓防欠措施的落实。……1992年全国清理三角债工作会议以后，国家计委、中国人民银行、国务院经贸办、国务院清理三角债领导小组分别发出《关于防止固定资产投资项目资金拖欠的通知》、《关于收回固定资产投资项目清欠贷款有关问题的通知》，并会同国家审计署两次发出通知，审计检查注入资金的项目是否又发生了新的拖欠。

（七）加强对固定资产投资项目的监督检查。今后凡是由国家拨款、国家银行贷款和由各级政府承担债务（或担保）的各类国外贷款的固定资产投资项目，在项目决策阶段或开工建设之前，均需由国家审计机关审计确认资金（特别是自筹资金）来源的合理性和可靠性。企业以留用资金和自筹资金从事生产性建设并自主立项的项目，由注册的会计师事务所或审计事务所确认资金来源的合理性和可靠性，并出具验资证明。未经验资的项目，有关部门不予办理开工手续，施工企业不得施工。

中共中央、国务院印发的《中国教育改革和发展纲要》

（1993年2月13日）

各级财政和审计部门要加强财务监督和审计，共同把教育经费管好用好。

国务院批转国家体改委《关于一九九三年经济体制改革要点》

（1993年3月8日）

试行企业财务报表委托注册会计师事务所或审计事务所审查和出具查帐报告的制度。

政府部门对企业的生产经营活动由直接管理逐步转向主要通过统筹规划、制定政策、组织协调、提供服务、强化审计和监督等手段进行间接调控。

严格养老保险基金的管理、审计和监督。

国务院批转国家计委《关于全国第三产业发展规划基本思路》

（1993年3月12日）

信息、咨询服务业和广告业是知识技术密集型产业，包括经济、社会、科技、地理等信息的采集和统计以及加工和提供信息技术服务和广告服务，工程咨询、科技咨询、企业管理咨询、法律咨询、会计审计咨询和其他各项专业咨询。它的发展，对于提高决策和管理的科学化、民主化，促进社会主义市场经济的健康发展起着重要作用。

——积极鼓励政府机构改革中分流出来的人员从事第三产业，特别是充实会计、审计、统计、律师和工商咨询、税务咨询等各类信息和咨询以及为市场服务的队伍。提倡党政机关富余人员，在与机关脱钩的前提下，兴办第三产业经济实体，从事经营活动。

——要严格执法。企业要依法经营，经济监督部门要依法施政和依法监督。要强化工商管理、税务、审计、统计、监察、公安、卫生、环保、技术监督、国有资产管理等部门的执法、监督职能，提高执法人员的素质，适当增加这些方面的人员。

国务院关于坚决制止乱集资和加强债券发行管理的通知

（1993年4月11日）

六、各有关部门要积极配合，加强对债券发行和集资活动的宏观控制。审计部门要协助做好债券发行和集资审批的审计工作，发现问题及时反映。

中共中央办公厅、国务院办公厅关于严禁党政机关及其工作人员在公务活动中接受和赠送礼金、有价证券的通知

（1993年4月27日）

各级审计机关要把赠送礼金和有价证券问题作为审计监督的一项经常性内容，严格执行财经纪律。

国务院第110号令《国有企业职工待业保险规定》

（1993年4月12日）

财政行政主管部门、审计部门应当加强对待业保险基金及其管理费收支的监督。

县级以上地方各级人民政府设立的待业保险基金委员会，实施对待业保险基金管理的指导和监督。委员会主任由本级人民政府负责人担任，劳动、财政、计(经)委、审计、银行等部门和本级总工会的负责人参加，办公室设在劳动行政主管部门。

国务院关于集中资金保证当前经济工作重点需要的通知

（1993年6月8日）

（五）各地方要对所有在建项目进行一次全面的审核排队。对不符合国家产业政策、资金来源不落实、建设条件不具备、市场前景不明的项目，要下决心停、缓建一批，腾出资金保重点建设。凡在建项目资金供应无保证或拖欠问题没有解决的地区和部门，在落实建设资金和归还拖欠款之前，一律不得批准新开工项目。对于新开工项目，各级审计部门要按上述要求进行审计监督。

国务院批转国家计委关于加强固定资产投资宏观调控具体措施的通知

（1993年8月16日）

（二）审批新开工项目要严格执行开工前的审计制度，各级银行对未履行开工手续和越权审批的新开工项目，一律不得拨款和贷款。

国务院办公厅印发关于加强宏观调控有关规定的通知

（1993年8月16日）

三十八、《国务院关于从严控制社会集团购买力的决定》（国发［1988］69号）规定：……企业在经济业务交往中的正常招待费用，可在企业管理费中单独反映，但要从严控制，年终审计。

国务院关于开展一九九三年税收财务物价大检查的通知

（1993年8月18日）

在大检查期间，各级人民政府要把财政、审计、税务、物价、工商行政管理等部门和会计师事务所、审计事务所等社会公证机构的力量统一组织起来，投入大检查工作。各有关监督检查部门和社会公证机构要互相支持，密切配合，共同做好今年的大检查工作。

各地区、各部门要重视发挥会计师事务所、审计事务所等社会公证机构的作用，组织一批政治业务素质较强、政策水平较高的从业人员重点检查一批企业和单位，并对他们提出严格的工作要求和工作纪律，为今后检查工作向正规化、经常化过渡打下基础。

国务院办公厅转发劳动部关于加强企业工资总额宏观调控意见的通知

（1993年10月8日）

十一、各级劳动、计划、财政、税务、审计、银行等有关部门应密切配合，协调行动，共同做好企业工资总额的宏观调控工作，以利于国民经济持续、稳定、协调地发展。

中共中央、国务院关于当前农业和农村经济发展的若干政策措施

（1993年11月5日）

要尽快妥善解决粮食企业财务挂帐问题。……财政、银行、审计、粮食等部门要抓紧共同组成调查组，解剖典型，提出具体处理方案。

中共中央关于建立社会主义市场经济体制若干问题的决定

（1993 年 11 月 14 日）

发展市场中介组织，发挥其服务、沟通、公证、监督作用。当前要着重发展会计师、审计师和律师事务所，公证和仲裁机构，计量和质量检验认证机构，信息咨询机构，资产和资信评估机构等。

国务院关于金融体制改革的决定

（1993 年 12 月 25 日）

（四）改革人民银行财务制度。

取消人民银行各级分支机构的利润留成制度和缴税制度，人民银行总行和各级分支机构实行独立的财务预算管理制度。人民银行各级分支机构每年编制的财务收支计划，由总行批准后执行。各项收支相抵后，实现利润全部上缴中央财政，亏损由中央财政拨补。人民银行系统的财务决算报告要经财政部审核，并接受国家审计。

国务院办公厅关于印发审计署职能配置、内设机构和人员编制方案的通知

（1993 年 12 月 26 日）

《审计署职能配置、内设机构和人员编制方案》经中央机构编制委员会办公室审核，已经国务院批准，现予印发。

附：

审计署职能配置、内设机构和人员编制方案

根据第八届全国人民代表大会第一次会议批准的国务院机构改革方案，保留审计署。按照转变职能，理顺关系，精兵简政，提高效率的原则和党的十四大关于强化审计监督的精神，确定审计署的职能配置、机构设置和人员编制。

一、职能转变

审计署职能转变的重点是：强化审计监督职能，维护国家财经法规，监督国家资金的管理和使用，充分发挥其在国民经济宏观管理中的作用；按照统一领导、分级审计的原则，加强对国务院各部门特别是经济管理部门和省级人民政府财政收支的直接审计。减少统一部署的审计项目，地方的审计项目一般由地方审计机关根据政府的要求自行安排；改革企业审计办法，减少对企业的直接审计，重点审计占有、使用国有资产数额较多、接受国家财政补贴较多的中央部属国有企业，对其他中央部属国有企业逐步改为由审计事务所、会计师事务所进行审计，审计机关在必要时进行抽审。

二、主要职责

依据宪法规定，审计署对国务院各部门和地方各级人民政府的财政收支，对国家的财政金融机构和企事业组织的财务收支，进行审计监督。

根据《中华人民共和国审计条例》的规定，审计监督工作实行统一领导、分级审计的原则。审计署的主要职责是：

（一）组织领导全国的审计工作，研究制订审计法律、法规和审计工作的方针、政策，确定工作重点，制定审计业务规章制度，组织某些行业和专项资金审计。

（二）直接进行下列审计：

1. 国务院各部门和接受中央财政拨款单位的财政、财务收支及其资金使用效益。

2. 国务院各部门和省级人民政府预算外财政资金的收支及其使用效益。

3. 国家金融机构信贷计划的执行及其结果。

4. 国务院管理的经济实体和部委归口管理、财务单列经济实体的盈亏真实和国有资产的保值增值。

5. 国家重点建设项目的资金来源、使用情

况和经济效益。

6. 省、自治区、直辖市和计划单列市的财政收支。

7. 国务院各部门、经济实体、专业银行和省、自治区、直辖市、计划单列市借用的国外资金和使用的国外援助资金。

8. 国家计划、金融部门对社会集资和债券发行的审批情况。

(三)组织驻国务院各部门和驻地方派出机构,对国务院各部门、经济实体所属的企事业组织(包括有国有资产的中外合资经营企业、中外合作经营企业、国内联营企业和其他企业),国家金融机构的分支机构,国家重点建设项目等进行审计。

(四)处理地方被审计单位对省级审计机关审计决定的申诉。

(五)协同地方办理省级审计机关负责人的任免事项。

(六)对审计中发现宏观管理方面的问题,进行专题审计并向国务院反映情况,提出建议。

(七)指导和监督注册审计师协会和审计事务所。

(八)指导内部审计工作。

(九)组织开展审计领域的国际交流活动。

(十)承办国务院交办的其他审计事项。

三、内设机构

根据上述职责,审计署设14个职能司和机关党委。

(一)办公厅

负责政策研究,草拟、修改重要文件,反映情况,编辑内部刊物、审计信息,承担对外宣传和文书、档案、信访工作,负责同驻部门、地方派出机构进行联系和机关行政管理等工作。

(二)综合司

负责编制署机关和派驻机构的审计工作计划,汇编全国审计工作计划和审计工作统计报表;划分审计范围,协调各业务司和派驻机构的审计事项;管理审计事业经费;对署所属单位的财务收支进行审计等工作。

(三)法规司

负责草拟审计法规,复核重大审计事项决定,参与研究财政经济法规等工作。

(四)财政审计司

负责审计省、自治区、直辖市和计划单列市的预算收支和预算外财政资金的收支及其使用效益以及地方财税管理情况。

(五)金融审计司

负责审计国家金融机构信贷计划的执行及其结果。根据署的计划,具体组织驻地方派出机构对国家金融机构在地方的分支机构和各地区、有关部门的债券发行、社会集资审批进行审计。

(六)行政事业审计司

负责审计国务院政法、文教等部门和直属机构、办事机构、事业单位的财政、财务收支及其资金使用效益。根据署的计划,具体组织驻部门、地方派出机构对这些部门管理的某些专项资金进行审计。

(七)工业交通审计司

负责审计国务院工业、交通部门和所属经济实体、部委归口管理财务单列经济实体的财政、财务收支及其经济效益和国有资产的保值增值。根据署的计划,具体组织驻部门、地方派出机构对工业、交通部门的直属单位进行某些行业审计、专项资金审计和专题审计调查。

(八)商贸审计司

负责审计国务院国内贸易、对外贸易经济合作等部门和所属经济实体、部委归口管理财务单列经济实体的财政、财务收支及其经济效益和国有资产的保值增值。根据署的计划,具体组织驻部门、地方的派出机构对内贸、外贸部门的直属单位进行某些行业审计、专项资金审计和专题审计调查。

(九)固定资产投资审计司

负责审计国务院各部门管理的固定资产投资、施工企业的财务收支及其经济效益。根据署的计划,具体组织驻地方派出机构对国家重点建设项目的资金来源、使用情况和经济效益进行审计。

(十)农业审计司

负责审计国务院农业、林业、水利部门的财政、财务收支及其资金使用效益。根据署的计划，具体组织驻部门、地方派出机构和地方审计机关对农业、林业、水利部门管理的某些专项资金进行审计和专题审计调查。

(十一)外资运用审计司

负责审计国务院各部门和省、自治区、直辖市和计划单列市借用的国外资金和使用的国外援助资金。根据署的计划，具体组织驻地方派出机构和地方审计机关对世界银行、亚洲开发银行等国际金融组织的贷款项目进行审计。

(十二)审计管理司

负责对地方审计工作的检查；指导内部审计工作；通过注册审计师协会指导、监督审计事务所和注册审计师的工作。

(十三)人事教育司

负责办理署机关、派出机构、事业单位的干部调配、任免、工资福利、专业技术职称考评；同地方协商省级审计机关负责人的任免事项；编制审计系统的干部教育规划，指导干部培训工作。

(十四)外事司

负责办理署机关及直属单位人员出国考察、访问的有关事项，接待外国审计机关来访团组，组织专家讲学，同外国审计机关、国际审计组织进行联系。

(十五)机关党委

负责署机关和在京直属单位的党群工作。

四、驻国务院各部门派出机构

审计署在国务院 37 个部门设立审计派出机构，根据署的授权，负责审计所在部门在京的直属企事业组织(少数部门审计全系统的直属企事业组织)的财务收支，调查行业经济效益，指导行业的内部审计工作。驻部门派出机构，实行审计署和驻在部门双重领导，以审计署领导为主的体制。

五、人员编制和领导职数

审计署机关行政编制为 475 名，驻国务院各部门派出机构行政编制为 369 名(另有 45 名事业编制)，共 844 名。其中，审计长 1 名，副审计长 4 名，现已超配的 1 名副审计长，作为过渡，调离或退下来后不再增补。司级领导职数 47 名(含机关党委专职副书记 2 名；财政、金融、固定资产投资审计司 3 个司按一正三副配备)。驻国务院各部门派出机构司级领导职数，平均按一正一副配备。

纪检、监察等派驻机构和后勤、老干部服务机构及编制，按有关规定另行核定。

全国人大有关文件选登

〔一九八九年〕

坚决贯彻治理整顿和深化改革的方针——第七届全国人民代表大会第二次会议上的政府工作报告

(一九八九年三月二十日)

在宏观调控方面，逐步进行了计划、投资、物资、金融、外贸等方面的体制改革，初步加强了财政、税收、银行、物价、审计、海关、工商行政等方面的管理。

切实加强对教育经费使用的管理和审计监督，杜绝挪用、浪费现象。

健全审计监督制度，是加强宏观调控的重要内容。要坚决执行《宪法》中有关审计的规定和国务院发布的《审计条例》，使审计工作逐步实现经常化、制度化、规范化。当前，特别要加强对基本建设、行政事业单位开支、消费基金和流通活动的审计。

工商行政、税务、物价、审计、海关、公安等执法、监督部门必须加强自身建设,提高工作人员的政治和业务素质,秉公执法,坚决有效地同违法违纪现象作斗争。

〔一九九〇年〕

为我国政治经济和社会的进一步稳定发展而奋斗——第七届全国人民代表大会第三次会议上的政府工作报告

(一九九〇年三月二十日)

经过全国税收、审计、财务、物价检查,共查出各类违纪金额一百几十亿元。

进一步加强审计、统计、物价、工商管理和经济信息系统的建设,发挥它们在宏观调控中的作用。

〔一九九一年〕

第七届全国人民代表大会第四次会议上关于国民经济和社会发展十年规划和第八个五年计划纲要的报告

(一九九一年三月二十五日)

要在积极推进改革开放的同时,抓紧起草计划法、预算法、银行法、投资法、公司法、价格法、劳动法、审计法等一批重要法律草案,并根据改革开放和行政管理的需要,加强行政法规和规章的制定工作,使国家行政管理工作进一步规范化、法制化。

充分发挥工商行政、财政、税务、物价、公安、海关、审计、监察等执法、监督部门的作用,鼓励和支持民主党派、舆论机关和人民群众进行社会监督,坚决地同各种违法乱纪现象作斗争。

健全企业的民主管理,改进人事制度、劳动工资制度、留利分配制度、财务会计制度和审计制度,切实改变企业分配吃大锅饭和留利向个人倾斜的现象,以及纪律松弛的现象。

〔一九九二年〕

第七届全国人民代表大会第五次会议上的政府工作报告

(一九九二年三月二十日)

要千方百计增收节支,加强税收征管和审计监督,严肃财经纪律,压缩集团购买力,严格控制国家行政事业机构和人员编制。

党和国家领导人对审计工作的指示

〔一九八九年〕

李鹏总理在听取全国审计工作会议汇报时的讲话

（一九八九年一月十九日）

审计工作自开展以来，五年多时间，对于改革开放，对于经济的稳定发展、社会正常秩序的安定，都起了很好的作用。实践证明，在我们国家建立审计制度，是完全必要的。随着社会主义有计划商品经济的发展，审计是一个需要加强的部门。

审计部门当前面临的任务，是执行十三届三中全会决议。搞治理、整顿，是今明两年经济工作的一个重要任务，是重点，审计工作应该发挥重要作用。在建立社会主义商品经济新秩序、建立宏观调控体系中，审计工作也要起到重要作用。总之，在发展社会主义有计划商品经济中，审计工作将长期起作用。培俭同志讲，审计工作是一个较高层次。我想这句话的意思是：第一，审计是《宪法》赋予的权力。《宪法》规定，要在全国建立审计机关，对其它的部门就没有作这样的规定，没有说一定要建立这个部、那个部。其次，我们经济监督部门很多，财政、金融、海关、工商行政管理，都有监督的职能，而审计不仅可以直接检查全民所有制企事业单位，对这些监督部门的经济活动，对国家机关的经济活动都要进行审计。从这个意义上讲，叫高层次的监督。我们还明确了一条，凡是有经济活动的地方，都要依法进行审计，这要形成制度，成为一项经常性的工作。审计和办案不同，办案总要有一个什么线索，举报，或进行普查后进行专项调查。审计是对正常经济活动进行审计，给予评价。审计的结果可能给予一个较好的评价，认为它的经营管理、财务管理是好的；也可能查出一些违纪案件。因此，各部门要习惯于接受审计，并不是一接受审计就一定有什么问题。

审计机构刚建立不久，机构还不健全，队伍还不多，在一个时期内，不可能对所有经济活动都进行审计监督，因此要有重点。你们提出抓重点，我看有必要。从中国现在的实际情况和现在审计队伍的情况出发，也必须在一定时期内确定重点进行审计，就是普遍审计与重点审计相结合。当前，要把重点放在治理经济环境、整顿经济秩序上。比如，基建是不是压下来了，压下来以后是不是又恢复，假压真不压，等等。再如加强对财政、信贷资金，各种专项资金，包括扶贫资金的重点审计等。把一般审计、全面审计和重点审计相结合，这是必要的。

当然，审计工作会遇到很多问题。首先是认识上的问题，就是审计工作与改革开放之间的关系问题。可以理直气壮地说，审计工作是支持改革开放的，加强审计监督是为了改革开放更加健康地发展。紫阳同志讲。开放搞活能搞到什么程度，最终取决于我们宏观管理能够控制到什么程度，事情总是有一利有一弊。我们执行改革开放的方针，把经济搞活了，把人的积极性调动起来了，使国民经济有了很大发展，这应予以充分肯定。但是一些消极的东西又可能乘虚而入，所以我们要建立一套调控体系，建立一套监督体系，这里就包括审计监督。加强监督可能在某一个具体问题上限制了一些活动，有时会与某个部门发生一些矛盾，但从宏观上来讲，有利于改革的健康发展。不仅审计机关应当建立这样一个认识，而且各级党委、政府都应该有这样一个认识，积极支持审计工作。审计监督，实际上是加强宏观调控体系的一个组成部分，它与改革开放不是对立的，而是相辅相成的。

做审计工作，难免要得罪一些人。审计结果，守法的，廉洁奉公的，而且经营管理很好的，受到表扬，这也有。但目前更多的是查出一些问题，处理时可能会直接影响地方和小团体的某些不正当利益。因此，各级党委、政府有义务、有责任保护审计工作人员免于遭受打击报复，依法保护审计机关工作的权利，为他们提供起码的工作条件。如果审计人员因正常工作遭到打击报复，一定要严肃查处。

关于审计干部的任免问题。现在的体制还是实行两级管理，中央的归中央，地方的归地方。但过去讲过，《审计条例》也定了，审计部门的主要负责人的任免要征求上一级审计部门的意见。必要时，人事部和组织部可以共同下一个文件，重申一下，把它具体化。

关于审计机构问题。总的讲，各级审计部门是需要在调整机构中充实、加强的部门。这次机构改革的方针总的应该是职能的调整、职能的转变，在国务院各部委这一级的机构改革中，我们基本上是把直接管理企业的经济部门，改为间接调控，所以在机构改革中，有削弱的部门，有加强的部门；人员有精简的部门，有增加的部门。国务院系统在编人数实际压缩了差不多一万人，有五千人充实到需要加强的部门，包括审计署。将来地方一级机构改革，也要采取这个办法。

大家讲到现在队伍不大稳固。我看这个问题要从两方面解决。一方面，国家和地方政府要为审计部门和工作人员的工作、生活提供必要的条件，这是必要的。但是象监察部门、审计部门毕竟是清水衙门，待遇可能要低一些，只能随着国家经济的发展，逐渐地重点加以解决。另一方面，我们做审计工作的人应当有高尚的品德，献身的精神，热爱审计事业。我们相信，大多数同志是能够做到这一点的。审计部门今后补充人员，有两个来源，一个是从国家机关、政府机关调整中补充一些，各级组织、人事部门要有意识地加强审计机构。审计部门不只需要财会人员，也还需要一些专业技术人员。搞工程监督，没有工程技术人员就不行，工程技术人员作审计工作也要学习一些财务会计知识。另一个来源，是从新毕业的品学兼优的大专学生里边，从有志青年中间，招聘一部分。因为现在大学生的分配与需要有些脱节，有的愿意从政，愿意到审计部门来，认为对社会能有贡献，是个人荣誉，但分配时分配不到这个地方来。因此，可以在社会上、大专学生中公开招聘，按照公务员的条例进行选拔。要逐步把这支队伍建立起来，使审计部门的工作人员有一种荣誉感，热爱自己的职业。审计业务性强，干部要相对稳定，组织、人事部门今后要注意这一点。在一些资本主义比较发达的国家和一些社会主义国家，这些部门的工作人员都是比较稳定的，素质要求比较高，进门很难；出门的是犯有严重过失的。我们应该建立一支不仅数量上能够满足要求，而且在质量上、素质上是好的审计队伍，依靠这支队伍来行使宪法所赋予的权利。当然队伍建设是长期的任务，但应该充满信心，不要因为现在还是一个清水衙门，在社会上还未受到普遍重视，就信心不足。

关于审计与财务大检查的关系问题。这个问题今天很难讲得很具体，但总的一条原则是，避免重复检查。国家有权对凡有经济活动的单位进行检查，但是检查太频繁，确实增加企业的负担。所以应该有个合理的分工，如果审计部门对它开展了经常性审计或专项检查，可由审计部门出具证明，财务检查就通过了；将来发现问题，审计部门要负检查不严之责。

执法要严。国家赋予审计部门有经济处罚的权力，可罚款，可没收，可以追回该交的款项。对于那些违法的，或者是违纪金额比较大的，给国家造成巨大损失的，只交回应该交的款项，这太轻了，不足以构成对违法乱纪行为的一种威慑力量，审计机关的权威也很难树立起来，人家觉得反正你查出我就交，查不出来我就不交。这个问题请你们研究一下。

关于审计人员待遇的问题。我完全同意依林同志刚才讲的观点。一个是应该为审计工作、审计人员，在工作上、生活上提供必要的条件，目前比较简单的办法就是比照财税人员的待遇解决，这个问题由审计署、财政部在这次会后具体商量。办案经费要统一解决，要搞个细则。但办案经费不要和办案成果直接挂钩，这个不好，流弊很多。除了可能会以罚代刑外，还会有损于审计人员、监督人员的形象，也可能因为这个腐蚀我们的队伍。审计机关是监督部门，为政清廉非常重要，要带头做到为政清廉，建立一个好的名声。要把这个看得很重。所以不要用直接挂钩的办法。至于你们收缴的款交财政，这是国家财政预算以外的，是否可以把其中的一部分返回审计部门以解决工作经费，这要与有关部门研究，如可能，也要规定个详细办法。审计机关的办公用房，很多单位、很多省没有解决，审计署也没有解决。盖了那么多楼堂馆所，审计署和监察部却没有房子，我们要帮助你们想法解决。各级政府有责任为你们创造条件。

我完全赞成审计工作经常化、规范化、制度化，依法办事，以法律为准绳，逐步地在我们中国形成一套完整的审计制度。还要搞一些审计事务所，审计事务所是独立的法人。集体经济组织也得有人管它，靠税务局、工商管理局，还有审计事务所、会计事务所。

国务院为贯彻三中全会决议，发了四十多个文件。这些文件有的是条例、法规，有的是决定、通知。我们的目的，是想减少治理工作的随意性，使它制度化、法制化，照章办事。小平同志在最近一次谈话中，肯定了这个做法。审计工作内部也要建立一些制度，尽量做到规范化、法制化。（姚依林副总理插话：审计最后要搞审计法。）比如罚款，什么样的罚多少，什么样的不罚，得有章程，有一套完整的制度。建立制度，不可能一下子都很完整，成熟一个搞一个，逐步地做到有章可循，这是审计工作的基础建设。审计的建设无非是两个方面，一个是人员素质、队伍建设，一个是规章制度的建设。

总之，在治理经济环境，整顿经济秩序，全面深化改革工作中，在发展社会主义有计划商品经济这个宏伟的系统工程中间，我们对审计工作是寄予很大希望的。希望你们一年比一年进步，一年比一年有新的成就。

姚依林副总理在听取全国审计工作会议汇报时的讲话

（一九八九年一月十九日）

我同意这几年审计工作出现过一些曲折这个观点。例如去年十三届三中全会以前一段时间，经济过热、宏观失控，不少地方要求审计机关灵活变通，放宽政策，多搞“服务”，少搞监督。我认为这个提法本身是错误的。审计机关的职能就是搞监督，它就是为国家财政服务，为保障国家收入服务嘛。我同意紫阳同志讲的，越是改革开放，越是需要加强监督管理。因为经济搞得最活的地方，也是容易出贪污、浪费的地方。我们始终是两点论，一方面主张改革开放，另外一方面要加强监督管理，要始终两手抓。两手抓，不仅适用于经济工作和政治工作，而且应该适用于经济工作中改革开放跟监督管理。要把这个问题明确起来。这是我想讲的一个重要意见。

第二个问题，我觉得审计工作做了很好的工作。我们要趁调整、治理、整顿这样一个时机，把审计工作进一步加强起来。是不是可以提出这么一个问题，对因涉及到地方利益跟声誉，而使审计工作受到不正常干涉，对不让审计，不让处理，不让反映情况等，要进行坚决斗争。对搞打击报复的，不仅仅是要我们讲几句，而且要向上反映，要处分有关责任人员，甚至于撤职。因为这是一种打击报复行为。象会上有的同志讲的那种行为，实际是严重的违法乱纪行为。这样做，我们审计的权威才能树立起来，才能进一步加强。我们审计机关已经成立五年了，得到了地方党委、地方政府很大支持，这是肯定的，但同时也碰到不少阻力。我觉得，现在审计机关应该向阻碍我们审计工作前进的这种不健康的倾向作斗争，把审计机关进一步加强起来。

第三个问题，《宪法》和《审计条例》必须坚决执行。如果有人不执行《审计条例》的规定，是违法的；如果不执行宪法的规定，应该控告他违宪。我觉得应该有这样的精神，应该这样做，不能采取马马虎虎的办法。小平同志讲，有法必依，违法必究，执法必严嘛。关于审计机关负责干部任免问题，《审计条例》已有规定，可以请组织部、人事部考虑，要采取措施，保证执行。

第四个问题，关于审计人员的待遇问题。我觉得这是一个大问题。一个是个人待遇，一是审计经费。主要就这两个问题。第一，确实存在个人待遇要有个比照的问题。我认为比照财税人员比较恰当。是不是可以，请财政部考虑。第二，审计经费比较困难，公安部的办案经费、法院经费、监察部的监察经费、审计机关的审计经费，都存在问题，需要统一研究一下，统一考虑。我不赞成挂钩、提成，这个办法流弊很大，容易出现以罚代刑的流弊。但查出违纪违法的钱交上来之后，我们财政确实要从这个钱里边拿出一些支持办案。不然办案怎么办呢?！这个问题需要请财政部统一考虑，(李鹏总理插话：搞个办法。)国务院定。在人员问题上，审计机关属于进一步加强的范围，不属于要削弱的范围，不仅中央应如此，地方也应如此。我们不是列举了应该增加哪些人么，这里边如果没有审计人员，应该加上。内部审计对改善管理，提高经济效益，能起比较好的作用，应该继续加强。社会审计工作也要加强。

〔一九九〇年〕

李鹏总理、姚依林副总理听取全国审计工作会议汇报时的讲话

(一九九〇年二月二十四日根据记录整理)

李鹏总理：

去年一年，审计工作在治理整顿、深化改革过程中取得了很大的成绩，工作有进步，正在发挥越来越大的作用。审计工作的成绩，归纳起来有这么几条：

第一，审计队伍已经初步形成和建立起来。尽管还需要加强，但是毕竟建立起来了。

第二，审计的观念开始为社会所接受。刚开始建立审计机关的时候，有的人不大清楚审计究竟是干什么的；有的认为凡是被审计的单位都是有问题的；有的认为我这个机关不在审计范围之内，拒绝或阻挠审计工作的正常进行。现在，社会上对审计的观念有了比较大的变化，特别是审计五大公司以后，形成了审计监督是国家正常职能的观念，一切有经济活动的单位都要接受国家的审计。审计是经常性的工作，审计的结果，可能查出什么问题，也可能证明这个单位遵守财经纪律，值得表扬。审计工作对于查处违反国家财经纪律问题，整顿经济秩序，提高经济效益，加强廉政建设，改变社会风气，都有直接的好处。

第三，摸索了一些工作方法。如应该怎样进行审计，审计的重点，审计的程序等，积累了一些经验。

第四，为国家增加了财政收入。去年一年，共查出违纪应上缴金额五十多亿元，上缴了三十七亿元。

第五，初步树立了权威。审计是监督机关，没有权威不行，要有一定的权威。我讲这个权威的意思，首先就是审计署直属国务院总理领导，各省、市审计局直属省长、市长领导，它的地位有一定的权威性；其次审计重点检查一些单位，依法处理违法违纪问题，起到惩一儆百的作用，使其他没有被检查的单位，都要注意按财经纪律办事。

今后的审计工作，还是要走上制度化、法制化、规范化的道路。制度化、法制化、规范化中的一个重要问题，就是不同层次的审计机关有不同的审计对象。审计机关对于经济活动的检查，是比较高层次的检查，是宏观调控体系的一重要组成部分。在工作方法上要分层次，抓重点，各级审计部门应有不同的审计对象。在中央，主要是对国务院的综合经济管理部门、经济监督部门进行审计。我们有很多部门本身就是管理经济的，例如财政、金融、税收、工商管理部门，他们都有一定的经济监督职能，那么，对这些部门由谁来监督呢，要靠审计署。所以，审计署工作的重点，应该是层次比较高的。地方审计部门的审计重点也应是同级政府的综合经济管理部门和经济监督部门。

我们建立了特派员办事处，现在看来成绩是显著的。中央在地方的单位，直属中央各部门，而且大都是关系国计民生、有比较大的经济活动范围和资金实力的重要单位，地方不便去检查；同时，地方去检查，有时也可能不那么公正。成立特派员办事处，对中央在地方的一些直属单位进行检查，可以避免中央和地方之间工作中的一些矛盾，避免检查中间产生一些畸轻畸重的现象，这个方针还是正确的。

我同意你们刚才讲的工作重点。每年都应

该有个重点，今年要对财政部门、金融部门、重点企业、重点基建项目等进行审计(依林同志：对财政、对金融、对粮食)，还要把粮食行业作为重点。去年你们对基本建设搞跟踪审计，起了很大的作用(依林同志：今年恐怕还要搞)。

现在有一个比较大的问题，就是重复检查的问题。去年会上也反映过，财务大检查，税务大检查，审计又检查，有时候还有党风廉政检查，对有些企业一件事情重复进行检查。这个问题，到了该解决的时候了。如果说前一段情况不明，要保护积极性，现有看，各个单位多头检查，有可能的把原来没有查出来的问题查出来，但是它带来的副作用，是给企业增加了负担。毛主席讲过，“水至清则无鱼”。对这个问题要辩证地看，不可能什么事情都查得一清二楚。外因是条件，内因是动力。我们要通过经常性的检查，使各个经济部门树立起遵纪守法的观念。这不完全是经济检查部门的事情，而是整个党风、社会风气的问题，整个党的组织建设问题。这重复检查怎么解决，请罗干同志找有关部门协调一下，今年一定要做到一个单位只接受一次检查。当然，发生了专门的案件，进行专案检查是例外。我是讲普遍性的财经纪律检查，审计部门检查完了，签了字，盖了章，那就算财经大检查了，其他部门就不要再去检查了。这件事情要把它规范化，减轻企业的负担。

关于审计执法手段问题。审计部门要有一些工作手段，正如监察部门处理违纪问题，如果与省、市委商量以后，仍不处理，监察部就有权直接处理。当然，使用这个权力要很慎重，实际上要报中央的。审计部门也应该有这么一个手段，就是可以直接作出罚没决定，还可以通报。没有手段不行，但是罚没的款，绝对不能作为机关的收入或者提成。

还有一个罚没收入问题。现在有相当多的执法机关，一手搞罚没，一手搞留成，我认为这是一个腐败现象。搞留成有很多理由，如国家给的经费不够，但是需要办案，改善工作条件、生活条件等。这些理由也站得住脚，但是，从国家建设、制度建设、党风建设、社会风气建设的高度来讲，搞罚没留成容易产生腐败现象，严重脱离群众。所以我不赞成执法单位对罚没款进行提留。现在已经有相当多单位这样做了，这件事情要在治理整顿中，作为一个专项问题妥善解决，同时要解决它的经费渠道，实行收支两条线。如果要进行奖励，可采取税务局的办法，由上级来奖励。所以罚没提成问题，今年要作为一个重点来解决。

关于乱收费、乱摊派的问题，现在也成为一个社会现象。当然，有些收费是不可缺少的，比如在农村搞计划生育、民办教师，总得从农民那里拿点钱。但是，确有一些向企业、农民、群众搞名目繁多的收费和摊派，增加了群众的负担，而且助长了不正之风，造成了奢侈浪费。这些事情，已经成为广大群众强烈反映需要解决的问题。

刚才有的同志提出，为防止受打击报复，保护审计机关，建议地方审计机关都直属审计署。这个建议恐怕不行，如果各省的审计部门都脱离了地方政府的领导，那就很难开展工作。我们要求各级政府对审计机关，要加强领导，予以支持和保护。省一级审计机关对省属单位审计，整顿了财经纪律，整顿了社会风气，加强了廉政建设，增加了经济收入，对你这个省有好处，利益是一致的。所以省里应该支持省审计局的工作，防止受打击报复。同时，你们遇有这种情况，也可以向审计署反映，审计署可以对你们进行保护，从上到下，都来支持你们的工作。

审计工作要搞好，就要加强审计机关的廉政建设，这点很重要。“己不正焉能正人”！审计是经济监督机关，如果自己不正，很难正人。正，当然要靠制度，靠领导，但也要靠队伍建设。“十年树木，百年树人”。审计部门要树立一个好的作风，而且要代代相传。审计队伍还在建立的过程中，现在才六万多人，是个新的部门。新部门有新的困难，但也有新的好处，可以从开始建设的时候，就打好底子。我想要重视这四个方面：一个是廉洁。绝对不能搞以权谋私，败坏审计部门的声誉。遇到这样的事情，审计部门不要护短，对自己的人要特别严格要求。第二，要公正。

要建立健全一些法规，按法规办事，不徇私情，是个办事公正的部门。第三，要严格。有严谨的作风。最后一条还得有奉献精神。我们是监督机关，清水衙门，干这个工作就要凭党性，凭对人民的忠诚，要有雷锋精神。最近报道的新的雷锋——张子祥，他继承和发扬了雷锋精神。最使人感动的是，他在当前社会风气不太好、党风不太好的时候，从他自己的身边做起，净化小气候。一个人要做到净化大气候是有困难的，但可以净化自己周围的小气候。我觉得他这个净化小气候的提法是雷锋精神的一个发展。搞审计工作的同志要学习他的奉献精神。

关于干部问题。现在总的决定是要大学生到基层受锻炼，中央国家机关现在又都超编，加上这一段学校受自由化思潮影响比较大，不少学生需要到基层进行锻炼，把他们培养成为社会主义事业的接班人，这实际上是爱护他们。但审计部门是一新的部门，要求从大学生中间接收一些工作人员，包括审计部门自己培养的专业人员和与审计业务近似的专业人员（如财会人员）中间选择一些。人事部可以考虑这个意见。审计部门选人，要把德、革命化放在首位，要选在学校里政治思想和学习成绩比较好的。选拔来了以后，要他们到基层去锻炼，然后再上来。还可以从现有的国家机关人员中调剂一部分。另外，也可以从年轻的转业军人中间接收一些思想觉悟和文化水平比较高的，进行专业训练后搞审计工作。

你们还提到了一些关于工作条件和人员待遇的问题。现在国家财政比较紧张，一方面要求你们克制一点，一下子不可能解决很多；另一方面也要适当解决，逐步来。地方财政和中央财政都要为各级审计部门创造一些必要的条件，因为你们是新单位，任务又重。财政部要给予一些支持。有些特殊的案子，还要拨点专案费，要不，他出差就没有办法；就是就地审计，也有个出差的问题。宿舍、办公室建设，由国家计委适当考虑。总之，要作为一重点照顾的对象，逐步解决。

同志们提到建立审计部门干部职务序列的问题。可以仿照监察部门的办法，就是设置一些职位比较高的审计员。你设“长”不可能设这么多，而你去查人家是一个“员”，人家不买帐，而且我们本身有些同志也够这个条件，去处级或者是局级审计员便于开展工作。这件事情别的不怕，就怕来个大提拔，把一些不合条件的也提上去，得有个限制。组织、人事部两位部长都在这里，请你们考虑解决。但你们自己要掌握严一点，不要造成大提拔。

总之，在治理整顿和深化改革过程中间，审计监督作为国家政权建设和经济宏观调控体系的一个重要组成部分，应该予以重视，提到各级政府的议事日程上来，而且逐年有所进步。我们的各项工作持续、稳定、协调地发展，在一定程度上也要你们审计部门贡献力量，在党风的整顿、社会风气的整顿方面，要发挥你们的作用。

审计机关的任务很重，人员又少，要发挥部门、单位内部审计和社会审计的作用。你们要总结审计事务所的经验。审计事务所是一个事业单位，在经济上自立，受审计和其他部门、单位的委托进行审计，比较超脱，有好处。

最后，我讲一下经济形势问题。去年一年的治理整顿取得了很大的成绩，明显的有三条：第一，物价得到了控制，已经连续五个月物价上涨指数在百分之十以下。第二，供需矛盾趋于缓和，比过去好得多了，但还不能说总量已经完全平衡了。基本建设就下了五百个亿，加上物价指数，实物工作量差不多下了一千个亿。这里有你们跟踪审计的成绩。基本建设跟踪审计要继续搞，特别是楼堂馆所、什么“一条街”这一类的市政建设，下面有很大的积极性，要恢复起来也快得很，你们要按照国家政策规定进行监督。第三，去年农业取得了比较好的收成。它的意义还不仅在于收成好到什么程度，解决了多大的问题，而是全党树立了一个信心，只要全党重视，有必要的投入，把农民的积极性调动起来，就可以把农业搞上去。就全国范围来讲，去年有灾有丰，有风调雨顺的，也有灾情很严重的，是一个中等年份，还不算一个丰收年（依林同志：中等偏上）。当然，现在经济生活中也遇到一些问题，主要是市场疲软和经济增长速度下降。这个问题应该予以重视，最近国务院已经研究采取了一系列措施，要把生产搞上去，把市场搞活。现在的问题是，要防止一种倾向，就是认为治理整顿差不多了，对困难估计不足，或者对困难估计过头，丧失了治理整顿的信心。其实，又想治理通货膨胀，又想生产速度不下来，这是不可能的事情。只要治理通货膨胀，紧缩银根，生产就要适当的下来。基本建设下来，消费基金下来，生产适当的下来，才能够促进总量的平衡，然后物价才能下来，这是供求关系的规律。我们必须看到现在的困难是前进中的暂时困难，是可以克服的，对这一点不能丧失信心。我们既然有能力把那么高的通货膨胀压下来，现在的困难也是可以解决的，就是采取疏导的措施，把它疏导好。

我就讲这些，祝贺并希望大家在新的一年里，在审计工作方面取得新的成就。

姚依林副总理：

我赞成李鹏同志的讲话。

李鹏总理致全国审计机关表彰先进大会的祝贺信

全国审计机关先进集体、劳动模范表彰大会：

我代表党中央、国务院向全国审计机关先进集体、劳动模范表彰大会表示热烈的祝贺。

几年来，各级审计机关和广大审计人员，在党委、政府的领导下，认真贯彻执行党的路线、方针、政策，艰苦奋斗，勇于实践，积极探索，秉公执法，做出了显著成绩。审计工作对于严格财经纪律，整顿经济秩序，促进深化改革，增加财政收入，推动廉政建设，转变社会风气，发挥了重要作用。

希望各级审计机关和广大审计人员，继续发扬廉洁、公正、严格、奉献的精神，为国民经济持续、稳定、协调发展，作出新的贡献。全国审计机关先进集体和劳动模范要谦虚谨慎，戒骄戒躁，密切联系群众，进一步发挥带头、骨干和桥梁作用，把审计工作推向前进。

李鹏

一九九〇年六月九日

〔一九九一年〕

李鹏总理给国际内部审计师协会的贺信

（一九九一年一月三十日）

美国佛罗里达州
阿尔蒙特·斯普林斯
国际内部审计师协会总部：

我十分高兴地得知国际内部审计师协会成立50周年，特向你们表示热烈祝贺！

在我国实行经济改革、对外开放，发展国民经济的过程中，内部审计对促进企业、事业单位改善经营管理，提高经济效益，起着愈来愈重要的作用。

我衷心祝愿你们在促进各国内部审计工作不断发展和共同进步方面，取得更多的成就！

彭冲副委员长在审计署颁发特约审计员聘书大会上的讲话

一九九一年三月七日

各位同志：

今天，审计署在这里举行聘请特约审计员大会，我代表全国人大常委会，向大会和被聘请担任特约审计员的同志，表示热烈祝贺！

中国共产党领导的多党合作和政治协商制度是我国的一项基本政治制度，它是马克思主义同中国革命和建设相结合的一个创造。坚持和完善这项制度，是我国政治体制改革的一项重要内容，对于巩固扩大爱国统一战线，发扬社会主义民主，促进各族人民大团结，把我国建设成为富强、民主、文明的社会主义现代化国家，具有重要的现实意义和深远的历史意义。一九八九年十二月，党中央与各民主党派经过协商，制定了《中共中央关于坚持和完善中国共产党领导的多党合作和政治协商制度的意见》，这是在新的历史时期，坚持和完善共产党领导的多党合作政治制度的纲领性文献。审计机关聘请各民主党派成员、无党派人士担任特约审计员，是贯彻党中央有关指示，加强我国审计监督制度建设的一项重要措施。

依照我国《宪法》规定，审计机关负有对国家财政和有关经济活动实行审计监督的重要职责。全国人大常委会对国家审计机关依法行使职权，是维护和支持的。几年来，各级审计机关和广大审计人员，忠于职守，秉公执法，清正廉明，在维护财经纪律，提高经济效益，促进廉政建设等方面，做了大量工作，取得了显著成绩。我殷切希望特约审计员同志积极参加审计工作，与全体审计人员密切协作，为发展我国审计事业，实现现代化建设的第二步战略目标努力奋斗！

王丙乾国务委员在审计署颁发特约审计员聘书大会上的讲话

一九九一年三月七日

各位同志：

今天，审计署隆重召开颁发特约审计员聘书大会，我代表国务院向大会和被聘请担任特约审计员的同志，表示热烈祝贺！

中国共产党领导的多党合作和政治协商制度，是我国的一项基本政治制度，是适合我国国情、具有中国特色的社会主义民主制度。在社会主义建设新的历史时期，坚持和完善这项制度，对于巩固扩大爱国统一战线，发扬社会主义民主，实现党和国家的总任务，具有重要意义。审计机关认真贯彻《中共中央关于坚持和完善中国共产党领导的多党合作和政治协商制度的意见》，聘请民主党派成员担任特约审计员，这是实现共产党领导的多党合作和民主党派参政议政的一项重要内容，也是加强和改进审计工作，建立适合我国国情的社会主义审计监督制度的一项重要措施。

审计监督是宏观经济调控体系的重要组成部分。经济越是搞活和发展，越需要加强审计监督。依据《宪法》的有关规定，一九八三年我国县以上各级人民政府先后建立了审计机关。近八年来，各级审计机关和广大审计人员，在党委、政府的领导下，认真贯彻执行党的路线、方针、政策，艰苦奋斗，勇于实践，秉公执法，做出了显著成绩。审计工作对于严格财经纪律，整顿经济秩序，促进深化改革，提高经济效益，推动廉政建设，转变社会风气，发挥了重要作用。

为实现我国现代化建设的第二步战略目标，审计工作负有重要任务。国务院和地方各级政府要加强对审计工作的领导，给予更多的关怀和支持。各级审计机关要认真贯彻党的十三届七中全会精神，加强和改进审计工作，进一步提高工作水平。现在，审计署聘请一部分民主党派成员担任特约审计员，参加一些重要审计事项，参与审计法规、审计理论的研究和咨询，必将进一步促进审计工作的发展。同时，这对于审计机关的工作也是一种监督，有利于审计机关严格审计执法，切实加强廉政建设。我们相信，在广大审计人员和特约审计员的共同努力下，审计工作一定会取得更大成绩，为促进国民经济持续、稳定、协调发展做出新的贡献。

马文瑞副主席在审计署颁发特约审计员聘书大会上的讲话

一九九一年三月七日

各位同志：

今天，审计署在这里举行聘请特约审计员

大会，这个会很重要。刚才彭冲副委员长、王丙乾国务委员、吕培俭审计长的讲话，都讲得很好。我代表全国政协向大会，向被聘请担任特约审计员的同志，表示热烈祝贺！

一九八九年十二月，党中央经过同各民主党派协商，在总结历史经验的基础上，制定了《中共中央关于坚持和完善中国共产党领导的多党合作和政治协商制度的意见》。这是一个在新的历史时期，坚持和完善共产党领导的多党合作政治制度的纲领性文献。认真贯彻这一文献精神，对于加强和改善共产党的领导，推进社会主义民主政治建设，促进改革开放和现代化建设事业的发展，具有重要意义。审计署聘请民主党派成员、无党派人士担任特约审计员，这是贯彻中央指示精神的一个重要内容，也是各民主党派成员、无党派人士参政议政，发挥民主监督的一项重要措施。

审计机关是国家对经济活动实行监督的部门，在经济监督中处于较高层次的地位。几年来，广大审计人员艰苦奋斗，坚持原则，做了大量工作，在维护国家财经法纪，增收节支，提高经济效益，促进廉政建设等方面发挥了重要作用，民主党派成员、无党派人士担任特约审计员参加审计工作，可以进一步加强审计工作力量，推动审计工作开创新局面，对于加强和改进审计工作具有重要意义。希望应聘的特约审计员与审计署的同志密切协作，积极工作，充分发挥作用，为发展我国的审计事业做出积极贡献。

人民政协是各民主党派、人民团体、各界代表人物团结合作的重要场所，也是共产党领导的多党合作和政治协商的主要形式。我们全国政协一定关心和支持审计工作，及时反映各界对审计工作的意见和建议，加强民主监督。同时，对特约审计员的工作一定给予热情关怀和帮助。我相信，在党中央、国务院的领导下，在各民主党派、全国政协的支持下，经过各级审计机关和全体审计人员的共同努力，我国的审计工作一定能够获得更大的进展。

谢谢大家。

李鹏总理会见最高审计机关亚洲组织第五届大会和第四次国际研讨会成员国代表团团长以及国际组织首席观察员时的讲话

（一九九一年五月十四日）

李鹏总理的讲话摘要刊登如下：

李鹏总理在会见开始时说：

首先，我代表中国政府并以我个人名义，热烈祝贺最高审计机关亚洲组织第五届大会和第四次国际研讨会在北京顺利召开。我听说这次会议获得了圆满的成功，并且通过了《北京宣言》。我认为，这将进一步加强亚太地区各个国家在审计方面的合作和各国之间的友好关系。我在这里感谢尤素福先生作为上一届亚洲审计组织的主席，对这次会议成功发挥的重要作用。我也感谢非亚洲地区的有关国家能派出代表参加这次会议。我想请尤素福先生讲几句话，然后我向大家介绍一下中国的情况。

李鹏总理在尤素福先生讲话之后说：

现在我以东道国中国政府首脑的名义，谈谈对中国审计的看法。首先，我觉得中国的审计工作很年轻，迄今为止，不过七年多的历史。因此，它的经验是有限的。其次，我认为这项工作很重要，因为中国是实行社会主义制度的国家，中国的大部分企业是公有企业，属国家所有。中国也允许有私营企业以及中外合资企业，但是毕竟公有企业占绝大多数，而且还有许许多多政府机构以及所属的事业单位，他们的财政财务活动是要按照规定纳入国家预算管理的。我们正在实行改革开放政策，实行计划经济和市场调节相结合的政策，许多企业的活动范围比过去大了，自主权也比过去扩大了。它们现在不仅在国内市场上活动，而且也活跃于国际市场。这样就出现了两种情况：一种是企业的活力增强了；另外一种就是出现了各种各样的侵吞公共财产的活动。经过几年实践得出的结论是：越是要搞改革开放，就越要对经济活动中的国有资产进行监督。监督当然有很多形式，但是其中很重要的一种就是审计。审计对改革开放不是起阻碍作用，而是促使了改革开放的健康发展。我们现在从中央政府到各级地方政府建立了比较完整的审计系统。同时国家审计署还在大的城市建立了直接的派出机构，另外还有一些事业单位，如审计事务所。我们作出了规定，凡是有国有资产的地方，都必须接受审计监督。审计主要有两种，一种是经常性的审计；另一种是对揭发检举的违法行为进行专项审计检查。我们还赋予了审计署对违法行为进行罚款，没收非法收入等处理权限。审计机关没收或处分的款项，自己没有权力动用，必须上缴国家财政。因此，我们审计署在政府部门中是比较清苦的单位。审计署至今还没有自己的办公大楼，现在租了一个旅馆用来办公，但我想他们会有自己的办公楼的。另外，我们的审计人员的待遇也并不很高，我们要求审计人员能够作出表率。当然我并不是说中国审计工作都做得很好，而是刚刚起步。

李鹏总理简要介绍了中国的经济形势和政治形势。他说：不久以前，在三月底、四月初，我们召开了全国人民代表大会，通过了今后十年的发展规划和今后五年计划，确定了我们在本世纪末最后十年的奋斗目标。我们将继续执行改革开放的政策，同时要保证国民经济稳定协调的发展。在今后十年中，我国的国民生产总值要以每年6%的速度增长，当然可能有的年份高一点，有的年份低一些。从现在的情况来看，今年上半年的增长数字稍微高了一些，大概在12%左右，这在很大程度上是因为去年同期速度比较低的关系。中国成功地治理了通货膨胀，现在我们的通货膨胀在二位数以下，今预计在6%－7%左右。今年以来，我们采取了一些重大的改革措施。首先对汇率进行了整顿。原来的汇率存在两种汇率价格，一种是市场价格，一种是国家规定的价格。市场价就是指黑市价。现在由于这两种汇率已基本接近，黑市已经没什么搞头了。这个措施有利于改善投资环境，也有利于发展对外贸易。我们今年还降低了贷款利率，大概降低了一个百分点。粮食的销售价格提高了，提高的幅度大概在60%左右，从今年的五月一日开始实行。由于我们的粮食储备十分充足，而且我们二十六年来没有调整过粮食价格，这项调整得到了广大群众的支持，市场很平稳。

我们改革总的指导原则是既有计划经济，也有市场调节，把两者的优点吸收进来，同时逐步地增大市场调节的比例。现在可以这样说：中国的经济的三分之一是在国家计划的控制之下；三分之一是在国家计划的指导之下，不是直接的控制，而是间接控制；另外三分之一是市场经济。

那么中国的经济有没有困难呢？有困难，主要是两个。一个是我们还需要进一步提高企业的效益，其次是中国的人口压力很大。虽然我们实行严格的计划生育政策，但是人口每年仍然是差不多增加一千六百万。所以我们必须生产更多的粮食，提供更多的生活资料来养活我们增加的人口。

另外，当前市场的活跃中还存在一些非正常贸易的现象，比如走私、贪污、盗窃、诈骗等行为。现在逃税的现象也比较严重，国有企业有逃税的，私营企业和个体企业也有逃税的。所以，从政府来讲，需要加强税收管理，加强财政监督，加强审计监督，通过法制来消除这些现象，使中国的经济能够健康地发展。

李鹏总理在谈到我国外交政策时说：

现在中国的外交政策大家是很清楚的。我们实行的是独立自主的和平外交政策，我们愿意在和平共处五项原则的基础上，同世界上所有愿意和中国发展关系的国家进行合作，建立友好关系。

中国对于国际形势的看法，并不因为现在东、西方关系的缓和而认为世界就太平了。相反，我们认为现在的世界更加动荡不安。在这种情况下，就要建立国际新秩序。这种新秩序应该是国家不分大小、不分强弱、不分贫富，一律平等。任何一个国家都有决定自己事务的权力，别的国家不应进行干涉。创造一个为世界和平、世界各国发展的环境，是一项非常重要的任务，而这个任务是要世界各国政府来共同完成。

李鹏总理最后说：希望你们能够圆满地完成这次会议，并在北京过得愉快。如果还有哪位先生希望会后在中国继续参观访问，我们表示欢迎。

李鹏总理与全国审计工作会议代表座谈时的讲话

（一九九一年十二月二十日）

这次审计工作会议开得是好的。贯彻了党中央、国务院关于加强和改进审计工作的精神，总结了审计工作的经验，统一了思想认识，并且为今后五年审计工作制定了一个发展纲要，确定了任务。我相信这次会议必将推动审计工作更好地为深化改革、发展经济服务。

审计部门建立已经七、八年了，广大审计人员艰苦创业，积极开拓，做了大量工作，在财政、金融、企业、农业、基建等领域审计工作都有了较大的进展。可以说，在我们国家，从上到下一个比较完整的审计体系已经建立起来了，审计工作的局面已经打开。

审计监督围绕着经济工作中心，在维护国家财经法纪，提高经济效益，加强廉政建设等方面，发挥了积极作用。审计在社会上的影响日益扩大，初步树立了权威。几年来，审计部门为国家增收节支三百三十亿元，这不仅增加了收入，节省了支出，更重要的是维护了国家财经纪律和正常的经济秩序，使遵纪守法的单位得到肯定，使违反法纪的单位得到处理。这是通过艰苦工作取得的成果。这几年内部审计和社会审计也都有了新的发展，做了大量工作，取得了明显的成绩。

审计工作制定一个发展纲要很有必要。通过纲要把今后十年和“八五”期间审计工作的主要目标、基本指导原则和工作任务确定下来。你们提出的纲要稿与国家十年规划和“八五”计划的要求是相符合的，我表示原则上同意。

你们在纲要稿中提出的几条审计工作基本指导原则很重要。审计部门的基本职能是对财政经济实行监督。现在要搞活国营大中型企业，这与加强审计监督并不矛盾。审计工作要支持按照国家政策和法律、法规搞活企业，对于违反财经纪律，违反国家规定的，要认真实行监督。要坚持依法审计，维护国家财经法纪，不能随意放宽、变通。这也是为了促进企业增强活力，健康发展。那种“经济要上，审计要让”的说法，是不正确的。

刚才吕培俭同志讲，审计工作要在国家宏观调控中发挥作用。就审计部门来说，它本身并不制定宏观调控措施，但是这些宏观调控措施能否落到实处，也要靠各级监督部门特别是审计部门来加以监督。要经过五年甚至十年的努力，进一步健全各级审计机构，使审计工作法制化、现代化，真正成为政府宏观调控的一个重要手段。今年各级政府的职能，不是去直接干预企业的具体事务，要让企业自主经营，自负盈亏。但是与此同时，要加强对企业、对社会经济生活的宏观调控，加强对企业的监督。这二者都是不可缺少的，是相辅相成的。审计部门每年都审计二十多万个单位，了解和掌握很多财经方面的实际情况，对典型的问题、带普遍性的问题，要善于从宏观管理方面进行研究，向政府如实反映情况，提出改进的建议。比如，会上反映的有些地方对企业进行摊派，企业又不敢得罪地方政府；还有一些地方政府向企业多要计划内的平价产品，然后又向企业返回名目繁多的奖金，这些问题带有普遍性。审计人员查处这些问题有难度，国家有责任保护你们，不使你们受到打击报复。但是，你们要敢于斗争，善于斗争，如实向政府、党委，向上一级审计机关，及至向国务院反映情况。

审计部门是综合经济监督部门，它的法定地位和监督层次是比较高的。这在国家的审计法规里面作了规定。它对国家的一切财政经济活动，包括各级政府的、国营企业的财政经济活动都可依法进行审计监督。这种监督属于正常性监督，不是出了问题才去审计，这和监察部门根据群众的举报或者是其它渠道发现问题，立案进行检查，在性质上是不同的。审计监督要重点审查财政财务收支数额大、关系国民经济全局的重点单位，如地方财政、财政金融税收部门、重点企业、重点建设项目等。

我国的审计体制实行地方政府和上级审计部门双重领导，审计业务以上级审计部门领导为主，这是《宪法》和《审计条例》规定的，既有利于审计部门依法独立行使审计监督权，又有利于发挥两个方面的积极性。

当前的审计工作，重点要贯彻中央两个会议的精神，为进一步搞好国营大中型企业、加强农业和农村工作服务。

为进一步搞好国营大中型企业，国家已经在外部环境上采取了许多措施。因此，审计大中型企业，要促进企业眼睛向内，改进管理，挖掘潜力，提高效益。刚才湖北的同志反映两个纱厂的例子，很能说明问题。同样的规模，同样的外部条件，但是一个盈、一个亏，我看主要是经营政策、经营方向的失误带来的。因此，要把更多的注意力放到转换企业机制上，使企业面向市场，搞技术革新，遵守财经纪律，当前，一个很重要的问题就是分配向个人倾斜，有些企业用不正当手段搞虚盈实亏，巧立名目挖国家。审计部门要监督企业资产、盈亏的真实情况，不能搞虚盈实亏，留利分配不能过分向个人倾斜。要充分发挥部门、单位的内部审计的作用，帮助企业建立自我约束机制。

前几年压缩基本建设规模，审计部门进行了跟踪审计，起到了很好的作用。今后，一是要加强对金融机构的审计。现在我们的金融机构规模很大，每年发放的贷款近三千亿元，相当于财政收入。这些钱是不是都用得那么恰当，是不是都按照国家的信贷政策发放？这里面有相当多的漏洞，有些没有按政策办事，甚至以权谋私，该贷的没有贷，不该贷的贷了。下面的分行、支行，还有信贷员，掌握了很大的权力。审计部门要有重点地对金融机构加强审计，这与中国人民银行系统现在开展的加强廉政建设，提高队伍素质是一致的。他们也希望审计部门去进行监督，帮助他们找出问题。还有一个税收问题。这些年来，为了帮助搞活大中型企业，搞活经济，减免了不少利税，如所得税、调节税。还有一些小税种，权力下放了，有的实行了包干。目前有一种倾向，就是纷纷向国家的基本税种——流转税打主意，有的地方巧立名目来挖这个基本税种，这不利于国家建立正常经济秩序和经济生活。所以，审计部门要把税收作为一个重点加以审计。

加强农业这个问题已经引起你们注意。要加强对农业资金的审计，纠正和防止挤占挪用、损失浪费等问题，提高资金使用效益。

最近，党中央、国务院重申要坚决刹住用公款吃喝、送礼等挥霍浪费之风，这是关系到防止腐败、密切党群关系的重要问题。审计部门要加强对各级政府部门的经常性审计监督，严格执行财经纪律。同时要加强立法建设，制定相应的法律和法规。

搞好审计工作关键在于提高审计队伍的政治、业务素质，特别是要加强各级审计领导班子的建设。审计部门是搞监督的，对自己更应该严格要求，审计人员要做到“廉洁、公正、严格、有奉献精神”。总的看，审计队伍的思想作风是比较好的，审计部门在树立良好风气上是下了功夫的。但也还存在一定的问题，不能满足现状。在当前国际、国内形势下，要进一步加强对干部的教育，严格纪律，抵制资产阶级自由化思想和社会不良风气的侵蚀。新进来的审计人员，要经过一定的训练，有一定的资格要求。不仅对业务素质有要求，对政治素质也要有要求，要宁缺勿滥。应该建立一支政治思想强、有奉献精神、业务素质高、稳定的审计队伍。

大家都提到，为加强农业资金和乡镇财政的审计，需要增加地县审计部门的编制，原来中央批准的十万人编制，现在还没有配齐。根据经济发展的不同情况，有重点地加强一些县、乡审计部门是必要的。对你们提出的要求，会后中编委再研究一下。即便要增加审计人员，也不要平均分配。有些地方商品经济发达，经济活动比较多，需要加强审计；有的地方商品经济还不那么发达，乡镇企业也不是很多，如果增加了审计人员，可能没有更多的事情做。所以，要根据工作的繁简提出报告，报中编委。

你们还提到要制定一个对违反审计法规的处罚规定，可以保证审计部门依法行使职权；还提出要制定执业审计师条例，以便提高审计事务所的人员素质，发展社会审计事业，使它适应加强集体经济组织审计等方面的需要。这是有道理的。因为国家审计部门主要是对国营企业、国家的经济活动进行审计，大量的集体企业无人审计，所以要由社会上的审计事务所这一类组织进行审计。对这两个建议原则上我表示支持，应加强这方面的立法。这两个审计法规，请法制局会同审计署研究提出草案，经过各方面协商，报国务院审定。

审计部门的工作和生活条件都还有一些困难，需要随着国家经济建设的发展，逐步加以解决，请国家计委和财政部给予关照。办案经费不足，只能个别考虑，可以根据办案的多少，每年向政府申请补助。

审计部门在社会主义经济建设中，担负着重要任务，工作难度比较大，希望地方各级政府加强领导。要按照《审计条例》的规定，由各级政府的主要负责人，即省长、市长、县长直接管审计部门，有关部门要积极配合支持审计工作，尽可能地帮助解决工作中的困难，创造必要的工作和生活条件。广大审计工作者要继续发扬好的作风，在今后的工作中作出新成绩。

〔一九九二年〕

乔石同志对审计署组织的部分省、自治区、直辖市审计局对公安主管部门一九九一年罚没收入情况进行审计的批示

一九九二年二月二十四日，我署在组织部分省、自治区、直辖市审计局对公安主管部门一九九一年罚没收入情况进行审计后，以《审计简报（增刊）》反映了查出的问题，为中共中央办公厅和国务院办公厅《昨日要情》所采用。二十九日，乔石同志在上面批示："可告审计署，赞成他们加强对执法部门的检查，这对解决以罚代刑也是很有必要的。"

国务院领导同志关于强化审计监督的指示

一九九二年十一月二十四日上午，李鹏总理主持国务院总理办公会议，听取审计署《关于强化审计监督问题的汇报》。出席会议的有田纪云副总理，王丙乾，陈俊生国务委员，罗干秘书长，国务院各有关部门的负责同志列席了会议。

会上，吕培俭同志作了汇报：几年来，审计工作在维护国家财经法纪，促进企业提高经济效益，为财政增收节支等方面，发挥了积极作用。目前，在加快改革开放和经济发展的新形势下，审计工作遇到了一些新的问题，主要是审计监督工作的现状与新形势对审计工作的要求还很不适应；有关审计监督的法律、法规需要健全；审计队伍需要加强。党的十四大提出，我国经济体制改革的目标是建立社会主义市场经济体制，这对审计工作提出了新的要求。为了适应建立社会主义市场经济体制的需要，要进一步加强审计监督，把工作重点转移到为宏观经济管理服务上来。

李鹏总理和国务院其他领导同志在听取汇报后作了重要指示，指出：审计署成立以来，审计工作有了很大发展，在经济监督工作中发挥了重要作用。原则同意审计署提出的关于强化审计监督的意见，今后，审计工作要把重点放在对经济执法部门、国有资产以及科技、教育事业费使用的审计监督上，逐步减少直接对企业的审计，在高层次的宏观管理监督上发挥作用。

会议对审计署请示国务院解决的几个具体问题，研究议定了以下意见：

(一)关于审计事务所、注册审计师问题。考虑到注册审计师和注册会计师从事的业务内容基本相同,只是工作对象各有侧重,同意审计事务所和会计师事务所并存,也可以一个机构两个牌子,其从业人员均可取得注册会计师资格。为了工作上互相配合,由财政部门和审计部门共同组织成立注册会计师协会,注册会计师资格由财政部、审计署授权注册会计师协会在考试合格后授予。此事请财政部、审计署共同商定实施办法。

(二)关于审计机关审计同级财政部门问题。按照规定,财政部每年要向全国人大报告国家财政执行情况,接受全国人大的监督审查。如国务院在认为有必要对国家财政收支进行审计时,可由国务院常务会议或总理授权审计署审计。

(三)关于加强审计力量问题。同意审计署意见,原定编制十万人的方案不变,到一九九五年配齐。审计部门要采取多种形式大力培养人才,加强队伍建设,充分发挥审计监督在宏观调控中的作用。

〔一九九三年〕

王丙乾副委员长在纪念审计署成立十周年大会上的讲话

(一九九三年九月十五日)

今天是审计署成立十周年,我向同志们表示衷心祝贺。

我们国家的审计工作从无到有,从小到大,经过了一个不断发展壮大的历程。从整体上讲,各级审计机关、派出机构、内部审计机构、审计事务所,是比较健全了,构成了一个网络。审计队伍逐步发展壮大,审计人员的素质逐步提高,审计机关的思想作风建设逐步加强。审计立法工作取得了进展,有了《审计条例》,制订了许多规章、办法、程序,审计法正在抓紧制定,可能不久将来要出台。经过十年的努力,我们已经初步建立起一个符合中国实际情况,具有中国特色的审计工作体系。

十年来,在党中央、国务院的领导下,各级审计机关认真贯彻党的基本路线和各项方针政策,认真执行有关法律、法规、制度,做了大量的有成效的工作。审计工作对于维护财经纪律,纠正违法乱纪和不正之风,促进改革开放和经济建设的发展,起到了积极作用。我过去讲过,审计工作不是吃财的,而是生财的。审计工作创造的效益相当大,包括政治效益、经济效益、社会效益。通过履行审计监督职能,维护党和政府的形象,增进党群关系,这就是政治效益。总之,审计工作对国家、对人民、对社会是有贡献的。

展望未来,审计工作的前途光明,任重道远。我们要建立社会主义市场经济体制,改革开放要不断向纵深发展,经济建设步伐要加快,必须加强宏观调控,保证中央政令的统一和经济高速、持续、协调地发展。市场经济是法制经济,搞好审计工作有利于加强社会主义法制建设。没有法制,各搞一套,计划的作用就会大大降低,社会就会出现混乱。总之,我们要通过审计工作促进加强宏观调控,加强法制建设,保证社会主义市场经济有秩序地运行。

目前各地都在贯彻中央关于加强宏观调控的措施,解决当前经济生活中突出矛盾和问题,并已初见成效;正在加强社会治安工作,保持社会安定团结;最近江总书记在中纪委二中全会上讲话,作出加强纪检工作开展反腐败斗争的部署。这三件大事都和审计工作密切相关,审计工作要为此发挥作用,作出贡献。

不只是做审计工作的同志,各方面都要认识到,进一步加强审计工作是非常必要、非常迫切的,它是政治生活、经济生活中所不可缺少的。不论从我国还是外国的实践来看,都充分说明了这一点。各级审计机关和广大审计人员要认识到审计工作的任务是艰巨而光荣的。要进一步解放思想,总结我们自己的经验,吸取外国好的经验,在已有的基础上,改进和提高审计工作,更好地发挥作用。我们应当经过若干年的努力奋斗，再登上一个新的台阶，使审计工作为发展社会主义市场经济，为社会主义现代化建设，为完成党和国家交给的各项任务，取得更大的成绩。

审计工作文件

审计署有关审计工作的规章制度

〔一九八九年〕

中华人民共和国审计署令

第一号

《中华人民共和国审计条例细则》已经审计署审计长会议通过，现予发布施行。

审计长　吕培俭
一九八九年六月二十一日

中华人民共和国审计条例施行细则

第一条　根据《中华人民共和国审计条例》(以下简称《审计条例》)第三十九条的规定，制定本施行细则。

第二条　各级审计机关执行《审计条例》第三条第一款，应当遵守下列规定：

(一)国务院各部门、地方政府及其部门在权限范围内制定的与国家法律、法规和政策无抵触的有关规定，应当作为审计的依据；

(二)下级政府、部门的规定与上级政府、部门的有关规定相抵触时，除国家另有特殊规定外，应以上级政府、部门的规定为审计依据；

(三)政府各部门之间的有关规定不一致时，应以法律、行政法规授权的主管部门的规定为审计依据；

(四)对审计中发现的重大问题，没有明确审计依据的，应当请示本级人民政府或者上一级审计机关。

第三条　下级审计机关执行《审计条例》第四条的规定，应当及时向上一级审计机关报送有关审计工作的下列资料：

(一)地方性审计法规、规章，本级人民政府关于审计工作的重要决定、指示；

(二)审计工作的计划、总结、典型经验、重要的审计调查报告以及统计报表；

(三)严重违反财经法规、严重损失浪费等重大审计事项的审计结论和决定，上级审计机关交办审计事项的审计报告；

(四)审计工作的其他重要情况。

第四条　审计机关办理审计业务时，如本级人民政府的有关规定、决定、指示与上级审计机关的有关规定决定、指示不一致时，应按上级审计机关的执行。

第五条　《审计条例》第八条的规定，适用于地区行政公署设立的审计机关。

第六条　《审计条例》第九条所称的设立派出机构的“审计机关”，是指审计署和省、自治区、直辖市以及计划单列城市的审计机关。

省、自治区、直辖市以及计划单列城市审计机关在重点地区、部门设立派出机构，由本级人民政府决定，并报上级审计机关备案。

第七条　审计机关应当支持审计工作人员依法行使职权。

审计工作人员依法行使职权，遭受打击报复，向上级审计机关提出申诉时，上级审计机关应及时调查核实，依据《审计条例》第八章的有关规定进行处理，或者提请监察等有关机关处理。

第八条 《审计条例》第十二、十三条所称的“国家资产”是指:国家直接管理或者授权部门、企业事业单位和其他单位管理和使用的属于全民所有的资产、财产,及其所得的属于全民所有的收益。

第九条 《审计条例》第十二条及其他有关条款所称的“财政、财务收支”,包括外汇收支。

第十条 《审计条例》第十二条第二项所称的“国家金融机构”是指国家设立的下列机构;

(一)中国人民银行及其分支机构;

(二)国家专业银行及其分支机构;

(三)中国人民保险公司及其分支机构;

(四)信托投资公司;

(五)经中国人民银行批准设立的其他有国家资产的金融组织。

第十一条 《审计条例》第十二条第四项所称的“国家给予财政拨款或者补贴的其他单位”,包括有关的机关、团体和部队等。

第十二条 《审计条例》第十二条第五项中的“其他企业”,是指有国家资产的其他非全民所有制企业。

对有国家资产的中外合资经营企业、中外合作经营企业审计监督的具体办法,另行制定。

第十三条 《审计条例》第十二条第六项所称的其他单位,包括地方性法规、规章规定应当进行审计监督的单位。

第十四条 《审计条例》第十三条第七项所称的“借用国外资金、接受国际援助项目”,包括:

(一)外国政府、国际金融组织、国外银行及其他金融机构等提供的各类贷款;

(二)对外发行债券;

(三)国际组织、外国政府和民间团体提供的各项援助;

(四)利用国外资金的合作项目。

第十五条 《审计条例》第十二条所列单位,应当按照审计机关的规定,及时向负责对其审计监督的审计机关报送与《审计条例》第十三条所列审计事项有关的预算、计划、决算、报表、规章、文件、资料等。

第十六条 执行《审计条例》第十四条第三款规定,内部审计机构、社会审计组织承办委托审计事项提出的审计报告,由委托的审计机关审定,并作出审计结论和决定。

第十七条 《审计条例》第十五条第三项所称“机关、团体、企业事业单位和有关人员”,包括被审计单位以外的有关单位和人员;“有关事项”,包括与被审计单位的财政、财务收支有关的税利收缴、债权债务、银行往来、供销关系等经济业务活动情况。

第十八条 审计机关执行《审计条例》第十五条第四项的规定,对被审计单位正在进行的严重损害国家利益、违反财经法规的行为,应当首先责成其停止该项行为;被审计单位不执行的,提请其主管部门作出临时的制止决定;主管部门制止无效,或者情况紧急时,通知财政部门或者银行暂停拨付有关款项。

暂停拨付的有关款项,必须是与被审计单位正在进行的严重损害国家利益、违反财经法规行为直接有关的款项。

第十九条 《审计条例》第十五条第四项所称的“有关主管部门作出临时的制止决定”,包括主管部门暂停拨款。

第二十条 《审计条例》第十五条第五项所称的“阻挠、破坏审计工作”,是指被审计单位在审计过程中的下列行为:

(一)拒绝提供或者提供虚假的凭证、帐表、文件、资料和证明材料的;

(二)销毁帐册和隐匿资产的;

(三)借故设置障碍,妨碍审计工作人员正常履行职责的;

(四)在审计过程中继续进行严重损害国家利益、违反财经法规行为的。

第二十一条 审计机关对阻挠、破坏审计工作的被审计单位,除在审计过程中采取封存帐册、资产等临时措施外,并可根据《审计条例》第八章的规定,对单位和有关人员给予处罚。

第二十二条 被审计单位已停止或者纠正严重损害国家利益、违反财经法规的行为或者阻挠、破坏审计工作的行为后，审计机关采取的暂停拨付有关款项或者封存有关帐册、资产等临时措施应当及时解除。

第二十三条 《审计条例》第十六条关于罚款的规定，适用于被审计单位的直接责任人员和单位负责人。

第二十四条 《审计条例》第十六条第一款第三项所称的应予退还或者没收的“非法所得”包括：

(一)个人利用职务上的便利，非法占有的公共财物；

(二)单位非法侵占的不属于本单位的财物；

(三)违反价格管理规定所攫取的收入；

(四)违反国家规定将全民所有的资产转让给集体或者个人所获得的非法收入；

(五)单位或者个人利用职权非法收受的钱物；

(六)依法应予退还或者没收的其他非法所得。

第二十五条 《审计条例》第十六条第一款第四项所称的应予收缴的“侵占的国家资产”包括：

(一)违反规定未缴纳的税款以及隐瞒、截留应当上交的利润或者其他收入；

(二)非法减免的税收；

(三)虚报冒领、骗取的财政拨款、补贴或者物资；

(四)依法应当收缴的其他国家资产。

第二十六条 审计机关确定审计事项后，应当组成审计组，在实施审计前向被审计单位发送《审计通知书》。审计机关认为需要被审计单位进行自查的，应在《审计通知书》中写明自查的内容及要求。

第二十七条 审计工作人员执行《审计条例》第二十条时，应当按照下列规定办理：

(一)对审计中发现的问题，做出详细、准确的记录，并写明资料来源。

(二)对证明审计事项的原始资料、有关文件和实物等，通过复印、复制、拍照等方法取得。

(三)参加有关会议时，应当对涉及审计事项的内容做出记录。必要时，可以要求被调查单位提供会议有关记录材料。

(四)对重要审计事项进行调查时，审计工作人员不得少于二人。

审计工作人员收集的证明材料，应当经过当事人核阅签章。

第二十八条 审计工作人员起草的审计报告，主要包括下列内容：

(一)审计的内容、范围、方式、时间及有关情况的概括；

(二)与审计事项有关的事实；

(三)依据的法律、法规、政策的规定；

(四)初步结论、处理意见和建议。

第二十九条 审计组应将审计报告征求被审计单位的意见。被审计单位提出不同意见，认为审计报告中事实不清或有出入的，应当进一步核实；对审计报告中结论和处理意见有异议的，应当根据有关法规和具体情况认真研究。

被审计单位在规定期限内没有提出书面意见的，视为对审计报告没有异议。

第三十条 审计机关执行《审计条例》第二十二条第二款的规定，对有下列规定内容之一的审计事项，应当征求有关部门的意见：

(一)审计依据界限不清的；

(二)需要追究地方、部门负责人行政责任的；

(三)需要有关部门采取重大改进措施的；

(四)审计机关认为需要征求有关部门意见的其他重大事项。

审计机关征求意见后，依法独立作出审计结论和决定。

第三十一条 审计组的审计报告须报派出的审计机关审定，由审计机关作出审计结论和决定，通知和监督被审计单位执行，并通过有关部门协助执行。

审计机关负责人对作出的审计结论和决定负责。

第三十二条 上级审计机关办理复审事项，应当按照下列情形分别处理：

(一)原审计结论和决定认定事实清楚,定性和处理恰当的,维持原审计结论和决定。

(二)原审计结论和决定认定事实清楚,定性或者处理不当的,纠正原审计结论和决定中不适当的定性或者处理。

(三)原审计结论和决定事实不清或者证明材料不足的,重新进行审查、核实。

第三十三条 被审计单位对审计机关派出机构作出的审计结论和决定不服的,向设立派出机构的审计机关申请复审。

第三十四条 审计机关检查审计结论和决定的执行情况时,应当按照下列情形分别处理:

(一)被审计单位未按规定期限和要求执行审计结论和决定,可根据《审计条例》第八章有关规定进行处罚。

(二)发现原审计结论和决定不适当时,可进行复查,重新作出审计结论和决定。

(三)发现下级审计机关作出的审计结论和决定不适当时,上级审计机关有权改变或者撤销。

第三十五条 内部审计、社会审计的施行办法,另行制定。

第三十六条 审计机关根据《审计条例》第三十四条的规定,对单位可处以三千元以下的罚款;情节严重的,可处以三千元以上、一万元以下的罚款。

第三十七条 审计机关根据《审计条例》第三十四、三十五条的规定,对有关人员可根据情节轻重,处以相当于本人三个月基本工资以下的罚款。

第三十八条 审计机关根据《审计条例》第三十四条的规定,对单位的警告和对单位及其有关人员罚款的处罚,在《审计结论和决定》中作出;不能在《审计结论和决定》中作出的,应当在《审计处罚决定通知书》中作出。

第三十九条 本施行细则由审计署负责解释。

第四十条 本施行细则自发布之日起施行。

中华人民共和国审计署令

第二号

《审计署关于社会审计工作的规定》已经审计署审计长会议通过,现予发布施行。

审计长 吕培俭

一九八九年七月五日

关于社会审计工作的规定

第一条 为了加强社会审计工作,适应社会主义商品经济发展的需要,根据《中华人民共和国审计条例》,制定本规定。

第二条 社会审计是我国审计体系的组成部分。

社会审计工作的管理机关为各级审计机关。

第三条 从事社会审计工作的组织机构为审计事务所。

审计事务所是依法独立承办审计查证和咨询服务的事业单位,实行有偿服务,自收自支,独立核算,依法纳税。

第四条 成立审计事务所应具备下列条件:

(一)章程;

(二)办公场所;

(三)符合要求的自有资金;

(四)与业务规模相适应的具有审计师以上资格的执业审计师;

(五)法定代表人。

第五条 成立审计事务所,应经当地审计机关同意,由省、自治区、直辖市以上审计机关审查批准。经批准成立的审计事务所,依照有关规定,向当地工商行政管理机构办理登记,领取营业执照后,始得开业。

第六条 审计事务所的工作人员包括:

(一)经政府有关部门批准的事业编制内的

人员；

（二）聘请的离退休专业人员；

（三）招收的劳动合同制人员。

审计机关和其他党政机关的工作人员不得在审计事务所兼职。

第七条 审计事务所业务人员的审计专业技术任职资格的评定，按照国家有关规定办理。

第八条 审计事务所接受国家机关、全民所有制企业事业单位、城乡集体经济组织和个人委托，承办下列业务：

（一）财务收支、经济效益、经济责任的查证事项；

（二）经济案件的鉴定事项；

（三）注册资金的验证和年检；

（四）基建工程预、决算的验证；

（五）建帐建制，资产评估，清理债权债务；

（六）经济管理咨询服务；

（七）培训审计、财务、会计和其他经济管理人员；

（八）担任审计、会计咨询顾问。

第九条 审计事务所办理外商投资企业的查证业务，对有关法律、法规规定必须由在中国注册的会计师办理的，应当依照《中华人民共和国注册会计师条例》的规定执行。

第十条 审计事务所根据政府的规定，办理城乡集体经济组织的有关审计事项。

第十一条 国家机关、企业事业单位等委托审计事务所办理审计查证和咨询业务，应出具委托书或者订立书面协议。

第十二条 审计事务所承办业务，向委托方收费。

审计事务所的收费标准，由各省、自治区、直辖市审计机关根据当地实际情况提出，经物价部门批准。国家另有统一规定的项目，按统一规定执行。

第十三条 国家机关委托审计事务所办理审计、查证、鉴定、验资等事项，可在自己的职权范围内，授予审计事务所下列权限：

（一）查阅与委托事项有关的帐目、文件、资料、核查资财；

（二）参加与委托事项有关的会议；

（三）向与委托事项有关的单位和个人进行调查和索取证明材料。

其他委托人委托审计事务所办理业务，应在委托书或书面协议中约定有关查阅帐目、文件、资料和核查资财的权限。

第十四条 审计事务所的工作人员有下列情形之一的，应当实行回避，委托单位有权要求其回避：

（一）与委托单位负责人和主管人员或者鉴定事项的当事人有近亲属关系的；

（二）有其他直接利益关系，可能影响公正办理委托事项的。

第十五条 审计事务所及其工作人员在执行业务中取得和了解的资料、情况，应当按照规定严格保守秘密。

第十六条 业务办理完毕，审计事务所根据委托人提供的真实资料，在双方约定的范围内，向委托人提交审计、查证、鉴定、验资报告，并对报告内容的正确性和合法性负责。

审计事务所办理业务时，如发现委托方提供虚假资料或者有违纪行为，应当在报告中提出。必要时，有权拒绝出具报告。

第十七条 承办审计机关委托的审计事项所作出的审计报告，应报送委托的审计机关审定。审计结论和决定，由委托的审计机关作出。

第十八条 审计机关负责社会审计工作的业务指导，制订或者审批有关社会审计工作的制度、办法，监督检查审计事务所的业务质量和财务收支。

第十九条 有关社会审计工作的业务开展、财务收支、法定代表人变动等情况，以及社会审计工作的有关资料，审计事务所应按审计机关的要求报告、报送。

第二十条 审计事务所应当按照税法规定的期限纳税，纳税有困难需要申请减免的，应当按税法规定办理。

第二十一条 审计事务所税后盈余的各项基金分配比例，根据国家对事业单位的有关规定执行。

审计事务所根据国家有关规定，提出财务管理和人员待遇的具体办法，报主管的审计机关批准后施行。

审计事务所与其主管审计机关、筹组单位的财务收支，必须严格划分，不得相互侵占。

第二十二条 为交流社会审计工作经验，维护合法的职业权益，监督审计事务所工作人员遵守职业道德，审计事务所可以联合成立行业性的协会组织。

第二十三条 审计事务所及其工作人员办理社会审计业务，应当遵循依法办事、客观公正、诚实信用、保守秘密的原则；不得弄虚作假、营私舞弊、非法谋利、泄露秘密。

第二十四条 对严格遵纪守法、工作成效显著的审计事务所及工作人员，审计机关应予以表彰或奖励。

第二十五条 对违反本规定的审计事务所，审计机关可以根据其性质、情节，分别给予警告、通报批评、停业整顿、责令解散等处分。

责令解散的处分，经该所的主管审计机关提出建议，由批准成立该所的审计机关作出决定，提请工商行政管理机关吊销营业执照。

第二十六条 对违反本规定的审计事务所工作人员，由审计事务所或者有关主管机关按照规定给予经济处罚、行政处分；触犯刑律的，由司法机关依法追究刑事责任。

第二十七条 本规定由审计署负责解释。

第二十八条 本规定自发布之日起施行。

中华人民共和国审计署令

第三号

《审计署关于内部审计工作的规定》已经审计署审计长会议通过，现予发布施行。

审计长 吕培俭

一九八九年十二月二日

关于内部审计工作的规定

第一条 根据《中华人民共和国审计条例》的规定，为加强国家审计范围内单位内部审计工作，特制定本规定。

第二条 内部审计是我国审计体系的组成部分。

政府部门、全民所有制企业事业单位实行内部审计制度，以加强内部的管理和监督，维护财经法纪，改善经营管理，提高经济效益。

第三条 下列单位，根据内部管理的需要，设立独立的内部审计机构：

（一）审计机关未设立派出机构的政府部门；

（二）国家金融机构；

（三）全民所有制大中型企业；

（四）有国家资产的其他大中型企业；

（五）全民所有制大型基建项目的建设单位；

（六）财务收支金额较大的全民所有制事业单位；

（七）其他需要设立内部审计机构的单位。

审计业务较少的单位，可以设置专职内部审计人员。

第四条 内部审计机构在本单位主要领导人的直接领导下，依照国家法律、法规和政策，对本单位及下属单位的财务收支及其经济效益进行内部审计监督，独立行使内部审计职权，对本单位领导人负责并报告工作。

第五条 审计署负责指导全国的内部审计工作；地方各级审计机关负责指导本地区的内部审计工作；审计机关驻政府部门派出机构负责指导直属单位和行业的内部审计工作；上级内部审计机构负责指导所属单位的内部审计工作。

第六条 内部审计机构对审计范围内的下列事项进行内部审计监督：

（一）财务计划或者单位预算的执行和决

算；

（二）与财务收支有关的经济活动及其经济效益；

（三）内部控制制度的健全、有效；

（四）国家和单位资产的管理情况；

（五）专项资金的提取、使用；

（六）国家财经法纪的执行情况；

（七）承包、租赁经营的有关审计事项；

（八）所在单位领导人交办的和审计机关委托的其他审计事项。

第七条 内部审计机构对本单位与境内、外经济组织兴办合资、合作经营企业以及合作项目所投入资金、财产的使用及其效益，进行内部审计监督。

第八条 内部审计机构根据所在单位的规定，可以对有关经济活动实行审签制度。

第九条 根据内部审计工作的需要，被审计单位应当按时向其主管的内部审计机构报送有关的计划、预算、决算、报表和文件、资料等。

第十条 内部审计机构的主要职权是：

（一）检查凭证、帐表、决算、资金和财产，查阅有关的文件和资料。

（二）参加有关的会议。

（三）对审计中的有关事项，进行调查并索取证明材料。

（四）对正在进行的严重违反财经法纪、严重损失浪费行为，作出临时的制止决定。

（五）对阻挠、破坏审计工作以及拒绝提供有关资料的，经单位领导人批准，可以采取必要的临时措施，并提出追究有关人员的责任的建议。

（六）提出改进管理、提高效益的建议，以及纠正、处理违反财经法纪行为的意见。

（七）对严重违反财经法纪和造成严重损失浪费的人员，提出追究责任的建议。

（八）对审计工作中的重大事项，向对其进行指导的上级内部审计机构和审计机关反映。

第十一条 内部审计机构所在单位可以在管理权限范围内，授予内部审计机构经济处理、处罚的权限。

第十二条 内部审计工作的主要程序是：

（一）根据上级部署和本单位的具体情况，拟订审计项目计划，报经本单位领导人批准后实施。

（二）实施审计时，应当事前通知被审计单位。

（三）对审计中发现的问题，可随时向有关单位和人员提出改进的意见。审计终结，提出审计报告，征求被审计单位的意见后，报送本单位领导人。经批准的审计结论和决定，被审计单位必须执行。

（四）被审计单位对审计结论和决定如有异议，可以向内部审计机构所在单位领导人提出申诉。该领导人应当及时处理。

第十三条 内部审计机构对办理的审计事项，必须建立审计档案，按照规定管理。

第十四条 内部审计机构的负责人员，按照干部管理权限的规定任免，并应事前征求对其进行指导的上一级主管单位的意见。

按照国家规定，评定内部审计人员的专业技术任职资格，聘任内部审计专业人员。

第十五条 内部审计人员要依法审计、忠于职守、坚持原则、客观公正、廉洁奉公、保守秘密。不得滥用职权、徇私舞弊、泄露秘密、玩忽职守。

内部审计人员依法行使职权受国家法律的保护。任何单位及个人不得打击报复。

第十六条 对违反本规定的单位和个人，由其主管单位根据情节轻重，给予行政处分、经济处罚；或者提请有关部门处理。

第十七条 集体经济组织的内部审计工作，可参照本规定执行。

第十八条 各部门、各地区、各单位可以根据本规定，制定具体实施办法。

第十九条 本规定由审计署负责解释。

第二十条 本规定自发布之日起施行。一九八五年十二月五日发布的《审计署关于内部审计工作的若干规定》同时废止。

中华人民共和国审计署令

第四号

《行政单位定期审计制度》已经审计署审计长会议通过，现予发布，自一九九〇年一月一日起施行。

对实行定期审计的事业单位，可比照本制度执行。

审计长 吕培俭

一九八九年十二月十四日

行政单位定期审计制度

一、为了对各级行政单位财务收支实行经常性的审计监督；以严肃财经纪律，保护国家资财，加强财务管理，提高资金使用的经济效益和社会效益，发扬艰苦奋斗、为政清廉的优良传统，根据《中华人民共和国审计条例》、《中华人民共和国审计条例施行细则》的有关规定，制定本制度。

二、本制度适用于下列单位：

(一)各级人民政府及其所属各部门；

(二)其他国家机关；

(三)国家给予财政拨款或有国家资产的社会团体；

(四)各级人民政府直接领导的具有行政管理职能的总公司。

审计机关对上述单位的行政管理费、事业费、基本建设和其他各项专用资金等预算内、外财务收支及其有关经济活动的真实、合法、效益，实行定期审计。公安、安全、外事等机关特殊的绝密事项经费，由其内部审计机构审计。

三、审计的内容主要包括：

(一)财会机构和财会人员是否履行法定职责和执行国家会计制度。

(二)有无编造假决算，挤占挪用各项专项资金，将预算内资金转预算外，私设“小钱柜”。

(三)有无贪污盗窃、行贿受贿、倒买倒卖、以权谋私等违法行为。

(四)有无用公款请客送礼、游山玩水等挥霍浪费国家资财的行为。

(五)有无偷税漏税、逃汇套汇，乱收费、乱集资、乱摊派、乱罚款，隐瞒截留应上交国家财政资金。

(六)有无擅自购买专控商品，乱拉资金搞计划外固定资产投资项目，擅自调拨、转让和变卖公有财产物资。

(七)有无超过编制、扩大开支范围、提高开支标准和滥发钱物等。

(八)内部控制制度，特别是财会制度是否明确具体、严密有效。

(九)在各项资金筹集、分配、使用和管理上，是否取得最佳经济效益和社会效益。

各级审计机关应当围绕国家的中心工作和廉政建设的要求，结合各地情况，确定定期审计的重点。

四、被审计单位应依照审计机关的规定，定期报送会计帐册、报表等财务会计资料。审计机关根据被审计单位的具体情况，实行报送审计或就地审计。

定期审计的间隔期限，一般分为月、季、半年、一年。各单位的审计间隔期限由审计机关分别确定。

五、审计机关审计主管单位的财务收支，必要时有重点地抽审其所属的二级及基层单位的财务收支。主管单位的内部审计机构负责对所属的单位实行定期审计。

六、审计机关应当向被审计单位发送《审计通知书》，明确规定审计的方式、范围、间隔期限和有关要求等。审计终结后，应做出审计结论和处理决定。审计机关对执行财经制度、廉洁奉公和勤俭节约的单位，应予以表扬；对违反财经法规的问题应依法处理；情节严重需要追究行政责任的人员，移交监察机关等有关部门处理；构成犯罪的，移交司法机关处理。

七、各级审计机关要将对本级行政单位的

定期审计情况和处理结果，向本级人民政府写出年度审计报告，并报上一级审计机关。

八、对于不按规定报审、拒审以及拒不执行审计结论和决定的单位，审计机关可依法封存帐册、资产，暂停拨款，并可给予警告、通报批评，处以罚款，直至建议追究有关人员的行政责任。

九、各省、自治区、直辖市审计机关可根据本制度，制定本地区的实施办法。

十、本制度由审计署负责解释。

十一、本制度自一九九〇年一月一日起实行。一九八七年一月二日审计署(87)审行字第4号文件同时废止。

关于审计署人员在审计工作中六项纪律

审人字〔1989〕252号

（一九八九年八月七日）

审计署是经济监督部门，全体人员必须严格遵守党和国家为政清廉的各项规定。到被审计单位执行审计任务时，必须遵守以下纪律：

一、不接受宴请；

二、不接受礼品或购买低价、紧俏商品；

三、不索贿、受贿；

四、不利用职权为个人谋私利；

五、不隐瞒依法查出的违法违纪问题；

六、不泄露审计工作中涉及到的机密。

关于审计署机关干部保持廉洁的八条规定

审办字〔1989〕288号

（一九八九年八月二十二日）

为了严格执行党中央、国务院有关廉政建设的规定，发扬艰苦奋斗的优良传统，保证署机关清政廉洁，特制定以下规定：

一、机关干部到本市或外地出差，一律按标准付费用餐，不得接受地方和下属单位的宴请。

二、不得以任何名义和形式接受地方和下属单位赠送的礼品，或以低于当地市价购买土特产品和其它物品。

三、副审计长以上领导干部的配偶、子女不得安排在本署工作；司局级干部的配偶、子女不得安排在本司局工作。不得利用职权为子女、亲友提干、出国、入党等向有关方面施加影响。

四、机关不再购买进口小轿车。正、副审计长按照规定配车、用车。

五、司局级以上领导干部要严格按标准分配住房，不得超标准用公款装修住房。

六、不得以出差或开会为名，搞变相公费旅游。在旅游旺季，不得到京外旅游地区开会。

七、必须严格遵守《审计人员守则》和审计纪律，到被审计单位执行任务时，不得以权谋私。

八、对违反上述规定的，要视情节轻重，给予严肃处理。

〔一九九〇年〕

审计署、国家保密局关于审计工作中国家秘密及其密级具体范围的规定

审办发〔1990〕253号

（一九九〇年八月二十二日）

第一条 审计工作中国家秘密的具体范围包括：

（一）尚未公布的全国审计工作的重大方针、政策；

（二）审计工作发展规划、年度审计项目计划和审计统计报表；

（三）尚未公布的审计项目情况及其文件材料；

（四）外资运用的审计情况及审计资料；

（五）涉及各级政府、部门、军队、大中型企业、事业单位财政经济活动全局的审计资料；

（六）尚未公布的审计结论、处理决定和审

计案例；

（七）计算机软件和通信保密设备的秘密使用措施。

第二条 审计工作中国家秘密的密级具体范围如下：

（一）绝密级事项

1.涉及绝密的国民经济发展计划、财政预决算、外汇、信贷计划及其执行结果的审计资料，涉及全社会普遍关注、对全国有重大影响的财政经济的审计情况及其有关资料；

2.尚未公布的重大审计项目（国务院交办的，涉及省、部级干部负有重要责任要受到处罚的，查出违纪金额中应缴财政数额在一千万元以上的）的审计结果及其审计资料；

3.计算机应用中涉及“绝密”信息的指令；

4.密码、密钥及通信保密机。

（二）机密级事项

1.尚未公布的全国审计工作的重大方针、政策；

2.全国的年度审计项目计划及执行结果，审计统计年报表；

3.尚未公布的重要审计项目（省、自治区、直辖市政府交办的，涉及厅、局级干部负有重要责任要受到处罚的，拟将当事人移送监察部门或司法机关处理的）的审计结果及其审计资料；

4.全国性外资运用的审计情况和有关资料；

5.计算机应用中涉及“机密”信息的指令。

（三）秘密级事项

1.审计署的派出机构，省、自治区、直辖市、计划单列市及派出机构的年度审计项目计划及执行结果，审计统计年报表；

2.正在审计的一般审计事项、审计结果及其审计资料；

3.重要审计项目的审计案例；

4.省、自治区、直辖市、计划单列市、地（市）县外资运用的审计情况和有关资料；

5.计算机运用中涉及“秘密”信息的指令。

第三条 审计工作中的下列事项不属于国家秘密，但应作为内部事项管理，不得擅自对外扩散：

（一）地（市）、县年度审计项目计划及其执行结果，审计统计年报表；

（二）年度审计文件选编；

（三）一般的审计文件、简报和信息材料；

（四）一般审计项目的审计案例；

（五）审计机关内部机构的工作计划、总结、请示、报告及有关记录。

第四条 本规定自一九九〇年八月二十二日起生效。审计署一九八六年三月二十八日印发的《审计工作保密范围和密级划分试行办法》，审计署办公厅一九八六年五月二十日印发的《审计署保密范围和密级划分试行办法》同时废止。

关于加强审计执法的若干规定

（一九九〇年九月十二日）

《中华人民共和国审计条例》实施以来，各级审计机关正在贯彻依法审计原则，查处违反财经法纪问题。但是，当前财经法规不够健全，审计机关与有些财经管理部门的关系没有完全理顺，审计执法手段不够完善，影响了审计执法职能的充分发挥。为了逐步实现审计工作法制化，特制定本规定：

一、地方各级审计机关要在本级政府的领导和支持下，督促被审计单位执行审计结论和决定。遇有其它行政机关和个人干涉或审计人员遭受打击报复的问题，应报请本级政府和上级审计机关依法查处。

二、审计机关查处违反财经纪律的问题，必须以查清事实，证据确凿为前提，依照国家有关财经法规的规定作出审计结论和决定，进行处理，保证定性正确，宽严适度。

三、审计机关应当严格依照国家有关财政、金融和经济等方面的法律、法规、规章（以下简称财经法规）的规定，进行审计监督，不得随意变通。遇有下列情况应当按照以下规定处理：

(一)地方性法规、规章以及国务院各部门规章与全国人民代表大会及其常务委员会的法律、国务院的行政法规相抵触的,应以全国人民代表大会及其常务委员会的法律和国务院的行政法规作为审计执法依据。

(二)政府各个部门的规章相互抵触的,应以法律和行政法规授权部门制定的规章作为审计执法依据。

(三)对于财经法规中某些界限不清的问题,提请有权解释这一法规的机关作出书面解释后进行处理。

(四)对于审计中的重大问题的处理,没有明确法规依据的,应当请示本级人民政府或者上一级审计机关作出书面解释后进行处理。对于财经法规的某些规定明显不合理的,可以建议有关机关制定或修改相应的法规。

(五)对违反财经法规问题的查处,原则上应以其行为发生期间的有效法规作为审计执法依据。

四、在审计执法过程中,审计机关与有关财经管理部门的关系,应当按照以下规定处理:

(一)对被审计单位违反财政、税务、金融、外汇、工商行政、物价管理法规的行为,根据《审计条例》第十六条的规定,审计机关有权依照国家的法律、法规和国家授权的主管部门的规章进行处罚。

(二)审计机关作出的审计结论和决定,有关财经管理部门应当配合督促被审计单位执行,不要随意停止执行或改变决定。审计机关对于重大审计事项,在作出审计结论和决定前,应征求有关财经管理部门意见。

(三)审计机关正在进行审计的事项,有关财经管理部门不要同时进行检查,遇有特殊情况需同时进行的,应商得审计机关同意,配合进行。

五、审计机关已在银行设立过渡专户的,可以用过渡专户收缴被审计单位的违法款项和罚款,以监督检查审计结论和决定的执行情况,并按照规定时间和预算科目,将专户中的款项解缴财政金库;没有设立审计过渡专户的,审计机关在通知被审计单位按审计结论和决定执行的同时,通知有关执法部门配合执行,有关执法部门应负责将配合执行所掌握的情况报告审计机关。

六、审计机关和审计人员必须正确行使审计执法权,不得滥用职权。

审计署和省、自治区、直辖市审计机关应组织审计巡视组,对所属审计机关的执法情况进行监督检查。

审计机关应定期向本级政府和上级审计机关报告审计执法情况,请示执法中的重要问题,接受政府的监督检查。

七、本规定由审计署负责解释。

〔一九九一年〕

中华人民共和国审计署令

第59号

《执业审计师制度(试行)》已经审计署审计长会议通过,现予发布施行。

审计长　吕培俭

一九九一年十月九日

执业审计师制度(试行)

一、为完善审计体系,加强审计事务所的组织建设,提高从业人员的素质,保证业务质量,推动社会审计的健康发展,根据《中华人民共和国审计条例》、《审计署关于社会审计工作的规定》制定本制度。

二、执业审计师是依法从事审计查证和咨询服务的专业人员。

执业审计师的工作机构为经省以上审计机关批准成立,已办理工商登记的审计事务所。

三、执业审计师的管理机关,在全国为审计署,在各地区为省、自治区、直辖市审计局。

四、担任执业审计师应经过考试。

热爱中华人民共和国，拥护社会主义制度，具有大专以上学历，并从事过五年以上财经工作，现在审计事务所工作的中国公民，可以申请参加执业审计师考试。

执业审计师考试由审计署统一组织，各省、自治区、直辖市审计局具体实施。

五、取得中级以上审计专业技术职务任职资格，并具有一年以上从事社会审计工作经历的人员，申请担任执业审计师，经过考核合格，可以免予考试。

执业审计师考核由各省、自治区、直辖市审计局按照审计署的规定组织实施。

六、执业审计师的申请、审批程序是：

1. 申报人填写《执业审计师注册申报表》，提交有关文件、证件、证明材料或考试成绩单；

2. 申报人所在审计事务所审核申报表，签署意见，报批准该审计事务所成立的审计署或者省、自治区、直辖市审计局审批；

3. 审计署或者省、自治区、直辖市审计局召集由管理人员和高级专家组成的执业审计师审核委员会对申报进行审核。对符合执业审计师条件的人员，授予执业审计师称号，给予注册，发给《中国执业审计师证书》。

七、各省、自治区、直辖市审计局审核批准的执业审计师名单，应报审计署备案；审计署发现审批不当的，应当通知批准的审计局重新审查。

八、执业审计师可以担任审计事务所所长或业务项目负责人。审计事务所向委托方提交的审计、查证、鉴定、验资、咨询报告，应有负责该项目的执业审计师签字。执业审计师应就所签署报告的正确性和合法性承担责任。

九、执业审计师应当按照《中华人民共和国审计条例》、《审计署关于社会审计工作的规定》、《社会审计工作规程》以及执业审计师职业道德规范执业。

审计署及各省、自治区、直辖市审计局每年对执业审计师履行职责情况及工作业绩组织力量进行一次考核，对称职者准予年度注册。

十、执业审计师违反工作规则、道德规范造成不良后果的，其所在审计事务所应如实上报，经执业审计师审核委员会研究确定，由审核批准的审计机关给予下列处分：

1. 警告；

2. 暂停使用执业审计师称号一至十二个月；

3. 取消执业审计师称号，吊销《执业审计师证书》。

执业审计师触犯刑律构成犯罪的，由司法机关依法惩处。

十一、执业审计师因调动、解聘等原因，离开审计事务所，不再从事社会审计工作，应交回《执业审计师证书》，其称号自然解除。

十二、审计署和各省、自治区、直辖市审计局可委托或授权省级以上社会审计协会协助办理有关管理执业审计师的具体工作。

十三、本制度由审计署负责解释；各省、自治区、直辖市审计局可根据本制度制定具体实施办法。

十四、本制度自一九九一年十月九日起试行。

审计署、国家档案局关于审计档案管理工作的规定

审办发〔1991〕158号

（一九九一年五月八日）

第一条 为了加强审计档案管理工作，根据《中华人民共和国档案法》和《中华人民共和国审计条例》，制定本规定。

第二条 审计档案是国家审计机关、内部审计机构和社会审计组织在进行审计活动中直接形成的、具有保存价值的、各种形式的历史记录。

第三条 审计档案是国家档案的重要组成部分，建立和管理审计档案是各级审计机关的重要任务，是审计工作中必不可少的环节。

第四条 为了搞好审计档案的管理工作，

审计署在办公厅设档案处；省、自治区、直辖市审计局应设档案管理机构，编制二至三人；地（市）审计局应设专职档案人员，编制一至二人；县审计局应设一名以档案工作为主、兼其它工作的档案人员。档案人员应保持相对稳定。

第五条 审计机关档案部门和档案工作人员的基本任务是：

（一）组织、指导、监督本机关文书部门和业务部门的立卷归档工作。

（二）收集、整理和保管本机关在各项工作中形成的全部档案，并负责档案的提供利用和统计工作。

（三）贯彻执行国家档案工作的法律、法规和方针政策。根据国家和地方档案行政管理机关以及上级业务主管部门的有关规定，制定本机关档案工作的规章制度。

（四）按照有关规定，对本机关的档案定期进行鉴定，向同级档案馆移交，不得推迟或提前。

（五）负责对下级审计机关以及内部审计机构和社会审计组织的审计档案工作进行业务指导。

第六条 各级审计机关的审计档案工作，受同级档案行政管理机关和上级审计机关的指导和监督。上级审计机关对下级审计机关审计档案工作进行指导的主要任务是：

（一）根据审计档案的特点，制定必要的规章制度、业务标准和技术规范。

（二）召开必要的审计档案工作会议，研究工作，交流经验。

（三）组织审计档案干部的业务培训、审计档案工作检查和审计档案业务、技术的科研活动。

进行上述业务指导时，应与国家或地方档案行政管理机关密切配合，重大问题的决定应征得同级档案行政管理机关的同意。

第七条 为了保证审计档案的完整、系统和便于利用，一般不得将审计监督和行政管理两类文件材料混合立卷、或在审计案卷与文书案卷中重复立卷。

第八条 涉及审计事项的行政诉讼文件材料，另行立卷。

第九条 在审计活动中形成的文件、电报、信函、笔录、凭证的原件及复制件，包括批件、定稿、重要修改稿、照片、音像磁带，均应收集齐全，立卷归档。

第十条 审计档案立卷工作，实行谁审计谁立卷，边审计边收集整理，审结卷成的原则。

第十一条 审计文件材料立卷，采用按职能分类、按项目立卷、按单元排列的方法。

第十二条 上年度的审计文件材料立卷后应于本年六月底以前归档。

第十三条 内部审计机构和社会审计组织，对接受审计机关委托审计所形成的文件材料，应负责收集、整理、立卷，移交委托单位检查、归档，自行保存审计案卷的副本，其它材料的处理，与有关单位商办。

第十四条 审计机关的审计案卷应与其它案卷分类排列和编目。审计案卷应区分不同保管期限，采用年度——组织机构或年度——审计事项类别进行排列和编制卷号。案卷排列方法应统一，前后保持一致，不得随意调整变动。

第十五条 积极开展审计档案的利用工作。档案人员应根据工作需要编制案卷目录、全引目录、审计项目专题卡片（目录）等档案检索工具，做到查找案卷迅速、准确。

第十六条 审计档案一般不对外借阅，必须借阅者，须经审计机关主管领导批准。

第十七条 审计机关应设档案专用库房，配置必要的设备。档案库房及设备应坚固耐用，防火、防盗、防潮、防尘、防光、防鼠、防虫、防高温。

第十八条 建立和健全档案保管、安全保密制度，采用先进手段和科学方法保管档案，提高科学管理水平，严格各项管理措施，确保档案不丢失、不损坏、不泄密。

第十九条 严格审计档案鉴定制度，对超过保管期限的审计档案，应由办公厅（室）和有关审计业务部门的负责人及档案人员组成鉴定小组，逐卷审查鉴定，确定存毁。对确无保存价值的审计案卷,应清点核对,登记造册,经机关领导人批准后销毁。

第二十条 建立审计档案统计制度,对本机关和本地区审计档案的立卷、归档、利用等情况,应及时准确统计,按规定向上级审计机关报送。

第二十一条 省、自治区、直辖市审计机关,可根据本规定,制定具体实施办法。

第二十二条 内部审计机构和社会审计组织,可参照本规定,制定具体管理办法。

第二十三条 本规定由审计署和国家档案局负责解释。

第二十四条 本规定自发布之日起施行。

审计文件材料立卷归档工作程序

审办发〔1991〕158号

(一九九一年五月八日)

第一章 总 则

第一条 为了搞好审计文件材料的立卷归档工作,并使之制度化、规范化,根据审计署、国家档案局《关于审计档案管理工作的规定》,制定本程序。

第二条 坚持谁审计谁立卷的原则,建立立卷档案工作责任制。立卷归档工作应列入项目审计计划,由审计组指定专人负责文件材料的收集、整理和立卷工作,做到边审计、边收集整理,审结卷成。

第三条 认真贯彻审计监督和行政管理两类文件材料分开立卷的原则,准确划分两者的界限,以保证审计档案的系统性和完整性。

第四条 审计档案案卷质量的基本要求是完整和精炼。

"完整"的要求是:

(一)每一年度执行审计项目计划所形成的审计文件材料,均应收集齐全。

(二)每一审计项目所形成的文件材料,均应收集齐全。

(三)每一案卷内重要文件的各种稿本,均应收集齐全。

"精炼"的要求是,在立卷过程中严格按文件材料保存价值决定取舍。应做到:

(一)按职能分类,防止审计监督和行政管理两类文件混合立卷和不必要的重复立卷。

(二)对审计证明材料,应以审计报告所列问题的需要为标准,区分经过核实和未经过核实、已用作依据和未用作依据,分别加以取舍;与审计报告所列问题无关或未经核实的材料,均不立卷。

(三)对各种审计文书的历次修改稿,除有重要内容的修改稿应立卷归档外。一般修改稿不必归档。

第二章 收集整理

第五条 审计项目确定后,有关人员应立即制订该项目文件材料的收集整理工作计划,做好准备工作。

第六条 按照边审计、边收集整理、审结卷成的要求,从确定审计项目开始,即应对每个审计程序上形成的文件材料,随时加以收集,并存放于事先准备好的该审计项目文件夹(袋)中,以备整理、选用。

第七条 凡记录和反映审计机关在履行审计职能活动中直接形成的文件、电报、信函、凭证、笔录的原件及其复制件,照片、音像磁带,以及与审计事项有关的其它文件材料,均属审计档案的收集范围。具体是:

(一)上级机关对审计立项的指示、批示和下达的审计项目任务文件。

(二)审计通知书。

(三)审计报告(或复审意见),审计机关审定审计报告(复审意见)的会议纪要或会议记录摘要。

(四)审计报告所列问题的证明材料。

(五)被审计单位对审计报告的书面意见。

(六)有关审计处理的请示,审计事项的报告及上级机关的批复、批示。

(七)审计(含复审)结论和决定或审计意见通知书。

(八)被审计单位关于执行审计结论和决定情况的报告。

(九)罚款、没收款、扣缴款,停止拨款、贷款,冻结银行存款,封存帐册等文书及回执。

(十)被审计单位对审计结论和决定的复审申请,对审计(含复审)结论和决定的申诉材料;有关人员对审计(含复审)结论和决定的申诉材料。

(十一)依法作出审计结论和决定的法规目录或摘要,上级机关有关本项目问题处理的政策界限。

(十二)有关本审计项目的情况报告、通报。

(十三)审计调查报告及其有关文件材料。

(十四)各种调查取证材料。

(十五)移交处理意见书。

(十六)群众来信或来访记录。

(十七)项目审计计划或审计方案,有关本项目计划安排方面的意见、请示、报告、批复和其它有关材料。

(十八)与本项目有关的其它材料。

第八条 不归档文件材料的范围:

(一)与本项目无关的文件材料。

(二)未用作审计报告所列问题依据的文件材料。

(三)未经领导审阅、签发的未生效的文电草稿和文件的一般修改稿。

(四)审计过程中摘录的供参阅的非取证材料和笔录。

(五)重份文件材料。

第九条 在审计文件材料的整理工作中,应根据文件材料的保存价值及其相互之间的历史联系,并以审计报告所列问题的需要为标准,对需要立卷的文件材料,特别是证明材料,要进行严格的鉴别和挑选;对其中不必立卷归档但有参考价值的文件材料,可作为资料保存。

第十条 按照审计法规、审计取证、文书处理的有关规定,对确定立卷归档的文件材料,应检查有关程序和签批、认定手续等是否完备,不符合要求的应予补救。

第三章 立卷组合

第十一条 按职能分类。立卷时,先划清审计监督和行政管理活动所形成的两种不同文件材料之间的界限,分别按各自的要求立卷。遇有两类文件材料相互交叉或难以区分时,应根据完整、精炼的要求,认真分析、鉴别,酌情处理;必要时,个别文件可在审计和文书两类案卷中同时立卷。

第十二条 按项目立卷。对应立卷归档的文件材料,根据审计项目的不同情况和便于管理的需要,采用不同的方法立卷:

(一)以项目为单位进行立卷。一个审计项目的文件材料应立成一卷或数卷,一般不得把两个或两个以上项目的文件材料合并立成一卷。除利用外资审计项目外,跨年度结束的审计事项,放于审计结束的年度立卷。

(二)承包经营责任审计和厂长(经理)经济责任审计,按单位、人名和审计年度分别立卷。

(三)定期审计,按被审计单位和年度立卷。一个年度内被审计单位的材料普遍较少时,可将这些单位的材料分别装订成薄卷,放在同一卷盒内。

(四)行业审计,本机关直接审计形成的文件材料,与下级审计机关报送的有关审计情况报告和本机关的综合材料,应分别立卷。

(五)专项资金审计,利用外资审计,按项目和年度立卷。

(六)审计调查按专题立卷,视材料的多少立成一卷或数卷,材料少时可将几个专题材料合并立卷。

(七)复审文件材料由办理复审的审计机关立卷。抄送给原审计机关的复审文件材料与原审计结论和决定在同一年度的,与其合并立卷;不在同一年度的,另行立卷。

(八)审计过程中,移送外单位处理的有关事项的文件材料,审计机关应根据有关规定,将原件或复印件随该审计项目文件材料立卷。

第十三条 按单元排列。卷内文件的排列顺序，一般采用单元排列法。即将需立卷归档的文件材料分为结论性文件材料、证明性材料和立项性文件材料三个单元，每个单元内再根据不同情况和需要按不同顺序排列。

第一单元　结论性文件材料，逆审计程序结合重要程度排列：

(一)向上级机关报送的有关本项目的审计情况报告。

(二)审计(含复审)结论和决定或审计意见通知书。

(三)被审计单位执行审计结论和决定情况的报告及罚款、没收款、扣缴款回执。

(四)有关审计处理的请示，审计事项的报告及上级机关的批复、批示。

(五)审计报告(含复审意见)及审计机关审定审计报告(复审意见)的会议纪要或会议记录摘要。

(六)被审计单位对审计报告的书面意见。

(七)被审计单位对审计结论和决定的复审申请，对审计(含复审)结论和决定的申诉材料；有关人员对审计(含复审)结论和决定的申诉材料。

(八)停止拨款、贷款，冻结银行存款，封存帐册的文书及回执。

(九)有关本项目的通报。

(十)移送处理意见书。

第二单元　证明性材料，按其所证明的审计报告所列问题的先后次序排列：

(十一)审计证实问题汇总记录(证实审计报告所列问题的汇总文字或表格)。

(十二)审计证实问题分项记录(证实审计报告所列问题之一的原始凭证、审计工作记录及调查证明性材料)。

(十三)依法作出审计结论和决定的法规目录或摘要、上级机关有关本项目问题处理的政策界限。

第三单元　立项性文件材料，按文件产生的先后顺序排列：

(十四)上级机关对项目审计任务的指示和部署意见。

(十五)群众来信或来访的记录。

(十六)本项目的审计计划或审计方案。

(十七)审计通知书。

第十四条　卷内文件的排列，一般批复在前，请示在后；正件在前，附件在后；印件在前，定稿在后；定稿在前，修改稿在后。

第四章　立卷编目

第十五条　以卷为单位，对卷内文件材料逐页在有文字的材料的正面右上角(背面左上角)用阿拉伯数字顺序编写页号。

第十六条　卷内文件目录按卷内文件材料的排列顺序和内容编写：

第一栏，顺序号：以文件材料排列先后顺序逐件填写。

第二栏，字号：填写文件制发机关的发文字号。

第三栏，责任者：填写对文件材料的署名者，即对文件材料负有责任的团体和个人。未署名的，应判定责任者。

第四栏，题名：即文件标题，一般应照实抄录，没有标题或标题不能说明文件内容的文件，可自拟标题，外加“【　】”。

第五栏，日期：文件的形成时间。填写时可省略“年”、“月”、“日”字，在表示年、月的数字右下角加“.”号。

第六栏，页号：填写文件所在位置起止页号。

第十七条　案卷封面(见附图)的印制与填写：

(一)“全宗名称”，印制或填写立档单位全称或通用简称。

(二)“审计案卷题名”，即审计项目名称，按照介词“对”字、被审计单位名称、审计事项的时间范围和审计事项名称的顺序填写。

(三)“审计时间”，填写从制发审计通知书至下达审计结论和决定或审计意见通知书的起止时间。

(四)“审计组负责人”，填写审计组负责人姓名。

（五）“本项目共　卷　（第　卷）”，填本审计项目形成的案卷总数，本卷是其中第几卷。

（六）“年　月　至　年　月　”，填写本卷文件材料形成的起止时间。

（七）“本卷共　件　页”，填写本卷文件材料的总件数和总页数。

（八）“保管期限”，根据审计档案保管期限表的规定划注。

（九）“归档号”，填写文书处理号。

（十）案卷封面采用长×宽为 300mm×220mm 规格，250 克牛皮纸。

第十八条　备考表的填写：

（一）本卷情况说明：填写卷内文件缺损、修改、补充、移出、销毁等情况，填写人签名并标注时间。

（二）立卷人：由立卷者签名，并注明日期。

（三）检查人：由审计组或审计业务处室负责人签名，并填写检查日期。

（四）立卷时间：填写完成立卷的日期。

第五章　案卷装订

第十九条　案卷的装订应注意以下事项：

（一）拆除文件上的金属物。

（二）破损和褪色的文件材料，应进行修补或复制。

（三）文件材料装订部分过窄或有字的，用纸加宽装订；纸面小的，加贴在标准的十六开纸上。

（四）文件材料字迹难以辨认的，应附抄件并加以说明。

（五）文件材料是外文的，应附有中译本。

（六）卷内文件材料。一般不超过二百页为宜，超过的可根据文件材料内容的阶段性分卷装订。

（七）装订时文件的右边和下边要取齐。

（八）装订要牢固、整齐、美观，不丢页，不压字，不损坏文件，不妨碍阅读。

第二十条　录音带、录像带、照片等声像档案，应逐件登记单位、时间、内容、数量、制作者。

第二十一条　证物能附卷保存的。应装入卷内或物品袋内，袋上写明名称、数量、特征、来源。不便附卷保存的，另行包装封面，注明年度、内容、档号、审计项目标题等，连同案卷一并归档。有些证物不宜保存者，应拍成照片存档。

第六章　归　档

第二十二条　对立好的案卷，应有审计组负责人和档案人员逐卷检查，不符合要求的应予补救或返工。

第二十三条　对立好的案卷由档案部门与立卷部门共同研究，按有关规定划注保管期限。

第二十四条　案卷立好并经验收后，应按规定时间向机关档案室移交。

第二十五条　审计文件材料立卷工作完成后，未列入卷内但有参考价值的材料，可由经办单位保存备查；确实不需要保存的文件材料，应登记造册，经批准后销毁。

审计案卷封面式样

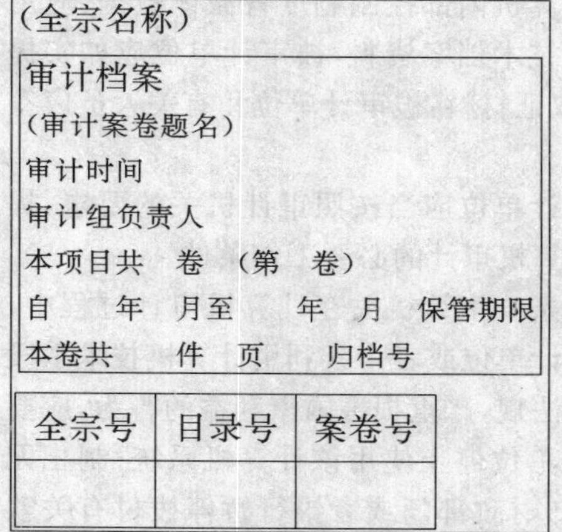

（全宗名称）

审计档案

（审计案卷题名）

审计时间

审计组负责人

本项目共　卷　（第　卷）

自　年　月至　年　月　保管期限

本卷共　件　页　归档号

全宗号	目录号	案卷号

〔一九九三〕

中华人民共和国审计署令

第 9 号

《审计署关于计算机审计的暂行规定》已经审计署审计长会议通过，现予发布施行。

审计长　吕培俭

一九九三年九月一日

关于计算机审计的暂行规定

第一条 为适应计算机审计监督的需要，根据《中华人民共和国审计条例》，制定本规定。

第二条 凡使用计算机管理财政、财务收支及其有关经济活动的被审计单位，审计机关有权采用计算机技术，依法独立对其计算机财务系统进行审计监督。

第三条 计算机审计的内容包括：

（一）内部控制制度，包括管理制度和软件控制技术；

（二）记录在各载体上的数据资料，包括纸性、电磁性、光电性的凭证、帐簿、报表等；

（三）应用软件及其技术档案，包括各种管理财政、财务及其有关经济活动信息的计算机应用软件。

第四条 审计机关有权检查、索取与审计有关的计算机内部控制制度各载体数据、应用软件及其技术档案资料，被审计单位应如实提供。属于取证材料，被审计单位和有关人员应签字盖章。

被审计单位应当按照审计机关的要求，提供实施计算机审计的必要工作条件。

第五条 审计机关在计算机审计过程中，发现被审计单位或者个人利用计算机技术手段违反财经法规，严重损害国家利益的行为，应要求被审计单位停止使用该计算机系统；制止无效时，通知财政部门或者银行暂停拨付有关款项。

第六条 对拒绝、阻挠、破坏计算机审计现场实施工作，不提供实施计算机审计的必要工作条件和有关载体数据资料的被审计单位，审计机关可依据审计条例有关规定进行处理。

第七条 审计人员在审计过程中，不得对被审计单位的计算机系统造成损害；对取得的信息资料应予保密，不得用于与审计工作无关的目的。

第八条 本规定由审计署负责解释。

第九条 本规定自发布之日起施行。

中华人民共和国审计署令

第128号

《审计署关于实施审计工作程序的若干规定》已经审计长会议通过，现予发布施行。

审计长　吕培俭

一九九三年四月十三日

关于实施审计工作程序的若干规定

第一条 为了实现审计工作规范化，保证审计机关依法行使审计监督权，提高审计工作效率和工作质量，根据《中华人民共和国审计条例》（以下简称《审计条例》），制定本规定。

第二条 审计机关依照《审计条例》、《审计条例施行细则》（以下简称《施行细则》）的规定办理审计事项，以事实为根据，以法律为准绳，实事求是，客观公正。

第三条 审计机关根据审计工作计划确定的审计项目组成审计组，在实施审计前向被审计单位送达审计通知书。

审计通知书的内容包括：

（一）审计的范围、内容、时间和方式；

（二）审计组长及其他成员的名单；

（三）对被审计单位配合审计工作的要求。

审计机关认为需要被审计单位自查的，应在审计通知书中写明自查的内容、要求和时间。

第四条 审计机关办理审计事项时，对涉及其他地区有关单位的问题，需要调查核实的，可以与该地区审计机关协商并委托其调查核实。

被委托的审计机关接受委托后，应当及时予以调查，并将调查结果书面通知委托的审计机关。

第五条 审计组对审计事项审计后，提出审计报告，在向审计机关提交前应当按照《审计条例》第二十一条的规定征求被审计单位的意见。如果接受了被审计单位的意见，应当修改审计报告。被审计单位的书面意见要随同审计报告一并报送审计机关。

第六条 审计机关应当设立专门机构或指定专门人员，对审计组认为被审计单位违反财经法规需要处罚的审计报告进行复核，提出复核意见。

第七条 审计机关按照《施行细则》第三十一条的规定，对审计报告中的下列事项进行审定：

(一)主要事实是否清楚；

(二)审计证据是否充分；

(三)审计评价、审计结论是否适当；

(四)审计处理意见是否正确。

第八条 审计机关审定审计报告后，对有违反财经法规行为需要依法予以处理的，应按《审计条例》第二十二条规定办理；对无违反财经法规行为的，应当进行审计评价，作出审计意见书，通知被审计单位。

第九条 审计机关审计发现被审计单位的直接责任人和单位负责人(以下简称责任人员)严重违反财经法规，认为应当给予行政或司法处理的，应当移送有关主管部门、监察部门或司法机关处理。

审计机关移送处理应使用移送处理意见书，移送处理意见书的内容包括：

(一)责任人员的违法事实；

(二)审计机关对责任人员的经济处理情况。

移送处理意见书应附送有关证据材料。

第十条 被审计单位对审计结论和决定不服的，应当按照《审计条例》第二十三条的规定，向上一级审计机关申请复审。

对审计署及其派出机构的审计结论和决定不服的，应当向审计署申请复审。

因不可抗力或者其他特殊情况耽误法定申请期限的，在障碍消除后的十日内可以申请延长期限；是否准许，应由有管辖权的审计机关决定。

被审计单位的复审申请，应当以书面形式提出。

第十一条 申请复审应当符合下列条件：

(一)申请人是不服审计结论和决定的被审计单位；

(二)有明确的作出审计结论和决定的原审计机关；

(三)有具体的复审请求和依据；

(四)属于申请复审范围；

(五)属于受理复审的审计机关管辖；

(六)法律、法规规定的其他条件。

第十二条 上一级审计机关自收到书面复审申请之日起十日内，对复审申请分别作出以下处理：

(一)复审申请符合要求的，应予受理；

(二)复审申请中没有提出具体的复审请求、事实根据或者法规依据的，应当将复审申请退回，限期补正，过期不补正的，视为未提出复审申请；

(三)复审申请不符合第十一条规定条件之一的，不予受理并告知理由。

依前款规定所作的处理，应当书面通知申请复审单位，并抄送原审计机关。

第十三条 上一级审计机关办理复审事项，应当按照下列情形分别作出复审结论和决定：

(一)原审计结论和决定事实清楚，符合法定权限和审计工作程序，适用法律正确，维持原审计结论和决定。

(二)审计结论和决定有下列情形之一的，决定撤销、变更或部分变更：

1. 主要事实不清的；

2. 适用法律、法规有错误的；

3. 违反审计工作程序影响被审计单位合法权益的；

4. 超越或者滥用职权的；

5. 审计定性或者处理明显不当的。

(三)审计工作程序上有不足的，维护原审计结论和决定，并通知原审计机关补正。

第十四条 上一级审计机关复审的审计事项重大、复杂或因其他客观原因影响审计机关及时办理的，可以延期作出复审结论和决定，但应当在法定期限内将延期的原因书面通知申请复审的被审计单位。

第十五条 复审期间，原审计结论和决定应继续执行，但有下列情形之一的，由上一级审计机关书面通知停止执行：

（一）原审计机关认为需要停止执行的；

（二）上一级审计机关认为需要停止执行的；

（三）法律、法规规定停止执行的。

第十六条 被审计单位如对上一级审计机关或者审计署的复审结论和决定不服，可以向作出终审结论和决定的审计机关或者其上级审计机关提出申诉；依照行政诉讼法的规定，也可以在收到复审结论和决定后向人民法院起诉。

第十七条 对固定资产投资项目开工前审计，由被审计单位向审计机关提出申请并报送有关资料，审计机关应予审核。

审计机关应当在接到申请后三十日内提出审计意见书，发送被审计单位和有关单位。

第十八条 审计机关办理审计调查事项时，可以持介绍信等简便方式通知有关单位，审计调查报告可以不征求有关单位的意见。需要通知有关单位审计调查结果的，应使用审计意见书，通知有关单位。

对审计调查中发现违反财经法规的行为需要处理的，审计机关应当重新按照《审计条例》中规定的审计工作程序办理。

第十九条 对政府交办的属于审计范围内的审计事项，审计机关按审计工作程序的规定办理；对政府交办的不属于审计范围内的事项，工作终结后，应向政府提交专题报告。

审计机关与其他部门联合进行的并共同作出处理决定的检查事项，按联合检查组商定的程序办理。以审计机关名义组织进行的，按审计工作程序的规定办理。

第二十条 本规定由审计署负责解释。

第二十一条 审计机关的审计文书名称附后，审计文书格式由审计署和各省、自治区、直辖市审计局自行制定。

第二十二条 本规定自发布之日起执行。一九八五年十月四日审计署发布的《审计工作试行程序》同时废止。

附：审计文书名称

一、审计通知书
二、授权审计通知书
三、委托审计通知书
四、审计临时措施决定
五、解除审计临时措施决定
六、审计报告
七、审计结论和决定
八、审计意见书
九、移送处理意见书
十、复审受理(不受理)通知书
十一、复审结论和决定

审计署有关审计工作的文件

〔一九八九年〕

关于建立重大违纪案件报告制度的通知

审综字(1989)61号

(一九八九年二月十八日)

各省、自治区、直辖市及计划单列市审计局,各特派员办事处,驻各部委审计局、审计特派员办公室:

为了及时掌握各地和各派出机构审计查出重大违纪问题的情况,现决定从一九八九年开始,在全国建立查处重大违纪案件的报告制度。凡经审计查出违纪金额在一百万元以上的单位,均应将其主要事实和处理情况填列《百万元以上违纪单位登记卡》,按季度与统计报表同时报署。

附:百万元以上违纪单位登记卡

百万元以上违纪单位登记卡

填报单位:　　　　填报时间:　　　　年　月　日

被审计单位名称		经济性质	
主管部门名称		职工人数	
年产值(收入)		年上交税利	
违纪金额(万元)		违纪金额中应交财政金额(万元)	
违　纪　时　间			
主要违纪事实			
审计机关处理意见			
有关部门处理结果			

注:审计查处一个单位登记一张,作为审统02表的补充资料同时上报。

关于对中央部门及其直属企事业单位和地方政府财政收支实行经常性审计监督的通知

审综字(1989)325号

(一九八九年九月五日)

各省、自治区、直辖市和计划单列城市人民政府,国务院各部委、各直属机构,中直机关事务管理局,全国人大办公厅,全国政协服务局,最高人民法院,最高人民检察院:

为认真贯彻党的十三届四中全会精神,贯彻落实李鹏总理关于审计工作要逐步实现经常化、制度化、规范化的指示,加强审计监督工作,审计署根据《中华人民共和国审计条例》的有关规定,在总结前几年工作经验的基础上,研究决定,从一九八九年起,对中央部门及其直属国营企事业单位、金融机构和省、自治区、直辖市及计划单列城市政府财政收支,分批实行经常性审计监督。这样做,把抓重点同审计工作经常化、制度化紧密结合起来,有利于经常了解和掌握被审单位情况,发现带普遍性、倾向性的问题;有利于加强对被审单位的审计监督,促进其改善经常管理;有利于研究带宏观性的问题,促进加强宏观调控;有利于深化审计工作,提高审计工作质量,培养和锻炼干部;也有利于协调审计与财务大检查的关系,避免重复检查。

第一批实行经常性审计的单位共442个。其中:中央、国务院部门及直属机构82个,金融机构10个,中央直属企事业单位321个,15个省、自治区、直辖市及计划单列城市政府财政收支,利用世行贷款项目的单位14个。对上述单位的经常性审计,分别由审计署及其驻地方特派员办事处、驻国务院部门派出机构负责实施(具体分工按审计署明确的审计范围办理)。以后,随着审计力量的加强和被审单位内控制度的健全、财务管理的完善,经常性审计的单位再逐步扩大或作必要的调整。

对实行经常性审计的单位的审计要求是：

1. 对实行经常性审计的单位，每年至少审计一次，连续审计几年。审计的内容按《中华人民共和国审计条例》的有关规定执行，每年可根据年度计划提出的重点内容和要求有所侧重。

2. 通过经常性审计，发现带倾向性、苗头性的问题，从宏观上分析研究，提出建议。

3. 通过经常性审计，研究改进审计工作，提高审计工作质量和效率。

对暂时未实行经常性审计的单位实行轮审，争取三至五年轮审一遍。每年审计的覆盖面、审计的重点和要求，由年度计划具体安排。

实行经常性审计监督是深化审计工作，提高审计工作质量和效率，逐步完善我国审计监督制度的一项重要措施，请各省、自治区、直辖市及计划单列城市人民政府和国务院部委、直属机构给予大力支持和协助，并通知各有关单位及时提供本部门、本系统的年度财政财务预决算报表、季度会计报表和有关财政、财务、会计方面的法规、制度及有关资料。

根据李鹏总理的指示，凡实行经常性审计的单位以及当年实行轮审的单位，财务大检查就不再进行检查，希国务院财务大检查办公室大力协助。

关于加强财政审计工作报告制度的规定

审财字(1989)430号

(一九八九年十二月二十八日)

各省、自治区、直辖市、计划单列市审计局：

为了加强财政审计工作管理，做好对财政审计业务的指导，充分发挥财政审计监督在促进加强宏观控制和管理方面的作用，现就财政审计工作报告制度，做如下规定。

一、地方各级审计机关根据国家政策，以及上级审计机关和本级政府的要求，确定的年度财政审计工作的重点，编制的财政审计项目计划，于每年三月底前，逐级汇总上报审计署。

二、地方财政审计结论和决定、重要的专题审计报告、审计查出的重大典型案件，以及地方性的财政审计规章、财政审计工作的新做法、新经验，应及时上报上级审计机关。

三、认真搞好年度财政审计工作报告。对本地区财政审计工作开展情况、查处的主要问题以及发现的带普遍性、倾向性问题，要及时进行综合汇总，分析研究，写出《财政审计情况综合报告》，在报告本级政府的同时，报告上级审计机关。

四、加强财政审计信息工作。上级审计机关应不定期地向下级审计机关通报财政经济工作全局情况；一定时期内财政审计工作进展情况；各地反映的带普遍意义和有参考价值的财政审计信息，财政审计工作的新经验、新做法等。同时，可根据财政审计工作的需要，采取各种形式，组织好地区之间的经验交流。

五、财政审计工作报告和信息反映，要注意质量，提高层次。对财政审计掌握的情况，要进行综合分析，提炼概括，反映情况，提出建议，使财政审计报告和信息发挥应有的作用。

地方各级审计机关向上级审计机关报告工作，这是审计机关的基本职责之一，应在政府的领导和支持下，严格执行上述规定。

审计署、国家计委、财政部、中国人民建设银行关于设置固定资产投资审计收缴违纪资金及罚款专户的联合通知

审基字(1989)403号

(一九八九年十一月二十八日)

各省、自治区、直辖市和计划单列市审计局、计委、财政厅(局)、建设银行分行，审计署各派出机构：

为维护国家财经法纪，有利于对基本建设单位固定资产投资审计结论和处理决定的落实，加强对违纪资金及罚款收缴的管理，保证上缴的违纪资金和罚款用于国家重点建设投资，经研究，决定为全国各级审计机关设置固定资产投资审计收缴违纪资金及罚款专户(以下简称“罚款专户”)。现将有关事项通知如下：

一、“罚款专户”是专门用于审计机关对全民所有制基本建设单位进行固定资产投资审计时，查出违反国家有关固定资产投资管理现行政策、法规的基本建设单位和个人的各种违纪资金及罚款进行收缴而设置的专户。各级审计机关应在同级建设银行设置“罚款专户”，审计署及审计署驻地方特派员办事处可在当地设置“罚款专户”(审计署驻部委审计局与审计署共同使用一个“罚款专户”)。

收缴的违纪资金和罚款应全额专户存入建设银行，各经办行在“261 其他资金存款”科目下设“固定资产投资审计收缴违纪资金及罚款”二级科目核算。

二、审计机关下达审计决定时，要随同决定附发审计缴款通知单，被审计单位接到审计机关作出的审计处理决定和审计缴款通知单后，必须按规定时间将应缴违纪资金及罚款解缴“罚款专户”。逾期不缴的，审计机关催缴，催缴无效时，除按国家有关规定计征滞纳金外，审计机关填制五联扣款通知单，通知被审计单位的开户银行实行扣款。

三、被审计单位提出复审的，复审期间，审计结论照常执行。经复审确属不该收缴的资金，由收缴的审计机关按复审结论，通知建设银行退款。

四、“罚款专户”为过渡户，各级审计机关应加强对专户的管理工作，并由专人负责。收缴的各种违纪资金及罚款，任何单位和个人不得挪用、坐支，违者按违反财经纪律查处。收缴违纪资金及罚款按国家有关规定计息。

五、驻地方特派员办事处，应按季将收缴的违纪资金及罚款汇缴审计署“专户”；各地审计局每半年将收缴中央项目的违纪资金及罚款汇缴审计署“专户”；地方项目按隶属关系分别缴入各级“专户”。清缴的违纪资金及罚款每半年由审计机关划转给计委，由各级计委用于能源、交通、重要原材料等重点项目固定资产投资，不得挪作他用。

六、各级审计机关应在一九八九年底前，完成在同级建设银行设置专户的工作。关于“审计缴款通知单”和“扣款通知单”等表式，统一由审计署制发。

〔一九九〇年〕

关于办理复审事项若干问题的通知

审法发〔1990〕306 号

(一九九〇年十月二十七日)

各省、自治区、直辖市及计划单列市审计局，各特派员办事处，驻国务院部门审计局、审计特派员办公室，署机关各业务司：

今年以来，一些地区的审计机关来函，提出若干有关办理复审事项的问题。根据审计法规的规定和复审工作的实践经验，现将有关事项通知如下：

一、被审计单位不服审计结论和决定，按照规定要求复审，应当提出书面的复审申请。复审申请的主要内容包括：申请复审的事项、理由，对该事项实际情况的说明及其有关的证明材料，认为原审计结论和决定适用法规和其他规范性文件不当或者错误的理由和依据。复审申请应附原审计结论和决定。

受理复审的审计机关如认为复审申请的有关内容和材料不够充分，应当通知申请复审单位加以补充。

二、受理复审的审计机关可以从实际情况出发，采取不同方式办理复审事项：复审申请对原审计结论和决定认定的事实没有异议，但认为适用法规和其他规范性文件不当或者错误的，应当进行书面审查，作出判断。

复审申请对原审计结论和决定认定的事实有不同意见，或者对原审计结论和决定认定的事实及适用法规和其他规范性文件虽无异议，但认为没有考虑被审计单位的有关实际情况，处理、处罚显然过重的，可以请申请复审单位和原审计机关派人携带有关材料、资料进一步说明情况。

复审申请同原审计结论和决定在事实方面有重大不同意见，需要进一步查清的，可以派复审小组就地进行调查、核实。

三、在办理复审事项过程中，原审计机关认为原审计结论和决定确有不当并愿意加以纠正，申请复审单位同意撤回复审申请的，受理复审的审计机关可以责成原审计机关按照《审计条例施行细则》第三十四条第二项的规定进行复查，重新作出审计结论和决定。

复审结论和决定作出前，申请复审单位认为申请复审的理由不够充分，要求撤回复审申请的，受理复审的审计机关应当同意。

申请复审单位撤回复审申请，不得以同一的事实和理由再申请复审。

四、受理复审的审计机关办理复审事项，主要就申请复审单位要求复审的事项进行审查。在审查中，发现原审计机关没有查出的其他违纪问题，或者虽已查出但定性、处理不适当的其他问题，均应根据事实依法处理，不受复审申请范围的限制。

五、复审事项应经受理复审的审计机关有关的业务会议审定，作出复审结论和决定。

复审结论和决定的主要内容包括：申请复审的主要请求和理由；受理复审的审计机关认定的事实、理由和结论，适用的法规和其他规范性文件；对原结论和决定予以维持、部分修改或撤销的决定。

复审结论和决定，应当抄送原审计机关。原审计机关和申请复审单位均应执行。需要原审计机关对申请复审单位监督执行的，应当在复审结论和决定中写明。

审计署、最高人民检察院关于进一步加强检察机关和审计机关工作联系的通知

审法发〔1990〕228号

（一九九〇年八月七日）

各省、自治区、直辖市人民检察院、审计局，军事检察院，审计署各派出机构：

为进一步加强检察机关和审计机关的工作联系，互相协调，密切配合，查处违法犯罪案件和违纪行为，维护国家法律、法规的统一实施，现将有关事项通知如下：

一、审计机关在审计监督活动中，对认为已触犯刑律、构成犯罪的被审计单位的有关人员，应当按照检察机关受理案件范围的规定，将案件连同《移送处理意见书》、涉及该事项的有关证据材料，送交有管辖权的检察机关处理。

二、检察机关对审计机关提请处理的案件，应当及时进行审查。对决定立案侦查的，应将查处结果通知审计机关；对决定不予立案的，应将有关材料退回审计机关处理。

三、检察机关在检察活动中，发现有关单位有违反国家财经法规行为，属于审计监督范围的，应将有关材料及《检察建议书》送交审计机关。

四、审计机关对已送交检察机关查处的案件，在商检察机关同意后，可以公开报道。

五、检察机关和审计机关要加强联系，经常互通情况，搞好协调和配合。对于执行本通知中遇到的重要情况或重大不同意见，应当及时报告各自上级机关。

附件一：

检察机关直接受理刑事案件的管辖范围

根据最高人民法院、最高人民检察院、公安

部《关于执行刑事诉讼法规定的案件管辖范围的通知》、《关于人大常委会两个〈补充规定〉中有关几类案件管辖问题的通知》和中国人民解放军保卫部、军事法院、军事检察院《关于〈惩治军人违反职责罪暂行条例〉所列案件的管辖范围的通知》的规定，人民检察院负责侦查下列刑事案件：

一、贪污案；

二、贿赂案；

三、偷税抗税案；

四、挪用救灾、抢险等款物案；

五、假冒商标案；

六、挪用公款案；

七、巨额财产来源不明案；

八、隐瞒不报境外存款案；

九、刑讯逼供案；

十、诬告陷害案；

十一、破坏选举案；

十二、非法拘禁案；

十三、非法管制、非法搜查、非法侵入他人住宅案；

十四、报复陷害案；

十五、非法剥夺公民宗教信仰自由和侵犯少数民族风俗习惯案；

十六、伪证案；

十七、侵犯公民通信自由案；

十八、泄露国家重要机密案；

十九、玩忽职守案；

二十、重大责任事故案；

二十一、徇私舞弊案；

二十二、体罚虐待被监管人案；

二十三、私放罪犯案；

二十四、妨害邮电通讯案；

二十五、武器装备肇事案；

二十六、泄漏、遗失重要军事机密案；

二十七、擅离职守或玩忽职守案；

二十八、私放他人偷越国(边)境案；

二十九、虐待部属案；

三十、违抗命令案；

三十一、假传军令案；

三十二、人民检察院认为需要自己直接受理的其他案件。

附件二：

《中华人民共和国审计条例》关于审计监督范围的规定

第十二条　审计机关对下列单位的财政、财务收支进行审计监督：

(一)本级人民政府各部门和下级人民政府；

(二)国家金融机构；

(三)全民所有制企业事业单位和基本建设单位；

(四)国家给予财政拨款或者补贴的其他单位；

(五)有国家资产的中外合资经营企业、中外合作经营企业、国内联营企业和其他企业；

(六)国家法律、法规规定应当进行审计监督的其他单位。

第十三条　审计机关对前条所列单位的下列事项，进行审计监督：

(一)财政预算的执行和财政决算；

(二)信贷计划的执行及其结果；

(三)财务计划的执行和决算；

(四)基本建设和更新改造项目的财务收支；

(五)国家资产的管理情况；

(六)预算外资金的收支；

(七)借用国外资金、接受国际援助项目的财务收支；

(八)与财政、财务收支有关的各项经济活动及其经济效益；

(九)严重侵占国家资产、严重损失浪费等损害国家经济利益行为；

(十)全民所有制企业承包经营责任的有关审计事项；

(十一)国家法律、法规规定的其他审计事项。

关于审计行政复议问题的通知

审法发〔1990〕258号

（一九九〇年八月十日）

各省、自治区、直辖市和计划单列市审计局，各特派员办事处、驻国务院部门审计局、审计特派员办公室：

为了贯彻实施《行政诉讼法》，促进审计机关依法行使职权，防止和纠正违法或不当的审计具体行政行为，提高审计工作质量，经商最高人民法院，对审计行政复议问题，作如下通知：

一、《中华人民共和国审计条例》第16、17和34条、《国务院关于违反财政法规处罚的暂行规定》第4条和第18条规定，审计机关对于具有违反财经法规和违反审计条例行为的被审计单位，有根据事实和情节，分别给予收缴、罚款等经济处罚和移送监察或有关部门给予行政处分的权力。为了做好审计行政复议工作，适应贯彻实施《行政诉讼法》的要求，现规定：被审计单位对审计机关作出的审计结论和决定等具体审计行政行为不服的，应当先向上一级审计机关申请复审，上一级审计机关应按《审计条例》第23条关于审计复审程序的规定及时受理。

二、被审计单位对审计署所作的具体审计行政行为不服的，应先按《审计条例》第24条的规定，向审计署提出申诉。审计署应比照审计复审的程序，指定署内的专门机构进行复议。

三、对审计具体行政行为提出复审申请，经审计机关复审后仍不服的，可以向复审的审计机关、其上级审计机关或本级政府提出申诉，也可依法向人民法院提起诉讼。

四、审计机关应在收到被审计单位提出的复审申请之日起三十日内，作出复审结论和决定。因特殊情况，作出复审结论和决定的期限需要延长时，审计机关应在收到复审申请之日起的第三十日前，将延长的具体期限通知申请的单位，并说明延期的理由，以免被作为逾期不作复审决定处理。

〔一九九一年〕

中共中央组织部、审计署关于加强地方各级审计机关领导干部管理工作的通知

组通字〔1991〕1号

（一九九一年一月十一日）

各省、自治区、直辖市党委组织部，人民政府审计局：

审计机关是代表国家对财政经济活动执行审计监督的机关，在建立社会主义商品经济新秩序中负有重要的职责。几年来，各级党委和人民政府重视对各级审计机关领导干部的管理，做了大量工作。目前各级审计机关领导干部的素质基本上是好的，但由于审计机关设立的时间较短，规章制度有待进一步健全，在干部管理上还存在一些问题。为进一步加强审计机关领导干部管理工作，现将有关问题通知如下：

一、要加强各级审计机关领导班子建设，按照干部队伍革命化、年轻化、知识化、专业化的方针和德才兼备的干部标准，选配那些能模范地执行党和国家的各项方针、政策，坚持原则，公正廉洁，熟悉业务，有一定财会、经济、审计工作实践经验的干部，担任各级审计机关领导职务。

二、地方各级审计机关领导干部的管理，实行双重领导、以地方党委为主的体制。地方党委在任免、调动、奖惩审计机关领导干部时，应事先征求上一级审计机关的意见。审计署和地方各级审计机关要协助地方党委加强对审计机关领导班子的考察了解，经常反映情况，主动提出任免、调动、奖惩的建议。

三、审计署协助地方党委管理省（区、市）审计局局长、副局长，并要加强对计划单列市审计局主要领导干部的考察了解，及时向市委通报情况，提出调整、配备审计局领导班子的建议。

省(区、市)审计局及计划单列市审计局正副局长任免后,由省审计局报审计署备案。

四、为有利于审计署做好协管干部工作,请各省(区、市)党委组织部门协助审计署建立协管干部的档案副本。地方党委在任免审计机关领导干部前征求上一级审计机关意见时,要附送《干部任免呈报表》和考核材料。

五、省(区、市)审计局领导班子的后备干部确定以后,审计局应按中央组织部有关规定,在向省(区、市)党委上报《后备干部登记表》的同时送审计署,后备干部人选变动后也应及时报告。

六、各省(区、市)党委组织部、审计局可参照本通知精神,制定本地区审计机关领导干部的管理办法,报党委批准后执行。

关于印发审计工作促进国营大中型企业增强活力意见的通知

审办发〔1991〕246号

(一九九一年七月二十五日)

各省、自治区、直辖市审计局,各特派员办事处,驻国务院部门审计局、审计特派员办公室:

最近,署领导分赴各地对当前审计工作情况进行调查研究,并同各省、自治区、直辖市、计划单列市、署驻地方特派员办事处和一些市、县审计局的负责同志,就审计工作促进大中型企业增强活力问题进行了座谈。

总的看,今年上半年的审计工作抓得较紧,进度较快。各级审计机关和广大审计人员认真贯彻执行党中央、国务院关于加强和改进审计工作的指示和年初全国审计工作会议所作的部署,加强对重点单位和重点资金的审计,改进对行政事业单位和重点企业的审计,开展专题审计调查,对维护财经纪律、提高经济效益和加强廉政建设等方面发挥了积极作用。今年下半年的审计工作,应继续按照年初全国审计工作会议的部署进行,不作变动。根据搞活国营大中型企业和开展"质量、品种、效益年"活动的精神,要进一步加强和改进企业审计工作。现将研究提出的《关于审计工作促进国营大中型企业增强活力的意见》印发给你们,请结合实际情况研究贯彻执行。

当前一些地方发生严重灾情,我署已发出通知,要求这些地方的审计机关加强对抗灾、救灾资金、物资的审计监督,请结合当地政府的部署研究执行。

关于审计工作促进国营大中型企业增强活力的意见

根据国务院关于进一步增强国营大中型企业活力的通知精神,总结几年来审计工作的经验,现就审计工作促进国营大中型企业增强活力问题提出以下意见:

一、提高对增强大中型企业活力重要性、迫切性的认识。增强大中型企业活力,是当前深化改革的中心环节,是实现经济发展战略目标的关键所在。现在全国经济稳定,正在继续向好的方面发展,但一些深层次的问题还没有得到根本解决,近几年又出现一些新情况的影响,大中型企业面临许多困难,经济效益下降,缺乏发展后劲。这种状况是多年来问题积累形成的,需要多方面采取措施,经过艰苦努力才能改变。各级审计机关特别是省、自治区、直辖市、计划单列市、大中城市的审计机关和署派驻机构,一定要提高思想认识,把促进大中型企业增强活力作为审计工作的一项重要任务,切实抓出成效。

二、把促进企业挖掘内部潜力、提高经济效益作为审计工作的重点。大中型企业面临的困难,既有外因,也有内因,两者相互联系,互为因果。目前,许多大中型企业存在经营管理水平低,人力物力消耗高,经济效益差等问题。有些企业实行承包后,以包代管,搞短期行为,甚至弄虚作假,虚盈实亏。同时,国家采取改善大中型企业外部环境的许多措施,需要企业本身改进管理、提高效益才能用好,取得实效。因此,应当通过加强和改进审计工作，促进企业立足于现有基础，眼睛向内，大力改善经营管理，挖掘内部潜力，提高经济效益。

三、深化大中型企业的审计，对实行经常审计的大中型企业，要在搞好财务收支审计的基础上，逐步向检查有关的内部管理制度和经济效益方面延伸，找出管理中的薄弱环节，提出改进建议。检查内部管理制度，主要指与财务收支有关的财务会计、成本核算、物资供销、经济合同等管理制度方面的问题。检查经济效益，主要是检查对盈亏影响较大的物资消耗、设备利用、资金周转等方面的问题。实行两个延伸，要量力而行，由浅到深，逐步发展。

四、开展审计调查。要选择若干盈利减少、亏损增加较多的大中型企业或行业进行审计调查，分析产生困难的主客观原因，从宏观角度提出有针对性的建议，并向政府和主管部门反映情况，提供决策依据。审计机关驻经济管理部门的派出机构，要充分发挥自己的优势，对本行业大中型企业带有普遍性的问题进行审计调查，进行综合分析和纵向、横向对比，提出改进和完善行业管理、健全规章制度等方面的意见和建议。

五、进一步改进企业承包经营责任审计。企业承包经营责任审计要突出重点，审计机关直接审计单位过多的，可适当减少；审计的内容，重点是企业资产、盈亏是否真实和自有资金的分配有无违反国家规定向个人倾斜的问题。要把承包经营责任审计与财务收支审计、厂长离任经济责任审计等结合进行。

六、保护企业的合法权益，帮助改善外部环境。为了减轻企业不合理负担，在对经济管理、经济监督和其它执法部门的财务收支审计中，要注意查处乱收费、乱摊派、乱罚款等违纪问题。在审计过程中发现有关部门检查过的问题，要认真研究材料，避免重复检查。

七、推动企业健全内部审计制度，增强自我约束机制。要宣传和推广内部审计在厂长（经理）领导下，促进改善经营管理、提高经济效益、增强活力的经验。对企业进行审计，要支持、配合和依靠内审机构，分析生产经营中的问题，挖掘增产节约潜力。对经过几年审计、内审制度健全、基本没有违反财经法纪的企业，可在几年内列为抽审单位。

八、坚持依法审计原则，实事求是地处理违纪问题。审计机关要依法加强对企业的审计，维护中央财经政策、法令的统一，保障改革开放和国民经济的健康发展，不得以搞活企业为由放松监督。对于弄虚作假、越权乱开政策口子等严重损害国家利益的问题，要依照国家规定严肃处理，不得放宽、变通。对改革过程中出现的一些新情况和法规界限不够明确的问题，要具体分析，实事求是地进行处理。对困难较大的大中型企业违纪问题的处理，要在分清是非的前提下，照顾到当前的实际情况，应上缴的罚没资金，可酌情准予缓缴或分期上缴。

关于授权、委托审计中央企业事业单位有关问题的规定

审综发〔1991〕81号

（一九九一年三月十二日）

一九八六年，审计署曾授权省、自治区、直辖市审计局对辖区内一部分中央企事业单位进行审计监督。一九八八年审计署又根据派出机构逐步建立的新情况，发出了《关于审计范围划分原则的暂行规定》，其中对授权地方审计机关审计的中央单位作了调整。近几年来在执行中又出现了一些新的问题需要解决。为了进一步理顺工作关系，加强对有关中央企事业单位的审计监督，现就授权、委托审计的有关问题作如下规定：

一、审计署审综字〔1988〕338号《关于审计范围划分原则的暂行规定》及其以后发文，已明确授权地方审计机关审计的中央企事业单位（不含临时一次性授权审计），由省、自治区、直辖市审计局根据年度审计工作的重点和要求，直接列入年度审计项目计划，不再另行办理授权审计手续。审计署根据工作需要，调整有关授

权审计范围时，另行发文通知。

二、审计署年度计划统一安排的行业审计，涉及到署驻地方特派员办事处、驻国务院部门派出机构和由地方审计机关审计的中央企事业单位时，经署协调并办理授权审计通知书。

三、划定给审计署驻地方特派员办事处、驻国务院部门派出机构审计范围内的中央单位，地方审计机关要求进行一次性审计时，应向署提出授权审计的申请报告，经署协调并办理授权审计通知书。

四、审计署授权给省、自治区、直辖市审计局的审计事项，由省、自治区、直辖市审计局直接审计并对审计署负责。如省、自治区、直辖市审计局将审计署授权事项安排下级审计机关就地进行审计时，审计结论和决定，应由省级审计机关审定。

五、省、自治区、直辖市审计局根据审计署的授权，审计中央企事业单位的审计报告及其所作的审计结论和决定，须报审计署。审计结论和决定在发送被审计单位的同时，抄送有关中央主管部门及署有关派出机构。

六、授权省、自治区、直辖市审计局的审计事项，地方审计机关在审计过程中，遇有政策界限不清、争议较大，需要对局级以上干部进行处理，应及时向审计署请示报告，由署按照职责分工具体负责办理。

七、省、自治区、直辖市审计局在开展审计工作时，涉及到署专业司或署派出机构审计范围内的中央单位的问题，需要进行延伸审计时，应向署提出一次性延伸审计报告，经署协调后办理授权审计通知书。署专业司或派出机构在审计工作中，涉及到省、自治区、直辖市审计局审计范围内的单位的问题，需延伸审计时，由署下达审计通知书进行审计，地方审计机关要积极支持和配合。

八、属于军工、保密（包括核工业、兵器工业、航空航天、公安、安全、国家物资储备系统、武警、军队系统）部门的中央企事业单位，一般不授权地方审计机关进行审计。

九、审计署将其审计范围内的事项，委托内部审计机构、社会审计组织进行审计，要考虑到受委托机构的承受能力，经协调后，办理委托审计通知书。承办单位所作出的审计报告，应由审计署审定；审计结论和决定，由审计署作出。

十、授权、委托的有关规定，由审计署负责解释。

本规定自一九九一年五月起执行，过去有关授权、委托事项的发文如与本规定有抵触时，按本规定执行。

审计署、中共中央统战部关于聘请民主党派成员和无党派人士担任特约审计员的意见

审办发〔1991〕89号

（一九九一年三月十五日）

各省、自治区（不含西藏）、直辖市和计划单列市审计局、党委统战部：

《中共中央关于坚持和完善中国共产党领导的多党合作和政治协商制度的意见》中指出，要聘请一批符合条件和有专门知识的民主党派成员、无党派人士担任特约审计员；吸收民主党派成员、无党派人士参加重大审计案件调查。为了贯彻党中央这一指示精神，搞好聘请特约审计员的工作，现对有关聘请工作提出以下意见：

一、特约审计员的聘请范围和数额

各级审计机关应在本地区，同级民主党派组织向统战部门推荐的人选中聘请特约审计员。根据实际情况，目前可先在省、自治区（不含西藏）、直辖市和计划单列市，以及省会、自治区首府所在市进行这项工作，取得经验后，再逐步向具备条件的其它大中城市展开。

宗教界人士不在聘请范围之列。

聘请数额由聘请单位根据本地区具体情况确定。

二、特约审计员的条件

（一）在本地区有一定影响和代表性的层次较高的民主党派成员和无党派人士；

（二）坚持四项基本原则，坚持改革开放，办

事客观公正，有较高的政策水平和实际工作能力；

（三）从事过较长时间的财政经济工作，一般应具有高级专业技术职称；

（四）年龄一般在六十五周岁以下，身体健康。

三、特约审计员的工作任务和权力义务

（一）参加一些比较大的或是群众比较关心的审计事项，如对一些大企业、大基建项目的审计等；

（二）参与对一些重要审计事项结论、处理的研究；

（三）参与审计工作、审计法规、审计理论等的研究咨询；

（四）参加审计执法巡回检查；

（五）向审计机关反映有关审计工作、审计机关廉政建设方面的情况，提出意见和建议。

特约审计员在执行审计任务中，具有与审计机关工作人员同样的权力，并有权向统战部门和有关单位反映工作情况和问题。要做到依法审计，按照审计程序工作，实事求是处理问题，遵守审计工作纪律和审计人员守则。

对违反法律、纪律和规定的特约审计员应予解聘，并转请有关部门处理。

四、特约审计员的聘请程序

（一）审计机关可先向党委统战部门提出聘请的意向性意见，由统战部门商民主党派，根据审计机关的要求提出受聘人选；

（二）对受聘人选，由统战部门与审计机关共同协商认可，再征得被聘人员所在单位和本人同意后确定；

（三）以审计机关名义向特约审计员颁发《特约审计员聘书》。

五、特约审计员的聘任期限

特约审计员每届任期一般为两年。在聘任期满后根据工作需要和本人情况可以续聘，但一般不超过两届。如到期未续聘即自行解聘。

六、特约审计员的组织管理和待遇

（一）特约审计员不脱离原工作单位和工作岗位，其行政关系和工资、福利等仍由原单位负责。参加审计工作时的差旅费、出差补助等，由审计机关按照国家规定的标准负责开支；对重要审计事项的咨询，有的可酌情给予一定报酬。

（二）审计机关指定专门机构或人员负责特约审计员的组织管理工作，如组织参加有关会议的活动；组织阅读有关审计工作文件和参加业务培训；及时反映有关意见，做好联络服务工作等。特约审计员参加有关审计工作，可由审计机关内部业务职能部门具体负责组织。

〔一九九二年〕

关于印发《内部审计发展规划》的通知

审指发〔1992〕21号

（一九九二年一月三十一日）

各省、自治区、直辖市审计局，署驻国务院部门审计局、审计特派员办公室：

根据全国审计工作会议代表的意见，我们对《内部审计发展规划》进行了修改，现印发给你们，请参照执行。

抄送：中国有色金属总公司、中国石化总公司、中国船舶总公司、中国兵器工业总公司、中国电子工业总公司审计部，公安部、武警总部审计室，安全部，国防科工委、新疆生产建设兵团、解放军审计局，中国人民银行稽核司，中直机关管理局审计处，中国海洋石油、统配煤矿、石油天燃气、核工业、建筑总公司审计机构。

内部审计发展规划

（一九九一年——一九九五年）

一、内部审计的现状

自一九八三年以来，全国内部审计工作在各级党组织、政府和部门的领导及各级审计机关的指导下，经过广大内部审计人员的努力，发展很快，已初步形成了一个具有中国特色的内部审计体系。

到一九九〇年底，全国已建内部审计机构七万五千多个（其中专职机构四万五千多个），配备内部审计人员十九万多人（其中专职人员十万多人）。几年来，内部审计工作在“边组建，边工作”，“抓重点，打基础”和“积极发展，稳步提高”的方针指导下，工作的领域不断拓宽，不少单位在搞好财务收支审计的基础上，围绕提高经济效益，积极开展经济效益审计。一些内部审计工作开展较早的地区、部门和大中型企业、事业单位，从自身的工作出发，制定了一系列有关内部审计的规章制度，使这些单位的内部审计工作基本上实现了制度化和规范化。内部审计对建立和完善企业、事业单位内部自我约束机制，加强廉政建设，改善经营管理，提高经济效益取得了显著成绩并创造了许多好经验，为建立具有中国特色的社会主义内部审计制度作出了积极贡献。一九九〇年，全国内部审计机构查出违纪金额 80.9 亿元，促进增收节支 28.9 亿元，查出损失浪费 17.3 亿元。万元以上贪污案 1157 件，移交司法机关 2250 人，受党政纪处分 3779 人。几年来各级审计机关不断加强对内部审计工作的指导。省、自治区、直辖市审计局建立专门指导机构的有 63.3%，没设专门机构但基本上有专人负责指导工作，地、市、县有的已设专门机构或专人负责指导内部审计工作，初步形成了层层有人抓、自上而下的指导体系。

但是，我国内审计工作发展还很不平衡。在已建机构中有相当一部分没有独立，人员配备和素质不适应工作的要求；一部分内审机构的工作还缺乏深度和广度，“三化”程度也还不高，内部审计的理论研究亦落后于实践；审计机关指导体系尚不健全，指导还不够有力，这些都有待于进一步改进和提高。

二、内部审计发展目标

七届人大四次会议通过的《国民经济和社会发展十年规划和“八五”计划纲要》中指出，在有计划的商品经济条件下，企业必须建立自主经营、自负盈亏、自我发展、自我约束的运行机制；特别提到要改进企业的审计制度。这是对我国内部审计在“八五”期间的工作提出的新的要求，也是我们制定内部审计发展规划的主要依据。

根据党中央、国务院对内部审计工作的要求，结合我国内部审计的发展实际，在今后的五年中，内部审计工作的总目标是：建立起中国特色的社会主义内部审计监督体系，实行有效的内部审计监督制度，使内部审计工作继续向深度和广度发展，发挥查错防弊、改进管理、提高效益的重要作用。

随着我国经济体制改革的不断深入和发展，将会对内部审计工作提出越来越高的要求，因此，内部审计工作要向深度和广度发展。内部审计工作要紧紧围绕搞好大中型企业这项中心工作，在搞好财务收支审计的基础上，以提高经济效益为重点，积极开展经济效益审计。在今后五年中内审工作的具体目标主要是：

（1）财务收支审计形成制度。通过加强财务收支审计，使企事业单位的违纪金额逐年减少，并消灭重大违纪事项，使遵纪守法信得过单位逐年增加。

（2）深化经济效益审计。经济效益低一直是困扰企业生产进一步发展的主要原因，企业的经济效益上不去影响整个国民经济的发展。“八五”期间，各单位内审机构要进一步拓宽经济效益审计的领域，逐步深入到管理领域和生产技术领域，向管理要效益，向生产技术要效益。力争通过效益审计所实现的成果逐年增加，为搞好企业作出贡献。

行政事业单位的内审机构要在节省开支，反对浪费，提高资金使用效益上作出成绩。

（3）不断完善承包经营责任审计。各内审机构要根据国务院颁发的《全民所有制工业企业承包经营责任制暂行条例》和国务院批转国家体改委《关于在治理整顿中深化企业改革强化企业管理的意见》中的有关规定，按“分层次，抓重点”的原则，结合内部经济责任制，认真搞好承包经营责任审计。通过审计促进承包经营责任制不断完善，监督承包任务按期完成。

（4）搞好维护合法经济权益的审计。随着经济的发展，国内外联营等经济活动日益增加。各单位内部审计机构要按国际惯例和有关规定加强审计监督；对社会上的乱收费，乱罚款，乱摊派等问题要用法律手段加以抵制，维护本单位合法经济权益。

(5)改进审计方法。各内审机构要开展对内部控制系统的审计评价，提高内审工作效率和质量，促进管理水平提高。有条件的单位要逐步推广计算机审计，促进内审工作的现代化。

三、实现发展目标的主要措施

为了保证以上规划目标的实现，要采取以下措施：

第一，加强宣传工作，提高全社会，尤其是国营大中型企业领导人对内部审计在搞好大中型企业的作用的认识。主要采取：①利用各种报刊、杂志、广播、电视等手段，宣传内审工作的作用和成果，扩大影响，取得有关各界的支持；②定期举行报告会和经验交流会，请一些内审工作搞得好的企事业单位的领寻人介绍他们抓内审工作的经验；③举办厂长、经理审计知识研讨班，提高领导认识，扩大审计影响；④适时召开内部审计工作会议，表彰优秀内审工作人员。

第二，提高内部审计的法律地位。内部审计作为一项制度已写进党中央的文件，这标志着我国内部审计地位的提高。因此，在将来出台的审计法规和其他有关法规中对内审的地位、作用要有更明确的法律规定。各单位要结合自己的具体情况完善各项规章制度建设。

第三，加强内审机构和内审队伍建设，提高内审人员的素质。在今后的五年中，内部审计机构建设和内部审计人员配备数量，要有较大的发展，内部审计人员的结构要更趋合理，人员素质也要有较大的提高。

(1)凡应建立内部审计机构的各级主管部门和总公司、国家金融保险机构；全民所有制大中型企业、事业、建设单位，要建立起与工作相适应的独立的内部审计机构，并进而建立完善的内部审计网络。

(2)已建内审机构的部门和单位应配备与审计工作相适应的专职内审人员。

(3)内审人员的素质要有较大的提高，人员结构达到合理。大型企业的内审机构的审计人员要由“三师”(会计师、经济师和工程师)组成。具有中级以上技术职称的要占50%以上。

(4)有条件的大型企业成立审计委员会，试行总审计师制度，以加强对内部审计的领导，提高内部审计的地位。

第四，深入调查研究，总结交流内部审计工作经验。各级审计机关要深入部门、单位指导工作，帮助解决内审机构组建，人员配备中存在的一些实际困难。总结内部审计在搞好大中型企业中发挥作用的经验，并组织交流推广。

第五，加强内审人员的培训工作。几年来各级审计机关和主管部门审计机构在培训内审人员方面做了大量工作，并取得了显著成果。今后争取五年内通过各级审计机关、各级主管部门、各单位、各级学术组织，采用多种形式对没有接受过培训的在职内审人员轮训一次，以提高内审人员的政治、业务素质，改善内审人员的知识结构。

第六，积极开展内审理论研究。各级内审指导机构要配合各级内审学术组织和审计科研机构积极开展内审理论研究，包括内部审计基础理论、内部控制系统评审、经济效益审计、电子计算机审计等方面。作到理论联系实际，推动内部审计工作不断发展。

第七，加强内部审计指导机构的建设。这是搞好内部审计指导工作的重要一环。各级审计机关要从组织机构，人员配备等方面搞好内审指导机构的建设，以加强对内审工作的指导。

关于印发《关于审计查处违纪违规金额统计口径的意见》的通知

审综发〔1992〕71号

(一九九二年三月十三日)

各省、自治区、直辖市和计划单列市审计局，各特派员办事处，驻国务院部门审计局、审计特派员办公室，新疆生产建设兵团审计局：

正确区分审计查出的违纪违规问题，是审计工作的一个改进。目前，从各地统计情况看，对违纪违规的划分很不一致，统计数字存在畸大畸小的现象，不利于如实反映审计执法情况，也不利于分析研究审计查出的问题。为了改变这种情况，现将《关于审计查处违纪违规金额统计口径的意见》作为暂行办法印发你们，请参照执行。执行中有何问题、意见和建议，请及时报署。

抄送：有关部门、公司等内审机构，署机关业务司、法规司、审计科研所

关于审计查处违纪违规金额统计口径的意见

为了统一审计查处违纪违规金额的统计口径，真实反映审计工作成果和审计执法情况，现就审计查处违纪违规金额的统计划分提出如下意见：

一、审计查处违纪违规金额，是反映审计工作中查处被审单位违反财经法纪和规章制度情况的一项重要统计指标。但违纪与违规两者性质不同，在审计统计中，需要加以区别分开统计，以准确反映审计情况。

二、审计统计的违纪违规金额，应根据《审计结论和决定》所列问题、事实和《国务院关于违反财政法规处罚的暂行规定》等有关规定，进行统计。

在《审计结论和决定》中不论是否予以明确其违纪或违规和处理如何，如属下列情况，均按违纪金额进行统计：

1. 隐瞒、截留、转移应交国家的税金、利润和其他财政收入；

2. 弄虚作假、骗取国家财政拨款或补贴；

3. 违反国家规定，将全民所有的财产转给非全民所有制单位、个人或将预算内资金划转为预算外资金使用；

4. 超越权限，擅自减免税收、动用国库款项；

5. 超越权限，乱开减收增支口子；

6. 违反国家规定，挪用专项资金、信贷(保险)资金；

7. 违反外汇管理规定，逃汇、套汇、炒买炒卖外汇；

8. 违反国家物价政策，乱涨价、乱加价，牟取非法所得；

9. 违反国家规定，乱拉资金，进行计划外基本建设和提高建筑标准；

10. 违反控购规定，购买专控商品；

11. 违反国家规定，擅自提高工资、补贴标准、扩大补贴范围和挥霍浪费国家资财；

12. 承包经营中以不正当手段搞虚盈实亏或虚亏实盈，骗取的分成、留利和补贴；

13. 向企事业单位乱集资、乱罚款、乱收费和摊派各种款项；

14. 公款私存的小金库；

15.《国务院关于违反财政法规处罚的暂行规定》中明确的其他违纪问题。

三、被审计单位隐瞒或少计销售收入、乱挤成本费用，其违纪金额的计算，按侵占的应交国家的利润、税金额进行统计；虚列销售收入，其违纪额，按由此而虚报冒领、骗取的财政拨款、补贴额进行统计。

四、除上述问题外，其余均作违规金额统计。

五、如系一笔资金在资金来源和资金运用两方面都涉及违纪或违规，则按其中数额较大的一方进行统计，如金额相等，则按性质严重的一方进行统计。

六、在税收、财务、物价大检查期间，以审计机关为主检查处理的违纪违规金额，可按上述要求统计进入《审计情况报表》。

以上意见，从一九九二年开始实行，以往统计口径与此不一致的，均以此为准。

关于认真贯彻《全民所有制工业企业转换经营机制条例》的通知

审办发〔1992〕199 号

（一九九二年八月一日）

各省、自治区、直辖市和计划单列市审计局，各特派员办事处，驻国务院部门审计局、审计特派员办公室，署机关各单位：

为了推动全民所有制工业企业进入市场，增强活力，提高经济效益，国务院最近发布了《全民所有制工业企业转换经营机制条例》（以下简称《条例》）。这是经济体制改革的一件大事。各级审计机关和审计人员要认真学习，进一步解放思想，加强和改进审计工作，切实贯彻执行。

一、依法进行审计监督，维护企业经营自主权。各级审计机关要依照国家法规检查资产负债、损益是否真实和自有资金分配是否符合国家规定。凡属企业经营自主权范围内的问题，审计监督均不作干预。对财政、税务部门检查的企业财务会计、税收方面的问题，一般不搞重复检查；如发现有重要问题，可进行抽审。

二、认真查处摊派行为，保护企业合法权益。各级审计机关对企业揭发的一些部门、单位摊派人力、物力、财力问题，要及时受理，在检查核实后，依照法规处理。在审计各部门、各单位财务收支中，如发现有向企业摊派行为，要认真查处，清退摊派款项，情节严重的，要提请监察部门追究有关人员责任。

三、深化企业审计，促进提高经济效益。对国营企业的审计，要把亏损严重和盈利下降多的国营大中型企业作为重点。要在审计财务收支的基础上，延伸检查有关的内部控制制度和经济效益，提出改进意见，促使改善内部管理，提高经济效益。

四、帮助企业健全内部审计制度，完善自我约束经营机制。各级审计机关对企业内部审计制度要深入调查研究，总结典型经验，加以宣传推广，使内部审计制度成为企业加强内部监督、完善自我约束机制的重要内容。

五、研究宏观经营管理，促进改善企业外部条件。审计人员要增强宏观意识，了解宏观经济情况，研究企业经营活动中与宏观调控有关的重要问题。对企业审计中发现的带有普遍性、倾向性问题，要从宏观角度进行分析研究，向政府和主管部门提出改进和完善宏观调控措施的建议。

六、大力发展审计事务所，为企业提供社会服务。转换企业经营机制，迫切要求加快发展社会审计事业。各级审计机关要支持、帮助审计事务所的发展，搞好注册审计师的考核审批工作。审计事务所要积极接受委托，办理验资证明，审核企业工资、奖金的分配，审查企业年度财务会计报表，评估企业资产，参与企业解散时资产清算，为企业提供信息和法规咨询等服务。

以上通知，请各地审计机关结合当地实际研究执行，并将执行情况及时上报。

抄报：国务院办公厅

抄送：国家体改委

关于强化审计监督的意见

审办发〔1992〕301 号

（一九九二年十二月二十三日）

党的十四大确定，我国建立社会主义市场经济体制，要加快政府职能的转变，要在进一步改革财经管理体制的同时，强化审计和经济监督，健全科学的宏观管理体制与方法。为贯彻十四大精神，审计署就如何强化审计监督问题向国务院总理办公会议作了汇报，李鹏总理和其他领导同志表示原则同意，并作了重要指示。经最近召开的全国审计工作会议讨论，取得了一致认识。现就强化审计监督问题提出如下意见。

一、审计监督要为建立社会主义市场经济体制服务

强化审计监督是建立社会主义市场经济体制的需要，是经济体制改革、加强宏观管理的一个重要内容。国家审计监督与其它经济监督有所区别，它属于高层次的综合性财政经济监督，应当在宏观管理方面充分发挥作用。要通过强化审计监督，维护国家财经法纪和经济秩序，促进改革开放健康发展；促使合理使用资金，讲求效益，保障国有资产保值增值；监督宏观调控措施的执行，并反映执行中的问题，促进其改进和完善；监督政府部门贯彻精简原则，勤俭办事，加强廉政建设。审计工作重点转到为宏观管理服务上来，标志着我国的审计事业进入一个新的发展阶段。

九年多来，审计工作在各级党委和政府的领导下，有了很大的发展，在经济监督工作中发挥了重要作用。但是，审计工作的现状与建立社会主义市场经济体制的要求还很不适应，审计人员的思想需要进一步解放，审计监督的法规需要健全，有些审计方法需要改革，审计队伍需要加强。所有这些，是审计机关面临的重要任务。

二、转变不适应新形势的思想观念

建立社会主义市场经济体制，是社会主义理论的重大突破，我们的思想观念必须与之相适应，我国的审计机关虽建立不久，但是我国审计工作方法也要受市场经济体制的影响。各级审计机关和广大审计人员，必须认真学习十四大精神和邓小平同志关于建设有中国特色社会主义的理论，解放思想，转变观念，在审计工作中自觉地贯彻执行党的基本路线。要增强改革开放意识，克服因循守旧思想，勇于改革，适应社会主义市场经济的要求；要增强宏观意识，克服就事论事思维方法，从宏观着眼微观入手进行审计，发挥审计监督在宏观管理方面的作用；要增强法制观念，克服执法随意性，严格依法履行监督职能。

三、健全审计法规

强化审计监督必须健全审计法规。对审计法初稿要抓紧修改，形成一个比较成熟的草案，报请国务院审议，同时草拟审计法实施细则。各项专业审计的规章，要采取边实践、边总结、边制定的办法，成熟一个出台一个。要抓紧制定审计标准和审计人员手册，规范审计方法和审计人员行为，提高审计工作质量。对现行《审计程序》要总结执行中的经验，按照健全法制的要求进行修订，使之符合实际，简明易行。各级审计机关要建立检查监督制度，保证审计法规正确贯彻执行。

四、进一步突出审计重点

为了充分发挥审计监督在宏观管理方面的作用，今后审计的重点应当是：(一)各级地方政府和财政部门管理的国家资金和借用的外资。(二)国家和地方金融保险机构管理的信贷资金和保险基金。(三)掌管国家资金较多的政府部门。(四)重点建设项目投资、农业、科教、社会保障等专项资金。(五)对财政经济全局影响较大和国家财政给予补贴较多的重点企业资产负债及损益。为突出审计重点，要逐步减少对一般企业、事业单位的直接审计，在必要时进行抽审。

五、扩大财政审计内容

这几年审计了各级地方政府的重点财政收入，今后要逐步扩大到审计预算支出，财政部门管理的预算外资金、财政信用资金，国库管理和国有资产管理等。当前要着重审计财政决算是否真实和发生赤字的原因，财政挂帐的情况和原因，财政信用资金的管理情况等。通过审计监督，如实反映财政情况和贯彻执行国家财政法规、政策，促进改进财政管理，堵塞漏洞。

根据国务院总理办公会议的决定，在国务院常务会议或总理授权的条件下，审计署对财政部管理的国家财政收支进行审计。按照这一精神，地方审计机关在本级政府授权的条件下，可对同级财政部门管理的财政收支进行审计。

六、把审计信贷资金作为金融审计的重点

对金融机构，要继续审计财务收支，并逐步把重点转向审计信贷资金，促进按照国家计划控制信贷规模，根据产业政策发放贷款，改进信贷管理。为了加强对信贷资金的审计监督，按照《审计条例》的规定，对国家金融机构在各地的分支机构，需要逐步改由审计署直接进行审计。今后两年，除上海仍执行现行办法外，其它直辖市和计划单列市工商银行和建设银行的分支机构，改由审计署和驻地方派出机构负责审计；其它国家金融机构的分支机构，仍授权直辖市和计划单列市的审计机关进行审计。随着经济的发展，地方金融机构逐渐增多，地方审计机关要对其进行审计监督。

七、改革企业审计办法

根据国务院关于全民所有制企业转换经营机制条例的规定和国有企业众多的情况，对企业审计办法进行改革。(一)审计机关主要审计重点企业和财政补贴较多的企业，其它国有企业，逐步改为在注册审计师、注册会计师审签基础上进行抽审。(二)审计的内容主要是资产负债、损益是否真实，并逐步延伸检查有关的内部管理制度和经济活动。(三)审计中涉及到企业法定经营权范围内的问题，要按照《全民所有制工业企业转换经营机制条例》的规定，维护企业的合法权益。(四)对企业举报其它单位摊派人力、物力、财力等问题，及时调查处理。有条件的地方，可建立举报制度。

对国家控股的股份制企业、中外合资经营企业，比照上述办法进行审计，维护有关各方的合法权益。对境外国有企业逐步开展审计。

八、开展重点建设项目全过程审计

对建设项目开工前资金来源的审计，有利于按照国家宏观调控的要求控制建设规模，应当依照国家有关规定继续进行。要审查资金是否落实和来源是否合规，如实签署意见。对在建的重点项目要继续分批进行审计，促进按期建成投产，节约建设资金。要开展重点建设项目竣工决算审计，逐步做到对重点建设项目投资活动的全过程实行审计监督。

九、加强农业、科教、社会保障等专项资金审计

农业开发、扶贫等支农资金较多的地、县，要把农业资金审计作为重点，适当加强力量。主要审计管理农业资金的部门和使用资金多的单位，着重检查各种渠道的资金是否按规定及时到位，有无被挤占挪用和浪费等问题，促进加强管理，提高经济效益。

加强对管理和使用科研教育等经费较多单位的审计，主要检查经费投入情况，有无被挤占挪用和浪费等问题，促进严格财务管理，提高资金使用效益。

加强对养老、待业、医疗等专项基金的审计，主要检查是否按规定征收基金、专款专用和保值。促进社会保障制度的改进和完善。

十、坚持和改进政府部门审计

为促进政府部门加强廉政建设，要坚持对其进行审计。重点审计有资金分配权、有预算外收入和有罚没收入的部门，主要检查有无向企业摊派，截留国家拨给其所属单位的资金，挪用所管理的专项资金等。要对各部门的主要经费开支进行横向比较审计，对勤俭节约的给予表扬，严重铺张浪费的进行通报或查处。

十一、提高对国外贷款援款项目的审计水平

对我国利用世行、亚行的贷款和接受国际组织的援款，应视同国有资金进行审计监督。对查出的违反财经纪律和损失浪费问题要严肃处理，促进改善管理，提高资金使用效益。要提高审计质量，按照贷款、援款国际组织规定的标准，出具审计报告和管理意见书。

十二、坚持依法审计原则和实事求是处理问题

依法审计是《宪法》赋予审计机关的基本职责，加快改革开放，新问题不断出现，要正确处

理依法审计和实事求是处理问题这两者的关系。既要坚持履行审计监督职能和依法审计的原则，又要对查出的问题区别不同情况，实事求是地处理，把原则性和灵活性结合起来。(一)对以改革开放为名，弄虚作假，严重损害国家利益，违反财经法纪的，依法严肃处理。(二)对改革开放中出现的无法可依的问题，向政府和有关部门反映情况，建议制定相应的法规。(三)因情况变化，现行规章明显不合理而发生的问题，可不作处理，建议政府和有关部门加以改革或修订。(四)因法规之间相互矛盾，政策界限不清，难以认定是否违纪的问题，一般不作处理；需要处理的重要问题，向上级领导机关请示。(五)少数改革开放试点单位，执行地方政府在职权范围内制定的试点办法，突破某些现行财经法规的，不作为问题处理。

十三、改进对地方审计工作的领导

为适应健全中央和省两级调控体制的要求，今后审计署在审计业务领导方面，要减少统一部署的审计项目，除少数必须统一进行的行业、系统审计和审计调查外，属于地方审计范围内的事项，由省级审计机关按地方政府的部署自行安排。审计署要加强对地方审计工作的监督检查。

十四、健全审计工作报告制度

为了反映和考核审计成果，应逐步健全审计机关向政府和上级审计机关的报告制度。审计工作报告包括年度审计工作报告、专项审计工作报告等。审计工作报告要全面反映情况，不单纯揭露过去的问题，更重要的在于从中总结经验教训，改进未来的工作。审计工作报告可以在政府内部通报，有些社会关心的问题，可向社会公布。

要加强和改进审计宣传工作，主要宣传审计工作的成果和作用，扩大社会影响。

十五、加强审计队伍建设

根据强化审计监督的要求，审计机关应当加强，不能撤并；已经确定的编制不能减少，力量薄弱的要适当加强。各级审计机关要按照干部队伍“四化”的方针和德才兼备的原则，培养选拔有开拓精神、业绩突出的年轻干部进入领导班子。要按照十四大的要求搞好领导班子建设。

从事高层次的审计监督工作，需要有政治、业务素质高的审计人员，因此必须大力加强审计人员培训工作。在提拔干部、开展新业务、使用新技术之前，对有关人员都要进行培训，并逐步形成制度，要采取正规培训、业余培训、电视大学培训等方法，组织审计人员系统学习审计专业知识、新的财会制度和有关财经法规。县级以上领导骨干还要学习业务理论和宏观管理知识。要把南京审计学院办成培训审计系统领导骨干的主要基地，同时充分发挥各地审计机关现有培训基地的作用。要坚持每年集中一段时间进行整训，联系工作实际，学习有关文件，总结交流经验。要教育审计人员热爱审计事业，做到廉洁、公正、严格、有奉献精神。要认真抓好精神文明建设和廉政建设，使审计队伍经受住市场经济扩大开放的考验。

十六、加快发展审计咨询业和健全内审制度

在审计机关强化审计监督的同时，还要发挥社会审计和内部审计的作用。

根据建立社会主义市场经济体制和加快发展第三产业的精神，应当大力发展注册审计师事业。到一九九五年，审计事务所要由目前的二千六百多个发展到四千五百个，注册审计师由目前的七千多人发展到一万四千人。要依照有关法规或接受委托，对国有企业、集体企业、股份制企业和其它经济成份的单位进行审计和办理查证、咨询等事项。要认真贯彻国务院关于审计事务所、会计事务所两所并存等问题的指示。具体实施办法，待财政部、审计署商定后下达。

国有企业转换经营机制，更加需要健全内部审计制度。国有大中型企业应当健全内部审计制度，根据需要设立内审机构，配备内审人员，健全自我约束机制，承担国有资产保值增值

的责任。审计机关要通过总结交流经验，加强业务指导，帮助企业改进和完善内部审计制度，提高经济效益。

十七、学习和借鉴国外审计工作的先进经验

审计署和有条件的省级审计机关，要开展对不同类型国家审计制度的理论和方法的研究。采取有计划地派遣考察组，选派人员出国培训，聘请外国专家来华讲学，举办专题研讨会等方式，同一些国家发展友好合作关系，学习他们先进的审计方法。积极参加国际审计组织的活动，了解国际审计工作的发展趋向和新的技术方法。学习国外的审计理论，要从实际出发，吸取有益的东西，并同加强我国的审计理论研究结合起来，以指导实践，发展我国的审计事业。

十八、积极发展计算机审计

目前，国外广泛使用计算机作为审计辅助手段，国内的一些行业和单位在财会业务中已普遍使用计算机。为适应这一情况，审计机关要加快开发各项专业审计所需要的计算机软件，大力培养计算机审计人才，相应增加资金投入，使计算机审计逐步适应强化审计监督的需要。

〔一九九三年〕

关于中国注册审计师年度注册考核办法（试行）

审指发〔1993〕1号

（一九九三年一月三日）

一、为提高注册审计师政策业务水平，加强注册审计师队伍建设，保证执业质量，根据《中华人民共和国审计条例》、审计署《关于社会审计工作规定》和《注册审计师制度（试行）》，制定本办法。

二、注册审计师履行职责情况、工作业绩每年末应考核一次，考核合格者给予年度注册，下一年度内准予在审计事务所内执业。

年度考核工作由审计署及各省、自治区、直辖市审计局根据本办法组织实施。

三、注册审计师履行职责情况及工作业绩考核的主要内容是：

（一）在审计事务所工作出勤出力的情况；

（二）完成审计事务所分配的审计查证和咨询服务业务项目的数量、效率和效果；

（三）执业中遵守国家法规，依法办事，做到实事求是、客观公正、诚实信用；

（四）执业中认真履行社会审计工作规程；

（五）按照规定保守客户秘密，自觉执行回避制度；

（六）及时更新业务知识，具有承办新业务项目的意识或能力。

考核结果分为优秀、良好、不合格三种。

四、有下列情形之一者，为考核不合格：

（一）缺勤过多，不能正常承办业务项目，或无正当理由拒绝承办分配的业务项目并经教育无效；

（二）执业中弄虚作假；

（三）因失职造成严重误差或发生质量问题；

（四）违反职业道德给审计事务所声誉造成严重损害；

（五）对因经营管理不善致使事务所破产应负主要责任；

（六）利用工作之便谋取不正当利益，或犯有其他严重损害职业形象的错误而受刑事、行政处分。

年度考核不合格者不予年度注册。

五、注册审计师不愿参加年度注册考核的，不予年度注册。

六、本年度内因调动、离退休、解聘等原因，离开审计事务所，不再从事社会审计工作的人员，其称号已自然解除，不参加年度注册考核。

考核时因受到暂停使用注册审计师称号处分而仍在处分期内的，暂不参加年度注册考核。

七、参加考核的注册审计师应按考核内容撰写年度考核小结，填报《注册审计师年度注册申报表》，由所在审计事务所对其履行职责情况和工作业绩进行评议，提出考核结果，报管理指导本所的审计机关审定。

不参加年度注册考核的注册审计师，由所在审计事务所填报《不参加考核人员上报表》。

八、审计署及各省、自治区、直辖市审计局应按规定组织注册审计师审核委员会负责审核《注册审计师年度注册申报表》，对合格者，在本人《证书》下一年度注册栏加盖"年度注册"章。

经年度注册的注册审计师名单，可予以公告。

九、年度注册工作结束后十日内，各省、自治区、直辖市审计局应将因各种原因被取消注册审计师称号的人员名单按照审指发〔1992〕129号文件的规定报审计署备案。

十、本办法由审计署解释。

十一、本办法自一九九三年度起试行。

关于社会审计组织承办中央企业审计查证业务资格认定办法

审指发〔1993〕206号

（一九九三年七月二十七日）

一、为贯彻《全民所有制工业企业转换经营机制条例》，落实审计署、国家体改委、国家经贸委联合下发的《全民所有制工业企业转换经营机制审计监督规定》（以下简称《审计监督规定》），根据中央企业审计查证业务工作的实际需要，制定本办法。

二、本办法所称的中央企业是指国务院直属国有企业、国务院各部委、各直属机构直接管理的国有企业，以及财政财务关系隶属于中央的其他国有企业。

本办法所称的企业审计查证业务是指《审计监督规定》第四条、第九条规定的业务。

本办法所称的社会审计组织是指经省级以上审计机关、财政机关批准成立，已办理工商登记，取得《企业法人营业执照》的审计事务所和会计师事务所。

三、社会审计组织承办中央企业的审计查证业务，应具备下列条件：

（一）依法成立一年以上，具有从事企业财务收支、经济效益、承包离任等审计业务的经验；

（二）固定从业人员不少于二十人，其中职龄人员（即非离退休人员）不少于五人；

（三）有五名以上注册审计师（或注册会计师，下同）；

（四）有二十万元以上自有资金；

（五）有健全的内部控制制度；

（六）有良好的职业道德记录和声誉，没有发生过严重的工作失误，没有违反职业道德的行为。

四、社会审计组织申请承办中央企业的审计查证业务，应向审计署提交下列材料：

（一）承办中央企业审计查证工作申请表；

（二）注册审计师有关情况登记表；

（三）固定从业人员有关情况一览表；

（四）近两年的资产负债表、财务收支情况表；

（五）批准成立文件及营业执照副本；

（六）审计机关出具的本事务所具有从事企业审计工作经验的证明，或本事务所承办的审计案例；

（七）内部管理制度；

（八）遵守职业道德、接受审计机关监督管理的保证书；

（九）审计署认为应当了解的其他情况。

五、审计署对社会审计组织提交的申报材料进行审核，符合条件者，批准其承办中央企业审计查证业务，发给资格证书，并向中央企业推荐。

对开业不足一年，但其他条件均符合的可批准其试办中央企业审计查证业务。试办期间未发生质量事故的，到期时发给资格证书。

六、社会审计组织取得承办中央企业审计查证业务资格之后，即可承办地方企业审计查证业务。

七、对承办中央企业审计查证业务的社会审计组织实行年检制度。取得资格的社会审计组织应在审计署要求的时间内，报送上一年度承办中央企业审计查证业务工作总结，提供组织机构、人员、财务变动情况。具体办法另行制定。

八、社会审计组织承办中央企业审计查证业务，必须接受审计署的监督管理，恪守客观公正、依法审计的职业道德。因过失或故意导致提供的审计查证报告严重失实的，审计署视其情节及后果给予下列处分：

(一)警告；

(二)通报批评；

(三)暂时中止承办中央企业审计查证业务资格；

(四)吊销承办中央企业审计查证业务资格证书。

按照《审计监督规定》第十条的规定，需要给予其他处分的，并处。

九、有下列情形之一，取消承办中央企业审计查证业务资格：

(一)经审计机关检查确认，审计查证工作的内容和程序不符合要求，经指出后不予改正的；

(二)组织机构，人员组成及资产情况变化，已达不到本办法第三条二、三、四项规定条件的；

(三)无正当理由，多次拒绝中央企业委托，或提出不合理要求，致使中央企业难以委托的；

(四)其他业务工作失误受到审计、财政机关停业整顿以上处分的；

(五)在其他活动中违反职业道德造成不良影响的；

(六)有其他不宜继续承办中央企业审计查证业务情形的。

十、本办法由审计署负责解释。

十一、本办法自发布之日起生效。

审计署、财政部关于解决地方审计机关业务经费问题的通知

审综发〔1993〕67号

各省、自治区、直辖市和计划单列市财政厅(局)、审计局：

为解决审计机关经费困难，一九八五年，财政部、审计署发出(85)财文字99号《关于解决地方审计机关经费不足问题的通知》，各地财政部门大力支持，缓解了审计机关经费不足，解决不少实际问题。鉴于不少审计机关的基础建设尚未完全解决和强化审计监督业务将不断扩展，所需业务经费必然会增加的实际情况，经研究，财政部、审计署(85)财文字第99号通知继续执行到一九九五年末。

关于加强金融审计监督的通知

审金发〔1993〕193号

(一九九三年七月十六日)

各省、自治区、直辖市和计划单列市审计局，各特派员办事处：

最近，党中央和国务院发出文件，从整顿金融秩序，严肃金融纪律入手，解决当前经济中出现的矛盾和问题，采取了一系列加强宏观调控措施。为了认真贯彻执行中央的决策，发挥金融审计监督的职能作用，经研究决定，在今年九、十月份对金融机构执行中央关于整顿金融措施的情况进行一次专项审计监督。现将有关事项通知如下：

一、审计监督的内容

(一)清理和纠正违章拆借和投资的情况；

(二)纠正违反利率政策的情况；

(三)纠正挪用信贷资金炒买炒卖房地产、股票和其他有价证券的情况；

(四)纠正擅自设立金融机构的情况，兴办非银行金融机构和其他经济实体在人事、财务、资金等方面与银行脱钩的情况；

(五)纠正结算纪律松弛，占用汇差资金和压单压票的情况。

二、审计监督工作的组织分工

(一)各级地方审计机关和审计署驻地方特派员办事处，根据审计署的授权和分工，对人民

银行、专业银行、商业银行和保险公司的分支机构进行审计；

（二）审计署组织力量对人民银行、专业银行的部分省、市分行进行审计。

三、具体要求

（一）各级审计机关的领导，要将这项工作作为当前一项重要任务，积极组织力量实施，抓出成效；

（二）审计中发现的重要问题和情况，要及时向上反映；

（三）各省、自治区、直辖市和计划单列市审计局、审计署驻地方特派员办事处于十一月二十日前将审计结果报告审计署。

关于加强对地方财税管理审计监督的通知

审财发〔1993〕207号

（一九九三年七月二十九日）

各省、自治区、直辖市和计划单列市审计局（厅），各特派员办事处：

为贯彻党中央、国务院加强宏观调控的指示精神，促进地方政府和财税部门整顿财税秩序，严格财税纪律，努力增收节支，保障国民经济持续、快速、健康地发展，现就加强对地方财税管理的审计作如下通知：

一、对地方越权自定的减免税收政策的清理情况和以各种方式承包流转税的纠正情况，进行审计调查。查出财税部门清理不实、纠正不力的问题，要向本级政府和上级审计机关报告。继续擅自减免税收和“两金”的，要依照有关法规严肃处理。

二、对海关减免进口关税和工商税的清理情况，由审计署组织力量进行审计和调查。查出清理不实和越权减免的，要依照有关法规处理；对减免不当的，要提交主管部门审核处理。

三、对财政信用资金和地方预算外专项基金的来源、规模、投向和管理情况，进行审计调查。对未经国家批准将应纳入国家预算管理的资金转到预算外以基金形式搞“体外循环”的，要依照有关法规清理纠正；对财政信用资金来源不当，投向不合理、管理不严格的问题，要向本级政府和上级审计机关报告；对财政信用资金管理部门未经批准办理商业性金融业务的，要依照国家有关规定处理。

四、开展预算执行情况审计。通过审计和调查，从财税管理方面，对财政收入增长同经济增长不同步的问题，分析原因，反映问题，提出建议，促进地方政府和财税部门采取措施，加强和改进预算管理。查出地方政府的财政部门违反预算管理规定，调整预算发生赤字的，要依照有关法规处理。

加强对地方财政审计监督，保证和促进中央决策的贯彻落实，是当前审计机关的一项重要任务，也是推进审计在加强宏观调控中发挥监督作用的重要内容。各级审计机关按现行审计工作体制，加强领导，精心组织，切实抓出成效。

关于检查整顿审计事务所和注册审计师工作的通知

审指发〔1993〕254号

（一九九三年九月二十八日）

各省、自治区、直辖市审计局（厅），署驻地方、部门派出机构：

去年六月党中央、国务院发布《关于加快发展第三产业的决定》以来，在各级党政的领导下，审计事务所和注册审计师工作有了较快发展，取得了明显成绩，在改革开放和经济建设中发挥了很好的作用。但在机构审批、业务质量、内部管理、人员素质等方面都还存在一些需要认真解决的问题。前不久，中诚会计师事务所出具虚假审验报告问题值得引以为戒。因此，决定对审计事务所和注册审计师工作进行一次检查整顿，贯彻中央关于反对腐败，推进党风建设和廉政建设的指示精神，促进其更好地为发展社会主义市场经济服务。现就检查整顿的有关事项通知如下：

一、严格审计事务所的审批制度

成立审计事务所，必须严格执行《审计条例》的规定，经省级以上审计机关审查批准。其从业人员、注册资金、办公场所等必须符合省级以上审计机关规定的条件。对未按规定审批擅自成立的，要限期申报审批；不申报或申报未予批准的，要停止营业。对虽经批准成立但不符合规定条件的，要采取措施，使之在今年十二月底前达到规定条件；届时仍达不到的，应予撤销。今后不得再批准企业等营利性单位和自身需要挂靠单位的学会、协会等组建审计事务所。

二、审计事务所须同审计机关脱钩

审计事务所接受委托从事的审计查证业务，不得替代审计机关行使审计监督权；审计机关不得以审计事务所名义对企事业单位实行有偿审计。审计事务所要严格执行《审计条例》的规定，实行有偿服务，独立核算、自收自支、依法纳税，占有和使用审计机关的资产，要按规定实行有偿使用；审计机关不得向审计事务所随意索取财物。审计机关、部门内部审计机构的负责人和工作人员，不得兼任审计事务所职务，已经兼任的应于十月底前辞去一头。在审计事务所工作的注册审计师调到审计机关或其它单位的，应按规定交回证书，其注册审计师资格自然解除。挂靠在其它行政机关和单位的审计事务所，也应按上述要求进行检查整顿。

三、审计事务所的分支机构必须具有独立法人资格

审计事务所设立非独立法人的分支机构容易发生不能独立承担民事责任问题，应予撤销或限期改为独立法人。审计事务所设立有独立法人资格的分支机构，应报经省级以上审计机关批准。审计事务所对分支机构，在业务质量控制、人员考核培训等方面，负有领导责任；向分支机构收取管理费的，应依法对分支机构的行为承担连带责任；分支机构以审计事务所名义从事审计查证和咨询服务等业务，应事先经审计事务所同意。

四、检查审计查证业务质量

要按照审计署关于社会审计工作的有关规定，对去年以来承办的审计查证业务进行检查。对验资不到企业或投资单位查帐，查证企业银行存款不与银行对帐，确认固定资产和库存物资不搞盘点或抽查的，应责成责任人员对这些业务逐项进行检查。已发出审计查证报告的，应根据检查结果，对有问题的做出撤销或修改的处理；情节严重造成后果的，要依照规定严肃处理。对审计事务所及其工作人员弄虚作假，出具虚假审计查证报告的，要依法追究责任人员和领导人的责任。

五、对注册审计师进行考核

要按照《注册审计师制度》规定的条件，结合审计查证业务质量检查，对注册审计师普遍进行一次考核。考核合格的，可继续履行注册审计师职责。发现有虚报学历、经历、业绩等不具备条件的，或出具虚假审计查证报告、玩忽职守造成不良后果的，应取消其注册审计师资格，吊销证书。有其他违反工作规则、职业道德行为的，视其情节，给以批评教育，或给予警告、暂停注册审计师资格的处分。要通过考核，促进审计事务所和注册审计师严格依法办事，遵守职业道德，廉洁奉公，提高业务工作水平。

六、健全审计事务所的内部管理

要按照审计署和省、自治区、直辖市审计机关的有关规定，对审计事务所的业务管理、质量控制、财务收支、准备风险等情况进行检查。凡没有按规定执行的，应切实纠正；对严重违反财经法纪的，应依法追究责任人员责任。实行按业务项目收入与项目审计查证人员分成办法弊端甚多，要坚决停止。

七、加强检查整顿工作的组织领导

各省、自治区、直辖市审计局（厅）和署派出机构，要按照上述要求，结合实际情况，认真组

织检查整顿工作。要充分发挥注册审计师协会的作用，有条件的可委托协会具体组织实施。在检查整顿中，要组织审计事务所的从业人员学习中央关于发展审计咨询业的指示，中纪委第二次全会文件，以及审计署颁发的有关规章，提高思想认识。检查工作，一般先由审计事务所进行自查自纠，然后由审计机关或委托协会组织审计事务所进行互查，有的要进行抽查。已经开展检查整顿工作的地区，应按本通知的要求继续进行。在检查的基础上，要针对存在的问题，提出整顿和改进的措施，促使审计事务所健康发展。

对审计事务所和注册审计师工作的检查整顿应于年内结束。请各省、自治区、直辖市审计局(厅)和署派出机构于一九九四年一月底之前，将检查整顿的结果报署。检查整顿中发现的重大问题和处理情况，应及时上报。

关于贯彻执行《注册会计师法》有关问题的通知

审电字〔1993〕46号

（一九九三年十二月三十一日）

各省、自治区、直辖市审计局，各计划单列市审计局：

《注册会计师法》将于一九九四年一月一日起施行。这是我国制定的第一部规范社会审计的法律，对审计、会计咨询业的发展有重要的推动作用。人大常委会、国务院根据注册审计师与注册会计师从事业务相同的实际情况，在《注册会计师法》中专列第四十三条，明确在审计事务所工作的注册审计师，经认定具有注册会计师资格的，可以执行本法规定的业务。审计事务所与会计师事务所具有同等的法律地位。

有关制订《注册会计师法》第四十三条所称资格认定和监督、指导、管理另行规定的工作，国务院有关部门正在抓紧进行。在这个规定出台之前，审计机关仍要依照现行有效的《审计条例》的规定，对审计事务所进行管理的指导；审计事务所仍要依照现行有效的《审计条例》、《全民所有制工业企业转换经营机制条例》、《国有资产评估管理办法》、《企业法人登记管理条例》等行政法规的规定，正常执业。

党的十四届三中全会通过的《关于建立社会主义市场经济体制若干问题的决定》指出：当前要着重发展会计师、审计师和律师事务所。各级审计机关、各审计事务所要广泛宣传发展市场中介组织的意义，积极开展审计查证和咨询服务业务，发挥其服务、沟通、公证、监督作用。对于在工作中遇到的问题和干扰，应采取宣传、说服的办法解决，必要时可向当地人民政府和审计署反映。

关于贯彻实施《中外合资合作经营企业审计办法》中有关问题的通知

审法发〔1993〕155号

（一九九三年六月十二日）

各省、自治区、直辖市审计局，各特派员办事处，驻国务院部门审计局、审计特派员办公室：

在贯彻实施《中外合资合作经营企业审计办法》(以下简称《办法》)过程中，各地对《办法》第八条关于“审计机关中发现被审计的合资、合作企业有违反财经法规行为的，除通知被审计的合资、合作企业外，还应通知有关部门依法予以处理”的规定理解不一，现就有关问题通知如下：

一、根据《办法》第七条关于审计机关“作出审计结论和决定通知被审计的合资、合作企业”的规定，第八条规定的“通知”，应是审计机关以作出审计结论和决定的方式，通知被审计单位和有关部门。

二、鉴于被审计单位存在违反财经法规的具体情况，审计机关在作出审计结论和决定后，应主送有关部门依法处理，并同时主送被审计单位，令其接受处理。

关于认真做好债券发行和集资审批的审计工作的通知

审金发〔1993〕121号
（一九九三年五月十日）

各省、自治区、直辖市和计划单列市审计局，各特派员办事处：

一九九三年四月十一日，国务院发出《关于坚决制止乱集资和加强债券发行管理的通知》，要求审计部门协助做好债券发行和集资审批的审计工作，发现问题及时反映。为贯彻执行国务院的指示精神，特作如下通知：

一、各级审计机关要认真学习国务院《通知》，深刻认识制止乱集资和加强债券发行管理，对于维护正常金融秩序，保持社会稳定，促进国民经济既快又好地健康发展的重要意义。要通过审计工作，积极配合有关部门加强对债券发行和集资活动的宏观控制。

二、各级审计机关要按照国务院《通知》的要求，在当地人民政府的统一领导和安排下，协助做好债券发行和集资审批的审计工作。

三、审计机关对审计中发现的违反国家规定，发行债券和集资的重要问题，要及时向政府和上级审计机关反映并依照法定职权，根据有关规定严肃处理。

审计署、财政部关于做好国有土地使用权有偿使用收入、耕地占用税审计工作的通知

审农发〔1993〕104号
（一九九三年四月十九日）

北京、天津、河北、吉林、黑龙江、上海、江苏、浙江、福建、山东、湖北、广东、广西、四川等省、自治区、直辖市审计局、财政厅（局）：

加强国有土地的开发管理，合理有效使用土地资源，防止国家资金流失，是深化土地使用制度改革的重要内容。今年审计署组织部分省、自治区、直辖市审计机关对五十个大中城市国有土地使用权有偿使用收入、耕地占用税（以下简称国土资金）进行审计，并以审办农发〔1993〕13号文下发了审计安排意见。这是促进有关部门强化管理，依法审批土地，及时足额收缴国土资金并正确使用的重要工作。为搞好这项审计，现将有关事项通知如下：

一、国土资金审计涉及面广、政策性强，省（区、市）审计机关要高度重视，认真组织实施，争取各级政府和有关部门的支持。

二、对审计中查出的问题，要依据国家法规进行处理。地方政府，财政部门制定的有关土地开发、国土资金管理及使用的法规、文件，与国务院、财政部发布的法规有矛盾的，以国务院国发〔1992〕61号《国务院关于发展房地产业若干问题的通知》和财政部的有关规定为依据。现行法规、文件没有明确或不完善的问题，要及时向审计署、财政部反映。

三、为了搞好这项审计工作，财政部门应主动配合，并给予适当支持。

关于把赠送礼金和有价证券问题作为审计监督一项经常性内容的通知

审行发〔1993〕124号

各省、自治区、直辖市和计划单列市审计局，各特派员办事处，驻国务院部门审计局、审计特派员办公室：

最近，中共中央办公厅、国务院办公厅发出《关于严禁党政机关及其工作人员公务活动中接受和赠送礼金、有价证券的通知》（中办发〔1993〕5号）指出，党政机关及其工作人员接受和赠送礼金、有价证券，败坏党风、政风、影响改革开放和经济建设的健康发展，必须加以坚决制止。通知要求“各级审计机关要把赠送礼金和有价证券问题作为审计监督的一项经常性内容，严格执行财经纪律。”为贯彻中办、国办通知精神，特作如下通知：

一、切实加强对各部门、各单位特别是党政

领导机关、经济管理部门、执法监督部门的经常性审计监督，把接受和赠送礼金、有价证券等作为审计监督的一项重要内容，并进行必要的审计调查，重要问题要及时向政府和上级审计机关报告，并认真追查到底。

二、对党委和政府领导交办的有关事项，要组织力量，抓紧办理。对群众检举、揭发的问题，要认真核查。务求做到件件查清，件件落实。

三、对查出的违反财经纪律问题，要依法严肃作出审计处理。情节恶劣、后果严重的，应将有关责任人移送监察机关追究行政责任；触犯刑律的，提请司法机关依法处理。

关于署驻地方特派员办事处审计省级财政文件材料归档问题几点意见的通知

审办办发〔1993〕20 号

（一九九三年三月二日）

各特派员办事处：

审计署审财发〔1992〕311 号《关于授权审计特派员对省级财政收支进行审计监督的通知》决定，从一九九三年起，授权各审计特派员对驻地或临近的省、自治区、直辖市和计划单列市人民政府的财政收支进行审计监督。财政审计档案由各特派员办事处负责整理、装订，按规定交署办公厅保管。根据上述决定，就财政审计档案立卷归档问题提出如下意见：

一、根据“谁审计谁立卷”的原则，各特派员办事处进行财政审计形成的文件材料，均由其负责立卷归档。组卷方法和案卷质量要求，以署发的《审计文件材料立卷归档工作程序》为准。

二、立卷归档工作，由各特派员办事处按照《驻地方特派员办事处档案管理工作试行办法》的要求进行督促和检查。

三、审计署财政司应将其制发的审计通知书、审计结论和决定的正式文件和底稿（含领导签发件），交由各特派员办事处归入相应的审计项目案卷中。财政司另将一套正式文件立综合卷存档。

四、《驻地方特派员办事处档案管理工作试行办法》规定，凡确定永久保管的档案，在特派员办事处保管二十年后，由审计署办公厅统一组织向中央档案馆移交。授权特派员审计省级财政所形成的档案，也应照此规定办理。

直属事业单位组织收入财务管理暂行办法

审综发〔1993〕201 号

（一九九三年七月二十二日）

为加强署直属事业单位组织收入（以下简称收入）的财务管理，引导各单位合理开展组织收入活动，补充经费来源，促进事业发展和工作任务的完成，根据财政部（92）财文字第 458 号通知颁发的《关于加强事业单位收入财务管理的规定》及其它有关规定，结合署直属事业单位的实际情况，制定本办法。

一、收入管理的原则：有条件组织收入的单位在保质保量完成事业计划和工作任务的前提下，应在国家法律、法规、政策和制度规定的范围内，充分利用本单位的人才、技术、设备等条件，广开门路，开展经营和服务，积极、合理地组织收入。

二、收入的范围：

（一）对外提供教学、培训、咨询服务的收入。

（二）书刊出版、音像制品录制发行和文印服务的收入。

（三）接受委托审计项目的收入。

（四）依法从事生产经营活动的收入。

（五）固定资产的租赁收入。

（六）所属单位上缴的收入。

（七）按有关规定组织的其它收入。

三、收入管理的形式：署直属事业单位取得的各项收入，不论实行何种预算管理形式，全部纳入单位预算统一管理，并向署综合司报送财务收支计划和决算报表。

四、收入的计算：

(一)核算成本(费用)。成本(费用)的范围，一般包括劳务、材料、设备耗损等费用。成本(费用)要严格按实际发生数计算。

(二)全额预算管理单位组织收入，应实行单独核算，按扣除成本(费用)后的纯收入计算。难以计算实际成本的，可按收入的一定比例计算(具体比例报署综合司核定)。已在经费中开支的，按成本(费用)数，冲减事业费支出。

(三)差额预算管理单位和自收自支管理单位的收入，按毛收入计算。

五、收入的分配和使用：

(一)全额预算管理单位除固定资产租赁收入上缴署综合司50%外，其余纯收入均作为“抵支收入”与单位预算包干经费统一使用，年终的结余，按5：3：2比例建立事业发展基金、职工福利基金、职工奖励基金。

(二)差额预算管理单位和自收自支管理单位预算收支结余，分别建立以下基金(资金)：

1.医疗基金。公费医疗经费超支或有不享受公费医疗待遇职工的单位，根据实际情况从收入中提取医疗基金，用于上述医疗经费支出。

2.修购基金(或折旧基金)。差额预算管理单位按收入的5%提取修购基金，有条件的自收自支管理单位应提取折旧基金。提取的修购基金或折旧基金要专项管理，用于设备、仪器的修理和更新，不得挪作它用。

3.事业发展基金、职工福利基金、职工奖励基金。从年终收支结余(即预算拨款加收入减决算支出的结余)中按4：3：3比例提取。有条件的自收自支管理单位可在事业发展基金中适当分设后备基金。

六、各直属事业单位组织的收入，在纳入单位财务之前，不得坐支；除按国家有关规定提取劳务费和奖金外，不得自立项目、自定标准滥发奖金、实物。用收入安排自筹基本建设，必须纳入基本建设程序管理。

七、各单位收入征免能源交通重点建设基金和预算调节基金(简称“两金”)问题，按财政部(92)财文字第458号通知的规定：凡抵补事业经费支出的收入免交“两金”；全额预算管理单位的年终预算包干结余免交“两金”；差额预算管理单位和自收自支管理单位除提取的职工福利、奖励基金照章交纳“两金”外，其它基金及上缴主管部门用于抵补事业费的收入均免交“两金”。

八、各单位按税法规定减免的税款，要单独计算，全部用于抵补事业费支出。

九、本办法适用于署直属事业单位。事业单位所属的独立核算企业和驻地方特派员办事处不适用本办法。

十、本办法自一九九三年度施行。

十一、本办法由署综合司负责解释。

关于调整对中国人民银行所属分支机构审计范围的通知

审综发〔1993〕226号

(一九九三年八月二十六日)

各省、自治区、直辖市和计划单列市审计局(不发上海市)，各特派员办事处：

为贯彻落实中央6号文件，加强宏观调控，现决定：

一、收回审计署对地方审计机关审计中国人民银行在各地分支机构的授权，由署驻地方特派员办事处负责审计。

二、特派员办事处对中国人民银行省(区、市)、市(地)、县(市)分支机构的审计分工如下：

沈阳特派员办事处负责辽宁省、北京市、大连市；

上海特派员办事处负责上海市、浙江省、宁波市；

武汉特派员办事处负责湖北省、江西省；

广州特派员办事处负责广东省、海南省；

哈尔滨特派员办事处负责黑龙江省、吉林省；

南京特派员办事处负责江苏省、安徽省；

济南特派员办事处负责山东省、青岛市；

郑州特派员办事处负责河南省、福建省、厦门市；

长沙特派员办事处负责湖南省、广西自治区；

深圳特派员办事处负责深圳市；

成都特派员办事处负责四川省、西藏自治区、重庆市；

昆明特派员办事处负责云南省、贵州省；

西安特派员办事处负责陕西省、宁夏自治区；

太原特派员办事处负责山西省、内蒙古自治区；

兰州特派员办事处负责甘肃省、青海省、新疆自治区；

京津冀特派员办事处负责天津市、河北省。

三、以上调整，自文到之日起执行。

关于进一步做好建设项目开工前审计的通知

审基发〔1993〕52号

（一九九三年二月二十二日）

各省、自治区、直辖市和计划单列市审计局，各特派员办事处，驻国务院部门审计局、审计特派员办公室：

建设项目实行开工前审计，是国家对投资规模调控的一项重要措施。这几年，各级审计机关对建设项目实行开工前审计做了大量工作，在国家有关部门的支持配合下，取得了一定的成绩。去年以来，一些地区在开展这项工作中遇到了困难，有些放松，原因是多方面的。为了加强对固定资产投资项目的管理监督，依照《国务院批转国家计委关于一九九三年经济计划安排报告的通知》（国发〔1993〕6号）中关于“新开工项目必须经审计部门审计，确定资金来源落实后，才能批准开工”的要求。特此通知如下：

一、对建设项目开工前的审计，有利于按照国家宏观调控的要求控制建设规模。各级审计机关要克服困难，在实践中不断总结经验，继续把建设项目开工前审计制度坚持下去，并逐步加以完善。

二、建设项目开工前审计内容，原则上仍按审基发〔1992〕84号文规定实施，但重点是对建设项目资金来源的合规性、可靠性进行审计。

三、审计分工。除了一九九二年国务院第103号令颁布《全民所有制工业企业转换经营机制条例》第十三条规定：企业以留用资金和自行筹措的资金从事生产性建设、自主立项的项目，由注册会计师事务所或者审计事务所确认资金来源的合理性和可靠性并出具验资证明外，其余新开工项目，仍按审基发〔1992〕84号文规定的分工进行。

审计署、国家计委、国家经贸委、建设部、中国人民银行关于加强对新开工建设项目资金来源审计的通知

审基发〔1993〕168号

各省、自治区、直辖市和计划单列市审计局（厅），计委、经委、建委（建设厅）、人民银行分行，审计署各派出机构：

根据国务院《关于集中资金保证当前经济工作重点需要的通知》的要求，各级审计机关要加强对新开工建设项目资金来源的审计。现将有关事项通知如下：

一、全民所有制单位今年新开工的基本建设、技术改造项目，其资金来源必须依照规定报送审计机关进行审计。未经审计已开工的基本建设项目要限期办理资金来源审计。审计的重点是建设项目的资金是否落实和是否符合国家的有关规定。建设项目资金来源中发现有银行拆借资金、银行投资、以银行贷款作自筹资金、未经批准的社会集资等，均属资金来源不符合国家规定，应当如实向批准建设项目开工机关报告。

二、各级审计机关对新开工建设项目资金

来源的审计，基本建设项目按审基发〔1992〕84号文的规定进行。需要今年新开工的技术改造项目，可以比照审基发〔1992〕84号文规定的分工进行。企业以留用资金和自行筹措的资金从事生产性建设的项目，按照《全民所有制工业企业转换经营机制条例》的规定，应有登记注册的会计师事务所或者审计事务所的验资证明。

三、各级计委、经委、建委和各专业银行与审计机关要相互支持，搞好今年新开工建设项目资金来源审计的工作。对资金不落实或不符合国家有关规定的项目，审计机关要如实反映在审计意见中，并及时向有关部门报告；凡资金来源未经审计的建设项目，审批建设项目开工机关不予办理开工手续；建委不予核发施工执照；银行不予拨付工程用款。

四、各省、自治区、直辖市和计划单列市审计局(厅)，审计署驻地方和部门派出机构，请按表列要求于八月底以前向审计署上报今年一至六月新开工建设项目资金来源审计情况。年底向审计署报告全年新开工建设项目资金来源审计情况。

五、各级审计机关对政府根据国务院通知的要求决定停、缓建项目，要进行监督，促进停、缓建决定的落实，发现有不执行停、缓建决定的，要报告政府处理。

审计署、中国证券监督管理委员会关于从事证券业务的审计事务所资格确认有关问题的通知

审指发〔1993〕81号

(一九九三年三月二十七日)

各省、自治区、直辖市审计局：

根据国务院《关于进一步加强证券市场宏观管理的通知》，现将审计事务所从事证券业务有关问题通知如下：

一、从事证券业务的审计事务所资格由审计署和中国证券监督管理委员会(以下简称证监会)审核确认，并对其进行监督。

二、申请从事证券业务的审计事务所向所在省、自治区、直辖市主管审计机关提出书面申请，提交有关资料一式两份，经主管审计机关审查属实签章，报审计署和证监会审查批准。符合条件者，审计署会同证监会联合颁发从事证券业务许可证，并予以公布。审核工作按照公正、公开的原则进行。

三、从事证券业务的审计事务所及其注册审计师的资格条件、申报资料、工作内容和权利、义务，均比照《关于从事证券业务的会计师事务所、注册会计师资格确认的规定》(以下简称《资格确认的规定》)执行。申报所用的具体表格由审计署、证监会制发。

四、审计事务所在对发行与交易证券的企业、机构和场所进行财务审计时，应按照《资格确认的规定》和有关社会审计工作的法规、规章的要求办理。

五、从事证券业务时，注册审计师称注册会计师，审计事务所称会计师事务所。有关事宜由审计署与财政部协商确定。

六、对本通知执行过程中遇到的问题，审计事务所和各省、自治区、直辖市审计机关可向审计署、证监会反映。

财政部、中国证券监督管理委员会关于印发《关于从事证券业务的会计师事务所、注册会计师资格确认的规定》的通知

(93)财办字第5号

(一九九三年二月二十三日)

各省、自治区、直辖市人民政府，深圳市人民政府，国务院各部委、各直属机构：

根据国务院《关于进一步加强证券市场宏观管理的通知》的有关规定，促进统一、高效、公平、公开的证券市场的建立，对证券市场进行集

中统一的规范化管理，保护投资者的合法权益，保护社会公众的基本利益，我们制定了《关于从事证券业务的会计师事务所、注册会计师资格确认的规定》，现印发给你们，请遵照执行。

附件：《关于从事证券业务的会计师事务所、注册会计师资格确认的规定》

附件：

关于从事证券业务的会计师事务所、注册会计师资格确认的规定

第一条 根据国务院《关于进一步加强证券市场宏观管理的通知》的规定，财政部和中国证券监督管理委员会(以下简称"证监会")对从事证券业务的会计师事务所和注册会计师的执业资格进行审核确认，并对取得资格的会计师事务所和注册会计师在执行上述业务时进行监督。

本规定所述证券业务，是指对公开发行和交易股票的企业、机构和场所进行财务审计、咨询及其他相关的专业服务。

第二条 从事证券业务的会计师事务所必须符合下列条件：

1. 从事财务审计、咨询及其他相关的专业服务的会计师事务所，应依法批准成立已达三年，经登记取得法人资格，内部机构及管理制度比较健全。

对由于合资、合作、合并、改组、重建、另建等原因成立时间不足三年的会计师事务所，经财政部和证监会确认，符合本条其他各项要求的，可作为例外情况处理。

2. 专职从业人员不少于30人，至少有8名具有3年以上财务审计工作经验的专职注册会计师，其中专职注册会计师职龄人员(男60岁以下，女55岁以下)应至少在50%以上。目前达不到这个比例的，应在1994年3月31日前达到。同时还应具有相应的专业水平的业务助理人员。

3. 从事证券业务的注册会计师必须具备必要的证券、金融、法律等有关知识。其中，执行国内发行B股和境外股票上市业务的注册会计师和助理人员，必须具有一定的外语水平。

4. 具有良好的职业道德纪律和声誉。在以往3年内没有发生过严重工作失误和违反职业道德的行为。

5. 必须根据规定向有关机构购买职业责任保险或事业发展基金不少于50万元，风险准备基金不少于10万元，并自取得从事证券业务资格之年起，每年从业务收入中计提4%以上的风险准备金。

第三条 凡申请许可证的会计师事务所和注册会计师，须向财政部和证监会提交下列资料：

1.《会计师事务所从事证券业务许可证申请表》；

2.《注册会计师从事证券业务许可证申请表》；

3.《会计师事务所从事证券业务助理人员情况呈报表》；

4.《会计师事务所从事证券业务其他专家和技术人员情况呈报表》；

5.《执行证券业务专业人员持有股票情况呈报表》；

6. 职业责任保险或事业发展基金及风险准备基金情况；

7. 会计师事务所的审计工作程序样本、工作底稿及编制说明材料；

8. 会计师事务所从事证券业务职业道德和工作纪律的保证书；

9. 会计师事务所认为应当申报或财政部与证监会认为需要了解的其他情况。

第四条 所有会计师事务所均可根据上述规定，向所在的省、自治区、直辖市的财政主管机关提出从事证券业务的书面申请，并提交本规定第三条所列资料一式两份。经财政主管机关审查属实并签章后，连同会计师事务所呈报的资料分别报财政部和证监会，由财政部会同证监会共同审定其执业资格。

第五条 财政部和证监会在收到申请材料后，应对会计师事务所的工作程序、工作底稿、客户资料、专业人员从业资格、财务状况、职业责任保险或事业发展基金及风险准备基金等进行审核。符合条件者，财政部会同证监会联合颁发从事证券业务许可证，并予以公布。审核工作按照公正、公开的原则进行。

经审核不符合标准，不予批准者，财政部或证监会应当向申请人说明原因。

财政部和证监会在收到申请材料 60 天之内未提出意见者，视为不予批准。申请人可向国务院证券委员会提出申诉。

第六条 未经批准，没有取得许可证的会计师事务所和注册会计师以及其他机构和人员不得从事证券业务。公开发行与交易股票的企业、机构和场所聘请没有取得许可证的会计师事务所所进行的财务审计和编报的财会资料，一律无效。

第七条 根据《注册会计师执行股份制试点企业有关业务的暂行规定》，经财政部批准，已取得执行股份制试点企业社会募集公司业务许可证的会计师事务所和注册会计师，应向财政部和证监会补充提交本规定第三条第 5、6、7 款所要求的资料，并由财政部会同证监会进行复核。

第八条 取得从事证券业务许可证的会计师事务所，应于每个会计年度结束后 90 日之内，向财政部和证监会报送上一年度从事证券业务情况、专业人员培训情况等资料以及自上一次报送资料后发生变化的有关会计师事务所和注册会计师的最新资料，供财政部和证监会对其资格重新进行确认。

第九条 来我国协助境内企业到境外发行股票和股票上市交易的境外注册会计师，必须属于在中国境内设有常驻代表机构的国际会计公司在境外的会计师事务所。

执行本条第一款业务的境外注册会计师由财政部归口管理，并向财政部和证监会备案及提交该事务所主要情况的有关资料。经财政部和证监会审核认可予以公布。已获得认可的外国会计师事务所每年需向财政部和证监会重新申报一次。

第十条 会计师事务所在对发行与交易证券的企业、机构和场所进行财务审计时，必须严格执行财政部和注册会计师协会制定发布的有关规定、规则和程序。这些规定、规则和程序目前是指：

1.《注册会计师检查验证会计报表规则》；

2.《注册会计师查帐验证工作底稿规则》；

3.《注册会计师查帐验证报告规则》；

4.《注册会计师查帐验证计划规则》；

5.《注册会计师验资规则》；

6.《注册会计师管理建议书规则》；

7.《中国注册会计师职业道德守则》。

会计师事务所出具的专业报告、意见书的格式与内容，必须符合财政部和证监会的规定与要求。

第十一条 取得许可证的会计师事务所和注册会计师，必须严格执行有关证券和证券市场、会计、财务审计、注册会计师的有关法律、法规及专业准则。在该会计师事务所执业的专业人员每年必须按照《注册会计师教育要求和培训制度》的规定继续接受有关的专业培训。

第十二条 公开发行与交易证券的企业、机构和场所，有权自行选择取得许可证的会计师事务所和注册会计师提供服务，任何政府机关、部门不得干预。

第十三条 已取得许可证的会计师事务所在出现达不到本规定第二条各项要求的情况时，在不严格执行本规定第十条的专业规定、规则和程序时，在发生违背职业道德的行为时，在不按时报送本规定第八条所要求提供的资料时，或根据会计师事务所自身的请求，财政部可会同证监会吊销其从事证券业务的许可证。

第十四条 取得许可证的会计师事务所和注册会计师在从事证券业务时，接受财政部和证监会的监督。会计师事务所及其专业人员在执行上述业务时出现重大疏漏、严重误导、欺诈舞弊以及其他违反证券和证券市场有关法规的行为时，证监会可建议财政部予以处罚，亦可吊销其从事证券业务许可证，并予以公布。

第十五条 本规定由财政部会同证监会负责解释。

第十六条 本规定自发布之日起生效。其他有关规定凡与本规定不符的，依本规定执行。

关于社会审计组织办理国有企业审计查证若干问题的通知

审指发〔1993〕205号

（一九九三年七月二十四日）

各省、自治区、直辖市审计局，各特派员办事处，驻国务院部门审计局、审计特派员办公室：

审计署、国家体改委、国家经贸委联合下发了《全民所有制工业企业转换经营机制审计监督规定》（以下简称《审计监督规定》），明确了对审计机关直接审计以外的其他国有企业（包括国有资金控股的股份制企业和其它有国有资产的企业，下同），逐步实行社会审计查证制度。这是落实《全民所有制工业企业转换经营机制条例》，加强和改进审计工作的重要措施。各级审计机关应提高认识，加强领导，切实把这项工作做好。为了更好地落实执行《审计监督规定》，现将关于社会审计组织办理国有企业审计查证有关问题通知如下：

一、国有企业审计查证对象和范围的确定

属于审计机关审计范围而未列入当年直接审计计划的国有企业，均应委托社会审计组织进行审计查证。鉴于目前社会审计力量不足，宜采取逐步实行的办法。今后各级审计机关在制定国有企业审计计划时，除确定当年直接审计单位名单以外，还应同时确定必须委托社会审计组织进行审计查证的单位名单。

须委托社会审计组织进行审计查证的国有企业，应在收到通知后三十日内向审计机关报告承办审计查证的社会审计组织名称、拟定的审计时间。审计结束后，企业向审计机关提交审计查证报告。审计机关应及时检查审计查证单位的执行情况。

中央在地方的国有企业交由社会审计组织实施审计查证的名单，由有审计管辖权的审计署派出机构或审计署授权的地方审计机关确定。

国有企业审计查证工作要尽快组织实施，凡有取得认可资格社会审计组织的地方，今年第三季度要开始试点。

二、国有企业审计查证的内容和工作规则

社会审计组织承办的国有企业审计查证，主要是对企业资产负债和损益的真实性、合法性进行审计，揭示被审计单位资产保值增值情况。

为使国有企业审计查证工作规范化，审计署拟组织力量按照与草拟中的《企业审计标准》相衔接的原则，制定《国有企业审计查证工作规程》，对国有企业审计查证工作的内容、程序做出具体规定。在该《规程》发布之前，国有企业审计查证的工作内容可按照《审计监督规定》第五条办理，或按照对国有企业有审计管辖权的审计机关的要求办理；其审计工作基本程序仍按《社会审计工作规程》办理；审计档案由社会审计组织保管。

社会审计组织在审计查证中发现国有企业有违反财经法规的行为，应在审计查证报告中明确指出，并建议国有企业自行纠正；发现政府有关部门和单位侵犯国有企业经营自主权时，应向对国有企业有审计管辖权的审计机关做出专题报告。

三、从事企业审计查证的社会审计组织资格的确认

承办国有企业审计查证的社会审计组织应当是经省级以上审计、财政机关批准成立，具有法人资格的审计事务所或会计师事务所。不具有法人资格的分支机构、办事机构均不能取得认可。

审计事务所、会计师事务所申请从事国有企业审计查证业务，应当具有从事企业财务收支、经济效益、承包责任、离任等审计业务项目

的经验，能够按照《中华人民共和国审计条例》的规定进行审计并接受审计机关的监督和业务指导。各省、自治区、直辖市审计局应根据《审计监督规定》第九条确定的条件，制定申请审批认可办法。财政部、审计署批准成立的事务所由审计署认可。事务所的申报材料除组织机构、人员状况、财务状况等基本情况外，还应包括有关地(市)、县(区)审计机关的意见，有关审计机关出具的该事务所具有从事审计业务经验的证明或事务所承办的审计案例材料。

审计事务所、会计师事务所承办中央企业审计查证业务，须向审计署提出申请，由审计署确认资格。

为尽快开展国有企业审计查证业务，各地可先选择成立时间较长、内部管理制度健全、业务质量良好、审计业务经验较丰富的事务所首批认可。事务所开业不足一年，但具有能够从事业务的人员，当地审计机关认为确实需要其参与国有企业审计查证工作的，可批准其试审。

未经省以上审计机关认可的事务所和其他机构办理的查证、查帐业务，不属于《审计监督规定》所指的国有企业审计查证。

四、国有企业审计查证工作的监督和管理

各级审计机关应加强对国有企业审计查证工作的监督和管理。审计机关应采取比例抽审、发现问题抽审等方式，选择一定数量的经社会审计组织查证过的国有企业，列入直接审计计划，对审计查证工作质量进行检查。社会审计组织确认的结果与审计机关抽查后确认的结果不符时，按照审计机关确认的结果执行；社会审计组织对审计机关确认的结果有异议时，比照审计机关复审程序处理。发现社会审计组织因过失或故意导致审计查证报告严重失实的，按《审计监督规定》第十条处理。

国有企业审计查证是一项新工作，各省、自治区、直辖市审计局应注重调查研究，协调解决工作中遇到的困难。在执行《审计监督规定》和本通知中发生问题，请及时向署反映。

关于国际金融组织贷款项目对外审计报告的改进意见

审办外资发〔1993〕25号

(一九九三年二月十二日)

为了提高国际金融组织贷款项目对外审计报告的质量，我们研究并适当吸收了世界银行对交通项目一九九一年已审财务报表的评审意见，结合我国一九九二年提交的审计报告的具体情况，对审计报告和管理意见书的编报工作提出如下改进意见：

一、切实把好对外审计报告的质量关。审计报告的编写、审核和批准程序，必须按照我署的有关规定办理。由地方审计局编写的对外审计报告，必须经过处长审核、局长审批后方可报出。

二、对财务报表的审计，必须严格检查报表数字之间的勾稽关系是否相符。凡是财务报表的数字勾稽关系不符，又未加以说明，经审计指出后仍不作修改的，审计机关应出具有保留意见或相反意见的审计报告。

审计人员应该要求，报出的财务报表必须采用中、英文对照的格式。

三、项目单位在会计核算中采用的会计基础(指权责发生制、收付实现制等)与世界银行的要求不一致时，应在财务报表说明栏中予以说明。

四、审计师意见的表述方式，我署审外字〔1989〕98号文和审外资发〔1990〕106号文先后规定了两种标准格式，都为世界银行所认可，在我们提交的对外审计报告中都可以采用。不论采用何种格式，如需对专用帐户、费用报表发表意见仍应分段写在下面。

审计机关地址应写在“审计师意见”下面的左边(审计师签名和日期在右，审计机关地址在左)。

五、审计的范围，除在“审计师意见”的范围段(第一段)按照规范予以表述外，还应根据实施审计的实际情况另写一张"审计范围",作更为具体的专门表述。表述的内容除包括审查内部控制制度、会计记录等审计程序外,还应当包括如下三个审计程序:应收帐款的函证,应付帐款的函证和现场观察存货盘点。这三个审计程序,今后必须认真实施。函证比率,回复比率和现场观察盘点的情况也应予以表述。

六、管理意见书的主要内容,是针对项目单位在内部管理和会计控制等方面存在的问题所提出的改进意见。

项目单位应对管理意见书中的建议,提出具体、明确的回复意见(以书面或口头提出均可)。审计机关应在管理意见书中表达(或附送)这些回复意见。

管理意见书所提及的问题,在下一年度审计中应检查项目单位对其改进的情况,并在管理意见书中予以说明,使以前年度所提建议的执行情况得以反映。

七、世界银行一直要求我国提交长式审计报告,今后仍须采用长式。长式审计报告各部分的排列顺序为:

(一)审计师意见(中文在前,英文在后);

(二)审计范围(中文在前,英文在后);

(三)财务报表(中、英文对照);

(四)财务报表说明(中文在前,英文在后);

(五)补充资料(中、英文对照);

(六)管理意见书(中文在前,英文在后);

(七)对管理意见书的复函(中文在前,英文在后);

中文和英文的内容必须一致,翻译必须准确。

八、凡由项目单位转交世界银行的审计报告,审计机关发出时应取得项目单位的签收证据。

九、各地审计局、特派办报送署外资司备案的对外审计报告应当是正本一式两份。

上述改进意见,请在今年审计中予以执行。这些意见是在目前执行我署颁发的《世界银行贷款项目审计工作规范》(审外字(1989)98号)的基础上提出的。最近,世界银行颁布了一九九二年八月制定的《世界银行贷款项目财务报告和审计指南》,为了适应该《指南》提出的一些新的要求,我们将对上述《世界银行贷款项目审计工作规范》作一次修订,并有准备地布置各地从下年度起执行,以便保证对外审计工作质量在现有基础上不断提高。

审计署、国家体改委、国家经贸委关于印发《全民所有制工业企业转换经营机制审计监督规定》的通知

审工发〔1993〕106号

(一九九三年四月二十日)

各省、自治区、直辖市和计划单列市体改委、经委(计经委、生产委)、审计局:

为促进企业增强活力,努力做到自主经营、自负盈亏、提高经济效益,加快向新经济体制过渡,促进国民经济更好更快地发展,根据中共中央、国务院关于认真贯彻执行《全民所有制工业企业转换经营机制条例》的通知要求,特制定《全民所有制工业企业转换经营机制审计监督规定》,请遵照执行。

附:

全民所有制工业企业转换经营机制审计监督规定

第一条 为了维护企业经营自主权,促进企业提高经济效益,保障国有资产保值增值,根据《全民所有制工业企业转换经营机制条例》和《中华人民共和国审计条例》的规定,制定本规定。

第二条 审计机关依法对全民所有制工业企业和其他有国有资产的企业(以下简称企业)进行审计监督。

第三条 审计机关通过审计监督维护企业法定经营自主权,发现政府有关部门和单位有下列侵犯企业经营自主权行为之一的,依法予以处理或向本级政府和上级审计机关报告:

（一）无偿调拨、挤占或挪用企业自主使用的资产的；

（二）干预企业自主使用资产造成严重损失的；

（三）截留国家拨给企业的资产或企业依法应得的其他资产的；

（四）其他侵犯企业合法经济权益的。

第四条 审计机关对下列企业直接进行审计监督：

（一）占有、使用国有资产数额较多的；

（二）亏损较多和接受国家财政补贴较多的；

（三）本级人民政府要求审计和审计机关决定审计的。

审计机关直接审计的企业，由各级审计机关依照审计管辖权分别确定。

除审计机关直接审计以外的其他企业，逐步实行社会审计查证制度。审计机关根据情况确定必须委托审计事务所、会计师事务所进行审计查证的企业。企业可选择委托审计机关认可的审计事务所、会计师事务所进行审计，由企业向审计机关报送审计查证报告和年度会计报表，审计机关在必要时进行抽审。

第五条 审计机关对企业资产负债和损益的真实、合法进行审计，监督财产保值增值。其主要内容是：

（一）企业财务会计核算办法与国家财务会计法规相符合的情况；

（二）财产盘点情况；

（三）收入、成本费用和利润；

（四）企业变更和终止时国有资产的变动情况；

（五）承包、厂长任期经营责任审计；

（六）上级审计机关和本级人民政府交办的其他审计事项。

审计机关按照审计工作程序进行审计监督，对企业自身违反财经法规的行为，依法予以处理；对有关管理部门严重失职或弄虚作假造成违反财经法规的行为要提请本级政府依法处理。

第六条 审计机关在审计企业资产负债和损益的基础上，检查企业的有关内部管理制度和经济活动，提出意见，促进改善经营管理，提高经济效益。

对审计中发现宏观管理方面存在的问题，向政府和有关部门提出改进建议。

第七条 审计机关依法对养老、待业、医疗、工伤、生育等社会保障基金的征收、管理、使用进行审计监督，促进建立健全社会保障制度。

第八条 审计机关建立审计举报制度。对企业检举、揭发的摊派行为和检举、揭发企业弄虚作假损害国家经济利益的行为，进行审计调查核实后，依法处理或转交有关部门处理。

第九条 审计机关应当支持社会审计组织的建立和发展，为企业提供服务。审计事务所、会计师事务所由省级以上审计机关认可。认可的条件是：（一）具有一定数量的注册审计师、注册会计师；（二）具有一定的资本金；（三）开业一年以上且未发生重大责任事故的。具体认可标准由省级以上审计机关制定。

接受企业委托的审计事务所、会计师事务所应按照有关法规和审计署制定的审计标准进行审计，提供真实的审计查证报告。审计事务所、会计师事务所在审计中发现企业有违反财经法规的行为，应提请企业按照国家有关规定纠正。

审计事务所、会计师事务所应按照《全民所有制工业企业转换经营机制条例》的规定，承办企业生产性建设投资验证、工资和奖金分配、年度财务会计报表等审核事项。

审计事务所、会计师事务所接受企业委托，办理审计查证等事项，按照国家有关规定，实行有偿服务。

第十条 审计机关应当建立对审计事务所、会计师事务所审计业务质量监督检查制度。

审计机关发现审计事务所、会计师事务所因过失或故意导致提供的审计查证报告严重失实的，可根据其情节及后果，处以对该项业务收入五倍以下的罚款，并给予警告、通报批评、停业整顿、责令解散等处分；对有关责任人员处以一至三个月基本工资的罚款，情节严重的，建议行政管理机关给予行政处分，责令有关部门取消其注册会计师、注册审计师资格，触犯刑律的，移送司法机关依法追究其刑事责任。

第十一条 审计机关应当加强对企业内部审计工作的业务指导，帮助建立健全内部审计制度，完善自我约束机制。

企业内部审计应当在厂长(经理)领导下，依照国家法律、法规和企业管理制度，对本单位及下属单位的财务收支及其经济效益进行审计，促使其做到帐实相符，如实反映经营成果和企业财产保值增值情况。

第十二条 本规定原则适用于对全民所有制交通运输、邮电、地质勘探、建筑安装、商业、外贸、物资、农林、水利、科技等企业的审计。

对国家控股的股份制企业和其他有国有资产的企业，参照本规定进行审计。

第十三条 本规定发布前涉及企业审计有关规章的内容，与本规定相抵触的，以本规定为准。

第十四条 本规定由审计署负责解释。

第十五条 本规定自发布之日起施行。

中华人民共和国审计署令

第 116 号

《中外合资合作经营企业审计办法》已经审计长会议通过，现予发布施行。

审计长 吕培俭

一九九三年一月十二日

中外合资合作经营企业审计办法

第一条 为了保障中华人民共和国国有资产的保值增值，严肃国家财经法规，加强对中外合资经营企业、中外合作经营企业(以下简称合资、合作企业)的审计监督，促进合资、合作企业健康发展，根据《中华人民共和国审计条例》制定本办法。

第二条 本办法所称的合资、合作企业，是按中华人民共和国《中外合资经营企业法》、《中外合作经营企业法》以及其他有关法律、法规的规定成立的企业。

凡是有国有资产的合资、合作企业及其分支机构，均属审计机关的审计范围。

第三条 审计机关依照中华人民共和国的法律、法规对合资、合作企业独立进行审计监督，不受其他行政机关、社会团体和个人的干涉。

审计机关依法审计，维护中外投资者的合法权益。

第四条 审计机关应对国有资产占控股地位的合资企业的财产保值增值指标完成情况、资产负债和损益及其有关的经济活动进行审计监督。

审计机关认为必要时，可以对国有资产占参股地位的合资企业、有国有资产的合作企业进行审计监督。

第五条 审计机关在审计合资、合作企业过程中，发现审计事务所或会计师事务所出具的审计报告和验资证明不真实、不合法的，应当通知有关部门纠正或处理。

第六条 审计机关实施审计前，应当通知被审计的合资、合作企业。合资、合作企业应当接受审计机关的审计，并提供必要的工作条件。

审计机关在审计过程中，有权检查合资、合作企业的凭证、帐表、资料及有关文件；向有关单位和人员进行调查，取得有关资料和证明材料。有关单位和人员应当提供有关资料和证明材料。证明材料应当有提供者的签名、盖章。

审计人员在审计中取得的合资、合作企业的有关资料和证明材料，不得用于与审计工作无关的目的。

第七条 审计人员对审计事项审计后，写出审计报告，在征求被审计的合资、合作企业意见后，报审计机关。审计机关审查核定后，作出审计结论和决定通知被审计的合资、合作企业。

第八条 审计机关审计中发现被审计的合资、合作企业有违反财经法规行为的，除通知被审计的合资、合作企业外，还应通知有关部门依法予以处理。有关部门无故拖延或处理不当的，审计机关有权在查明原因后，向本级人民政府报告。

第九条 对香港、澳门、台湾的公司、企业和其他经济组织或者个人在内地投资兴办的合资、合作企业的审计监督，参照本办法执行。

第十条 本办法由审计署负责解释。

第十一条 本办法自发布之日起施行。

审计署重要会议文件

〔一九八九年〕

认真总结经验 加强审计监督 为治理整顿改革服务

——吕培俭同志在全国审计工作会议上的讲话

（一九八九年一月十六日）

党的十三届三中全会分析了我国的经济形势，确定了治理经济环境、整顿经济秩序和全面深化改革的方针，这是一个全局性的重大决策。我们这次全国审计工作会议的主要任务，是贯彻党的十三届三中全会精神，认真总结五年审计工作经验，研究进一步加强审计监督工作，更好地为治理、整顿、改革服务。

一、五年审计工作的回顾

一九八三年九月审计署成立，到现在已经五年多了。这几年，各级审计机关和广大审计人员在党中央、国务院和地方党政领导下，认真执行“边组建，边工作”和“抓重点，打基础”的方针，艰苦创业，勤奋学习，忠于职守，开拓前进，取得了显著成绩。

审计机关组建以来，围绕经济工作中心，有计划地开展行业审计、专项资金审计，逐步推行经常性的审计制度，共审计了约四十万个单位，重点查处了违反财经法纪的问题。到一九八八年十一月底，共查出违反财经纪律的金额四百六十八亿元，其中应上缴财政的一百一十九亿元（已上缴七十二亿元）、应追还被挪用的各种专项资金二十四亿多元。查处百万元以上违纪案件三千六百五十一件，违反法纪人员受到党纪政纪处分和移交司法机关处理有四千一百八十一人。还对一些企业损失浪费和经济效益、使用国际金融贷款与援款项目，进行了审计。在审计中发现有关宏观控制方面的问题，及时向政府领导反映，有三千七百多份报告提出的建议被采纳，促进有关部门改进工作。党的十三届三中全会以后，各级审计机关积极参加清理固定资产投资在建项目，清理整顿公司，控制消费基金增长和税收、财务、物价大检查等工作，初步取得了成效。审计监督对维护国家财经法纪，增收节支，促进政府部门为政清廉，保证经济生活的正常运转和改革的顺利进行，起到了积极的作用。

经过五年多的努力，已经为审计工作的发展打下了比较好的基础。

(一)在三千多个县级以上各级人民政府建立了审计机关,配备了五万审计人员,对一万七千人进行了培训,有了一支政治素质好、作风比较廉洁、具有一定专业知识和技能的审计队伍。

(二)草拟了《中华人民共和国审计条例》、《国务院关于违反财政法规处罚的暂行规定》,已经国务院通过发布;审计署和地方审计机关还制定了若干单项的和地方性的审计规章制度,使审计监督工作有章可循。

(三)初步立了一些经常性的审计制度。已在七万多个行政事业单位实行了财务收支定期审计,普遍推行了厂长离任经济责任审计和企业承包经营责任审计,在许多地方开展了自筹基建资金审计。实行经常审计的单位,都有成效,违纪现象明显减少。

(四)全国已有四万多个部门和企业事业单位建立了内部审计机构或配备了专职内审人员,有了一支十万余人的内审队伍。到一九八八年六月底,各内审机构共查出违反财经纪律的金额八十四亿元,促进增收节支三十七亿元。各地共建立了一千多个审计事务所等社会审计组织,有六千多业务人员,接受委托,完成了四万七千多项查证、咨询服务等业务。根据中央军委颁发的《中国人民解放军审计条例》,军队系统建立了审计机构,积极开展审计工作,取得了很大成绩。在国家审计机关指导和管理下的审计体系已初步形成。

(五)各级审计机关和审计学会,开展了学术研究活动,对审计在国民经济中的地位、作用、职能等重要理论及技术方法问题,进行了有益的探讨。我国加入了最高审计机关国际组织、亚洲组织和国际内部审计师协会,同二十三个国家的审计机关和组织进行了友好的交往,借鉴了外国的审计工作经验。

经过五年多的反复实践,审计工作已取得了不少经验。去年以来,各级审计机关认真进行总结,对一些重要问题已经有了比较一致的认识,这对审计工作的进一步发展具有重要意义。

(一)履行审计监督职能为改革和建设服务。改革和建设是我们国家的中心任务,各部门应当履行各自的职能为之服务,审计机关是通过对财政财务收支的审计监督,为改革和建设服务。在这个思想指导下,许多地方坚持履行审计监督职能,取得了显著成绩,对保证改革的顺利进行发挥了作用。也有些地方一度把审计监督同为改革服务对立起来,离开了自己的职能去搞服务,结果审计监督削弱,对加强宏观控制不利。经验证明,越是改革开放、搞活,越要加强审计监督,以保证其健康发展。

(二)坚持依法审计原则。依法审计是审计监督的根本原则。国家现行法规总的是适应、保护、促进改革和生产力发展的,有些法规不够完善、合理,要积极提出建议,经过法定程序进行修改。对待改革中出现的新问题,则要分析具体情况,实事求是地进行处理。这几年许多地方审计机关是这样做的,坚持依法审计,适应了改革的需要。也有些地方在一段时间里,从局部利益出发,随意变通国家法规,使审计监督失去标准,没有起到维护财政经济秩序和国家政令统一的作用。实践证明,在改革的情况下,仍应坚持依法审计的原则,不能动摇。

(三)把审计工作抓重点同推行经常化、制度化有机地结合进行。近几年,审计工作实行抓重点的方针,同时推行一些经常性的审计制度。有些地方感到两者有矛盾,不能兼顾;有些地方区别不同审计对象采取不同的做法,解决了这个问题。即:对重点企业进行经常性审计,一般企业委托其它审计组织进行审计;对行政单位普遍实行定期审计,重点审计其中问题多的单位;对影响宏观控制的重要问题,开展了行业审计、专项资金审计和专题审计调查。这样,既抓住了重点单位和重点问题,又对众多被审计单位可能发生的违纪违规行为起到威慑和预防作用。事实证明,审计工作抓重点和逐步推行经常化、制度化可以结合起来,二者不是对立的。

当前,审计工作还存在不少问题,主要是,审计力量薄弱,审计工作在有些领域还没有很好开展;在现行体制下,遇到局部利益同全局利益有矛盾时,审计工作常常受到制约,难以独立行使审计监督权;同审计监督有关的法规还不够健全，有些问题缺乏审计处理的依据；对审计查出的问题，处罚不够有力；审计机关经费比较困难，审计人员待遇比较低，队伍不够稳固。总之，审计工作的现状，还远不能适应改革和建设的需要。

审计机关建立五年多来的情况表明，我国审计工作的局面已经打开，它的重要作用初步显示出来，并为今后的发展打下了良好的基础。今后两年的审计工作，要进一步贯彻党中央、国务院的指示精神，继续实行"抓重点，打基础"的方针，充实审计队伍，提高人员素质，健全审计法规和审计体系，提高审计工作水平，在审计工作经常化、制度化、规范化方面有较大进展。

二、一九八九年审计工作安排

治理经济环境、整顿经济秩序，是今明两年改革和建设的重点，着重要解决加强宏观控制方面的问题。审计监督是保证宏观调控措施落实的一个重要手段，应当在治理、整顿中充分发挥作用。《宪法》和《审计条例》规定，审计机关在总理、省长、市长、县长的直接领导下，依照法律规定，对财政财务收支及其有关的经济活动，独立进行审计监督，不受其它行政机关、社会团体和个人的干涉；审计机关不仅要监督全民所有制企业事业单位，还要对国家机关有监督职能部门的有关经济活动进行监督；对凡有经济活动的地方，都要依法进行审计，并形成一项经常性的制度。从这个意义上讲，审计监督在经济监督中应属于比较高的层次。实现这一要求，任务十分艰巨，需要进一步创造条件，从今年开始逐步向这方面发展。

一九八九年是贯彻十三届三中全会精神的第一年。党中央、国务院采取的一系列治理、整顿重大措施，大多与加强财政、信贷资金管理有关。审计机关要把财政、信贷资金管理和使用中的严重违纪问题，作为审计监督的重点，促进加强资金的宏观控制和管理。主要抓以下几个方面的工作：

（一）加强对地方财政收支的审计。重点放在上缴收入多和国家补贴多的地方，采取上审下、逐级进行的方法。主要检查有无越权减免税收，截留应上缴的收入，虚报支出，搞假赤字等。对结合财务大检查审计地方财政收支的工作，已经作了部署，要求抽查面达到百分之三十，各地要努力完成。今后对地方财政收支应逐步转入经常性审计。

（二）审计人民银行的财务收支，对银行的部分信贷资金进行审计调查。主要检查有无违反规定自办信托公司经营信贷业务，财务收支是否执行国家规定；有无违反国家规定乱发基建贷款，擅自动用信贷资金搞本系统基建等，促进整顿金融秩序，加强信贷管理。人民银行系统单位很多，审计要分级进行，审计署审计总行，授权地方审计机关审计分支机构。为避免重复检查，对财务大检查重点抽查的分支机构，不再进行审计。

（三）审计固定资产投资项目。各级审计机关要在政府领导下，继续参加固定资产在建项目的清理工作，并对决定停缓建项目进行跟踪审计。主要检查是否执行政府停缓建的决定，对拒不执行的，依法通知银行等单位停止拨付有关款项；同时要检查停缓建中和停缓建后，有无严重损失浪费和乘机私分、贪污的问题。要按照国务院发布的《楼堂馆所建设管理暂行条例》，对新建楼堂馆所进行开工前审计。对自筹基建资金的审计，要与清理固定资产投资在建项目的工作结合进行。

（四）审计一批重点企业。近两年企业已普遍实行承包经营责任制，对承包企业的审计应当分层次进行。根据一些地方的经验，要选择一批产值、税利大的企业，由审计机关直接、经常地进行审计；其它企业委托内部审计机构和社会审计组织进行审计，审计机关给予指导帮助，必要时进行抽审。主要检查资产、债权债务与盈亏是否真实，使用自有资金是否符合国家规定，承包的经济目标是否实现等。同时要对承包经营中存在的问题进行研究，提出建议，促进承包经济责任制的完善。要配合有关部门进行清理整顿公司的工作，在清理整顿告一段落后，对一些重点公司进行经常性审计。

(五)继续推行行政事业单位财务收支定期审计。这项审计制度已在国务院各部门和多数地方的一级预算单位实行,还没有实行的地方要继续推广。当前主要检查有无严重奢侈浪费问题,促进政府机关为政清廉,勤俭办事业。考虑到行政事业单位多,审计周期一般较短,可以采取审计一批单位,写一个综合报告或发通报的办法。对查出的问题要通知有关单位限期纠正,如不纠正,要写入审计报告或通报,依法处理。

(六)审计一部分专项资金。国家拨转专项经费和设立专项基金,是为了保证各项事业协调发展,但目前管理部门挤占、挪用专项资金和使用中的损失浪费现象还相当普遍。使用专项资金的单位多,不少是按条条管理分配、调剂使用的。根据这一情况,采用按专项资金进行审计的办法比较适宜,有利于改进资金管理,提高使用效益。一九八九年主要对粮食生产、城市菜地建设、扶贫等投入农业方面的专项资金进行审计,其它如科研经费等,各地可根据政府的要求和实际情况,有选择地进行审计。

(七)逐步扩大利用外资审计范围。对世界银行贷款项目的审计,要改进方法,提高质量。对查出的弄虚作假和挪用贷款等问题,要依法进行处理。沿海地区的审计机关,要选择少数借用外资的单位进行审计调查,主要检查借用外资是否遵守国家规定,贷款的使用效益和偿还能力。对外开放城市的审计机关,要依照国家有关法规,对中外合资企业进行试审。

(八)积极开展专题审计调查。在治理、整顿中,财政经济活动会出现一些新的情况,各级审计机关要对其中的一些突出问题,进行专题审计调查,及时反映情况,提出建议,为领导决策服务。

以上安排意见,请各地结合政府的要求,对一九八九年的审计工作作出具体安排,并报告审计署。审计署驻各地的派出机构,要据此把今年审计的项目确定下来,有计划地开展工作。驻国务院各部门的派出机构,要结合部门领导的要求,作出今年审计项目计划。各内审机构,请结合深化改革、健全自我约束机制的精神和部门、单位领导的要求,安排今年的工作。

三、继续加强审计工作的基础建设

治理经济环境,整顿经济秩序,全面深化改革,对审计工作提出了许多新的要求;审计工作本身要逐步做到经常化、制度化、规范化,也迫切需要进一步加强基础建设。今后应着重抓好以下几项工作:

(一)认真贯彻执行《审计条例》。国务院最近颁发的《审计条例》,是在总结审计工作经验的基础上制定的比较完备的行政法规,对审计机关的任务和职权,审计工作的程序,内部审计,社会审计,以及被审计单位和审计人员的法律责任等,都作了明确规定。各级审计机关和广大审计人员,要认真学习,依照规定正确行使审计监督权。同时要广泛宣传这个条例,使被审计单位和有关方面正确认识和对待审计监督,给予积极支持和配合。

按照《审计条例》的规定,所有法定被审计单位,都要向审计机关报送财政预算、财务计划、决算、会计报表等,这是审计监督不可缺少的资料。对不按要求报送的单位,审计机关可以通报批评;如果拒绝提供,应根据《审计条例》的有关规定处理。

当前,国家的法律、条例、规章正在逐步健全,为审计工作提供了好的条件,主要问题是,有些地方和单位有法不依,执法不严,违法不究。各级审计机关一定要严格执行《审计条例》、《关于违反财政纪律处罚的暂行规定》和其它有关法规,依法严肃处理审计查出的问题。去年有些地方结合考核审计工作成果,对审计结论和决定的执行情况,进行普遍检查,督促落实。这样做,严肃了法纪,树立了审计权威,也有利于改进审计工作。希望各地今年普遍开展这项工作,逐步形成制度,检查的结果要向政府和审计署报告。

为便于贯彻落实《审计条例》,审计署要制定实施细则和配套的单项规章制度,地方审计机关可结合实际情况制订具体实施办法。

（二）抓好审计队伍建设。根据国务院的决定，从一九八八年开始，五年内每年增加一万名审计人员。据了解，去年多数地方补充人员的进度不快，也有的地方有忽视质量的现象，今年要抓紧做好这项工作。补充人员的方法，要同人事部门商量，实行社会公开招聘，经过考试考核，择优录用。补充的人员绝大多数应当是审计业务干部，并要注意逐步改善人才结构，适当补充懂得经济管理、经济法规、工程技术、计算机等方面的专业人才，以适应扩大审计工作领域和提高审计工作质量的要求。

要加强培训工作，提高审计人员素质。对新增人员要进行审计基本知识的培训，然后再上岗位。对在职审计人员采取干什么学什么，缺什么补什么的办法，提高政策、思想和业务水平。要为审计工作的长远发展着想，有计划地培训各级领导干部和业务骨干。为搞好培训工作，要根据《审计条例》和五年多来审计工作的经验，组织修订和编写好审计教材。

审计机关是行使财政经济监督职能的，必须严格做到为政清廉。几年来广大审计人员严于律己，廉洁奉公，社会上反映是好的。但也有少数人违反纪律，奢侈浪费，以权谋私等，对此必须引起足够的重视。要严格执行《中共中央关于党和国家机关必须保持廉洁的通知》中的规定，加强对审计人员的教育和纪律约束。要把为政清廉作为考核干部的一项重要内容，对好的要给予表扬、奖励，对违纪者要进行严肃处理，同时，审计机关和审计人员要自觉地接受监察部门和人民群众的监督。

（三）健全审计机关领导体制。《审计条例》进一步明确了审计机关实行统一领导，分级审计的办法。地方各级审计机关应在本级政府和上一级审计机关领导下进行工作，审计业务以上级审计机关领导为主，关于这个问题，国务院一九八五年曾做过规定，明确指出，地方审计机关对审计署作出的审计工作决定和颁发的审计规章要依照执行，对审计署布置的审计工作任务要认真完成，对审计工作情况和查出的重要问题，要及时向审计署报告；如遇有地方政府的指示与审计署的决定、要求相违背时，应按审计署的执行。我们打算将这些内容写入《审计条例》实施细则。

地方政府机构改革工作今年要开始进行，依照《宪法》和《审计条例》的规定，县级以上地方各级人民政府，应单独设立审计机关，不应与其它机构合并，更不能撤销。

根据《审计条例》的规定，省一级和大城市的审计机关，可以在所属企业事业单位比较集中的地方，设立派出机构，所需人员在新增加的编制中解决。

（四）加强对内部审计、社会审计的指导和管理。根据全面深化改革的要求，企业要健全内部控制，加强自我约束，改善经营管理，提高经济效益。因此，须加强内部审计工作，根据《审计条例》的规定，设立内审机构或内审工作人员。审计机关要总结内审工作的经验，加以宣传和推广，推动内审工作逐步走向经常化、制度化。要委托主管部门、经济实体、大型企业的内审机构，对下属单位进行审计。对问题多的单位，要重点进行审计，促进加强内部审计工作。

社会审计组织发展很快，做了许多工作，对深化改革和发展经济起到了积极作用。各级审计机关应按照《审计条例》的规定，加强对社会审计工作的管理和指导，推动其健康发展。对当前存在一些问题，如有的同审计机关在职能、工作、财务上没有严格分开，有的缺乏业务骨干，有的业务工作没有很好开展等，要认真研究解决。

（五）加强审计理论研究和审计宣传工作。开展审计工作需要加强理论指导。当前需要研究的问题很多，应当选择一些实际工作迫切需要解决，而又可能研究出成果的问题，开展学术讨论，把审计理论研究工作推进一步。对中外合作项目第二阶段提出的科研课题，要集中一些力量研究出成果。五年多来，各级审计机关对审计工作的宣传，做了很多工作，但现在还有许多人对审计监督的地位和作用不够了解。要结合贯彻《审计条例》，加强审计宣传，取得更多人的支持，并把审计监督同舆论监督很好结合起来。

最后，望大家共同努力，把这次会议开好，达到总结经验、统一认识、明确任务、增强信心的目的，使审计工作在治理、整顿、改革中作出应有的贡献。

认真贯彻执行《审计条例》加强审计法制建设

——罗进新同志在全国审计工作会议上的讲话

（一九八九年一月十六日）

《中华人民共和国审计条例》已经国务院审议通过发布施行，这是审计工作中的一件大事，它标志着我国审计法制建设进入了一个新的阶段，对进一步加强审计监督，实现审计工作经常化、制度化、规范化，具有十分重要的意义。根据培俭同志讲话的精神，我就贯彻执行《审计条例》，加强审计法制建设问题，谈几点意见。

一、《审计条例》是一部比较完备的行政法规

《审计条例》是依据宪法，在总结五年来审计工作经验的基础上，借鉴外国的一些好的做法，结合改革中出现的新情况，对审计工作作出的比较全面的规定，是一部比较完备的审计行政法规，它比一九八五年发布的《审计工作的暂行规定》，有了较大的发展。

（一）对审计机关的任务、职权、领导体制，审计工作程序，内部审计，社会审计，以及被审计单位和审计工作人员的法律责任等，都作了更为完善、更为明确的规定。

（二）进一步明确了审计监督是国家的一项必不可少的经济监督制度，它对于强化审计机关的监督职能，处理好审计监督同为改革服务的关系，促使被审计单位自觉接受审计等，具有重要意义。

（三）对五年来审计工作中比较成熟的经验，加以总结规范，形成为必须执行的制度。它还对国家审计、内部审计和社会审计之间的关系，各自的职责、任务等，作了明确规定，进一步确立了我国审计体系的法规依据。

（四）在审计机关的主要任务中增加了企业承包经营责任审计、国家资产的管理审计等内容，以保证审计工作更好地为改革和建设服务。

（五）对财政财务决算审计、中外合营企业审计、社会审计等，都作了明确规定，通过立法解决了一些长期未能统一认识的问题，初步理顺了审计监督与财政经济管理部门监督的关系。

当然，我们也应当看到，改革在深化，经济在发展，我国实行审计监督制度也只有五年多的时间，因此不可能通过这次制定《审计条例》，把审计工作中的所有问题全部解决，还需要经过进一步实践，不断总结经验，逐步完善审计立法。

二、贯彻执行中应当注意的几个问题

《审计条例》的内容涉及范围很广，在贯彻执行中需要注意的问题很多，现仅就下列问题谈一些看法。

（一）关于审计机关的领导体制

《审计条例》规定，地方审计机关受本级人民政府和上级审计机关双重领导，审计业务以上级审计机关领导为主。这是审计机关依法独立行使审计监督权的重要保证。实行审计业务以上级审计机关领导为主，需要做到以下几点：第一，审计署根据国家法规制定的审计工作方针政策、规章制度，下级审计机关要依照执行；下级审计机关制定的规章、制度不得与其相抵触。第二，审计署和上级审计机关确定的审计项目，下级审计机关应当认真办理。上级审计机关在确定项目时，应事先征求下级审计机关的意见，使下级审计机关能以有力量完成本级政府安排的审计项目。第三，上级审计机关对下级审计机关审计过的事项，必要时可以进行复审，有权纠正下级审计机关不适当的审计结论和决定。第四，下级审计机关应按照规定和要求，向上级审计机关及时报告工作和报送有关材料，

并对工作中出现的新情况、新问题积极提出建设性意见。

(二)关于审计机关主要负责人的任免

《审计条例》规定,“地方各级审计机关负责人(包括正职和副职)的任免,应当事前征得上一级审计机关的同意。”关于这个问题,国务院在一九八三和一九八五年曾两次作出规定,有些地方执行得比较好,但也有些地方没有认真执行。为了落实这一规定,需要采取必要的具体措施,我们准备在《审计条例施行细则》中作一些具体规定,并同组织、人事部门协商,争取从人事管理办法上加以解决。

(三)关于审计中外合营企业

国务院领导同志在审定审计署“三定”方案和审议《审计条例》时,都明确指示,中外合营企业有中国国家资金,国家审计机关有权进行审计,这个权力不能放弃;在具体做法上,要慎重、灵活些。审计中外合营企业政策性很强,一定要根据国家法律、法规,考虑国际惯例,通过适当的方法进行,以促进用好外资,维护中外双方的合法权益。这是一项新工作,缺乏经验,要通过试点,逐步推开。在经过一段实践,取得经验之后,逐步制定出专门的审计办法。

(四)关于审计机关行使职权

审计机关在行使《审计条例》赋予的职权时,要严肃认真,谨慎从事。当前应当注意以下几点:关于“通知财政部门或者银行暂停拨付有关款项”和“停止财政拨款或停止银行贷款”的规定,是强化审计监督的有效手段,在执行中要十分慎重,严格按照规定办理。关于通知银行扣款,必须依照规定从严掌握,扣缴的款项只能是被审计单位拒不缴纳应缴的违法款项和罚款,对其它款项不得使用这一手段。依照规定,审计人员可以进行广泛调查和取证,但应仅限于与正在进行的审计事项有关的问题,不得滥用于其它方面。审计机关行使职权与承担的法律责任是对应的,在《审计条例》中对审计人员违反《审计条例》作了处罚的规定,它体现了对行使监督权力者进行监督的精神,一定要严格执行。

(五)关于审计工作程序

审计工作程序包含了许多内容,这里着重说明以下两个问题:

《审计条例》规定,审计机关对重大事项作出审计结论和决定前,应当征求有关部门的意见。我理解,这主要是考虑到,有些事项需要了解有关财政经济管理方面的具体规定;有的涉及到有关部门的职责,需要请这些部门予以配合;有些改革中出现的新问题,处理依据界限不清,等等。在这种情况下,主动征求有关部门意见,有利于妥善处理问题,提高审计工作的质量,这同审计机关依法独立作出审计结论和决定并不矛盾。

《审计条例》规定,财政部门或者主管部门应当依照有关财政、财务决算的审计结论和决定,核批决算或者在下一年度处理。这体现了审计机关依法独立行使审计监督权的精神。为执行好这一规定,审计机关在处理重要财政、财务收支问题时,应征求财政部门的意见;财政部门在批复决算时,应按审计结论和决定处理。如有重大不同意见,报本级政府和上级审计机关裁定。

(六)关于内部审计

《审计条例》中单列了内部审计一章,它说明国家对内部审计工作是十分重视的。按照有关法律规定和体制改革的要求,对《暂行规定》中曾有过的某些具体规定,作了适当修改,这是必要的。根据改革和建设的要求,政府部门和企业事业单位,为加强内部控制和自我约束,完善经营机制,提高经济效益,迫切需要加强内部审计工作,部门、单位应当按照《审计条例》的要求,设立内审机构或内审工作人员。各级审计机关应加强宣传,促进部门、单位领导提高认识,自觉地加强内审工作;同时,要指导内审机构努力工作,在财政经济活动中积极发挥作用。

(七)关于社会审计

近几年,社会审计组织有了较快的发展,对促进社会主义有计划商品经济的发展起到了积极作用。为了保证社会审计事业的健康发展,需要建立健全规章制度,根据《审计条例》的要求,初步考虑主要应有以下几方面内容:审计机关要对社会审计工作加强管理和指导；社会审计的业务范围是审计查证和咨询服务，不应进行其它经营活动；社会审计组织是实行有偿服务，自收自支，独立核算，依法纳税的事业单位，财务上必须与审计机关脱钩（在组建初期，审计机关可提供必要的开办经费）；审计机关可以派审计人员到社会审计组织工作，但不得兼职；社会审计组织的工资、福利、奖励以及其它开支标准，原则上应比照国家有关事业单位的规定办理；社会审计的收费标准应经物价部门批准，等等。

（八）关于保障审计人员依法行使职权

为了保障审计人员依法行使职权，保护其合法权益，《审计条例》在“法律责任”一章中将打击报复审计人员列为应受处罚的行为之一。审计人员依法执行审计公务，如遭受打击报复，有权向上级审计机关提出申诉，上级审计机关应当调查核实，确属打击报复的，要提出建议，提请政府或监察部门处理。

三、当前需要抓好的几项工作

党的十三届三中全会，确立了治理经济环境、整顿经济秩序和全面深化改革的方针。各级审计机关要围绕中央的指示精神贯彻执行《审计条例》，进一步加强审计法制建设，切实履行审计监督职能，为改革和建设服务。

（一）认真学习、宣传《审计条例》

《审计条例》发布后，各级审计机关在组织学习、宣传方面，做了大量工作，取得了成绩，今后还须继续抓紧进行。在学习和宣传中，要围绕贯彻党的十三届三中全会精神，联系审计工作五年多来取得的成绩，教育广大审计人员进一步认识审计监督的重要性，坚定为审计事业献身的信念；正确理解和运用《审计条例》的各项规定，坚持依法审计原则，不断提高审计工作水平。要积极促进各部门、各单位充分认识审计工作的地位、作用，自觉接受审计监督。要逐步增强审计监督的透明度，审计项目计划应向被审计单位公布；审计的结果，根据情况有些向社会公开，以便于群众监督。为使广大审计人员理解和掌握《审计条例》，建议今明两年举办的审计人员培训班，把学习《审计条例》作为一项必修课程。

（二）抓紧制定《审计条例》的配套规章制度

为了贯彻执行《审计条例》，需要制定配套的施行细则和若干单项的规定、办法。打算分三个层次，一是提请国务院颁发行政法规，二是经国务院批准，由审计署发布规定、办法，三是由审计署制定规章制度。这次提交会议讨论的有《审计条例施行细则》和《社会审计工作管理办法》两个草稿，请同志们认真研究，提出意见。审计署一九八五年颁布的《关于内部审计工作的若干规定》，拟暂时不作修改，除与《审计条例》有抵触的条款外，可继续执行。我们的国家大，各地区、各部门情况不尽相同，改革和建设发展也不平衡。因此，制定的全国性的规定，往往比较原则，为了便于执行，地方审计机关和审计署驻各部门派出机构，可以根据实际情况，制定一些具实施办法。

（三）严格执行《审计条例》

贯彻《审计条例》，关键是审计机关必须严格按照条例中的规定办事，坚持依法审计原则，切实做到有法必依，执法必严，违法必究。对应该处理的问题，一定要根据《审计条例》、《关于违反财政法规处罚的暂行规定》和其它财经法规，作出处理；对改革中出现的法规依据不充分的新问题，则要分析具体情况，实事求是地进行处理，做到宽严适度。严格执行《审计条例》，重要的一条是，要客观公正地作出审计结论。对遵守财经纪律而且经营管理好的，要给予表扬；对严重违反财经法纪的要进行查处。处理审计查出问题的目的，是促使被审计单位纠正错误，接受教训，改进管理。

（四）加强对《审计条例》执行情况的监督检查

对《审计条例》执行情况加强监督检查，是保证《审计条例》贯彻执行的一项有效措施，也是审计法制建设的一项经常性任务，各级审计机关应当认真抓好。当前，应着重监督检查被审计单位是否按照审计机关的要求，及时报送有关财政财务收支的资料,是否执行审计结论和决定;审计机关和审计人员是否按审计程序办事,处理问题是否执行有关法规,有无随意变通等。对有关部门协助执行审计结论和决定的情况,也应采取适当方式,加以检查监督。

吕培俭同志在全国审计工作会议结束时的讲话

(一九八九年一月二十日)

全国审计工作会议今天结束了。这次会议开得是好的,特别是昨天下午,李鹏总理、姚依林副总理接见了会议代表,听取汇报,作了重要指示,使我们对审计工作在改革和建设中的地位和作用有了更加深刻的认识,它将推动审计工作在治理、整顿中更好地发挥作用。这次会议大家情绪饱满,增强了荣誉感、责任感和做好工作的信心,圆满完成了预定任务。大家还反映,这次会开得短,讲实效,讲节约,要发扬这样好的会风。

李总理、姚副总理昨天的讲话十分重要,对审计工作中的许多重大问题作了指示,实际上是对这次会议的总结,也是对五年审计工作的总结。领导同志的这些指示,我理解主要讲了六个方面的问题:第一,审计工作要在治理、整顿中发挥重要作用,并在治理、整顿中把审计工作加强起来。总理对审计工作寄予很大希望,要求一年比一年进步。这里包括内部审计、社会审计等整个审计工作。第二,对五年来审计工作的成绩作了充分肯定。同意我们总结的几条经验,也同意我们提出的,审计工作要逐步实现经常化、制度化、规范化。第三,进一步强调了审计监督在宏观调控中的地位和作用,对审计监督在经济监督中属于较高层次的问题作了深刻阐述。第四,指示审计机关要严格执法,并要求地方党委、政府和有关部门,保障和支持审计机关、审计人员依法独立行使审计监督权。第五,对审计机关和审计队伍的建设提出了严格要求。审计机关要带头做到为政清廉,要建立一支具有高尚品德和献身精神,素质好的队伍,依靠这支队伍,行使宪法赋予的权力。第六,对审计机关当前遇到的困难和问题,指示有关部门研究解决。两位领导同志的重要指示,请同志们组织审计人员认真学习,在工作中贯彻执行。

关于固定资产停缓建项目跟踪审计的问题,领导同志很重视,强调指出,压缩基建是治理、整顿的一大课题,对停缓建项目进行跟踪审计是一项重要审计任务。因此,我们一定要认真搞好。审计署拟同国家计委商量,专门发一个文件,进行部署。这项工作有些地方已经开始做了,要继续做好;还没有做的,经过政府同意后可以先做起来,不要等文件。

审计工作贯彻治理、整顿、改革的方针,任务相当繁重,需要改进工作方法。这次会议总结了五年经验,提高了认识,改进方法也有了好的条件。主要有四点:一是抓重点。当前要把基建跟踪审计、地方财政审计、信贷资金审计调查、重点企业审计作为重点安排,其他项目可以根据实际情况,区分轻重缓急适当安排。二是讲时效。要着重审计党的十三届三中全会以来,影响治理、整顿、改革措施落实中,属于审计职责范围内的一些问题。三是查落实。要检查审计结论和处理决定的执行情况,督促落实,并要逐步形成制度。四是出成果。这次会议部署的工作任务,各地审计机关和署的派出机构都要做出成绩来。

会议提出,需要理顺审计业务分工的几个关系问题。近几年审计署在一些地方和国务院许多部门设立了派出机构。这样,业务范围的划分就比较复杂,我们已经划了一些杠子,现在看来还有一些矛盾需要研究解决。对此我们有两点看法:一是这是新事情,带有试验性质,要通过实践,取得经验,才能逐步解决。二是实际情况比较复杂,如审计机关派出机构力量配备不同,各派出机构的审计范围、审计对象不同,各部门领导对审计工作的认识和要求不同,等等。因此,总的原则应当是,发挥各个方面的积极性,加强审计工作;现在划定的审计范围,还应照办,办不通的作个别调整,逐步理顺。

会议结束后，请同志们将国务院领导同志的指示和会议的主要精神，向地方政府和各部门的领导汇报，并根据会议的精神安排今年的工作。

当前审计工作的几个问题

——吕培俭同志在省、自治区、直辖市审计局长会议上的讲话

（一九八九年九月十三日）

平息反革命暴乱以后，党中央召开了十三届四中全会。这次全会是我们党历史上一次非常重要的会议。我们召开这次局长会议，主要是研究、部署在审计工作中贯彻落实全会的精神，进一步加强审计监督，为治理整顿、惩治腐败服务。现在我代表审计署，就当前审计工作的几个问题，讲一些意见。

一、今年头八个月的工作有了较大进展

（一）今年一至八月，各级审计机关围绕治理整顿做了大量工作，取得了显著成绩。全国共审计了十四万二千多个单位，查出违反财经纪律金额九十二亿四千多万元，其中应上缴财政的有十九亿七千多万元，比去年同期分别增长百分之二十一、百分之十四和百分之四十八。

到今年八月末，全国对一万零三百多个固定资产投资停缓建项目、总投资三百三十八亿元，进行了跟踪审计，分别占应审计总数的百分之六十一和百分之五十二，制止并处理了一批应停未停项目，向政府和有关部门反映了查出的问题，在压缩固定资产投资规模方面初步发挥了作用。

为配合清理整顿公司，除审计署审计了五大公司外，省一级审计局审计了二百一十八个公司，正在审计的有一百五十五个公司。审计这些公司，是根据政府的指示进行的，一般层次较高，难度较大。

全国共对实行承包经营的一万七千多个企业进行了审计，查出有百分之二十四点六的企业存在盈亏或资产不实问题，对企业改进管理、完善承包经营责任制，起到了促进作用。

不少地区对消费基金过快增长问题进行了审计调查，向领导反映了情况，提出了建议。初步看，消费基金过快增长的原因，除存在违反财经纪律问题外，主要是在政策、制度和管理监督方面存在着问题。

（二）审计机关建设有所加强。今年头八个月，全国各级审计机关约增加八千人，有些省、市审计局在一些地区和部门设立了派出机构。

（三）内部审计、社会审计取得了新的成绩。上半年，全国内审机构共审计了八万一千多个单位，查出违反财经纪律和损失浪费金额十亿多元；审计事务所等社会审计组织共办理查证、验资、咨询等业务十九万项。

前八个月能够取得这些成绩的主要原因：一是全国贯彻治理整顿和深化改革的方针；二是李鹏、姚依林同志在年初接见全国审计工作会议代表作了重要指示，进一步明确了指导思想，三月全国人代会政府工作报告中指出了审计工作的发展方向和当前任务；三是地方各级政府对审计工作加强了领导；四是各级审计机关和广大审计人员，忠于职守，艰苦奋斗。据反映，在发生动乱的一些地方，审计机关的工作基本上没受影响。

当前工作中存在的主要问题是，任务重，补充人员难，审计力量不能适应需要；对违法违纪问题的处理一般偏宽，执法不严。

二、当前审计工作的重点

党的十三届四中全会以后，党中央、国务院作出的近期要做好群众关心的七件事，压缩固定资产投资规模，进一步清理整顿公司，开展税收、财务、物价大检查等许多重要决定，都对审计工作提出了要求。各级政府交办的审计事项逐渐增多，有些部门也要求审计工作给予配合。这些说明，当前需要加强审计监督，也是加强审计工作的一个好的时机。面临这一形势，审计机关应当加倍努力，把审计工作进一步加强起来。

但是，目前审计机关还处于边工作边充实力量的过程中，要完成这样繁重的任务，必须紧紧围绕治理整顿，突出重点，善于统筹安排，把相关的工作结合起来进行。

（一）进一步搞好对固定资产投资停缓建项目的跟踪审计。国务院最近指出，上半年压缩固定资产投资规模没有达到预期效果，要继续坚决压缩。各级审计机关要继续把停缓建项目跟踪审计，作为重点工作来抓。凡政府决定停缓建的项目，一般要在通知下达后两个月内完成跟踪审计。当前，要配合有关部门，对不执行停缓建决定、继续施工的项目建设单位进行查处，同时对严格执行停缓建决定，善后工作做得好的单位，帮助总结和推广经验。根据国务院《关于进一步抓紧抓好清理固定资产投资项目工作的通知》，对停缓建项目恢复建设和新开工项目资金是否落实，来源是否正当，也要进行审计，适当扩大审计的范围。关于这项工作，不久前审计署专门召开座谈会作了部署，请各地研究执行。

为探索基建审计工作路子，加强对重点基建项目的审计监督，经同国家计委商定，下半年审计署拟选择几个重点建设项目进行试审，主要检查资金来源是否正当，有无损失浪费、擅自扩大建设规模和标准，以及投资效果等。各省、自治区、直辖市审计局有条件的，也可以进行这方面的探索。

（二）加强对流通活动的审计。最近，中共中央、国务院发出了《关于进一步清理整顿公司的决定》，指出前段清理整顿公司的工作有一定成绩，但远没有取得预期的效果，必须把这项工作抓紧、抓好、抓到底。各级审计机关应按照决定精神和政府的要求，有重点地审计一些流通领域的公司，依法严肃查处经营中的违法违纪问题，并督促和帮助公司加强内部审计机构和健全审计制度。今后，各级审计机关要加强对重点公司的经常性审计监督。

（三）开展对消费基金的审计。目前消费基金增长速度仍然居高不下，这是治理整顿中必须解决而又难度较大的一个问题。各级审计机关要抓紧承包经营责任审计，检查企业有无虚报盈亏，挤占成本费用，挪用生产发展基金等扩大消费基金问题。还要结合其他各项审计工作，反对奢侈浪费，促进艰苦奋斗，配合有关部门控制消费基金的过快增长。同时要继续对一些不利于控制消费基金的政策、制度进行审计调查，向上反映情况，提出建议。

（四）认真抓好对发展农业和扶贫专项资金的审计。年初全国审计工作会议后，各地对发展粮食生产、扶贫支农、城市新菜地建设等专项资金进行审计，查出了不少挤占挪用等严重问题，引起了政府领导的重视，促进有关部门加强了管理。当前，要进一步抓好这项工作，重点查处挤占挪用、贪污私分、损失浪费和擅自减免新菜地开发基金等问题。对审计查出的问题，要依照规定处理，该归还原资金渠道的归还原资金渠道，该收缴的收缴，该罚款的罚款，情节严重的要依法追究责任人员的责任。并要根据审计的情况，提出改进管理的建议，促进提高资金使用效益。

（五）继续开展对财政管理部门的审计。财政、金融部门在治理整顿、加强宏观调控方面处于重要地位，各级审计机关应对这些部门进行审计，并注意在对其它单位审计中，发现与财政、金融管理有关的问题，及时反映情况和提出建议，促进加强宏观管理。

审计工作同财务大检查在维护财经法纪、为治理整顿服务方面，目标是一致的，要协调配合。审计机关当前担负的任务较多，参加财务大检查是其中的一项，各地审计机关要根据政府的统一部署进行。

以上是对当前审计重点工作的部署，各地可以根据实际情况和政府的要求，各有侧重地作出具体安排。

为完成日益繁重的审计任务，各级审计机关要充分发挥内部审计机构和社会审计组织的作用。有些审计任务，如企业承包经营责任审计等，可以按层次委托他们办理。社会审计组织近年来发展很快，当前应当注意巩固提高，防止发生过多过滥的问题。对新成立的审计事务所，要严格按规定审批。要帮助审计事务所提高政策、业务水平，建立健全工作制度和财务管理制度。在明年三月底前，要普遍检查一次审计事务所的工作，及时解决存在的问题。检查的情况，要向审计署报告。

三、依法严肃处理违反财经法纪问题

根据《宪法》中有关规定和《审计条例》，审计机关有权对所有有国家资金的部门和单位进行审计监督，有权对审计查出的违反财经法纪问题依法进行处理。几年来，各级审计机关逐步行使这个权力，履行了审计监督职能。去年初，赵紫阳同志在一些地方讲，审计监督要“转变职能”、对国家法规要“敢于变通”等。在这种情况下，有不少审计机关的同志进行抵制，坚持依法审计。但也有的提出审计职能要由“监督型”转变为“服务型”；有的从局部利益出发，越权自立章法，放宽政策，随意变通国家法规。这种状况，到党的十三届三中全会以后有所改变，但是，总的来看，审计监督执法不严、处理偏宽，仍是一个带普遍性的问题。许多地方对严重截留国家收入、挤占挪用专项资金等违法违纪问题，只收回应交资金，而对违法违纪单位和责任人员没有依法给予经济处罚，责任人员应当给予政纪处分的，没有移送监察部门处理；有些地方对审计查出的违法违纪问题，只提建议，不作处理，甚至不向上反映，私下了结；还有些地方，对审计结论和决定的执行情况，不监督检查落实，致使有些处理决定不了了之，等等。

李鹏总理曾经指出，审计机关“必须加强监督，严格执法，查出了问题，就要依法惩处，惩一儆百，形成对违法乱纪行为的一种威慑力量。”如果对查出的那些不顾大局的违法违纪问题，不依法严肃处理，客观上将起到纵容、助长的作用，势必影响四中全会精神的贯彻执行。从审计机关来讲，这是一种失职行为。当前，治理整顿、惩治腐败，都要求依法严肃处理违反财经法纪问题。各级审计机关首先要从党中央、国务院当前要解决的、政策法规界限明确的问题抓起。广大审计人员特别是领导干部，必须增强法制观念，认真学习和正确掌握有关法规，严格依法办事，做到宽严适度，不出偏差。

（一）对违法违纪问题作出的审计结论和决定，必须在事实确凿的前提下，以国家的法规为依据，不得随意变通。

（二）对审计查出的违法违纪的单位和责任人员，要依照国务院发布的《关于违反财政法规处罚的暂行规定》等有关法规给予经济处罚，对直接责任人员和单位负责人应当给予行政处分的，要移送监察部门处理；构成犯罪的，要提请司法机关依法追究刑事责任。

（三）审计机关依法作出的审计结论和决定，要按照审计程序通知被审计单位和有关部门执行，并及时检查执行情况。对于拒不执行的，要按照《审计条例》的有关规定强制执行，并予以处罚；认为应当给予行政处分的人员，要移送监察部门或有关部门处理。

（四）下级审计机关要定期向上级审计机关报告依法处理违法违纪问题的情况，上级审计机关要进行督促检查，并将其作为考核审计工作质量的一项重要内容。下级审计机关依法查处违法违纪问题遇到阻力和受到不正当干预时，上级审计机关一定要给予支持。

审计机关执行国家法规，要依靠政府的领导，取得政府的支持。不少地方在这方面做得比较好，减少了阻力，做到了严格执法。但查处违反财经法纪问题，有时会遇到局部利益同全局利益相矛盾的情况，审计机关应当按照国家法规处理，并向政府和上级审计机关报告。如政府领导有不同意见，处理不了，那是政府领导的问题。目前，在法规还不够健全和完善的情况下，审计执法有时会遇到一些无法可依或者法规界限不清的问题，要提出意见请示政府和上级审计机关后，实事求是地进行处理。同时，要加强审计执法宣传，扩大社会影响，争取有关方面的配合和支持。

四、审计工作要逐步实现经常化、制度化、规范化

“三化”是审计工作的目标，需要通过实践，总结经验，逐步实现。在治理整顿期间，要集中力量完成中心任务，但“三化”还是要小步前进，

为以后发展创造条件。审计工作“三化”，当前主要抓两件事：

（一）改进行政单位财务收支定期审计制度。一九八七年以来，各地普遍推行了行政事业单位定期审计制度，实际多数审计的是行政单位。目前约对七万八千多个行政单位实行了定期审计，覆盖面达到百分之五十以上。对维护财经法纪，节省财政开支，促进为政清廉，起到了积极作用。考虑到行政单位和事业单位所处的地位和担负的职能不同，应实行不同的审计办法。对行政单位财务收支实行定期审计，主要目的在于促进国家机关为政清廉，反对奢侈浪费等腐败作风，以带动全社会发扬艰苦奋斗的好风气。因此，必须坚持推行这项经常性的审计制度，并在总结经验的基础上加以改进。例如，不仅要审计行政经费，还要审计这些单位管理的事业费和其它各项资金；对审计查出的违反财经法纪问题，要及时依法进行处理，审计的综合情况每年向政府报告，经批准以适当形式向社会公布，等等。根据上述精神，对审计署一九八七年一月下发的《行政事业单位定期审计制度（试行）》作了修改，请大家讨论提出意见，会后将颁发实行。对事业单位实行定期审计制度的，可以比照这个办法执行。

（二）对部分重点单位实行经常审计制度。近两三年来，有些地方选择产值、利税大，对本地经济有重要影响的企业，作为重点单位，每年审计一次，收到了很好的效果。从这些地方取得的经验看，对重点单位实行经常审计，可以更好地发挥审计监督在促进经济发展、增加财政收入和维护正常经济秩序方面的作用。同时，也有利于提高审计工作水平，深入到企业经营管理的一些重要环节，促进加强管理，提高经济效益；有利于积累经验，指导面上的审计工作，做到点面结合，推动审计工作的开展。这个办法，应当加以总结和推广。最近，审计署决定，对四百四十多个中央部门、金融机构、中央直属企业事业单位和地方财政进行经常审计，每年审计一次，连续审计几年。对没有设立派出机构的地方，准备选择一部分中央企业事业单位，授权地方审计机关进行经常审计。对其它中央企业事业单位和地方财政，则根据审计力量和实际情况，进行轮审或抽审。各地对多少单位进行经常审计，应根据实际情况确定，但开始不宜过多，可以根据审计工作的发展逐步扩大；目前确有困难的，也可以从缓实行。

此外，要继续实行和完善厂长离任经济责任审计、自筹基建资金审计、支农专项资金审计等经常性审计制度。对教育经费准备从明年开始，逐步实行经常审计制度。

今年审计署曾发文要求各地对六家金融机构都进行经常审计，看来难以做到。请各地量力而行，经常审计一两家也可以。去年调整名烟名酒价格时，署里曾布置各地对生产、销售烟酒的企业实行定期审计，现在名烟名酒价格已经回落，对这些企业可不再进行定期审计。

各级审计机关要继续对审计工作规范化进行探索。制定审计工作规范，要从实际需要出发，并便于操作。

五、加强审计机关建设

今年在发生动乱和反革命暴乱中，广大审计人员经受了一次严峻考验。各级审计机关要在党委和政府领导下，认真学习和贯彻党的十三届四中全会精神，深入进行坚持四项基本原则、反对资产阶级自由化的教育。要抓住这一有利时机，进行清查和干部考察工作，进一步搞好审计队伍和领导班子的建设。当前审计机关增加人员的进度较慢，这同审计人员要求素质较高，审计机关目前各方面条件较差有很大关系。但我们抓紧工件，还是能够调进一些干部的。新增人员一定要严格把关，坚持德才兼备，既要看业务水平，更要注重政治素质。

审计机关是比较廉洁的单位之一，审计队伍的政治、业务素质比较好，得到了政府和社会的好评。值得注意的是，近年来，也发现极少数审计人员有以权谋私、贪污受贿等问题，影响很坏。审计机关是搞监督的，应有更高的要求，如果自身不廉洁，无法履行监督职能。因此，当前应当突出强调加强思想政治工作和廉政建设。

根据党的十三届四中全会精神，结合审计工作的实际情况，审计署参照各地的做法，制定了《审计署人员在审计工作中的六项纪律》，已开始执行。审计署正在考虑，在此基础上进行充实修改，制定全国审计人员执行审计任务的纪律。审计工作纪律要随同审计通知书发到被审计单位，请他们协助和监督执行，在审计终了时，对审计人员执行纪律的情况签署意见。各地审计机关一般都制定有审计工作纪律、廉政建设方面的规定，要根据形势的要求和实际情况，进行修改和完善，既要简单明了，又要便于执行和检查，领导同志要带头严格执行。审计机关本身也有经费和物资，要防微杜渐，严格管理制度，加强监督、检查，发生问题要及时处理。

近几年，艰苦奋斗讲的少了，审计队伍也受到了一定影响。一定要教育广大审计人员，充分认识我国的国情，要经过几代人的艰苦奋斗，才能建成现代化的社会主义强国，审计人员要增强责任感、光荣感，树立献身审计事业的精神。在当前国家财政经济遇到困难的情况下，更要勤俭办事，过几年紧日子。为了鼓励先进，推进工作，审计署准备在明年召开审计系统表彰先进大会。对审计机关和审计人员在工作上、生活上存在的实际困难，要在政策、制度允许的范围内积极予以解决。

根据小平同志关于冷静地考虑一下过去和未来的指示精神，我们打算在明年组织各级审计机关对六年多的审计工作进行总结，使审计工作更好地发展。

〔一九九〇年〕

严格财经纪律、维护经济秩序充分发挥审计监督在治理整顿中的作用

——吕培俭同志在全国审计工作会议上的讲话

（一九九〇年二月二十二日）

党的十三届五中全会作出了《关于进一步治理整顿和深化改革的决定》，包括去年在内，用三年或者更长一些时间基本完成治理整顿任务，使国民经济基本转上持续、稳定、协调发展的轨道。我们这次全国审计工作会议要贯彻中央《决定》精神，讨论在治理整顿期间充分发挥审计监督作用问题，部署一九九〇年的审计工作任务，使审计工作更好地为治理整顿和深化改革服务。

一、审计工作在治理整顿中开始发挥重要作用

一九八九年，各级审计机关和广大审计人员在党中央、国务院和地方党政领导下，认真贯彻执行治理整顿、深化改革的方针，艰苦奋斗，克服困难，做了大量工作，取得了显著成绩。全国共审计了二十四万三千多个单位，比上年增长26%；查出违反财经纪律金额二百三十九亿八千多万元，比上年增长57%；其中应上缴财政的有五十一亿七千多万元，比上年增长70%；已上缴财政三十七亿一千万元，比上年增长82%。这是审计机关组建以来审计规模和成果最大的一年。

一年来的审计工作，围绕治理整顿和深化改革，在维护财经纪律，压缩投资规模，整顿经济秩序，加强廉政建设，增加财政收入，提高经济效益等方面，发挥了积极作用。

（一）配合清理固定资产在建项目，对一万六千八百多个固定资产投资停缓建项目（总投资六百零五亿四千万元）进行了跟踪审计，占应审计项目总数的95%。对未执行停缓建决定的四百六十八个项目，总投资十一亿八千万元，会同有关部门或报告政府责成停建缓建。对违反财经法纪的问题，共罚款和追缴建筑税八千四百多万元，责成归还挪用的资金一亿七千八百多万元。审计机关查明，各地各部门上报的停缓建项目中，有相当一部分属于尚未立项的“影子工程”、竣工项目、前期准备项目，及时向政府和有关部门反映了这些情况。跟踪审计，对压缩固定资产投资规模起到了促进作用。

（二）配合清理整顿公司，审计署审计了中信、康华等五大公司，对外公布了审计结果。各

地审计机关审计了五千多个流通领域的公司。全国共查出违法违纪金额十五亿三千多万元，没收非法所得、处以罚款等三亿二千多万元。还配合其他部门清理整顿公司六千七百多个。为政府决定撤并公司提供了一些依据，促进了流通领域秩序的好转。

（三）为推动企业深化改革，对二万四千多个企业进行了承包经营责任审计。审计结果表明，多数企业的情况是好的，但也查出部分企业盈亏或资产不实，还查出一些企业违反规定多提工资、留利等问题，依法进行了处理，促进企业改进管理，提高经济效益。

（四）根据加强廉政建设的要求，对六万三千多个行政机关财务收支进行了定期审计。凡经过多次连续审计的单位，违纪问题明显减少，但也查出不少挪用专项资金扩大行政开支，用公款请客送礼，违反规定乱罚款、乱发钱物等问题，促进了政府部门减少奢侈浪费，节省行政开支。

（五）为促进财政、金融实行紧缩方针，对五千多个县以上地方政府财政收支和财政、税务部门进行审计。在自查的基础上，重点抽查了30%以上的单位，查出许多越权减免税收，截留、隐瞒财政收入等违反财政纪律的问题，应增收减支二十一亿元。同时还对加强税收、财务和预算管理，改进财政制度，提出了建议。

对银行、保险系统的财务收支进行审计，查处了违反规定挪用信贷资金、保险准备金和利用自办信托机构为本单位搞固定资产投资十四亿八千多万元，促进金融机构健全财会制度，加强资金管理。

（六）部分省、市、区对农业方面的一些专项资金进行了审计，查出擅自减免和挤占挪用新菜地建设开发基金五亿三千多万元，挪用发展粮食生产专项资金五千多万元。被挤占挪用的资金有一部分已归还原资金渠道。

（七）开展对消费基金增长过快、商品房开发、执法机关罚没收入管理和使用等问题的审计调查，写出一万八千多份报告，有九千多份被各级政府采纳或批转。

（八）在各项审计中，共查出万元以上贪污受贿案件三百六十七起，有二千二百多人被移送监察、司法机关处理。

去年，审计署在地方和国务院部门增设了派驻机构，加强了对中央企业事业单位的审计监督。审计署及其派驻机构共审计了一千零二十七个单位，查出违纪已上缴财政的金额六亿五千多万元，与上年相比，分别增长了342%和284%。

各部门、单位的内部审计工作也取得了很大成绩。全国已有六万多个单位建立了内审机构，配备内审人员十四万多人。去年共审计二十八万多个承包经营企业和其他企业事业单位，查出违纪金额七十二亿多元、损失浪费金额十二亿二千万元。

社会审计工作发展较快，全国已建立二千一百多个审计事务所，有一万四千多工作人员。共接受有关单位委托，办理审计、查证、咨询等事项六十万件，培训审计、会计人员二万七千多人。

去年审计工作所以能够有较大的进展，主要是党的十三届三中全会以来，全国贯彻治理整顿、深化改革的方针；去年一月国务院领导同志强调审计机关要依法行使监督职能，使广大审计人员进一步统一了认识，增强了责任感，更加努力工作，发挥了积极性。

我们在肯定成绩的同时，还要看到工作中的不足之处。当前审计工作中存在的主要问题是：审计工作任务重，补充人员难，审计人员的数量和素质不能适应需要；审计法规和财经法规不够健全，审计处理违法违纪问题一般偏宽；审计机关同有些财经管理部门的关系没有完全理顺；审计机关的工作条件还存在不少困难；审计署对审计工作中出现的一些新情况、新问题缺乏深入调查研究，业务指导不够有力。

二、关于今后两三年审计工作的设想

根据进一步治理整顿和深化改革的要求，对今后两三年的审计工作应该有一个大体安排。明确方针、任务和目标，以求做到有计划、有重点、有步骤地开展审计监督工作，更好地在治理整顿和深化改革中发挥作用。为此，审计署起草了一个《进一步加强审计工作为治理整顿和深化改革服务》的文件，印发会议，请大家讨论修改。这个文件主要包括以下内容。

(一)审计工作面临的形势和任务

正确分析当前的形势，明确治理整顿、深化改革对审计工作提出的要求，是确定今后两三年审计工作任务的前提。一九八九年，在党中央的正确决策和领导下，取得了制止动乱和平息反革命暴乱的胜利，治理整顿初见成效，整个形势稳定，正在向好的方向发展。实现治理整顿的任务和目标，要继续压缩社会总需求，大力调整产业结构，整顿经济秩序，深化和完善改革，提高经济效益。这些措施，都涉及对经济活动的调整，同国家资金的分配、管理、使用直接相关。但是，当前一些地方和单位截留隐瞒国家财政收入、挤占挪用专项资金、擅自扩大建设规模、挥霍浪费国家资财等违反财经法纪问题相当普遍，影响和干扰治理整顿工作的进行。因此，审计机关要认真贯彻中央《决定》中关于“大力加强对各项经济活动的审计和监督，严格财经纪律”的精神，切实履行法定职能，促进在经济活动的主要环节，认真落实治理整顿和深化改革措施。

根据当前的形势和要求，今后两三年内的审计工作任务是：进一步加强对国家资金和有关经济活动的审计监督，严格财经纪律，维护经济秩序，促进提高经济效益和加强廉政建设，保证治理整顿和深化改革的顺利进行。

完成上述任务有许多有利条件。党中央、国务院十分重视审计工作，多次指示要加强审计部门，地方党政和有关部门都重视和支持审计工作。从审计机关组建六年多来的情况看，审计工作和基础建设发展较快。各级政府的审计机构已基本建立，拥有一支六万多人的审计队伍，审计工作的局面已经打开；经过几年实践，积累了一些经验，制定了审计工作的基本行政法规；部门、单位的内部审计工作和社会审计工作广泛展开，初步形成了以国家审计机关为主体的审计体系。这说明，审计工作已经有了一个良好的基础。我们应当认清形势，振奋精神，增强信心，把握住治理整顿这个时机，将审计工作进一步加强起来，为实现治理整顿和深化改革的任务作出新的成绩。

(二)审计工作的方针和目标

根据治理整顿期间审计工作任务和目前审计机关的状况，我们设想，今后几年的审计工作，要进一步扩大审计领域和加强基础建设，实行积极发展、逐步提高的方针。发展，主要是指充实审计队伍；扩大基建投资、农业资金、利用外资方面的审计；把政府部门、地方财政、国家金融机构、重点企业事业单位作为审计的重点，使审计监督逐步向较高层次发展。提高，主要是指提高审计人员政治、业务素质；完善审计法规；提高审计工作水平，逐步走上制度化、法制化、规范化的轨道。

对今后两三年的审计工作提出了以下五项目标：

——按照国家批准审计机关的十万人编制逐步配齐人员；使三分之二左右的审计人员具有独立工作的能力。

——对政府部门和地方财政收支，国家金融机构、重点国营企业事业单位的财政收支，逐步做到经常审计。

——严格审计执法，使经常审计单位违反财经法纪的问题明显减少。

——健全实施《审计条例》的配套规章制度，研究提出审计法草案。

——管理和使用国家资金的重点单位健全内部审计制度，社会审计组织的工作逐步适应经济发展的需要。

(三)审计工作的安排

治理整顿期间的审计工作，涉及面很广，需要解决的问题很多，根据今后两三年审计工作的任务、方针和目标，要抓好以下七个方面的工作；

——加强财政、税务、金融审计、促进地方政府、财税金融部门带头遵纪守法，严格国家财政、信贷资金的宏观管理。

——扩大基建投资审计，促进控制固定资产投资规模，调整投资结构，提高投资效益。

——逐步开展农业资金审计，提高资金使用效益，促进农业稳定发展。

——改进企业承包经营责任审计，促进企业遵守财经纪律，改善经营管理，提高经济效益。

——坚持行政单位财务收支定期审计，促进政府部门勤俭办事，为政清廉。

——继续进行专项资金审计，促进加强管理，专款专用，推动教育等各项事业协调发展。

——改进和扩大外债审计，依法处理严重违反财经法纪问题，促进提高使用外资的经济效益。

三、一九九〇年审计工作任务

今年是治理整顿、深化改革的关键一年。根据今后两三年审计工作的设想，审计监督要在落实治理整顿和深化改革措施方面，扎扎实实地抓好以下几项工作。

(一)财政金融审计。地方政府和财政金融部门负责国家财政、信贷资金的宏观管理，加强对他们的审计监督，严格资金管理，可以减少违反财经法纪问题的发生，有利于治理整顿措施的落实。对财政审计，主要检查有无违反国家规定乱开口子，越权和违规减免税收，截留、隐瞒财政收入，虚报财政支出等问题，严格财政纪律，促进增收节支。对国家金融机构，重点审计工商银行和农业银行，主要检查有无动用信贷资金用于本单位开支，以及是否按照规定发放专项贷款等。

(二)固定资产投资审计。继续进行停缓建项目的跟踪审计，防止擅自复工和发生新的损失浪费。对新开工和恢复建设的基建项目普遍进行开工和复工前审计，主要检查资金是否落实，来源是否正当。审计署和国家计委共同组织力量，审计八十个中央大中型基建项目，主要检查资金来源是否正当，有无损失浪费、擅自扩大建设规模和标准，以及投资效果等。省、自治区、直辖市有条件的，也可以开展这方面的审计。

(三)农业资金审计。首先审计县以上管理农业资金的部门和使用农业资金的重点单位。主要检查有无挤占、挪用和损失浪费等。地、县特别是四百五十九个粮棉等基地县和三百三十一个贫困县的审计机关，要把这项审计工作作为重点。

(四)企业承包经营责任审计。实行分层次、抓重点的方法，各级审计机关都要确定一部分重点企业直接进行经常审计；其它企业由主管部门内审机构或委托社会审计组织进行审计。主要检查资产、债权债务和盈亏是否真实，承包经济指标是否完成，自有资金使用是否符合国家规定等。承包企业的厂长离任经济责任审计，要与承包经营责任审计结合进行。

(五)流通活动审计。要按照政府的部署，配合清理整顿公司的工作，审计一批流通领域的公司。主要查处经营中的违法违纪问题，并促进建立健全内部审计制度。会同商业、粮食部门开展粮食行业审计，主要查处倒买倒卖粮票，违反规定搞平议兑转，套取财政补贴等问题。会同国家旅游局，审计旅游行业的财务收支和经营管理中的问题。

(六)专项资金审计。对教育经费，重点审计教育主管部门和一百个大专院校，主要检查财政拨款、社会集资、学校创收等资金的管理和使用中，有无挤占挪用、乱发钱物、损失浪费等问题。其它专项资金审计，由各地自行安排。

(七)行政单位财务收支定期审计。重点审计政府部门，主要查处利用职权挤占挪用专项资金和乱摊派、乱收费、乱罚款，截留应上缴的收入，用于扩大行政开支，搞奢侈浪费等问题。对确因行政经费过紧而挤占挪用的，要建议有关部门制定“开前门、堵后门”的办法。

(八)外债审计。重点审计使用世界银行和其它国际金融组织贷款，以及国际组织援款项目，主要检查有无挤占挪用、损失浪费等问题。对违反财经法纪问题要依照国家法规严肃处理，并按规定提高对外审计公证报告的质量。对国务院各部门、地方政府和国家金融机构借用的其它外债，要逐步开展审计。

（九）专项审计调查。对消费基金、企业“吃老本”等问题和治理整顿中出现的新问题，进行审计调查。调查的题目由各地自行安排，需要在较大范围调查的，审计署将另行布置。

以上九项审计工作，各地可根据政府要求和实际情况，因地制宜、有所侧重地进行安排。

四、认真贯彻《审计条例》，严格审计执法

去年一月以来，国务院颁发的《审计条例》开始实施，国务院领导同志指示，审计机关查处违纪问题，不能灵活变通，审计执法有了明显的进步，但总的看来，审计处理违反财经法纪问题多数仍然偏宽。必须采取措施，增强法制观念，严格依法处理违法违纪问题，做到实事求是，宽严适度。为此，我们起草了一个《关于审计执法的若干规定》，请大家讨论提出意见，经修改后报请国务院批准颁发。这个文件主要解决以下几个问题：

（一）在目前国家财经法规不够健全的情况下，审计执法要掌握以下原则：国家财经法规明确的问题，严格依法处理，不得随意变通，其他部门和个人不得干涉；对法规本身界限不清的问题，请有权解释的部门作出解释后依照处理；对地方、部门制定的与国家法规相抵触或越权制定的法规，应当按照国家或国家授权部门制定的法规处理；对治理整顿和深化改革中出现的新情况新问题，无法规可依或原有法规明显不合理的，应当与有关部门商量提出意见，请示本级政府后处理，并建议有关部门制定或修改法规。

（二）理顺审计机关同财经管理部门的关系。按照《审计条例》的规定，审计机关在对重大事项作出审计结论和决定前，应当征求有关部门意见；在作出审计结论和决定后，有关部门应当执行，如拒不执行或随意改变，审计机关有权依照《审计条例》的规定处理。审计机关在查处问题作出审计结论和决定以前，有关部门可以提出意见，但不得干预或代替审计处理。审计中发现主管部门处理违纪问题违反国家法规的，有权要求纠正；发现负有连带责任的，应一并查处。

（三）完善审计执法手段。审计机关决定应上缴的违法款项和罚款，是否如数上缴，难以监督执行。现在不少地方在银行设立了审计过渡专户，定期检查审计决定的执行情况，上缴情况较好，也防止了其他执法部门随意收缴挪用。在《行政诉讼法》实施后，遇有司法机关判决改变审计决定，需要退还上缴款项时，可从这个帐户处理。我们意见，各地在报请政府批准后，可以实行这个办法。但必须有严格的管理办法，按照财政部门规定的科目及时交入金库，严禁截留、挪用。

（四）建立监督检查审计执法情况的制度。审计署设立若干审计专员或聘请民主党派成员和无党派人士担任特约审计员，负责检查派驻机构和地方审计机关的执法情况。地方上级审计机关对下级审计机关的执法情况，也要定期进行检查，发现问题及时予以纠正。如遇有审计人员因执行国家法规受到打击报复，上级审计机关应在查明情况后，提请政府和监察部门对打击报复者严肃处理。审计机关执法要接受司法监督，不得滥用职权。《行政诉讼法》的实施，是我国法制建设的一件大事，要切实做好实施前的准备工作和实施后的应诉工作。

五、加强审计机关和审计体系建设

为了保证治理整顿期间审计工作任务的完成，必须加强审计机关建设，健全和完善审计体系。

（一）加强审计机关建设。在去年春夏之交发生的动乱、暴乱中，广大审计人员立场坚定，坚守工作岗位，在困难的情况下，审计工作没有中断，并有较大的进展。这说明，我们审计队伍的政治素质是好的，在严峻的政治斗争中经得起考验。为了贯彻党和国家对审计人员的要求，必须进一步加强审计机关的建设，建立一支政治立场坚定、富有献身精神、办事公正廉洁、工作作风严谨、胜任审计工作的审计队伍。

要争取政府领导和有关部门的支持，按照国务院批准的十万人编制，抓紧按期配齐。补充

人员要注意政治、业务素质，特别要注意从财经管理部门调进一些有实践工作经验的业务骨干；适当调进一些工程技术人员、熟悉经济法规人员等专门人才。同时，要充实加强财政、金融、基建、农业、外资方面的审计力量。对粮食、棉花等基地县打算分配专项增编指标。

要抓紧组建审计署驻地方派出机构。已建立的，要按照编制配齐人员，尚未建立的，要在今后两三年内逐步建立起来。驻国务院各部门的派出机构，要依法行使审计机关的职权，发挥行业审计的优势，扎实地进行工作，并注意总结经验。

要搞好审计人员的业务培训。培训的重点是各级领导和业务骨干，争取每人每年有半月以上的时间参加各类培训班、研讨班等，学习审计业务知识，总结交流经验，提高工作水平。对一般人员，要进行岗位培训，提高适应本岗位工作的能力。要围绕实现审计工作“三化”，制定审计标准和业务规范，积极开展审计理论研究工作。

要加强思想政治工作。教育广大审计人员发扬艰苦奋斗精神，树立为审计事业献身的思想。组织审计人员学习马列主义、毛泽东思想，当前重点是学习哲学著作，学会运用辩证唯物主义和历史唯物主义的观点和方法观察分析形势，提高贯彻执行党的路线、方针、政策的自觉性和解决实际问题的能力。

要进一步搞好廉政建设。审计机关是搞监督的，在廉政建设方面应有更高要求。要教育审计人员遵守审计职业道德，严格执行审计工作纪律，自觉接受监察、司法部门和群众的监督。对遵纪守法，廉洁奉公，工作中做出突出成绩的单位和个人，要及时给以表彰；对以权谋私、违反法纪的一定要严肃处理。

要改进领导机关工作作风。审计机关干部特别是各级领导干部要经常深入基层结合审计业务调查研究，听取群众意见，了解实际情况，总结好的经验，帮助解决问题，推动审计工作的发展。

(二)健全和完善审计体系。内部审计是审计体系的一个重要组成部分，也是部门、单位加强内部管理监督的重要方面。目前还有不少管理和使用国家资金多的部门、单位，没有建立内部审计监督制度，这同加强内部管理、提高经济效益的要求很不适应。要加强对内审工作的指导，总结宣传好的经验，通过对部门、单位的审计监督，促使其建立健全内部审计制度。企业事业管理部门的内部审计机构，可以接受审计机关的委托对所属企业事业单位进行审计，但必须具备有健全的机构、适应工作要求的专业人员、比较完善的规章制度等条件，审计后要向委托的审计机关报告审计结果。

为适应改革开放以来经济发展的需要，近几年社会审计工作发展很快，当前应注意总结经验、巩固提高，使其健康发展。要加强对社会审计组织的管理，帮助他们健全内部管理制度，提高人员素质和工作质量，改进服务态度，严格遵纪守法，树立良好信誉，使之成为审计体系中的一支重要力量。

今后两三年的审计工作任务是艰巨而又光荣的，各级审计机关和广大审计人员要在党委和政府领导下，齐心协力，艰苦奋斗，发展审计事业，为治理整顿和深化改革作出更大的贡献。

崔建民同志在全国审计工作会议结束时的讲话

(一九九〇年二月二十七日)

全国审计工作会议今天结束了。这次会议在与会同志的共同努力下，开得是好的，达到了预期目的。

大家认真讨论了吕培俭同志的报告，总结了去年的工作，提出了治理整顿期间审计工作的任务、方针和目标。会议期间，李鹏总理、姚依林副总理接见了全体代表，听取了汇报，并对审计工作作了重要指示。李总理、姚副总理的指示，实际上为会议作了总结。现在我仅就会议讨论中提出的一些问题讲几点意见。

一、会议取得的收获

大家反映，这次会议是几年来开会收获最大的一次，概括起来主要有以下几个方面：

（一）对当前审计工作面临的形势和治理整顿期间加强审计监督的重要性、迫切性，统一了认识，增强了责任感和紧迫感。大家一致认为，应当抓住治理整顿这一时机，把审计工作切实加强起来，进一步加强对国家资金和有关经济活动的审计监督，严格财经纪律，维护经济秩序，促进提高经济效益，保证治理整顿和深化改革的顺利进行。

（二）确定了治理整顿期间审计工作的任务、方针和目标，对一九九〇年的审计工作作出了总体安排。

（三）对当前审计执法情况和存在的问题进行了讨论，研究提出了严格审计执法的措施。

（四）讨论了加强审计机关和审计体系建设问题，明确了任务和措施。

（五）交流了审计工作经验，互相学习、启发，开阔思路，对推动审计工作的深入开展将起到积极作用。

（六）对解决审计工作中的一些实际问题，国务院领导同志作了指示，明确了解决这些问题的原则和办法。

二、认真学习和贯彻国务院领导同志关于审计工作的重要指示

同志们热烈反映，李总理、姚副总理在百忙之中接见会议代表，听取汇报，并就审计工作中的许多重大问题作了指示，充分体现了党中央、国务院对审计工作的重视和支持，使广大审计人员深受教育和鼓舞。大家学习领会领导的指示，主要包括五个方面：第一，充分肯定六年来审计工作的成绩，对整顿财经纪律、增加财政收入、加强廉政建设、改变社会风气，起到了良好作用，审计的观念开始为社会所接受，初步树立了审计机关的权威。第二，肯定了会议提出的治理整顿期间审计工作的任务和重点，要求审计工作在治理整顿和深化改革中发挥越来越大的作用。第三，明确审计监督工作的方向，要分层次、抓重点，向较高层次发展，逐步实现制度化、法制化、规范化。第四，对审计队伍建设提出了更高的要求，号召广大审计人员学习“新时代的活雷锋”张子祥，要做到廉洁、公正、严格和有奉献精神，树立好作风，代代相传。第五，要求各级政府充分重视和支持审计工作，加强领导；有关部门要帮助解决审计工作中遇到的困难和问题。

大家讨论认为，领导同志的指示，对发展我国审计事业具有重要和深远的意义。要认真学习，加深理解，在工作中切实贯彻执行。领导同志的指示关系到审计基本理论问题，一定要联系实际，扎实开展理论研究，以指导审计工作的实践。

三、努力完成一九九〇年审计工作任务

经过讨论，大家同意培俭同志报告中提出的今年审计工作的任务和安排，会后要结合实际认真组织落实。

当前审计工作中存在的一个突出矛盾是，任务繁重、力量不足。对此，可以有两种态度：一种是把困难估计得过于严重，而对有利条件估计不够，因而产生畏难情绪；另一种是在正视困难的同时，充分看到有利条件，变压力为动力，把握时机把审计工作抓上去。同志们认为，后一种是我们应当采取的正确态度。应当看到，审计工作当前遇到的困难，总的说来是前进中的困难，它说明，治理整顿和深化改革迫切需要加强审计监督，审计工作做出了成绩，得到党委、政府和有关方面的重视，大有用武之地。客观形势要求我们加倍努力工作，认真改进工作方法，不断提高人员素质和工作水平，正是加强审计工作的一个大好时机。同时，还要充分估计到，通过传达、贯彻李总理、姚副总理的指示和开展学习雷锋、张子祥活动，广大审计人员将激发出更大的工作热情和干劲，这是克服当前困难、完成审计工作的一个重要条件。

为解决当前审计工作中存在的矛盾，要采取有效的措施。看来最重要的一条是，审计工作要实行分层次、抓重点，逐步向较高层次发展。

重点审计各级政府部门特别是管钱管物的综合部门，国家金融机构，地方财政，重点企业事业单位，重点基建项目等。这样做，可以更好地发挥审计监督在加强宏观调控方面的作用，同时可以缓解审计力量不足的困难。这就不能单纯追求扩大审计覆盖面，并要相应改进过去考核审计工作的一些作法。要充分发挥内部审计和社会审计的作用，委托他们承担一部分国家审计机关的审计任务。要在落实全国统一部署的审计工作任务时，结合本地实际情况，统筹安排，有所侧重，尽力而为，量力而行，留有余地。要改进审计机关的领导作风，经常深入到审计工作第一线，帮助解决实际问题。

在讨论中，有些同志反映，会前审计署有的业务司布置的工作任务重了一些，与这次会议的安排有不尽一致的地方。如果存在这种情况，应以这次会议确定的部署和要求为准。

四、关于审计工作方针问题

大家在讨论中认为，根据治理整顿期间审计工作任务和目前审计机关的状况，提出今后几年的审计工作，要继续扩大审计领域和加强基础建设，实行"积极发展，逐步提高"的方针，是适宜的。第一，审计机关建立六年多了，审计工作已经有了一个良好的基础。第二，进一步治理整顿和深化改革，要求把审计工作进一步加强起来，应当采取积极措施，使审计工作在现有基础上较快地发展和提高。第三，实行这一方针与继续做好抓重点、打基础的工作并不矛盾。培俭同志在报告中对发展、提高的主要涵义有了比较明确的解释，它包含了继续抓重点和加强基础建设的内容。第四，这一方针是针对全国审计工作情况提出的，各地在贯彻中应当结合实际情况，因地制宜，各有侧重，加强自己薄弱的方面，使之有明显的进步。

五、关于严格审计执法问题

去年九月全国审计局长会议上，审计署提出要严格审计执法，大家都表示赞成。这次会上，大家经过认真讨论，进一步提高了认识，认为它同当前稳定大局的要求是一致的。第一，实践证明，严格审计执法，维护财经纪律和经济秩序，可以促进治理整顿和深化改革措施的落实，加强廉政建设和改变社会风气，有利于实现政治、经济、社会的稳定，发挥积极作用。第二，严格审计执法，是针对当前审计处理违法违纪问题一般偏宽这一实际情况提出的。前年，一些地方要求审计机关灵活变通、放宽政策，审计执法出现了曲折。去年以来，各级审计机关认真贯彻《审计条例》和国务院领导同志关于审计执法要严的指示精神，审计执法虽然有了明显的进步，但总的看来，多数仍然偏宽。因此，在审计监督中必须强调增强法制观念，严格依法处理违法违纪问题。第三，严格审计执法，是要求依法查处违反财经法纪问题。必须以事实为依据，以法规为准绳，根据违法违纪的情节，在有关处罚规定的幅度内，恰当处理，做到实事求是，宽严适度，既不能一味放宽、宽大无边，也不能一切从严、越严越好。

六、关于开展学习雷锋、张子祥活动问题

李鹏总理号召广大审计人员在学习雷锋的活动中，要学习"新时代的活雷锋"张子祥，发扬无私奉献的精神。他指出，一个人要净化大环境有困难，但可以净化自己周围的小环境。张子祥同志在社会风气不大好的时候，从自己身边做起，努力净化周围的小环境，进而影响了一群人、一个连队，甚至更大的范围，这是对雷锋精神的发展。李总理的指示，对审计人员提出了更高的要求和热切的期望。参加会议的全体代表一致响应李总理的号召，向广大审计人员发出了《关于在审计战线开展学习雷锋活动的倡议》。各级审计机关要认真贯彻李总理的指示精神，把学习雷锋、张子祥的活动深入、持久地开展起来，并落实到搞好审计工作上。各级领导同志要以身作则，率先垂范，带头学习，认真抓好这一学习活动，把它作为加强思想政治工作和廉政建设的重要内容，进一步搞好审计队伍建设。

七、关于深入基层，改进领导作风问题

最近，党中央、国务院决定，为密切联系群众，克服官僚主义，转变机关作风，改进领导工作，县以上党政机关都要组织机关干部下基层。要在负责同志的带领下，以工作小组或调研小组等形式，深入到基层，了解民情，广交朋友，多做实事。

几年来，各级审计机关和广大审计人员，坚持深入第一线直接审计，进行审计调查，了解情况，总结经验，做出了成绩。但是总的看来，审计机关的领导干部，包括审计署的领导，也还存在深入基层不够的问题。各级审计机关一定要坚决贯彻执行党中央、国务院的决定，组织机关干部特别是领导干部，深入基层，参加直接审计和调查研究，了解情况，解决问题，更好地推动审计工作的开展。

培俭同志在报告时，向大家介绍了审计署机关干部下基层的作法，大致采取四种形式：一是结合本身的业务工作，到基层单位参加审计；二是深入基层，包括到被审计单位，调查研究，听取意见，总结经验，解决工作中遇到的问题；三是建立联系点，定期或不定期地去了解情况，进行调查研究；四是组织新分配到机关的大学毕业生和需要到基层工作锻炼的同志，到县级审计机关进行一年以上的锻炼。各地要根据自己的情况，采取切实有效措施，把中央、国务院的决定落到实处。组织干部下基层要注意防止搞形式主义和作表面文章，要结合审计业务，扎实工作，认真解决实际问题，达到党中央、国务院的要求。

八、关于发挥内部审计和社会审计作用问题

内部审计是我国审计体系的一个重要组成部分，近几年有了很大发展。在内部审计工作搞得较好的一些单位，违反财经纪律和严重损失浪费问题逐渐减少，在查错防弊，促进改进管理、提高经济效益等方面发挥了积极作用。但总的看来，内部审计工作同治理整顿、深化改革的要求还很不适应。各级审计机关应当根据内部审计所处地位和法定职责，区别不同部门、单位的情况，加强具体指导，充分发挥其在治理整顿和深化改革中的作用。目前，一些企业经营管理薄弱，生产速度回落过猛，效益下滑。这些单位的内审机构应当加强工作，在促进改善经营管理、提高经济效益方面做出成绩。关于表彰内审先进单位和先进个人问题，由于情况比较复杂，缺乏经验，需要在做好准备工作之后再办。

社会审计工作近年来发展很快，许多审计事务所积极开展业务，有了较好的信誉。但从整体上讲，还存在一些需要解决的问题。因此，当前主要应注意总结经验，巩固提高，使其健康发展。各级审计机关要把管好社会审计工作列入议事日程，采取措施加强对审计事务所的管理，建立健全其工作制度和财务管理制度，提高工作人员的素质和服务质量，遵纪守法，积极开拓业务，更好地为治理整顿服务。去年九月省市区审计局长会议上，审计署曾要求普遍检查一次审计事务所的工作，及时解决好存在的问题。会后，许多地方都认真进行这项工作，请按要求将检查的结果报告审计署。

九、关于需要落实的几个具体问题

李鹏总理在讲话中，对解决审计机关工作条件和人员待遇等问题作了指示，给予很大支持。为落实总理的指示，审计署将于会后与有关部门商量，研究提出具体措施。同时，请大家回去后向政府汇报，有些经政府批准可以解决的，可积极争取先行解决，不一定等上面发文件。

(一)关于审计干部职务序列问题。根据李总理关于建立审计部门干部职务序列问题的指示精神，审计机关可以仿照监察部门，设置一些职位较高的审计员，选择具备条件的干部担任。审计署将抓紧与人事部商量，研究提出落实方案。有条件的地方，也可同当地人事部门商量，经政府同意后试行办理。

(二)关于解决审计机关经费困难和审计人员待遇低的问题。李总理指示，现在国家财政比较紧张，一方面要求我们克制一点，一下子不可能解决很多；另一方面要地方财政和中央财政

为各级审计部门创造一些必要的条件，有些特殊的案子，还要拨点专案费，作为重点照顾对象，逐步解决。根据这个精神，可先解决三个问题：一是工作条件太差的，请求财政部门并报政府领导帮助适当解决。二是为鼓励完成任务好、为国家增收节支多的审计机关。可参照税务部门的办法，报请政府批准，由政府在年终给审计机关干部增发一些奖金。目前，有些地方已经这样做了，其它地方可以仿照办理。三是地市以上审计机关长期在外从事审计的人员，由于增加了个人开支，经济上确有困难的，可同财政部门商量，报请政府批准后，参照基层审计人员外勤补贴的办法，适当给予困难补助。

(三)关于设立审计过渡专户问题。此事，我们正在与财政部协商，还有些具体问题需要研究解决。现在有不少地方已经设立了审计过渡专户，对监督检查审计结论和决定的执行情况，考核审计成果，及时全额上缴应缴财政的资金，收到了较好效果。其它地方，可与财政部门商议，请示政府同意后实行这个办法。这里要强调一下，设审计过渡专户的地方，审计机关绝不能从专户里截留挪用资金。

十、关于会议精神的传达贯彻问题

李总理、姚副总理在听取全国审计工作会议汇报时的讲话，已经根据纪录整理，供大家向省、市、区和部委领导汇报口头传达，待报请国务院领导同志审阅批准后，再正式印发。培俭同志的报告，吸收大家意见进行修改后，已重新印发。印发会议讨论的《进一步加强审计工作为治理整顿和深化改革服务(草稿)》，即今后两三年审计工作设想，根据大家讨论的意见，改写成会议纪要下发。会后，请同志们将国务院领导同志的指示和会议精神，向政府和部门领导传达、汇报，并根据实际情况，采取适当形式进行传达贯彻，部署治理整顿期间的审计工作，对一九九〇的审计工作作出具体安排。传达、贯彻和工作部署安排的情况，请及时报署。

进一步加强审计工作为治理整顿和深化改革服务

——一九九〇年二月全国审计工作会议纪要

一九九〇年二月二十二日至二十七日，审计署在北京召开了全国审计工作会议。参加会议的有各省、自治区、直辖市、计划单列市审计局长，审计署驻地方和国务院各部门派出机构负责人，部分部委内审机构和解放军、武警部队审计机构负责人。会议期间，李鹏总理、姚依林副总理听取了汇报，并作了重要指示。会议在统一认识的基础上，确定了治理整顿期间审计工作的任务、方针和目标，对重点工作做了安排。现纪要如下：

一九八九年十一月，党的十三届五中全会作出了《关于进一步治理整顿和深化改革的决定》，包括去年在内，用三年或者更长一些时间基本完成治理整顿任务，使国民经济基本上转上持续、稳定、协调发展的轨道。审计机关要在各级党委和政府的领导下，认真贯彻执行中央的《决定》，履行法定的监督职能，为治理整顿和深化改革服务。

一、审计工作面临的形势和任务

一九八九年，在党中央的正确决策和领导下，取得了制止动乱和平息反革命暴乱的胜利，治理整顿初见成效，政治、经济、社会稳定，整个形势正在向好的方向发展。进一步治理整顿和深化改革，要求“大力加强对各项经济活动的审计和监督，严格财经纪律”。实现治理整顿的任务和目标，要继续压缩社会总需求，大力调整产业结构，整顿经济秩序，深化和完善改革，提高经济效益。这些措施，都涉及到对经济活动的调整，同国家资金的分配、管理、使用直接相关。当前，一些地方和单位截留隐瞒国家财政收入、挤占挪用专项资金、擅自扩大建设规模、挥霍浪费国家资财等违反财经法纪问题相当普遍，影响和干扰治理整顿工作的进行。为了扭转这一状况，迫切需要加强对财政、财务收支及有关经济活动的审计监督，促进在经济活动的主要环节认真落实治理整顿和深化改革措施。

在治理整顿期间审计工作的任务是：进一步加强对国家资金和有关经济活动的审计监督，严格财经纪律，维护经济秩序，促进提高经济效益和加强廉政建设，保证治理整顿和深化改革的顺利进行。

完成上述任务有许多有利条件。审计机关组建六年多来，审计工作和基础建设都有了较快发展。县以上各级政府的审计机关已基本建立，拥有一支六万多人的政治、业务素质比较好的审计队伍；逐步开展了对政府部门、地方财政、金融机构、国营企业事业单位、基本建设、专项资金和利用外资的审计，特别是审计署审计了五大公司，审计的观念开始为社会所接受；经过几年实践，积累了经验，制定了审计工作的基本行政法规和有关规章制度；审计机关分别在总理、省长、市长、县长的直接领导下工作，通过查处违法违纪问题，起到威慑作用，初步树立了权威；部门、单位的内部审计工作和社会审计工作有了较大发展，初步形成了以国家审计机关为主体的审计体系。党的十三届三中全会以后，各级审计机关围绕治理整顿、深化改革做了大量工作，取得了显著成绩。一九八九年共审计了二十四万三千多个单位，查出违反财经法纪应上缴财政的金额五十一亿七千多万元，已上缴三十七亿一千多万元，是审计机关建立以来审计规模和成果最大的一年。实践证明，审计工作对整顿财经纪律，增加财政收入，加强廉政建设，改变社会风气，起到了良好的作用。总的看来，审计工作已经有了一个良好的基础。

随着进一步治理整顿和深化改革的开展，审计工作的任务大量增加，而现有审计力量不足，审计法规和财经法规不够健全，审计机关同有些财经管理部门的关系没有完全理顺，基本工作条件还存在不少困难，急需加以解决。党中央、国务院多次指示要加强审计部门，地方党政领导和有关部门都重视和支持审计工作。我们应当认清形势，振奋精神，增强信心，把握住治理整顿这个时机，艰苦奋斗，把审计工作进一步加强进来，为实现治理整顿和深化改革任务，作出新的成绩。

二、审计工作的方针和目标

根据治理整顿期间的审计工作任务和目前审计机关的状况，今后几年的审计工作，要实行积极发展、逐步提高的方针，进一步扩大审计领域和加强基础建设。发展，主要是指充实审计队伍；扩大基建投资、农业资金、利用外资等方面的审计；把政府部门、地方财政、国家金融机构、重点企业事业单位作为审计的重点，使审计监督逐步向较高层次发展。提高，主要是指提高审计人员政治、业务素质；完善审计法规；提高审计工作水平，逐步走上制度化、法制化、规范化的轨道。

今后两三年审计工作的主要目标是：

（一）按照国家批准审计机关的十万人编制逐步配齐人员；使三分之二左右的审计人员具有独立工作能力。

（二）对政府部门和地方财政收支，国家金融机构、重点国营企业事业单位的财务收支，逐步做到经常审计。

（三）严格审计执法，使经常审计单位违反财经法纪的问题明显减少。

（四）健全实施《审计条例》的配套规章制度，研究提出审计法草案。

（五）管理和使用国家资金的重点单位健全内部审计制度，社会审计组织的工作逐步适应经济发展的需要。

上述审计工作的方针和目标是对全国而言。我们国家大，各地情况、条件不同，审计工作的发展也不平衡，各地审计机关在贯彻执行中，要根据实际情况，积极采取措施，使审计工作在现有基础上有显著的发展和提高。

三、审计工作的安排

治理整顿期间的审计工作涉及面很广，需要解决的问题很多，根据今后两三年审计工作的任务、方针和目标，主要抓好以下几方面的工作：

（一）加强财政、税务、金融审计。地方政府、财税金融部门负责国家财政、信贷资金的宏观管理，加强对他们的审计监督，促进严格资金管理，带头遵纪守法，严格执法，可以减少违反财经法纪问题的发生，有利于治理整顿措施的落实。对地方财政主要检查执行财政、税务法规，决算的真实和收支平衡等问题。对国家金融机构的审计，主要检查是否按照国家政策规定发放专项贷款，有无动用信贷资金用于本单位开支等问题。

（二）扩大基建投资审计。控制固定资产投资规模是压缩需求的关键措施，要强化这方面的审计工作。要继续进行停缓建项目的跟踪审计，对应停缓未停缓的要进行处理，已停缓的要防止擅自复工，并促进做好善后工作，避免造成新的损失。从一九九〇年开始，对新开工和恢复建设的基建项目，要普遍进行开工前审计，主要检查资金是否落实、来源是否正当。审计署会同国家计委逐步开展对国家重点基建项目的审计，促进节省投资，提高效益；地方审计机关有条件的也应逐步开展这项工作。

（三）逐步开展农业资金审计。稳定发展农业，是稳定发展经济的基础，各级党委和政府将把发展农业放到重要地位，增加对农业的投入。但农业资金渠道多，点多面广，管理监督不严。地、县特别是四百五十九个粮、棉等基地县和三百三十一个贫困县的审计机关，要把农业资金审计作为工作重点。农业资金，包括用于农业方面的财政拨款、专项基金、银行贷款、借用外资等。首先审计县以上管理农业资金的部门，以及使用资金的重点单位，促进管好用好国家资金，促进农业稳定发展和“老、少、边、穷”地区的经济发展。

（四）改进企业承包经营责任审计。完善企业承包经营责任制是深化改革和提高经济效益的一个重要方面，要继续加强这方面的审计工作。国营企业的数量很多，许多地方政府要求对承包企业实行事前、事中、事后审计，任务繁重。为适应这一要求，审计工作要实行分层次、抓重点的方法。各级审计机关都要确定一部分重点企业作为重点，直接进行经常审计，既要查处违反财经法纪的问题，又要保护企业的合法经济效益，帮助改进管理，提高效益。其它企业，由主管部门内审机构或委托社会审计组织进行审计，审计的结果要向审计机关报告，审计机关必要时要进行抽审。承包企业的厂长离任经济责任审计，要与承包经营责任审计结合进行。

要根据政府的部署，加强对流通领域公司的审计，促进清理整顿公司工作的顺利进行。有重点地开展粮食行业审计，主要查处倒买倒卖粮票，钻多种价格空子套取财政补贴等严重问题。

（五）坚持行政单位财务收支定期审计。这项审计已在全国普遍展开并形成制度，对促进廉政建设、克服腐败现象有重要意义。定期审计的重点是各级政府部门，主要查处利用职权挤占挪用专项资金和乱摊派、乱收费、乱罚款，截留应上缴的收入，用于扩大行政开支，搞奢侈浪费等问题。如遇有因行政经费过紧而挤占挪用专项资金的，要实事求是地分析情况，建议有关部门制定“开前门、堵后门”的办法，加以解决。

（六）继续进行专项资金审计。国家对专项资金实行专款专用，是保证各项事业协调发展的一项重要措施，它包括财政专项拨款、预算外专项基金等。当前，挤占挪用专项资金和损失浪费的问题比较突出，要有计划地选择一些问题多的进行审计。要把审计教育经费作为重点，包括国家财政拨款、社会集资、学校创收等方面的资金，主要检查管理部门挤占挪用和使用单位损失浪费等问题，促进教育事业的发展。对其它专项资金，各地、各部门可根据实际情况选定一些项目进行审计。

（七）改进和扩大外债审计。近几年对使用世界银行和其它国际金融组织贷款项目开展了审计，取得了成绩，但对内监督不够有力，对违纪问题很少处理，亟待研究改进。政府和国家金融机构借用的外债是国家资金，应当严格审计监督，依法处理严重违反财经法纪问题，促进提高使用外资的经济效益，并按规定提高对外审计公证报告的质量。对国务院各部门和地方政府、国家金融机构借用的其它外债，要逐步开展审计，重点检查资金使用效益和偿还能力。

以上七项审计工作，各地应当结合政府要求和实际情况，因地制宜、有所侧重地进行安排。

四、认真贯彻《审计条例》，严格审计执法

去年一月，国务院颁发的《审计条例》开始实施，审计工作会议上国务院领导同志指示，审计机关要严格执法，不能灵活变通、放宽政策。各级审计机关认真贯彻执行，审计执法有了明显的进步。但总的看来，审计处理违反财经法纪问题多数仍然偏宽，有的甚至不了了之。对这个问题要认真研究，分析原因，采取措施，逐步解决。

（一）健全审计规章制度。《审计条例》是审计工作的基本行政法规，还需要制定与之配套的若干规章制度。目前已经制定的有《审计条例》实施细则、行政事业定期审计制度、承包经营和厂长离任经济责任审计制度、审计计划统计制度、内部审计和社会审计工作的规定、基建开工前审计办法等，还要总结经验，制定审计地方财政、金融机构、农业资金、基建投资、利用外资等规章制度和审计工作程序、审计标准、审计业务规范、行政诉讼应诉办法等，为审计工作逐步做到制度化、法制化、规范化创造条件。要在贯彻《审计条例》的基础上，研究提出审计法草案。

（二）严格依据财经法规审计查处问题。审计严格执法是加强社会主义法制建设的要求，在目前法规不够健全的情况下，要掌握以下原则：

对违反国家财经法规的违法违纪问题，要严格依法处理，该没收的没收，该罚款的罚款，情节严重应给予政纪、刑事处分的，要移送监察、司法机关处理。

对某些法规本身界限不清的问题，要提请有权解释的部门做出解释后进行处理。

对地方、部门制定的与国家法规相抵触或越权制定的法规，应当执行国家或国家授权部门制定的法规。

对治理整顿和深化改革中出现的新情况新问题，无法规可依或明显不合理的，要同有关部门商量提出意见，请示本级政府后处理，并建议有关部门制定或修改法规。

（三）理顺审计机关同财经管理部门的关系。这是严格审计执法的重要条件。按照《审计条例》的规定，审计机关在对重大事项作出审计结论和决定前，应当征求有关部门意见；在作出审计结论和决定后，有关部门应当执行，如拒不执行或随意改变，审计机关有权依照《审计条例》的规定处理。在审计机关查处问题没有作出审计结论和决定以前，有关部门可以提出意见，但不得干预或代替审计处理。审计发现主管部门处理违纪问题违反国家法规的，有权要求纠正；发现负有连带责任的，应当一并查处。

（四）完善审计执法手段。为检查审计决定应上缴的违法款项和罚款是否如数上缴，监督落实审计决定，防止其他部门截留挪用，需要在银行或金库设立审计过渡专户。在《行政诉讼法》实施后，遇有司法机关判决改变审计决定，需要退还上缴款项时，可以从这个帐户处理。

（五）建立监督检查审计执法情况的制度。上级审计机关对下级审计机关的执法情况要定期进行检查，发现问题及时予以纠正。如遇有审计人员因执行国家法规受到打击报复，上级审计机关应当查明情况，提请政府和监察部门对打击报复者严肃处理。审计机关执法，必须依法办事，不得滥用职权。《行政诉讼法》的实施，是我国法制建设的一件大事，要切实做好实施前的准备工作和实施后的应诉工作。

审计署拟根据上述内容草拟《关于审计执法的若干规定》，报请国务院审批后颁发。

五、加强审计机关建设

为实现治理整顿期间的审计工作任务，必须进一步加强审计机关的建设，建立一支政治立场坚定、富有献身精神、办事公正廉洁、工作作风严谨、胜任审计工作的审计队伍。

（一）继续充实审计人员。国务院批准全国审计机关编制十万人，要争取政府领导和有关部门的支持，抓紧按期配齐。补充人员要注意政治、业务素质，特别要注意从财经管理部门调进一些有实践工作经验的业务骨干。各级审计机关要从审计专业和相近专业的大学毕业生中，选择一部分政治思想和学习成绩比较好的，充实审计队伍；到省以上审计机关工作的，要先下放到基层锻炼一个时期。接收一部分年轻、文化高的转业军官，经过专业培训到审计机关工作。为适应审计工作发展的需要，还要适当调进一些工程技术人员、熟悉经济法规人员等专门人才。要充实加强财政、金融、基建、农业、外资方面的审计力量。对粮食、棉花等基地县要分配专项增编指标。

（二）抓紧组建审计署派驻机构。国务院批准审计署在二十二个城市设立审计特派员办事处，现在已建立十三个。已经建立的，要按照编制配齐人员；尚未建立的，要在今后三年内逐步建立起来。审计署在国务院四十一个部门设立了派驻机构，要抓紧配齐干部，依法行使审计机关的职权，发挥行业审计的优势，扎实地进行工作，并注意不断总结经验。

（三）组织审计人员学习马列主义、毛泽东思想。当前重点是学习哲学著作，学会运用辩证唯物主义和历史唯物主义的立场、观点和方法观察分析形势，提高贯彻执行党的路线、方针、政策的自觉性和解决实际问题的能力。

（四）搞好审计人员的业务培训。培训的重点是各级领导和业务骨干。要解决好工学矛盾，争取每人每年有半月以上的时间参加各类培训班、研讨班等，学习审计业务知识，总结交流经验，提高工作水平。对一般人员，要本着干什么学什么、缺什么补什么的原则进行岗位培训，提高适应本岗位工作的能力。要围绕实现审计工作“三化”，积极开展审计理论研究工作。

（五）加强思想政治工作和廉政建设。要响应李鹏总理的号召，在审计战线开展学习雷锋和现代活雷锋——张子祥的活动，教育审计人员做到廉洁、公正、严格和有奉献精神。审计人员要遵守审计职业道德，严格执行审计工作纪律，自觉接受监察、司法部门和群众的监督。对模范遵纪守法，廉洁奉公，工作中做出突出成绩的单位和个人，要及时给以表彰；对以权谋私等违反法纪的，一定要严肃处理。

（六）改进领导机关工作作风。审计机关的各级领导干部要经常深入基层，结合审计工作进行调查研究，听取群众意见，了解实际情况，总结好的经验，帮助解决问题，推动审计工作的发展。

六、健全和完善审计体系

根据治理整顿和深化改革的要求，审计机关要进一步加强对内部审计、社会审计工作的指导和管理，推动部门、单位建立健全内部审计监督制度，帮助社会审计组织总结经验，巩固提高，充分发挥他们的作用。

内部审计是审计体系的一个重要组成部分，也是部门、单位加强内部管理监督的重要方面。目前全国已有六万多个单位建立了内审机构，配备内审人员十四万多人。但还有不少管理和使用国家资金多的部门、单位，没有建立内审机构和内审制度，这同治理整顿、深化改革、提高经济效益的要求很不适应。要认真总结经验，研究提出符合部门、单位内部审计特点的任务和制度。要宣传内审工作好的经验，加强对内审工作的指导和帮助，要通过对部门、单位的审计监督，促进其建立健全内部审计制度。企业事业管理部门的内部审计机构，可以接受审计机关的委托对所属企业事业单位进行审计，但必须具备有健全的机构、有适应工作要求的专业人员、有比较完善的规章制度等条件，审计后要向委托的审计机关报告审计结果。

实行改革开放的十年来，我国经济有了很

大发展，需要委托社会审计组织办理的事情越来越多。近几年社会审计组织发展很快，全国已建立二千一百多个审计事务所等社会审计组织，有一万四千多工作人员。当前应注意总结经验、巩固提高，使其健康发展。社会审计组织是独立法人，在机构、人员、财务等方面都要与审计机关严格分开。各级审计机关要加强对社会审计组织的管理，帮助他们健全内部管理制度，提高人员素质和工作质量，改进服务态度，严格遵纪守法，树立良好信誉，使之成为审计体系中的一支重要力量。

今后两三年的审计工作任务是艰巨而又光荣的，各级审计机关和广大审计人员要有高度责任感，增强信心，齐心协力，发扬艰苦奋斗精神，提高工作水平，努力发展审计事业，为治理整顿和深化改革作出贡献。

〔一九九一年〕

吕培俭审计长在审计署颁发特约审计员聘书大会上的讲话

（一九九一年三月七日）

各位同志：

今天，审计署在这里举行颁发特约审计员聘书大会，我代表审计署，向受聘担任特约审计员的同志表示热烈欢迎！向给予我们指导和帮助的中央统战部，向支持我们的各民主党派、全国工商联，向各位来宾、各有关部门、各新闻单位表示衷心的感谢！

中国共产党领导的多党合作和政治协商制度是我国的一项基本政治制度。它是在长期的革命和建设实践中形成和发展起来的，是具有中国特色的社会主义政党制度。一九八九年十二月，党中央与各民主党派协商，制定的《中共中央关于坚持和完善中国共产党领导的多党合作和政治协商制度的意见》中指出，要聘请一批符合条件的和有专门知识的民主党派成员、无党派人士担任特约审计员；对重大审计案件的调查，可吸收民主党派成员、无党派人士参加。审计署认真学习了中央的指示，作出了具体安排。去年六月，我们同中央统战部一道，研究提出了关于聘请特约审计员的几点意见。各民主党派中央和全国工商联对这项工作给予了热情支持，积极推荐人选。经征得本人同意后，确定聘请十三位同志担任审计署特约审计员。这些特约审计员，拥护中国共产党的领导，坚持四项基本原则，并具有较高的政策水平和实际工作能力，从事过较长时间的财政经济等方面的工作。聘请这些同志担任特约审计员，对进一步开展审计工作具有重要意义。

我国《宪法》规定，审计机关在国务院总理的领导下，依照法律规定独立行使审计监督权，不受其他行政机关、社会团体和个人的干涉。审计监督在国家对财政经济活动的监督中处于较高的层次，是国家宏观经济调控体系的重要组成部分。它的基本职能是，对国务院各部门和地方各级政府的财政收支，对国家的财政金融机构和企事业组织的财务收支及有关经济活动的真实、合法、效益进行审计监督，维护财经纪律，提高经济效益，促进廉政建设，为社会主义经济建设服务。党中央提出审计机关聘请特约审计员参加审计工作，这是对加强审计制度建设的一项重要措施。我们希望，通过特约审计员这个桥梁和渠道，能够经常听到各界群众对审计工作的意见和建议。我们的特约审计员还要参与一些比较大的或是群众比较关心的审计事项，如参与对一些大企业、大型建设项目的审计；参与对一些重要审计事项结论、处理的研究；参与审计工作、审计法规、审计理论的研究与咨询；参与审计执法巡回检查等。特约审计员制度的建立，将使我们更广泛地联系群众、接触社会生活，推动审计工作的发展。

一九九一年是继续进行治理整顿、深化改革的重要一年，也是实施“八五计划”的第一年。经请示李鹏总理批准，审计署已在元月份召开了全国审计工作会议，要求各级审计机关要围绕治理整顿、深化改革和发展经济，进一步加强和改进对国家资金和有关经济活动的审计监督，在严格财经纪律，提高经济效益和加强廉政建设等方面，更好地发挥作用。我们相信，各位特约审计员一定能够在实现上述任务中作出积极的贡献。

聘请特约审计员名单

张祖让	民革	中国人民银行参事室调研员
陶文达	民盟	中国人民大学经济系教授
郭国庆	民盟	中国人民大学贸易经济系副教授
吴亦修	民盟	原司法部公证律师司调研员
陈嗣成	民盟	北京经济学院劳动经济系副教授
陈锦福	民建	中华会计师事务所副经理
章尚锦	民建	中国人民大学法律系副教授
邢玉宽	民进	北京宣武区律师事务所副主任
罗玉洁	农工党	中国化工建设总公司高级经济师
苏亚民	农工党	北京财贸学院贸易经济系副教授
陈省兰	致公党	中国银行总行高级经济师
赵金深	九三学社	北京政法干部学院讲师
谢伯阳	全国工商联	全国工商联副秘书长兼经济研究室主任

加强和改进审计工作为治理整顿和发展经济服务

——吕培俭同志在全国审计工作会议上的报告

（一九九一年一月八日）

最近党中央召开了十三届七中全会，通过了《中共中央关于制定国民经济和社会发展十年规划的“八五”计划的建议》，它是实现第二步战略目标的行动纲领，我们审计机关要认真学习和贯彻执行。去年全国审计工作会议确定的治理整顿期间审计工作的任务、方针和目标，同“八五”计划头一年或更长一点时间侧重于治理整顿的精神是一致的。一月五日，李鹏总理听取了审计署的汇报，作了重要指示。我们这次会议，要在总结一九九〇年工作的基础上，按照《建议》的要求和总理的指示，讨论加强和改进审计工作的问题，并安排一九九一年的审计任务，进一步发挥审计监督在治理整顿、深化改革和发展经济中的作用。

一、一九九〇年审计工作有了新的发展

去年，各级审计机关和广大审计人员围绕治理整顿、深化改革这个中心，认真贯彻执行“积极发展，逐步提高”的审计工作方针，对治理整顿、深化改革起到了促进作用，审计工作本身也得到了新的发展。主要特点是：在财政审计、基建审计等方面有了较大发展，扩大了审计的领域；加强了对综合经济管理部门和重点单位的审计，审计工作向较高层次前进了一步；坚持依法审计，在严格执法方面有了进步；在为宏观调控服务方面进行了积极探索，取得了比较明显的成果。这一年主要做了以下几项工作：

（一）查处违反财经法纪问题。加强审计监督，维护财经纪律，是治理整顿的一项重要内容。去年，各级审计机关继续把这项工作作为重点，认真抓了审计结论和决定的落实，广泛开展

了执法检查，在处理违反财经法纪问题方面，一般都能做到依法办事，实事求是，宽严适度。据初步统计，一至十一月全国共审计了二十万九千多个单位，审计查处违反财经纪律已上缴财政金额二十七亿一千多元，比上年同期增长百分之七点二。上缴金额占应缴的比例，由上年同期的百分之五十八增加到百分之六十九。一至九月对违纪单位和责任人员处以罚款共二亿四千多万元，比上年同期增长百分之九十三。有七百四十五名违纪责任人员移交监察、司法等有关部门处理。

（二）依法独立审计地方财政。对地方政府财政收支进行审计，是《宪法》赋予审计机关的职责。这项审计难度较大，前几年审计署结合财务大检查审计过少数省级财政，有些地方审计过一些下级政府财政，取得了一些经验。去年依法独立进行审计，范围较大，有些省政府还决定，对下级政府财政收支的审计要形成经常制度。审计署审计了三十一个省、自治区、直辖市和计划单列市，查出不少越权违规减免税收，截留、隐瞒财政收入等违反财政法规的问题，经国务院同意，决定严肃处理，可收缴七亿元左右。地方审计机关审计了一千零八十九个地、市、县。财政审计引起了各级领导的重视和支持，将促进地方政府加强财政管理和监督。

（三）审计一批重点建设项目。前几年，部分地方审计机关抓了自筹基建资金来源审计，在全国范围内对固定资产投资停缓建项目进行了跟踪审计，对少数国家重点建设项目进行了试审。在此基础上，去年审计署会同国家计委，组织力量对八十二个国家重点建设项目进行了审计，查出转移、侵占国家投资和损失浪费金额占投资总额的百分之五点二，正在依照国家有关法规规定进行处理，约可为国家节省基建投资二十五亿元。据十九个省市区的统计，地方审计机关共审计了一百零六个地方重点建设项目，约可节省投资二亿三千多万元。基建项目新开工和复工前审计，正在逐步开展，对控制基建规模起到了积极作用。

（四）逐步扩大企业承包经营责任审计。我国国营企业有几十万个，一九八七年以来普遍实行了承包，国家规定由审计机关进行审计监督。在审计机关人手不足难以全部承担的情况下，根据各地经验，我们提出了分层次、抓重点的方法，即：审计机关审计重点企业，其余的由各级主管部门内审机构或委托社会审计组织进行审计。去年以来，对这个问题基本统一了认识，普遍推广，扩大了审计覆盖面。一至九月审计机关和内部审计机构共审计了八万七千多个工交商贸等企业，审计结果表明多数企业完成承包合同情况较好，但也有部分企业未完成承包合同，盈亏或资产不实和有滥发奖金、补贴等问题。审计后依法进行了处理，同时提出了一些完善承包办法，克服短期行为，改进经营管理的建议。

（五）改进行政事业单位定期审计。为了促进政府部门加强廉政建设，并考虑到事业单位过多的情况，去年全国审计工作会议确定主要对政府部门实行定期审计制度，对事业单位区别不同情况采取定期审计或其他方式进行审计。一至九月共审计了五万多个行政单位，查处了违反侧经纪律和制度的问题。经过连续审计的单位，违纪金额明显下降，遵纪守法的单位不断增加，有违纪问题的单位由百分之八十一下降到百分之五十六。

（六）逐步开展农业资金审计。根据加强农业的方针和多方面增加农业资金投入的情况，去年我们把这项审计列为工作重点，许多省、自治区、直辖市做了大量工作，查处了挤占挪用、损失浪费等问题，使一亿多元资金归还了原资金渠道。但由于农业资金审计点多面广，审计机关力量不足，有的地方刚刚起步，还需要进一步加强。

（七）开展金融、粮食、旅游等行业审计。全国对金融、保险系统审计了三千二百多个单位，查出应上缴财政、减少财政补贴、追还挪用专项资金等共六亿六千多万元。二十二个省、自治区、直辖市对粮食行业的一万一千多个单位进行了审计，依法查处了一些单位擅自搞平价议价兑转，虚购虚销，倒卖粮票等问题。十四个省、自治区、直辖市会同旅游部门审计了四百多户旅行社，查出不少逃汇套汇、削价竞争等问题，促进了旅行社的整顿。各地和署派驻机构审计了一百三十所大学和二十三个省市教育主管部门的财务收支，查出不少社会服务收入不按规定增补教育经费和挤占挪用教育经费用于其他开支等问题。

(八)对利用外资进行审计。各地共审计了八十二个世界银行等国际组织贷款和援款项目，加强了对内监督，促进加强了管理，对外提交了一百二十二份审计报告和管理意见书。有些地方对中外合资企业进行了审计，初步摸索了一些经验。

(九)开展专题审计调查。各级审计机关对企业留利分配与使用、"吃老本"等问题进行了调查，共写出九千多份报告，有五千多份被各级政府采纳或批转。各级政府交办的审计事项增多，仅省一级审计机关就完成二百一十多件，多属大案要案。

(十)内部审计工作和社会审计工作取得了明显成绩。据统计，一至九月各部门、单位的内审机构共审计十九万六千多个企事业单位，纠正违纪金额五十一亿五千多万元，促进增收节支十三亿六千多万元。我们推广了鞍钢等内审工作为加强内部控制，维护财经纪律，提高经济效益服务的经验，推动了内审工作的发展。全国社会审计组织共接受审计机关和其他部门、单位委托，办理审计、查证、咨询等事项三十一万九千件，培训审计、会计人员二万二千人。各地对社会审计组织的工作普遍进行了一次总结检查，加强了管理，促进健康发展。

去年各级审计机关在抓审计业务工作的同时，认真贯彻十三届四中全会以来中央关于加强思想政治工作的指示，进行了坚持四项基本原则、反对资产阶级自由化的教育，开展了学习雷锋和现代雷锋张子祥的活动，加强了廉政建设，逐步改变"一手硬一手软"的状况。审计署和许多地方审计机关召开了表彰大会，鼓励先进，弘扬正气，进一步调动了广大审计人员的积极性，精神更加振奋。

一九九〇年审计工作所以取得显著成绩，归根结蒂，是党中央、国务院和地方各级党委、政府加强了对审计工作的领导，各级审计机关和广大审计人员认真贯彻党中央、国务院关于审计工作的指示，发扬艰苦奋斗，无私奉献精神的结果。

我们在充分肯定工作成绩的同时，还应清醒地看到，工作中存在的问题和不足之处，主要是：审计监督在加强宏观经济管理方面的作用，发挥得不够；审计队伍的数量和素质同审计工作发展的要求，不相适应；对审计工作如何适应经济活动中出现的新情况、新问题，研究不够；审计署对审计工作中某些薄弱环节，调查研究不深，具体指导不力。这些问题，应当认真研究，逐步解决。

二、加强和改进审计工作适应新形势的需要

党的七中全会通过的《建议》中指出，要加强和改进审计工作，更好地为调控经济活动服务；抓紧制定《审计法》，切实加强经济监督。李鹏总理根据《宪法》规定多次指出，审计监督在经济监督中处于较高层次的地位，是宏观调控体系中的重要组成部分；要逐步实现法制化、制度化、规范化。党中央、国务院的上述指示，对审计工作提出了更高的要求。从审计工作本身的情况看，近几年发展比较快，但同形势的发展仍不相适应，需要研究改进。我们要对过去的做法认真加以总结，可行的要继续坚持，不断完善；同变化了的新情况不相适应的，要加以调整；不符合实际的，要加以改变。各级审计机关和广大审计人员要充分认识加强和改进审计工作的必要性和迫切性，继续贯彻"积极发展，逐步提高"的审计工作方针，把发展和提高落实到加强和改进审计工作上，充分发挥审计监督的作用，更好地为治理整顿、深化改革和发展经济服务。我们考虑，今后主要在以下几个方面加强和改进审计工作。

(一)加强对地方政府、综合经济管理部门、经济监督部门、重点单位的财政财务收支和重点资金的审计。地方政府和财政、金融等部门，都具有一定的宏观经济管理和监督职能，在宏观调控体系中占有重要地位。重点单位、重点资金，主要是指重点企业、重点建设项目和农业、教育等重点专项资金。重点企业上缴的利税，是国家财政收入的主要来源；重点建设项目使用国家资金数额巨大，其效果如何对今后国民经济的发展有深刻影响；农业、教育等重点专项资金能否有效使用，直接关系到经济、社会事业的发展。各级审计机关要把对这些单位的审计监督作为重点，充实和加强审计力量，每年都要审计一定数量的单位，促进他们正确贯彻执行国家财经政策法规，带头遵纪守法，保证国家宏观调控机制的运行和措施的落实，并加强和改善管理，提高资金使用效益，使国民经济持续、稳定、协调地发展。

(二)深化重点企业的审计。几年来，根据企业违纪现象比较普遍和审计机关力量状况，确定把查处违反财经纪律问题作为企业审计的重点，是十分必要的。随着审计工作的发展，各级审计机关都要确定一批大中型企业进行经常审计，既要审计财务收支真实、合法，维护财经法纪，又要逐步向检查有关的内部控制制度和经济效益方面延伸，并作出适当的审计评价，推动经济效益的提高。同时，要保护企业的合法权益，反映企业的困难，促进外部条件的改善。对实行承包的企业，也要按此要求深化审计，促进完善承包办法，增强企业活力和自我约束机制。

(三)改进政府部门的定期审计。政府部门总的是廉洁的，但目前也有一些部门存在行业不正之风，损害人民政府在群众中的形象。加强对他们的审计监督，能够促进廉政建设，绝不能因为行政部门资金不多而放松监督。对政府部门的定期审计，根据各地经验，应当区别不同情况，把预算外资金多、事业费多、罚没收入多和遵守财经纪律差的单位作为重点。对其他单位，有的延长审计周期，有的可只审查财务报表或帐册。对各部门制定的有关财经规章、制度，要进行审查，如发现有违反国家规定的，应当要求纠正，以减少所属单位的违纪问题。对模范遵守财经纪律，勤俭办事业的部门，要通报表扬，为发扬艰苦奋斗的优良传统作风，转变社会风气树立榜样。

(四)围绕一些重要财经问题进行专题审计和调查研究。近几年，审计机关对各项审计中发现的带有普遍性的问题和经济生活中出现的一些重要问题，进行综合研究，有的还组织专题审计或调查，提出加强宏观调控方面的建议，得到政府的重视和采纳。实践证明，这种做法是审计机关为加强宏观调控服务的一个好的形式。今后，审计署要选择少数专题，组织派出机构和地方审计机关在较大范围内进行审计或审计调查；省一级和大城市的审计机关也要围绕经济工作中心，根据政府的要求和实际情况，选择一些重要问题，结合审计工作组织调查研究。通过审计或审计调查，要提出完善政策、法规和改革措施的建设，这是审计水平提高的一个重要标志。

(五)按照“三化”要求健全审计法规。审计机关建立以来，在审计法规建设方面做了大量工作，今后要根据审计工作法制化、制度化、规范化的要求，继续加强这项工作，使之逐步完善。所谓法制化，主要指健全审计法规，严格依照国家法律和行政法规进行审计监督，依法查处违反财经法纪问题，做到有法可依，有法必依，执法必严，违法必究；制度化，主要指各项审计工作都要建立起一套比较完整的、科学的规章制度，使整个审计工作做到有章可循；规范化，主要指审计工作内部程序、质量标准、技术方法、文书档案等都要制订出统一的可操作的规范要求，做到按规行事。

当前，在审计工作法制化问题上，需要对违反国家财经纪律与违反一般财务规章制度正确加以区分。过去对违反国家财经纪律和违反一般财务规章制度习惯上统称违纪，但两者性质不同，在定性和处理上应当区别对待。我们初步考虑，违反财经纪律，是指违反国家财经方面的法律、行政法规、地方性法规等重要规定，损害或侵占国家利益、危害社会经济秩序的行为。对此，要作出审计结论和决定，依法处理。情节严重的责任人员，要移送监察机关处理；构成犯罪的,要移送司法机关处理。对违反一般财务规章制度的问题,不作违纪,应根据具体情况,有的要求纠正,有的作适当经济处理。这样做,比较符合实际。

《审计法》已经列入“八五”期间要制定的一项重要经济法律,我们要在总结执行《审计条例》经验的基础上,组织力量,抓紧工作,在今年拟出《审计法(初稿)》。在《审计法》制定之前,要对《审计条例》执行中遇到的问题,作一些补充解释,并继续制定与《审计条例》配套的、专业性的规章制度和业务规范等。为解决有些行政机关和个人干涉审计监督和完善审计执法手段等问题,审计署将草拟审计执行方面的补充规定,报国务院审批颁发。《行政诉讼法》已于去年十月开始实施,审计机关要提高审计质量,严格按照法律的规定和程序进行审计与应诉,接受司法监督和群众监督。

(六)理顺审计机关内部工作关系。近几年,审计署在一些地方和国务院部门设立了派出机构,加强了对中央企业事业单位的审计监督。但由于缺乏经验,在审计范围的划分上不够明确,相互之间、同地方审计机关之间,出现了一些交叉、重复的矛盾。根据国务院关于审计署设置派驻机构的原则和近两年的实践,需要对审计范围作进一步明确:第一,在京中央企业事业单位,原则上由所在部门的派驻机构进行审计;未设部门派驻机构的,除审计署直接审计的以外,由北京市审计机关进行审计。第二,京外的中央企事业单位和建设项目,除审计署有专门规定的以外,由驻地方派驻机构进行审计;没有设立派驻机构或派驻机构目前力量不足的,授权所在地地方审计机关进行审计。第三,铁道部、海关总署、民航总局所属京外企业事业单位,由审计署驻部门派驻机构进行审计。第四,关于中央企业承包经营责任审计,部门向国家总承包的,其下属企业由驻部门派驻机构或由它委托内审机构或社会审计组织进行审计;企业向国家承包的,按上述第一、二、三项审计范围的划分,分别由驻部门、地方的派驻机构或委托地方审计机关进行审计。第五,关于世界银行贷款项目,属于一九九〇年新签的中央项目,原则上由署驻地方派驻机构进行审计,原有项目仍由地方进行审计;没有设立派驻机构或派驻机构力量不足的,可继续委托地方进行审计。属于地方的项目,由地方审计机关进行审计。第六,对计划单列城市,财政单列的,由审计署审计;财政未单列的,由当地省级审计机关进行审计。

(七)进一步加强审计理论研究工作。审计理论研究必须以马列主义、毛泽东思想为指针,从我国国情出发,认真总结七年多来审计工作的经验,逐步上升到理论的高度,同时要借鉴国外的现代审计经验。随着改革的深化和经济的发展,还要经过实践的反复检验,使之不断完善、丰富和发展。近几年,审计学会和审计科研机构在审计理论研究方面做了许多工作,有一定进展,出了一些成果,但同审计工作的迅速发展还不相适应,需要进一步加强。搞好审计理论研究工作,需要从事审计理论工作的人员同审计实际工作者和社会上的专家、学者共同努力。以审计学会和审计科研机构为主体,采取研讨会等形式,针对当前审计工作中迫切需要解决的问题,如审计监督在宏观调控体系中的地位和作用,审计工作法制化、制度化、规范化的内容和要求,重点企业财务收支审计向检查有关的内控制度和经济效益方面延伸的必要性和基本做法,内部审计的地位和作用等,开展理论研究,拿出成果,为审计实践服务。

(八)聘请特约审计员参加审计工作。充分发挥和加强民主党派参政和监督的作用,对于加强和改善共产党的领导,推进社会主义民主政治建设,促进改革开放和现代化建设事业的发展,具有重要意义。遵照党中央的指示精神,审计署已决定聘请一批符合条件和有专门知识的民主党派成员、无党派人士担任特约审计员。他们的工作主要是:参加一些比较大的或群众比较关心的审计事项;参与对一些重要审计事项结论、处理的研究;参与审计工作、审计法规、审计理论等的研究咨询;向审计机关反映有关审计工作的情况,提出意见和建议。地方审计机关要根据当地党委和政府的部署开展这项工作。

（九）改进审计工作领导方法。审计机关组建初期，下达指令性审计任务较多，对审计工作的开展起了推动作用。现在各地都积累了不少经验，各级政府都重视和支持审计工作，交办任务增多。在这种情况下，审计署适当减少组织地方审计机关进行审计或调查的事项，以便于各地根据政府的要求和实际情况，自行安排其他的审计项目。在计划执行中如果需要调整，由署下达。为适应审计工作的发展，要改进审计统计与考核制度，适当充实和调整内容，全面反映审计工作的实际情况。要经常进行审计执法检查，发现问题及时纠正，保证审计工作质量。要加强信息工作，审计署要向各地和派出机构通报党中央、国务院对审计工作的指示，介绍审计署和各地审计工作的动态和经验；地方审计机关和派驻机构要按照规定，及时向署报告审计工作的重要情况，每半年还要上报一次综合性的审计报告。审计署、省级审计局要建立审计工作巡视制度，检查下级审计机关履行职责和贯彻审计法规的情况。要加强审计宣传，主要通过各种新闻渠道宣传审计理论、知识和成果，扩大审计影响，取得社会支持，减少工作阻力，增强威慑作用。各级审计机关要精简各种不必要的会议，领导干部要多下基层，加强调查研究，了解实际情况，总结和推广典型经验，解决工作中遇到的问题。要加强计算机审计的研究，培训人员，逐步实现审计工作现代化。

三、一九九一年的审计工作安排

一九九一年是继续推进治理整顿、深化改革的重要一年，也是“八五”计划的第一年。审计工作要围绕治理整顿、深化改革和发展经济，进一步加强和改进对国家资金和有关经济活动的审计监督，在严格财经纪律、提高经济效益和加强廉政建设等方面，更好地发挥作用。今年的审计规模，就全国范围而言，大体保持去年的水平，以利于把主要精力放在改进工作、提高水平上。

（一）财政审计。审计署计划审计三分之一左右省、自治区、直辖市和计划单列市的财政收支，主要是去年没有审计的地方和续审一些地方。各省市区审计下级政府财政收支和财税部门的面，一般也要求三分之一左右。

（二）金融审计。重点审计一两家专业银行的财务收支，并延伸审计若干所属分支机构。组织一部分地方对专项贷款的管理与使用情况进行审计和审计调查。

（三）基建审计。审计署和国家计委共同组织力量，审计八十个左右国家重点建设项目的投资（含续审项目）。各地可根据实际情况，逐步开展这项工作。要继续对新开工和恢复建设的基建项目进行开工和复工前审计。

（四）农业资金审计。地、县审计机关要继续把审计农业资金作为工作重点。主要审计粮棉等基地县和贫困县管理、分配农业资金的主管部门和使用资金多的重点单位。要组织部分地方对水利资金，特别是大江、大河、大湖的治理经费进行审计。

（五）企业审计。国务院决定，今年要开展“质量、品种、效益年”活动，对确定为经常审计的大中型企业要加强审计监督，并与承包经营责任审计结合起来进行，促进企业增强活力，提高效益。要组织部分地方审计机关对物资系统的企业进行行业审计。对旅游企业的财务收支及经营活动，继续进行行业审计。组织署驻地方派出机构和部分城市审计机关，对企业经济效益下降以及企业留利水平相差悬殊等问题，进行审计调查。经济部门的派驻机构，要发挥行业审计调查的优势，选择一两个本行业经济活动中重要问题进行审计调查。

（六）行政单位财务收支定期审计。重点审计执法部门、经济管理和监督部门，配合有关部门纠正乱收费、乱罚款、乱摊派和其他行业不正之风，促进加强廉政建设。要对政府部门行政经费的资金来源和开支水平相差悬殊等问题，进行审计调查。

（七）事业单位审计。在去年审计的基础上，全国再审计一百所左右高等院校。同时，组织一些地方审计部分新闻单位、医院的财务收支。

（八）外资审计。继续以世行贷款等国际组织贷款和援款项目为重点，加强审计监督，依法处理审计查出的违反财经法纪问题，并在此基础上提高对外审计公证报告的质量。各地特别是对外开放地区要根据自己的力量，审计一部分中外合资、合作企业，有重点地组织对其他外债使用情况进行审计或审计调查。

以上八项审计工作，是署的统一安排(其中必审项目另行下达)，地方审计机关要努力完成，并在每项工作结束时，写出专题审计报告，报告本级政府和审计署。其他审计项目，由各地根据政府要求和实际情况自行安排，并报署备案。

今年在我国还要召开一次国际审计组织会议。我国是最高审计机关国际组织和亚洲组织的成员国，今年五月在北京召开最高审计机关亚洲组织第五届大会和第四届国际研讨会，将有二十多个国家和地区审计机关以及一些国际组织的领导人参加。李鹏总理在会见外国审计代表团时表示，“我国政府将全力支持开好这次大会。”我们作为东道国，审计长将担任下届亚洲组织的主席，要学习亚运精神，在有关部门的支持和配合下，做好会议的组织和接待工作。会后，外宾还要到各地参观访问，要搞好接待，相互交流经验，增进友谊。

四、进一步加强审计机关和审计体系建设

为了适应加强、改进审计工作的要求和保证完成一九九一年的审计工作任务，必须进一步加强审计机关和内部审计、社会审计的建设。

（一）抓好补充审计人员的工作。为加强审计工作，国务院决定从一九八八到一九九二年审计机关每年增加一万人，到去年底全国审计机关应配备八万人，预计可达到七万人左右。今年拟同人事部商量后，下达一万人增编指标，主要用于增加粮棉等基地县和其他编制过少的地方。进人要把好质量关，主要是补充审计专业人员，并要注意人员合理结构，加强薄弱环节的力量。

（二）提高审计人员的政治和业务素质。为了适应审计监督在经济监督中较高层次的地位的审计事业发展的需要，要把提高审计人员素质作为审计工作的一项战略措施来抓。要组织审计人员学习马列主义、毛泽东思想，坚定社会主义信念，提高贯彻执行党的路线、方针和政策的自觉性。要积极开展岗位培训，重点是加强对各级领导干部和业务骨干的培训，今年力争培训面达到百分之二十以上。要学习党的经济工作方针、政策、宏观经济管理知识和审计专业知识，提高政策思想水平和综合分析能力。各级审计机关每年要在年终前后，集中安排二十天左右时间，组织审计人员进行政策、业务学习，总结工作。努力办好南京审计学院，为审计战线培养合格人才。

（三）进一步加强审计机关廉政建设。审计机关成立以来注意加强廉政建设，总的情况是比较好的，但也有少数单位中的个别审计人员出现了违反审计工作纪律的问题，必须采取坚决有力措施加以纠正，防止发展成为行业不正之风。为了进一步加强廉政建设，各地审计机关要根据去年开展廉政建设检查的情况，进一步完善原有的规定、纪律及有关制度，堵塞漏洞，防微杜渐。今后，每年都要进行一次廉政建设方面的检查，形成制度，常抓不懈。对查出的问题要严肃处理，不能护短，不能手软。对廉洁奉公的先进典型，要采取多种形式进行宣传和表彰。

（四）加强审计机关领导班子的建设。搞好审计工作和审计队伍的建设，关键在于有一个好的领导班子。领导干部要带头学习马列主义、毛泽东思想，联系实际，提高政治思想水平和组织领导能力。要熟悉和研究审计业务，努力做到又红又专。署及省级审计机关每年要举办一两期县以上审计局长研讨班，围绕加强和改进审计工作，提高领导水平等问题，进行深入研究和探讨。要密切联系群众，听取群众意见，关心群众生活。要严格执行民主集中制，领导成员之间要互相支持，开展批评和自我批评，搞好团结。要以身作则，在廉洁奉公、勤政为民方面起表率作用。上级审计机关要配合组织人事部门考核下级审计机关的领导班子，培养、选拔和调配领

导干部。

(五)强化内部审计工作。党的十三届七中全会通过的《建议》指出,要改进企业内部的审计制度,改变吃大锅饭和纪律松弛现象。各级审计机关要贯彻中央指示精神,进一步加强对内审工作的指导,充分发挥内审机构的作用。部门内审机构主要抓好对下属企业的承包经营责任审计,促进完善承包办法,加强内部控制,提高经济效益。大中型企业要健全内审机构,充实人员,改进工作。要推广鞍钢等企业单位的内审工作经验,在本单位主要负责人的直接领导下,财务收支审计和经济效益审计同时并举,为改进经营管理、提高经济效益当好参谋和助手。大中型事业单位可参照上述精神办理。对管理和使用国家资金多,内控制度不健全的部门和单位,要作为重点进行审计,促进建立内部审计监督制度。

(六)加强对社会审计工作的管理。要继续贯彻总结经验、巩固提高的方针,促进其健康发展。审计机关要进一步加强对社会审计组织的管理,帮助完善内部管理制度,积极开展业务,提高审计质量;要组织交流社会审计工作经验,增强服务观念,改进工作方法,提高业务水平,使社会审计在治理整顿和发展经济中更好地发挥作用。

此外,一些地方的乡镇审计工作发展较快,对于维护财经纪律,保护国家、集体和农民的合法经济权益,促进乡镇企业和农村合作经济的发展,发挥了积极作用。乡镇审计是适应农村经济发展的需要,根据当地政府和有关部门的要求发展起来的,国家审计机关应积极给予指导,帮助他们总结推广经验,提高工作水平。

当前,我国治理整顿已经取得明显成效,政治、经济、社会稳定,党中央、国务院和地方各级党政领导重视和支持审计工作,审计力量在逐步加强,审计人员的政治业务水平有了提高,审计工作面临的形势很好。在新的一年里,各级审计机关和广大审计人员要齐心协力,艰苦奋斗,精心探索,改进工作,努力提高审计工作水平,为治理整顿、深化改革和发展经济作出更大的贡献。

崔建民同志在1991年1月全国审计工作会议结束时的讲话

全国审计工作会议今天就要结束了。这次会议传达、学习了党的十三届七中全会文件和李鹏总理听取审计署工作汇报的指示,认真讨论了吕培俭同志的报告。通过学习讨论,大家提高了认识,统一了思想,明确了任务。在与会同志的共同努力下,这次会议开得是好的,达到了预期目的。讨论中,大家都表示赞同培俭同志的报告,因此不必再作总结,我仅就讨论中提出的一些具体问题讲几点意见。

一、这次会议的收获

同志们反映,这次会议收获很大,主要有以下几个方面:

(一)经过认真学习讨论党的十三届七中全会文件中对审计工作的指示和李鹏总理听取审计署工作汇报的指示,大家感到深受鼓舞,进一步提高了对加强审计工作重要意义的认识,增强了责任感和紧迫感。

(二)重点讨论了加强和改进审计工作以适应新形势需要的问题,大家认为,现在提出这个问题及时,很有必要,并研究了贯彻落实的具体措施。

(三)总结肯定了去年的工作成绩,明确了一九九一年的审计工作任务,提出了初步安排意见。

(四)认真讨论了加强审计机关廉政建设和审计体系建设问题,进一步明确了指导思想,讨论提出了具体措施。

二、加强改进审计工作的必要性和迫切性

同志们讨论认为,培俭同志在报告中讲的要加强和改进审计工作,是党的十三届七中全会提出的要求,是为了更好地贯彻执行李鹏总

理关于审计工作的指示，也是审计工作本身发展和提高的需要，是正确的。加强和改进审计工作与贯彻“积极发展，逐步提高”的审计工作方针是一致的，是为了更好地贯彻这一方针。发展和提高必须落实到加强和改进审计工作上，只有改进，才能达到加强的目的。我们对审计工作的规律需要经过实践逐步认识和掌握，现在已经有了七年多审计工作的实践，有条件在总结经验的基础上，研究改进。今后随着工作的发展，还要不断地进行总结和改进。

我们还应看到，加强和改进审计工作也是当前经济形势的要求。我国治理整顿已经取得明显成效，但一些深层次问题还没有得到根本解决。目前，财政困难，企业经济效益下降，亏损增加，特别是大中型企业面临许多困难，是财政经济活动中的突出问题。实践证明，解决财政经济困难的根本途径是治理整顿和深化改革，使整个经济活动纳入法制的轨道，而绝不能靠放松监督和变通国家政策法规。因此，必须加强审计监督，深化对重点企业的审计，以维护财经法纪和国家政令的统一，促进企业改进经营管理，提高经济效益，保证治理整顿和深化改革的顺利进行。审计工作一定要坚持依法审计的原则，做到实事求是，宽严适度。对审计查出的问题，必须分清是非，应当处理的一定要作处理；个别困难的可以适当照顾，准予缓交，但不能大事化小，小事化了。

三、建立巡视检查制度

建立审计工作巡视检查制度，是加强和改进审计工作的一项重点内容。其目的是为了保障审计机关履行《宪法》赋予的职责，依法独立进行审计监督，并促使下级审计机关向本级政府和上级审计机关反映重要情况，以利于审计监督在宏观调控中更好地发挥作用。根据目前情况，首先要在审计署、省级审计局把这项制度建立起来。要选调一些熟悉审计业务、有较高政策思想水平的同志从事这项工作，同时还可聘请一部分适宜这项工作的离退休审计人员和特约审计员参加。他们的任务是，帮助派驻机构和地方审计机关总结经验，检查审计工作质量和审计执法情况，检查是否如实向本级政府和上级审计机关报告重要情况。如遇有审计人员因执行国家法规或向上反映情况受到刁难，上级审计机关应采取措施帮助解决困难。对打击报复者，要查明情况，提请政府监察部门严肃处理。

四、在实践中逐步把违纪与违规区分开来

审计机关组建初期，对审计查出的违反财经法规和一般规章制度等问题，曾统称为“有问题金额”，因为含义比较模糊，以后改为“违反财经纪律金额”，一直延续至今。我们现在提出要把违纪与违规加以区分，这是审计工作的一个改进。这不仅是因为违纪金额数字与其中应上缴财政金额差距大，更主要的是，由于违纪和违规性质有所不同，在定性和处理上应当加以区别。在讨论中，大家总的赞成把两者区别开来，但感到在实际工作中难以操作，希望制订一些具体杠杠。我们考虑，实际情况相当复杂，目前对违纪和违规拿出很具体的杠杠，把它划分清楚，一下子很难做到。而且杠子过于具体也不利于各级审计机关实事求是地处理问题。我们意见，违纪主要是指违反国家财经方面的法律、行政法规、地方性法规等重要规定，损害或侵占国家利益、危害社会经济秩序的行为，如《关于违反财政法规处罚的暂行规定》中所列的内容等，其它一般不作违纪。希望大家在实践中进行探索，积累经验，逐步做到把两者区分得清楚一些。现在，违纪与违规的概念主要用于统计报表，在执行中如遇有一时拿不准的，可先不列入违纪。在审计结论和决定中，则应是什么问题就写什么问题，违反了什么规定就写违反什么规定，不要笼统地说是违反财经纪律。

五、理顺审计机关内部的工作关系

关于这个问题，培俭同志在报告中对审计范围的划分明确讲了六条，经过讨论，大家原则上都表示同意。会后将根据这个原则，对当前某些不顺的地方，逐步作一些调整。根据目前情

况，具体到一个被审计单位，有时出现一些交叉是难以避免的。我们要加强协调工作，尽量减少重复。关于国务院部门向国家总承包的，其下属企业的承包经营责任审计，由部门内审机构或由他委托社会审计组织进行审计，但并不是说国家审计机关不能再审。审计机关对企业的审计不只限于承包经营责任审计，而是对企业所有的财务收支和有关经济活动进行审计监督。需要指出的是，理顺关系是相对的，随着情况的变化，以后还要逐步作必要的调整。同时，权力与责任应当是一致的，划给你的审计单位你不去审，或者审不了，就要考虑进行调整。审计署在部门派驻机构的人员编制，是根据国务院批准审计"三定"方案确定的，目前不能增加，大家要量力而行，尽力而为，完成好现有审计范围内的任务。

讨论中大家还提到，需要理顺审计机关与其它部门的关系问题，拟在制定审计执法补充规定文件中加以解决。

六、进一步发挥内部审计的作用

部门、单位的内部审计是我国审计监督体系的一个重要组成部分。内部审计工作在加强有关内部控制，维护财经纪律，提高经济效益等方面发挥了很好的作用，不少内部审计机构已成为本单位主要负责人的参谋和助手。党的十三届七中全会文件指出，要改进国营企业内部的审计制度，改变吃大锅饭和纪律松弛的现象，对内审工作提出了更高的要求。从内审工作自身状况看，发展很不平衡，也需要改进和强化。各级审计机关要进一步加强对内审工作的指导，充分发挥内审机构的作用。经济部门和大中型企业的内审机构要认真学习鞍钢等企业单位的内审工作经验，把工作的重点放在维护财经纪律和提高经济效益两个方面，为搞活大中型企业，促进提高经济效益，增加国家财政收入作出贡献。行政事业单位的内审机构要根据自己的特点，在加强廉政建设方面更好地发挥作用。这次会议关于加强和改进审计工作的精神，同样适用于内审工作，各个部门、单位要根据工作需要，进一步健全内审机构，充实内审人员，改进工作，抓住当前有利时机，把内审工作切实加强起来。

审计署在部门的派驻机构要切实履行国家审计机关的职责，按照划定的范围，加强对所属企事业单位的审计监督，并围绕本行业经济活动中的一些重要问题进行审计调查。同时，一定要加强对本系统内审工作的指导，总结推广经验，帮助解决困难，推动内审工作进一步发展。

七、加强管理促使社会审计健康发展

社会审计是我国审计监督体系中的一支重要力量。近两年社会审计发展较快，在接受委托办理审计、查证、咨询事项和培训审计、会计人员等方面做了大量工作，取得了显著成绩。不少社会审计组织的工作质量较高，赢得了社会上的好评，树立了良好的信誉。但应清醒看到，有些地方的社会审计组织存在一些问题，有的问题还比较严重。今后，要继续贯彻总结经验、巩固提高的方针，促使健康发展。各级审计机关一定要切实加强对社会审计的管理和指导，社会审计组织要服从国家审计机关的管理。省一级审计局要按照审计署和物价部门的要求，制定统一的《收费标准》和《财务收支管理办法》，在加强审计事务所管理、业务质量监督等方面下功夫，并根据这次会议精神，制定分类指导方案。极少数地方审计机关同社会审计组织一个机构、两块牌子和财务不分的状况，一定要迅速改变；对个别问题严重的社会审计组织，要进行整顿，严肃处理违法乱纪的人员。

八、认真加强审计队伍的廉政建设

去年八月二十三日国务院关于纠正行业不正之风的电话会议以后，审计署部署各级审计机关对廉政建设问题进行了一次检查。从检查的情况看，审计机关自建立以来对廉政建设抓得比较紧，审计队伍总的是廉洁的，在社会上的形象和群众中的影响是比较好的。不少省市区有百分之六十以上的审计机关，被党委或政府评为先进单位。但是，近两三年来，有些审计人员有违反审计工作纪律，接受被审计单位宴请、送礼或购买低价商品等问题；个别人甚至以权谋私，贪污受贿。这说明一些意志不坚定的审计人员正在受到社会上“一切向钱看”不良风气的侵蚀，如不引起重视，进一步加强廉政建设，很容易产生腐败现象。各级审计机关必须充分认识加强审计队伍廉政建设的长期性和艰巨性，继续加强思想政治工作。要根据检查中发现的问题，进一步完善各项廉政措施和规定，定期检查执行审计工作纪律的情况，发现问题及时严肃处理，并把廉政勤政作为考核审计人员的一项重要内容。

目前，还有一些审计机关在工作条件中和职工宿舍等方面还存在不少困难，应主动向政府和有关部门汇报，请求帮助解决。

九、会议精神的传达贯彻问题

李鹏总理听取审计署工作汇报的指示，已经根据记录整理印发。培俭同志的报告稿，将吸收大家意见作必要的修改以正式文件下达，会上发的讨论稿大家可以先带回去，向党政领导和部门领导汇报。会上审计署各司发的参阅文件和在会上的发言，仅供大家参考，如有与会议报告不一致的地方，以报告为准。关于各司要求完成计划任务时间太集中的问题，会后将根据实际情况进行适当调整。请同志们回去以后，根据政府和部门领导的要求，结合实际情况，采取适当方式，将李鹏总理的指示和会议精神传达贯彻下去，安排好一九九一年的工作。传达、贯彻和工作部署安排的情况，请于三月底前报署。

审计工作发展纲要

（一九九一——一九九五年）

第七届全国人民代表大会第四次会议批准的《中华人民共和国国民经济和社会发展十年规划和第八个五年计划纲要》（以下简称《纲要》），要求到二〇〇〇年实现我国社会主义现代化建设的第二步战略目标，把国民经济的整体素质提高到一个新的水平。《纲要》提出，要加强和改进审计部门的工作，健全监督体系，更好地为调控经济运行服务。审计机关要根据《宪法》和《审计条例》规定的地位、职能和《纲要》的要求，从审计工作的现有基础出发，总结经验，统一思想认识，制定工作规划，进一步明确发展方向，努力提高工作水平，为实现《纲要》提出的主要目标作出贡献。

一、审计工作有了良好的基础

审计机关自一九八三年成立以来，广大审计人员在党中央、国务院的领导下，认真贯彻执行党的路线、方针、政策和关于审计工作的重要指示，艰苦奋斗，积极开拓，开创了社会主义审计事业的局面，取得了显著成绩。审计监督对维护国家财经法纪、提高经济效益、加强廉政建设等方面。发挥了积极作用。

（一）依照《宪法》规定，在县级以上各级政府建立了三千多个审计机构。为加强对中央单位的审计监督，经国务院批准，审计署在十六个大中城市和国务院四十一个部门设立了派驻机构。全国审计机关已配备七万四千多审计人员，经过实践锻炼和有计划的培训，政治业务素质有了明显提高。

（二）审计监督在《宪法》的《审计条例》规定的主要领域已经基本展开。对各级政府部门、地方政府的财政收支、部分国营企业事业单位、国家财政金融机构、重点基本建设单位、借用外资项目执行单位的财务收支和一些专项资金进行了审计。审计的单位，一九九〇年已达二十六万多个。八年来，重点查处违反财经法纪问题，上交国库金额一百七十四亿元，节省基建投资四十多亿元，责成归还挤占挪用专项资金一百一十六亿元。在审计中还查出万元以上的贪污案件一千三百多起，移送监察机关和提请司法机关处理。各级审计机关还围绕一些重要的财经问题和审计发现的普遍性、倾向性问题，进行专题审计调查研究，向政府和有关部门反映了情况，提出加强和改进宏观管理的建议。

(三)认真贯彻国务院颁布的《审计条例》和《关于违反财政法规处罚的暂行规定》,并制定了一些与《审计条例》相配套的业务规章制度,基本做到了依法审计。

(四)加强了审计机关的社会主义精神文明建设。在审计人员中进行了坚持四项基本原则和以"廉洁、公正、严格、奉献"为内容的职业道德教育,制定了审计工作纪律和审计人员守则,表彰了一批先进单位和先进个人,使审计队伍在社会上树立了比较好的形象。

(五)在审计机关的指导下,全国已有四万五千多个政府部门和企业事业单位建立了专职内审机构,配备十万七千多专职内审人员。内审工作在促进改善内部管理,提高经济效益等方面,取得了明显成绩。

(六)在审计机关的管理和支持下,社会审计发展较快,全国已有审计事务所三千三百多个,一万八千多从业人员。社会审计组织积极开展了查证、咨询、培训财会审计人员等工作,积极为社会经济发展服务。

(七)积累了不少审计工作经验,开展了审计理论研究,在探索我国社会主义审计制度的基本原则和技术方法方面,取得了进展。

(八)同二十多个国家在审计领域开展了交往活动,参加了最高审计机关国际和亚洲组织,成功地举办了最高审计机关亚洲组织第五届大会和第四届国际研讨会,中国内部审计学会参加了国际内部审计师协会,扩大了我国在国际审计领域中的影响,借鉴了外国审计工作经验。

在肯定成绩的同时,必须看到审计工作还存在一些困难和问题。主要是:审计机关现有人员的数量和素质同审计工作的发展要求不相适应;审计法制不够健全,审计机关依法独立行使审计监督权受到影响;审计查出问题就事论事多,对有关宏观调控问题研究少;推动和指导内部审计、社会审计工作不够有力;审计理论研究和审计宣传工作还比较薄弱;审计工作发展不够平衡;有些审计机关工作条件还存在困难。这些问题,需要在今后加强和改进工作中逐步解决。

二、主要目标和指导原则

本世纪最后十年,是我国社会主义现代化建设非常关键的时期,审计机关肩负着重要任务,加强和改进审计工作十分必要。

审计监督是宏观调控体系的重要组成部分,要维护国家财经法纪和社会经济秩序,保障国家财政经济活动的健康发展。提高效益是一切经济工作的中心,审计机关要加强对生产、建设、流通领域重点单位的审计监督,促进他们加强和改进管理,勤俭办事,合理有效地利用国家资金。加强廉政建设是实行改革开放、发展商品经济条件下的重大问题,审计机关要严格监督政府部门财政收支,查处以权谋私、奢侈浪费等违纪行为,表彰遵守财经法纪的单位,促使他们发扬艰苦奋斗的优良传统。

依照《宪法》规定,审计机关是监督财政财务收支的专门机关,它同财政机关履行管理职能进行的监督,在层次上是有所不同的。审计署在总理领导下,地方审计机关在地方政府首脑和上级审计机关领导下,依法独立行使审计监督权,它有权审计下级政府和本级政府各部门包括财政部门在内的财政财务收支及其有关经济活动,审计监督主要维护国家法律、行政法规和地方行政法规。

审计工作要根据上述精神,确定发展的目标。

(一)主要奋斗目标

《纲要》提出,今后十年,要"初步建立适应以公有制为基础的社会主义有计划商品经济发展的、计划经济和市场调节相结合的经济体制和运行机制。"根据这一要求审计工作要有一个较大的发展,初步设想,到二〇〇〇年要建立起与新的经济体制和运行机制相适应的、在宏观调控中发挥监督作用的审计制度。一九九一年至一九九五年,审计工作要贯彻执行加强、改进、发展、提高的方针,突出审计重点,健全审计法制,提高人员素质,进一步发挥内部审计和社会审计工作的作用,提高审计工作水平,为深化改革、发展经济、实现"八五"计划服务。主要目标是：

——把地方政府、财务管理部门和重点企业事业单位、重点建设项目、重点专项资金作为审计的主要对象，做到经常审计或轮流审计，审计其财政财务收支真实、合法，并逐步审查资金使用效益。

——草拟《审计法》，同时健全审计法规及其相配套的专业规章制度，做到严格执法，使审计工作走上法制化、制度化、规范化的轨道。

——按照国家批准审计机关的十万人编制配齐人员。通过加强培训，努力建设一支政治思想、业务素质高的骨干队伍。

——推动和指导国营大中型企业、大型事业单位、国家重点项目建设单位和管理国家资金多的政府部门，建立和改进内部审计制度，完善自我约束机制，着重围绕提高经济效益开展审计工作。

——加强对社会审计组织的管理和指导，巩固和发展组织，提高人员素质和服务水平，拓宽业务领域，使其逐步适应社会经济发展的需要。

(二)指导原则

——履行法律赋予的审计监督职能，维护国家财经法纪和正常的经济秩序，促进国民经济健康发展。要寓服务于监督之中，不能离开基本职能，去搞管理和服务工作。

——围绕经济工作中心开展审计工作，贯彻党的路线、方针、政策，促进深化改革、提高效益、增收节支。

——适当集中力量，保证抓好重点单位、重点项目、重点资金的审计，提高质量，讲求实效，同时抽审一定数量的非重点单位，发挥威慑作用，但不要片面追求扩大审计覆盖面。

——从宏观着眼、微观入手进行审计，善于运用审计占有的资料，对经济活动中带普遍性、倾向性问题，加强综合研究，提出完善和改进宏观调控的建议。

——在财务收支审计的基础上，逐步延伸检查和评价有关的内部控制制度和经济效益，促进国营大中型企业改善经营管理，增强活力，提高经济效益。

——地方各级审计机关要对本级政府和上一级审计机关负责，审计业务以上级审计机关为主，充分发挥审计机关依法独立行使审计监督的职能作用。

三、"八五"期间的审计工作任务

审计工作要以经济建设为中心，把进一步搞好国营大中型企业、加强农业和农村工作、加强廉政建设作为重要任务。

(一)对地方政府财政收支逐步实行经常审计。对省、自治区、直辖市和单列市财政，逐步做到每年审计一次，对地、市、县财政，逐步做到两三年审计一次。建立乡财政的地方，根据实际情况开展审计。审计的范围，包括预算内和预算外资金。审计预算执行情况和决算，主要检查收支是否真实和符合国家法律、法规、政策，有无越权减免税收等问题，促使认真执行《国家预算管理条例》，维护国家收入，严格开支制度，提高财政税务管理水平。

(二)拓宽金融审计。对国家金融、保险机构总行、总公司的财务收支，每年审计一次，并组织审计若干分支机构。主要检查成本开支、自有资金使用是否符合国家财政制度，信贷基金是否完整，促使遵守财经法纪。要逐步开展信贷资金审计，重点检查贷款的发放有无违反国家金融法规、政策问题。对地方的金融机构，根据当地政府的安排和上述要求进行审计

(三)深化企业审计。要贯彻执行中央关于进一步搞好国营大中型企业的精神，继续实行分层次、抓重点的方法。审计机关要选择部分国营大中型企业进行经常审计和轮流审计，其它企业原则上由主管部门内审机构或委托社会审计组织进行审计，审计机关进行抽审。对大中型企业特别是亏损增加、盈利下降较多的单位，要在财务收支审计的基础上，分析原因，对属于经营管理中的问题，促使他们眼睛向内，改善管理，挖掘潜力，提高经济效益。在审计中要了解企业的困难，向政府和有关部门反映。没有大中型企业的地方，要选择部分规模较大的企业，比

照上述办法进行审计。对承包经营的企业,根据这几年的实践,应当重点审查资产、盈亏是否真实,自有资金使用有无违反国家规定向个人倾斜问题。对有些行业,可选择若干企业,进行行业审计,对国家在境外的企业,要根据政府的要求和自身的条件,逐步开展审计。

(四)加强农业资金审计。特别是地、县审计机关,要把农业资金审计作为主要任务,重点审计用于农业开发项目、粮棉生产发展基地、水利建设项目和扶助贫困地区等专项资金,主要审计管理农业资金的部门和使用资金多的单位,逐步做到每年审计一次。主要审查资金是否到位,有无挤占挪用、损失浪费等问题,促使专款专用,提高资金使用效益。

(五)加强固定资产投资审计。对国家建设项目,在开工前,审计有无资金来源和来源是否正当,防止挪用其它资金,盲目扩大建设规模;在建期间,根据项目建设周期,一般二、三年审计一次,主要检查资金使用是否符合国家规定,有无高估冒算、挤占挪用建设资金、损失浪费等问题;竣工后,要审计决算是否真实、合法,是否突破工程概预算并分析原因,有无偷工减料等问题。对地方重点建设项目审计,可参照上述做法进行。

(六)积极开展科研、文教经费和专项资金审计。对科研、教育、文化、卫生、社会劳动保险等事业单位的经费和各种专项资金,要选择部分数额大或问题多的作为重点,进行经常审计和轮流审计。主要审查有无挤占挪用、乱收费用和资金使用经济效益、社会效益。

(七)坚持和改进对政府部门的审计。对各级政府部门要坚持经常审计,重点放在有资金分配权、有预算外收入、有罚没收入和违纪问题较多的部门,每年至少审计一次。主要审查有无随意增加开支搞铺张浪费,用公款吃喝送礼等违纪问题,以及有无乱收费、乱罚款、乱摊派损害企业和其它单位利益的问题,促进节省行政开支、加强廉政建设。

(八)改进和扩大利用外资审计。对使用世界银行等国际金融组织贷款和国际组织援款,要加强审计监督,依法处理违反财经法纪问题,促进提高效益。同时,要提高对外审计公证报告的质量和水平。对中外合资、合作企业要逐步开展审计,依法保护国家权益。对地方政府、部门和大型企业借用外债的偿还能力,有重点地进行审计调查。

(九)围绕财政经济活动中的重要问题开展专题审计调查。审计署每年要组织部分地方审计机关进行若干专题审计调查;地方审计机关,也要根据当地情况,选择专题进行调查。审计调查一般要与财政、财务收支审计结合进行。对审计占有的资料,要加强综合分析,属于宏观管理方面的问题,要向政府及有关部门反映情况,提出建议。

四、实现目标的主要措施

(一)加强审计法制建设。要在总结实施《审计条例》经验的基础上,借鉴国外一些好的做法,在一二年内拟出《审计法》草稿,报请国务院审核。同时,还要草拟审计法实施细则,关于违反审计法规处罚的规定,制定与《审计法》配套的业务规章制度、审计标准、技术方法、内部工作程序、文书档案管理办法等。要严格审计执法,做到有法必依,执法必严,违法必究。省以上审计机关要建立对下级审计机关的巡视检查制度,重点检查审计执行情况,发现问题及时纠正。

(二)进一步加强审计队伍建设。要继续充实审计机关人员,到一九九五年,按照国家批准的编制配齐人员。调配人员要注重政治、业务素质和人才合理结构,主要补充审计业务人员,加强薄弱环节,要组织审计人员努力学习马列主义、毛泽东思想,坚定社会主义信念,经得起改革开放、发展商品经济和反对和平演变的考验。要教育审计人员热爱审计事业,积极奉献,全心全心为人民服务,增强审计职业道德观念,做到坚持原则,实事求是,秉公执法。

审计人员必须熟悉审计、财会业务,懂得有关的经济管理知识,能够正确执行国家财经政策、法规。要有计划地开展岗位培训和专项审计业务培训，干什么学什么，缺什么补什么。按照统一规划、分级培训的原则，重点加强对各级领导的培训，争取用五年左右时间轮训一遍，学习宏观经济知识，提高组织领导能力；经过培训，使现有审计人员具有独立进行审计工作的能力。在工作和学习发生矛盾时，宁可减少审计项目，也要保证培训和学习时间。为适应培训审计人员的要求，要审编审计业务教材，认真办好南京审计学院等各级审计人员培训基地，提高培训质量，讲求实效。

对审计人员要加强思想教育，反腐倡廉，每年进行一次廉政方面的检查。对廉洁奉公的先进典型，要进行宣传和表彰，每隔三年召开一次全国表彰先进大会。对查出的问题要严肃处理，不能护短和手软。要把廉洁奉公作为考核干部的一项重要内容。同时，还要争取政府和有关部门的支持，进一步解决审计机关办公条件和审计人员生活方面的实际困难。

（三）加强和改进内部审计工作。要根据《纲要》的要求，加强对重点部门和大中型企业内部审计工作的指导。要总结、宣传和推广大中型企业内部审计在厂长（经理）领导下，维护财经法纪，促进改善经营管理、提高经济效益的经验。企业主管部门内审机构，要加强对所属单位的审计，指导和帮助他们开展内审工作，并搞好承担的企业承包经营责任审计和厂长（经理）离任经济责任审计。

（四）巩固和发展社会审计。国务院《关于城镇集体所有制企业条例》规定，集体企业要接受审计监督。社会审计组织要接受地方政府和有关单位的委托，对集体企业进行审计。要积极办理司法机关审理经济案件，工商管理部门处理经济事务和企业事业单位委托的审计查证，咨询培训和资产评估等业务。审计机关要进一步加强对社会审计组织的管理，帮助完善内部管理制度，提高服务质量，扩大业务范围，做到自主经营、独立核算、自负盈亏、健康发展，要建立省、自治区、直辖市和全国的执业审计师协会，负责指导社会审计工作，组织交流经验。

（五）推动乡镇集体经济审计。目前乡镇企业审计工作存在几种形式，各级审计机关要进行调查研究，加以比较，总结推广在乡镇企业政府领导或管理下的审计组织形式，逐步开展对乡镇企业、合作经济组织、乡镇管理的自筹资金的审计，为加强农业和农村工作服务。

（六）聘请特约审计人员参加审计工作。充分发挥和加强民主党派参政和监督的作用，对于推进社会主义民主政治建设，促进改革开放和现代化建设事业的发展，具有重要意义。审计机关要聘请符合条件的和有专门知识的民主党派成员、无党派人士担任特约审计员，参加一些重要的审计事项和审计法规、审计理论的研究，反映审计工作情况，提出建议。

（七）加强审计理论研究、宣传和出版工作。要开展审计理论特别是应用理论的研究，围绕健全我国审计监督制度和《审计工作发展纲要》，确定课题，落实任务，拿出对实际工作有指导意义的成果。要加强和改进审计宣传工作，根据以正面宣传为主的方针，采取多种方式和渠道，向社会宣传审计工作的作用和成果。审计出版工作重点放在提高刊物、图书、教材的质量和水平上，逐步扩大发行量。

（八）抓紧计算机审计的开发和应用。为逐步实现审计手段现代化，提高审计工作效率，要组织专门力量，开发专业审计需要的审计软件，并应用到工作中去。要培养计算机审计人才，逐步采用计算机作为审计辅助手段。大力推广使用计算机进行信息处理和文字档案管理。

（九）加强领导，改进方法。上级审计机关要考察了解下级审计机关领导干部执行政策、审计业绩等情况。主动配合当地党委、政府搞好领导班子建设。要根据各地区财政经济状况和审计工作发展情况，进行分类指导，提出不同要求，不搞一刀切；对民族自治地区要按照民族区域自治法和有关法规办事。审计机关上下之间要加强信息交流，互通情况，及时研究解决审计工作中的问题，提高工作水平，要进一步明确审计范围和职责，理顺审计系统内部关系，改进审计工作考核办法。审计机关要组织内部各职能机构加强协作，对一些重要的、互有联系的问题，进行联合审计或者分别审计、综合研究，以利于提高审计工作效率和水平。

本世纪的最后十年是我国社会主义审计工作发展的重要时期，各级审计机关和广大审计人员要在党委和政府的领导下，脚踏实地、艰苦奋斗，认真履行《宪法》赋予的审计监督职能，不断加强和改进审计工作，努力实现审计工作发展目标，为深化改革和发展经济作出新的贡献。

一九九二年审计工作安排

一九九一年，各级审计机关和广大审计人员，在党中央、国务院和地方党委、政府的领导下，围绕经济工作中心，贯彻党的十三届七中全会关于加强和改进审计部门工作的精神，做了大量艰苦的工作，各项审计工作都有了新的进展。据不完全统计，一至十月，全国各级审计机关共审计十九万九千多个单位，为国家增加收入、节省开支五十五亿一千多万元，其中查出违反财经法纪上缴财政金额二十二亿一千万元，决定追还挪用专项资金十六亿一千万元，经审计节省基建投资和其它支出十五亿六千多万元，对违纪单位和责任人员罚款一亿三千万元。在审计中还查出贪污、贿赂案件三百九十多起，已提请监察或司法机关处理。审计监督在维护国家财经法纪，促进增收节支，增强国营大中型企业活力，发展农业经济，加强廉政建设等方面，发挥了积极作用。这一年，内部审计和社会审计有了进一步发展，在促进企业改善管理，提高效益和为社会经济发展服务方面，取得了明显成绩。

一九九二年是实行《国民经济和社会发展十年规划和第八个五年计划纲要》的第二年。审计工作要贯彻《纲要》特别是中央关于进一步搞好国营大中型企业、加强农业和农村工作、加强廉政建设的精神，根据《审计工作发展纲要(一九九一——一九九五年)》，实行加强、改进、发展、提高的方针，强化和深化对管理、使用国家资金多，关系国民经济全局的重点单位的审计，提高审计工作水平，进一步发挥审计在宏观调控中的监督作用。主要审计工作任务安排如下：

一、财政审计。近几年对省、自治区、直辖市和计划单列市的财政收支已普审一遍，有些审计两次以上。一九九二年安排审计二十个省级财政收支和百分之三十左右的地、市、县级财政收支。根据《国家预算管理条例》的规定，要审计预算执行情况和决算，主要检查有无越权减免流转税等违反财税法规问题。同时，对财政部门管理的预算外资金的来源和使用进行审计。要逐步强化审计执法力度，对经过审计要求纠正又重复发生的问题，依法严肃处理。审计地方财政都要延伸审计税务部门，主要审查有无违反规定自行减免税收、提高分成比例和挥霍浪费等问题。对乡镇财政要逐步开展审计，注意总结经验，提高工作水平。

二、金融审计。对十家国家金融、保险机构总行、总公司的财务收支要继续进行审计。地方审计机关要根据授权，对中国银行县级以上分支机构的财务收支进行审计。要逐步扩大审计内容，组织部分地方审计机关对几家专业银行近几年信贷计划的执行情况进行审计，主要审查发放贷款是否符合政策规定和有无以贷谋私等问题，配合银行系统加强廉政建设。对地方的金融机构，应根据政府的要求，逐步开展审计。

三、企业审计。按照分层次、抓重点的方法，审计机关审计一千个国营大中型工交企业(含行业审计的供电企业)，二百个物资系统的金属材料等公司。承包经营责任审计和厂长(经理)离任经济责任审计，按照政府要求，除审计机关审计的以外，可委托企业管理部门的内审机构和社会审计组织进行审计，并把几种审计结合起来。企业审计，主要审查资产、盈亏是否真实，自有资金使用是否违反国家规定向个人倾斜等问题。对盈利下降、亏损增加较多的企业，要在财务收支审计的基础上，延伸审查有关的内部控制制度和经济效益，具体分析原因，对属于经营管理中的问题，促进改善管理，挖掘内部潜力，提高经济效益。同时，要向政府和有关部门反映企业困难，帮助改善外部条件。另外，对粮食行业调整购销价格后，盈亏变化对财政影响情况和财务管理中的新问题，进行审计调查。

没有大中型企业的地方，要选择部分规模较大的企业，比照上述办法进行审计。对境外的中资企业，根据政府的要求进行审计。

四、农业资金审计。一九八九年下半年以来，各地把审计农业资金作为工作重点，做了大量工作，积累了经验。一九九二年，要组织力量，对五百多个县的农业综合开发资金、八十多个粮食基地县农业资金、三百多个县的水利资金和三百多个贫困县的扶贫资金进行审计。主要审查资金是否到位，有无专门管理制度，有无挤占挪用、虚报冒领、损失浪费等问题。目前，农业资金审计工作发展不够平衡，各省、自治区、直辖市要总结交流经验，推广行之有效的办法，促进提高资金使用效益。

五、固定资产投资审计。国家重点建设项目前几年已审计一百六十五个，还有七十多个安排在一九九二年审计。要继续进行固定资产投资项目开工前资金来源的审计，防止乱拉资金争上项目，盲目扩大投资规模。今年要选择一批国家重点建设竣工项目，进行竣工决算审计。

各地都有一些投资规模较大的重点建设项目，要有计划地分批进行审计。对属于地方的淮河、太湖流域的重点水利建设项目，有关省、市要组织力量进行审计，保证专款专用，促使减少损失浪费，提高工程质量。

六、政府部门审计。重点放在有资金分配权、有预算外收入、有罚没收入和违纪问题较多的部门，至少审计一次。对审计中查出的用公款吃喝送礼、挥霍浪费和乱收费、乱罚款、乱摊派等问题，要依法进行处理，促进廉政建设。对行政经费超支原因和资金来源是否合理，地区、部门之间公用经费和职工个人收入差距过大情况的审计调查，没有搞完的地方要继续进行，分析原因，向有关部门反映，提出改进的建议。

七、事业单位和专项资金审计。一九九一年受灾地区的审计机关，开展了对救灾款物的审计，取得了显著成绩。一九九二年灾区要继续恢复生产，重建家园，有关地方要进一步加强对救灾款物的审计。省、自治区、直辖市要选择部分地区，对教育费附加的征集、管理、分配、使用情况进行审计。要审计部分省一级电视台预算外收入的来源和使用情况。试行社会养老保险和待业保险制度的地方，要开展养老、待业保险基金的审计。要通过对事业单位和专项资金的审计，促进加强管理，合理分配、使用资金。

八、利用外资审计。对使用世界银行等国际金融组织贷款和国际组织援款，要继续加强经常审计，依法处理违反财经法纪问题，提高工作质量，要选择二百个国家投入资本多的中外合资、合作企业进行审计，主要审查我国国家资产是否完整，盈亏是否真实，国家合法权益是否受到侵害。有条件的地方，可选择一些单位，对借用外债的使用效益和偿还能力，进行审计调查。

审计署驻部门派出机构，除完成直接审计单位的计划外，还要结合所在部门领导的要求，发挥自己的优势，逐步开展本部门管理的行业经济效益的审计调查，分析影响效益的主要原因，提出加强和改进行业管理的建议。

以上是审计署对一九九二年审计工作任务的统一安排，各级审计机关要努力完成。每项审计结束后，要向本级政府和上级审计机关写出专题报告。上述工作任务的安排，留有较大余地，各地可根据政府要求和实际情况自行安排其它审计项目。各地安排的审计项目计划，要在一九九二年二月底前报审计署备案。

为完成一九九二年的审计工作任务，要继续落实《审计工作发展纲要（一九九一——一九九五年）》中提出的实现目标的主要措施。要抓好的几项具体工作有：（一）拟出《审计法》草案，制定审计标准。（二）按照已下达的编制，抓紧充实人员，农业资金多的县要加强农业审计力量；为试行审计专业职称全国统一考试制度，选择一些地方进行试点；为一九九三年召开全国审计系统表彰大会进行准备工作。（三）大中型企业的内审工作，要在增强企业活力、健全自我约束机制方面，做出成绩，取得经验。（四）社会审计要做好执业审计师的考评工作，争取成立全国执业审计师协会。(五)继续做好聘请特约审计员的工作,根据实际情况发挥他们的作用。(六)对在财务收支审计的基础上,向审查有关的内部控制制度和经济效益方面延伸问题,开展理论研讨,并制定审计手册。(七)要加强审计出版和审计宣传工作,着重宣传加强和改进审计工作的成果和经验。

崔建民同志在1991年12月全国审计工作会议结束时的讲话

全国审计工作会议今天结束。会议认真贯彻中央工作会议、党的八中全会精神和党中央、国务院关于加强、改进审计工作的指示,总结审计工作经验,讨论制定一九九一——一九九五年《审计工作发展纲要》,部署一九九二年的审计工作。大家一致认为,这次会议开得是好的,统一了思想认识,进一步明确了审计工作的发展方向。昨天下午,李鹏总理、姚依林副总理等国务院领导同志接见了会议部分代表,在听取吕培俭同志和三位代表的汇报后,李鹏总理作了重要讲话,实际上是对这次会议的总结。现在我代表审计署就几个问题讲一些意见。

一、认真学习、领会和贯彻李鹏总理的指示

李鹏总理的讲话十分重要,对审计工作中一些重大问题作了明确的指示,使我们对加强和改进审计工作的必要性有了更加深刻的认识,进一步明确了今后发展审计工作的任务,认真贯彻这些指示,必将推动审计工作在深化改革、发展经济中更好地发挥作用。我们理解,李鹏总理主要讲了五个方面的问题:

(一)充分肯定八年多来审计工作有了较大进展,打开了局面,初步树立了权威,在维护国家财经法纪和经济秩序,提高经济效益,加强廉政建设这几个方面,发挥了积极作用。内部审计和社会审计也取得了明显成绩。这对广大审计人员是很大的鼓励,进一步增强了搞好审计工作的信心。但是我们应当清醒看到,审计工作与经济发展的形势还不相适应,还有一些问题和不足之处,今后需要作更大的努力。

(二)原则同意《审计工作发展纲要》提出的主要目标、基本指导原则和工作任务等,强调审计部门是综合经济监督部门,它的法定地位和监督层次是比较高的,基本职能是对财政经济实行监督,在宏观调控中发挥监督作用。要重点审计财政财务收支数额大、关系国民经济全局的重点单位,监督国家宏观调控措施的落实。我们要根据总理的指示精神,对纲要草稿进行修改。

(三)当前审计工作要贯彻中央工作会议和八中全会的精神。要加强对大中型企业和农业资金的审计,加强对信贷资金和税收的审计,加强对各级政府部门的审计。要坚持依法审计,不能放宽、变通。要充分发挥部门、单位内部审计的作用,帮助企业建立自我约束机制。我们要贯彻这一指示,围绕经济工作中心,做好审计工作。

(四)对审计队伍建设提出了更高要求。肯定审计队伍的思想作风是比较好的,但也存在一定的问题。强调在当前国际、国内形势下,要进一步对干部加强教育,严格纪律,抵制资产阶级自由化思想和社会不良风气的侵蚀,建立一支政治思想强、业务素质高、有奉献精神、稳定的审计队伍。我们要根据这一指示精神,采取切实有力措施,进一步加强审计队伍特别是各级领导班子的建设。

(五)要求各级政府要进一步加强对审计部门的领导,省长、市长、县长要直接管审计部门,支持审计工作,保护审计人员不受打击报复。审计部门要接受党委、政府的领导和监督。我们审计部门的同志要根据党政领导的要求,努力做好工作,争取党委、政府的领导和支持。

李鹏总理的重要指示,对我国审计事业的发展具有重大的指导意义。请大家组织广大审计人员认真学习,领会精神,加深理解,在工作中切实贯彻执行。

二、关于《审计工作发展纲要》

同志们对《审计工作发展纲要(讨论稿)》进行了认真讨论,认为这个稿子符合十年规划和“八五”计划的要求,提出的目标和任务比较明确,措施比较具体,基本指导原则是八年多来审计工作经验的总结,表示基本同意,同时也提出了不少好的修改意见。下面讲三个问题。

(一)关于审计工作方针。在治理整顿期间,我们曾提出“积极发展,逐步提高”的审计工作方针。现在,治理整顿已基本结束,国民经济进入正常发展时期,审计工作本身也有了新的发展。吸收同志们的意见,为贯彻中央关于加强和改进审计部门工作的指示精神,反映审计工作的特点,“八五”期间审计工作实行加强、改进、发展、提高的方针。加强,主要指加强对财政财务收支数额大、关系国民经济全局重点单位的审计,加强审计法制建设;改进,主要指改进审计业务规章制度,改进工作方法;发展,主要指继续拓宽审计领域,深化审计内容,在财政财务收支审计基础上,逐步延伸审查资金使用效益;提高,主要指提高审计队伍政治、业务素质,提高审计工作水平。贯彻这一方针,可以使审计在宏观调控中更好地发挥监督作用。

(二)关于《纲要》的适用范围。《纲要》是从国家审计角度提出的。国家审计和内部审计、社会审计的法定地位、职能都有所不同。所以,在《纲要》中只能从推动、指导内部审计和社会审计的角度提出一些要求。但是内部审计、社会审计和国家审计的工作内容有许多相同之处,可参照《纲要》的要求,结合实际情况开展工作。

(三)关于进一步理顺审计系统内部关系。同志们反映,在审计对象的确定、审计机关内部机构职能的划分等方面,有些关系还没有理顺,有时出现重复审计,增加企业负担。这个问题在《纲要》中已经提到,我们拟在调查研究的基础上,提出改进办法。

三、关于一九九二年工作安排

《审计工作发展纲要》的制定,标志着审计工作发展进入了一个新的阶段。实现《纲要》的要求,还要经过今后四年的努力逐步达到,既要积极进取,又不能急于求成。大家认为,关于明年工作安排的讨论稿,基本上贯彻了这个精神。

李鹏总理要求加强对信贷资金的审计。对信贷资金前几年只作过一些调查,审计基本没有展开,缺乏经验,难度较大,明年要积极进行,逐步展开。

对审计署安排各地的必审项目,大家提出的初步意见,同审计署的要求基本一致。请同志们回去正式研究,如需调整,于明年二月底报署。每项审计结束后,要向署写出专题报告。

为了落实一九九二年的工作任务,署内各司在会上发了一部分参阅材料。据反映,有的任务重了些,调查题目多了些。各地可按照署里正式文件的要求,根据实际情况,安排工作。各地根据政府要求自行安排的审计项目计划,要在二月底报署备案。

根据《宪法》和《审计条例》规定的审计机关领导体制,下级审计机关在向本级政府报告工作的同时,要及时向上级审计机关报告审计工作情况和审计查出的重要问题,以便上级审计机关了解情况,指导工作。近两年来,有些地方的审计机关上报材料比较少,这种情况应当加以改变。

四、关于加强审计部门廉政建设

最近,党中央、国务院重申关于严禁用公款吃喝送礼等有关规定,这是关系到防止腐败,密切党群关系的重要问题,我们审计部门一定要坚决贯彻执行。审计部门的廉政建设总的情况是好的,但是包括署机关在内也存在一些问题,决不能自满。我们是搞监督的,对自己更应该严格要求,审计署初步议论,准备作出几条规定,比如审计系统内部上下之间、同级之间、地区之间进行公务活动,一律吃工作餐,严禁用公款搞任何形式的宴请,不得以任何名义赠送和接受礼物;不得违反规定,以任何形式滥发钱物;审计系统内地区之间的各种协作会议要严格控制,不得以开会为名搞公费旅游;审计系统不搞机构建立周年庆祝的招待活动;审计署领导班子成员原则上不参加地方邀请的与审计工作无关的节日活动;署领导到地方调查研究,下级审计机关不得搞礼节性的迎送。关于这个问题,会后要进一步研究,作出规定,发出正式文件。各级审计部门的领导要以身作则,并加强对干部职工的教育,对严重违反中央、国务院规定的,一定要严肃处理。

五、关于内部审计工作

今年以来,部门和单位的内部审计工作有了新的发展。一至九月,共审计二十四万多个单位,查出违纪金额三十七亿多元,促进增收节支十四亿多元,违纪责任人员受党政纪处分和提请司法机关处理的一千六百多人,在维护财经纪律,提高经济效益等方面发挥了积极作用。内部审计机构要根据这次会议总的精神,发挥自己的长处,结合各自不同的实际情况,安排好明年的工作。内部审计要为进一步搞好国营大中型企业服务,在健全企业自我约束机制,改善经营管理,挖掘内部潜力,提高经济效益等方面作出成绩;在节省开支,制止铺张浪费,加强廉政建设方面发挥作用。部门、大型企业和企业集团的内部审计机构,对其下属单位来说,具有外部审计的性质,要加强对下属单位财务收支的审计监督,查处违纪问题,维护财经纪律,促进提高经济效益。同时,还要加强对下属单位内审工作的指导,完成企业承包经营责任审计和厂长(经理)离任经济责任审计任务。

根据李鹏总理的指示精神,请部门、单位的负责同志加强对内审工作的领导,支持他们的工作,帮助解决工作中的实际困难,充分发挥内部审计的作用。

各级审计机关要加强对内审工作的指导,总结交流经验,培训干部,推动他们健全和改进内部审计制度,提高工作水平。驻部门的派出机构要组织本系统的内审机构,围绕本行业经济活动中的重要问题开展审计调查,促进加强和改进行业管理。

六、关于社会审计工作

社会审计发展较快,全国审计事务所已有二千四百多个,有68%以上的县都有了机构,有五个省已经实行了执业审计师制度,十二个省市区建立了社会审计协会或执业审计师协会。一至九月,共办理委托查证、咨询等业务三十三万多项,培训审计、财务等人员二万一千多人,在为社会经济发展服务方面作出了显著成绩。

实行改革开放以来,集体经济发展很快,大量的集体企业需要由审计事务所这一类的组织进行审计。因此,各级审计机关要进一步加强对审计事务所的管理,巩固和发展组织,在完善内部管理,提高服务质量,扩大业务范围等方面做出成绩。

审计署要抓紧会同法制局与有关部门协商,起草《执业审计师条例》,报请国务院审批,争取早日出台,并做好建立全国执业审计师协会的筹备工作。

七、关于会议精神的传达贯彻

关于这次会议精神,同志们回去以后,要向政府和部门领导汇报,传达李鹏总理的重要讲话,并结合实际情况,采取适当形式在审计系统内部进行传达贯彻。李鹏总理的讲话已整理出记录稿,供大家汇报和口头传达,待报请审阅批准后,再正式印发。有的同志提出,各地是否制定审计工作发展规划,我们意见,请各地根据实际情况自行确定。

当前审计工作面临的形势很好,但任务繁重。各级审计部门和广大审计人员要继续发扬艰苦奋斗、积极开拓的精神,认真落实李鹏总理的重要指示和《审计工作发展纲要》的要求,为实现国民经济和社会发展十年规划和"八五"计划的主要目标作出贡献。

〔一九九二年〕

强化审计监督为加快改革开放和现代化建设服务

——吕培俭同志在全国审计工作会议上的讲话

（一九九二年十二月十四日）

同志们：

我们这次全国审计工作会议，主要是贯彻党的十四大精神，讨论强化审计监督为加快改革开放和现代化建设服务的问题，同时部署一九九三年的审计工作任务。会前，就这次会议要讨论的主要问题和审计署的意见，向李鹏总理作了汇报，总理表示原则同意，并作了重要指示。总理指示的主要内容，将印发《审计情况通报》向大家传达。现在我代表审计署，就会议讨论的问题讲一些意见。

一、关于一九九二年审计工作基本情况

去年十二月全国审计工作会议对加强和改进审计工作曾经作了部署。今年三月以后，在邓小平同志南巡重要谈话和中共中央政治局全体会议精神的指引下，改革开放和经济发展的步伐明显加快。为适应新的形势，各级审计机关和广大审计人员，在党委和政府的领导下，认真学习中央文件，提高思想认识，改进审计工作取得了新的成绩。

（一）正确认识形势，增强发展审计工作的紧迫感。各级审计机关、内部审计机构、社会审计组织和广大审计人员在学习邓小平同志重要谈话和中央政治局全体会议精神后，进一步认识到审计工作的现状与加快改革开放的形势不相适应，处于不进则退的关键时刻。我们必须全面领会中央的精神，解放思想，认清形势，抓住当前有利时机。研究新情况，解决新问题，加快审计工作的发展。要根据新形势的要求，坚持审计基本职能，围绕经济工作中心，在宏观管理中充分发挥作用，为改革开放服务。审计署在集中地方意见的基础上，就此发出了通报，使广大审计人员进一步增强了加强和改进审计工作的紧迫感。

（二）深入调查研究，解决审计执法中遇到的新问题。各地为加快改革开放步伐，本着大胆试验的精神，结合自己的情况，制定了一些政策、措施，但其中有的突破了必须统一执行的政策、法规，给依法审计，维护国家财经法纪增加了困难。面对这一情况，各级审计机关深入调查研究，审计署分片召开地方审计局长和派出机构负责人座谈会，在此基础上提出了五条解决意见。它体现了既坚持依法审计的原则，又区分不同情况实事求是地处理查出的问题，把原则性和灵活性结合起来。从各地贯彻执行情况来看，这些意见是基本可行的。

（三）突出审计重点，在为宏观管理服务方面有了进展。今年一至十月，全国审计机关共审计十六万七千多个单位，比去年同期减少12%，而审计资金总额增加18.6%。这说明进一步集中力量加强了对重点单位的审计。各级审计机关围绕财经活动中的一些重要问题开展审计和调查，写出不少有一定深度的报告，供党政领导决策参考。如审计署和驻地方派出机构对三十七个地区减免流转税的情况进行了审计调查，向国务院报告后，李鹏总理作了批示，国务院发出了《关于加强流转税管理的通知》。根据李鹏总理的指示，审计署和许多地方审计机关对专业银行发放贷款情况进行了审计，虽然审计的深度不够，有些重要情况反映不上来，但从加强对信贷资金的审计来看，有了一些良好的开端。署驻部门派出机构发挥自身的优越性，围绕提高经济效益进行了不少审计和审计调查，对改进行业管理起到了促进作用。

（四）改进审计方法，促进企业转换经营机制。为进一步搞好国有大中型企业，党中央、国务院采取了十二条措施，主要是改善外部环境，其中许多需要自身创造条件才能使用。因此，我们要求各级审计机关对企业审计加以改进，即在审计财务收支的基础上，延伸检查有关的内部管理制度和经济活动，促使改进管理，挖掘潜力，提高经济效益，同时反映企业的实际困难。

许多地方进行试审，收到了良好效果。据署驻地方派出机构对六十七个大中型企业的审计，提出的改进经营管理意见为企业采纳后，当年提高经济效益二亿七千万元。国务院发布《全民所有制工业企业转换经营机制条例》后，各级审计机关认真贯彻，进一步改进方法，主要审计资产负债、损益是否真实，监督国有资产的保值和增值；对审计中涉及到企业法定经营权范围内的问题，依照有关法规维护企业的合法权益；对企业举报被摊派的问题，及时调查处理，有的地方审计机关还向社会发出公告，建立举报制度。许多内审机构在承包经济责任审计、厂长离任经济责任方面做了大量工作，工作重点逐步向审计经济效益方面转移，取得了初步成效，对促进企业改进内审制度、健全自我约束机制起到了积极作用。

（五）开展职工养老等专项基金审计，促进社会保障制度的建立和健全。今年有二十七个省市区开展了职工养老和待业保险基金审计，审计总金额四百五十四亿元。审计结果表明，实行这一制度，对促进劳动工资制度改革，保障社会安定起到了积极作用。但由于缺乏经验，在管理方面存在不少问题。有的随意减免、拖欠，有的挪用于弥补财政赤字、搞楼堂馆所、经商办公司和搞风险性投资，甚至贪污、私分，同时对基金的积累部分缺乏有效的保值措施。这项审计直接关系到千百万职工的切身利益和社会安定，我们准备专题向国务院报告，提出纠正措施和改进意见。

（六）维护财经法纪，为国家增收节支做出贡献。今年一至十月，审计查处违反财经问题上缴财政十七亿四千多万元，决定追还被挪用的专项资金十六亿四千万元，减少财政拨款和补贴一亿七千万元，节省基建投资五亿三千多万元，共四十亿九千多万元。今年审计了六十五个国家重点建设项目，至此，对按合理工期组织建设的二百三十五个国家建设项目审计了一遍。审计查出多列概算投资，超规模、超标准建设，挤占挪用，损失等金额一百一十七亿元，占总投资二千五百零九亿元的4.68%。依照有关规定进行处理，共为国家节省建设资金四十七亿多元。

总的看，今年的审计工作，是适应新形势开始重大转变的一年，在解放思想、转变观念、掌握政策、改革方法、扩大领域等方面都有了新的进展，但是我们绝不能自满，应当看到审计监督的现状同客观形势的要求还有很大距离，工作中还存在缺点和问题，要继续努力，加快审计工作发展。

二、关于强化审计监督问题

党的十四大，以邓小平同志建设有中国特色社会主义的理论为指导，总结了十一届三中全会以来的实践经验，部署了今后一个时期的战略任务。十四大报告中提出，为建立社会主义市场经济体制，要加快政府职能的转变，在进一步改革财经管理体制的同时，强化审计和经济监督，健全科学的宏观管理体制与方法。我们理解，强化审计监督就是要求审计机关成为高层次的综合财经监督部门，充分发挥在宏观管理中的作用。去年全国审计工作会议制定的《审计工作发展纲要》，提出了加强和改进审计工作的任务和措施，但还不能适应十四大确定建立新经济体制的要求。审计署在调查研究和同部分地方、派出机构负责同志座谈的基础上，提出了《关于强化审计监督的意见（讨论稿）》，请大家讨论修改。以进一步明确我国审计工作的发展方向、任务和措施，统一广大审计人员的思想，齐心协力，为发展我国的审计事业而努力奋斗。为便于讨论，我就讨论稿作几点说明。

（一）关于解放思想，转变观念问题。邓小平同志在年初重要谈话中指出，计划和市场是经济手段，不是社会主义和资本主义的本质区别，使我们在计划与市场关系问题上的认识有了新的重大突破。为使审计工作适应建立社会主义市场经济体制的要求，我们的思想必须从计划经济才是社会主义经济基本特征的传统观念中解放出来。我国的审计制度，总的讲还处于探索阶段，我们要增强改革开放意识，勇于探索，看准了就大胆试验，并吸收和借签各国先进的审计方法。对这几年审计工作中形成的一些观念、做法，要随着形势的发展和认识的深化而转变，不能因循守旧，要通过改革达到强化审计监督的目的。解放思想和实事求是是一致的，都是为了使我们的指导思想符合客观实际，逐步建立起适合我国国情的审计监督制度。

（二）关于审计监督在宏观管理中的作用问题。强化审计监督，是在社会主义市场经济条件下，健全科学的宏观管理体制与方法的一个重要内容。审计机关并不制定宏观调控措施，它的职能是监督和保障宏观调控措施的落实，并在监督中了解和反映执行中的问题，促进其改进和完善，不能理解为追求多审计单位，多查处违纪问题，多收缴款项。今后，要进一步突出审计重点，加强对财政、金融部门和重点企业、重点建设项目、重点专项资金的审计，促进加强管理，合理有效使用资金。同时，逐步减少审计一般企业、事业单位的数量，只在必要时进行抽审。强调审计监督在宏观管理中发挥作用，不能离开微观审计这个基础，重要的在于从宏观着眼，对审计发现的普遍性、倾向性问题，进行分析研究，向政府和有关部门提出建议，促进完善政策、法规和改革措施。各级审计机关还要围绕经济工作中心，对一些重要问题进行审计调查，提出建议，促进加强和完善宏观管理。

（三）关于强化各项审计措施问题。讨论稿的第四条至第十条，针对各项审计工作的现状，提出了强化的重点内容。如财政审计扩大内容；金融审计重点逐步转向审计信贷资金；企业审计根据转换经营机制的要求改革方法；对重点建设项目从开工到竣工实行全过程审计；加强农业、教育、科研和社会保障等专项资金审计；坚持和改进政府部门审计；提高对国外贷款、援款项目的审计水平等。在讨论稿中还提出要健全审计工作报告制度。审计工作报告应当体现各项审计成果，全面反映情况，不单纯揭露过去的问题，更重要在于从中总结经验教训，提出改进工作的意见。今后，要将审计工作报告作为考核审计工作的主要标志。

（四）关于加强审计队伍建设问题。为了从组织上保证强化审计监督，必须充实审计机关力量，提高审计人员素质，建设一支政治思想强、业务素质高的审计队伍。李鹏总理在听取审计署汇报时指出，机构改革有增有减，审计是属于加强的部门。我们意见：审计机关不能撤并，已经撤并的应当恢复；原定的人员编制不能减少，力量薄弱的要适当加强。为了发挥审计监督在宏观管理中的作用，特别要加强中央和省级审计机关的力量。这些意见已向总理汇报，并请中央编委考虑。各地同志可将总理指示向政府领导汇报，努力使审计在机关改革中得到加强。

现有的审计人员经过几年实践锻炼和培训，总体素质有了提高，但同强化审计监督的要求还很不适应。因此，各级审计机关必须花力气、下功夫，切实抓好培训工作。要坚持两手抓，两手都要硬，抓好精神文明建设和廉政建设，使审计队伍经得起市场经济和扩大开放的考验。

要按照十四大的要求，加强领导班子建设，培养审计事业接班人。审计机关的领导干部，必须做到坚持原则，实事求是，正确履行职责，并学习宏观经济管理和国际审计、会计知识，带领广大审计人员完成强化审计监督的任务。

（五）关于健全审计法规问题。强化审计监督，需要有健全的法规来规范审计机关和被审计单位的行为。健全审计法规的指导思想是，在《宪法》规定的范围内，适应建立社会主义市场经济体制的要求，总结九年多来审计工作经验和借鉴国外的先进方法，体现发挥中央和地方两个积极性的精神。健全审计法规，除法律和行政法规外，还要有各个专业审计规章、审计程序、审计标准、审计人员手册，以及社会审计组织审计国有企业的办法等，形成比较完备的审计法规体系。健全审计法规要成熟一个，出台一个。在改革过程中制定审计法规，不可能一次完善，要在实践中不断充实和修订。

（六）关于加快发展审计咨询业和健全内审制度问题。今年十一月，中国注册审计师协会成立大会和社会审计工作会议对发展审计咨询业的工作作了部署。社会审计组织现在有审计事务所和会计事务所，在国务院公布的《全民所有制工业企业转换经营机制条例》中,已经明确两所并存,都要发展。最近,国务院领导同志对这个问题进一步作了指示,审计署和财政部正在协商贯彻办法。在新的办法下达之前,要继续贯彻"大力发展,积极提高"的方针,加快注册审计师事业的发展。审计事务所要以良好的业务质量、职业道德、服务态度赢得信誉,与兄弟单位平等竞争。

国有企业转换经营机制,增强活力,走向市场,参与竞争,更加需要健全内部审计制度。我们认为,国有大中型企业和股份制企业,应当改进内部审计制度,根据需要设立机构和配备人员,健全自我约束机制。机构如何设置和人员配备,由企业自主决定。审计机关要通过总结交流和完善内部审计制度。

三、关于一九九三年审计工作安排

一九九三年审计机关的工作,要贯彻强化审计监督的精神。根据讨论稿的要求,审计署对明年工作安排提出了初步意见,请大家讨论。强化审计监督是今后较长时期的任务,明年是第一年,要有一个好的开端。要集中力量抓重点,在提高审计质量和深度上下功夫,不应盲目追求扩大审计覆盖面,拉长战线。

明年全国统一部署的十七个审计项目。其中十三项有地方审计机关的任务,比过去有所减少,目的是给地方自行安排审计项目多留一些余地。署驻地方派出机构的工作任务增加较多,在工作重点和力量配置上要作适当调整。驻部门派出机构要结合驻在部门的工作中心,完成好署部署的任务。明年工作安排,在执行过程中,根据情况的变化,有的可能还要作一些调整。

各项审计工作都要讲求实效,抓出成果,工作结束时要向审计署写出报告。为了反映审计工作成果,交流经验,我们打算每隔一个时期,选择一部分较好的审计工作报告编辑成册,在内部发行。

明年的审计业务建设、审计法规建设、审计机关的队伍建设,以及社会审计和内部审计工作,都要按照这次会议讨论修改后的关于强化审计的意见执行。各级审计机关和内部审计机构、社会审计组织的任务相当繁重,广大审计人员要艰苦奋斗,扎实工作,做出成绩。请各地党委和政府加强对审计工作的领导,使审计工作加快发展,登上一个新的台阶。

李金华同志在全国审计工作会议结束时的讲话

(一九九二年十二月十八日)

同志们:

全国审计工作会议今天结束。这次会议主要是贯彻党的十四大精神,研究如何强化审计监督和加快改革开放和现代化建设服务问题。会上传达了李鹏总理和其他领导同志听取审计署汇报的重要指示,重点讨论了吕培俭同志的讲话和《关于强化审计监督的意见(讨论稿)》,安排了一九九三年全国统一部署的审计工作任务。同志们认为,这次会议是在加快改革开放新形势下召开的一次审计工作重要会议。经过充分讨论,统一了认识,进一步明确了审计工作的发展方向、任务和措施。会议开得是好的,达到了预期目的,它标志着我国审计事业进入一个新的阶段。国务院领导同志的指示,充分肯定了九年多来审计工作取得的成绩和发挥的重要作用,明确了当前审计工作中几个问题的解决意见,大家感到深受鼓舞。对培俭同志的讲话和《关于强化审计监督的意见(讨论稿)》,大家表示赞成,同时提出许多好的修改意见。现在我代表审计署就会议讨论中提出的几个问题讲一些意见。

一、关于正确理解强化审计监督

同志们讨论认为,建立社会主义市场经济体制,对审计工作提出了新的要求。在社会主义市场经济条件下,国家对经济的管理由直接管理为主逐步改为间接管理为主,为健全科学的宏观管理体制和方法，需要强化审计监督。建立社会主义市场经济体制是一项系统工程，要求加强培育市场，充分发挥市场的作用，同时要加强国家宏观调控，这是一个长期的过程，因而审计监督要随着新经济体制的建立逐步强化。审计机关和审计人员必须适应这一形势，解放思想，逐步消除长期计划经济直接管理体制对我们思想的影响，改变不适应社会主义市场经济的观念。我们应当在现有基础上，积极探索，大胆试验，改革现行的某些审计方法，健全审计法规，提高人员素质，不断强化审计监督。这是一项长期的艰巨任务，要经过若干年的艰苦努力，使审计监督真正成为高层次的综合性财政经济监督，在宏观管理方面充分发挥作用。

强化审计监督，在宏观管理方面发挥作用，不仅是对中央和省级审计机关的要求，而且是各级审计机关的共同任务。国家宏观调控措施的落实到基层，如财政收支和信贷资金的平衡，固定资产的使用、“希望工程”的实施和其他加强农业和农村工作的政策措施，都需要地市县审计机关在这些方面发挥审计监督的作用。地方审计机关要根据这次会议精神，结合本地区的实际，采取切实措施加强审计监督。审计署和省级审计机关要加强调查研究，在加强中央和省两级调控中发挥作用，同时要对地市县审计工作进行分类指导。有些同志反映，城市的区级审计机关工作任务还不够饱满。我们考虑，可以由市里统一安排一些审计事项。在这方面请各地积极探索，总结经验。

二、关于金融、财政审计

按照《宪法》和《审计条例》的规定，国家金融机构属于审计署的审计范围，过去由于力量不足，授权地方审计机关审计在各地分支机构的财务收支。几年来，各地做了大量工作，取得明显成绩。审计署考虑，随着社会主义市场经济的发展，信贷资金在宏观调控中的作用越来越重要，需要加强对信贷资金规模、投向、使用状况的审计监督，因此，对国家金融机构及其在各地的分支机构需要逐步改由审计署直接进行审计。但这个转变需要有一个过程。这次会议确定，一九九三年和一九九四年，除上海仍执行现行办法外，其他直辖市和计划单列市工商银行和建设银行的分支机构，改由审计署和驻地方派出机构负责审计。这两家银行以外的国家金融机构的分支机构，仍授权北京、天津和计划单列市的审计机关进行审计。应当看到随着经济的发展，地方金融机构逐渐增多，地方审计机关需要加强对他们的审计监督，这方面的审计任务会越来越重。

关于财政审计问题，李鹏总理指示，如国务院在认为有必要对国家财政收支进行审计时，可由国务院常务会议或总理授权审计署审计。参照这一精神，地方审计机关在本级政府授权的条件下，也可对同级财政部门管理的政府财政收支进行审计。

三、关于企业审计

为了适应建立社会主义市场经济体制的要求，国有企业正在转换经营机制，进入市场。我国国有企业众多，根据几年来的实践和借鉴国外的做法，除必须由审计机关审计的重点企业外，对其它企业应逐步改为在社会审计组织审签的基础上进行抽审。李鹏总理同意审计机关“逐步减少直接对企业的审计。”这是企业审计的一项改革。

这里需要说明的是：第一，审计机关审计重点企业，并不是说对其他国有企业没有审计监督权。只是说审计机关对企业的审计要突出重点，逐步深化，对其他一般企业的审计要随着社会审计的发展和法规的健全，逐步进行改革。第二，有的同志提出审计企业资产负债和损益与审计财务收支的关系问题。我们认为这两者是一致的，资产负债和损益是财务收支的综合反映。在实际操作中可能会遇到一些新的情况和问题，大家要进行探索和总结。第三，在进行审计过程中，必然会涉及到法定经营权范围内的问题，但涉及不等同干预，一定要按照《全民所有制工业企业转换经营机制条例》的规定。维护企业的合法权益。第四，有的同志指出，对企业被摊派的问题，要建立举报制度。我们意见，已经实行的地方要注意总结经验；其它有条件的地方可以试行。

会上，大家对《关于全民所有制工业企业转换经营机制审计实施办法》和《中外合资合作经营企业审计办法》的征求意见稿，提出了不少好的修改意见，我们将于会后修改下发。

四、关于建设项目开工前审计

这几年，各地普遍开展了建设项目开工前资金来源审计，对防止和纠正盲目扩大建设规模，节约建设资金，起到了一定作用。国务院去年发出的《关于继续严格控制固定资产新开工项目的通知》中，要求审计部门对新开工项目建设资金进行审计，确认资金落实、来源正当以后有关部门才能纠正批准。在最近召开的全国计划工作会议上，国务院领导同志再次强调，要进行建设项目开工前资金来源审计。因此，各级审计机关应当继续抓好这项工作，促进按照国家宏观调控的要求控制建设规模。工作中要突出重点，完善程序，积累经验。

五、关于署驻部门派出机构问题

审计署在国务院一些部门设立派出机构，是一个积极的尝试。四年多来，各派出机构在审计署和驻在部门的领导下，进行了开创性的工作。特别是围绕驻在部门的中心工作开展一些行业专题审计调查，写出了不少有份量的报告，对促进加强和改进行业管理起到了积极作用。在指导本系统内审工作方面，也取得了很好的成绩。

这次会上，许多同志要求，对机构改革中驻部门派出机构的撤留问题有一个明确的意见。目前，国务院各部门机构改革没有正式开始，署里初步考虑的意见是：对一些直属单位较多，财务收支数额大的部门，仍保留派出机构；如部门撤销或改为经济实体，署的派出机构也随同撤销；如部门将署的派出机构与监察、纪检等其他机构合并，署将不再设立派驻机构。在国务院机构改革方案实施前，驻部门派出机构的同志要安心工作，按照署的要求积极完成各项工作任务。

六、关于内部审计工作

这次会议主要讨论审计机关如何强化审计监督的问题，对内部审计工作没有专门研究。内部审计工作在转换经营机制，发展社会主义市场经济中，具有重要作用。国有企业转换企业经营机制，走向市场，迫切需要建立健全自我约束机制，改进和完善内部审计制度。

这几年内审工作不断发展，许多内审机构积极适应企业改革的要求，在搞好财务收支审计的基础上，工作重点逐步转向审计经济效益，在促进企业改善经营管理，健全规章制度，维护合法权益，提高经济效益等方面，发挥了积极作用。今后企业事业单位的内审工作，要把重点逐步转到促进加强内部管理、提高经济效益上来。广大内审人员要振奋精神，艰苦工作，做出成绩，更好地发挥作用。各级审计机关要进一步加强内审工作的指导，总结交流不同类型的工作经验，推动内审工作上一个新的台阶。

七、关于社会审计工作

关于审计事务所和注册审计师的问题，国务院已作了明确指示："同意审计事务所和会计师事务所并存，也可以一个机构两个牌子，其从业人员均可取得注册会计师资格。为了工作上互相配合，由财政部门和审计部门共同组织成立注册会计师协会，注册会计师资格由财政部、审计署授权注册会计师协会在考试合格后授予。此事请财政部、审计署共同商定实施办法。"我们将抓紧同财政部协商制定具体办法，但考虑到完全落实还需要有一个过程。各地要按照不久前召开的社会审计工作会议的部署和要求，贯彻"大力发展，积极提高"的方针，推动社会审计工作加快发展。

八、关于会议精神的传达贯彻

国务院领导同志关于强化审计监督问题的指示，已印发《审计情况通报》。《关于强化审计监督的意见(讨论稿)》,将根据会上大家的意见进行修改,会后尽快印发。培俭同志在会议上的讲话,已根据会议讨论的意见修改印发。请同志们回去后向政府和部门领导汇报,并在审计系统传达贯彻。对《一九九三年审计署统一安排的审计项目》,大家都表示同意,请各地各单位认真组织落实。地方各级审计机关、署驻部门派出机构要贯彻这次会议精神,根据政府和所在部门的要求,以及本地本部门的实际情况,作好明年审计工作的安排,争取在强化审计监督方面,做出新的成绩。

〔一九九三年〕

吕培俭审计长在署机关纪念审计署成立十周年大会上的讲话

(一九九三年九月十五日)

同志们:

今天我们署机关召开大会,纪念审计署成立十周年,回顾审计工作的发展历程,总结工作经验。这对于进一步改进和强化审计监督,更好地为建立社会主义市场经济体制服务,是很有意义的。

一

根据《宪法》的规定,一九八三年九月十五日审计署成立。十年来,在党中央、国务院和地方党政的领导下,各级审计机关和广大审计人员积极开拓,艰苦奋斗,打开了审计工作局面,取得了显著成绩。

——在县以上各级政府建立了三千多个审计机构,配备了七万八千多名工作人员。审计署在十六个大中城市和国务院四十一个部门设立了派驻机构,加强了对地方财政和中央在地方企事业单位的审计监督。广大审计人员经过实践锻炼和业务培训,基本上掌握了审计专业知识和技能;各级审计机关重视社会主义精神文明建设,开展了以"廉洁、公正、严格、奉献"为内容的职业道德教育,已经逐步形成了一支政治、业务素质较好的审计队伍。

——审计监督在政府部门、国家财政金融机构、国有企业事业组织、基建投资、农业资金和利用外资等方面逐步展开。到今年六月底止,全国审计的单位共一百五十多万个(次)。通过查处违反财经法纪问题,上交财政二百二十八亿多元,减少财政拨款和补贴、追还被挪用的专项资金、节省基建投资等一百八十一亿多元,共为国家增收节支四百零九亿多元。同时,通过提出改进经营管理的意见,促进企业提高经济效益二百一十一亿多元。在审计中还查出万元以上贪污案件一千三百多起,移送监察、司法机关处理的责任人员有五千六百多人。各级审计机关对一些重要财经问题进行审计和调查,向政府和有关部门反映情况,提出加强和改进宏观管理的建议。审计监督为维护国家财经法纪,监督宏观调控措施的落实,促进提高经济效益,保障改革开放和经济建设的顺利进行,发挥了积极作用。

——认真贯彻落实《宪法》的有关规定和国务院颁布的《审计条例》、《关于违反财政法规处罚的暂行规定》、《关于加强审计执法几个问题的通知》,制定了与之相配套的业务规章制度,审计监督工作基本做到了有章可循。

——全国已建立四万多个内部审计机构,配备九万二千多名专职和十五万兼职人员。内审工作在促进部门、单位改善内部管理,提高经济效益等方面,做了许多工作,取得了明显成绩。到去年底止,共查处违纪金额四百一十二亿元,促进增收节支一百五十九亿元。

全国已有审计事务所三千一百多个,二万九千多名从业人员。社会审计组织积极开展审计查证、咨询和培训财会人员等业务,工作有了迅速发展,已成为社会中介组织的一支重要力量。到今年六月底止,接受委托共承办各种审计查证事项一百一十万项,为司法机关审理的经济纠纷、经济犯罪案件提供审计鉴定九万八千多项。

——同三十多个国家在审计领域内广泛开

展了交往活动。我国审计机关加入了最高审计机关国际组织和亚洲组织，成功地在北京举办了最高审计机关亚洲组织第五届大会和第四届国际研讨会。中国内部审计师学会参加了国际内部审计师协会。通过各种对外交往活动，扩大了我国审计工作在国际审计领域的影响，学习和借鉴了外国审计工作的方法和经验。

在回顾十年来审计工作成绩的同时，我们应当看到，审计工作还存在不少困难和问题。在发展社会主义市场经济条件下，建立与之相适应的审计监督制度的任务还很艰巨，需要进一步探索；审计法制还不够健全，审计机关依法独立行使审计监督权有时受到影响；审计机关现有人员的数量和素质同工作任务要求还不相适应。这些都需要我们继续艰苦努力，认真加以解决。

过去的十年，是审计工作开拓进取、逐步发展的十年，广大审计人员为此作出了积极贡献。我代表审计署向辛勤工作在审计战线的全体同志致以崇高敬意和亲切慰问！

各级审计机关的建立和审计工作的发展，得到了有关部门的大力支持。财政部和地方各级财政部门，根据国务院的决定，在筹建审计署和地方审计机关的过程中，做了大量工作，为审计机关的成立和发展打下了良好基础。为了审计工作的顺利开展，计划、人事等部门都给予了很大帮助。我代表审计署，向关心、支持审计工作的各部门表示衷心感谢！

二

实行社会主义条件下的审计监督，在我国是一项崭新的事业。经过十年来的探索和实践，初步建立了审计监督的基本制度，打下了工作基础，积累了许多经验，在审计理论研究方面也有了进展。在近两年我们制订的《审计工作发展纲要》和《关于强化审计监督的意见》中，对这些经验进行了初步总结，主要有以下几个方面：

（一）坚持履行审计监督职能，为发展经济服务。经济建设是党和国家的中心工作，审计机关应当根据《宪法》的规定，履行自己的法定职能，通过对财政财务收支的审计监督为经济建设服务。这是经过几年实践，各级审计机关和广大审计人员统一了的认识。我们在任何时候都要坚持履行审计监督职能，维护国家财经法纪，促进国民经济健康发展。

（二）围绕经济工作中心开展审计工作。审计机关是政府领导下的一个部门，必须通过发挥自己的职能作用，紧密围绕各个时期的经济工作中心开展审计工作，作出成绩，才能成为党政领导的得力助手和参谋。也只有这样，审计工作才能充分发挥在加强和完善宏观管理中的应有作用，更好地服务于经济工作中心。

（三）坚持依法审计原则和实事求是处理问题。发展社会主义市场经济，必须有健全的法制。依法审计是审计监督的基本原则。审计机关应当依法独立行使审计监督权，维护国家财经法纪，保障社会主义市场经济的顺利发展。在改革的进程中，不断出现新的情况和问题，有些法规有时会出现滞后现象。因此，在坚持依法审计的前提下，必须实事求是地处理审计查出的问题，做到原则性和灵活性的统一。

（四）从宏观着眼、微观入手进行审计，发挥审计监督在宏观管理中的作用。审计机关是专门行使财经监督职能的部门，地位比较超脱，这有利于对财政金融等经济管理部门进行审计监督。要通过审计查处问题，分析产生的原因和提出建议，促进宏观调控措施的落实，完善财经法规，实现为加强宏观管理服务。

（五）突出审计重点，讲求实际效果。任何工作都要抓住重点。审计机关是综合经济监督部门，审计的领域宽广，审计对象众多，因此审计工作更加需要突出重点。应当主要审计财经管理部门、地方财政、国有重点企业、重点建设项目和农业等重点专项资金，不要单纯追求扩大审计覆盖面，以求更有效地发挥审计监督在宏观管理中的作用。

（六）审计监督的主要目的是改进今后，防患未然。审计监督一般是事后监督，依法查处违反财经法纪问题，揭露经济管理中的矛盾，但这不是审计监督的最终目的。应当在查处问题、揭露矛盾的基础上，分析产生的原因，研究提出改进经营管理、健全法规制度、堵塞工作漏洞、加强宏观调控的意见和建议，从而从根本上防止和减少问题的发生，促进提高资金使用效益。

三

党的十四大确定，我国建立社会主义市场经济体制，要加快政府职能转变，在改革计划、投资、财政、金融等管理体制的同时，强化审计和经济监督，健全科学的宏观管理体系与方法。我们要认真贯彻十四大精神，充分认识强化审计监督的必要性和迫切性，进一步加强和改进审计工作，更好地为建立社会主义市场经济体制服务。

根据党的十四大要求，到二〇〇〇年，应当初步建立起与社会主义市场经济体制和运行机制相适应的审计监督制度。各级审计机关和广大审计人员要为实现这一目标努力奋斗。要通过强化审计监督，维护国家财经法纪，促进改革开放健康发展；促使合理使用资金、讲求经济效益和国有资产保值增值；监督宏观调控措施的执行，并反映执行中的问题，促进其加强和完善；监督政府部门勤俭办事，加强廉政建设。所有这些，都是为了使审计监督在宏观管理中充分发挥作用。这标志着审计监督已进入一个新的发展阶段。各级审计机关和广大审计人员，要认真学习建设有中国特色社会主义的理论，进一步解放思想，实事求是，在审计工作中自觉地贯彻执行党的基本路线。要增强改革开放意识，克服因循守旧思想；要增强宏观意识，克服就事论事的思想方法；要增强法制观念，克服执法随意性，以使审计监督更好地适应发展社会主义市场经济的要求。

为了发挥审计监督在宏观管理方面的作用，今后审计的重点是：国务院各部门和各级地方政府管理的国家资金和借月的外资，国家和地方金融保险机构管理的信贷资金和保险基金；重点企业国有资产的保值增值；重点建设项目投资；农业、科教、社会保障等专项资金。要加强审计法制建设，我署负责起草的《审计法》草案，要尽快报国务院审核；要草拟和制定与之相配套的审计法规和专业审计规章制度；要严格依法进行审计监督，使审计工作走上法制化、制度化、规范化轨道。要加强审计队伍建设，采取各种方式，对审计人员，特别是县以上领导骨干进行培训，进一步提高其政治、业务素质。要认真加强精神文明建设和开展反腐败斗争，使审计队伍经得起建立社会主义市场经济和改革开放的考验。要推动和指导部门、单位建立和改进内部审计制度，完善自我约束机制，围绕提高经济效益深入开展内审工作。要通过注册审计师协会加强对审计事务所、注册审计师的管理、监督和指导，推动其健康发展，使社会审计组织真正成为民间的自律性的中介组织。要加快计算机审计的开发和应用，促进提高审计工作效率，推进审计工作现代化。要积极开展审计对外交往活动，从我国的实际情况出发，研究和借鉴国外审计工作方法和经验。

最近党中央、国务院为巩固、发展大好形势，针对经济加快发展中出现的一些突出矛盾和问题，作出了深化改革，加强、改善宏观调控的决策；同时根据党政机关存在着腐败现象，有些方面还在滋生和蔓延的情况，对开展反腐败斗争作了部署。审计机关要坚决贯彻党中央、国务院的决策和部署，依据法律规定的职责，积极主动开展审计监督，严格执行法纪，保证中央措施的落实和政令的统一。

审计署对贯彻落实中央六号文件已作出部署，要求集中力量抓好以下几项审计工作：

一是加强金融审计。重点检查国家金融机构清理和纠正违章拆借、挪用信贷资金办经济实体等执行情况，促进整顿金融秩序，严肃法纪，认真执行“约法三章”。二是搞好财税审计。重点审计和调查对地方越权自定减免税收政策和以各种方式承包流转税问题的清理纠正情况，促进财税部门加强管理，严格执行财经纪律。三是坚持新开工建设项目资金来源审计。重点检查今年以来新开工建设项目资金来源是否正当、落实。对地方政府决定停缓建项目，进行跟踪审计，促进停缓建决定的落实。四是改进企业审计。为贯彻落实《全民所有制工业企业转换经营机制条例》，加强审计监督，审计署和国家经贸委、体改委已联合下发了文件。现在要抓紧调查研究，制定具体贯彻落实文件要求的办法。五是地方审计机关要积极参加本级政府为贯彻中央六号文件统一组织进行的其他审计工作，努力完成政府交办的审计事项，发挥审计监督在宏观管理中的作用。

最近，中纪委第二次全会部署了开展反腐败斗争，这是当前政治生活中的一件大事。审计机关要认真领会和贯彻落实中央指示精神，深刻认识开展这场斗争的重要性、紧迫性、艰巨性和长期性。审计机关虽不是经济管理部门，但在社会上存在不良风气和腐败现象滋生、蔓延的情况下不可能不受到影响，存在这样或那样的问题。各级审计机关要按照中央的部署和规定，积极开展反腐败斗争。各级领导干部要按照“五不准”的要求认真进行检查，对违犯法纪的，要依照党纪国法严肃处理。通过这场斗争，狠刹歪风，弘扬正气，把审计机关廉政建设向前推进一步。同时，要加强对党政机关和司法部门、行政执法部门和经济管理部门的审计监督，发现领导干部有违反“五不准”等规定和搞不正之风等严重问题，要及时提请纪检、监察等部门严肃处理，促进党政机关及其工作人员廉政勤政。

同志们，我国审计工作已步入一个新的发展阶段。我们要在党中央、国务院的领导下，进一步解放思想，勇于探索，艰苦奋斗，乐于奉献，加快改进审计工作，努力实现强化审计监督，为建立社会主义市场经济体制做出新的贡献！

李金华副审计长在审计署驻地方特派员会议上的总结讲话

（一九九三年十月二十六日）

我们这次特派员会议开得是比较好的，达到了预期的目的。总的看，认识基本上是一致的，也提了许多好的意见。回去后我们再认真研究，对文件认真修改。会上有几个特派办发了言，我听了很受教育。希望各特派办结合总结自己的工作，把好的经验支持下去。同时，吸取其他特派办一些好的作法，使我们的工作做得更好一些。会议在武汉召开，武汉特派办全力以赴，做了大量的工作。我代表在座的同志们，对武汉特派办表示感谢。

我想结合会议讨论的一些问题，谈谈个人的看法，供同志们参考。

一、关于资产负债审计和财务收支审计的关系

关于这个问题，赵连栋同志在会上讲了几条意见，我原则赞成。我个人看，目前还是维护全国审计工作会议上讲的意见，二者基本上是一致的。现在是两种观点，一种认为两种审计不是一回事，另一种认为两种审计是一回事。当然，可能还会有其他一些看法，总的是这两种观点。我看两种观点都有一定的道理。我觉得两种观点的参照系数不同，或者说，是由于对财务收支审计内涵的理解不完全一样而产生的。我倾向于资产负债审计和财务收支审计是一致的看法。因为财务收支审计，就是审计企业财务收支的真实、合规、效益。而资产负债、损益是企业的财务收支活动在某一个时刻的静态反映。企业整个资金运动、财务收支活动是一个不断变化的过程。我们只是在某个时刻，把财务收支作为一个静态，通过财务报表的形式把它反映出来，实际上它是企业经营活动和财务收支在某计划期末的结果。因此，作为财务收支审计，当然要审计企业的资产负债、损益的真实性和合规性。西方国家一直采用的是借贷记帐法，它的主要财务会计报表是资产负债损益表。但西方国家好象没有资产负债审计这个提法。按一些教科书讲，财务审计包括的内容很广，现在我们资产负债损益真实性审计就其内容来说，仍没有超出财务审计的范围。从这个角度讲二者是一致的。也有同志认为，我们现在所讲的资产负债审计和财务收支审计不是一回事。我理解，持这种观点的人，是针对前一阶段我们对企业的财务收支审计内容而言的。我国审计机关成立以后，开展较早的就是企业审计，审计重点又是

放在查处违纪问题。大家知道,1986年底向国务院汇报时,吕培俭同志提出,根据我国当前情况,应把维护财经法纪作为我们财务收支审计的重点。姚依林同志非常赞同。从那以后,财务收支审计主要是检查违纪问题。因此,长期以来,很多同志就把财务收支审计仅仅看成是查处违纪。当然,有些地方也涉及到企业的虚盈实亏等问题,但主要是查处企业在财务收支过程中的违法违规问题。我们过去的财务收支审计,是在计划经济体制下进行的。在计划经济条件下,国家主要财经法规是调整国家和企业以及企业内部的分配关系的。我们也主要监督企业是否在分配上损害了国家利益,如是否扩大了成本开支范围,是否依法交纳税金等。因为在计划经济条件下,国家既是所有者,又是经营者,国营企业能干什么,国家都规定得非常具体,所以我们就监督这些非常具体的法规是否被违反。随着企业经营机制的转换,国家对企业的关系产生了变化,国家是所有者,企业作为独立的经济法人,对国有资产有支配权、自主经营权。国家怎么控制呢?主要控制国有资产是否保值和增值。至于经营的成本支出、费用分摊,企业有很大的自主权。新的《两则》作了新的规定。我们监督的重点应该转到产权关系上,使国家资产不受损害。所以我觉得,过去讲的财务收支审计是在计划经济体制条件下不很全面的财务收支审计。现在我们讲重点要放在对国有资产是否保值增值这个内容上。当然还是以企业的财务收支为基础,你离开财务收支怎么知道企业的资产是否保值、增值了呢?因此我们现在讲的财务收支审计与过去实行的财务收支审计在目的、方法、手段上有许多不同。既然是财务收支审计,为什么提出资产负债审计呢?这是在一定历史条件下出现的。一是因为国营企业转换机制条例是这样提的,二是为了强调我们必须改革企业审计方法,强调新形势下对企业审计的重点内容。这样就出现了对企业资产负债损益进行审计的提法。从广义上讲,从本质上讲,资产负债损益审计就是财务收支审计,和我们原来所进行的财务收支审计也有所区别。我们要在一定的历史条件下去研究问题,很多东西有过渡性。譬如,我们过去有很多提法,如厂长离任审计、承包兑现审计等,它对指导当时的工作确实起着很好的作用。但随着历史的发展,有些提法会慢慢消失掉。但是,许多事情不管怎么变,万变不离其宗。目前世界上审计分类主要是两大类,一个财务审计,一个绩效审计。我个人看,绩效审计是财务审计分支出来的。总之,审计主要分这么两类。当然,从横的、纵的,不同角度去分类就比较多了。

再说两个延伸问题,这也争议了很长时间。我认为两个延伸是在一定历史条件下的效益审计,是在财务收支基础上的一种局部的效益审计。但不是书本上的、完整意义上的效益审计。为什么不提效益审计呢?当时,我们有所顾虑,怕笼统提效益审计,弄不好大家就把书本上的那种效益审计搬来,全面搞效益审计,但实际上没这个条件,客观上,主观上都做不到。因此,我们就根据当时的情况,为了帮助、促进企业加强管理,提高效益,提出一个针对性很强的概念。但这个概念总属于某个更大的概念,它实际上是一种效益审计,只不过是抓住某些方面、某些环节进行的效益审计。

当前企业审计,面临很多困难,这是客观存在的。因为我觉得,对企业的资产负债损益进行审计和评价,对国有资产是否保值增值进行全面分析,它本身要求具备一定的客观条件,比方说,为界定产权关系而进行的清产核资。现在一个企业到底国有资产有多少,很难说出一个准确的数字,同时,应该有统一的会计通则和财务准则,要有统一的审计标准,企业要具备独立的法人地位;再者要有很多配套法规。当前要想进行全面的资产负债损益的真实性合规性审计,对企业国有资产是否保值增值作出全面的评价,客观条件不具备或者不完全具备。所以不是同志们无能,客观上有很多困难。当然,我们也还缺乏经验。有些同志觉得企业审计削弱了,我不这么看。对企业审计效果不能单纯看查处了多少违纪,没收了多少钱。今后我们也不可能向企业收那么多钱。我们要积极探索,在这方面迈出新的步伐。

当前对国有企业的审计到底怎么搞？署里会逐步提出些具体意见、方法。这里我说一说个人看法，一是企业审计的目的是明确的，即保证国有资产的安全性，有效性，监督企业的国有资产是否保值，是否按应该增值的幅度增值了，这个不要动摇。全面评价是否保值、增值有困难，怎么办呢？当前主要检查企业国有资产流失问题。因为这是一个重大问题，至今没有解决，甚至还在发展。要研究当前国有资产流失环节在哪儿，我们审计的突破点应放在这些地方。审计中要处理好几个关系，一是微观审计与为宏观服务的关系，要着眼于宏观，着力于微观。资产负债、损益是否真实是一个基础，不能回避。但资产那么多，我们不可能都去清仓查库，这就要研究方法问题。我常想，国外的注册会计师对企业资产负债表，凭什么审签呢？他审签要负法律责任，他凭什么说资产负债表是真实的呢？他总有些方法。不同行业不同企业有不同特点，建议同志们根据不同行业、不同企业研究出些办法来。就是说，要研究如何掌握关键部位、关键环节，关键资产，要通过这些，掌握全面。我们还要在微观审计上下功夫，通过大量微观审计最后提出我们在宏观上的意见，比方说，我们审计若干个企业，对国有资产流失状况、流失的形式掌握得很清楚，就可以提出对策。最近广州办搞了个总结材料，这个材料不错。大家都应在这方面下功夫。

第二，检查真实性与检查合规性的关系。我们不能把检查真实性与检查合规性对立起来、割裂开来。检查企业资产负债损益真实性，本身就包括对财务收支的违纪问题要进行审计和作出适当处理。不真实就是不合规，所以真实性与合规性之间是相互渗透的，不是截然分开的。当然真实的东西不一定是合规的，但是合规的东西必须是真实的，假东西还讲什么合规？所以对资产负债、损益真实性审计，检查国有资产保值增值并不排除查处企业的违纪问题。但属于企业自主权的问题不要去干预，必须按照社会主义市场经济体制的要求，按照新的财务会计准则来衡量企业是不是有违纪违规问题，若有也得处理。至于哪个企业重点检查什么，还可根据实际确定。我不赞成说这个企业我搞财务审计，那个企业我搞资产负债审计，这容易引起混乱。查处违纪，也要抓要害问题，首先要看有无弄虚作假、虚盈实亏，人为造成国有资产流失等问题。

第三，国家审计和社会审计的关系。二者不是同一层次的分工关系。一个是国家监督，一个是社会监督；一个是国家机关，一个是中介组织。按照社会主义市场经济体制要求，除有专门法律规定外，所有的国有企业都应该通过中介组织的审计，同样，所有的国有企业都应该是审计机关的监督对象。由于当前社会审计力量不强，国家审计力量也不足，加上法规也没那么健全，因此，我们提出有一部分国有企业由国家审计机关加强直接审计，另一部分可要求企业去委托社会审计组织对它的会计报表进行检查，审计机关进行抽审。署里每年订计划可以确定一些企业。我认为确定本身并不难，难的是企业接不接受。法律也没有明确规定。这要求我们做工作。确实做不通的，也可以放一放。他不委托社会审计，我们就去审，审出有问题用事实教育他，也可以叫“以审促托”。这项工作，估计困难不少，要尽量做工作，使更多的企业能理解这一点，允许有一过程。

第四，关于全面评价和突出重点的关系问题。有条件的应该作出评价，是违纪问题按违纪处理，没有问题总得给人家一个说法。但是，要突出重点，审计什么就评价什么，审到什么程度就评价到什么程度。不能以点代面，更不能用企业提供的，未经证实的材料去作全面评价。

最后说一下外部审计与内部自查的关系。我赞成提倡企业自查。对企业资产负债损益真实性审计是不是只有核对这一种方法？就是核对帐帐相符、帐表相符、帐物相符。这当然是一种方法，但是不是唯一的方法？我觉得还要从其它一些方面去检查。抽查是一个方面，核对也是一个方面，我建议还要看企业是否有健全的内部管理和约束机制。因此，我赞成审计前要求企业做好准备，要求企业进行自查，利用企业自查材料，利用企业内部审计组织材料，要充分发挥企业的积极性。

总之，当前企业审计重点是检查企业国有资产有没有流失问题，但这不排除对企业其它一些严重违纪问题进行审计和处理，应该结合起来。不能把真实性与合规性，财务收支审计与资产负债损益审计对立起来，从本质上讲二者是统一的。

二、关于班子和队伍建设

这几年署党组非常重视特派办的班子建设，实践证明是有成效的。这一点我们要充分肯定。但是，我们也不能满足于现状，在班子建设上仍然有许多工作要做，各位特派员要充分认识到进一步加强班子建设的紧迫性，什么时候也不能放松。最近江泽民、胡锦涛同志都讲了这个问题，讲了班子建设的重要性。我们要认真学习中央领导的讲话精神，提高自觉性，这是第一点。

第二点，当前加强特派办班子建设要注意解决好三个问题：第一个问题是加强学习、提高水平。我们要学习邓小平同志关于建设有中国特色社会主义的理论，学习即将召开的党的三中全会精神，学习经济体制改革过程中的一些具体政策、法规。要通过学习，不断适应新形势的要求。特派办的同志确实是非常辛苦的，但光靠辛苦还不行，还要加强学习。年底工作不要拖得太晚，到十一、十二月要集中一些时间整训、学习。不少同志近几年从地方审计机关、其它部门、企业调到特派办，从处级领导岗位走上正、副特派员领导岗位，工作环境、要求、对象和方法都发生了很大变化。个人本事再大，工作环境变了，也得有个适应过程。如何缩短这个过程？主要是学习，提高自己。这方面我们多数同志做得不错，但也有少数同志，不太适应新职务的要求，问题是这些同志比较少地去研究和学习新的知识、方法和领导艺术，有的同志仍然站在原来位置上思考问题，处理问题，因而较长时间不能进入角色。职务变了，要求一天到位也不现实。但你要努力提高自己水平，不能用原有水平去应付新的职务。不要觉得职务提高了，水平也象车子、房子一样就跟上来了。要看到自己不足的地方。好象列宁说过一句话“职务高不能给人以智慧”。不能凭老本吃饭，到了新的岗位应该有新的、更高的要求。希望在座各位领导能认真解剖自己，看看自己思想、工作等方面缺什么，缺什么补什么，缺什么学什么。一个同志到一个新的地方工作，搞得不那么好，不要怨天尤人，还是怨你自己。说明你自己不适应新的环境。学习应该主要是联系自己的思想实际、自己的世界观，要和改造自己，加强修养结合起来。领导同志的修养很重要。修养问题实质上是个世界观问题，包括很多方面，但品行、思想、作风方面的修养特别重要。因为我们的思想品德、作风如何，关系到审计机关的形象。修养好，在机关威信可能就高一些。跟被审单位打交道，人家就更尊重你。这对提高审计机关的威信有很大关系。有些干部工作蛮积极，但修养差一点，不善于团结人，不善于商量问题，遇到问题不那么冷静，说话很随便，影响不好，威信不高。我们打交道的也都是些大的单位，层次，水平都比较高，如果我们说话不得体，办事不稳妥，甚至出洋相，人家就会对审计机关有看法。我希望我们正副特派员要加强修养，因为你代表国家机关，而且是中央机关，形象很重要，这是一点。

第二个问题是，要加强民主集中制，增强凝聚力。民主集中制是我们党和国家的根本制度，这几年我们在每次特派员会议上都讲。应当说多数特派办在这方面是好的，班子团结，有凝聚力，队伍状况也比较好，在地方和被审单位印象也不错。但也要看到有少数特派办的班子并不是那么协调，因而凝聚力也不那么强，这一点搞不好，队伍也不可能带好。加强队伍建设，首先要加强班子建设，班子建设首先要坚持民主集中制，加强班子的团结和协调。应该说，我们特派办组建时间不长，领导成员在一起共事时间不长，没有什么恩恩怨怨，之所以有些不协调，主要是工作上的问题，这包含两个方面，一个是如何执行民主集中制，另一个涉及到领导个人的素质和修养。我们实行特派员负责制，特派员负责制和委员会制不完全一样。但是，特派员负责制并不排斥民主集中制。还要坚持群众路线，重大问题集体讨论，集中多数人的正确意见，实行集体领导。特派员负责制不是特派员一个人说了算，这个道理大家都知道。特派办如何贯彻好民主集中制，重点是要处理好特派员和副特派员之间的关系。作为特派员，对特派办的工作要全面负责，特派员对审计署负责。对特派员我要提两点要求，第一条就是要建立和坚持民主集中制的各项具体制度。办事要有制度，行使职权也要有制度。这些事怎么办，那些事怎么办，哪些事情经过会议讨论，应该有制度。特派员办事最忌随意性。该开会讨论的开会讨论，该征求意见的征求意见，该报批的报批。开会要有记录，什么会什么人参加，甚至什么问题谁来做记录，都得有规定。如署里就规定，党组会议一般由党组秘书做记录，讨论人事由人教司做记录，记录保存在什么地方，都是很明确的，现在我们许多特派办的制度都建立起来了，有的还出了书。但要坚持，不要做表面文章。第二条，就是要善于调动和发挥每个副职的作用，大胆放手地让他们工作。特派员要能够放手一些，超脱一些。不论在会上讨论问题，在下边征求意见，要注意听不同意见，实行正确的集中。在重大问题上有分歧的，除非很急的事，一般不要急于做决定。解决问题有个过程。有些重大问题，当然也可以把各种不同的意见报告上级组织，让上级组织来裁定。一是按制度办，二是充分听取各方面意见，特派员决定问题就不会出现大的失误。作为副特派员，应该是在特派员领导下，协助特派员做好各项应做的工作。副特派员也应该做到两条。一是积极主动。就是要主动地做好你分管的工作。遇到问题，首先提出看法，最后由一把手定。不能遇事不表态，都推给一把手，这样特派员也很难办呀。作为副手，到你这儿的文件，应该认真研究，提出你的看法和建议，再请特派员审定。中间环节不能当甩手掌柜，文件来了，画个圈，请领导批示，好象没你的事似的，这不行。特派员应该对副特派员有个要求，你分管的事，你说怎么办，你提出来，然后再来研究定。据了解，现在我们一些处长也是这样，下边报来文件，画个圈，请领导批示，什么意见都不提。有的文件本来就不行，也不改，就直接送到领导那儿去，领导怎么受得了啊！各级应该有各级的责任，不合适的文件要退回去。我们每个领导要把自己摆在非常负责的位置，至于说个人确实就是那么个水平，尽到最大的努力了，也无可非议。所以我觉得副职的第一条，要积极主动，要尽到自己的责任。副职应该自觉地多为一把手分担一点压力。对于副职工作中的不足，正职也应主动帮助承担一些责任。有些特派员是很累的，事无巨细，什么事情都得经过他。这里我也坦率地讲，我们有些特派员也过于客气，对副职没有严格的要求，这是你特派员的责任。副特派员有不同看法，应该在会上讲出来。有的人说，我在会上不敢讲，怕传出去人家对我有意见。我的态度是第一反对，第二不怕。要反对把不该往外传的内容往外传，但是传了也不怕。既然在会上敢讲，在会下也敢讲。研究个人该不该提拔，在会上不同意，会下你来找，我也不同意。会上不发表意见，会下嘀嘀咕咕，就不对了。有话摆在当面，同意就是同意，不同意就是不同意。工作主动、大胆坚持自己的观点，我觉得这两条很重要。不利于团结的事情，坚决反对，坚决不能同情和支持。第二，我希望副特派员要甘当配角，把自己放在助手的位置上。什么意思呢？就是副职要围绕一把手开展工作。一旦特派员做出决定，就应该认真地执行，有重要的不同意见，可以向上反映。但是，必须先按决定的去执行。错了，特派员负责。即使有些问题定的不那么准确，只能补台，不能拆台，只能想法把工作搞好，不能出难题，看笑话.更不能在下边搞小动作，或者把矛盾散布到群众中去，或者把一些工作上的问题，说成人与人之间的关系问题，现在这个风气很不好，明明是工作上的问题，硬要说成人与人的关系问题，谁的意见得不到支持或受到批评，就怀疑有人整他，甚至耿耿于怀。人与人的看法总会有不同之处的，不同看法大家摆到桌面上，这是很正常的。开展批评和自我批评是我们党的优良传统，不能把这些都说成是个人关系问题。副特派员在决定一些重要问题时或在重要场合发表意见前，要征得特派员的同意，因为现在我们审计的层次比较高，财政审计、金融审计，政策性很强，有的是在省长、副省长在场的情况下，我们发表意见，要非常慎重。特派员办事不能有随意性，副特派员办事也不能有随意性，不能在一些重要场合发表没有商量过的意见。有些研究过的意见要更改，也应该经过讨论，如果很紧急，起码几个领导要商量一下，不能谁想改变就改变。特派员也一样，你改变自己的决定，也得跟大家商量一下。所以，领导之间要经常碰头，遇事多商量、多通气。正职对副职本人有些不足的地方要及时地指出来。正职对自己要严格要求，对副职也要严格要求。即使正职有些事情说的不那么准确，副职也应该以一种宽阔的胸怀去正面理解。作为正职，讲问题，处理问题，要弄清情况，讲究方法，有利于调动积极性。总之，我希望特派员、副特派员之间，要互相尊重，宽以待人，互相关心、体贴，都要大度一点，常言说君子坦荡荡，小人常戚戚。有很多事，不是一维的，有时是多维的，这样也行，那样也行，目的达到就行了。为什么一定要坚持自己的意见呢？有些事有互补性，你是这个意见，他是那个意见，作为一把手，要考虑这些意见有什么共同点，或有什么可以互相补充的，把它集中起来。这样，皆大欢喜，你的工作也就更全面了，千万不要凭感情用事。你说东我非说西，你说一我非说二，好象不能兼容似的。遇到问题，多从对方考虑，有什么道理，切忌形成一种对立情绪。

第三个问题是希望同志们自觉接受监督。任何一个领导都不是完人，应该有监督。一要接受上级机关的监督，办事要遵守上级机关的规定。将来我们要搞一个报告制度，规定哪些要报告。为什么要建立报告制度呢？一是要自觉地把自己置于上级的监督之下，同时，我们也想给同志们承担点责任，有些事情，不办不行，办起来也很为难，你们给署里报告一下，我们也给你们承担一点责任。二要接受机关党组织的监督，要经常听听机关党组织的意见，尤其是考察选拔干部、机关管理工作等一些重要的决定，听听机关党组织的意见。机关党组织应该经常听取广大党员、群众的意见和要求，民主生活会之前，要按规定，请机关党组织征求大家意见，并把意见转告本人。三要接受群众监督。很重要的一条，就是增强办事的透明度，涉及群众利益问题，涉及一些大的全局问题，有些应该听取大家意见，有些要把制度公布于众，有些可以让群众自己推选人来办，群众参加管理。四要接受被审单位的监督，要遵守审计工作纪律。

关于队伍建设，马怀平同志已经讲了。队伍建设这几年是有成效的，但是发展也不平衡。我们还是要把队伍建设这项基础工作抓住。队伍建设要突出一个重点，抓住三个环节。突出一个重点，就是突出抓业务骨干，特别是培养一批年轻的、有发展前途的骨干力量。如果我们有一支比较年轻的骨干力量，我们后劲就比较大，就不会出现后继乏人的问题。抓好三个环节，一个是进人环节，要有计划、有要求，按计划选调人员，坚持考试和考核结合。在进人问题上，不能没有制约，这是很重要的一关。我们现在有些特派办比较好，队伍比较整齐，主要在这个问题上抓的比较好。除了是真正的业务骨干，一般都要考试，要有个办法。这个推荐，那个推荐，怎么办？只有用制度来卡。第二个环节是抓好干部的教育和培训。一是抓好党的基本路线的教育，主要结合贯彻一些重要的会议、中央的文件来进行。第二是进行职业道德教育，特别是围绕培养审计干部艰苦奋斗、克服困难、积极开拓精神进行教育。第三是审计业务培训。教育要同日常的思想政治工作、党的建设、业务工作、建章建制、执行纪律、机关服务等各方面结合起来。经常性的思想政治工作要和搞好机关的后勤服务，帮助职工解决实际困难和开展一些有益的文体活动结合起来。现在年轻人多，而且学历比较高，得用多种方式做工作，老在那儿学习不行，思想教育应多样化一些。要组织大家开展有益的集体活动，当然不能搞高消费的娱乐活动，要因地制宜，因陋就简。第三个环节是要抓好制度建设，建立科学的用人制度，管理制度，形成一些竞争机制等。实行目标管理，大家基本同意。其目的是调动和激励各办事处努力把审计工作搞好，这是衡量我们好差的主要标志。既要真实反映情况，又要激励大家进取，不影响团结，不要繁琐。对干部应该择优选择，择优晋升，能上能下，少数优秀的年轻同志应该破格提拔使用。有些特派办开始进了一些不很合格的人，对这些同志，要采取措施，加强教育，严格要求，首先班子内部要统一看法，到底你这个特派办哪几个人工作不负责任，不守纪律，业务又不行，要分析一下，有针对性的做工作，或者送去培训，或者换到力所能及的工作岗位上，有条件的跟地方商量，能交流出去也可以。对这些人，我们要做转化工作，要加强教育。个别屡教屡犯，老是不守纪律的，该处理要处理，根本不能在机关工作的，要采取坚决措施。不闻不问，放任自流是不行的。关于廉政建设，从这几年我们工作的实践来看，只要认真抓，是可以取得成效的。昨天有几个特派办介绍，讲得很好。另一方面，我们要清醒地认识到，我们在廉政建设上还存在一些问题。如何搞好廉政建设，重要的还是两个方面，一要贯彻中央、国务院的要求，请各特派办按照审计署和地方党委的要求，把当前必须抓好的几项工作认真抓好，搞好自查自纠。对有些共性的问题，如事务所和机关脱钩问题，经商办企业问题，按中央的要求进行整改，地方有明确规定的，按地方规定办；对群众反映出的问题，要一件一件地查清，该处理的要认真处理。署和地方交办查处的问题，要认真地查处，及时汇报，坚决贯彻中央反腐败的要求，把工作做好。二要针对我们存在的一些问题，制订整改措施。在这个问题上，从我主观愿望来说，对特派办的要求，比署机关更要严格一些。因你们处在第一线，有的事影响很大，要求要严格。严在什么地方，主要是审计纪律；另一方面，对特派办职工的福利，我也希望比机关办得更好一些。为什么要办得更好一些？因为你们更辛苦。请各特派办根据中央要求，回去研究你们加强廉政建设的措施，拿出具体的、可操作的意见，主要是审计工作纪律。年底前报到署里。根据我们审计机关的特点，廉政建设的重点是抓审计纪律，处理好我们同被审单位的关系。我们去监督人家，应该平等待人。我们要依法审计，实事求是，防止搞人情审计，甚至以审谋私。只要这方面不出大的问题，我们在廉政方面就不会出大的问题，所以我们要抓住关键，处理好与被审单位的关系，要有些规定。现在我最担心的是财政审计。接待的规格比较高，违纪问题的数量一般都比较大，我们都是跟地方政府打交道。在这个问题上，我们首先应该做到依法审计，在大的问题上，要如实反映，坚持原则。比如跟地方交换意见，有的讲，我们向地方政府做了汇报，地方政府作了指示。这些提法不当，审计交换意见，不是汇报和指示，因为这是审计和被审计的关系。当然，我们也要认真听取地方意见，处理问题要实事求是，对地方的实际困难也不能一概不予考虑。但是，关系处理要得当。另外，有些问题不算大，也要注意，比如说吃饭、住宿交钱的问题，要按规定办。总之审计现场纪律一定要严格，不能有任何放松。我希望在这方面既要有严格要求，又要有具体规定，只讲要求严格，没有具体规定不行，光是说大话不解决问题。不仅有具体规定，还要经常检查，出了问题就及时处理。今后没有很特殊情况，或者审计的需要，不能让被审单位请我们出国。另一方面，希望我们加强内部财务管理、物资管理，特别是基本建设、物资采购、器材修理，都要加强管理，要防止出这样那样的问题。廉政建设要实行责任制，层层负责，在这方面出了问题，不仅要追究责任人的责任，还要追究领导人的责任，这是中央反复强调的。总之，对职工一要严格要求，二要关心爱护，开前门，堵邪门。

最后，我讲几个具体问题

关于明年的工作，署里正在开一个座谈会，会后还要通报，发个文件。按照署里的要求再研究。我想明年有一个重要任务就是学习。三中全会以后，要吃透这次会议的精神。要研究改革中出现的新情况，根据新的变化，研究我们审计该怎么办。我们要坚定信心,克服困难,开创更新的局面。不管文件上写不写,领导讲不讲,我们依法行使职权,要拿点成果出来,让领导感到审计确实重要。总之,努力工作,做出成绩,这是根本。同志们在会上提到一些问题,如分工问题、方法问题,随着机构改革深化,我们再进一步研究。有些只能逐步到位。综合司也有所考虑。重要的是要把自身的力量准备好。

关于审计事务所的问题。最近署里发了个通知,加强对事务所的整顿,希望大家按照通知精神办。这里我想再讲几点意见,首先,特派办对事务所的力量要加强,不要把事务所变成纯粹安排老同志的地方。有些快到退休年龄的同志,或者已退下来的同志到事务所工作,发挥了重要作用。但我们不能总是这么干,要逐步让比较年青的同志去事务所担任领导工作,相对而言,这些同志比较有长远打算和开拓精神,骨干也应该配点年青的,如果你能把博士生、硕士生调去就更好。总之,要实行年青同志和老同志的结合,发挥各自优势。署里要给一些政策,请人教司研究一下,给点不带事业经费的编制。现有机关人员到事务所去,按照人员正常调动,将来工作需要,可以再调回来。如果年轻的同志去,他在那儿干得好,待遇比机关也高,劳保福利、养老保险基金都有,他就不一定回来了。再就是要脱钩。所谓脱钩,一条是不兼职,机关干部不要到事务所兼职;第二条是财务要独立,要逐步自收自支。机关跟事务所的关系,应该是“亲兄弟,明算帐”。财务往来,要“出师有名,取之有道”,有道理,有规矩。房屋占用费,还是其它什么费,要有合同,不能成了小钱柜。审计机关不能以事务所的名义去审计,然后收费。有的审计事务所办了第三产业,成了实体,怎么办?目前可以不急于去处理,待有明确规定后再说。但不要利用职权去取得廉价物资,利用职权去经商。事务所要按规定的标准收费,确保工作质量,维护它的信誉。

关于办第三产业的问题。机关不能经商办实体。后勤服务要社会化,将来下编制时,可参照中央对各部的办法下一些附属编制,你们成立服务公司或服务中心,服务公司或服务中心可以办点第三产业。服务中心财务上要逐步同机关脱钩,开始可以给事业经费,全额补贴到差额补贴,再到自收自支。服务中心可以为机关办点福利。有些行政管理职能,如财务管理、房产管理、计划生育、保卫等,可以放在办公室。我讲这些是让大家思想上有所准备,具体怎么办,将来国家还会有具体规定。等署机关“三定”方案批下来之后再研究。

我就讲这些,很多是个人的意见,不对之处请同志们批评指正。

关于当前审计工作的几个问题

——吕培俭审计长在部分省市区审计厅(局)长座谈会上的讲话

(一九九三年十月二十九日)

部分省、自治区、直辖市审计厅局长座谈会今天结束。会上汇报交流了贯彻中央加强宏观调控措施和参加反腐败斗争的情况和经验,讨论了当前审计工作中的一些问题,这对指导当前审计工作,为明年全国审计工作会议作准备很有好处,会议达到了预期目的。现就会议讨论中的问题讲几点意见。

一、正确认识当前审计工作形势

今年以来,在邓小平同志重要谈话和党的十四大精神指引下,我国改革开放和经济建设继续快速发展。新的形势向审计工作提出了新的要求。各级审计机关和广大审计人员,在党委和政府的领导下,解放思想,实事求是,艰苦奋斗,积极开拓,在围绕经济工作中心为宏观管理服务方面,做了大量工作,取得显著成绩,使审计工作进入新的发展阶段后迈出了可喜的一步。

(一)思想上明确了审计监督在建立社会主

义市场经济体制中的地位和职责。党的十四大报告中指出，我国建立社会主义市场经济体制，要强化审计和经济监督，健全科学的宏观管理体系与方法。经去年底召开的全国审计工作会议讨论，审计署制定了关于强化审计监督的十八条意见。传达贯彻后，广大审计人员明确了审计监督要为建立社会主义市场经济体制服务，在宏观管理中充分发挥作用，审计工作正向这方面发展。

（二）审计监督的重点，逐步转向财政、金融和重点建设项目。六月以来，中央针对经济发展中出现的一些突出矛盾和问题，采取一系列加强宏观调控的措施。审计署或会同有关部门先后发出了关于加强金融审计监督、加强对地方财税管理审计监督和加强对新开工建设项目资金来源审计的通知。各级审计机关结合本地情况和党政领导的要求，正在认真贯彻落实，取得了成效。

（三）围绕财政经济活动中的重要问题开展审计和调查。不少地方审计机关选择改革中的试点、经济活动中的热点和工作中的难点问题，如银行农副产品收购贷款的发放和使用，农民负担，粮食企业财务挂帐，执法部门罚没收入，国有土地使用权出让金的收缴和管理，经济开发区的清理，股份制企业和中外合资企业国有资产的保值增值等问题，进行了专题审计和调查，写出了审计报告。向政府反映后，引起了领导的重视，有不少被采纳，对促进加强和改善宏观管理发挥了积极作用。今年一至九月，全国审计调查报告的数量比上年同期增加22%，质量也有提高。

（四）审计工作方法有所改进。为贯彻落实《全民所有制工业企业转换经营机制条例》，审计署和有关部门联合下发了审计监督规定，对企业审计方法作了改进。各级审计机关结合实际情况认真贯彻，已取得一些成效，对企业转换经营机制起到了促进作用。审计署和省级审计机关在审计业务领导方面，减少了统一部署的审计事项，使地方各级审计机关能够按照政府的部署，自行多安排一些审计项目，努力完成政府交办的审计任务，取得了明显成绩。现在看，实行统一领导、分级审计的方法，是适合我国国情的。一些地方审计机关在审计工作的组织领导方面，采取上下结合，统一调配力量等方法，提高了工作效率和质量。不少地方注意了审计工作的时效性，实施审计时，既审上年，又审当年，并提高审计报告的水平，及时向上反映。

今年，各地抓住纪念审计机关成立十周年时机，采取多种形式总结经验，表彰先进，开展审计宣传活动，提高了广大审计人员对强化审计监督的认识，鼓舞了士气，同时扩大了审计工作在社会上的影响。

在充分肯定成绩的同时，应当看到，审计工作同经济体制改革一样，正处在转变和发展过程之中，也存在一些新的矛盾和问题。

（一）今年一至九月，全国审计单位数和查处违纪已上缴财政金额，分别比去年同期下降26.8%和38.1%。有些同志反映，今年审计工作是否滑坡、弱化。我们认为，对此应作具体分析。一是审计监督由重点查处违纪问题向在宏观管理中发挥作用转变，进一步突出了审计重点。其次，相当一部分企业经济效益不高，上缴违纪款项有困难。第三，有些审计机关对改进企业审计方法认识不够全面，执法力度有所减弱。

（二）工作发展不够平衡。对强化审计监督认识比较充分，干部素质比较好，党政领导重视的地方，工作发展就快；反之，发展就慢一些。

（三）审计人员的素质同审计事业的发展不相适应。特别在强化审计监督，要求在宏观管理中发挥作用的形势下，这个矛盾更为突出。

在审计工作的转变过程中，出现一些问题是难免的，但应引起重视。要统一认识，增强信心，发挥主观能动性，认真解决前进中的困难和问题。

二、依照法律规定履行职责，为建立社会主义市场经济体制服务

我国建立社会主义市场经济体制，要加强和改善宏观管理，强化审计监督是其中的重要内容。《宪法》和《审计条例》对审计机关的地位、职能等作了明确规定。在国家颁布的其他法规

和中央下发的有些文件中，也对审计工作提出了要求。这是审计机关进行审计监督的法律、法规和政策依据。但是，党中央、国务院发的文件很多，不可能、也没有必要在每个文件中都提到审计。不能认为有些文件中没有提到审计，对某些有国家财政收支和国有财产的单位就不能进行审计。审计机关应当依照《宪法》和《审计条例》的规定，积极主动地履行职责，依法进行审计。否则，将会形成失职。但是，实施审计监督不能超越权限，更不能滥用职权。

三、围绕经济工作中心开展审计监督

近几个月来，党中央、国务院着重抓对国民经济加强和改善宏观调控，加紧研究深化各项改革，建立社会主义市场经济体制，部署反腐败斗争，推进廉政建设。审计机关要围绕这些大事开展工作，有所作为。这是审计工作做得好坏的重要标志。今后一段时间内，要继续贯彻落实中央六号文件和开展反腐败斗争的精神，集中精力抓好以下几项审计工作：一是加强金融审计，促进整顿金融秩序，严肃法纪，认真执行“约法三章”。对查出问题和处理，要注意区别中央六号文件下发前后的界限。二是搞好财税审计和调查，促进财税部门加强管理，严格执行财经纪律。财税审计的侧重点，要考虑放在预算外资金包括财政信用资金的管理和使用上。三是坚持新开工建设项目资金来源审计，对有些地方政府决定停缓建项目进行跟踪审计，促进控制固定资产投资规模。有些地方反映，进行这项审计有困难，但要看到，这在当前是十分必要的，应积极开展。四是改进企业审计方法，促进企业转换经营机制。当前要抓紧研究解决操作方法落实和防止国有资产流失问题。五是贯彻落实中央关于反腐败斗争的部署，加强对政府领导机关、司法部门、行政执法部门、经济管理部门财政财务收支的审计监督，促进加强廉政建设。六是围绕党政领导关心的重要财经问题开展审计和调查，发挥审计监督在宏观管理中的作用。

深化财政、金融、投资等体制改革，财税、银行、计划等部门是主角。审计机关要找准自己的位置，主动配合有关部门搞好改革。对这些部门在贯彻执行国家宏观调控措施和深化改革中出现的问题，特别是他们容易忽视的问题，要及时向政府和上级审计机关反映，促进宏观调控和深化改革措施的落实。

各级审计机关和广大审计人员要扎扎实实，埋头苦干，多做实事，抓出成果，不搞形式主义和表面文章。要围绕经济工作中心，结合本地实际情况，集中力量每年办成几件能在宏观管理中发挥作用的事情。要讲求工作深度和时效性，加强综合研究工作，提高工作质量。进行审计，要注意审计当年的情况，并抓紧写好报告，向上反映。各地审计机关向本级政府报送的审计报告，应当同时报送上级审计机关。领导干部要深入基层，加强调查研究，解决工作中遇到的问题，推动审计工作的发展。

建立社会主义市场经济体制需要进行较长时间的探索。在探索过程中，新情况、新问题会不断出现，许多法律法规有待制定和完善。因此，审计查处违反财经法纪问题，既要坚持依法审计原则，加强执法力度，该处罚的处罚，又要具体问题具体分析，实事求是地进行处理。要做到事实清楚，证据确凿，运用法规适当，既严肃又谨慎，把原则性与灵活性很好结合起来。

四、在贯彻《注册会计师法》中加快审计事务所的发展

八届全国人大常委会第四次会议正在召开，将要审议通过《注册会计师法》。该法草案第四十三条规定：“在审计事务所工作的注册审计师，经认定为具有注册会计师资格的，可以执行本法规定的业务。其资格认定和对其监督、指导、管理的办法由国务院另行规定。”该法颁布后，审计署将抓紧草拟关于在审计事务所工作的注册审计师取得注册会计师资格的若干规定，报国务院批准后执行。

现在审计事务所的注册审计师与会计师事务所的注册会计师从事的业务基本相同。在建立社会主义市场经济体制的过程中，两所、两师都需要大力发展。理想的解决办法，应当是制定两所、两师并存的一个法律。但有关部门意见不

大一致，经国务院和人大法律委员会多次协调，在注册会计师法草案中写进了上述一条。人大常委会审议通过后，这个问题基本得到解决。我们认为，在目前情况下，作这样规定，明确审计事务所与会计师事务所具有同等法律地位，在审计事务所工作的注册审计师具有注册会计师资格和会计师事务所的注册会计师依法执行相同的业务，这有利于审计事务所的发展。对这个问题可能会有这样那样的不同看法，我们要做好思想工作，认真贯彻执行全国人大制定的法律。

关于审计事务所的注册审计师，按法律草案的规定可以继续存在，经大家研究，倾向于进一步发展。

五、围绕企业转换经营机制推动内审工作发展

目前，全国已建立四万多个专职内部审计机构和三万多个兼职内审机构，配备九万二千多名专职和十万多名兼职人员。内审工作在促进部门、单位改善内部管理，提高经济效益等方面，做了许多工作，取得了明显成绩。当前的问题是，有些单位的领导对建立内审制度还缺乏认识，一部分内审机构未能充分发挥作用。在转换企业经营机制过程中，有些企业进一步加强了内审工作，也有些企业撤并了内审机构。随着改革的深化，企业走向市场，成为市场竞争的主体，企业的领导会逐步提高健全内审制度重要意义的认识。审计机关要指导内审工作在转换企业经营机制，提高经济效益等方面做出成绩，促进内审工作的发展。要帮助总结和推广经验，加强宣传，推动部门、单位建立健全内部审计制度，完善自我约束机制。具体工作，可按日前在武汉召开的内审工作经验交流会上的部署进行。

六、加强审计队伍建设，保证审计事业的发展

审计事业的发展关键在于建设一支政治思想强、业务素质高的审计队伍。今年许多地方重视干部培训工作，提高干部的政治、业务素质。如对新调入的领导干部进行业务培训，对新开展的审计业务进行研讨，对新的财会制度组织学习，使审计干部的业务水平有了提高。现在的问题，一是人员结构不太合理，审计专业人员相对较少，补充比较困难；二是随着改革开放和经济建设的发展，对审计工作的要求越来越高，迫切需要提高人员素质。各级审计机关和广大审计人员，必须认真学习邓小平同志关于建设有中国特色社会主义的理论和党的十四大精神，充分认识强化审计监督是发展社会主义市场经济的客观需要。要增强改革开放意识、宏观意识和法制观念，进一步加强和改进审计工作，更好地为建立社会主义市场经济体制服务。要加强对审计人员、特别是县以上领导骨干的培训，进一步提高其政治、业务素质，提高政策水平和综合分析能力。审计工作的政策性、专业性、知识性较强，今后审计机关进人，特别是调入领导成员，要严格把关。要选调懂政策、懂专业、懂经济管理的业务骨干，包括一些工程技术人员，不能搞照顾性安排。

关于机构改革问题，审计署的“三定”方案已经基本确定。根据国务院部门机构改革的情况，审计署驻部门派出机构作适当调整。中央编委考虑到审计署属于加强的部门，署机关行政编制精简十名，占现有编制数的百分之二。北京市在机构改革中，贯彻中央强化审计监督的精神，确定市、区、县审计局保持原定编制不变。这些情况，请同志们向党政领导和编委通报。

七、在反腐败斗争中加强审计机关廉政建设

开展反腐败斗争，是当前政治生活中的一件大事。今年九月，审计署从行业角度对审计机关开展反腐败斗争问题发出了通知，各地正在积极贯彻。

审计机关不是管钱管物的部门，但有审计监督权，内部也有管钱管物的单位，如果失去监督和制约，同样会产生腐败。监督别人，自身更要清正廉洁。审计机关建立以来，一直强调加强思想政治工作和廉政建设，制定了审计人员守则和审计工作纪律。总的看，社会上对审计队伍的反映是比较好的。但在不良风气和腐败现象滋生、蔓延的情况下,也存在这样或那样的问题。如有的审计机关同审计事务所人、财、物不分,个别审计人员利用审计职权谋取私利等。各级审计机关要坚决贯彻执行江泽民同志关于反腐败问题的重要讲话和中纪委第二次全会精神,在党委政府的领导下,把近期要抓的几件事情办好。

审计机关经商办企业弊端很多,影响正确履行审计监督职能。已经办经济实体的,要按照当地政府的规定脱钩或停办。审计机关管理的审计事务所要严格执行独立核算、自收自支的规定,在人、财、物方面与审计机关脱钩,不得一个机构、两块牌子,不得相互兼职;审计机关不得指定企业必须经某一审计事务所进行审计,不得把无偿服务变成有偿服务。对过去制定的审计工作纪律,我们准备根据中央的有关规定和当前的实际情况,加以修订。各地审计机关也应根据这个精神,研究修订这方面的规定。

审计机关要自觉接受人大、政府和司法部门的监督,接受人民群众和舆论的监督。同时要加强内部的监督检查,及时发现和纠正滥用审计监督权的行为。各级审计机关和广大审计人员要保持谦虚谨慎的作风,忠于职守,严格自律,把廉政勤政建设向前推进一步。

抓住机遇 艰苦奋斗
开创内部审计工作新局面

——崔建民副审计长在全国内部审计工作经验交流及学术研讨会上的讲话

(一九九三年十月十七日)

这次全国内部审计工作经验交流及学术研讨会是在贯彻党的十四大精神,加快改革开放和现代化建设的大好形势下,由审计署和中国内部审计学会共同召开的。会议的主要任务是,总结、交流内审工作经验、表彰全国内审工作的先进单位和先进工作者,对在企业转换经营机制中如何发挥内审作用进行专题研讨。目的是推动内审工作进一步发展,在建立社会主义市场经济体制中发挥更大的作用。

一、内部审计工作的基本经验

十年来,在各级党委、政府的领导和部门、单位的重视、支持下,内部审计有了较快发展。到1992年底,全国已建内部审计机构8.76万个,其中专职机构5.23万个;已配内审人员24.9万人,其中专职人员11.9万人。河北、辽宁、江苏、山东、河南、湖北、湖南、广东、四川等省的内部审计人员均已超过万人。大中型企业比较集中的煤炭、铁路、邮电、交通、电力、冶金、石油、石化、机械、烟草等系统,内审机构已经形成比较完整的网络。地矿、农业、教育、卫生、金融、司法等系统,内部审计机构也比较健全。广大内审人员认真贯彻党的基本路线,紧紧围绕提高经济效益开展审计工作,不断拓宽审计领域,改进审计方法,提高审计质量,取得了丰硕成果。到1992年底,全国内部审计机构共检查纠正各类违纪金额412亿元;减少损失浪费135亿元,促进增收节支159亿元;查出万元以上贪污受贿案件7545起,移交司法机关处理10649人,移交监察机关处理15753人。内部审计在严肃财经纪律,改善经营管理,提高经济效益,促进廉政建设等方面发挥了积极作用。总结十年来内审工作经验主要有以下几个方面:

第一、经济越发展,审计越重要,实行内部审计制度是社会化大生产和商品经济发展的必然。我国内部审计是经济改革和经济发展的产物,从一九八三年开始,从无到有,从小到大,发展到今天的规模。建立社会主义市场经济体制,作为市场经济主体的现代企业,更加需要强化自我约束机制,内部审计是自我约束机制的重要组成部分,它是企业自我发展的需要。正是因为这一原因,许多大中型企业在转换经营机制,精减机构过程中,加强了内部审计。武汉钢铁公司贯彻转机《条例》中，把审计处从监察审计处分离出来，在公司经理直接领导下，独立行使审计职能。他们认为，武钢要“发展主体，放开经营，走向市场”，必须提高企业的自控能力，而加强内部审认是其中的有效手段。中国石化总公司领导同志在今年的石化行业审计工作会议上指出：“如果是一个聪明的能干的经理或厂长，就一定会充分认识到内部审计的重要性，亲自领导并加强和支持内部审计工作。”他自已就亲自担任总公司审计委员会主任。广东核电合营有限公司是一个现代化的中外合资企业，内部审计主要围绕建立健全公司的内部控制系统开展工作，成为企业现代化管理的必要手段，工作实现程序化、规范化、制度化，几年来该公司一直未发生重大违纪经济案件。许多单位内部审计工作所以搞得好，生机勃勃，正是因为他们认识和掌握了这一客观规律，加强对内审工作的领导，充分发挥内审的作用。

第二，找准位置，做出成绩，争取领导的重视和支持，是内部审计工作发展的关键。内部审计是设在部门、企业、事业单位的内部机构，在本单位主要负责人领导下进行工作的。内部审计的地位决定，内审人员要自觉地置身于单位领导之下，正确履行职责，当好领导的参谋助手。有为才有位，工作做出成绩，抓出成果，才能取得领导的重视和支持，内审工作也才能得到发展。这些年来，广大内审人员发扬奉献精神，恪尽职守，克服困难，努力工作，取得显著成效。许多单位的内审机构在搞好财务收支审计的基础上，以加强内部管理、提高经济效益为重点，使本单位违纪金额逐年减少，并为改善管理、提高效益做出了贡献。全国烟草行业1987年被审计机关查出违纪金额43261万元，由于加强了内部财务审计，1991年被查出的违纪金额比1987年下降92%，因此受到领导的重视。国家烟草专卖局领导同志明确指出，在改革人事制度和精简机构中，不能随意削弱审计队伍的力量。据今年上半年统计，烟草行业内审机构和人员不但没有滑坡，而且还有所上升。上海彭浦机器厂内部审计为企业“排忧解难”，成为厂长获得信息的重要的途径。该厂一九八五年成立审计组，半年后改为监察审计科，一九八八年成立专职审计室，一九九〇年成立审计委员会，并建立总审计师制度，被列入企业矩阵式管理体制的横向系统，成为厂部行使指令性职权的一个综合管理部门。上海石化股份有限公司审计处1985到1993年，通过审计为企业增创经济效益2亿多元。公司几次机构改革、压缩机关编制，审计人员却在1990年的基础上增加40%。近几年来，许多内审机构积极开展基建工程预决算审计，经济合同审计、联营审计，在维护本单位合法权益，减少经济损失方面，做出了重要贡献。东风汽车公司1987年至今通过对公司两级合同审计，为企业节约支出增加效益1.2亿元。由于工作成绩突出，去年企业在进行机构改革，普遍压缩编制的情况下，给审计处增加了十个编制。这些都说明，内审的地位是靠工作取得的，必须以优异的工作成绩求生存，求发展。

第三，内部审计要围绕单位的中心任务开展工作，并与有关部门协同配合，才能有更大的作为。内部审计要以加强内部管理，提高效益为重点开展工作，企业转换经营机制，要为企业领导履行好经济责任发挥作用。上海第一百货商店审计室紧紧围绕企业转换经营机制，组建企业集团，改制股份公司这个中心，开展投资项目效益测算、资信调查、可行性研究以及协议、合同、章程的审查工作，变事后审计为事前审计，提供了大量确凿的数据，为企业领导决策起到了很好的参谋作用，受到领导的重视。提高经济效益是企业的主要目标，内部审计必须以此为重点开展工作。随着效益审计的深化和审计内容的多样化，很多涉及到生产技术管理领域，审计人员的知识结构不可能满足这些方面的需要，需要取得有关职能部门的配合和协作。特别对重大综合项目进行审计，更需要管理部门的专业技术人员参与配合，才能抓出效益。为此，不少单位都聘请了兼职审计员，并根据审计项目的不同要求临时聘请有关专业人员、技术专家参加审计。鞍钢内审处就聘请了100多名兼职审计员，他们进行的精矿品位值的效益审计，是和12个部门的56名专业技术人员共同完成的，仅此一项当年为企业创效益2473万元。

第四，部门内审机构和审计机关驻部门的派出机构要发挥自身的优势，组织好行业审计与审计调查，才能在行业宏观管理中发挥作用。几年来，部门内审机构和审计机关驻部门派出机构组织内审人员开展了不少专项审计调查和行业审计，及时向上反映情况，促进解决行业中带有普遍性和倾向性的问题，为部门改进管理发挥了积极作用。江苏省供销社审计处，1992年组织所属内审机构，派出592个调查组，选择1262家有代表性的企业进行内部控制系统评审，提出完善制度建议1377条，废除不适用制度68条，修改334条，帮助企业建立制度629条，有力地促进了全系统企业管理的改善。山西省交通厅审计处，组织全省529名内部审计人员对本系统143个单位的公路运输管理费进行专项审计，查出有问题金额1383万元，并针对审计中发现的问题，向管理局提出了五个方面的建议，为改善运管费的管理，防止违纪问题的发生，起到了促进作用。

第五，加强基础工作，搞好制度建设，提高内审人员素质，是做好内部审计工作的重要保证。加强基础建设，逐步走向法制化、制度化、规范化，是发展内审工作的客观要求，许多单位在实践中积累了不少经验。1989年，审计署根据《中华人民共和国审计条例》制定了《关于内部审计工作的规定》，各省、自治区、直辖市，各部委和一些单位也都相应制定了本地区、本行业和本单位的内部审计工作规定。一些部门和地方相继出台了承包经营责任审计、定期审计、经济合同审计、基建工程预决算审计等办法，有些部门和大型企业还制定了内部审计工作手册，为内部审计工作的开展提供了依据。随着改革开放和经济发展，内审人员迅速增加，人员结构日趋合理，素质也在不断提高。一些单位内部审计人员的组成，已经由会计人员为主，逐步做到审计师（会计师）、经济师、工程师“三师”相结合。全国内部审计人员中已经有三分之一具有中级以上的专业技术职称，个别行业已达到50%。许多部门、地区、单位和内部审计学会广泛开展了业务培训，对提高内审人员素质起到了积极作用。

第六，国家审计机关和部门内审机构切实加强对内部审计工作的指导，才能促使内部审计工作更好地发展。现在看，审计机关和主管部门内审机构加强对内审工作的指导，帮助解决工作中遇到的问题，调动中央和地方两个积极性，是比较成功的经验，符合我国的国情。目前已有20个省、自治区、直辖市和229个地、市、县审计机关建立了审计体系指导机构，从事审计体系指导工作的人员已有1766人。经过几年来的实践，许多地方和部门都总结了一套指导工作方面的经验，如定期召开经验交流会，组织理论研究，帮助培训内审人员，进行工作计划指导和考核评比等。有些地方还创造了抓主管部门推动行业内审工作，培养试点单位以典型推动一般，定期开展表彰活动和扩大宣传等行之有效的方法。山东省审计厅实行对内审指导工作厅长亲自抓，班子一起抓，各业务处共同抓的方法，取得了很好的效果。审计署驻部门派出机构和其他部门的内审机构，在行业指导方面都做了大量工作，积累了不少好的经验。很多部门对行业内部审计工作有部署、有要求，对推动内审工作发展起到了很好的作用。

十年来，内部审计工作成绩显著，取得了比较丰富的经验，但是当前也存在一些值得注意的问题，主要是少数单位领导对内审工作在建立社会主义市场经济体制中的重要性、必要性还认识不足，出现撤并内部审计机构的情况，内审工作的工作内容、方法等方面，有些还不能完全适应发展社会主义市场经济的要求；内审人员结构、素质还不能适应工作的需要。对少数内审机构撤并的原因需要作具体分析。首先是我们宣传不够，没有使全社会特别是部门、单位的领导，对内部审计是发展社会主义市场经济的客观需要有一个深刻的认识；其次是有一些企业、事业单位的内审机构没有很好发挥作用。在这种情况下，难免有些内审机构被撤并。我们相信，随着改革的深化，企业走向市场，企业的领导会逐步提高认识,内审也将进一步发挥作用,内部审计工作会更好地发展。

二、提高认识,艰苦奋斗,巩固和发展内部审计工作,适应新形势的要求

党的十四大确定我国建立社会主义市场经济体制,今年三月召开的第八届全国人大第一次会议将此写入《宪法》。这标志着我国的改革开放进入了一个新的历史阶段。江泽民同志最近指出,要逐步建立现代企业制度。当前转换经营机制、建立现代企业制度是深化改革的重点。新的形势对内部审计提出了更高的要求。我们应当抓住这个机遇,开拓进取,艰苦奋斗,开创内部审计工作的新局面。

第一,提高认识,更新观念,巩固和发展内部审计工作,适应建立社会主义市场经济体制的要求

内审机构和广大内审人员要努力学习邓小平同志建设有中国特色社会主义的理论,用以武装自己的头脑,提高对发展社会主义市场经济条件下加强内审工作的认识。在由计划经济向社会主义市场经济转变的过程中,将不断出现许多新情况,新问题,必须勤奋学习,深刻领会中央的方针、政策,同时要学习国外内部审计工作的经验,特别是西方市场经济发达国家的经验,结合我国的实际情况加以借鉴。

国家颁布的《国民经济和社会发展十年规划和八五计划纲要》和《全民所有制工业企业转换经营机制条例》,都对内部审计工作提出了要求;《股份有限公司规范意见》中,明确提出要设立内部审计机构。大中型企业、事业单位以及股份制企业应该根据各项法规、制度的要求,建立健全内部审计制度。广大内审人员要进一步解放思想,实事求是,增强改革开放意识和市场意识、宏观意识、效益意识,在审计内容、重点和方法等方面,大胆探索,不断总结新鲜经验,使内审工作尽快适应建立社会主义市场经济体制的要求,更好地为改革开放和发展经济服务。

第二,把提高经济效益作为内部审计工作的重点,开展内部控制系统评审,为改善管理、提高经济效益服务

经济建设的中心是提高经济效益。没有效益的速度不是速度。内部审计要重点抓好经济效益审计,这是企业走向市场,公平竞争,求生存、求发展的客观需要。随着社会主义市场经济的发展,内部审计工作要在财务收支审计的基础上向经济效益审计发展。影响经济效益的因素贯穿于经济活动的全过程,所以不但要抓好事后审计,还要抓好事前审计和事中审计。通过对经济活动全过程的审计,促进有利因素,抑制不利因素,达到提高经济效益的目的。当然,这是就总体而言,有些企业和部门根据本单位的情况,需要把财务收支审计,维护财经纪律作为重点。

加强内部控制是企业改善管理的有效途径。内部审计应当开展对内部控制系统的评审,对企业整个运行机制进行监督,促使企业加强内部管理,堵塞漏洞,建立健全自我约束机制,提高经济效益,以保证企业领导履行经济责任。

第三,加强对财务收支的审计监督,促进廉政建设

企业转换经营机制,扩大了自主权,必须按照《条例》的要求建立自我约束机制,这就更加需要通过加强内部财务收支审计,保证企业资产负债和损益的真实,经营成果的真实、合法,资产的保值增值,促使经营管理沿着健康的轨道发展。最近党中央、国务院部署开展反腐败斗争,这是政治生活中的一件大事,内审机构和广大内审人员要积极参与,发挥应有的作用。要通过加强财务收支审计,严肃财经法纪,揭露以权谋私、贪污挪用、行贿受贿等行为,为廉政建设做出贡献。特别是政府部门的内审机构,更要进一步加强这方面的工作。

第四,搞好部门审计,为政府部门转变职能、加强和改善部门宏观调控服务

建立社会主义市场经济体制,政府部门的职能要从直接管理企业,向搞好统筹规划、掌握政策、信息引导、组织协调、提供服务和检查监督等方面转变。部门内审机构和审计机关驻部门派出机构应发挥自身的优势,为加强和改善部门宏观调控服务。除对直属单位搞好审计监

督外，应围绕行业管理，搞好专项审计调查和行业审计。要对审计发现的带有普遍性、倾向性问题产生的原因，进行深入分析，提出解决的意见和建议，为部门领导提供宏观决策依据。要继续加强对行业内部审计工作的指导，根据本行业管理的需要，提出内部审计工作的任务、重点和要求，使内部审计为部门加强行业管理，更好地发挥作用。

第五，深化理论研究，探索具有中国特色的内部审计模式

内部审计是一项新的事物，在新的形势下不断出现新情况、新问题。这就要求我们在实践中努力探索，加强理论研究。当前内部审计理论研究的重点是，在逐步建立现代企业制度中如何确定内部审计的地位和发挥内部审计的作用，内部审计如何适应新的经营机制、经营方式的要求等。在审计实务方面，要进一步研究内部控制系统评审、经济效益审计，从中要找出规律性的东西，用以指导实践。要注意发挥有关学术组织和专家、学者的作用。通过科研机构和学会，组织有关专家和实际工作者以多种方式共同研究、探索。

第六、加强培训，提高素质，建设好内审队伍

李鹏总理指出："搞好审计工作，关键在于提高审计队伍的政治、业务素质。"建立社会主义市场经济体制，对内部审计人员的政治和业务素质提出了更高的要求。各种新的经营方式的出现，会计制度的改革，金融、财政、税务、投资等的体制改革，内审工作重点逐步向经济效益审计转移，以及审计技术方法的现代化，都迫切要求内审人员提高素质。首先要加强"廉洁、公正、严格、有奉献精神"的教育，加强廉政建设，反对腐败，提高政治素质。其次要加强培训（包括计算机软件开发和应用的培训），提高政策和业务水平，根据工作需要拓宽知识面。据了解，一些国家经常有三分之一的审计人员在接受培训，以不断更新知识，适应科学、技术、市场的迅速变化。这一做法值得我们借鉴。各单位还应健全内部审计机构，充实人员，并继续注意调整内审人员结构。我们一定要艰苦奋斗，努力建设一支政治素质好，业务水平高，适应改革开放和现代化建设要求的内部审计队伍。

第七，加强领导，改进方法，促进内部审计工作发展

各级审计机关和部门的内审机构要根据这次会议精神，把指导内部审计工作作为一项重要任务，将其纳入审计工作的整体内容。要有专门人员抓，加强监督检查。要积极争取政府部门领导的重视和支持，改进对内部审计工作的指导方法。要深入调查研究，培养典型，总结经验，组织交流，用点上的经验推动面上的工作。要研究新情况，解决新问题，提高内审工作水平。要突出重点，一是在机构和人员配备上要抓好重点城市、重点行业、重点单位，促进加强内审力量，尽量减少撤并情况的发生；二是在业务指导上，要紧紧围绕经济工作中心确定内部审计的重点；三是抓"龙头"，充分发挥部门内审机构和审计机关驻部门派出机构的作用。同时，要大力搞好宣传，通过新闻媒介宣传内审工作成果和国内外的先进经验，扩大内审工作的影响。有条件的地方，要积极举办厂长、经理培训班，或与主管部门联系，在企业领导干部培训的内容中加上审计课程。总之，要千方百计为内部审计事业的发展创造好的环境。

内部审计是我国审计体系的重要组成部分。从事内审工作的同志，任务光荣，责任重大，任重而道远。希望这次会议之后，各部门、各单位的内部审计机构和广大内部审计人员，认真学习各个先进单位和先进工作者的模范事迹和好思想、好作风、好经验，同心协力，为开创内部审计工作新局面而努力奋斗！

崔建民副审计长在中国注册审计师协会一届二次理事会议上的讲话

（一九九三年十一月十五日）

值此中国注册审计师协会一届二次理事会议召开之际，我代表审计署向辛勤工作在社会

审计岗位，为发展我国审计咨询业做出不懈努力的广大注册审计师表示亲切慰问。中国注册审计师协会成立一年来做了许多工作，协会成立时间不长，困难不少，但是做了许多工作。地方各级协会也开展了许多活动。大家为发展社会审计事业，开展调查研究，组织经验交流，促进法制建设，遵守职业道德，提高审计质量，为经济改革和社会主义建设服务，取得了较好的效果。现在我就1993年社会审计工作的情况、如何贯彻执行《注册会计师法》以及1994年社会审计工作的初步想法，谈一些意见。

一、1993年社会审计工作的情况

今年各地审计事务所和广大注册审计师在各级审计机关、注册审计师协会的指导、管理、监督下，认真贯彻党的十四大精神，落实党中央、国务院《关于加快发展第三产业的决定》中关于加快发展会计、审计咨询业的决策，提高认识，解放思想，真抓实干，开拓业务，取得了较好的成绩。

据今年三季度末统计，全国已有审计事务所三千三百零三个，比去年底增加四百九十一个，增长17.5%；有从业人员三万二千五百五十五人，比去年底增加六千七百一十三人，增长26%；其中职龄人员的比例占55%，比去年底的50%提高五个百分点。注册审计师由去年底的八千人增加到一万二千七百人，增加58%，发展速度很快。

今年业务开展总的形势是很有利的，但也增加了一些困难因素，主要是审计事务所承办有些业务进一步受到限制。由于广大注册审计师辛勤工作，积极开拓，克服困难，因此，今年前三个季度承办的业务量已与去年全年持平，达到七十九万一千九百七十七项（去年七十九万零二百六十九项）。与去年同期相比，今年前三个季度的业务有六个特点：一是业务量增幅大，增加二十七万项，全国平均增长52%；二是各省、自治区、直辖市普遍扩大业务，没有一个地区是负增长，增长最多的是海南、北京、广西、内蒙。三是除经济案件鉴定业务略有下降（负增长6.6%）外，其余业务全面增长；四是难度大的业务增长幅度大，资产评估增长255%，基建决算审计增长115%；五是培训业务增长快，增长239%，是近年来没有的；六是在北京、天津、上海等大城市和浙江、福建、广东、广西、海南等沿海开放省份业务大幅增长的同时，内蒙、云南、贵州、青海、甘肃等内陆省份的业务增长速度也超过了全国平均水平。

审计事务所承办的业务发挥了很好的作用。全国审计事务所在验资工作中核减虚假资金五十多亿元；在基建工程预决算中，核减高估冒算二十六亿多元；为委托单位追回经济损失一亿七千万元；促进提高经济效益两亿四千万元。各地办理业务的质量基本上是好的，没有发现大的问题。在严格执行收费标准的前提下，审计事务所的业务收入有了较大的增长。上海市前三个季度的收入已超过去年全年收入的二倍多。

以上是今年前三个季度的大致情况，今年还有一个多月的时间，到年底可能还会有些变化，但今年的成绩大于去年已经成为定局。各省、自治区、直辖市审计局在年终要认真回顾一下今年的社会审计工作，总结在促进社会主义市场经济建立方面所发挥的作用。

二、认真贯彻执行《注册会计师法》

《中华人民共和国注册会计师法》已经八届全国人大常委会第四次会议通过，将于1994年1月1日起施行。各级审计机关、各审计事务所以及广大注册审计师甚为关注。我谈三点意见。

（一）充分认识《注册会计师法》发布施行的重要意义。《注册会计师法》是我国制定的第一部规范社会审计的法律，对会计、审计咨询业的发展有重要的推动作用。建立社会主义市场经济，需要审计事务所、会计师事务所等社会中介组织提供服务。注册审计师、注册会计师的工作已成为转变政府职能、转换企业经营机制、促进市场发育、健全社会经济监督体系的重要环节。因此，提高其法律地位，加重其法律责任，规范其行为，促进其健康发展成为当务之急。《注册会计师法》的发布施行，对于指导、规范会计、审计咨询业的工作具有重大的作用。

鉴于《注册会计师法》第四十三条规定了有关审计事务所、注册审计师的内容，除资格认定和监督、指导、管理由国务院另行规定外，《注册会计师法》中的规定同样适用于审计事务所和注册审计师。各级审计机关、注册审计师协会要认真组织学习《注册会计师法》，进一步明确审计事务所和注册审计师的权利义务、法律责任，努力进取，扎实工作，更好地担负起为社会主义市场经济服务的重任。

（二）《注册会计师法》体现了“两所、两师并存”。吕培俭审计长在10月召开的部分省、市局长座谈会上讲，现在审计事务所的注册审计师与会计师事务所的注册会计师从事的业务基本相同。在建立社会主义市场经济体制过程中，两所、两师都要大力发展。经国务院多次协调，在《注册会计师法(草案)》中写进了上述一条。在全国人大常委会讨论时，委员们对两所、两师问题比较关心，发表了很多意见。有的委员提出附则中关于审计事务所、注册审计师的规定对《注册会计师法》来说是多余的，要求删除。但更多的委员认为这一条要保留，说这样规定很好，符合实际情况。能够写上这一条，是大家努力工作的结果。因为审计事务所已经具有三万多人的队伍，今年承办业务预计超一百万项，工作质量基本得到保证，没有发现大的问题。从实际出发，写上这一条，是实事求是的，有利于改革开放和经济建设。我们要充分运用这一立法条件，为注册审计师和审计事务所的加快发展，做出新的成绩。

（三）《注册会计师法》也为审计事务所的发展提供了有利条件，具体表现：

首先，现行审计事务所的管理体制得到法律认可。《注册会计师法》附则中明确经认定具有注册会计师资格的注册审计师“可以执行本法规定的业务”，并以法律授权的形式，指定国务院制定具体办法，以适应社会审计工作的实际情况，保障会计、审计咨询业的健康快速发展。

其次，同等资格、水平、能力的人员无论是在审计事务所，还是在会计师事务所工作，可以办理一样的业务，法律地位平等了，注册审计师的业务范围扩大了。过去有些业务如三资企业、股份制企业的验资，审查会计报表、清算报表等，只准注册会计师办理，注册审计师无法办理。今后依照《注册会计师法》，注册审计师只要取得注册会计师资格，这些业务也都可办理。并且今后再有新出台的有关社会审计的法规、规章，只要写由注册会计师承办，具有注册会计师资格的注册审计师也都有权办理。

第三，审计事务所与会计师事务所具有同等的法律地位。审计事务所被列入全国人大制定的国家法律，这是第一次。按照《注册会计师法》第四十条的规定，未经财政部门批准的其他单位，执行第十四条规定的业务，属于违法活动，而审计事务所则不受此限制。根据第四十三条的规定，具有注册会计师资格的注册审计师在审计事务所承办业务的合法性，为审计事务所的生存和进一步发展创造了前提条件。可以相信，随着《注册会计师法》的实施和国务院具体办法的发布，审计事务所、注册审计师所面临的外部法律环境将有所改善。

三、对1994年社会审计工作的意见

（一）切实搞好检查整顿，巩固检查整顿的成果。审计署于9月底发了一个检查整顿审计事务所和注册审计师工作的通知。布置检查的原意并不是仅仅因为出了“中诚”事件，主要的考虑是审计事务所发展快，承办业务多，尽管如上所述取得了较好的成绩，但也还存在一些这样那样的问题。1989年审计署就部署过一次检查，起到了很好的作用，不但推动了社会审计事业的发展，而且使我们的工作更为谨慎。总的看这几年，我们的业务工作质量是好的，与警钟长敲不无关系。这次检查整顿的目的除了确有一些问题需要整顿解决外，防患于未然也是一个重要的目的。要端正思想，提高认识，认真地把这件事情办好，按时完成检查整顿工作。通过检查整顿，要把审计事务所的质量、注册审计师的

素质大大提高一步。这项工作完成之后，要注意巩固检查整顿的成果。

（二）按照加快发展社会审计查证咨询业方案要求，继续加快审计事务所的发展。"八五"期间发展目标能否实现，明年是很关键的一年。虽然按照今年发展趋势，审计事务所机构数量、从业人员数量、年创造第三产业增加值三个指标达到发展方案要求问题不大，但是按照建立社会主义市场经济总要求，全面提高注册审计师的政治素质和业务水平，使其在市场经济的大潮中保持谨慎、廉洁、公正的职业品格，其知识、技术技能适应各类业务的需要，任务还很重。发展方案提出，要在京津沪等大城市建立若干拥有较高素质从业人员，能独立承办各种复杂业务，具有国际水准的审计事务所，要创办中外合作的审计事务所，这些工作基本上还是空白，要付诸实现还需要做大量的工作。

（三）进一步扩大业务，提高业务质量。按《注册会计师法》的规定，在审计事务所工作的注册审计师可以取得注册会计师资格，审计事务所的业务范围扩大了。但这只是法律规定，真正要做到，还要付出艰苦的努力。要继续发扬审计事务所积极进取、勇于开拓的精神，千方百计扩大业务，为社会提供更多更好的服务。近来有的事务所做假证、做伪证等恶性事件的发生，必须引起我们的高度警惕，从中汲取深刻的教训，无论何时业务质量都是第一位的，职业道德都是第一位的，为金钱所左右，见利忘义的事情万万干不得。业务范围扩大之后，新的业务项目增多，要注意学习、研究，提高注册审计师的业务水平，保证工作质量。特别是在办理三资企业验资、审计、股份制企业审计、上市公司财务审计、资产评估项目时，要先行试点，总结经验，培训人才，还要虚心向会计师事务所学习请教，有较大把握之后，再全面推开。

（四）搞好协会工作，发挥协会的作用。除西藏之外，各省、自治区、直辖市均成立了协会。按照审计署以前的构想，对审计事务所、注册审计师的管理方式，要由审计机关全面负责管理和指导，逐步过渡到由行业协会进行自我管理。《注册会计师法》也是这个思路。要搞好协会工作，切实发挥作用。罗进新同志已就协会明年的工作谈了一些意见，我很赞成。这里我们设想，明年要争取举行第一次全国注册审计师统一考试，这项工作很繁重复杂，加上万事开头难，困难一定很多，但是再难也要干，要列为工作重点很好地抓一下。

（五）审计机关要继续支持审计咨询业发展。国家审计机关作为依照《宪法》建立、领导全国或者本地区审计工作的主管机关，理所当然地要继续支持审计咨询业发展。审计机关除对注册审计师协会指导外，还要对审计事务所的业务质量、财务收支以及注册审计师履行职责的情况进行监督，保证审计事务所的健康发展。今后，组建审计事务所在资金、人员上有困难，审计机关还是要给予力所能及的支持。审计署、国家体改委、国家经贸委于今年 4 月制发了《全民所有制工业企业转换经营机制审计监督规定》，这是根据党中央、国务院的要求，为贯彻执行《转换经营机制条例》制定的配套规章。改革企业审计方法，是促进企业增强活力，加快向新经济体制过渡，保证国家审计更好地为加强宏观调控服务的重要措施；是审计机关支持审计事务所、会计师事务所发展的具体行动；也是审计机关履行《宪法》赋予的权力，其他行政机关、社会团体和个人均无权干涉。审计查证是一项政策性很强的业务，各级审计机关要进行认真研究，列出必须委托社会审计组织审计的国有企业名单，把工作质量好、信誉高、力量强的审计事务所、会计师事务所组织起来，共同搞好这项工作。

刚刚结束的党的十四届三中全会，做出了关于建立社会主义市场经济体制若干问题的决定。对包括社会审计工作在内的整个审计工作提出新的、更高的要求。摆在我们广大社会审计工作者面前的担子很重，工作的难度将更大。我们要认真学习《邓选》第三卷，用邓小平同志建设有中国特色社会主义理论武装自己，坚持解放思想，实事求是的思想路线，敢于开拓，勇于探索，努力为建立社会主义市场经济体制做出更大的贡献。

罗进新同志关于中国注册审计师协会工作报告

(一九九三年十一月十五日)

名位理事、各位同志:

我受中国注册审计师协会常务理事会的委托,现将第一届一次理事会期间所做的主要工作及对二次理事会期间的工作建议向大会作一汇报,请审议。

一、第一次理事会期间的主要工作

协会成立一年来,先后召开了五次常务理事会议和其他一些会议,主要研究讨论如何开展协会工作及发展社会审计事业等问题。在审计署的支持和指导下,在各位理事和各地协会的密切配合下,协会工作有了一个良好的开端,有些已初见成效。主要表现在以下五个方面:

(一)促进各地协会的全面建立

我国依法成立注册审计师协会,是先由部分省、自治区、直辖市组成地区性协会,有力地促进了全国性协会的成立;中国注册审计师协会的成立,反过来又进一步推动了尚无协会的地区加快成立。一年来,先后有内蒙、江西、湖北、海南等四个省、自治区成立了全省性协会。现在除西藏外,全国已有二十九个省、自治区、直辖市建立了注册审计师(社会审计)协会。各地协会虽然在机构形式、职责分工等方面不尽相同,但都是随着本地审计事务所、注册审计师的发展需要而设置和运转的。各级协会积极组织学习贯彻党的十四大关于加快发展会计、审计咨询业的指示精神,传达贯彻全国协会成立大会暨社会审计工作会议文件,研究制订本协会工作计划,开展协会章程规定的各项工作,以团结广大注册审计师,提高自身素质,规范审计行为,提高工作质量,更好地为深化改革和经济建设服务。

(二)开展调查研究,进一步推动社会审计事业的发展

年初以来,本协会先后派人赴天津、山西、江苏、广东、云南、青海、新疆等十三个省、自治区、直辖市进行调查研究,参加当地协会研讨会,对社会审计工作掌握第一手材料,写出调查报告,反映情况,总结经验,发现问题,提出建议,既为署领导及政府有关部门决策参考,也为各地提供信息,以利于扩大业务,提高服务水平。据了解,在各级审计机关的管理和指导下,社会审计在机构、从业人员和业务等方面都有了较大的发展。今年三季度末,全国经省以上审计机关批准成立的审计事务所已有三千三百零三个,经考核批准的注册审计师一万二千多人,事务所的从业人员三万二千多人。审计事务所的业务领域不断扩展,已涉及各类经济组织,并新开展了对证券业的资产评估和国有企业的审计查证等业务。今年一至三季度已办理各类审计查证、咨询服务业务七十九万多项,有力地促进了社会主义市场经济的建立和发展。各级审计事务所、注册审计师在执业中,始终坚持服务第一、质量第一、信誉第一,恪守职业道德规范,公平竞争,以较高的服务质量和良好的职业信誉,赢得了社会各界的信赖。

(三)制订社会审计规范性文件,参与有关立法工作

第一、为健全注册审计师制度,提高注册审计师素质,保证执业质量,根据《审计条例》和《协会章程》的规定,并参考了国内外同行业的有关规则,在广泛征求意见,反复研究修改的基础上,印发试行了《中国注册审计师职业道德规范》,该规范是对注册审计师制度的进一步补充和完善,是注册审计师实现制度化、法制化、规范化管理的需要和体现。

第二、为促进社会审计工作的规范化,进一步建立健全与《社会审计工作规程》相互配套的单项业务操作规则,提出了三项业务规则的草案,即验资规则、财务收支审计规则和审计工作底稿规则,这是委托辽宁、黑龙江、上海、江苏、福建、四川等省、市协会分别进行起草,之后在北京召开了部分省、市讨论会,对三项规则草稿

进行了修改，现提交本次会议讨论通过。

第三、积极参与有关社会审计的立法工作。包括《审计法》、《审计标准》等草稿的研讨，特别是对《注册会计师法（草案）》提修改意见做了较多的工作，主要是起草我国审计事务所、注册审计师的由来及发展、国外民间审计情况等宣传、介绍社会审计的材料，为有关部门和人员提供信息；收集反映各地注册审计师、审计事务所、注册审计师（社会审计）协会以及审计机关对《注册会计师法（草案）》的意见；组织北京地区的一些审计事务所直接向立法机关阐述意见；参加署内有关《注册会计师法（草案）》的讨论。

此外，还印发了《中国注册审计师协会会费缴纳的办法》等有关协会内部管理的办法。

（四）编印《社会审计简讯》，开展社会审计的宣传工作

根据协会今年的工作计划，编印了《社会审计简讯》，已印发了九期，这与各地协会积极提供稿件是分不开的。《简讯》发至各省、自治区、直辖市审计局和协会以及署管审计事务所。主要目的是为了传达党中央、国务院以及审计署有关社会审计工作的指示，介绍贯彻落实《审计条例》有关社会审计的条款和《关于社会审计工作的规定》的经验，交流各地开展社会审计工作的信息，为社会审计事业服务。

与此同时，协会还为报刊杂志，署机关信息处提供了一些稿件，开展宣传，扩大影响。

（五）开展国际交流，增进相互了解

全国协会负有研究国外民间审计信息、情况，借鉴有益经验，开展国际交流与合作的职责。一年来，我们先后接待了由香港华人会计师公会会长冯力为团长的访问团，双方就各自协会的性质、组织机构以及业务发展等情况进行了会谈。与应邀来访的蒙古审计代表团举行了会谈，介绍了我国社会审计的工作情况、发展过程和前景。会谈之后，代表团又访问了天津，受到了天津市社会审计协会的热情友好接待。协会领导还会晤了英国英格兰·威尔士特许会计师协会麦克夫常务理事，美国克勤会计师事务所顾衍时所长等。有的理事出境工作时注意结交国外同行，沟通情况收集资料。通过开展国际交流，对国外民间审计的体制、做法等有了进一步的认识，增进了同行之间的相互了解。

总之，全国协会的工作取得一些成绩，是在署领导的重视和关怀下，在各地协会、各位理事和广大注册审计师的支持与帮助下取得的，也是与协会全体工作人员的共同努力分不开的。但是也还存在着一些缺点和不足，与客观要求还有较大的差距。与去年所订的协会《近期工作安排》相对照，主要表现在两方面：一是对注册审计师考试的有关事宜研究不够，迄今尚未组织实施。究其原因可能很多，其中思想上认为参加注册审计师考核的人员，很多具有中级以上职称，有的已经过审计师考试，因而对建立注册审计师考试制度的紧迫性缺乏足够的认识。二是对会员的业务培训抓得不够。为了提高注册审计师的业务素质和工作质量，本协会今年一季度下发了关于抓紧开展注册审计师业务培训工作的意见，要求各地协会根据《中国注册审计师协会章程》的有关规定，抓紧开展培训工作，并力争在短期内做出成绩。常务理事会也研究决定，并发文通知举办一期培训班，请专家、学者讲解当前经济发展中正在研究贯彻的新课题。因报名参加培训班的人数不多，又因当时中国证监会举办股票公开发行研究会，同意邀请若干审计事务所参加，因此经研究确定，此期培训班不再筹办。存在这些不足，主要责任在我，希望各位理事批评指正。

二、对明年工作的意见

当前，全党、全国人民正在组织学习《邓小平文选》第三卷，要以邓小平同志建设有中国特色社会主义理论武装全党，坚持解放思想，实事求是的思想路线，进一步推进深化改革和社会主义现代化建设。正在学习贯彻中共中央十四届三中全会的决定，建立和完善社会主义市场经济体制，转换国有企业经营机制，转变政府职能，加强宏观调控等，为国民经济持续、快速、健康发展而努力。正在开展反腐败斗争，要坚决惩治腐败分子，克服各种消极腐败现象，加强思想

政治教育，把防腐倡廉纳入法制轨道。本协会应当围绕党和国家的中心，结合本职工作，努力引导、督促注册审计师、审计事务所通过审计查证、咨询服务，为促进市场发育，维护社会公共利益和投资者的合法权益，加快企业转换经营机制，提高经济效益而发挥作用，并在执业中廉洁自律，恪守职业道德规范，客观公正地为社会各界提供服务，树立良好的职业形象，成为一支政治素质好、业务水平高的队伍。

对于协会第二年度的工作，提出以下几点意见：

(一)加强规章制度的制订，进一步规范社会审计工作

第一、近日全国人大公布了《中华人民共和国注册会计师法》，国务院根据该法将对注册审计师如何认定具有注册会计师资格，以及监督、指导、管理等问题作出规定，这是我们执行业务的法律依据和保证。因此，协会应该十分关注上述规定的制订。要尽力为国务院和有关起草、审核部门提供情况，提出建议，力促规定能早日出台，切合实际，便于执行，有利于工作。协会还应引导广大会员认真学习这项法律和规定，统一思想，身体力行。对执行中的经验要及时组织交流，遇到的困难和问题，要如实反映，提出建议，以求妥善解决。

第二、配合审计署起草社会审计标准。要尽快制订社会审计标准，使审计事务所、注册审计师能按统一的标准执行任务，减少工作中的盲目性和随意性，成为规范和检验审计事务所、注册审计师工作质量和水平的尺度，要根据社会审计和其他有关法规，总结多年来工作经验，参考国内外有关资料，在广泛征求意见的基础上，研究制定这一标准。

第三、加快规范审计业务的各项规则的制定。当前要把已有草稿的验资规则、财务收支审计规则和审计工作底稿规则，经本次理事会审议通过后，尽快印发全国施行，并在执行中不断总结和完善。

(二)建立考试委员会，实行考试制度

审计署将根据《注册会计师法》和将要出台的上述国务院规定，实行全国统一的注册审计师资格考试制度，尽快制定注册审计师全国统一考试办法，并授权协会建立考试委员会，具体组织实施。这对于提高注册审计师队伍的素质是至关重要的。经与署领导研究，注册审计师资格要改考核办法为考试办法，明年适当时候组织全国统考。

(三)创办社会审计会刊

协会今年编辑印发的《社会审计简讯》，对于加强信息交流，介绍工作经验，提供咨询服务，促进会员提高业务水平，发挥了较好的作用。协会拟在此基础上，将简讯改为正式会刊，以更好地发挥宣传、交流、服务的窗口作用。希望各位理事、各地协会在人力、物力、财力上予以支持和配合，并积极提供稿件，将本地区社会审计的情况、经验以及理论研究等推荐给我们，共同努力把会刊办好。

(四)加强培训和督促检查工作

注册审计师素质的高低，决定着业务质量的好坏，也关系到注册审计师队伍的整体形象。为此，明年协会准备一是开展力所能及的业务培训、研讨和讲座。鉴于注册审计师都有一定的业务水平，我们应根据工作实践中出现的新业务、新要求组织培训，使会员及时了解掌握新生事物，跟上经济发展的需要，确能胜任自己的工作。大家对培训项目有何要求可及时告诉我们，务使培训工作针对性强，效果好。二是要配合审计机关或接受委托把审计署部署当前开展的检查整顿工作搞好，总结经验，揭露问题，制订改进措施，违反法纪的予以查处。

(五)研究国外民间审计经验，促进国际交流与合作

主要地对国外民间审计资料加以整理分析，研究其异同点，找出可以借鉴，为我所用的方面，加以介绍和采用。利用各种机会和形式促进、发展国际交往，加强与国外同行的相互了解，探索相互合作的可能性，为我们的事业走向世界，打下良好的基础。

(六)健全机构，增设人员，加强协会建设

协会应当根据工作需要，本着精简、高效的

原则，充实内部机构，增配工作人员，分工协作，提高效率，保证上述各项任务的完成。应该在审计署的指导、监督下，根据协会章程的规定，进一步明确自己的职责，使协会能逐步担负起行业管理的职能，办成真正的注册审计师和审计事务所的自律性组织。

社会主义市场经济的建立，法律、法规的建立与完善，给社会审计事业带来了健康发展的契机，为社会审计拓宽服务领域，发挥审计、鉴证作用创造了有利条件。相信全国的审计事务所和广大注册审计师一定能够在改革开放、发展社会主义市场经济大潮中，更好地发挥自己的优势，施展自己的才能，使社会审计事业迈上新的台阶，成为我国经济生活中一支重要的、不可缺少的社会力量。

罗进新同志在中国注册审计师协会一届二次理事会结束时的讲话

（一九九三年十一月十七日）

各位理事、各位同志：

中国注册审计师协会一届二次理事会开了三天，就要结束了。我们这次会议是在审计署和河南省人民政府领导的关怀、指导下召开的。通过与会同志的共同努力，完成了既定的议程，贯彻了署领导关于这次会议“要鼓劲、要稳定、要发展”的指示，达到了预期的目的。

这次会议讨论通过了常务理事会关于协会上一年度的工作报告和下一年度的工作安排；通过了增补理事、补选会长、聘请名誉会长的决定；学习讨论了《注册会计师法》，对如何贯彻该法第四十三条提出了建议；原则通过了三项业务规则。可以相信，一届二次理事会议将对下一年度的社会审计工作产生积极的影响，我们全体理事也有信心，不辜负全国社会审计工作者的期望，搞好协会工作，进一步推动审计咨询业的发展。现在我就会议讨论及大家关心的问题，讲几点意见：

一、认真学习《邓小平文选》第三卷和党的十四届三中全会文件

本月初，中共中央发出关于学习《邓小平文选》第三卷的决定，党的十四届三中全会通过了《关于建立社会主义市场经济体制若干问题的决定》。这两个决定是全国人民政治生活中的大事。《邓小平文选》第三卷是邓小平同志领导我们推进改革开放和社会主义现代化建设丰富经验的理论总结，也是引导我们继续前进的科学指南。邓小平同志反复强调的“解放思想，实事求是”，是贯穿于建设有中国特色社会主义理论全部观点的精髓。社会审计事业是项全新的事业，在过去的十年中，我们遵循这个基本原理一切从国情出发，在实践中学习、探索、提高，使社会审计有了今天这样一支队伍，这样的工作局面。今后，我们仍然要坚持。要认真学习《邓选》第三卷，全面、准确地掌握它的科学体系和精神实质，以促进社会审计更快更好地发展。审计事务所实务工作很忙，但学习不能丢，要摆在重要的位置上，我们不在于搞什么形式，而是要认真研读原著，发扬我党历来倡导的理论联系实际的学风，以理论指导我们的工作。要联系我国改革开放和经济建设的实践，自觉贯彻党的基本路线；联系社会审计工作面临的形势、任务，提高工作的系统性和创造性；联系人员的思想实际，自觉抵制拜金主义、享乐主义和极端个人主义等腐朽思想的影响。

中央《关于建立社会主义市场经济体制若干问题的决定》是我国深化改革，持续、快速、健康发展国民经济的重要文献，我们要认真学习，领会精神。决定中特别提出，在培育和发展市场体系过程中，“要发展市场中介组织，发挥其服务、沟通、公证、监督作用。当前着重要发展会计师、审计师和律师事务所，公证和仲裁机构，计量和质量检验认证机构，信息咨询机构，资产和资信评估机构等。发挥行业协会、商会等组织的作用。中介组织要依法通过资格认定，依据市场规则，建立自律性运行机制，承担相应的法律和经济责任，并接受政府有关部门的管理和监

督。”这对我们注册审计师提出了新的、更高的要求，摆在我们面前的担子很重。应当通过学习，联系实际，进一步明确社会审计的目标。审计事务所是中介组织，是市场体系的一部分，要为市场经济健康发展服务，不要单纯盈利观点；要用依法、独立、客观公正的态度进行工作，执行业务，既要向委托人负责，也要为审计报告的使用人、其他利害关系人负责；既要保护投资者的利益，更要保护社会公众的利益。

二、学习贯彻《注册会计师法》，进一步推动审计事务所的发展

这次会议，与会代表认真学习讨论了《注册会计师法》。首先大家认识到，这个法律是规范社会审计工作的法律，不仅是注册会计师的法，也是注册审计师的法，为审计事务所开拓业务，扩大服务提供了依据。虽然与我们原来希望制订颁发“两师法”相比，不很理想，但是大家注意到该法第四十三条肯定了审计事务所和注册审计师的法律地位，明确了注册审计师可以具有注册会计师资格，同样执行该法规定的业务，履行相应的义务。所以与会同志赞同崔建民副审计长在报告中关于认真贯彻《注册会计师法》的意见，审计事务所和注册审计师应该大张旗鼓地宣传该法，认认真真地贯彻执行该法。

其次与会同志还认真研究了第四十三条，十分关心国务院如何作出有关注册审计师具有注册会计师资格的认定、监督、指导、管理的规定，并就此提出了很多好的意见。主要有以下三个方面，一是迫切希望国务院的办法尽早出台，不论什么形式都可以，因为1994年1月1日该法就要施行，如规定不出台，可能影响业务，即使我们认为未出台前依据《审计条例》仍可执行业务，但客户不放心，会有想法，这样工作难度会加大。二是对资格认定问题，大多数同志理解四十三条的主体是注册审计师，因为第一句话就是“在审计事务所工作的注册审计师”，联系十四届三中全会文件又提到“当前要着重发展会计师、审计师和律师事务所”，因此认定具有会计师资格后，注册审计师称号不变。还有些同志理解注册审计师认定具有注册会计师资格后，可称注册会计师，国务院二百一十一次总理办公会议也有此精神，而且可能更有利于工作开展。但是不论哪种看法都认为在审计事务所的注册审计师能否具有注册会计师资格，都应由审计机关和注册审计师协会来认定，并对其监督、指导、管理。三是对现有注册审计师如何认定具有注册会计师资格，一定要妥善解决。以上意见我们将如实反映署领导研究。

再次，大家在讨论《注册会计师法》时，一致认为两所、两师要共同发展。我国现有社会审计力量远不能适应社会主义市场经济的需要，会计、审计两家力量加在一起也不够。因此，两师、两所都要有更大的发展，发展一个，限制一个，对工作不利。我国前些年按此思路办理，社会审计发展较快。由审计机关和注册审计师协会指导、监督和管理审计事务所和注册审计师，是因为注册审计师从事的主要是审计业务，审计机关对于审计的理论和实务，有权威性和有实践经验。实践证明，由审计机关承担这项职责，使注册审计师和审计事务所健康发展，基本保证了工作质量，效果是好的。我们大家之所以坚持由审计机关和注册审计师协会监督、指导和管理审计事务所和注册审计师，目的是为了更好地发展社会审计事业。总之，大家要相信国务院一定会作出合理规定，一定要认真贯彻《注册会计师法》和国务院的规定。

三、大力开展审计查证、咨询服务业务

1993年审计事务所业务发展较快，1994年要保持这个势头，协会应该帮助审计事务所开展业务，要为此出力气。大家有很多好经验，有勇于探索，积极开拓业务的经验，有财、审两家配合开展业务的经验，有提高质量，赢得信誉的经验，有根据市场需要，调整业务结构，增加收入等经验，应该组织交流推广。这里只强调一件事，就是要把二委一署颁发的《全民所有制工业企业转换经营机制审计监督规定》落到实处。从客观来讲，这是《全民所有制工业企业转换经营机制条例》的配套措施，直接服务于建立社会主义市场经济体制。从自身来讲，审计事务所如果

别的业务受限制，工作不饱满，正可通过这一工作来开拓业务。有的同志反映这个文件是4月份发的，6月份又有具体实施的配套办法，要求三季度试点，审计署已认可了八十五家审计事务所具有审计查证中央企业的资格，但到目前除有少数试点外，很多尚未运作。有的同志顾虑会有这样那样的困难，困难肯定是会有的，工作就是在不断克服困难中前进。所以我们协会要做些这方面的调查，发现问题，提出建议，在审计机关与事务所之间发挥桥梁作用，协助双方把这项业务尽快开展起来。

四、善始善终搞好检查整顿工作

审计署部署的对审计事务所和注册审计师的检查整顿工作，已经进行了一个半月，根据同志们汇报，各级审计机关、协会、各审计事务所和注册审计师对此项工作是重视和支持的。各地都进行了认真的部署，有不少地区在“中诚”事件被揭露之后，立即组织了检查，审计署文件发了之后，又做了补充。多数地区已经完成了自查，有的地区已经开始组织抽查和互查。从各地汇报的情况看，近几年审计事务所总的来讲业务质量基本上是好的，执行收费标准的情况也是好的，坚持了为改革开放服务的正确方向，成绩是主要的。但检查中也发现了一些值得重视的问题，主要是：

在机构方面，还有一些只有几个人且专业人员不足的小所，难以有效地保证质量，自身生存也很艰难，需要充实提高。在分支机构管理上，也存在管理不严的漏洞，需要及时采取措施。

在业务方面，验资不到企业或投资单位查帐，查企业银行存款不与银行对帐，确定固定资产和存货不搞盘点或抽查的情况确有存在。个别审计事务所还有当地行政领导的干预，出具不实的验资报告。

在人员管理方面，主要是有的事务所与审计机关人员混岗，“一个人两副面孔”；还有少数区县审计局长兼任审计事务所所长；审计系统以外的部门单位组建的审计事务所，由内审机构负责人兼任所长或人员混岗等问题也有存在。

在财务方面，有审计事务所无偿使用审计机关资产的，也有审计机关抽调、挤占审计事务所资产的。

此外，还发现个别弄虚做假取得注册审计师资格的。

这些情况表明，检查整顿工作确有必要。为了社会审计更迅速更健康地发展，我们一定要善始善终地把这项工作搞好。讨论中大家一致认为，审计机关的领导不能兼任事务所的领导，审计机关的人员与事务所的人员应严格分开不得混岗，审计机关不得以事务所的名义进行社会审计和收费。审计事务所要严格独立核算，自收自支，在人、财、物方面与审计机关脱钩，按当地政府的具体规定办理。事务所经商办企业影响正常履行审计查证职能，也很难说清是否为客户保守秘密，国际上还没听说有可以搞的。因此，我们意见，审计事务所不经商、不办企业，不从事审计查证、咨询服务以外的其他赢利性的经营活动。

崔建民副审计长在报告中通报，全国审计工作会议拟在明年年初召开，检查整顿工作要在保证质量不走过场的前提下，按原订计划尽量在年底前基本搞完，早些写出报告，以便在全国审计工作会议上能对检查整顿的结果有个全面的说法。

五、不断提高注册审计师素质，保证社会审计工作质量

协会章程规定，协会的宗旨之一是提高注册审计师业务水平和工作质量，这也是社会审计事业能否兴旺发达的根本所在。如果社会审计人员没有一定的政治、业务素质，要求业务高质量只能是一句空话。因此，我们应当采取多种措施提高人员素质。各级协会在下一年度的工作安排中，应特别注意抓好以下三件事：

一是建立考试制度，把好人员素质的第一关、批准符合条件的人员，将其摆在审计查证的重要岗位，将水平尚不够的人员摆在助理位置，在实践中锻炼、提高。这样审计查证、咨询服务的质量就有了基本保证。建立考试制度从现在起就有大量的具体考务工作和人员思想工作要做。首先审计署要制定考试办法,并授权协会组织实施;协会要成立考试委员会,聘请专家、学者来组织从命题、辅导、应试、判卷的全过程。地方审计局和协会也有大量工作要做,诸如招考、辅导、组织考试和批卷审定等。这件事既然定下来要搞,那就得上下一齐动手,认认真真,一丝不苟地进行,决不能掉以轻心。

二是要加强培训工作。培训是年年要搞的,注册审计师每年要接受培训多少小时,这项制度要逐步落实。在加快建立社会主义市场经济的过程中,新情况、新业务、新制度不断出现,对注册审计师将会不断提出新的要求。因此,抓紧对注册审计师的岗位培训尤为必要,十分迫切。有些理事要求全国协会能办些专业资格培训和理论与实务研讨,我们尽力去搞。

三是要搞好注册审计师的年检。按照注册审计师的年检制度,有的省去年底,今年初搞了年检,有的省因多数注册审计师批准不久,没有进行。希望各地结合检查整顿工作,把今年的年检工作落到实处。年检不仅是为了把不合格的注册审计师除名,更重要的是要通过年检制度对注册审计师起督促作用,防微杜渐,增强责任心和光荣感,严守职业道德,提高服务质量,以便工作更上一层楼。年检结果应按要求及时上报。

最后,请大家齐心协力做好协会工作。各地的协会成立时间长的有五、六年,短的也有一年左右。大家做了很多工作,有的还相当出色。中国注册审计师协会成立时,吕培俭同志曾要求协会要逐步对注册审计师及审计师事务所实行行业管理。刚刚通过的十四届三中全会的文件要求审计咨询业建立自律性运行机制。按照协会章程的要求,我们目前的工作还相差很远,一些工作甚至还没有涉及,摆在各级协会面前的担子都很重。因此,虽然各地协会的模式不尽一致,不管采取什么形式,最重要的是先把工作干起来,使协会运转起来。要把专职人员尽快配起来,把协会的办事机构和有关专业委员会建立起来,以适应工作发展的需要,不要成为空架子。同时要向审计机关反映,希能大力支持,在机构改革时妥善加以解决。

各位理事,我们这次会议就要结束了,回去之后,要及时将会议的情况向审计机关领导汇报,向社会审计工作者进行传达,使大家都认清形势,统一认识,增强信心,鼓起干劲,推动审计咨询业更快、更健康地发展。

审计事业发展概况

审计事业发展概述

1989——1993年，各级审计机关和广大审计人员认真贯彻执行党的基本路线和关于审计工作的重要指示，艰苦奋斗，努力探索，围绕深化改革和发展经济，积极开展审计监督，取得了明显成绩，使我国审计事业有了新的发展。

一、进一步加强审计队伍建设

为加强对中央单位的审计监督，经国务院批准，审计署在原有4个驻地方派出机构的基础上，又在12个大中城市增设了派驻机构。全国审计机关工作人员，1988年有5万人，1993年末达到8.1万人，增加了62%。按照统一规划、分级培训的原则，各级审计机关采取举办研讨班、培训班等多种形式，对各级领导干部和业务骨干进行了岗位培训。广大审计人员边干边学，刻苦钻研，在实践中得到了锻炼。与此同时，加强了审计机关的社会主义精神文明建设，在审计人员中进行了坚持四项基本原则和以“廉洁、公正、严格、奉献”为内容的职业道德教育，开展了学雷锋活动，制定了审计工作纪律和廉政勤政方面的制度，表彰了一批先进单位和先进个人，使审计队伍的政治、业务素质有了较大的提高。

二、全面开展审计监督

按照《宪法》和《审计条例》规定的主要领域，在前5年审计工作的基础上，对各级政府部门和地方政府的财政收支，国家财政金融机构、国有企业事业组织、重点基本建设单位、利用外资项目执行单位的财务收支和农业、职工养老保险等专项资金逐步进行了审计。5年来，通过查处违反财经法纪问题，上交财政180亿元，减少财政拨款和补贴20亿元，追还被挪用的专项资金170亿元，节省基建投资75亿元，共为国家增收节支445亿多元，比前5年增加340多亿元。在审计中还查出一批重大贪污贿赂案件，移送监察、司法机关处理的责任人员有6016多人。近几年，审计监督的重点逐步向财政、金融、重点建设项目等方面转移，并围绕改革和经济发展中的重要问题进行审计和调查，向政府和有关部门反映了情况，提出了加强和改进宏观管理的建议。审计监督在维护国家财经法纪，监督宏观调控措施的落实，促进提高经济效益，加强廉政建设等方面，发挥了积极作用。

三、加强审计法制建设

《审计条例》颁布后，审计署及时制定了与之相配套的施行细则、各项专业审计的规章制度和关于社会审计、内部审计工作的规定，使审计工作进一步做到了有法可依、有章可循。为保障审计机关依法进行审计，国务院发出了《关于加强审计执法几个问题的通知》。面对深化改革中审计执法遇到的新问题，各级审计机关深入调查研究，审计署分片召开地方审计局长和派出机构负责人座谈会，在此基础上提出了5条解决意见。它体现了既坚持依法审计的原则，又区别不同情况实事求是地处理查出的问题，把原则性和灵活性结合起来。实践证明，这些意见是基本可行的。为认真贯彻落实审计法规，各级审计机关结合考核审计工作成果，普遍开展了审计执法检查活动，并逐步形成制度。审计署和部分省市区审计局(厅)还聘请了一批符合条件和有专门知识的民主党派成员、无党派人士担任特约审计员，参与和监督审计工作。

根据《中共中央关于制定国民经济和社会发展十年规划和“八五”计划的建议》，审计法被列入“八五”期间要制定的一项重要经济法律。从1990年开始，审计署认真抓了审计法的起草工作。主要是开展国内调查研究和国际咨询、考察、研讨，总结我国审计工作的经验，借鉴外国审计法律制度的有益内容，进行草拟、征求意见、论证、修改等工作。1993年10月，向国务院报送了《审计法》（草案）。

四、改进审计方法和领导方法

一是，为贯彻落实《全民所有制工业企业转换经营机制条例》，审计署和有关部门联合下发了审计监督规定，对企业审计方法作了改进。审计机关主要审计占有、使用国有资产数额较多的，亏损较多和接受国家财政补贴较多的企业，对其他国有企业逐步实行社会审计查证制度；审计的内容主要是企业资产负债和损益的真实、合法，并逐步延伸检查有关的内部管理制度和经济活动，提出意见，促进改善经营管理，提高经济效益。二是，为贯彻执行中央关于反腐败斗争的部署，对行政单位审计方法作了改进。审计机关重点加强对政府领导机关、司法部门、行政执法部门和经济管理部门财政财务收支的审计监督；主要检查有无向企业搞“三乱”，截留挪用专项资金和罚没收入，为小团体谋利益等问题；发现领导干部有以权谋私、贪污受贿和搞不正之风等严重问题，及时提请纪检、监察、司法等部门严肃处理，促进政府部门加强廉政勤政建设。三是，为贯彻中央关于合理划分经济管理权限，发挥中央和地方两个积极性的指示精神和适应分税制的财政体制，审计署改进了对地方审计工作的领导方法。坚持实行统一领导、分级审计的原则，减少统一部署的审计项目；对地方的单位，除少数行业和专项资金审计署统一组织进行审计外，均由地方审计机关根据审计署确定的方针和重点，按照政府的要求，结合实际情况自行安排。

五、巩固发展内部审计和社会审计工作

建立健全内部审计制度，是深化企业改革，转换经营机制，提高经济效益，自我发展的需要。5年来，在部门、单位领导的重视和支持下，内部审计有了较快发展。全国内部审计机构和内审工作人员由1988年底的40589个、84943人，1993年底发展到78498个、212624人。广大内审人员紧紧围绕提高经济效益开展审计工作，取得了明显成绩。5年中，全国内审机构共检查纠正各类违纪金额450多亿元；减少损失浪费139亿元，促进增收节支148亿元；查出万元以上贪污受贿案件6826起，移交监察机关处理12455人，提请司法机关处理9216人。

大力发展市场中介组织，是经济体制改革和社会经济发展的客观需要。5年来，在审计机关的监督、指导和管理下，社会审计事业有了迅速的发展，审计事务所已成为社会中介组织的一支重要力量。1993年与1988年相比，全国新增审计事务所1960个，新增从业人员28461人。广大社会审计人员振奋精神，克服困难，努力工作，取得了显著成绩。5年共接受委托承办审计查证、咨询服务等业务580多万项，为委托单位追回了大量的损失金额，促进提高了经济效益。八届全国人大常委会第四次会议通过《注册会计师法》以后，为落实其中第43条的规定，审计署向国务院报送了《关于认定注册审计师具有注册会计师资格及有关问题的意见》，并根据国务院领导同志的指示，积极同有关部门进行了协商。

六、积极开展审计领域的国际交流活动

同我国审计机关进行交往的国家，由20多个发展到30多个。派出和接待的审计代表团、组，均比前5年有了较大幅度的增加。我国积极参加了最高审计机关国际和亚洲组织及国际内部审计师协会的活动，成功地举办了最高审计机关亚洲组织第五届大会和第四届国际研讨会。通过各种对外交往活动，同一些外国审计机关建立了友好关系，扩大了我国审计工作在国际审计领域的影响；学习、借鉴了外国审计法律制度中一些有益的内容和先进的技术方法，促进了我国审计事业的发展。

国家审计机关组织机构统计

全国审计机构编制情况统计表

制表单位：人事教育司

填表日期：94.2.25
截止日期：93.12.31

地区	区分	合计 应建机构	合计 已建机构	合计 定编人数	合计 现有人数 行政	合计 现有人数 事业	合计 现有人数 合计	省、自治区、直辖市、计划单列市 已建机构	省、自治区、直辖市、计划单列市 定编人数	省、自治区、直辖市、计划单列市 现有人数 行政	省、自治区、直辖市、计划单列市 现有人数 事业	省、自治区、直辖市、计划单列市 现有人数 合计	地、市、州、盟(含直辖市区) 已建机构	地、市、州、盟(含直辖市区) 定编人数	地、市、州、盟(含直辖市区) 现有人数 行政	地、市、州、盟(含直辖市区) 现有人数 事业	地、市、州、盟(含直辖市区) 现有人数 合计	县、旗(含省辖市区) 已建机构	县、旗(含省辖市区) 定编人数	县、旗(含省辖市区) 现有人数 行政	县、旗(含省辖市区) 现有人数 事业	县、旗(含省辖市区) 现有人数 合计
总计		3191	3180	87802			81362															
署机关		1	1	847			814															
部委派出机构		41	41	471			448															
地方派出机构		18	16	1960			1441															
南京审计学院		1	1	540			326															
省市局合计		3130	3121	83984	55865	22468	78333	42	12423	6521	3028	9549	384	23324	15092	5725	20817	2695	48237	34252	13715	47967
华北地区	北京市	37	37	2101	1100	606	1706	1	914	183	433	616	36	1187	917	173	1090					
华北地区	天津市	20	20	1553	1070	276	1346	1	539	189	276	465	14	834	711		711	5	180	170		170
华北地区	河北省	187	187	4403	3599	880	4479	1	173	130	17	147	12	1123	847	232	1079	171	3107	2622	631	3253
华北地区	山西省	130	130	3101	2482	584	3066	1	301	190	23	213	11	942	611	244	855	118	1858	1681	317	1998
华北地区	内蒙古	113	113	2524	1997	537	2534	1	230	178	16	194	12	669	417	226	643	100	1625	1402	295	1697
东北地区	辽宁省	104	104	3548	2449	760	3209	1	392	161	78	239	13	1353	974	263	1237	90	1803	1314	419	1733
东北地区	沈阳市	14	14	533	349	109	458	1	266	121	78	199						13	267	228	31	259
东北地区	大连市	11	11	410	298	113	411	1	150	138	16	154						10	260	160	97	257
东北地区	吉林省	68	68	2552	1353	1243	2596	1	231	143	69	212	9	732	438	252	690	58	1589	772	922	1694
东北地区	黑龙江省	125	125	3068	2054	1046	3100	1	363	244	92	336	13	931	584	323	907	111	1774	1226	631	1257
东北地区	哈尔滨市	13	13	600	439	99	538	1	229	192	4	190						12	371	247	95	342
华东地区	上海市	20	20	1645	1124	54	1178	1	600	365	54	410	13	778	522		522	6	267	237		237
华东地区	江苏省	119	118	3784	1901	1514	3415	1	210	117	43	160	11	1277	662	381	1043	106	2297	1122	1090	2212
华东地区	南京市	16	16	484	326	103	429	1	233	150	41	199						15	251	168	62	230
华东地区	浙江省	88	88	2700	1102	1183	2285	1	307	168	96	204	10	717	288	232	520	72	1682	706	855	1561
华东地区	宁波市	11	11	277	148	116	254	1	67	35	26	61						10	210	113	80	123
华东地区	安徽省	120	120	2327	1712	385	2697	1	275	143	37	213	16	1030	512	356	868	163	1621	1057	562	1619
华东地区	福建省	82	82	2115	1669	580	1949	1	215	162	46	208	8	495	315	113	428	73	1405	892	421	1313
华东地区	厦门市	8	8	160	96	58	154	1	101	55	40	95						7	59	41	18	59
华东地区	江西省	112	112	2651	1720	837	2557	1	260	129	74	203	11	565	364	157	521	100	1826	1227	606	1833
华东地区	山东省	140	140	4660	2881	1786	4667	1	291	154	77	231	16	1298	743	459	1202	123	3071	1984	1250	3234
华东地区	青岛市	13	13	390	288	74	362	1	118	87	14	101						12	272	201	60	261

（续表）

地区	区分	合计						省、自治区、直辖市、计划单列市					地、市、州、盟（含直辖市区）					县、旗（含省辖市区）				
		应建机构	已建机构	定编人数	现有人数			已建机构	定编人数	现有人数			已建机构	定编人数	现有人数			已建机构	定编人数	现有人数		
					行政	事业	合计			行政	事业	合计			行政	事业	合计			行政	事业	合计
中南地区	河南省	176	176	4151	3555	1100	4655	1	336	215	87	302	17	1152	835	266	1101	158	2663	2505	747	3252
	湖北省	101	101	3242	2480	857	3337	1	235	172	78	250	13	871	610	246	856	87	2136	1698	533	2231
	武汉市			862	490	215	705		507	249	80	329							355	241	135	376
	湖南省	137	137	3154	1828	1202	3030	1	349	140	135	275	14	822	540	259	799	122	1983	1148	808	1956
	广东省	122	122	3358	1846	1201	3047	1	494	165	241	406	18	910	515	251	766	103	1954	1166	709	1875
	广州市	14	14	672	280	271	551	1	293	125	104	229						13	379	155	167	322
	深圳市	6	6	375	174	90	264	1	173	98	29	127						5	202	76	61	137
	海南省	23	23	635	359	139	498	1	130	80	22	102	2	109	48	31	79	20	396	231	86	317
	广　西	98	98	1934	1469	353	1822	1	187	134	21	155	13	712	477	160	637	84	1035	858	172	1030
西南地区	四川省	197	197	3959	2865	742	3607	1	228	176	35	211	19	1091	725	272	997	177	2640	1964	435	2399
	成都市	20	20	540	406	67	473	1	190	141	6	147						19	350	265	61	326
	重庆市	22	22	876	525	62	587	1	323	170	21	191						21	553	355	41	396
	贵州省	97	97	2110	1541	334	1875	1	285	138	79	217	9	466	320	80	400	87	1359	1083	175	1258
	云南省	146	146	2860	2074	436	2510	1	440	184	100	284	17	717	529	101	630	128	1703	1361	235	1596
	西　藏	8	6	54	32		32	1	14	13		13	5	40	19		19					
西北地区	陕西省	104	104	2344	1828	502	2330	1	356	210	23	233	9	604	407	164	571	94	1484	1211	315	1526
	西安市	14	14	525	400	34	434	1	245	185	9	194						13	280	215	25	240
	甘肃省	101	101	2094	1353	537	1890	1	350	184	88	272	15	707	401	231	632	85	1037	768	218	986
	青海省	56	56	879	557	231	788	1	169	101	54	155	8	258	155	75	230	47	452	301	102	403
	宁　夏	29	29	789	450	303	753	1	201	104	82	186	4	187	108	60	168	24	401	238	161	399
	新　疆	108	107	2379	1496	259	1755	1	552	155	54	209	16	747	498	118	616	90	1080	843	87	930

国家审计机关审计对象统计

全国第二次审计对象调查基本情况汇总表

单位:个

序号	项目 地区	全国总计	工业企业	非工业企业	金融保险机构	行政事业单位	财政税务	中外合资合作企业	备注
一、	合计	864859	104987	240185	14950	400810	93413	10514	
二、	中央直属	32304	9085	8054	7	15156	2		
三、	地方小计	832555	95902	232131	14943	385654	93411	10514	
	北京市	21670	3674	9472	387	7377	564	196	
	天津市	18121	4444	7820	115	4846	452	444	
	河北省	40845	4984	11029	1275	17919	5438	200	
	山西省	27144	2329	5832	555	13760	4616	52	
	内蒙古	30744	3336	7871	578	16724	2195	40	
	辽宁省	46491	6447	17918	678	18541	2350	557	
	吉林省	28961	3714	8708	660	14239	1568	72	
	黑龙江	36596	4612	12743	730	16589	1723	199	
	上海市	20271	1896	9980		7158	368	869	
	江苏省	41443	5460	14034	395	17740	3450	364	
	浙江省	39422	5613	12729	449	15635	4585	411	
	安徽省	33475	3053	6879	919	17761	4781	82	
	福建省	21402	2407	6202	371	10065	2011	346	
	江西省	37459	3311	9637	363	21041	2949	158	
	山东省	36968	5185	8503	663	16442	5689	486	
	河南省	34877	4088	8020	652	17433	4563	121	
	湖北省	31249	3331	7748	452	15676	3919	123	
	湖南省	35588	5021	9060	731	15323	5241	212	
	广东省	47964	5751	15341	648	17329	3849	5046	
	广西	19329	2084	5191	413	9045	2515	81	
	海南省	5053	380	1340	101	2405	635	192	
	四川省	53057	4764	10567	1031	23688	12901	106	
	贵州省	17658	1233	3453	399	7303	5242	28	
	云南省	24473	2367	4087	627	15098	2270	24	
	西藏	1520	131	368	10	772	239		
	陕西省	30775	2627	6652	536	16373	4566	21	
	甘肃省	22998	1545	4684	671	13444	2624	30	
	青海省	6332	604	1359	62	3987	320		
	宁夏	6450	522	1843	135	3466	454	30	
	新疆	14220	989	3061	337	8475	1334	24	

注:财政税务包括乡镇财税机构。

说明:

(一)此调查资料,反映的是 1991—1992 年第二次全国审计对象调查的基本情况。

(二)审计对象调查的时点为:1990 年 12 月 31 日。

(三)审计对象调查的基本单位为:行政上有独立的组织形式,财务上实行独立核算,在银行独立设立帐户,具有法人资格的企业、事业单位和行政机关。

(审计署综合司供稿)

全国第二次审计对象调查工业企业基本情况表

单位:个

序号	级次/地区	全国总计					中央企业					地方企业					备注
		总计	大型	中型	小型	大集体	合计	大型	中型	小型	大集体	合计	大型	中型	小型	大集体	
一、	合计	104987	3446	10861	48708	41972	9085	849	1247	6389	600	95902	2597	9614	42319	41372	
	北京市	4082	212	217	936	2717	408	62	50	284	12	3674	150	167	652	2705	
	天津市	4599	98	303	1010	3188	155	28	13	93	21	4444	70	290	917	3167	
	河北省	5365	131	474	2373	2387	381	41	4	286	50	4984	90	470	2087	2337	
	山西省	2889	80	260	1745	804	560	33	53	458	16	2329	47	207	1287	788	
	内蒙古	3654	67	222	2029	1336	318	16	17	285		3336	51	205	1744	1336	
	辽宁省	7071	273	525	2106	4167	624	56	78	471	19	6447	217	447	1635	4148	
	吉林省	4053	95	277	1449	2232	339	20	45	274		3714	75	232	1175	2232	
	黑龙江	5238	174	336	2395	2333	626	57	31	536	2	4612	117	305	1859	2331	
	上海市	2140	293	696	846	305	244	45	36	125	38	1896	248	660	721	267	
	江苏省	5750	242	643	1997	2868	290	46	26	150	68	5460	196	617	1847	2800	
	浙江省	5796	109	383	2346	2958	183	19	36	80	48	5613	90	347	2266	2910	
	安徽省	3365	82	357	1611	1315	312	22	37	184	69	3053	60	320	1427	1246	
	福建省	2585	44	219	1792	530	178	7	30	92	49	2407	37	189	1700	481	
	江西省	3628	56	310	1883	1379	317	21	49	137	110	3311	35	261	1746	1269	
	山东省	5553	172	794	1832	2755	368	43	53	263	9	5185	129	741	1569	2746	
	河南省	4538	178	892	1993	1475	450	37	85	317	11	4088	141	807	1676	1464	
	湖北省	3717	121	471	2097	1028	386	49	91	218	28	3331	72	380	1879	1000	
	湖南省	5279	82	517	2294	2386	258	28	74	156		5021	54	443	2138	2386	
	广东省	6003	202	722	3624	1455	252	16	45	184	7	5751	186	677	3440	1448	
	广西	2297	93	332	1605	267	213	13	34	161	5	2084	80	298	1444	262	
	海南省	408	18	58	316	16	28	1	6	21		380	17	52	295	16	
	四川省	5503	258	640	3812	793	739	59	85	574	21	4764	199	555	3238	772	
	贵州省	1505	50	130	1104	221	272	18	20	227	7	1233	32	110	877	214	
	云南省	2566	56	335	1338	837	199	16	53	130		2367	40	282	1208	837	
	西藏	132	1	9	103	19	1	1				131		9	103	19	
	陕西省	3118	139	325	1705	949	491	46	100	335	10	2627	93	225	1370	939	
	甘肃省	1749	56	165	1022	506	204	23	44	137		1545	33	121	885	506	
	青海省	649	21	39	354	235	45	7	16	22		604	14	23	332	235	
	宁夏	570	14	72	220	264	48	6	11	31		522	8	61	189	264	
	新疆	1185	29	138	771	247	196	13	25	158		989	16	113	613	247	

全国第二次审计对象调查非工业企业基本情况表

单位：个

序号	级次/地区	全国总计					中央企业					地方企业					备注
		总计	大型	中型	小型	大集体	合计	大型	中型	小型	大集体	合计	大型	中型	小型	大集体	
一、	合计	225135	2155	39841	140623	72516	8061	2155	1438	3850	618	247074		38403	136773	71898	
	北京市	11951	157	855	6386	4553	2092	157	124	1212	599	9859		731	5174	3954	
	天津市	7996	16	544	3648	3788	61	16	31	14		7935		513	3634	3788	
	河北省	12549	36	2093	5627	4793	245	36	56	151	2	12304		2037	5476	4791	
	山西省	6627	117	1632	3510	1368	240	117	17	105	1	6387		1615	3405	1367	
	内蒙古	8606	35	1214	5006	2351	157	35	20	101	1	8449		1194	4905	2350	
	辽宁省	18748	68	2242	7675	8763	152	68	40	43	1	18596		2202	7632	8762	
	吉林省	9480	53	1328	4904	3195	112	53	38	20	1	9368		1290	4884	3194	
	黑龙江	13841	69	2133	7539	4100	368	69	139	158	2	13473		1994	7381	4098	
	上海市	10071	26	1454	6699	1892	91	26	37	28		9980		1417	6671	1892	
	江苏省	14620	94	2458	6070	5998	191	94	61	36		14429		2397	6034	5998	
	浙江省	13344	56	1953	6653	4682	166	56	65	45		13178		1888	6608	4682	
	安徽省	7978	88	1294	4643	1953	180	88	22	70		7798		1272	4573	1953	
	福建省	6734	77	1.377	3915	1365	161	77	31	53		6573		1346	3862	1365	
	江西省	10198	93	1329	6511	2265	198	93	19	86		10000		1310	6425	2265	
	山东省	9452	137	2300	4657	2358	286	137	40	109		9166		2260	4548	2358	
	河南省	9011	163	2690	3842	2316	339	163	42	127	7	8672		2648	3715	2309	
	湖北省	8428	106	1422	5269	1631	228	106	50	72		8200		1372	5197	1631	
	湖南省	10038	120	1907	5339	2672	247	120	31	96		9791		1876	5243	2672	
	广东省	16284	34	2197	10346	3707	295	34	113	147	1	15989		2084	10199	3706	
	广　西	5792	89	891	4092	720	188	89	16	83		5604		875	4009	720	
	海南省	1605	22	614	918	51	164	22	117	25		1441		497	893	51	
	四川省	12019	164	1191	8737	1927	421	164	49	207	1	11598		1142	8530	1926	
	贵州省	4048	96	621	2919	412	196	96	22	78		3852		599	2841	412	
	云南省	4956	80	1074	2965	837	242	80	38	124		4714		1036	2841	837	
	西　藏	391	1	76	303	11	13	1	10	2		378		66	301	11	
	陕西省	7389	78	1195	4211	1905	201	78	29	92	2	7188		1166	4119	1903	
	甘肃省	5512	58	533	3334	1587	157	58	20	79		5355		513	3255	1587	
	青海省	1480	3	145	1027	305	59	3	15	41		1421		130	986	305	
	宁　夏	2017	13	289	1283	432	39	13	7	19		1978		282	1264	432	
	新　疆	3970	6	790	2595	579	572	6	139	427		3398		651	2168	579	

注：非工业企业包括金融保险机构

全国第二次审计对象调查行政事业单位基本情况表

单位：个

序号	级次/地区	全国总计				中央单位				地方单位				备注
		总计	一级	二级	三级	合计	一级	二级	三级	合计	一级	二级	三级	
一、	合计	494223	173653	148447	172123	15158	219	4927	10012	479065	173434	143520	162111	
	北京市	21136	286	8824	12026	13195	186	4190	8819	7941	100	4634	3207	
	天津市	5349	1076	3286	987	51	2	32	17	5298	1074	3254	970	
	河北省	23422	9323	5679	8420	65	4	39	22	23357	9319	5640	8398	
	山西省	18441	9005	4766	4670	65	0	9	56	18376	9005	4757	4614	
	内蒙古	18957	7219	8437	3301	38	0	11	27	18919	7219	8426	3274	
	辽宁省	20975	7246	8108	5621	84	0	53	31	20891	7246	8055	5590	
	吉林省	15856	5154	6795	3907	49	1	20	28	15807	5153	6775	3879	
	黑龙江	18432	6673	7382	4377	120	1	16	103	18312	6672	7366	4274	
	上海市	7622	1411	1860	4351	96	3	51	42	7526	1408	1809	4309	
	江苏省	21277	6041	1955	13281	87	4	51	32	21190	6037	1904	13249	
	浙江省	20285	8087	756	11442	65	1	19	45	20220	8086	737	11397	
	安徽省	22579	5830	5568	11181	37	2	21	14	22542	5828	5547	11167	
	福建省	12138	4892	4804	2442	62	0	17	45	12076	4892	4787	2397	
	江西省	24022	7473	5182	11367	32	0	10	22	23990	7473	5172	11345	
	山东省	22228	7863	6784	7581	97	3	33	61	22131	7860	6751	7520	
	河南省	22057	9246	8213	4598	61	1	24	36	21996	9245	8189	4562	
	湖北省	19705	7406	8226	4073	110	2	63	45	19595	7404	8163	4028	
	湖南省	20605	7056	8006	5543	41	0	20	21	20564	7056	7986	5522	
	广东省	21352	8263	6551	6538	174	1	62	111	21178	8262	6489	6427	
	广西	11598	5646	2250	3702	38	0	7	31	11560	5646	2243	3671	
	海南省	3124	1370	809	945	84	0	7	77	3040	1370	802	868	
	四川省	36689	11223	6851	18615	100	5	73	22	36589	11218	6778	18593	
	贵州省	12554	4635	2558	5361	9	0	4	5	12545	4635	2554	5356	
	云南省	17430	7662	2686	7082	62	0	15	47	17368	7662	2671	7035	
	西藏	1018	423	463	132	7	0	1	6	1011	423	462	126	
	陕西省	21005	7132	8073	5800	66	3	39	24	20939	7129	8034	5776	
	甘肃省	16101	6421	7427	2253	33	0	20	13	16068	6421	7407	2240	
	青海省	4316	2303	1712	301	9	0	4	5	4307	2303	1708	296	
	宁夏	3926	1601	1749	576	6	0	2	4	3920	1601	1747	572	
	新疆	10024	5687	2687	1650	215	0	14	201	9809	5687	2673	1449	

注：行政事业单位包括财政税务部门。

全国第二次审计对象调查
中外合资、合作企业情况表

单位：个

序号	级次 / 地区	全国总计				备注
		总计	大型	中型	小型	
一、	合计	10514	106	364	10044	
	北京市	196	20	12	164	
	天津市	444	3	17	424	
	河北省	200	6	10	184	
	山西省	52			52	
	内蒙古	40			40	
	辽宁省	557	2	11	544	
	吉林省	72	1	6	65	
	黑龙江	199	2	7	190	
	上海市	869	36	63	770	
	江苏省	364	4	12	348	
	浙江省	411	1	22	388	
	安徽省	82		3	79	
	福建省	346	3	31	312	
	江西省	158		2	156	
	山东省	486	2	44	440	
	河南省	121	1	9	111	
	湖北省	123		7	116	
	湖南省	212		8	204	
	广东省	5046	19	84	4943	
	广西	81	2	5	74	
	海南省	192	1	1	190	
	四川省	106		1	105	
	贵州省	28			28	
	云南省	24		1	23	
	西藏					
	陕西省	21	2	6	13	
	甘肃省	30			30	
	青海省					
	宁夏	30			30	
	新疆	24	1	2	21	

国家审计机关审计成果统计

1989—1993年的五年，是我国审计工作在改革开放中开拓前进的五年。各级审计机关贯彻邓小平同志重要谈话和党的十四大精神，强化审计监督，在维护国家财经法纪和社会经济秩序，促进重大宏观调控措施落实，提高经济效益，加强廉政建设，保障改革开放和国家财政经济活动的健康发展等方面，发挥了积极作用。

（一）认真查处违反财经法纪问题，维护经济秩序，为国家增收节支做出贡献。五年来，各级审计机关认真履行法律赋予的审计监督职能，在维护财经纪律方面做了大量的工作。据统计，1989——1993年，各级审计机关共查处应上交财政资金306亿多元，其中实际增加财政收入179亿元，追还侵占挪用资金170亿元，罚款金额9.9亿多元。

（二）在促进提高经济效益方面发挥了积极作用。针对近几年来一些企业出现了亏损和经济效益下降较大的情况，审计机关在财政财务收支审计的基础上，延伸检查企业内部管理制度和有关经济活动，紧紧围绕搞好国营大中型企业和转换企业经营机制，逐步开展了经济效益审计，发现企业经营管理中的薄弱环节，提出建议，促进加强内部管理，健全自我约束机制，提高经济效益。据不完全统计，五年来，各级审计机关共查出损失浪费金额77亿多元，促进提高经济效益金额204亿多元，为国家增收节支做出了贡献。

（三）逐步发挥审计监督在宏观调控方面的作用，随着改革的深化，政企分开，政府转变职能，由直接管理逐步转向间接管理，审计机关逐步增强为宏观调控服务的意识。五年来，审计机关努力在宏观调控和管理方面发挥作用，一是审计监督的重点进一步向财政、金融和重点建设项目等方面转移，监督宏观调控措施的落实；二是对微观经济审计中发现的问题，从宏观角度进行分析研究，对有关部门提出改进意见和建议；三是对财政经济活动中出现的一些对全局有影响的倾向性问题进行审计调查，向领导机关反映情况，提出加强宏观调控和管理的建议。据不完全统计，1989—1993年全国审计机关向各级政府和部门共提交86000多份综合性、专题性报告，有相当一部分报告提出的建议被采纳。财政审计面逐步扩大，已由1988年审计2933个地方政府财务收支，扩大到1993年审计8600多个，五年内各级审计机关对县以上地方人民政府财政财务收支普遍进行了审计监督。1992年，审计署和驻地方派出机构对37个地区减免流转税的情况进行了审计调查，专题向国务院报告，提出要对减免流转税的对象、条件等作出具体规定，严格审批权限，对地方越权减免流转税给予严肃处理等建议，国务院发出了《关于加强流转税管理的通知》。金融审计在财务收支审计的基础上，拓展到审计信贷资金。1993年对国家金融机构清理违规拆借资金等情况进行了审计或调查，有力地配合了整顿金融秩序工作。开展基本建设开工前审计，控制固定资产投资规模；集中精力审计了一批国家重点建设项目，1990年至1992年三年间，审计署直接组织和审计检查了235个单位，共查出有问题金额126亿元，占总投资2700亿元的

4.7%，为国家节约建设资金近50亿元。各级审计机关，特别是地、县级审计机关认真抓好农业专项资金审计，查处了挤占挪用农业资金等违纪问题。审计署直接组织审计了第十一届亚运会的财务收支，扩大了审计在社会上的影响。

（四）积极服务经济改革，促进有关改革措施的落实。实行经济体制改革，国家采取了一系列的改革措施，如厂长经济负责制、承包经营责任制、股份制、搞好国营大中型企业的20条政策措施和国营企业转换经营机制。五年来，审计机关根据自身力量状况，对一批国营重点企业和重点行业进行了审计。紧密配合经济体制改革，开展厂长（经理）离任经济责任审计和承包经营责任审计。据统计，1989——1992年全国审计机关共对12.6万多户企业进行了承包经营责任审计，审计署直接审计了“五大公司”，推动了企业改革措施的完善。随着养老、待业等社会保障制度改革措施的出台，各级审计机关及时对“两项基金”进行了审计，促进了这项改革措施的建立和健全。审计机关履行监督职能，维护正常经济秩序，为经济改革的顺利进行发挥了积极作用。

（五）促进加强廉政建设。随着改革开放的扩大和商品经济的发展，为了防止政府机关钱权交易，加强了对政府部门财政财务收支的审计监督。五年来，审计机关坚持和改进对政府部门的审计，重点加强了对有资金分配权、有预算外收入、有罚没收入和违纪问题较多的部门的审计，促进政府部门带头增强遵纪守法观念，收到良好效果。各级审计机关还围绕节省行政开支、纠正不正之风以及有无乱收费、乱罚款、乱摊派损害企业和其他单位利益的问题等廉政建设措施进行了审计监督，发挥了威慑作用。

（六）积极开展利用外资审计，促进扩大改革开放。实行对外开放以后，对外经济交往和利用外资的项目越来越多，按照国际惯例，审计机关承担在中国的贷、援款项目的审计，五年来各级审计机关共出具审计报告，依法处理违反财经法纪问题，促进提高效益，对外审计公证的质量逐步提高，受到了有关组织的好评，也提高了我国审计机关在国际上的信誉。

五年来全国审计机关审计单位数，查出违纪违规金额，查出应上交财政金额、已上交财政金额，促进提高经济效益金额和查出应追还侵占挪用资金等指标，统计列表如下：

审计工作主要成果情况表
（1989年—1993年）

单位：万元

主要指标 ＼ 年度	合　计	1989年	1990年	1991年	1992年	1993年
审计单位（个）	1174290	243470	261846	261875	224886	182213
审计资金总额（亿元）	149385	11915	21906	33544	35705	46315
违纪金额	17927155	2398728	3429468	3729586	3947239	4422134
应上交财政金额	3069433	517907	733126	567139	403894	847367
已上交财政金额	1798000	371388	384901	380523	321929	339259
应减少财政拨款或补贴	204504	23478	49297	42685	27796	61248
应追还侵占挪用资金	1701993	——	212101	519060	249955	720877
罚款金额（万元）	99413	15004	19606	18466	25785	20552
查出损失浪费金额	771254	51495	106805	175836	157704	279414
促进提高经济效益金额	2048126	1171267	367216	157768	176488	175387
受党政纪处分（人）	2676	982	604	577	238	275
移送司法机关处理（人）	3615	1247	1087	664	362	255

分行业审计单位数(1989 年—1993 年)

单位:个

年度 行业	合计	1989 年	1990 年	1991 年	1992 年	1993 年
合计	1174290	243470	261846	261875	224886	182213
工业	149227	23164	25760	25631	21695	
交通	10112	2340	1908	2745	3119	
商业	8360			14214	10591	
粮食	64634	26001	28256	5088	5289	
供销	24805			4141	4219	52977
物资	18106	3755	5309	5370	3672	
外贸	5228	1178	1412	1392	1246	
农林水	59095	7811	7272	23849	20163	
城市公用	6528	949	1079	2323	2177	
建筑安装	7051	1371	1850	2068	1762	
文教卫生	29959	1318	1926	15665	11050	
行政	393083	116398	119650	65841	47874	43320
财政税收	39078	5619	6894	8421	9509	8635
金融保险	33606	2834	6521	7266	6876	10109
基本建设	217048	36639	38988	53689	50647	37085
利用外资	14776	2381	2437	2975	3579	3404
其他	93594	11712	12584	21197	21418	26683

注:1993 年统计指标企业只有合计数,计算在工业企业中,以下分行业表同。

分地区审计单位数(1989 年—1993 年)

单位:个

年度 地区	合计	1989 年	1990 年	1991 年	1992 年	1993 年
合计	1174290	243470	261846	261875	224886	182213
审计署机关	609	74	148	149	93	145
驻地方特派办	6221	539	739	1771	1489	1683
驻部门审计机构	2672	414	641	746	469	402
北京市	10785	2035	2389	2629	2232	1766
天津市	13498	4232	2548	2329	2429	1660
河北省	54770	12947	12175	11087	9114	9447
山西省	67471	14780	15936	14931	13081	8743
内蒙古自治区	47793	9317	10914	10314	8879	8369
辽宁省	43120	7525	9542	9748	8928	7377
沈阳市	4165	927	1105	1108	1025	—
大连市	4588	838	920	1108	1029	693
吉林省	35274	8098	8800	7702	5893	4781
长春市	4999	1333	1410	1225	1031	—
黑龙江省	56064	13852	13232	12089	8794	8097
哈尔滨市	5448	1313	1126	1696	1313	—
上海市	10944	2249	2482	2938	1994	1281
江苏省	31000	6853	7529	6080	5366	5172

（续表）

地区 \ 年度	合计	1989年	1990年	1991年	1992年	1993年
南京市	4009	889	1389	853	873	——
浙江省	25604	4657	5077	5837	5593	4440
宁波市	2942	660	721	625	493	443
安徽省	45110	12219	10429	8828	7239	6395
福建省	46551	10734	10729	10119	8720	6249
厦门市	2492	478	585	648	460	321
江西省	63628	12158	12575	13661	1332	11902
山东省	76295	13552	15360	16177	16101	15105
青岛市	6184	1221	1271	1321	1225	1146
河南省	64202	14654	15669	14306	11631	7942
湖北省	67353	13314	14501	15346	12575	11617
武汉市	6130	1611	1678	1522	1319	——
湖南省	43694	7833	8410	10995	9646	6810
广东省	66112	14480	14660	13931	12713	10328
广州市	7346	2412	2088	1550	1296	——
深圳市	3536	669	679	817	574	797
广西自治区	16882	3493	3897	3840	3197	2455
海南省	3384	619	712	746	721	586
四川省	85629	16504	22198	20032	16175	10720
成都市	7619	1277	2016	2136	2190	——
重庆市	11157	3082	2514	2275	1972	1314
云南省	33768	3829	4490	9910	9307	6232
贵州省	24160	5307	5446	5628	4458	3321
西藏自治区	277	23	77	86	63	28
陕西省	45973	9233	10378	10454	8944	6964
西安市	4932	1089	1308	1405	1130	——
青海省	13745	2962	3100	3149	2470	2064
甘肃省	29476	5804	6243	6739	5746	4944
宁夏自治区	13154	2536	3171	3111	2372	1964
新疆自治区	29072	6644	7649	6433	5122	3224

分行业审计查出违纪金额
（1989年—1993年）

单位：万元

行业 \ 年度	合计	1989年	1990年	1991年	1992年	1993年
合计	17927155	2398728	3429468	3729586	3947239	4422134
工业	3373106	742542	610269	685159	176251	
交通	222635	34750	44157	50328	93400	
商业	257104			134997	122107	
粮食	711014	317356	253591	62475	77592	
供销	94119			44633	49486	1158885
物资	262784	55561	52587	96894	75724	
外贸	334999	70437	67013	122733	74816	
农林水	333123	66238	55602	107458	103825	
城市公用	95494	15166	13179	25781	41368	
建筑安装	275502	38973	64758	57515	114256	

（续表）

行业＼年度	合计	1989年	1990年	1991年	1992年	1993年
文教卫生	224904	7565	14775	92620	109944	
行政	1003268	226174	242228	144194	133859	256813
财政税收	4962996	436520	1450663	859697	765267	1450849
金融保险	2531985	150129	165169	476397	743863	996427
基本建设	1415457	122714	251246	419951	396590	224956
利用外资	546042	26253	59970	224312	155173	80334
其他	744433	88350	84271	126242	191700	253870

分地区审计查出违纪金额
（1989年—1993年）

单位：万元

地区＼年度	合计	1989年	1990年	1991年	1992年	1993年
合计	17927155	2398728	3429468	3729586	3947239	4422134
审计署机关	3304804	495700	1251525	815593	254648	487338
驻地方特派办	2460258	126080	196841	449241	576664	1111432
驻部门审计机构	350797	68947	66056	81887	52474	81433
北京市	311475	39169	42940	49376	112934	67056
天津市	221467	43482	42551	42623	65715	27096
河北省	578978	78921	75365	104801	113324	206567
山西省	462074	44538	85476	75000	129651	127409
内蒙古自治区	368505	43801	54051	66469	119335	84849
辽宁省	653562	83074	96248	189586	147450	137204
沈阳市	98288	12832	15092	37336	33028	——
大连市	91738	15422	8448	19549	32469	15850
吉林省	287644	44885	45992	62936	60997	72834
长春市	34400	7434	7858	9545	9563	——
黑龙江省	536369	67516	70874	128105	165016	104858
哈尔滨市	66830	9233	17155	20566	19876	——
上海市	175776	40079	32578	40314	44098	18707
江苏省	441802	87325	80943	100616	99040	73878
南京市	36598	10515	5400	9555	11128	——
浙江省	569752	94767	88011	118929	144151	123894
宁波市	91206	13202	16269	12116	26057	23562
安徽省	358297	77172	56091	67212	77869	79953
福建省	356630	46139	75585	83155	67071	84680
厦门市	48092	5374	5385	21462	12331	3540
江西省	265543	34476	44574	51499	82960	52034
山东省	787781	111121	137237	150643	189951	198829
青岛市	256374	10592	8696	15900	207703	13483
河南省	711730	122088	123495	107130	188039	170978
湖北省	757609	95291	118379	140338	186729	216872
武汉市	102635	20651	31646	25093	25245	——
湖南省	558866	68072	74803	86206	154209	175576
广东省	897577	127812	152690	215718	209539	191818
广州市	81612	16271	24738	16448	24155	——
深圳市	148755	19014	19924	48144	29989	31684

（续表）

年度 地区	合计	1989年	1990年	1991年	1992年	1993年
广西自治区	245336	50045	71447	52497	49319	22028
海南省	162365	15973	20749	32928	45924	46791
四川省	746877	83193	94065	114907	301518	153194
成都市	70626	6344	8481	11846	43955	—
重庆市	266961	18706	9407	17907	158140	62801
云南省	273248	41748	45047	63559	35400	87494
贵州省	222720	33114	31575	54654	56365	47012
西藏自治区	11553	410	1511	4625	4213	794
陕西省	390376	57962	84809	84891	86709	76005
西安市	60552	12543	15583	19965	12461	—
青海省	55379	8840	7000	11916	19275	8348
甘肃省	205852	33046	38760	34167	60808	39799
宁夏自治区	43841	7116	6714	11192	13808	5011
新疆自治区	152312	26826	15486	36873	32764	40363

分行业审计查出应上交财政金额

（1989年—1993年）

单位：万元

年度 行业	合计	1989年	1990年	1991年	1992年	1993年
合计	3069433	517907	733126	567139	403894	847367
工业	665806	134613	134951	127502	78263	
交通	29545	7438	7119	6601	8387	
商业				26351	11589	
粮食	213123	78849	64355	10789	9114	
供销				6984	5092	
物资	63785	15764	14930	21629	11462	190477
外贸	47910	14114	11388	10742	11666	
农林水	39122	11351	8599	10622	8550	
城市公用	20595	2677	3888	7103	6927	
建筑安装	90028	9790	13201	14297	52740	
文教卫生	48716	16164	22364	5611	4577	
行政	133311	20413	21390	31277	18900	41331
财政税收	1227701	110041	353839	133964	117922	511935
金融保险	237518	52581	28421	98379	17523	40614
基本建设	92217	10754	26285	21580	15923	17675
利用外资	9419	1339	1278	3859	1755	1188
其他	150637	32019	21118	29849	23504	44147

分地区审计查出应上交财政金额

（1989年—1993年）

单位：万元

年度 地区	合计	1989年	1990年	1991年	1992年	1993年
合计	3069433	517907	733126	567139	403894	847367
审计署机关	515508	98285	261218	99345	7122	49538

（续表）

地区＼年度	合计	1989年	1990年	1991年	1992年	1993年
驻地方特派办	632995	34506	55330	73028	69720	400411
驻部门审计机构	35870	3804	5241	5674	2186	18965
北京市	127454	13107	14793	17685	51218	30651
天津市	32129	8025	8626	10053	3584	1841
河北省	53096	9218	11681	7846	5997	18354
山西省	69810	7816	17572	12751	10140	21531
内蒙古自治区	37254	6124	12824	8033	5668	4605
辽宁省	81474	14082	17358	16265	15243	18526
沈阳市	6978	1667	2419	1968	924	—
大连市	10064	1606	1782	2842	1253	2581
吉林省	39269	9135	5982	9346	6094	8712
长春市	6158	2043	765	2333	1017	—
黑龙江省	97027	10215	18100	25697	18954	24070
哈尔滨市	9167	1896	4194	1712	1365	—
上海市	82310	18072	21041	24377	9142	9678
江苏省	115178	34811	28401	18096	13076	20794
南京市	12684	4069	3613	3198	1804	—
浙江省	139569	27237	27049	33313	30179	21791
宁波市	10650	1274	3133	3779	1334	1130
安徽省	44496	14405	8990	6755	5458	8888
福建省	81992	11992	14113	13486	13179	29222
厦门市	5201	868	1325	1114	1049	845
江西省	41456	8874	9228	7257	8390	7707
山东省	154716	28594	32868	32430	22915	37909
青岛市	11244	2144	2776	2117	1099	3108
河南省	71594	18082	19766	13062	8803	11881
湖北省	79499	16415	22748	16648	10931	12757
武汉市	12608	4106	4912	2028	1582	—
湖南省	56065	14451	12293	10769	7689	10863
广东省	127640	28544	32019	27254	22282	17541
广州市	16369	4022	5578	2824	3945	—
深圳市	24882	3448	5917	7440	5117	2960
广西自治区	59158	20782	14006	13544	5313	5513
海南省	48038	5387	6424	10182	13955	12090
四川省	77745	17900	19386	16552	12002	11905
成都市	6820	1961	1990	1325	1544	—
重庆市	12923	3762	2308	2328	2002	2523
云南省	33808	3461	9619	6983	3636	10109
贵州省	32341	9729	3006	11164	5842	2600
西藏自治区	2274	286	485	739	614	150
陕西省	50214	11587	12834	9097	8203	8493
西安市	9001	2127	3667	2287	920	—
青海省	12085	1538	2231	2501	2208	3607
甘肃省	20369	7647	4823	3195	1825	2879
宁夏自治区	4794	729	945	1565	824	731
新疆自治区	12206	3067	2126	2447	1511	3055

分行业审计查出已上交财政金额

(1989 年—1993 年)

单位:万元

行业 \ 年度	合计	1989 年	1990 年	1991 年	1992 年	1993 年
合计	1798000	371388	384901	380523	321929	339259
工业	518539	101464	118031	117185	64220	117639
交通	22854	6037	6008	4819	5990	
商业				20513	11081	
粮食	220939	97178	59007	6256	6878	
供销				15368	4658	
物资	44929	12632	16796	9351	6150	
外贸	39705	13030	9249	6410	11016	
农林水	28801	8063	6248	8167	6323	
城市公用	31785	2135	3095	5735	20820	
建筑安装	56106	5060	10759	9389	30898	
文教卫生	11403	1193	1863	4527	3820	
行政	134729	27534	32009	21149	18821	35216
财政税收	383667	51333	67251	78286	76391	109906
金融保险	104769	10513	23013	20926	17512	32805
基本建设	81047	8262	14057	37645	10762	10321
利用外资	16844	647	914	13492	763	1028
其他	101883	26307	16601	1305	25326	32344

分地区审计查出已上交财政金额

(1989 年—1993 年)

单位:万元

地区 \ 年度	合计	1989 年	1990 年	1991 年	1992 年	1993 年
合计	1798000	371388	384901	380523	321929	339259
审计署机关	64260	34775	3282	14132	——	12071
驻地方特派办	230971	28650	43613	61446	39024	58238
驻部门审计机构	8251	1826	2602	1947	820	1056
北京市	86422	10870	15012	15270	30541	14729
天津市	23808	6061	5222	3157	7599	1769
河北省	28226	5940	8315	5640	3536	4795
山西省	40941	6410	9042	8875	6412	10202
内蒙古自治区	31791	4125	10538	7020	5440	4668
辽宁省	70776	13439	14925	14178	13182	15052
沈阳市	6778	1538	2394	1943	903	——
大连市	9370	1548	1708	2417	1146	2551
吉林省	29782	8089	5418	6572	5060	4643
长春市	4448	1603	571	1233	1041	—
黑龙江省	64031	9307	13120	13830	14211	13563
哈尔滨市	7210	1781	3250	1360	819	—
上海市	75369	15489	21905	19435	12553	5987
江苏省	98984	30233	24055	14108	13376	17212
南京市	11860	4474	2771	2270	2345	—

（续表）

地区＼年度	合计	1989年	1990年	1991年	1992年	1993年
浙江省	120727	22019	25834	31016	21953	19905
宁波市	10102	1517	2217	2714	2783	871
安徽省	32507	10080	7374	5544	4576	4933
福建省	72369	11110	12320	12015	11514	25410
厦门市	7154	783	3290	1169	1058	854
江西省	36257	7441	8430	6663	7356	6367
山东省	128936	22888	26730	27653	20690	30975
青岛市	9287	1705	1900	2169	978	2535
河南省	49134	12310	12546	10714	6808	6756
湖北省	70214	13537	18964	16008	10214	11491
武汉市	11109	3088	3606	2918	1497	—
湖南省	43601	10826	9453	8148	5592	9582
广东省	100837	22718	22855	22695	19226	13343
广州市	16167	4465	4948	2918	4286	—
深圳市	20675	2476	4014	7982	3713	2490
广西自治区	45750	15738	12567	9009	3981	4455
海南省	50738	2458	4979	6106	27118	10077
四川省	62533	15311	18592	11064	9546	8020
成都市	7141	1775	2622	1300	1444	—
重庆市	10977	2981	2263	1901	1496	2336
云南省	36814	8390	8880	6421	3644	9479
贵州省	19638	2798	2464	6780	5843	1753
西藏自治区	1232	335	246	381	229	41
陕西省	36413	8798	8720	7703	4755	6437
西安市	6047	1434	2137	1827	649	—
青海省	8871	1158	1867	2100	1735	2011
甘肃省	14899	5873	2577	1737	3186	1526
宁夏自治区	4134	669	886	1200	758	621
新疆自治区	8784	1717	1568	1956	1451	2092

分行业审计查出应追还侵占挪用资金

（1989年—1993年）

单位：万元

行业＼年度	合计	1989年	1990年	1991年	1992年	1993年
合计	1701993	——	212101	519060	249955	720877
工业	298275		43847	22242	42335	189851
交通	14929		5631	4562	4736	
商业				4630	5475	
粮食	37936		14365	5381	1252	
供销				3349	3484	
物资	8436		2619	3270	2547	
外贸	9994		4762	3439	1793	
农林水	55608		11055	22503	22050	
城市公用	11976		1025	1646	9305	
建筑安装	10830		3028	4925	2877	
文教卫生	46522		25871	14470	6181	

（续表）

行业＼年度	合计	1989年	1990年	1991年	1992年	1993年
行政	102286		23349	14736	24655	39546
财政税收	62980		12982	14042	15022	20934
金融保险	704550		16080	306017	41287	341166
基本建设	205999		33387	80406	33772	58434
利用外资	37905		7980	4744	6977	18204
其他	93767		6120	8698	26207	52742

分地区审计查出应追还侵占挪用资金

（1989年—1993年）

单位：万元

地区＼年度	合计	1989年	1990年	1991年	1992年	1993年
合计	1701993		212101	519060	249955	720877
审计署机关	436257		8302	278354	3481	146120
驻地方特派办	273527		12586	38529	8625	212787
驻部门审计机构	39577		21084	3237	478	14778
北京市	20833		1018	1678	15423	2714
天津市	4692		2377	984	459	872
河北省	41053		9096	5904	6188	19865
山西省	57801		14387	14144	9653	19617
内蒙古自治区	31553		5862	5700	4703	15288
辽宁省	63492		8110	20723	15996	18633
沈阳市	11232		2262	7912	1058	—
大连市	10985		1013	1748	2187	6037
吉林省	22285		4373	5182	5864	6866
长春市	3057		869	1167	1021	—
黑龙江省	41373		7186	10142	9722	14323
哈尔滨市	5195		1976	2009	1210	—
上海市	31431		2518	4639	18089	6185
江苏省	18521		4213	6381	3653	4274
南京市	1038		14	21	1003	1003
浙江省	52727		6208	10074	4991	4311
宁波市	8650		1747	1432	694	4777
安徽省	26283		2386	3592	7593	12712
福建省	24181		3995	7643	4773	7770
厦门市	604		139	303	52	110
江西省	24692		3713	3099	9418	8462
山东省	57828		10319	9741	17081	20687
青岛市	2689		576	173	194	1746
河南省	42663		5887	10453	8904	17419
湖北省	75234		12477	17491	11448	33818
武汉市	4435		2355	1160	920	—
湖南省	60992		9435	8002	7678	35877
广东省	90407		16372	14945	10073	39017
广州市	5817		5086	469	262	—
深圳市	8256		176	1798	1636	4646
广西自治区	16083		2266	4809	6042	2966

（续表）

地区＼年度	合计	1989年	1990年	1991年	1992年	1993年
海南省	5410		1437	2029	775	1169
四川省	95280		13712	12589	38368	30611
成都市	2311		666	1368	277	—
重庆市	15439		1817	3899	696	9027
云南省	11259		3784	3876	3374	2232
贵州省	10626		3406	3153	2240	1827
西藏自治区	302		171	56	5	70
陕西省	25372		9111	5465	6357	4439
西安市	6753		3749	1386	1618	—
青海省	2794		648	521	322	1303
甘肃省	17729		2674	3392	4934	6729
宁夏自治区	3372		721	675	981	995
新疆自治区	11540		1267	1858	2264	6151

分行业审计促进提高经济效益金额

（1989年—1993年）

单位：万元

行业＼年度	合计	1989年	1990年	1991年	1992年	1993年
合计	2048126	1171267	367216	157768	176488	175387
工业	294273	25179	23235	50784	106087	88988
交通	4850	180	346	1505	2819	
商业				5115	8045	
粮食	37814	9199	4977	2044	1602	
供销				3464	3368	
物资	11057	831	4888	2525	2813	
外贸	3701	1344	422	1130	805	
农林水	6645	515	1034	2139	2957	
城市公用	1801	39	74	672	1016	
建筑安装	7790	230	1579	2993	2988	
文教卫生	2379	164	131	1089	995	
行政	17038	4179	3652	2417	1615	5175
财政税收	59450	5612	12301	25980	7753	7804
金融保险	14379	1409	1290	1344	790	9546
基本建设	1472149	1072292	311278	47995	25188	15396
利用外资	54712	1078	275	4107	3069	46183
其他	60088	49016	1734	2465	4578	2295

分地区审计促进提高经济效益金额

（1989年—1993年）

单位：万元

地区＼年度	合计	1989年	1990年	1991年	1992年	1993年
合计	2048126	1171267	367216	157768	176488	175387
审计署机关	9044	——	144	——	8900	——
驻地方特派办	167486	38065	12136	42227	48842	26216

（续表）

年度 地区	合计	1989年	1990年	1991年	1992年	1993年
驻部门审计机构	5019	381	507	1098	2147	886
北京市	4	4	——	——	——	——
天津市	7328	1077	3878	253	1702	418
河北省	86898	62447	4269	3478	13213	3491
山西省	36827	29383	2361	610	1587	2886
内蒙古自治区	26551	13672	6930	345	2465	3139
辽宁省	73699	33629	28586	4934	2419	4131
沈阳市	9237	7761	241	636	599	
大连市	2275	51	186	804	1128	106
吉林省	18788	5986	5280	4042	2294	1186
长春市	5189	4053	329	807		
黑龙江省	145387	64527	68049	3805	4778	4228
哈尔滨市	119376	58468	58238	1316	1264	
上海市	13673	407	1939	5658	3743	1926
江苏省	20309	7979	2424	3973	3279	2654
南京市	1698		1685	11	2	
浙江省	42190	35849	683	5173	310	175
宁波市	528	432	40		54	2
安徽省	80395	53665	23680	1541	708	801
福建省	16968	13192	1811	210	1055	700
厦门市	14	14				
江西省	37514	7565	11646	7189	8908	2206
山东省	189904	19833	26464	49915	48674	45018
青岛市	15816	2502	4287	3828	1911	3288
河南省	309105	222809	18281	7252	3773	56990
湖北省	145546	100279	32555	3562	3921	5229
武汉市	51570	48651	2890	25	4	
湖南省	25202	11599	5583	1914	2801	3305
广东省	54497	48280	2547	833	710	2127
广州市	930	924	6			
深圳市	78					78
广西自治区	14732	106	11325	1073	225	2003
海南省	47989	47426	50	509	4	
四川省	196849	143578	43358	2473	5402	2038
成都市	34665	18192	16159	240	74	
重庆市	88850	76997	7521	153	3187	992
云南省	78273	72056	1637	2597	1767	216
贵州省	58742	31998	23107	1249	1186	1202
西藏自治区	73		68	5		
陕西省	61713	47004	11406	936	903	1464
西安市	3597	1570	1606	399	22	
青海省	12959	7649	4963	102	144	101
甘肃省	10673	8885	1276	58	377	77
宁夏自治区	43954	33427	10005	420	46	56
新疆自治区	9835	8510	268	334	205	518

（审计署综合司供稿）

审计署

组 织 机 构

组织机构发展变化综述

1988年7月，国家编制委员会批准审计署"三定"方案。审计署内部机构由署机关行政职能机构、派出机构和事业机构三部分组成。在这三部分的机构中，大部分没有变化，小部分作了调整。

为了适应新的形势，1990年8月，经国家编制委员会批准，审计署成立外事司，同时将原财政审计一、二司合并为财政审计司。

审计署驻国务院各部门41个派出机构没有变化。

在进一步加强已建的11个署驻地方派出机构的基础上，经国务院批准，审计署又先后组建了深圳、太原、西安、兰州、京津冀等五个地方特派员办事处，使审计署驻地方特派员办事处达到16个，总人数达1381人。

审计署机关"三定"工作中，署直属事业单位进行了较大的调整。1989年2月，国家编制委员会批准审计署成立中国审计事务所和机关服务中心，将科研情报所改名为审计科研所。1988年10月，建立中国审计出版社。1989年5月，原北京市审计局"怀柔干部培训基地"转为审计署事业单位。经过调整，审计署共设立事业单位11个：审计科研所（局级）、审计干部培训中心（局级）、中国审计出版社（局级）、中国审计事务所（局级）、机关服务中心、山东烟台培训基地（处级）、北京培训基地（处级）、计算机室（处级）、文印室（处级）、机关招待所、机关幼儿园。

国务院在1993年机构改革中，有些部门合并或分设，有的改成总公司或协会。在年鉴编辑过程中，考虑到驻国务院各部门审计机构的历史情况，我们仍沿用了改革以前的机构名称。

审计长、副审计长、党组成员、特邀顾问名单

（注：凡任期超过1993年12月31日者不注明任期届满时间）

审计长：

吕培俭 1985.3.19——

副审计长：

郭振乾 1993.7.7——

崔建民 1985.1.30——

金基鹏 1992.12.12——

罗进新 1985.1.30——1993.2.26

李金华 1985.8.1——

郑力（女） 1987.7.16——

刘鹤章 1990.9.27——

党组书记：

吕培俭 1985.3.19——

党组副书记：

郭振乾 1993.7——

崔建民 1990.9.8——

党组成员：

崔建民 1985.1.30——

罗进新　1985.1.30——
李金华　1985.8.1——
郑力(女)　1987.7.16——

审计署特邀顾问：
于明涛　1985.12.16——
周光春　1984.3.1——
祁田(女)　1985.8.16——
王宸生　1985.8.16——
任景德　1988.12.11——

司局级领导成员名单

(注：凡任期超过1993年12月31日者不注明任期届满时间)

办公厅主任：
王国志　1991.8.26——

副主任：
高　奇　1988.7.25——1991.8.26
(1990.3.16为正司级)
邵伯岐　1988.7.25——1989.3.11
刘达朱　1988.7.25——
胡玉华　1988.7.25——1991.6
钟胜复　1990.4.17——1991.3.25
谭绳喜　1990.8.27——
叶祥训　1993.8.11——

局级审计员
张孝昶　1990.8.27——1993.7.31

综合司司长：
蔡克儒　1988.7.25——1991.4.6
潘志强　1991.4.6——

副司长：
王槐辉　1988.7.25——1993.7.31
蒋仲华　1988.7.25——1990.2.19
张德山　1990.3.16——
刘满堂　1993.8.11——

局级审计员：
金银康　1990.8.27——1991.8.11
思　途　1993.1.19——

法规司司长：
赵毓巨　1988.7.25——1991.4.6

副司长：
张玉龙　1988.7.25——
陈继文　1989.3.11——
魏礼江　1991.6.18——
董新钢　1993.8.11——

工业交通审计司司长：
张海涛　1988.7.25——1992.3.13
赵连栋　1993.8.11——

副司长：
李必全　1988.7.25——1992.9.7
李大年　1988.7.25——1990.3.16
朱立豪　1990.3.16——
赵连栋　1992.4.13——

局级审计员：
王继周　1991.7.25——1993.7.31

金融审计司司长：
戴凤举　1988.7.25——1990.11.27
肖远才　1993.3.3——

副司长：
刘方锦　1988.7.25——1990.2.20
肖远才　1988.3.11——
丁国喜　1991.6.11——
范　鹏　1992.9.23——

局级审计员：
王德志　1990.8.27——1991.8.26

商贸审计司司长：
王忠杰　1988.7.25——1992.9.7
刘家义　1993.8.11

副司长：
向庭华　1988.7.25——
高嘉彦　1990.6.30——
刘家义　1992.8.11——1993.8.10

局级审计研究员：
高嘉彦　1990.2.20——1990.6.29

农林文教审计司司长：
刘占林　1988.7.25——1989.7.5
潘志强　1990.2.20——1991.4.6
崔道明　1992.3.25——

副司长：
潘志强　1988.7.25——1990.2.19

陆希千　1988.7.25——1991.4.6
严晓华　1990.2.20——
崔道明　1991.4.6——1992.3.25
阎国良　1991.4.6——

局级审计员：

阎国良　1990.8.27——1991.4.5
崔道明　1990.8.27——1991.4.5

行政国防审计司司长：

李锐弟　1988.7.25——1989.12.9
蒋仲华　1992.3.25——1993.7.31
樊廉忠　1993.8.11——

副司长：

樊廉忠　1988.7.25——1993.8.10
杨池生　1989.3.11——1990.2.19
蒋仲华　1990.2.20——1992.3.24
金银康　1991.8.12——
倪元卫　1993.8.11——

基本建设审计司司长：

张树人　1988.11.3——1991.4.6

副司长：

徐立平　1988.7.25——1993.7.31
彭桂兰　1988.7.25——1993.3.3
尚学俭　1991.6.11——1993.7.31
陈　钟　1992.3.12——
王述仁　1993.8.11——

局级审计研究员：

尚学俭　1989.3.11——1991.6.10
彭桂兰　1993.3.3——

外资运用审计司司长：

费文忠　1988.11.3——1989.8.28
郦建民　1990.2.20——1992.9.7
徐玉棣　1992.9.23——

副司长：

张培宏　1988.7.25——1990.8.27
钟广权　1989.3.11——
武　铁　1989.12.9——1990.8.27
徐玉棣　1992.9.7——1992.9.22
孙宝厚　1993.3.3——

外事司司长：

武　铁　1991.6.11——

副司长：

武　铁　1990.8.27——1991.6.11
张培宏　1990.8.27——1993.7.31

局级审计员：

丁杏芬　1993.1.19——

财政审计司司长：

王道成　1988.11.3——

副司长：

郦建民　1988.7.25——1990.2.20
董惠民　1988.7.25——1993.10.21
陈　遴　1989.9.26——1990.9.13
张秋霞　1990.5.1——
赵　耿　1991.2.4——
董大胜　1992.6.1——1993.4.14

局级审计研究员：

靳全福　1988.7.25——1991.4.6

审计体系指导司司长：

王志均　1988.7.25——1992.3.13

副司长：

李吉英　1988.7.25——1993.7.31
易仁萍　1990.8.27——

局级审计研究员：

崔宏亮　1988.7.25——1990.2.20

人事教育司司长：

梁艮华　1988.7.25——1991.8.26
马怀平　1991.8.26——

副司长：

马怀平　1988.7.25——1990.9.13
刘云武　1988.7.25——1990.4.3
石宗仁　1988.7.25——1991.9.15
贾文英　1990.9.13——
邱玉山　1992.8.29——

局级审计研究员：

荀三奇　1988.7.25——1990.2.20
邱玉山　1991.7.25——1992.8.28

行政司司长：

王道森　1988.7.25——1993.7.31
杨池生　1993.8.11——

副司长：

杜永芳　1988.7.25——

苗华克　1988.7.25——1993.3.14
王占山　1988.7.25——1990.2.19
杨池生　1990.2.20——1993.8.10
郭起彬　1993.3.3——
李　钦　1993.3.3——

局级审计研究员：
李修身　1988.7.25——1990.2.20

局级审计员：
郭起彬　1990.8.27——1993.3.2

副司级：
姜金和　1993.1.19——

老干部局局长：
曹　忠　1988.7.25——1992.3.13

副局长：
王治忠　1991.8.12——
苗华克　1993.3.15——

局级审计研究员：
宋云茹　1988.7.25——1991.6.1

机关党委专职副书记(正司级)
张波　1988.5.12——1992.3.13

机关党委常务副书记：
石宗仁　1991.9.16——

机关党委副书记：
王占山　1990.2.20——1992.4.6
胡文博　1992.6.20——

局级研究员：
鲁　品　1991.7.25——

培训中心主任：
马怀平　1990.8.27——

副主任：
马怀平(兼)　1988.12.15——1990.8.27
徐玉棣(兼)　1988.12.15——1991.5.30
赵　耿　1988.12.15——1991.3.22
王仲文　1991.8.26——
曲世永　1990.2.20——
张大维　1992.6.1——

局级审计员：
苏启健　1990.8.27——1991.8.26

审计科研所所长：
蒋志芳　1988.7.25——1992.3.17
李大年　1992.5.3——

副所长：
李大年　1990.3.16——1992.5.3
邢俊芳　1988.7.25——1992.3.17
徐玉棣　1988.7.25——1991.5.30
钟胜复　1991.3.25——
董大胜　1993.4.15——

局级审计员：
陈少卿　1990.8.27——
邢俊芳　1992.3.17——
高天虹　1993.3.15——

中国审计出版社社长：
邵伯岐　1989.3.11——1993.7.31
曾银青　1993.8.2——

副社长：
曾银青　1989.3.11——1989.8.1
韩笃明　1993.11.9——

副总编：
韩笃明　1991.7.29——1993.11.8

中国审计事务所所长：
刘占林　1989.7.6——1992.9.7
李必全　1992.9.7——

副所长：
王桂才　1988.7.25——1991.3.22
(1988年10月7日为正司级)
陆希安　1988.12.8——1991.3.22
马文祥　1991.3.22——
李军生　1992.9.23——

局级审计员：
孔　颖　1991.7.25——

驻地方特派办领导成员名单

驻上海特派员办事处特派员：
林秋实　1988.7——1991.11
崔雷平　1991.11——

副特派员：
郁子冲　1988.9——1989.12
全丛熹　1988.9——1991.3

陶意纯(女) 1988.12——

陈 遴(正司级)1993.1——

局级审计员：

全丛熹 1991.3——1992.2

驻沈阳特派员办事处特派员：

王鼎臣 1986.1——1988.7

张传书 1988.7——1991.11

徐 良 1992.2——

副特派员：

张传书 1986.6——1988.7

罗梦秋 1986.8——1992.2

刘深泉 1986.4——1991.3

徐 良 1988.11——1992.2

徐玉棣 1991.5——1992.9

朱德智 1992.5——

李业林 1993.4——

局级审计员：

王汝贵 1989.5——1991.5

刘深泉 1991.3——

驻武汉特派员办事处特派员：

陈启明 1986.5——1992.2

余秉立 1992.2——

副特派员：

范林森 1986.6——1991.5

韩 伟 1986.6——1992.2

张任锅 1988.8——

唐自清 1992.10——

局级审计员：

韩 伟 1992.2——

蒋祖岚 1993.1——

驻广州特派员办事处特派员：

张敬贤 1987.2——

副特派员：

侯元桢 1987.1——1992.12(1988.12——1989.8兼任深圳分处特派员)

梁国枢 1987.4——1988.8

帅林淇(女) 1988.8——

祝应新 1989.12——1991.4

局级审计员：

祝应新 1992.9——

驻南京特派员办事处特派员：

王士文 1988.6——1989.11

高 震 1989.11——1992.2

袁有江 1992.9——

副特派员：

高 震 1988.8——1989.11

杨德荣 1990.12——

李鹤云(女) 1990.6——

徐 荣 1992.2——

驻哈尔滨特派员办事处特派员：

范垂生 1988.9——

副特派员：

刘好义 1988.6——1992.6

冯 光 1990.2——

罗庆志 1991.10——

驻济南特派员办事处特派员：

翟熙贵 1988.8——

副特派员：

葛树林 1989.2——

刘达朱 1990.6——1991.5

孟令成 1990.6——

张为永 1993.1——

驻郑州特派员办事处特派员：

邢德祥 1988.8——

副特派员：

王仲文 1988.7——1991.8

张振桐 1989.12——

曾凡焯 1990.10——

总审计师：

程保立 1988.9——1990.11

局级审计员：

宋高久 1991.7——

乔百芳 1993.10——

驻昆明特派员办事处特派员：

赵九如 1988.8——1991.11

傅有禄 1992.2——

副特派员：

杨永立 1989.2——

傅有禄 1991.4——1992.2

白益兰 1993.12——

局级审计员：

林泽忠 1992.8——

驻成都特派员办事处特派员：

燕庆岚 1988.11——1992.2

张思武 1992.2——

副特派员：

张思武 1988.12——1992.2

曹庆厚 1989.12——1992.2

刘家义 1989.12——1992.8

文盛贵 1992.5——

局级审计员：

刘照应 1992.8——

驻长沙特派员办事处特派员：

柳协春 1989.10——

副特派员：

柳协春 1989.1——1989.10

傅德虎 1990.12——

卢恒华 1993.12——

局级审计员：

杜 鸣 1990.12——1992.2

唐正明 1993.4——

驻深圳特派员办事处

（原称广州特派员办事处深圳分处）特派员：

孙更生 1993.1——

侯元桢（兼，副司级） 1988.12——1989.8

副特派员：

吴广川 1988.12——1992.7（1988.12——1989.8为正处级）

邱声权 1989.8——1991.4

仲惠民 1989.8——

祝应新 1991.4——1992.9

孙更生 1992.9——

驻西安特派员办事处特派员：

崔雷平 1989.12——1991.11

韩文波 1992.2——

副特派员：

韩文波 1989.10——1992.2

王炳国 1991.6——

刘宝衡 1993.8——

驻太原特派员办事处特派员：

董廷林（代） 1990.8——1992.3

张天才 1992.3——

副特派员：

王晓勇 1990.8

王中信 1993.8——

驻京津冀特派员办事处特派员：

郭世懋 1991.4——

副特派员：

张金山 1991.5——1992.1

陈殿杰 1992.5——

刘海宇 1993.10——

局级审计员：

朱世俊 1993.10——

驻兰州特派员办事处特派员：

刘国权 1991.4——

副特派员：

刘 瑶 1993.12——

驻部门派出机构领导成员名单

驻外交部审计局

局 长

李铁军 1988.9.16——1990.12.14

赵婴佑 1990.12.14——

副局长

刘晓嵩 1989.5.22——

驻国家计划委员会审计局

局 长

王祖耀 1988.6.7——1991.11.30

曾昭运 1992.5.19——

副局长

秦澍淇 1988.6.7——1992.5.19（正局）

王秀英 1988.6.7——1990.3.16

温焕元 1990.10.22——

孙秀春 1993.3.20——

驻国家教育委员会审计局

局 长

高 环 1989.2.3——1993.10.9

覃立垣　1993.10.9——

副局长

高　环　1988.6.25——1989.2.3

韩　存　1989.3.11——

局级审计员

王　英　1990.10.31——

驻地质矿产部审计局

局　长

杨在庭　1988.6.7——1989.5.31

马恩中　1991.8.12——

副局长

马恩中　1988.6.7——1991.8.12

谷自生　1988.6.7——1993.4.12

（总会计师）

局级审计员

刘庆龙　1992.7.29——

驻建设部审计局

局　长

杨兰茹　1988.6.7——1992.10.19

田世宇　1992.10.19——

副局长

张洪复　1992.8.12——

驻能源部审计局

局　长

黄维景　1988.6.7——

副局长

谢松林　1992.8.11——

曹景全　1988.6.7——

邹泽锦　1991.6.11——1993.2.10

局级审计员

崔世昌　1992.2.18——

驻铁道部审计局

局　长

檀鹤栓　1988.6.25——1991.11.12

孟伟良　1991.11.12——

副局长

陈仁杉　1988.6.25——

王申庆　1989.11.23——

驻交通部审计局

局　长

刘沛雨　1988.6.25——1989.11.23

张德容　1989.11.23——

副局长

蔡传炳　1988.9.16——

驻机械电子工业部审计局

局　长

钟复生　1988.6.7——1992.3.30

李玉祥　1992.3.30——

副局长

安　毅　1988.6.7——1991.6.14

胡惠方　1988.6.7——1993.4.12

李玉祥　1991.6.14——1992.3.30

金孝杰　1992.10.4——

驻航空航天部审计局

局　长

刘忠孚　1989.3.11——1993.4.2

副局长

刘忠孚　1988.11.3——1989.3.11

刘继忠　1988.11.3——

杨续忠　1988.11.3——

局级审计员

辛敬海　1992.10.4——

驻冶金工业部审计局

局　长

钟礼华　1988.11.12——1992.3.30

周恩庆　1992.3.30——

副局长

周恩庆　1988.11.12——1992.3.30

高玉章　1988.11.12——

驻化学工业部审计局

副局长

叶夏声　1988.8.23——

乔宏卿　1988.9.16——1991.11.18

赵　磊　1991.11.18——

驻轻工业部审计局

局　长

刘绍济　1988.11.3——1990.6.12

陈尔淼　1990.6.12——1991.12.5

张锡成　1992.8.12——

副局长

张锡成　1988.11.3——1992.8.12

局级审计员：

刘自强　1991.11.11——

驻纺织工业部审计局

局　长

韩锡贞　1989.11.23——

副局长

韩锡贞　1988.6.7——1989.11.23

冯鸣岐　1988.6.7——1990.2.14

刘业超　1991.4.6——

驻邮电部审计局

局　长

刘馨芝　1988.6.25——1990.10.4

王振声　1990.10.4——

副局长

王振声　1988.6.25——1990.10.4

刘际澄　1990.10.4——

局级审计员：

王俊国　1993.3.20——

驻水利部审计局

局　长

孙大鹏　1988.8.23——

副局长

刘　波　1988.8.23——

驻农业部审计局

局　长

赖瑞华　1990.12.14——

副局长

樊毅民　1988.8.23——1992.8.10

陈林圭　1988.8.23——

驻林业部审计局

局　长

桂流海　1989.5.22——1991.1.29

副局长

桂流海　1988.8.23——1989.5.22

史习斋　1988.8.23——

苏桂生　1992.6.17——

帅宗和　1992.6.17——

驻商业部审计局

局　长

张大正　1989.2.3——

副局长

汪秀平　1989.2.3——

驻对外经济贸易部审计局

副局长

孙　岩　1989.2.3——1991.1.29

侯若伊　1989.2.3——

秦　健　1991.11.11

驻物资部审计局

局　长

高清云　1988.6.7——1990.4.14

副局长

王德安　1988.6.7——

高向辉　1988.6.7——1992.5.19

金孝杰　1990.4.14——1992.5.19

杨桂荣　1992.5.19——

局级审计员

王　拯　1990.12.14——

褚绍霖　1990.12.14

驻文化部审计局

局　长

程天梁　1991.4.6——

副局长

程天梁　1988.9.16——1991.4.6

孔繁涛　1989.5.22——

驻广播电影电视部审计局

局　长

孙鸿章　1988.8.23——1992.5.19

副局长

石堂贵　1988.8.23——1993.12.3

吴达审　1992.5.19——

驻卫生部审计局

副局长

武灌心　1988.8.23——1993.3.3

驻国家体育运动委员会审计局

副局长

储家冀　1988.12.14——1993.2.10

曹　基　1991.11.11——

驻海关总署审计局

局　长

姜德耀　1988.6.7——1991.10.11

（1989.2.3 为正局级）

张鹤明　1991.9.25——

副局长

孙凤英　1992.5.3——

驻国家旅游局审计局

副局长

王殿孝　1989.2.3——1991.1.29

冯孝明　1989.2.3——

董培南　1993.3.15——

驻国家民航局审计局

局　长

王兴珉　1988.9.16——

副局长

王向东　1989.2.3——

驻中国科学院审计局

局　长

孙惠南　1988.9.16——

副局长

陈　钟　1988.9.16——1991.11.12

王　青　1989.3.11——

李晏婴　1991.11.12——

驻国家气象局特派员办公室

特派员

钱纪良　1988.12.14——1992.2.18

副特派员

龙云琴　1988.12.14——

驻国家科学技术委员会特派员办公室

特派员

徐振国　1988.9.16——1990.8.27

李景春　1990.8.27——

副特派员

安　裕　1988.11.3——1993.5.20

驻国家民族事务委员会特派员办公室

副特派员

焦　兰　1988.12.14——1993.3.3

梁玉华　1993.3.3——

驻民政部特派员办公室

副特派员

韩玉书　1989.2.3——1991.7.29

张文华　1991.4.6——

驻司法部特派员办公室

副特派员

傅广智　1989.2.12——1992.3.10

陈守达　1991.6.11——

驻国家新闻出版署特派员办公室

特派员

吴江江　1989.2.3——1991.4.6

副特派员

宋灵恩　1991.4.6——

驻国家建筑材料工业局特派员办公室

特派员

向心如　1988.12.14——

驻国家海洋局特派员办公室

特派员

陈景元　1988.12.14——

副特派员

王少元　1988.12.14——

驻国家地震局特派员办公室

副特派员

孙连柱　1991.4.6——

杨文忠　1991.4.6——

驻国家烟草专卖局特派员办公室

特派员

张　发　1988.12.14——

驻新华社特派员办公室

副特派员

尹文亮　1988.11.13——

章保华　1992.2.18——

驻中国社会科学院特派员办公室

副特派员

林中兴　1988.12.14——

部分司局工作简介

综 合 司

随着审计工作的发展，作为其重要组成部分的审计综合工作也逐步得到发展和提高。五年来，综合司的业务在不断扩展和改进，为适应财务管理和内部审计工作发展，内部机构进行了适当调整，1991 年 8 月把财务工作从原计划财务处分出来，成立了财务处，将计划工作并入协调处成为计划协调处。五年来，综合司全体同志在署的领导下，努力加强改进审计综合工作，积极推进计算机应用开发。审计综合工作在改革开放的新形势下，得到进一步加强和改进，已经成为在整个审计业务活动中起着承上启下、联系左右、影响全局的重要环节。在协调组织审计业务活动，反映审计工作成果，促进加强审计业务管理等方面发挥了积极的作用，取得了较好的成绩。

一、不断改进审计计划管理工作

通过编制审计项目计划贯彻落实审计工作方针、政策，是审计项目计划工作的主要任务。1989—1991 年，为贯彻落实“抓重点，打基础”的审计工作方针，在编制审计项目计划时，突出了对影响国民经济全局的重点部门、重点单位和重点资金的安排，使财政、金融、基建、重点企业、农业资金等项审计工作得到加强，较好地发挥了审计监督作用，并为审计工作向高层次发展奠定了基础。1989—1992 年，为贯彻落实李鹏总理关于逐步实现审计工作制度化、法制化和规范化的指示，根据署领导的部署，确定对一部分重点企事业单位、金融机构和计划单列城市的财政收支实行每年必审制度，探索审计工作经常化路子，取得了一定效果。

随着审计工作的深入发展，地方政府越来越重视和支持审计工作，交办任务逐渐增多。针对这些新情况，及时修改了《审计工作年度计划管理办法》适当下放了计划权限，简化了审计计划的编报程序，使地方审计机关有余地根据当地政府的要求和实际情况，自行安排审计任务。1992 年，根据署加强和改进对地方审计工作领导的要求，进一步减少了署统一安排的审计项目，给地方留有较多的余地自行安排，以更好地发挥地方审计机关的主动性。

在做好审计项目计划编制工作和不断改进计划方法的同时，五年来，注重计划执行中的调查研究，向署领导和有关部门反映信息，并根据实际情况适时调整有关审计项目计划，保证审计计划顺利实施。

二、划分审计范围，做好审计业务协调工作

到 1991 年，署派驻机构逐步建立起来，为保证派出机构审计工作的及时开展，根据《关于审计范围划分原则的暂行办法》，先后明确了 16 个驻地方特派员办事处和 41 个驻部门审计局的审计分工，并针对审计范围划分中存在的不明确、重划、漏划等问题，改进划分方法；根据

行业和部门管理的特点,对少数驻部门派出机构和署机关专业司的审计范围做了调整;对基本建设项目的审计分工做了进一步明确;根据保密工作的需要,对军工、保密单位的审计范围做了重新划分。1993 年,根据审计工作深入发展的要求和遇到的新情况、新问题,在总结几年来审计范围划分工作经验的基础上,提出了对中央单位审计范围划分改进和具体调整的意见。

为加强对未设派出机构地区中央单位的审计监督,1990 年,制定了《关于授权、委托审计中央企事业单位有关问题的规定》。改进了授权、委托方法,由过去零星授权变为原则上年初集中一次办理,提高了效率,减少了扯皮现象。

为避免重复检查,协调好财税大检查与审计的关系,经与有关部门协商,审计署、国务院税收财务物价大检查办公室共同印发了《关于防止财税大检查与审计监督重复检查问题的商谈纪要》,并通过年度审计项目计划与大检查计划的协调,避免重复检查问题,减轻了被审计单位的负担。

此外,为正确处理好署机关内部的业务协调关系,制定了《署机关审计业务综合协调工作的几项规定》。

三、提高审计统计工作水平

五年来,统计工作着重抓好报表质量,力求做到及时、准确、完整地反映审计工作成果。审计统计的基础工作进一步加强,在审计系统率先应用计算机技术,省以上审计机关已连续五年实行软盘报表。在做好报表统计的同时,注重开展统计分析工作。对年季报表围绕经济工作中心和审计工作的新情况进行统计分析,定期写出统计分析报告并形成制度。1991 年,初步制定了统计分析数据模型,使统计分析逐步向规范化迈进,提高了统计分析水平。

1990 年,对审计统计报表进行了重大改进,报表由 1990 年前的 13 张增加到 14 张,指标由原来的 338 个增加到 384 个,充实了内容,健全了体系,更加全面地反映了审计工作成果。为适应审计工作发展的需要,在调查研究的基础上,1992 年又对报表进行了修改和调整,增加了反映审计工作发展的新内容,使统计报表更科学、全面,便于操作。

1989 年对全国审计工作成果试行了综合考核,表彰了先进单位,对推动审计工作起到了一定作用。为提高审计统计质量,1991 年,制定下发了《审计统计工作质量考评办法》,经过两年的实践,收到较好效果,使统计工作质量有了提高。

根据改革和经济发展,1991—1992 年开展了第二次全国审计对象基本情况调查统计,进一步摸清了全国审计对象的基本情况,为制定审计工作方针和工作计划提供了依据。为满足审计工作的需要,积累历史资料,1992 年整理汇编了《“七五”期间审计统计资料汇编》,1993 年汇编了“十年审计工作主要成果”统计资料。

四、加强审计事业费的管理

五年来,认真做好审计事业费预算、决算管理和各项基础工作,积极与有关部门联系,取得支持,筹措资金,保障了审计工作的经费需要,加强了对审计事业费的管理。1989 年在总结几年来审计事业费管理工作的基础上,起草了《关于改进和加强审计事业费管理的通知》并下发执行。改进了预算分配方法,研究制定了审计事业费预算定额标准,为各单位编制和分配预算提供了依据。

为推进会计电算化,为署各直属单位购置配发了财务管理软件,举办了软件培训班。截止 1993 年底,大部分单位已试用软盘报表,部分单位已开始计算机记帐。

根据署领导关于对署直属单位开展内部审计工作的指示,从 1990—1993 年,先后对署机关、各事业单位、各驻地方特派员办事处等 21 个单位的财务收支普遍进行了审计,对审计机关自身的遵纪守法和廉政建设,起到了积极的促进作用。

五、围绕审计工作中心，开展综合分析工作

根据署领导的指示精神，围绕审计工作重点，做了一些综合分析工作。一是对各地各派出机构报送的材料进行分析；二是到审计一线调查了解情况，不定期向署领导提供一些有一定价值的信息，及时反映审计工作的新情况、新问题。

六、加强计算机审计开发、应用和推广工作

在开发、应用和推广计算机审计软件方面，取得了一定进展。五年来，计算机室自行或与署内外单位合作，研制、开发、试用了《微机辅助审计系统》、《PPS 审计软件》、《审计对象调查计算机管理系统》、《财经审计法规检索系统》、《工业企业承包经营责任计算机辅助审计系统》、《电子帐计算机辅助审计系统》、《审计法规数据库》、《审计档案计算机管理系统》等应用软件。举办各类计算机技术、软件推广应用等培训班 14 期，培训 400 多人次。

1991 年，组织完成了对全国审计系统 9 个计算机应用软件的鉴定。并对我署参与开发已通过署鉴定的审计软件组织了推广，根据《审计工作发展纲要》，“关于抓紧计算机审计的开发和应用”的要求，加强了对审计系统计算机推广应用的指导工作，先后两次组织召开审计系统计算机技术应用研讨会，促进了计算机技术在审计工作中的应用。

积极做好利用第三批日元贷款建设审计信息系统的前期准备工作。按照国家信息中心的要求，完成了可行性报告和总体方案设计并获好评。

五年来，审计综合业务工作虽然取得了很大的成绩，但与强化审计监督和署领导对综合业务部门当好参谋助手的要求，还有一定的距离。综合分析研究工作还比较薄弱，审计计划、统计工作与审计工作的发展还不尽适应，都有待进一步改进和加强，以利不断提高综合工作水平，为强化审计监督服务。

（综合司供稿）

工业交通审计司

工业交通审计司的主要职能和任务：对国务院所属工业、交通部门的财务收支、经济效益进行审计监督；对经济活动中带倾向性、普遍性等问题，开展专项审计和审计调查；受理被审计单位提出的复审或申诉；组织派出机构和地方审计机关对工业交通系统进行行业审计，并在业务上进行指导；完成国务院领导交办的各项任务。

工业交通审计司 1989—1993 年五年中共完成直接审计项目 125 个，其中财务收支审计项目 108 个，审计调查项目 8 个，复审项目 9 个。审计查出违纪金额约 27 亿元，应上交财政 2.47 亿元。除直接审计项目外还组织了 4 次全国工交系统的行业性审计，审计户数 1409 个。

一、直接审计基本情况和成果

1. 对国务院所属工交部、委、局、公司的审计。按照署分工，划归工业交通审计司经常性审计单位 21 个。对重点单位每年审计一次，对一般单位两年审计一次，主要对部门机关行政经费、部门财务集中的留利，各种专项基金、事业费、外事经费、自筹基建等资金来源和使用的合规、合法性进行审计监督，五年查出违纪金额 20.7 亿元。

审计发现的问题中，漏交税款、能源交通重点建设基金和预算调节基金较为普遍，大部分机关行政经费超支数额较大，弥补行政经费超支的资金来源，主要是挪用部门集中的留利、事业费，或向下属单位抽调资金等办法。对行政经费超支问题，我们曾多次向有关部门反映，建议采取切实可行的措施加以解决。

通过几年的连续审计，被审计单位逐渐增强了遵纪守法的自觉性，不但使违纪金额逐年减少，而且促进了政府部门的廉政建设。

2. 先后对七户重点企业进行财务收支审

计。查出主要问题:(1)擅自买卖外汇;(2)挤占成本;(3)漏交两金和各种税款;(4)佣金、回扣收入不入帐等。查出违纪金额共计49293万元,其中收缴9350万元,其余作调帐处理。

3. 受理复审。受理并立案复审9个项目,对上海航天物资供销公司等8个单位提出的复审,经过反复的调查核实取证,鉴于有的申诉理由与事实不符,有的理解文件规定有误,做出了维持原审计结论和决定的复审决定。对中国石油天燃气总公司所属昆山器材公司提出的申诉,经复审查证,由于原审计结论在有关问题上的定性和处理欠妥,做出了纠正原审计结论和决定的复审决定。通过复审,既维护了审计监督的严肃性,又维护了企业的合法权益。

4. 围绕经济工作中心开展审计调查。(1)为了贯彻落实审计署《关于全民所有制工业企业承包经营责任制审计的若干规定》,1989年4月,重点对25户国营工业企业承包经营情况进行了审计调查,调查的主要内容:承包基数的真实、合理性;专项资金的提取和使用;盈亏大户利润变动及亏损原因;流转税的解交情况。经调查发现,部分企业承包前未进行清产核资,属于家底不清,承包基数确定缺乏科学性,大部分偏低,普遍存在包盈不包亏,承包者的奖惩和风险金抵押制度不够完善等问题。向署领导写了调查报告。1990年5月,国务院批转国家体改委关于《在治理整顿中深化企业改革,强化企业管理的意见》发布后,承包经营责任审计在全国普遍展开,为了摸清情况,解决存在的问题,工交司先后赴湖北、云南等地审计部门,对承包经营责任审计进行了调查,并向署写了调查报告。报告肯定了承包经营责任审计是现阶段工交审计监督的重要形式之一,并在总结经验和教训基础上阐述了承包经营责任审计的技术方法以及要注意的问题。(2)1991年围绕审计工作如何为搞活大中型企业服务,保护企业的合法权益,我们还组织了对部分直属企业法定税赋以外费用负担情况的专项审计调查,写出了调查报告。

5. 完成国务院领导批办事项。1989年7月,国务院宣布撤销康华发展总公司,并成立清算小组,我司领导和部分同志参加了清算工作。经过近一年的深入细致工作,到1990年底基本完成了对总公司及其所属56个二级公司、113个三级公司的清算工作。

1990年,遵照国务院指示,组成以审计署为主,监察部、工商局及民主党派参加的调查组对中国华阳技术贸易总公司及其所属6个子公司进行了检查。查出主要问题:(1)逃汇、套汇、私自买卖外汇;(2)超范围经营;(3)漏交税款;(4)经营管理混乱等。按照有关规定,没收非法所得、并执行罚款和补交税款。

1989—1991年期间,根据李鹏总理的批示,先后对徐州电厂电煤供应问题;上海石化总厂液化气销售问题;中原、胜利油田等8户企业建设楼堂馆所问题,以及中国电子进出口总公司北京分公司漏欠彩电特别消费税等问题进行了专项审计调查。以上均分别向国务院或有关领导写出报告。

6. 对"两个延伸"作了有益的探索,并取得了较好效果。根据1991年全国审计工作会议上提出的审计机关要在财务收支审计基础上向内部控制制度和经济效益延伸的精神,工交审计司组织了全国工交审计系统广大审计人员积极地实践,大胆探索。1992年,在全国工交审计工作会议上,对两个延伸所要遵循的原则、内容、方法、程序以及应注意的问题等提出了具体意见。为了摸索经验,还组织了部分审计机关对25户大中型烟草企业在财务收支审计基础上进行了"两个延伸"尝试,同年10月在怀柔召开了12个省市审计局和特派办工交处长参加的研讨会,研讨了"两个延伸"工作中存在的问题及其对策。

实践证明,在财务收支审计基础上开展"两个延伸",有利于改善加强企业内部管理,提高企业经营管理水平,维护企业合法权益。通过研究和反映宏观管理方面问题,发挥了审计监督参与宏观调控的作用,促进了企业经营环境的改善,审计人员也因此受到锻炼,提高了技能,拓宽了知识面。

二、组织工交行业审计

1. 组织了全国石化行业审计。1991年工交司组织了8个省、自治区、直辖市,12个特派办对中国石化总公司所属的32个大型、特大型生产企业和20个销售企业进行了行业审计。其中,工交司承担了对中国石化总公司及其销售公司的直接审计。查出共性问题:(1)石化行业现有生产能力过剩,而各地仍然竞相兴建小炼厂与大厂争原油;(2)国家给予石化行业超产油免税政策已失去激励作用;(3)利益分配向个人倾斜等。我们针对上述问题提出了控制炼油企业固定资产投资扩建;取消超产油免税政策;适当控制石化企业职工收入水平等建议。并分别写出了专题报告。

2. 组织了全国电力行业审计。1992年,工交司组织了14个特派办、10个省局和能源部对137户供电企业1991年度的财务收支进行审计。这次行业审计注意从微观入手,宏观着眼,对带普遍性、倾向性问题,进行深入细致的分析研究。通过审计发现电力行业在管理上存在的主要问题:(1)电价种类多,管理混乱;(2)有些地方政府不顾国家政策,超标准、超范围加收电建资金和变相集资,加重了用电企业负担,影响了国家财政收入;(3)由于三电办的体制不顺,财务收支管理较乱;(4)供电企业职工工资总额增长明显高于售电量增长。针对上述问题写出了电力行业审计报告。

3. 组织了全国1000户大中型企业审计。1992年工交司组织了各级审计机关、特派办,围绕关于搞活大、中型企业12条措施的落实情况、企业潜亏、收入向个人倾斜及偷漏税等问题,对全国1000户国营大中型企业进行了审计。对其中63户企业的潜亏进行了认真分析。通过分析发现,潜亏主要表现在:(1)少转成本;(2)待处理财产损失挂帐;(3)库存物资盘亏和损失不做处理;(4)坏帐损失挂帐不做处理;(5)库存商品成本高于售价等问题。以上问题造成企业利润不实,直接影响了国家利益。我们对此提出了审计建议,并写出了专题分析报告。

行业审计的实践表明:它能迅速发现经济运行中带普遍性、倾向性问题,为领导在宏观决策上提供依据,并对控制企业违纪现象的发生,提高企业管理水平,增加效益,促进企业财务管理等起到积极作用,是企业审计的一个好方法。

(工业交通审计司供稿)

金融审计司

金融审计司主要围绕对国家金融、保险机构,10家总行、总公司及其103个直属单位的财务收支和信贷计划执行情况及其结果进行直接审计。同时,完成好上级领导交办的专项审计或审计调查工作。

一、对财务收支进行经常性审计

1989年,主要做了三项工作:一是对中国人民银行总行及其所属外汇管理局、电脑公司、金融出版社1988年度财务收支进行直审。审计查出隐瞒收入、挤占成本、欠交税金和基建挂帐等违纪资金6.5亿元(其中,外汇0.89亿美元),应交财政2.6亿元。并将中国人民银行违纪资金6.5亿元的情况,以“审计要情”第4号向国务院领导报告;二是组织了对中国人民银行系统1988年度财务收支行业审计,审计面在省、地、市级占100%,县、市级占34%;三是制定了对国家金融机构财务收支实行经常性审计办法,并以审计署审金字(1989)266号文件下发地方审计机关执行。

1990年,是实行对国家金融机构财务收支进行经常性审计的第一年。首先,对中国人民银行、中国工商银行、中国农业银行、中国银行、中国人民建设银行、中国人民保险公司、中国国际信托投资公司、中国新技术创业投资公司等8家总行、总公司1989年度财务收支进行直审。审计查出违纪资金13.68亿元,应交财政6.05亿元。主要违纪是截留收入、挤占成本、截留外汇和基建挂帐。其次,组织对中国工商银行、中国农业银行两个系统1989年度财务收支行业审计，审计面分别为91%和73%。

1991年，继续对国家金融机构财务收支实行经常性审计。一是对中国人民银行、中国工商银行、中国农业银行、中国银行、中国人民建设银行、交通银行、中国人民保险公司、中国国际信托投资公司、中国新技术创业投资公司、国家外汇管理局等10家总行、总公司1990年度财务收支进行直审；二是组织了对中国人民建设银行、交通银行两个系统1990年度财务收支行业审计，审计面分别为64%和83%。

1992年，是对国家金融机构财务收支实行经常性审计的第三年。继续对中国人民银行、中国工商银行、中国农业银行、中国银行、中国人民建设银行、交通银行、中国人民保险公司、中国国际信托投资公司、中国新技术创业投资公司、国家外汇管理局等10家总行、总公司1991年度财务收支进行直审。审计查出综合费用超支、应列未列收入、挤占成本、基建挂帐等违纪资金8.71亿元(其中，外汇0.06亿元)，应交财政3.11亿元。

1993年，根据群众举报，对中国人保信托投资公司转移截留收入，私设小金库进行审计，查出转移截留国家收入1889.4万元，并收缴上交中央财政711.63万元。

同时，还依据上述年次分别对中国国际信托投资公司设在国外的中信西林公司、中信加拿大公司、中信澳大利亚公司、中信欧洲公司，以及中国人民银行金币总公司所属中国长城硬币投资有限公司(香港)财务收支进行了审计。

二、对信贷计划执行情况进行审计

1989年，是审计机关开展信贷资金审计的第一年。主要工作有两项，一是直接派员深入辽宁、陕西、广东、安徽、北京等地，围绕信贷计划执行情况及其结果、流动资金紧缺的原因、扶贫贴息贷款管理与使用、外债偿还能力等4个专题开展审计调查，写出了专项审计调查报告7篇；二是组织了辽宁、山西、湖北、湖南、江苏、北京、海南、云南、沈阳、宁波、广州、厦门、成都、深圳等21个地方审计机关开展信贷资金审计调查，发现了一些带倾向性和普遍性的问题，及时向当地政府或上级审计机关报送了审计调查报告47篇，引起了有关部门的重视。

1990年，信贷资金审计工作抓了三件事：一是直接对中国银行总行1989年外债偿还能力进行审计调查，并做出了“外债结构较好，使用比较合理，能按期偿还外债”的三点结论；二是组织了13个省、市地方审计机关对中国银行省、市分行地方转贷款1989年末外债偿还能力进行审计调查；三是组织了27个省、区地方审计机关对农业信贷资金管理与使用情况进行了审计或试审，审计查出违规信贷资金31亿元，处理了银行多收企业粮油贷款利息0.18亿元。

1991年，信贷资金审计工作主要有四项：一是直接对中国人民银行、中国人民建设银行、中国工商银行、中国农业银行、中国银行等5家总行“七五”期间行业自有资金增减变化情况进行审计调查。二是直接对河南省驻马店地区金融机构粮油棉收购资金专户管理与使用情况、公款存储蓄情况、自有资金增减变化情况进行审计调查，并通过调查制订了指导面上开展审计调查方案。三是组织了10个粮油棉重点产区省、自治区地方审计机关对100个重点粮油棉产区县的粮油棉收购资金专户管理与使用情况进行审计调查。四是组织了三省二市对公款储蓄情况进行审计调查，查出违规存储蓄款0.48亿元。

1992年，信贷资金审计工作：一是直接对中国工商银行山东省威海市分行、中国农业银行江苏省扬州地区中心支行、中国银行重庆市中区支行、中国人民建设银行北京市前门支行、交通银行北京分行1991年度信贷资金管理与运用情况进行审计。二是在怀柔召开了会议，部署与组织了18个省、自治区、直辖市和上海特派办对专业银行1991年信贷资金管理与使用情况进行审计，查出违规信贷资金数十亿元。以上审计结果向国务院领导报送了审计报告，国务院领导对报告作了批示。

1993年，信贷审计工作主要有三项：一是第一季度直接对中国工商银行厦门市分行和中国人民建设银行厦门市分行1992年度信贷资金管理与运用情况进行审计，审计查出违规资金8.15亿元。在此基础上，制订“对专业银行和商业银行全面开展信贷资金管理与运用审计的实施方案”；二是根据上述审计实施方案，于4月份在上海市进行以会代训，一方面部署与组织16个特派办和25个省、自治区、直辖市、计划单列市的各级审计机关，对27个省、区、市专业银行的2365个分支机构1992年度信贷资金管理与运用情况进行审计，查出违纪违规资金1868.76亿元。另一方面，直接审计了中国工商银行总行、中国农业银行总行、中国建设银行总行、交通银行总管理处和中信实业银行1992年度信贷资金管理与运用情况，查出违纪违规资金144.74亿元；三是为贯彻中共中央中发(1993)6号文件精神，在7月16日审计署下发了审金发(1993)192号《关于加强金融审计监督的通知》后，一方面部署与组织了15个特派办和13个省、自治区、直辖市的各级审计机关，对2193个金融机构贯彻执行中央整顿金融秩序，落实“约法三章”情况进行了审计，并查出了违规拆借、高利率吸存和继续向实体注入资金等违纪违规资金7.49亿元；另一方面，直接审计了中国人民银行总行、中国银行总行、中国人民保险总公司以及上述总行、总公司的所属19个自办公司执行“约法三章”情况，并查出违规拆借和向实体注入资金2.29亿元，外汇450万美元。

三、专项审计和审计调查

1989年，主要围绕四个方面进行工作：一是遵照李鹏总理的指示，组织和参与了对四川、江苏、湖南三省挤占挪用粮食收购资金的专项审计，共查处了114个金融和粮食企业，并将四川省乐山市粮食局和江苏省靖江县粮食局等10余个企业挤占挪用粮食收购资金建造楼堂馆所的重大案件情况，向国务院报送了审计情况报告。二是根据署领导指示，直接对中国国际信托投资公司1988年末外债偿还能力进行了审计调查。三是为配合清理整顿公司，直接对北京市四家专业银行开办的信托投资公司业务活动情况进行专项审计调查，并及时写出审计调查报告，为署领导参与国务院作出清理整顿公司的决定，提供了信息和依据。四是查处了中国农业银行总行年终奖分配专案和完成了对中国国际信托投资公司信用评估与验资工作。

1990年，完成上级交办的主要事项：一是遵照中央领导同志的批示，直接对深圳股市热情况进行专项审计调查，并向国务院报送了专题报告；二是根据署领导的指示，直接对“国华公司”业务与财务情况进行了专项审计调查，并向有关部门报送了专题调查报告。

1991年，遵照国务院领导的批示，直接对中国农业银行1990年度减少收入70多亿元问题进行专项审计，并将审计结果向国务院领导报送了专题报告。

1993年，完成领导交办的主要事项：一是根据署办公会决定，针对农产品收购打“白条”比较严重的情况，一方面，组织了6省18个重点生产粮、棉、油的县级审计机关，对农副产品收购打“白条”情况进行审计调查；另一方面先后两次直接派出审计调查组，对湖北、四川和河南省人民银行、农业银行系统，夏季和秋季管理与使用农副产品收购贷款情况进行审计调查和跟踪审计调查。调查结果两次以《审计简报》向上反映。其中，6月4日《审计简报》第25期(总第584期)国务委员李贵鲜、罗干分别作了批示；二是参加了国务院组织的金融检查组，对四川、陕西、湖南、湖北、河南、山东等省贯彻国务院国发(1993)24号和中共中央中发(1993)6号文件的情况进行调查；三是配合有关部门对长城机电公司非法集资专案及科技时报社专案的检查。

四、金融审计研讨与培训

1989年，在南京审计学院举办了全国金融审计理论研讨班。主要围绕“金融审计经常化、制度化、规范化的内涵；信贷资金审计的可行性与途径；财务收支审计的方法与技巧；国家审计与金融内部审计的关系”等四个专题进行研讨。

1990 年，在江西省井岗山召开了金融保险机构审计理论研讨会，形成了《金融保险机构审计》国家论文初稿。

1991 年，在秦皇岛市举办了全国金融审计电算化培训班，为各省、自治区、直辖市和计划单列市审计局培训了中国人民银行系统电算化管理与操作骨干。

1992 年，主要围绕提高金融审计干部业务素质，邀请了人民银行、各专业银行、交通银行、国家外汇管理局和署法规司的 8 位专家、学者，按中央银行货币信贷政策现状及改革设想、流动资金贷款、固定资产贷款、技术改造贷款、支农资金贷款、外汇贷款、外汇外债管理及改革设想、股份制银行和审计法规等 9 个专题对金融审计干部进行了两周业务培训。

1993 年，继续围绕提高金融审计干部业务素质开展工作。一是与培训中心合作，在上海举办了一期有署驻地方特派办和地方审计机关参加的金融审计培训班。学习了金融改革各项内容和新的金融保险企业财务会计制度；讨论、修改了信贷资金管理与运用审计实施方案。二是与外事司合作，在厦门举办了一期有署驻地方特派办和地方审计机关参加的证券审计培训班。培训期间，邀请了美国跨国投资与融资专家张明亮先生和美国佛罗里达州审计长公署高级审计师邓锡驹先生讲学。

（金融审计司供稿）

商贸审计司

商贸审计司根据署里的部署，直接审计了 133 个单位，审计查出各类违法违纪金额 277772 万元，其中，应交财政 138366 万元，严肃了财经法纪，促进了被审单位加强内部管理，提高效益，加强廉政建设。在抓好直审项目的同时，积极抓好全国商贸审计工作的组织指导工作。先后组织了粮食行业审计，旅游行业审计，物资行业审计，外贸企业留利情况调查，外贸亏损挂帐调查，以及大的政策出台的跟踪调查等等。五年间，全国各级商贸审计部门共审计了 144538 个单位，查出各类违法违纪金额 1981463 万元，应上交财政 384172 万元。

一、定期审计工作情况和成果

对商业、粮食、外贸、物资等主管部门和有关事业、重点企业单位进行定期审计。通过连续几年的定期审计，取得了明显的成效，定期审计单位的违纪问题逐年明显减少。从 1988 年起，每年审计一次，并对上述单位的直属企业实行轮流抽审制度。定期审计单位的审计内容主要包括系统财务、基建财务、外事财务和行政财务。从这几年的定期审计情况来看，商贸主管部门存在的主要问题是：截留挪用应下拨给企业的留利和事业费，用于机关本身建办公楼、职工宿舍以及机关职工的福利性或奖励性支出；将国家资金拨给所属劳动服务公司等集体性质的企业或其他性质的企业无偿占用；行政经费超支既普遍又严重，有定额标准太低等客观因素，也有铺张浪费等问题；有的主管部门乱集资乱摊派增加了企业的负担。通过定期审计，上述部门违犯财经纪律的问题明显减少。1989、1990、1991 年查出的违纪金额分别是 4.3 亿元，8933 万元，4542 万元。

这几年的定期审计实践表明，定期审计是国家审计制度化、规范化的有效形式，加强对主管部门的定期审计，有利于发挥审计的宏观调控作用和高层次监督的作用，促进主管部门加强宏观管理和廉政建设，维护企业的合法权益。

二、行业审计及审计调查

行业指导与直接审计相结合。在组织全国开展行业审计的同时，不仅注意加强面上的指导工作，同时注意直接参与审计或审计调查，深入审计第一线，掌握第一手资料，这样做，既能够对某一问题有透彻的了解，又能够从面上了解宏观问题。

1. 粮食行业审计。粮食经营企业是我国亏损较大的行业，政策性强，但往往是政策性亏损掩盖经营性亏损，违纪违规现象比较严重。国家十分重视粮食经营问题。因此，根据审计署的部署，从1989年起，连续三年组织全国开展粮食行业审计。据不完全统计，截止1991年底，全国共有23个省、自治区、直辖市搞了粮食行业审计，共审计了11500多个粮食经营单位，查出擅自平转议、倒买倒卖粮票、套取加价款和各种补贴、隐瞒收入、挤占成本费用以及贪污盗窃等违纪违规金额共计16亿多元，应上缴财政或抵补亏损近7亿元。在审计过程中，多次派出小组，到河南、湖北、广东、江苏、上海等地调查了解情况，并通过编发审计通讯和召开粮食审计会议等形式，组织交流审计经验，研究粮食问题，指导粮食行业审计的开展。我司通过汇总分析，以专题报告、审计简报和审计增刊向国务院及有关部门及时反映粮食行业中的问题。粮食行业审计，为减轻国家财政负担，促进政府部门加强对粮食企业的管理起了一定的作用，为各级政府制定粮食政策提供了决策依据。

同时，积极对国家粮食政策出台进行跟踪审计调查。1991年，国务院决定提高粮油价格，我司一方面派调查组到天津、湖北、陕西等地直接进行审计调查；另一方面，组织全国部分省市，对60000个粮食核算单位进行了跟踪审计调查。调查结果表明，粮食价格改革对逐步理顺粮油价格，减少粮食企业的亏损，减少财政补贴，有一定的作用。据被调查地区情况的不完全统计，价格放开后，可减少财政补贴9.5亿元。调查结果同时表明，平价粮油经营亏损依然较为严重。我们将调查结果，向署领导和有关部门作了专题反映并提出了进一步放开粮油价格等建议，受到了署领导和有关部门的重视。

1992年，在粮食调查中发现，有的省在粮棉收购中打白条的现象仍然十分严重，有一个省1992年10月底已完成棉花收购任务的61%，应付收购款18.6亿元，实际用现金支付的只有4.6亿元，打白条10.99亿元，占应付收购款的59.1%。农民对此意见很大，挫伤了农民种粮棉的积极性。我们及时编写了一期审计简报，专题向国务院进行了反映，受到了重视。

1993年，组织13个省市区的审计机关，对500个县的6190个粮食企业财务挂帐进行了审计。审计结果表明，粮食企业财务挂帐有增无减，1992年比1991年增长23.41%，国务院关于制止粮食企业财务挂帐增长的要求没有很好落实。整理汇总各地报来的审计情况、数据，深入分析造成增长的原因，向国务院上报了对500个县粮食企业财务挂帐的审计报告，提出若干建议，得到了国务院和有关部门的重视。

同年，我们直接审计了辽宁省昌图县粮食系统。通过审计发现，该县粮食系统管理混乱，违纪严重，亏损惊人。截止1992年底，亏损挂帐4亿多元，其中1992年新增1.26亿元。及时向辽宁省有关部门作了反映，同时将审计查出的严重问题移交了铁岭市纪委和人民检察院。

2. 物资行业审计。根据署里的统一部署，1991、1992年商贸审计的工作重点之一，是物资行业审计。物资企业，是经营国家重要生产资料的企业，对保证生产和国家重点工程项目的建设有重要作用。我司根据物资企业按物资类别经营的特点，每年选择一到两个小行业，作为重点审计对象，确定审计重点和内容，制定审计方案，组织指导全国开展物资审计。

1991年，直接审计了7个大型物资公司，共查出截留应交税利和平议价差、挤占成本费用等近3亿元，应上缴财政1亿元。在审计中国黑色金属材料总公司时，还对其经营效益进行了延伸审计，揭露了该公司库存积压，资金周转不畅，损失浪费等问题，提出了审计建议，受到了被审单位的重视。

同年，全国共有18个省市区进行了物资行业审计，审计的重点是金属材料和木材行业。据统计，全国共审计了5370家物资企业，查出各种违纪违规问题9亿元，应缴财政2.7亿元。物资企业经营中比较突出的问题是截留应上缴财政的平转议价差，擅自将计划物资转计划外销售，倒卖计划内物资或指标等。

1992年，全国商贸审计系统继续开展了物资行业审计，除了对上年发现的问题审计外，还要求各地对物资企业潜亏问题、虚购虚销问题等进行重点审计或审计调查。据统计，17 个省市区审计了 600 多家物资企业，查出违纪违规金额 7 亿多元。审计结果分析表明，当前物资企业存在较严重的潜亏问题，根据对 200 家物资企业的统计分析，潜亏达 2.5 亿元；财会核算不真实，虚购虚销近 3 亿元。

同年，我们直接审计了中国有色金属材料总公司、中国物资开发总公司等 11 家物资企业及其在特区的企业，查出违纪违规问题近 4 亿。除此之外，为保证物资行业审计保质保量顺利进行，我司还派人到浙江、四川、广东等地调查研究，组织交流各地审计经验，指导地方审计的开展。

1993 年，组织 16 个特派员办事处对中央直属的汽车贸易公司和机电公司进行了审计。重点审计国有资产保值增值，价格放开后收益的去向、盈亏的真实合法，同时我司直接审计了 7 户物资企业及其在特区的企业。查出违纪金额 2.7 亿元，应缴财政金额 1.5 亿元。

审计查出国家储备物资流失严重，国家权益受到严重侵害。如帐面价值不实。有的国家储备物资帐面价值反映为 36 亿元，而实际库存价值 58 亿元，帐面少反映 22 亿元。国有资金流向预算外。物资部所属的一些总公司用国有资金 11 亿元兴办“三产”等企业，作为预算外企业，造成国家资金管理失控，巨额收益流失；大量外借的国家储备物资不能按期归还和增值，或借给商业企业进入流通。通过审计，整理出 4 期审计简报、信息，向有关部门反映。为维护国家权益和国有资产安全完整发挥了应有的作用。

在三年的物资行业审计中，通过汇总分析，整理出多期审计简报、审计增刊或审计要情等，反映了审计中发现的问题，引起了有关领导的重视。

3. 旅游行业审计。旅游行业是近年来发展较快的一个行业，对我国开放搞活、增加外汇收入起着越来越重要的作用。为促进旅游业的健康发展，1991 年，组织开展了旅游行业审计。我们直接审计了中央一、二类旅行社 6 家，与国家旅游局联合审计了 6 家。一共查出有问题金额 9000 万元，上交财政 600 多万元。

据统计，1991 年全国有陕西、湖南、上海、浙江、广东等 14 个省市区开展了旅游行业审计，共检查了 500 多家旅行社，查出削价竞销、国外拖欠款、逃套外汇等有问题金额 2.3 亿元。

通过这次旅游行业审计，整顿了旅游市场，促进了旅行社加强对外招徕、对外结算的管理，及时清欠国外拖欠款，避免可能造成的呆帐损失近亿元。如，中国文化艺术旅行社，审计进点前，国外拖欠款 20 余万元，到审计结论下发时，该社已全部收回欠款；再如，中国光大旅游总公司，根据审计查出的问题，主管部门主动对该公司进行了停业整顿，调整了领导班子，加强了内部管理。这次旅游行业审计，受到了主管部门和旅行社的普遍欢迎和好评。

三、开展审计调查情况和成果

针对商贸行业点多面广的特点，每年选择一到两个行业或改革中出现的新情况和新问题，组织全国开展行业审计或审计调查，通过汇总分析，揭示反映改革中出现的一些宏观问题，有效地发挥了审计的宏观调控作用。

审计调查，时效性强，针对性强，是加强审计宏观调控的有效手段。四年来，商贸审计司围绕各个时期的工作重点，积极开展审计调查。

1. 根据物资企业开展对外投资联营的新特点，1989 年，对包装总公司、汽贸总公司等单位的联营情况进行了调查。并于 1991、1992 年将对外投资联营作为物资行业审计的重点内容和调查项目。通过审计及审计调查，促进了主管部门和企业对外投资联营的管理。

2. 1991 年，对两家外贸总公司和 15 个省市对 274 家外贸企业 1980、1990 两年年底留利情况进行了调查。通过调查，揭示了外贸企业留利资金分配和使用中存在的问题，暴露了有关政策规定中不合理和不完善的问题。经向国务院及有关部门反映，引起了重视，一些不合理不完善的规定有的已得到纠正或完善。

3. 针对当前外贸企业财务挂帐较严重的问题，1992年，组织全国18个省市对外贸企业挂帐及潜亏问题进行审计调查。据调查结果统计，这些省份外贸企业的亏损挂帐为34.87亿元，其中，1991年新增挂帐4.5亿元，当年仅消化亏损挂帐3.01亿元。同时发现，被调查单位潜亏高达15.43亿元。这项调查在企业中引起了良好反响，许多企业表示要积极采取措施，消化老挂帐和潜亏。

1993年，组织部分省市区审计机关对1988年下放地方管理的外贸企业3年承包期间超亏挂帐情况进行了专项审计。审计反映出超亏挂帐余额巨大，其中由于企业违反财经法规、地方自行规定列支、有关部门应补未补或抽调资金，重大损失浪费等原因虚增超亏挂帐，占超亏挂帐总额的2.9%。同时反映出外贸企业由于亏损严重，自有资金缺乏，使得巨额超亏挂帐消化缓慢。针对以上问题，各地审计机关向有关部门提出了解决和消化超亏挂帐的建议。

4. 近年来，境外中资企业发展很快，据统计，1992年经贸系统在境外的企业已达400多家。这些企业对促进我国对外开放起着重要作用，但也存在一些问题。为此，我们会同有关部门和单位，对在美国、日本等国的中资企业进行了实地调查；同时，组织部分省市开展境外企业审计或调查。审计及调查结果表明：(1)当前境外企业经营管理水平较低，效益不高，如经贸系统的境外企业，盈利的占50%，持平的占37.5%，亏损的占12.5%；(2)国有资产流失严重，如深圳在港企业有41家，由于各种原因，开办9年来，国有资产流失达5.4亿元；(3)一些境外企业截留应上缴国家的利润等现象也较严重。对此，我们通过专题报告和审计简报，向国务院和有关部门进行了反映并提出建议。

5. 对审计中发现的问题，及时组织力量进行专题调查。1991年，上海特派员办事处审计发现某汽贸公司未向国家交纳汽车特别消费税的重大问题后，我们立即组织力量，对汽车贸易公司系统进行了专题审计调查。调查发现，由于有关部门没有认真履行职责，职能部门协调不够，致使应缴国家的特消税2.11亿元长期滞留企业，无人问津，有的已被挪作他用。对此，我们作出审计决定，限期上缴特消税，并通过审计简报和审计要情，向国务院反映，国务院领导同志作了批示，引起了有关部门的高度重视。

6. 积极完成领导交办的调查事项。根据李鹏总理对《以"退运"方式出口国家禁止、限制出口商品的动向值得注意》的批示，我司对有关单位进行调查，向李鹏总理提交了调查报告。

根据田纪云同志在人大常委会《信访摘报》的批示，对有关经营棉花的单位进行了专题调查，向田副总理提交了专题报告。

1990年下半年和1991年上半年，分别完成了国务院和中纪委交办的两起专案调查。

（商贸审计司供稿）

农林文教审计司

1989—1993年的五年间，农林文教司逐步扩大对分管的国务院所属农林、文教口各部门的经常性审计工作，到1990年已全面覆盖，审计总金额117.4亿元，查出违纪违规金额9.4亿元。对政府部门的经常性审计工作逐渐趋于规范化、制度化，在促进国家机关廉政建设，遵守财经纪律，勤俭节约办事业方面取得成效。同时把组织指导地方审计机关对农业资金和文教经费的审计放在重要地位，先后组织了对农业资金总体投入、农业综合开发资金、国有土地有偿使用收入和耕地占用税、教育经费、教育费附加、科研经费、电视台及电视剧组财务收支、医院财务收支的行业性审计，有的还连续审了几年。对于促进主管部门加强对资金的管理、防止资金的流失、提高资金的使用效益、减少损失浪费取得了成效。

一、直接审计工作

1. 政府部门审计。1989年对农业部、林业部、水利部、国家教委、国家体委、国家科委、国家计生委、文化部、卫生部、广播电影电视部、国家气象局、国家土地管理局、国务院农村发展研究中心、国家海洋局、国家地震局、国家档案局、新闻出版署等17个部门进行了审计，审计金额9.4亿元，查出违纪金额2283万元，上缴财政285万元，作自动增加经费拨款处理的101万元，追回专项经费590万元。按可比口径与上年相比，违纪金额下降69%。

1990年经常性审计有了新的发展，将新华通讯社、中国科学院、中国社会科学院等3个国务院所属事业单位也纳入了审计。至此，对农林文教部门的审计覆盖面达到100%。当年实施审计单位20个，审计金额22.2亿元，查出违纪违规金额3040万元，应上缴财政250万元，追回专项资金2502万元。按上年的口径相比，违纪违规金额减少1205万元，下降53%。可以看出，实行初次审计的单位违纪违规金额较大，而连续审计的单位违纪违规金额明显下降，但尚未杜绝。挤占挪用、虚列支出、转移资金、乱发钱物，特别是用专用资金搞机关基建和用于行政开支的现象还带有普遍性。

1991年改进了审计方法，对审计对象区分不同情况，实行重点和非重点审计。对资金量小、管理好的或经过连续审计基本没有违纪问题的单位作为非重点审计单位；反之，对那些资金收支量大、掌握较多事业费分配权、预算外资金收支数额大的单位列为重点审计对象。审计的重点也有所改变，经过几年的审计，预算内经费发生的问题已大大减少，审计的重点放在预算外和各种专项资金上。当年确定了农业部、水利部、广播电影电视部、国家体委为重点单位进行了审计，审计金额4.5亿元，查出违纪违规金额6171万元。从审计的情况看，挤占挪用专项资金现象仍较普遍，预算外资金管理问题较多，这两项金额分别为2979万元和2744万元，占整个违纪违规金额的93%。

1992年进一步扩大了审计内容。当年对农业部、水利部、文化部、卫生部、国家教委、国家体委、国家科委、国家计生委、新闻出版署、国家土地管理局、国家地震局、中国科学院等12个单位的1991年财务收支进行了审计，审计金额43.3亿元，查出违纪违规金额5.43亿元。违纪违规的问题集中在少数单位和个别几项资金上。从单位看，5个单位就达5.36亿元；从资金性质看，涉及违反外事服务收入、外汇管理规定等。

1993年确定了对林业部、卫生部，广播电影电视部，国家档案局，中国气象局，新华通讯社，中国社会科学院7个单位进行重点审计。审计总金额10.6亿元，违纪违规金额2277万元。查出有的单位挪用专项资金搞房地产及违反外汇管理规定和私设“小金库”的问题。与此同时，按照署的统一部署，结合对政府部门的审计，对卫生部、广播电影电视部、中国气象局三个单位近两年兴办的各类经济实体的资金及经营状况、以及林业部的交通费开支情况进行了审计调查，为掌握了解社会上的经商热和政府部门行政经费开支现状提供了依据。

政府部门经常性审计的推行，对有效地抑制违反财经纪律的现象起了积极作用，一些违反财经纪律的“常见病、多发病”逐年减少。以国家地震局为例，从1986——1993年的8年间，除1991年、1993年没审计外，其余各年审计查出的违纪违规金额分别为2555万元、107万元、40万元、10万元、1.59万元、1992年无违纪。但随着审计范围的拓宽，预算外资金和专项资金方面的违反财经纪律的问题则突出出来了。

2. 其他直接审计。1990年间，根据需要，对农业部下属的中国水产联合总公司进行了专项审计，查清了有关事实；对撤并的国务院农村发展研究中心所属的农村发展研究所进行了善后财务收支的审计。

1991年对上年在北京举办的第十一届亚运会组委会的财务收支进行了审计。查出的主要问题是：资金、物资管理不够严密，部分外汇未按规定进行管理等。这次审计为以后举办国际大型运动会的财务管理提供了有益的经验。

1991—1993年连续三年对中央电视台进行了财务收支的审计。其中1993年还对中央电视台的涿州、无锡、顺义等地的拍摄基地的资金进行了延伸审计，促进了中央电视台健全财务制度，加强了对资金的管理。

1993年配合有关部门对北京长城机电科技产业公司非法集资的查处工作，农林文教司派出检查组，对《科技日报》社为该公司登载并加印采访文章的财务收支进行专项审计，向有关部门通报了审计结果。同年还对水利部水库移民办公室管理的三峡移民经费进行了审计。

3. 专项审计调查。1989年结合清理整顿公司，对中国科学院的动物研究所、计算研究所创办的公司进行了调查，通过对所属20个公司的注册资金、经营范围、财务收支等基本情况的调查，了解了科研单位经办公司对科研成果转化为生产力的积极作用。但也存在公司办得过多，过滥及财务管理混乱、分配不公等问题。1989年对湖北、河南、山东省的农业资金管理和农业审计工作状况进行了调查。比较具体地掌握了农业资金管理和审计的状况，揭示了农业资金来源渠道多、资金量大，迫切需要加强监督和审计力量薄弱难以适应的矛盾，针对存在的问题提出了加强农业资金审计工作的初步意见，提交到下年年初的全国审计工作会议进行讨论，形成正式文件下发各地执行。

1990年对水利部直接投资的黑茨河水利治理工程和黄河下游滩区水利建设的资金使用情况进行了审计调查，所揭示的问题引起了水利部领导的重视。

1991年对山东、江苏、江西、四川省农业发展基金的征集、管理、分配、使用情况进行了审计调查，重点是财政、税务、农业、水利等主管部门和资金投入多的农业综合开发项目。调查结果表明：农业发展基金建立两年多以来，对于增加农业的资金投入提供了稳定可靠的资金来源，但还存在着征集不足额、调度困难、到位不及时和有挤占挪用等问题。

1992年对山东、河南、湖北省的计划外生育费的征收、管理、使用情况进行了审计调查。发现计划外生育费管理中存在的随意减免、欠征瞒报、侵占挪用、请客送礼、滥发乱提、贪污私分等现象较普遍。有的地方甚至把征收计划外生育费作为筹集资金的手段。

1993年农林文教司牵头组织驻地方特派员办事处进行了对中国科学院化学研究所、上海硅酸盐研究所、化工部黎明化工研究院、中国水产科学院长江水产研究所等18个规模较大的科研单位的科技经费的审计调查。结果表明：科技拨款制度改革以来，科技与经济的结合，拓宽了科技经费来源的渠道，使科研单位的科技资金总量有了较快增长，促进了科技成果向生产力的转化。但由于新的机制还在探索中，尚未完全确立，一些科研单位还未走出困境，资金缺口大、仪器设备老化、科研骨干外流等影响科技事业发展的问题还很突出，针对以上情况提出了建议。该项审计调查结果，署向国务院作了报告。

二、组织指导行业审计

1. 农业资金审计。1989年组织23个省、自治区、直辖市对新菜地开发建设基金、组织17个省（区、市）对发展粮食生产专项资金、组织10个省（区、市）对扶贫资金进行了审计。分别查出违纪金额13244万元、6847万元、7664万元，分别占这三项资金审计金额的12.7%、5.6%、3.3%。年终向国务院写出新菜地开发建设基金的综合审计报告，经国务院同意转发各省、自治区、直辖市人民政府研究执行。

1990年全国各行各业大力支援农业，署把农业资金审计列为工作重点之一，年初下发了《关于加强农业资金审计工作意见的通知》。各地农业审计力量有了加强，农业审计进一步广泛开展，当年审计涉及的资金项目达17项，其中较为集中的是水利、农业综合开发、发展粮食生产和扶贫4项。审计总金额44.3亿元，查出违纪金额2.3亿元，占审计总金额的5.2%，处理上缴财政1986万元，归还原资金渠道11023万元，罚款金额184万元。受到党纪、政纪处分的有15人。据不完全统计，综合审计报告被领导和有关部门采纳的有62份，在宏观管理和控制方面发挥了积极作用。《审计简报》反映的《全国十六省区农业资金的审计情况》，被中共中央办公厅和国务院办公厅作为信息采用。

1991 年，审计署发布《审计署关于农业资金审计的规定》(即 48 号令)。农业审计工作进一步深入和提高，取得了很大的成绩。全国有 19 个省(区、市)671 个县审计了农业综合开发资金和发展粮食生产资金，审计金额 35 亿元，查出违纪金额 1 亿元，并有 3 亿多元的资金不能及时到位，处理归还原资金渠道 0.6 亿元，上缴财政 870 万元，罚款 120 万元；还有 256 个贫困县审计了 13.5 亿元的扶贫资金，查出违纪金额 0.46 亿元，处理归还原资金渠道 0.25 亿元，上缴财政 200 多万元，罚款 28 万元。《审计简报》反映的《农业综合开发资金不到位，违纪现象仍然严重》，被国务院办公厅作为信息采用，国务委员陈俊生作了批示，新华社发了消息，《人民日报》等报纸作了报道。

1992 年安排部署重点审计农业综合开发资金、粮棉基地县的农业资金、水利资金和贫困县的扶贫资金。有 16 个省(区、市)395 个县，开展了对农业综合开发资金、水利资金、粮棉基地县的农业资金和贫困县的扶贫资金审计，审计总金额 17.4 亿元。查出的问题一是农业资金投入不足，中央财政安排的农业综合开发资金大量滞留在省、地两级，一些县级财政用于农业的资金明显减少；二是有的地方财政对中央立项所规定的地方配套资金没有足额配齐，留有缺口。年底向国务院写出《关于加强和改进农业资金管理的审计报告》，国务委员陈俊生批示财政部，要求加强对农业综合开发资金的管理。

1993 年，组织了对 50 个大中城市国有土地有偿使用及耕地占用税的审计。审计结果表明：我国土地使用权正在逐步由无偿、无期限、不流动向有偿、有期限、可流动转变；土地出让收入已成为地方政府重要的建设资金来源。但由于一些地方和部门钻法制不健全的空子，国有土地的有偿出让还存在一些较为突出的问题，例如不以招标或拍卖的方式，而是通过协议的方式低价出让土地使用权，主管部门不及时有力地收取出让金，致使大量资金外流；已收取的出让金不按规定缴财政或上缴中央财政，大量资金在财政体外循环，减少了国家财政收入。上述情况，以《土地使用权出让金流失严重管理薄弱》为题目，用《审计简报》(增刊)向中央作了反映。同年还组织了涉及到 17 个省 205 个县 1991 年、1992 年两年的农业资金总体投入的审计，以促进农业投入稳步增长，加快农业的发展。审计中发现不少县级财政对农业投入下降，有的地方筹集农业资金不力，或是把本该用于农业的资金挪用于其他方面。年底将审计情况向国务院写出了报告。新华社在《内参选编》上予以采用。

2. 文教审计。(1)科研经费审计。1989 年有 11 个省(区、市)组织了科研经费的审计。审计单位 3695 个，审计金额 8 亿元，查出违纪金额 4903 万元。(2)教育经费审计。1990 年组织部分署派出机构和地方审计局进行了教育经费审计，全年共审计 130 所高校。据对其中 90 所高校的统计，审计出违纪金额 1.3 亿元。其中社会服务收入没有纳入学校财务管理的帐外资金 4130 万元，未按规定转作增加教育经费的有 5430 万元，挤占挪用教育经费和虚列转移资金 2660 万元。对这些违纪问题，审计机关作了处理，共上缴财政 305 万元，增加教育经费 5848 万元。向国务院写出《关于高校开展社会服务收入审计情况的报告》，国务院秘书长罗干批示国家教委研究改进措施。1991 年继续组织了对 59 所高校的财务收支审计，违纪问题主要发生在上年未审过、当年初次审计的高等院校。另有 23 个省(区、市)对普教经费进行了审计，发现教育经费一方面资金严重不足，另一方面又流失严重、大量被挤占挪用。通过教育经费的审计，对于缓解教育经费的供需矛盾，严格财经纪律，促进教育事业的发展，起到了积极的促进作用。(3)教育费附加审计。1990 年和 1992 年两年都组织了教育费附加的审计。1990 年有 13 个省(区、市)对城乡教育费附加的征收、使用情况进行了审计或专项调查，涉及到 4556 个单位，其中包括教育主管部门、税务部门、银行、财政等有关部门。查出欠征、漏征教育费附加的现象较为普遍。据对6个省的不完全统计,共查出少征6896万元。如河南省对6市、81县、260个乡镇的调查,欠征率为15%。在教育费附加的管理使用上,存在着财务制度不完善,管理使用混乱,挤占挪用的问题。有些地方的财政、银行部门没有按规定为教育费附加开设银行专户,出现多头征管,多头支用的现象。此后,1992年又一次部署了对教育费附加的审计,审计署与国家教委、财政部联合发出《关于对教育费附加进行审计、调查的通知》,当年有11个省、市进行了审计。审计发现教育费附加在征收方面存在着征收不足,欠征较多与超标准征收、乱集资乱摊派的情况同时并存;在管理使用方面,一是有的地方财政部门违反规定,以教育费附加抵顶教育事业费拨款、甚至滞留财政改变用途;二是仍程度不同地存在主管部门、乡镇和用款单位挤占挪用的情况。(4)电视台及电视剧组的财务收支审计。1991年组织对全国电视台的行业审计,有11个省(区、市)的审计机关对55个电视台进行了审计,查出违纪金额2728万元。存在的主要问题是:预算外资金管理混乱,资金流失现象严重,违反规定支付回扣,使用大量现金支付节目交换费,滥发钱物,用假发票报帐等。1992年又组织了11个省、市进行了电视台的审计,共对115个电视台的财务收支进行了审计,其中省级9个、地市级33个。审计总金额1.85亿元,其中预算内资金0.42亿元,预算外资金1.43亿元。查出偷漏税收、隐瞒收入、转移资金、支付回扣等违纪问题。此外还有10个省、市对17个电视剧组的财务收支进行了审计调查。发现普遍存在乱拉赞助款,自定标准搞赞助款提成,支出结构不合理,向个人严重倾斜,以及财务管理混乱,费用控制不严,虚报冒领等问题。《审计简报》(增刊)反映的《一些电视台在广告业务与赞助活动中弄虚作假、擅自支付回扣和滥发钱物》,被中共中央办公厅和国务院办公厅采用信息。(5)医院财务收支审计。1991年组织全国审计了464所医院。其中地方医院456所,中央级医院8所。共查出违纪金额8626万元。查出的主要问题是:业余医疗有偿服务收入与正常收入界限不清,私设小金库,乱收费,开"大处方",出售非医疗用品等。《审计简报》反映的《11省区审计456家医院查出乱收费等违纪金额7800多万元》,被中共中央办公厅和国务院办公厅采用信息。

(农林文教审计司供稿)

行政国防审计司

行政国防审计司负责对署划定的国务院有关部门、中直管理局、人大办公厅、政协服务局、高检院、高法院、解放军、武警总部,以及工、青、妇等中央级单位和部分全国性基金会、报社等共51个单位的财务收支及其资金使用效果进行直接审计;负责全国行政单位审计工作的指导和综合汇总工作;负责组织开展有关的全国性行业审计或专项资金审计、审计调查;负责对公安部、安全部、解放军、武警部队、中直机关、全国人大、全国政协等单位和有关报社的内审工作的业务指导;负责有关业务范围内的专案审计和复审复议工作。1993年12月,国务院办公厅批准审计署职能配置,内设机构和人员编制方案,行政国防审计司改名为行政事业审计司,在原有业务基础上,增加对文化、教育、科研和卫生等事业单位的审计工作。

一、对中央级单位的直接审计

在开展对行政单位定期审计的基础上,自1989年起,对政府部门的经常性审计认真贯彻了突出重点,注意成果的方针,坚持为促进廉政建设服务,为加强宏观调控服务,使政府部门的经常性审计工作向着巩固、提高、深化、完善的方向发展。

1989—1992年行政国防审计司共对32个中央级单位进行了连续审计,审计总金额182亿元,共查出违纪违规金额1.2亿元。同时,结合经常性审计开展了多项审计调查,取得了一定的成果。

1990年综合了全署各司局对36个中央级单位近几年财务收支审计的成果,专题反映了中央国家机关廉政建设情况。这36个单位连续审计几年后与审计初期比较违纪金额下降了近70%，其中，挤占挪用专项资金截留财政收入、超标准开支、违规购买专控商品等的金额下降幅度在75%—90%以上；遵守和基本遵守财经法纪的单位由初审时不到10%，增加到近60%。

开展对职工个人收入的审计调查。1991年对12个国务院所属行政机关、行政性公司、专业银行、外贸公司等几种类型单位的职工收入情况进行了审计调查。结果表明，行政机关干部收入明显低于公司、银行等其他类型的单位，而且近几年个人收入差距还在不断拉大。个人收入相差悬殊，导致政府部门干部队伍不稳、骨干外流。

开展了对行政经费分配使用情况的审计调查。1991年我署和不少省、市、自治区审计局开展了对政府部门行政经费收支情况的审计调查。通过调查，实事求是地反映了行政经费预算偏低，严重脱离实际，“包干管理”促进部门“开后门”搞挤占挪用，使行政性开支失控的实情，并揭露了行政费决算虚假，不能反映真实情况等问题。分别向当地政府和全国人大财经委员会写了专题报告。

1992年由司牵头对国务院37个部门行政经费预算及管理使用情况再次进行了审计调查。主要问题：一是行政经费预算缺口大，1991年37个部门行政经费实际支出超过预算50%以上的有10个单位。二是单位之间开支很不平衡，37个部门中最高与最低的单位相差1.8倍。三是还存在着铺张浪费现象。针对上述问题，提出了严格加强预算管理，控制支出采取有效措施建议，转告有关部门。

对中央国家机关借会议搞吃喝的问题进行审计调查。1991年对国家机关所属部分宾馆、招待所接待会议收费情况的调查，发现1991年头几月会议费支出中用于宴请、送礼的费用较1990年同期增长了7倍多，不少单位宴请标准高、人数多，有的赠送礼品。

二、对各地审计工作进行指导

认真贯彻执行审计署1989年12月颁布的《行政单位定期审计制度》，对各地审计机关开展行政单位审计工作加强了指导。对行政单位审计工作提出了着重抓好“三个转变”：一是转变指导思想要进一步提高思想认识，明确行政单位审计的重要性和目的性，克服单纯查处的观点，坚持为党政中心工作服务、为促进廉政建设服务。二是转变观念，要增强宏观意识，改变从微观到微观的做法。三是转变工作方法。要适应形势需要，不断改进工作方法，把突出重点和兼顾一般辩证地统一起来，做到用较少的力量控制面，以保持审计威慑作用，用较多的力量抓重点，多出成果，出好成果，使行政单位审计质量不断向新的台阶迈进。

三、组织行业和专题审计

行政国防审计司在对政府部门审计工作中，坚持突出重点。紧紧围绕党政工作中心，不断增强宏观意识，努力为经济体制改革服务，为宏观调控服务，为促进廉政建设服务，从1989—1992年根据审计署年度工作计划，组织地方审计机关及派出机构，在全国范围内开展了多项行业审计和专项资金审计或调查，取得了较好的效果。

1.1991年组织了对公安罚没收入审计。据对17个省、自治区、直辖市的不完全统计，共审计1017个公安主管部门和6482个基层单位，审计总金额20亿元；查出各种违纪违规金额1.7亿元，占审计总金额的8.5%，揭露了公安系统罚没收支工作中存在的乱收费、乱罚款，以及截留坐支、管理不严、制度不健全等问题，提出了改进意见或建议，促进公安系统建立健全了有关规章制度、完善内部控制制度。各地审计汇总的材料，引起了当地政府和公安机关领导的重视，有的被公安机关作为对所属单位进行廉政教育的反面教材，为加强公安部门的廉政建设发挥了积极作用。全国情况汇总向中央反映后，引起中央领导重视，要求审计机关加强对执法部门的监督。

2. 组织对8个重灾省、市接受分配国内外救灾捐赠款物的审计。1991年组织安徽、江苏、湖南等受灾地区审计机关开展工作，并派出人员，深入灾区，了解情况，指导工作；同时对民政部和中国国际减灾十年委员会接受国内外捐赠的款物的收支情况进行了详细审计；并与地方审计机关配合，对拨付到各灾区的捐赠款物进行了逐笔核对，实行逐级跟踪审计；从而保证了捐赠物及时到位，落实到灾民手中，这次共审计了捐赠款物折合人民币12亿元。审计结果表明，我国对救灾捐赠款物接受处理情况是可以让捐赠者放心，使灾区人民满意的。审计结果向国务院写了专题报告，人民日报公布了审计结论并发表了《让捐赠者放心，使灾区人民满意》的社论，在国内外产生了良好的影响。

3. 组织对统计事业费的审计调查。1991年组织黑龙江、四川等8个省市对国家统计局下拨的统计事业费的使用情况进行了审计调查。审计调查总金额4870万元，占统计事业费的56.9%，查出挤占挪用等违纪问题，分析了原因，提出了建议。国家统计局对审计结果十分重视，将审计报告转发各省、自治区、直辖市统计局，提出七条改进措施，对管好用好统计事业费起到了促进作用。

4. 对部分省市对外友协分配使用日赠汽车问题的审计调查。1990年，对黑龙江、福建、浙江、甘肃、青海等11个省市友协分配使用日赠汽车情况进行了审计调查。11个友协在1988—1989年共接车249辆，其中，69辆被倒卖。有的友协存在由于分配不及时造成积压损失浪费等情况。审计结果印送中国人民对外友好协会，提出了建议，要求加强管理和监督检查。

5. 组织开展了对养老保险基金和待业保险基金的审计。为贯彻国务院[1991]33号文件精神，促进社会保险制度改革措施的落实，1992年在全国范围内开展了对养老保险基金和待业保险基金（以下简称“两项基金”）的专项审计。据27个省、市、自治区审计机关统计，对1820个地、县劳动部门和有关“两项基金”的管理部门进行了审计，审计资金总额为470.7亿元。审计结果表明，开展社会保险工作以来，劳动部门和有关单位在组建机构，建立健全有关制度，加强基金管理及做好舆论宣传等方面做了大量工作，对保障退休、待业职工生活，促进社会保险制度改革和保证社会安定起到了积极作用。但审计中也发现在管理和使用“两项基金”方面也存在一些问题，比如：一些单位未按规定缴纳基金；一些地区的“三资”企业没有参加养老保险；一些地区存在着挤占挪用或未按规定使用“两项基金”的问题：从总体上看，“两项基金”保值增值的措施还不够完善，制度化、法制化建设有待加强。同时也揭露了个别地区管理混乱，贪污、私分等违法现象。通过审计，基本上掌握了“两项基金”管理、使用情况，向国务院写出了专题报告，引起了各级政府的高度重视，对改革社会保障制度，建立新型的社会保障体系，起到了积极的作用。

6. 组织开展排污费审计。1993年组织审计了哈尔滨等13城市环保部门排污费收支情况，并对178个企业缴纳排污费和环保部门用以治理污染的情况进行了调查。共查出1.25亿元违纪资金，主要是拖欠和漏征排污费、排污费使用不当和挤占、挪用排污费等问题。建议环保部门加强对排污费征收、使用和管理情况的检查。审计报告受到国家环保局领导的高度重视。

7. 开展工商罚没收入审计。1993年审计机关对11个省、自治区的557个县以上工商行政管理部门1991年和1992年罚没款、规费、市场管理费及个体管理费收支情况进行了审计。共查出违纪金额1.7亿元，主要是隐瞒、截留应交款、挤占挪用工商收入和滥收费等问题。这次审计受到了有关部门的重视。

四、复审复议及专案审计工作

受理了丹东律师事务所对辽宁省审计局复审结果不服的申诉；办理了国家经济体制改革研究所的专案审计；处理了云南省政府办公厅不执行审计结论的问题；对侨汇旅游服务公司

倒卖彩电问题进行了专题审计；1990年还受理了甘肃省西北民族学院对省审计局审计结论不服的复审申请；对沈阳文学艺术院《今日东北》编辑部要求复审一事进行了调查处理；参加安徽省人事局办公室×××因不服省审计局的审计结论而向法院提起行政诉讼一案审理的全过程。

1993年5月至8月，根据国务院领导的指示，以审计署为主，同财政部组成联合调查组，先后调查了中诚会计师事务所和海南新华会计师事务所出具虚假审验报告问题，并给国务院写了专题报告。根据国务院领导的批示，对中诚会计师事务所的问题进行了公开曝光，另有五名注册会计师移交检察院立案处理。此外，还承办参加了国务院领导批办的两项重要专案审计。

五、参加对外交流，吸收国外先进经验

随着改革开放的深入进行，审计机关的对外交流活动日益增多，行政国防审计司参加这类活动也逐渐增多。1990年派员参加了由国务院特区办组织的赴加拿大市长学习团，对该国行政体制和地方政府审计、社会审计情况作了考察了解；1992年参加了在北京举办的中英政府部门审计理论研讨会，在会上发表了《简述中国政府部门审计》的论文，并就双方感兴趣的问题与英国同行进行了认真的讨论；同年4月参加审计署赴新加坡的访问团。此次访问，以政府部门审计如何在促进廉政建设方面发挥更大作用为题，与新加坡国家审计署及反贪污调查局进行了广泛的讨论，取得了一定的收获；同年11月，派员参加了美国的学习考查团，与美国的同行进行了学习交流。

（行政国防审计司供稿）

基本建设审计司

一、基本建设审计的发展状况

基本建设审计，是我国社会主义审计监督工作的重要组成部分，是国家固定资产投资宏观调控的重要手段之一。以1989年全国普遍开展的清理固定资产投资项目工作为契机，基建审计工作在财务收支审计的基础上逐步向国民经济宏观调控目标延伸，相继开展了停缓建项目跟踪审计、基建项目开工前审计和对国家重点建设项目从决策、设计到工程造价、财务收支的全面审计。同时对建筑安装企业的审计也已逐步展开，先后进行了财务决算审计、经营承包责任审计和经济效益审计。技术改造项目审计也进行了多次尝试，已开展了技改项目投资效益审计调查。这些为国家控制投资规模、调整产业结构、提高投资效益和监督财务收支合规性等发挥了重要作用。

这一阶段基建审计的最大特点是从宏观着眼，由微观入手，围绕着党和国家经济建设中心开展工作，审计内容上，由专项资金审计逐步转为对建设项目投资活动全过程的审计；审计形式上，由事中、事后审计逐步扩展到对项目开工前的审计；审计方法上，采取财务收支审计与技术经济审查相结合的方法等。在此期间，基建审计各项制度逐步确立：固定资产投资项目开工前审计制度、在建项目审计检查制度、建设项目竣工决算审计制度已逐步建立。随着工作的发展，基建审计机构日趋完善，全国基建专业审计人员到1993年底有五千余人，人员构成在财务审计人员基础上逐渐配备了部分工程技术、经济管理等方面的审计人员。审计人员的业务素质有很大提高，现在对几百万元，甚至上百亿元的基建项目，都能较好地完成审计任务。

二、基本建设审计在国民经济宏观调控中的监督作用

据不完全统计，几年来全国审计机关共审计固定资产投资3312亿元，查出有问题金额约200亿元，按照有关法规处理后，可为国家节约投资近60亿元。基建审计在国民经济宏观调控中发挥了很好的作用：

1. 有效控制了固定资产投资规模。固定资产投资规模失控是长期困扰我国国民经济顺利发展的一大顽症。前几年,基建审计机关曾抓住当时预算外资金和楼堂馆所建设失控这两大问题开展审计工作,对控制固定资产投资规模起到了一定的作用,在社会上引起较大的反响。如在1989年的治理整顿中,审计机关对全国16000多个停缓建项目进行了跟踪审计,巩固了清理在建项目及压缩投资规模的成果。此后,审计部门普遍开展基本建设项目开(复)工前审计,对不符合国家产业政策的项目,不予开具开工审计证明。1990至1993年,据不完全统计,全国共审计开(复)工项目3.5万个,总投资2424.7亿元,审计后对1010个不具备开工条件的建设项目,提出了不予开工的意见,压缩了基本建设规模237亿元。实践证明,基建审计可以直接参与控制固定资产投资规模活动,并发挥了积极作用。

2. 促进国家重点建设。国家重点建设项目,是国民经济发展的命脉和支柱,保障重点建设项目的顺利进行,是基建审计工作的主要目的。1990—1993年,我们在全国范围内组织开展了对312个国家重点建设项目审计、检查工作。审计项目总投资达2800多亿元,经审计、检查发现有问题金额152亿元,按照有关法规处理后,可为国家节省投资近50亿元。主要有:(1)削减多列概算,为国家节约建设资金。审计机关共查出124个项目多列概算32.6亿元,依照有关法规对问题进行了处理,多列的概算除7900万元抵顶原概算缺口外,其余一律予以削减,共削减31.8亿元。(2)促进建设资金尽快到位,避免拖延工期。审计发现312个重点建设项目中有201个资金未按计划到位,金额达68.2亿元。资金不到位的主要原因主要是地方自筹资金不能按规定落实,投资计划中留有缺口,也有一些项目资金被截留挪用,针对这些原因,审计机关既严格维护财经纪律,又尽力帮助建设单位协调和疏通资金来源渠道,落实建设资金,保证重点建设正常进行。(3)督促参建单位减少损失浪费。312个重点建设项目可计算的直接经济损失达31.8亿元。有的是勘测不准,多次改变设计方案,耗资耗料;有的项目,特别是利用外资项目,材料设备采购和使用中宽打窄用,浪费严重。审计机关对上述问题认真进行分析,分清责任,实事求是地处理,能够挽回损失的由责任单位用自有资金补偿;对其他损失浪费问题,建议有关部门吸取教训,采取措施,加强管理。

与此同时,各省市审计局审计地方大中型建设项目700多个,总投资726亿元,发现各类有问题金额达51亿元,经审计查处后,可为国家节省投资近10亿元。

在查处各类违纪违规问题的同时,审计机关还督促设计、建设单位、建行及施工企业加强对国家重点项目的管理,并协调解决了项目建设中遗留的一些问题。通过开展信誉、等级评价工作,先后对74个重点建设项目涉及到的设计部门、施工企业、建设单位、建行和地方政府等276个单位的信誉等级进行评价,促进建设项目提高设计水平与工程质量,建设资金及时到位,优质、高效地建成。

3. 维护财经法纪,减少国家投资流失。近年来,由我署组织的几次固定资产投资审计,共查出违反财经法纪金额50多亿元。对违纪的行为,审计机关给予了严肃处理,有的归还原资金渠道,有的予以收缴及处罚,还有的对责任人给予行政处分。如:重点项目审计中查出山西某铝厂、武汉某50万伏直流输变电工程等12个项目高估冒算及转移建设资金,搞计划外楼堂馆所的问题,除由审计机关收回建设资金并予以经济处罚外,还会同国家计委、监察部对有关承建单位进行通报批评,维护了财经纪律,减少了建设资金的流失。

4. 促进建筑安装企业严格执行国家法规。建筑安装企业审计,是国家对建筑安装企业实施经济监督的重要手段,也是固定资产审计的重要组成部分。据1989—1993年不完全统计,全国审计大中型建筑安装企业737个,审计总金额539亿元,经审计发现虚列成本、隐瞒收入、多提工资含量、偷漏税金、潜亏挂帐以及其他违纪问题5.24亿元,上缴税金及其他收入2.01亿元,建筑安装企业采纳审计机关合理化建议 1198 条。通过审计监督，对建筑安装企业存在的违纪问题予以纠正，保证了国家财经法规的贯彻落实，促使企业严格按照建设管理程序的要求施工，同时使企业加强经济核算和财务管理，提高了经营管理水平和经济效益，对促进国民经济发展起到了较大的作用。

5. 为国家宏观投资决策及管理提供依据。固定资产投资审计从宏观调控着眼，由微观项目入手，对于发现带倾向性的问题，以审计报告、审计要情、审计信息等方式，向国务院及国家有关综合管理部门反映并提出政策性意见，为国家宏观投资决策及管理提供了依据。(1)在投资领域治理整顿工作中发挥作用。“治理整顿”期间，审计机关完成了停缓建项目跟踪审计任务后，针对停缓项目应停未停、善后工作不利等问题，提出了巩固清理成果，做好善后工作，减少损失浪费等六点宏观建议，由国务院转发全国各地、各部门执行，促进了固定资产投资项目清理工作的深入开展。据此，国务院发出《关于进一步抓紧抓好清理固定资产投资项目工作的通知》，提出“加强固定资产投资审计监督，逐步扩大审计范围”的投资管理要求。在此基础上，审计署和国家计委联合下发审基字(89)419号文“关于开展基本建设项目开工前审计的联合通知”，决定对基本建设新开工项目和缓建恢复建设项目实施开工前审计制度，进一步深化了投资领域治理整顿工作。(2)促进全民所有制单位进一步加强自筹基建资金管理。在基建自筹资金审计过程中，审计机关及时向国务院报送了《关于审计自筹基建资金来源情况的报告》反映审计中发现的自筹资金来源不合规，投资不落实等严重问题，并提出了三点建议，引起有关部门的重视。针对存在问题，国家计委、财政部、审计署、建设银行总行联合下达了“关于进一步加强自筹基本建设资金管理的规定”，使自筹基建资金管理工作逐步走向正轨。(3)提出了加强重点项目管理的政策性意见。强化对重点建设项目的管理。重点项目建设关系国计民生，十分重要。要推行业主责任制，明确项目建设的责、权、利关系；要制定科学的标准定额，严格造价管理；要发挥银行的监督作用，加强对建设资金的筹措、使用管理；要进一步制订行业的合理工期定额，落实建设责任，严格工期管理。加快投资立法。要尽快制订“投资法”，从根本上改变投资建设无法可依的状况；要研究制订违反固定资产投资管理法规处罚的暂行规定，为加强监督检查和查处问题提供明确的法律依据，进一步加强对重点建设项目的审计监督。经过三年多来的重点项目审计，已逐步形成建设项目事前、事中、事后三阶段审计模式，相关配套法规亦逐步形成。要继续开展重点建设项目审计，并形成制度；要根据当前重点建设投资额大、资金来源渠道多的特点，深入开展开工前资金来源、落实情况审计，促使建设资金及时到位；要进一步开展重点建设项目竣工决算审计，提高决算质量，正确评价投资效益。(4)为国家有关部门制定政策法规提供依据。重点项目中存在的问题引起有关部门的高度重视。国家计委在拟定《关于在基本建设领域开展“质量、品种、效益年”活动的通知》中采纳审计部门的建议，对审计中发现的项目审批、设计、施工等方面存在的问题，制定具体措施加以解决；建行总行、财政部、建设部、国家税务总局等部门，对照审计中发现的有关问题，从完善自身业务工作入手，与审计署联合下发了有关基建项目开工审计、竣工决算审计、设立固定资产投资审计收缴违纪资金及罚款专户、自筹基本建设资金管理等方面文件 7 个；根据我署抽审湖北等三省供电贴费后提出的“加强贴费管理、重新核定贴费标准”两条建议，经国务院批示，能源部对贴费收、管、用、存各环节进行了全国调查，对贴费管理做出新的规定，使问题得到解决。

(基本建设审计司供稿)

外资运用审计司

在党的十一届三中全会制定的改革开放方针的指引下，我国利用国外资金有了很大发展。

截止1993年底，我国利用外国政府、国际金融机构的国外商业银行贷款等外债余额已达554亿美元。其中世界银行贷款签约127项目，163亿美元，实际提取93亿美元；亚洲开发银行贷款签约22个项目，19亿美元；世界粮食计划署、欧共体等机构无偿援助总值近30亿美元；外商投资企业15.6万家，利用外资协议总额1220亿美元。

为了更好地利用外资，充分发挥资金效益，为我国四个现代化建设服务，我国审计机关及时实施并逐步加强了对利用国外资金的审计。通过审计，促进了外资管理部门和项目单位遵守财经法纪，严格履行贷款协定，加强项目管理，发挥资金效益；促进了利用外资的宏观调控和管理，改善引进外资的环境，提高我国的国际信誉。

从1989—1993年，在这五年期间，世界银行等国际金融组织和联合国机构贷(援)款项目(以下简称贷(援)款项目)审计进一步加强了对内监督，对外公证报告的质量逐年提高。中外合营企业审计逐步展开。外资审计工作初步走上了制度化、规范化、法制化的轨道。这主要表现在如下几个方面。

一、贷(援)款项目审计公证质量高

自1989年以来，外资审计仍以对贷(援)款项目审计为重点。对外公证是贷(援)款项目审计的主要任务之一。5年来，我国审计机关共就180多个贷(援)款项目(协议金额210亿美元)向世界银行、亚洲开发银行和世界粮食计划署等机构提交公证审计报告770余份，管理意见书200多份。这些公证审计报告和管理意见书的质量每年都有改进和提高。例如，1991年世界银行在抽查了我国提交的审计报告之后，认为审计报告“是令人满意的”。联合国开发计划署、世界银行对于我署提交的1992年度审计报告给予了较高的评价。世界银行在评审我国提交的审计报告后又指出：“今年的审计工作有了重大改进，特别是在提供管理意见书方面，这反映了中华人民共和国审计署进行了卓有成效的领导工作和提供的培训课程收到了良好的效果。”

审计公证质量的不断提高，既扩大了我国审计机关在国际上的影响，也为我国争取更多的国外贷款和国际援助创造了重要条件。

二、贷(援)款项目对内审计监督得到加强

对内监督是贷(援)款项目审计的重要职能之一，也是作好对外公证的基础。近几年，在贷(援)款项目审计方面，每年审计的县级以上单位都在2500家以上。审计中坚持了依法审计，严肃审计执法的原则，对于各级外资管理部门和项目执行单位违反财经法纪和贷(援)款协议的问题，一经发现，都进行了严肃处理。例如，1990年，我署就项目转移资金、项目虚报垦荒面积和挪用贷款资金问题向国务院作了专题汇报，有关领导同志作了重要批示，有关项目的责任人受到了严肃处理，并对上述问题做了纠正。我们在近五年期间，审计查出贷(援)款项目各类违纪金额累计达10亿元以上人民币。对此，各级审计机关都分别进行了处理。

通过审计监督，促使贷(援)款项目管理部门和项目单位遵守了财经法纪，制止和纠正了违纪行为，提出的改进和加强项目管理的建议受到了被审部门和单位的重视，保证了建设项目取得预期的经济效益和社会效益。

三、开展中外合营企业和其它外债审计

中外合营企业审计同贷(援)款项目审计相比，起步稍晚，但自1989年《中华人民共和国审计条例》及其施行细则相继实施后发展也比较快。截止1993年底据不完全统计，全国共审计了900多家中外合资合作经营企业，其中有330家由审计署组织全国地方审计机关进行审计。1992年，通过对200家中外合营企业的审计，发现了一些带有普遍性的问题，如：合营企业亏损面过大；合营企业不按规定期限投放资本，造成企业资金紧张，经营困难；外方投资后变相抽逃资本；国内企业用假合资骗取国家优惠；不按国家规定提取和上缴各种税、费以及隐

瞒收入、截留利润等问题。通过审计，维护了国家利益，保护了中外双方的合法权益，促使中外合营企业健康发展。同时，通过审计也掌握了中外合营企业的基本情况，并就合理引进外资、确定投资导向，提高投资效益等方面，向政府部门提出了建设性意见。在其它外债审计方面也取得了显著的成果。例如，1990年在全国范围内，对日本海外协力基金贷款进行了审计，解决了一些存在的问题。项目管理部门和单位还根据审计建议，加强了项目管理，堵塞了漏洞，保证了贷款资金的有效利用。

四、综合分析，反馈信息，加强宏观调控

几年来，各级审计机关在强化审计监督的同时，通过对贷(援)款项目、中外合资企业和其它外债的审计和审计调查，进行分析研究，找出带有普遍性和倾向性的问题，采取综合报告、专题报告、审计简报等形式，向各级政府机关和管理部门提出加强管理、健全法规、提高外资使用效益等方面的建议。如1989年、1990年、1992年，分别就当年贷(援)款项目审计中发现的问题向国务院报送了综合报告。其中1990年的报告由国务院批转各省、自治区和直辖市人民政府和国务院各部委。1992年对200家中外合营企业审计的情况向国务院进行了报告。

五、外资审计逐步走向制度化、规范化

几年来，在不断总结外资审计工作经验、参考国外有益的审计理论和方法的基础上，审计署制定颁发了一系列外资审计制度和办法：1989年印发了《关于开展合资企业和外债审计工作的意见》和《关于开展外债审计工作有关事项的通知》；1990年印发了《世界银行贷款项目审计工作规范的补充通知》；1991年印发了《关于加强和改进外资审计工作的通知》；1992年印发了《关于提高对国际金融组织贷款和国外援助项目审计公证质量的补充通知》；1993年印发了《中外合资合作经营企业审计办法》。这些制度和办法的制定和实施，有效地推动了外资审计工作的开展，促进了外资审计向制度化、规范化发展。

六、开展审计理论和方法的国际交流

几年来，审计署先后派团访问了世界银行和亚洲开发银行，世行、亚行官员访华也常常同我署有关人员座谈，就世行、亚行贷款项目审计的要求、审计报告的编制方法等内容进行协商，保证了贷款项目审计公证质量的不断提高。此外，我署还陆续组团访问了巴基斯坦、菲律宾、英国、法国、香港、新加坡等国家和地区。通过与当地政府审计机关和会计公司的业务交流，学到了国外先进的审计理论和实务，开阔了视野和思路，促进了外资审计工作质量的提高。

七、培训干部、提高外资审计人员素质

外资审计是一项新的工作，又是一项涉外工作，承担着对内审计监督和对外审计公证的双重任务。审计人员需要有较高的政策水平和包括外语能力在内的专业水平。为了适应外资审计工作迅速发展的需要，近五年来，审计署举办了八期外资审计培训班和研讨班。聘请国内外专家讲解了西方财务会计，国外政府审计和社会审计，世界银行贷款财务知识，中外合营企业审计以及新的会计制度等。同时，地方审计机关也举办了多期不同类型的外资审计培训班。此外，我署还利用亚洲开发银行赠款，选派了一批业务骨干到新加坡、香港等地会计公司实习。通过培训和审计实践，外资审计人员的素质有了较大提高。目前，在署外资司和省、市审计局，已经有一批既熟悉审计业务、又懂外语的外资审计业务骨干。

外资审计工作能够在较短的时间内打开局面，得到较快的发展和提高，取得较好的成果，主要原因是：

第一，在署领导的支持和指导下，明确了工作目标。1990年确定了外资审计的目标为：加强审计监督，提高公证质量，扩大审计领域，深化审计层次。随后又根据形势的发展，提出要为加强宏观调控、促进改革发展服务。几年来的实践证明，上述目标适应了我国当前改革开放的

形势，调动了广大外资审计人员的积极性。

第二，抓好重点。几年来外资审计始终把世行等国际金融组织和联合国机构贷(援)款项目审计作为工作重点，列为必审项目，保证完成；在确保重点的前提下，组织力量，积极开展对中外合营企业和其他外债的审计。在外资审计工作中，一是抓好项目主管部门对项目单位的管理工作，二是抓好对重点项目(或重点行业)的审计。项目主管部门对外资的借、用、还以及经济效益等负有直接的管理责任，通过审计，可以促使其更好地履行职责。几年来，署外资司先后与铁道部、能源部、农业部、农业银行等十几个项目主管部门联合召开项目单位会议，研究加强项目管理，布置项目审计工作，并联合发出通知，要求各有关行业项目单位遵照执行，收到了很好的效果。外资审计每年都确定重点行业或一些重点项目进行审计或审计调查。如1989年重点对世行贷款农业项目进行了审计，1990年对世行贷款教育项目引进设备的利用率进行了重点审计调查，1992年重点审计了200家中外合营企业，1993年对世行贷款中间金融机构转贷项目进行了审计调查。对重点项目的审计和审计调查，起到了抓住重点，影响一片的作用。

第三，总结经验，不断探索，促进外资审计向高层次发展。外资审计承担着对外公证的任务，是国外了解中国政府审计工作水平最直接的窗口，因此学习国外先进的审计理论和实务，提高审计业务水平是外资审计的一项重要任务。几年来，我们借鉴国外有益的审计经验，对贷(援)款项目除了进行年度的财务审计之外，我们还逐步开展了管理审计和效益审计工作，在提交世行、亚行的公证审计报告中，越来越多地采用了管理意见书的方式披露项目执行过程中管理上存在的问题，并有针对性地提出改进建议，对外资项目的经济效益、社会效益和环境影响，也给予了越来越多地关注，在审计报告中进行分析，提出审计意见和建议。

第四，坚持围绕党和国家的中心工作，为宏观决策提供依据。如前所述，几年来，外资审计对审计中发现的一些带普遍性、倾向性和重大的问题，曾多次向国务院和主管部门进行报告，受到了各极领导的重视。

几年来，外资审计工作虽然取得了一定的成绩，但从目前情况来看，还不能适应当前发展经济、改革开放形势的要求，还必须在总结经验的基础上，针对自己的缺点和不足之处，切实加以克服和改进，不断提高政策和业务水平，更好地发挥外资审计监督在宏观调控中的作用，作好对外审计公证工作，为更多地吸引外资、用好外资和建立社会主义市场经济体制作出应有的贡献。

(外资运用审计司供稿)

财政审计司

财政审计工作五年来在全国范围内有计划、有重点地展开，取得了进一步的发展，审计的层次、质量和水平不断提高，工作程序逐步规范，执法力度不断加强，已经成为全国审计工作的重点监督内容之一。

一、基本情况

我国的财政审计一直实行的是“上审下”的方式，即由上级审计机关审计下一级政府的本级财政收支，各省、自治区、直辖市和计划单列市由财政审计司负责审计。为了扩大审计覆盖面，财政司除直接审计部分地区外，其余地区采取授权审计方式，授权署驻地方特派员办事处进行审计，审计通知书、审计结论和处理决定由财政司草拟下达。这样，截止1991年止，对各省、自治区、直辖市和计划单列市的财政收支已普遍审计了一次，部分地区已经审计两次以上。五年来，财政司在扩大审计覆盖面的同时，注意了抓重点地区和重点内容，即将财政收支数额大、上缴中央财政收入多的地区作为审计的主要对象；着重检查和纠正地方财政收支中违反财政法规、制度的各种问题，如越权、违规减免税收和国家能源交通重点建设基金、预算调节基金，挤占、截留中央财政收入，隐瞒、转移地方财政收入，扩大成本（费用）开支范围，虚列财政支出，税务部门多提税收分成等。同时，为了开拓财政审计的路子，深化财政审计的内容，更好地发挥财政审计在加强宏观经济调控中的监督作用，财政司开展了预算执行情况审计，并针对财税管理中的普遍性、倾向性问题进行专项审计调查。财政审计司在工作实践中注意了制度化、规范化的建设，草拟下发了《财政审计工作规范》、《关于加强财政审计工作报告制度的规定》、《关于做好财政审计结论和决定监督执行工作的通知》、《财政审计工作质量考评试行办法》等文件，在计划、综合汇总、分析研究等方面形成了比较规范的作法。另外，根据财政审计的特点，在下达正式的审计结论和处理决定之前，一般都要以书面形式征求被审计对象的意见，在违纪事实确定并充分考虑被审计单位的意见的前提下，才依据国家的有关规定下达正式的审计结论和处理决定。财政司还加强了对地方审计机关和特派员办事处财政审计人员的培训，通过几年的努力，写出了一批比较完善的培训教材。

二、工作实践

1989 年，财政审计工作继续与全国税收、财务、物价大检查结合进行。审计署会同监察部、财政部发出联合通知，要求各级审计机关在地方各级政府普遍自查的基础上进行审计，覆盖面要求达到 30%，同时要对上一年审计查出问题的处理执行情况进行检查。对省、自治区、直辖市和计划单列市的财政收支，审计署授权署驻地方特派员办事处就近听取自查情况汇报，在此基础上，财政司对黑龙江、湖北、江苏、广东、哈尔滨、武汉四省两市进行了检查，查出违纪资金 328997 万元。财政司针对六省市财税管理中存在的普遍性、倾向性问题进行了分析、研究，通过《审计简报》增刊向党中央、国务院及有关部门作了报告。财政司还审计了国家税务局机关行政事业费收支；在全国清理整顿公司工作中，承担对中国华兰德国际工程技术公司及其所属深圳公司的审计和清理任务；派人参加国务院税收、财务、物价大检查组和国务院清理固定资产投资检查组的工作。同时，对天津市、福建省地方外债的规模、投向、偿还能力、管理情况及其存在的问题进行了审计调查。这一年，财政司和署培训中心联合举办财政审计研讨班，就财政审计的重点、方法、工作路子以及如何强化财政审计、提高工作水平等进行了研讨。

1990 年，各级审计机关开始较大规模地依法独立审计地方政府的财政收支，财政审计不再与税收、财务、物价大检查结合进行。根据李鹏总理关于“审计工作的重点，主要是对各级政府的综合经济管理部门和经济监督部门进行审计”的指示，署领导提出把财政审计作为审计工作的重点，财政司组织了对 31 个省、自治区、直辖市和计划单列市本级财政收支的审计，仍然采取普遍自查和重点审计相结合的方法，在就地实施审计工作基本结束后，财政司分片组织财政审计情况汇报会，就查出的问题进行核实、定案、拟定审计结论和处理决定。根据正式下达的审计结论和处理决定统计，财政司组织审计的 31 个地区共查出违纪资金 1203567 万元，处理后可专项收缴中央财政 61739 万元。财政司将审计 31 个省级财政查出的问题和处理意见向国务院写了报告，国务院全文予以批转，并指出：“各级人民政府对此应引起高度重视，带头执行国家财政法规，任何人不能以言代法。……今后审计机关要继续依法加强对地方人民政府财政收支的审计，对于违反财经纪律或弄虚作假的，要依照财经法规严肃处理。”同年，财政司还派人参加审计署赴山东省支农资金调查组的工作，对河南省新增“农转非”人口粮油肉价补贴问题进行调查并提出处理意见报国务院，国务院作了批复。

1991 年，根据署领导把工作侧重点放在提高审计水平上的指示，财政司提出要积极努力推进财政审计工作“三化”进程，逐步实现“两年审一次，一次审两年”的目标，当年的审计覆盖面要达到 1/3 左右。这一年，财政司组织审计 19 个省级和计划单列市本级财政收支，查出违纪资金515960万元，在对部分遭受严重水灾的地区给予照顾后，可专项收缴中央财政21071万元。财政司将全国财政审计情况和1990年审计的省级财政执行审计结论和处理决定的情况向国务院写了报告。针对财政分配和管理中存在的“一散二乱”这一主要问题，财政司在对省级财政收支进行审计的同时，还对地方减免流转税解决企业资金不足和在国家规定之外自行设立专项基金两个问题进行了审计调查，分别以审计简报增刊形式向党中央、国务院和有关部门作了反映。

1992年，财政司提出对省、自治区、直辖市和计划单列市的财政收支审计面要在50%以上，并要对财政收入、财政支出、财政结余或赤字的真实性进行审计评价。财政司组织了对22个省、自治区、直辖市和计划单列市财政收支和7个省、市税收计划完成情况的审计，查出违纪资金449269万元，处理后可专项收缴中央财政10676万元。为了贯彻李鹏总理关于“审计部门要把税收作为一个重点加以审计”的指示，推进依法治税，堵塞财政收入流失的漏洞，更好的发挥财政审计在加强宏观调控中的作用，财政司组织了对37个省、自治区、直辖市和计划单列市的流转税减免情况和税收分成情况的审计调查，并通过报告和审计简报增刊形式将两项调查的情况、存在的问题及其产生的原因和改进意见向党中央、国务院作了报告，国家税务局据此以国税发[1993]052号文件发出加强流转税管理，严格控制流转税减免的通知。

1993年，财政司组织了对18个省级和计划单列市本级财政收支的审计，查出违纪资金685475万元，处理后可专项收缴中央财政12133万元。财政司将审计的情况向国务院作出了《关于审计省级财政情况的报告》，引起了国务院领导的重视，李鹏总理和朱　基副总理分别作了批示。为了贯彻落实党中央、国务院加强宏观调控的指示精神，财政司组织了对15个省、自治区、直辖市和计划单列市1993年1至8月预算执行情况的审计和对25个省、自治区、直辖市和计划单列市本级财政信用资金、预算外专项基金管理使用情况的审计调查，并将财政信用资金和预算外专项基金审计调查的情况及其存在的问题以简报增刊的形式向国务院进行了反映和揭露。同年，财政司还对黄埔海关征收、管理和监管关税及代征税的情况进行了审计，为今后开展关税审计积累了经验，探索了路子。为了提高审计工作的质量，财政司组织开展了财政审计工作质量的考评工作，对各特派办和司内各处报送的省级财政收支审计报告、财政决算真实性和流转税管理情况的审计调查报告进行了考评，对获得总分前六名的单位进行了通报表彰。

（财政审计司供稿）

审计体系指导司

审计体系指导司的主要任务是：负责研究健全审计体系方面的问题和发展趋势；办理有关体制体系方面的请示和答复；研究署派出机构的设置、职能；了解和汇总驻部门审计机构日常工作情况，全面反映驻部门审计机构工作实绩，帮助驻部门审计机构解决工作中遇到的问题；指导内部审计机构的业务工作，制定内部审计规章制度，研究内部审计理论；管理全国的审计事务所及注册审计师，指导社会审计工作，制订有关社会审计的规章制度；负责由署直接管理的审计事务所的审批、监督、检查等日常管理工作。

一、审计体系研究工作

1. 对部门审计的研究。审计署及部分省、自治区、直辖市审计局在政府部门设立了派出机构，实行审计机关和部门双重领导体制，业务上以审计机关为主。几年来指导司不断总结工作经验，改进和完善派出机构的工作制度，促使其更好地发挥作用。经过实践，证明这种形式是可行的。

除国家审计机关派驻机构外，各级政府部门根据工作需要设立了一些审计机构。在政府机构改革中，有关方面对部门审计的认识不一致。指导司对部门审计的地位、职能、作用进行了多次的深入研究，认为部门审计有其特殊性。它比单位内部审计机构具有较大的独立性，对本部门它是内部审计，但对其下属企事业单位，它有外部审计的性质。因此，部门审计具有两重性。它有熟悉本部门、本行业的优势，是国家审计机关和内部审计的桥梁和纽带，是内部审计的龙头。审计机关应肯定部门审计存在的重要性，支持政府部门根据需要设审计机构，并有针对性地指导好这项工作。

2. 对乡镇审计的研究。指导司在对江苏、浙江、上海、山东等省市乡镇审计进行调查研究的基础上，对乡镇企业和农村经济审计工作的必要性及其性质、地位、职能、任务、作用等进行了专题研究。研究认为：到 1989 年 8 月全国已有 1150 个县、118800 多个乡开展了乡镇审计工作。这是建设乡镇政权的需要，发展农村经济和乡镇企业的需要，也是强化农村经济管理的客观要求。乡镇审计在协助乡镇政府领导正确决策、加强乡镇企业和农村财务管理、提高经济效益、保护集体财产、减轻农民负担等方面发挥了很好的作用。现阶段乡镇审计不同于审计体系中的任何一种，有其自身特殊的功能。在 1990 年全国审计工作会议上，指导司提交了关于如何发展乡镇审计的参阅文件，提出审计机关应继续调查研究，总结经验，加强指导。

3. 对社会审计管理模式的研究。指导司通过国外民间审计管理问题研究，并对武汉市成立的社会审计组织协会进行了调查。协会筹备组成立后，指导司提出了组建中国的社会审计协会的设想。在管理方面，鉴于《审计条例》规定社会审计组织由审计机关进行管理和指导，改由行业性协会管理应有一个过渡时期。在《审计法》作出新的规定之前，中国社会审计协会（包括地方协会）的主要任务是配合、协助国家审计机关做一些管理工作。党的十四大确定建立社会主义市场经济体制的目标之后，指导司又根据新的情况对社会审计的管理体制进行了研究，提出：按照国际上多数国家的做法，协会应当逐步担负起对注册审计师及审计事务所的行业管理任务，并按此修改了《中国注册审计师协会章程（草案）》，提交 1992 年 11 月 26 日中国注册审计师协会成立大会通过，为我国社会审计走向行业协会管理奠定了基础。

4. 组织、参加审计体系问题的研讨。指导司于 1989、1990、1991 年先后在北京、烟台、南京举办全国指导处长研讨班，结合实际，研究建立和完善社会主义审计体系，发挥审计体系整体作用的问题。研究认为：我国以国家审计为主导，内部审计和社会审计为两个重要组成部分的三位一体的组织体系，是符合中国国情的。审计机关承担对内部审计、社会审计的指导任务，是社会主义审计组织体系的特征。

指导司参加了审计署科研所组织审计工作“三化”研究，提交了《国家审计工作“三化”建设的设想》、《论内部审计工作制度化法制化规范化》、《关于社会审计法制化制度化规范化的几点思考》等 3 篇论文。

二、对驻部门审计机构的指导工作

1. 定期召开会议，专题研究工作。指导司定期组织驻部门审计机构召开工作例会，会上汇报前一段工作进展情况，对下步工作进行部署。由于工作例会时间短，问题不易研究深入，指导司采取每年集中些时间，对当年工作情况进行较为深入的研究和总结。研究的主要问题有：如何依法审计，不断提高审计质量；如何发挥部门优势，搞好行业审计和审计调查；怎样结合国家一些重大的经济决策或经济生活中的重大问题开展专题审计调查等。这些专题讨论，对推进驻部门审计机构的审计工作，完成直接审计任务，开展行业审计为宏观调控服务起到了积极作用。

2. 重视制度建设，使工作纳入规范。指导司在调查研究的基础上，草拟了《关于审计署在国务院有关部门设置派出机构的若干问题的通知》，经审计署批准后印发实行。这个《通知》对驻部门审计机构的主要任务、领导关系、机构设置、干部管理、后勤保障、工作关系等问题做了明确规定。随后，又制发了《关于驻部门审计机构工作制度的若干规定》，对审计业务工作的一些具体问题，如业务制度、会议制度、请示报告、工作联系、文件资料报送等方面做了详尽的说明。

3. 参加审计工作，深入了解情况。为了深入了解驻部门审计机构工作情况，几年来指导司先后派人参加了驻部门审计机构的多项直接审计和审计调查，从中掌握第一手材料，加强与驻部门审计机构的联系，为有的放矢地提出改进工作的意见提供依据。

4. 提出驻部门审计机构方案。根据国务院机构改革的精神，了解国务院各部门机构改革情况，对部门设置审计派驻机构的必要性进行调查研究，征求派驻部门的意见。在此基础上，提出 1993 年机构改革后国务院各部门设置审计派驻机构方案，供署领导研究。经过多次讨论研究，报中央编委批准，确定在国务院所属的 37 个部、委、局设立审计派驻机构。

5. 收集整理文件资料。驻部门审计机构报送的各种文件资料很多，这是了解驻部门审计机构工作情况的主要渠道之一。指导司对这些资料十分重视，通过四个方面加以充分利用，一是认真阅读，摘抄工作情况和主要问题；二是进行综合分析，向领导推荐好的做法，提出需要解决的问题，起到上呈下达的作用；三是将一些好的资料提供给审计简报和《中国审计》，以扩大宣传；四是将文件资料分类整理，作为基础资料妥善保存。

三、对内部审计的指导工作

1. 健全内部审计规章，制定《内部审计标准》。1989 年 12 月，吕培俭审计长签署审计署第 3 号令，发布施行《关于内部审计工作的规定》。指导司紧紧抓住这一时机，大力宣传贯彻《规定》精神，同时指导各省、自治区、直辖市和国务院各部门、大中型企业，逐级制定指导本地区、本行业和本单位的内部审计规定、办法和一系列制度，使内部审计工作基本上实现了制度化、法制化和规范化。1989 年 10 月，指导司与中国内部审计学会、审计科研所共同制定了《中国内部审计标准》，对规范内部审计工作，提高审计工作质量起到了促进作用。

2. 制定内部审计发展规划。为了使内部审计工作能在短期内迈上一个新台阶，指导司在大中型企业中提出了内部审计工作要上新台阶的要求，并指导一些单位制定了内部审计发展规划。在总结部分企业制定规划经验的基础上，指导司根据全国内部审计工作的实际情况，草拟了《我国内部审计发展五年规划》，1992 年 1 月以审计署文件印发各省、自治区、直辖市和各有关部门。这个规划对 5 年后的内部审计组织建设、工作质量和人员素质等方面提出了较具体的奋斗目标，为指导我国内部审计工作今后一段的发展起到推动作用。

3. 抓好大中型企业内部审计试点单位。从 1989 年起，指导司陆续确定了 22 家大中型企业为内部审计试点单位。这些单位来自全国不同行业，具有广泛的代表性。通过与它们的直接联系和一年一度的座谈会，可以使指导司及时掌握内审发展的情况，发现好的经验，及时解决存在的问题，为正确制定指导方针，减少工作失误起到了重要作用。同时为各行业内部审计机构提供了一个相互交流经验，探讨内审工作的良好机会。

4. 调查研究，表彰先进。1993 年 3 月指导司与办公厅、综合司联合组成三个调查组，对江苏、浙江、上海、四川、云南、河南、湖北六省一市的内部审计工作进行了调查研究，分析了内部审计工作的新特点、新问题、新经验，为有针对性地指导工作打下了基础。

根据各省、自治区、直辖市审计机关和各驻部门审计机构的推荐，经指导司初步审核评选，报署领导批准，1993 年 10 月，审计署对 178 个单位、200 名个人进行表彰，分别授予全国内部审计工作先进单位、全国内部审计先进个人称号。

5. 组织内部审计理论研讨和宣传。1993 年 10 月审计署与中国内部审计学会共同组织召开全国内部审计工作经验交流及学术研讨会，总结十年来内部审计在建立社会主义市场经济体制中如何发挥作用的问题。经验交流材料和15篇学术论文提交大会。

抓好对内部审计工作的宣传，是指导司指导内部审计工作的重点。几年来除利用报刊进行宣传外，还召开企业厂长、经理座谈会，请企业家现身说法，谈内部审计的重要性和为改革开放发挥重要的作用。

1992年10月指导司还与北京市审计局联合召开了贯彻《转换经营机制条例》，加强内部审计工作座谈会，请北京市部分大型企业的领导人探讨内部审计在企业转换经营机制中如何发挥作用的问题，并且交流了经验和体会。

1992年是国际内部审计师协会成立50周年，中国内部审计学会和指导司联合在北京召开大型经济效益审计报告会，请北京造纸一厂厂长郭春光介绍开展经济效益审计，给企业带来效益的情况，受到1000多与会者的好评。

四、对社会审计的管理和指导工作

1. 起草社会审计规章。按照审计署的立法计划，1989年初指导司草拟了《关于社会审计工作的规定》，并邀请了中国、北京、山东、太原等9个审计事务所的所长，对草案进行讨论。根据与会同志提出的建议，增写了审计事务所可以根据政府授权办理对集体乡镇企业的审计事项、实行注册审计师制度、建立社会审计的协会组织等内容。1989年7月吕培俭审计长签署审计署第2号令，发布施行《关于社会审计工作的规定》后，指导司又草拟了《关于认真贯彻执行社会审计工作的规定的通知》，指出规定的发布施行，是保证社会审计事业健康发展的重要措施。要认真学习、宣传、贯彻《规定》的基本精神和各项规定；要继续贯彻有计划、有步骤积极稳妥发展社会审计组织的方针；各审计事务所要对照《规定》总结经验，查找差距；各级审计机关要把管理指导社会审计的工作落到实处。

为了确保审计事务所有序地办理业务，提高工作质量，维护其信誉，根据审计事务所工作发展的需要，指导司总结了北京等省市试行的经验，草拟了《社会审计工作规程》，由审计署印发执行。《规程》对社会审计工作应当遵循的准则、程序、方法等作出了统一规定，提出了统一要求，有利于社会审计规范化、制度化建设。

为了加强审计事务所的会计核算和会计管理工作，参照财政部印发的会计师事务所会计制度，指导司组织有关审计事务所草拟了《审计事务所会计制度（试行）》，与财政部研究后，由审计署印发全国审计事务所试行。为贯彻落实审计署、国家体改委、国家经贸委制定的《全民所有制工业企业转换经营机制审计监督规定》，指导司草拟了《社会审计组织办理企业审计查证若干问题的通知》和《社会审计组织承办中央企业审计查证业务资格认定办法》，由审计署印发全国。到1993年底审计署批准了160家审计事务所和会计事务所的中央企业审计查证资格。

2. 建立注册审计师制度。为了落实《关于社会审计工作的规定》，指导司研究了国内外的有关资料，提出了建立注册审计师（先称执业审计师，1992年11月改称现名）制度的设想，并草拟了《注册审计师制度（试行稿）》供条件成熟的省试行。1991年7月审计署在北京召开座谈会，研讨注册审计师的条件、工作职责、法律责任以及协会的组织结构等问题。1991年10月9日吕培俭审计长以59号令发布施行《注册审计师制度（试行）》。其后指导司又草拟了《关于贯彻执行注册审计师制度（试行）若干问题的通知》，以及配套的备案、年度考核注册制度，由审计署印发执行。到1993年底，审计署共接受各省、自治区、直辖市备案注册审计师15203人，批准署辖审计事务所注册审计师523人。

3. 制定社会审计发展方案。1991年中共中央、国务院根据我国国民经济发展的要求，开始研究第三产业的发展问题。社会审计查证咨询业被列入急需发展的重点行业。应国务院办公厅的要求，指导司草拟报送了《我国审计事务所情况简介》、《外国民间审计概况简介》、《审计系统第三产业的情况和发展中存在的问题》等材料，参加了国务院第三产业发展研讨会，并提交了题为《社会审计与第三产业的发展》的论文。1991年10月25日审计署向国务院办公厅报送了指导司草拟的《加快发展社会审计查证咨询行业初步方案》。《方案》分析了社会审计查证咨询行业现状、存在的主要问题及原因，提出了社会审计五年发展的目标，以及促进社会审计查证咨询行业发展的主要思路和措施。指导司对国务院草拟的《关于加快发展第三产业的决定(草案)》进行了研究，提出修改意见，由审计署上报国务院。1992年9月17日指导司草拟的《加快发展审计事务所的规划纲要和政策要点》报送国家计委，汇入国家计委制定的《加快发展信息、咨询业的规划纲要和政策要点》。

4. 指导社会审计工作。指导司在1989、1990、1991连续三年的全国审计工作会议上，提交了关于当年社会审计工作的情况和下年度社会审计工作意见的指导性文件。于1989年8月部署了对社会审计工作的全面检查，要求检查审计机关指导思想是否端正，管理制度是否健全，与审计事务所在经济上是否划分清楚，所辖区域内审计事务所是否具备条件；审计事务所的财务管理制度是否健全，有无乱收费现象，执行业务是否遵守依法审计、客观公正的原则。检查工作结束后，指导司对各地的情况进行了汇总，于1990年6月草拟了《关于进一步做好社会审计工作的意见的通知》，以审计署文件印发。《通知》指出，近年来社会审计的发展是健康的，成绩是显著的；今后要贯彻总结经验，巩固提高，健康发展的方针。

中诚会计师事务所为长城公司出具虚假审验报告事件被揭露之后，指导司根据审计事务所的实际情况，草拟了《关于检查整顿审计事务所和注册审计师工作的通知》，由审计署印发全国。通知要求审计事务所引以为戒，汲取教训，保证业务质量，树立良好信誉。指导司还派人到内蒙、宁夏、上海调查了解检查整顿情况，对部分署管审计事务所进行了抽查。

为了提高从业人员的素质，1991年指导司在北戴河举办社会审计高级研修班、审计事务所所长研讨班和社会审计人员培训班，共培训社会审计工作人员600余人。指导司对北京、山西、天津、黑龙江、辽宁、上海、江苏、浙江、安徽、山东、河南、广东、四川等省市的社会审计工作进行了调查研究，利用参加省市社会审计协会、部分省区社会审计协会研讨会的机会，传达审计署的有关精神，指导工作。

结合日常工作，指导司制定了有关审计事务所的管理文件、业务规范文件，答复人民来信，接待来访。与国务院有关部门协商，解决了审计事务所收费标准、纳税以及一些具体业务问题。

5. 对署管审计事务所的管理。指导司具体负责由审计署批准成立的审计事务所的审批、管理工作。1990年6月15日审计署批准了指导司制定的《署管审计事务所管理办法(试行)》。这个管理办法全面规范了署管审计事务所的机构设立条件、审查批准程序、人员管理、业务指导、财务管理、统计、奖惩、机构撤并等，使管理工作有了具体依据。

截止1993年底审计署共批准成立了43个审计事务所，其中有30个已经开业，共有固定从业人员794人，当年共承办审计查证咨询服务项目4379项，培训人员3012多人。全年创造第三产业增加值2100万元。

(审计体系指导司供稿)

法 规 司

审计法制建设对保证和促进依法审计，推动审计事业蓬勃发展发挥了不可替代的重要作用。当前我国正处于建立社会主义市场经济体制过程中，为了适应强化审计监督的需要，应当继续加强和改进审计法制工作。

一、审计法制建设的基本情况

1982年颁布的《中华人民共和国宪法》以根本大法的形式对我国审计监督制度作出了原则规定。审计机关成立以来，始终把审计法制建设，当作一项重要的经常性工作来抓。经过十年多的努力，在审计立法方面，初步建立了比较完善的审计法律规范体系，使审计工作基本上纳入了法制运行轨道；在坚持依法审计和审计执法监督等方面，也已形成比较成熟的制度和办法，并取得了一定成效。地方各级审计机关、部门审计机构和军队审计组织也根据实际需要陆续制定颁发了许多规范性文件。并在坚持依法审计、加强执法监督等方面形成了一系列行之有效的规章制度。

随着我国审计事业的发展，审计立法经历了不断探索和逐步完善的过程，大体可划分为两个阶段：一是以《关于审计工作的暂行规定》（以下称《暂行规定》）为标志的初创阶段。1985年8月发布实施的《暂行规定》，这是新中国成立以来的第一部审计法规。它根据宪法的原则规定，在总结我国审计工作初步实践经验基础上，对审计机关的地位和作用、审计机关的任务和职权、审计机关的管理体制和审计人员、审计工作程序、内部审计制度等做出了规定，是贯彻宪法规定、规范审计工作的一个重要立法举措。这部法规在审计机关边组建、边工作，抓重点、打基础的初级阶段，为拓展审计工作提供了必要的法律依据。二是以《中华人民共和国审计条例》（以下称《审计条例》）为标志的发展阶段。随着改革开放的不断深入和社会主义法制建设的不断发展，审计工作中出现了一些新情况和新问题，对审计立法提出了新的要求，因此，审计署在总结《暂行规定》实施经验和审计工作实践基础上，研究草拟了《审计条例》（草案）。1988年11月30日国务院发布《审计条例》，这标志着审计立法进入了新的发展阶段。《审计条例》是对《暂行规定》的继承和完善。该条例共有九章，四十条，规定了审计监督的范围、内容、领导体制、基本原则、审计机关的任务、职权、审计工作程序、内部审计、社会审计、法律责任等，初步形成了较为完整的审计制度体系，通过这项立法，统一了一些与审计监督有关的认识问题，基本上理顺了审计监督与财政经济监督的关系；使审计工作在主要方面作到有法可依，向制度化、法制化、规范化迈进了一大步，为配合和保证《审计条例》贯彻执行，建立和完善审计法规规范体系，进一步适应改革开放和经济建设的要求，随之又陆续制定颁布了许多与《审计条例》配套的行政规章。如《审计条例实施细则》（1989年6月）、《审计署关于内部审计工作的规定》（1989年12月）、《审计署关于社会审计的规定》（1989年7月）、《股份制试点企业审计暂行规定》（1992年6月）、《审计署关于实施审计工作程序的若干规定》（1993年4月等）。

与此同时，地方各级审计机关，部门、单位审计机关以及军队审计组织积极进取，勇于开拓，在审计立法方面也取得了丰硕成果。为了规范、指导军队审计工作，中央军委于1987年颁布了由邓小平主席亲自签发的《中国人民解放军审计条例》。各地结合改革开放的现实要求，制定了许多切实可行的审计工作制度，如承包经营责任审计、厂长（经理）离任审计、经济效益审计等。

近年来，根据全国人大常委会和国务院的立法计划，中华人民共和国审计署开始研究、草拟《审计法》，现已按计划将《审计法》草案报送国务院。制定《审计法》标志着我国审计立法进入新的发展和完善阶段。《审计法》是规范审计监督活动的基本法，是审计法律规范体系的核心内容。世界上实行审计监督制度的国家，大多都制定了完善的《审计法》。我国审计监督制度建立十年来，在审计立法方面虽然取得一定进展，但同时也存在着许多值得进一步总结和提高的地方。特别是党的十四大确定建立社会主义市场经济体制以来，为健全科学的宏观管理体制和方法，要强化审计和经济监督。审计工作要改变那些不适应的方法和作法，同时加强对财政、金融、国有资产的审计监督，使审计监督成为在建立社会主义市场经济体制中加强宏观管理的重要手段。因此，迫切需要完善审计立法，尤其要加快制定《审计法》，对审计监督的地位、作用、权利义务关系等作出明确完整的规定，使审计法律规范体系更加科学、合理，符合社会主义法制建设要求，为充分发挥审计在监督国家财政收支和国有资产管理，维护国家财经秩序等方面的作用提供坚实的法律保障。

与审计立法发展过程相适应，在坚持依法审计和审计执法监督等方面，也有很多进展。特别是近年来，按照社会主义法制建设和政府法制工作的总体要求，积极采取措施，开展工作，取得了一定成效。

1.坚持依法审计和实事求是的原则，强化了审计执法力度。为严格执法和保证依法审计，审计署1990年9月12日发布了《关于加强审计执法的若干规定》。国务院1991年9月12日发出了《关于加强审计执法几个问题的通知》。这两个法律文件就审计机关依法独立行使审计监督权等问题作了具体规定，强化了审计执法力度。但是，随着改革开放的不断深化和社会主义市场经济体制的逐步确立，审计执法在实践中不可避免地会遇到一些新情况、新问题。为此，审计署在深入调查研究的基础上，及时提出意见，明确政策界限：一是对以改革开放为名弄虚作假，严重损害国家利益，违反财经法纪的，依法严肃处理。二是对改革开放中出现的无法可依的问题，向政府有关部门反映情况，建议制定相应的法规。三是因情况变化，现行规章明显不合理而发生的问题，可不作处理，建议政府和有关部门加以修改。

2.建立监督制约机制，提高了审计执法水平。经过这些年的努力，以审计事项的复核（审理）制度为内容的审计机关内部监督制约机制已经初步建立起来，使审计质量得到一定控制，提高了审计执法水平。审计事项的复核（审理）制度是保证审计质量，促进依法审计的重要环节。审计署在1988年9月25日曾发布《关于复核审计报告和受理申诉事项的试行办法》，1993年9月17日，署办公会议再次重申：今后凡对省、部级单位和查处金额较大的审计事项的审计结论和决定草案，要经法规司复核后再由署的会议或署领导审定。各地审计机关根据实际需要也相应地制定了许多控制审计质量、规范审计执法活动的具体措施。

3.开展审计执法情况检查，增强了审计执法自觉性。审计执法情况检查是保证依法审计的有力措施，有利于提高审计人员的法律意识，不断增强审计执法的自觉性。近年来，各级审计机关不断探索、总结。在这方面已逐渐形成了一些有效的制度和办法，其中主要是采取自查、互查、抽查等多种方式进行检查、调查，开展审计质量评比活动等，收到了较好的效果。

4.加强复议、应诉和受理申诉工作，促进了审计机关依法行政。复议、应诉和申诉工作是对审计行政行为的合法性和正确性的后期保障，实际上是审计执法过程的发展和延续，同时也是维护被审计单位合法权益的重要制度。特别是1990年10月《中华人民共和国行政诉讼法》的颁布实施，对审计执法工作提出了新的要求。为适应这一要求，加强和完善对审计行政复议和审计行政诉讼的指导工作，审计署在1990年先后发布了《关于行政复议问题的通知》和《关于审计机关办理行政诉讼的暂行规定》，对复审和应诉的具体内容作了明确规定。这些措施、办法在促进依法行政和保证审计执法顺利进行方面发挥了应有的作用。同时，围绕审计立法和审计执法，在立法协调、规章清理、普法宣传等有关方面也做了许多工作：一是积极参与有关的财经立法活动，作好立法协调工作。审计监督是高层次的综合性的财经监督，应当对与之有关的财经立法发挥一定的影响作用，以保证宪法规定的审计监督权落到实处。因此，审计署自成立以来，一直注意作好这项工作，将立法协调作为审计法制的重要内容，积极参与全国人大、国务院和有关部门的财经立法活动。据初步统计，自1986年以来，审计署平均每年参与协调财经立法约60余（件）项。其中，涉及审计监督和审计工作的重要法律、法规常有这样几种情形：关于审计监督范围和事项的规定；关于审计机关职权的规定；关于内部审计和社会审计的规定等。通过积极开展立法协调，使许多法律、法规采纳或参考了审计部门的意见，丰富和完善了我国审计法律规范体系。二是根据实际需要，及时清理审计规章。随着改革开放的不断深入和社会主义市场经济体制的逐步建立，有些在计划经济体制下形成的规章制度已经不能适应实际需要,应当加以修改或废止。根据国家有关法律、法规的要求和国务院法制局的统一布置,审计署于1992年对建署以来发布的规章和一些规范性文件进行了全面、系统的清理。对与改革开放、建立市场经济体制不相适应的规章制度予以废止,如《关于对停缓建项目进行跟踪审计的联合通知》、《关于授权地方审计局对停缓建的中央项目进行跟踪审计的通知》等。同时根据实际情况制定了一些相应的新的规章制度。三是开展普法教育和法制宣传,提高了审计干部的法律意识,普法教育和法制宣传是法制建设的重要组成部分。深入持久地开展这项工作对于提高审计干部的法律意识,增强依法审计的自觉性,有着深远的意义。在这方面,近年来根据中央统一部署并结合审计工作实际,采取多种形式,积极开展工作,取得了一定成绩。1991年审计署制定了《关于审计机关开展专业普法教育规则》,对审计机关普法工作的指导思想、任务和目标、内容以及主要措施等作了具体规定。1992年审计署又发布了《关于审计机关"二五"普法工作转入专业法律法规学习的通知》,对专业法的学习提出具体意见。这两个文件对审计系统的普法工作起到了有力的推动作用。此外,审计署还举办了两期普法培训班,组织力量编写了《审计普法读本》,并采取多种方式进行审计法制宣传,如举办全国审计法规知识竞赛、拍摄电视系列剧等。

二、对我国审计法制建设的若干认识

经过十年的不断探索,在审计法制建设方面积累了一定经验,同时对审计法制工作一系列理论和实际问题的认识也随之日益成熟,我们的初步体会是:

第一,要完整准确地理解和把握审计法制的内涵,全面、合理地界定审计法制工作的内容。审计法制是社会主义法制的重要组成部分,应当从我国社会主义法制建设的高度来理解和认识审计法制建设。我国社会主义法制的基本要求和中心环节是依法办事,具体说来就是要作到有法可依、有法必依、执法必严、违法必究。依法审计是宪法规定的审计工作的基本原则,反映了社会主义法制的要求。审计法制建设的根本目的在于将审计监督纳入法制运行轨道,保证审计工作适应社会主义法制的要求。因此,审计法制的内涵应当是十分丰富的,包括审计立法、审计执法、审计守法等诸多方面。审计法制工作不能仅限于审计立法,还应同时注意审计执法,逐步提高审计执法水平。审计立法只是在静态意义上为审计工作提供前提和依据,通过动态的执法过程才能落到实处,实现社会主义法制的基本要求。特别是经过十年发展,现已初步建立了比较完善的审计法律规范体系,如何保证和促进审计法规的贯彻执行更具有现实意义。显然,审计法制是个完整的科学概念,审计法制建设是完整的系统工程。就审计法制工作内容来说,审计立法和审计执法是相互联系,相互作用的两个方面,不能厚此薄彼,一手硬一手软,应当齐头并进,共同发展。要在完整准确地理解和把握审计法制的内涵的基础上,根据审计法制建设的目标,全面、合理地界定审计法制工作的内容,进一步健全审计立法,提高审计执法水平。

第二,要充分认识审计法制建设的指导思想和任务。随着社会主义市场经济体制的逐渐建立,特别是各项重大财经改革措施的陆续出台,审计工作面临着新的机遇与挑战。为了适应形势要求,进一步做好审计法制工作,必须充分认识审计法制建设的指导思想和任务。从十年来的经验尤其是近年来的法制建设实践来看,我国审计法制建设的指导思想和任务应当是:以宪法为基础,以邓小平同志建设有中国特色社会主义理论为指导,适应建立社会主义市场经济体制的需要强化审计监督的要求,全面开展审计法制工作,为提高审计执法水平和审计业务质量服务。

第三,要明确目标,逐步建立完善的审计法律规范体系和审计法制工作体系。十年审计法制建设实践表明,法制工作作为系统工程,必须确立自身的总体战略目标,从而为审计法制工作指出努力方向,避免有时出现的"头痛医头"、

“脚痛医脚”的主观随意性。在总结我国审计法制建设经验基础上,适应建立社会主义市场经济体制和强化审计监督的需要,适应把建立完善的审计法律规范体系和审计法制工作体系作为审计法制建设的目标。有了明确的工作目标,审计法制建设才能获得进一步的发展和繁荣,进而更好地为提高审计执法水平和审计业务质量服务。

在建立完善的审计法规规范体系方面:一是要建立健全以审计法为核心、各项审计法规和专业规章相配套的审计法律制度;二是要充实完善其他财经立法中与审计有关的内容。这部分内容作为审计法规规范,往往直接关系到审计监督权的具体落实,是十分重要的,应予以高度重视。在建立完善的审计法制工作体系方面:一是建立完善的审计立法工作机制。如在中央和地方都应加强对审计立法工作的研究,按照专门人员与群众路线相结合的方法,进一步提高审计立法的质量。二是建立审计执法监督制约或审计业务质量控制的工作机制,如审计事项的复核(审理)制度。三是建立审计执法检查的工作机制。四是建立审计复议、审计申诉受理的工作机制。五是建立指导审计诉讼的工作机制。六是建立审计法制宣传教育、研究咨询的工作机制。

第四,要总体规划,循序渐进,积极、稳妥地推进审计法制建设。审计法制建设是审计机关的一项长期性的根本任务,加之我国审计工作仅有十年的历史,经验较为缺乏,总的说来尚处于不断探索之中,因而需要从长计议,不能急于求成。这就要求在总体上作出规划,明确目标,根据我国法制建设进程和审计事业发展情况,以积极、稳妥的态势渐次推进审计法制建设。特别是在审计立法方面,应当按照全国人大、国务院关于建立社会主义市场经济法制体系的构想和立法规划要求,作好审计立法规划,进而逐步建立具有不同法律效力等级的与社会主义法律体系协调一致的审计法律规范体系。在保证和促进依法审计以及增强审计法制观念方面,也要从总体上考虑问题,作出规划,在审计事项的复核(审理)、复议(复审)、申诉受理、应诉、审计执法检查和法制宣传教育诸环节上统一安排,循序渐进。

第五,要密切联系实际,改进审计法制建设的工作方式和方法。我国正处于新旧体制交替的转轨时期,经济关系日趋复杂,新情况、新问题不断出现,使审计法制工作的难度有所增加。在这样的社会经济背景下,为适应形势需要,审计法制工作特别是审计立法应当进一步密切联系实际,改进工作方式、方法,使之更加符合审计工作实际要求和切合审计立法特点:一是要加强调查研究,广泛听取各方面意见,包括有关财经管理部门的意见;二是认真研究吸收已有的理论成果,注重发挥专家、学者的作用;三是充分借鉴外国的有益经验,特别是那些市场经济发达国家的法律文明成果;四是适当采用合作方式,吸收部分专家、学者和实际工作者直接参与立法工作,必要时也可采取委托起草的办法。此外,在促进依法审计等方面,也应注意根据实际情况,改进工作方式、方法。

第六,要增强宏观意识,加强队伍建设,充分发挥审计法制工作机构的参谋和助手作用。审计法制工作是一项宏观性、政策性、专业性很强的工作。要加强队伍建设,选拔政治素质好、业务水平高的干部从事审计法制工作。从事这项工作的专门机构和专职工作人员应当不断增强宏观意识,学会从法律角度研究、分析和解决审计工作中具有普遍性、倾向性的问题。审计法制机构要将审计执法的难点作为法制工作的重点,充分发挥参谋和助手作用。各级审计机关要积极创造条件,关心和支持审计法制队伍建设,加强对审计法制工作的领导,努力开创审计法制建设的新局面。

三、审计法制建设的下一步工作设想

党的十四届三中全会决定指出,社会主义市场经济体制的建立和完善,必须有完备的法制来规范和保障。要高度重视法制建设,做到改革开放与法制建设的统一,学会运用法律手段管理经济。审计机关作为国民经济宏观调控体系中的综合财经监督部门，担负着依法进行审计监督的职能，同时还具有行政执法的属性，更需要高度重视审计法制建设。因此，应当在总结经验基础上，结合学习贯彻党的十四届三中全会精神，根据国务院《关于加强政府法制工作的决定》的要求，对我国审计法制建设的下一步工作做好总体规划，不失时机地积极推进，力争在不太长的一段时期内，逐步建立起完善的审计法律规范体系和健全的审计法制工作体系。

当前以至今后一个时期，要进一步全面提高对审计法制建设的认识，在审计立法和审计执法监督、提高依法审计水平等方面做好以下工作，促使审计法制建设迈上新台阶。

在审计立法工作方面，要加快审计立法，完善以《审计法》为核心的审计法律规范体系。近期内的主要工作是：一是继续做好《审计法》出台前的有关准备工作。《审计法》是规范审计活动的基本法，已列入全国人大 1994 年出台的立法规划。审计署已经按要求上报国务院审议。但这项工作并没有结束，应当积极配合国务院和全国人大继续做好草案修改、审查、报批等有关工作。二是抓紧研究、草拟《审计法施行条例》，并着手研究，规划与《审计法》、《审计法施行条例》相配套的有关专业规章。三是加快审计标准的草拟制定工作。审计标准是规范审计行为的规章制度。通过召开国际咨询研讨会、赴国外考察和广泛征求意见，审计标准初稿现已基本成熟，应在此基础上进一步修改、完善，力争尽快颁布施行，同时还加快有关专业审计标准的研究制定工作。四是认真做好贯彻《注册会计师法》第四十三条规定的工作，主要是抓紧草拟关于在审计事务所工作的注册审计师取得注册会计师资格的基本规定，报国务院批准执行。五是进一步加强立法协调工作。社会主义市场经济法律体系正在逐步建立和形成，各方面草拟制定或修改的法律、法规很多，有许多法律、法规与审计监督直接相关。为保证和促进审计监督权的正常实现，必须积极主动地参与立法协调，提出修改意见，特别是要从审计监督角度对有关财经立法发表意见。除以上几项工作外，还要把法规、规章的清理作为一项重要工作来抓，同时注意及时修改或废止不适当的审计法规和规章。

在审计执法监督、促进依法审计、提高审计执法水平等方面，要发挥审计法制机构的职能作用、完善监督制约机制，促进依法审计。目前许多省级审计机关都成立了专门法制机构，配备了法制工作人员，应当注意充分发挥法制机构在审计执法监督中的职能作用，做好下列工作：一是审计事项的复核（审理）工作。审计事项的复核应当在原有基础上进一步完善，要对复核（审理）的内容、范围、方法和程序等作出完整的规定。审计法制机构要认真做好这项工作。二是审计复议（复审）、申诉和应诉工作。这些工作是审计法制机构的重要职责，应当根据有关规定办理，争取在这方面有较大的突破。三是审计执法检查工作。要完善执法检查制度，根据实际需要，每年搞好 1 至 2 次定期检查，及时发现审计执法中的难点和法制建设中存在的问题。各级审计机关也可采取自查、互查等多种方式，推动本地区的审计工作。四是审计普法教育和法制宣传工作。这项工作要常抓不懈，根据“二五普法”的统一部署，继续深入开展普法教育，运用多种形式进行审计法制宣传，使广大审计干部知法、懂法、用法，进一步提高法律意识，增强依法审计的自觉性。

各级审计机关应当高度重视审计法制建设，进一步总结经验，提高认识，不断加强和改进审计法制工作。为了适应审计法制建设发展需要，保障各项工作任务的顺利完成，必须充分注重提高审计法制机构的人员素质，加强政治教育和业务培训，以便逐步形成一支精通法律、掌握政策、熟悉业务的审计法制工作队伍。

（法规司供稿）

外 事 司

1983 年审计署刚成立时，署办公厅设立了外事处，负责日常的外事工作。1984 年 5 月外资审计局成立，外事处并入外资审计局。1988 年 8 月机构改革，外资审计局更名为外资运用审计司，外事也由原来的一个处增设为两个处。1990 年 9 月，外事司单独设置。

审计署的外事工作，在党中央的改革开放方针的指引下，在署领导和各省、市、自治区审计局的积极支持下，取得了显著成绩，主要表现在以下几个方面。

一、打开了局面，奠定了基础

审计机关筹建时期开始至 1993 年底，我署共派 245 个审计代表团组、860 人次，分别到 27 个国家和地区进行了考察、访问、开会和就读。署机关各业务司局和特派员办事处的领导干部，部分处级业务骨干和各省、市、自治区、直辖市审计局的主要负责人都先后到国外考察过。与此同时，我们接待了来自 34 个国家和地区 187 个代表团、组 659 人次。27 个国家和地区的审计长访问过我国。继 1982 年 5 月我国加入最高审计机关国际组织之后，1984 年 5 月我国又申请加入了最高审计机关亚洲组织。目前，我国审计长是最高审计机关亚洲组织的现任主席。1987 年 7 月，中国内部审计学会加入了国际内部审计师协会组织，成为继英、法、日之后加入该组织的第十三个国家分会。

我们已经同美国、英国、法国、德国、加拿大、西班牙、奥地利、瑞典、澳大利亚、荷兰、日本等西方国家的审计机关建立了友好合作关系。西班牙是最早与我国审计机关建立友好关系的国家之一。中国审计机关参加最高审计机关国际组织得到了西班牙审计机关的帮助和支持。1990 年 4 月，西班牙审计法院院长萨拉桑切斯先生率先打破西方国家对中国的制裁，邀请我国吕培俭审计长率团到西班牙正式访问。1988 年，在中、德两国审计机关的共同努力下，两国政府签订的审计合作项目已正式恢复，并加快了实施进度。在我国审计机关组建初期，加拿大审计机关在人员培训和电教设备方面给我以大力帮助。我们与澳大利亚、日本两国审计机关关系比较密切，在促进亚洲审计事业的发展方面我们共同作出了努力。

加强同发展中国家特别是周边国家的友好合作关系是我国外交政策的重要组成部分，在审计领域里，我们同这些国家的友好合作关系近年来有较大的发展。我们与巴基斯坦审计机关的关系比较密切，在中巴两国审计机关的共同努力下，1988 年 9 月两国审计机关签署的合作协议，得到了圆满地实现，今后我们要继续发展同巴基斯坦等南亚国家的友好合作关系。近年来我们与印度尼西亚、泰国、马来西亚、菲律宾、新加坡等东盟国家审计机关的关系有新的发展，同印度的关系有重大突破，实现了两国审计长的互访，签订了为期五年的合作协议。

我们积极地参加有关国际组织的各项活动，履行作为会员国的各项义务。我们同最高审计机关国际组织、亚洲组织，同联合国开发计划署，同世界银行、亚洲开发银行等国际金融机构，同毕马威、永道、安达信、普来特·沃特豪斯等国际会计公司保持着广泛的联系。

二、成功地举办了最高审计机关亚洲组织第五届大会和第四次国际研讨会

最高审计机关亚洲组织是最高审计机关国际组织的地区组织，它成立于 1979 年，到目前其成员国有 23 个。该组织规定每三年召开一次大会和国际研讨会。1991 年 5 月，在我国北京举办的是第五届大会第四次国际研讨会。大会的主办国审计长是为期三年该组织的主席。

五月的北京，春光明媚，繁花似锦，我们怀着兴奋而激动的心情迎接来自亚洲审计组织的 22 个成员国的 78 名代表和 6 个国家、地区、国际组织的 16 名观察员，总人数超过历届大会。

我国政府对开好这届亚洲审计会议很重视。大会开幕时，吴学谦副总理到会致贺辞。会议期间陈慕华副委员长和北京市陈希同市长分别举行招待会，会见了全体代表。大会闭幕前，李鹏总理会见各代表团团长，发表了重要讲话，使会议达到高潮。

会议是在友好合作的气氛中进行的。经过

我们细致的工作，以及亚洲组织前任主席印度尼西亚审计委员会主席尤素福和其它友好国家代表的积极配合，使会议的各项议程进行得很顺利，举行了两次理事会议，完成了秘书长和审计委员会的换届，一致通过了《北京宣言》和大会的其它议程，圆满地完成了大会的各项任务。

研讨“最高审计机关在促进公共财务和投资的有效管理方面的作用”这一专题，是本届大会的一项重要内容。各国代表在研讨会上对东京研讨班就这一专题提出的“建议草案”，进行了广泛的讨论，发表了许多有益的意见。大会一致通过的《北京宣言—促进公共财务和投资的有效管理的指导原则》，集中地反映了这次国际研讨会的成果。

各国代表和观察员对我国主办的这届大会表示满意。上届大会主席、印度尼西亚审计委员会主席尤素福，对中国审计署成立不久就成功地主办了这届大会，深表赞赏。澳大利亚审计长泰勒曾认为中国审计署难以办好这个国际大会，会后他说，这次会议组织的周密和取得的成果，出乎他的意料，认为达到了一流水平。代表们普遍反映通过这次大会，不仅与各国同行交流了审计工作经验和信息，而且有机会看到中国实行改革开放十三年来所取得的辉煌成就。

三、在吸收外国先进经验建立与健全我国的审计制度方面取得了一定成绩

在我国建立独立的审计机关，实行审计监督制度，是一项崭新的工作，大家都没有经验。我们遵照乔木、依林同志“要参照各国情况和经验，尽快提出组建审计机关的方案”的重要指示，对各国的审计工作进行了大量的调查研究。我们派出了多起考察组，对美国、加拿大、日本、西班牙、奥地利和菲律宾的审计工作进行了考察。与此同时，我们还请外国专家、学者来我国讲学、咨询，向更多的人介绍外国的审计工作情况。我们整理翻译了120多万字的审计资料。在广泛研究各国审计工作情况的基础上，根据我国的国情和具体情况，我们向国务院提出了建立我国审计机关具体方案。

审计机关建立之后，当时面临的一个首要问题，就是审计工作如何开步走的问题。国务院要求我们“要加速把审计工作纳入正常化轨道的进程，在认真总结经验的基础上，借鉴外国好的做法，尽快制订有关条例，以进一步明确审计机构的职责及审计人员的职业道德规范。”

遵照国务院指示，我们邀请加拿大专家，对我们正在拟定中的《审计条例》进行咨询服务。吉尔莫博士详细介绍了加拿大审计法规的具体内容，以及美、英、日、澳、新等国审计法的主要特点，对我们草拟的《审计条例》逐条进行了研究。吉尔莫先生阐述的西方国家制定审计法规所遵循的一般原则，构成审计法的四个主要成份，即审计机关的法律权限；审计机关独立性的具体规定；审计机关的监督检查权力；审计机关的处理权限等，对我国制定《审计条例》起到了重要参考作用。

在《审计条例》的基础上，从1989年起，我们就着手研究制定《审计法》。全国人民代表大会常务委员会，已将制定《中华人民共和国审计法》列入中国1989—1994年的立法计划。为了做好制定《审计法》的准备工作，我们于1990年6月26日至6月29日，在首都北京举办了审计立法国际研讨会，邀请美国、英国、意大利、西班牙的审计立法专家，介绍他们国家审计立法背景和审计法制、审计法律方面的情况，逐条讨论了我们提交研讨的四个问题：审计机关的地位和作用；审计监督和财政监督的关系；审计机关在制订有关财会法律、法规和制度中应发挥的作用；审计机关要不要有经济处罚权及其利弊。通过研讨会，与会的中外专家在下列问题上取得共识：第一，审计法必须根据国家管理体制和经济发展的要求，确定它的地位和作用，这也是与会国家审计法律的一个共同特征；第二，审计法必须与相关的会计法、财政法、税务法、金融法等相衔接、协调、相制衡、保护，才能发挥审计处理职能和取得处理权威，这也是与会国家审计法律的另一个基本特征。

审计立法国际研讨会议后，我们又派出考察组赴英国和意大利进行实地考察。对两国不同法系的审计立法现状，有关条款确立的背景和实际效力，有了深入和全面的了解。这对我国审计法制建设提供了很好的借鉴。

为了拓宽思路、博采众长，我们还相继翻译了 29 个国家的审计法规，摘译了 39 个国家宪法中有关审计的法律条款，从审计机关名称、审计机关的法律地位、审计机关的任务、审计机关的职权、审计程序、审计报告到审计机关的处理权限等，进行了对比性的研究。实践证明，吸收和借鉴世界各国审计工作的先进经验，是建立与健全我国审计制度的有效途径。

四、采取派出去学请进来教的各种方式，积极培养审计人才

1985 年 7 月，中央书记处、国务院在听取审计署党组关于整党情况汇报时指出，“要加速审计人员的培养。审计干部要有比较好的政治素质，同时要有财务会计、经济管理和必要的法律知识，现在这种人才很缺，因此要广开门路，利用多种形式培养审计专业人才。”几年来，我们采取派出去学，请进来教的各种方式培养了大批审计专业人才。从 1983—1993 年底，到国外进修学习一年以上的有 38 人次，到国外进行短期培训的有 236 人次。

到国外进修学习的大部分是青年人，他们是跨世纪的审计干部。审计署派他们出国进行较长时期的进修学习，主要是着眼于未来。因此，他们在国外学习的主要任务是理论深造，技术跟踪。署领导对这部分人很重视，他们完成学业回国后，大部分都已成为处以上的业务骨干，有的还担任了司、局长。

近几年来随着科学技术的发展，计算机审计已愈来愈成为世界审计领域里的热门专题，仅 1991 年一年我们就派出四个小组参加国外举办的计算机审计研讨会。

几年来，审计署与 6 个国家的审计机关及国际组织共同举办各类培训班 47 期，培训干部 1845 人(次)，其中与加拿大审计长公署合办培训班 18 期，与瑞典国家审计局合办培训班 5 期，与澳大利亚审计署合办 6 期，与联合国开发计划署合办 8 期，与世界银行合办 5 期，与联合国国际开发署、加拿大审计长公署三方合办 2 期。应邀来华讲学的外籍专家学者有 151 人次。

在国内办审计培训班较之国外办班，有许多有利因素和方便条件：第一，可以不受语言限制，为更多的人提供学习机会；第二，能节约大量外汇，做到少花钱多办事；第三，可以更好地结合我国的实际，学用结合。

(外事司供稿)

驻地方特派员办事处工作简介

驻沈阳特派员办事处

驻沈阳特派员办事处自 1989 年以来，按照审计署提出的各时期工作重点和指导方针，认真履行监督职能。截至 1993 年底，我办先后对 729 个单位和项目进行了审计，审计资金总额 2681 亿元，共查出违规违纪金额 10.5 亿元，累计上缴财政金额 2.7 亿元，责成归还挤占挪用的专项资金 2.3 亿元，查处损失浪费金额 3188

万元,促进增收节支10952万元,促进提高经济效益8604万元。我办还开展专题审计调查63项,撰写审计简报188期,其中调查报告和简报累计被署采用90篇,有的还得到了署领导及国务院的重视,在宏观方面发挥了较好的作用。

一、履行基本职能,打好审计监督为改革开放和发展经济服务的基础

1. 以国营大中型企业的财务收支审计为基础,不断深化,加大了审计监督的力度。(1)从会计核算和财务管理入手,深化财务收支真实性审计。1991年,我们在审计石化行业的成本时,就将费用列支的审计转向成本计算分配方面,查出该行业4户企业利用国家给予的行业优惠政策,在核算中故意压低留利幅度较大的10种产品的成本,少摊各种费用、截留财政收入1324万元的违纪问题。几年来,我们通过对财务收支真实性的审计,共查出企业隐藏较深的资产、盈亏不实问题金额近8亿元,为维护国家财政收入的完整发挥了积极作用。(2)从分析企业违纪的原因和规律入手,深化财务收支合法性审计。宽严适度,发挥审计处理的惩与教双重作用。首先针对部分企业故意侵占国家利益的行为进行了严肃处理。如我们针对辽宁地区石化企业普遍存在的利用销售计划外紧俏产品获取的收入为职工购买副食的问题进行了通报,煞住了这股不正之风。其次,对那些确属非企业因素造成的违纪,本着实事求是的原则,妥善处理,注意追根溯源,力求达到标本兼治的目的。再次,调动企业自我纠正违纪问题的积极性,有针对性地将事后审计教育扩展到审前的审计宣传。分析企业违纪的规律和特点,随时调整审计重点内容和方法。一是坚持抓主要矛盾,通过对少数具有代表性企业的审计,找出行业性违纪问题,开展专项审计;二是分析行业生产经营特点,选择重点审计内容。三是根据国家经济工作的中心任务和全国审计工作会议精神,确定审计重点。四是将有关政策的交叉点和衔接处所辐射的部位作为审计的重点监督对象。据对18户经常性审计单位违纪金额下降情况的统计,1990年违纪额比1989年下降88.7%,1991年又比上年下降了34%。

2. 以财政、基建、金融审计为重点,着眼宏观,发挥了高层次监督作用。(1)财政审计发挥了全方位监督作用。1990—1993年,我办先后对辽宁地区两个计划单列市、新疆维吾尔自治区的财政收支进行了审计,共查出违规违纪金额8.2亿元,审计上缴中央财政金额5998万元。审计时,我们注意对掌握地区资金比较多的部门、对财政局各处室开设的银行帐户、对地区预算外专户储存帐户以及对财政收支决算之外的各种报表进行延伸审计。通过审计和调查,查出了地方有关部门挪用城市建设维护费;公安、物价部门截留应上缴财政的罚没款等约占全部违纪金额50%的违纪问题。财政审计对地方政府触动很大。1990年某市针对我办审计中发现的问题,专门成立由主管副市长负责的工作小组,研究、制定了整改意见和措施,从而加强了对财政资金的使用和管理。1993年,审计中,在坚持自上而下的正向延伸的同时,又进行了自下而上的逆向延伸,进一步开掘了财政审计的深度。(2)基建审计在控制投资规模、提高资金使用效益方面取得了明显效果。1989年以来,我们共对15个重点项目、76个停缓建项目和339个开(复)工项目进行了审计。在重点建设项目审计中,我们采取总揽全局、理顺关系、抓住重点、逐步深入的方法,坚持工程检查与财务收支审计融于一体、抓住项目的关键和要害问题不放,既提高了审计质量也提高了工作效率。如在审计某石化公司扩建工程项目时,通过对工程总体概算的审查,剔除工程超规模投资1.5亿元。1992年我们还首次对“拨改贷”豁免项目开展了审计,并对“投资包干”和百元产值工资含量等内容进行了专项审计和调查。在停缓建项目跟踪审计中,对未按期停缓的7个项目坚决予以停缓,并查处建设资金来源不当、挪用信贷资金、漏交建筑税等有问题金额3478万元。在开(复)工前项目审计中,我们一方面坚持严格把关,另一方面对符合国家产业政策的项目凡具备开(复)工条件的,不拖、不卡,尽快出具开工证明，从而加快了项目的建设速度。截止1993年底，我办累计审计建设资金总额277.7亿元，共查出有问题资金6.5亿元，压缩或削减建设投资4.37亿元，为国家调整产业结构、加强基本建设控制和管理做出了贡献。(3)金融审计抓住有利时机，宏观效果明显。1993年，我办首次对金融部门进行了审计。先后审计了工商银行沈阳市分行等3个分行和4个所属公司的信贷资金及财务收支。在信贷资金审计中，查出金融机构规模外贷款12.8亿元，违章拆借资金13.5亿元，挪用信贷资金违规投入自办实体1.1亿元。配合信贷资金审计，在财务收支审计中，重点查处了金融性公司漏欠所得税4000万元，影响中央财政收入2000万元，以及各种手续费收入不入帐291万元、漏交“两金”121万元、多收少收利息56万元等问题。通过审计，促进金融部门收回拆借资金8.9亿元，收回房地产投资5500万元，无规模贷款纳入规模2.31亿元。

金融审计的突出特点是：一是始终瞄准经济热点和突出问题开展审计。年初，我办确定了以查处违章拆借资金投资，规模外贷款及自动办实体等内容为主的审计重点。中央6号文件下达和金融工作会议后，我办突出对7月7日后发生的违纪问题和落实中央金融工作会议精神过程中存在的问题进行了审计和调查。二是注意揭示隐藏至深的违规违纪和带倾向性问题。我办注意收集和分析各种与金融业务有关的信息资料入手，发现疑点，进而深查。如对某金融性公司进行信贷资金审计时，发现财务帐上反映支付给各区支行分理处的代办手续费高达170万元。就此疑点深入进行审计，查出该公司委托各区支行代理存贷业务金额达2.4亿元，既未纳入国家信贷规模，也未纳入公司财务帐的违纪问题。

二、发掘审计监督的服务潜力

1. 以“两个延伸”为重点，促进管理和效益水平的提高。我办是开展“两个延伸”审计较早的单位之一。截止1992年底，我们共对22户企业开展了“两个延伸”，提出完善内控制度的建议103条，提出增促企业经济效益的建议42条，累计促进提高经济效益8604万元。

2. 结合新会计制度的出台，积极探索资产负债、损益审计。为全面贯彻落实《全民所有制工业企业转换经营机制条例》，1992年我办在沈阳黎明发动机制造公司等3个单位率先开展了资产负债和损益审计的尝试，共查出资产不实金额1300万元，损益不实金额1001万元，我们的工作得到了审计署的充分肯定。1993年，我们全面开展了资产负债、损益审计，并制定了《全民所有制企业资产负债损益审计暂行办法》，规范审计操作行为，引起了审计署的高度重视。

3. 优化审计建议、提高建议的有效性。几年来，我办注意透过帐本和数字及时捕捉有关问题，不断提高建议的质量，增加建议的可行性、实效性。据粗略统计，截至1993年底，我们共向被审单位提出审计建议近千条，其中有许多建议被企业所采纳。如我们在审计中发现某造船厂拟新安装一条型材薄板预处理线，通过实地调查，翻阅有关资料，我们认为原有的钢板预处理流水线也能处理型材薄板，于是提出取消该流水线的审计建议。被审单位采纳后，节约资金345万元。又如，1992年，我们建议某施工企业下放材料采购权，逐步实现由二级单位直接采购并直接结算工程款，该建议被采纳后，增加企业效益700万元。

此外，我们还加强了信访工作和专案审计调查，维护了群众和集体利益。几年来我们共接待群众举报信件65件，根据举报情况和线索，转交有关部门处理45件，联合被审计单位内审、纪检、监察等部门共同查证20件，通过查证，澄清了是非，体现了审计机关客观公正、实事求是的工作作风。

三、提高审计监督的服务质量和效果

1. 从微观入手，监督、促进宏观调控措施的贯彻落实。审计中我们注意收集、了解被审计单位执行国家有关改革政策的具体情况，督促被审计单位把改革措施贯彻到底，并力所能及地校正被审计单位在贯彻落实中出现的偏差，同时还注意了解改革措施的运行效果，积极提出完善建议。如几年来我们先后对煤炭行业实行的“投入产出总承包”、“吨煤工资含量包干”、石化行业实行的“自费工效挂钩”等办法，以及贯彻落实中央十二条政策措施、《全民所有制工业企业转换经营机制条例》中存在的问题进行了调查研究，提出了改进意见。

2. 当好耳目，客观及时地反映审计发现的带普遍性、倾向性问题。充分利用审计的反馈功能，通过调查报告、审计简报等形式向上级有关部门反映宏观深层次问题。如我们反映的中直企业欠缴税款、大中型企业效益下降、地方政府乱集资摊派、科研单位奖酬金管理混乱以及建设项目不配套、巨额投资见效难等问题，受到了审计署的重视。我办1991年上报的《议价电价格管理混乱，使大中型企业负担加重》的调查报告，被审计署以简报的形式采用并上报国务院后，还得到了邹家华、朱镕基副总理的重视和批示。1992年我们向国家计委、中船总公司反映的某化肥厂向海湾大量排渣，严重危及船厂船坞安全的问题，同样得到了朱镕基副总理的重视和批示。

驻上海特派员办事处

1989—1993年，我们驻上海特派员办事处在审计署的直接领导下，紧紧围绕党的中心工作，认真履行宪法所赋予的审计监督职责，积极探索改革开放新形势下加强和改进审计工作的新途径。在对企业事业单位审计的基础上，逐步开展了对财政、金融、基建和外资的审计。据统计，五年中，我办共完成审计项目291个(未包括基建跟踪审计和开工前审计项目)，查出违纪金额189283万元，其中应上交财政金额138843万元，应减少财政拨款或补贴11508万元；对严重违纪单位及有关责任人员处以罚款共计135万元。我办为严肃财经法纪，维护国家利益，促进改革开放和经济发展，发挥了积极的作用。

一、企业事业单位审计不断改进和深化

企业事业单位审计是我办这一期间审计工作的主要内容。5年中，先后对电力、机械、冶金、交通、烟草、石化、船舶等22个部委和中央直属机构在沪的205户(次)企业事业单位进行了审计，占5年已审计项目总数的70%。

1. 抓重点，审大户。审计署划属我办审计范围的中央在沪企业事业单位有750多户。为了提高审计监督的效能，我们选择在国民经济中地位重要、影响较大和实现利税较多的重点大户先行审计。5年中，对105户大中型企业普遍轮审了一次，其中对上海宝山钢铁总厂、上海石油化工总厂、上海高桥石油化工公司、上海市电力工业局等特大型和大型企业，大都审计了四至五次。在对重点大户的审计中，我们注意抓住重点问题，严肃查处。如1990年在对某大型企业的审计中，抓住“小金库”问题，查出该厂在近两年间，利用价格双轨制政策，在自销计划外紧俏产品时，收取“平议差价”，设置“小金库”，违纪金额达亿元。对此，我办根据国务院有关领导的批示作了严肃处理。

2. 围绕党和国家的工作重点，实施审计监督。1989年，我办遵照中央有关清理整顿公司的指示精神，选择了较有代表性的中央在沪某行业的7个“公司”、“中心”进行审计调查。结果查出其中两个单位采取虚订合同从中牟利、弄虚作假套取银行大量现金、超标准发放“四技”津贴等手法，挖走国家资金400万元的严重违法乱纪问题，并进行了严肃处理。

3. 适应改革开放的新形势，加强和改进审计工作。1991年和1992年的两年间，我办先后对17户大中型企业进行了“两个延伸”审计。通过“两个延伸”，着重帮助企业查找管理中的问题和薄弱环节。如对某大型企业内部管理制度进行延伸检查后，我办对该厂存在的专项物资

帐外备件过多、生产中上下道工序之间半成品交接数量不一致等问题，提出了审计意见。企业狠抓了上述问题的整改，取得了良好效果。1992年以来，我办在坚持审计监督职能的前提下，以“三个有利于”作为判断是非的标准，妥善处理被审计单位在改革中出现的新问题。我们订出《关于企业审计的几条原则》，明确了当前企业审计的重点和不予干预和重复审计的事项，要求全办审计人员严格执行。1993年，我办在对32户国有企业进行财务收支审计的同时，又普遍进行了资产负债和损益的真实性、合法性，以及国有资产保值、增值的审计，结果查出一些企业存在严重的国有资产损失和盈亏不实问题。如某船舶修造厂为完成承包指标，将以前年度的亏损额765万元挂帐不作反映。我办指出上述问题的严重性，责成其对有关帐务进行全面清理，并切实抓好整改，确保国有资产的保值和增值。

二、财政审计上了新台阶

1989年，我办派员参加了审计署组织的对江苏省本级财政收支的审计工作。从1990年开始，根据审计署的授权，我办独立承担对省、市本级财政收支审计的任务。至1993年，先后对浙江、福建两省和宁波市、上海市本级财政收支进行了审计，其中宁波市财政列为经常性审计单位。此外，五年间，我办受审计署的委派，先后听取了安徽省、上海市财政收支自查情况的汇报，检查了浙江、福建、上海三省、市落实审计署关于该省、市财政收支审计结论和决定的情况。

1. 严格依法审计，加强审计处理力度。在财政审计中，我办严格依照国家的政策法规，针对财政本身职能的特点，认真查处违纪问题，较好地体现了是高层次的监督。据统计，我办自1990年以来的四年间，查出有关省、市在预算收支管理、成本开支范围、各项税收分成等方面的问题共62个，违纪总金额达103163万元，经审计署综合平衡后实际处理应上缴中央财政金额10535万元，促进地方财政增加收入81393万元。

2. 认真开展延伸检查，从中发现重大问题。我办在审计省、市财政收支的同时，对有关经济管理部门的重要经济活动也进行延伸检查。如漏缴能源交通基金和预算调节基金的现象在各地比较普遍存在，但在对某市财税部门的审计中却未能发现。为此，我们对该市交通委员会进行专题延伸检查，结果发现该市近三年来，征收的养路费全部漏缴“两金”，仅此一项使中央财政收入减少了1500万元。

三、金融审计积累了有益的经验

中央在沪的金融机构，有交通银行总行、人民银行及工商、建设、农业、交通和中国银行五大专业银行在上海的分行，以及中国人民保险公司上海市分公司、中国太平洋保险公司上海市分公司、中信上海公司、中信实业银行上海分行等11家。1989年，审计署将上述金融机构及其下属内部核算单位全部划属我办审计范围。我办成为驻地方特派办唯一承担金融审计的试点单位。

1. 有重点地对金融机构开展专题调查。1989年，我办先后开展了对金融机构的外债情况、非银行金融机构信贷情况和金融单位基本建设情况三项专题审计调查。通过审计调查，基本弄清了整个上海市举借外债的规模、投向和偿还能力等情况，并查出有关金融单位动用其他资金1亿多元搞基本建设的问题。1991年，我办分别对上海市金融机构公款储蓄情况和房地产开发业务情况以及中国农业银行上海市分行系统自有资金情况，进行了专题审计调查。通过审计调查，发现了各金融机构本身的专用基金储蓄的利率，大大高于其他企事业单位的同类存款利率；各专业银行开办的房地产企业，均未与主管银行脱钩，并且普遍存在用业务资金为本系统建房等值得注意的倾向性问题。上述各项审计调查，我办均向审计署及时报送了专题调查报告。

2. 对11家金融机构全面进行了审计监督。1990年，我办正式开展对金融机构的审计。当年，对除当时尚未建立的中国太平洋保险公司上海市分公司以外的其他10家金融机构普遍进行了审计或检查。此后几年,又先后对中国工商银行、中国太平洋保险公司上海市分公司等8家金融机构及其部分下属单位进行了财务收支审计。特别是在1993年,根据中央有关文件精神和审计署的要求,对中央在沪金融机构贯彻执行中央宏观调控措施的情况进行了专项审计检查。通过审计或检查,发现了一些重大违纪问题。如某专业银行上海市分行虚列成本、少计收入等违纪金额达2560多万元,其中应上交财政金额1350多万元。另一家专业银行的上海市分行,将投资所得利润直接再投资,漏缴所得税800多万元。我办对上述违纪问题依法作了处理。

3. 金融审计的内容由财务收支逐步向信贷等业务领域拓展。我办对金融机构的审计监督,在财务收支的基础上,逐步向其信贷、信托、投资等业务领域拓展,取得了较好的效果。如:1991年,发现某信托投资公司超越本身业务范围私自买卖外汇420万元并从中获利及未按规定向人民银行交存存款准备金1400多万元等问题。1993年,通过对五家专业银行信贷业务的审计,查出其中几家专业银行违章拆借资金5.47亿元,以流动资金贷款用于固定资产贷款18.7亿元,超规模或无规模贷款5.7亿元等重大问题。对以上问题,我办均依法作了处理。

四、基建审计稳步发展

我办开展基建审计工作,始于1989年。五年间,陆续开展了固定资产投资停缓建项目跟踪审计、固定资产投资项目开工前审计和国家重点工程的审计检查,审计资金总额达622.58亿元。

1. 停缓建项目跟踪审计为国家加强宏观调控提供了第一手资料。1989年,我办对55个中央各部门在沪固定资产投资停缓建项目进行了跟踪审计。计划投资总额5.8亿元。经过实地察看,发现真正已停建或缓建的只有5个,占0.9%;其余或者根本没有开工,或上停下不停,或申报已停实际未停。我办将这一情况及时报告了审计署。

2. 开工前审计全面展开。1990年以来,我办全面开展了对固定资产投资项目的开工前审计。到1993年底,共审计中央项目159个,地方3000万元以上的大中型项目20个,审计投资总额140.40亿元。开工前审计项目中,包括中央项目中投资30.82亿元的上海市电力工业局外高桥电厂工程和投资1.65亿元的上海石油化工总厂腈纶装置工程,地方项目中投资16亿元的上海市合流污水治理工程和投资13.35亿元的黄浦江杨浦大桥工程等一批在国内外有较大影响的重点基建项目。

3. 对国家重点基建工程的审计检查日臻成熟。1990—1993年的四年间,我办先后承担了对国家重点基本建设项目宝钢二期工程、秦山核电厂工程、沪杭铁路复线工程等11项基建工程的审计检查任务。上述工程的投资总额达371.18亿元。通过审计,共查出违纪金额1.88亿元,共中应上缴国家金额0.46亿元,应削减国家投资近1亿元。同时,还分别对各基建工程的建设单位、设计单位、施工单位、地方投资环境、银行监督等方面的信誉等级,提出了评价意见。

五、外资审计奠定了良好基础

1992年以来,我办开始承担外资审计任务。两年来,较好地完成了审计署下达的对世界银行贷款16个项目的审计鉴证工作。此外,还对2户中外合资企业进行了财务收支审计,审计资金总额合计27347万元;审计查出的违纪问题,均依照我国的有关财经法规,作出了客观公正的处理。

六、审计信息反馈为宏观决策提供了参考

对审计和审计调查中发现的经济活动中一些重大问题或带有倾向性和深层次的问题,及时向审计署反映,有的引起了中央领导及有关部门的重视。如我办报送的关于企业留利和使用情况、部分企业经济效益下降的情况和关于国务院搞好大中型企业十二条措施贯彻落实情

况的调查材料，经审计署汇总上报后，分别被中央办公厅和国务院办公厅采用。我办反映的某贸易总公司华东公司有一笔6050万元的巨额税款，挂帐三年无人收缴的情况，引起国务院领导的重视并批示，责成有关部门认真解决这一问题。据统计，1989—1993年期间，我办共向审计署提交各类信息材料292篇，其中被采用的有89篇(次)，占提交总数的30%。

驻武汉特派员办事处

1989至1993年，我办充分发挥审计派驻机构地位超脱、独立性强的特点，先后对石油化工、电力、物资、烟草、军工等22个行业150多户企业、30多个行政事业单位，4个财政税务部门、2个金融机构、10个重点基建项目进行了审计，累计查出各种违反财经纪律的金额35亿元，其中已上缴国库3.7亿元。整理上报调查报告50余篇，简报信息160余期，为政府和有关部门的决策提供了依据。

一、加强综合经济管理部门审计

1990年以来，我办已连续三年对计划单列的武汉市财政收支、贵州省1991年的财政收支、湖北省1992年及1993年的财政收支进行了审计。对审计查出的地方政府和财税部门存在的越权减免税收、漏交能交基金和预算调节基金、自批自退预算收入周转金等违纪问题依法进行了处理。还对有关财税管理方面的问题进行了十多个专题审计调查，为加强财税管理，促进财政平衡，提高财政资金的使用效益发挥了作用。1993年，我办先后对中国工商银行武汉市分行、中国人民建设银行武汉市分行1992年的信贷资金管理和财务收支进行了审计，对查出的问题认真按照6号文件的精神进行了处理，为整顿金融秩序发挥了积极的作用。

二、开展基本建设项目审计

我办先后对20个单位的在建项目进行审计调查，确定和建议停缓建项目15个，对100个项目进行了基本建设开工前审计，对8个项目的概算进行了审计，审计投资总额达187亿元。如1990年在对某电厂在建项目审计时，对超规模、超投资以及概算外自定项目等问题进行了严肃处理，引起了国家计委、能源投资公司的重视。

三、积极探索改进企业审计方法

一是突出重点抓经常性审计。从1989年以来，已连续四年对12户重点企业进行了经常性审计。通过经常性审计，促进企业出现了四个明显变化，即遵纪守法的观念明显增强；违纪违规现象明显减少；违纪金额明显下降；审计与被审计的关系明显改善。据统计，这12户企业1992年被查出的违纪金额为913万元，比1990年8789万元下降了89%。

二是开展行业审计。我办对影响较大的石化、物资、烟草行业和困难较多的军工行业进行了审计和审计调查，发现并反映了一些重要的行业性问题。如1992年我办通过对7户电力企业审计发现，这7户企业都不同程度地存在漏税问题，一年达4000多万元，我办及时向审计署和有关部门作了反映，引起很大反响。

三是围绕提高企业经济效益，积极探索“两个延伸”审计。如1992年开始，我办共选择8户重点企业，在年度财务收支审计的基础上，进行了向检查有关的内部控制制度和经济效益延伸的探索。据统计，我办两年对8户企业延伸审计共提出审计建议62条，企业已经采纳45条，正在研究落实的有16条。被采纳的建议，有的已获成效，共节能降耗、减少损失浪费、压缩亏损、增加效益1.45亿元。

四是适应建立社会主义市场经济体制新形势，探索资产负债损益真实性审计。我办在审计企业财务收支时，将重点放在企业资产负债损益的真实性、合规性上，监督国有资产的增值保值。

四、开展文教科研审计

为搞好文教科研单位审计，我办将武汉大学、华中理工大学、中科院武汉分院列为经常性审计单位，对其连续四年进行了审计。1991年，为扩大和巩固审计成果，我办在对两所高校重点审计的基础上，抓点带面，召集湖北地区的高校开会布置自查自纠。27所高校共自查自纠违纪问题96个，金额达682万元，增加教育经费337万元。

五、注重审计信息调研工作

我办十分重视信息调研工作，做到审计、信息两手抓，出两个成果。1991—1993年上报信息被采用数连续三年在署驻地方特派办中名列第一。一是注重通过大量的微观审计，发现带倾向性和普遍性的问题。如1992年，我办在对葛洲坝电厂进行审计时，发现该厂被地方政府、部门长期借占4500万元。该信息经审计署转报国务院，被国务院评为优秀政务信息。二是根据不同时期经济工作中心，确定专题进行审计调查。1993年，我们针对高校在对外投资中存在一些需要从宏观上调控的问题专题进行了一次审计调查，向上反映了一份简报，被审计署和中央办公厅采用，并被评为优秀信息。三是总结典型经验，及时宣传推广。如1991年审计中国油科院武汉油料所时，发现该单位在科研经费十分紧张的情况下，加强财务管理，遵守财经纪律。对这一好的典型，我们及时进行总结，在我办审计范围内进行了推广，产生了比较好的效果。四是注意抓了对外宣传活动。据不完全统计，近三年来，我们在省级以上报纸、电台、电视台发表、播放审计信息30多条，提高了我办的知名度，扩大了审计的影响。

六、社会审计事业有了较快发展

几年来，华中审计事务所抓住机遇，采取多种形式发展业务。截止1993年，成立了14个派出机构，广泛建立网络，审计咨询顾问发展到76户，还开展了一些资产评估、查证、厂长离任审计、工程决算、验资等工作，取得了较好的经济效益和社会效益。

七、机关内部建设取得了新的成绩

几年来，我办始终坚持两手抓，两手都要硬的原则。一是狠抓了政治理论学习和革命传统教育。二是狠抓了廉政建设。办事处把廉政作为考核干部、评选先进的一项重要内容。1993年，除加强廉政教育外，先后三次制订和修改廉政建设的措施，各处室设了兼职监察员，广泛开展自查自纠，增强了大家反腐倡廉的自觉性。一年来审计人员共拒收礼金和有价证券达3.5万元。

驻广州特派员办事处

1989—1993年，审计署驻广州特派员办事处围绕党和政府各个时期的中心工作，积极开展审计工作，认真履行监督职能。五年来共审计了618个单位(项目)，查出违纪违规金额11.35亿元(未含金融审计数字)，应收缴财政1.53亿元，已交财政1.21亿元。为配合宏观调控，五年来向审计署和有关部门报送了各种综合调查、专项调查报告和简报、信息共215篇。分年度概述如下：

一、1989年 紧紧围绕治理整顿、深化改革这个中心，在财务收支审计的基础上，做好为加强宏观经济调控服务的工作。全年完成审计(调查)项目122个，查出违纪金额1.89亿元，应缴财政4667万元，已交财政4270万元。主要工作有如下几项：

1. 控制固定资产投资规模，开展对停缓建项目的跟踪审计，对14个单位、20个停缓建项目进行了审计调查。了解到除广州标致汽车厂第二期工程外，其余19个项目均已按规定停建。

2. 配合控制消费基金过快增长，开展消费基金情况调查。一年共查处了违反控购规定的单位 21 个,金额达 732 万元,收缴罚没款 203 万元。还按署的布置,对中央在穗的 14 个企事业单位的消费基金增长情况进行了调查,写出了专题调查报告。

3. 配合清理整顿公司,查处违反工商行政管理和价格法规等问题。一年中共查处了 16 个企业超越经营范围从事违法经营的问题,对就地加价倒卖重要生产资料和紧俏消费品,违反外汇法规,扰乱金融管理等 29 个问题进行了查处。查出违纪金额 7877 万元人民币、3065 万美元。

4. 配合税收财务大检查,整顿财经法纪。一年来对 41 个单位进行了财税检查,查出违纪金额 3411 万元,应交财政 1452 万元,已交财政 1145 万元,入库率为 78.9%。

5. 配合查处大要案,做好有关的工作。如参加了署组织的对广东省财政的重点检查;由两名副特派员分别带队到海南、广西两省(区)听取财政自查汇报和验收;以及到深圳和海南参加监察部工作组查处大要案等。

二、1990 年 按照署提出的"积极发展,逐步提高"的方针,继续围绕治理整顿,深化改革这个中心,履行审计监督职责。全年完成审计(调查)项目 81 个,查出违纪违规金额 3.55 亿元,应交财政 6767 万元,已交财政 3962 万元。主要工作:

1. 按照较高层次监督的要求,开展对财政和重点基建投资项目的审计。根据署安排,对广州市 1989 年本级财政收支进行了审计。审查了广州市财政在同中央和省级财政的利益关系、财政决算的真实性、执行税收政策和税收部门各种提留等方面的问题,收交归属中央财政 4422 万元。按照署和国家计委的统一布置,对列入全国首批重点基建投资中的黄埔新沙港一期工程和广州长途电信枢纽工程等两个项目进行了审计。经审计核减黄埔新沙港一期工程设备购置及安装、主体水工等 15 个单项工程和概算共计 1.17 亿元人民币,占上报投资总概算的 11%;剔除了未经批准的概算外工程 467 万元。对广州长途电信枢纽工程,查出多列拆旧房赔偿费、土建赶工费等 7 项费用共计 263 万元,查出违反规定多列工程成本 148 万元。这两个重点基建投资项目的审计,受到国家计委领导同志的好评。此外,还进行了 15 个项目的开工前审计和 13 个停缓建项目的跟踪审计,审计的投资总额为 13 亿元。

2. 开展了对茂名石油工业公司、广州海运局、广东商检局等 15 个重点企事业单位的经常性审计。查出违纪金额 2986 万元,应交财政 1775 万元。

3. 对部分中央单位的税收财务进行重点检查。承担了对 29 个中央企事业单位的税收、财务重点检查的任务,查出违纪金额 1086 万元,应交财政 702 万元,已交财政 631 万元。

4. 开展审计调研,为宏观决策提供信息。共完成了关于税后留利分配和使用情况,关于分配差距过大使留利水平低的行业人才流失严重,关于广州市财政办信用的情况等 7 项专题调查,向署报送了 7 篇专题调查报告。

三、1991 年 按照中央和审计署关于"加强和改进审计工作"的指示,紧密围绕深化改革、发展经济这个中心,积极开展审计监督工作。全年完成了审计(调查)项目 98 个,查出违纪违规金额 6657 万元,应交财政 1818 万元,已交财政 2090 万元(包括补缴上年应交入库数)。全年的工作分述如下:

1. 对湖北省 1990 年省本级财政收支进行了审计。发现该省存在越权减免养路费应交"两金",以变相包税办法对鄂城钢铁厂少收流转税等问题。对存在问题提出整改建议,写出两份专题报告。

2. 对广州抽水蓄能电站一期新建工程、南海西部石油公司"七五"扩建工程、广州石油化工总厂二期扩建工程三个国家重点建设项目进行了审计。共审查建设资金 27.9 亿元,查出设计概算高估冒算投资、已完工程超概算、概算外投资、计划外工程、挤列工程成本等违纪违规金额 1.8 亿元。

3. 对 13 个重点经常性必审单位和石化、

物资行业等 7 个单位进行了深入的财务收支审计。查处了漏交“两金”、挤占成本费用、截留销售收入、把预算内收入转到预算外及将公款私存、转移等方面的问题。

4. 先后对石油化工、有色金属、机械电子、文教、烟草等行业的 14 个单位开展了“两个延伸”审计。经过延伸审计,对有些单位内部控制制度松弛、管理混乱;联营投资管理不善,利润长期不收回;管理机制不完善,分配向个人倾斜等问题提出意见和建议。

5. 加强信息调研。一年来,对工业企业经济效益下降、企业留利水平相差悬殊、烟草工业“挂帐亏损”等问题进行了专题审计调查,写出专题或综合报告 25 篇。

四、1992 年 认真贯彻全国审计工作会议提出的“加强、改进、发展、提高”的方针,本着大胆实践、实事求是的原则,在新的领域进行积极的探索。全年完成审计(调查)项目 148 个,查出违纪违规金额 2.23 亿元,应交财政 853 万元,已交 1018 万元(含补交上年应缴数)。工作的主要特点是:

1. 集中力量抓重点项目审计。集中力量完成了对广西自治区本级财政收支、天广 500 千伏输变电工程项目和茂名石油化工公司、广东粤西农垦局等重点单位重点项目的审计。在审计中特别注意研究在深化改革的新形势下出现的新情况、新问题。如对地方政府为进一步搞活国营大中型企业而制定的政策、措施,有些明显超越了现行的财政法规,对这些问题,注意在调查研究的基础上,一方面表明态度,另方面又及时向署作出报告。一年中先后向署报送了关于有的主管公司集中企业留利主要用于机关开支、国有资产管理核算不妥致使国家资金流失、工效挂钩和工资基金管理不善、境外企业和中外合资企业值得注意的问题等有代表性的材料共 52 份。

2. 明确目标,不断加强和改进审计工作。(1)加强了对盈亏真实性的检查。从一般查违纪转向重点查资产负债和盈亏的真实性。抓盈亏真实性检查,如发现中国对外贸易中心(集团)在国内和境外联营投资的利润 774 万元没有按规定收回来;中国电子进出口总公司华南分公司 1987—1990 年,采用多列外汇等方式虚列进货成本 1360 万元等问题。抓资产负债真实性检查,也发现不少重大问题。如广东粤西农垦局一直没有对已移交的 1300 万元财产作相应的帐务处理。抓分配有无违反规定向个人倾斜的检查,发现广州卷烟一厂、二厂、韶关冶炼厂等单位工资总额增长幅度大于效益增长幅度。此问题,引起了署、广东省人民政府和国务院办公厅的重视,以简报和文件的形式向有关部门提出改进的意见。(2)有计划地抓了农垦系统、烟草行业、有色冶金行业和中国对外贸易中心(集团)等重点行业、重点单位的“两个延伸”审计。经延伸发现,茂名化工纺织联合总厂由于产品结构不适合市场需要,至 1992 年 6 月止累计亏损已达 4239 万元,企业已濒临破产;中国对外贸易中心(集团)管理制度没有得到严格执行,某下属商场部经理仅凭一张便条就划出 30 万美元、50 万元人民币给港商个人,本息一直没有归还。(3)加强了对企业外部环境的关注。如对粤西农垦局审计时了解到,该局属下 38 个农场的 298 万亩土地,先后被地方政府和当地农民占用 10%。对此问题,我们及时地向有关部门作了反映。(4)加强了对境外和外资企业的关注,从对主体企业的审计向其联营投资方面延伸。还首次对中美合资在国内开办的企业进行了审计。

五、1993 年 围绕深化改革和建立社会主义市场经济体制的要求,进一步强化和改进审计工作。在审计实践中注意将工作侧重点从单纯查违纪转到为宏观调控服务上来。全年完成审计(调查)项目 169 个,查出违纪金额 30117 万元(未含金融审计数字),应收缴财政 1212 万元,已交 838 万元。主要工作特点:

1. 适应政府职能的转变,把工作重点转移到为加强宏观调控服务上来。(1)围绕经济工作的热点、难点,积极开展财政、金融审计。除对广东省 1992 年本级财政收支决算、广西壮族自治区 1993 年财政预算执行情况进行了审计外,还对广东、广西省(区)本级及全省(区)财政办信用、预算外专项基金情况进行专项审计调查。发现两省(区)的财政收支和税收管理不够规范,存在以委托形式下放税收减免权、部分地区安排赤字预算、财政办信用有些偏离原定宗旨、预算外专项基金自行设立种类和管理不健全等问题。如1992年广东、广西两地设立的预算外专项基金分别为47种和27种,其中未报经中央批准设立的有41种。金融审计重点抓信贷资金审计和执行中央关于整顿金融措施情况的检查。对建设银行、工商银行广州市分行进行了信贷执行情况审计和执行中央整顿金融措施的专项审计,审计资金总额为569.2亿元。查出两个银行不同程度地存在绕过控制规模发放贷款;向自办经济实体贷款、转贷吃利差;违反利率政策,有意降低或变相提高利率等问题。查出两家银行以拆借、委托贷款、住房贷款、流动资金贷款和用信贷资金购买企业债券等方式,绕过规模发放贷款21.6亿元,相当于两行1992年信贷计划的42.3%。(2)配合加强对固定资产投资规模的有效控制,积极做好审计把关工作。重点抓了福州至广州光缆通讯工程、广州车辆厂等5个国家重点项目的审计和重点开工项目的后续检查。基建审计金额达11亿元,查出有问题的资金2.9亿元,处理金额1.4亿元。如查出福州至广州光缆通信工程因批准概算不实,致使广东段和福建段工程多列概算5823万元,广州东亚磁性制品有限公司因投资不落实,挪用流动资金贷款1272万元用于工程建设。同时,还对82个基建项目进行开工前审计。

2. 适应企业改革的新形势,对企业审计的方法进行改革。(1)从查违纪事项为主逐步转向以审计资产负债和盈亏真实性为主。一年来共审计企事业单位69个,查出违纪金额7098万元,应上缴财政567万元。(2)积极探索社会审计与国家审计相结合的新路子。确定部分企业需由社会审计组织进行审计查证,再由企业将查证报告报审计机关抽审和认定。一年来先后对23个企业提交的审计查证报告,逐一进行了抽审和认定。

驻郑州特派员办事处

根据第二次全国审计对象调查统计,目前,郑州办事处负责中央30个主管部门在豫的440家企事业单位的审计监督,46个大中型基本建设项目审计,还有署里安排的省级财政审计、世界银行贷款项目审计和其他临时任务。

截止1993年末,共完成审计和审计调查项目450个,审计资金总额2690亿元,共查出各类违纪金额234843万元,其中应上缴财政金额27190万元,已收缴入库19106万元。按五年平均人数计算,人均为国家财政增加收入214.7万元。通过几年的实践、探索和努力,郑州办事处的审计业务工作有了较大的进展,审计监督在维护财经法纪、提高经济效益、保证经济活动的正常运转和改革开放的顺利进行,为党和国家宏观调控服务等方面,发挥了积极的作用。

一、省级财政审计

1990年,办事处配合审计署财政司,完成了对河南省政府的财政收支审计;听取了河北省的财政收支自查情况汇报。从1991年起,开始独立承担省级财政审计任务,当年完成了对河北省政府财政收支审计;1992年,又完成了对陕西、宁夏两省(区)的财政收支审计。1993年,完成了对河南省的财政收支审计和对青海省的预算执行情况审计。独立承担完成的五个省(区)财政收支和预算执行情况审计,共查出违纪金额10.1亿元。根据审计署的统一安排,在1993年度的省级财政审计工作中,还对河南、青海两省的财政信用资金,预算外专项基金的规模、来源、投向和管理情况进行了专项审计调查。对调查中发现的一些带有普遍性的问题如财政信用资金来源不规范、部分贷款偏离规定用途、挤占、挪用社会养老保险基金等,及时向审计署进行了反映。

在省级财政审计中,注意围绕贯彻落实党

和国家宏观调控措施，重点检查了越权违规减免税搞固定资产投资，地方政府和财税部门自立章法扩大税收分成，侵占挪用财政资金和自行设立预算外基金等问题。工作中，严把质量关，务求查清搞透，实事求是地反映问题的本来面目。

二、金融审计

根据审计署的统一部署，1993 年我办首次独立承担金融审计工作，完成了对中国工商银行北京市分行 1992—1993 年一季度的信贷资金审计。对审计中查出的违章拆借资金、挪用信贷资金、以发放流动资金贷款名义发放固定资产投资贷款等违规违纪问题及时进行了纠正，为贯彻落实中央 6 号文件，加强宏观调控做出了努力。

三、重点基本建设项目审计和开工前审计

按照审计署和国家计委的统一部署，1989 年以来，先后组织完成了对 14 个大型基本建设在建项目审计，3 个大型基本建设项目竣工决算审计，9 个停缓建项目跟踪审计和 322 个基本建设项目开工前审计。重点查处了高估冒算、超标准、超概算、计划外和超计划投资、非法转移资金、损失浪费等违纪问题，压缩基建投资规模 2 亿余元。

近年来，对重点基本建设项目审计内容上有所深化。一是延伸检查了项目的决策过程；在对中原冶炼厂基建项目审计中，发现了矿石含金品位与设计依据出入较大，项目投产后，黄金产量将比原设计能力下降 59.4%，年出现亏损 400 余万元的问题，引起了建设单位和主管部门的高度重视。二是检查了工程招投标问题；查出板桥水库复建工程招投标过程中，缺乏精确论证，单纯以报价高低确定中标。施工单位中标后，在施工过程中一再调整合同报价，调整金额达 4005 万元，又因工期拖长一年和中途调换施工单位等原因，造成经济损失 2300 余万元。审计后，有关部门总结经验教训，完善了招投标管理办法。三是检查了概算执行情况；查出郑武电气化工程原批准概算 9.48 亿元，由于边设计、边施工、边调概，上报概算已调为 19.5 亿元，调幅达 105.6%。中原冶炼厂项目没有进行总概算编报工作，敞开口子花钱，调概幅度达 91.9%。审计处理后，对控制此类问题起到了积极作用。

1992 年以来，先后完成了对中原冶炼厂建设项目、板桥水库复建工程项目、洛阳炼油厂 500 万吨/年炼油建设项目的竣工决算审计。在保证项目竣工决算的完整性、真实性和合法性的同时，还对项目遗留问题，投资效益评价等问题，提出了有针对性的改进建议和意见。

经过几年的努力，郑州办事处的基本建设审计工作，已从开工前审计、在建项目审计，发展到竣工决算审计，并向基本建设全过程审计迈进。

四、重点企业审计

1989 年以来，着重抓了对重点企业的经常性审计和部分行业审计。为了不断深化重点企业审计工作，探索企业审计的路子，先后召开了四次经常性审计单位座谈会，组织进行了三次年终审计综合回访。1990 年，审计署确定郑州办事处为经常性审计工作定点联系单位。具体工作中，有以下两个特点：一是坚持“一个基础、两个延伸”，正确履行审计监督职能。工作中，一方面结合审计向企业宣传财经法规，增强企业法制观念；另一方面认真履行审计监督职能，重点查处了一些带有普遍性、倾向性的问题。如石油、石化、有色冶金行业的违价问题，多提或少提折旧、大修理基金问题，浮动工资和效益工资进成本等问题，使企业从中接受教训，自觉依法经营，违纪金额也有了较大幅度的下降。“两延伸”即延伸检查企业内部管理制度和经济效益的有关内容。我们是针对企业管理工作中存在的薄弱环节，提出改进建议，使企业获得了直接效益。如舞阳钢铁公司物资管理工作混乱，损失严重。公司根据审计结论中提出的建议，进行了建厂 18 年以来的第一次物资盘存，一次盘盈 500 多万元。洛阳铜加工厂过去销售产品被拒

付退票问题十分突出，造成的主要原因是经济合同中缺少“付款方式”和“违约责任”等必要条款。企业接受建议使这一问题得到了基本解决。郑州卷烟厂以落实审计建议为突破口，狠抓节能降耗工作，一年增加经济效益1000多万元等。我们还注意及时总结推广企业管理中的成功经验和先进做法，在审计对象中进行交流，为同类企业挖潜增效，起到了推动作用。

据统计，1989年以来，在《审计结论》中先后提出了400多条建议，帮助企业改善内部管理，提高经济效益。企业采纳建议后，累计增收节支金额达4亿余元。二是维护企业合法权益，促进改善企业外部环境。工作中，注意检查了党中央、国务院关于搞好国营大中型企业的一系列政策措施的贯彻落实情况，及时出面帮助企业排忧解难。如在对小秦岭地区三个中央直属金矿审计时，发现地方和民采组织乱挖滥采，破坏黄金资源，扰乱中央企业生产秩序问题，及时向审计署进行了反映，引起了国务院领导同志和有关部门的高度重视，采取有力措施进行了整顿，使当地生产环境明显好转。向河南省政府及时反映了国家重点建设项目首阳山电厂二期工程，征地过程中所遇到的困难促使问题很快得到解决，保证了工程的按时开工。1989年以来，还先后制止纠正了舞阳市政府强令舞阳钢铁公司以二期工程为名为其申请300万元贷款建小棉纺厂问题；依法处理了平顶山市政府通过平顶山矿务局价外收取310万元资源费问题；帮助板桥水库工程制止了驻马店供电局在国家规定外加价收取电费问题；帮助郑武电气化工程解决了信阳段58亩施工用地征迁问题；帮助中原冶炼厂纠正了当地金融部门多收逾期贷款利息问题；纠正和解决了一些地方政府、部门擅自对中央采矿企业征收矿产资源补偿费等问题，受到了企业的普遍欢迎。

五、高等院校、科研单位审计

1990年以来，先后对18所中央在豫高等院校进行了审计。重点查处和纠正了高校社会服务收入管理混乱、挪用教育经费等问题。为了加强高等院校财务管理工作，1991年在郑州粮食学院召开了有11个单位参加的财务管理工作现场会，推动了院校财务管理工作的进一步加强。

1989年以来，还先后对46家科研单位进行了审计。针对科研单位普遍存在的轻科研重生产、挪用科研经费兴办第三产业、基础研究投入不足、损失浪费等问题，写出了情况反映，引起了国务院领导和有关部门的高度重视。

六、物资企业审计

按照审计署的统一布置，近年来，先后对19家物资企业进行了行业审计。发现的突出问题是库存结构不合理，大量积压锈蚀。仅核工业部郑州302仓库，就积压两年以上钢材2586吨，其中锈蚀1708.5吨。有些钢材已积压30年之久。问题的主要原因是“物在库，权在部，亏损靠补助”，经向有关部门反映，一些管理方法初步得到改变。302库根据审计建议积极进行清仓处理，一次变活资金1700万元。

七、专案审计

1989年审计中央在洛阳市部分企业时，发现洛阳市政府越权批准洛阳炼油厂超限价销售成品油；重复征收电力建设资金；擅自决定在税前销售收入中征收价格调节基金等三个突出问题，1990年李鹏总理、姚依林副总理听取全国审计工作会议汇报时，特派员邢德祥同志汇报了洛阳市政府的问题，引起了国务院领导同志的高度重视。在办事处随后上报的核实材料上，李鹏总理批示：“这是一种典型的有令不行，有禁不止的分散主义行为，要查明情况，从严处理”。遵照李鹏总理的指示精神，办事处配合监察部对洛阳市政府的有关问题进行了专题调查，落实了事实，分清了责任。监察部对洛阳市原市长作了降职处分，并发了通报，审计查出的三个问题全部得到了纠正。

根据党中央、国务院清理整顿公司、治理流通秩序的要求，参加了国务院检查组，对物资部中国建材总公司有关经济问题进行了专题调查，配合参加了审计署对中原油田有关问题的调查；配合审计署对五大公司的审计，完成了对五大公司驻河南部分分公司的审计；参加了审计署对中国国际技术实业开发公司郑州分公司有关情况的审计调查等。并先后查处了武汉铁路局违规价外收取包保费 921 万元、洛阳炼油厂利用液化气、油品串换物资谋取私利 351 万元等重大违纪问题。

八、审计信息调研

五年来，突出抓了以下三个方面的工作：一是积极为国家宏观调控提供信息和建议，促进改革开放政策的完善和落实。先后反映了《洛阳市政府违反财经纪律的几个问题》、《金融机构同业拆借中存在的主要问题》、《财政预算管理工作中的几个问题》等，引起了党和国家领导同志及有关部门的高度重视；二是积极反映企业在深化改革中遇到的问题，促进搞活大中型企业。先后组织力量，对中央在豫的部分国有大中型企业经济效益下降及留利使用情况、国务院搞好国有大中型企业 12 条措施贯彻落实情况、企业贯彻落实转换经营机制条例等情况进行了专项审计调查，提出了加强配套改革工作，解决条块分割，加强企业管理，扩大企业生产经营自主权等方面的建议。三是帮助企业反映、解决外部环境方面的问题。《一些地方政府强行征收中央采矿企业矿产资源补偿费》、《河南省电力部门 2.18 亿元电费收入被拖欠，生产经营活动受到困扰》等情况，得到了国家和省政府领导同志的重视，使问题得到了有效的控制和解决。五年来，先后上报审计调查报告、情况反映、审计工作简报等信息调研材料 173 篇，有 92 篇(次)被中办、国办，河南省委、省政府和审计署采用，为党和国家宏观决策提供了一些有价值的信息材料，较好地发挥了审计为宏观调控服务的作用。

九、开展社会审计工作

1989 年 6 月，经审计署批准，中州审计事务所正式成立。到 1993 年末，中州审计事务所已拥有从业人员 34 人，其中有高级技术职称人员 10 人，中级技术职称人员 20 人。四年多来，中州审计事务所的服务领域不断拓宽，长年咨询服务单位已发展到 54 家，并相继开展了注册资金审验、财务、审计人员培训、基本建设项目审计、固定资产评估、承包经营责任审计等项业务。1992 年，中州审计事务所在河南省首家获得了国有资产管理部门颁发的资产评估证书，并对中原不动产总公司所属的亚细亚商场无形资产—商誉进行了成功的评估。《中国青年报》、《经济参考报》、《河南日报》都在头版显著位置进行了报道。

十、精神文明和廉政建设

几年来，在认真履行审计监督职能的同时，注意抓好机关内部的精神文明建设。针对工作清苦、难度大、长年出差在外的工作特点，重点进行了理想和职业道德教育，培养审计干部的奉献精神。为了切实搞好廉政建设，还采取了一系列措施：一是严格内部财务管理，坚持艰苦奋斗、勤俭节约的方针；二是印发了《审计纪律监督卡》和《审计纪律执行情况鉴定表》，请被审计单位协助监督；三是组织审计回访，到被审单位全面了解审计组执行廉政纪律情况；四是对违纪问题的处理，由特派员业务会议作出，堵塞说情与行贿的渠道，取得了较好的成效。1989 年以来，先后涌现出全国优秀领导干部 1 人，审计署机关派出机构先进集体 1 个，先进工作者 1 人，审计署驻郑州特派员办事处被河南省政府命名为“廉政建设先进单位”、“思想作风建设先进单位”，被郑州市人民政府授予“文明单位”称号。

驻南京特派员办事处

审计署驻南京特派员办事处于 1988 年 6 月开始组建，同年 12 月 15 日对外办公。审计工作的基本思路和特点：一是坚持审计监督为治理整顿和发展经济服务，维护流通领域正常的经济秩序，控制固定资产投资规模，促进提高投资效益，加强对财政的监督，保证国家宏观调控措施的落实，促进搞好大中型企业，在较高层次上发挥作用。二是认真贯彻审计署的工作方针，不断加强和改进审计工作，在财务收支审计的基础上，向检查有关的内部控制制度和经济效益延伸，拓宽审计领域，提高工作水平。三是坚持依法审计，实事求是，客观公正，宽严适度，妥善处理审计工作中遇到的问题。四是抓好三个结合，即：审计与审计调查结合；审计重点项目与审计重点行业结合；微观审计与宏观监督结合。

1989—1993年底，南京特派办共审计234个单位（项目），完成税收、财务、物价大检查59项。共查出违纪金额121885万元，应上缴财政22606万元（其中安徽因遭水灾，审计署批准免缴3359万元），已上缴财政1860万元。促进增收节支2003万元，减少财政拨款和补贴715万元，给予企业还贷和弥补亏损4000多万元。查出百万元以上违纪单位35个；移交司法机关处理案件两起；加强对重点基建项目的审计和对停缓建项目的跟踪审计，压缩固定资产投资1.39亿元；经审计，出具了195项基建开、复工项目的审计证明。

一、积极开展审计监督，为深化改革服务

1. 财政收支审计。1989年，根据审计署的安排，我办参加了黑龙江省、哈尔滨市1988年度财政审计；听取了江西、福建两省财政税收自查汇报，财政审计工作拉开了帷幕。1990年，我办首次独立承担市级财政审计任务。审计中，紧紧抓住中央与地方的分配关系，围绕财政收支、税收征管等，发现违反规定减税，自行提取流动资金保值金，扩大集贸分成范围等，共查出违纪金额2857.5万元。同时查出反映在财政收支上而属于宏观调控方面的突出问题有：1989年各种价格补贴比上年度增长18044万元；应弥补而未弥补粮食等6个行业的亏损达2900多万元；市场肉价和民用煤补贴超支1063.5万元等。1991年，我办独立承担了对安徽省财政收支审计任务，针对财税管理上“一散二乱”的现象，进行了重点审计检查，共查出违纪违规金额27684万元。同时，对一些重大问题进行了调查：一是对财税部门越权违规减免1.87亿元税金问题进行调查；二是对安徽省财政厅、计委等19个综合经济管理部门，在预算外设立专项基金问题进行调查。三是对安徽省税务局以“税收效益目标管理”的形式，减免马钢公司流转税21536万元、能交基金1500万元问题，深入马钢公司调查，主要抓了三个方面：一是违规减免流转税，分散财力问题；二是财税管理中普遍性、倾向性问题；三是慎重处理改革开放中出现的一些新情况新问题。通过财政审计起到了严肃法纪，促进地方政府和财税部门带头遵纪守法，加强财税管理。1993年，对江苏省本级财政收支进行审计，同时开展省级预算资金，财政信用资金专项调查，查出侵占中央财政收入4671万元，自行设立预算外专项资金985万元，财税部门挤占挪用财政资金1438万元，通过审计检查，促进了财税管理。

2. 基建审计。我们把控制固定资产投资规模作为审计工作的重点，从四个方面加强审计监督。一是加强重点基本建设项目的审计。1989—1993年，根据国家计委和审计署的安排，我办审计了徐州铁路枢纽、扬子乙烯工程、仪征化纤联合公司等14个大型基本建设项目。审计总额329.25亿元，共查出有问题金额51201万元；概算外投资10558万元；损失浪费1554万元；违纪违规9526万元；以及转贷建设资金、资金不到位等。审计中我们紧紧抓住财务收支这个关键，检查有无挤占成本搞计划外项目以及建设资金落实情况；抓住项目计划和材料物资这两个重点，收到明显成效。二是停缓建项目跟踪审计。1989年，我办5次对21个停缓建项目实施跟踪审计。审计金额16574万元。经审计，有7个项目已被主管部门撤销，压缩投资7159万元。国家已批准复工项目2个，仍有12个停缓建项目将继续跟踪审计。三是施工企业财务决算审计。1989至1991年底，根据审计署

要求对中央在江苏的19家企业开展了财务决算审计，审计总金额14.27亿元，查出违纪金额1036.6万元。四是基建项目开、复工前审计。四年来，对具备开(复)工条件的195个项目，出具了同意开工的审计证明，并严肃处理了4起擅自开工的基建项目。

3. 加强流通领域的审计监督，维护正常的经济秩序。1989年10月，配合审计署对康华等五大公司的审计，我办与江苏省审计局派出联合审计组，对康华金陵开发公司、康华淮海发展公司、康华连云港公司、康华苏州发展公司进行审计。审计发现，上述公司均有倒买倒卖紧俏商品、巧立名目乱发钱物等问题，向审计署报送了审计报告。1989年，为了配合清理整顿流通领域中的公司，我办全面审计了国家10个部局在江苏的26家公司，查出突出问题有：公司发展过滥、经营范围过宽、财务管理混乱、违纪现象严重，共查出违纪金额4000多万元。经审计，对18家公司作出了审计结论和决定，并提出了保留、撤销公司的建议。1990年，我办又审计了9家工贸公司。审计中发现了转移收入，套取国家补贴和奖励；违反外汇管理规定，转移现汇；各市支公司管理混乱等问题，共查出违纪金额1178万元。我办还对16家物资公司进行了跟踪审计。1992年，对4户流通企业的11家投资联营公司进行了延伸检查。

4. 工业企业审计。1989—1993年，共审计了87个大中型工业企业，审计金额668.77亿元，查出违纪金额2.66亿元，应上缴财政7396万元。1989、1990两年，把财务收支审计与承包经营责任审计结合起来，审计了33家工业企业，查出各类违纪金额8289万元。33家工业企业中有14家实行承包经营，审计后，对承包合同执行情况进行全面评价，促进进一步完善承包经营责任制。

1991年、1993年，根据搞好国营大中型企业的要求，检查企业贯彻落实国务院12条措施情况，我办以工业企业为重点，以财务收支审计为基础，在35个单位中开展了“两个延伸”。其中，检查了20个单位的有关内部控制制度和9个单位的经济效益，对6个单位的部分内控制度和经济效益同时进行了延伸。据后续调查了解，我办的审计建议被企业采用落实的有41条，取得了明显的经济效益。

二、积极开展行业审计和审计调查

建办初期，我办把行业审计、审计调查作为审计工作的一个重要方面，注意反映某个行业或者某些倾向性、普遍性问题，促进落实宏观调控措施。

1. 行业审计。1989—1993年，我办先后对烟草企业亏损、石化行业投入产出、航空航天行业经济效益下降、物资行业投资效益、商检系统行业风气问题等进行审计，审计中注意突出行业审计特点，提出切实可行的审计资料，做到有的放矢。进行行业审计时一是深入基层单位，掌握第一手资料全面分析经济状况。如：审计商检局的同时，深入下属11个市局，查出了帐外资金122万元，少记收入150万元等，以及在廉政建设和行业风气等方面存在的问题。二是捕捉行业中的共性问题。如：工资总额包干办法和工效挂钩办法实施中的一些共性问题。

2. 审计调查。1989—1993年，我办围绕贯彻落实治理整顿、深化改革的方针和中央搞好国营大中型企业的决定，开展了32项审计调查，写出了85篇审计调查、综合报告和146期审计简报。据不完全统计，被审计署、财政部等部门采用26篇。主要抓了三个方面的工作：(1)财务收支审计中，抓住经济活动中的重大问题进行专题调查。如：审计发现，财政部驻某市中央企业驻厂员科，1988年6月，按销售收入的3‰向中央企业收取管理费，列入成本。4户中央企业1988年被摊收管理费53.37万元。1990年10月，我办《审计简报》向审计署、财政部、省财政厅中企处反映此项问题，使这个问题得以纠正。又如：审计某电业局时发现，该局依据政府文件，向企业加征电力建设基金。1989年8月至1990年8月共征收了718.26万元。我办向审计署、国家计委、江苏省人民政府反映，建议停止重复征收电力建设基金，引起有关方面重视，也使该问题得到纠正。(2)抓重点单位审计，扩大面上的审计调查，反映普遍性问题。在审计华兴建设公司等4家施工企业的基础上，又对9家施工单位进行审计调查，发现普遍存在含量工资包干不实；利润虚假，单位拖欠款严重，施工任务不足等一些带共性问题。如在审计3个重点建设项目的基础上，又对14个重点建设项目开展审计调查，发现普遍突破总概算，17个项目中有14个超概算，还存在资金不到位和损失浪费现象。(3)从宏观角度分析经济现象，调查研究，为领导决策服务。我办审计简报反映中国有色金属进出口公司某分公司与中国冶金进出口公司某分公司利用两块牌子，一套班子，相互调整帐务，套取外贸补贴的问题后，受到有关部门的高度重视，署领导作了重要批示。我办《关于无锡市财政局向中国华晶电子集团公司收取免税款300万元的报告》，审计署非常重视，编发了简报，抄报国务院等有关部门。再如我办对物资部在江苏的6家物资企业的行风问题进行调查。调查报告报送物资部后，物资部非常重视，4位部领导都签署了意见，充分肯定我办的调查报告，并派出专题调查组到我办进一步了解情况，研究解决物资企业的管理问题。

此外，我办还对消费基金膨胀，企业“吃老本”、联营投资效益、挤占生产发展基金交纳“两金”等经济热点问题进行调查，写出了审计调查报告或审计简报。

驻哈尔滨特派员办事处

审计署驻哈尔滨特派员办事处是1988年10月组建的。5年来，我办认真贯彻执行审计工作方针，紧紧围绕党的经济工作中心开展审计监督，积极改进工作方式方法，努力提高工作效率和工作质量，在促进改革开放和经济发展方面起到了积极作用。1989—1993年共完成审计项目239个，审计资金总额1237亿元，查出各类违纪违规资金19.38亿元，其中应上缴财政13688万元，已上缴7631万元；5年共编发审计简报142期，完成审计调查39项，撰写综合报告和审计论文81篇，有71份材料分别被中办、国办、审计署和有关部门采用或被省级以上报刊刊载。

一、依法开展财税审计，严肃国家财经法纪

1989年，我办抽调一部分骨干力量，参加了署统一组织的对湖北省政府的财政审计，培养锻炼了队伍，为独立开展工作奠定了基础。1990年，经署批准，我办正式成立财政审计处，并开始独立承担对地方政府财税审计的工作任务。当年就完成了对计划单列的哈尔滨市财政收支的审计任务，查出违纪总额2400万元，上缴财政560万元。同时，还对黑龙江、吉林两省的财政收支自查情况进行了审查，对其存在的偷漏税款、越权减免、扩大成本，应收未收、预算内收入转预算外等问题，提出8条纠正处理意见。从1990年到1993年4年间，根据审计署的授权，我办先后完成了对内蒙古自治区、辽宁省的财政收支审计，并对哈尔滨市进行了连续3年的经常性审计，共查出违纪违规资金6.2亿元。依法对其越权违规减免税收、隐瞒截留国家收入、违反政策开展财政信贷业务等问题进行了严肃处理，保证了国家财力的集中，维护了国家财经法纪，促进了地方政府财政收支管理的加强。

二、不断强化基本建设审计

建办以来，我办一直把搞好重点基本建设项目审计作为充分发挥审计在宏观调控中的高层次监督作用的重要途径来对待。1989年组建的第一个专业审计处室就是基建审计处。当年就完成了对富拉尔基第一重型机器厂“七五”重点项目的审计，查出超计划投资2996万元，660万元自筹资金无着落，乱挤乱摊工程成本30余万元等一系列问题。四年来，我们以实现对基本建设项目的全过程审计为目标，不断强化此项

工作。一是坚持对新开工项目进行事前审计，二是对在建项目进行事中审计，三是对竣工项目进行事后决算审计。1992年，我办在哈尔滨电信枢纽工程上进行了首次重点项目竣工决算审计的探索，取得成功。1989年到1993年5年间，共完成开工前审计1779项，基本建设项目审计30项，其中竣工决算审计3项，审计建设资金82.6亿元，查出违纪违规金额48271万元。

在严肃查处基本建设中各类违纪违规问题的同时，我办还及时向有关部门提出加强改进建议。我办审计提出的哈尔滨三电厂二期工程计划投资缺口2.1亿元，应调动中央和地方两个积极性加以解决的建议，被国家能源部和黑龙江省人民政府采纳，各增加投资1亿元；从而保证了此项重点建设项目的顺利进行。

三、推行重点企业经常性审计

我办有大中型企业审计对象近千户，工作任务和工作力量相差十分悬殊。为此，几年来，在企业审计方面，我们始终坚持“突出重点，带动一般”的工作方法，从而将企业审计引向深入。1990年，根据审计署关于对一批重点企事业单位实行经常性审计的要求，我办对大庆石油管理局、大庆石化总厂、双鸭山矿务局、省电力局和大兴安岭林管局等20户企业事业单位实行了经常性审计，当年查出违纪金额8500万元，收缴入库2003万元。

1991年，我们确立了“坚持一个基础，向两方面延伸，开展三项评价，达到四个目标”的深化企业审计工作指导方针，为保证深化工作的顺利进行，我办规定了内控制度检查的八项重点和经济效益评价的48项指标。全办共对15户生产企业进行了深化审计，在财务收支审计的基础上，检查内控制度183项，经济效益指标153项，提出评价报告12份，促其改进工作，加强管理，完善政策等方面的建议75项，被企业和有关部门采纳28项，收到了很好的效果。

1992年，我办把企业审计的重点放在行业审计上，先后开展了石油石化系统行业审计和电力系统行业审计。在石油石化系统行业审计中，查出了大庆石油管理局漏缴固定资产投资方向调节税2000余万元，大庆石化总厂少提折旧，虚增利润14000万元等一系列重大问题。在对5户电力企业的审计中，共查出违纪违规金额679万元，收缴入库130万元。在进行财务收支审计的同时，抽查了8个方面的内控制度76项，审查测算经济指标68项，提出强化企业自我约束机制、完善经营管理、增收节支、提高经济效益等方面的建议29项。

1993年，我办选择了中国机电设备哈尔滨公司、牡丹江公司、齐齐哈尔公司、哈尔滨发电厂、浩良河化肥厂和绥化卷烟厂等6户企业进行资产负债损益真实性审计的探讨，发现3户机电企业户户盈亏不实，总计虚盈126万元；哈尔滨发电厂资产帐实不符，差额达117万元，应列未列销售收入578.8万元，漏缴“两金”105.2万元。

四、积极拓宽工作领域，努力扩大工作成果

一是开展了行政事业审计。1990年以来，每年都选择一部分高校和科研单位进行审计。4年共审计哈尔滨工业大学、哈尔滨船舶工程学院、东北林业大学、哈尔滨焊接研究所等23个单位，查出漏缴奖金税、挪用挤占教育经费等违纪违规资金1526万元，不仅促进了这些单位守法意识的增强，而且对抑制消费基金膨胀，保证教育、科研的发展，加强廉政建设起到了积极的作用。

二是开展了铁路审计。1991年，我办对佳木斯铁路分局进行了就地审计，查出以延伸服务为名乱收费、乱罚款、巧立名目、滥发奖金70余种重大违纪问题，违纪金额105万元，在社会上引起很大反响，引起国家计委、劳动人事部、财政部的重视。《生活报》公开报道了审计查出的问题，国家物价局驻哈特派办、黑龙江省税务局也来了解情况，并直接向上级报告。

三是开展了专项审计。1992年，黑龙江省农场总局划为我办审计范围。1992年和1993年，我办积极组织力量，对黑龙江垦区农业综合开发资金和小型农田水利基本建设资金进行了专项审计。先后深入9个管理局的56个农场，进行了长达两个多月的艰苦工作。两年中，共审计资金总额25977多万元，促进合理有效的使用资金，对促进农业的综合开发和100亿斤商品粮基地建设做出了贡献。

四是开展了金融审计。1993年6月，经审计署批准，我办成立了金融审计处，围绕整顿金融秩序，深化金融审计，先后对中国工商银行哈尔滨分行及其分支机构、中国人民建设银行哈尔滨分行及其分支机构、中国人民银行黑龙江省、吉林省分行及其分支机构的信贷资金及财务收支情况；贯彻执行中央整顿金融秩序重大措施情况；贯彻6号文件和清理整顿金融秩序情况进行了专项审计，共查出超规模放贷、违规拆借资金总额86262万元。

五是开展了社会审计。1991年，经署批准，黑龙江龙华审计事务所正式成立。三年来，共完成咨询项目49项；验资78项；委托审计62项；资产评估20项；参加财税物价大检查，对6户企业进行了审计，查出违纪资金537万元，收缴入库117万元；帮助96户企业完成了新旧会计制度转轨对接工作，创营业收入140万元。在促进企业经营机制转换，完善承包责任制，维护企业合法权益方面发挥了积极作用，收到了良好的经济效益和社会效益。

五、加强信息调研发挥高层次监督作用

我们从办事处的工作特点出发，积极探索，逐步推行了“审计、信息、调研三位一体的工作模式”。1993年，我办又制定了《强化审计信息调研工作的规定》，对审计信息和调查研究实行目标管理和奖惩制度，调动了各处室积极性，收到良好的效果。

实践中，我们坚持“三同时”的工作方法，一是在安排、落实具体审计任务的同时，部署信息、调研工作任务。1990年，全办编发审计简报18期，撰写调查报告6份，均超额完成了年度计划。1991年编发简报38期，完成调查报告12份，分别比上年增加一倍。从1990年到1993年，4年编发的129期审计简报中，有103期是来自审计一线的，撰写的37份审计调查报告中，有31份是与具体审计工作一道完成的。

1990年，我们反映的大兴安岭林业系统三换材管理混乱漏缴税金的信息，审计署发了增刊，向中央五大班子进行了专题反映；我们反映大兴安岭挪用世界银行贷款，援建“5.6”大火作他用的信息，国务院副总理田纪云同志做了重要批示，并适时发了通报。我们在审计中反映的中直事业单位漏缴能源交通重点建设基金的信息，引起了国家税务总局的重视，专门通知黑龙江省税务部门加强对事业单位的税收管理。1991年，我办反映的石油石化企业职工电、气、水、房四项补贴不合理的信息，引起署的重视，组织了全国性的专题调查。1992年，根据李鹏总理关于“对典型问题”带有普通性的问题，要善于从宏观管理方面进行研究”的指示精神，要求全办同志树立宏观意识。在审计大庆石化总厂时，发现该厂联营企业利润按收付实现制入帐这一信息，到联营对方调查，对方则是按权责发生制入帐，当年利润没及时返给石化总厂，结果几千万利润在帐外，偷漏大量税款。我们将两方的作法联系起来，从宏观的角度一分析，其实质是联合截留国家收入的违纪问题。

1993年，我办按照署的统一部署对国有企业贯彻《全民所有制工业企业转换经营机制条例》的情况进行审计调查时，发现国有煤炭企业生产经营处境艰难，特向署报送了《黑龙江地区国有煤炭企业存在问题亟待解决》的专题报告，审计署分别向中央办公厅和国务院办公厅报送了审计信息，引起中央办公厅和国务院办公厅的重视并被两办分别采用。

驻济南特派员办事处

根据审计署划定的审计业务范围，济南特派办负责审计的对象为651个，其中工业企业366个，非工业企业70个，行政事业单位197

个，外资企业18个。几年来，济南办紧紧围绕党和国家工作中心，认真履行审计监督职能，积极主动地加强和改进审计工作，使各项工作不断取得新的进展，较好地发挥了审计监督在宏观管理中的作用。据对1988—1993年审计情况统计，共完成审计项目304个，审计资金总额2734亿元，查出各类违纪违规金额414743万元，其中应上缴财政27532万元，已追缴入库23346万元，查出损失浪费33694万元，促进增收节支40309万元。开展专项审计调查102项，向审计署及有关部门提供了一些有价值的信息，在促进加强宏观调控方面发挥了积极作用。

一、财税审计

根据审计署的统一安排，自1990年以来，连续四年对青岛市本级财政收支进行了审计，1992年完成了对河南省政府1991年度本级财政收支审计，1993年又完成了山东省政府1992年度本级财政收支审计。在省、市财政收支审计中，立足于促进加强财税管理，整顿财税秩序，增强财税部门宏观调控能力和维护国家政令统一，采取审查财政决算同延伸检查主管部门和重点企事业单位相结合、审计与专项调查相结合等方法，不断深化审计内容。在财政审计中，根据各时期党和国家工作中心和财政经济活动中的突出问题，及时调整审计重点，在1990年重点审查财政收支真实合法性基础上，1991年围绕财经活动中出现的财力分散、财政管理松弛等突出问题，重点审查财政决算、财政管理和税收征管环节。1992年，根据加快改革开放和经济发展的新形势，着重审查在财政收支活动中钻改革空子，采取各种手法，明显违反国家财经法纪，挖挤中央财政收入问题，对预算外资金和金库管理进行了重点审计。1993年根据中央关于加强宏观调控的指示要求，主要检查了违规承包流转税、越权减免税、擅自设立预算外专项基金等一些深层次问题。四年来，共查出各类违纪违规金额303617万元，直接影响中央收入14231万元。针对财税管理方面存在的薄弱环节和突出问题，向地方政府和财税部门提出了严格税收征管，健全财政管理制度，提高财税部门遵纪守法观念等审计建议，引起了地方政府的重视，并积极采取措施，严格控制财政支出和税收减免，促进财税部门增强了遵纪守法观念，提高了管理水平。1993年根据审计署授权，在全国率先对青岛海关关税及代征税征管情况进行了审计，检查发现了海关管理中存在的一些问题，对促进海关严格执法，加强税收征管，正确履行海关监管职能，起到了一定的推动作用，并初步摸索了海关审计路子。

二、金融审计

根据审计署授权，1993年首次开展了对青岛市建行、工行、人行和山东省人行等四家银行及其所属分支机构的信贷资金和财务收支审计。根据中央关于整顿金融秩序的要求，把督促检查金融系统落实"约法三章"作为审计重点。采取审计检查与组织被审单位自查自纠相结合、全面审计与重点检查相结合等方法，共查出违规拆借资金、擅自挪用国库券兑付基金、将信贷资金大量注入自办经济实体等违纪违规问题59.3亿元，监督各级金融部门认真进行了清理纠正。

三、基本建设项目审计

五年来，共审计基建项目345个，其中开工前审计264个，停缓建项目跟踪审计66个，大型在建项目审计8个，竣工决算审计7个。共查出概算不实、虚列支出、转移挪用建设资金等有问题金额13.5亿元，压缩投资8.34亿元。

1989年，根据审计署和国家计委的统一安排，配合清理固定资产在建项目，对66个中央驻鲁停缓建项目进行了跟踪审计，查处应停未停项目11个，计划外项目4个，处理违纪违规金额5933万元，压缩投资4.73亿元，促进了国家治理整顿方针的落实。1990年以来，围绕加强对固定资产投资的管理监督，提高基建投资效益，先后开展了基建项目事前、事中、事后全过程审计，并取得了较好效果。一是根据国务院关于继续严格控制固定资产投资新开工项目的通知精神，先后对264个基建项目进行了开(复)工前审计。通过审计，压缩投资3.6亿多元。二是开展了对国家重点在建项目的审计。先后对鲁南水泥厂、胶济铁路复线、兖州矿务局二号井和胶黄铁路等大型在建项目进行了审计，查出乱挤乱摊成本、搞计划和概算外建设以及损失浪费等问题2.69亿元，同时揭示和反映了重点建设项目管理方面存在的问题，对促进遵纪守法、加强管理，提高投资效益起到积极作用。三是在全国率先探索了重点项目竣工决算审计。先后对齐鲁三十万吨乙烯工程、邹县电厂二期工程、鲁南水泥厂、黄岛电厂、菏泽电厂等国家重点基本建设项目开展了竣工决算审计。审计前，督促被审计单位自查自纠有问题资金5580多万元，审计中又查出概算外投资、试生产多提留成、生产挤占基建资金等违纪违规问题1.38亿元，审计后可收回挤占挪用资金5850多万元。对审计发现的问题，均做到边检查、边处理、边调整决算，促进提高了决算质量，为顺利通过国家验收打下了基础。同时，在基建审计中，还注意对投资环境的清理，保证重点项目建设顺利进行。1992和1993两年在对中国重型汽车公司斯太尔项目、邹县电厂二期工程、青岛铝加工厂和菏泽电厂等五个基建项目审计中，清理集资摊派款和违规占用项目资金6448万元，已帮助收回4271万元。通过对国家重点建设项目的全过程审计监督，发现了在项目决策、资金管理和使用中存在的一些倾向性问题，探索了新形势下做好基建审计的路子。

四、重点企事业单位审计

建办以来，企事业单位审计工作始终坚持以财务收支审计为基础，注意从宏观着眼、微观入手，不断改进审计方法，提高审计质量，扩展监督内容，把握审计重点，严格审计执法，在促进企业增强遵纪守法观念，严格财经纪律，转换经营机制，提高经济效益等方面发挥了积极作用。

1. 抓重点单位，深化财务收支审计。五年来，着重抓了对国民经济全局影响较大的石油、石化、煤炭、有色金属、电力、烟草等重点企业的审计和4户世行贷款项目的审计。1990年以来，先后选择了齐鲁石化公司、省电力局、胜利石油管理局、兖州矿务局等9户大型重点企业进行了经常性审计。审计中，围绕促进加强财会管理、增强法纪观念、强化自我约束机制、改善经营管理和提高经济效益等项目标，采取审计“龙头”与轮审下属单位相结合、国家审计与委托内部审计相结合、查处带有行业性问题实行上下结合、审计与帮促结合、全面审计与专项调查相结合等办法，取得较好效果。据对连续审计三年的八户企业统计，共促进建立和修订内部管理制度168项，从制度上堵塞了漏洞，涌现出一批基本无违纪单位。1993年针对国有企业转换经营机制，实行新的财会制度的新形势，选择6户大中型企业探索了资产负债和损益审计，查出国有资产流失13248万元，资产不实119909元，负债不实3985万元，损益不实201627万元。

2. 在财务收支审计基础上，积极开展向内部管理和经济效益方面延伸审计。自1991年开始，按照审计署部署，把“两个延伸”做为企业审计的一项重要内容。1992年初，制定了济南办开展“两个延伸”审计试行办法，使“两个延伸”逐步走向制度化、规范化。先后对34户重点骨干企业主要围绕物资管理、设备利用、生产消耗、内控制度等方面开展延伸。查出由于经营管理不善等原因每年造成损失浪费4700多万元，并有针对性地下达了《审计意见书》，提出审计建议80多条，促进企业增收节支6000余万元。如1991年对山东铝厂延伸审计时，发现该厂氧化铝生产纯碱消耗居高不下，已由1986年每吨消耗98公斤，上升到1991年2月审计时的197.8公斤，仅此一项使总成本上升1.5亿元。对此，审计组在认真调查分析基础上，提出了加强管理的五条建议，引起该厂高度重视，并采取有力措施予以落实，收到明显效果。据统计，1991年审计后的八个月同前四个月相比，氧化铝纯碱单耗降低18.36公斤，节碱5216吨，增加利润521.6万元。进入1992年后，该厂又进一步采取措施，狠抓节约降耗，审计组又先后多次深入企业，帮助落实审计建议，并争取财政中企部门批准奖励措施，进一步调动了广大职工节碱降耗的积极性，全年氧化铝纯碱单耗降为136.31公斤，比上年同期单耗降低32.39公斤，节碱13914.2吨，增加利润1351.07万元。

3. 围绕促进企业转换经营机制，积极维护企业权益。如1991年对兖州矿务局审计时，发现地方政府和邮电部门违反国家收费标准，向企业多收取程控电话安装费，企业无力交纳，一直僵持不下。1992年审计时，审计组查明国家规定标准，经反复协调，促使双方达成协议，由原来要求交纳430万元，减少到58.1万元，企业节约资金370多万元。

五、开展审计调研，为宏观管理服务

建办以来，围绕深化改革、发展经济中出现的普遍性、倾向性问题，先后完成了24项较大的审计调查任务。还结合审计，开展了70多项专题调查，分别向审计署和有关部门反映了情况，提出了建议并引起重视。如1990年对中央驻鲁企业留利水平悬殊以及税后留利偏重个人消费的调查，引起了国家领导和有关部门的高度重视，全国人大财经委员会专门听取了审计署的汇报，并要求对企业留利悬殊问题继续深入进行审计调查。1991年对工商银行青岛分行"七五"期间技改贷款管理使用情况的调查，针对发现的普遍性、倾向性问题，提出了改进建议，引起中国工商银行总行领导的重视，责成青岛市分行认真研究加强管理的措施。对部分中央项目借用外债的管理使用情况的审计调查，发现和反映了一些值得注意的倾向性问题，邹家华副总理批示国务院有关部门引起重视。此篇调查报告在审计署1991年首次进行的全国优秀审计信息评比中，被评为全国十条好信息之一。1992年对氧化铝进口过多冲击国内市场的调查，国务院经贸办和中国有色金属总公司根据调查反映的情况专门作了研究，及时制定出平衡进口的措施，保护和促进了国内生产。1993年在对胜利油田审计和调查中，发现由于盈亏指标不落实和财务核算体制不合理，自1987—1992年累计潜亏达77.3亿元，使企业背上了沉重包袱，我办及时向上级有关部门进行了反映，促使问题的解决。在搞好专项审计调查的同时，注意加强综合分析，搞好信息反映，到1993年底，共编发审计简报及增刊177期，各种报告、信息被审计署、新华社和山东省委、省政府等部门采用112篇(次)，中央办公厅或国务院办公厅采用了24篇。

驻太原特派员办事处

审计署驻太原特派员办事处于1990年10月正式成立。建办三年多来，在审计署的正确领导下，在山西省委和省政府的大力支持下，工作局面逐年开拓；工作效率逐年提高；审计业绩逐年显著。建办初期，全办上下始终坚持"边组建，边工作，积极发展，逐步提高"的工作方针，艰苦创业，开展了"兴四风、创一流"活动，推动了全办各项工作不断登上新台阶。1993年，全面落实"创新、务实、上台阶"的各项工作目标，全办思想观念有了新转变，工作水平有了新提高，机关面貌有了新变化，在参与宏观调控，维护财经法纪等方面都发挥了积极作用。

一、突出工作重点，强化监督职能

三年多来，我办共审计162个单位和项目，其中对48个基建项目进行了开工前审计。累计审计资金总额1334.6亿元，共查出各种违纪违规金额17.25亿元，决定收缴财政1.46亿元，已收缴入库2426万元；促进被审计单位增收节支5855万元；促进企业提高经济效益达6569万元。具体审计情况是：

1. 财政审计。1992年完成了对山东省税收减免(重点是流转税减免)和税收分成情况的专项审计和调查，共查出不符合国家有关政策法规的12个问题，涉及金额2.44亿元，其中影响中央财政收入765万元。1993年，我办对山西省1992年度的财政决算和内蒙古自治区1993年的预算执行情况进行了审计调查，向审计署提交综合财政审计报告3份，专题审计调查报告6份，向财政部门提出改革和完善财政管理体制的合理化建议22条。对山西省本级财政收支的审计，共查出五个方面违反财政制度的55个问题，违纪金额1.68亿元。山西省胡富国书记（原省长）对这次审计给予了充分肯定，并要求财税部门对有关问题认真进行纠正。

2. 金融审计。1993年，我办对大连市工商银行信贷资金的审计，是我办承担的第一个金融审计项目。共查出有问题资金10多亿元。针对查出的问题，我办依法准确定性，并提出了一些加强宏观调控的建议。此外，我办还组织了力量对山西省运城、临汾两个地区清理整顿典当商行的情况进行了专题调查；对太原市部分未经人民银行批准擅自成立的金融机构进行了调查。均针对存在的问题提出改进建议，为有关部门提供了决策依据。

3. 基建审计。三年多来，我办累计完成了7个国家重点建设项目、4个施工企业的基建审计以及对48个国家重点投资基建项目的开工前审计。1991年，我办承担了对国家重点建设项目—古郊矿区马兰矿井建设项目审计，共查出违纪违规金额9796万元，其中概算外工程投资7183万元，责成归还原资金渠道883万元，补交税款217万元。1992年，完成了对东曲矿井、屯兰矿井选煤厂、候月铁路等三个国家重点建设项目的审计，查出有问题资金2.33亿元，占审计资金总额的8.8%。通过审计，确定核减项目投资6676万元。同时，对化工部第二建筑工程公司和冶金部第十三冶金建设公司2个施工企业进行了审计，共查出违纪违规金额285万元。1993年共完成对铁道部太原机车车辆厂改建项目、阳泉三矿改扩建项目和太原化学工业公司TDI建设项目共3个国家重点建设项目的审计。审计资金总额7.3亿元，查出违纪金额1亿元，上缴财政44万元。完成了对山西铝业建设公司和中国十三冶金建设公司2个施工企业的审计，对15个固定资产投资项目进行了开工前审计。对中央驻晋78个单位的固定资产投资开工前项目情况进行了审计调查，重点对煤炭、电力、铁路系统存在的问题进行深入分析，提出了加强管理的具体建议，引起了有关部门的重视。

4. 企业审计。三年多来，我办共对83个中央直属的煤炭、电力、冶金、军工等国有大中型企业进行了审计，累计审计资金总额899.1亿元，查出违纪金额1.9亿元，为国家挽回经济损失1576万元。通过审计，在查处和纠正违纪违规问题的同时，帮助企业整章建制，改善管理，挖掘潜力，提高效益，受到普遍赞誉。

特别是1993年，为使企业审计工作适应建立现代企业制度的需要，我办把资产负债和损益审计作为改革企业审计方法和重要课题，大胆实践。全年共审计37个企业，其中对14个企业实行了资产负债和损益审计。初步总结出“抓住六个环节，坚持六个结合”的审计方法。

5. 事业单位审计。建办三年多来，通过对18个事业单位的审计，共查出违纪违规金额2317.3万元，查出损失浪费金额300多万元，处以罚款2万元。对事业单位的审计，我们把重点放在财务收支的真实、合法上，同时也有针对性地检查这些单位的内控制度，特别是预算外资金的管理，帮助健全制度，管好用好资金。

通过审计，这些单位违纪违规现象明显减少，1991年审计7个单位，查出违纪违规金额767万元，平均每个单位发生违纪违规109.6万元；1992年审计5个单位，共查出违纪违规金额127万元，平均每个单位发生违纪违规25.4万元，降低76.2%。

6. 社会审计。1992年10月，我办成立了华晋审计事务所。该所成立一年多来，在开展审计查证和咨询业务中，积极向中外合资企业延伸，完成了2个合资企业的审计和验资业务。

二、深化“两个延伸”，再探企业审计新路

建办头两年，我们在探索“两个延伸”审计中，注重突出“三个重点”：一是抓重点单位，选择产值高、亏损多的企业进行经济效益审计；二

是抓重点问题，通过对重点问题的检查，向内控制度和经济效益方面延伸；三是检查重点内控制度，及时发现在经营管理中的薄弱环节，提出改进建议。“二个结合”：一是审计与综合分析结合，摸清底子，找出症结，扩大成果；二是微观和宏观结合，既要把微观的事物放到宏观上考虑，又要从宏观角度指导微观审计。特别是1992年，随着改革开放步伐的加快，企业转换经营机制条例的贯彻执行，我办经过不断探索，又及时总结出“走好六步棋，延伸查效益”的新的工作方法，即：一是纵横对比；二是定量分析；三是定性研究；四是对症检查；五是重点突破；六是检查落实。

1993年，为进一步深化企业审计工作，我办大胆开拓、积极探索资产负债、损益审计方法并有所创新，成功地总结出“抓住六个环节”，坚持“四步六结合”工作法的经验，受到审计署和山西省政府的好评，并分别在审计署《审计工作通讯》和山西省政府《晋改信息》全文刊载，这一经验还在全国企业审计工作会议上作了重点介绍和交流。

三、坚持不懈地抓队伍建设

我办在实际工作中也切实把搞好队伍建设作为头等大事，常抓不懈。在这方面我们主要抓了五方面的工作：

第一、加强思想政治工作，提高政治理论水平。第二、建立健全岗位责任制，严格考核，使机关管理走上规范化、制度化。第三、全面深入开展“兴四风、创一流”活动。全办上下大兴“严、细、快、实”的工作作风；每个职工在各自的工作岗位上，努力争创一流水平。第四、深入开展反腐败斗争，坚持抓好廉政建设。建立制度，强化约束机制，实行“两文一表”制，即在向被审单位下发审计通知书时，附“审计程序”、“审计工作纪律”和“审计干部廉政情况征求意见表”，要求被审单位监督。1992年10月份又制定了“严格执行审计纪律的七项补充规定”，使廉政要求更加严明、具体。特别是1993年8月中纪委二次全会以后，我办专门成立了反腐败斗争领导组，重点抓了七个方面的专项治理。通过自查自纠，全办及时清理个人拖欠差旅费8万余元；电话费用由每月1万元下降到5千元左右；在廉洁奉公方面，涌现出不少先进单位，如基建审计处在被审单位做到“四不”，受到被审单位好评。

回顾我办三年多来的工作，主要有五个方面的特点：第一、坚持依法审计和实事求是地处理问题，审计质量比较好，被审单位比较满意。第二、深化“两个延伸”，注重后续审计，收到一定效果。我办在审计工作中十分重视向检查内控制度和经济效益方面延伸，对有些重点企业还进行了全面的经济效益审计。如对晋城矿务局先是进行了经济效益审计，1993年又进行了后续审计，发现审计建议的落实情况良好，审计提出的24条近期改进建议，有19条基本落实，3条部分落实；8条中长期建议，有5条基本落实，在不到一年的时间里，企业因此实现经济效益2335.4万元。第三、积极帮助企业摆脱困境，增强活力。1991年我办审计电力企业时了解到，由于用电单位长期拖欠电费，严重影响山西电力工业的发展，全省拖欠电费金额达12319万元。为此，我办专门组织7个调查组共32人，分赴各地市进行调查。在摸清情况、查明原因的基础上，对拖欠单位提出了具体的清欠要求，仅12月份，就帮助电力部门收回电费4278万元，不少地市供电公司的领导专程来我办送匾，表示感谢。能源部领导多次在全国性的会议上进行表扬，《中国电力报》在头版头条作了报道。第四、围绕经济建设中的重大问题，广泛深入地开展审计调查，为宏观调控服务。三年多来，我办累计完成重大专题和综合调查项目28个，为署计划安排的1.3倍。仅1993年就完成14项，是前两年的总和。同时，共编发《审计简报》《情况反映》138期，被审计署、山西省委、省政府、国家级新闻单位采用65篇/次，采用率47%。如1991年，我办对六大国家统配煤矿经济效益情况进行了调查，及时编发《“三角债”严重困扰煤炭企业》的报告被山西省委《山西信息》采用并上报中共中央办公厅采用。1992年，我办对驻晋兵工企业亏损情况及候月铁路建设项目情况进行了调查，调查报告被署《审计工作通讯》采用并报国务院办公厅采用。1993年，我办编发的《决策缺乏超前意识，建设工期一拖再拖，盈利企业变成亏损大户》的简报，《中国信息报》1993年7月2日头版头条全文刊载，并加了《谁来负这个责?》的编者按，引起国家计委和铁道部领导的高度重视，铁道部派工作组赴山西调查落实解决这一问题。1993年11月24日《中国信息报》又在头版头条专载我办《情况反映》以《好大的一张嘴——基建投资的三分之一被各种收费吃掉》的文章，并再次加了《管一管“吃客”》的编者按，山西省委和省政府极为重视，《山西信息》、《晋政信息》采用后报中办、国办，同时解放日报社《报刊文摘》和山西省纪检委《监督时报》也全文转载，引起社会各界重大反响。第五、建办三年来，我办社会影响扩大，知名度有较大提高。被山西省政府授予“山西省1993年度责任目标优胜单位”荣誉称号。

驻成都特派员办事处

驻成都特派办1988年12月成立以来，认真执行“边组建，边工作”和“积极发展、逐步提高”的方针，紧紧围绕党和政府的经济工作中心，积极履行法定职责，突出审计工作重点，不断改进审计方法，拓宽审计领域，深化审计内容，确保审计质量，从而有效地推动了审计业务的迅速发展。全办五年共完成审计项目408个(含开工前审计项目232个)，累计审计资金总额2014亿元，共查出违纪违规金额13.8亿元，收缴财政3.55亿元，处以罚款346.3万元，追还侵占挪用资金2.35亿元，查出损失浪费金额2.24亿元，人均为国家增加财政收入290万元。同时，向被审计单位提出加强管理、提高经济效益方面的建议369条，促进被审计单位实现增收节支2.75亿元；开展专项审计调查39项，向署报送审计调查报告和综合、专题报告88篇。为维护国家财经法纪，加强宏观管理，促进经济改革和经济建设的健康发展，发挥了积极作用。

一、财政审计

一是1990年、1991年对重庆市财政收支进行连续审计，共查出违纪违规金额3亿多元，其中收缴中央财政2138万元；二是1992年分别审计了山西、云南两省1991年度本级财政收支，共查处金额3.36亿元；三是1993年按时完成了对重庆市1992年度财政决算审计和四川省1993年预算执行情况的审计，共查处金额3亿多元，其中增加财政收入1.05亿元，并完成了重庆市执行国家财税政令、四川省财政预算外基金、财政信用资金等6个方面的专题调查；四是1989年派员参加了署组织的对武汉财政收支的审计，张思武特派员担任审计组长；1993年派员参加了国务院核实财政收支检查工作，由张思武特派员担任赴四川省、重庆市检查组组长，督促四川省及重庆市政府有效地控制了财政赤字。

在财政审计中，始终注意了对财政管理的评价和建议，决算审计分析，并延伸到有关部门和单位，重点对财政专项基金的设立和使用、预算外资金管理、财政信用资金的使用和管理、财税体制改革等情况进行了审计调查，分别对地方政府提出了建议，向署报送了专题报告。

二、金融审计

1992年派员参加了署金融司组织的金融信贷审计试点，并着手组建了金融审计处。1993年顺利完成了对建行成都市分行和人行四川省分行的信贷资金和财务收支审计，共查处违纪违规金额71亿元，收缴财政886万元，清理违章拆借资金55亿元，促使两行分别收回违章拆借资金的33%和70%，督促纠正了违反利率政策和银行自办经济实体等违纪违规问题，取得了首次审计效应，为落实中央金融宏观调控措施，执行“约法三章”，整顿金融秩序，发挥了督促作用。

三、基建审计

积极探索了事前、事中、事后全过程审计，先后对铜街子水电站、攀钢二期扩建工程、渡口水泥厂扩建工程等19个基建项目进行了审计，其中国家重点建设工程项目12个，审计投资总额121亿元，查出违纪违规金额1.8亿元，收缴财政2000万元，对232个新开工建设项目进行了开工前审计，审计投资总额170.6亿元，出具审计结果通知书83份。还对21个基本建设“停缓建”项目进行了跟踪审计，共压缩基本建设投资1.15亿元。

四、外资审计

1992年以来，先后对我国目前利用世界银行贷款最多的二滩电站工程项目、重点学科发展项目（涉及7个单位）、教材开发项目及第五批铁路项目进行了审计，审计总金额73.2亿元，向世界银行提交审计公证报告和管理意见书2份，报出19份审计报告并作出审计结论和决定，并对部分大型设备利用率低和引进设备质量不合格等问题进行了延伸调查，报送专题调查报告4篇，促进了项目执行单位合理有效地使用世行贷款。

五、企业审计

五年中先后对电力、烟草、石油、煤炭、冶金、兵工、商贸等行业的109户企业进行了审计，共查出违纪违规金额3.43亿元，收缴财政1.2亿元。在不断深化财务收支审计基础上，积极开展对企业内控制度和经济效益两个方面的延伸审计，并开始向检查资产、负债和损益的真实性，资金运用的合理性、有效性等方面深化。特别是1993年，重点选择了占有国有资产多、亏损额大和财政补贴多的企业进行审计，突出了资产、负债、损益真实性和国有资产流失等重点审计内容，减少了对一般企业的审计。同时，把社会审计查证作为企业审计改革的一项开拓性工作抓，大力支持有认可资格的社会审计组织开展对非直接审计的企业审计查证，使企业审计突出了重点，扩大了审计面。

六、事业单位审计

五年中共审计事业单位28个，审计金额12亿元，查出违纪金额2597万元，其中收缴财政79.3万元，促进被审计单位加强了财务管理。五年来，成特办在取得上述审计成果的同时，还在以下方面做了大量工作。

一是围绕经济工作中心，突出审计工作重点。建办后，成特办始终坚持围绕党和政府的工作中心，找准自己的位置，确立审计工作重点，努力为改革开放、发展经济和加强宏观管理服好务。头两年，为适应国家治理整顿、深化改革的形势，解决总量失衡，控制基本建设规模，保证财政收入，成特办把审计重点摆在基本建设、省市财政和税利大户的财务收支审计上。1989年，重点审计了四川省电力工业局所属6栋电力调度综合大楼基建工程和四川省烟草公司及所属10户工业企业；1990年，在工业、财政、建筑等行业确定了12户经常性审计单位，并对4个国家重点基建项目进行了审计。1991年以来，按照审计署的要求，成特办的工作重点开始由违纪违规审计向为宏观管理服务方面转移，对被审计单位普遍开展了“两个延伸”审计。特别是1992年中央2号文件下发和党的十四大召开后，成特办确立了“以强化审计监督、突出宏观服务为主线”的指导思想，围绕经济工作的中心，按照建立和发展社会主义市场经济体制的要求，从工作目标到力量部署、从审计范围到审计内容以及审计方法等方面进行了相应调整，抓紧组建了金融审计处，加强了财政、基建审计和信息调研力量。把财务收支审计的重点放在国有资产的保值增值和偷漏流转税、私设小金库等重大违纪问题上，把“两个延伸”审计的重点放在财务管理和资金占用的合理有效方面，把审计调查研究的重点放到从宏观上研究改革开放和发展经济中出现的新情况、新问题上，使审计工作在建立社会主义市场经济体制的过程中和加强宏观调控方面较好地发挥了作用。

二是开展“两个延伸”审计，扩大审计社会效果。1991年以来，成特办认真贯彻“一审二帮三促进”的工作方针，积极开展“两个延伸”审计，向112个企事业单位提出了加强管理、提高经济效益的审计建议360多条，绝大部分被采纳落实，收到明显成效：帮助被审计单位清理入帐固定资产5.3亿元，对维护国有资产的安全完整有所促进；帮助被审计单位清理出应收回的资金9850万元，为企业减少或避免了损失；查出损失浪费金额1.62亿元，促进被审计单位加强了内部管理；延伸审计企业第三产业、联营投资等经济往来活动，以助于堵塞国有企业资产效益的流失；延伸审计基建、技改投资效果，发现有7亿元技改资金用于非生产性建设；反映了1.1亿元投资长期未发挥效益等问题，受到有关领导的重视，促进了投资效益的提高；延伸审计对外投资效益，促进被审计单位强化对外投资管理；围绕贯彻落实《全民所有制工业企业转换经营机制条例》开展延伸审计，帮助企业改善外部环境，促进企业转换经营机制。

三是加强信息调研，为宏观调控服务。在审计工作中，成特办坚持从宏观着眼，从微观入手，认真研究和积极反映经济生活中带普遍性、倾向性、苗头性的问题。五年共报送审计信息简报、审计调查报告、审计工作专题（综合）报告等201篇，先后被审计署、国办、新华社、地方政府和省级以上报刊采用97篇（次）。特别是1992年以来，成特办更加注重转变观念，增强宏观意识，突出工作重点，努力为宏观管理服务。全办近两年报送审计信息、调研材料比前三年增长1.3倍，被采用篇次为前三年的2.6倍。其中审计署采用27篇，四川省委、省政府采用10篇，均比前三年成倍增长，为领导机关宏观决策提供了及时有效的服务。如某大型企业在地方政府干预下被迫承包一个严重亏损的集体企业、背上沉重包袱的问题，经审计调查反映后，《人民日报》、《经济日报》等数家全国性报刊相继报道，引起中央有关部门和地方政府的重视，促使问题得到妥善解决。通过对部分中央在川企业贯彻落实《条例》的专题调查，反映企业经营决策权、产品定价权、劳动用工权尚未落实和企业负担重等情况后，被审计署《审计简报》采用，对落实企业经营自主权起到了促进作用。通过延伸调查反映的物资储蓄系统利用国储物资开展对外借贷业务，造成国家储备物资流失的情况，被新华社《动态清样》、《决策参阅》和署《审计简报》采用。审计信息反映的《资金不到位困扰国家重点建设工程》，被新华社《动态清样》、四川省政府《决策要情》和署《审计简报》采用，引起中央领导、国家建设银行和四川省政府领导的重视，采取措施及时解决了二滩电站等重点工程建设资金之需，促进了工程顺利进行。

四是改进审计方法，提高审计质量。在改进审计工作方法上，着重抓了三个方面的工作：一是加强与被审计单位的联系，大力开展审计宣传。二是开展委托审计和审计查证，发挥内部审计和社会审计的作用。三是建立回访跟踪检查制度，检查审计决定执行情况。

在提高审计质量方面，主要抓了四个环节：一是加强审计工作规范化建设。1991年制定了《审计业务工作规范》，对审计业务工作全过程及各个环节进行了全面的规范，做到有章可循。二是建立了审计质量控制责任制，层层建立责任制，形成严密的审计质量控制体系。三是坚持依法审计和实事求是的原则。四是严格质检量化考核。

五是加强队伍建设，维护审计形象。建办后，成特办十分注重加强职工的思想、作风建设和业务培训，不断提高职工队伍的整体素质，以适应审计工作的需要。

在思想作风建设方面，提出了“政治坚定，求实进取、团结协调、廉洁公正”的基本要求，实行了思想政治工作分级负责制。在廉政建设方面，制定了《关于保持廉洁的规定》、《回避制度》等12项150条规章制度，坚持实行了《审计人员执行纪律情况监督卡》。五年中全办拒收礼品礼金450多人次、折合人民币5.6万多元，较好地维护了审计机关和审计人员的良好形象，受到审计署、中共四川省委等领导机关和众多被审计单位的好评。由于开展“学习、团结、勤政、廉洁”四好活动成效显著，成特办领导班子1993年5月受到中共四川省直工委的奖励和表彰。

驻昆明特派员办事处

为了加强对中央在滇企事业单位的审计监督，根据《国务院办公厅转发审计署关于在部分城市增设审计特派员报告的通知》精神，审计署驻昆明特派员办事处(以下简称昆明特派员办事处)于1988年8月17日正式成立。

一、几年来的主要工作实践和成果

在审计署领导下，昆明特派员办事处紧紧围绕以经济建设为中心，为改革开放和发展经济服务，负责对中央在滇的企事业单位的财务收支，内部控制制度及经济效益进行审计监督。1993年根据署的部署，为强化审计监督，对企业审计方法作了改革，将企业的资产负债真实、合规列为审计重点，对企业进行分层次审计；参加审计署组织的对有关省、直辖市及计划单列城市财政、金融机构进行审计监督。1993年，署将云南、贵州省两省财税系统及人行贵州省分行及其下属机构正式划归昆明特派员办事处进行审计监督，当年独立开展财税、金融审计工作，达到了一定的深度与广度；对国家重点大型基本建设项目1993年除开展了开工前和在建项目的审计检查外，还对建设项目的全过程进行审计监督，特别是在竣工决算审计方面进行了有益的探索，为今后更好地开展基建全过程审计积累了经验，打下了基础。截止1993年底，共审计268个项目(单位)，审计总金额10785383万元，查出违纪金额100606万元，应上缴财政11838万元，已上缴财政9725万元，压缩基建投资1亿多元。详见下表：

审计主要情况统计表(1989—1993)

单位：万元

项目 \ 年度	合 计	1989	1990	1991	1992	1993
审计单位数(个)	268	47	56	57	57	51
审计总金额	10785383	393233	435743	2423433	2622786	4910188
查出违纪金额	100606	3951	16663	1776	45866	32350
应上缴财政金额	11838	274	234	277	1140	9908
已上缴财政金额	9725	127	330	270	1119	7879
追还被侵占挪用资金	6548	—	—	61	613	5901
查出损失浪费金额	1309	—	—	—	1309	—
促进增收节支金额	1901	—	—	—	1910	—

几年来，通过对部分重点企业资产负债、损益审计和对内部控制制度及与财务收支有关的经济活动进行延伸检查，帮助企业(单位)转换经营机制，改进和加强内部管理，提高经济效益，在维护国家利益的同时，也维护了企业(单位)的合法权益。特别是开展财税、金融审计和对经济活动中带普遍性的问题开展专项审计调查，为国家加强宏观调控发挥了积极作用。

1. 围绕党的中心工作，积极开展全方位审计监督。(1)积极开展财税金融审计，促进国家宏观调控措施的落实。为配合国家整顿财税金融秩序，昆明特派员办事处在开展财税审计时注意根据云、贵两省实际和特点，突出中心，把握重点。对云南省的财税审计重点放在中央、地方利益分配和预算管理松弛上；对贵州省的财税审计则重点突出下放税收管理权限，越权减免税和“两金”方面的问题。仅1993年就审计查出两省财政收入流失2.9亿多元，收缴财政9908万元。对维护国家财经法纪，加强财税管理，平衡财政收支起到了积极作用。金融审计以财务收支审计为基础，着重审计计划外集资和违章拆借资金，特别是绕过信贷规模搞放贷以及执行“约法三章”等情况。1993年对人行贵州省分行及其部分下属机构的审计，就查出挤占成本、虚列支出140万元，帐外资金和“小金库”

799万元，漏交所得税及“两金”393万元以及违规参股、购买股票和有价证券2474万元，有力地促进了国家宏观调控措施的落实。(2)开展重点企业审计，是促进企业转换经营机制的重要步骤。几年来，昆明特派员办事处认真贯彻执行“抓重点”的方针，对审计范围内的9个行业44户工业企业进行了分析比较，烟草、有色金属和电力3个行业固定资产(原值)696849万元，占76.9%；工业总产值520153万元，占79%；销售收入1702930万元，占92.2%；利税总额604235万元，占96.8%，在国民经济中具有举足轻重的作用，对这三个行业中昆明、玉溪、曲靖、楚雄、昭通五大卷烟厂和云南锡业公司、云南冶炼厂、易门铜矿、云南省电力工业局等企业进行重点审计，抓住了主要矛盾，带动了对在滇企业的全面审计监督。1993年，改革了企业审计方法，按照抓重点、分层次的原则，在试点的基础上，从财务收支入手，对企业资产负债、损益审计进行了有益的探索，初步总结出一套行之有效的审计方法，并在面上逐步推开，既维护了国家资产的安全、保值和增值，也保护了企业的合法权益，努力达到“一审二帮三促进”的目的。同时，对重大的带倾向性的财务收支问题进行了审计调查，揭露矛盾，反映情况，提出了加强宏观调控的建议。

2. 开展经常性审计，搞好“两个延伸”。深化重点企业审计，是审计工作发展的客观需要。为此，从1991年起，昆明特派员办事处对重点企业开展经常性审计，在财务收支审计的基础上，逐步向检查企业有关内部控制制度和经济效益延伸。通过试点，探索总结出深化企业审计的路子，即：坚持一个基础(以财务收支审计为基础)；搞好两个延伸(向企业内控制度和经济效益延伸评价)；出三个报告(财务收支审计报告、内控制度和经济效益评价报告、经常性审计综合报告)；实现三个目标(使企业增强法制观念、违纪现象大幅度减少、改善经营提高效益)和一个服务(为落实搞活企业政策和维护企业的合法权益服务)。

开展经常性审计和搞好“两个延伸”的检查，揭示了企业内控制度和经济效益方面存在的问题，从而有针对性地提出改进建议，被企业采纳后，促进企业增加经济效益2431万元，把“一审二帮三促进”有机地结合起来，受到了企业的重视与好评。

3. 开展重点基建项目审计，为控制固定资产投资规模服务。根据审计署、国家计委的统一安排，1990年起开始从在建项目审计检查入手，逐步做到对重点基本建设项目进行开工前、在建过程和竣工决算全过程审计。据此，先后对漫湾水电站、云南小龙潭第二发电厂二期工程、云南小龙潭煤矿四期扩建工程、漫昆50万伏输变电工程、贵昆铁路电气化工程、南昆铁路在建工程等分别进行了开工前、在建过程和竣工决算审计，并对施工企业和投资环境进行了评估。截止1993年底，共审计46个项目，审计总金额159.31亿元(不包括开工前审计金额)，压缩基建投资1.16亿元，调整概算1.09亿元。这对控制固定资产投资规模，防止挪用和铺张浪费，促进管好用好建设资金，保证建设工程质量，提高投资效益等都起到了积极作用。

4. 开展行政事业单位审计，为廉政建设和端正党风服务。几年来，昆明特派员办事处将审计范围内的中央在滇34个行政事业单位，分别不同情况，或作为经常性审计对象；或进行定期审计或轮流审计。在审计时我们注意把财务收支审计同促进廉政建设结合起来，这对制止滥发奖金、实物，制止三乱和乱摊乱挤事业经费，促进勤俭节约和增收节支，端正党风都起到了积极作用。1990年对省地震局等8个单位进行审计时，查出违纪金额116.6万元，到1991年再次审计时，违纪金额减少为22.6万元。这是审计监督严肃了财经法纪，增强被审单位自我约束能力的结果。这对保证经济体制改革的顺利进行和促进党风、社会风气的好转和加强被审单位廉政建设起到了积极的作用。

5. 开展专项审计调查，为宏观调控和决策服务。为服务于宏观调控和决策，昆明特派员办事处先后对中国有色金属总公司昆明公司、云南省电力工业局、中国统配煤矿总公司昆明公司、中国烟草总公司云南省公司和兵器工业部五个行业下属的十几个大中型企业，开展了《关于企业自有资金的提取、管理和使用情况的审计调查》、《关于企业“吃老本”的审计调查》、《关于企业经济效益下降情况的审计调查》、《关于国营大中型企业困境情况的审计调查》、《关于企业留利水平相差悬殊问题的审计调查》、《关于消费基金增长情况的审计调查》、《关于对玉溪、楚雄、昭通、红河卷烟厂被摊派情况的调查》、《关于对有色矿山维简费提取、管理和使用情况的审计调查》和《全民所有制工业企业转换经营机制条例贯彻落实情况的调查》等等，上述审计调查资料分别被署或有关部门采用。此外，还及时向审计署和政府有关部门及时提供大量审计工作中的重要情况和信息。五年来，共编发《简报》99期，《情况反映》10期，《情况与交流》3期（13份资料）。上述《简报》、《情况反映》等被审计署、中共中央办公厅、国务院办公厅采用信息条目共20篇；另有10篇审计宣传资料被省以上新闻单位所采用，使审计监督为宏观调控和决策服务逐年有所增强。

二、坚持思想教育，加强廉政建设

昆明特派员办事处从1989年起，就建立了办处两级干部“中心学习组”制度，坚持认真学习党的重要政策法规，进行党纪、政纪、法纪教育，目的是使领导干部先走一步，多学一点，学深一点，并且见诸行动。因此，不论是组织生活或民主生活会，办处两级领导干部都能自觉地用党章中关于党员领导干部的基本条件认真进行对照检查，开展批评与自我批评，以期在学习、工作和廉洁勤政方面更好地起模范带头作用。此外，几年来，还在每年的年终总结整训、干部考核、党员评议和经常性的思想政治工作中，把艰苦奋斗，勤俭节约，廉洁勤政作为重要内容，常抓不懈，做到逢会必讲，警钟长鸣。

正是办、处两级领导的表率作用，推动了全办党的建设和廉政建设，经受住了改革开放和发展市场经济的考验，出现了不少好人好事。仅据1993年不完全统计，就拒收实物81人次，折款18830余元，拒宴请5人次；对确实难以拒绝暂时收下的现金5000元，大小礼品225件（折款5200元），都如数交给办里统一处理。省级国家机关工委领导同志听了办处两级领导自查自律的情况后，对审计人员在金钱物质面前心不动、手不痒的过硬作风给予了很高的评价。他说：“你们对反腐斗争认识好，态度端正，自觉性高，体现了共产党员的本色”。

驻长沙特派员办事处

审计署驻长沙特派员办事处，自1989年3月组建以来，审计工作经历了一个逐步发展和深化的过程。在初期的财务收支审计基础上逐步开展了基本建设审计、承包经营责任制审计及向“经济效益”和“内控制度”的延伸，近年又开展了对省、自治区、直辖市的财政、税收及金融的审计。在审计实践中，根据经济发展需要，不断调整审计工作重点，并结合审计工作中发现的带有倾向性重大问题及改革开放中的新情况新问题开展审计调查，为宏观决策服务。

截止到1993年底，已完成审计项目190个，基建停缓建项目14个，开工前审计项目222个，完成“三大检查”项目120个，共查出违纪金额12.96亿元，上缴财政近亿元。

一、1989年 我办成立第一年，按照“抓重点、打基础”，“边组建，边工作”的指导思想，在建立机构，调配干部的过程中，逐步开展了各项审计工作。4月10日派出第一个审计组，正式开展审计。全年先后对白云家用电器总厂、长沙矿冶研究院、零陵卷烟厂、常德纺织机械厂等15个企事业单位进行了审计，还参加“三大检查”项目19个，共查出违纪金额5645.33万元，上交财政2445.24万元，百万元以上违纪单位6个。同时，还根据署工作安排完成了以下任务：

1. 7月至9月对中央各部门在长沙地区的14个基建停缓建项目进行了跟踪审计，这些项目总投资为5762万元，停缓建决定下达时，已完成投资额2292万元，经审计后，共压缩投资3278.6万元。

2. 9月至10月，分别对15个企、事业单位进行审计调查，并委托内审机构对近50个重点企业进行了调查，完成了关于消费基金增长过快的调查报告。

3. 9月，对湖南省挪用粮食收购资金情况进行了查核，发现至1989年6月底，全省挤占挪用资金达16099万元。发出《关于查核湖南省挪用粮食收购资金情况的报告》在湖南省引起很大震动，一位副省长在该报告上签署了意见并向全省转发。

4. 10至11月，根据审计署、国家计委的安排，对东江水电站基本建设项目进行了就地审计，查出挤占工程投资11591.82万元，各项损失浪费2319.06万元，同时，还发现该项目在建设资金管理使用方面的一些问题，及贪污、盗窃和行贿受贿案件线索。针对这些问题提出的审计意见与建议，引起国家计委有关领导、主管部门的重视并被采纳。我办向署专题汇报了审计调查情况。

二、1990年 审计工作指导思想是"抓重点，扩大审计影响；打基础，提高工作质量"。重点开展了对经常性审计单位的审计及行业审计，并在审计处理中，认真贯彻了"客观公正，实事求是"的原则，得到了被审单位的好评，还积极进行了对承包经营责任制的审计调查。全年完成审计项目29个，其中3个大型基建项目审计，9个基建项目的开工前审计，"三大检查"项目16个，查出违纪金额6456万元，上缴财政1975万元。

1. 重点开展了对9个单位的经常性审计，促使被审单位发生四点变化：一是对审计的认识普遍提高，扩大了影响；二是健全了财务管理制度；三是充实了内审力量；四是违纪金额明显减少。

2. 9月对南方动力机械公司进行了第一轮承包经营责任制的审计调查，这是我办这项工作的首次试点，取得了经验。

3. 3月至4月，对中南工业大学和湖南大学1989年度财务收支情况进行了审计，对查出的违纪金额637万元，根据实际情况进行处理，使教育经费得以归位。高教委领导还写信给署领导，肯定了我们的作法。

4. 集中力量，进行烟草行业审计和审计调查。在全省9家烟厂的审计中发现从1985—1989年共发生损失83405万元，挂在往来帐上，虚盈实亏；从1987—1989年，超目标减免产品税留给企业计89027万元，造成企业片面追求增产超税，产品积压，违纪问题增多，仅1989年就有6家烟厂共虚列销售6832万元。我办的审计调查报告如实反映了这一情况，并提出了解决问题的意见与建议，引起中国烟草工业总公司和湖南省政府重视。

三、1991年 按照署提出的"积极发展，逐步提高"的要求，以"提高工作质量，深化企业审计"为指导思想，开展了两个"延伸"审计，参加江苏和湖南省的财政审计，锻炼了队伍。在行业审计中注意调查研究，反映情况，为企业排忧解难。全年完成审计项目53个，其中经常性审计项目14个，轮审项目38个，大型基本建设项目1个，还进行开工前审计项目11个，参加"三大检查"项目30个，查出违纪金额5295万元，上缴财政1824万元，按时完成署下达的两项重点审计调查。

1. 深化企业审计，在经常性审计单位中开展"两个延伸"。全年选择了8家经常性审计单位，在财务收支审计的基础上进行了"经济效益"及"内控制度"的延伸，为深化企业审计进行了有益的探索，并收到了很好的效果。如对郴州卷烟厂经济效益延伸审计中发现，上半年储备资金高达8000万元，超过计划指标38%，产量只比上年同期增长0.52%，储备资金占用却上升了27%，审计组提出了改进意见，促使企业及时实施整改措施，清理了超储采购定货款1000万元，减少库存量压缩储备资金750万元。又如对南方动力机械公司延伸审计中，针对企业资金周转减慢的自身原因进行分析，提出改进意见，促使企业采取整改措施，缩短了投入产出周期，相对节约资金1000万元。

2. 结合行业审计，开展审计调查。1991年对航空航天、有色金属、石油化工、电力、包装五个行业进行了审计与审计调查，除完成署下达的两项重点调查任务外，还根据行业审计中发现的问题，进行综合分析，先后编写了15份审计简报反映情况，为宏观调控服务。

3. 参加两省的财政审计，培训了骨干。根据审计署安排，我办与审计署财政司共同配合先后对江苏省和湖南省财政进行审计。查出江苏省违纪问题八项，违纪金额49646万元，收缴1612万元(就地转救灾款)。

4. 维护企业合法权益，为企业改善经营环境服务。9月，对白云家用电器总厂经济效益滑坡情况进行了调查，发现该厂生产冰箱累计积压7.2万台的原因之一是当地政府为完成地方产值任务，盲目要求增产的结果。我办及时将调查报告报审计署、企业主管部门和湖南省政府，新华社《国内动态》转载后，朱 基副总理作了重要批示，促使问题得到很快解决。

四、1992年 审计工作在“解放思想，转变观念，抓住机遇，加速发展”的思想指导下，为强化审计监督，向审计的高层次发展，迈出了步子。全年共完成审计项目50个，其中省级财税审计项目2个，基建审计项目2个，世界银行贷款审计项目1个，经常性审计项目15个，轮审项目30个。另外还完成基建开工前审计项目66个，参加“三大检查”项目35个，完成审计调查项目5个，“经济效益”及“内控制度”延伸项目8个，共查出违纪金额3.59亿元，上缴财政785万元。

1. 3月，召开大型审计研讨会，在改革开放过程中，审计工作如何为增强国营大中型企业活力服务，如何为加快经济发展服务，进行了广泛深入地探讨，取得共识。4月，召开了中央驻湘的科研教育单位审计座谈会，会议就贯彻科学技术是第一生产力的思想，加强和改进审计工作，促进科教事业的发展，进行了经验交流，现场观摩，座谈讨论，收效较好。

2. 4月至6月集中力量，完成了四川省财政审计和四川、江苏两省税收审计调查。对四川省财政审计中，查出预算外设立多种名目的基金，形成体外循环，1991年达13890万元。税收方面查出的问题，一是减免税收总量失控，部分地方减免税收额超出了地方财政的承受能力；二是困难性减免政策难以掌握，漏洞较多；三是地方挤占中央收入。就上述问题已写出审计报告和审计调查报告。

3. 兴办第三产业，发展审计事务所。今年加强和充实了华信审计事务所，积极开展业务，除完成地方政府委托的业务外，还开展了基建预算审计，国有资产评估、验资、咨询顾问等项业务，为进一步扩展业务还分别在常德、株洲、邵阳成立了业务部。

五、1993年 贯彻党的十四大精神，为促进加强宏观调控，在“转变思想观念，强化审计监督”的思想指导下，财政审计达到了新的深度，金融审计取得了突破性进展，重点建设项目的审计扩大了影响，企业审计突出了资产负债、损益的审计内容。全年完成审计项目43个，其中财政审计项目3个，金融审计项目2个，基本建设审计项目3个，外资审计项目2个，审计企事业单位33个，完成基本建设开工前审计136个；完成三大检查项目20个。共查出违纪金额7.63亿元，收缴入库金额1909.04万元。

1. 4月，对湖南省本级财政决算、江西省预算执行情况以及两省的财政信用、预算外基金等9个方面进行了审计和审计调查，揭露了财政管理上的弊端，重点对违反政令统一等违纪问题，依法进行了处理，上交财政1428万元。

2. 7月至10月，开展金融审计，这是一项新的工作。对中国工商银行宁波市分行及中国人民银行广西壮族自治区分行进行了审计，采用“平衡分析、分块包干、抓住重点、纵横延伸、综合分析、协调统一”的方法，在信贷资金运用、违章拆借，财务收支和“约法三章”兑现等方面展开，取得较好的成果，查明了违规拆借资金清理回收、擅自设立金融机构、自办经济实体“三脱钩”、利率政策、结算纪律和加强中央银行调控力度的问题。在对广西人行的财务收支审计中，查出该行有关处室开设帐户17个，自行核算收支，脱离财务控制，收益不入帐的情况，给该行领导以较大震动。

3. 对湖南省洞庭湖区防洪蓄洪工程的审计，主要审查了湖南省水利厅和常德、益阳、岳阳三个地市组织工程建设的情况，反映了工程设计、投资使用及固定资产管理等方面的问题，并提出建议，引起地方政府领导及有关部门的高度重视，扩大了影响。

4. 企业审计重点对石化、有色、电力、烟草物资等行业24家国有大中型企业进行直接审计。其中，对8家企业进行了资产负债及损益真实性审计试点，为企业在走向市场过程中，落实自主权，转换经营机制，发挥了积极作用。

5. 加强信息调研工作，提出“审计与调查并重，审计报告与信息并重，审计处理与反映并重”，这使我办审计调查及简报信息工作在数量和质量上都比往年有显著提高。全年我办所发调查报告及信息，被中央办公厅、国务院办公厅采用5篇，署领导批办及署采用9篇，被有关部门及新闻单位采用多篇。

驻深圳特派员办事处

审计署驻深圳特派员办事处是在原审计署驻广州特派员办事处深圳分处的基础上于1989年正式成立的，下设四处一室，还开办了一个审计师事务所和一个会计师事务所。几年来，深圳办在审计署的直接领导下，在深圳市政府的大力支持下，立足特区，大胆探索，不断开拓前进，已成为特区审计监督体系的一支重要力量。

一、审计在特区改革开放和建设中的作用

几年来，我办对中央在深企业的审计工作，注意围绕党的经济工作中心，结合特区改革开放的实际，切实履行审计监督职能，贯彻执行了审计署制定的审计工作方针，由机构组建初期的“边组建、边工作”和“抓重点、打基础”，进而到“积极发展、逐步提高”，取得了新的进展。第一，在严肃国家财经法纪，扩大审计覆盖面方面取得了明显的效果。据统计，到1993年底，共对133个中央在深企业进行了审计，占全部应审单位的20%，审计单位的资金总额累计近200亿元，查出各种违纪违规资金5.3亿元，已上缴财政3000多万元，审计罚款金额700多万元。查处百万元以上违纪单位36个。移交司法机关追究刑事责任的经济案件一宗。第二，在有计划、有重点地开展财务收支审计的同时，紧密配合署各专业司，结合深办的具体实际，精心组织和开展了行业、专项资金和其它专题的审计调查，发现一些企业在引进外资、经济效益、损失浪费以及专项资金的使用上存在的问题，及时向审计署和特区政府作了反映，不仅受到了企业的欢迎和支持，而且促进了政府有关部门改进工作，加强管理，为宏观调控发挥了作用。第三，党的十三届三中全会以后，积极参加特区清理固定资产投资在建项目、清理整顿公司、控制消费基金过快增长和税收财务大检查工作，重点组织开展了基建停缓建项目的跟踪审计，据12项基建跟踪审计的结果，审计计划总投资17亿元，实际压缩投资3710万元，较好地完成了跟踪审计任务，受到当地政府的好评。

二、结合特区实际探索审计工作的路子

中央在深圳企业的审计工作，从特区的实际情况出发，从中央在深企业及其投资参股企业经营活动的特点出发，在实践中不断探索审计监督的途径和方法，力求走出一条具有特区特色的审计工作路子。

审计中，首先根据中央在深企业投资情况及其产生的作用和影响，探索了在全民所有制企业中抓住集团公司和总公司进行重点审计的做法。在中央在深147家全民所有制单位中，选择了注册资金2000万元以上，或年利润总额1000万元以上的20家企业，作为重点审计对象，并尝试将部分重点单位纳入今后若干年的经常性审计单位。集中力量审计这些国家投入

资金多，经济活动量大，在中央在深全民所有制企业中具有举足轻重作用和影响的单位，不仅产生了较大的影响，为在其余企业中进行一般性的审计监督起到了积极的促进作用，而且可以在宏观上发现一些问题，为宏观决策和调控服务。其次根据中央在深内联企业和投资参股的中外合资企业点多面广，经营活动比较分散，企业自我约束和控制力不强，又缺乏强有力的外部监督的情况和特点，试行了组织企业自行审计的办法。自行审计的单位共有162家，在企业自审的基础上，选择了39家企业进行重点抽查，又查出违纪违规金额1.14亿元，其中应上缴财政813万元，处以罚款182万元。通过组织自行审计，扩大了审计覆盖面，强化了内联企业和中外合资企业的自我约束和监督机制，帮助树立依法经营意识，加强管理，提高效益，促进内联企业和中外合资企业在发展特区外引内联以及外向型经济中健康发展，推动了内联企业和中外合资企业审计工作的开展，在内联企业和中外合资企业中开创了一个良好的审计工作局面。再次，根据中央在深企业中外合资企业较多的特点，积极探索了对中外合资企业审计的路子。采取重点审计与审计调查相结合的方法，对30余家中央在深投资的中外合资企业进行了审计和审计调查，初步摸清了中央在深投资的中外合资企业的基本情况和存在的问题，锻炼了队伍，为进一步开展对中外合资企业的审计工作，打下了良好的基础。

三、切实抓好财税、金融审计

1993年，署授权我办对深圳市本级财政、海南省本级财政和深圳市工商银行、建设银行实施审计监督，这是我办审计工作的重大转折，是拓宽审计领域，锻炼审计队伍，发展审计事业的机遇，但对我办人员少，基础弱，缺乏财税、金融审计经验的现状是一个挑战。面对现实，我们抓住机遇，大胆探索，根据署里统一要求，突出重点，顺利完成财税、金融审计任务。

1．认真抓好对金融机构的审计工作。我们按照署的部署，在对中国工商银行深圳分行和中国人民建设银行深圳分行进行审计监督时，重点审计信贷资金的管理和运用，同时配合中央6号文件的贯彻实施进行专题审计调查。由于我办第一次开展金融审计工作，又是一项重点审计任务，办领导很重视，多次组织召开会议进行研究，提出金融审计首战必捷的要求。在对工商银行深圳分行审计时，我们做了充分的审前准备工作，办领导亲自挂帅，担任组长，认真制定了工作方案，组织人员培训学习，合理调配审计力量，在署金融司同志参与指导和7个兄弟单位参加配合下，组成了19人的联合审计小组，经过近一个月时间的紧张工作，较好地完成了试审，发现了工商银行深圳分行存在的信贷超规模、违章拆借、投资挂帐以及以流动资金贷款名义发放固定资产贷款等主要问题。这次试审，锻炼了队伍，积累了经验；摸清了情况，探索了路子；为兄弟单位和我办开展金融审计培训了骨干，为审计建设银行深圳分行打下了基础。在对建设银行深圳分行审计中，查出了该行严重违反政策，违章发放3.5亿港元固定资产外汇贷款的问题，受到审计署、建行总行、深圳市领导以及人民银行深圳分行等有关部门的高度重视，为促进中央6号文件和整顿金融秩序各项措施的贯彻落实发挥了积极的作用。

2．抓好财税审计，深化财税体制改革。我办根据审计署的授权独立地对深圳市政府1993年本级财政收支进行了审计，并对其财政决算真实性、税收征管情况进行了审计调查；对海南省政府1993年1至8月份预算执行情况进行了审计和调查，同时对其财政信用资金、预算外专项基金进行了专题审计调查。根据深圳和海南均为经济特区的特殊情况，我办财政审计着力在“特”字上下功夫，在“特”字上做文章，较好地把握住了审计的内容和方向，使得两地的财政审计工作在难度较大的情况下，不仅按时完成了审计任务，而且探索了搞好特区财政审计的路子。尤其是对海南省1993年1至8月财政预算执行情况的审计，是一次由事后监督转为事中、事前审计的有益尝试。在财政审计的同时，我们努力开展审计调查，反映情况，为地方政府有关部门加强管理，改进工作起到了积极的作用。审计中，我们及时了解到海南省推进财政管理体制模型，推进财政体制改革的做法和经验，以及海口市税务局率先实行取消税务专管员管户制度的重大税收征管工作改革的情况，对此进行了总结评价，向上级机关和有关部门写了专题报告。

四、发挥审计工作在特区宏观调控的作用

我办在审计监督工作不断向前发展的几年间，十分重视审计信息的反映和审计成果的总结，注意重大审计事项的工作，力求把微观经济活动的审计情况上升到宏观高度加以分析，从而为宏观调控服务。据统计，自1990—1993年四年间，编发各种审计信息近100份，其中《简报与信息》74期、《审计要情》8期、《审深简讯》9期，上报了一批有价值有影响的审计调查报告，引起了上级领导机关和特区政府的重视，有的领导作了重要批示，有的被批转执行。几年来，注意反映了中央在深企业生产经营活动中执行财经法纪方面的问题和深圳市财税体制、金融体制改革中出现的问题，如偷漏税现象比较普遍，违反外汇管理规定，企业实现的利润分配不合理，挤占成本，费用挂帐，盈亏不实甚至虚盈实亏，以及财务管理普遍比较薄弱，个别金融机构贷款超规模，违章拆借资金等问题，分析了原因，提出了改进意见和建议，促进了特区政府有关部门加强管理，改进工作。我们结合经济特区改革开放不同于内地的特点，还反映了中央在深企业在“外引”“内联”和发展外向型经济中存在的问题，如仓促立项，急于与外商成交，投资效益低，损失浪费严重的问题；中方轻率为外商在国内担保，外商投入资本不及时、不兑现，引起资金外流的问题；中外合资企业经营环节作价不合理，导致企业效益受损的问题；以及内联企业在深圳搞“小金库”的问题，这些问题的反映，引起了有关部门的重视，及时采取了对策，维护了国家利益，促进了特区外向型经济的健康发展。抓住审计中发现的问题，进一步开展审计调查，为宏观调控和决策提供依据，也取得了好的效果。通过审计调查，及时反映了中央在深企业消费基金增长过快过猛，与企业经济效益的增长不相适应的问题；反映了企业在专用基金的提成、使用和管理上，政出多门、各行其是、苦乐不均的现象比较严重的问题；反映了中央在深企业在工资基金管理中存在的问题。这些问题的反映对上级领导机关和当地政府的宏观决策产生了积极的影响。

五、精神文明建设取得了一定的成绩

我办建立以来，始终把精神文明建设摆在机关建设的首位，坚持两手抓，一手抓审计监督工作的开展，一手抓社会主义精神文明建设，不断加强和改进思想政治工作，努力培养一支懂业务、有文化、守纪律、清正廉洁的审计队伍，建设一个廉洁、实干、高效的审计机关。审计机关的精神文明建设，敢于在特区复杂的环境中迎接挑战。

从建办开始，就围绕社会主义精神文明建设的根本任务建立必要的制度，并在实践中不断健全完善。几年来，先后制订或认真执行了《审计特派员领导工作规则》、《审计人员岗位责任制度》、《审计工作程序制度》、《领导班子的六项规定》、《办公会议制度》、《人事考勤制度》、《目标管理办法》、《住房分配办法》、《关于干部调配的规定》、《财务管理制度》、《审计人员守则》、《廉政建设制度》、《审计人员执行纪律的回签制度》等20多项制度，认真执行，严格检查考核，在机关内部初步形成了较完整的约束机制。

发挥党组织和党员领导干部在精神文明建设中的模范作用。建办初期，就确立了严格要求、严肃纪律、管住自己、带好队伍的治办思想，决定从领导班子的自身建设抓起。认真贯彻执行了特派员负责制和民主集中制，建立了重大问题集体讨论决定的制度，实行群众公开监督的制度，对一些容易产生不正之风的环节实行监督，增强了团结，提高了干部队伍的凝聚力。

开展了形式多样的思想政治工作，不断地对审计干部开展思想教育、形势教育、职业道德教育和遵纪守法教育，把社会主义精神文明建

设当作一项长期任务来抓。在中纪委二次全会后，及时组织干部职工学习全会公报，制定了贯彻中纪委二次全会精神，反腐倡廉的6条规定。要求审计干部严格遵守，支持依法审计，客观公正，不以权谋私，在行使监督权的同时，自觉地接受社会的监督，树立好的形象。定期对被审单位进行回访，检查审计人员遵守纪律的情况。注意抓住审计机关出现的不良倾向苗头，开展批评和教育，及时杜绝不良风气的蔓延。根据特区精神文明建设具有长期性、复杂性和艰巨性的特点，用发生在身边的活生生的事例，组织干部对照检查，防微杜渐。

当前，随着社会主义市场经济的逐步建立，中央一再强调越是改革开放，越要加强宏观调控，作为特区经济监督部门之一的我们深圳特派办，面临着许多新情况、新问题有待于研究和探索。审计机构和任务要更加切合特区中央单位的实际；审计监督要更加适应特区经济发展的需要；要进一步努力探索为特区政府宏观调控服务的途径和方法；要紧密结合特区实际，既要严肃财经法纪，加强监督，又要支持和促进特区的改革开放；要在坚持依法审计和处理的前提下，从特区实际出发，研究和处理中央有关政策与特区特殊政策之间的矛盾。要充分利用现代化的审计手段和工具，开辟计算机审计的新领域，为审计工作迈向现代化服务。

驻西安特派员办事处

审计署驻西安特派员办事处于1989年10月开始组建，1990年1月1日正式对外办公。

1989－1993年，西安特派办完成的主要任务是：对陕西省、宁夏回族自治区本级财政税收进行审计监督；对中国人民银行等金融机构在陕西省、宁夏回族自治区的分支机构信贷及财务收支进行审计监督；对484户在陕的中央企事业单位、中央在陕投资的大型基本建设项目、中央在陕企事业单位的世界银行贷款项目和中外合资合作企业进行审计监督和检查；参加审计署组织的对其他省级财政税收的审计检查以及承办审计署交办的其他审计事项和审计调研任务。

组建四年多来，西安特派办共对125个中央驻陕单位进行了审计，审计资金总额950亿元，查出违纪违规金额7.8亿元，其中应收缴财政资金9868万元，已收缴入库8668万元；对384项基本建设项目实施了开工前审计，审计总投资120亿元。开展财务收支审计时，在坚持依法审计的基础上，积极开展“两个延伸”，帮助被审计单位加强内部核算，提高管理水平。通过审计监督，维护了财经法纪，为改革开放和国民经济健康、协调发展起到了积极的促进作用。在审计工作中，西安特派办突出抓了队伍建设和信息调研，使审计监督在为宏观管理服务方面取得一定成效，曾受到中共陕西省委、省人民政府的表彰和奖励。

一、分层次、抓重点，坚持依法审计

为了切实履行《宪法》赋予的审计监督职能，发挥驻地方审计特派办的作用。在人员少、审计对象多的情况下，西安特派办按照“边组建、边工作”和“抓重点、打基础”的原则，四年来，先后对13个行业和部门的103户重点企事业单位进行了审计监督，其中选择了铜川矿务局、咸阳彩色显像管总厂等10户企事业单位作为经常性审计单位，坚持每年审计一次；对咸阳国际机场、安康水电站、渭河发电厂、宝中铁路、神府东胜煤田、长庆油田等7个国家重点建设项目实施了审计检查；对广东省税收，对陕西省本级财政收支，对中国人民银行陕西省分行信贷资金等进行了审计或调查。通过抓重点、审大户，迅速打开了工作局面，扩大了审计工作的影响，发挥了审计监督的作用。

在审计处理中，西安特派办坚持严格执法与实事求是相结合的原则，对钻改革空子，为小团体和个人谋取利益，以及因官僚主义造成国家财产严重损失浪费等问题，在事实清楚、定性准确的情况下，依法给予严肃处理；对在改革开

放新形势下出现的新情况、新问题，坚持实事求是，客观公正，恰当处理。四年来，在财政税收审计中，坚持“突出重点，抓住要害，增加审计力度，维护审计权威”的指导思想，以财政收入为突破口，重点查处预算执行、越权减免税收、挖挤中央收入等问题，并在此基础上延伸审计重点企业从而促进了财税管理，维护了政令统一。在金融审计中，采取信贷资金专项审计与财务收支审计相结合，审计和延伸相结合，微观审计与宏观调研相结合，重点查处了违章拆借、违反利率政策、挪用信贷资金、擅自设立金融机构及结算纪律方面的问题，审计了联行汇差中压单、压票等问题，促进了国家宏观调控措施的落实。在企事业单位财务收支审计中，查处了大量挤占成本、截留收入、偷漏税金和盈亏不实等问题，并对企业经营成果作出评价，既维护了财经法纪，又促进了企业管理。在基建项目和基建开工前审计中，查处了一批虚报工程预算、转移挪用资金、损失浪费严重、擅自扩大基建规模等问题，维护了国家产业政策，防止了国有资产流失，促进改善项目管理。在世界银行贷款审计中，对查出的有关问题向审计署提交了专项审计报告。

通过依法审计，促进被审计单位严肃了财经法纪，增强了遵纪守法的自觉性。一些单位通过审计后的整改，焕发了生机，经常性审计单位的违纪问题逐年减少，少数单位已成为无违纪户。

二、积极开展“两个延伸”

在财务收支审计的基础上，西安特派办以帮助企业加强内部控制制度、提高经济效益为目的，积极开展了“两个延伸”工作。除在10户经常性审计单位全面开展延伸审计以外，还对其他项目有重点地开展了“两个延伸”。通过延伸，有针对性地提出了加强和改进内控制度的意见和建议，促进了企业内部管理的加强和经济效益的提高。例如，某企业自1987年以来连年造假帐隐瞒亏损，对此，通过审计，进行了认真揭露并提出建设性的整顿措施，得到其上级主管部门重视，经全面整改，使这个濒临倒闭的企业又焕发了生机。又如，烟草加工企业普遍存在财务核算不合规、虚盈实亏、原辅材料消耗大和产品结构不合理等问题，通过延伸审计，完善了财务核算制度，纠正了人为编制两套报表的错误做法，降低了材料消耗，提高了经济效益，增加了国家税收。

在积极开展“两个延伸”的同时，西安特派办还注意帮助被审计单位改善外部经营环境，制止和纠正“三乱”，维护企业合法权益。例如，西安特派办经与陕西省政府有关主管部门联系，解决了某些单位向驻地中央企业乱收费的问题；经与某主管局联系，解决了其超越职权，对企业加大成本开支的问题；发现工商银行某地区中心支行及其非银行金融机构损害某卷烟厂利益，立即以简报向审计署作了反映，引起了有关部门的重视，使问题很快得到解决，为该厂回位资金550万元，挽回利息损失71万元；针对某公司因没有对外经营权每年损失数百万元的问题，以简报向审计署作了反映，被《重要信息要目》采用，后又被国务院办公厅采用，加上该公司的多次申请，对外经济贸易部于1993年初批准了该公司的进出口自主经营权，为该公司扩大出口和提高经济效益起到了积极的作用。

四年来，西安特派办共向被审计单位提出审计意见和建议24项，被审计单位采纳后，产生经济效益12034万元，挽回经济损失7321万元，减少浪费4565万元。“两个延伸”的做法，受到了被审计单位的广泛欢迎和称赞。

三、狠抓信息和调研

为了充分发挥审计监督在宏观经济管理中的作用，西安特派办始终将审计信息和调研当作审计工作上台阶的一项重要任务来抓。先后采取了全员培训，增强宏观意识；加强计划管理，强化信息调研；坚持信息分析会制度，提高信息质量；制订考评办法，建立激励机制，极大地调动了全办审计人员采写信息和参与调研的积极性。四年来，在开展财务收支审计的同时，针对经济活动中的热点问题和带有普遍性、倾向性的问题，共组织了34次、涉及189户企事业单位的审计调查，就企业留利分配向个人倾斜、国有企业效益不高、烟草企业虚盈实亏、基建超概算和统配煤矿内部管理不善等问题，向审计署提交专题调查报告28份；通过对大量审计情况的分析、整理，四年共编发《简报》129期，编印内部刊物《西特通讯》45期；审计信息被审计署和省级以上报刊采用56条，其中有23条被审计署《重要信息要目》和《审计简报》采用，12条被中央办公厅、国务院办公厅采用，2条被评为审计署年度优秀审计信息。

四、加强队伍建设

西安特派办将队伍建设作为一项带有战略性的根本任务来抓，以人为本、从严治办，注重作风建设和廉政教育，形成一套行之有效的措施，创造了良好的“小气候。”

西安特派办在队伍建设和廉政建设方面采取的主要措施是：严把进人质量关，确保调入人员的政治、业务素质；针对审计人员常出差、出长差，经常性的思想交流和业务培训难以开展的实际，建立了一年两次的集中整训制度，并坚持日常性政治学习及广泛的谈心活动；尽最大可能关心职工生活，减轻外出审计人员的后顾之忧；建立个人业绩考核卡及各种单项工作的考核激励机制，充分调动广大干部职工的工作热情和积极性；在廉政建设上，坚持警钟长鸣、常抓不懈、正面教育、奖惩结合，先后制定了《审计人员行为规范》、《审计纪律执行情况跟踪反馈制度》、《审计组设立兼职廉政监察员制度》、《廉政建设检查报告制度》、《审计纪律定期回访制度》和《廉政问题“一票否决”制度》、《廉政建设补充规定》等7项廉政建设制度，形成了内外结合，审前、审中、审后一条龙的廉政措施，促进了廉洁风气的形成。

四年来，西安特派办在队伍建设中，以“三个一流”为目标，本着“以人为本，从严治办”的原则，坚持“团结、进取、求实、创新、从严、重教”的十二字建办方针，培养出了一支较好的审计队伍，为审计工作登上台阶奠定了良好的基础。

驻兰州特派员办事处

1991年5月8日，审计署驻兰州特派员办事处成立。1992年正式开展审计业务，至1993年底，共审计80个单位和项目。查出违纪违规资金47940万元，应缴财政4249万元，已缴财政1478万元，有力监督了中央在甘企事业单位的经济活动，同时，大力开展了财政审计、金融审计和大型基建项目审计，发现了一些带有普遍性和典型性的问题，为宏观调控和决策提供了服务。

一、加强财政审计和税收审计调查

我们先后对青海省财政（一九九一年财政收支决算）、甘肃省财政（一九九二年财政收支决算）、新疆维吾尔自治区财政（一九九三年元至八月财政收支预算执行情况）以及青海省、河北省税务进行了审计和审计调查。不仅审计财政决算的真实性，而且进行了财政预算、调整预算、预算执行、决算、预算外资金、财政信用以及税收政策、税收减免、税收征管、税收分成等方面的审计。审计过程中，对一些问题还进行了延伸审计。通过审计和调查，我们发现原财政税收体制和财税管理工作方面都存在一些不容忽视的问题。尤其是财税管理方面，漏洞较多，相当多的资金未纳入预算管理，预算约束弱化，减免税乱开口子。在认真分析原因的基础上，1992年对财税体制改革提出了建议。

二、着力开展金融审计

1992年，我们为搞金融审计做了许多准备工作，着手配备金融审计人员，学习金融审计业务，探索金融审计方法。1993年对中国人民建设银行长春市分行和人民银行甘肃省分行进行信贷资金审计，以落实朱　基副总理对金融系统提出的约法三章的执行情况为重点，从信贷计划的执行情况、违规拆借资金的收回情况以及银行系统自办经济实体清理脱钩情况等方面进行审计调查，共查出有问题资金 55960 万元，较好地完成了工作任务，对整顿金融秩序，完善金融管理起到了积极作用。

三、大力开展基本建设项目审计

对白银有色金属公司负责建设的西北铅锌冶炼厂在建项目进行审计中，以节约建设资金、完善管理制度、提高建设项目的经济效益为目的，严格审计，查出 4000 多万元的违纪违规资金，并进行了实事求是的处理。同时，还对技术方面存在的盲目贪大、求新、求洋的问题，提出了积极的建议和意见。对酒钢自备电厂扩建项目、铁道部兰州机车工厂改扩建项目、大峡水电站在建项目等的审计，共查出违纪违规资金 10435 万元，其中侵占、转移、挪用等 1171 万元，乱列乱挤基建成本 3238 万元，建设资金来源不正当的 6732 万元，生产经营中虚盈实亏 636 万元，上当受骗损失 400 多万元，应收缴违纪资金 44 万元。基建审计中，我们结合贯彻落实中央关于加强宏观调控政策和措施，加强了对基本建设开工前的审计监督，严格把关，依法办事，对报审的 8 个资金来源不当的项目未办理开工前审计手续，对手续不齐全的 11 个项目缓办了开工前审计手续。为了提高审计质量和工作效率，我们不断探索行之有效的审计方法，如我们在对兰州机车工厂审计中，面对自制非标设备数量多、型号杂等特点，采用“分层次信任程度抽样”的办法，取得了事半功倍的效果。审计内容也已从财务收支向投资效益进行了纵向延伸。在对铁道部兰州机车工厂和酒泉钢铁公司改扩建工程的审计中，从达到设计能力的年限、新增固定资产产值等方面进行定性定量分折，提出的 19 条审计建议，受到上级主管部门的重视。

四、改进审计方法搞好企事业审计

至 1993 年底，我们共审计企事业单位 25 个，共审计出违纪资金 30436 万元。其中应上交财政 1082 万元，已上交财政 1028 万元。在企业审计中，一是转变观念，改进方法，努力促进企业转换经营机制。一方面查纠企业违纪问题，另一方面，选择不同类型的企业，进行经济效益的延伸审计。同时，也积极维护企业的合法权益，制止乱收费，乱摊派，帮助改善企业外部经营环境。我们在对金川公司的审计中，查处企业违纪金额 1261 万元，收缴 150 多万元，但同时对金川公司执行国家指令性计划平价调拨给上海有色金属公司电解铜，而上海有色金属总公司就地以市场价卖给金川公司所属集体企业，赚取价差 400 多万元的问题以“金川公司在新旧体制更替中的矛盾值得重视”为题，向审计署等有关方面反映，引起了审计署的重视，审计署以《重要信息要目》上报国务院有关领导。我们在审计甘肃电力局和兰州供电局时，查处各类违纪资金 947 万元，应上交财政 192 万元外，还对兰州供电局用户拖欠电费问题及贴费、增容费的收取和使用的问题进行了专项审计调查，提出了专题调查报告，向有关方面作了反映。在审计白银供电局时，把“一审、二帮、三促进”有机地结合起来，就用户欠供电局电费，供电局欠国家税款的问题进行了认真研究，并召开有 40 多人参加的欠电费大户座谈会，帮助清收电费 400 多万元。我们还把中央在甘企业的亏损大户—西北铝加工厂作为效益审计的试点，分析了企业亏损的主客观原因，提出了尽快扭亏的六条建议，引起厂领导的足够重视。对中国科学院兰州化学物理研究所和兰州大学两个外资项目的审计，帮助健全了资产管理和财务管理等制度，收到了较好效果。二是根据改革的不断深入，研究企业审计的新路子。根据建立社会主义市场经济体制的要求，建立现代企业制度的步伐要加快，我们认为社会审计应加快发展，抓住机遇成立了金升会计师事务所。金升会计师事务所从 1993 年 3 月开展业务以来，坚持原则，恪守职业道德和规范，积极开展企业审计查证，资产评估和验资等业务，已受托完成财政收支审计项目 15 个，验资 16 项，审计验证及资产评估 12 项。

五、重视理论研究，促进审计工作发展

建办以来，办领导就非常重视理论研究工作，组织人员，先后对审计工作高层次监督的对象、内容、重点和方法，审计工作从财务收支审计向经济效益和内控制度延伸，以及大量减免流转税的成因、对策等进行研究，后又根据党中央关于建立社会主义市场经济体制的决定，审计监督重点的转移以及审计工作实际，分别就财政审计，企业审计，企业转换经营机制，新时期思想政治工作的方法等问题进行理论探讨，研究成果在《中国审计》、《甘肃日报》、《审计情报》等刊物上发表多篇。

驻京津冀特派员办事处

1991年3月15日，审计署决定在天津设立京津冀特派员办事处。同年7月5日，京津冀特派员办事处正式成立并开展工作。1992年初正式开展审计，到1993年末共审计120个单位，完成了42个审计项目，审计总金额为1774亿元，查出各类违纪违规金额11.12亿元。通过延伸审计，提出加强和改进管理的建议，共发出审计简报和信息80期。报送审计调查报告13篇，在维护国家财经法纪，加强宏观管理，促进企业转换经营机制，提高经济效益等方面发挥了积极作用。

一、财政审计

我办共完成了3个审计项目，即：1992年完成沈阳市1991年度税收审计，1993年完成河北省1992年度财政收支决算审计和天津市1993年度预算执行情况审计。采取“堵导结合，以导为主”的工作方法，共查出违纪违规金额近4亿元。在审计中，注意对地方政府的理财思路进行评价和分析，提出改进的意见和建议。在河北省和天津市的财政审计工作，受到省、市主要领导的好评。此外，还完成了沈阳市减免税收情况、沈阳市税收分成情况、河北省流转税征收管理情况、天津财政信用情况和天津市预算外专项基金情况等专项审计调查，有3篇信息简报被审计署和有关部门采用。

二、金融审计

共完成了建行天津市分行、工行天津市分行、人行天津市分行的信贷资金及财务收支审计任务，查出违纪金额4.1亿多元。加强审前调查，注重审前培训和审计实效，及时总结审计工作经验，探索了“通过查处问题，促进银行加强管理，建立稳定的金融秩序，提供良好的金融环境，为经济发展服务”的审计路子，受到审计署和被审计单位的肯定和好评。工作中及时向有关部门反映情况，审计简报《审计促天津建行收回违规占用信贷资金3.69亿元》被中办、国办及审计署采用。

三、基本建设审计

完成了秦皇岛港务局煤码头二期工程“拨改贷”投资本息的豁免情况、天津市军粮城电厂四期扩建工程等9个基建项目的审计，提出了《建议建立企业偿还外债基金制度》，被审计署上报中共中央办公厅、国务院办公厅，并批转财政部、经贸部、国家计委参照执行；共完成了唐山钢铁公司扩建第二期炼铁工程等79个基建项目的开(复)工前审计，控制了那些没有计划、建设资金来源不正当、投资不落实的项目，快节奏地为重点建设单位服务。

四、外资运用审计

按照署的授权对南开大学、天津大学“重点学科发展”、“教材开发”和“第二个大学发展(余款)”三个世界银行贷款项目进行审计，重点对项目资金运用的合理和效益性实行监督检查，保障了项目的顺利实施。同时积极推广了天津大学制定的《世界银行贷款项目管理办法》，得到许多单位的好评。

五、企业审计

1992年完成了对电力、金属物资、轻工、物资、船舶、水产等行业和10户重点工商企业的审计和对6个国营大中型企业的专题审计调查;1993年完成了2个专项审计调查和5个审计项目,积极探索企业审计的新方法,结合《全民所有制企业转换经营机制条例》对国有资产的保值、增值与流失情况进行调查。有5篇信息简报被中办、国办、审计署采用。

六、行政事业单位审计

三年来对农业部环境保护科研监测所、国家海洋信息中心、中国医学科学院在津的三个医学研究单位的科研经费的财务收支进行审计,查处因财务失控造成效益流失等11个问题,并就三个科研单位科技资金作用和科技成果转化情况进行了专题调查,着重分析影响科研效益的内部因素,提出改进工作的建议和意见。有些意见和建议被中办、国办采纳,有些被审计署和有关单位采用。

七、社会审计

依照审计署关于对审计事务所的管理精神,对京津冀审计事务所,我办既大力支持,又严格管理。一年来,事务所积极开展企业查证业务和项目开工前的验资、鉴证及咨询等业务,不断拓宽服务领域,扩大了社会审计的影响。

建办两年多来我们始终注意加强党的建设,建立了党员责任区制度,狠抓机关思想作风。特别是把加强廉政建设教育,建设廉洁作风的审计队伍作为一项重要内容来抓,先后建立和完善了处级以上干部的廉政档案制度;审计工作回访制度;处室兼职监察员等制度和廉政措施,强化了廉政意识,在全办形成了为政清廉的良好风气。

驻部门派出机构工作简介

驻部门审计机构工作情况综述

在国务院各部委设置审计派驻机构,是在1988年中央国家机关机构改革中提出来的。经过酝酿于1988年下半年基本完成了机构组建和人员调配工作。驻部门审计机构受审计署和驻在部门的双重领导,业务领导以审计署为主,成为国家审计的一部分。

五年来,驻部门审计机构在双重领导体制下,执行国家审计监督职能,依法对审计范围内的企事业单位进行直接审计;在本部门、本系统内对一些普遍性、倾向性的问题开展行业审计或审计调查,加强了对本部门内部审计工作的指导,制定了内部审计工作规定或办法,培训了内部审计人员;同时还完成了许多领导交办的事项。

五年来驻部门审计机构积极开展审计工作,在严肃财经纪律,维护国家利益;改善行业管理,提高经济效益;加强宏观调控,促进改革开放；纠正行业不正之风，加强廉政建设等方面发挥了积极的作用。在促进内部审计的发展，提高内部审计工作水平等方面作了大量的工作，驻部门审计机构的工作受到驻在部门领导和被审计单位的重视和好评。

一、行使国家审计职能开展直接审计

根据划分审计的范围，各驻部门审计机构相应地确定了一部分审计对象。五年完成直接审计任务如下表：

直接审计完成情况表

1989—1993

金额单位：万元

年度	计划审计项目	完成审计项目	应缴财政	应减拨款	追还挪用	已交财政
1989	402	414	4553	16	35951	1828
1990	482	611	5241	132	21084	2602
1991	435	746	5674	48	3237	1947
1992	412	469	2186	30	478	820
1993	378	402	18965	333	14778	1056
合计	2110	2672	36619	559	75528	8253

驻部门审计机构行使国家审计职权，对企事业单位进行审计监督，不仅在维护财经纪律方面发挥了作用，还在加强管理，完善规章制度方面发挥了积极作用。这后一项作用可以体现在两个方面：一方面，通过审计帮助企事业单位找出内部控制系统的薄弱环节，从而健全内部控制系统，帮助制定了严、建、改的具体措施。1990 年审计体系指导司对财务大检查重复检查驻部门审计机构已审的京外单位进行了一次性调查。调查结果表明，有 10 个部门的 27 个单位被重复检查。这些单位在财务大检查中没有查出重大的违纪违规问题，有的还被大检办确认为无违纪单位。通过审计，使经常性审计单位的违纪金额呈逐年下降的趋势。另一方面，随着审计覆盖面的不断扩大，通过对审计查出的问题进行综合分析，找出哪些是企业违反财经法纪，哪些是在改革开放中，由于部门制定的规章制度有偏差或不完善造成的，提出改进或完善各项规章制度的建议。

二、发挥部门优势开展行业审计、审计调查

开展行业审计、审计调查是驻部门审计机构的任务之一。吕审计长强调要发挥驻部门审计机构的优势，搞行业审计、审计调查，要在宏观调控和部门管理方面发挥作用。自此，驻部门审计机构每年都选择 1—2 个领导关心的部门，并在经济生活中带有普遍性、倾向性的问题，开展行业审计、审计调查，取得了一些可喜的成果。五年完成行业审计和审计调查情况如下表：

行业审计或审计调查完成情况表

1989—1993

年度	计划项目	调查报告	被采纳情况	其中	
				中央一级	部门一级
1989	77	70	13	1	12
1990	64	42	13		13
1991	64	50	21	6	15
1992	68	70	39	9	30
1993	52	37	29	11	18
合计	325	269	115	27	88

驻部门审计机构运用审计手段，深入到企事业单位，写出了不少好的调查报告。这些调查报告，用翔实的数据和材料揭示了问题所在，受到驻在部门领导的重视。有的以部发文的形式通报全系统，引起有关企事业单位的注意；有的整理后被中央或有关部门采用。驻水利部、能源部审计局上报的《长江流域治理经费管理中存在的问题》、《部分油田和管道折旧情况》被中央办公厅和国务院办公厅采用，驻烟草专卖局、水利部、能源部、国家教委、国家科委审计机构报送的关于卷烟生产企业潜亏挂帐、农村电气化建设资金作用、煤矿综采设备更新改造资金严重短缺、教育附加费征管中存在的问题、部分地区科研经费管理和使用等材料，分别被国务院办公厅采用。还有一些被驻在部门采用，如驻建设部审计局搞的百户施工企业经济效益审计、城市商品房成本审计都在部内转发了。

1990年，驻部门审计机构围绕国家的中心工作开展审计调查，以如何搞好大中型企业为中心，驻工交商贸等部门的审计机构，开展了搞活大中型企业的专题审计调查。在调查中，着重从企业内部找原因，帮助企业建立健全规章制度，改善管理，提高经济效益，受到被审计单位的欢迎。

一些行政事业单位较多的驻部门审计机构在预算外资金的管理、使用等方面进行了审计调查，凡是开展这项审计调查的驻部门审计机构，对预算外资金存在的问题都有了比较全面的了解，在此基础上提出了本部门如何加强预算外资金管理的建议和措施。

三、发挥"龙头"作用指导行业内部审计

指导行业内部审计是驻部门审计机构的四项任务之一。经过几年来实践，对内部审计的指导较过去的部门内部审计增强了。驻部门审计机构对内部审计的指导是通过以下几项工作进行的。

1. 召开部门审计工作会议，推动内部审计工作的开展。在部门召开的审计工作会议上，传达全国审计会议精神，交流经验，制定年度审计工作计划已成为一项制度。会议的召开，扩大了审计工作的影响，绝大多数部门领导到会讲话，肯定成绩提出要求。参加会议的不仅有内部审计人员，还有企事业单位的领导，有力地推动了部门审计工作的开展。

几年来，先后有30多个部委召开了内部审计工作的先进单位和先进个人表彰会，极大地鼓舞了工作在审计第一线的干部。

2. 发挥"龙头"作用，促进内部审计机构的发展。实行派驻机构以来，由于部门的龙头作用，促使内部审计机构发展很快，1993年比1989年内部审计机构增长了36.76%，其中专职机构增长了40.49%，内部审计人员增长了51.85%，其中专职审计人员增长了39.27%。

3. 不断扩大审计领域，取得较好成果。内部审计在财务审计的基础上，逐步向效益审计和内部控制延伸。企业实行承包经营责任制以来，内部审计在开展承包经营审计中，不断总结经验，为承包经营责任制的不断完善起到了积极的作用。据不完全统计，1991年完成承包经营责任审计113716项。许多企事业单位还开展了基建预决算审计、厂长(经理)离任审计、合同审计等项审计工作。

4. 加强制度建设，使内部审计工作纳入"三化"轨道。各驻部门审计机构在审计实践的基础上，认真总结，相继制定了《部门内部审计规定》、《承包经营责任审计暂行办法》等一系列规定。据统计，已有十几个部委以部长令的形式下发了《部门内部审计规定》。这些规定具有部门特点，针对性强，对于提高内部审计工作质量，使内部审计逐步纳入"三化"轨道提供了良好的条件。

四、完成领导交办的事项

驻部门审计机构在开展审计工作的同时，还完成了大量领导交办事项。承包经营责任制实行以来，驻部门审计机构对承包经营责任审计中的问题进行分析，提出不少完善承包经营责任制的建议的措施，受到驻在部门和企事业单位的好评。特别是在治理整顿、纠正行业不正之风中，参与了大案要案的查处工作，其中受党政纪处分的有5人，移交司法部门处理的有8人，驻民航审计局与民航局其他职能部门共同查出百万元贪污大案，已交司法部门处理。

驻国家计划委员会审计局

审计署驻国家计委审计局组建五年多来，在人少任务重的情况下，从计委的部门特点出发，坚持"依法审计、实事求是、预防为主、突出重点、服务宏观"的原则，积极开展审计工作，五年多来，没有发现大的违纪问题，发挥审计的监督和服务作用，开创了审计工作新局面，促进各单位不断加强和完善财务管理和内部监督机制。

一、开展了经常性的审计工作

经审计署批准国家专业投资公司行政管理局(负责管理 6 个投资公司业务经费)和中国国际工程咨询公司为我局经常性审计单位。1989 年对国家专业投资公司行政管理局的审计中,发现财务收支决算在资金专款专用方面存在问题,帮助被审计单位进行了更正,使决算真实地反映了资金使用情况。1990 年对国家专业投资公司行政管理局和中国国际工程咨询公司分别进行了 1989 年度财务收支决算审计。在对国家专业投资公司行管局的审计中,由于牵涉到该局下属的生活部和丰源综合商店,又对这两个单位进行了延伸审计。1991 年 7 月底到 11 月初,先后对上述两个单位,进行了上半年财务收支审计。1992 年在连续三年对中国国际工程咨询公司和国家专业投资公司行管局进行经常性财务收支审计的基础上,又对中国国际工程咨询公司所属的中咨建设工程有限公司和国家农业投资公司所属的中国农村发展信托投资公司,进行了审计。在审计中注意了“两个延伸”,即从审计帐表延伸到内控制度和经济效益,基本上做到了审计工作的立足点转移到为被审计单位开拓发展服务的轨道上来,发挥了审计工作监督与服务的两大职能作用。

二、行政事业单位坚持定期审计

1989 年对国家信息中心、投资研究所两个事业单位的财务决算进行了审计,1990 年对中国工业经济协会、中小企业对外合作协调中心、计划经济研究所等 3 个单位的年度决算进行了审计,并完成了对中国经济出版社 5 个独立核算单位财务收支情况的后续审计。下半年对技术经济研究所、中国交通运输协会、经济研究中心等 3 个单位 1990 年上半年的财务收支情况进行了审计。1991 年按计划完成了对 6 个单位的财务收支的定期审计。即:人力资源开发利用研究所、能源研究所、计划干部培训中心、国土规划研究所、综合运输研究所、中国计划出版社。至此,对委属事业单位审计,实现了三年轮审一遍的任务。1992 年遵照审计署分层次、抓重点的精神,重点抽审了技术经济研究所、经济研究所、中国设备管理协会、中国工业经济管理研修中心等 4 个单位的财务收支。1993 年对中国企业管理协会、投资研究所、《经济工作通讯》杂志社等 3 个单位进行了财务收支审计。

三、基本建设项目和停缓建项目的审计

1. 根据审计署、国家计委《关于开展基本建设项目联合审计的通知》,1989 年 10 月,对山东石横电厂扩建两台 30 万千瓦发电机组的已完工程进行审计。1990 年对该厂设备购置费继续进行审计调查,分别提出了审计报告和处理意见,并向署、委领导做了汇报。

2. 选定扩建项目进行审计。1991 年经与国家专业投资公司商定,和地方审计局联合对陕西宝鸡应用化学厂扩建项目进行了审计,从 4 月份开始准备工作到实施审计,历时 3 个月,较好地完成了项目审计任务。

3. 对中国国际工程咨询公司大成饭店停缓建项目认真依法审计,几次深入施工现场了解情况,写出了《关于大成饭店工程停缓建跟踪审计的报告》和《关于大成饭店质量事故的情况反映》等材料,及时向署、委领导反映。国家计委办公厅的《计委信息》简报,也以《大成饭店缓建工程处理草率,出现质量事故》为题进行了转载。

四、为宏观调控做好审计调查

根据委领导关于建立、健全制度的指示,我们对委属企事业单位的财务、财产内部管理控制制度情况进行了审计调查。通过调查,摸清了情况。调查中发现,有的单位制度建设和执行情况比较好,我们及时会同委行政司联合召开了经验交流会,宣传他们的经验和作法,委领导到会讲话,有力地推动各单位健全、完善各项规章制度,严肃财经纪律,提高工作效率和经济效益,进一步搞好经营管理。

1989 年,赴陕西、河南两省对提高大中型工业企业经济效益问题进行了审计调查,写出

了《大中型企业现状与对策》的调查报告，探讨了如何提高大中型企业经济效益的途径，报送署、委领导，分发委有关司局。同年，为了探索对基建项目的审计和提高固定资产投资效益问题，我局还对广州电冰箱压缩机厂工程项目进行了专题调查，委主管副主任对这次调查报告作了批示，要求我们继续试行审计调查，以利积累经验，逐步完善。按照这个要求，我们又赴福建、浙江两省，对基本建设超概算问题进行了审计调查。审计调查报告被《计划经济研究》杂志采用发表。

1990 年，为了研究折旧基金存在的问题，我局从 7 月到 11 月，先后派人到甘肃、宁夏、内蒙、天津、河北、上海等地进行了调查，与当地经济综合部门和企业主管部门进行了座谈，并到石油、机械、纺织、食品、造纸、制药、化工、钢铁和矿山等企业进行了典型调查。在调查研究的基础上，写了《关于国营企业固定资产折旧的现状与对策》的审计调查报告，上报署、委领导。委领导对这个报告十分重视，委常务副主任和主管副主任都作了批示，要求委财金司牵头，对这个关系企业今后发展的大问题，提出一个可操作又基本可行的措施方案。

1991 年，根据党中央、国务院关于搞活国营大中型企业，要从改善企业外部环境和加强内部管理两方面进行工作的指导精神，我们就如何改善国营大中型企业外部环境问题，先后到广东、广西、海南等地进行调查，并写出了《关于改善国营企业外部环境的反思与对策》的审计调查报告，署、委有关刊物选用了这个报告。

1992 年，为使审计工作适应加强宏观调控形势的要求，由局领导带队，到辽宁、黑龙江两省就如何加强和完善国营工业企业财务管理问题进行了调研，写出了《国营工业企业财务管理情况调查》报告，并反映了辽宁省工业企业“资不抵债”的问题，受到委、署领导重视，分别被审计署《审计简报》、委《计委信息》采用。

1993 年，结合财务收支审计监督，对中国企业管理协会进行了专题审计调查，写出《服务宗旨，注重效益》的调查报告，受到委领导重视，批示刊登委《经济消息》。同时，还开展了对委属各科研单位科研经费的审计调查工作。

五、逐步开展内审指导工作

计委审计局成立后，一直没有放松对委直属、归口、挂靠单位设置内审机构和人员的宣传推动和组织准备工作。1989 年，国家交通投资公司试行设置内审人员，我局帮助该公司修改制定了《内部审计工作暂行办法》。为了推动内审工作开展，我局还以《情况反映》简报的形式转发有关单位参考。中国经济出版社、国家林业投资公司两个单位也分别配备了内审人员和审计联络员。1990 年就如何建立内审机构、配备内审人员问题，对委属单位进行了摸底调查，并经与人事司反复协商，起草了《关于国家计委所属单位建立内审机构开展内审工作的请示》报告。1991 年考虑到各单位开展内审工作的需要，我们组织了委属部分单位参加审计署主办的内审培训班，为开展内审工作培训干部。1992 年起草了《关于国家计委所属单位建立内部审计机构开展内审工作的通知》，以计委文件名义下发，使委属各单位内审工作的开展，迈出了第一步。为便于内审工作的顺利进行，在建立内审机构的通知发出以后，紧接着又制订了《国家计委直属、归口管理、挂靠单位内部审计工作暂行规定》，以委文下发，保证了委属各单位内审工作顺利地开展。目前，委属多数企事业单位配备了内审人员或成立了内审机构。我局还配合人事部门审批内审机构，并对内审工作给予经常性的指导。

六、抽调力量，参加各项大检查工作

从 1988 年至 1993 年，先后派出 15 人次参加国务院和计委财务、税收、物价大检查工作。1988 年至 1990 年先后抽调 5 位同志参加委机关清理整顿公司办公室和国务院清理、整顿公司检查组工作，并协助监察部办理有关案件；1989 年抽调一名同志参加国务院组织的清理在建项目工作组，先后 3 次到河北、山西调查了解情况；1991 年抽调一名同志参加国务院清理

“三角债”工作组赴云南、贵州工作。1993年抽一名局长参加中央反腐败调查组，赴辽宁、云南调查研究反腐败工作的进展情况。

七、配合有关单位，完成领导交办任务

从1989年以来，每年都抽出一定力量配合中纪委、监察部或委监察局查处有关案件和人民来信反映的问题。1990年组织力量参加委财会人员培训班的筹备和授课工作。1991年应中国人民大学函授学院的要求，抽调五位同志为监察干部函授班开设《审计学概论》课，进行编写讲稿、讲课、辅导考试等工作。1992年继续派出两名同志先后两次参加人民大学函授讲课工作；派人参加委里统一组织的环渤海经济区规划调查工作。1993年，根据署领导的批示，配合审计署有关司局对6个国家投资公司及行管局资金使用情况进行了审计；计委党组决定我局局长任委反腐败领导小组成员，参加委反腐败领导小组工作，根据委反腐败斗争工作的部署，我局对委内及所属单位清理乱收费、乱摊派问题，负责检查落实，并代委党组起草《国家计委关于制止乱收费、乱摊派情况的报告》报国务院；派人参加国务院调查组赴河南、山东调查轻型车、小轿车发展情况和问题；参与中国农村信托投资公司由国家计委移交给农业部的移交工作。按时完成了委、署机关转来的有关法规、制度、规划等修改任务和其他交办事项。

八、发挥被审计单位的监督作用

1990年5月，为加强被审计单位对我们工作的监督，在《行政诉讼法》实施前，我局召开了委属24个单位领导和有关人员的会议，宣传讲解《行政诉讼法》的基本内容，以及审计部门与被审计单位在贯彻《行政诉讼法》中的地位与关系等问题，要求被审计单位维护自己的合法权益，加强对审计工作的监督。为了改进机关工作方法和工作作风，1990年以局发文形式，请委属各单位对我局各项工作提出意见，以进一步搞好审计监督和加强廉政建设。为使审计监督与服务更好地结合起来，1992年和1993年局里两位领导分别带领有关同志，对已审单位进行了审计工作回访，以便加强联系，沟通情况。并与这些单位的领导同志就在新形势下审计工作如何为改革开放服务，如何为加强宏观调控，提高经济效益服务交换了意见，同时征求了他们对审计局工作的意见。

九、抓好审计工作基础建设

1. 加强思想教育和精神文明建设。几年来坚持组织全局同志认真学习马克思主义基本理论，结合实际反复学习邓小平同志关于建设有中国特色的社会主义理论，学习《邓小平文选》第三卷和党的十四届三中全会的决定，对如何发挥审计在社会主义市场经济体制建设中的作用加深了理解。工作中坚持党政配合，做到“两手抓”，思想政治教育结合行政工作去做。深入开展党风党纪和廉政教育，使大家在解放思想，转变观念，掌握政策，为宏观调控服务等方面有了新的进展。工作中同志们能自觉遵守各项廉政规定，不断增强立足本职、建功立业，努力做好审计工作的责任感。

2. 认真学习审计业务，搞好审计理论研究。几年来我局重点抓了政策法规和审计基础理论知识的学习。把国家政策、法规、财务制度、审计条例、审计业务知识等都作为重要的学习内容。除了在实践中边干边学，以自学为主外，还经常集中全局同志一起学习，如搞会计学专题讲座；组织全局学习基建投资管理和基建财务、会计知识；全局统一组织基建审计业务学习，促进了同志们对基建项目审计程序和相关政策的系统学习和掌握。同时注重审计理论、实践问题及审计方法的研究。组织力量认真研究在财务收支审计基础上，延伸检查和评价有关内控制度和经济效益的课题，写出了“两个延伸”的论文，被署审计科研所收入汇编中。1993年为了更好地宣传和推动新财会制度的贯彻执行，我局编辑了《十大行业企业财务制度汇编及讲解》一书，向全国发行。

3. 抓干部培训。按照署、委的干部培训计划，积极安排好干部的培训，自1989年以来，先

后抽调50多人次分别参加了审计署组织的内审、基建审计、基建投资概算、行政诉讼法、中德审计、中英审计、西方会计、计算机、外语、新会计制度、审计职称考试、赴英审计工作培训等，以及计委举办的会计人员、微机、处级干部任职、公文写作、党建理论、中央党校分部马克思主义理论、邓选三卷等培训班的学习。为了达到一人受训，全局受益的目的，局里规定，凡参加培训的同志都要再给大家汇报讲课。

4．加强制度建设，建立审计档案。为使审计工作逐步走上制度化、规范化，制定了《审计署驻国家计委审计局工作制度》，以使审计活动有所遵循。为加强基础工作，还搜集整理了《现行固定资产管理部分文件目录》，人手一册，为基建审计提供方便。并要求被审计单位定期报送财务收支计划、预算、决算报表和有关规章制度、资料等，做到凡审计过的单位有较完整的审计档案。

5．组织干部考察国外审计。为了解国外审计情况，开阔视野，经委领导批准，1992年，由局领导带队赴英国进行审计业务考察，并结合中国国情，对英国审计制度可借鉴的做法和经验，提出了一些建设性意见，写出了《赴英审计考察报告》，报署、委领导，经委主管主任批示，印发各司局。

驻国家教育委员会审计局

五年来，教育审计工作在各级教育主管部门领导的重视和支持下，得到了较快发展；在促进加强宏观调控和内部管理、提高办学质量和经济效益、维护财经法纪、推动廉政建设等方面做出了积极的贡献。

审计署驻国家教育委员会审计局（以下简称教委审计局）认真履行工作职责，努力完成各项任务，为发展教育审计事业发挥了重要的作用。

一、认清形势，明确职责，开创工作局面

五年来，我国的政治、经济形势发生了很大的变化。从1989年党中央关于“治理整顿、深化改革”的方针，到1993年党的十四届三中全会“关于建立社会主义市场经济体制若干问题的决定”，我国的经济体制从计划经济向市场经济转变，我国的改革事业迅速发展。同时，党中央和国务院对教育工作作出了一系列重要决策，1993年初，中共中央、国务院印发了《中国教育改革和发展纲要》，进一步明确教育发展的方针、任务和目标。国家在财力紧张的情况下，不断增加对教育的拨款，保证“两个增长”，多渠道筹措教育经费，使教育的战略地位得到重视和加强。在经济改革和教育改革不断深化发展当中，教育审计工作也不断发展和提高。

五年来，教委审计局认真贯彻党中央和国务院关于审计工作和教育工作的方针、政策，在各个历史阶段中，首先认清形势，根据法定的职责和新形势的要求，在思想认识上不断转变观念，在工作重点、内容及方法上明确思路，注重调查和分析在宏观经济运行中教育改革的情况和问题，力求按市场经济规律和教育发展的需要搞好监督和服务。五年来，在教育审计工作中，教委审计局认真贯彻“边组建、边工作”、“抓重点、打基础”及“打基础、抓重点、上水平”的工作方针，艰苦奋斗，努力实践，大胆探索，积极开展工作。在组织建设、制度建设、人员培训、理论研讨及直接进行审计和审计调查等方面都取得了较好的成绩。

二、搞好行业指导

对教育系统审计工作进行业务指导，是教委审计局的主要职责。为搞好行业指导工作，五年来，教委审计局主要抓了以下几个方面。

1．每年召开全国教育审计工作会议，主要传达全国审计工作会议和全国教育工作会议精神；学习贯彻党中央、国务院领导对审计工作的重要指示；总结、交流上一年度工作情况和工作经验；研究、部署下一年度工作任务。每次会后，

年度教育审计工作要点，都以国家教委办公厅的名义印发，以指导当年的教育审计工作。

1990 年 2 月在上海召开了全国教育审计工作会议暨全国教育系统审计工作先进集体、先进工作者表彰大会，向各省、区、市评选出来的 54 个先进集体和 63 名先进工作者颁发了奖状和奖品。先进集体和先进个人的代表在会上介绍了工作经验和事迹，使广大教育审计工作者深受教育和启发。

2. 加强制度建设。教委审计局根据审计署的有关规定，结合教育行业的特点，五年中，先后制定了各项制度、办法和规定。主要有：1989 年，国家教委印发了《关于委属单位自筹基本建设投资审计试行办法》的通知，对委属单位自筹基建投资审计的内容、方式及违纪处理等问题都作了明确规定。1990 年，国家教委办公厅转发了审计署《关于加强教育经费审计工作意见的通知》，指出："教育在经济建设中处于优先发展的战略地位。为了促进教育事业的发展，必须认真贯彻执行李鹏总理关于'切实加强教育经费使用的管理和审计监督，杜绝挪用、浪费'的指示，加强对教育经费的审计监督，促使教育部门和单位加强管理，提高办学效益。"1990 年，国家教委第 9 号令颁布了《教育系统内部审计工作规定》。这是教育审计工作一部比较完整的行政法规，它是根据《中华人民共和国审计条例》的有关规定，结合教育实际，在认真总结经验的基础上，发布实施的。《规定》发布之后，引起了各级教育主管部门、单位的领导和有关部门的重视，有力地推进了教育系统审计工作的组织建设。同时提高了广大审计工作者的思想认识，促进了教育系统内审工作的制度建设，使教育内审工作向深层次发展。同年 7 月，国家教委颁发了《委属高等院校报送审计资料的试行办法》。

1991 年，国家教委印发了《关于委属院校今后三年内审工作"上水平"若干问题的意见》。明确提出"开展以财务审计为基础，以效益审计为重点的多种类型的审计监督"的指导思想和实行"以评价内控制度为基础的审计方法"等七项审计工作"上水平"的主要目标。

1992 年，国家教委印发了《"八五"期间教育审计工作要点》。同年 8 月，颁发了《关于学习、贯彻邓小平同志重要谈话精神，加强和改进教育审计工作的意见》，强调："提高认识，进一步加强、改进教育内部审计工作是深化教育改革和加速教育发展的客观需要"，并提出要："认真总结经验，结合教育实际，抓住重点，大胆改进教育内部审计工作"等方面的要求。

1993 年，教委审计局根据基层审计机构的问题，向委领导报送了《关于教育审计机构和人员配备问题的请示》，建议重申 9 号令的有关规定。国家教委办公厅及时印发了该"请示"，许多省市、院校按照"请示"中的有关精神和要求，及时进行部署，调整、充实审计人员，进一步加强了基础建设。同时教委审计局又及时印发了《关于进一步加强教育审计工作的几点意见》，要求各级教育审计部门认真学习中央有关文章，增强责任感和紧迫感，带头搞好廉政建设；突出工作重点，强化审计监督职能。

3. 搞调研、抓检查、促落实。为随时做好行业指导工作，教委审计局经常派人下基层搞调研、抓检查，召开各种小型研讨会、评估会，深入了解和掌握各地区、各部门、各单位的审计工作情况，随时发现问题，探讨解决问题的途径，帮助基层解决实际困难，总结经验。还经常派人参加各省市或委属院校召开的审计工作片会。通过这些会议和调研活动，有计划、有目的地研讨审计工作情况，有力地促进了教育审计工作不断向纵深发展。如 1991 年教委审计局组织了五个检查小组，对委属 36 所院校贯彻落实国家教委 9 号令和教育审计工作"上水平"情况进行了全面检查。通过听汇报，查看审计资料和档案，抽查审计项目，核实审计结论落实情况，听取各方面的意见，比较全面地了解了委属院校几年来审计工作开展情况，发现了一批审计工作搞得好的院校和值得总结、推广的好经验，也发现了一些需改进的问题。这次检查采用各校自查、初评分，检查组复评、评分，最后综合评分的方法，给每个学校按质按量评定了分数。然后将检查结果以《通报》形式印发各院校。检查工作在委属院校引起很大反响，使各院校找到自己的工作差距，积极制订各项措施，弥补不足。

三、认真完成各项审计和审计调查任务

五年来，教委审计局认真完成了审计署下达的审计和审计调查项目，委领导交办的任务，及根据形势的需要安排的临时项目和配合有关单位开展的审计或审计调查工作。据不完全统计，共完成审计、审计调查项目(单位)累计80多个。主要有对北京大学、清华大学、上海交通大学、上海外语学院、高等教育出版社、中国教学仪器设备公司等单位年度财务收支情况进行重点审计；对北京师范大学、中央广播电视大学、厦门大学、浙江大学、西安交通大学、东北师范大学、中国教育报社、委属高校科技联合开发中心、国际教育文化交流中心，及驻美国、英国、日本、法国(教科文)等国使馆教育处(组)财务收支进行就地轮审。开展了对甘肃省民勤县、黑龙江省宁安县等单位教育经费管理情况的审计调查；对福建、江西等省中央专项教育补助款使用情况的审计调查；对四川等省的部分县教育费附加征管用情况的审计调查；对武汉大学、华中理工大学校办公司情况的审计调查；对陕西师范大学等校开展社会服务财务收支情况的审计调查；对同济大学后勤承包情况的审计调查，等等。

在审计和审计调查过程中，注重对资金使用效益的分析和对内控制度的评价。同时对被审单位在会计核算和财务管理上好的做法和经验给予肯定。被审单位认真执行审计结论和决定，积极采取措施切实加强财经管理，改进工作。

通过审计和审计调查，为领导宏观决策提供信息；为纠正违规违纪、追回被侵占挪用的教育资金、避免损失浪费，提高资金使用效益、净化教育环境、促进教育事业发展发挥了有效的积极作用。如：1991年“关于教育费附加征管用情况审计调查报告”，在审计署《值班简报》登载，并被国务院办公厅采用，认为“报告”重点突出，综合性较强，有分析、有建议，信息层次较高，在宏观经济调控中发挥了一定的作用。

四、开展理论研讨和培训

随着政治、经济体制的改革和教育事业的发展，教育审计工作不断深入，广大教育审计工作者在工作实践中，遇到许多理论问题和实务问题，教委审计局有计划、有重点地组织开展学术研究活动。如教育审计的基本职能、地位和主要任务；效益审计在教育领域中的含义、基本内容、评价标准、审计程序和方法；教育审计如何适应社会主义市场经济的需要和教育事业的改革和发展；计算机审计理论与应用等等课题。在理论研究中探讨适合中国国情的教育审计科学体系，用理论指导实践，努力提高教育审计水平。教委审计局先后组织编写了《高等学校审计》、《教育审计的实践与探讨》两本书，编发了71份《教育审计简报》，成立了中国教育审计学会，创办了《教育审计》刊物。利用这些形式及时反映教育审计工作成果、交流经验、传递信息、沟通情况，使教育审计理论与实践的结合越来越紧密，研讨的内容越来越深、范围越来越广。许多高质量的论文被国家一级刊物选登。

为提高教育审计人员的政治业务素质和促进教育审计工作的发展，五年来，教委审计局开展了多种形式的培训工作。

一是不定期的经常举办审计基础知识培训班。主要学习党和国家有关审计的方针、政策，学习社会主义市场经济知识，学习会计学、审计学、新财会制度、财经税法等基础理论与实务，更新知识，了解教育特点，提高广大教育审计工作者的岗位工作能力。

二是定期举办全国教育系统处级审计干部岗位培训班。主要学习行政管理、经济管理等方面的知识，了解教育改革与发展的情况，学习和研讨有关效益审计、内控制度评价、审计工作的“制度化、法制化、规范化”建设的有关理论及教育审计工作的特点等等。通过培训，促进了处级领导干部不断提高工作质量和效率。

三是举办两期全国教育系统审计工作领导

干部学习班。参加的人员为各省市教育部门、高等院校主管审计工作的领导同志。两期共有112人参加了学习。安排的课程主要是审计的基本理论和如何领导审计工作。学习内容针对性强，理论联系实际，使领导同志了解了审计基础知识，掌握了领导审计工作的主要方法。许多单位反映，领导同志参加学习后，回到单位，以实际行动关心、支持审计工作，使审计工作大有改进。

四是根据教育审计工作的需要，举办专题培训班。如基本建设预、决算讲习班，后勤承包研讨班，计算机审计技能培训班等等，提高了审计人员的专项审计水平。

目前，在全国教育系统初步建立了一支思想和业务都较过硬的审计队伍。

五、积极投人反腐倡廉活动

反腐倡廉是一项长期的任务。教委审计局坚持常抓不懈。1989年在治理整顿中，根据国家教委党组关于加强机关廉政建设措施及审计署关于廉洁奉公的若干规定要求，结合审计工作的特点及审计人员守则，教委审计局认真组织了学习讨论，强化廉政意识；制定了工作制度、纪律。在思想和工作上保持了清正廉洁的好作风。同时转发了审计署《关于审计人员在审计工作中的六项纪律》，要求每一个教育审计工作者必须严格遵守党和国家为政清廉的各项规定。

1991年在中共中央、国务院两办通知的要求下，教委审计局进一步加强廉政建设，修订了《审计局工作守则》、《审计局廉政措施》及《审计人员工作纪律》，全体同志认真执行，做到廉洁奉公，遵守纪律。

1993年，教委审计局组织全局同志积极投入反腐败斗争。在深入学习，提高反腐倡廉自觉性的基础上，处级以上干部按照党中央和委党组的要求，认真进行了自查自纠，廉洁自律。通过上述活动，大家受到一次深刻的教育。根据形势发展的要求，进一步制定加强廉政建设的制度和措施，全局同志继续保持良好的工作作风。

驻地质矿产部审计局

1989—1993年五年中，驻地质矿产部审计局在审计署和地矿部的领导下，做了许多工作，取得了较大的成绩。

一、围绕监督、服务，开展直接审计

1989—1993年五年间，地矿部审计局共完成审计项目52项，审计资金22.98亿元，查出违纪金额1046万元，上缴各级财政金额16万元。

1. 开展财务收支审计，向经济效益审计延伸。五年来，共开展财务收支审计39项，通过财务收支审计，既维护了国家财经法规，同时又在促进被审计单位健全内部控制制度、提高经济效益方面发挥了积极作用。1990年，审计局确定了地矿部下属三个财务收支金额较大的典型单位，对其进行连续三年的定期审计，共查出违纪金额30万元，收效明显。在审计过程中对三个单位的经济活动进行了认真的分析研究，针对生产经营范围狭小、流动资金严重不足、设备老化、生产能力下降等问题，审计组提出了开拓市场，加强管理，挖掘潜力.增收节支等多条具体措施，对被审计单位提高效益起到了参谋和促进作用。

2. 开展承包经营责任审计。根据地矿部《承包经营责任审计办法》，审计局选择了两个典型单位开展了承包经营责任审计，不仅完善了承包经营责任审计方法，而且发现了承包经营中诸如风险抵押金偏低、包盈不包亏等具体问题，并提出了改进建议，为完善承包经营责任制起到了一定作用。同时.审计局开展了六项经理离任审计。

二、结合中心工作，开展专项审计调查

自1990年连续三年在地矿系统内开展了三项专项审计调查。

1990年开展了多种经营审计调查。认为“一业为主,多种经营”的指导思想是完全正确的,对多种经营中存在的资金使用过于分散、立项缺乏论证、企业管理层次较低、忽视经济效益等问题进行了认真的总结和分析,提出了进一步完善和发展的建议,受到部领导和有关部门的重视和好评。

1991年,开展了承包经营审计调查。肯定了承包经营取得的成效,指出了第一轮承包合同、经营方针和经营管理中出现的承包合同不健全、执行不严格,经营思想短期化,以包代管等问题,并针对问题提出了改进和完善的六项建议,得到部领导的重视,对促进承包经营责任制健康发展起到了一定的作用。

1992年选择了73个典型单位开展经济效益审计调查。

三、开展内审指导工作

内审指导工作的开展,直接影响内部审计工作的发展,关系到地勘单位内部约束机制的建立和完善,因而内审指导工作一直被看作是审计局的主要工作之一。1989年—1993年地矿部内审工作得到迅速发展。审计项目迅速增加,审计覆盖面逐步扩大,五年内共纠正违纪金额4727万元,促进增收节支1127万元,减少损失浪费3603万元,审计内容由财务收支审计发展到经济责任审计和经济效益审计等。为了促使地矿系统内审工作提高到一个新水平,更有效地发挥内审指导作用,地矿部制定了《地矿部内部审计规定》、《地矿部内部审计工作“八五”规划要点》和《地矿部内部审计工作联系制度》。由于审计工作的深入开展,审计队伍也逐步壮大起来。审计机构最多时达到403个,审计人员最多时达1035人。为了使审计人员能够适应日益发展的审计工作的需要,除积极推荐人员参加审计署举办的各类学习班以外,审计局每年至少举办一期审计人员培训班,以提高审计人员业务素质,同时还抽调各单位业务骨干参加审计局的直接审计项目,在实际工作中帮助内审人员提高业务水平。除此之外,还充分发挥学会的作用,开展学术研究和交流活动。

驻建设部审计局

建筑安装企业局内部审计,几年来,审计单位13122个,查出损失浪费金额8784万元,已纠正违纪违规金额35772万元,促进增收节支15615万元。1993年,完成审计项目7522项,审计资金总额4190301万元,查出违纪金额23573万元,查出损失浪费金额4162万元,促进增收节支7522万元,查出万元以上贪污贿赂案189万元。

1989年至1993年,建设系统审计人员,认真行使审计监督职能,努力开展审计工作,在维护国家财经纪律,加强企业管理,提高经济效益等方面,做了大量工作,使审计工作领域进一步拓宽,审计工作质量进一步提高,审计工作影响也进一步扩大。几年来,主要完成工作如下:

一、开展财务决算审签和财务收支审计

建筑安装企业财务决算报表审签工作基本上形成了制度,做到了先审签后报出。其做法一般以工程收入、成本利润、财产物资、含量工资、货币资金等方面为审计重点,参与财务决算报表的编制过程,并分阶段进行调查和预审。发现问题及时提出纠正意见,保证了财务决算的真实、完整、合法。为加强对多种经营单位的监督和管理,建设主管部门和企业主管部门审计机构普遍加强了对所属企事业单位财务收支的审计监督,以落实经营成果的真实性、查处违反财经纪律的行为及损失浪费问题。在财务收支审计过程中,各级审计机构按照新会计制度的规范和要求,核实被审计单位的资产负债和损益情况,促进了新会计制度顺利转轨,提高了财务决算的真实性,对于促进企业加强经营管理,防止出现新的虚盈实亏问题起了积极的促进作用。

二、开展承包经营责任审计

近几年各地为促进企业承包经营工作的顺利开展，对承包经营合同的签订、年度执行情况和承包合同终结实行全过程的审计监督。一些地区和单位达到了先审计后兑现奖罚，先审计后离任的要求。不少单位将此项工作与财务决算审计工作有机地结合起来。通过审计，既核实了企业经营成果的真实性，也帮助企业找出了承包经营中的突出问题，还实事求是地评价承包经营者的经营成绩，对于促进承包经营工作的健康发展发挥了积极作用。甘肃省建筑总公司1993年完成经理离任审计6项，查出潜亏金额1612万元及潜亏因素1226万元，确保了经营成果的真实可靠。上海市建工集团、北京市城建集团公司及广东、天津、重庆等地的一些企业积极配合，开展了工程项目承包全过程的经济责任审计，对加强企业经营管理、提高经济效益促进很大。

三、开展经济效益审计，促进增收节支

针对建筑安装企业经济效益连年下降的情况，建设部审计局组织了“百户企业经济效益审计”工作。以查处企业内部经营管理问题为主，着眼于挖掘内部潜力，促进企业增收节支，加强经营管理。通过审计，查出一些承包经营责任制不完善，以包代管；支出控制不严，成本失控；工期长，质量差等影响经济效益的问题，并提出了比较具体的，能够扭亏增盈的措施239条，收到了提高经济效益的效果。

1993年审计工作重点开始转向经济效益审计和内控制度评审。不少地区和单位采取了“抓两头”的办法。一方面抓亏损大户的审计，通过经济效益审计和内控制度评审，帮助企业发现管理中的问题和薄弱环节，研究、提出改进的措施和意见，切实帮助企业扭亏增盈。另一方面，也抓经济效益好的企业的审计，通过经济效益审计和内控制度评审，发现了一些好的做法并进行总结和推广，促进了企业经济效益更上一层楼。四川省建筑总公司1993年共完成16个经济效益审计，对被审单位的帮助促进很大。天津市建工局重视内控制度评审工作，就资金使用、民工费开支、材料采购、项目成本核算、承包兑现等问题，进行了9项审计调查，提出了完善内控制度的意见和建议，促进管理工作的加强。

四、开展项目承包审计，推进项目管理

为配合推行项目法施工，一些企业开展了工程项目承包经济责任审计。此项工作对承包合同进行事前、事中、事后审计，使审计监督贯穿项目施工的全过程，事前审计主要审查项目承包合同是否符合国家法规和企业的规章制度，重点审查承包基数的合理性，为合同履行奠定基础。在合同签订后，对其履行情况进行审计监督，重点审查合同执行情况及开支是否合理，有无损失浪费。工程竣工后，对项目经营成果的真实性、合规性进行总的检查，重点解决盈亏不实的问题，并对项目班子管理工作作出评议，加强了项目的经营管理，为正确兑现项目管理者的奖罚，评价经营成绩起到了积极作用。

五、开展审计调查

1993年部审计局组织各地开展了对城市燃气企业经济效益的审计调查。这项工作得到了各地建设主管部门、公用事业管理部门、公用企业的重视和支持。通过对24户(分布15个省市、其中大中型企业为14个)的审计调查，找出了近几年影响燃气企业严重亏损的客观因素和主观因素，较全面地分析了公用企业经济效益的现状和问题，并根据调查出来的问题提出了加强燃气销售价格的调整、落实财政补贴政策、推进技术进步，加强经营管理，积极开展节约挖潜、多渠道筹集资金，妥善安排富余人员，积极发展多种经营等项改善经营环境、加强企业管理、提高经济效益的措施和意见，为部和各地加强对公用事业的行业管理和企业管理，发挥了一定作用。

配合反腐作风，开展财经法纪审计。1993年各地建设审计部门和企事业单位的内部审计

机构在审计工作中，对于发现的贪污贿赂及重大损失浪费的线索和问题，进行认真细致的查证，查处了一些经济案件及损失浪费问题，去年建设系统共查出万元以上贪污贿赂案15件，金额189万元，对于加强建设系统的廉政建设发挥了积极作用。

六、国际交往

为了解香港地区审计工作情况，1990年建设部审计局组成四人考察组赴港考察。主要考察访问了主管香港民间审计的管理机构—会计师公会，顺访了香港政府的审计机关核数署，了解了他们开展审计工作的情况。

1991年，建设部审计局组织甘肃、黑龙江、陕西、北京、上海建设主管部门和施工企业的审计人员一行7人，考察了日本大成建设公司、熊谷组建设公司、神奈川供水企业和东京煤气公司等企业的内部审计制度，还顺访了日本审计机关—会计检查院。

以上两项考察报告都在各省市进行了宣传和交流，对于推动建设系统内部审计工作起了一定作用。

七、建设审计学会

1989年7月15日建设审计学会成立，主要任务是组织审计理论研究和学术交流，推广学术研究成果，总结交流审计工作经验，开展审计干部培训，为社会提供审计咨询服务。1990年至1992年，建设审计学会与上海市城市建设审计学会合作，就施工企业财务决算审计、承包经营责任审计和经济效益审计等专题培训各地审计干部近400人，有力地推动了建筑业审计工作的开展。

驻电力部审计局

驻电力部审计局是由原能源部撤销后组建的。为使资料完整和连续，本材料将原能源部审计局1989年至1993年4月和电力部审计局1993年5月至12月情况进行合并综述。

五年来，在署、部领导下，按照审计署规定的任务和职能认真地开展审计监督，积极组织、指导行业内部审计工作，推动了内部审计工作的发展，严肃了财经纪律，加强了行业管理，为提高经济效益做了大量工作，促进了能源事业的发展。截止到1993年5月，原能源系统已建立审计机构2605个，其中司局级11个，处级287个，科级2307个，已配备审计干部7730人。五年来，共完成审计项目586962项，审计出违纪金额39.4亿元，查出贪污贿赂案件454件，促进增收节支19.3亿元。审计的观念已被人们所接受，许多单位领导从“要我审计”转变为“我要审计”，从不欢迎审计变为要请审计，审计人员的地位得到提高，被人们誉为“经济卫士”、“企业的把关人”、企业的“B超医生”。通过财务收支审计、经济效益审计、内控制度评价、承包经济责任审计、厂长任期经济责任审计和各种形式的审计调查，为改善和加强企业管理，为领导提高决策依据起了积极作用，促进了企业正确执行财经政策和法规，坚持社会主义企业的方向、拓宽了审计领域，探索了审计方法，建立了一系列审计规章制度，为实现审计工作的法制化、制度化、规范化迈出了坚实的步伐。我局在指导内部审计工作方面的做法如下：

一、依靠领导支持

在内审制度的建立、巩固和发展过程中，由于各种内外部因素的影响，常常碰到一些困难和问题，如不采取有力措施及时解决，则影响内部审计制度的健康发展。为此，驻部审计局及时向能源部和审计署领导反映情况，提出建议，取得支持，依靠领导抓各级领导，不断促进内审工作的发展。署和部对内审工作是非常重视和支持的，每年一次的审计工作会议，署、部领导都亲自参加，并作重要指示，提出新的要求。能源部领导每年都听取审计工作汇报，作指示，提要求。多次指出，企业单位的内审工作是社会主义性质所决定的，要把健全企业内部约束机制的事认真抓好，“审计机构只能加强，不能精简”。部领导主动提出举办电力网省局主管经营管理和生产管理的总工程师、总经济师、总会计师参加的财经政策讲习班，并亲自讲课。1991 年 4 月经批准召开了全能源系统审计工作“双先”表彰会，表彰了审计先进集体 38 个，先进个人 85 人，由能源部授予审计先进集体和先进工作者的称号，极大地调动了广大审计机构和审计工作者的积极性。在查处重大违纪问题时，旗帜鲜明地支持依法处理；在审计经费处于困难的情况下，指示财务部门解决等等。这些有力的支持，是驻部门审计机构开展工作，指导内审取得成绩的关键。

二、统筹规划、明确分工、分类指导

能源系统行业多，情况复杂，涉及面广。驻部审计局根据国家规定，结合各行业的实际情况，对部内电力企事业单位、总公司的内审部门，在确定工作任务、编制审计年度计划、制定长远规划时要体现出能源部对审计工作基本要求，贯彻执行能源部内部审计工作制度和办法。对归口总公司审计范围的具体审计项目，则不具体干预，每年召开归口总公司、电力网省局审计会议，交流审计工作经验，督促、检查年度计划执行情况，研究制定共同的审计目标、工作重点，以及思想建设、业务建设等。为便于统筹规划，分类指导，结合各行各业的实际情况，，制定了《承包经营责任审计暂行规定》、《审计计划编制办法》、《楼堂馆所建设项目开工前审计实施办法》等 6 个规定和办法，促进了内审工作的健康发展。

三、加强队伍建设，不断提高内审干部素质

内审工作开展得好不好，一个关键的因素是否抓了审计队伍的建设，不断提高素质。队伍强，素质高，有主动性，工作就出成效，否则，工作就打不开局面，处处显得被动。几年来，我局采取各种方式，加强审计队伍的组织建设、思想建设、作风建设，努力造就一支政治思想强、业务素质高的审计队伍。结合各行业的特点，采取统一规划，分层次，上下结合、内外结合的办法对内审人员进行培训，共培训 7599 人（次），占已有审计人员的 96%。其中自培 5581 人（次），委托代培 1144 人（次）。能源系统内审队伍的特点：一是具有热爱审计、刻苦钻研审计业务的精神。二是艰苦创业，锐意进取。有一单位的审计处，总结出加强审计廉政建设，提高政治素质；加强组织建设，提高监督能力；加强业务建设，提高业务水平“三加强三提高”的工作方法，在抓基本建设前期环节、施工管理和竣工验收环节的审计中，取得了明显的经济效益，三年内审计总金额达 16 亿元，调整投资流向 3200 万元，节约投资 2400 万元。三是依法审计，敢于碰硬。有一煤矿审计科，由于坚持依法审计，遭到某些人的打击，连续四年春节家中玻璃被砸，他们依靠领导，一身正气，不顾及个人安危，坚持原则。四是无私奉献，清正廉洁。有位审计处长，身患严重的糖尿病和肝病，但他深入基层，带病工作，一心扑在工作上，人称他只有“半条命”，他自己说：生命诚可贵，事业价更高。审计人员不吃请，不受贿，两袖清风，一身正气，无私奉献的精神，使人们对审计工作有了认识上的转变，树立了审计工作的高大形象。

能源系统各行业自建立内审制度以来，广大审计人员坚持积极开拓、勇于实践的精神，不断向新的审计领域进军，由起初的财务收支审计逐渐扩大到经济效益、承包经营、厂长（经理）任期经济责任、经济合同等审计积累了经验。为了使这些经验在面上开花结果，驻部审计局采取各种形式，组织交流、推广。

四、开展行业审计调查，为宏观调控服务

几年来，驻部审计局在开展直接审计的同时，充分利用熟悉行业情况的优势，围绕能源部工作中心，开展行业审计调查和专项调查 28 项，其中完成审计署交办的调查 18 项。通过对电力物资供销企业的审计调查，揭露了电力物资领域倒买倒卖、乱加价乱收费、第三产业经营等问题，引起了部领导的重视。通过对电力基建停缓建项目跟踪审计调查，共压缩基建投资约

1.05亿元，压缩建筑面积14.4万平方米。通过对电力行业、电费收入的审计调查，发现一些单位违纪问题比较严重，转移、截留电费收入7.9亿元，乱加价乱收费1.2亿元等问题。审计报告分析了产生这些问题的内、外原因，提出理顺电价，严格电费核算纪律等6条建议，引起部领导和有关司局的重视。通过煤炭行业综采设备资金的调查，肯定了综机采煤为煤矿安全、高效、低耗闯出一条新路；指出了有141套综采设备需要集中报废更新，需资金25亿元，如得不到解决，将影响5000万吨年产量；揭露了有81%的综采设备产量只有24万吨，急需加强管理，挖掘潜力；建议国家和主管部门从经济政策上、生产技术管理上采取措施。这项报告得到部领导的肯定。通过对石油行业折旧、大修的审计调查，发现该行业从1987—1990年共少提折旧基金90亿元，占应提额的41%，少提大修理基金29亿元，占应提基金额的22%。而同期石油工业亏损116亿元，财政只补贴98亿元，若提足折旧、大修理基金，则财政可少补亏损137亿元。这实际上是用维持简单再生产的资金填补了财政亏损的窟窿。分析了少提折旧、大修理基金给企业带来的严重后果，提出了解决问题的建议。进行行业审计调查，可以调动全行业的审计力量统一行动，取得好的效果。在进行电费收入调查时，共组织143个调查组1200人，对210个单位进行了审计调查，这是电力行业有史以来最大的一次审计调查。通过对各行业带有普遍性、倾向性和部领导迫切关心的问题进行调查，为加强行业管理和发展起到了积极的促进作用。

驻铁道部审计局

从1989年起，铁路实行经常性国家审计行业归口。根据审计署审综字(1988)338号文和(1989)143号文规定，铁道部所属企事业单位，由驻铁道部审计局负责审计。五年来，在审计署和铁道部领导的亲切关怀下，通过全路审计人员的积极努力，发挥铁路审计的整体功能和行业特有的优势，较好地完成了国家审计任务和铁路企事业单位内部审计任务，并取得了明显成效。驻部审计局五年来共审计222个单位(审计对象为147个)，查出违纪金额73181万元，促进增收节支8286万元，收缴金额2365万元，达到了署提出的三年轮审一遍的要求。全路内部审计共完成15279个单位，查出违纪金额98438万元，促进增收节支42269万元。

一、开创铁路审计工作新局面

随着我国改革开放和现代化建设事业的发展，为了更好地服从于、服务于铁路改革和发展，落实《工业企业转换经营机制条例》和部定《铁路企业转换经营机制实施办法》，根据1993年全国审计工作会议精神，铁路审计工作不断得到加强、改进、发展和提高，审计内容逐步深化，由开始时的财务收支审计为主，到以财务收支审计为基础，向内控制度和经济效益审计延伸，直至发展为以重点企业、重点资金、重点项目和亏损大户的审计为重点，以加强企业内部管理制度和提高经济效益为主，包括：财务收支审计、工程项目预决算审计、自筹基建资金事先审计、厂长任期经济责任审计评议、运输收入审计、安全措施费审计、经济合同审计、内控制度审计等。1993年部审计局突出了对兰新复线等基建项目的审计，以控制投资规模、节约建设资金，为铁路重点工程保驾护航。

二、开展系统审计和审计调查

铁路是由多工种、多系统、多部门组成的大联动机。同一系统和部门，生产经营特点相同，执行的规章制度一样。通过审计，可以查出共同性、普遍性、规律性的问题，为宏观决策，加强系统管理提供依据。1991年开展了工务系统审计，全路12个铁路局的审计处、56个分局的审计科投入450人，用7513个工日，历时5个月，对136个工务段(占全路288个的47.2%)从经营管理、经济效益、内控制度、维修、中修、代办大维修、钢轨整修等方面进行了审计，查出带有普遍性、倾向性的问题 11 个，并针对存在问题提出了改进建议。1992 年，组织 124 个审计组，投入 13605 个工作日，历时三个月，对 175 个(全路 1991 年底共设置 177 个)机务段进行了就地审计。查出了固定资产管理、流动资产管理、机车运用、违反财经法纪等四个方面影响企业经济效益的共性问题，共发现有问题金额 61172.4 万元。针对存在问题，向部有关部门提出了八条建议。继开展工务、机务系统审计之后，1993 年又组织了车辆系统审计，摸清了车辆系统资产管理的基本情况，对于影响经济效益的 277 项问题，各级审计机构分别向有关主管部门提出改进工作的建议 278 项，已被采纳的 90 项，初步获取经济效益 981.47 万元，其它建议也正在逐步落实。此外，还开展了广泛的审计调查，其中有基建预备费使用情况的审计调查、铁路建设资金到位情况的审计调查、工业产成品资金占用情况审计调查、职工退休养老金统筹审计调查、搞好大中型企业审计调查、债权债务清理审计调查和对亏损企业的审计调查等，都收到了比较好的效果。

三、开展审计科研工作

几年来，我们着手进行审计理论和审计手段、现代化审计方法的研究和探索。1990 年制定了铁道部计算机审计五年规划，此后已开发计算机审计软件 7 个，其中“审计技术电算化”课题于 1992 年通过了审计署和铁道部联合鉴定。现在全路审计系统已配备微机 159 台，“审计信息管理系统”已在全路推广应用。大部分单位做到了以软盘报送审计统计报表。沈阳局、广州铁路集团公司还实现了全局联网传输。

1992 年铁路系统还成立了内部审计学会，开展学术研究活动。

四、审计基础工作进一步加强

经过有计划的培训和多年的审计实践，审计人员的政治、业务素质有了明显提高。现专职审计人员 1547 人中，具有中级以上职称的 754 人，占 48.7%。1992 年经铁道部批准，还成立了审计系列高级技术职务任职资格评审委员会，负责全路审计部门技术职称评定工作。两年评定高级审计师 14 人。截止 1993 年底，铁路审计部门具有高级职称的审计人员 87 人。为了加强廉政建设，制定了审计工作纪律和审计人员守则，实行了“审计纪律执行情况跟踪反馈”制度，并连续三年以铁道部、全国铁路总工会联合表彰了审计工作先进集体 135 个(次)和先进个人 361 人(次)。同时，还相继制定了与《中华人民共和国审计条例》相配套的铁路审计工作行政法规，如《铁路审计工作规定》、《铁路审计工作实施细则》、《铁路审计工作年度计划管理办法》、《审计报告编写规则》、《铁路审计统计分折报告制度》、《铁路审计科研项目管理办法》；编辑了《铁路审计定性常用法规》等，使铁路审计工作基本做到了有法可依，标志着铁路审计工作“三化”建设进入了一个新阶段。

五、大力发展社会审计

按照中共中央、国务院关于大力发展第三产业的规定，近年来铁路社会审计组织有了较快的发展。到目前为止，全国铁路已成立审计事务所 49 个，从业人员 300 人。广泛开展了咨询、会计顾问、鉴证、验资服务和对铁路多种经营、集体经济企业的审计监督。

驻交通部审计局

1984 年 4 月 29 日，以交通部审计局成立为标志，经历了 10 年的风风雨雨，交通审计从无到有不断发展壮大。从“抓重点、打基础”，到“积极发展、逐步提高”，以至现在的“加强、改进、发展、提高”，跨上了一个又一个台阶，走出了一条适合交通系统行业特点的审计工作路子，为促进交通行业深化改革、改善管理、提高效益、廉政建设作出了应有的贡献。

一、建立素质较好的审计队伍

经过10年坚持不懈的努力，交通系统审计机构和人员素质发生了可喜的变化。

1. 在交通系统各级领导的大力支持和广大审计人员的共同努力下，到1993年底，交通审计网络已基本形成，全国交通系统共建审计机构(含二级基层单位)2200多个，部属及双重领导的企事业单位已有85%建立审计机构，各省、自治区、直辖市(除西藏自治区外)和计划单列市交通厅(局)均已建立了审计机构。

2. 配备审计人员。为建立一支政治和业务素质都过硬的交通审计干部队伍，各级交通审计部门作出了不懈的努力。一是把好入口关，在选调审计人员时坚持宁缺毋滥，注重选调政治素质较高、有一定政策水平的业务骨干和大专院校毕业的专业人才。二是抓好培训，重点抓在职审计人员的业务培训工作。10年来，交通系统各级审计部门先后举办了各种审计专业证书班、培训班、研讨班，共培训审计干部4098人次，同时，还采取以审代培等形式对审计人员进行业务培训。三是做好思想教育工作，针对审计工作任务重、出差多等特点，加强政治思想工作，要求各级审计人员在提高业务水平的同时，做到廉洁、公正、严格、有奉献精神。到1993年底，交通系统各级审计机构已配备审计人员7100多人(兼职2800多人)，其中：具有高级职称的占1.6%，中级职称的占24.9%，大专以上文化程度占34.1%。

二、突出重点，开展审计监督

10年来，各级交通审计部门认真贯彻执行党的路线、方针和政策，围绕经济建设中心，突出工作重点，拓宽审计领域，以财务收支审计为基础的各项审计工作得到不断加强，经济效益审计、经济责任审计、专项资金审计以及基本建设审计等各项审计工作正在全面展开，并取得了显著成效。10年来，全国交通审计部门共开展审计项目86605项，查出各种违纪违规金额27.8亿元，已上缴财政1.15亿元，促进增收节支7.03亿元。其中驻部审计局完成审计项目86605项，查出违纪违规金额3.34亿元，已上交财政1288万元，对违纪问题处以罚款44.3万元。

1. 经济效益审计。10年来，各级交通审计部门围绕提高经济效益这个工作重点，积极开展了效益审计，并将此作为审计工作发展的方向。从1989年起，驻部审计局每年都把开展经济效益审计作为一项重要任务列入年度工作计划，选择一些领导重视和关心、对交通行业影响较大的单位或项目，开展经济效益审计和审计调查。1991年为配合搞好“质量、品种、效益年”活动，有针对性地选择武汉长江轮船公司和陕西省榆林地区汽车运输公司进行了经济效益审计调查。根据进一步搞好国有大中型交通企业的要求，1992年和1993年，重点组织了沿海水上运输企业和航务航道施工企业的经济效益审计调查。通过对这些单位的资金、产量、收入、成本、利润及主要技术经济指标的调查研究，深入剖析了影响水路、公路运输企业和航务、航道施工企业经济效益的内、外因素。针对运输、施工企业存在的资金不足、购造车船贷款利率过高、税费负担过重、运价偏低、建设单位招标压价严重以及运输市场管理薄弱等问题提出了建议，并区别应由国家给予政策支持、上级主管部门予以解决和企业落实三个方面分别向审计署、交通部和企业作了反映，为有关部门进行正确决策，加强管理提供了第一手资料。

2. 经济责任审计。根据审计署《全民所有制工业企业承包经营责任审计的规定》和交通部《全民所有制交通企业厂长(经理)任期终结经济责任审计的暂行规定》，按照“先审计后兑现”和“分层次审计”的原则，驻部审计局在部署各级交通审计部门积极开展经济责任审计工作的同时，分别于1991年、1993年组织审计人员对两轮实行承包和任期目标责任制的部属一级企事业单位进行了经济责任审计。从承包经济指标和任期目标完成情况、固定资产保值增值和资产管理情况、专用基金积累情况、债权债务情况和遵守国家财经纪律情况等五个方面，系统地审查、考核、评价了各单位及其领导在任期(承包期)内所取得的经营业绩和应承担的责任,在一定程度上避免了企业的短期行为,为上级管理部门进行奖惩兑现和人事部门考核干部提供了重要依据。通过审计,总结了两轮承包经营责任制和任期目标责任制的经验和不足,提出了延长作业还贷期限、适当降低贷款利率、提高职工福利基金提留比例、修订港航结算办法、对交通运输企业免交能源交通重点建设基金和预算调节基金、坚持先审计后兑现、先审计后任命等建议和措施,向部和审计署呈报了专题报告。报告受到部和审计署的肯定,部召开了专题部长办公会议,对有关问题和建议进行了研究处理,审计署将报告在《审计工作通讯》上作了报道。

3. 财务收支审计。各级交通审计部门把开展财务收支审计作为重点和经常性工作来安排,已逐步形成制度。10年来,驻部审计局先后对86个单位开展了113项财务收支审计。部审计局成立初,先后组织审计人员对广州、上海、武汉地区20个部属单位的1985—1987年度财务决算进行了审计,查出违纪违规金额6968.6万元,补交税金41万元。开展了物资供销企业财务收支、教育经费和院校基金、科技三项费用等审计,查出转移截留收入、私设"小金库"、滥发奖金补贴等违纪违规金额887.8万元,上交财政收入89万元。1989年对有些违纪问题较严重的单位进行了通报批评,对制止滥发钱物、控制社会集团购买力起到了积极作用。通过财务收支审计,部属单位特别是经常性审计单位的违纪金额逐年下降,效果十分明显。部属行政事业单位的定期审计和施工企业对年度财务决算进行审签都已成为制度。第一公路工程总公司针对1989年违纪较多的情况,对四个公司审计查出违纪金额97.10万元,实施了审计落实回签制度,保证了审计结论的落实。长江港监局对屡查屡犯的问题,抓住典型通报全局,违纪问题明显减少。通过财务收支审计,加强和改进了企事业单位财务管理工作,维护了财经纪律,发挥了审计监督作用。

4. 专项资金审计。交通行业专项资金来源渠道较多,每年的收支总额超过二百亿元。搞好对这些交通专项资金的收、管、用审计,其经济效益和社会效益均十分可观。1985年至1993年间,全国交通审计部门分别组织开展了公路养路费及养护工程支出、公路运输管理费、以港养港资金、车辆购置附加费及分成资金使用情况、公路客运附加费等专项资金审计和审计调查。如1989年,为配合部关于治理整顿道路运输市场的决定,驻部审计局组织开展了对1988年公路运输管理费审计工作,查出少收、漏收、平调、挪用运管费、任意扩大建设规模、滥发奖金等违纪违规问题1.23亿元。这次审计,纠正处理了违纪问题,促进完善了财务管理制度,进一步加强了路政管理。1991年,组织沿海11个主要港口对以港养港资金进行了审计调查,共审计以港养港资金20.7亿元,调增以港养港资金收入1945万元,核减以港养港资金支出2452万元。通过审计调查、了解、掌握了"七五"期间以港养港资金管理的总体情况,总结了港口实行以港养港资金以来的经验和教训,提出了改进港口以港养港资金管理办法的8条建议,对"八五"期间以港养港资金收入作了初步预测,为部进一步加强以港养港资金管理,确定"八五"期间以港养港资金盘子,提供了可靠依据,得到了部领导的好评。通过开展交通专项资金审计和审计调查,进一步提高了各部门、各单位的管理水平,为交通运输的治理整顿和深化改革创造了有利条件。

5. 开展基本建设审计。为进一步加强交通基本建设管理,节约建设资金,提高投资效益,10年来,各级交通审计部门组织开展了交通基本建设审计。(1)自筹基建资金项目审计。根据审计署统一部署,1986年以来,部直接或组织直属单位审计部门对104个自筹基本建设资金项目进行了审计。查出计划外购置商品房、资金来源不当、全民挤占集体指标等各种违纪违规金额8511.1万元。如1990年广州航道局对全局自筹基建资金项目进行审计调查,仅宿舍工程一项就可节省投资74万多元。海南港务局对洋浦一期工程进行审计，查出转移侵占建设资金、挤占建设成本、截留基建收入等违纪违规问题金额230多万元，仅其中的一项工程就核减投资45万元，受到港务局的通令嘉奖。(2)开展了部拨资金基建项目的审计和审计调查。1990、1991连续两年，驻部审计局对山东省烟台至威海汽车专用公路建设项目进行了全过程跟踪审计调查，纠正了工程建设中存在的未严格执行基本建设项目审批程序和部颁《公路工程技术标准》，财务核算方法不当及挤占成本、挪用建设资金等问题，直接节约建设资金23万元。1991年，驻部审计局对国家重点建设工程广西西江航运桂平枢纽工程项目财务收支进行了审计调查。调查过程中，该单位有关人员建立攻守同盟，采取不配合态度，并转移尚未私分的“小金库”资金，给审计调查设置障碍。审计人员根据掌握的线索，寻找突破口，并对当事人进行十分耐心细致的说服教育，终于搞清了问题，共查出隐瞒收入、私分公款、滥发奖金、实物和补贴、挤占工程成本、虚报投资完成、漏交税金等违纪违规金额1201.3万元，均按规定进行了处理，已私分的公款42.9万元也如数追回，并建议对有关责任人进行政纪处理。(3)基本建设项目开工前审计。驻部审计局先后对北京交通管理干部学院田径运动场等20个项目进行了开工前审计，使这些项目能及时开工建设，并对某单位图书周转库项目未经开工前审计就擅自开工进行了严肃处理，除责令停工，有关人员作出深刻书面检查外，还提出了通报批评。

三、进一步加强了审计工作的基础建设

1. 交通审计规章制度建设。为使交通审计工作有章可循，根据国务院和审计署有关法规精神，结合交通行业特点及审计工作需要，交通部先后制定交通审计规章制度19项。各单位也相应制定了实施细则。交通审计工作逐步走上了法制化、制度化、规范化的轨道。

2. 交通审计理论研究。各级交通审计部门针对交通审计工作中出现的问题和改革开放新形势下如何开展审计工作的新课题，开展了审计理论学术研究。对审计基础理论、内部审计、经济责任审计、基本建设审计、经济效益审计及内部控制系统评审等方面，进行了广泛的研究和探讨。据不完全统计，10年来，交通审计人员共写出论文及经验材料678篇，先后发表在有关专业刊物和在有关会议上交流。1993年，中国交通审计学会组织了交通审计理论学术研究优秀论文的评选，共评出一等奖2篇、二等奖5篇、三等奖10篇、提名奖37篇。

为使广大交通审计人员更好地学习业务知识和进行学术交流，驻部审计局组织编写了《交通审计学》、《审计案例》、《财经制度选编》以及《交通审计法规汇编》等专业书刊。中国交通审计学会于1992年创办了《交通审计》杂志，受到交通系统各级领导和审计人员的欢迎。

3. 审计电算化。交通审计电算化工作也逐步得到发展并取得一定成效。交通系统审计统计定期报表已基本实现计算机软盘报送；审计人员资料、审计信息及文件的储存、查阅已通过计算机处理；交通系统抽样审计软件和专项资金征收管理及使用审计软件中研制完毕并通过部级鉴定；审计台帐也已研制完毕开始试用。

4. 交通审计宣传。各级交通审计部门十分重视交通审计的宣传工作，通过各种渠道，努力扩大宣传，使交通系统各级领导和群众了解、理解和支持审计工作，扩大了审计影响。据不完全统计，10年来在《人民日报》、《经济日报》、《经济参考》、《中国交通报》、中央人民广播电台等新闻机构发表了近百篇有关交通审计理论、工作报道稿件，突出反映了交通审计工作取得的成绩和在改革开放、治理整顿、发展交通事业中发挥的作用，取得了良好的宣传效果。

5. 社会审计。近年来，交通社会审计得到较快发展。到1993年底，全国交通系统已成立了包括中交审计师事务所在内的14家审计事务所，从业人员达到160余人，其中注册审计(会计)师64人，占从业人员的40%。广大交通社会审计工作者积极进取，努力工作，以客观、公正、优质的服务，赢得了用户的赞誉，为交通运输事业的发展起到一定的积极作用。

（注：由于 1984—1988 年的《中国审计年鉴》中没有交通部审计局审计工作介绍，故此次提供的资料包括了从交通审计机构成立到 1993 年十年的内容。）

驻机械电子工业部审计局

几年来，坚持审计工作服务于经济建设这个中心，认真开展各项审计业务，突出审计重点，拓宽审计领域，加强行业审计，对维护机电工业正常经济秩序，加强管理、促进提高经济效益，发展机电工业起到了明显的作用。

一、履行审计监督职能，拓宽审计领域

加强对机电行业重点企、事业单位审计监督是驻机电部审计局的主要任务，几年来共对 134 个单位进行了直接审计，查出违纪违规金额 25200 万元，补交各种税款 3061 万元。在财务收支审计上，正确发挥审计监督职能，同时，逐步向内控制度和经济效益审计延伸。几年来在审计中向被审计单位提出 500 多条改进经营管理的审计建议，受到被审计单位的高度重视，有效地促进了企业经营管理水平的提高。为了全面提高审计工作的质量，建立了企、事业单位自审自查制度，做到国家审计与自审自查相结合。

在做好国家审计的基础上，从加强行业管理出发，开辟审计工作的新领域。一是，根据机电部对企、事业单位领导任期届满考评的要求，加强与人事部门的配合，根据人事部门的委托，开展了对直属单位院、所长、经理任期届满经济责任审计。通过审计比较全面地评价了单位领导任期内的业绩和存在的问题，检查了被审计单位生产经营和财务工作，分清了经济责任，促进了科研、生产和经营水平的提高。二是，发挥派驻机构熟悉行业情况的优势，调查研究行业经济活动中的突出问题，为行业宏观调控服务。几年来，共完成较大调研项目 22 项，调查范围几乎覆盖了机电行业的各个专业门类，调查内容触及到了企业潜亏、效益滑坡、资金滞留等各个时期行业经济活动中的倾向性问题。其中，机电行业潜亏和资金使用效益等大型项目的审计调查，影响较大，受到有关部门和领导的高度重视，为行业宏观管理提供了有力的依据。

二、健全内部审计制度、提高经营管理水平

内部审计是我国审计体系中的重要组成部分，建立和健全内部审计制度是改进和加强企、事业单位经营管理的需要。几年来，内部审计工作又有新的发展。

1. 审计组织的发展。至 1993 年有 54 个机电厅、局成立了独立的审计机构，绝大部分大中型企业建立了内审机构，有 12 家企业成立了审计委员会，内审人员已发展到 26000 人。

2. 审计内容从单一的财务审计发展到以财务收支审计为基础，经济效益审计为重点的管理审计上来。各企、事业单位普遍开展了财务收支审计、经济效益审计、承包审计，一些内审工作发展较快的单位，还开展了经济合同审计、工程预决算审计和内控制度审计等，并将审计工作深入到生产技术领域，丰富了审计内容。

3. 审计成果显著。内部审计工作的建立和完善，增强了企业自我约束的能力，改善了经营管理，为提高企业经济效益作出了贡献。据不完全统计，1989 年至 1992 年，全国机电行业大中型企业的内审机构，查出并纠正违纪违规金额 4.5 亿多元，查出损失浪费金额 2.6 亿多元，促进增收节支，增加经济效益 14.5 亿多元。

三、创建行业审计体系，为行业管理服务

1989 年，机电部审计局提出“一主、两翼、三结合”的行业审计体系，即以行政审计机构为主体，社会审计和审计学会为两翼，做到审计监督、审计理论研究、审计咨询服务三方面互相配合、互相协作、互为补充的审计体系。

行业审计体系的建立，推动了行业审计的发展，各地机电工业主管部门围绕着本地区、本

系统的中心工作，组织指导企、事业单位开展审计工作，进行专项审计调查。中机审计事务所广泛开展了审计鉴证、咨询、委托审计等工作，承接了大量的社会审计任务。中国机电工业审计学会和各地分会，重点进行理论研究和经验交流，出版“工业审计期刊”，有效地指导和促进了行业审计工作的发展。

四、加强基础建设、提高干部素质

1. 按照审计工作经常化、法制化、规范化的要求，建立、健全各项规章制度。印发了“机械工业企业集团审计工作试行办法”、“全民所有制工业企业厂长（经理）离任经济责任审计办法及实施细则”、“机电工业企、事业单位审计上台阶标准”、“驻机电部审计局审计工作暂行办法”等14个规章制度，这些制度的建立，使审计工作做到有章可循，向法制化、规范化前进一步。

2. 进行行业审计人员培训，提高内审人员素质。几年来，根据审计工作的需要，举办43期各种专题审计培训班，二期领导干部审计研究班，培训审计人员5300多人。在培训内容上，侧重组织学习审计基础知识、专项审计业务，在财会制度转轨情况下，加强了国内外审计知识的培训和交流活动。经过轮训，行业审计人员素质有了明显提高，为内部审计工作的发展创造了条件，保证了各项审计任务的完成。

3. 搞好审计信息交流。编发“机电审计信息”，交流审计工作的经验和方法，宣传专项政策，编印《经济法规选编》和出版《内部审计工作手册》等12种书刊，1993年在全行业组织审计征文，在“中国机电报”发表36篇审计论文，宣传了审计工作，交流了经验，推动了内部审计工作。

机械电子工业部，1993年7月分为机械部和电子部。电子部审计局1993年下半年完成任期审计任务14项，固定资产投资项目开工前审计，共完成10个单位，13个项目。

驻航空航天部审计局

航空工业审计工作10年来在部和审计署领导下，在各部门和各企事业单位的重视、支持和配合下，全体审计干部进行了积极探索，付出了辛勤的劳动，做了大量工作。概括起来，主要从两个方面抓了审计工作的开展：一是围绕党的中心工作和航空工业工作重点开展各项审计监督活动；二是为保证审计工作的顺利进行，坚持不懈地抓了审计管理和基础建设工作。10年来，审计机构不断发展完善，到1992年，已有96%的企事业单位建立了内审机构，形成了比较完整的行业审计体系。审计队伍不断壮大，素质不断提高，现有近1000名专兼职审计干部中，高中级职称占50%以上，已经培养锻炼出一支政治、专业素质较高，有一定战斗力的审计队伍。

10年来，全行业共同完成各类审计任务7703项，审计出有问题金额21.79亿元，其中违纪金额7.43亿元，损失浪费金额2.44亿元，贪污受贿金额82万元，帐目差错金额11.91亿元；审计后促进增收节支2.13亿元；写出审计报告5793份，提出审计意见和建议15536条，绝大部分均被采纳。其中，部直接组织审计290项，审计了284个单位，审计出有问题金额45333万元，其中违纪金额19842万元，损失浪费金额3391万元；审计后上交财政272万元，上交部1180万元，罚款135万元。审计工作在维护财经法纪，促进廉政建设，加强宏观调控，改善经营管理，提高经济效益和发展经济等方面，发挥了积极的、重要的作用，取得了成效。

一、大力开展财务收支、财务决算审计和专项、专案审计

10年来，共开展财务收支和财务决算审计3455项，促进加强了财务基础建设，提高了财务管理水平。目前，许多单位都坚持了财务决算

“先审计，后上报”，形成了制度化，提高了财务决算和会计报表的质量，促进了财务管理。同时，认真开展维护财经法纪的专案审计，以澄清问题，惩治腐败、打击经济犯罪，使广大干部受到教育，促进了廉政建设和党风党纪建设。据不完全统计，全行业共完成专案审计 80 余项，查处贪污、盗窃、非法经营、获取暴利等违纪金额 1603.7 万元，审计后受党纪政纪处分 106 人，移交司法机关处理 84 人。

二、积极开展经济效益审计，增强企事业单位活力

几年来，从经营决策、成本费用、资金使用、投资效益等方面开展了 323 项效益审计，通过审计发现问题，分析原因，提出改进意见和建议，促使被审计单位眼睛向内，挖掘潜力，改进管理，提高经济效益。

三、积极探索与开展管理审计

完成各种管理审计 298 项，通过审计，促进了内控制度的加强，完善了经济合同，资产管理、科研经费管理和专用资金管理等都得到不同程度的加强。如通过对全行业专用基金使用、管理情况开展的审计调查，发现严重存在着资金使用分散、效果差、管理工作薄弱等问题，引起了部和审计署领导的重视。

四、强化承包经营责任审计

开展承包经营审计 1093 项，审计中重点抓了：在合同执行中期，组织全行业开展承包合同执行情况的审计调查，对调查中发现的重大问题进行跟踪审计；在合同执行终了，组织进行第一轮承包经营合同的兑现审计；第二轮承包开始后，确立了“先审计、后兑现”的制度，使承包审计制度化。通过审计，促进了企业经营机制的转变，推动了承包经营责任制的健康发展。

五、开展厂长（经理）离任经济责任审计

重大工程项目一般投资数亿元，周期数年以上，配套项目多，有的涉及中外合作经济利益和合作关系。近几年来，对一些重大引进工程项目，加强了审计监督，进行了积极探索，学习吸取了工业发达国家在审计方面的有益经验和方法，开拓了审计领域。审计中，除进行财务管理、资产管理等审计外，对项目合同执行过程中有关技术、管理、质量保证等方面，开展了全方位的同步审计监督；发现问题，及时提出建议，督促各方及时解决，保证合同顺利进行。通过审计，不仅有力促进了合同的顺利进行，而且为领导在重大工程项目决策方面积累了经验，提供了参考依据。

六、配合有关部门工作

10 年来，在完成各项审计任务的同时，我们紧密配合体改、财务、纪检、监察等有关部门进行了清理整顿公司、清理涉外机构、开展财税物价大检查、进行经济专案审查等活动，作了大量工作。

驻冶金部审计局

审计署驻冶金部审计局组建于 1988 年下半年。在审计署和冶金工业部领导下，自成立到 1993 年底，较好地完成了直接审计、行业审计指导、审计调查以及审计署和冶金部领导交办的审计任务。5 年来，共完成直接审计项目 64 项，查处违纪金额 6626 万元，上缴国库 379.4 万元。同时，提出了许多改善经营管理、提高经济效益的审计建议，帮助被审计的企业事业单位建立、健全内部管理规章制度，使之不断增强法制观念，受到了欢迎。

根据年度工作计划，结合冶金行业的实际，每年组织 2 至 4 个审计调查项目。例如，在 1992 年，为了贯彻落实全国冶金工作会议提出的继续狠抓“七五”期间已建成项目达产达效的要求，及审计署关于加强行业经济效益审计调查的指示精神，审计局组织了鞍山、首都、马鞍山、唐山钢铁公司等 11 个企业，对“七五”期间引进和新建的11套高速线材轧机的经济效益情况进行了专题审计调查。并在马钢召开调研座谈会，形成审计调查报告。调查报告肯定了引进高速线材轧机所取得的经济效益，分析了存在的主要问题，提出了改进建议。上报冶金部和审计署领导，并被冶金部主办的《冶金工业通讯》采用发表。

1992年初，我局对冶金行业的审计机构和人员队伍情况作了一次比较全面的调查。截止1991年末，冶金大中型企业都已建立了内部审计机构，大多数省、自治区、直辖市冶金厅(局、公司)也建立了审计机构或配备了专职审计干部，据462个单位统计，冶金行业共配备审计人员3421人，其中，专职2048人，兼职1373人。有20多个单位的内审机构中，配备了会计师、经济师、工程师等具有多方面专业知识的内审人员。有一些单位，如鞍钢、成都无缝钢管厂、长城特殊钢公司等还成立了以经理直接领导的有各业务部门主管参加的审计委员会。同时，随着工作的展开，逐步建立了一套内部审计工作规章制度。各单位共建立各种内审规章制度1520个，其中，有的单位多达40个，一般单位5个左右，基本做到了有章可循、有规可依，冶金系统内部审计工作已开始走上了法制化、制度化、规范化的轨道。

在经济体制改革深入发展，各单位普遍贯彻《全民所有制工业企业转换经营机制条例》，企业内部机构变动比较大的情况下，1993年我局对冶金行业的审计机构人员进行的重点调查表明，审计机构有合有分，人员有增有减，审计队伍总数变化不大。一些大企业的内部审计还得到了程度不同的加强，例如，武汉钢铁公司、齐齐哈尔钢厂的审计机构一直是与监察合在一起的，在这次转换经营机制的深化改革过程中，不但把审计机构独立出来，还扩大了审计机构的编制，加强了领导。审计人员的待遇也有了改善。由于审计部门的地位得到了确认和提高，大大激发和调动了审计人员的工作积极性。

由于领导重视，不断加强了审计力量，一些单位的审计工作取得了明显的成效。审计工作搞得好的单位，如包钢、武钢等单位违纪金额连续三年下降。在1991年国务院财税物价大检查中，包钢仅查出违纪金额8万元，受到了国务院大检查办的好评。其他一大批冶金企业的内部审计也都在经济效益审计、管理审计、承包经营审计、厂长离任审计、财务收支审计等方面取得了比较好的成绩，冶金内部审计正在向深度和广度发展。

为了总结“七五”期间冶金行业审计工作成绩，交流经验和研究制定“八五”期间冶金审计工作规划，1991年9月，驻部审计局在上海召开了全国冶金审计工作会议，总结交流了“七五”期间冶金系统内部审计工作取得的成绩和经验。(1)开展了财务收支和法纪审计，共进行10380项，查出并纠正违纪金额14.76亿元，维护了财经纪律，改进了经营管理，增加了企业收入和国家收入；(2)开展效益审计4351项，实现“双增双节”效益3.73亿元；(3)加强内部经营责任审计，共进行1698项，纠正违纪金额1.34亿元；(4)积极开展审计调查，共进行1935项，提出改进工作建议5934条，大部分为企业领导所接受，起到了参谋作用。这些成绩不仅显示了内部审计在深化改革和加强企业管理方面的重要作用，也提高了领导和有关业务部门对内部审计作用的认识。会上，还重点交流了鞍钢等10个单位的经验，表彰了冶金审计工作先进集体90个，先进工作者114人。代表们普遍反映这次会议开得很好，肯定了成绩，学到了经验，对指导推动冶金内部审计工作起了重要作用。

总结几年来指导冶金行业内部审计的工作实践，还有以下几个特点：

一、审计重点转向效益审计

武钢审计处进行的质量审计贯穿于计划、质量技术攻关实施结果和市场反馈整个过程，与美国等西方国家的管理效益审计有相同之处，又有自己的特色。鞍钢审计处把生产经营中的难点作为审计的重点，1991年完成经济效益审计7项，实现效益金额2674万元。许多单位还对内部承包实行年终承包兑现审计，对建设项目的承包实行先审计、后兑现,对拟离任的厂处长实行离任审计。太原、攀枝花、包头、本溪、重庆、唐山钢铁公司,宝山钢铁总厂、长城特殊钢公司和成都无缝钢管厂等单位在这方面都取得了较好的成绩。通过审计,增加了企业经济效益,加强了企业自我约束能力,维护了企业整体利益和合法权益,促进了企业承包经营责任制的健康发展,提高了经营管理水平。

二、大力组织了审计人员培训工作

为了提高内审人员的素质,以适应开展冶金审计工作的要求,审计局先后在北京、湖北、山东、四川、河北、安徽等地组织举办了"工程财务审计"、"审计操作技巧与实务"、"经济效益审计"、"审计处长岗位培训"、"新会计制度"等培训班共 19 期,共培训冶金审计和管理人员 1838 人。组织审计人员编著出版了《冶金工业审计》一书,作为培训教材。许多单位还组织审计人员自学,并在工作中以老带新,注意总结经验,大大提高了审计人员的业务素质。

三、开展了学术理论研究工作

为了在实践的基础上提高审计人员的理论水平,从 1990 年开始,在冶金行业坚持每年组织一次优秀审计论文、优秀审计报告和优秀审计调查报告评选活动,并将选出的优秀论文和报告分别编辑成《冶金审计论文集》、《冶金审计报告集》和《冶金审计调查报告集》,出版后发给了冶金各企、事业单位参阅,引导推动审计理论学术研讨活动,以理论指导实践,不断提高审计工作水平。

四、作了大量的具体行业指导工作

主要是:(1)及时传达贯彻国务院和审计署关于加强审计工作的指示精神,以及冶金部领导对做好审计工作的要求,提出了冶金行业审计工作的重点和工作部署,指导冶金企、事业单位内部审计机构安排好全年审计工作。(2)局领导深入基层,先后分别到全国大部分省、自治区、直辖市的冶金企事业单位调查研究冶金内部审计工作开展情况,并就企业内部审计工作在实践中遇到的具体问题,进行业务指导。(3)坚持分类指导的原则,先后组织或派人参加了华东、东北、华北地区和大型钢铁企业审计处长工作研讨会,以及其它一些分地区或按行业召开的专业和学术会议,并根据具体情况,进行分类指导。

此外,还编发了 192 期《冶金审计简报》;在《冶金工业通讯》、《中国审计》、《经济管理》、《冶金管理》、《冶金财会》、《冶金报》等报刊上发表有关审计方面的文章 50 余篇,宣传介绍冶金企业内部审计工作的先进经验、成果,交流信息,推动指导工作。中国冶金审计学会先后按专业、地区和单位,分别组织了一批冶金审计分会。到 1993 年末,全国已有会员单位 376 个,会员 3765 人。除了进行理论研讨和学术交流以外,还配合审计行政机构开展了论文评选、举办培训班等工作。

驻化学工业部审计局

1988 年 10 月审计署与化工部商定成立审计署驻化工部审计局。审计局成立五年来,在改革开放大潮的强劲推动下,积极开展审计工作,各方面都取得了新的进展。

一、内审机构、人员建设快速发展

审计局成立后,狠抓机构建设,人员配备。据不完全统计,至 1993 年末,全行业内审机构约为 1380 个,内审人员约为 5000 名。内审人员的专业结构有很大改善,由过去单一的财会型发展到财会人员、经济管理人员、工程技术人员、法律人员相结合的"三师"或"四师"结构,形成一个专业结构较为合理的行业审计队伍。

二、审计监督取得了较大进展

化工内审工作在总结以往经验的基础上,狠抓"一个基础两个延伸",据不完全统计,五年来，共纠正违纪金额7亿元，促进增收节支8亿元。内控制度评审在行业得到推广，并在实践中进一步完善。审计调查有的放矢，为领导决策提供了依据。特别是1993年各级内审人员在党的十四大精神指引下，按照审计署和化工部部署的任务，积极投入市场经济的洪流，发挥了审计监督的好作用，促进了化学工业改革的深化和经济发展。仅据京、沪、湖北、广东、甘肃、云南等10个省、市上报材料统计，当年共完成各项审计项目近5000项，查出违纪金额1.58亿元，促进企业增收节支2.5亿元。部属企事业单位审计监督的成效也很显著。全行业继续巩固和发展了工程预决算审计，推进了这项工作的制度化和规范化，效果突出。北京化工集团共开展工程预决算审计563项，核减工程费用657万元，占合同总金额的8%。不少审计人员不等不靠，积极开拓新领域，围绕当前企业普遍存在的问题，狠抓难点和焦点，积极开展审计工作。上海胶带厂和湖北宜昌殷盐矿务局审计部门，积极开展对亏损单位和亏损产品的审计和审计调查，解剖典型，并提出完善经营承包机制，调整产品结构等扭亏建议，被采纳后，很快扭亏增盈，受到领导和群众的好评。许多单位还普遍开展了对所属企业承包经营、第三产业、联营投资等方面的审计监督，帮助企业及时摸清家底，避免资产流失，克服潜亏和潜盈等弄虚做假现象，为领导和企业从制度上根本解决问题，提供了重要的决策依据。

三、在改革开放中发展为改革开放服务

随着改革开放的深入发展，审计部门发挥的作用也越来越大。从企业实行承包经营开始，审计部门就广泛地参与了承包经营的各项工作，许多省、市化工系统对承包经营单位进行审计已经形成了制度，实行不审计不签约，不审计不兑现，不审计不离任；在各项联合经营与合作经营中，由于审计部门的参与合作，发现了合同条款、资金、设备等方面的问题，避免了较大的经济损失与隐患，保护了企业的利益；在大型企业集团中，由于兼并的企业较多，加强对被兼并企业的及时了解，监督其经济信息的真实性，是企业管理中的一件大事，内部审计在这方面发挥了不可替代的作用；一部分企业实行股份制以来，在资产评估、资金管理和运用，企业利益分配等过程中，内审部门都发挥了很好的参谋助手和经济监督的作用。

围绕企业转换经营机制，促进企业的经营和发展，广大化工内审人员积极参与，勇于探索，在一些审计经验和方法上出现了许多新突破。在探索开展企业集团和股份制公司审计的新路子方面，许多审计部门以资产和权益为纽带，强化和健全企业资产约束和经营管理激励机制，对所属企业实行净资产和效益增长为核心考核指标，实行每季或每月的定期审计监督，重点审计企业资产、债权债务、损益的合法性和真实性，发现问题，及时向公司决策层反映，很好地融“决策—监督—反馈”为一体，这种科学的经营决策机制，较好地促进了企业经营机制的转换。为配合我国财会制度的根本性改革，广大审计人员积极参与了企业“清产核资”工作，严把资产流失关。有的审计部门制订了严格的资产报废和调动审批制度，避免企业有关部门因财务制度变更而造成企业资产的损失浪费，为企业转换经营机制创造了条件。驻部审计局在完成好国家下达的审计计划的同时，围绕转换职能和企业经营机制积极开展审计调查，其中关于对部属施工企业存在设备严重老化、后劲不足以及部分科研单位存在问题的调查和汇报，受到部领导的重视和好评。部分大中型重点企业联席会每年都结合一些中心问题，组织成员单位开展审计调查，受到部领导和各级领导的好评。以落实中央《转换经营机制条例》规定的企业十四项权利为中心，许多内审部门坚持服务和监督并举，从实际出发，积极为企业走向市场，转换机制，排忧解难。上海焦化总厂审计部门积极开展审计调查，以令人信服的数据和论证，否决了某委托加工单位要求将设备提价101.6%的方案，并提自己的测算价格方案，为企业节约加工费240多万元。深圳石化(集团)股份有限公司审计加强对合资企业的审计监

督，发现某外商利用承包企业，垄断进、销渠道，私自将货款扣留境外，造成企业亏损，审计部门立即报告公司决策层，坚决顶住了外商要挟，采取果断措施，及时追回销货款100多万港元，维护了企业的合法权益。

四、制度化规范化建设继续发展和完善

结合化工行业的实际，化工审计制度化建设取得了好成绩。审计局成立后，制定了《化学工业内审工作规定》、《化工企业流动资金内部审计办法》、《化工企业内部承包经营责任审计办法》，《化学工业部内部审计机构工作联系报告制度》，之后又编写了《化学系统内部工作规范》以及《依法依规审计500例》二书，发至全行业执行，推动化工系统内审工作向规范化方向发展。1993年又在部属企业单位中全面推行了离任审计制度，以部文形式发布了《离任经济责任审计办法》。许多地区和单位也结合实际，制定了强化和改革审计监督的制度办法，有效地推动了审计制度化工作的开展。

五、审计业务培训和对外交流有新进展

提高审计工作质量，关键是提高审计人员的素质。全行业将审计业务培训一直作为重点工作来抓。部审计局提倡部、省、企业三级办学。部审计局每年举办1至2期审计培训班，五年来共办班18期，培训人员1100余名。1993年各级化工内审机构围绕国家出台的各项改革措施，加强业务培训。仅驻部审计局就举办了新会计制度培训班5期，培训人员400余人次；举办了工程预决算审计培训班一期，培训人员60余名。许多地区和企业单位还举办了新税制审计培训班和计算机培训班。

对外审计交流有了新突破。1993年化工审计单独组团成功地进行了对日本国的审计考察，开拓了审计新的思路。

六、根据特点，抓好行业审计指导工作

部审计局人员编制有限，而化工行业有23个，在人少任务重的情况下抓行业指导，采取了以下几种方式：

1. 大力作好宣传工作。为了使大多数领导干部了解审计、支持和重视审计工作，首先抓住各种会议请领导讲审计工作的重要性，提出工作要求；扩大影响，推动工作开展。另外，还以简报和《化工审计》、《化工审计动态》、《中国化工报》等报刊，对内部审计工作的职能、作用、工作方法等进行系列介绍，传播审计业务知识，宣传政策法规，表扬先进单位，使更多的人了解审计。举办了企事业单位领导干部内审工作研讨班，学习审计知识和企业管理知识，讲搞好审计监督与加强管理，完善内控制度、提高经济效益的关系，既增加了企业管理知识，又了解了审计工作。宣传审计工作的成绩和经验，介绍内审工作所起的作用。

2. 针对化工系统的具体情况分类指导。为了推动审计工作的全面发展，我们区别不同情况，深入基层，分类指导，收到了一定的效果。根据一些地区化工内审发展不平衡的状况，按华东、华北、东北、西北、西南、华中分为六大区，建立六大区化工审计联席会制度，每年活动一次，交流经验、交换资料、互相帮助，促进地区化工内审工作的全面发展。

3. 典型引路，带动全行业发展。从1989年开始，我们组建了部分内审工作开展较早的大中型企业，组成28个大中型企业联席会，让他们先走一步，培养典型，创造经验，然后在面上推行，以此带动中小型企业内审工作的发展。几年来，这个联席会年年安排一个较大型的审计调查项目和课题，通过审计调查，汇总分析，为企业经营管理提出建议，并在全行业开展。

此外，还把14个计划单列市化工内审机构组织起来成立联席会。针对他们既有直接审计又有行业指导双重任务这一共同特点，每年安排统一的工作重点，布置主要任务，制定统一调查审计项目，每年召开一次活动会，有力地推动了单列市内审工作的开展。

部属企事业单位也分别成立了“施工企业”“勘察设计”“化工科研”“化工供销”“化工矿山”审计联席会，组织专项调查，经验交流。

七、发挥审计威力,促进廉政建设

广大化工审计人员坚持原则,从严审计,坚决同腐败现象作斗争,揭露了一些重大经济案件,显示了审计的威力。1993年天津渤海化工集团审计部门审计某所属企业时,以发现货币管理漏洞为突破口,查出了一个重大挪用、贪污公款案。湖北化工审计部门仅去年就通过审计移交有关部门处分的人员10人,其中有2人移交司法机关。审计中,广大审计人员不是满足一时一事的解决,而是从长远观点出发,注重制度的完善和改进,坚持强化监督和建章建制两手抓。四川化工总厂审计部门在离任审计时发现某所属单位负责人,截留承包收入,搞帐外帐,私设"小金库",用于少数人挥霍开销。审计处对此提出了审计建议,总厂根据审计建议改变了对该负责人原准备平级调用的决定,进行了免职和罚款,并对症下药,加强了内控制度。当年审计处共提各项改进和健全管理的合理化审计建议79条,100%得到采纳和实施。许多内审部门还积极配合纪检、监察,发挥审计专业优势,参与了不少经济案件的查证工作,发挥了重要作用。许多内审人员还积极参与了每年一度的财税大检查工作,配合财务部门建立健全财务管理。

八、审计宣传和理论研究有新气象

以纪念审计署成立十周年和驻部审计局成立五周年为契机,全行业掀起了审计宣传和理论研究的新热潮。各级领导和广大审计人员非常重视和支持这一工作,纷纷撰稿和投稿,宣传审计工作的新成就、新经验、新人新事,涌现了许多效果好、影响大、质量高的好文章、好报道。顾秀莲部长分别应《中国审计年鉴》和《中国审计》杂志的邀请亲自撰文宣传化工审计,精辟地分析和论证了建立和健全企业内审制度是发展社会主义市场经济的大势所趋,不是可有可无,而是必行之举,必善之事。并为进一步搞好化工审计提出了明确要求。这对推动化工审计的发展产生了重大影响。《中国化工报》对化工审计给予了积极支持,发表各种审计信息和报道近20条,并辟出专栏宣传和报导化工审计工作。许多内审部门还广泛运用厂报、杂志、电台、电视等新闻媒介,介绍和宣传审计工作,扩大审计影响。为了巩固和发展、引导化工审计理论研究,驻部审计局于1993年8月在大连召开全行业化工审计宣传理论工作会议,部署了下一步宣传和理论研究工作。

驻轻工业部审计局

审计署驻轻工业部审计局自组建以来,认真贯彻"边组建、边工作"、"抓重点、打基础"、"积极发展、逐步提高"的审计工作方针,积极开展各种形式的审计监督,工作逐步走向法制化、制度化、规范化,为振兴轻工业经济做出了一定的成绩。

一、抓住重点,成效显著

轻工业部审计局一成立,分管审计工作的轻工业部部长曾宪林同志就做了重要指示,他强调审计局的工作要本着"先上后下"、"先内后外"、"先近后远"的原则,"查大公司、查鼻子尖底下的问题"。按照部领导的要求,几年来,审计局审计的重点始终放在对在京企事业单位中国有资产较多,财务收支量较大,经济业务涉及面较广的单位的审计,成果较为显著。据统计,1989—1993年轻工部审计局共进行直接项目审计37项,其中,财务收支审计27项,离任经济责任审计6项,经济效益审计3项,内控制度审计1项,查出损失浪费金额3万元;纠正违纪违规金额4616万元,上缴55万元。在部属企、事业单位中,审计局将中国轻工业对外经济技术合作公司,北京中轻原材料开发总公司、轻工业部规划设计院等规模较大的单位列为重点审计对象。经过连续几年的定期审计,这些单位违纪问题逐步减少,内部约束机制日渐完善,自觉遵守财经纪律的风气已经形成,规划设计院已成为轻工业部直属单位中遵法守纪的典型。

这几年，审计局在完成对经常性重点单位定期审计的基础上，还根据轻工业部每一时期的中心工作完成一些领导交办的重点审计任务。如在治理整顿的1989年，审计局下大力量参与查处了中国轻工业包装印刷联合总公司的严重违反财经纪律的问题。查出该公司截留私分货款、私分工会经费、弄虚作假侵占公款、在经济业务往来中谋取非法利益、用公款入股为个人捞取好处等，侵占、截留国家和单位的收入，化公为私，直接分发给职工个人等问题。审计局以此为例，在部属企事业单位的审计人员、财务负责人会议上做了案例分析，指出了问题之所在和应从中吸取的教训，使有关人员受到很大教育。各单位引以为戒，此类问题逐步减少。轻工业部机关服务中心是机关后勤改革的试点单位，试行承包制。按照部领导的指示，1989年4月审计局对机关服务中心承包经营情况进行了审计。审计中既肯定了该单位为机关后勤改革所做的贡献，又及时地指出了存在的问题，特别是对经营承包合同本身不够严谨的地方提出了补充和完善的建议，为签约双方所接受。

二、开展行业审计调查

审计局注重发挥对行业情况比较熟悉的优势，有计划地开展了行业审计调查。从1989年至1993年，审计局共进行行业和专项审计调查25项。其中调查涉及面较广的项目有：1989年进行的关于轻工业协会、学会财务基本情况的审计调查和关于轻工业部联系单位专控商品购置情况的审计调查。从这两项调查中发现，各协会、学会的费用列支渠道不一致，漏交“两金”的问题较多；各单位不经批准，擅自购买专控商品现象较普遍。1990年进行的关于轻工院校预算外资金管理的审计调查，调查发现轻工院校预算外收入未按规定比例计算增补教育经费，过分向个人倾斜；预算外资金分散，管理失控；校办企业违纪问题较多。1991年进行的关于如何搞活自行车行业大中型企业的审计调查，找出影响自行车行业大中型企业活力的几个主要问题是：第一，原辅材料价格不断上涨，自行车成本连年上升，企业经济效益逐年下降；第二，企业留利微薄，自有流动资金缺口过大，银行贷款利息支出逐年加重；第三，税种繁多，税率过高，企业税负沉重；第四，专用借款债务累累，还贷能力微弱；第五，技术改造财力不足，生产设备陈旧，缺乏发展后劲；第六，各种摊派、集资繁多，企业难以承受；第七，各部门改革政策不配套，企业面临重重困难。就如何解决调查中发现的普遍存在的问题，审计局分别写出专题报告，送有关部门审阅，受到有关领导和各方面的重视。

三、注重审计基础建设

为了保证轻工业审计工作有计划、有秩序、高质量、高效率地进行，审计局根据《中华人民共和国审计条例》和其他有关法规，结合轻工业系统的实际情况，五年来组织制定（或修订）了审计规章制度4项。即《关于轻工业审计工作程序的规定》，该规定对审计立项、审计准备、实施审计、审计结论的每一步骤中审计部门和被审计单位双方各自的权利、义务及所承担的责任给以明确地限定，坚持在审计程序上实行“三步两反馈”制度。《轻工业审计干部岗位职务规范（试行）》，该规范主要包括审计人员的职责范围和职务标准两部分内容。职务标准中又规定了审计人员必须具备的政治素质、业务知识、业务能力和工作经历及学历等。《轻工业审计工作规定》，对轻工业各级主管部门和直属企事业单位的审计机构、任务、职权、审计程序及审计人员应具备的基本条件等都做了明确的表述，符合改革开放新形势的要求，可操作性和指导性较强。《轻工业部在京直属企事业单位联合审计办法》，该办法是基于轻工业部在京单位内审工作人员较少，任务繁重，业务水平亟待提高的实际情况制定的。1989年以来，轻工业部审计局先后在直属单位中聘请了14名有一定工作经验，热心审计事业的同志为特约审计员，给他们颁发了聘书，定期组织学习，交代任务，研究工作。

实践证明，组织联合审计是推动审计工作的一种好方法。

四、加强内审指导

负责组织和指导轻工业系统各级内审工作是审计局的一项重要工作。审计局不但在机构设置上有一个专门的内审指导处负责此项工作，而且每年都有具体的内审指导工作目标。内审指导主要做了以下几项工作：

1．抓审计网络的建立，促进内审工作发展。《轻工业审计工作规定》中指出，审计机构未设立派驻机构的各级主管部门，全民所有制和集体所有制及全民和集体合营的大中型企业，财务收支较大、经济活动较多的科研、设计、出版和中、高等院校及其他企事业单位都应设立审计机构。据不完全统计，截止到1993年底轻工业系统共建立内审机构373个，配备内审人员2554人。由于审计机构不断健全，审计队伍相对稳定，1989年至1993年内审成果显著。

2．定期研讨工作，评比表彰先进。审计局每年召开一次全国轻工业审计工作会议（1992年、1993年以发文件形式代替开会），传达审计署和轻工业部当年的审计工作要点，总结交流经验，并要求各级内审机构围绕本部门、本单位经济活动中的热点、难点问题开展审计调查。几年来，轻工业各级审计单位为贯彻曾宪林部长提出的“要开展积极审计”，“要以预防为主，不要等出了问题再去审计”的指示精神，从克服本单位的薄弱环节、加强管理、增加经济效益出发，有选择地进行了基本建设、技术改造、联合经营等项目的投资、工程预算、经济合同等的事前、事中审计，不仅减少了损失浪费，而且在一定程度上防止了违纪违规行为的发生，起到了防患于未然的作用。北京造纸一厂、吉林新中国糖厂、中国工艺美术总公司都曾荣获了中国内审学会1990年颁发的“内部审计优秀成果奖”。为了鼓励先进，发扬成绩，推动轻工业内审工作健康发展，1991年3月，轻工业部下达了《关于对全国轻工系统审计工作先进集体进行表彰的通报》，对63个单位在内审工作中取得的显著成绩给予通报表彰，这是轻工业部第一次在全系统中开展表彰审计工作先进集体的活动。在1993年，由于轻工行业全体审计人员的共同努力，全系统的9个单位和11名个人受到审计署的表彰，获得全国内部审计工作先进单位和先进个人的光荣称号。

3．业务培训。为了不断提高内审人员的业务水平，审计局拟订了“轻工业审计干部岗位职务培训指导性教学计划”和“轻工业审计干部岗位职务培训指导性教学大纲”，委托清华大学经济管理学院、清华大学成人继续教育学院、轻工业管理干部学院举办审计干部培训班，共办班18期，培训学员1190余人。各地轻工业厅局也因地制宜，举办了各种类型的培训班、研讨会，学习审计理论和相关知识。

4．编印《轻工审计》。《轻工审计》是轻工部审计局向全国轻工业系统传递审计信息，介绍和交流内审工作经验的园地，由于选编的稿件突出了轻工行业的特点，所以对加强行业内部审计工作起到了较好的指导作用。

驻纺织工业部审计局

审计署驻纺织工业部审计局，成立于1988年7月，1993年国务院机构改革后改为审计署驻中国纺织总会审计局。

五年来，在审计署和纺织部领导的关怀和支持下，经过全局同志的努力，审计工作取得了很大的成绩。

一、审计制度建设

驻纺织部审计局成立来，建立了对部直属企事业单位的轮审和定期审计制度，并于1992年我局制定了《纺织工业部直属企业、事业单位行政主要领导离任经济责任审计试行办法》；在审计具体业务中，实行了主审负责制和主审轮换制。通过几年来对审计工作程序、审计方法的不断探讨与实践，逐步完善了审计工作制度，我局的审计工作正走上制度化规范化的轨道。

二、高质量完成财务收支审计项目计划

截止到1993年12月，累计完成了60项审计署的审计计划项目，对部直属企业、事业单位的经济活动进行了有效的监督，促进了国有企业、事业单位在市场经济条件下的健康发展。

三、围绕行业中心工作进行审计调查

纺织工业进入90年代以来，出现了行业性全面亏损，扭亏增盈工作成为这几年纺织行业的中心工作，围绕这一中心工作，我局于1991年、1992年先后组织了两次行业性经济效益审计调查，对行业性亏损进行了宏观分析，为部领导决策提供了准确、真实的信息和有益的建议。

四、积极开拓审计领域

在几年的审计工作中，我们在做好财务收支审计工作的基础上，延伸了对企业、事业单位内部控制制度和经济效益的审计；根据《纺织工业部直属企业、事业单位行政主要领导离任经济责任审计试行办法》，我们先后对中国纺织物资总公司、中国纺织报社等15个部直属企事业单位的行政主要领导的离任进行了经济责任审计，取得很好的效果。

五、加强对行业内审工作的指导

针对行业审计特点，积极帮助各省市厅局建立和完善内部审计机构，并每年组织一次全国纺织行业审计工作会议，对行业内审工作及时进行总结；传达审计署全国审计工作会议精神，贯彻落实审计署对审计工作的各项要求；组织交流纺织系统内部审计工作经验，对各地在开展内部审计工作中好的方法、先进工作经验，向全行业推广，并指导和布置下一步行业内审工作。为了适应经济工作发展的需要，还多次组织召开了部分省市及一些企业的内审代表的审计研讨会，研究讨论审计工作的方向，介绍各自开展审计工作的经验和先进的审计工作方法。

六、加强对内审人员的业务培训

我局曾多次组织了各种专题的业务培训，共16期，培训人数达1196人次，其中1993年在香港组织了一次以股份制为专题的处长培训班，对内审人员提高业务素质起到了很大的作用，为纺织行业内审工作的发展做出了一定的贡献。

驻邮电部审计局

几年来，全国邮电审计工作在审计署和邮电部的领导下，各级邮电审计部门和全体审计人员开拓进取，努力工作，依靠各级领导的重视和支持，积极开展各项工作，始终贯彻“一审、二帮、三促进”的指导思想，圆满完成各项任务。

各级邮电审计部门围绕深化改革和邮电通信发展，积极开展各项审计活动，取得新的成绩。

统计表明，5年来各级邮电审计部门共开展了对16384个单位的41633个项目进行了审计，查出违纪违规金额74366万元，促进增收节支39976万元，收缴3107万元。同时，据不完全统计，还查处了万元以上经济案件22起，金额达114.5万元，查出损失浪费1543万元。回顾几年来的工作，主要完成了下列各项任务。

一、广泛开展财务收支审计

5年来，全行业共对6185单位实施了财务收支审计，查处违纪金额19074万元，收缴违纪款482万元，可增加利润1201万元。在审计处理中，审计部门注意掌握政策，坚持原则，实事求是。通过开展财务收支审计，不仅纠正了通信生产和管理中的一些违纪问题，严肃了财经纪律，也促进了企事业单位加强财务管理，维护了邮电企业的良好形象。

二、不断深化经济效益审计

经济效益审计是部门和内审的发展方向，是审计工作的重要内容。效益问题已成为各级领导普遍关心的问题，效益审计也已成为各级邮电审计部门的重点。在审计方法和内容上从选择一二个代表性的企业和项目开始，发展到全面开展。并由单项效益审计延伸到综合经济效益，摸索出了一套办法，取得了一定成效。通过开展效益审计分析和解剖了影响效益的因素，提出切实可行的措施，促进挖潜和增收。据不完全统计，5 年共开展了经济效益审计 1401 项，促进增收节支 9169 万元，增加建设资金 1742 万元，减少损失浪费 128 万元，提出合理化建议达 2500 条。

三、基本建设审计成效显著

基建审计作为审计工作的重点之一，已越来越被各级领导所重视，成效一年比一年显著，特别是在当前通信大发展阶段，投资需求旺盛，数额巨大，搞好基建审计至关重要。5 年来，共开展基建审计 15727 项，审减金额 29836 万元，还查处了一批超规模、超标准问题，为国家节约建设投资，维护了企业的合法权益。

四、专项资金审计取得较好效果

针对邮电行业的生产特点，我们主要开展了报刊资金，汇总资金，储蓄资金及市话初装基金的审计，检查和纠正了企业在业务资金管理方面的问题。几年来，违纪金额逐年下降，管理制度日趋完善。5 年来共开展了专项资金审计 3227 项，查出违纪金额 3068.30 万元。

五、局(厂)长离任承包经营责任审计制度

5 年来，共组织开展了 2474 项。通过此项审计，实事求是地确认了局(厂)长在任职期间内各项经济技术指标的完成情况，财务规章制度的执行情况，为经济和人事部门提供依据。

六、加强事业单位定期审计

邮电审计部门认真执行对事业单位的定期审计制度，同时积极开展其他项目的审计。据不完全统计，5 年来，共开展上述审计项目 3388 项，查出违纪金额 1100 万元，处理了一批违纪问题，帮助这些单位完善了财务管理制度。

七、审计调查普遍受到欢迎

针对邮电行业全程全网，联合作业的特点，各级审计部门抓住企业和领导比较关心的热点问题、难点问题开展审计调查。通过调查了解，一方面帮助找出问题，提出解决办法，另一方面为领导决策提供依据，既可以了解生产经营过程中的薄弱环节，又可以起到对直接审计的延伸作用，所以普遍受到欢迎。5 年来，共开展审计调查 3727 项，80％的调查报告被采纳，有的调查报告具有较高水平，在全省乃至全国转发。

八、审计基础工作得到进一步加强

随着邮电审计工作的不断发展，给审计基础工作提出了新的要求，各级邮电审计部门充分认识到重视和加强审计基础工作，不但是搞好审计工作的基础，也是促进邮电审计工作上新台阶的关键，因而在健全机构、充实人员、队伍培训、建章立制以及计划统计、信息、档案、计算机应用等方面取得新的进展。

1. 审计机构和人员有了明显增加。审计机构由 1989 年的 516 个增加到 1993 年的 655 个；专职审计人员由 1982 人增加到 2713 人。

2. 做好人员培训工作，提高审计业务水平。5 年来，部省两级共举办培训班 197 期，5907 人次参加培训。大家普遍反映，通过培训，既学习了理论，又交流了实践，是一种行之有效的好办法。

3. 在计划管理上从指令性逐步向指导性过渡，确定方针目标；统计工作向专业化、规范化发展，初步形成一整套具有行业特点的管理制度；信息渠道畅通，反映情况及时，信息量增加，被采纳的篇数增多；档案管理已走向规范

化、标准化。

4. 积极进行计算机辅助审计的应用开发和研讨。到1992年底全省一级邮电审计机构除个别省份外，均已配备了计算机，并已在统计报表，文字编辑，人员管理方面广泛得到应用。

驻水利部审计局

五年间，先后贯彻“边组建、边工作”、“抓重点、打基础”、“积极发展、逐步提高”的审计工作方针，紧紧围绕党和国家的经济工作中心，结合水利行业改革与建设的具体实际，积极开展各项审计活动，在维护国家财经法纪和经济秩序，促进水利经济发展，提高水利行业经营管理水平等方面做了大量工作，取得了显著成绩。

一、抓内审机构组建工作

1988年6月驻部审计局成立以后，把促进内审机构组建作为行业审计的一项重要工作来抓。部领导十分重视和支持，部领导分工由部长主管审计工作，同时明确要求各级行政主管部门的领导要重视审计队伍的建设。经过几年的推动，截止1993年底，全国水利系统已建立内审机构1000多个，共配备审计人员3200多人。其中部属单位已全部按要求建立了审计机构，在全国36个省、市(包括计划单列市)水利厅(局)中，也已有80%的单位组建了审计机构。目前全国水利系统已初步建立了一套完善的审计组织网络。

二、不断拓宽审计工作领域

近年来，针对水利行业中各类审计对象的不同特点，各级水利审计部门采取灵活多样的审计方式、方法，有的放矢地开展经济监督工作。据统计，从1989年至1993年共完成审计和审计调查25000项，查处违纪金额5.36亿元，促进增收节支1.2亿多元，减少损失浪费1378.28万元。

1. 广泛开展财务收支审计。五年来，全国水利系统各单位普遍开展了经常性的财务收支审计活动，完成审计项目达11802项。特别是通过定期审计，随着审计覆盖面的不断扩大，水利企、事业单位违纪违规现象逐年减少。审计监督为维护国家财经法规和正常的行业经济秩序，促进水利廉政建设发挥了积极的作用。五年来，驻部审计局已对23个单位审计了38次，占部直属单位数的三分之二，审计资金达83.5亿元，查处违纪违规金额5665万元。其中，对黄河水利委员会、长江水利委员会、中国水利电力对外公司、水利水电科学研究院等四个经常性审计单位基本上每年审计一次。

2. 完善承包经营审计，为经济体制改革服务。随着企业承包经营责任制的产生和发展，水利系统各级审计部门不失时机地积极推动承包经营审计，并在实践过程中不断完善。1989年，黄河水利委员会对所属科研、企业等76个承包单位全面实施经济责任审计。1992年丹江口水利枢纽管理局对17个二级企、事业单位、北京市水利局对20个承包单位分别实行了第一轮承包期满经营责任审计。他们在充分肯定被审单位承包经营过程中取得的成绩的同时，也指出了其中存在的问题，提出了强化管理，提高效益等方面的改进意见与建议，受到被审单位的好评。目前，承包经营审计已成为水利审计工作的重要内容之一。

3. 开展经济效益审计和管理审计，促进水利经营管理水平的提高。各级水利审计部门坚持监督与服务相结合的原则，寓服务于监督之中。围绕转换企业经营机制，提高经济效益开展审计服务，从以往比较单一的财务收支审计逐步向经济效益审计、内控制度审计发展。仅1991、1992两年全系统通过效益审计，促进各类水利企业增收节支，减少损失浪费金额5000多万元。湖北省水利厅1991年对7个厅直单位开展经济效益审计，找出影响企业效益的主要问题43个，提出改进建议和措施56条，全部被被审单位所采纳，因此可增收100多万元。又如松辽水利委员会审计处，几年累计审计经济合同287份，合同额达1.7亿元，提出审计意见258条，使该委近年经济合同履约率近百分之百，1989年被长春市政府授予“重合同、守信用”单位。

三、开展对重点水利资金跟踪监督

抓住重点水利资金，有针对性地开展经常性审计和审计调查，是充分发挥水利审计高层次监督的有效形式。几年来，部审计局先后组织了全国近40个省、市水利厅局和7大流域机构对大江大河大湖治理资金、防汛资金等重点水利专项资金开展了审计监督，审计和审计调查金额共计70亿元，查处违纪违规金额1.6亿元。

通过有针对性抓重点资金监督，有效地促进了各级水利部门、企事业单位的管理水平的提高。随着国民经济的发展和社会对防洪安全保障需要的增强，加大了对水利的投入。为此，部审计局从1991年开始对长江、淮河、松辽、太湖四大流域治理资金组织实施跟踪审计工作。在对长江流域治理资金进行审计调查中，就动员了19个省、市的水利审计部门参加这项工作。调查结果表明在资金使用过程中存在有缺口大、到位晚、不匹配、被挤占挪用等问题，调查报告对这些问题做了反映，并就其产生的原因进行了分析，提出了审计建议。部领导对调查报告中反映的问题做了批示，要求对调查发现的问题逐一解决落实。审计署对此在1992年《审计简报》第16、23两期上分别进行了报道，这条信息同时引起了党中央、国务院办公厅的重视。

在部审计局的带动下，部属各流域机构及各省水利厅(局)审计部门，近年来也都相继组织了一些对专项水利资金的审计调查活动，收效显著。湖南省水电厅审计处从1990年起连续三年抓住水电建设中涉及面广、与群众联系十分密切的移民经费，先后在两个大型水电工程库区进行跟踪审计，仅1992年对某处移民管理单位审计就查处违纪金额30多万元。他们的工作成效显著，影响面广，得到省内有关部门的重视。

四、促进行业审计工作整体效能的发挥

为了贯彻落实审计署领导关于要发挥行业审计优势的指示精神，几年来驻部审计局始终把业务指导工作摆在重要的议事日程上，常抓不懈，并在实践中形成了以“检查督促、总结推广、制定规章、交流信息、组织培训”为内容的业务指导规程。主要采取以下几方面的措施。

1. 通过召开会议，布置工作的形式加强指导。从1989年起部审计局每年召开一次全国水利行业审计工作会议，传达上级有关审计工作的指示精神，总结工作，交流经验，部署任务。有的单位还建立了“例会制度”，及时沟通信息，协调工作，效果很好。

2. 抓信息交流，推广先进经验。几年来，驻部审计局注重了解、掌握基层单位的内审工作开展情况，注意及时发现、总结各单位实践中的新经验、好做法，充分利用《情况反映》等形式及时宣传，达到互相学习、互相促进、共同提高的目的，推动全行业内审工作的发展。

3. 结合具体审计任务进行业务指导。对那些审计队伍组建工作进展迟缓、审计工作薄弱的单位，采取安排具体审计任务，并加以重点指导，这是进行业务指导的一种很有效的方式。1991年开展对长江流域治理经费和农村电气化建设资金审计调查时，某省尚无审计机构，部审计局特别安排该省参加调查，意在促其组建审计队伍。通过调查，反映出他们在资金管理中存在的问题，使厅领导认识到审计工作的重要性和必要性，于当年九月就成立了审计处。

4. 组织培训，提高人员素质。为不断提高审计工作质量，几年来，各级水利审计部门注重提高审计人员的业务素质，根据水利审计工作的需要，对审计人员进行必备的政治理论、职业道德、专业知识和基本技能的培训。全系统共举办各种培训班近240期，参加培训学习约6450人次，为促进水利审计工作上新台阶，提供了有效的人材保证。

5. 建立规章制度，实行审计工作的规范化。根据审计署提出的审计工作三化要求，几年

来审计局先后制定了《内部审计工作暂行规定》、《水利部年度决算审计规范》、《水利部经济合同审计办法》、《水利部自筹基建资金审计办法》、《水利行业内审业务指导暂行办法》、《水利部审计工作年度计划管理办法》、《水利行业审计工作评选表彰先进暂行办法》等一系列制度办法，使水利行业的内审工作逐步走上制度化、规范化的轨道。

驻农业部审计局

在审计署和农业部领导下，在农业系统各级党政领导的重视支持下，几年来全国农业系统广大审计人员认真贯彻执行党的路线、方针、政策和关于审计工作的重要指示，艰苦奋斗，积极工作，努力学习，勇于开拓，在维护国家财经法纪，加强廉政建设，提高经济效益等方面做了大量工作，发挥了积极作用。全国农业系统审计工作在稳步发展。

一、基本建立农业系统审计组织体系

农业部和农业系统各级主管部门始终重视建立健全审计组织，配备审计人员。经过努力和艰苦细致工作，全国农业系统审计组织体系已经基本建立起来。据全国26个省、区、市不完全统计，至1991年底，全国县以上各级农业系统主管部门已建立审计机构共4094个，配备审计人员18758人，其中专职审计人员9672人；加上乡镇企业和农村经营管理部门的审计人员，全国农业系统各类审计人员达到10.58万人，其中专职审计人员2.5万多人。一部分省（区、市）已基本形成省、地、县三级主管部门审计网络及其所属企事业单位的内审组织体系。这为全国农业系统审计监督工作的开展建立了坚实的组织基础。

二、农业审计监督工作普遍展开

我国农业系统是一个由多行业、多部门和多种经济成分构成的一个庞大的系统。主要产业有农业、畜牧、水产、农垦、农机、饲料、乡镇企业、农村能源、环保等，每个产业又由众多的、不同所有制的企事业单位构成一个系统。农业部直属的一级企事业单位有100多个。按照审计署规定，1993年底统计，列入驻农业部审计局审计范围的一级企事业单位64个，其中企业16个，事业48个。经过多年工作，驻农业部审计局审计范围的单位，农业系统全民所有制企事业单位，审计监督工作（包括政府审计和内部审计）已普遍展开，稳步前进。乡镇企业、农村集体经济组织的内部审计，也已经全面开展起来。

驻农业部审计局坚持审计工作方针，突出审计重点，集中力量搞好大中型企业及经费收支数额大的事业单位的审计监督，收到较好的效果。据统计，1989—1993年，驻农业部审计局直接和委托审计266个单位。审计总额2270253万元，查出违纪违规金额19137万元，上交财政2692.6万元。经过审计，各单位普遍加强了廉政建设和遵纪守法观念，提高了执行财经纪律的自觉性，经营管理加强，经济效益逐步提高。

全国农业系统各级审计机构积极开展审计工作，逐步拓宽审计领域，不断改进审计方法，取得可喜的成绩。据不完全统计，全国农业系统26个省、区、市71个厅（局）和22个部直属单位审计机构，1989—1993年共审计336871个单位，查出违纪违规金额412030万元，上交财政金额21078万元，查出万元以上案件462起，有力地维护了国家财经法纪，促进了经济体制改革的顺利进行。各级农业审计机构在搞好财务收支审计的基础上，广泛开展了承包经营责任审计、场长（经理）离任审计、基本建设项目审计、专项资金审计、经济效益审计、内控制度审计、行业审计、专项审计、外资项目审计等等，积累了工作经验，为促进农业和农村经济稳定发展作出了贡献。

三、组织开展大范围全行业审计调查

驻农业部审计局根据审计署和农业部要

求，每年都有计划、有组织地安排二、三项全国农业系统行业审计调查，为加强宏观调控提供服务。在各级农业审计机构和广大审计人员共同努力下，近几年来共完成了多项大范围、全行业的审计调查任务。

1．完成了对46个省、区、市及计划单列市87个农业商品粮基地县建设资金审计调查及后续审计调查。审计总金额37060万元。审计调查结果表明，各投资比例基本符合国家要求，基地县普遍改善了农业生产条件，完善了科技服务体系，促进了粮食生产稳定增长。审计机构针对基地建设资金使用管理中存在的问题提出改进建议，为加强宏观管理提供了依据，促进了资金按时足额到位和经济、社会效益的提高。

2．完成了对各省、区、市的21个商品棉基地县建设资金审计调查。审计总金额6958万元。通过审计调查，加强了资金管理，减少了资金损失浪费，促进了棉花基地建设。

3．完成了对各省、区、市34个商品瘦肉型猪基地建设资金审计调查。审计总金额3614万元。通过审计调查，促使地方资金足额及时到位，加快了瘦肉型猪基地建设进度，收到了较好效果。

4．完成了对12个省、区140个县飞播牧草资金审计调查。审计总金额2129万元。这对于用好管好中央投资，调动地方配套资金的积极性，促进飞播牧草生产发展，都发挥了重要作用。

5．完成了对9个省、区、市14个草地牧业综合发展示范项目审计调查任务，审计金额6849万元，促进了项目资金管理。

6．完成了对新疆、青海、内蒙古三省、区易灾牧区防灾建设资金审计调查任务。审计金额2218万元，对资金使用情况、经济效益情况进行了审查分析，提出了存在的问题和改进建议。

7．开展了对13个省、区、市19个农垦企业专用基金审计调查。审计调查发现了农垦企业专用基金使用管理中存在的问题，有针对性地提出了改进意见和建议，为加强和改善企业管理提供了依据。

8．完成了对17个省农垦部门的部属公司所属的19个农垦企业1991年经济效益情况审计调查。通过调查基本弄清了农垦企业经济效益现状、盈利或亏损的主要原因，并提出了对企业外部经营环境进行综合治理，改善内部管理，提高经济效益的建议。

9．开展了对部属177个独立核算企业固定资产更新改造情况调查。基本摸清了企业固定资产现状及更新改造中存在的主要问题，提出了抓好企业固定资产更新改造的建议。

10．完成了对98个农垦企业承包经营责任审计调查。通过对第一轮三年承包期情况调查，了解和掌握了企业承包经营责任制现状、主要经验和存在问题，提出了完善承包责任制的建议，为实行第二轮承包提供了有益的启示。

11．完成了直属农垦系统19个企业经营潜亏审计调查。摸清了农垦企业存在的经营潜亏基本状况、表现形式、产生原因及给企业经营带来的困难和危害，有针对性地提出了解决潜亏问题的建议。

12．开展了部分停缓建项目建设资金审计调查。通过对纳入农业部归口管理66个停缓建项目分别进行直接审计、委托审计和审计调查，提出了加强项目资金管理建议。被审项目单位根据国家有关规定和审计建议，采取措施停缓建项目54个，压缩建设投资3.22亿元。

四、建立健全农业审计工作制度

依据国家和审计署的有关法规，农业部结合部门实际制定颁发了一系列工作制度、工作规划，《农业系统内部审计规定》、《农业系统行业审计实施办法》、《农业系统企业开展经济效益审计意见》、《乡镇企业系统内部审计暂行规定》、《农村合作经济内部审计暂行规定》、《农业系统先进审计集体、先进审计工作者评选办法》、《农垦企业承包经营责任审计实施办法》、《农业部委托审计试行办法》、《关于制发农业系统审计人员审计证试行办法》、《农业系统审计工作发展规划（1991—1995）》、《审计工作上水平初步设想》、《农业系统审计干部培训工作意见》。地方农业部门和大中企事业单位也制定了一些具体审计工作制度和办法。这对促进农业系统审计工作向法制化、制度化、规范化方向发展,具有重要的意义。

五、加强农业审计队伍建设

几年来,农业部和农业系统省级主管部门都很重视审计队伍建设,采取多种形式举办培训班,在审计人员中广泛开展“学先进、比奉献”活动,结合业务考核颁发《审计证》,从而使广大审计人员的政治、业务素质得到提高。

1. 驻农业部审计局建立了《全国农业系统审计干部培训基地》,有计划、有组织地开展干部培训。到1993年底,举办了审计大专班、专业证书班、各种短训班(包括承包经营责任审计、行业审计、基建审计、上岗前培训、审计处科长班、经济效益审计等培训班)共33期,培训了全国县以上各级农业部门和直属企事业单位审计人员2100余人,为全国各地培训了一批骨干力量。各地各级农业部门也采取多种形式,加强了审计人员培训,取得了很大成绩。仅据全国35个省级厅(局)和17个直属单位不完全统计,1992年—1993年共培训各类审计人员4.5万多人。

2. 通过颁发农业系统审计人员审计证进行业务培训和考核。全国大多数省、区、市农业部门及直属单位根据农业部颁发《审计证》要求,采取先培训、后发证、持证上岗的办法,对领证审计人员进行了业务培训与考核。截止1993年底,全国农业系统已发审计证7.5万多份,其中经过培训与考核的审计人员达60%以上,有力地促进了农业审计队伍建设。

3. 结合新企业财务会计制度的即将实行和推广审计专业技术资格考试制度,组织专业技术培训。去年,仅全国农业系统审计干部培训基地就培训审计人员600余人。

4. 根据农业部统一部署,在全国农业审计战线开展评选先进审计集体和先进审计工作者及“学先进、比奉献”活动。1992年经农业部批准,通报表彰了全国农业系统先进审计集体53个,先进审计工作者27名,并号召在农业系统审计人员中广泛深入开展“学先进、比奉献”活动。与此同时,全国多数省级农业部门,一些重点企事业单位,也评选表彰了一批先进集体和个人,这使广大审计人员受到很大鼓舞。

六、开展审计理论与实务研讨

驻农业部审计局和各地农业审计机构,根据经济体制改革中出现的新情况、新问题,结合审计工作的热点难点,举办了不同形式的研讨班、学术讨论会或专题研讨会,创办刊物,组织优秀审计论文评选,探索科学的审计理论与方法,取得了可喜的成果。

1. 农业审计专著和审计教科书编写工作比较活跃。驻部审计局和一些地区、单位采取实际工作者与教学科研人员相结合办法,先后编写出版了《农业审计》、《农场审计》、《水产审计》、《乡镇企业审计》、《农业资金审计》、《农村审计》、《农业审计实用手册》等专著和教材,对于帮助审计人员学习业务,开展专业培训,提高工作水平都起到了积极的作用。

2. 组织对一些专题或课题进行研讨。(1)驻农业部审计局结合工作实际先后组织举办了各种不同内容的审计研讨班,先后有300余名审计工作负责同志,专家教授参加研讨,共写出100余篇质量较高的论文和经验总结材料,对提高认识,统一思想,指导审计实践都起到了很好的作用。(2)在驻农业部审计局支持指导下,由省级农业主管部门负责召集,每年轮流举办华东片、东北华北片及大垦区审计研讨班。重点围绕经营承包责任审计、经济效益审计、转换企业经营机制审计等问题,进行总结交流和理论研讨。这对健全审计制度,改进审计办法,提高审计工作水平,都起到了良好作用。(3)由驻农业部审计局和中国农业审计学会共同组织学术讨论会和开展优秀审计论文评选活动。1992年9月召开了农业系统审计学术讨论会,经过推荐、评选共评出12篇论文,分别获一、二、三等奖。

3. 驻农业部审计局和中国农业审计学会

共同创办了《农业审计实践与研究》刊物(内部发行、双月刊)。刊物的主要任务是宣传党和国家关于审计工作的方针、政策、法规、制度,刊登优秀论文和典型经验,开展信息交流。刊物作为农业系统审计人员学习交流的园地,受到广大读者的欢迎。

七、农村审计工作稳步开展

根据《中华人民共和国乡村集体企业条例》和农业部颁发的《乡镇企业系统内部审计暂行规定》、《农村合作经济内部审计暂行规定》,乡镇企业、农村合作经济组织内部审计积极稳步地发展。据不完全统计,1993年全国一万余乡镇专兼职审计机构,共审计12.7万个项目,促进增收节支17.65亿元,纠正违纪违规金额1.8亿元,查出万元以上贪污案件314件。据29个省、区、市农村经营管理部门不完全统计,1993年底已有1198个县(市)和22578个乡(镇)建立了审计机构,有专职审计人员33528人。共审计55.8万个农村合作经济单位,审计总金额1753.2亿元,查出各种违纪金额9.32亿元,为促进农业和农村经济健康发展发挥了极其重要的作用。

八、审计咨询服务业开始建立

在中共中央、国务院关于加快发展第三产业的决定精神鼓舞下,不少省级农业主管部门审计机构积极申请和筹建社会审计组织,农业系统审计咨询服务事业开始起步。据22个省级(厅局)统计,至1993年底,全国共建审计事务所75个,从业人员450余人,完成审计查证验资项目16735个。经审计署批准,农业部已建立中农审计事务所。

驻林业部审计局

一、基础建设工作取得很大进展

我局自1989年全面开展工作以来,林业审计始终贯彻党的"一个中心,两个基本点"的基本路线,认真执行署制定的一系列工作方针,积极开展审计业务,审计队伍逐步壮大,基础建设不断加强。据统计,至1993年底直属单位共建内审机构50个,其中专职机构30个;配备内审人员173人,其中专职人员138人。行业已有24个省、区、市(含计划单列市)林业厅局扩建或组建了内审机构,其中处级机构31个。整个林业行业,共配备审计人员2916人,其中专职审计人员1590人。

二、直接审计效果显著

五年中,共完成直接审计任务18项,对3个单位进行了经常性审计。审计资金总额36146万元,查出违纪金额1743万元,上交财政29万元,查出损失浪费金额164万元。在审计工作中,认真履行国家审计监督职能,对一些较突出的违反财经纪律的问题,严格按照国家规定进行处理,将3名违反财经纪律的处级干部移交监察部门处理。同时在审计中采用了"一审二帮三促进"的办法,促进了林业部直属企事业单位财务管理的改善,加强了会计核算,减少了损失浪费,提高了经济效益。通过直接审计,在严肃财经法纪,维护合法权益,确保国有资产保值增值和加强廉政建设方面发挥了积极的作用,逐步树立了审计工作的权威性。同时,也积累了一些工作经验:遇到棘手的问题要敢于碰硬,知难而进;对问题的处理措施要果断,不能犹豫不决;做处理决定时要慎重,应多方征求意见。总之,既要维护审计监督的严肃性,又要有利于开放搞活,有利于单位经济的健康发展。经国务院检查组或地方检查组组织的财税大检查证明,凡经过审计的单位基本没有违纪问题。

三、开展审计调查,为决策提供依据

五年来,共完成"如何搞活森工大中型企业"、"增强国营企业活力,落实中央12条措施情况"、"育林基金"、"长江中上游防护林专项资金使用管理情况"、"林业部直属高等院校教育经费使用管理情况"和"三北防护林建设资金"

等9项审计调查。通过育林基金征、管、使用方面的审计调查，发现育林基金的征收标准不严，少收、漏收不少；资金使用上时有挤占挪用现象发生；年末结余偏大，既有虚增，也有积压；管理上也存在一些问题。针对存在的问题提出了改进建议，并与署农林文教司联合发出了"关于育林基金审计调查的通报"，为有关部门研究解决问题提供了依据，得到了部领导的支持和肯定。对长江中上游防护林专项资金使用管理情况的审计调查，发现项目计划下达晚、资金到位迟；有些地方配套资金不落实，投入不足，未按规定用途、范围使用资金等问题，提出了改进建议，受到了有关部门的重视。对"三北"防护林建设资金的使用情况的审计调查，发现有严重违反财经纪律的现象，主要问题是违反资金管理和会计制度规定，将国家预算内资金转到预算外，挪用预算内资金搞"委托贷款"，营林储备资金不按规定使用，用事业费搞基本建设等。我局对发现的问题提出了处理意见，林业部对该局违纪问题在部直属单位范围内进行了通报。维护了国有资产的安全，发挥了审计监督在加强资金管理和会计核算，提高资金使用效益，促进加强廉政建设的作用。

四、加强对内审工作的指导和人员培训

根据《中华人民共和国审计条例》和《审计署关于内部审计工作的规定》，结合林业实际情况，制定了《林业系统内部审计实施办法》。印发了《林业系统审计工作上台阶规划》和《部直属企事业单位开展内部审计工作竞赛考核评比办法》等；根据国务院《进一步增强国营大中型企业活力的通知》和审计署《关于审计工作促进国营大中型企业增强活力的意见》精神，发出了《关于当前林业内审工作重点及需要明确的几个问题的通知》，指导内审工作。我局还结合林业行业特点部署了育林基金的审计工作，并促使该项审计工作实现四个转变，即：由侧重征收审计，向征、管、用并举审计转变，由临时性抽查审计向有计划全面审计转变，由违纪违规审计向效益审计转变，由查错防弊向一审二帮三促进转变。使育林基金审计工作有了新的发展。同时通过《林业审计简报》，及时进行信息传递，交流推广各地、各单位开展审计工作的经验和具体作法，推动林业内审工作的不断发展。林业部直属单位的内审工作已经走上了正常化的轨道，各单位在抓基础建设和人员培训工作的同时，积极开展各种形式的审计工作。从抓财务收支审计入手，逐步向经济效益审计和内部控制制度评价方面延伸。同时还开展了承包经营责任审计、厂长(经理)离任审计，基本建设审计等。五年来，共纠正违纪金额5156万元，查出损失浪费金额105万元，促进增收节支金额和提高经济效益金额1043万元。促进了单位内部财务管理和经济的健康发展。地方各省、市林业内审工作也取得突出成就，据不完全统计，1989—1993年共完成审计项目15919个，查出违纪金额83038万元，查出损失浪费金额7142万元，促进增收节支金额8737万元。

为了适应内审工作发展的需要，我局加强了对内审人员的业务培训，五年来，共组织767人次参加了各种形式的培训班、研讨班。如审计基础知识培训班，经济效益审计培训班，承包经营责任制研讨班，基本建设审计培训班，新会计制度培训班等。审计人员通过培训，业务素质和理论水平有了较大提高，在工作中发挥了重要作用。

五年来，我局在积极开展直接审计、重点资金审计调查和加强内审工作指导的同时，还积极开展了各种形式的专项审计和专项审计调查，积极完成部领导交办的审计事项，并配合有关司局开展工作。据统计，五年来，共完成专项审计调查9项，部领导交办任务13项。还按照署的要求，认真开展基本建设项目开工复工前审计，自筹基本建设项目的资金来源审计等。通过以上各项工作的开展，促进了国家政策的贯彻落实和林业经济的健康发展，使审计监督在林业经济建设中起到了越来越重要的作用。

驻商业部审计局

审计署驻商业部审计局是1989年3月组建的。五年来，在署、部的领导下，认真贯彻执行党和国家的方针、政策，紧紧围绕商业部门的实际情况，积极开展各项审计活动，推动了商业审计工作的迅速发展。

一、对部属企、事业单位实施审计监督

五年来，驻部审计局共审计部属企、事业单位49项（次）。审计金额21亿多元，提出审计建议280条，使企业挽回经济损失2200万元，促进企业提高经济效益790多万元。

部直属企、事业单位中有相当一部分是近几年建立的。针对其初建不久、经验不足、法规不熟、管理制度不健全的特点，我们在审计监督中，除纠正和查处违纪违规事项外，还帮助企事业单位在加强资金和财产管理、建立健全内控制度、完善和规范帐务处理等方面，发挥了积极作用。

通过审计，使部属企、事业单位的领导和职工，对审计的观念发生了根本变化。由防范、戒备到主动要求和密切配合审计，甚至财会人员有了问题主动来找审计局。随着企事业单位财务管理和财经纪律观念的增强，违纪违规事项逐年减少。

二、抓住行业中的重点问题进行审计调查

为搞好审计调查，使调查结果有代表性，根据商业行业点多、面广和我局人力不足的情况，我们采取了上下、内外结合的调查方法，即以我局牵头、选定调查项目，在调查摸底的基础上，统一拟定印发调查提纲，邀请部分省、区、市级厅、局、社的内审机构共同调查。目标一致，成果共享，并对各地商业内审机构开展审计调查起了推动作用。

五年来，驻部审计局先后统一组织，布置的审计调查项目有粮食、棉花储备资金的管理使用情况、商业企业的承包和租赁经营情况、自行车的经营情况，企业内控制度的建立健全情况和部直属企、事业单位的投资联营情况。通过调查，总结了好的经验，找出了存在的问题，剖析了问题产生的原因。提出了改进的建议。1991年，为完成部、署领导交办的对自行车经营情况开展调查的任务，我局邀请了天津、上海、成都、西安、沈阳五市的商业局，对7个批发企业和13个零售企业进行了调查，摸清了自行车经营的现状，存在的问题，分析了原因，提出了审计建议，调查结束后，我局召开了自行车调查汇报会，写出了综合审计调查报告。1992年，为摸清企业内控制度的建立健全、执行情况及存在的问题，我局邀请33个省区市厅、局、社的内审机构对3274个企业的内控制度开展了审计调查，调查结束后，召开了调查汇报会，针对财产、物资保管制度不严密，有的环节制度不健全，有的不适应新形势需要等问题，分析了原因，提出了改进措施和建议。

各地商业部门的内审机构，也结合本地区实际和领导的安排，对农资专营、经济包袱、企业潜亏、粮食财务挂帐、专用基金、内控制度等问题，开展了审计调查。

据统计，五年来，全系统在不同地区、不同范围开展的审计调查项目达600多项，报署、部领导和部审计局的调查报告近400份。这些审计调查报告，受到署、部领导和地方主管部门领导的重视和好评，有的报告由部领导批转有关单位，落实审计建议，有的报告转发各级商业部门领导引起重视。

三、搞好商业审计工作基础建设

驻部审计局，首先抓了审计机构组建和人员配备，要求各级商业主管部门和大中型企业建立独立的内审机构，配备与任务相适应的专职审计人员，加强基础建设。经过几年的努力，审计机构从无到有，队伍由小到大，审计工作制度逐步健全，已经有了一支初具规模的内审队伍，形成较完整的审计网络体系。

1991年，是商业内审工作发展最旺盛的时期，全系统的内审机构达到17491个，内审人员71328人，其中专职内审人员24889人。1992年下半年，随着机构改革和企业转换经营机制，审计网络和队伍不可避免地受到冲击。据1992年底统计，全系统的内审机构由1991年底的1.7万多个减到13811个，内审人员也由71328人减到58042人。在这种形势下，为适应社会主义市场经济体制和企业转换经营机制的需要，商业审计事务所应运而生，到1992年底，全系统已有30多个省、区、市级单位先后成立了审计事务所。不仅为商业部门加强审计监督增添了新的组织形式，还为内审部门承担了直接审计任务，弥补了审计力量的不足。

为了提高审计人员的政治、业务素质，五年来，我局先后委托部属院校举办了经济效益审计、基建预决算审计、内控制度评审、新会计制度、资产评估等专业培训班20多期，培训审计人员近4000人。各地商业内审机构也采取多种形式，有计划地进行培训。五年来，全系统共对105077人（次），进行了专业培训，有效地提高了内审人员的政治业务素质。据1990年统计，全系统有41%的审计人员达到了中专以上文化水平，52%的人员具有助师以上的专业技术职称。在五年的审计工作实践中，有一万多人次受到政府和部门表彰，有268个单位被商业部评为内审工作先进集体。

加强审计工作制度建设，提高审计工作水平。驻部审计局先后制定了商业部系统内部审计工作规定，承包租赁审计办法，离任审计办法，行政事业单位定期审计办法，审计工作评比办法，商业内审工作发展规划等制度，并根据广大内审人员的要求，从1989年至1991年底，先后收集整理了《商业审计文件选编》第一、二、三辑，向系统内部发行约8万册，及时为内审人员提供了审计法规依据，保证了审计工作的顺利开展。各地商业内审部门结合实际需要，制定了进货责任、基建、经济合同、经济效益内控制度评审等审计办法。

初步形成了以《审计条例》为主体、以审计局和各地内审部门制定的实施办法，细则为补充的审计工作制度体系，使商业审计工作纳入了制度化，法制化和规范化的轨道。

重视总结经验，开展审计理论研讨，把感性认识上升到理论上来，更好地指导内审实践。两年来，我局先后举办了两期部属院校审计处长和省、区、市厅、局、社的审计处长参加的内部审计研讨班。就当前内审工作如何为改革服务和今后审计工作发展问题进行了研讨。在审计局的积极倡导下，分地区、分行业的内审理论研究组织相继成立，并定期开展了学术研讨和经验交流活动。据统计，五年来共有1500余篇审计论文和经验材料在报刊杂志上发表或在省级以上部门会议上交流。

四、加强行业内审工作业务指导

审计局在抓好审计工作基础建设的同时，积极指导本系统的内审工作。坚持每年初召开系统内部审计工作会议，总结工作，交流经验，部署当年的审计工作任务；深入基层，调查研究，抓住典型，总结推广好的经验做法；为了发扬成绩，鼓励先进，实行了审计工作考核评比制度等，这些工作，有效地推动了内审工作的深入开展。

五年来，各地商业内审部门以及商业企业内审机构紧紧围绕深化改革、提高经济效益这个中心，广泛开展了各项审计，审计领域不断拓宽，审计项目逐步增多，主要有财务收支、承包经营责任、离任、经济效益、基建预决算、经济合同、资金使用、库存结构、亏损企业、进货责任等项目的审计。如武汉市商委在进货责任审计中，仅武汉市中南商业大楼在审计后就撤销了500多万元不合理进货计划，督促处理有问题商品1000多万元，建立了100种主要商品的保本保利分析卡。同时，各地内审机构还开展了行业审计，主要有五金交电、粮食、农资、土产、棉麻、仓储、商办工业等行业。吉林省粮食厅审计处坚持每年审一个行业的作法，先后对仓储、饲料、供应、盐业等行业进行全面审计，共审查出由于管理不善，导致各行业减盈增亏金额4337万元，审后提出改进行业管理的建议，为领导掌握行业情况、分析解决行业中普遍存在的问题，提供了依据。

五年来，商业内审工作取得了显著成绩，据统计，全系统共对369308个单位进行了审计，通过审计，较好地发挥了监督和服务的作用：

一是严肃了财经纪律，促进了廉政建设。五年来，全系统共审查出违纪、违规、损失浪费和其他有问题金额29.8亿多元，查出10万元以上违纪单位3649个，金额12亿多元，贪污盗窃金额近2亿元，其中万元以上贪污贿赂案2214余件，金额7532万元，有7191人受到党纪政纪处分，移交司法机关处理4956人。大量事实说明，在改革开放的形势下，在发展商品经济的浪潮中，必须加强审计监督，才能保证社会主义市场经济顺利发展。

二是促进了增收节支、提高了企业的经济效益。五年来，各地内审机构和广大内审人员以深化改革、搞活大中型企业、提高经济效益为中心，共开展了经济效益审计9万多项，占审计项目总数的30%，审后提出合理化建议373910条，被审单位采纳302593条，采纳率占80%以上，查处损失浪费金额近25亿元，促进增收节支、提高效益21亿多元。

三是促进了深化改革，完善了承包经营责任制。五年来，全系统共开展承包经营责任审计164293项，离任审计44892项，占审计项目总数30%以上。通过审计，进一步核实了资产、摸清了盈亏的真实情况，为进一步完善承包经营责任制，克服企业承包中的短期行为起了积极作用；为人事部门任用干部和承包换届提供了客观依据。

四是维护了企业合法权益，改善了企业外部环境。各地内审机构根据企业竞争条件不平等和企业负担过重的情况，从清理“三乱”、“三角债”入手，对当地有关部门多收取的费用和不合理摊派进行审计，仅1989、1990和1993年对13个省、区、市的部分单位统计，共查出银行多收取的不合理加罚息7700多万元，在当地有关部门的支持和帮助下，已督促收回近4000万元。各地根据基建工程概算中，施工单位普遍存在高估冒算的现象，重视了基建工程审计，据1993年15个省级商业内审机构统计，共开展土建、维修、装饰工程等项目审计1160多项，审减不合理工程支出5435万元，既维护了企业合法权益，又减轻了企业不合理的负担。

驻对外经济贸易部审计局

我局承担的直接审计任务是对外经贸部直属大中型企业和事业单位。另外，还有相当数量的海外企业和驻外经济商务处。我局还负责对43个省区市经贸委的审计工作进行行业指导。

一、直接审计任务

1989年审计了7个公司和1个事业单位。为配合当年的外贸系统清理整顿公司工作，审查了已经决定撤并的4家公司的资产和债权债务。通过一年的直接审计工作，共查出违纪金额9826万元，其中应上交财政345万元。查出的违纪事项，被审计单位全部纠正，该上缴入库的违纪金额也全部上缴。

1990年我局完成了对部直属企业的8个审计项目，共查出和纠正各类违反财经纪律金额3600多万元，百万元以上违纪单位2个，处以罚款单位1个，罚款并上缴财政的金额10000元人民币。

1991年共完成对16个企事业单位的审计任务，查出和纠正各类违纪违规金额34000万元，其中应上缴财政2840万元，追还侵占挪用资金350万元，罚款17万元。

1992年我局的直接审计项目是8家外贸企业，审计资金总额达94.93亿元，帮助被审单位纠正违纪违规金额2.18亿元，查处应上缴财政金额278万元，应追还侵占挪用资金175万元，罚款16万元。

每年我局都组织小组，对我部的海外企业和驻外经济商务处的经营和财务状况进行审计调查。同时，还派人参加总公司的小组，对总公司设在国外的企业进行经理离任审计。

二、培训工作

1991年和1992年我局举办了三期审计干部培训班，共培训全系统审计干部230人次，交流优秀论文32篇。

培训采取了直接授课和交流论文等多种形式。交流的论文从理论和实践相结合的角度阐述了如何搞好外贸企业审计，特别是开展经济效益审计的方法和经验，具有启发意义，培训效果较好。在我局的提倡和指导下，不少省、市、自治区经贸委也相应举办了各种形式的培训班，参加培训人员达数百人，有力地推动了我部系统审计人员业务素质的提高。

三、规章制度的建立

1992年4月29日发布施行了《对外经济贸易内部审计工作规定》。它对外经贸审计工作作了较全面的规定，使全系统内部审计工作有法可依，使我部系统内审工作向“法制化、制度化、规范化”的方向迈出了一大步。

驻文化部审计局

一、概况

驻文化部审计局根据审计署核定的审计范围，直接审计对象98个，常年经常性审计单位4个。完成主要审计调查项目10项；完成部领导交办主要事项8项，并参与部财务大检查工作；举办大型会议或活动7起；制定并颁发重要文件4件；编发审计简报和信息数10期；组织编写了文化系统内部审计教材（初稿）；组建了中国审计事务所第三分所（文化分所）。以及全系统建立了4家审计事务所。在此期间，局有7人次受文化部嘉奖。

二、认真组织直接审计，不断扩大审计范围

几年来完成直接审计项目38项，审计总金额近6.2亿元，向有关部门移送违纪违法者二起三人。

根据审计署“逐步提高”和“向经济效益和管理审计延伸”的要求，几年来从最初的单纯财务收支审计、财经法规审计向管理和内部控制审计发展。在对中国历史博物馆审计时，发现业务部门和财务部门工作上有脱节现象，内部控制不严；在审计了业务部门保管的有关对外合同后发现该馆与日本某商社往来中还有一笔十万美元的款项未收到。经过多方联系交涉，历史博物馆终于追回了款项。据此我们提出了加强管理和内部控制制度的意见，该馆表示完全接受。在对文化干部管理学院审计时，我们对其教学业务和教职工管理情况进行了审计，发现该院人员比例严重失调，教师队伍匮乏，不符合教委有关规定，既严重影响了教学业务的安排和课程设置，又增加了因请代课、兼课教师而发生的费用，也加重了学校的负担。我们在审计报告和审计结论上专门强调了这一问题，要求学校予以重视，速作解决。

三、围绕重点，积极开展审计调查

几年来我们根据审计署关于开展审计调查的要求，结合文化系统工作重点和资金安排重点，积极开展了一些审计调查。这些调查项目主要有：艺术团体体制改革的调查、直拨文物保护费使用情况的调查、固定资产管理情况的调查、科研经费使用情况的调查等。其中有的是全国性的调查，有的是在部直属系统进行的调查，均取得了比较全面的数据，掌握了较全面的情况，作出了报告并提出了我们的建议和意见。获得了较好的效果。

在对固定资产管理情况调查时，发现文化单位对固定资产管理普遍观念淡薄，管理混乱，帐帐不符、帐实不符情况比较严重。有的单位设备长期借给个人使用而没有完备的手续，有的单位未经批准出租办公用房，并以收取现金房

租来为职工解决"福利"。对此,我们提出了对固定资产重新清理登帐,加强管理措施的有关意见。并对发现严重问题的单位,进行延伸审计,制止了违纪行为,作出了处理,并通知了其上级主管部门。

四、认真做好部交办的重点任务

几年来,努力做好部领导交办的各项工作。行政司领导班子的整顿;中国音乐学院虚列人数增列非商品粮户口安置费问题的查处;文化艺术出版社的整顿;中国文化经济信息杂志社经济问题的查处和文化部对台事务办公室党员重新登记有关经济问题的查处等等。为领导决策和有关部门处理提供了可靠充实的根据。

五、加强内部审计工作的指导

几年来,我们每年召开一次全国文化厅局审计工作会议,强调审计工作的重要性,提出在机构、人员和工作要点方面的要求。

除此以外,我们从加强立法这个角度来促进内部审计的建设和发展。1990年颁发了《文化系统内部审计工作规定》,明确了文化系统内部审计的目的、机构、地位、职责、权力、领导关系等等问题。与此同时又下发了《关于文化部直属单位设置内部审计机构和人员编制问题的通知》,对部属单位内审工作的机构和人员作了具体的安排。1991年我们又拟发了《文化系统内部审计工作上新台阶的规划要点》、《文化系统行政事业单位经常审计办法》。这些文件的下发,使文化系统内部审计工作有了适合本系统情况的规范性的依据。

为了提高现有文化系统审计人员的理论基础和实践能力,我们还组织了一次较大范围的"文化审计工作理论和实践研讨会"。按照积极发展第三产业的要求,在与中国审计事务所协调后,以部直系统审计岗位退下来的老同志为基础成立了中国审计事务所第三分所(即文化分所),该所以文化部门为主要服务对象,面向社会开展各项审计查证工作。

六、加强审计队伍基础建设

凡是审计署组织的各类学习班、培训班,我们尽可能安排参加,同时还为部属单位审计同志积极争取名额。

驻广播电影电视部审计局

1989年至1993年,驻部审计局在审计署和广播电影电视部的双重领导下,坚持贯彻党的基本路线,不断加强审计监督,拓宽审计领域,改进审计工作,正确处理依法审计与实事求是处理问题的关系,在广播影视事业建设和发展以及经济管理中发挥了积极作用。主要成绩表现在以下几个方面:

一、坚持依法审计,努力拓宽审计内容

1989年—1993年,驻部审计局共完成审计项目63个,项目内容包括财务收支审计、承包经营责任审计、厂长(经理)离任经济责任审计、基本建设开工复工前审计和内控制度评审等。通过5年的项目审计特别是财务收支审计,已经形成一些基本的规范,其作用主要表现在四个方面:

1. 维护国家的财经法纪,监督事业经费的合理使用,使被审计单位增强了法制观念。

2. 促进财务管理和会计核算的规范化。在审计过程中,帮助被审计单位做了大量的会计基础工作,清理旧帐簿,设置新帐簿,进行正确的会计核算,强调现金管理的规范化。

3. 在审计过程中,注意发现被审计单位经营管理中存在的问题,并及时提出意见、建议,体现了审计在改进管理中的作用和审计监督的建设性意义。

4. 促进加强三级单位的财务管理,根据对直属单位审计中发现的问题,延伸到三级单位进行审计,同时向二级单位建议,有效地加强对三级单位的财务监督,建立内部审计制度,帮助理顺二级和三级单位的财务关系。

经过5年的项目审计，共查出违纪金额3069万元，上缴财政225万元。

党的十四大召开后，驻部审计局解放思想，转变观念，审计工作在全面开展的同时，逐步向深层次发展。从审计项目的构成看，体现了以下特点：(1)离任经济责任审计增多。在企业转换经营机制的过程中，企业新任经理要求对前任经理任期内的资产、负债及损益有一个明确的评价。对此，驻部审计局和部人事司联合印发了《关于开展厂长(经理)离任经济责任审计几个问题的通知》，明确提出厂长(经理)离任前需根据人事部门的通知进行经济责任审计。(2)突破传统的审计模式，开始探索财务收支审计向内控制度评审延伸。在对中央人民广播电台进行财务收支审计的基础上结合行业特点，探索内控制度评审的内容和方法。

二、深入进行审计调查，为宏观调控服务

驻部审计局结合行业特点，组织审计人员选择11个问题进行审计调查。

1. 根据审计署的要求，选择两个唱片企业和一个电影企业，就大中型国营企业搞活问题进行审计调查。驻部审计局选择了经济状况好、中、差三个不同类型企业开展调查，既总结企业搞活的成功经验，也分析有的企业搞不活的原因，既找外部影响又找内部因素，作了仔细的分析研究，提出自己的意见供领导决策参考。

2. 对广播电视预算外资金收支情况进行审计调查。此调查选择三个省、市级广播电台和电视台的预算外资金管理情况作为调查对象，反映了预算外资金的来源渠道、使用情况和管理制度及发展趋势，对存在的问题提出改进意见。此调查在地方广播电台、电视台产生了一定影响。

3. 对电视剧制作经费开支情况进行审计调查。此调查对11部电视剧的制作经费进行了分析，反映了经费包干前后的支出情况，客观地揭示了电视剧制作经费管理中存在的问题，并有针对性地提出加强管理的意见。云南电视台在拍摄电视剧时采纳了其中的大部分意见，加强了电视剧制作过程的计划管理，建立了服装道具使用管理制度。

4. 对县办电视台经济管理的调查。调查肯定我国县办电视台对县级工作所起的重要作用和已经取得的成绩，同时指出在县办电视台的实践中，存在着一定的困难，在不同程度上受到财力、人力、技术和经验等方面的制约，调查得出结论：应采取积极扶植的态度，尽可能支持县电视台的建设和发展，县电视台自身也应积极创收，切实加强经济管理，弥补事业经费之不足。

5. 对广播电视报自办发行前后的经济效益进行审计调查。审计人员通过查阅6省广播电视报社2—5年的会计帐册、报表，在归纳、分析和动态比较的基础上，全面评价了广播电视报自办发行带来的经济效益和社会效益，同时指出面对报刊市场日益激烈的竞争，广播电视报发行量面临挑战，需要进一步加强成本核算，降低费用支出，丰富报刊内容，提高质量，巩固已有市场，开拓新市场。

6. 对有线电视经济管理情况进行调查。调查反映了有线电视在经济管理上区别于无线电视的特点及有线电视在由群众自发安装到政府加强管理的过程中存在的问题和群众收看有线电视的热情与现实条件之间的矛盾，肯定了有线电视作为现代信息传播手段在两个文明建设中的重要作用。同时提出加强有线电视经济管理的意见。

7. 对11家由政府审计机关审计的省级电视台的经济管理情况的调查。1991年政府审计机关对10家省级电视台和中央电视台进行了审计，反映了电视行业的一些共性问题。对此，驻部审计局召集11家电视台进行了座谈调查。调查反映了以下情况：(1)改革开放以来，电视事业发展很快，但电视台的管理水平尚有一定差距，内控制度不够健全。(2)电视台预算外收入逐年增加，这部分资金需要加强管理，作到收支两条线，合理使用。(3)电视节目交换收费是一种新现象，需要由财务部门统一管理，堵塞漏

洞。

1993 年驻部审计局对部内各单位经济活动中出现的热点问题和部领导关心的问题开展审计调查。

8. 第三产业发展情况的调查反映了三产发展中普遍存在的问题：一是总体上缺乏全面规划和引导；二是管理制度不健全，会计核算不规范；三是观念上有误区导致总体水平不高；四是经营人才缺乏成为突出的问题。艾知生部长对此批示："请部机关各有关单位结合本部门工作研究解决报告中提出的问题"。

9. 企业暗亏挂帐情况调查。分析了企业暗亏挂帐的原因和表现，反映了企业经营效益的真实情况，为部领导和主管部门全面了解企业经济状况提供了准确的依据。从而为宏观决策提供了参考。

10."二台一塔"资金流向的审计调查是根据部领导的指示与计划财务司联合组织完成的。调查反映了中央电视台、中央人民广播电台和中央电视塔的资金来源和流向，揭示了管理工作中存在的问题，并提出 21 条改进意见，上交部里资金 646 万元，这项调查反映了广播电视资金使用情况，为部领导了解那些收入比较多、经济活动比较复杂的单位的经济管理情况提供了资料。

11. 在建主要基建工程的资金到位情况调查，是根据中共中央 6 号文件精神安排的。调查选择几个重点在建工程，反映了以下问题：一是资金短缺问题突出，难以保证重点工程的正常施工；二是拖欠施工单位工程款问题严重，审计调查提出建议后已基本上按《合同》规定支付。

上述审计调查在内容的选择上着重抓改革开放以来，广播影视行业出现的新情况、新问题，经济管理中积累的新经验以及群众普遍关心和议论较多的问题，在调查方法上采用帐面调查和座谈调查两种方法。审计调查占有充分的资料，客观地反映问题，对行业中普遍存在的问题进行分析研究，为宏观决策提供依据。在广播电视经济管理工作中发挥了重要作用。

三、行业和直属单位的内审指导形式

1. 促进组建内审机构。从 1989 年起，驻部审计局利用多种场合，采取多种形式宣传内审工作的有关政策和知识，与部人事部门协商，促使 10 个直属单位建立了处级审计机构，还有一些单位配备了专职审计人员。此外，分别于 1990 年和 1991 年召开了四个分片会议，向地方广播电视厅(局)了解内审机构的组建情况和工作情况，强调随着广播电视事业的发展，加强内审工作的必要性，要求各省、自治区、直辖市、计划单列市广播电视厅(局)尽快组建机构，配备审计人员。已建内审机构的单位应克服困难，积极开展工作。截止 1993 年 12 月，部直属单位和地方广播电视厅(局)并上海电影局共配备专职和兼职审计人员 180 余人。

2. 反复强调解放思想，转变观念。首先是大胆进行试验，拓宽审计领域，深化审计内容；其次是要把微观审计和宏观调控有机地结合起来；再次是要处理好依法审计和实事求是的关系。审计人员转变观念主要表现在四个方面：第一，变计划经济为社会主义市场经济的观念；第二，重新认识内部审计的对象，现代内部审计的对象已不单纯是财务收支情况，而是整个经济管理和经济效益；第三，全面理解内部审计的作用；第四，内部审计的目的不能仅仅局限于防护性，应从防护性转变为建设性监督。

3. 在全行业范围内开展业务培训。为顺利实现会计工作的转轨，提高审计人员的管理素质；驻部审计局和计划财务司联合举办了两期赴新加坡的审计、会计培训班，系统地学习了西方会计和审计原理，并学习了股份公司财务管理和计算机会计应用。

鉴于当前审计人员的分析能力、文字表达能力和政策水平与客观形势对审计工作的需要有较大的差距，驻部审计局组织举办了两期广播影视审计培训班，培训班着重于理论教学，旨在拓宽知识面，掌握基本原理和概念，调整思维方式，增强分析能力，以适应社会主义市场经济条件下的审计工作，减少工作的随意性和盲目

性。

4. 有针对性地进行审计实务的交流和研讨。在体制转换的过程中，广播影视审计工作面临许多新情况，新问题。为此驻部审计局组织召开了华东、中南地区广播影视内部审计工作座谈会，着重就社会主义市场经济体制建立过程中，广播影视审计工作在“一个基础两个延伸”，在拓宽审计领域，改进审计方法等方面所做的尝试和遇到的问题进行实务性的交流和研讨。通过交流，与会者明确了广播影视内审工作的发展方向就是把审计的重点逐步转向管理和效益。

何栋材副部长在座谈会上提出三点指导性的意见：第一，必须加强和重视内部审计工作；第二，加强审计队伍建设是做好审计工作的关键；第三，建立健全各项审计规章制度是保证审计工作制度化、规范化、程序化的根本。

分片组织实务性交流研讨是行业指导的一种好形式。这种形式生动活泼，易于操作，对工作实践具有直接的指导作用。

5. 重视审计制度的建立，用制度化的要求指导内审工作。(1)为实现广播影视内部审计工作的制度化和规范化，1992 年 6 月在杭州召开了全国广播影视内部审计工作会议。艾知生部长作了重要讲话；总结了几年的审计工作，讨论了驻部审计局起草的《广播电影电视部内部审计工作规定》。该《规定》于 1992 年 8 月以广播电影电视部第 8 号部长令发布施行。(2)为了尽快实现审计档案管理的规范化，驻部审计局起草了《广播电影电视审计档案管理办法》和《关于广播电影电视审计文件材料立卷归档工作程序的若干规定》，分别以部和局的名义印发全行业。(3)为了使厂长(经理)离任经济责任审计形成制度，我局在审计实践积累的基础上，与人事司联合印发了《关于开展厂长(经理)离任经济责任审计工作几个问题的通知》，对厂长(经理)离任经济责任审计的内容、范围、程序等作了一定的规范。考虑到实际需要，又向地方厅局转发了这一通知。(4)为了在发展第三产业过程中加强国有资产的管理，实现国有资产保值和增值，维护国有资产的权益，驻部审计局于 1993 年印发了《关于在发展第三产业中加强国有资产审计的通知》。

上述审计制度对全行业审计工作发挥了积极的指导性作用，使审计工作的开展有所依据，有所规范。

此外，驻部审计局重视廉政建设，先后制定了《关于加强廉政建设，纠正行业不正之风的措施》和《审计署驻广播电影电视部审计局反腐倡廉措施》。

6. 办好《审计通讯》，不断加强审计宣传工作。《审计通讯》作为内审和行业指导的一个窗口。它的编发已成为行业指导的一项经常性工作。

通过五年的努力探索，广播影视内部审计工作已经打开局面，并取得了一定的成绩，主要表现在：(1)内审工作已被单位领导和群众接受和理解，并开始受到重视，工作的阻力正在逐步减小。(2)一些单位的内审参与本单位重大改革方案的论证和决策，已成为领导加强本单位经济管理工作的参谋和助手，赢得了内审应有的地位。(3)内审机构普遍开展了审计调查，反映了一些共性的问题，或全面评价了某单位的经济效益，或反映了某专项资金的使用情况等，为领导提供了经济管理方面的信息。(4)积极探索影视剧组审计的路子，提出了加强影视剧组制作经费管理的建设性意见，对影视剧制作的内控制度的建立具有一定的参考价值。

这些成绩受到各方面的重视和肯定，内蒙古广播电视厅和中央电视台于 1993 年被评为全国内部审计先进单位。广东省广播电视厅多次被省审计局评为省直部门内部审计工作先进集体。

四、不断改进审计管理工作

审计管理是审计的基础性工作，包括公文管理、行政后勤、安全保卫等项工作。1993 年对驻部审计局成立以来所有文书档案进行了整理、立卷归档。管理工作的不断改进，保证了全局工作的正常进行，创造了良好的工作条件。

五、负责完成财税大检查组织工作

根据部领导的安排，驻部审计局负责组织广电部税收财务物价大检查工作，布置自查，组织重点检查，印发文件，管理档案，按要求完成每年的大检查任务。五年中共查出违纪金额2997万元，上缴财政464万元。

五年来，广播影视审计工作，经过艰苦创业打开了局面，形成了一定的规范，积累了一定的经验，为广播影视事业的发展做出了贡献，为今后进一步强化审计和经济监督奠定了基础。

驻卫生部审计局

驻卫生部审计局1989—1993年的主要工作如下：

一、开展财务收支审计

根据审计署下达的审计工作计划和卫生部领导交办的各项任务，先后对50多个单位的财务收支进行了审计。审计总金额27.5亿元，查出违纪金额8000余万元，收缴146余万元。较好地维护了国家利益和部门利益，受到了被审计单位的欢迎，也得到了部领导的大力支持。此外，配合计财、纪检、监察等部门开展财务大检查，经济专案审查等，在促进廉政建设、改善经营管理、提高经济效益方面发挥了重要作用。

二、进行审计调查

1990年3月，根据李铁映同志的指示，会同国家医药管理局有关部门对辽宁省医药经营中收受回扣的情况进行了审计调查。这项调查着重从回扣产生的原因、形式及发展趋势，现阶段回扣收入的管理和使用情况，以及解决管理失控问题的办法等几个方面提出了见解和建议，为各级领导加强宏观决策提供了具有参考价值的资料。同年6—9月对新疆、山西、河南等省、市及卫生部直属白求恩医科大学附属医院、中国医科大学附属医院的医疗收费问题进行了专项审计调查，并结合10个省、市审计局对医疗单位的审计报告做了认真分析。通过调查和分析，证实了群众反映“看病难”、“看病贵”的意见，以及产生这些问题的原因。主要原因有财政补贴不足(1989年补助数额仅占基本工资的90%)；药品及卫生材料等价格上涨幅度大；高技术诊断手段增多以及一部分医院把医疗检查和药品收入与医护人员奖金挂钩等。提出了尽快与财政、物价部门协商，合理调整医疗收费标准；医院应实行综合承包，药品和检查收入不与医护人员奖金挂钩等7项建议。审计调查报告经卫生部批转发至各地卫生厅(局)，审计署也在《审计工作通讯》中予以刊登。在卫生部门引起了一定反响。

三、加强卫生系统内部审计工作指导

卫生事业是公益性的福利事业，在社会主义市场经济体制下，单靠国家财政补贴是难以发展的，要使有限的卫生资源充分发挥效益，必须加强财务管理和审计监督。经过我们大力宣传和努力工作，取得了卫生部的积极支持。在卫生部颁布的《医院分级管理办法》中把是否建立了内部审计机构作为高等级医院评定的必要条件。此举对卫生系统建立内部审计机构起到了积极的促进作用。到1993年所有二等乙级以上的医院和全部二级预算单位均成立了与财务平行的独立的内部审计机构。

1989年我局在认真总结前几年工作经验和广泛征求各单位意见的基础上，制定颁发了《卫生系统内部审计工作规定》，各地卫生部门也在此基础上制定出本单位的内部审计规定，使卫生系统内部审计工作逐步走向法制化、制度化、规范化轨道。

指导卫生系统内部审计机构进行行业审计调查，如医疗收费、大型仪器设备使用、医院经济效益比较等，写出了一些分析水平较高的调查报告，有的建议可直接使单位增加收入千万元以上。

指导卫生系统内部审计机构在作好财务收

支审计的基础上开展经济效益审计，基本建设审计等，自1989年提出在卫生部直属单位开展基建、维修工程预决算审计以来，据不完全统计，仅减少支付施工单位“高估冒算”工程款一项就达1800余万元，较好地维护了本单位和本部门的合法利益。

组织召开卫生部直属单位及卫生系统内部审计工作座谈会，研究讨论内部审计工作如何适应卫生改革需要，为卫生改革服务，取得了共识，坚定了做好卫生审计工作的信心。

为提高审计人员的业务素质，组织审计业务培训。先后在西安、北京、上海等地举办卫生审计培训班、基本建设审计培训班，培训学员400余人。

四、组织开展卫生审计学术活动

由我局组织卫生系统专业审计、会计人员撰写的《卫生审计》一书于1990年由中国审计出版社出版。此书对审计的基本知识；卫生行政管理部门、卫生事业单位进行审计的内容和方法；医院内部控制制度、会计资料、货币资金、财务成果、经济效益、承包责任制审计等分别进行了阐述。不仅为卫生审计工作提供了参考，而且也以此带动了卫生审计学术活动的开展。1992年6月和1993年5月两次召开全国卫生审计理论研讨会，征集论文347篇，其中大部分收入《卫生审计理论与实践》(1992)专辑、《新时期卫生审计问题探索》(1993)一书。

1993年经批准成立了卫生审计学会，卫生部副部长胡熙明同志任首届名誉会长；卫生部审计局武灌心副局长任会长。

驻国家体育运动委员会审计局

驻国家体委审计局于1989年初成立。五年来，在审计署和国家体委的领导下，我局认真贯彻国务院关于审计工作的重要指示，按照“边组建、边工作、打基础、抓重点”和“积极发展、逐步提高”的有关方针，在机构新、人手不齐、经验不足的情况下，团结协作，克服种种困难，开拓前进，全面完成了各项审计任务，取得了较好的成绩。

一、在依法审计方面取得了进展

1989—1992年，我局对中国航空服务公司等4个单位进行了经常性审计，对国家奥林匹克体育中心等五个单位进行了轮审。共组织和参与审计任务达70项。仅直属单位共查出违纪金额124.4万元，其中应上交违纪金额33.4万元，已上交财政33.4万元。1993年又完成审计项目8项，其中：对三个直属单位进行了轮审，对两个直属单位进行了审计调查，对七运会北京赛区、四川赛区进行了审计和审计调查，对机关办公自动化工程进行了同步审计，共审计资金23110万元，查出违纪金额4万元。

对被审单位，我们强调要弄清该单位财务管理的基本情况，找出财务管理上存在的主要问题和违纪问题，帮助他们理顺财务关系。每次审计后，我们都及时向委领导和财务部门提供信息，以引起重视和注意。在处理问题时，我们主动征求被审计单位的意见，帮助他们理顺财务关系，被审单位也感到对他们是“一审二帮三促进”，经过五年来的审计工作，我委的审计地位日益被承认，以往一些已审计过的单位要求我们再去审计。从怕审计到欢迎审计。

仅亚运会审计金额达2亿多元，通过审计，一是使29个项目委员会财务开支既保证重点，又注意节约；二是清查了群众举报的问题，弄清了事实，追回了经济损失；三是维护亚运会声誉，推动廉政建设的作用。

二、积极开展内部审计工作

关于体委系统直属单位内审机构组建问题，经委领导和人事司同意，确定了要从各单位的具体情况出发，区别对待，稳步建立，不搞一刀切的原则。并在1990年国家体委直属单位审计工作会议上进行了研究和讨论，决定对规模和收支较大的6所直属体院、3家公司和国家体委训练局等10个单位设立处级机构，对经济活动较多的体育报社等14个单位，要求配备与财务部门职级相平衡的专职审计员，对其它收支较小的40多个单位，暂不设专职审计员。1991年国家体委第十七号令对内审机构的设立也作了明确的规定，到目前为止，已有8个单位设立了处级机构，23个单位设立了专职审计员。

五年来，体委系统内审工作有了一定的进展，取得了较好的成效。如武汉体育学院审计处对校函授部进行了审计，查出挪用违纪金额8万元，还对校医院试行了定期审计，对医院承包情况进行了剖析，并帮助医院理顺财务关系，得到院领导的好评。上海体育学院审计处结合财检工作，1990年对全院"小金库"作了彻底有效的清查，改善了学校的财务管理，推动了学院的廉政建设；西安体院审计处进行了体育器材内部控制制度的审计评价；训练局审计科几年来审核维修工程几十项，防止了施工单位的高估冒算，减少支付工程款20多万元。

为了加强体委系统的内审工作，我局每年都召开了直属单位审计工作会议，及时传达国家有关审计工作指示精神，组织各单位总结交流审计工作经验，布置审计任务，推动直属单位内审工作进一步开展。为了提高内审人员的业务素质，1991年我局还举办了一期直属单位内审人员培训班，组织内审人员学习审计理论基础知识。

三、加强审计制度建设

结合体委的特点和我局几年来的工作实践，我们制定了《国家体委系统审计工作规定》。该规定以中华人民共和国体育运动委员会第十七号令发布实施。这是一个具有体育特色的审计法规，对体委系统审计机构和人员设置，主要审计任务、职责、审计程序、法律责任等都作出了规定，便于统一认识，据以开展工作。

四、开展体育广告性赞助经费审计调查

对奥林匹克体育中心1990年亚运会期间的广告、集资情况作重点调查，敦促改进管理。1991年对省市体委广告赞助问题作了审计调查，总结成功措施：一是对外申请广告赞助立项时实行由体育服务公司统一归口把关办法；二是收支款项均纳入经办单位财务帐，由财务部门管理监督。使整个广告赞助在宏观管理上比较有秩序，有章法，在一定程度上弥补了体育事业经费的不足。

驻海关总署审计局

驻海关总署审计局这五年中主要进行了以下几项工作：

一、开展直接审计工作

开展直接审计工作，是驻署审计局的主要工作之一。五年来，对海关总署直属的34个海关单位的财务收支活动进行了49次审计，覆盖了驻署审计局直接审计对象的83%，其中属于经常性的审计对象8个单位。五年直接审计的资金额达15000多万元，查出违纪违规金额2000多万元，揭示和纠正了海关系统财务收支活动中存在的20多种不规则现象（包括违纪违规），提出审计建议160多条，90%以上被被审单位及其上级单位所采纳。通过直接审计工作，大大加强了被审单位的财务会计基础工作，健全了相应的财务机构，促进了这些海关遵纪守法的自觉性，被审单位的不规则现象逐年减少，无违纪违规的遵纪守法单位从1989年一个没有到1992年达到了占被审单位的近20%，为海关的增收节支、完善管理和廉政建设等方面发挥了积极的作用，收到了良好的效果。

二、结合海关行业实际，开展专项审计调查

海关既是执法部门，也是税费征管机关，担负着每年几百个亿的税费征管任务。结合海关的这一特点，发挥审计的有效作用，是驻署审计局几年来一贯坚持的工作思路，这几年先后开

展了对海关所收保证金管理的专项调查、查私办案补助费管理和使用的专题调查、预算外资金的专项调查、海关往来款项的专题调查和罚没收入的专项调查，及时地向海关总署领导报告了这些方面存在的问题及改进建议，海关总署领导均作了重要批示，要求有关部门改进。特别是对保证金的调查，促成了海关总署对个别海关将所收几千万元保证金存放在非国家专业银行的做法进行了严肃的批评，使几千万元的保证金及时回到了国家银行的轨道，避免了可能产生的重大损失，健全了保证金的有关管理制度。

三、建立特邀审计员制度和委托审计制度

在驻局人员少，审计对象面广的情况下，为有效地实施审计监督，保证审计任务的完成，驻局积极争取了海关总署领导的支持，由总署批转了《在海关系统聘请特邀审计员试行办法》和《驻署审计局委托审计试行办法》，一方面在海关系统聘请了17名骨干作为驻署审计局的特邀审计员，参加驻局的直接审计等项工作；另一方面，将海关系统的三级会计核算单位委托给总署直属海关的内审机构，按照规定的程序、内容及要求进行审计，向驻局提交审计报告，驻局随时组织抽查。仅1993年对12个海关三级会计单位的委托审计，就审计了资金4亿多元，审计出违纪违规金额1200多万元，提出审计建议近30条，规范了基层单位的会计核算，加强了基层海关的基础建设。

四、发挥内审作用，促进海关管理

指导海关系统内审工作的开展，也是驻局的一项主要任务。为有效地加强这项工作，驻局配备了一名副处级审计员专门负责该项工作，并在系统内开展了内审达标上台阶的活动。使海关系统内审工作得到了海关总署领导的重视，海关系统内审工作从机构、人员、业务等方面都得到了加强。到1993年底，海关系统已建有内审机构22个，配备内审人员126人，大部分具有大专以上学历，中级以上技术职称的达25%，人员结构日趋合理。

1. 积极开展财务收支定期审计，加强财务管理，促进廉政建设。财务收支审计是全部审计工作的基础，目前海关系统内审机构中有90%以上普遍开展了财务收支定期审计工作。共审计了资金14000万余元，已审单位190个，查处违纪违规金额8600多万元，已纠正8400多万元。在某海关审计时，查出了财会人员利用职务之便，钻管理薄弱、制度不落实的空子，采取涂改单据等手段，将外汇人民币与人民币之间的差价11.2万元占为已有。通过审计发现，这是由于财务部门事务性工作多，忽视了自身的检查和监督，加之在财务管理上存在着制度不落实，给一些个人主义思想严重、贪图钱财的人以可乘之机，针对制度和制约机制不衔接而产生的问题，促进该关强化了监督制约机制，狠抓了落实。通过财务收支审计，各内审机构还查出损失浪费金额近30万元，促进增收节支金额196万元，提出审计意见和建议500多条。及时纠正了会计核算和财务处理中的技术性差错和违纪问题，提高了会计报表的质量，有效地增强了财会人员的法制观念和业务技术水平，同时促进了海关队伍的廉政建设。

2. 发挥特长，积极参与专项调查和海关业务稽查工作。北京海关审计室配合业务部门审查了企业的大量合同和发票，查出某公司走私进口291台计算机，价值人民币1000余万元和倒卖价值11万余元的免税化学试剂的案件；上海海关审计室在调查合资的旅游宾馆进口"木材、钢材、水泥"三材问题时，通过查帐、核对凭证、召开座谈会，发现某单位未经海关批准便擅自将3800多吨钢材移作它用、变卖进口木材和部分进口施工机械，共补税200多万元；厦门海关审计室在参与对一公司的稽查时查出该公司擅自出售螺纹钢，从而追补入库税款885万元，他们还在专项审计免税商品补购问题时，查出两名关员利用工作之便伪造单证骗取并倒卖免税指标的问题。

3. 开展了基建、修缮工程审计。随着改革开放的深入发展，新设海关不断增加，用于筹

建、维修的经费开支也日益增加。在工程队普遍高估冒算的情况下，开展工程、修缮项目审计既节约了经费支出，使有限的资金办更多的事情，也拓宽了审计面，锻炼了内审队伍。仅1993年各关共审计了80多个工程项目。通过基建、修缮审计，拱北海关收回多付材料款125万元；上海海关剔除高估冒算100多万元；南宁、北京海关节约了资金25万多元；厦门海关追回了多付给施工单位的工程款31万多元，对负有责任的主管基建工作的副科长撤销了职务，并给予党内严重警告处分。

4. 开展了税费征缴试审。各关根据海关总署领导关于"审计工作应向具有行业特点的税费审计等方面拓展"的要求，积极组织内审人员开展税费征缴试审。有的海关在审计滞纳金收缴时，发现有500多万元滞纳金未及时向客户收取，其原因一是外部由于市场疲软，企业银根紧张；二是由于内部在收取滞纳金的环节中缺乏强有力的手段。九龙海关审计室在征税处的配合下，审计了1991年沙头角、蛇口、文锦渡等海关的6602份报关单和税单，发现漏征进口调节税65万多元、溢征调节税19万多元，溢征关税1万多元，及时进行了退补，该室还将审计调查中发现的问题向征税部门和监管部门作了通报，引起了主管部门的重视。

5. 积极参与了"税收、财务、物价大检查"。各关把"税收、财务、物价大检查"工作同开展内审工作结合起来，作为一项经常性的工作来抓。这几年来，各关内审人员和业务部门紧密配合，协同作战，共查获了偷逃税金额近5000余万元，催缴欠税1000余万元，还查出保税货物内销补税5366万元，均追缴入库。南京海关审计室曾查出其下属一个海关的财会人员挪用公款79万元的大案。

内审工作取得了可喜的成绩。五年间，九龙海关和上海海关双双荣获全国内审优秀成果奖；海口海关审计室和江门海关审计室双双被评为全国海关系统先进集体；拱北海关审计室被评为珠海市审计系统先进集体。此外，还有一些内审部门、内审人员被评为所在单位的先进集体、先进工作者和业务尖子等。

五、加强队伍建设人员培训和理论研讨

驻局一边干一边学，系统内组织短期培训班集中学，鼓励各关内审人员就地参加地方的培训班学，以会带学，有计划地安排审计人员到业务各线、基层海关单位学以及自学等多种形式、多种方法组织人员学习，提高政策和业务素质，适应形势和新任务的需要。同时在海关系统中造成审计理论学习研究的气氛，形成一种结合海关行业特点的审计理论学习研讨风气，一方面带动广大审计人员学习钻研审计业务，一方面也产生了不少理论研究成果，出自海关系统审计人员的审计理论文章，曾先后在审计署科研所的论文集、海关学会论文集、《海关研究》、《中国海关》、《上海审计》、《汕头审计》、《安徽审计》、等书刊上登载，共中的一些论文荣获了上述刊物评选的优秀论文奖。

六、根据新机构特点抓制度建设

在这五年中，驻局从海关系统的实际出发，先后代海关总署起草拟定了《海关总署关于在海关单位开展定期审计的实施办法》、《海关总署关于在海关单位开展内部审计工作的实施办法》；制定了《在海关系统聘请特邀审计员试行办法》、《驻署审计局委托审计试行办法》、《审计小组工作责任制》、《审计报告审定责任制》和规范性的审计工作手则、《海关财务收支审计参考》；还健全了局机关的岗位责任制，制定了《驻署审计局办公室职责》、《驻署审计局审计处职责》、以及审计专业文书、格式规范等。这些规章制度的制定，提高了审计工作质量，加强了责任心，有效地推动了海关审计工作向纵深发展。

驻国家旅游局审计局

驻国家旅游局审计局在审计署和国家旅游局的双重领导下，尽其审计监督职能，为旅游业

的健康发展服务，开创了我国旅游审计的新局面。

一、推动旅游企业的机构建设和队伍建设

1. 为使旅游审计工作在行业监督方面有所做为，审计局建局以来积极推动全国旅游内审机构建设和旅游审计队伍的建设。五年来已建省、市级部门内审机构 24 个，部门、企事业单位审计人员已达到 1000 余人。

2. 为了提高旅游审计人员业务素质，审计局先后组织审计人员培训班 8 期，共培训旅游审计人员 1034 人次，经培训人员已成为开展旅游审计工作的骨干力量。

3. 审计局为加强旅游行业内审工作的指导，报请国家旅游局颁发了《旅游审计暂行办法》、《旅游审计工作八五计划》等文件，同时努力办好《旅游审计》刊物，从 1989 年至 1993 年共出版 34 期，交流了各地开展旅游审计的经验，推动了旅游审计的健康发展。

二、对直属企事业单位进行审计监督

1989～1993 年审计局为促进企、事业单位完善内控制度，改善经营管理，转换经营机制，开展了多种形式的审计：对重点审计单位的定期审计；企业固定资产完好情况审计；工效挂钩兑现审计；投资效益审计等。五年来共审计企、事业单位 50 个次，其中驻外机构 5 个，审计资金累计 213316 万元，查出违纪违规金额 6190 万元，查处贪污、经济案件 2 起(涉及 4 人)，提出改进完善管理的建议 70 余条。经过五年对直属企、事业单位及驻外机构的审计，严格了财经纪律，促进了廉政建设，加强了企业管理，提高了经济效益。

三、围绕中心工作，开展审计调查

1. 开展对旅行社海外客户拖欠款的审计调查。为保护我国旅行社的利益，防止国外客户倒闭而造成的外汇损失。1989 年开展了对旅行社海外客户拖欠款情况的审计调查。调查结果表明，旅行社海外拖欠款问题普遍存在，数额较大，仅 1988 年底应收海外拖欠款合计 10431 万元外汇人民币，其中 383 万元已成死帐，不仅使国家蒙受直接经济损失，而且还造成旅游企业之间资金周转困难和旅游市场混乱，旅行社海外拖欠款呈逐年直线上升趋势，审计调查报告引起了各级领导的重视，国家旅游局领导给予了很高的评价。认为“调查报告比较全面地反映了国外旅行社欠款的情况，指出了问题的严重性，分析了存在问题的原因，提出了治理欠款的措施，对旅游管理部门、旅游企业解决这一问题，很有参考价值”。并以国家旅游局旅办字(1989)第 88 号文印发各省、自治区、直辖市旅游局，并抄报国务院旅游委员会各成员。

2. 开展对旅游涉外饭店的行业审计调查。旅游涉外饭店是旅游企业的重要组成部分，是旅游者“住、食、娱、购”的重要场所。国家旅游局对旅游涉外饭店的行业管理历来很重视，旅游审计工作在为旅游涉外饭店企业的宏观管理方面发挥了一定作用。从 1989 年至 1993 年的五年间，审计局对旅游涉外饭店共组织过三次较大的行业审计调查。

1989 年组织开展了对旅游涉外饭店收汇结汇情况的调查。共调查涉外饭店 196 家(其中对 15 家饭店进行了专项审计)。调查后，审计局向党组提交了《关于对旅游涉外饭店收汇结汇情况的调查报告》。“报告”介绍了涉外饭店收汇结汇较低的现状、原因及改进建议。国家旅游局领导批示：“这份报告着重分折了收汇率低的主要原因，提出了加强外汇管理的措施、建议是有参考价值的”。并以国家旅游局名义发到国家外汇管理局，国家物价局等部门。

1991 年，对旅游涉外饭店经济效益情况的审计调查。审计局根据国家旅游局党组提出的“对旅游涉外饭店进行调查摸底，研究搞活大中型国营旅游企业的措施”的要求，选择了 31 家不同类型、不同规模的旅游涉外饭店对其 1986 年至 1990 年经营管理及经济效益情况的审计调查。这次审计调查突出了经济效益这一中心。审计调查报告以大量的数据事实，揭示了困扰和影响国营饭店经济效益的主客观、内外部等六个方面因素，分析了国营饭店与合资饭店相比，在竞争中所处劣势地位状况，并针对以上情

况提出了提高饭店效益，增强饭店活力的措施建议26条。“调查报告”受到国家旅游局领导的表扬，“报告”中的数据和观点被有关文件采纳和运用，有些建议已在行业管理中被采纳，如清理旅游企业之间的三角债问题，被列入1992年旅游重点工作之一。

1992年，开展对旅游涉外饭店执行最低保护价情况的审计调查。重点抽查了1992年5月的饭店售价情况。共调查涉外饭店59家，其中18家属于基本守法户，占被调查饭店的30%，另有41家饭店有不同程度的削价竞销问题，仅5月份就少收房费400万元，占应收房费收入的15%。“调查报告”客观评价了被调查饭店执行最低保护价情况，分析了造成削价的原因，并根据社会主义市场经济及旅游业的特点，提出了改革价格管理的建议，为领导决策提供了资料依据及信息。

3．开展对旅游车船公司经营及经济效益情况的审计调查。旅游车船公司是旅游企业的重要组成部分，旅游车船运行是构成旅游诸要素之一。为了全面了解旅游车船公司的经营和经济效益情况，总结经验，促进旅游车船公司适应市场经济需要和健康发展，经国家旅游局和审计署批准，1993年对全国部分省市旅游车船公司经营经济效益情况进行了审计调查。

这次审计调查以全面了解旅游车船情况，总结经验，提出建议，为企业管理服务、为旅游管理部门领导决策服务为目的。根据全国二十个省、市对36家旅游车船公司1991～1992年经营和经济效益情况的审计调查报告，向国家旅游局和审计署写出了“关于旅游车船公司经营和经济效益情况的审计调查报告”，以大量的数据事实，揭示旅游车船公司在运行中的困难和影响经济效益内外部等三个方面的因素，提出解决旅游车船公司车辆老化、运营成本费用大等实际问题的5项建议。

调查报告受到国家旅游局领导的重视，刘毅局长已批示有关部门研究解决。

四、开展对一、二类旅行社的行业审计

在国家旅游局和审计署共同组织领导下，1990年和1991年连续进行了对旅行社的行业审计，驻国家旅游局审计局和审计署商贸司具体组织了行业审计工作。起草文件、行业法规资料准备、组织培训、组织协调审计质量检查等，并亲自参与对中央部门所办旅行社的审计。

这次旅行社行业审计的主要目的是配合当时对旅游业的治理整顿，促进旅游业深化改革。审计内容包括财务收支、旅游价格、对外结算、外汇管理等。为了搞好这次行业审计，审计署、国家旅游局联合印发了《关于对经营国际旅游业务的旅行社开展行业审计实施方案的通知》，《关于查处旅行社价格违法行为若干界限的解释》，《关于对旅行社行业审计中若干问题处理意见的通知》，《关于继续开展旅行社行业审计的通知》等文件。审计局专门为参审人员编印了《实用价格文件汇编》和《旅游审计手册》两本工具书。为了搞好这次行业审计，国家旅游局直接培训审计骨干83人，各省、自治区、直辖市组织培训人员700多人。

行业审计共组织投入参审人员700多人，审计一、二类旅行社600家，占一、二类旅行社总数的67.6%，查出违纪金额27733.6万元外汇人民币。查出的主要问题有：违反旅游价格政策，普遍削价竞销；违反“先收费后接待”的对外结算规定，致使海外拖欠款严重；违反外汇管理规定问题较突出；财务管理混乱等。审计中对违纪问题按照有关法规均做了认真处理，并为各级旅游管理部门提出改进管理建议100多项。对中央部门所办旅行社审计后，审计局写出的综合报告，被审计署选登在“审计简报”上。

这次行业审计所揭露出的问题，为旅游业制定宏观调控措施，加强行业管理提供了重要依据，促进了旅游企业规范化管理，促进了旅游业的治理整顿和深化改革，也促进了旅游审计工作的自身建设和发展。

五、对旅游企业实行了审计验证制度

《审计验证制度》是加强行业管理和审计监督的重要举措，国家旅游局决定，从1992年上半年开始，首先对全国一、二类旅行社实行业务年检的同时，实行审计验证制度。为此，国家旅

游局经审计署会签同意，印发了《关于在旅游企业实行审计验证制度的通知》。“通知”规定，旅行社审计验证工作由国家旅游局审计局组织实施，由旅游审计机构和社会审计组织来完成，未经审计验证的旅行社不得通过业务年检等。按照“通知”要求，1992年上半年对1991年度旅行社完成经济指标情况和执行旅游政策、法规情况进行审计验证。共审计验证旅行社638家，占当年旅行社总数的95%。1993年初对1992年度旅行社完成经济指标情况和旅游政策、法规执行情况进行了审计验证。共审计验证旅行社836家，占当年旅行社总数的95%。今后，对旅行社的审计验证将每年进行一次。从而使对旅行社的行业审计监督基本实现制度化。

审计验证是以公证为主，同时实行监督。通过对旅游企业经济指标情况的客观评价，决定是否通过业务年检(1992年审计后有66家未通过年检)。未通过业务年检的，将令其整顿，或撤销其营业执照；对完成经济指标和执行旅游政策、法规好的登报表扬。1991年度在审计验证的基础上，登报表扬30家旅行社，1992年登报表扬100家旅行社。

审计验证后，审计局写出综合报告，反映旅行社行业的全面情况，对带倾向性、普遍性的问题进行分析，提出建议，达到从微观入手为实现宏观调控服务的目的。审计验证制度做为旅游行业审计监督的一种形式，将开始向旅游饭店业推行。审计验证也将为旅游业的健康发展发挥更大作用。

驻民用航空总局审计局

一、驻民航局审计局四年工作概述

审计署驻民航局审计局几年来，在审计署和民航局领导下，完成审计项目443个，查出违纪金额29921.9万元，审计覆盖面为52%，审计结论和决定落实率为100%，宏观调查采纳率为100%。

民航内审机构由1989年初的15个增加到1992年底的22个，内审人员由57人增加到78人。民航一级核算单位设内审计机构的比率为79%。

二、维护财经纪律，开展了财务收支审计

审计局始终把财务收支审计作为重点，几年来，在财经法纪审计的基础上向内控制度审计，健全规章，改善管理方向深化。在1989年对民航管理干部学院、民航医院及1990年对民航飞行学院等事业单位审计过程中，对其利用闲置设备搞预算外创收问题，首先要求严格掌握预算内外的界限，然后按国家集体个人“三者”关系，计算交、留、分的比例。尻关制订和修改预算外收入管理制度提出了建议。

针对内审工作形成的执法不严，被审计单位对审计不重视的情况，1989年审计局提出对查出的问题做到“实事求是、定性准确、处理恰当”的要求。1989年对民航开发公司的财务收支审计，查出该公司漏交营业税；教育开发公司的财务收支审计，查出该公司漏交营业税、教育费附加、奖金税40.38万元，截留收入15.84万元，挤占成本169.97万元，动用美元收入做小金库经费等问题，并以美元收入小金库为线索，对其有外汇收入的下属公司进行了专案审计，查出公司经理个人私自保存外汇收入2.36万美元长达5个月零4天；私设人民币、外汇券、美元小金库，动用1653美元兑换人民币购买苹果赠送关系单位和分发职工；擅自把17.22万美元收入套换成人民币入帐等问题。最后对有关领导和责任者进行了罚款等处分，并通报全民航。在对西单民航大厦基建财务审计过程中，审计人员根据琉璃瓦等材料采购中料次价高，舍近求远等现象，深入供货方取证，同时向有关人员宣读“两高”通知，当事人受到震慑，在“通知”截止的前一天向审计局主动交待，交待了收受回扣5000元的事实。

三、围绕中心工作，积极开展经济效益审计

随着经济效益审计的深化，在1991年对国

际航空公司和民航广州管理局(南方航空公司)的财务收支及经济效益审计中,我们从不同的方面对经济效益审计进行了探索。在国际航空公司、通过各项生产经营指标的测算分析,着重从收入和成本两个方面对经济效益做出评价。在广州管理局则是以利税率指标为总额,从流动资金利用率入手,重点对流动资金占用,尤其是对航空器材库存资金的占用和周转做了深入的调查和分析。

经过几年来经济效益审计的实践,探索出了对民航企业经济效益审计的指标体系,即反映资金效益的定额流动资金周转天数、资金利润率和资金利税率;反映成本效益,即投入产生效果的成本利润率和成本利税率;反映劳动效果的全员劳动生产率;反映设备利用效果的飞机日利用率和机型生产率(载运率、客座率)。在审计实践中,提出了经济效益审计,除了对企业的经济效益做出评价外,更重要的是,要根据企业各自的特点和存在的问题,通过深入细致的调查分析,提出切实可行的建议,为企业解决几个实际问题的观点。这也是经济效益审计的最终目的。

四、深化企业改革,开展了承包经营审计

1991 年对中国西南航空公司的承包经营审计,肯定了西南航空公司在承包期内取得了较好的经济效益,对其在推行全面质量管理,尤其是实行目标管理建立目标责任制及在技术攻关挖掘潜力等工作对提高经济效益的作用,确认该公司完成了承包任务。同时,审计人员根据财务收支中查出的问题对利税等指标重新计算,为主管部门兑现承包协议提供了准确的依据。此外,还就承包协议文件和发包人与承包人双方执行中存在的问题向主管部门提出了建议,反映了企业一方的正确意见,受到该公司的好评。

1992 年按"先审计后兑现"的原则,民航局领导要求审计局对 17 个企业进行承包兑现审计。首先,制定了《民航直属企业承包经营责任审计的暂行办法》;举办了承包经营责任审计培训班。其次,为保证审计任务能够及时地高质量地完成,审计局采取集中力量,统一安排,分批审计的方法,从财务收支审计和各项业务指标考核两方面入手,对下属的 7 个航空运输企业—中国国际航空公司、中国西南航空公司、中国西北航空公司、中国北方航空公司、新疆航空公司、云南航空公司等;2 个机场—北京首都机场、上海虹桥国际机场;4 个供销维修服务企业—中国航空油料公司、中国航空器材公司、中国民航开发服务公司、民航成都飞机维修工程公司的 1991 年承包经营完成情况进行了审计,共查出违纪金额 12084.4 万元,其中挤占漏计成本 4041 万元,漏计收入 4.8 万元,漏交税金及两金 332.9 万元,其他违规金额 7705.7 万元,通过检查都分别进行了处理,对违纪金额较大的单位,扣减了"效益工资",对个别单位在考核指标上弄虚作假的行为给予了通报批评。

这次涉及全民航的大范围的承包经营责任审计,为民航局进行承包兑现提供了依据,也为完善承包责任制和改进企业管理提出了很多建设性意见。

五、开展了厂长(经理)任期经济责任审计

1991 年,受人事部门委托,对东方航空公司总经理和民航开发服务公司总经理任职期间的经济责任进行了审计。我们以其主要经济责任、经营决策和经营成果等几方面为重点,进行了认真的查证,最后对总经理们做出了客观、公正、实事求是的评价,为民航局领导和人事部门提供了真实准确的干部资料。

六、开展了基建开工前审计

自 1990 年开展基建开工前审计以来,至 1992 年底民航局审计局直接审计的开工前项目达 20 项。1991 年,对济南民航售票处工程项目投资进行的审计中,查出该工程由于投资不足长期没有得到解决,造成动用售票收入 360 万元支付工程设备款等问题,经审计多方调查、协调,促使主管部门尽快解决了工程投资,还清了挪用的售票收入,解决了建设单位的困难。对于由审计署和地方审计机关负责审计的基建项

目，审计局积极联系协调各方关系，保证了民航建设项目按期开工和生产建设的顺利发展。

七、开展了对境外企、事业单位审计

1990年至1992年底，审计局分别对民航驻日本、泰国、美国、英国、德国和印尼的共12个办事处和2个境外中外合资企业进行了就地审计，就办事处的经费开支、销售、票证、票据管理和航线经营情况进行了检查，对驻外办事处财产物资管理和财务会计工作制度化、规范化提出了建设性意见。在1991年，审计局对民航开发服务公司与美方合资的华宇饭店（在美旧金山市）的经营管理和我方投资效益进行了审计，为决策层提供了真实准确的数据，维护了中方的合法权益。

八、开展了行业性宏观审计调查

1991年，针对民航运输企业成本总水平和吨公里成本水平持续大幅度增长的问题，在国际、南方等大型航空公司进行了专题调查，写出了专题报告13份，提出航空运输成本的划分方法及相应的解决问题的建议。还就民航地勤灶补贴问题会同人事劳动司进行了调查，就管理上存在的问题提出了处理意见，为民航在地勤灶补贴范围划分及执行方面的决策提供了依据。

九、配合有关部门，广泛参与监督活动

1990年各级审计部门配合监察部门对全民航票证销售情况进行了大清查，历时三个多月，检查各票5000多万张，查出违纪金额535万多元，为国家挽回经济损失425万多元。通过监督、检查，完善了售票管理制度，堵塞了漏洞，加强了监督机制，提高了管理水平。

十、建章立制，加强了审计法制建设

为了使民航审计工作逐步实现制度化、规范化、法制化，审计局1989年印发了《民航系统审计事项的报告和审定的试行办法》；1990年颁发了《中国民用航空局所属企业经理（厂长）离任经济责任审计暂行办法》；1991年颁发了《中国民用航空局内部审计工作的规定》；1992年印发了《关于民航直属企业承包经营责任审计暂行规定》。

十一、编写出版了《民航审计学》

为了适应中国民用航空系统所属院校审计课程教学的需要，便于民航各地区管理局、航空公司、机场和民航局直属单位在职审计干部、财会干部、经济管理干部自学参考，驻局和中国民用航空学院经营管理系联合编写了《民航审计学》一书。

驻中国科学院审计局

几年来，驻院审计局围绕党的中心，努力工作，积极探索，发挥审计监督的作用，寓服务于监督之中，保证了科学事业和科技体制改革的顺利、健康发展。

一、积极开展财务收支审计

为加强财务基础工作，提高财会人员业务水平，整顿财经纪律，增强财政收入起到了一定作用。截止1993年底，审计局共审计94个单位，审计资金13.38亿元；审出违纪违规金额2676万元；已上交财政174.5万元；罚款金额248749元。在财务收支审计中，始终遵循实事求是、宽严适度的原则，不把罚款作为目的，努力起到“一审、二帮、三促进”的作用。近两年，把审计着眼点放在审查评价被审单位内控制度和管理、经济效益上来。在财务收支审计的基础上，从宏观角度对被审单位提出建议和意见40条，提出的问题切中要害，建议切实可行，被审单位普遍反映很好。通过工作实践，依法审计的经验在逐渐积累，审计业务水平、能力和审计工作的质量也在不断提高。

二、开展科研单位效益审计的探索

开展效益审计，正确地评价与考核科研活

动,提高管理水平,对促进科研发展,提高生产力水平,加速现代化建设步伐,是十分重要的。对科研单位所投入的资金,产生的效益给予评价,并对存在的问题寻求解决的措施、办法,在经济上把好关,做领导的参谋和助手,也是强化、深化审计工作的重要内容之一。

但是,对于科研单位的效益如何审计,如何评价,在国内尚无成熟的模式,在国际上也无可借鉴的经验。由于科研工作的特殊性,它的效益既有经济效益又有社会效益,既有微观效益又有宏观效益,既有直接效益又有间接效益,既有近期效益又有远期效益,照抄照搬对企业效益审计的指标是不行的。

在院领导的重视、支持和内审人员参加下,1990年底,开始了"科研单位综合效益审计考核指标"软课题的研究。试图通过审计的手段,运用科技统计的数据,借助评价指标体系对科学院的科学研究与开发机构进行分析与评价,考核单位的人、财、物投入产出的合理性、效益性、效果性,管理手段方法、制度的可靠性与有效性。同时,揭露矛盾,找出差距,挖掘潜力,完善管理,健全运行机制,促进经济效益、社会效益的不断提高,促进科学研究与开发机构加强自身管理,为各级领导提供管理决策的依据。

历时两年,同志们努力探索,认真研究,通过资料收集、数据测算、专家咨询、调查验证,本着政策性、导向性、科学性、统一性、公正性、真实性、系统性、全面性的原则,搞出一套适用于院属各单位的对科研单位综合效益审计及考核指标、评价标准、计分方法及审计程序。1993年通过了院组织的鉴定会的鉴定,认为:此项研究成果填补了国内科研单位进行效益审计的空白,具有较高的水平和实用价值。1994年,效益审计工作将在全院范围内展开。

三、进行计算机辅助审计的尝试

按照目前审计范围的划分,按照现在每年审计单位的数量,要把全部单位轮审一遍需要10年时间,对充分发挥审计监督的作用,扩大审计工作的影响,有很大的局限。且科学院会计核算均已实现电算化,财务决算是软盘报送。为此,审计局和审计署综合司计算机室的同志联合开发了"科研单位会计报表计算机辅助审计系统"、"计算机辅助审计查帐系统"两个软件,作为对实行会计电算化的科研单位进行财务审计的一种手段和方法。经过试用,大大提高了效率,体现了现代化手段的作用。该软件具有凭证抽样功能、平衡测试功能、查询检索功能、审计分析功能、综合存储功能。可利用"会计报表计算机辅助审计系统"软件,采用逆查法对会计报表进行审计,发现疑点,再利用电子计算机辅助查帐功能去查实问题。这样可揭示被审单位的财务状况,资金的周转使用、经济效益和税利的完成及上交,以及奖金的分配等。通过审计,对被审单位的会计基础工作进行评价,帮助和促使被审单位会计电算化更加规范化、制度化、标准化。另外,在进点前,通过调用被审单位会计数据软盘,事前分析问题,确定重点,可缩短进点审计时间。

为此,院领导给予了很大的支持,为我们配置了计算机。为了使开发出的软件能在更大的范围内得到应用,进一步推动内审工作的开展。在人员比较集中,力量相对比较强的分院,我们还举办了审计人员的计算机培训,并为其购置了计算机。目前,我局与审计署综合司的同志仍在密切配合攻关,力图使这项工作更趋完善。

四、认真做好内审工作的组织、指导

中国科学院的内审工作,在各级领导的重视和广大内审人员的努力下,取得了一定成绩。到目前为止,已建内审机构48个,已配备内审人员167人。近年来,审计单位743(次),决算审签单位253个(次);查出损失浪费金额169万元;增收节支金额369万元;纠正违纪违规金额3415万元。除积极开展财务收支审计以外,还开展了效益审计、所长(厂长、经理)离任审计、经营承包审计,对单位加强财经纪律、改善经营管理、促进廉政建设,起到了很大作用。

为充分发挥内部审计的作用,使这支队伍进一步发展壮大,审计局采取了一系列措施,积极地进行了组织指导工作。

为了使内审工作有章可循，并逐步走上“制度化、法制化、规范化”的轨道，几年来，审计局制定了《中国科学院内部审计条例》、《关于严格依法审计的若干规定》、《审计工作准则》、《中国科学院今后三年内部审计工作上“新台阶”意见》、《内部审计工作考核和评分标准》等文件，对内审工作的发展起到了很大作用。

为了适应形势发展的需要，提高审计人员的业务素质，我们还举办了三期审计干部培训班，分别学习了《审计学概论》、《效益审计》、《审计应用文写作》、《基建审计》等课程，使审计人员逐步掌握了一些技能，为拓宽审计工作领域打下了基础。

为了加强各审计机构之间的了解和沟通，扩大对审计工作的宣传，我们还办了《审计信息》，报道审计工作动态，介绍审计工作经验，宣传审计战线上的好人好事，到目前已出 32 期，对内审工作起到了推动作用。

为发扬廉洁、公正、严格、奉献的精神，调动审计人员的积极性，还举办了内审工作先进集体和先进个人的评选表彰活动。

驻国家气象局审计特派员办公室

五年来，驻国家气象局审计特派员办公室（以下简称“审特办”）在审计署和国家气象局的领导下，克服人少事多的困难，认真履行审计监督职能，对国家气象局在京企、事业单位的财务收支、国有资产和经济效益进行经常性审计监督；对全国气象部门（系统）管理中重大的、带有普遍性的或倾向性的问题组织开展审计调查；组织指导全国气象部门的内部审计工作的开展，组织审计人员的业务培训和经验交流；完成了领导交办的专项审计和审计调查事项。为建立和推动气象部门审计工作的开展发挥了积极作用，取得了较好的成绩。

一、履行审计监督职能，为深化改革服务

审特办始终坚持围绕深化改革、扩大开放，促进气象事业健康、快速发展这个中心，不断适应新形势、拓宽审计领域、改进审计方法，积极履行审计监督职能，为单位深化改革、加速发展服务。

1. 开展经常性财务收支审计，严肃财经法纪、促进单位加强财务管理。五年来，审特办对国家气象局直属在京企、事业单位共审计 25 个单位（项目），其中延伸审计其下属单位及经济实体 11 个，审计总金额为 10982 万元，查处并纠正违纪违规金额 539 万元，其中上缴财政 70 万元。通过审计维护了国家财经法纪，同时针对审计中发现的被审单位管理中存在的问题，提出有关改进管理、提高经济效益的意见、建议数十条，其中绝大部分受到了被审单位的重视和采纳。在审计中注重提高审计质量，突出审计重点。遵循“一审二帮三促进”的工作方针，正确处理监督与服务的关系，既查违纪违规、查错防弊，同时又主动帮助被审单位完善管理和建立健全规章制度。

2. 为加强固定资产投资项目管理，开展对基本建设项目的开工前审计，根据审计署、国家计委关于对固定资产投资项目实行开工前审计的规定，审特办克服了人力不足等困难，几年来，先后对国家气象局在京直属单位新开工的基本建设小型项目实施了开工前审计。共审计了 9 个新开工项目，其中职工宿舍楼 5 座，综合教学楼 1 座，幼儿园基建项目 1 个，其他工程项目 2 个，审计金额合计 3555 万元。通过开展开工前审计，更好地发挥了审计参与宏观调控的作用，加强了固定资产投资项目管理，控制了投资规模，提高了投资效益。

3. 开展经济效益审计试点取得初步成果。为了适应气象事业发展的需要，进一步拓宽审计领域，自 1991 年以来，我们开始探索具有部门特点的效益审计，与云南、山东、江苏气象部门内审人员相配合，开展效益审计试点。申报了“气象卫星资料接受处理系统投资效果评价”和

“基层气象台站综合效益评价方法”两个效益审计研究课题。经过两年多探索和试点，上述两个效益审计研究课题取得了初步成效，受到了部门领导和有关业务部门的重视和肯定，其中“基层气象台站综合效益评价方法研究”的论文，获得了在气象部门“气象软科学论文研讨会”上宣读，并在《气象软科学研究与文摘》摘要刊登发表。这个课题主要是对被审台站的资金、资产、业务、服务、管理及其他经济活动的优劣进行检查、考核和分析、评价其综合效益，共分 4 个部分，设置了 24 项评价指标，采取打分和评定等级办法，使评审工作实现科学化和规范化。

二、开展审计调查，为加强宏观调控服务

五年来，围绕气象事业发展，针对部门经济活动中带有普遍性、倾向性问题开展专项审计调查。有的项目采取点面结合的方法进行。先后就气象专业有偿服务收入、气象部门科研课题经费、人工影响天气专项经费等专项经费的管理、使用及经济效益等开展了审计调查。提出了 5 份综合性审计调查报告，受到了部门领导和有关职能管理部门的重视和欢迎。

三、加强内审工作指导，推动内审工作开展

全国气象工作是实行以部门领导为主的管理体制，人、财、物均以部门为主进行管理。因此，建立和推动气象部门内审工作的开展，发挥内审监督职能，是我们一项十分重要的工作。

1. 初步建立起气象部门内部审计监督网络。1990 年明确了各省、自治区、直辖市气象局和国家气象局直属司局级的事业单位成立处级内审机构（一般与纪检、监察部门合署办公），地（市、州）级气象局配备兼职或专职内审人员。至 1993 年底，全国气象部门已建立处级内审机构 34 个、配备审计人员 119 人，其中具有中高级职称的 25 人，处级干部 15 人。初步建立起从国家气象局到省、地级气象部门的审计监督网络。

2. 内审工作取得明显成效。气象部门各内审机构和审计人员，积极开展审计监督，在促进单位建立和完善内部自我约束机制，促进单位加强财务管理、提高经济效益方面发挥了积极作用。五年来，各内审机构共对 1122 个单位（项目）进行了审计，查处并纠正违纪违规金额 826.2 万元，促进增收节支或减少损失浪费 241.2 万元。各级内审部门还根据本单位的实际情况，开展多种形式的审计调查活动，努力完成单位领导交办的专项审计业务，当好领导的参谋和助手。

3. 加强内审制度建设，开展审计业务考核评比。为加强和推动内审工作，自 1990 年以来，审特办先后制定了《气象部门内审工作实施办法》、《气象部门内部审计工作考核评比办法》、《气象部门内部审计发展规划》(1991—1995)等重要规章制度，促进了气象部门内审工作法制化、规范化建设。

为提高审计工作质量，调动各级内审人员的工作积极性，根据《气象部门内审工作考核评比办法》，我们于 1992 年首次组织开展了内审业务考核评比工作，两年来，先后有山东、内蒙古、浙江、河南、江西、广东省局审计室等 12 个单位被评为 1992 年和 1993 年优秀内审单位，受到表彰和奖励。山东省气象局监审室主任李惠南同志，1993 年被审计署授予全国内部审计先进工作者称号。其先进事迹在《中国气象报》长篇刊登发表。为内审人员树立了榜样。

四、加强审计干部业务培训，提高人员素质

为适应新形势下开展审计工作的需要，不断提高审计人员的专业技术水平和业务素质，自 1989 年以来，共组织举办了 5 期审计干部业务培训班，在岗审计人员都经过了两次以上短期专业技术培训，共培训审计干部 210 人次。培训内容注重专业性、实用性，重点学习了有关审计、财会、经济合同法、税制、新会计制度以及有关转换企业经营机制等方面的知识。通过培训，充实新的知识，提高了审计人员的专业水平。此外，各级审计人员也非常注重自身业务素质的提高，积极参加各种不同类型的学习、培训及函大、电大的学习。

五、积极投入反腐败斗争

开展反腐败斗争，促进党风和廉政建设，是一项重大的政治任务，也是审计工作的重要任务之一。按照党中央、国务院以及署党组和国家气象局党组的部署，积极投入反腐败斗争，除了在实施财务收支审计中注意促进单位廉政建设、反腐倡廉外，还配合有关纪检、监察部门，认真查证处理群众举报和来信、来访事项。1993年会同纪检、监察部门共对7个专案进行了查处。审计部门已成为反腐败斗争中的一支重要力量，为部门端正党风和促进廉政建设做出了很大的贡献。我们在反腐败斗争中还注意搞好自身的廉政建设、以身作则、严于律己，做廉政的楷模。

驻民政部审计特派员办公室

一、建立规章制度

1989年2月在原民政部内审办公室基础上组建驻民政部审计特派员办公室。特派员办公室现有4人。注重制度建立，先后制定了《民政部审计工作规定》、《民政部关于违反财经纪律的审计规定》、《民政部单位财会工作审计合规标准》、《审计工作规程》等，使审计工作逐步走上法制化、制度化、规范化的轨道。另外，还编印了《审计提纲》，详细阐明了对民政部各直属企事业单位在实施审计过程中应掌握的共性和特性内容，为审计人员尽快熟悉业务，提高水平创造了条件。

二、直接审计

直接审计工作逐步深化，由单一的财务收支审计，延伸至管理效益等综合性审计。1989年审计了3个单位，1990年至1992年均审计了7个单位(含经常性审计单位3个)，提前一年完成了审计署对划定审计范围轮审一遍的要求。1993年审计了6个单位。五年来对划定的15个单位，共审计了30次，审计总额3.45亿多元，查出违纪违规金额201万元，提出处理意见和建议128条，追回被挤占挪用资金88万元。通过审计，促进了被审单位建立健全内部控制制度，提高了资金使用效果；增强了法纪观念，违纪违规的单位和金额逐渐减少，基本守法户逐渐增多。

三、审计调查

1990年、1992年分别对山西、河南两省和广西、湖北两省、区部分县、市的救灾扶贫周转金的投放、回收及管理情况进行了审计调查，均写了审计调查报告；1992年还布置了省、自治区、直辖市民政局及计划单列市民政局的审计机构作同样的调查，并对各地报来的审计调查报告进行了综合汇总，写出了综合报告，均得到部领导的肯定和重视。其中1992年两省、区的审计调查报告，被评为民政部优秀调查报告。

1991年南方八省遭受历史上罕见的洪涝灾害，除国家及时增拨了巨额救灾款外，还接受了国内外捐赠的大量款物。针对这一情况，我们到河南省对省和重点地区生产救灾办公室的救灾款物收支管理情况进行了审计调查，得到了当地的支持和重视。对查出的违纪违规问题作了纠正，对管理上的问题也采取了改进和加强的措施；省生产救灾办公室还将我们发现的问题和建议，结合全省的情况提出进一步加强救灾款物管理的要求和措施。

1991年我们还根据署下达的审计项目，对民政部门主管的城市福利院财务收支及管理情况作了一些调查，民政部业务主管司对我们在调查中发现的问题和建议，在部分地区专业会议上进行了研究，提出了改进和加强管理的意见。

四、系统指导

特派员办公室成立后，系统指导工作有所加强。1991年、1992年召开了省、自治区、直辖市民政厅局及计划单列市民政局审计机构负责人座谈会,1991 年以民政部部长令颁发了《民政系统内部审计工作规定》,1992 年制订颁发了《全国民政系统内部审计工作“八五”发展规划》,还编发了《民政审计工作简报》,后改为《民政审计信息》,1993 年共编发了 9 期,对民政系统内审工作的发展和加强起到了促进作用。截止 1993 年底,省、自治区、直辖市民政厅局及计划单列市民政局绝大部分实行了内审制度,不同程度地开展了内审工作。

五、署、部领导交办事项

根据署里安排,参加了署对中国社会福利有奖募捐委员会 1990 年的财务收支审计,参加了署对中国国际减灾委员会,民政部 1991 年接受国内外捐赠款物的审计;参加了审计署、民政部联合调查组,对《中华英才》画报社的有关经济活动进行了审计调查。

根据部领导指示,参加了 1991 年为南方洪涝灾害地区接受捐赠工作。根据部领导的批示,完成了对中国行政区划研究会所属国政公司成立以来的财务收支、经济活动及经济效益等方面的审计。参加了中国福利企业总公司深圳办事处负责人的离任审计。

根据国务院的规定和署、部领导的要求,参加了民政部每年的税收、财务、物价大检查和清理整顿公司、治理“三乱”等工作。

协助部监察员办公室清查了民政部厦门军队离退休干部接待站负责人的经济问题、对《乡镇论谈》杂志社和民政部招待所领导的经济问题的核查工作。

驻司法部审计特派员办公室

审计署驻司法部审计特派员办公室的主要职能是:对部属单位的经济活动进行审计监督;对全国司法行政系统内部审计工作进行行业指导;完成部、署领导交办的工作任务。

各省、自治区、直辖市司法厅(局)设有审计处(室)。部属和厅(局)属经济活动较多的企事业单位设有审计科(室)或专职审计人员。

据初步统计,到 1993 年底,全国司法行政系统共有专职审计机构 450 个,专职审计人员 1300 名,全系统基本形成了审计网络。1989 年至 1993 年,各级审计机关、内审机构在审计署、司法部党组和各级党委、行政领导的支持下,紧紧围绕经济建设这个中心,积极开展审计监督,共完成审计项目 14000 个,审计资金总额达 300 亿元,查出违纪金额 1700 万元,收缴财政(含上缴内部财务)670 万元,促进被审计单位增收节支提高经济效益 5900 万元,查出千元以上贪污贿赂案件 110 个,移交有关部门立案处理 232 人。通过审计监督,维护了国家财产的安全,促进了司法行政队伍的廉政建设。各级审计机构在进行经常性审计监督的同时,还从本单位实际出发,大力开展审计调查,共完成 3800 个项目,提出了一些有份量的调查报告,为各级领导科学决策提供了依据。为加强行业指导,全系统每年召开一次内审工作会议或内审工作座谈会。为提高审计人员的业务素质,举办了 85 期不同类型的培训班,受训人员达 2600 人(次)。为规范系统内审工作的有序进行,下发了《司法行政内部审计工作暂行规定》和《司法行政系统内审工作五年发展纲要》。

目前,司法行政系统广大审计人员正精神振奋,认真学习建设有中国特色社会主义理论,进一步解放思想,更新观念,深化改革,实事求是,突出重点,以经济效益审计为手段,拓宽审计领域,提高审计效果,为社会主义经济体制的建立和完善,为司法行政事业的发展作出贡献。

驻国家建材局审计特派员办公室

审计署驻国家建材局审计特派员办公室(以下简称建材特派办)1989 年正式成立,实行审计署与国家建材局双重领导、审计业务以审计署为主的领导体制。其基本任务是，对国家建材局直属单位进行直接审计监督；对全国建材行业的内部审计工作实行业务指导；针对建材行业经济活动中的重大问题开展审计调查；承担审计署和国家建材局领导交办的其他任务。五年来，我们认真贯彻执行党中央、国务院的方针政策和法律、法规，积极开展审计工作，努力为我国审计事业的发展和建材行业的生产建设服务，取得了较好的成绩。

一、抓好基础建设，开创审计工作局面

建材行业是国民经济体系中具有重要地位的大行业。国家建材局是国务院主管全国建材行业的部门。建材特派办承担着艰巨而繁重的审计工作任务。为适应这些任务的要求，我们扎扎实实地抓了基础建设工作。

建材特派办成立后，我们便积极抓紧自身的建设。首先抓了机构的组建，按国家公务员试点工作的要求，公开考试、择优选聘人员；二是制订《工作规则》，包括对人员设岗、定位、定职责、定工作和行为规范、定办事程序及各种外联内控制度等；三是做好政治思想工作，发挥党支部的战斗堡垒作用和党员先锋模范作用。很快把建材特派办建成了一个具有凝聚力和战斗力的集体。几年来，年终考核，我们全体人员均为“称职”和“优秀”，半数人员获得国家建材局机关“优秀工作者”和“优秀党员”称号。

狠抓建材审计的法制建设，是我们建材特派办的另一重要基础建设工作。五年中我们先后制订了《建材工业系统内部审计工作规定》、《国家建材局直属单位内部审计办法》、《全民所有制建材企业（公司）厂长（经理）任期经济责任审计办法》等9个综合和单项审计规章；各地建材主管部门根据国家和上级的有关法规、规章，也制订了地方行业的各种审计规定、办法。许多企业事业单位狠抓内部审计“立法”，对经济合同、基建项目预决算、承包经营责任等，都建立了审计制度。现在建材行业审计法制化建设已打下了较好的基础。

二、加强直接审计，维护财经法纪

国家建材局直属系统有审计对象单位190多个，其中属一级财务关系的单位54个，根据审计署划定的范围，由建材特派办负责直接审计的单位47个。五年间。我们有计划地对28个单位的财务收支、财经法纪、经济责任、管理制度、经济效益等进行了审计，对7个基建项目分别进行了开工前审计、停缓建审计和竣工结（决）算审计。共审计资金30多亿元，查出违纪违规金额5920万元，上交国家财政76.4万元，查出、纠正问题134项。在查处问题的同时，我们还提出审计建议125条，督促和帮助被审计单位清查家底，整章建制，理顺关系，加强基础工作，提高管理水平，真正做到了一审、二帮、三促进。

三、开展审计调查，发挥宏观调控作用

五年间，我们先后组织了5项涉及行业和部门范围内经济活动的审计调查。对建材系统大专院校经费收支情况的审计调查，向国家有关部门反映了院校经济活动中存在的问题和在执行某些规定中的实际困难，并提出了相应的处理意见，为主管部门提供了重要资料。审计调查报告经领导批转各院校，对院校加强管理、推动改革发挥了一定作用。对部分大中型老水泥厂技术改造资金的审计调查，弄清了这些企业“七五”期间技改工程进度、资金筹集和使用情况及其中存在的问题，提出了“八五”期间加速技改进度和进一步筹集资金的建议，为主管部门对老企业技改继续制定优惠政策提供了翔实的依据。为了解、考察建材企业的活动，我们组织对50个大中型建材企业1989、1990、1991三个年度利润分配和专用基金收支情况的审计调查，提供了大中型建材企业这个时期经济效益差、利润逐年下降、上交国家任务重、留利少、自我发展能力很弱等情况和资料，反映、分析了大中型国有企业经营机制中一些深层次的问题，引起了有关部门的重视。对国家建材局50多个直属企事业单位预算外资金收支专用基金收支

情况和联营投资情况分专题进行审计调查，基本弄清了直属单位的家底，反映了这些单位在预算外创收、预算外资金管理、联营合资以及专用基金收支等活动中存在的问题，为有关部门领导提供了重要信息和决策依据。此外，几年来，我们还指导一些省、市建材主管部门对散装水泥资金的征集使用情况和企业承包经营中虚盈实亏、潜亏挂帐情况等课题，开展了地区性审计调查，也都取得了较好效果。

四、指导行业内审，为改革与建设服务

建材特派办成立后，履行指导行业内审工作的职能，积极推动建材行业审计体系的建设。几年来，我们对行业内审机构建设，按直属系统、地方部门、企事业单位分层次进行指导和帮助。至1993年底，全国建材行业约有内审机构1000个，专兼职审计人员近3000人。

为了提高审计人员的政治业务水平，我们采取多种形式进行培训。几年来我们直接举办各类培训班8期，培训审计干部500多人；先后组织各地企事业单位选送人员参加审计机关举办的专科班或电大大专班学习达200多人。

在各级领导的重视和支持下，建材行业的审计队伍不断发展壮大，涌现出了一批公正廉洁、业务过硬、具有奉献精神的先进集体和先进个人。在1991年全建材行业开展审计评比选优活动中，评选出先进集体39个，先进个人36名，均受到国家建材局的表彰奖励，并授予光荣称号。1993年又有3个单位和4名审计人员分别被评为全国内部审计先进集体和先进个人，受到审计署的表彰。

根据审计工作发展的需要和行业广大审计人员的要求，成立了建材审计学会，广泛开展审计学术理论研究、经验交流和业务培训活动，发行了《建材审计》刊物26期，编辑、出版了《建材审计论文集》两册专辑。经过5年的工作，从各级主管部门到企事业单位内部，已初步建立起了建材行业内部审计体系。

我们坚持为经济建设服务，紧紧围绕建材工业的改革与发展开展内审指导工作。五年来，我们召开了5次建材行业审计工作会议，每年都把审计署的工作部署和国家建材局的行业工作总体部署结合起来，研究提出建材行业内审工作要点，供各地主管部门和企、事业单位参照安排当年的内审工作，还分专业分层次召开一些经验交流会和专题座谈会，大力推进建材内审工作不断上新台阶。五年来，建材行业内审工作发挥审计职能作用，取得了较好的成绩，查出、纠正违纪金额3亿多元，促进增收节支、减少损失浪费金额2亿多元，还查出一批贪污盗窃、行贿受贿案件，在企业自我约束和反腐倡廉方面也发挥了较好的作用。许多企业在开展内控制度评审和经济效益审计中成绩显著，据50个企业1992年一年的统计，共实施经济效益审计140项，提出审计建议601条，被采纳429条，获得增收节支效益1460万元，减少损失浪费280多万元，新建和修订内控制度120多项。

（注：审计署于1993年底已将驻国家建材局审计特派员办公室改为驻国家建材局审计局）

驻国家地震局审计特派员办公室

几年来，在国家地震局党组和地震系统各级党、政的领导下，在审计署的正确指导下，全系统广大审计工作者，认真贯彻了“抓重点、打基础”、“积极发展、逐步提高”的审计工作方针，加强领导，艰苦创业，勤奋学习、知难而进，在解放思想、转变观念、掌握政策、改进方法、拓宽领域、突出重点、力求深度、讲求实效等方面都有了可喜的进展，在基础建设上也有了进一步加强。在审计工作上，有计划、有重点地开展了多种形式的审计，在审、帮、促和求实效上下功夫，强化审计监督，为维护财经纪律，加强管理，提高效益，推进廉政建设，保障改革开放的顺利进行和地震事业的健康发展，起到了清障护航、保驾护航的积极作用，取得了比较明显的成绩，在维护国家经济秩序和维护队伍安定团结方面做

出了贡献。

一、几年来的主要工作和发挥的作用

地震系统各级内部审计部门建立以来，认真履行宪法赋予的审计监督职责，坚定不移地全面贯彻紧紧围绕经济建设这个中心，结合地震系统实际，有计划、有重点地积极开展对事业经费、科研经费、台站经费、自筹基建资金、预算外资金、控购物资、世界银行贷款项目、基建项目资金来源、承包经营合同等十余种专项资金的713个项目(单位)进行了审计。审计覆盖面已达90%以上，查出各种违规违纪金额1026.5万元，查出损失浪费金额107.3万元；仅1991年、1992年两年中，挽回经济损失111.2万元，促进增收节支61.2万元，提出建议1094条，已被有关领导和财务等职能管理部门采纳的1005条。从1992年与1991年的情况比较看，1992年的审计资金总额比1991年增加了81.9%，发现的违规违纪金额比1991年减少了21.5%。这就表明，地震系统在改革开放的新形势下，仍然保持了一年比一年好的经济秩序。这一成效的取得，既说明各级领导坚持了“两手抓”，财务部门发挥了监督作用，广大干部群众的自我约束力有所增强，也表明地震系统各级审计部门确实较好地发挥了高层次的一审、二帮、三促进作用。

现在，地震系统43个单位已建立各级审计部门41个，配备了62名审计人员；采取走出去请进来和集中培训等多种形式，培训内部审计人员183人次。1991年4月，在国家地震局杭州培训中心，召开了地震系统审计学术研讨会，提交大会交流的审计论文26篇；通过培训、交流、自学，使广大审计人员进一步充实和更新了审计理论知识，提高了实务水平，增长了工作才干。初步形成了地震系统审计监督体系。已建成一支能适合地震行业审计工作需要的、政治素质好、作风比较过硬、廉洁奉公、具有一定专业知识和技能的内部审计队伍。从组织上和实务水平上保证了审计工作的顺利开展。

为进一步加强地震系统审计理论和审计信息交流，审计署驻国家地震局审计特派员办公室，在任务重、人员较少的情况下，不定期地编辑印发了《审计监察信息》、《审计学刊》，1992年以来，还集中了有经验的审计干部编印了《审计监察手册》、《审计监察论文选》、《审计监察纪检实务手册》和《科技开发工作法规汇编》，为强化地震系统审计工作提供了必要工具。经过全系统各级审计部门共同努力，建立健全了一整套适合于地震行业特点的内部审计规章和一系列审计工作规则及岗位责任制度。1991年3月，正式成立了国家地震局审计学会，并于1991年3月和1993年2月，分别在武汉和北京两次召开了地震系统双文明活动表彰审计监察工作先进集体、优秀审计工作者、优秀监察工作者大会。所有这些，都有力地推进了地震系统审计工作“三化”的建设。

几年来，地震系统的审计工作，坚持了两个文明一起抓，两个成果一起要，通过在全系统各级审计部门深入开展以“学先进、找差距、订措施、抓落实”为中心内容的目标管理，使学雷锋、学张子祥，讲奉献的双文明活动深入持久、扎实有效地推动了审计工作的全面发展。

二、几年来开展审计工作的主要经验

几年来开展审计工作的实践，使我们对如何搞好地震行业的审计工作，有了一些粗浅的认识，积累了点滴经验，归纳起来，主要是：

1. 各级党、政领导对内部审计工作的重视与支持是搞好地震系统审计工作的关键。

2. 努力搞好各级审计部门的自身建设，深入开展“双文明”活动，充分调动审计人员积极性，不断提高审计人员素质是搞好审计工作，推进内部审计工作“三化”建设的有效途径。

3. 运用唯物辩证法，主动协调、处理好与有关部门和人员的关系，是提高工作效率、搞好审计工作的重要条件。

4. 重视对财经法纪的审计宣传及审计信息反馈，积极开展多种形式的法纪教育，对维护财经纪律，促进深化改革、扩大开放，可以收到良好效果。

5. 坚持全面审计与重点审计相结合，是在保证审计质量前题下，较好解决审计力量与审计任务不相适应的好方法。

6. 依法审计，坚持原则，实事求是，贯彻“三个有利于”标准，是实现正确审计结论和决定的基础。

7. 只有审计工作牢牢坚持以经济建设为中心，明确审计要紧贴经济、紧贴地震事业改革开放，才能达到审计监督为地震事业的健康发展保驾护航的目的，通过依法审计，寓服务于监督之中，办实事、求实效，不断开拓审计领域，才能保持审计工作旺盛的生命力。

8. 审计工作要不断丰富审计内容，提高审计质量和审计深度，为尽快实现计算机审计创造条件，是对审计工作提出的客观要求。

9. 加强对有监督职能经济管理部门的审计监督，是发挥宏观调控作用的重要途径。

10. 在科学技术转化为现实生产力的过程中，搞好内部控制制度和效益审计，做好宏观分析与信息反馈，对加强组织协调和指导，具有十分重要意义。

11. 从地震行业特点出发，围绕中心，结合本部门、本单位实际，重视抓好对重点问题、重点项目、重点资金的审计监督，容易收到明显实效。

三、“八五”期间审计工作指导原则和目标

“八五”期间，地震系统各级审计部门工作的指导原则是：发扬艰苦奋斗、积极奉献和务实进取精神，坚定不移地全面贯彻以经济建设为中心，坚持四项基本原则、坚持改革开放的基本路线，按照党中央的一系列战略部署，紧紧围绕为发展地震事业清障、保驾护航这一任务，认真执行“加强、改进、发展、提高”的审计工作方针，深入开展财务收支审计，逐步开展内部控制制度评价和经济效益审计。维护国家财经法纪和社会主义市场经济秩序，维护地震队伍的安定团结，为进一步推进廉政勤政、拒腐防变、改善管理，促进“增收节支”、保障地震事业的健康发展办实事、求实效、做贡献。

“八五”期间，地震系统各级审计部门工作的主要目标是：丰富审计内容，拓宽审计领域，突出审计重点，提高审计质量，讲求审计实效。

1. 各单位领导和全体审计人员从指导思想和审计意识上，要解决好“五个转变”、树立“五个观念”。从宏观着眼，微观入手，适当集中力量抓好重点单位、重点项目、重点资金的审计。

2. 在深入开展财务收支定期审计的同时，开展多种专项审计和审计调查，并向内部控制制度评价和经济效益审计延伸。

3. 以邓小平同志提出的“三个有利于”标准为总的出发点，正确把握依法审计和实事求是处理问题这两者关系。通过审计，纠正违规违纪，强化内控制度，改善经营管理，制止铺张浪费，力求有助于正确处理好国家、集体、个人三者利益关系。

4. 强化审计监督，推进廉政建设，保护法人的合法权益，支持地震科技与社会经济结合，促进“增收节支”，提高经济效益，为地震事业的发展保驾护航，为审计工作早日实现“三化”而做出新的贡献。

驻国家烟草专卖局审计特派员办公室

1988年7月，审计署驻国家烟草专卖局特派员办公室成立，同国家烟草专卖局审计司合署办公。

烟草审计工作，以边组建、边工作开始，经过抓重点、打基础，到积极发展、逐步提高阶段。省级烟草专卖局(公司)、地市级烟草专卖局(公司)、大中型企业，以及重点市县烟草专卖局(公司)先后建立起独立的审计机构，配备了相应的专职审计干部。到1993年末统计，建立独立的机构539个，配备专职审计人员1271名。从几年来的情况看，机构和人员是逐步增加和发展的。

烟草审计是按照审计规定和审计工作程序进行审计监督的。1988 年至 1993 年共审计 6518 个企业单位，每个审计对象平均审计 3.25 次，发现和纠正违反财经法规金额 81280 万元，其中上交财政金额 11041 万元，占查出违纪总金额的 13%。同时，还纠正损失浪费，增加经济效益 12563 万元。

审计特派员办公室，负责审计范围内的部分省级烟草专卖局（公司）和大型企业的直接审计，指导烟草系统内部审计工作，办理审计署和烟草专卖局、总公司领导交办的审计事项。

审计特派员办公室组建后，即开始对审计范围内单位的直接审计监督。从 1988 年到 1993 年末，共审计 47 个单位，每个审计对象平均审计 1.47 次。发现违反财经法纪金额 22036 万元，其中上交财政金额 3153 万元，占违纪总金额的 14%。同时，还为企业追回多缴的税费 156 万元。

为适应改革开放和发展经济的需要，从微观审计逐步向宏观审计迈进，为经济宏观调控服务。1991 年组织审计人员对卷烟工业企业潜亏挂帐问题开展了审计调查；1992 年对烟草专卖罚没收入问题，烟草商业企业亏损挂帐问题进行了审计调查。1993 年对烟叶扶持费、卷烟工业企业技术改造问题做了审计调查。上述审计调查基本摸清了情况，发现了深层次问题和症结，提出了相应的对策和建议，为领导宏观决策提供了数据，引起了审计署和国家局、总公司领导的重视。国家局、总公司对每次调查都有批示，对《烟草专卖罚没收入情况审计调查报告》，以国家局正式文件转发到全国各市、县烟草专卖局，要求对照检查和贯彻执行。审计署将《卷烟工业企业潜亏挂帐情况调查报告》，以《审计简报》（增刊）送党中央、人大常委会、国务院。国务院办公厅作为重要信息送领导同志，为后来调整产品税率和放开卷烟价格起了一定作用。对《烟草商业企业亏损挂帐情况调查报告》选为采纳信息，选登在《审计简报》上。

在近年的审计工作中，我们的主要体会是，注意处理好以下六个方面的关系：

1. 解放思想与本职工作的关系。围绕建立社会主义市场经济体制的目标，审计工作人员必须解放思想，转变观念。我们要建设有中国特色的社会主义理论武装头脑，坚持一切从实际出发，树立为经济建设服务的思想，适应社会主义市场经济建立与发展需要，使审计监督与时代主流合拍。这给审计工作提出了新的更高的要求。我们的思想认识、行为准则、思维方式和工作方法都要尽快适应变化了的新形势的要求。

思想是行动的先导。解放思想，转变观念，就是要研究新情况，解决新问题，立足本职，做好工作。检验我们思想是否解放，主要的标志是看你的工作是否取得了经得起检查的成绩和效果。审计工作要在监督中了解情况，反映问题，要增强参与意识，才能做好事前、事中审计监督。

2. 依法审计与实事求是的关系。社会主义市场经济是法制经济。依法审计与实事求是是统一的。依法审计是审计机构的一面旗帜。在加快改革开放，建立市场经济体制中，新情况，新问题将会不断出现，需要我们正确处理依法审计和实事求是处理问题的关系。我们要全面、准确、完整地理解党的政策和财经法规，要尽力发扬该支持的支持，该扶持的扶持，该处理的处理的精神。内部审计必须依法审计，经过内部审计调帐之后，该留利的留利，该分成的分成。如果不能严格执法，待到被审计、被检查发现违纪问题时，就要该没收的没收，该罚款的罚款，就丢名损利了。

在审计监督上要旗帜鲜明，态度明朗。既要敢于审计，又要善于监督，发挥审计工作的监督、保护、预防、服务作用。监督企业依法经营，遵守国家财经法规；保护企业的合法权益，对侵占企业合法权益的行为，敢于提出意见，勇于替企业说话；预防就是防患于未然，增强企业自我约束能力，防止和减少违法违纪问题发生；服务就是促进企业资产保值增值，改进经营管理，提高经济效益，为建立和完善社会主义市场经济体制服务。

3. 财务收支审计与经济效益审计的关系。财务收支审计是《宪法》规定的审计工作任务。《审计条例》规定，财务收支及其经济效益审计是内部审计的任务。为搞活大中型企业，审计署提出“一个基础，两个延伸”的方针，即在财务收支审计的基础上，向检查有关内部控制制度和经济效益审计延伸。财务收支审计与经济效益审计是基础与发展的关系。审计离不开财务收支，经济效益审计是审计监督的必然趋势。经济效益审计必须从财务收支审计入手，在财务收支真实、合法的基础上，才能监督、评价、公证经济效益，否则，经济效益就不真实、不合法了。几年来，烟草行业抓住这个问题，受到有关方面的称赞。我们在内部审计中发现并制止了一些违法违纪行为，维护了财经法纪，减少被审计的违纪事项，因此也保护了企业的名誉和利益。

4. 微观审计与审计调查的关系。审计的重要职能是监督和保证宏观调控措施的落实，这是改革开放，发展市场经济的需要，也是审计工作深入发展的需要。微观审计与审计调查是相辅相成，缺一不可的。几年来，我们在从微观审计入手，宏观审计着眼的工作中，既解决了大量微观方面的问题，又为宏观经济管理做了重要工作。近两三年，我们开展的几项审计调查效果都比较好，受到国家局、总公司和审计署的重视。

5. 提高素质与培训干部的关系。审计监督是一项新的工作，烟草审计人员经过审计专业培养的比较少。近几年来我们把培训干部作为重要工作，坚持上岗培训。据统计，到 1993 年底，我们先后举办 13 期审计干部培训班，共培训 1454 名工作人员，占全体审计干部的 114%，从而提高了干部政治素质、业务能力，为开创审计工作新局面创造了条件。据去年末统计，全国烟草审计人员中，有高级专业技术职称的 24 名，中级技术职称的 268 名，两项占全体审计人员的 24.4%。

从事比较高层次的审计监督工作，需要有政治业务素质的审计人员。我们组织审计干部认真学习邓小平同志关于建设有中国特色社会主义理论，深入学习党的十四大精神，坚持学习财经法规，目的就是提高审计人员执法水平和依法办事能力。我国财务会计制度借签国际通行的原则和做法，已先后制定了《企业财务通则》、《企业会计准则》和一系列工业企业、商品流通企业等财务制度、会计制度。对此，亟应抓紧组织培训，领会新的财务、会计制度精神，明确审计监督重点和方法，使审计工作适应财务会计制度发展的需要。

6. 领导重视与真抓实干的关系。领导重视与真抓实干是互为因果的关系。领导重视要求我们把重大成果，重要情况送给领导看，才叫领导重视。只有我们审计工作真抓实干，卓有成效，才容易得到领导重视；领导重视又促进审计监督的发展。我们体会到，哪里卓有成效地工作，哪里的领导就容易重视审计监督；哪里的领导重视审计监督，哪里的工作就搞得有声有色，成效显著。

驻新华社审计特派员办公室

审计署驻新华社审计特派员办公室成立于 1988 年 11 月。划定的审计范围是在京企事业单位，驻各省、市、自治区分社 30 个，驻国外各分社及港澳分社 97 个。新华社是国务院直属部门中实行事业经费包干的预算管理体制，行政经费定额递减包干，企事业收入逐年顶补经费。其下属单位经营活动日益增多，从单纯依靠国家拨经费向经营型转变。审计办从筹建开始就面临着任务重、人手少的困难。五年来，我们根据审计署“边组建、边工作”、“抓重点，打基础”、“积极发展，逐步提高”的方针，采取了依靠组织，大胆实践，狠抓重点，兼顾其他，严格执法，总结经验，建立制度，宣传审计，深化审计等一系列措施，一步一个脚印，首先做好财务收支审计，并在财务收支审计的基础上，努力向评价内控制度和经济效益方面延伸，促进部门经济活动的健康发展。

抓好财务收支审计，帮助被审单位财务收入纳入财经法纪轨道。新华社的年经营收入，从1985年开始时的几百万元增加到1993年的一亿多元，经营管理和财会工作急待加强以适应发展的需要。按照“一审二帮三促进”的原则，通过审计对违反财经法纪和违章等问题，如挤占成本、漏缴税金、违反控购规定以及财会帐目中帐帐不符、帐表不符、帐实不符、会计科目使用不当等问题，都向部门经理和主管会计一一指出和纠正。经过耐心交谈，讲明政策，每审一个单位，单位的经理和财会人员都觉得有所收获和提高，为做好今后经营管理工作奠定了基础。从1989年到1993年底，五年中共审计出违纪金额1454万元，其中10万元以上违纪企业两个，查出浪费金额433万元，应上缴财政420万元，已上缴40万元，罚款15万元。纠正应列入预算内管理的资金82236元。根据财政部规定，维护单位正当权益，纠正地方审计部门误罚款5万余元。一些定期审计单位，违纪违规现象一年比一年减少，财会工作有所加强。

在财务收支审计的基础上向评价被审计单位内控制度和经济效益方面延伸。新华社下属经济实体有国营企业、集体企业、中外合资、合作企业、行政事业单位等，包括出版、印刷、轻工、商贸、文化、教育、档案等行业，头绪较多，我们注意了抓重点单位和倾向性问题。中国图片社是新华社经营收入大户，年创利税逾千万元。我们连续两年对该社进行了审计，特别是对三年承包经营责任终结审计，肯定了成绩，纠正了违纪违规事项，并严肃指出消费基金的增长超过了生产率的增长的问题。社领导在审计报告上批示，审计“摸清了基本情况并作了客观分析，为验收提供了详尽的数据和基本依据”，“对图片社认真总结经验，更好地发展图片事业很有参考价值。”抓倾向性问题，如资金管理太分散、对外投资失误、消费基金增长较快、现金管理较乱等问题，多次组织审计和审计调查，受到社领导和职能部门的重视，促进单位改善经营管理，逐步完善有关规章制度。新华社经济管理部门的领导同志看了审计报告后表示，“感谢把多年存在的问题基本查清了。审计报告写得有根有据，对我们财务管理是一大促进。”有的亏损企业，经审计找出了亏损原因，引起领导机关和本单位的重视，领导亲自动手采取措施。北京燕山印刷厂当年就扭亏增盈，辽宁分社下属大连北方实验加工厂，在审计后，调整了管理体制，加强了内审工作，1991年盈利大幅度上升。

根据事业发展需要，审计办全力以赴，年年超额完成年度审计项目计划。从1992年开始对驻国外分社进行审计调查；1993年配合全社经营工作会议和反腐败斗争的需要，在年度审计项目计划之外，还完成了多项临时专项审计任务。五年共审计了85个单位和经济实体，平均每年审计17个单位和经济实体，还对消费基金增长、现金管理以及内控制度、经济效益等情况进行了调查。提出了几十条改进建议，许多已被职能部门采纳。部门和单位领导认为审计能查出经济实体的全面情况和问题，对今后改进经营管理有帮助。因此，近两年来，主动申请审计的有10多个单位。

地方审计机关

地方审计机关工作简介

地方审计工作综述

五年来，各地审计机关在地方党委、政府的领导下，根据改革开放新形势的要求，坚持审计的基本职能，围绕经济工作中心，在宏观管理中充分发挥作用，为建立和发展社会主义市场经济服务，打开了审计工作局面，取得了显著成绩。

进一步健全了审计组织机构。在前五年工作的基础上，进一步加强了县以上各级政府的审计机关，配备了近 8 万名工作人员；同时，内部审计机构增加到 4 万多个，配备专职和兼职人员 20 多万人；审计事务所增加到 3000 多个，从业人员达 3 万余人。

积极开展审计监督。在各级政府部门、国家财政金融机构、国有企事业组织、基建投资、农业资金和利用外资等方面加强了审计监督工作。五年内，共审计 120 多万个单位。通过审计，对增加财政收入，减少财政拨款，节省基建投资，促进企业改善管理，提高效益，端正党风和社会风气，都起到了很好的作用。各级审计机关还对一些重要的财经问题进行了审计和调查，向政府部门提出改进宏观管理的意见，促进宏观管理措施的落实。为保障改革开放和经济建设的顺利进行，发挥了积极的作用。

各地审计机关加强了对内部审计、社会审计的管理和指导。内审工作在促进部门、单位改善内部管理，提高经济效益等方面，做了大量工作，取得了显著成绩。社会审计组织积极开展审计查证、咨询和培训财会人员等业务，工作有了迅速发展，已成为社会中介组织的一支重要力量。

在积极开展审计业务的同时，各地审计机关、内部审计和社会审计组织在人员培训、制度建设等方面也都做了大量工作，为改进和加强审计工作打下了良好的基础。

北京市审计局

北京市审计机关以经济建设为中心，开展审计监督。随着改革领域的不断扩展深入，与改革相悖，违反财经纪律的问题时有发生，凡是有审计人员足迹的地方，几乎都能查出这样或那样违反财经纪律的问题。

一、开展财政财务收支审计

1989—1993 年，共审计 11658 个单位(次)，查出违反财经纪律总金额31.3亿元，已入财政金库8.67亿元。在查出的违反财经纪律的问题中，百万元以上的违纪单位 374 个，违纪金额26.2亿元。在审计北京市石油销售公司时发现，该公司违纪问题严重。主要是违反物价政策，获取非法收入，超销高、议价油；违反金融法规，擅自对外发放贷款，转移存款，违规向外省市销售石油商品，偷税、漏税等。违纪金额共1.7

亿元。经过审计，依法对非法提价收入、违法获取的利息收入等予以没收，上缴财政 4606 万元，补交各种税费 471 万元，对偷税、违控问题，罚款 148 万元。共计 5225 万元。

1989—1993 年，查出贪污、受贿、盗窃、诈骗、倒买倒卖等触犯刑律的经济犯罪分子 13 人，万元以上重大经济犯罪案 4 件，贪污、受贿总额 24 万元。1989 年是查处投机倒把案件最多的一年，共查处 25 起倒买倒卖钢材、水泥、房屋、彩色电视机、粮食的案件。宣武区天桥粮食管理所，严重违反国家粮食购销政策，1988 年以各种手段非法多销平价粮 124 万公斤，获得非法收入 18 万元，而国家却多负担财政补贴 150 万元。他们还倒卖粮票38.6万公斤。这个粮食管理所的倒买倒卖粮食问题，已构成投机倒把罪。审计机关没收了其全部非法收入，并追缴应缴款项。由检察机关追究主要责任人的刑事责任。

二、审计向内部控制制度和经济效益延伸

通过对国有大中型企业财务收支的审计，发现带有普遍性的问题是内部控制制度不健全，在生产工艺、供应、销售、财务会计等环节出现失控问题，给企业造成重大的损失浪费。北京有一个生产电器的公司，由于质量管理工作薄弱，制度不完善，内部控制失控，对外协件的质量把关不严，产品的废品率上升，1990 年报废电器产品 4464 台，损失 620 万元，占该公司当年亏损总额 5708 万元的10.8%。审计人员帮助这个厂完善质量管理制度后，企业每年即可增加 600 多万元的经济效益。企业改革的中心是不断提高经济效益，发展生产力。我局对一些企业进行财务收支审计时，向经济效益方面延伸，针对企业存在的问题，解决投入多、产出少、成本费用高、资金周转慢、盈利水平低等问题，使经济效益有了明显提高，增强了企业活力。木材厂，在 1991 年初是亏损户，最高月亏损28.7万元。到 1991 年底已扭亏为盈。1991 年第二季度，审计机关和内部审计机构，对该厂进行了经济效益审计，针对亏损原因，提出了消滞、减少资金占用，降低消耗，降低成本，加强财务管理，提高技术工艺水平等建议。经厂领导和全体职工认真落实审计建议，成果明显，积压产品库存得到压缩，资金占用年底比 4 月底减少了 135 万元，资金周转加速26.3天，胶合板的利用率由72.9%提高到73.5%，钢管的利用率由89.7%提高为90.3%。因而，摘掉了亏损企业的帽子。

三、围绕改革查处乱收费

1991 年，共查出这类单位 21 个，总额 263 万元。通过对劳动、环保、环卫系统 123 个单位收费、罚款问题的专项审计，查出这三个系统现行 547 个收、罚款项目中，有 74 个项目无法律依据，无收费许可证，金额为107.5万元。经对三个系统罚没留用款支出的测算，用于滥发奖金、补贴占11.8%，请客送礼占0.86%。顺义县锅炉检测所，对申报登记的 17 个锅炉安装队，擅自收取“咨询费”，每队收 3000 元，共收5.1万元。在审计中还查出一些有权制约企业单位的工作人员，侵占企业利益。1990 年，中央及北京市的 18 个单位的近百名工作人员，到北京市东郊鱼类饵料厂下属鱼场无偿钓鱼。该厂以世界银行贷款配套资金，为他们支付了钓鱼款2.1万元。审计决定，归还原配套资金。

四、实行承包经营责任制审计

我们每年都把对实行经营承包责任制企业的审计，列为工作重点之一。几年来共审计 1000 多户。审计结果发现一些问题，主要表现在：有些企业通过少计收入，乱摊成本费用，截留利润；有些企业本来没有完成利润承包指标，就弄虚作假，多计收入，少进成本，虚增利润。在审计中还发现一些企业存在短期行为，最明显的是，厂长承包经营任期内，不关心设备的更新改造，甚至拼设备，吃老本，到任期届满时，企业发展缺乏后劲，既没有基础，也没有资金进行产品结构调整。针对这个问题，我们与市工业管理部门，共同发了对全民所有制工业企业设备管理，加强考核实施审计监督的《通知》，促使厂长任期届满后，必须达到设备管理责任目标。国家

计委予以肯定，并转发全国，从而，为加强宏观管理，进一步搞好体制改革，起到了应有的作用。

五、对"百元产值工资含量"包干办法进行审计

实行"百元产值工资含量"包干办法，是建筑行业突破过去八级工资制的一项重大改革。执行这个办法后，提取的工资额与产值挂起钩来，建筑企业创造的产值越高，提取的工资额越多，建筑行业的职工工资水平也就越高。这项改革体现了按劳分配、多劳多得的社会主义分配原则，调动了建筑工人的生产积极性，加快了首都建设的步伐。但也不可避免地存在一些问题。有一个建筑工程公司，在建筑北京图书馆的工程时得到了 300 万元的提前工期奖，又重报 300 万元产值，多提工资 45 万元。针对这些问题，审计机关对"百元产值工资含量"包干办法提出改进建议，市领导批转有关部门据此改进，保证了建筑企业工资改革的顺利进行。

六、对生产资料乱涨价进行审计

以化肥、农膜销售价格为例，有些地方不是按正常经营渠道由基层供销社供应到农民手中，而是由基层供销社，卖给工商联合总公司物资门市部，再由门市部供给农民，每个环节按进价加收 2%手续费，每个环节每吨加收 20 元运费，这样，每吨炭胺由 210 元提到 269 元，硫胺由每吨 340 元提到 400 元。菜农使用这些变相提价的化肥，加大了蔬菜的生产成本，蔬菜销价必然上涨，结果农业生产资料涨价的部分，转嫁到消费者身上。审计机关对于这些带有倾向性的问题，及时向有关部门提出了改进建议，有关部门采取了有效措施，制止了生产资料乱涨价问题。

七、对金融信托机构进行审计调查

通过审计发现，在京的一些金融信托机构，擅自提高利率，从国家专业银行拉走大量存款，然后，再以高利率贷出。一个信托投资公司，用这种办法吸收 4000 万元委托存款，擅自把存款利率月息提高，高于人民银行规定的月利率。然后，这个公司又将这笔存款以高利率贷出，从中谋利。由于这些金融机构，自行提高利率，国家专业银行的存款被大量拉走。这个问题向国务院报告后，国务院领导同志作了批示，采取了相应的解决措施。

八、对世界银行贷款经济效益进行审计

对世界银行贷款、联合国组织援款的使用合规性及经济效益、社会效益进行了专项审计。按协议规定，如期向世界银行、联合国组织提出审计公证书。利用这些资金的中央及市属单位共 18 个项目，59 个项目单位，总额 3 亿美元。其中北京市项目 12 个，11392 万美元，主要用于农村改水、发展淡水养鱼、卫生、教育事业。1989 年对北京市项目审计结果：这些项目取得了较好的经济效益和社会效益。在郊区 5 个区、县，665 个项目村进行的改水工程，投资 3790 万元，完成 412 个项目村的改水任务，受益人口达 42 万人。农民喝上清洁的自来水，提高了健康水平。

九、查处用公款请客送礼、滥发钱物问题

1991 年，共查出 133 个单位有这类问题，占当年审计查出 1278 个违纪单位的10.33%，总金额 1085 万元，占4.93亿元的2.2%。1991 年，审计机关共查出 33 个单位私设"小金库"，总额 100 万元。北京市防水材料公司，以回扣、赞助费等名义向外单位索取现金 6 万多元，不作收入，私设"小金库"，给关系单位和个人送的手表、照相机、冰柜等礼品和请客吃饭都由"小金库"列支。审计机关对该单位给予了罚款处理，并责成主管单位对有关人员进行了行政处分。

十、开展审计调查

经济领域的改革，涉及到方方面面，每一项改革都是审计机关的服务对象、支持对象，我们从宏观出发，从微观入手，按行业、按专项资金进行系统的审计，发现带有普遍性、倾向性、苗

头性的问题进行综合分析，及时向领导反映，从加强宏观控制上为领导出谋划策，提供决策依据。5年中，我局有30多个重要审计报告，经市和国务院领导同志作了批示，对加强全国、全市宏观调控起了积极作用。我们搞的专题审计调查或审计项目，具有三个特点：一是及时准确地捕捉、掌握信息来源，为选准审计项目、审计对象提供可靠的依据；二是选审的项目、对象确实带有倾向性、普遍性，查出的问题足以引起领导的重视；三是针对审计发现的问题，提出切实可行的建议，被领导采纳后付诸实施，在改革、开放方面起到宏观控制作用。

在围绕改革、开放开展审计监督的实践中，我们的主要经验是：

1. 坚持依法审计，实事求是的原则，保证审计工作的质量。要保证审计工作的质量，就要坚持以事实为根据，以党和国家的财经政策、法规为准绳。在处理违反财经纪律时，要具体问题具体分析，做到审计依据可靠，事实准确，处理适度，维护财经法纪，支持改革。

2. 选择对宏观控制影响较大的问题，进行专题审计调查，及时向领导机关反映情况，提出改进建议，是争取领导重视审计工作的重要途径。

3. 审计工作的思路、重点、方法、体系建设，都要向建立社会主义市场经济体制转移；要在深化改革中找准审计工作的位置。审计监督的重点，应放在调控国民经济措施的落实上；对企业审计要突出重点；要增强审计人员的宏观意识；要改进审计工作方法。对企业审计逐步过渡到由社会审计组织审查，审计机关也要时常进行抽审。

4. 不断提高审计干部的政治素质和业务素质，是搞好审计干部队伍建设的核心问题。为了适应改革、开放的形势要求，首先抓了审计干部业务素质的提高。审计工作质量的高低，是审计人员素质强弱的具体反映。因此，我们通过干部培训，使审计人员掌握审计技巧，并且在实践中增长才干。在提高审计干部的政治素质方面，主要是通过理想、纪律教育，使审计干部焕发为共产主义奋斗和为审计事业献身的精神。运用正反两方面的典型，反复抓廉政勤政教育。

天津市审计局

1989—1993年，天津市各级审计机关在市委、市政府和审计署的领导下，坚持审计工作为改革开放服务，为经济建设服务的指导思想，贯彻“积极发展、逐步提高”和“加强、改进、发展、提高”的审计工作方针，认真履行审计监督职能，在强化审计监督，加强宏观管理中发挥了越来越重要的作用。

一、不断调整审计工作思路

随着改革开放的不断深化，天津市的审计工作经历了从微观审计比较多到注重宏观效应、为宏观经济管理服务的重大转折。几年来，各级审计机关为适应加快改革开放和经济建设步伐的要求，制定并不断完善了审计工作为加快改革、发展经济服务的措施，特别强调了审计要从宏观方面着眼，重点检查政府部门宏观调控政策的落实情况和经济效益情况，为搞好大中型企业服务；通过加强部门、单位的内部审计工作，促进企业不断完善自我约束机制，逐步减少审计机关对企业直接审计的数量。对企业的审计，一般一年只进行一次，坚持依法审计，实事求是地处理违纪问题。这些措施，对于全市审计机关认真履行审计监督职能，为改革开放和发展经济服务起到了积极的作用，收到了较好效果。适应建立社会主义市场经济体制的要求，1993年，我市对审计工作进行了改革；按照“市管市、区管区、县管县”的审计业务分工原则，调整了市局和区县审计局的分工，减少了统一部署的审计事项，实现了“统一领导、分级审计”。为贯彻落实《全民所有制工业企业转换经营机制条例》，在安排审计项目时，对没有国有资产的集体所有制企业原则上不再直接进行审计，对全民所有制企业，审计机关主要对关系国民经济全局和对本地区经济有较大影响的重点企业进行审计，其他企业，逐步改由社会中介组织进行审计。

二、突出审计重点

根据审计监督向较高层次发展的要求，各级审计机关加强了对政府综合经济管理部门、经济监督部门、重点基本建设项目、重点企业、重点单位、重点资金的审计，大力开展了以促进加强宏观管理，提高经济效益为重点的审计监督工作，增强了为宏观经济管理服务的力度。围绕加强专项资金及预算外资金的管理和使用、促进加强宏观经济管理与调控、提高经济效益等方面的重点问题，审计机关安排了对外贸、粮食、物资、轻工、化工、供销等行业审计及对政府部门的预算外资金、支农扶贫资金、职工养老保险基金和待业保险基金、教育资金等专题审计项目；开展了外贸企业超亏挂帐情况、各专业银行金融债券发行和使用情况、街道干部工资外收入情况、医疗机构社会办医、联合办医情况等几百项审计调查，向党政机关和上级审计机关报送了近千份审计调查报告和综合分析报告，受到各级领导机关的重视，有些报告直接得到市领导的批示，有些建议被有关部门采用，较好地发挥了审计机关在宏观经济调控体系中的作用。各级审计机关对全市18个区、县政府和部分乡、镇的财政收支进行了审计，检查和反映了财政资金和税收管理方面存在的问题；对全市金融、保险机构的财务收支和信贷资金使用情况进行了审计，并对部分贷款单位使用信贷资金的情况进行了延伸审计。为加强对宏观调控措施执行情况的监督，1993年下半年，审计机关针对我市信贷资金逾期不能收回，资金“沉淀”情况比较普遍，影响全市信贷资金使用效果问题，选择了80户贷款较多的单位，开展了逾期贷款沉淀情况的审计调查。通过调查，对贷款逾期和资金“沉淀”的状况和原因进行了全面分析，向市政府提出了意见和建议。同时，审计机关坚持和改进了对政府部门的审计，促进政府部门加强廉政建设和改革开放政策的贯彻执行。

根据国家加强对固定资产投资项目管理的要求，审计机关还开展了基本建设项目开工前审计，加强了对国家重点建设项目的审计监督。几年来，共对1000多个基本建设项目(单位)进行了审计。例如，对585个自筹基建项目的9亿多元资金进行了审计，对市邮电局“市内电话网”、天津化工厂“蛋氨酸”工程、天津港东突堤建设工程、大港电厂扩建工程及大港油田等一批国家重点建设项目和市重点建设项目进行了审计。通过审计，促进加强了基本建设投资管理，在控制投资规模、调整投资结构、严肃财经法纪、提高投资效益方面发挥了重要的作用。还开展和加强了外资外债审计。几年来，共对100多个国际金融组织贷款和国际援助项目执行单位、外资运用单位进行了审计，出具了详细的、质量较高的对外公证报告，加强了对内监督，促进了项目管理，受到有关方面的好评。同时，还逐步探索了中外合资企业审计的路子，及时向市政府反映情况，为创造我市良好的投资环境，推动和促进外向型经济发展做出了贡献。

三、改革企业审计方法

为促进企业加快改革开放步伐，审计机关进一步改进了对企业的审计，采取了一些相应措施。主要是：突出了重点，集中力量搞好对大中型骨干企业、亏损企业、重点扶持企业的审计；改进了审计的内容和方法，在财务收支审计基础上，重点检查企业对政府部门宏观调控政策的落实情况、企业内部控制制度和经济效益情况；坚持“一审二帮三促进”的原则，促进企业改进经营管理，挖掘潜力，提高经济效益，同时反映企业的实际困难，为企业创造良好的外部环境。五年中，全市审计机关围绕搞好国有大中型企业，开展了企业承包经营状况和虚盈实亏情况、企业往来款项情况、工业企业科技开发基金提取和使用情况等多项审计和审计调查，为政府和有关部门研究制定搞好大中型企业的政策和措施提供了大量的资料和依据。为促进市政府关于改革试验企业有关政策的落实，1992

年，审计机关对107个改革试验企业增提“四项费用”、增补流动资金、增加技术改造能力等方面的情况进行了审计调查，发现企业经营自主权尚未完全落实，政府给予试验企业的政策未能全部到位，多数企业难以用足增提“四项费用”的政策。根据市领导同志的指示，审计机关连续两年对部分国有大中型企业提取和使用科技开发资金的情况进行了审计调查，发现和反映了企业科技开发资金提取不足，使用效果较差，被挤占、挪用现象比较普遍等问题，并提出加强管理，保证政策落实，发挥科技开发资金效果的建议，受到市领导的重视和肯定。各级审计机关认真学习贯彻《全民所有制工业企业转换经营机制条例》，改进审计方法，在促进企业转换经营机制方面发挥了作用。1993年，为配合我市亏损企业实现扭亏增盈，审计机关对我市纺织行业的亏损企业振华毛纺厂和塘沽毛条厂的亏损情况进行了审计，帮助企业弄清了亏损的症结所在，给企业提出了十几项可操作的改进内部管理的建议，大部分已被采用。

四、依法查处违纪违规问题，严肃财经法纪

各级审计机关围绕改革开放的中心任务，认真履行审计监督职能，严肃查处各种钻改革空子，侵害国家利益，扰乱国家正常经济秩序的违法乱纪活动及违反国家规定，私设“小钱库”、滥发钱物、弄虚作假等违纪违规问题。五年中，审计查处违反财经纪律和财政法规金额22.2亿元，通过审计增加国家财政收入2.5亿元，查出损失浪费、促进增收节支5.8亿元，维护了国家财经法纪和我市经济建设的正常秩序。利用发票弄虚作假是一个时期流通领域中比较突出的问题，1989年，审计机关在全市范围内对药店利用发票经营非医药商品的问题进行了专项审计，仅市内6个区就查出有81家药店从93条非正常进货渠道购入230余万元的非医药商品。其中，有茅台、五粮液等名酒，有木耳、鱼、虾等食品，有毛毯、石英钟、变色镜等日用商品，也有电视机、放像机、吸尘器等耐用消费品。而这些非医药商品却以“救心丹”、“人工血浆”等药品和“远红外线治疗仪”、“按摩器”等医疗器械的名义开具发票“售”出，在公费医疗中报销。对这项审计工作，市委、市政府领导同志非常重视，责成主管部门严肃处理。同时，对遵纪守法经营的药店进行了表扬。1992年，在对“养老保险基金”和“待业保险基金”收支和管理情况的审计中，查出资金管理部门擅自动用两项基金放贷、挪用养老保险基金购建职工宿舍及将资金私存，形成帐外资金滥发实物等严重违纪问题。通过审计，引起有关部门的重视，促进了社会保障制度的建立和完善。

五、加强对内部审计和社会审计工作的管理

五年中，内部审计稳步发展。全市部门、单位的内部审计机构以提高经济效益为重点，积极开展内部审计工作。通过审计，揭露损失浪费、促进增收节支4.9亿元，纠正违反财经纪律和财经法规金额2.9亿元，在搞好国有大中型企业，促进企业改进内部控制制度、健全自我约束机制、提高经济效益等方面发挥了重要作用，并且探索、创造出一些好的经验，得到了各级领导的重视和好评。五年来，社会审计组织也得到了迅速发展。特别是1992年市政府批转了市审计局《关于城乡集体企业实行委托审计的意见》，为社会审计拓宽服务领域创造了有利条件，截止1993年底，全市已建审计事务所48个，共有从业人员583人；审计事务所共接受检察、司法机关和其他部门、单位的委托，办理审计查证、鉴证、资产评估等事项55700余项；培训审计、财务人员4000余人次；受聘承担了600多个企业、事业单位的审计咨询服务业务。社会审计组织坚持“服务第一、信誉第一、质量第一、效率第一”的宗旨，积极开拓业务领域，在经济建设中发挥了越来越重要的作用。为了加强对社会审计组织的行业性协调与管理，1991年成立了市社会审计协会。

五年来，审计机关基础建设工作取得了进展。在审计工作法制化、制度化、规范化建设中，建立和完善了审计工作规章制度，制订了在全

市范围内相对统一的可操作的审计工作规程，推进了审计工作“三化”的进程；开展了审计科学研究，在探索审计基础理论和审计工作程序、技术方法等方面取得了进展；在审计干部建设中，在加强思想政治工作和精神文明建设的同时，抓了坚持四项基本原则教育、理想教育、职业道德教育和艰苦奋斗教育，激发了广大审计人员热爱审计工作、献身审计事业的精神。

河北省审计厅

河北省各级审计机关在审计署和省委、省政府的领导下，紧紧围绕经济建设、改革开放这个中心，积极开展审计监督。1989—1993 年，共审计了 54770 个单位，查出各种违反财经纪律金额 578978 万元，应上缴财政金额 53096 万元，已上交财政金额 28226 万元。查出贪污贿赂案件 27 起，违法人员受党纪、政纪处分以及移送司法机关处理的共有 165 人。审计工作对维护财经纪律，促进本省经济的发展和改革的顺利进行做出了应有的贡献。

一、改进企业审计方法

积极开展企业承包审计。1989 年，全省对 1763 户工商承包企业实施了年度定期审计，纠正了企业违纪行为。1990 年对 2378 个承包企业实施了兑现审计，通过审计发现盈亏和资产不实的企业 648 个。对工交、商贸重点企业坚持实施定期审计。1989 年对确定的 79 户工交利税大户实施定期审计，查出违纪资金 5846 万元；1990 年又安排审计了工交重点企业 102 户，商贸重点企业 49 户；1991 年对 97 个工交企业和 49 个商贸企业大户进行定期审计。还围绕改善企业经营环境对一些企业进行了审计。1990 年，审计了有行政权力的工业供销公司 110 个，发现了不少问题。例如，某省级公司在经销进口纸浆过程中，采取“一货两票”的手段，在价外收取“咨询费”348 万元；1991 年各级审计机关参与清理“三乱”，清理了 30 余种“三乱”项目，查处“三乱”资金 900 余万元。通过审计纠正了侵害企业合法权益的行为，为改善企业经营环境提供了条件。

二、加强基本建设审计

针对基建投资增长过猛，建设战线过长，固定资产投资效益低等问题，先后开展了自筹基建资金来源审计、基建项目开工前审计和大的建设项目预决算的审计。通过审计，为国家节省建设资金8.3亿元。1989、1990 两年重点开展了对 410 个停缓建项目的跟踪审计，审查资金1.5亿元，制止了一批明停暗建项目，撤销和削减了一批非生产性项目，有效地控制了基建投资规模。这两年，在搞好跟踪审计、开工前审计的同时，将审计重点放在资金投入多、政府关心的基建项目、技改项目和市政建设项目的专项上，先后审计 203 个项目，查出多列、少列概算，超规模，超标准，以及损失浪费等金额5.8亿元。例如，省局对开滦矿务局东欢坨矿和吕家坨矿在建工程进行审计，就查出多列概算 2260 万元，计划外和超计划投资 301 万元，损失浪费 6126 万元，转移基建投资 2340 万元。

三、完善行政事业审计

1989—1990 年开展了以检查教育、卫生、民政、农林水事业费等项资金为重点的行政事业定期审计。两年共审计 7121 个行政事业单位，审计资金总额55.7亿元，查出违纪金额5730.5万元。通过审计发现一些单位挤占挪用专项事业费，虚列支出转移资金、滥发钱物，请客送礼、挥霍浪费，以及违控购买商品等问题。1991 年，改进了对行政事业单位的定期审计工作。把强调覆盖面一般做法改变为重点抓有资金分配权、罚没收入、预算外收入和违纪问题较多部门和单位的审计。全年共审计行政事业单位 1843 个，查出违纪资金 3674 万元。这对促进专项资金合理有效使用，防止资金流失和治理“三乱”起了一定作用。

1992 年坚持把资金分配权、预算外资金多和有罚没收入的单位作为审计重点，对12个地市所属区县土地管理部门和72个县(市)公安交警支队1990—1991年度预算外资金进行了审计。查出两个部门截留国家收入、漏交税金、乱收费、乱罚款等违纪金额2279万元，占预算外收入的16%。1989—1993年，连续五年对支农专项资金进行审计。重点放在：1、主管部门是否专款专用，有无截留和挤占挪用；2、检查使用单位资金使用是否合理有效，有无损失浪费；3、对重点农业工程项目坚持从资金投入到工程竣工实行分段审计。通过审计，共查出违纪资金1亿元，归还被挤占挪用资金2716万元。这对加强各用款单位对农业资金的管理，督促各地落实党的农业政策，为发展农村经济起到了积极作用。

四、拓宽财政金融审计

为发挥审计部门的宏观调控作用，每年对三分之一的地、市、县财政部门和3个专业银行系统进行审计。截止1992年，已对县以上财税部门、各专业银行轮审一遍以上。五年间，共查处各类违纪资金31亿元。仅1990、1991年查出金融机构挪用信贷资金和资本金搞基建达7062万元。1993年，为贯彻中共中央6号文件精神，审计了196个金融、保险机构，查出违规拆借、挪用信贷资金、隐瞒截留收入等违纪资金24亿元。通过对综合经济管理部门和国家宏观经济调控部门的审计，体现了审计工作在为调控服务上发挥的积极作用。

五、探索外资审计

到1993年底，已对全省与世界银行、联合国农业发展基金等国际组织签订协议并生效执行的11个项目进行了审计。涉及总投资额45亿元，查出违纪金额1亿元。1992—1993年，还对370户三资企业进行了审计或审计调查，发现利息负担重，成本费用高等因素制约了三资企业的发展。对三资企业的审计，得到省政府领导的肯定。

六、开展审计调查

在进行微观审计的同时，各级审计部门结合当地经济工作中心，根据各级领导关注的难点、热点问题及经济生活中一些带倾向性、普遍性的问题，开展多种形式的审计调查。五年间，共调查27978个单位，写出各种调查报告、专题报告5725篇，被各级党委、政府和上级部门采纳批转的3871篇，为各级领导宏观决策提供了依据。

七、加强审计体系建设

在不断加强国家审计机关机构组建、人员配备、教育培训、廉政建设的同时，把加快内部审计、社会审计的发展作为加强审计体系建设的一项重要任务来抓。截止1993年底，全省已建内审机构3414个，配备内审人员8464人。五年间，共审计70560个单位，查出损失浪费金额5.2亿元，促进增收节支9亿元。社会审计也有了较大发展。截止1993年底全省已成立社会审计机构197个，从业人员1379人。五年来，全省社会审计组织接受委托承包离任审计，清理债权、债务，验资年检，资产评估等。实践证明，社会审计在基建预算审计，集体企业审计、资产评估等领域，发挥愈来愈重要的作用。

山西省审计局

1989—1993年，山西省各级审计机关紧密围绕经济建设这个中心，全面贯彻审计署提出的“积极发展，逐步提高”和“加强、改进、发展、提高”的方针，转换脑筋调整重点，改进方法，积极开展审计监督，取得了较好的成绩。在支持改革开放，促进经济发展，维护财经纪律，提高经济效益，增加财政收入，促进党政机关为政清廉等方面发挥了积极的作用。五年来，全省各级审计机关共审计了67471个单位，查出各种违纪违规金额462074万元。其中，应上缴财政金额

69810 万元，已上缴财政金额 40941 万元，同时，还查出损失浪费金额 17577 万元，百万元以上违纪案 191 件，万元以上贪污贿赂案 36 件，促进增收节支 39158 万元，有 55 个违纪责任人受到党纪政纪处分，91 人受到刑事处分。

五年中，全省各级审计机关主要开展了以下几个方面的审计：

一、财政收支审计

财政是国家的重点宏观调控部门，加强对财政税务部门的审计，可以促其正确行使职能，管好用好国家资金，促进经济发展。五年来，山西省各级审计机关始终把对财税部门的审计作为重点，在各级财政税务部门自查的基础上，共审计地、市、县(区)、乡(镇)财政收支 1704 个(次)，审计资金总额 317 亿多元，查出违纪违规金额 74003 万元。其中，隐瞒截留转移财政收入 23244 万元，虚列财政支出 4364 万元，越权减免的各项税收 1999 万元，扩大成本费用 484 万元，违规退库 875 万元。对查出的问题，按照有关规定作了处理，既严格了财政税收管理，又增加财政收入 24054 万元，从而增强了各级财政的宏观调控能力。

二、金融(保险)审计

对国家金融机构进行审计监督，是《宪法》和《审计条例》赋予审计机关的重要职责，五年来，共审计金融单位 1001 个(次)，审查资金总额 533 亿多元，查出违纪、违规金额 85531 万元，其中，隐瞒截留收入 4864 万元，乱计成本费用 2130 万元，偷税漏税 458 万元，擅自多(少)收利息 3137 万元，挪用信贷(保险)资金 8839 万元，违反外汇管理规定 910 万元。对查出的问题分别作了处理，追还侵占挪用资金 5452 万元，上缴财政 2896 万元，处以罚款427.3万元。这对于稳定金融秩序，促进信贷资金的合理使用，产生了积极的作用。

三、固定资产投资项目审计

随着改革的深入和经济的发展，国家用于固定资产的投资越来越多，对新上的基建项目特别是一些重点建设项目，及时进行审计十分必要。五年来，各级审计机关根据审计署和省政府的要求，对国家及我省的重点建设项目、部门和单位自筹基建项目以及新开工、复工前基建项目进行了审计，共审计检查项目 6537 个(次)，查出违纪违规金额 114690 万元。其中，资金来源不正当 4317 万元，偷税漏税 5671 万元，截留基建收入 886 万元，转移侵占挪用基建资金 13685 万元，其他违纪违规问题 29741 万元，并查出损失浪费金额 7104 万元。通过审计，归还原资金渠道 25607 万元，补交各种税金 3447 万元，削减基建项目投资 30500 万元，处以罚款 229 万元。对固定资产投资项目审计，对抑制投资膨胀，优化投资结构，防止建设资金流失，产生了积极的作用。

四、企业经营责任审计

企业特别是大中型企业，是国民经济的支柱，财政收入的主要来源，搞好搞活企业，不仅是各级政府领导的首要任务之一，也是各级审计部门义不容辞的责任。五年来，各级审计机关、内部审计机构和社会审计组织，以承包兑现审计为重点，对 15450 户企业进行了审计，共审查资金总额 1146 亿多元。查出违纪、违规金额 101921 万元，损失浪费金额 5464 万元，促进增收节支 3388 万元。还就经济效益差、潜亏严重、企业债务负担过重、资金积累能力差、消费基金增长过快、专用基金超支严重、收入分配向个人倾斜等问题进行审计调查，写出了专题或综合报告。与此同时，国家审计机关还对 216 户大中型骨干企业实行了经常性审计，对 30 户工业企业进行了经济效益审计，对 5 户中外合资企业进行了财务收支审计。这对于促进国有大中型企业加强管理，挖掘潜力，提高经济效益，增强活力，督促合资企业严格遵守国家法律法规及合同协议等方面起了积极作用。

五、农业资金审计

党中央、国务院历来十分重视农业问题，加

强对农业资金的审计势在必行。五年来，各级审计机关，始终把农业资金审计作为重点，先后对农业发展基金、扶贫资金、育林基金、小型水利和水土保持补助费、水利专项资金、粮棉基地县农业专项资金等十多项农业资金进行了审计。共审计单位6439个（次），审查资金总额304791万元，查出违纪违规金额8443万元。其中，挪用农业专项资金2331万元、虚列转移634万元，其他违纪违规问题5474万元。经审计处理，上缴财政565万元，减少财政拨款78万元，追还被侵占挪用款项2592万元。省政府领导对农业资金审计十分重视，多次在审计报告上批示，要求各有关部门就审计发现的问题进行认真研究，提出解决办法，切实加强对农业资金的管理。在搞好农业资金审计的同时，还对部分环保资金、人防经费等专项资金进行了审计，查出各种违纪金额430万元，对促进这些资金的合理使用，提高资金使用效益，发挥了积极作用。

六、行政事业单位审计

继续坚持了以“三有一多”单位为重点的行政事业单位经常性审计，五年共审计了28965个单位，审查资金总额155亿多元，查出违纪违规资金35320万元。其中，挤占挪用专项资金9521万元，预算内转预算外资金752万元，截留应缴财政收入3868万元，虚列转移693万元，违控购买商品298万元，乱收费578万元，其他18047万元。对查出的问题，审计机关均按规定作了处理，其中，应上缴财政2971万元，减少财政拨款或补贴244万元，追还侵占挪用资金3510万元。通过对行政事业单位进行定审，促进了党政机关为政清廉。五年中，各级审计机关还配合反腐败斗争，根据当地党委、政府的安排，对一批企事业单位进行了专案审计或专项审计，查实了一批严重经济问题，移交纪检监察部门和司法机关处理。

七、利用外资项目审计

随着改革的不断深入，我省的利用外资项目逐渐增多。五年来，根据审计署和省政府的授权，对我省使用世行和亚行贷款的43个项目、46个执行单位进行了审计，查出了一些违纪违规和配套资金不落实的问题，并督促有关项目单位认真地进行了纠正。通过审计，加强了对内监督，促进了外资项目的管理。

八、审计调查

五年来，各级审计机关坚持从宏观着眼、微观入手，紧紧围绕经济建设中心，针对改革开放和经济建设中出现的带有普遍性、倾向性和苗头性的突出问题，及时进行了审计调查，提出改进意见和建议，为各级领导和决策部门提供了决策依据。五年来写出反映宏观经济的专题调查报告和综合分析报告4738篇。受到了审计署、省委、省政府以及各地市县领导的高度重视。有的以政府名义转发，有的领导作了批示，有的还在中办和国办信息上转载。

为保证各项审计任务的完成，还大力加强了审计体系建设和各项基础管理。在审计机关的建设中，重点抓了领导班子建设、队伍建设和审计法规建设及审计基础建设，同时还加强了审计科学研究。

五年来，内部审计和社会审计也有了较大发展。到1993年全省已建立内部审计机构3008个，其中专职内审机构2033个，配备内审人员7605人，专职人员5018人，共审计46758个单位，查出损失浪费金额23156万元，促进提高经济效益82754万元，纠正违纪违规金额70520万元，贪污贿赂案90件，送监察部门处理106人，移送司法机关处理136人。充分说明内部审计在促进各部门、各单位遵守财经纪律、提高经济效益等方面发挥了积极作用。五年中，全省的审计事务所已发展到150个，从业人员达到1678人（聘用686人），其中管理人员249人，审计师或会计师以上职称570人。各级社会审计组织共完成审计机关委托的审计事项139079项，培训财会、审计人员7577人次。社会审计以其良好的信誉，周到的服务，赢得了社会各界的好评，收到了较好的社会效益和经济效益。

内蒙古自治区审计局

1989—1993年,是内蒙古自治区审计工作深入发展的五年。五年来,在自治区党委、政府和审计署的领导下,认真贯彻“积极发展,逐步提高”的审计工作方针,紧密围绕经济工作中心,开展审计监督,取得了较好成绩。全区共审计了47793个单位(项目),查处了违反财经法纪问题资金,已上缴财政3.18亿元,决定追还被侵占、挪用的专项资金和减少财政拨款(补贴)4亿元,对单位和责任人员罚款2135万元,查处万元以上贪污、贿赂案件68起,移送司法机关处理120人。通过审计,在严肃财经法纪,促进增收节支,推动廉政建设,加强宏观调控,加快改革开放和经济建设步伐等方面发挥了积极作用。

一、企业审计

1989年以来,按照“分层次、抓重点”的要求,我区审计机关在全区范围内相继开展了企业承包经营责任审计,并坚持了经常化。同时,从内蒙古自治区实际出发,除开展了重点企业审计之外,还先后开展了对外贸、物资、粮食、供电、邮电、制酒、食品、供销和制糖等行业审计,并承办了审计署授权的元宝山发电厂和霍林河煤矿等7个中央级企业的财务收支审计。五年来,共查出违纪违规金额5.25亿元,促进增收节支4313万元,并对一些行业的潜亏挂帐问题进行了核实。通过审计,在严肃国家财经法纪,保障国有资产安全增值,促进企业不断完善承包经营责任制,维护企业合法权益,推动企业加强经营管理,提高经济效益等方面都发挥了积极作用。

《全民所有制工业企业转换经营机制条例》颁布以后,为增强企业活力,推动企业进入市场,进一步改进和深化了企业审计。在审计对象上,从以审计实行承包经营责任制的企业为主,转为以审计盈亏大户特别是亏损大户为主;在审计方法和内容上,从以查处违反财经纪律问题为主,转为从财务收支审计入手,重点审计企业资产、负债和损益的真实合法性,并向检查、评价企业内部控制制度和经济效益延伸,帮助企业分析原因,制定扭亏增盈措施。在对违纪问题的处理上,不是简单套用原有法规,而以“三个有利于”为标准,实事求是地处理改革中出现的新情况、新问题,为企业适应社会主义市场经济体制创造宽松的环境。

二、基本建设审计

从1989年以来,我区各级审计机关密切配合计划部门,先后对自治区确定的162个停缓建项目实施了跟踪审计,对3668个新开工项目开展了资金来源审计和开工前审计,并受国家计委和审计署的授权,对霍林河煤田、准格尔煤田、察干诺尔碱矿、大(同)包(头)铁路复线、集(宁)通(辽)铁路、电力行业和呼和浩特炼油厂等一批国家和自治区重点建设项目进行了就地审计。通过基建审计,查出违纪违规资金5.12亿元,损失浪费金额2594万元,削减基建项目投资1.2亿元,还为项目单位节约资金近亿元。同时,针对存在问题,提出改进意见,促进了项目建设单位和施工企业健全内部控制制度,加强和改进经营管理,提高了资金使用效益。

三、财政金融外资审计

财政审计逐年扩大了审计面。到1992年底,全区12个盟市财政已轮审了两遍,实现了审计署对地市级财政审计两年轮一遍的要求。旗县级财政审计面每年达到30%以上,乡级财政审计面达到了10%以上。审计结果表明,在近90%的旗县吃补贴的情况下,地方政府和财税部门努力增收节支,为减少财政赤字做了大量工作,但在一些地区仍然存在违纪违规问题,共查出擅开减收增支口子、越权减免税收、划预算内为预算外、资金体外循环、税务部门多提税收分成等违纪违规资金4.3亿元。通过审计,不仅严肃了财经法纪，而且促进了财税部门加强管理，提高生财、聚财、理财水平。

金融审计不断深化。五年来，我区各级审计机关先后对中国人民银行、农业银行、工商银行、中国银行、保险公司和建设银行系统分别进行了财务收支审计，共查出违纪违规问题资金7.94亿元。特别是1993年中央6号文件下发以来，在抓建行审计的同时，对全区573个金融机构落实整顿金融秩序情况进行了专项审计监督。重点审计了金融系统执行信贷政策和利率政策情况，特别是检查了贷款投向，审计了金融部门本身的财务收支。共查出违规拆借资金和用信贷资金炒卖房地产等违反信贷政策金额5.7亿元，其中违反利率政策多收利息6280多万元。在财务收支方面，查出挤占成本、虚列支出转移资金、偷漏税收等金额8098万元。此外，还发现违反结算纪律，挤占延压客户资金10.9亿元，逾期贷款、风险贷款、呆帐贷款近20亿元。通过审计，分析了产生问题的原因，提出了改进建议，为促进金融部门更好地执行信贷政策，活化资金，促进经济建设发挥了积极作用。

外资审计质量不断提高。1989年以来，我区各级审计机关先后对18个国际金融组织贷款及联合国援助项目进行了审计公证，对部分中外合资合作企业进行了审计。对地方铁路等项目审计结果受到了国际金融组织及审计署的好评。

四、政府部门审计

为促进廉政建设，1989年以来，我区审计机关对政府部门的财务收支实行了经常性审计。在审计方法上突出了重点，延长了周期。重点放在有资金分配权、有罚没收入、有预算外收入和违纪问题较多的部门。五年来，共审计了12104个单位，查出违纪金额1.68亿元，为国家增加收入和减少财政拨款2338万元。经过几年的连续审计，被审计单位增强了遵守财经纪律的观念，财务管理有所加强，违纪金额逐年减少。

五、农业资金审计

我区以农牧业经济为主体，管好、用好农业资金，对振兴自治区经济有着重要的意义。五年来，我区先后对小型农田水利、农业开发、商品粮基地建设、扶贫等专项资金和23个农业开发旗县的农业总体投入资金连续进行了审计。突出的问题是，农业投入增长缓慢，资金不能及时足额到位，挤占、挪用和虚列转移农业资金的问题比较普遍，共查出违纪金额6245万元。通过审计，促进了农业资金的管理，提高了资金使用效益。尤其是1992年开展了一期农业开发资金审计，为我区一期农业开发顺利通过国家验收和二期开发批准立项，提供了可靠的依据。

六、开展审计调查

为了充分发挥审计工作在宏观调控中的作用，我区审计机关紧紧围绕经济工作的中心开展专项审计调查。如，1989年，为配合治理整顿，全区对近千个汽车修理和经销配件企业的发票管理、使用情况进行了审计调查，查出各种假发票28000多张，弄虚作假套取现金和实物计267万元，针对存在的问题，提出了五条治理假发票的措施和建议，受到自治区政府重视，专门发文批转全区贯彻执行；1990年，配合治理“三乱”和纠正行业不正之风，在全区范围内开展了对公安、工商、物价系统“三乱”问题的专项审计调查，查出各类违纪金额2000万元；1991年，针对我区企业承包第一轮到期，第二轮开始的情况，对工商、商贸企业承包经营中存在的问题进行了审计调查，为进一步完善承包合同提供了依据；1992年，为摸清粮食调价后财政收支和企业盈亏的影响，组织全区审计机关对粮油销量较大的343个粮食企业进行了审计调查；1993年，为进一步摸清全区粮食挂帐的底数，并分析原因，研究对策，又组织600多人，对全区粮食行业开展了审计和审计调查。还先后对农业总体投入资金、社会养老和待业保险基金以及“五行一司”整顿金融秩序等情况进行了审计调查，并针对存在问题，分析原因，提出解决意见，受到了各级领导的重视，1993 年仅自治区政府批转的审计调查报告就有四期。

七、内部审计和社会审计

截止 1993 年末，全区已建立内部审计机构 1929 个，配备工作人员 4539 名。这五年间，内部审计工作领域不断拓宽，在财务收支审计的同时，突出了经济效益审计。全区共审计了 25986 个单位(项目)，纠正违纪违规金额5.68亿元，促进增收节支1.46亿元。内部审计工作的深入发展，促进了企业改善经营管理，提高经济效益，增强了自我约束、自我发展能力。1993 年，我区的包头钢铁稀土公司、内蒙古广播电视厅、兴安盟物资处被评为全国内部审计先进集体，还有四名同志被评为全国内部审计工作先进个人。我区社会审计工作始于 1988 年，到 1993 年年底，全区已批准建立审计事务所 118 个，从业人员达到 927 名，其中注册审计师 488 名。全区审计事务所接受部门、单位委托，开展审计查证、咨询服务 49461 项，培训基层财务审计人员 4695 人次。同时，社会审计工作制度逐年完善，绝大多数审计事务所为加强自身建设制定了一系列内部管理与分配制度，走上了制度化、规范化轨道，工作质量和社会信誉逐步提高。

五年来，审计基础建设工作中，通过对审计干部的教育培训，提高了他们的政治水平和业务能力；1989 年以来，各级审计机关进一步完善和规范了审计工作程序，建立健全了审计信息、审计复核、审计统计、审计目标管理和审计工作综合考核等项制度；在审计科研工作中也取得了进展。

辽宁省审计厅

1989 年以来，辽宁省的审计工作紧紧围绕党和政府的中心工作，适应改革开放的新形势，解放思想，积极探索，大胆实践，不断加强和改进审计工作，强化审计监督，努力为促进改革开放和经济建设服务，取得了可喜的成绩。五年间共审计了 43120 个单位和项目，查出违纪违规金额67.4亿元，应上缴财政金额8.1亿元，已上缴财政7.1亿元。查出百万元以上违纪单位 469 个，查出万元以上贪污案 101 件，受党政处分的 186 人，移送司法机关处理的 253 人。通过审计监督，严肃了财经纪律，维护了国家利益，促进了法制建设，保证了改革的顺利进行。

一、解放思想，改革开放意识不断增强

几年来随着改革开放的不断深入，全省各级审计机关和广大审计人员坚持不断解放思想，转变观念，找准审计机关在建立社会主义市场经济中的位置，积极为改革和经济建设服务。省厅 1989 年、1990 年提出了围绕党和政府的中心工作，大力加强审计监督，为治理整顿深化改革服务，为促进全省国民经济持续稳定协调发展服务的指导思想。1991 年提出了紧紧围绕党和政府的中心工作加强审计监督，紧紧围绕稳定经济，提高经济效益搞好审计工作的指导思想。1992 年提出了围绕中心抓重点，反映宏观上层次，提高质量求发展的指导思想。1993 年是我国改革开放，建立社会主义市场经济的重要一年，全省各级审计机关，以党的十四大和十四届三中全会精神为指针，遵循建立社会主义市场经济体制的总要求.锐意改革，强化审计监督。省厅要求各级审计机关不断地解放思想，转变观念，改变就事论事的思维方式，发挥审计工作为宏观调控服务的作用。中央 6 号文件下达后，省厅先后下发了《关于对农民负担过重问题进行审计监督的通知》、《关于围绕集中资金保证经济工作重点开展审计监督的通知》、《关于加强机构改革中审计监督的通知》，比较好的指导了审计工作，促进了审计工作的全面开展，审计工作也在改革开放和经济发展中，发挥了积极的作用。

二、大胆实践勇于开拓进取

五年来，随着改革开放力度的加大，经济的

发展，给审计工作提出了许多新课题。全省审计机关不等不靠，积极探索，努力实践。在审计执法上，既坚持依法审计、反对随意性，又注意实事求是，反对死抠条文，努力做到执行政策不“刮风”，强化监督不“乱步”。全省共查处百万元以上违纪单位675个；万元以上贪污贿赂案116件；移送司法机关处理的310人，保护了改革的顺利进行。在审计深度上，既注意对每个具体审计对象一丝不苟地开展审计，又注意创造性地发挥审计较高层次监督作用。在审计方法上，既注意审计工作的实际特点，又注意不断地探索加强和改进审计工作的新路子。在审计领域上，既注意开展常规审计，又注意拓展新的审计内容。几年来，全省各级审计机关发挥主观能动性，不断拓宽审计领域，提高了审计的生命力，促进了审计事业的发展。

三、突出重点，审计工作质量进一步提高

在实际工作中，坚持把省委、省政府的经济工作重点和审计署的重要工作部署，作为全省审计工作重点。加强了对地方政府财务收支和金融信贷资金的审计监督。财政审计重点，也由财政收支向财政预算收入和支出审计过渡，发挥了审计较高层次监督作用，堵塞了漏洞，促进增加财政收入，控制了支出；在金融审计中，审计了1672个金融机构，查出违纪违规金额近8.7亿元，并加强了信贷资金管理，提高资金使用效益，推进资金的合理流动。1993年，为贯彻中央6号文件，各级审计机关重点对金融机构的信贷规模、违规拆借、金融部门办“三产”、结算纪律松弛等问题进行审计，并及时将发现的问题向有关部门作了反映。在对大中型企业审计中，各级审计机关选择一些重点企业和亏损大户在财务收支审计的基础上，向检查有关内部控制制度和经济效益方面延伸。通过审计，帮助企业完善内部管理制度，为企业加强经营管理，提高经济效益提供了条件。五年来，共提出合理化建议29716条，促进企业增收节支8亿元。五年来，加强了对重点建设项目的审计，先后完成了审计署交办的辽河油田600万吨采油600万米钻井进尺扩建工程、“七五”国家重点项目本钢改扩建工程、铁岭电厂和抚顺11.5万吨乙稀工程等30多个国家和省属重点基建项目的审计，在调整压缩固定资产规模、控制投资结构等方面发挥了积极作用。同时，还认真进行了行业审计、专项资金审计。几年来，重点对扶贫资金、支农周转金、退休养老金、待业保险金等专项资金进行审计监督，还对商业、粮食、木材、医药、旅游、环保、冶金、机械、纺织等十几个行业进行了审计。对审计发现的一些带有普遍性、倾向性问题及时向有关部门作了反映。1993年，为减轻农民负担，全省集中开展了农电行业审计，审计查出违纪金额5782万元，引起了各级领导的重视，受到了农民的欢迎。对有资金分配权、有预算外收入、有罚没收入和问题较多的行政部门进行了审计，查出违纪支出占全部罚没收入的53%。通过审计，加强了这些单位和部门的管理，促进了廉政建设。

四、进一步发挥审计宏观调控作用

几年来，全省各级审计机关，把发挥审计工作的宏观作用，做为深化审计工作的重要措施。首先是加强了对各级领导交办事项的审计，直接为领导宏观决策服务。五年间，各级审计机关共完成各级领导交办的审计事项上千件。其次是加强综合调研分析，围绕党和政府制定的宏观调控措施的贯彻落实情况进行审计监督。几年来，全省共安排了41个重点调查项目，这些调查项目都取得了比较好的成效，据不完全统计，各级审计机关共写出审计报告、调查报告和送(呈)阅件3904份，有2561份分别被各级领导机关采用或经各级领导批示。同时还注意把在微观审计中发现的倾向性、苗头性问题和群众关心的热点、难点问题，及时向党政领导机关作了反映，为领导机关制定宏观调控政策提供了资料。

五、内部审计和社会审计工作有了发展

几年来，内审工作适应改革开放的需要，在搞好财务收支审计的基础上，工作重点逐步转

向经济效益审计，在促进企业经营机制转变、改善经营管理、健全规章制度、维护企业的合法权益、提高经济效益等方面发挥了积极作用。目前，全省已建立内审机构 3657 个，配备内审人员 10599 人，五年来，共审计 121687 个单位和部门，纠正违纪违规金额 32 亿元，促进增收节支12.8亿元。在 1993 年审计署召开的全国内部审计工作会议上，省厅和我省 15 个内审单位，16 位内审工作者受到了审计署的表彰。社会审计也有了比较大的发展。目前，已建立审计师事务所 147 个，配备社会审计人员 1616 人。社会审计的"三化"建设不断加强，业务领域不断扩大。五年来全省共完成国家审计机关委托的审计事项 11079 项，完成其他部门、单位委托的事项 217816 项。此外，乡镇审计也取得了比较大的进展。全省已有 358 个乡镇政府建立了审计机构，推动了乡镇经济的发展。

此外，在审计机关基础建设上取得了成绩。加强了思想政治工作，通过学习邓小平关于建设有中国特色社会主义理论，提高了干部的理论水平和政策水平；通过抓思想教育、制度建设和检查监督，促进了廉政建设；在加强法律、法规学习中，把普法教育和审计法制建设结合起来，增强了干部的法制意识，提高了干部的执法水平；还认真开展了审计科研和干部培训工作。

吉林省审计局

1989—1993 年，吉林省各级审计机关在审计署和省委、省政府的领导下，认真贯彻落实邓小平同志南巡重要讲话和十四大精神，适应加快改革开放和经济发展需要，加强改进审计工作，取得了新的成绩。五年来，全省共审计了 23292 个单位，查出各种违反财经纪律金额 12.28亿元，其中应缴财政金额3.97亿元，已缴财政金额3.21亿元，促进增收节支1.4亿元，减少财政拨款和补贴 2857 万元，追回被侵占挪用的资金2.2亿元，查出贪污受贿案件 40 起，将 55 人移交纪检、监察和司法机关处理。对维护财经纪律，加强宏观控制，促进被审单位加强经营管理，提高经济效益，保证改革和经济建设的顺利进行，发挥了积极的作用。

一、财政金融审计

五年来，全省共对财税部门的 1433 个单位进行了审计，查出违纪金额4.1亿元，其中应缴财政金额 8586 万元，已缴财政金额 5689 万元。1989 年审计 41 个财税部门，共查出违纪金额4.3亿元，其中 23 个财政部门违纪金额4.2亿元，18 个税务部门违纪金额401.9万元。1992 年，审计了地、县、乡级财税部门 314 个，查出违纪违规金额 7156 万元，审计增加财政收入 1273 万元。1993 年审计了地、县、乡财税部门 277 个，查出违纪金额1.16亿元，审计增加财政收入 1781 万元。

五年来，全省共对 1083 个金融、保险部门进行了审计，查出违纪金额5.43亿元，应缴财政金额 4168 万元，已缴财政金额 2958 万元。1992 年共对 195 个金融保险部门进行了审计，查出违纪金额1.62万元，应缴财政金额 421 万元，已缴财政金额 193 万元。1993 年 6 月至 7 月，对省直和长春、吉林两市 18 家金融机构的信贷资金占用及财务收支进行了审计，查出违章拆借、资金外流、财务管理不善等有问题金额 32 亿元。

二、工业交通审计

五年来，共审计了 3882 个单位，查出违纪金额6.6亿元，其中应缴财政金额 7680 万元，已缴财政金额 4790 万元。1991 年，全省对 139 户企业进行经济效益审计试点，通过审计使 104 户企业的经营状况有所好转，提高效益 2343 万元。对全省 56 户啤酒生产企业的经济效益进行审计调查，向各级政府及主管部门提出有数据、有分析、有建议的综合报告 34 篇，提出可行性建议 169 条。省局审计了全省设计生产能力最大的吉林市松源啤酒厂，提出 4 个方面 13 条建议，有 7 条被企业采纳，当年增加效益232.9万元。1992年，对全省亏损百万元以上的132户工业企业和对全省6户年原油加工能力为50万吨以下的小型炼油企业进行了审计调查，形成的综合报告，省政府领导分别作了批示。1993年，对117户（其中：煤炭行业22户、酿酒行业52户）工业企业补贴情况进行了审计调查。同时，还对85户百万元亏损企业进行了审计调查，副省长魏敏学听取汇报后，责成有关部门加强扭亏工作。

三、基本建设项目审计

五年来，共审计检查地方重点建设项目412个，投资总额67.49亿元，其中基本建设项目46个，总投资27.5亿元，更新改造项目9个，总投资1.4亿元。审计出有问题金额2.18亿元，占项目总投资额的7.5%，检查处理后，为国家节约投资4308万元，占投资总额的1.5%。审计署授权审计项目3个，总投资14.57亿元，审计出有问题金额1.9亿元，上缴财政金额231.2万元。

1989年，开展对全省停缓建项目跟踪审计，共清理在建项目3311个，投资规模117.1亿元。对已确定停缓建项目113个进行跟踪审计，总投资额5.1亿元，压缩投资3.6亿元，占投资总额70.9%。1989年以来，开展了固定资产投资项目开工前和自筹基建审计，共审计新开工项目334个，自筹基建项目2276个，审查概算投资2699亿元，压缩项目128个，削减投资1.1亿元，占投资总额的0.4%。1992年，依据审计署《关于开展更新改造项目审计调查的通知》要求，对全省6个限额以上，17个限额以下的更新改造项目进行了审计调查。1993年，审计了259个基本建设项目，查出偷漏税款，转移挪用建设资金，高估冒算等有问题金额2.67亿元。依法处理后，补交税款513万元，核减工程预决算294万元，对控制投资规模起到了积极作用。

四、商粮外贸审计

五年来，共对3346个单位进行了审计，查出违纪金额3.04亿元，其中应缴财政金额4140万元，已缴财政金额2913万元。1991年，对8个市、州25个县（市）1989—1990年度的发展粮食生产专项资金进行了审计，共审计74个业务主管部门和307个资金使用单位，查出违纪金额121.4万元，归还原资金渠道、罚款等128万元。1992年，对长春、大安等5个县（市）粮食仓储企业1991年度财务收支进行了审计，查出违纪金额1117万元，对查出的乱摊成本费用、挤占挪用粮食资金、截留收入、专用基金超支、漏欠税款等问题，均按国家有关法规进行了处理，共减少平、议价粮油亏损和增加财政收入1000万元。1993年，为了促进全省粮食企业减亏，全省有44个审计机关对粮食企业发生亏损挂帐25.8亿元，专用基金超支10.3亿元。根据省领导要求，省局对农安县所有粮食企业资金占用情况进行了审计，查出这些企业用流动资金购置固定资产、违规购置小汽车、资金体外循环等问题4.4亿元。省领导听取汇报后，决定将审计情况以省政府文件通报全省。

五、农林水利审计

五年来，全省共审计3441个单位，查出各种违纪金额1.5亿元，应缴财政金额2030万元，已缴财政金额1360万元，查出损失浪费金额1144万元，促进增收节支403万元。1989年，全省对29个县1987—1988两个年度的发展粮食生产专项资金进行了审计，共审计了356个使用单位，查出违纪金额396.4万元，上缴财政金额30万元。1990年，全省各级审计机关对1989年度农业发展基金、发展粮食生产专项资金、小型农田水利补助费和支农周转金等项资金的管理使用情况进行了审计，共审计877个资金使用单位，查出违纪金额636.2万元，上缴财政金额73万元。1991年，全省各级审计机关对一期农业综合开发资金和35个县（市）的发展粮食生产专项资金进行了审计，共审计667个主管部门和项目单位，查出违纪金额668.4万元。1992年，对10个商品粮基地县的农业资金进行了审计，共审计404个部门单位，查出违纪金额1262.9万元。1993年，审计了17个县的农业投入资金，查出挤占挪用金额 777 万元，支农周转沉淀 4492 万元，地方匹配资金欠配 1082 万元，支农资金少支出 2871 万元。省局还组织 34 个县(市)审计局对 156 个村的农民负担情况进行了审计调查，对长春、四平、吉林三市国土资金管理情况进行了审计调查，并提出了加强管理的建议，省领导都分别作了批示。

六、行政文教审计

五年来，全省共审计了 16511 个单位，查出违纪金额2.75亿元，其中应缴财政金额 4141 万元，已缴财政金额 2700 万元。自实行定期审计制度以来，到 1989 年全省一级预算单位的审计覆盖面已达到 100%。1989—1990 年共审计了 5196 个单位，违纪率均在 5%以下。从 1991 年起将定期审计的重点转向预算外收入多、罚没收入多、有资金分配权的部门和二、三级预算单位，有效地控制了违纪问题，促进了廉政建设。1993 年，全省审计机关对 65 个县以上工商行政管理部门预算外资金进行了审计，查出这些单位违反规定隐瞒、截留、挪用应上解的规费和管理费、多提自有资金、扩大开支范围、漏交两金等违纪金额 1728 万元，受到了有关部门的重视。另外，全省审计机关还对全省 67 个教育主管部门和 300 所中小学的教育事业费进行了审计，查出挤占挪用、乱列支出、乱发补贴等违纪金额717.6万元。

七、国际金融组织贷款项目审计

截止 1993 年末，共对审计署授权的 57 个国际金融组织贷款项目的 121 个执行单位进行了审计。审计总额为21.3亿元人民币，其中贷款金额9.4亿元，国内配套资金 9 亿元。同时，对部门项目的生产(经营)资金进行了抽审，抽审额9.3亿元，审计查出违纪金额 452 万元，上缴财政金额269.6万元。提出对外审计报告 17 份，下达审计结论和决定 23 份，发出审计意见书 57 份，提出审计建议 93 条。1993 年，省局对省直 197 家中外合作合资经营企业进行了审计调查，针对发现的企业注册资金不到位，可行性研究不实，经营水平低下，财务管理混乱等问题，提出了建议，高严省长作了批示，并责成有关部门加强对合资合作企业的管理。

八、中直企业审计

1989 年，对长春第九设计研究院 1987 年度财务收支进行了审计，对长春电信局、吉林省邮电管理局、东北一级站吉林供应站、全省邮电行业 1988 年度财务收支进行了审计，共查出违纪金额2263.1万元，应上缴财政金额762.06万元。

1990 年，对长春光机学院 1988 年度财务收支进行了审计，对交通养路费进行了专项审计，对省地矿局第四勘探工程公司 1988—1989 年度财务收支进行了审计，对长春输油公司 1989 年度财务收支进行了审计，共查出违纪金额1955.2万元，应缴财政金额 249 万元。1991 年，对中国科学院长春分院 1990 年财务收支进行了审计，对延边烟草公司 1990 年财务收支进行了审计，对中国石油销售公司吉林公司 1990 年财务收支进行了审计，共查出违纪金额92.5万元，应上缴财政金额 43 万元。1992 年，对白求恩医科大学 1991 年财务收支进行了审计，对吉林省电力局 1991 年财务收支进行审计，对吉林地质勘查局 1991 年财务收支进行了审计，对全省电力行业 1991 年财务收支进行了审计，共查出违纪金额1365.9万元，应上缴财政金额 169 万元。1993 年，审计了长春、白城、通化、浑江四户烟草分公司和中国机电设备总公司长春分公司及万宝煤矿，查出违纪金额 220 万元。

九、内部审计和社会审计

到 1993 年末，全省已建内审计机构 2588 个(专职机构 307 个)，配备专兼职内审人员 7588 人(专职人员 3600 人)，共对 90153 个单位进行了审计，查出违纪金额 28 亿元，促进增收节支4.2亿元，查出贪污贿赂案件 54 起，将 134 人移交监察、司法机关处理。目前，全省已建乡镇审计机构 1931 个(独立机构 157 个)，占全省 926 个乡的 21%，共配备审计人员 495 人

(专职314人),共审计5259个单位,查出违纪金额5542万元,促进增收节支412万元,督促有关部门减轻农民不合理负担3550万元。到1993年末,全省已建立审计师事务所91个,注册审计师485人,占从业人员的57%。共接受委托13.1万个单位(项目),查证总金额168.1亿元,查出违纪金额32.5亿元,帮助企业挖掘潜力,增收节支、减少损失浪费6457万元;审计集体企业3450户,查出违纪金额16912万元,上缴财政金额1917万元,为社会提供咨询服务2762户(项),提出改进经营管理、健全内控制度等方面的建议1.4万条,采纳率达80%以上,促进增收节支1731.4万元;受工商部门委托,全省有60多个审计师事务所开展了注册资金验证,验资单位达7.7万户,总金额299亿元,查出虚假资金30多亿元;接受司法机关和有关部门委托,鉴定经济纠纷和经济案件359起,鉴定总额1.73亿元;开展财务收支,经济责任审计查证业务及财税大检查,共审计查证2659(户)项,查出违纪金额8611万元,上缴财政金额717万元。

黑龙江省审计局

五年来,黑龙江省各级审计机关,在省委、省政府和审计署的领导下,认真贯彻"抓重点、打基础"、"积极发展,逐步提高"和"围绕建立社会主义市场经济体制,强化审计监督"的方针,把工作重心逐步转移到为宏观经济调控服务上来,发挥高层次的综合性财政经济监督作用,取得显著成效。全省审计机关共审计66994个单位,查出违反财经纪律金额488388万元,其中,应上缴财政金额95027万元,已上缴财政64040万元;查出损失浪费金额22690万元;促进增收节支144585万元;积极配合反腐败斗争查处贪污贿赂案件,1993年查处了9起案件,移交监察部门19人,移送司法机关20人。为维护国家财经法纪,保证改革开放顺利进行促进经济健康发展,发挥了作用。

一、围绕党政中心工作开展审计监督

五年来,全省各级审计机关紧紧围绕党政中心工作,逐步把审计工作的重点转移到为宏观管理服务上来,使审计监督工作为发展地方经济服务。1992年,对全省第二个财政包干体制实行以来的43个财政赤字县情况进行了审计调查,发现财政赤字逐年扩大,隐形赤字包袱越背越重。通过审计调查,针对问题提出改进意见和建议,受到省政府和省财政领导的重视。1993年全省审计机关按照省委对审计工作提出的要求,对41户改革试点企业进行了审计,完成了26项重点建设项目的跟踪审计任务,开展了党政主要领导任期审计的试审计工作和全面审计的准备工作,完成各级政府交办的任务,有的被誉为宏观调控服务的好部门。

二、把财税、金融和基建项目作为审计重点

五年来,全省各级审计机关共审计财税金融部门和单位3754个(次),查出违纪金额147060万元,其中应上缴财政金额56933万元,已上缴财政34630万元,应退还资金11600万元;共审计9786个基建和建企单位(项),查出违纪金额64080万元,其中应上缴财政7397万元,已上缴财政4651万元。对财税部门既审预算内资金,又审预算外资金;既审财政收支,又审预算内企事业和行政单位的财务收支,并逐步向多层次延伸;对财政赤字县实行审计签证制度,取得明显成效。1990年,由于重点深化,在审计单位比上年减少20%的情况下,查出的违纪金额和上缴财政金额分别比上年增加54%和82.5%。后来由于拓宽财税审计领域,向乡财政延伸,查出的违纪金额和上缴金额又比上一年分别增加1.7倍和60%。1992年开始,对15个财政赤字县实行决算审计签证,查出截留隐瞒国家收入,虚列转移支出,用预算内为预算外等虚假赤字金额499万元,受到省财政厅重视。1993年审计52个市、县财政决算,查出违纪资金和漏欠缴"两金一税"2.6亿元,应缴财政

收入1.7亿元。对金融部门审计，以整顿金融秩序为重点，加大审计力度。几年来，金融审计由财务收支向信贷收支延伸，突出了技改项目贷款审计。1991年，对全省92家工商银行及其办事处1988年以来技改贷款审计中，查出贷款空转等违纪违规金额9090万元。在对228个技改项目近10亿元投资的效益情况进行审计调查中，发现有30个项目投产后处于停产半停产状态，占压技改贷款2.1亿元。1993年，围绕贯彻中央6号文件把整顿金融秩序作为审计重点，集中时间和力量，对302户金融、保险机构资金分流情况进行了审计调查，揭示了违章拆借资金，利用营运资金为本系统购建固定资产、购买股票、债券，以及违纪提高利率等问题，为省领导整顿金融秩序决策提供了资料。固定资产投资审计始终是全省审计工作重点。五年来，在坚持基建财务决算和地方自筹资金来源审计的同时，进一步深化技改贷款项目审计。1991年，在全省451项9.1亿元投资项目的开工前审计中，查出违纪金额2400余万元，依法停止33个项目施工。1993年，完成了26个重点建设项目的跟踪审计任务。全省查出基建项目违纪资金10560万元，其中上缴财政836万元。各级审计机关强化了技改贷款工程项目的审计，并把基建审计与施工企业审计结合起来，查出了大量高估冒算，多结工程价款的问题。同时坚持既审又帮，促进项目落实，提高效益。

三、审计向内控制度和经济效益审计延伸

五年来，全省先后对酿酒、烟草、粮食、乳品加工、糖业、医药、纺织、金属材料、石油、煤炭销售等盈亏重点行业和一些大中型企业在财务收支审计的基础上，向内控制度和经济效益审计延伸。五年间共审计14345个单位(次)，查出违纪金额117444万元，其中应上缴财政金额20045万元，已上缴财政金额14766万元；查出损失浪费金额22214万元；促进增收节支金额9644万元。在行业审计中我们着眼提高经济效益，既审又帮，促进扭亏增盈，并紧紧围绕改革和经济发展中的重点问题进行审计调查，为宏观调控服务。1991年，全省审计的93户乳品加工企业，总亏损达446万元。为促进这些企业扭亏增盈，采取上下内外结合的办法，既查财务收支问题和内控制度上的漏洞，还走访了相关的畜牧、银行等单位和奶牛饲养专业户，查出财经违纪金额370多万元，查出由于损失浪费影响经济效益4100多万元。通过审计调查，提出了建议，被政府和企业采纳的有122条，加强了管理，促进了增收节支。1992年，围绕转换企业经营机制，对全省亏损重点的纺织行业的75户企业进行审计。针对产销比例失调、资金沉淀死滞、管理不善、损失浪费和违反财经纪律等方面的问题，向企业提出审计建议310条，增加企业收入640多万元。1993年，对45个地市县835户粮食企业1992年新增粮食挂帐问题进行了专项审计调查，针对存在的问题，提出了建议，引起省政府领导重视，并在建议上批示:“按审计局提出的建议进行整顿”。1991和1992年全省共审计1833个承包单位，查出违纪违规金额32200万元，其中虚盈虚亏金额7920万元；应上缴财政金额1917万元，已上缴1388万元。

四、坚持定期审计和重点专项资金审计

五年中，共审计行政和文教卫生等事业单位10570个(次)，查出违纪金额26282万元。其中应上缴财政3143万元，已上缴财政2350万元。1992年，审计1190个单位，查出漏缴“两金”、私设“小金库”、截留坐支罚没收入、挤占挪用专项资金等达1401万元，依法进行了处理。同时，强化了事业单位财务收支审计。配合治理“三乱”，开展了规费和罚没收入等专项审计。1991—1993年，连续审计了8个地市60个县(市)公安部门，有44个县区公安局、32个交警队、294个派出所，1989—1990两年的收费和罚没财物中的违纪资金就达2212万元。1993年，审计85个工商管理部门，查出1992年隐瞒截留、坐收坐支等违纪资金2647万元。

五年来，坚持开展了农业、水利、教育、科技、环保、保险等重点专项资金的审计。1991年，对国家投资较大的三江平原农业综合开发

资金进行了审计。在对28个市县的362个用款单位1988—1990年6.1亿元投资额审计中，查出违纪金额1333万元，其中应收缴财政308.4万元，应退还原资金渠道1025万元。1992年，在审计6.4亿元社会待业和养老保险基金中，查出违纪金额1298万元。1993年，又对国土资金、土地事业资金、农业总体投入资金，以工代赈(水利)资金等开展审计，取得明显效果。

五、外资审计有发展

自1989年始，我省外资审计已由世行贷款审计扩展到中外合资企业审计。五年来共审计518个单位(项目)，查出违规违纪金额15323万元。1991年，对60个项目审计中，在审查违纪问题的同时还对已建成投产项目的经济效益进行了审计。1992、1993两年共审计了108个项目单位，查出违纪违规金额5667万元。

六、内部审计和社会审计持续深入发展

到1993年末，全省建立内审机构3723个，配备内审人员8352人，其中专职5811人。五年来，共审计10233个单位(次)，查出违纪违规金额194020万元，促进增收节支60956万元。1991、1992、1993年，通过内审就上缴财政10087万元，增加留利10390万元。截止1993年末，全省已建立社会审计组织110个，从业人员1560人，有中级以上职称的人员占34%，注册审计师759人。完成委托项目39805个，1991—1993年，查证凭证金额520420万元，查出违纪违规金额10115万元，应上缴财政1579万元；培训财会、审计人员4833人。

此外，审计基础建设也不断加强。五年来，建立健全了《审计程序办法》、《复审实施办法》、《审计标准》等一系列配套法规和办法，还举办了行政复议应诉人员理论研讨；广泛深入地开展了审计宣传工作，写出了400多份审计调研报告，培训了一批审计人员。所有这些，都在一定程度上推动了审计“三化”建设，提高了审计质量和审计人员的执法水平。

上海市审计局

1989—1993年，是上海市审计工作发展提高的重要时期。五年来，全市各级审计机关坚持审计工作为党的经济建设中心服务的指导思想，全面履行审计监督职能，不断加强和改进审计工作，共审计了10545个单位(项目)，查出违规违纪金额17.58亿元，其中应上缴财政8.23亿元，已上缴财政7.54亿元；促进增收节支1.37亿元；减少损失浪费1.49亿元。

一、改进企业审计

五年来，上海企业审计以国有大中型企业为重点，突出抓利税大户、亏损大户和改革试点企业的审计，并在财务收支审计的基础上，加大向管理和效益延伸的力度，促进提高企业经济效益。

1989年，市审计局组织开展了对205户重点企业承包经营责任审计，针对承包经营企业存在的利润失实、潜亏挂帐、管理水平下降等主要问题，提出了完善承包经营责任制的建议，引起了市领导的重视，市经委、审计、财政等部门联合发出了《关于部分企业承包经营责任审计情况的几点意见》。1991年，市审计局通过对33户企业潜亏情况的审计综合分析，发现这些企业直接影响利润的潜在损失达1.6亿元，占这些企业当年报表利润的19.2%，市委、市政府对此非常重视，责成有关部门研究解决潜亏损失的办法。1991年，市审计局在对上海电缆厂审计中，针对该厂管理和技术措施不到位，两条引进的生产线利用率很低等问题，提出了鼓励生产和技术攻关两项建议，得到企业采纳，一年可增效益1000多万元。1992年，全市审计机关对86户企业开展了重点审计延伸，共提出审计建议300多条，当年促进提高效益980万元。1993年，市审计局在对20家国有商业企业审计中，通过采取查帐、盘点、调查三结合的方法，查出国有资产流失金额 2420 万元，并分析原因，提出了审计建议。市审计局和 9 个区县审计局还对 80 家亏损企业进行了审计，积极帮助企业寻找亏损成因，促进企业扭亏增盈。

二、深化基建审计

五年来，上海基建审计以城市基础设施建设重大工程为审计重点，共完成基建审计项目 2056 项，其中包括关港作业区、市内电话网、浦东煤气厂、南浦大桥、吴淞路闸桥、沪嘉高速公路、莘松高速公路等一大批国家和上海重点建设项目。通过审计，查出违纪违规金额 21709 万元，减少财政投资 4603 万元，查出损失浪费金额 6608 万元，促进增收节支 6511 万元。

通过审计实践，上海基建审计已探索形成抓开工前审计、在建项目审计、竣工决算审计三个环节入手审计的新方法，促进建设单位不断改进投资管理，提高投资效益。1991 年，市审计局在对市政前期费用的审计调查中，发现前期费用占投资总额的比重逐年上升，到 1990 年达到16.8%，反映出承包基数审核不严、高估冒算等问题。市政府领导要求主管部门研究改进，节减市政投资支出。1991 年，市审计局与市计委加强联系，对项目追加投资在计委审批前先行审计，先后对沪嘉高速公路、莘松高速公路、上海档案馆和申光玻璃厂等 4 个项目追加投资进行了审计，查出重复计列、高估费用等不合规追加投资5284.9万元，占 4 个项目追加投资额的 17.2%。1993 年，全市审计机关对江苏路拓宽工程等 106 项基建项目进行了审计，审计项目投资总额达 32 亿元，查出有问题金额2.66亿元，查出违纪金额 3600 万元，减少项目投资及核减工程预决算金额达 4099 万元。并向市领导部门提供了一批有深度、有价值的基建审计信息，为促进加强宏观投资管理、加快上海城市建设发挥了积极作用。

三、强化财政审计

五年来，上海财政审计累计完成 60 户次，查出违纪违规金额 21314 万元，应上交财政金额 11402 万元，维护了财经纪律，发挥了审计宏观管理监督作用。1991—1993 年，有关区县审计局还开展了对 123 个乡镇级财政的审计。

1990 年，市审计局建立了对区县政府财政经常性审计制度，对黄浦、嘉定等 7 个财政收支较大的区县，实行每年审一次，连续审五年；对其他 14 个区县实行两年审一次，一次审两年。同时，在财政审计中试行了预审计办法，即在当年第四季度，对区县政府财政预算执行情况进行审计，对存在问题及时发出预审计意见书，由被审计区县在决算前纠正；次年第一季度，在区县人代会之前完成决算审计，发出审计结论和决定。实行预审计，及时纠王了各类违纪违规问题，受到了被审计区县政府的欢迎。1992 年市审计局在对 5 个区县政府财政审计中，查出应划转、清理及应上交财政资金3635.7万元，在决算审计以前各区县自行作了纠正，从而保证了财政收支的真实性。1993 年，市审计局在对 16 个区县财政审计中加强了对财政预算外资金管理、使用情况的审计监督，并调查反映财政资金管理中出现的新情况、新问题，向市领导部门提供了一批重要审计信息，得到了市领导的重视。

四、坚持行政事业审计

五年来，上海市各级审计机关累计审计了 2707 个行政事业单位，查出违纪违规金额 7955 万元。通过审计，对行政机关中违反控购管理、乱摊派、乱收费和乱罚款等问题作了纠正处理，对财务管理、固定资产管理等方面的薄弱环节提出了整改意见，促进了行政机关加强管理工作。同时，对市土地局、工商局、物价检查所等经济执法和管理部门大面额存款利息、规费收入、罚没款上交、代征税费上交等方面存在的问题，作了审计处理，维护了财经纪律，促进了行政事业单位廉政建设。在行政事业审计中，市审计局还先后对土地使用权有偿出让金、社会保障基金、科技发展等重点专项资金开展了审计，推动了专项资金管理工作。

五、完成外资运用审计

受审计署委托，五年来，市审计局每年按期完成上海地区世界银行贷款、亚洲开发银行贷款、联合国专门机构援款项目的审计鉴证任务，共审计贷援款项目 25 个，执行单位 42 家，贷援款资金10.8亿美元，国内配套资金 54 亿人民币。在审计中，对国外贷援款资金的使用、国内配套资金、引进设备管理、财务收支和项目效益等方面进行鉴证评价，如期向国际金融组织作出审计报告。同时，在项目审计基础上进行综合分析，向市政府提交上海地区国际金融组织贷援款项目执行情况的专题报告，受到了市政府有关部门的重视。五年来，全市审计机关还对 59 户中外合资合作经营企业进行了审计，对审计中发现的问题，向市主管部门提出了完善法规、加强管理等一系列建议。

六、抓好同步专项审计和审计调查

针对典型性、倾向性问题和重要资金，组织开展同步专项审计和审计调查，是五年来上海市审计机关促进加强宏观经济管理的重要途径和措施。

1990 年上半年，市、区县审计机关对社会上以广告为名，滥发实物影响财政的问题开展了同步专项审计，查补入库383.97万元，并经市政府批准，市审计局和市工商局、财政局、税务局联合制发了《关于加强广告经营和企业广告费管理的若干规定》，对广告经营加强了控制和管理。1990 年，市、区县审计机关对各级工商行政管理局行政事业性收费进行了同步审计，查出该系统动用预算外收入及规费收入，超计划建造办公用房和购买职工住房；超规定发放奖金、津贴和补贴以及少交漏交能交基金和预算调节基金等问题，向市政府作了专题报告，提出了处理意见。1991 年，市审计局组织 9 县 1 区审计局，对上海“菜篮子工程”的主体项目——副食品基地建设基金进行了同步审计，提出了加强管理、实现规模经营等建议，得到了基金会理事会和有关基地场的采纳，促进提高了专项资金使用效益。

1991 年，市审计局选择了 10 家影响较大的企业集团和 70 项重点技改、引进项目开展了审计调查，指出了企业集团发展过程中和技改、引进项目实施中存在的一系列问题，提出了审计建议，得到了市领导和有关部门的重视。1993 年，市审计局对 10 家股份有限公司和金属、石油、粮油 3 家国家级物资交易所进行了审计调查，对调查中发现的股份制试点企业中国有资产管理不完善、集资款使用不合理和期货市场中保证金制度执行不严格等问题，提出了促进完善的建议。10 个区县审计局对 82 家股份合作制试点企业进行了审计调查，对试点企业在产权关系、资产管理等方面存在的问题，向区县政府提出了完善试点的建议。1991—1993 年，全市审计机关共完成审计调查项目 885 项，提交专题或综合报告 1417 篇。一大批审计信息被审计署、市委、市政府等领导部门采用。

七、加快发展社会审计巩固提高内部审计

至 1993 年底，全市有审计事务所 51 家，从业人员 1886 人，其中具有中高级技术职称的有 1509 人，占 80%。1992 年实施注册审计师制度后，审批了注册审计师 355 名。五年来，全市审计事务所依法受托承办各类审计查证、咨询服务事项 92153 项，受聘担任审计顾问 1642 户，培训审计、会计和经济管理人员 7111 人，为加快上海经济发展作出了贡献。1993 年，在市政府领导的倡议下，成立了我国第一家集团型的大型社会审计组织——上海市审计中心。该中心(集团)成员由 18 个审计事务所组成，共有人员 620 名，其中注册审计师 160 名。它的成立标志着上海社会审计事业的发展进入了一个新阶段。至 1993 年底，全市已建有内审机构 866 个，已配备内审人员 3614 人，其中专职人员 1059 人。五年来，上海内部审计工作已形成了以财务收支审计为基础，以经济效益审计为重点，以评价内部管理制度为途径的工作内容和方法。共完成 49178 个审计项目，查出违纪金额6.48亿元，促进增收节支2.79亿元，减少损失浪费5.93

亿元。查处贪污贿赂案件167件，有关违法违纪人员受党纪政纪处分的有182人，移送司法机关的有300人。

此外，上海市各级审计机关建立以来，坚持两个文明一起抓，注重加强审计干部队伍建设，加快了干部培训步伐，为审计第一线培养了大量人才，提高了审计干部的业务素质。

江苏省审计局

1989—1993年五年间，我国政治经济发生重大变革。完成了治理整顿任务，确立了建立社会主义市场经济新体制的目标，并在深化改革、扩大开放和发展经济中加强了宏观调控。江苏审计工作，以服从服务于经济建设中心为指导思想，认真贯彻执行各个时期的审计工作方针，不断加强、改进、发展、提高审计工作，逐步向高层次经济监督迈进，在改革开放和现代化建设中，为加强宏观经济管理作出了贡献。五年来，全省共审计30952个(次)单位，查出违纪金额近30亿元，增加财政收入11.5亿元，揭露损失浪费和促进增收节支3.7亿元。同时对审计中发现的有些宏观调控方面的问题，及时向党政机关作了反映。全省有1278篇审计报告和信息被采用，采纳率为40%。此外，在治理整顿中，参加清理固定资产投资在建项目、清理整顿公司、控制消费基金过快增长，发挥了积极作用，近五年的财务大检查工作也取得了显著成效。

一、加强财政金融审计

财政审计的覆盖面不断扩大，到1993年达到50%。时效性增强，由财政决算向预算执行情况发展。内容不断深化，由预算内向预算外资金和财政信用资金等方面开拓，由财政收支向财政管理和资金使用效益延伸，向企业和有关部门延伸。五年来，全省共审计957个(次)财政决算，查出违反财政制度问题金额6.3亿元。有的市在财政决算的延伸审计中，发现公安交警系统罚没收入坐支现象严重，进而进行全行业专项审计，纠正了坐支罚没款现象，规范了罚没款管理。当年减少罚款24%，入库率增长16倍。有的市通过开展预算外资金审计和调查，建立了“政府管权、部门管事、财政管帐、银行管钱”的控制制度。金融审计在搞好财务收支审计的基础上向信贷审计拓展。全省五年间共审计各类金融机构724个(次)。1989年开始进行信贷资金调查，1991年组织全省审计机关对农业银行信贷资金进行专项审计，查出不合理占用粮油贷款6.7亿元。1993年根据中央整顿金融秩序的要求，促进金融机构落实“约法三章”，对金融机构纠正违章拆借资金情况和自办“三产”等情况进行了专项审计。随着金融审计监督力度的增强，金融审计的调控作用逐步得到发挥。

二、开展基建全过程审计

五年来，全省各级审计机关重点进行基建项目投资审计。全省共审计1527个(次)基本建设项目，节省投资1亿多元。1989年，全省各地对政府决定停缓建的1896个项目进行跟踪审计，发现108个项目未执行停缓建决定，894个项目是未开工或未批未建项目，1993年，建立了100万元以上全民基建项目和500万元以上全民技改项目的必审制度，通过对1993年上半年投资在100万元以上的全民基建项目审计调查，查出814个新开工项目中，资金来源不落实达13.1亿元，占总投资的16%。1991年，在对29个国家和地方重点建设项目审计中，仅新海电厂等两个项目就核减投资2161万元。基建审计，从财务收支起步到审查设计、施工和决策方案，从概算到决算，从基建项目到技改项目，从小型、民用、单项工程到大中型、骨干项目。从在建项目到开工前项目的审计，向控制源头发展，向建设的全过程、多方面发展。这对于加强基本建设项目的宏观管理，提高基本建设项目的经济效益，起到了一定的作用。

三、跟踪审计专项资(基)金

建立专项资金和基金，是宏观调控措施的

重要组成部分。五年来，全省审计机关一直把它作为审计重点，连年坚持开展专项资金审计，先后开展财政周转金、退休养老保险基金和待业保险基金、科技三项费、土地征用费、教育费附加等专项审计和调查，收到好的效果，受到省委、省政府领导的重视。1993 年，根据省委常委会议要求，对全省涉及农民负担项目集中上交款进行调查。随着改革开放的深入，积极开展了外债借、用、还情况的调查，接受审计署委托，坚持开展世界银行贷款项目审计。五年共审计 549 个(次)项目单位，在对外公证的基础上加强对内监督。此外，1991 年江苏发生特大洪涝灾害后，各级审计机关还积极开展捐赠款物的专项审计，审计时效创历史最好记录。

四、抓审计重点，推进转换企业经营机制

为促进企业转换经营机制，提高经济效益，各级审计机关改进审计方法，直接审计一部分重点骨干企业，其他多数企业改为逐步由社会审计组织查证。审计内容重点转向资产负债和损益的真实性，监督国有资产保值增值。五年来，全省共审计各类企业 7651 个(次)。1993 年，反映的企业欠缴财政收入问题，被国务院办公厅内刊采用。1992 年，全省对 121 户大中型企业进行潜亏调查，查出潜亏企业数占被调查企业总数的 77%，潜亏金额达 3.78 亿元，这些情况上报后，为政府决策提供了依据。1991 年，省局对徐州矿务局亏损情况进行审计，提出的报告认为亏损原因主要来自外部，省政府召开两次省长办公会议研究，组织计经委等多个部门会商落实审计建议，为企业改善了外部环境。1990—1993 年，全省对粮食、木材、燃料、物资、旅游等企业开展行业审计，对粮食行业审计抓住粮价补贴，平议价转换和附营业务等进行重点检查，全省查出违纪金额 1 亿多元。在企业改革中，各级政府为了发挥审计机关的作用，交办了大量工作。审计机关以自己的出色工作受到各级党委和政府的好评。

五、大力发展社会审计

近几年来，江苏把大力发展社会审计摆在非常重要的位置来抓。1992 年 9 月，召开了全省注册审计师工作会议，在总结经验的基础上提出了发展社会审计的指导思想，即按照市场经济要求，引进企业经营机制，采取有效经济手段，发扬开拓创新精神，在竞争中开拓业务，以优质服务赢得信誉。五年来，全省注册审计师事业得到长足发展，取得了令人瞩目的成绩。至 1993 年底，全省共有 131 个审计师事务所，从业人员达到 1788 名。五年间共接受委托查证、咨询项目 48.9 万项，服务效益显著，仅验证基建工程预算决算就达 13895 项，核减预算决算金额 4.8 亿元，1993 年全省审计师事务所业务收入达 4849 万元。五年间，全省内审机构审计单位 89503 个(次)，促进增收节支金额 6 亿元，查出损失浪费金额 8.6 亿元，纠正违纪金额 11 亿元。截止 1993 年末，全省已建内审机构 3610 个，内审人员 12365 名，其中专职 4444 名。

浙江省审计局

五年来，浙江省各级审计机关和广大审计干部解放思想，转变观念，不断适应改革开放新形势，以经济建设为中心，积极开展审计工作，共审计了 25504 个单位，审计调查了 13564 个单位，向各级领导和有关部门提交专题或综合审计报告 3226 篇，查出违纪金额 56.88 亿元，其中应上缴财政 13.86 亿元，已上缴财政12.07 亿元，查出损失浪费金额 2.64 亿元。

一、努力为宏观调控服务

1. 发挥财务审计的监督作用。五年来，全省共完成 173 个(次)县以上财政审计项目。共查出违纪金额 10.91 亿元，增加财政收入 5.96 亿元。对财政审计，注重审计前调查分析，采取普遍自查与重点审计相结合，文件资料的检查

与帐面相结合，财政审计与向企业、事业单位延伸审计相结合的方法，重点审计与专项审计调查相结合，抓住重点，以点带面。通过持续几年的财政收支自查和重点审计，重犯的问题少了，明显的违纪问题少了，收到了比较好的效果。在内容上注重逐步深化拓展，除审查财政决算真实、合规外，还重点对财政管理、财政政策等涉及宏观调控方面的问题及财税部门的内部管理制度进行了延伸审计。1993 年又进一步扩大了财政审计的内容，开始对财政预算执行情况，财政信用资金和财政挂帐问题进行了审计和调查，为领导决策提供了信息和依据。

2. 加强对金融保险机构的审计监督。五年来，共对 947 个(次)金融保险机构进行了审计，查出违纪违规金额 5.94 亿元，追还了被侵占挪用资金。1992 年，全省审计机关对我省工商银行系统信贷资金的审计，发现工商银行系统历年累计发生逾期、呆滞、呆帐等有问题贷款达 6.5 亿元之多，占整个贷款余额的 4.9%，在一定程度上揭示了该行流动资金贷款被挤占挪用、执行利率政策不严、以新贷还旧贷，以及贷款“三查”制度不落实等问题，引起工商银行的重视。1993 年，全省审计机关为贯彻中央 6 号文件，把金融审计调查作为重点，通过对全省金融市场的审计调查，重点检查了国家金融机构拆借资金的情况，落实了省政府提出的尽快“搞清底数”的要求，审计调查报告反映的问题，引起了各级领导的关注，这对严肃金融纪律，强化宏观调控起到了一定作用。

3. 积极开展基本建设审计。五年中我省先后进行了停缓建项目跟踪审计、新开工和复工项目开工前审计、重点在建项目的基建工程资金管理和工程管理的审计、竣工项目审计等。1990 年，受国家计委和审计署的委托，省局对浙赣复线基本建设项目进行审计，在事前调查的基础上，以设计、财务收支作为审计重点，查出不属概算范围的投资 2.1 亿元，是该项申报调整概算总额的 11.7%，未交施工企业营业税 1400 多万元，应返回挤占国家投资款 489 万元，在审计中还发现浙赣复线工程未经计划部门批准，擅自降低建设标准，将严重影响铁路复线运能的有效发挥。这些问题引起国家计委的高度重视，认为审计为加强对复线工程的宏观管理提供了很有价值依据，同时对审计的深度，给予了很高的评价。

4. 突出农业资金审计。全省审计机关坚持把审计农业资金放在突出位置，五年来，全省先后对农业发展基金、农业综合开发资金、水利资金和扶贫资金进行了审计，确保了农业资金的专款专用。1991 年，我省对 10 个地方和 64 个县的 3.2 亿元水利资金进行了审计，查出资金不到位、任意出借挪用及请客送礼、滥发钱物等违纪金额 1400 万元，审计情况引起了各级领导的重视，省政府办公厅和审计署分别转发了省局的简报，对我省水利资金的管理起了促进作用。特别是 1993 年，省局为贯彻落实中央和省委、省政府提出的保持农业稳定发展的一系列重要措施，制定了《审计工作为我省农业稳定发展服务的意见》，为促进我省农业的稳定发展，发挥了审计的积极作用。

5. 注重审计调查，为宏观决策提供依据。全省各级审计机关在积极搞好审计项目的同时，注重对经济活动中带有普遍性、倾向性的问题开展审计调查，提出加强宏观控制和管理的建议，为宏观决策提供依据。五年中重点开展了税收分成和减免税情况调查，乡镇财政管理情况专项审计，财政部门掌管的预算外资金、财政信用资金和金融市场、信贷资金审计等多项调查，全省共审计调查单位 13564 个，提交了 3226 篇专题调查报告和综合报告，其中有 1595 篇被政府和有关部门批示、批转或采用。

二、坚持和改进企业审计

1. 积极开展承包经营责任审计，促进完善企业承包经营责任。一是分层次、抓重点。对一些重点骨干企业承包期终审计由审计机关直接安排进行，一般企业承包期终审计委托社会审计、企业主管部门的内审机构进行，必要时审计机关对这项工作的质量进行抽查，并同厂长(经理)的离任经济责任审计密切结合起来。二是查问题，重帮促。通过审计，查处一些企业在经营中出现的弄虚作假、核算失真、利润不实、承包基数偏低、分配不合理等问题，同时，针对存在问题，对完善承包，加强企业自我约束机制，改进经营管理，提出审计建议。

2. 加强和深化重点企业审计。围绕促进增加国有大中型企业和重点骨干企业的活动，深化经济体制改革的中心，对重点企业实行经常性审计。审计中，坚持“一审二帮三促进”原则，在搞好财务收支审计的基础上，向检查有关的内控制度和经济效益延伸，具体分析原因，提出改进建议，促进企业挖掘内部潜力，提高经济效益，同时注意维护企业合法权益，改善外部条件。例如，对我省最大的化工企业衢州化学工业公司，结合承包经营责任期中、期终审计，对其进行经常性审计，1991年在对该公司进行承包经营责任期终审计时，着重对该公司的资金、单据、物资管理及联营投资等方面作了审查，并提出了改进和建议，公司领导认真听取了审计意见，及时布置有关部门限期提出整改意见，仅半个月时间就采取了一系列改进措施。

3. 坚持和改进企业审计。1992年以后全省企业审计在坚持中发展，在改进中前进。为适应企业转换经营机制的需要，1993年全省审计机关认真贯彻了《全民所有制工业企业转换经营机制条例》和省政府的实施办法，制定了我省《积极发挥审计监督作用，切实维护企业合法权益》的意见，廓清了企业审计的思路。一是在企业审计对象上进一步明确了审计重点，主要审计大中型企业和重点骨干企业，特别是盈利下降，亏损增加较多的企业，其余多数企业开始逐步由内审机构和委托社会审计去搞，审计机关保留抽审权。二是在企业审计内容上方法上作了有益的探索，在财务收支审计的基础上，重点检查国有资产保值增值情况和资产负债是否真实，以及自有资金分配是否违反规定向个人倾斜，集中搞好“一个基础、两延伸”审计，对11家股份制试点企业进行了审计调查，为规范股份制企业审计作了有益的探索。三是在企业审计处理上既坚持依法审计原则，又从实际出发，实事求是地处理问题。四是在维护企业合法权益上，明确提出企业法定自主权范围内的问题，不作审计，也不搞重复检查。实践说明，坚持和改进企业审计，既维护了国家利益，又保护了企业的合法权益，促进了企业经营机制的转换，收到了较好的社会效果。

三、为进一步加快对外开放服务

1. 对内实行监督，对外实行公证。对国际金融组织贷款和援助项目对内进行经常性的持续审计，促进了国外贷款和援助资金的管理和使用效益的提高。对外及时提供审计报告，提高了我省利用外资的国际信誉。五年中，全省共完成575个项目执行单位的审计，既总结了经验，也反映了问题，1992年我省综合反映的《利用世界银行贷款中的问题》，引起了省政府领导重视。

2. 积极探索中外合资、合作经营企业审计。中外合资、合作经营企业的不断发展，向审计提出了新的情况、新的问题、新的要求。省局采取“大胆试点，搞好调查，逐步推开”的方针。1990年，首先在杭州、宁波两市开展这一审计，并在全省组织经验交流，然后在1991年布置了对中外合资、合作经营企业的调查，组织有关人员对有关法规、制度进行学习。1992年起全省各级审计机关有重点开展了对10个中外合资、合作经营企业的审计，积累了经验，拓宽了外资审计的领域。

四、改进行政事业单位审计

五年来，我省各级审计机关对行政事业单位的定期审计，在工作方法和审计深度上作了有益的探索。总结出的主要经验是：连续审计不间断、延长周期不定时、审计行业一条线、各个时期有重点、审计结果要透明。1992年度制订了《我省行政单位审计制度试行办法》，进一步规范了这项工作。在此基础上，对行政事业单位从一般经费收支的定期审计转变到拥有资金分配权、有预算外收入和罚没收入的经济综合管理部门、执法监督部门等单位的审计。还对教育经费养老保险基金和待业保险基金进行了专项审计。通过审计，各级审计机关都写了专题报告，就政策、制度、管理及使用效益方面存在的共性问题，从宏观角度提出和加强管理的建议，引起政府领导和有关部门的重视。1993年根据审计署部署和省政府的要求，省局对杭州等五个城市的国土资金进行了审计和调查，综合情况报告受到了省政府领导的高度重视，专门指示要求有关部门逐条落实审计意见和建议。

五、搞好法纪审计，维护经济秩序

五年来，全省审计机关在维护财经法纪和经济秩序，打击经济领域中的违法活动，为深化改革创造一个良好的环境方面，发挥了积极作用。据统计，五年来在审计中及时向司法机关移送贪污贿赂案111件，对严重违反财经纪律的单位和主要责任人处以罚款1646万元。特别是1989年，在治理整顿、深化改革中，全省审计机关配合清理整顿公司，查处官倒、惩治腐败，共查处了34家流通领域中的公司，切实抓好人民群众关心的这件大事。根据省委、省政府的交办，省审计局对大东南集团有限公司，浙江越海贸易实业公司和浙江经济实业总公司杭州一个经营点等三家公司进行了审计，在有关部门的配合下，用了近半年时间，基本查清了三家公司存在的问题，共查出违纪金额1264万元，没收上缴财政789万元，向个人收回17.32万元，对有关违反法纪责任人员分别移交有关部门进一步查处。1989年10月3日省局受省政府委托，在省七届人大常委会12次会议上作了《关于大东南集团有限公司等三家公司审计结果的报告》，省人大常委会充分肯定了审计局的工作，并根据审计结果作出了《浙江省人大常务委员会关于严肃查处大东南集团有限公司等三家公司违纪问题的决定》。这项工作受到省委、省政府和国家审计署的好评。

六、审计基础建设

五年来，我省在积极开展审计工作的同时，还注重加强审计综合工作，制订了一些相应的管理办法；深入调查研究，努力做好审计信息宣传工作；狠抓审计质量管理，促进审计工作逐步实现规范化、制度化、法制化；加强对审计体系的管理指导、充分发挥社会审计和内部审计的积极作用；加强审计法制工作，制订了一系列与审计法规配套的规章制度，推进审计工作法制化、规范化；广泛开展审计法制培训，提高审计执法水平；建立了特约审计员制度，狠抓了队伍建设，加强政治思想工作，促进廉政建设和领导队伍建设；大力开展审计科学研究，学术活动和科研工作都取得了进展。

江西省审计局

江西省各级审计机关在1989—1993年期间认真贯彻和执行“抓重点、打基础”和“积极发展，逐步提高”的工作方针，坚持为改革开放，为经济建设服务，进一步加强和改进审计监督，完善审计机关的基础建设，审计工作取得了显著成绩。五年来，共审计63628个单位，查出违纪金额265543万元，其中应上缴财政41516万元，已收缴36257万元，查出损失浪费金额13833万元，促进增收节支37514万元。全省审计机关着重抓了以下几个方面的工作：

一、开展审计调查为宏观调控服务

各级审计机关围绕党和国家的中心工作以及当地经济活动中一些带有普遍性、倾向性的问题，抓住重点单位、重点项目、重点资金开展广泛深入的审计调查。1989—1992年，全省审计机关先后集中力量对林业乱收费和林农负担过重问题、对发展粮食生产及商品粮基地县专项资金、中小学危房改造资金、自然灾害救济费、军转费等专项资金进行调查；对全省100个地、市、县防汛岁修经费、全省公路水路检查卡、交警稽查等部门的规费收入和罚没收入；对114个乡镇经济状况和146户企业消费基金增长情况、30户重点亏损企业经营情况进行了审计调查；1993 年为配合各项改革措施的贯彻执行，省局又重点组织开展了 1109 个行政单位固定资产购置使用、粮价上扬粮食企业亏损增加、农民负担过重、科技市场财务管理、县级机构精简以及 1993 年上半年养路费管理和使用等项目的审计调查。这些调查均引起了各级政府的重视和关注。各级审计部门还十分注意在开展财务收支及其他各类型审计的同时，对审计中发现的一些共性问题进行综合分析，及时提出，为领导和有关部门指导经济工作提供依据。

二、加强财政金融审计

全省审计机关每年都有计划有重点地开展了对各级财政决算和税收情况以及财税机关财务收支的审计。1989 年对 123 个财税部门 1988 年财政决算和税收情况及其财务收支进行了重点检查，查出违纪金额 3066 万元；1990 年对 38 个地市县区 1989 年度财政决算和 103 个县以上税务部门 1989 年度税收征管及财务收支进行重点审计，查出违纪资金 3785 万元；1991 年对 38 个地市县区财政决算进行审计，查出违纪违规金额 6795 万元，对 24 个税务所、税务分局 1990 年度税收征管工作进行审计，查出各种违纪违规金额 395 万元；1992 年对 48 个县 1991 年度财政收支进行审计，查出违纪金额 4871 万元，1993 年对 39 个地市县（区）财政收支进行审计，查出违纪金额 8319 万元，并首次将乡镇财政审计列入指令性审计项目，全省共审计 252 个乡镇，查出违纪金额 1396 万元。五年间各级审计机关还先后就财政支农周转金、减免税的管理和使用以及部分地市财政预算执行和税收分成提取、使用情况开展了专项审计或调查。

金融保险审计五年来也有了进一步的发展。1989—1993 年，全省金融、保险机构财务收支经常性审计中查出乱挤成本费用、截留隐瞒收入、虚列支出、偷漏税收、挪用信贷资金等违纪金额 18043 万元。1992 年，首次开展对工商银行系统 113 个单位 1991 年度流动资金贷款的专项审计，1993 年，对 11 个地市 211 家信用社 1992 年度信贷资金和财务收支情况，省、地 13 家金融市场 1991—1992 年度同业资金拆借情况进行审计调查。通过审计和调查，净化了金融环境，保证了国家宏观调控政策的落实。

三、深化企业审计，改善经营管理

1989—1991 年，连续三年组织全省审计机关开展了对重点企业的承包经营审计。通过审计，肯定了承包经营成果，揭露了承包合同不完善、经营成果不实、潜在亏损等问题，提出了改进建议。为了支持、促进搞活大中型企业，1991—1992 年，全省共对 900 多户地方重点企业和 121 户中央企业进行了经常性审计或轮审，在审计工作中注重在审查财务收支的基础上向企业内部控制制度和经济效益两方面的延伸。1991 年对 104 户粮贸（议价）公司和 47 户物资企业的审计中，提出的建议和意见，受到省政府的好评。1993 年，各级审计机关的审计重点放在那些亏损严重、盈利下降、财政补贴多和遵纪守法差的企业，全年共审计中央和地方企业 3745 个。审计方法着眼于双向监督，既维护企业合法权益，纠正和查处对企业的“三乱”行为，同时又以企业资产、负债和损益为主要审计内容，监督国有资产的保值增值，例如，对 15 户大中型工业企业资产负债和损益进行的审计，对 10 户商业企业开展的资产负债状况审计调查；对直属粮食行业 56 个单位财务挂帐消化审计与调查，都取得了成效。

四、开展基本建设审计

1989—1990 年，全省对 876 个停缓建项目进行了跟踪审计，经处理压缩基建项目 311 个，节省固定资产投资 13825 万元，同时还对 33 个大中型基建项目进行了重点审计。1990 年对万安水电站等 15 个项目的审计查出有问题金额 11358 万元，经过审计，应上缴财政 466 万元，抵扣投资拨款 380 万元，核减投资 6645 万元，得到了审计署、国家计委和省人民政府的好评。1991 年对南昌大桥等 18 个项目的审计共查出资金来源不当、转移侵占、挪用资金、偷漏税金等12619万元，削减投资5139万元，归还原资金渠道54万元。1990—1992年，全省共审计自筹基建资金项目和新开工复工项目6379个，并对基建项目竣工决算、房地产投资和开发进行试审，拓宽了固定资产投资审计的领域。1993年，除继续坚持自筹基建资金事前审计、基建项目开复工审计、竣工决算审计和商品房投资审计外，重点加强了对8个国家重点和地方大中型建设项目的审计监督。全省审计机关全年共审计固定资产投资项目1532个，审计项目投资总额475973万元，经审计查出违纪资金708万元，其中应上缴207万元。

五、强化外资审计和专项资金审计

五年来，江西省审计机关一直坚持对全省境内国外贷款援款项目的主管部门和执行单位开展持续性审计。1989—1992年，共审计世界银行贷款项目、联合国援助项目43个，项目主管部门和执行单位500多个，另外审计了外商直接投资项目6个，亚行贷款项目和国外援助项目各1个，并及时地向世界银行等外方单位提交了审计公证报告和管理意见书。1993年，对297个国外贷援款项目的主管和执行单位进行了例行审计，审计总金额292044万元，查出违纪资金860万元。为适应改革开放形势要求，近两年对利用外资审计的新路子作出了积极探索，注重了外资审计的宏观分析和研究，1991年对农业开发中利用外资情况进行分析研究提交了综合报告，指出了存在的问题，提出了解决问题的建议，1992年对184家中外合作企业和1993年对全省2030个外资经济项目及境外企业的审计调查，查清了外资运用的去向和实际效果，保证了招商引资和利用外资工作健康有序地发展。在开展利用外资审计的同时，各级审计机关还重点抓了对江西改革开放和经济发展有重大影响的专项资金的审计监督。为配合全省农业开发总体战，促进农村经济的发展，对1136个单位1988、1989年农业事业费管理、使用情况进行了审计，查明我省农业事业费分配基本合理、效益明显，查出挤占挪用、请客送礼、滥发钱物等违纪金额556万元。1991年组织部分地市对老建资金及扶贫贴息贷款进行了审计，共审计了1764个资金主管和使用部门，查出违纪金额242万元，损失浪费金额16万元，呆滞未用金额146万元。1992—1993年先后对全省水利资金、“两金一费”(职工退休养老保险基金、待业保险基金和城镇青年就业补助费)和1991—1992年度县级农业资金总体投入情况进行了审计，均受到了省政府的好评。

六、维护财经法纪促进廉政建设

江西省审计机关始终把维护财经法纪，切实履行审计监督职能，惩治腐败，促进廉政建设作为一项重要的审计任务来抓。1989年，全省共对4117个行政事业单位的财务收支进行定期审计，查出违纪金额3699万元。1990年全省定期审计共审计一级行政事业单位3495个，1991年审计了4434个，查出违纪违规金额4733万元。1992年，重点审计了有资金分配权、有预算外收入、有罚没收入和违纪问题较多的部门，特别是对乱收费、乱罚款、乱摊派损害企业利益问题进行了查处，共查处向企事业摊派金额97万元。1993年，共审计3399个行政事业单位，查出违纪金额7403万元，应上缴财政1680万元，应减少财政拨款118万元，对违反规定的单位和个人罚款418760元。经过几年来的连续审计，各级行政事业单位违反财经纪律现象显著减少，对促进这些部门廉洁奉公，纠正行业不正之风起到了一定作用。

七、健全审计体系发挥整体功能

五年来全省内部审计、社会审计得到了进一步的巩固和发展，全省形成了一个较为完整的审计监督网络，较好地发挥了审计体系的整体功能。截止1993年底，全省共有内审机构2942个，内审人员7603人。经省政府批准，1989年，省审计局在省直部分单位设置了33个驻派出机构，较好地解决了内审工作中长期存在的人员、编制难以落实、缺乏统一管理的问题。1989—1993年，全省内审机构共开展审计项目76028个，查出并纠正违纪违规金额101754万元，查出贪污贿赂案120多起。与此同时，全省的社会审计机构也逐步健全。截止1993年底，全省共有社会审计机构120个，社会审计人员929人，其中有注册审计师360多人。五年来，共接受委托办理审计查证、咨询事项139689项，培训财会审计人员9425人次。全省的乡镇审计也蓬勃发展起来。目前，已建机构1200多个，配备人员3000多人，成为加强农村经济监督的一支生力军，在农村经济健康发展中发挥了作用。

此外，在审计基础建设中也取得了成绩。几年来，江西审计的管理工作朝着经常化、制度化、法制化方向又前进了一大步；各级审计机关继续加强廉政建设，深入进行职业道德教育，提高干部的政治和业务素质；还加强了审计信息、宣传和科研工作。

安徽省审计局

1989—1993年，在审计署和地方各级政府的领导下，安徽省各级审计机关坚持贯彻“积极发展，逐步提高”的工作方针，认真履行《宪法》赋予的职责，围绕党和国家经济工作中心，积极开展了审计工作。据统计，至1993年底，全省共审计了45110个单位，查出违反财经纪律金额25.5亿元，其中应收缴财政4.5亿元。安徽省审计机关围绕党和政府在各个时期的中心任务，通过自身工作，向上级审计机关和地方党政领导机关提供审计综合报告、审计调查报告和审计信息2906篇，被采用的1312篇，发挥了审计监督在宏观管理方面的作用。

几年来，各级审计机关在坚持实行行政事业单位定期审计制度的同时，还开展了专项经费审计。1989—1991年，分别在全省开展了教育经费审计。在纠正违纪问题的同时，着重剖析教育经费管理和使用中的漏洞和薄弱环节，提出加强管理的意见和建议，省政府办公厅和省政府先后向全省转发审计综合报告。1989年，还在全省范围内开展了科技专项经费审计，卫生和防疫经费审计。1991—1992年，全省展开了对救灾款物的审计，促进了各级行政部门、单位救灾款物的分配落实，提高了救灾款物分配使用的信誉，受到社会各界的好评。1993年，加强了对各级政府经济管理部门、行政执法部门、司法部门的经常性审计，对挤占挪用专项资金、事业费、截留罚没收入和私设“小金库”等违法、违纪问题，依法作了处理。对606个市、县、乡(镇)土地管理部门开展行业审计，对一些地方和单位越权批地、非法占地、炒买炒卖土地和乱收费问题，进行了纠正和处理，有效地制止了一些地方存在的不正之风。

安徽省对企业自筹资金上建设项目不再事先审计其资金来源，改为对列入年度计划的新开工建设项目实行开工前审计资金来源的制度。1989年，对全省590个基本建设缓建、停建项目进行了跟踪审计，还组织部分地、市审计机关对基建项目竣工决算进行了审计。1990—1992年，安徽省审计局先后进行了平圩电厂一期工程、淮南铁路复线等大型建设项目审计，对项目管理提出了改进意见。1993年全省审计了493个基建项目，制止了一部分资金不落实、建设条件不具备项目的开工，防止了不必要的重复建设。

1989年，全省各级审计机关和内部审计机构、社会审计组织共对1847个工业、商业等承包经营企业进行了年度兑现的期中审计。其中，审计机关审计了805个企业。1993年，全省审计了1784个中央和地方重点企业，针对企业在转换经营机制、走向市场过程中遇到的问题和困难，主动帮助企业反映情况，积极为企业排忧解难，促进企业外部环境的改善。

1989年，全省开展了支农专项资金审计，省政府和省老区贫困地区工作领导小组分别批转了发展粮食生产专项资金审计和扶贫审计两项审计综合报告。1991年写出的安徽省农业综合开发资金投入和使用中存在问题的材料，被中共中央办公厅、国务院办公厅采用。1992年，开展了对58个县(市)水毁工程及江河治理专项资金(以工代赈)、17个重点贫困县扶贫资金(以工代赈)、34个县(市)黄淮海农业综合开发资金以及3个县(市)商品粮基地建设资金的审计或审计调查。1993年,安徽省审计局组织全省16个地、市和所辖78个县(市、区)审计机关,对1991—1992年农业资金总体投入情况及341个农业项目的效益情况进行了全面审计。

1989—1992年,安徽省审计机关对世界银行贷款项目进行了审计。对华北平原农业项目安徽分项目和淠史杭——巢湖农业开发项目的审计综合报告经省政府同意,以省农业引进外资领导小组名义转发有关地、市、县人民政府。

从1989年起,安徽省各级审计机关每年制定审计项目计划时,都把财政审计作为重点项目。当年全省共审计了23个市、县1988年度财政决算,审计面达到24%,发现在财政赤字方面存在的问题,并对查出的违纪金额分别作出了处理和纠正。1990年,全省共审计了59个市、县1989年度财政决算,审计面达50%。当年对36个赤字市、县的财政审计,核减当年赤字,摘掉了8个县当年"赤字县"帽子。1991年,加强了对地、市一级财政的审计,全省审计了16个地、市中的14个地、市财政,以及27个县级财税部门。1993年,全省审计了3个省辖市和26个县级财政,重点审计了财政决算是否真实、合法、预算外资金、财政信用资金的使用效益和减免税情况,针对存在问题提出了审计意见。

安徽省各级审计机关建立以后,加强了对内部审计的宣传、指导工作,在国家金融机构、全民所有制大中型企业、大型基建项目的建设单位和财务收支金额较大的全民所有制事业单位,以及审计机关未设立派出机构的政府部门等,陆续建立了内部审计机构。到1993年底,全省已建立内部审计机构2269个,其中,专职内部审计机构1430个;已配备内部审计人员6025人,其中专职内部审计人员3175人。全省内部审计机构共审计了5227个单位,查出并纠正各类违纪违规金额14789元,查出损失浪费金额5585万元,促进增收节支4248万元,查出万元以上贪污贿赂案20件。到1993年底,全省已建立审计事务所130个,其中省局管理的审计事务所2个,地、市局管理的审计事务所16个,县、市、区局管理的审计事务所112个。全省各地审计事务所共计配备和聘用从业人员930人,其中,专职审计人员514人,聘用社会审计人员416人。在社会审计人员中,具有中、高级技术职称的占34.4%。安徽省各地社会审计组织先后开展了接受委托审计、企业承包经营审计、工会经费拨交审计、工商企业注册资金的验证和年检、经济案件的鉴证、财务收支和经济责任的查证、建帐建制、清理债权债务、培训审计和财会人员、担任企业事业单位审计咨询顾问等业务。共计完成审计查证和咨询服务项目108759个,培训审计、会计人员5200人次。

福建省审计局

一、审计工作概述

1989—1993年,福建审计工作步入发展、提高的时期。全省各级审计机关在当地党委、政府和上级审计机关的领导下,解放思想,转变观念,不断加强和改进审计工作,在为改革开放保驾护航,维护国家经济秩序,促进加强宏观经济管理等方面,发挥了审计监督作用。五年间,全省共审计4655个单位项目,查出违纪违规金额35.59亿元,已上缴财政7.79亿元;追回被侵占挪用资金2.4亿元;减少财政拨款、补贴3914万元;配合有关部门查处贪污贿赂案件122起。

五年来,我省各级审计机关首先注重抓好业务基础建设:一是全面规范审计文书、审计工作底稿,1989年省局共修订完善了17类19种业务文书;二是修订完善了审计计划、统计、档案和审计工作考评制度,这些制度1989年完成了修订工作,以后几年又作了进一步完善;三是建立重大审计事项审理制度，1991年全面推行；四是加强审计执法工作，1989年开始，全省各级审计机关相继建立并实行审计项目审理把关制度，同时加强审计执法检查，五年来未出现复审查错和行政诉讼案件，审计执法力度逐年增强，1991年省局对全省审计执法和质量管理进行了检查和调查，向审计署写了报告，并批转各地；五是加强审计质量管理，1991年省局开展了审计项目评优活动，推动了审计质量管理工作向纵深方向发展；六是注意抓好干部培训和审计科研，审计培训和审计科研工作都取得了成绩。

五年来，全省审计宣传工作也得到加强。1989年围绕贯彻实施《中华人民共和国审计条例》及其《施行细则》，开展了审计法规宣传。1992年省局及九个地市局开展了我省首届审计法规知识竞赛，各地均通过电视、报纸等舆论工具进行了广泛宣传。这是我省审计机关成立以来规模最大，参与面最广，宣传效果较好的一项宣传活动，社会各界反应强烈。

五年来，我省各级审计机关十分重视审计工作方向、目标、路子的探索。1990年省局组织全省各级审计机关开展“福建审计工作方向、目标、路子”的研讨活动。在此基础上制定了我省审计工作的近期规划，初步确立了今后几年审计工作的指导思想，明确了5项工作目标，8项工作任务和10条措施。

五年来，全省社会审计指导与管理工作，也得到了进一步加强。到1993年末，全省经批准成立的审计师事务所（或审计咨询公司）已达95家，从业人员近1200人，其中经省考核批准的注册审计师516人。几年来已接受各项委托项目近20万项，其中1993年达51875项，经查证核减基建预决算金额16634万元，核减虚假注册资金9280万元，为委托单位追回损失金额311万元，促进增加经济效益444万元，还培训会计、审计人员2700多人次。审计师事务所在各级审计机关或主管部门的管理和指导下，通过艰苦创业，已发展成为一支具有良好的思想作风，有一定专业技能的社会审计力量，在经济建设中发挥了积极作用。

此外，五年来在精神文明建设、领导班子建设和干部培训方面，做了大量工作，取得了成绩。

二、围绕经济工作中心加强宏观经济管理

1989年以来，我省审计工作逐步向高层次综合财政经济监督方向发展，审计重点逐步调整到为宏观调控服务的轨道上来。围绕财经活动中的一些重要问题，开展行业、专项审计和审计调查。五年间，全省共向各地党政机关和上级审计机关提交各类专题、综合审计报告4407篇，被各级党政机关或上级审计机关批示、采用的近2000篇，在一些涉及到全省性的一些重大财经管理问题的综合报告中提出的意见和建议，受到省领导的重视并责成有关部门采取措施加以落实。

五年来，加强了对财政、金融等综合经济部门的审计监督，1989—1992年，共审计1877个财税部门，审计面均在50%以上，查出违纪违规金额5.03亿元，增加各级财政收入1.42亿元。1993年又对512个财税单位进行了审计，核减了财政赤字，审查了财政信用资金管理和减免税情况。1989—1992年，共审计901个金融保险机构，查出违纪违规金额7235万元，上交入库金额1218万元，1993年又审计了245个单位，重点放在信贷资金的规模、资金投向和资金使用状况上，同时还对金融单位落实中央整顿金融秩序进行跟踪审计。1989—1992年，共审计重点基本建设项目和自筹基建项目等8454个，查出违纪违规金额5.37亿元，其中归还原资金渠道1.19亿元，削减基建投资3.03亿元。此外还配合有关部门对基建项目进行跟踪审计，压缩投资5.8亿元，为抑制投资膨胀，促进加强宏观调控发挥了积极作用，1993年又对217个在建项目、226个竣工项目进行了审计，查出了高估冒算、资金管理不落实等问题。1989—1992年，对行政事业单位，加强了对管理资金多、预算外收入多、罚没收入多和遵守财经纪律差的单位的审计监督。通过审计，从一个

部门，一个系统的角度观察整体管理水平，分析现行制度、规定的可行性，促进有关部门健全规章制度。1993年，积极配合反腐败斗争，加强了对政府部门的审计，重点审计了财经管理部门、执法等部门，全省共审计1757个单位，查出违纪金额2.7亿元（其中滥发钱物、请客送礼308万元），应上缴财政21.6亿元，发现人员超编1501人，汽车超核实数量88辆。

三、深化企业审计，促进企业转换机制

1989年以来，我省各级审计机关在总结前几年工作经验的基础上，不断进行企业审计方面的改革探索。几年来主要做法有：一是突出重点。由原来强调企业审计的覆盖面，逐步转向抓重点，突出抓了大中型骨干企业，以及亏损大，财政补贴多的企业。二是围绕企业转换经营机制，促进企业提高经济效益，深化企业审计，几年来，全省开展了搞活企业政策措施落实情况的审计调查，省局根据调查情况提出了10个方面的问题，向省政府作了专题报告，引起了省领导的高度重视，责成有关部门查清责任，抓紧落实。同时还对31家大中型企业开展“两个延伸”审计，针对存在的问题，提出了改进意见或建议，大部分得到企业的欢迎。三是帮助企业改善外部环境，为企业排忧解难。1991年安溪县审计局在审计中了解到工业企业技改资金十分紧缺，主动向县政府提出，在不改变资金所有权的前提下，把分散在各单位的预算外资金由财政、银行出面筹集，用于工业企业技改，经县政府领导同意，当年就筹集355万元资金，缓解了企业燃眉之急。1992年，省局通过审计，发现某主管部门向企业摊派费用，向省政府写了专题报告，省领导指示有关部门纠正，并赞扬了审计部门。1993年，将企业审计放在突出重点、深化内容上，把审计内容调整到主要审查资产、负债、盈亏的真实性及国有资产的保值增值等方面上来。全省共审计1351户企业，查出盈亏不实347家，资产损失39家。同时围绕企业转换经营机制开展审计调查，全省共调查97家企业，省局将调查结果及时向省政府反映，引起了领导的重视。

与此同时，全省对内部审计工作的管理与指导也得到加强。一是加强主管部门的内部审计力量。1990年省局调剂出50名事业编制，在省直15个经济主管部门设立派出机构，部分地市也采取类似做法，促进了部门内部审计机构建立、健全。二是加强宣传、总结交流内部审计工作经验。三是完善计划、统计、考核等管理制度。四是加强内部审计人员的培训。到1991年底，全省共有部门、单位内部审计机构1308个，人员8851人。几年来，共审计13647个单位，查出违纪违规金额2.75亿元，促进增收节支1.06亿元，查出损失浪费金额1.25亿元。

四、涉外企业审计进展快效果好

涉外审计是我省审计工作的特色之一。几年来，经全省各级审计机关的共同努力，涉外审计工作取得较大进展。一是境外企业审计逐步走向经常化、制度化的轨道。1989—1990年，省局和部分地市局对几家境外中资企业进行了审计。针对部分境外企业存在的问题，提出了对境外企业实行常规审计的专题报告。1991年，根据省政府指示精神，省局派出7个审计小组30人次，赴港澳对7个系统22个中资企业实施就地审计。此外，还在深圳设点，派出1个3人小组对3家境外公司开展报表审计。1992年，省局又派出5个审计小组对港澳13家境外企业进行就地审计，首次开展了境外企业负责人离任审计。二是中外合资、合作企业审计力度大、效果好。几年来，全省共审计219家“两资”企业，还对1020家“两资”企业进行了审计调查，综合分析了在投资、协议、财务管理等方面的问题，向省政府写了专题报告，省领导要求有关主管部门认真研究并进一步完善管理办法。三是全面履行了世行、亚行等国际援贷款项目的审计。几年来共完成473个国际援贷款项目的审计，对每个项目都作出了公证性的评价，并对外出具了16份审计报告。1990年，省局对世行贷款第二个农村信贷项目审计的综合报告和对水口水电站滞留大量钢材的报告，经省领导责成

有关部门调查处理。1993年，对61个国际金融组织贷援款项目进行了专项审计，省局针对存在的八个方面的问题，向省政府写了专项报告，省领导要求有关部门采取措施进一步加强管理。

山东省审计厅

五年来，全省各级审计机关从经济工作全局出发，紧跟加快改革开放步伐，认真贯彻“积极发展，逐步提高”和“加强、改进、发展、提高”的审计工作方针，围绕建立社会主义市场经济体制，突出工作重点，强化审计监督，充分发挥宏观调控作用，取得了显著成绩。五年来累计审计单位(项目)76225个，查处违纪违规金额78.8亿元，其中应缴财政金额15.5亿元，已上缴12.9亿元；追还侵占挪用资金7.1亿元，查出损失浪费7.44亿元，罚款金额6102万元；查出万元以上贪污贿赂案92件，移送监察、司法部门处理187人；共提出审计建议80807条，促进被审单位增收节支18.99亿元，在严肃财经纪律，促进提高经济效益，加强廉政建设等方面发挥了积极作用。

一、加强财政金融审计

至1990年底，对市、地、县财政已普审一遍，重点审查擅自减税免税、违规退库还贷、截留国家收入、虚列预算支出等问题。1991年开始，在审查财政收支真实合法的同时，注意逐步向资金分配的合理性和使用的效益性方面延伸，提出完善财政管理的建议。对金融保险机构的财务收支逐步实行了经常性审计，并于1991年开始对棉花收购贷款、乡镇企业贷款、国营工业流动资金贷款等信贷资金进行审计。1993年中央6号文件下发后，进一步加大财税、金融审计力度。根据党委、政府的要求，省及多数市地的整顿财税金融秩序工作是由审计部门牵头进行的。五年累计审计县以上财税部门463个，乡镇财税部门1673个，查出违纪违规金额8.62亿元，增加财政收入2.43亿元；审计金融保险机构1704个，查出违纪违规金额6.5亿元，上缴财政14327万元，追还被侵占挪用资金9457万元。针对审计中发现的问题，提出改进建议，促进加强了财政、信贷资金的管理。

二、搞好基建项目审计

按照国家控制基建规模，提高投资效益的要求，1989年对省确定的1148个停缓建项目，全部进行了跟踪审计，压缩投资27.5亿元。1990年后，开展了建设项目开工前审计，审查资金来源及落实情况，并逐步推行对重点建设项目从开工到竣工实行全过程审计。如1990年对国家重点项目枣腾煤矿进行审计，核减工程款512万元，引起有关方面的震动，枣庄矿务局根据审计建议加强了对项目的管理。1992年，全省统一组织对济南涤纶厂、遥墙机场、淄博化纤厂、临沂电厂等15个重点基建项目进行审计，查出高估冒算、损失浪费等违纪金额1.53亿元，节约投资6837.79万元。五年共审计基建项目16012个，应归还原资金渠道，减少项目投资5.7亿元，查出违纪违规金额9.26亿元，损失浪费9488万元，有效地控制了固定资产规模，促进了国家产业政策的落实。

三、深化企业审计

各级审计机关坚持“一审二帮三促进”，围绕促进企业转换经营机制，建立现代企业制度，把国有大中型和重点企业审计放在突出位置来抓。累计审计企业17903户，查出违纪违规金额24.5亿元、损失浪费3.777亿元，帮助增收节支提高经济效益11.7亿元。1991年，完成了第一轮企业承包经营责任审计，审计2881户，查出盈亏不实单位528个，虚盈虚亏金额1.55亿元，未完成合同单位831个，为第一轮承包兑现奖惩和第二轮承包提供了依据。每年选择部分重点企业实行经常性审计，深入分析亏损和效益下降的原因，帮助企业改善管理、挖掘潜力，提高效益。据对济南、淄博、枣庄、泰安等市的

93户大中型企业统计，从1989—1991年连续三年进行审计，违纪金额由1988年的2298万元下降到969万元，减少50%以上；完成产值和实现利税分别增长23.8%和29.8%。从1991年开始在全省审计系统开展了“促管理、增效益”活动，以大中型企业特别是亏损大户和盈利下降幅度大的企业为重点，在财务收支审计的基础上，逐步向检查评价有关的内部控制制度和经济效益延伸，至1992年底共促进增收节支2.6亿元，帮助减亏增盈10万元以上的企业1571户，其中50万元以上的225户。1991、1992两年，先后在济南、淄博、枣庄、威海、潍坊等5个市和冶金、轻工、化工、供销、粮食等13个系统的309个企业进行了内部控制系统评价试点，针对管理上的失控点和薄弱环节，提出改进建议，促进加强内部控制，收到了较好效果。

四、强化农业等专项资金审计

围绕巩固农业基础，发展农村经济，把支农资金审计作为重点，着重检查管理专项资金的部门和使用专项资金多的单位。累计审计单位3265个，审计总金额68.2亿元，查出和纠正挤占挪用等违纪金额8156万元、损失浪费4212万元，促进提高了资金使用效益。1991年全省棉花基地县审计情况的综合报告，受到省政府重视，批转各市地执行。1992年，对129个县（市、区）的养老、待业保险基金等进行了审计，审计资金总额46.4亿元，对挤占挪用等违纪问题作了纠正处理，促进了社会保障制度的完善。1993年，根据省政府领导批示，全省统一组织了对10个市地、27个县市区所属58个粮食供销企业农副产品收购资金使用情况的审计，省政府根据审计情况向全省发了通报，为进一步管好、用好农副产品收购资金，起到了积极的促进作用。

五、坚持行政事业单位定期审计

为促进加强廉政建设，克服腐败现象，全省各级审计机关结合制止“三乱”、纠正行业不正之风，以执法监督部门和罚没收入较多的部门为重点，坚持了行政事业单位的定期审计。共审计单位14530个，查出违纪违规问题金额6.8亿元，追还被侵占挪用的2.53亿元，请客送礼、乱发钱物2856万元。1993年中纪委二次全会以后，各级审计机关把反对腐败，促进廉政建设作为重要任务来抓，积极参与了清理党政机关高息集资、购买豪华轿车等工作，并注意通过各项审计活动发现案件线索，配合有关部门，严肃查处重大经济案件，全年移交纪检、监察、司法部门处理的案件22起。通过定期审计，被审单位遵纪守法观念明显提高，1993年审计的3465个行政事业单位中，有1434个基本做到了遵纪守法，占审计单位数的41.4%。

六、加强外资审计

在对各项国际援贷款项目实行经常性审计，搞好对内监督和对外公证的基础上，逐步开展了中外合资、合作企业审计，维护中外双方的合法权益和我省的国际信誉。全省累计审计国际援贷款项目593个，中外合资合作企业201个，查了违纪违规金额3.9亿元，对外提供公证报告43份，为进一步吸收外资、扩大开放起到了积极作用。如对国际格迈纳尔基金会援款建设的烟台格迈纳尔中学项目进行审计，核减投资30多万元。按照国际标准及时向外方提交了审计报告，格迈纳尔基金会主席库延先生给予高度评价，并决定对该项目二期工程增加援助70万美元。1992年，针对101个补偿贸易项目审计发现的问题，提出了加强宏观调控、搞好项目可行性论证和后期管理等建议，省政府领导批示有关部门认真研究解决。

七、内部审计和社会审计有了发展

截止1993年底，全省已建专职内审机构4732个，配备专职内审人员10089人。县以上工交、商贸、基建、农林水、文教卫生等主管部门、财务收支较大的事业单位和国营大中型企业，大部分建立起专职为审机构，配备了与工作相适应的工作人员。五年累计审计单位（项目）24万个，查出和纠正违纪违规金额39.89亿元，促进增收节支19.68亿元，查出损失14.43亿元。至1993年底，全省已建审计师事务所169个，配备从业人员2019人，其中注册审计师1036人，占人员总数的50%以上。各级审计师事务所坚持服务第一、信誉第一、质量第一的宗旨，不断巩固已开展的业务，积极开拓新的服务领域。五年累计接受有关部门、单位委托，办理审计、查证、咨询等15.7万多项，查证总金额1908.2亿元，促进增收节支2.27万多项，为建设单位审减工程款6.66亿元；并为313户企业担任常年经济顾问，帮助企业建章建制1117项；培训财会管理人员18259名。

此外，还加强了审计调查和综合分析，为领导了解情况实施宏观决策提供了资料，在审计机关基础建设中，坚持"两手抓"，促进了审计队伍建设，通过理论教育、党的基本路线教育、职业道德教育、遵纪守法教育和干部培训，增强了审计干部的政治素质，提高了他们的业务能力；加强了审计法规的制度建设，适应了工作发展的需要，开展了审计科学研究和审计宣传工作，扩大了审计工作的影响。

河南省审计局

1989—1993年共审计64202个单位，查出违纪金额710730万元，应上交财政金额71594万元，已上交财政金额49144万元，百万元以上违纪单位453个，万元以上贪污贿赂案50件，受党纪政纪处分的24人，移送司法机关的154人。

一、工业交通审计

1. 积极开展对国有工业企业承包经营责任审计和厂长(经理)任期经济责任审计。五年来，审计承包企业4156户，促进企业增收节支6675万元；揭露损失浪费15824万元；查出盈亏不实单位963个，盈亏不实绝对额26045万元(前四年)。有效地促进了承包经营责任制的完善和健康发展。

2. 对重点企业实施经常性审计。1989年以来，先后选择重点工业企业430户，实施了经常性审计。1992年，通过延伸审计，使27户大中型企业增收节支1500多万元。1993年，对863个国有大中型企业和亏损大户的资产负债和盈亏情况进行了审计，促进了企业加强对国有资产的管理，防止了国有资产的流失。

3. 组织力量开展行业审计。五年来，先后开展了对纺织、机械加工、烟草、公路养路费等四个行业的审计，对烟草行业进行了连续审计三年，不仅查出了违纪问题，而且发现普遍存在潜亏挂帐现象。1992年，在对50家烟草公司审计中，发现有47家不同程度地存在潜亏挂帐，金额高达5540万元。

4. 围绕经济建设中心，积极开展审计调查。五年来，先后对纺织、机械加工等重点行业承包后的经济效益和工业企业横向经济联营、重点工业企业"七五"技改和交通部门"四项规费"征收管理情况，开展了专项审计调查。1993年，全省开展了对交通及运管部门"四项规费"的征收、使用管理情况的调查，查出了征收不力、漏征严重、截留挪用、拖欠上缴、违规外借等严重违纪问题，省政府十分重视这些问题，省长、副省长都作了批示，并责成有关部门制定办法，加强对"四项规费"的征收管理。

二、商业、粮食、外贸企业审计

五年来，全省完成审计单位和项目6236个。其中：审计调查项目11个。查出违纪违规金额81325万元，其中，上缴财政12412万元。

1. 1989年，围绕"治理整顿"，查处了扰乱市场的行为和问题。重点审计了中原集团公司、省技术经济合作公司、中原国际经济贸易公司、省石油公司等大型商贸企业，并将查出问题和处理结果通过《河南日报》公布于众，为治理整顿，深化改革做出了积极贡献。

2. 深入开展承包责任审计，促进承包责任制健康发展。1988年以来，为了促进承包责任制企业的健康发展，对106户重点企业开展了承包经营责任审计。通过审计,不仅对承包企业存在的盈亏不实,短期行为,承包指标不科学提出了意见,而且还就企业的经济效益进行了延伸审计,收到了良好效果。

3. 突出审计重点,搞好审计监督。五年中,每年根据经济形势发展,选择一些经营额大、上缴税利多或亏损额大的重点企业进行审计监督,帮助企业改善经营管理,不断提高经济效益。

4. 积极开展行业审计和审计调查,为宏观决策服务。五年来,对粮食、物资、石油行业进行了审计。对粮食行业连续审计了两次。通过审计,不仅查处了违纪违规问题,还就存在的普遍性、倾向性问题进行综合反映,引起了党政部门领导的重视。例如,1991 年对粮食行业审计后,发现平价粮油亏损大,部分粮食企业违犯规定平转议,套取国家资金的问题向省政府作了反映,李长春省长作了两项批示:(1)要严格审计粮食系统的财务;(2)财政和粮食部门要不断完善钱粮包干办法堵塞漏洞。粮食厅、财政厅制定了《河南省平价粮油政策性经营亏损补贴办法》,加强了粮食企业的管理。五年中,进行了 12 项大的审计调查。例如,对承包责任制、工效挂钩情况的审计调查,对外贸企业超亏挂帐、肉蛋补贴的审计调查,对商业、外贸、物资企业留利水平和粮食企业增亏原因的审计调查,并写出了一些审计调查报告,有七篇被省委、省政府和审计署采纳。

三、财政税务审计

五年共审计地市财政 26 个(次),审计县级财政 236 个(次),乡级财政 1954 个(次),共查出各类违纪金额 11 亿元,其中应增加财政收入 2.13 亿元。在财政税务审计中,强调了审计覆盖面,深化了审计内容。地市县财税审计覆盖面每年达 30%,乡级财政审计覆盖面每年达 20% 左右。财税审计由原来审计财税部门的财务收支,转变到审计当地政府上年的财政决算,到 1993 年,又发展到既审计上年的财政决算是否真实,又审计当年的财政预算执行情况;既审计预算内,又审计预算外。重点检查有无截留挖挤上级财政收入、乱退库、弄虚作假、虚列支出的情况,有无乱开减收增支口子的情况。同时,向省政府综合反映了地市情况。1989 年,省局对 5 个地市审计结束后,对财税部门存在的年终决算不实,违规退库、扩大基建规模等 8 个共性问题向省政府反映后,引起了省政府的高度重视。1991 年,省局针对乡级财政审计中发现的隐瞒截留财政收入,挤占挪用专项资金,滥发钱物等问题向省政府作了反映,李长春省长作了重要批示。为全面向省政府反映情况,我们还开展了专项审计调查,如 1991 年对贫困县大量购买小汽车和乡级财政吃喝问题的调查,对 3 个地、市和 26 个县、市越权减免税,用减免税款归还贷款等问题进行的审计调查,对擅自退库、截留财政收入、虚列支出增设周转金以及挪用专项周转金、投资效益差、回收率低等问题进行了审计调查。1992 年,对税收收入较大的郑州市和新乡市 1987—1991 年流转税减免的规模、结构进行了调查。1993 年对财政技改资金、财政信用资金、挂帐资金、贫困县流转税减免情况进行了调查。这些调查都分别向省政府、审计署报送了专题报告,并提出了加强管理的建议。

四、金融审计

1989 年以来,全省审计机关共对 2251 个(次)金融保险机构的财务收支进行了审计,查出违纪金额 18 亿元,应上缴财政 6085 万元,对部分金融机构的信贷资金进行了审计,检查了信贷资金的运用情况。

财务收支审计,重点检查了金融机构的各项收入是否真实,各项支出是否合理。各项专用基金的提取是否合规,国家资产是否完整。通过审计,查出了一些单位存在隐瞒收入、虚列支出、乱支乱用等违纪问题,维护了国家的财经法纪。1992 年以后,金融审计的重点在继续进行财务收支审计的基础上,逐步转向重点审计信贷资金是否超规模,是否符合国家的产业政策,查出一些单位存在的超规模放贷、违规放贷、行政干预放贷、逾期贷款多等问题,促进了信贷资金的管理。

1993年，为配合整顿金融秩序，全省各级审计机关及时开展了对金融机构资金外流情况的审计调查，查明了全省金融机构以投资、参股、贷款等方式流向外省资金10多亿元。同时，还对县以上600多个金融保险机构清理整顿情况进行了专项审计，清理回收各种违章、拆借资金28.4亿元，撤并擅自成立的金融机构105个，整顿自办经济实体230个，起到了维护金融秩序，加强宏观调控的作用。

五、基本建设审计

1. 对停建缓建项目进行跟踪审计。在治理整顿过程中，全省各级审计机关对三批1027项停缓建项目，采取"逐项跟踪，一一结论"的方法，全部进行了审计。审计总投资为26.72亿元，对少数未按规定停缓的项目，按照国务院及省有关规定，分别作了处理，巩固了"清理"成果。

2. 对基本建设项目进行审计。五年全省共审计了2592个单位，查出各项违纪金额2.9亿元。

3. 开展了专项审计调查。1992年8月、10月完成了对1990、1991年度固定资产投资项目清欠资金的审计调查，向省政府和有关部门反映了我省"清欠"情况，以及存在的前清后欠问题；对部分建设项目投资效益进行了审计调查，向省政府汇报了部分建设项目工期长、建设资金损失浪费的情况，1993年全省对第一季度新开工的项目进行了调查，发现并反映了新开工项目投资结构不合理，资金缺口大的问题。

4. 从1989年起，坚持开展了建设项目开工前审计，全省共审计了1949个项目。查出了不少资金不到位和不经审计就开工的项目。

六、农林水利审计

1989年，由审计机关牵头，各级贫困地区开发办、财政、农行参加，对全省20个贫困县、384个扶贫企业和单位1984—1988年以来，使用扶贫资金和物资的情况，进行了专项审计。审计资金总额9603.3万元，查出各类违纪金额636.67万元，应上缴财政85万元。还对全省100个农业事业单位的农业事业费（含支农专项资金）的管理、分配、使用情况，进行了定期审计。

1990年，省审计局与省财政厅联合对全省84个市、区的黄淮海农业开发办公室，以及使用单位的农业开发资金的使用、管理情况进行了专项审计。审计资金总额3.29亿元，查出违纪资金1213万元。同时，对全省150个农业事业主管部门的农业事业费，专项支农资金的管理、分配、使用情况，进行了定期审计。

1991年，对全省34个重点水利工程单位的财务收支情况开展了行业审计，共检查资金7275.98万元，查出各类违规违纪金额782.78万元。还有一些县分别对粮食基地专项资金的第三至五期投资的跟踪审计，对扶贫资金审计及调查，对黄淮海开发资金的审计以及对农业发展基金专项审计。全年审计资金总额14374万元，查出违规违纪金额1167万元，上交财政75万元。

1992年，在全省有重点地选定了10个市、地和43个县，92个县主管部门、411个用款单位，对黄淮海平原农业开发资金的到位、管理及使用情况进行了全面审计。审计资金总额14378.5万元，查出各类违纪资金316.88万元，收缴财政及罚款10.97万元。同时还对固始、渑池、新安、嵩县四个商品粮基地县和78个县直主管部门271个用款单位的农业资金进行了专项审计。审计资金总额9737.69万元，查出各类违纪资金275.25万元。

1993年，全省主要检查了52个县市农业资金投入、管理和使用情况，查出各类违纪金额1939万元，发现县本级农业投入增长低于同期财政支出增长情况，财政配套资金未全部到位，农业开发资金征收不力，支农周转金沉淀多的问题。

七、行政事业审计

1. 坚持定期审计制度。自1989年以来，对行政事业单位实行定期审计制度，共审计了30490个单位(次)，查出违纪金额5.3亿元。对挤占挪用事业费、虚列支出、违控购置、滥发钱物、请客送礼等问题，各级审计机关都进行了严肃处理，有效地促进了行政事业单位的财务管理，加强了政府部门的廉政建设。

2.抓重点单位、重点资金、重点项目的审计和审计调查。1989年，为促进卫生、计划生育以及科学事业的发展，各级审计机关对卫生防疫站财务收支进行了审计，对计划生育超生子女费征收、管理、使用和部分科技三项费用使用情况进行了审计调查。审计调查单位466个，1433个项目，审计资金总额43062万元，清出违纪金额1916万元。1990年进行了教育费附加的征收管理情况审计调查。调查单位342个，审计资金总额8083万元，查出违纪金额211万元，收缴财政3.6万元。1991年，对1092个单位和84个项目进行了审计调查。审计调查资金总额79379万元，查出违纪金额4820万元，收缴财政882万元。1992年，全省共审计1532个单位，审计调查资金总额24亿元，查出违规违纪金额5304万元。1993年，对全省24个科研单位科研资金管理使用情况进行了审计，对12个贫困县赤字县购买小汽车情况和郸城、项城县拖欠中小学教师工资情况进行了审计调查。发现12个县在财政赤字1.2亿元的情况下，近一年半的时间内，购小汽车424辆，耗资3700万元，占同期财政收入的8.3%，引起了省委、省政府的重视，并在全省纪检会议上通报了情况。

八、外资审计

从1984年至今，全省共对世界银行贷款项目22个，联合国粮食计划署的援助项目2个和亚洲开发银行的贷款项目1个，进行了项目执行期年度审计。1993年审计的项目资金总额达8.8亿美元和85亿元人民币。

五年以来，对37个中外合资、合作企业进行了审计，根据审计署授权，对日本海外协力基金项目进行了审计，对发现的虚列支出、计划外工程和倒卖项目物资等问题进行了严肃处理，收缴违纪资金370多万元，保证了项目顺利实施。还查处和揭露了配套资金不落实、挪用项目资金、变更项目内容和转嫁负担项目等问题，追回挪用的项目资金2947万元，保证项目资金合理有效地使用。在对合营企业审计中，先后查处了出资不足和不合规、获利年度不实，成本核算有误和侵犯中外方权益问题，依照国家涉外法规作了严肃处理。五年来，共为11个项目向世界银行提交了41份年度公证审计报告，这些报告按照要求及时报出，赢得了世界银行对项目执行的信任。

九、内部审计和社会审计

截止1993年底，全省已建内审机构4690个，已配内审人员12210人，其中具有高级职称的占4%，中级职称的占33%，初级职称的占50%。几年来，全省内审机构共审计75184个单位，纠正各类违纪违规金额22.9亿元，减少损失浪费金额6.7亿元。截止1993年底，全省共建立审计事务所192个，从业人员2549人，其中具有中级以上技术职称的1159人，占45.5%；经过批准注册登记的注册审计师1239人，占从业人员的48.6%。社会审计业务也不断发展，除开展财务收支盲计、经济案件鉴定外，还广泛开展资产评估、基建工程预决算审计业务。五年来，全省审计事务所接受审计机关委托完成审计事项2535项，审计总金额135.1亿元，查出违纪违规金额2.1亿元，应上缴财政2475万元。

湖北省审计厅

几年来，湖北省各级审计机关共审计55736个单位，查出各种违纪违规金额540737万元，处理上缴财政66742万元；促进增收节支140317万元；查处万元以上贪污贿赂案件124起。通过审计监督，严肃了财经法纪，维护了国家利益，促进加强宏观管理，保障了改革开放和经济建设的顺利进行。

一、围绕经济工作中心开展审计监督

1. 围绕“热点”、“难点”问题，开展审计和调查，积极为领导提供决策依据。1990年，农业生产资料价格上涨过快，农民承受不了，群众反映强烈，领导十分关心。为了合理确定农业生产资料价格，减轻农民负担，按照省政府的要求，各级审计机关对全省66户小化肥厂碳铵生产成本进行了审计。通过审计，核实了单位成本，分析了成本上升的主客观原因，提出了降低成本、减轻农民负担的五条建议，向省政府写出了专题报告。经省政府批示，有关部门根据审计情况核定了碳铵销售价格。1991年，湖北省发生特大洪涝灾害，国内外各界人士纷纷向灾区捐赠救灾款物。全省各级审计机关按照审计署和省委、省政府的部署，对接受、分配、管理和使用救灾款物的1800多个部门、单位和1.6亿元的救灾款物进行跟踪审计，保证了救灾款物及时、足额用到灾民身上，受到社会各界的好评。1991年下半年，针对一些部门和单位乱收费、乱罚款、乱摊派问题，全省各级审计机关对公安、交通、物价、工商、城建、土地管理等部门的1300多个单位的罚没收入进行了审计，审计后向省政府提出了砍掉一批不合理收费项目、撤掉全省公路上擅自设置的收费站（点）等意见和建议，经省政府采纳，形成文件下达，受到人民群众的欢迎。1992年，针对农民经济负担过重的问题，全省审计机关对13个县（市、区）62个村农民经济负担情况进行了审计调查。通过审计调查，弄清了农民负担过重的主客观原因，提出了减轻农民负担的意见和建议。省政府制定了减轻农民负担的八项规定，下发各地执行。

2. 围绕主要经济政策的贯彻执行开展审计监督，促进政策措施落实到位。几年来，全省审计机关把监督国家宏观经济政策的贯彻落实作为一项重要任务来抓，发挥了积极作用。如为了贯彻落实党的十三届三中全会确定的治理整顿、深化改革的方针，配合有关部门压缩过大的基建规模，全省各级审计机关根据省政府的指示精神，对全省各级政府决定停缓建的888个基建项目开展了跟踪审计，对不执行规定应停未停的基建项目，督促其真正停下来，并做了大量善后工作。1990年，全省审计机关在对县以上金融保险机构的审计中，发现金融秩序比较混乱，各专业银行为拉存款，盲目竞争，违反国家利率政策，擅自提高利率。省局汇总各地审计情况向省政府写了专题报告，提出了清理帐户和“小金库”、严格执行国家利率政策等5条建议。各金融机构认真处理和纠正审计查明的问题，并根据审计建议，研究制定严肃金融纪律，整顿金融程序，加强管理的措施，收到了好的效果。为了搞好国有大中型企业，国家先后制定了一系列政策措施。全省各级审计机关在搞好企业财务收支审计的基础上，把审计监督的重点放在促进搞好大中型企业各项政策落实上，先后对部分大中型企业落实中央和省关于搞好国有大中型企业政策和企业执行工效挂钩政策情况进行了审计与调查。在帮助企业用好用活各项政策的基础上，提出了进一步落实搞好国有大中型企业有关政策、促进企业提高经济效益的意见和建议。同时，对企业执行工效挂钩政策情况也进行了深入分析，针对一些企业在执行工效挂钩以及缺乏有效监督和管理等方面的问题，提出改进的意见和建议。

3. 加强对综合经济管理部门的审计监督，促进其增强宏观调控能力。几年来，全省审计机关加强了对财政、金融部门的审计，并注意不断改进审计方法，深化审计内容。对财税部门先后采取重点审、普遍审、交叉审、专项审和授权同级审等办法，对全省县以上财政税务部门的财政决算和税收政策执行情况进行了审计，有的单位已连续审计了三次。对全省县以上金融机构的财务收支，已普遍实行定期审计。并对部分专业银行的信贷资金、利率政策执行情况进行了审计和调查。1992年，对省工商银行及所属的37家分支机构1991年度信贷资金的管理与使用情况进行了审计，查出违规贷款及有问题资金65418万元。针对存在的问题，提出了加强管理，提高资金使用效益的意见和建议。通过审计，在促进金融部门管好、用好资金，进一步加强金融对国民经济的宏观调控作用方面发挥了积极作用。

4．加强了对审计情况的综合分析，为党委和政府提供了大量的决策依据。审计监督要在促进加强宏观经济管理中发挥作用，离不开对审计情况的综合分析和信息反馈。因此，凡是行业或专项资金审计与调查结束后，全省各级审计机关注意对各种微观审计资料进行综合分析，从中发现各种带倾向性、普遍性的问题，有针对性地提出解决的办法和建议，为宏观决策服务。几年来，全省审计机关向各级党委和政府提交的各种专题报告和综合材料，被审计署采用和省委、省政府领导批示、转发的有120多份，其中审计署采用后被中办、国办转发的有9份。

二、认真履行监督职能，维护财经法纪

几年来，全省各级审计机关通过认真履行监督职责，依法依规查处各种违反财经纪律的问题，促进被审单位严格遵守财经纪律，合理、有效地使用国家资金，维护了国家利益。如1990年，对30个平原县（市）土地管理费进行审计，查出违纪金额2231万元，贪污贿赂案17起，贪污金额7.5万元。1991年，全省审计机关对287个血防单位1990年度卫生血防专项资金进行审计，查出有问题资金329万元。对这些违纪问题，各地会同有关部门进行了严肃处理，有关人员受到了行政纪律处分。有些行业、单位和专项资金经过经常性审计，违纪金额逐年减少。1989—1991年，全省审计机关对100户预算内工业企业连续三年进行审计，违纪金额每年平均下降25.1%，自我约束和管理机制明显加强。在对37个山区贫困县（市）支农扶贫资金经过几年连续审计，查出挤占挪用等违纪金额占审计总额的比例由1987年的10%下降到1992年的4%，促进了支农扶贫资金的合理有效使用。

全省各级审计机关在企业审计中坚持"一审、二帮、三促进"，在依法查处各种违纪问题的同时，帮助企业健全内控制度．加强经营管理，提高经济效益。如1991年，全省各级审计机关根据省政府领导的要求，对62户重点工业企业进行了经济效益审计，针对管理不善、结构不合理、产品质量差等问题，提出了467条改进意见和建议。对其中10户大中型企业后续审计结果表明，销售收入和上缴税利分别比上年同期增长11.01%和48.9%。

三、健全法制建设，加强审计干部培训

几年来，省审计局根据审计事业发展的需要，在积极开展审计监督的同时，结合湖北实际，先后制定了《农业专项资金审计办法》、《贯彻落实〈全民所有制工业企业转换经营机制条例〉的意见》、《审计信息宣传工作管理办法》等6个审计制度、规定和办法，促进了审计工作的制度化、规范化建设。同时为了促进严格审计执法，提高审计工作质量，1989—1992年，省审计局连续四年对审计执法情况进行了检查。

1992年，为了适应加快改革开放和经济发展的新形势，更好地坚持依法审计和实事求是的原则，省审计局按照审计署和省委、省政府的要求，对治理整顿期间和原来制定的一些审计制度、规定和办法进行全面清理，先后在全省宣布废止了《关于对承包企业审计有关问题的处理意见》等6个文件，修订了完善了有关制度和办法，使审计工作更加符合客观实际。

审计部门还加强了审计干部培训，提高审计人员的政治业务素质，以适应审计事业发展的需要。几年来，全省各级审计机关在抓好在职审计干部的岗位培训的同时，注意抓了审计干部队伍建设，努力提高审计队伍的政治业务素质。组织审计干部认真学习邓小平同志关于建设有中国特色的社会主义理论，加强了精神文明建设。

几年来，社会审计和内部审计工作得到进一步加强，全省已建立审计事务所141个，从业人员1450多人。几年来，为全面承办审计查证和咨询业务10万余项，为760多个企业单位担

任了常年审计顾问。全省各级政府部门、国家金融机构、全民所有制企事业单位、大型基建项目建设单位已建立内审机构5713个，配备内部审计人员13000多人。几年来广大内审人员注意紧密围绕本部门、本单位的工作重点积极开展审计监督，为加强内部控制和管理，促进提高经济效益作出了应有贡献。

湖南省审计局

在改革的大浪潮中，湖南各级审计机关围绕经济建设中心加强和改进审计工作，进一步突出审计重点，深化审计内容，提高审计质量，注重为宏观调控服务，在发展审计事业的道路上迈出了坚实的一步。从1989—1993年，共审计43684个项目，查出违纪违规金额558866万元，其中应上缴财政56165万元，已上缴43601万元，追还侵占挪用资金40003万元，减少财政拨款补贴3893万元。内审机构共审计76644个项目，查出和纠正违纪违规金额138937万元。社会审计组织完成各类委托事项4.3万余件，共实现业务收入3800万元。

在五年的审计实践活动中，主要工作特点有三个方面：

一、抓住审计重点，认真履行监督职能

财政审计已形成较健全的制度，对重点财政审计对象实行年审制度，对一般财政审计对象实行三年审计一次的轮审制度，财政审计的覆盖面每年均达到三分之一以上。五年间对全省14个地、州、市和125个县、市、区的财政收支进行审计，查出违纪违规金额36368万元。针对湖南财政赤字县逐年增多的现状，从1991年起重点开展对赤字县财政审计，组织全省审计机关开展赤字县财政决算同步审计，成效显著。例如，1991年审计42个赤字县财政，查出违纪违规金额2670万元，核减赤字1417万元；1992年审计35个赤字县财政，查出违纪违规金额2211万元，核减赤字865万元；并通过综合报告分析了赤字形成的原因，提出了逐步减少、消除财政赤字县的建议，得到省人大常委会和省政府领导的重视。

金融审计五年间共审计1894个项目，在财务收支审计方面共查出违纪违规金额186991万元，其中已收缴财政5137万元。在继续搞好财务收支审计的同时，逐步将审计内容的重点放到金融信贷资金和保险理赔资金上面来。1989年，岳阳县审计局查出县保险公司利用上年洞庭湖秋汛造成的水灾，制造假赔案21起，理赔支出33.7万元，扩大赔付23起。省政府领导在呈报的材料上指示："救灾是救命。乘救灾之机搞鬼的人是没有良心的，更何况党的纪律不容。对这类案件彻底追查。"省审计局、省保险公司对此事作了严肃处理，取消了县保险公司骗取的先进单位称号。1992年，对工商银行系统48个县以上分支机构信贷资金进行专项审计，查出违纪违规的信贷金额43600万元。1993年，为贯彻中央6号文件精神，全省统一组织对县以上人民银行和专业银行1992年度及1993年上半年的信贷资金进行审计，全省共审计了541个金融机构，审计总金额2109亿元，查出违纪违规金额237.79亿元，收缴财政2612.3万元。通过审计，有效地促进了金融秩序的整顿，并收回违规发放的贷款26.25亿元。

基本建设审计突出抓住重点建设项目审计、重点技改项目审计和行业投资规模审计。对五强溪水电站、长沙湘江二桥等60余个重点建设项目进行审计。在对株洲化工厂的禾草丹铅烟气制酸二项技改项目审计中，查明投资8546万元的这二项工程，由于工艺技术不过关，搞了五年不能投产，直接经济损失已达1860万元，这一审计情况，《人民日报》作了批露。对基本建设共审计11106项目，通过审计削减投资金额84489万元，查处损失浪费金额10893万元，较好地发挥了审计监督作用。

企业审计中采取改进方法、调整审计内容的措施，结合对承包经营责任制的审计，一方面突出对国家搞好大中型企业政策落实的监督，

一方面突出对企业盈亏真实性的监督。共对3467户企业进行了厂长(经理)承包经营责任制审计。在审计中各级审计机关对国家制定的搞好大中型企业政策落实情况，查出和纠正向企业乱摊派金额1.18亿元，并向省政府提交了《落实企业经营自主权工作有待继续深入》等专题报告，同时注重和纠正企业盈亏不实情况。1992年就查出虚盈企业168个，虚盈金额4828万元，查出虚亏企业186个，虚亏金额729万元。各级审计机关还开展了“审帮促”的活动，选择了395户企业进行内控制度审计和效益审计，帮助126户亏损企业扭亏为盈。省审计局、株洲市审计局、湘西自治州审计局等单位被省、市、自治州政府评为支帮促工作的先进单位。1993年突出对重点骨干企业的审计监督，对180户大中型企业开展了审计和审计调查，帮助企业落实转换经营机制条例。

二、加强农业资金和专项资金审计

湖南是全国农业生产的重点省，发展农业经济是实现全省经济腾飞的基础。但是，湖南的农业基础条件薄弱，能源、交通较为紧张。国家和省政府在这方面十分关注，集中了部分专项资金予以扶持。为了保障专项资金的专款专用，并促进发挥效益，对专项资金进行审计是直接服务经济的一项重要工作。

在农业资金审计方面，坚持不懈地抓好湘南农业综合开发资金、支农扶贫资金、粮棉基地建设基金、育林基金的审计监督。湘南农业综合开发资金的使用，涉及零陵、郴州、衡阳三个地市的31个县。三年中，共审计资金管理和使用单位2691个，审计总金额3.5亿元。在审计中，提出建议300多条，帮助200多个单位建帐建制，有力地促进了资金的配套和合理使用。第一期湘南农业综合开发工程已取得显著效益，新增粮食生产能力9亿公斤，油料5万吨，肉类13万吨。对扶贫资金审计，年审计金额均达总金额的80%以上，并协助省农业银行、省扶贫办制定了《贷款审批权限制度》、《扶贫贴息贷款管理补充规定》等制度。农业资金的审计，受到了省政府领导和当地政府的好评，省政府领导在扶贫资金审计的材料上批示：“这个审计好。希望继续加强跟踪审计，使有限的资金，真正用在刀刃上，发挥最佳效益。”

1993年，又在全省开展了农业资金总体投入的审计，组织48个审计组对30个县1109个主管部门和用款单位，1991—1992年的农业资金总体投入情况进行审计，查出违纪金额3875万元，并提出了建议144条。对这次审计，省政府领导很重视，多次批示，要求各地认真落实审计决定，提高农业资金的使用效益。

对国外援款项目，共审计外资项目62个，提供对外报告15份，其中“世界银行第二期农业贷款审计报告”得到审计署和世界银行的好评。开展的造林项目资金审计，成效突出，在1992年召开的全国造林项目现场会议上，受到林业部的肯定。

1991年7月，湖南发生洪灾，省审计局和有关地市审计局开展了对救灾捐赠款物的跟踪审计。历时两年，查出违纪金额331万元，及时纠正了少数违纪事项，为灾区恢复农业生产、重建家园作了贡献。1993年当湖南再次发生洪灾时，湖南省政府信息研究中心及所属南方物业总公司、湖南经济报社以举办“93湖南防汛救灾演唱会”的名义演出，所得收入一分钱也没交给救灾使用，社会反响强烈。省审计局依法进行审计，查实后决定将演唱会收入的80%和有关单位通过演唱会转交的救灾款共1157543.2元，交救灾使用。审计决定下达后，信息中心迟迟不交款，省审计局发出扣款通知书，强行划拨81万元用于救灾。这一审计，引起社会各界的关注，全国及海外有28家新闻单位予以报道，称赞审计机关做了件大快人心的好事。

在专项资金审计方面，先后进行了电力建设资金、公路养路费、养老保险基金、待业保险基金、科技资金、环保资金等项目的审计。例如，在1991年，根据省长办公会议的决定，在全省开展电力建设资金的审计，审计总金额12亿元，向省政府作了专题汇报，为省政府对能源问题决策提供了资金数据。

三、搞好行业审计和审计调查

1989年，对全省粮食系统717个独立核算单位进行审计，查出违纪金额8970万元，占当年省财政粮食亏损定额补贴1.6亿元的56%。1991年进行的卫生行业审计，从425个单位中查出违纪金额3447万元，收缴财政426万元，归还原资金渠道902万元，还就深化卫生部门改革、纠正行业不正之风等问题，提出建议。对公安、物价、工商管理等执法部门的行业审计，重点放在纠正不正之风上，促进这些部门在人民群众中树立良好形象。在物资行业审计中，查出常宁县物资局虚报销售金额过亿元，骗取荣誉和奖励的问题，省审计局和物资厅联合发出通报，刹住了这股弄虚作假的歪风，新华社《内参选编》作了报道。

此外，为适应宏观管理的需要，开展了审计调查。五年间，全省各级审计机关共提交调查材料3792篇，被县以上政府和上级审计机关采用1888篇，被省政府领导批示的有50篇。同时还加强了审计信息工作，共编发信息774条，被省委、省政府、审计署采用146条，被中央办公厅、国务院办公厅采用9条。

广东省审计局

1989—1993年，是我国国民经济从治理整顿走向持续、快速、健康发展时期。特别是1992年春小平同志南巡重要谈话的发表和党的十四大召开，全国加快了改革开放和经济发展的步伐。在新形势下，我省各级审计机关和广大审计人员，解放思想，转变观念，增强改革意识，实事求是，努力探索，紧密围绕经济中心，突出工作重点，强化审计监督。五年来，全省共审计了66112个单位，查出违纪违规金额897577万元，其中应上缴财政金额105035万元。为国家增收节支281724万元。揭露万元以上贪污案件56宗，违纪人员受到党政纪处分和移交司法机关处理的共有171人。为治理整顿、深化改革、加强宏观经济调控、促进经济发展、促进廉政建设等方面发挥了积极作用，做出了显著成绩。

一、基本建设项目审计

五年来，全省共审计了24105个项目(单位)，查出挤占工程成本、高估冒算、资金不落实等有问题金额共284807万元，通过审计处理，对基本控制住基建投资规模发挥了积极作用。为配合我省压缩固定资产投资规模工作，积极开展停缓建项目跟踪审计、在建项目建设许可证普查和投资项目资金来源审计。1989年，全省共审查了6641个项目，总投资额324.3亿元。查出有应停未停、不应上马等问题的项目共750项，总投资额14亿多元。仍在施工的停缓建项目30项，无证施工387项，超年度计划指标的107项。共压缩投资规模18.38亿元，处以罚款和追缴建筑税1706万元。1990年，对新开工和复工项目进行了事前审计和续建项目资金来源是否正当的审计，还结合对固定资产投资项目的普查，对建筑税的缴纳情况进行了较普遍的检查，共查出漏、欠建筑税6447万元，有力地推动和促进了建筑税的征收。这一年，全省共征收建筑税22328万元，比上年增长57%。抓了重点基建项目的审计。1990年，主要是对国家计委、审计署委托审计的广州市电信局第二批日元贷款广州通信工程和云浮水泥厂进行了审计。通过审计，节约资金2519万元。1991年，审计了全省电力、交通部门的22个重点项目，查出超预算投资金额9052万元，投资失控浪费损失164万元，违纪金额456万元。1992年，逐步拓展了开、复工前审计和重点基建项目竣工决算审计。1993年，为贯彻落实国务院、省政府加强投资领域的宏观调控措施，进一步加强了对新开工建设项目资金来源审计，开始对重点工程项目实行全过程的监控，加强事前、事中和事后审计。这一年，全省审计了2928个基建项目。据珠海等11个市对1257个新开工项目审计的统计，当年计划投资约38.76亿元查出资金不落实金额约8亿元(包括审计调查和委托社会审计查证数字)，对资金不落实，不符合投资方向，施工条件不具备的申报项目，均作出暂缓开工的决定。控制了基建规模，减少了财政、信贷资金的投放。

二、财政金融审计

自 1989 年以来，我省进一步开展了财政金融审计。1993 年，按照国务院、省政府关于加强宏观调控的要求，强化财政金融审计，较好地发挥了审计机关高层次的监督作用。五年来，全省共对 1319 个市、县、乡级财税单位进行了审计。查出隐瞒截留转移收入、违规退库、机关侵占挪用财税资金、越权减免税收等违纪违规金额共达 67917 万元。审计后增加财政收入共 21075 万元。通过对财政的审计，揭露了越权减免税问题，揭露和处理了财政部门多提集贸市场税收留成等问题，还针对财税部门在退库、减免税收、以及预算外资金管理等方面存在的问题，提出了建议。1991—1993 年，共审计了 770 个乡镇财政单位。通过这项审计，改变了过去县级的审计监督只基本上限于县城以内的状况，促进了乡镇一级的财政管理。

金融审计方面。五年来，全省对人行、工行、农行、建行、中行、交行及其他金融保险系统的 1414 个单位进行了审计。查出隐瞒截留收入、虚列支出、挪用信贷资金等违纪违规金额共达 160252 万元，其中，应追还侵占挪用资金 40011 万元，应上缴财政金额 4782 万元。1989 年配合治理整顿，对省级 5 家银行和国际信托投资公司等金融机构部分信贷资金开展了审计。查出违规贷款 26 笔，人民币金额 4284 万元。通过对金融机构部分贷款的抽查，促进了各金融机构按计划合理合法地使用信贷资金。从 1990 年开始，把审计的重点移到信贷审计上来。这一年，对全省中行、农行系统的 122 个分支行 1989 年发放的各种贷款进行了审计，在 117 个分、支行的审计中，发现和处理违纪贷款 685 笔，有问题的金额共达 91498.25 万元。1991 年，对全省工行系统 85 个分支行、建行系统 86 个分支行、交行系统 4 个分支行 1990 年度财务收支和信贷计划执行情况进行了审计，查出违纪违规贷款 15434 万元，财务收支违纪违规金额 3973 万元。1992 年，对 245 个金融保险单位的审计中，查出违纪违规金额 13627 万元，还揭露了金融企业炒卖外币、股票等造成美元损失的重大问题，引起省政府的重视。1993 年，积极配合整顿金融秩序，严肃金融纪律，全省共审计了 146 个金融单位的信贷资金和 156 个金融单位的财务收支，追还侵占挪用资金 24279 万元。在审计建设银行 120 个分支机构 1992 年信贷资金中，查出挤占挪用流动资金贷款用于固定资产的购建、炒卖地皮及房地产开发等信贷超规模、投向不合理、违章拆借有问题资金共 9576 万元。对审计查出的问题，依照法律和有关政策规定，实事求是地作出了处理，对促进刹住违章拆借、改变金融秩序混乱状况，落实金融系统“约法三章”，发挥了应有的作用。

三、企业审计

五年来，全省对 16328 家国有工交商贸企业进行了审计，查出违纪金额共达 210023 万元，其中应上缴财政 59287 万元。促进企业增收节支 3727 万元。对维护财经法纪，促进企业改革，提高经济效益起到积极作用。1989 年，共审计了 319 家机关办的公司.发现不少公司只是名义上与机关脱钩，与财政挂钩，实际上这些机关仍然把持着公司经营决策的权力，并从公司中取得钱物，不少机关干部仍在公司中兼职。经过审计，查处了有倒卖进出口批件、倒卖平价物资、大量偷漏税款以及挥霍无度等行为，问题突出、情节严重的流通领域的公司共 40 多家。1993 年，全省还重点审计了一批近年来党政机关新办的公司，认真落实省委、省政府关于党政部门有关办经济实体的规定，处理和纠正了一批违纪问题，促进了党政部门廉政建设。为配合深化企业改革，强化企业承包经营责任审计，1990 年，对 1612 户承包企业进行了审计，查出有 420 户盈亏不实，金额共 14659 万元，有 38 户资产不实，金额 1616 万元，并查处了多提工资等一批违反合同和违反财经纪律的问题。

1991年，审计了1890户，查出盈亏不实的208户，金额共8095万元，其中应上缴财政7070万元。1992年，审计了1589户，查出盈亏不实的107户，金额共5723万元。对厂长（经理）离任经济责任审计，也取得了明显效果。

五年来，重视对重点企业的审计。从1991年下半年起，省局明确提出一般企业的财务收支审计交由内审或社会审计组织承担，审计机关要抓好重点企业审计。在内容上，逐步从财务收支审计向内控制度和经济效益方面延伸，坚持"审、帮、促"原则。由于各级审计机关把主要精力放在对重点企业的审计上，抓了审计深度，揭露了企业的深层次问题，取得较好的审计效果。1992年省局对一家公司的审计，揭露了该公司动用建设资金搞计划外楼堂所等问题，向省府作了专题报告，引起朱森林省长和卢瑞华副省长的重视，分别在专题报告上作了重要批示。

在企业审计中还开展了行业审计，促进了行业管理。1989年，开展了电信、国土部门的行业审计。全省共审计了146个电信单位，查出的违纪金额2400多万元。对国土行业共审计了110个单位，查出违纪金额2752万元，占审计总金额的4.01%。1990年，全省对经营国际旅游业的115家旅行社（占全省旅行社204家的56.4%）进行了审计，发现的主要问题是不少旅行社违反对外结算原则，境外款项长期收不齐，甚至被套汇逃汇，财务收支违纪，乱挤成本费用，漏交税金问题时有发生。在对教育经费进行行业审计中，追回的被挤占挪用转移的教育经费共1182万元。

1991年，在全省范围内开展了水利、电力、公安、物资等4个行业审计。对电力部门价外收费和罚款的收支审计，揭露制止了在办电过程中存在的违纪违规行为，帮助电力部门完善内控制度。对全省公安系统进行行业审计，主要是配合治理整顿"三乱"的中心工作，检查了公安系统罚没和行政性收费的收缴情况，审计覆盖面达41.25%。在对119家燃料公司的行业审计中，查出违纪违规应上缴财政797万元，揭露和分析了经营不善和亏损的原因，并提出了改进措施。1992年，根据省政府领导的指示，对粮食企业亏损挂帐进行了审计。经审计核定，至1992年一季度，全省（不含韶关、中山、深圳）粮食亏损挂帐总额为258366.54万元，其中政策性亏损挂帐22754464万元，经营性亏损挂帐16878.21万元，违纪造成的亏损挂帐13943.69万元。核减和核定非政策性亏损挂帐可减少各级财政拨补累计金额37085.96万元，占原报挂帐总额的14%。

四、专项资金审计

五年来，全省对1704个单位的农业专项资金使用情况进行了审计。审计资金总额681443万元，查出挪用搞基建、经商放贷、用于行政性开支等违纪违规金额10289万元。其中应追还侵占挪用款项及应上缴财政款项共计7191万元。由于历年坚持和加强了对专项资金审计，违纪呈逐年下降趋势，基本上保证了专款专用，提高了资金使用效益，促进了农业生产的发展。1993年，省局审计查明广东北江大桥堤防护费的资金不到位共达3276万元，促进有关单位及时足额拨交了防护费。经过这几年连续审计，农业专项资金不到位及被挪用、挤占现象有所减少，提高了资金使用效益，支援了农业生产和水利建设。此外，还组织了广州、深圳、珠海、汕头、惠州五市局分别对所在市区1992年度国土有偿使用收入和耕地占用税的征收、管理、使用，以及土地管理和开发利用情况进行了审计调查，对越权批地、违章用地，欠缴中央财政的国土有偿使用收入，以及未按规定征收土地收益金、耕地占用税等问题分别作出了处理，提出了改进意见。1992年，全省对152个劳动保险机构的职工退休养老保险基金和职工待业保险基金进行专项审计，促进了社会保障体系的健康发展。

五、外资审计

在世行、亚行及国际发展基金会贷款项目方面，对1989—1993年各个年度的借款单位及项目执行单位(共计 463 个)的历年项目贷(援)款的使用情况进行了全面审计,并加强了对内监督,按时作出审计报告和出具证书。世界银行有关方面对我省发送的审计报告和出具的管理意见书表示满意。在“三资”企业审计方面,从 1989 年以来逐年扩大了这方面的审计。五年来,全省共对 391 家中外合资、合作经营企业进行了审计。查出违反合资(合作)协定(合同)的金额共 10678 万元,倒卖外汇和进口物资金额共 136 万元,以及其他违纪违规金额 21926 万元,纠正了一批违反我国法规和合营合同的问题。省局及珠海、广州、深圳等地,还对一批驻港澳的企业进行审计或审计调查,揭露和纠正了一些问题。如深圳市局于 1992 年对市属 41 家驻港企业自成立以来的经营活动和上年度财务状况进行了审计调查,查出累计资产流失 5047 亿港元等严重问题,并向市政府提出了加强境外企业管理和监督的意见,引起了市政府和有关部门的重视。

六、定期审计

对行政机关的定期审计,根据加强廉政建设、纠正行业不正之风的要求,进一步注意了着重检查重点单位和重点内容。五年来,全省审计了 13515 个单位,审计资金总额 4716609 万元。审计中发现的重大问题,都认真严肃地作了处理,推动了机关的廉政建设。省局 1992 年在对一个单位审计中,查明这个单位上年共开会 47 次,经费开支共达 112 万元。省政府为此发出了内部通报,对改进机关作风和加强廉政建设起了积极推动作用。经过经常性的审计,行政机关违纪现象逐步减少,守法单位逐年增加,1993 年的守法单位由 1989 年的 55.3%上升到 58.8%。

海南省审计局

1989—1993 年,全省共审计了 3384 个单位(项目),查出截留隐瞒财政收入、乱挤乱摊成本、挤占挪用专项资金、偷漏各种税款等违纪违规金额 16.2 亿元,其中已处理收缴 5.1 亿元。同时,查出应追还被挪用的各种专项资金 6095 万元,减少财政拨款和补贴 1342 万元;减少经济损失 2797 万元;查处百万元违纪单位 108 个,万元以上贪污贿赂案件 36 件,有 112 名违纪人员分别受到纪律和法律处理,在维护财经法纪,维护特区经济秩序,维护国有资产的安全完整,促进加强管理,提高经济效益,促进廉政建设等方面,发挥了积极的作用。

全省审计机关从经济特区的实际出发,确定了审计监督的重点。在审计项目的安排上,不追求覆盖面,不搞一刀切,集中力量突出抓住一批对特区改革开放、经济发展作用大的重点项目进行审计,先后对财政、扶贫资金、粮食企业、国土资金、金融信贷资金、社会劳动保险、股份制企业和境外企业等重点项目进行了审计。

一、行业审计

五年来,全省先后对粮食企业、国土资金、信贷资金、扶贫资金、社会劳动保险资金、教育经费等十几个行业的 825 个单位(项目)进行了全行业审计,查出违纪金额 27779 万元,已处理收缴财政 9581 万元,收回返还原资金渠道 3966 万元。

1989 年和 1991 年,全省分别开展了人民银行和建设银行的行业审计。对人民银行审计了 20 个单位,查出转移收入、虚列支出等违纪金额 619 万元,处理收缴财政 396 万元。对建设银行审计了 20 个单位,查出违纪金额 1419 万元,处理收缴财政 760 万元,追还侵占挪用资金 131 万元。

1989、1990 和 1992 年,连续三次对扶贫资金的收支、管理情况进行了行业审计。共审计了 158 个主管部门,检查了 165 个乡镇,抽查 16334 个用款单位和投资项目,查出违纪金额 1473 万元。通过审计,扶贫资金违纪违规现象呈下降趋势。全省第一次审计,查出违纪违规金额 1158 万元,占审计总金额18.2%;第二次审计只查出 198 万元,占5.1%;第三次审计,查出

117万元，仅占3.2%。通过连续三次审计，违纪金额降低了15个百分点。

1989—1993年，连续四次开展国土资金行业审计。共审计了71个单位，全面审查了减、免、欠地价款的情况，审计追回地价款5.87亿元，处理收缴财政2.05亿元，查处了坐支、挪用地价款等问题，追究了严重违纪的责任人，提出了审计建议。

1990年对粮食行业共审计了235个单位，查出倒卖平价粮食、虚购虚销、隐瞒转移收入、虚列成本费用、虚报亏损、套取财政补贴等违纪金额9948万元，其中收缴财政和抵拨补亏损金额达6039万元，查出有个人经济问题14人，涉及金额68万元。1993年省政府秘书长会议决定，由省审计局牵头，省财政厅、省人行、省工商行等部门配合，对205个粮食企业的财务收支和财务挂帐情况进行了行业审计。通过审计，核实了1992年全省粮食企业盈亏真实性和新增财务挂帐的情况；划分了责任，初步摸清了粮食企业经营管理状况，查处了违纪违规问题，查出粮食企业违纪违规金额7055万元。同时，还对粮食企业历年财务挂帐也作了初步核实。1992年，全省粮食企业上报新增财务挂帐为25236万元，经审计核实，新增财务挂帐为24657万元，核减579万元。粮食部门自报历年挂帐为106704万元(1991年底前老挂帐81468万元)，经审计初步核实财政挂帐为105386万元，其中财政欠拨补92688万元，核减1318万元。

1991、1993年，对劳保行业共审计了78个单位，延伸抽查了179个企业和单位，查出违纪金额2471万元，其中返还原资金渠道2465万元，查清了劳保基金的筹集、使用和管理情况，提出了改进意见和建议，为各级党委、政府指导这项改革提供了依据。

二、企业审计

五年来，全省共审计了2198户重点企业，查出违纪金额105520万元，处理收缴财政31745万元。1989年，全省审计了231个重点企业和流通领域公司，查出违纪金额8778万元，收缴财政3247万元。1990年，重点审计了459家盈亏大户，产值、税利大的企业，查出违纪金额1.5亿元，处理收缴财政4697万元。1991年，审计了462户企业，查出隐瞒截留国家税利和其他财政收入等违纪金额4.3亿元，其中处理收缴财政2.4亿元。1992年，全省审计了455家重点企业，查出违纪金额29485万元，处理收缴财政9751万元。还先后对44家外引内联、27家省内和8家联营免税期满企业进行专项税利审计，查出这些企业漏交税金3458.4万元，占违纪金额的36.2%。1993年，全省审计了346户重点企业，查出违纪金额18031万元，处理收缴财政5573万元。在对28家免税期满外引内联企业继续进行税利专项审计中，查出违纪金额5377万元，已处理收缴财政1805万元。1993年，省审计局集中力量对新能源、珠江、民源、港澳、化纤等5家个人股上市公司和国邦、华凯2家法人间相互持股公司从设立到财务收支、经营管理、收益分配等全过程进行了深入细致的审计，根据政策和法规查处、纠正了审计中发现的违纪违规问题。这项审计，受到省委、省政府领导的高度重视。省委书记、省长阮崇武同志多次听取汇报，并主持会议研究落实处理意见。

三、财政金融审计

五年来，全省审计了281个财政税务部门和金融保险机构，共查出违纪金额36471万元，处理收缴财政6698万元。1989—1993年，全省审计了38个财政税务部门，查出隐瞒截留转移财政收入，虚列支出等违纪金额8998万元，处理收缴财政4083万元。1992年，全省对19个市县1991年度财政决算审计了一遍，查出违纪资金4628万元，增加三级财政收入2604万元。1993年，对通什市、乐东县1992年财政决算进行了审计，查处了财政收入违规退库、减少结余、扩大集贸市场税收范围多提分成等违纪金额166万元。1989—1993年，全省审计了142个金融保险部门，查出少列收入，虚列支出，乱挤成本费用，漏欠各种税款等违纪金额27473万元，处理收缴财政4728万元。

四、外资和境外企业审计

五年来，全省审计了270个外资和境外企业，查出违纪金额3949万元，处理收缴财政30万元；查出损失浪费资金146万元。1989—1993年，全省审计了橡胶种子、造林和第二期农业科研等228个世界银行贷款项目，依照国际惯例，为世界银行提供公证性审计报告和管理意见书271份。1991年，对2家中外合资合作企业进行试审，维护了双方合法权益。审计了7家境外企业，一方面核实了国有资产及损益情况，帮助其加强管理，更好地发挥作用；另一方面探索了境外企业审计的路子，为今后拓展境外企业审计打下基础。1993年，选择了东湖宾馆等7家中外合资、合作经营企业进行了审计和审计调查，查出违纪违规金额1586万元。揭露了企业普遍存在的偷漏税费、盈亏不实、损害中方利益等问题，引起了有关部门的重视，促进了企业加强管理。

五、重点基建项目审计

五年来，全省审计了144个重点基建项目。审计总投资额244926万元，已完成投资总额198592万元。查出违纪金额2290万元，处理收缴财政77万元；压缩核减基建投资48514万元。1989年，全省审计32个停、缓、建基建项目，审计投资总额78572万元，查出计划外投资164万元，停、缓、建项目15个，金额48018万元，压缩基建投资47426万元。1990年，审计了通什味精厂技改工程项目，核减工程投资444.3万元。1991年，对东线高速公路开工前的审计，核实需要投资10.6亿元。1993年，审计了海南省大广坝水利水电工程电站枢纽工程部分，通过审计，核减工程概算449万元，工程支出195万元。

六、行政事业单位审计

五年来，全省共审计673个单位，查出违纪金额15390万元，处理收缴财政7273万元。查出减少财政拨款和补贴156万元；查出损失浪费76万元。1990年，审计了121个掌管国家重点资金的单位和执法部门，查出违纪金额3242万元，其中处理收缴财政1422万元。1991年，加强了对执法机关、公用事业部门的审计，全省审计了85个党委办、人大办、政府办、公检法等机关以及部分邮电、医院等公用事业部门，查出违纪金额2549万元，处理收缴财政360万元，追还侵占挪用资金850万元。1992年，审计了179个行政事业单位，查出违纪金额4848万元，处理收缴财政1080万元，追还侵占挪用资金452万元，罚款6.2万元。1993年，全省审计了125个行政事业单位，查出违纪金额4067万元，已处理收缴财政3229万元。

七、开展审计调查

五年来，共开展审计调查169项，写出专题审计调查报告119篇，为省政府和有关部门掌握情况提供了信息。1989—1993年，在审计法制建设、审计基础设施建设，以及审计科研和审计宣传工作上，也都取得了成绩。

八、内部审计和社会审计

截止1993年底，全省已建立内部审计机构436个，配备专职或兼职审计人员892人。全省内审机构共审计了3399个单位，查出损失浪费资金2.6亿元，纠正违纪金额3321万元，促进增收节支金额9577万元.查出贪污贿赂案件44件，受党政纪处理的有133人，受司法机关处理的有57人。各内审机构在审计中坚持以财务收支审计为基础，以经济效益审计为重点，积极开展承包经营责任和厂长(经理)离任审计，取得较好效果。海南石碌铁矿内审机构以提高企业经济效益为中心，开展审计工作，查出违纪金额105.7万元，追回资金84万元，提高经济效益600万元，节约投资266.8万元，清理债权债务1737万元。1990年，该矿内审获“中国内部审计优秀成果奖”。到1993年末，全省建立了26个审计师事务所，从业人员171人，其中注册审计师有89人。全省审计师事务所业务不断扩大，除验资、鉴证、清产核资、经济责任、基建预算、经济效益审计外，还开展审计咨询、会计建帐和业务顾问等业务。全省共完成委托审计17012项，查出违纪金额1562万元；完成查证事项22203项，查证金额40亿元；提供咨询服务69项。这对于维护财经纪律，促进企业增收节支，提高经济效益，健全内部制度起到了积极的作用。

广西壮族自治区审计署

五年来，广西各级审计机关认真执行《审计条例》，努力为党的基本路线服务，为广西的经济建设服务。在开展审计监督中，着重抓了两个方面的工作：一是围绕经济发展整顿经济秩序。1989年参与整顿各类行政性公司以及加强对执法监督部门的审计监督。通过审计促进各行业、各公司遵纪守法，搞活经营，发展生产。对违纪数额较大、情节恶劣、涉及县处级以上领导干部的问题，认真进行查处，当年审计机关共查出万元以上贪污贿赂案14起；审计机关还积极配合有关部门查处了一批大的案件。二是从1990年起，围绕经济工作中心，把审计监督逐步转向为宏观经济调控服务，基本做到：(1)在计划项目的安排上，选择与宏观管理有关的重点单位；(2)在审计过程中，不仅要检查被审单位是否遵纪守法，还对经济活动、经济效益中的问题进行了解和分析；(3)对一个行业、一个单位审计结束后，对违反财经法规的进行纠正，对倾向性的问题影响经济发展的提出建议；(4)在审计方法上把审计和审计调查结合起来。五年共审计16882个单位，为国家增收节支67067万元，其中，已上缴财政金额45750万元，决定追还侵占挪用各项专项资金18908万元，减少财政拨款和补贴1346万元，罚款1063万元。移送贪污贿赂案66件，移送检察司法机关处理137人。提交调查报告1181篇。

一、财政、金融审计

五年共审计县以上财政单位156个，占应审数163%。主要抓三个环节：一是处理好各级的收入分配关系；二是制止擅自开减收增支口子，维护政策的统一性；三是抓财政管理，突出抓好财政决算的真实性问题。1989年，区审计署与财政厅联合制定了《关于在检查地方财政收支中对经济违纪问题的处理规定》，促进财政审计顺利开展。到1991年，下级财政挤占上级财政资金、承包流转税等问题基本上得到纠正。财政审计内容逐步向财政管理和财政效益方面延伸，加大审计评价分量。针对财政困难的状况，从1991年开始，结合财政审计连续三年开展了财政赤字调查，突出反映财政困难的原因。在金融审计中，共审计人民银行和各专业银行及保险公司365个单位。审计的主要内容有：一是审财务收支，查出乱挤乱摊成本费用、隐瞒收入、虚列支出等违纪金额13312万元；二是对部分信贷资金的投向开展审计调查，重点查处挪用信贷基金搞本单位、本系统的基本建设；三是查处一些农业银行提高扶贫贴息贷款利率问题，落实国家的扶贫政策。1993年，审计的侧重点开始由财务收支转向信贷资金规模的控制、投向、结构和管理，促进整顿金融秩序。

二、企业审计

在企业审计中，一是加强对流通领域的监督，促进整顿经济秩序。1989年，围绕着整顿流通秩序，审计党政机关办的各类公司，查处烟草行业的一些单位利用掌管"准运证"参与非法运销云烟牟取暴利，检查粮食系统利用平转议牟取差价款等，共查出违纪违规金额14427万元，收缴上交财政8千多万元。二是配合企业改革，帮助搞好企业转换经营机制。(1)每年都开展承包经营责任审计。1991年，全区审计机关集中力量抓好第一轮承包终结审计。自治区人民政府批转下发由区审计署等部门提出的"全民所有制企业实行承包经营责任审计的意见"，当年审计509户，为兑现合同和进行第二轮承包提供依据。(2)1991、1992年连续开展企业执行政策审计调查，了解落实自治区《关于进一步搞活大中型企业的若干规定》的情况，特别是对规定的企业各项基金增补措施进行分析研究。其中，桂林、柳州、南宁、梧州四市审计局对168个重点企业的调查结果及建议及时上报市人民政府。为了促进股份制企业的健康发展，1993年，对广西第一批股份制试点企业共39户的组织运作情况、资产、负债、损益等开展了审计调查。(3)努力实践“一审二帮三促进”，对加强企业内部管理和提高经济效益提建议，并及时地反映企业的困难。根据蔗糖是广西经济的重要支柱之一，1992年对全区67户大中型糖厂开展审计和审计调查，基本查清导致糖厂大面积亏损的各种因素，向政府提出加强管理和扭亏增盈的综合报告。

三、扶贫资金审计

农业是广西的主要产业，而且农村贫困面大，重点围绕着提高扶贫资金的使用效益开展审计监督。从1991年起，把扶贫资金审计作为地、县审计机关的工作重点。当年共审计26个重点贫困县“七五”期间扶贫资金(发展资金、以工代赈、农业贴息贷款、支边贷款)，共审查资金8.9亿元。审计查明，扶贫资金的使用情况基本上是好的，对促进贫困地区的经济发展发挥了积极作用。但有些问题亟待解决:例如，有些地方扶贫资金被挪用，已发放的扶贫资金到期回收率低等。经过审计，纠正各种违反财经法规行为，提出加强管理的建议十条，这些建议得到自治区人民政府的采纳，部分内容写进1992年2月自治区党委和自治区人民政府《关于“八五”期间扶贫开发工作的决定》。自治区人民政府批转区审计署、区扶贫办《关于加强对扶贫资金进行审计监督的通知》，确定贫困县每年扶贫资金的使用要向区审计署、区扶贫办作出报告，由区审计署、区扶贫办进行抽查以后向区人民政府提出报告。从此，广西扶贫资金审计监督进入经常化、制度化的阶段。1992、1993年，审计机关又审计26个重点贫困县发展资金和扶贫专项贴息贷款，审计23个一般贫困县的发展资金和以工代赈资金，协助当地政府管好用好扶贫资金。

四、固定资产投资审计

在固定资产投资审计中，一是控制基本建设规模。1989年，开展对停缓建项目的跟踪审计，促进有关部门根据量力而行的要求，落实停缓措施削减项目201个，压缩资金5亿多元。从1990年开始，坚持对自筹基建项目的资金来源是否正当，资金是否落实进行审查核实，为计划部门审批项目提供依据。1993年，审计新开工基建项目1423个，审计总金额18.21亿元，对存在违反政策规定的，如实签署审计意见，边清理边纠正，纠正资金来源不正当金额1354万元。二是监督在建的重点建设项目，探索对在建大中型基建项目审计的路子，采用财务收支审计与技术经济审查相结合的办法，五年共审计国家及地方重点建设项目42个，对转移资金、高估冒算、多报工作量、弄虚作假等问题作了处理。据对13个重点工程的统计，共查出违纪违规金额16828万元，其中归还原资金渠道和收回财政15876万元。

五、利用外资审计

主要做了三项工作。一是对世界银行、亚洲银行及国际金融组织和其他国家的政府援助项目的审计，主要检查有无挤占挪用、损失浪费等问题。五年共审计544个单位。区审计署按时提交对外审计报告及管理意见书。1992年，对亚行贷款的贺县纸浆厂项目(投资5.5亿元)审计发了管理意见书，受到亚洲银行的重视，自治区人民政府责成限期解决存在的问题。二是从1989年开始起步审计3户中外合资企业，到1993年底止共审计中外合资、合作企业41户，维护双方的合法权益。三是对广西利用外资情况进行审计调查。改革开放以来，广西利用外资取得较大成绩，实际利用外资总额已超过10亿美元，弥补了广西建设资金的不足。通过审计调查提出建议，为各级政府决策和加强宏观管理提供信息。

六、行政事业单位审计

坚持对行政事业单位的审计监督，促进廉政建设和纠正行业不正之风。五年共审计行政单位3099个、事业单位1333个，共查出违纪违规金额17975万元。审计重点放在有资金分配权、有预算外收入、有罚没收入和社会反映问题较大的部门、单位。每年都选择一、二个行业（系统）全区上下一起审计，五年来先后开展对土地管理、公安、林业、教育、物价、交警、劳动等部门的审计监督。1989年，审计土地管理部门77个单位，查出坐支、截留罚没款占罚没总收入的47%，部分资金被用于单位的经商办企业、搞本单位的基本建设。1990年，审计和审计调查了教育部门掌管的抢修中小学危房集资款近5亿元，占该项集资金的70%，发现该项资金管理较好，绝大部分用到危房建设上。1991年，开展对交警系统的审计监督，发现罚没收入没有上交财政，有31种收费项目由各单位自收自支、漏洞较大，主管部门向交警单位抽调资金，层层自行制定标准发放补贴等，审计机关和财政、公安部门一起帮助他们研究制定一套财务管理办法，使各交警单位有章可循、严格管理。1992年，为了促进深化社会保障制度的改革，对职工退休养老基金和职工待业保险基金进行专项审计，当年共审计主管部门158个单位，占主管部门总数的81%，摸清了这两项资金的筹集、管理、使用情况，对发现的财务违纪违规问题依照有关规定作了处理，并就如何完善社会保障制度提出了意见和建议。1993年，进行了土地使用权出让金收入的审计调查，基本摸清了情况。据北海等六个市、县统计，查出土地有偿使用收入欠交财政1759万元。通过审计，严肃了财经纪律，又为政府加强土地开发改革工作提供了决策依据。

七、内部审计与社会审计工作

五年来，各级审计机关加强了对内部审计工作的指导和社会审计组织的管理。每年，区审计署、地、市审计局都分别召开会议，传达全国审计工作会议精神，总结工作，部署任务，进行指导与管理。1991年，区审计署制定了《广西区直单位内审工作考核标准》。1992年，区审计署与体改委联合发出关于加快发展审计事务所的通知，明确审计事务所的法律地位和任务，并开展注册审计师资格的评审工作。1993年，组织进行审计师事务所承办国有企业查证业务资格的认可审批工作。到1993年底，广西共有内审机构925个，配备内审干部2248人。内审机构五年共审计10136个单位，纠正违反财经法规金额13546万元，查出损失浪费金额5658万元，促进增收节支金额9950万元。到1993年底，广西共有审计事务所92个，从业人员729人，五年共承办社会各界委托的企业审计、验资年检、资产评估、财务咨询等项业务49504项，培训财会和审计人员1883人。

此外，五年来在审计机关基础建设方面还抓了精神文明建设、法制建设、干部培训和审计科学研究，并取得了成绩。

四川省审计局

1989—1993年，四川省审计工作经过前五年的“打基础，抓重点”，又上了一个新台阶，全省各级审计机关五年共审计85629个单位，查出各种违纪违规金额746923万元，其中，应上缴财政77745万元，应减少财政拨款或补贴7093万元，应追还侵占挪用的专项资金121703万元，处以罚款3229万元，已上交财政金额62533万元。通过审计还促进有关单位增收节支201121万元，查出一批贪污贿赂案件移送监察、司法机关处理。审计机关在监督财政财务活动、维护社会秩序、促进改革开放和振兴地方经济中，发挥了重要作用。

一、财政税收审计

近年来，四川省逐步建立了以地、县级财政

决算审计为基础，以地、县财政收支大户、赤字大户和补贴大户审计为重点，县财政同级审签和乡镇财政审计为补充的财税审计制度。1989—1993年，全省审计财税单位3807个，增加财政收入或减少财政支出20593万元。1991年，省局采取委托同级审计和交叉审计并举的办法，对全省20个市地州（重庆市除外）财政全面审计，严肃查处了越权减免税收、隐瞒截留收入、虚列财政支出、违规退库等违纪问题，为平衡预算，完善现行财政体制及其调控功能发挥了明显作用。

二、金融保险审计

1989—1993年，共审计金融保险机构2944个，查出违纪违规金额274620万元，决定收交财政7414万元。1993年，全年审计的信贷资金余额达765亿多元，在贯彻中央6号文件时，又根据审计署安排，对全省金融系统清理纠正违纪问题的情况进行专项审计，为整顿金融秩序，严肃金融纪律，落实党中央宏观调控决策发挥了一定作用。

三、企业审计

1989—1993年，全省共审计各类企业20428户，查出违纪违规金额255014万元，决定收缴财政39253万元。五年来，对交通、冶金、电力、化肥、丝绸、烟草、粮食、物资、外贸、医药和石油销售等进行了行业审计。还审计了6000余户承包企业，连续三年（1989—1991年）对一百余户国营大中型重点企业实施经常性审计。在审计内容上，从财务收支审计逐步向经济效益审计和内控制度审计延伸。1993年，对10户股份制企业及部分重点国营企业的资产负债和损益情况进行了审计试点。

四、专项资金审计

1989—1993年，四川省专项资金审计的重点主要放在资金数额大，分配使用渠道多，与社会经济发展，特别是与农业、科技、教育等基础建设事业密切相关，地方党政领导和广大群众关心的项目上面。如对农业资金的审计，每年都作了安排，五年共审计扶贫资金、农业发展专项资金、发展粮食（生猪）专项资金、育林基金和菜地建设基金等农业资金11项，涉及12191个单位。通过审计，促进了专款专用，强化了资金管理，提高了使用效益，支援了农业发展。

五、基本建设审计

五年来，四川省审计机关根据国家控制基本建设规模和调整产业结构的有关政策要求，先后对自筹资金项目、停缓建项目和技术改造项目实行了经常性审计制度，审计覆盖率均达百分之百。同时，还进一步加强了对地方大中型重点建设项目的审计监督。严肃查处了违反基建程序、资金不落实或来源不正当、扩大建设规模、挪用建设资金、损失浪费、竣工决算不实等问题。1989—1993年，共审计基建项目26735个，为国家节约基建投资58489万元，分别比1983—1988年增加4.6倍和19.2倍。

六、行政事业单位审计

1989—1993年，共审计行政事业单位19821个，查出各种违纪违规问题金额40784万元，其中应上缴财政5276万元，应减少财政拨款或补贴313万元。近年来，对行政事业单位定期审计做了大量改进，即适当缩小审计覆盖面，把审计重点放到经济管理、监督和执法部门以及预算外资金、事业经费和罚没收入较多的部门。同时，还有选择地对这些部门开展行业性审计。如1991年对8个市地州的86个工商行政管理局和350多个工商所，对各种收费未按规定用途合理使用，挤占挪用、侵占国家收入的问题作了处理，在一定程度上强化了工商行政管理职能。1993年，部分审计机关还对县级机构改革减少人员，节约经费的情况、党政机关办经济实体的情况，以及赠送礼金和有价证券的情况进行了专项调查，为促进党政机关廉政建设和转换职能，发挥了积极作用。

七、外资运用审计

四川省开展的国际金融组织贷款、商业贷款和欧共体援款等运用审计，从1989年的22个项目，234个执行单位，增加到1993年的23个项目，286个执行单位。审计资金总额从293317万元增加到1447694万元。五年累计审计贷援款项目执行单位1350个(次)，审计合资合作企业23个，查出挪用外汇资金、虚报工作量、配套资金不落实，以及闲置进口物资设备等违纪违规问题金额23732万元。通过对外资运用项目从立项、建设到竣工投产全过程的审计监督，加强了项目管理，保证了外资引进质量，提高了外资使用效益，维护了我省的国际信誉。四川省的外资运用审计，在世界银行和审计署组织的质量检查中，多次受到好评。

八、社会审计和内部审计

1993年底，全省有审计事务所248个，从业人员3143人，其中中级以上职称1527人，占44.5%。五年来，全省审计事务所共计完成社会有关部门、单位委托的财务收支审计、承包离任审计、鉴定经济案件、清理债权债务验证注册资金、评估资产、开展基建预决算验证、为企业建帐建制，担任常年顾问等审计查证、咨询服务项目195295项，培训审计、财务、会计和其他经营管理人员16385人。五年来，全省内部审计在机构建设、人员配备、完成审计项目等方面都有较大发展。截止1993年底，全省已建内审机构6607个，配备内审人员16897人，分别比1989年初增长3.5倍和4.0倍，其中专职机构2715人，专职人员5822人，五年累计完成审计项目78614个，纠正违纪金额292747万元，查出损失浪费金额56282万元，促进增收节支56620万元。

此外，还进行了审计调查和综合分析，写出了一些综合报告和专题报告，受到领导机关的好评；在审计基础工作建设中，通过干部培训提高了干部的理论水平和业务能力；在审计法制建设中，建立健全了审计工作管理制度，审计工作制度化、法制化、规范化建设取得了进展；开展了审计科研工作，有82篇论文获得省级以上的评奖；在精神文明和廉政建设方面也取得了成绩。

云南省审计厅

1989—1993年，云南省审计工作，在各级党委、政府和审计署领导下，认真贯彻执行党的路线、方针、政策，围绕经济工作中心，坚持依法审计原则，认真履行审计监督职能，积极发挥审计在宏观调控的作用，为治理整顿，深化改革，扩大开放，促进云南经济发展作出了一定的贡献。

1989—1993年，全省审计机关共完成审计项目18935项(不含自筹基建资金来源事前审计18069个)，写出综合报告、专题报告、调查报告2538篇。查出违纪违规金额273248万元，其中，应收缴财政40076万元，已交财政36814万元；应减少财政补贴或拨款3709万元，应追还侵占挪用专项资金13266万元。查出损失浪费8145万元。移送监察等部门处理226人，移送司法机关处理389人。

一、坚持审计工作服务经济工作中心

认真贯彻"加强、改进、发展、提高"的审计工作方针，积极开展审计或审计调查，促进审计事业发展。全省各级审计机关从1988年开始，积极探索企业承包经营责任审计的路子。1991年第一轮承包到期，第二轮承包合同签订，共审计承包企业2735户，查出违纪违规金额12398万元，其中应上缴财政2388万元，对第一轮承包企业作出了评价，并针对查出的问题向当地政府或有关部门提出了完善第二轮承包的建议。1991年，省局对4个系统、5个主管部门、21个工交商企业开展审计调查，写出了《关于部分重点工交商企业、主管部门落实进一步增强大中型企业活力政策情况》的调查报告，受到省委

省政府领导及有关部门的重视。1992年，为促进企业改善经营管理提高经济效益，对一些重点企业潜亏问题进行了专项审计调查，省局调查的18户企业，户户潜亏，潜亏6064万元。1993年，依据国务院搞好大中型企业、转换企业经营机制的要求，进一步改进了审计方法、审计内容，突出了在财务收支审计基础上延伸检查内控制度和经济效益，还对部分企业新旧财会制度衔接的合规合法性进行了试审。同时，针对企业在转换经营机制中的热点问题，开展了一系列的审计调查。通过这些审计和审计调查，为增强企业活力搞好大中型企业，坚持完善企业承包经营责任制，转换企业经营机制提供了条件。1991年，全省各级审计机关对一些执法部门、综合经济管理部门的罚没收入、各种乱摊派、乱收费等情况，进行了审计，查出违纪违规金额520万元，收缴财政147万元。对治理“三乱”，纠正行业不正之风，严肃财经法纪起了积极作用。1991年，通过审计调查还发现全省有15个地州市和所属县的9个系统，擅自统一着装，支出服装费260余万元，经省政府采取措施，制止了不正之风的蔓延。

1990—1993年，共审计了省定41个重点工程项目，对工程的设计、施工、监督和投资环境等进行审计检查和信誉评价工作，揭示了重点项目建设中存在的一些突出问题。例如，查出了超概算、工程概算不实、投资来源不落实、项目建设管理不善、损失浪费严重等问题。通过审计，为控制固定资产规模，加强管理，提高投资效益，发挥了积极作用。1993年，对昆明、曲靖、玉溪、大理、德宏、西双版纳、楚雄、红河等8个地州市29个经济开发区进行了审计调查，发现了一些问题。例如，启动资金匮乏，进区资金不足，交通、通讯不畅，能源不足，管理不规范，目标不明确等等。这些问题的解决，为经济开发区的健康、顺利发展提供了条件。

二、微观入手，宏观着眼，加强宏观管理

1992、1993两年，全省审计机关对12个地州市53个县和244个乡镇的财税审计，重点审计了财政收支数额较大和补贴数额大、赤字金额多的地区，查出隐瞒、截留收入、虚列支出、侵占挪用财政资金，越权减免税等违纪违规金额19249万元，增加收入7620万元，减少财政支出234万元。对一些违纪严重的问题依法作出了处理，有效地防止了国家资金的流失。从1990年起，在对我省各级金融机构财务收支实行经常性审计基础上，不断拓宽审计领域，从单一的财务收支审计到全辖结算报表真实性、合法性审计，从专项资金审计到信贷计划执行情况审计或审计调查。在对人民银行综合信贷计划执行情况的审计调查中，针对违规拆借、县支行基础工作薄弱、再贷款内外帐目不符、城市信用社贷款尚未完全纳入信贷管理等问题提出了建议，促进了人民银行系统自身的管理。1993年，为贯彻中央整顿金融秩序的决定，全省对384个金融保险单位进行了财务收支审计，还对全省人民银行所辖146个机构、6个信托公司、53个城市信用社以及人民银行管理的15个金融市场的信贷资金进行了审计调查，对金融机构贯彻执行中央整顿金融秩序的情况进行了专项审计，覆盖面达75%，共查出违纪违规金额56488万元。

此外，还对支农、扶贫、抗震救灾、烤烟生产扶持费等专项资金，企业“三角债”，外资运用，养老保险，进行了审计或审计调查，写出的一些调查报告、综合报告引起了党政领导重视。

三、查处大案要案，促进廉政建设

积极完成党委、政府交办事项是各级审计机关的重要工作任务。通过完成交办任务，支持了改革开放，促进了反腐倡廉，为经济发展服务。1991年，在对个旧市×××厂承包审计中发现该厂在晋升二级企业、评选省先进企业等项活动中严重违反财经法纪，除招待费开支近20万元外，还向上级领导机关和有关单位（62个）512人（处级以上干部27人、科级干部69人，党员105人）滥发钱物24万元多元的行为，根据省委省政府的指示，进行了严肃查处，并公开曝光。各级审计机关结合项目审计和根据党

委、政府的安排和布置,还直接查处了一批大案要案。例如,陆良县水电站借竣工典礼之际,滥发钱物、挥霍浪费以及该县部分县级领导干部贪污受贿的问题,有 21 人受党政纪处分,15 人被收审或逮捕。通过大案要案的审计查处,惩治了贪污腐败,促进了廉政建设。

四、加强审计业务工作和思想政治工作

五年来,各级审计机关重视和加强对审计人员的思想政治工作,在年初安排工作时把思想政治工作作为一项任务来布置,年终进行考核检查。平时注意做好职工思想政治工作,解决职工思想、工作、生活上的实际困难。1990 年召开了全省第二次思想政治工作会议,1993 年,召开了全省审计机关成立十周年纪念暨先进集体先进工作者表彰大会,通过这些工作,稳定了职工队伍,进一步增强了审计人员的责任感、光荣感和使命感。在业务培训学习方面,五年来共举办了各类培训班 30 余期,培训在职干部 1750 多人次;委托省内大中专院校培养审计人才,办了 10 个班,招收学生 560 多人。1992 年,组织并参加了全国首次审计专业技术资格考试,有 292 人取得了审计师资格,517 人取得了助理审计师资格;1993 年,在全国第二次审计专业技术资格考试中有 176 人取得了审计师资格,128 人取得了助理审计师资格。

五、内部审计、社会审计健康发展

1989—1993 年,是内审工作发展、提高的五年。截止 1993 年底,全省已建内审机构 2019 个,其中专职机构 1029 个,已配专兼职内审人员 3955 人,其中专职人员 1692 人。五年共审计 15347 个单位,查出损失浪费金额 4043 万元,促进增收节支 4737 万元,纠正违纪违规金额 25265 万元。1989—1990 年,查出万元以上贪污贿赂案 66 件,金额 149 万元,责任人受党纪处分 203 人,移送司法机关处理 219 人。为维护财经法纪,改善经营管理,提高经济效益,完善内控制度作出了积极贡献。1989—1993 年,是社会审计工作大发展的五年,截止 1993 年底,经批准建立审计事务所 127 个,已开业 107 个,从业人员 579 人,其中聘用人员 355 人。从业人员中,有审计师、会计师 245 人,管理人员 93 人,其他业务人员 241 人。五年来,批准了中国注册审计师 780 多人。1989—1992 年,接受审计机关委托事项 846 项,审计总金额 386325 万元,查出违纪违规金额 7273 万元,应上缴财政 132 万元;接受其他部门单位委托查证事项 18388 项。1993 年,完成 5210 个单位委托事项 10496 项,核减基建预决算金额 7299 万元,核减虚假注册资金金额 19643 万元,为委托单位追回损失金额 416 万元,促进提高经济效益 12438 万元。五年来,举办多种培训班,培训人员 2386 人(次)。

贵州省审计局

1989—1993 年底,全省各级审计机关共完成审计项目 24331 个,审计总金额达 1289.70 亿元,查出各类违纪违规资金 26.96 亿元,其中,应上缴财政 29818 万元,已上交财政 19638 万元,查出损失浪费金额 11842 万元,移送贪污、贿赂案件 85 件,移送司法、监察部门处理的 74 人。经审计促进增收节支金额 11554 万元,发现遵纪守法的单位有 2903 个。

一、加强对财税部门和金融机构的审计

1989 年以来,已对全省地、州、市、县的财政全部轮审了两至三遍,查出的违纪违规金额 37406 万元。全省围绕撤区、并乡、建镇工作,对 80%的区、乡财政进行了审计。针对县级财力薄弱,大部分县靠上级补助的情况,开展了对赤字县财政的审计。1991 年,审计了 12 个县财政赤字,核实了赤字的真实状况,经审计,赤字县核减为 7 个,赤字金额减少 759.5 万元。1992 年,对税务部门税收分成进行审计调查,对税收分成的提退办法、分成规模、使用范围提出改进建议。1993 年,对全省地方财政信用资金和税务

部门越权减免税收政策的清理情况，开展审计和审计调查。针对农副产品收购中的“白条”问题，全省统一组织力量对1992年农副产品收购资金到位情况和1993年夏季粮油收购资金落实情况进行审计调查，把兑现“白条”作为审计工作的重要任务来抓，同时对资金的到位、管理、使用情况提出了六条建议，陈士能省长、张树魁副省长在审计综合报告上作了批示。此外，还开展了财政预算执行情况的审计调查，促使各级政府加强和完善财政管理工作。

五年来，全省对810个金融企业进行了审计，查出违纪金额5亿多元。1991年，对全省建设银行系统的财务收支以及“七·五”期间地方财政部门委托贷款和“拨改货”资金进行审计，摸清了两项贷款的规模、投向、使用效果等情况。1992年，对省、地(州)及部门、市(县)工商银行技术改造贷款进行审计，对贷款的发放、管理、使用提出改进建议，受到省政府的重视，对促进金融系统加强管理，提高宏观调控能力发挥了积极作用。1993年，为了认真贯彻党中央、国务院关于整顿金融秩序的精神，全省对工行、农行、建行、中行、保险等金融机构进行专项审计监督，查出全省金融机构违章拆借资金5.94亿元，审计机关积极协助省、地金融机构清理收回拆借资金3.48亿元，通过审计帮助金融机构清理兴办经济实体262个，注入资金2.62亿元，纠正挪用信贷资金投资入股3278万元，促进了全省金融秩序的整顿。

为配合反腐败斗争的开展，根据省政府指示，省审计局对贵州国际信托投资公司进行审计，经过艰苦认真的审计，同有关部门密切配合，查出该公司违纪违规金额28753万元人民币，1543.24万美元和695.87万港币。审计查出了该公司的主要领导利用职务之便，收受大量贿赂、侵吞国家资财的犯罪事实。冻结了该公司的非正常银行存款1000多万元，移送贪污贿赂案件28件，移送司法机关处理4人(其中正厅级1人，处级3人)，这次审计受到中纪委和省检察院领导的重视，在社会上引起强烈震动。

二、把农业资金审计放在突出的位置

全省审计机关每年都组织力量，把农业资金审计放在突出的位置，先后开展了对扶贫资金、商品粮基地资金、水利专项资金、林业资金、夏粮收购资金等进行了专项审计。1989年，对林业专项资金审计，查出违纪金额3530万元，主要问题是挤占挪用林业专项资金修建办公楼、宿舍及其他非生产性建设。这项审计引起了省委、省政府的高度重视，省人大常委会专门听取了审计情况汇报。1990年，对全省小型农田水利和水土保持补助费进行专项审计，审计总金额为6878.6万元，查出违纪金额523.8万元，如福泉县陡河水库工程总投资926.95万元，因坝底漏水严重，水库水位达不到设计要求，又投入62万元维修，仍未解决问题，造成严重损失浪费。经过审计，已追回水利资金60.6万元。1991年，对扶贫资金进行审计，全省共审计了139个单位，审计金额8626万元，查出违纪金额454万元，并作出了处理，为提高资金使用效益，促进扶贫开发工作和脱贫致富作出贡献。1992年，全省对17个农业综合开发县资金到位、管理、使用及效益情况进行了审计，共审计了49个主管部门，378个项目，审计金额8082万元，查出违纪金额118.95万元，就查出的主要问题，提出了加强农业综合开发资金管理，提高资金使用效益的建议。1993年，省、地两级选择了14个县1991年和1992年农业资金总体投入进行审计，审计总金额近2亿元，占两年农业资金投入的38.6%，查出违纪金额993万元，针对农业资金不到位，预算内投入逐年下降，有偿资金比例超过承受力，挤占挪用农业资金等问题提出具体建议。省人民政府对审计机关在农业资金审计方面作出的努力作了肯定，并多次批转了农业资金审计的综合报告。

三、抓基本建设重点审计，提高投资效益

1989年，随着治理整顿的需要，全省对已决定停缓建的312个项目进行了跟踪审计，基本建设规模得到控制，压缩总投资7.5亿元。

1990年以来在省计委和有关部门积极配合下，全省对新开工项目进行事前审计形成制度。在一定程度上控制了基建规模，促进资金落实。对重点建设工程进行审计，并把投资效益作为审计重点内容，这是基建审计上的重大突破。如省局组织力量对清镇电厂三期扩建工程、东风电站、茅台酒厂扩建工程、都匀水泥厂扩建工程、贵州铝厂二期工程、遵义铁合金厂扩建工程、水城矿务局那罗寨煤矿、贵黄公路、瓮福磷矿、贵阳煤气工程等十大重点工程开展了全面审计，通过对投资项目经济效益的重新测算，不仅促进建设单位加强了管理，增强了信心，还促进了资金的进一步落实，加快了重点建设速度。如对瓮福磷矿在建工程的全面审计中，除了搞清建设项目的各项指标，重新测算项目的投资额，为调整项目概算提供可靠的依据外，还向省政府反映了地方开矿与重点建设项目争矿的矛盾，省政府及时派工作队进驻施工现场解决问题，使重点项目顺利按工期进行。各地、市、县审计部门在当地党政领导的支持下，审计了一批公路工程、水库建设工程、大桥工程、城市公共工程等，揭露了建设中存在的问题，受到了当地政府的重视。围绕全省产业发展重点，对全省1992年国有单位新开工基建项目进行审计调查，发现调查的2158个项目投资规模38.8亿元，因资金不到位及三材涨价造成资金缺口20亿元。部分投资项目失控，69%的项目未进行开工前审计，针对存在的问题，提出四条建议，为政府宏观决策提供依据。

四、开展重点企业审计，深化企业改革

企业实行承包经营责任制后，全省审计机关为了适应企业改革的需要，积极开展了承包经营责任审计，1989年，审计了522户，有的地区审计局积极配合有关部门，实行"先审计，后兑现"的办法，为承包奖惩兑现提供依据。1990年，对795户承包经营企业进行审计，并对70户承包经营重点企业进行抽样调查，剖析了第一轮企业承包经营成果和存在的不足。1992年，全省完成了2058户承包企业的审计，占第一轮承包企业合同到期数的90.4%，正确评价了承包经营者的成绩，为第二轮承包经营打下了良好基础。省审计局在开展承包终结审计中，查出有一个企业，采取提高销售价格，重复使用外汇额度等手法，截留、转移资金，违纪金额达5460万元，审计在收缴违纪款项中考虑到企业的困难，经省领导同意，拨款1600万元作为企业的国家流动资金和技改资金，既维护了国家的财经纪律，又为增强企业活力采取了积极措施。

为了加强对重点企业审计工作，1991年对225户重点企业进行了经营性审计，查出违纪金额2510万元，损失浪费金额108万元，促进增收节支87万元，按照国务院和省政府搞活大中型企业的指示精神，全省在审计重点企业财务收支真实、合法、维护财经法纪的基础上，又逐步延伸到内控制度和经济效益，对16户大型企业开展了"两个延伸"的审计。黔东南州审计局对凯里绦纶厂进行"两个延伸"审计，通过对该企业主要产品的定量、定性的分析和管理制度的测试，有针对性地提出了改进的意见，使该厂的产品质量和经济效益明显提高。省审计局对水城水泥厂进行经济效益审计，针对该厂熟料消耗大、成本上升而影响效益的情况，提出改进意见，仅降低熟料消耗一项，全年可节约成本增加利税200多万元。

1992年，全省突出抓重点盈亏大户进行审计，省、地审计局对省电力局、贵阳、遵义、安顺供电局、青松烟厂、贵定烟厂进行财务收支和效益审计，揭示了企业存在的潜亏因素和分析了影响企业经济效益因素，为企业挖掘内部潜力出谋划策。经过审计，贵定烟厂由亏变盈，青松烟厂大幅度减亏、贵阳市审计局认真分析了市属19户大中型企业的亏损情况，找出了严重影响企业效益的原因，提出减亏增盈的有效措施，据对贵州汽车制造厂等7户企业的回访核实，已实现减亏2000多万元。

1993年，全省审计机关以贯彻《全民所有制工业企业转换经营机制审计监督规定》为契机，坚持维护企业自主权，监督国有资产保值增值。针对全省工业生产受电力、动力及原料因素影响，发展势头有所减弱的问题，为帮助企业转换经营机制，各级审计机关选择一批国有资产多，亏损较大的重点企业进行审计，审计从完善内控制度和提高效益入手，提出完善企业管理机制的建议，引起被审计企业和各级领导的重视。粮食调整价格后，国务院要求制止粮食企业财务挂帐增长。省政府作为重要问题作了部署，审计、财政、粮食、银行携手在全省范围内开展审计监督，对全省893个粮食平价企业386个议价企业进行全面审计和审计调查。审计查明，全省粮食企业财务挂帐不但没有减少，而且在继续扩大。经过审计，统一了有关部门的认识，对改进粮食企业管理起到了促进作用。

五、提高涉外资金审计的深度和广度

1989年以来，对利用外资审计，从教育方面的项目，逐步扩大到农业、林业、水利、工业、科研、金融等方面。全省精心组织对涉外项目的审计，提出了加强项目管理和内部控制制度方面的建议，引起有关方面的重视。联合国粮食计划署官员托马斯·莱卡先生对3146项目(安顺两县低产田改造)审计给予相当高的评价；审计署将省局提交的1871项目(农业信贷)管理意见书作为范本；3356项目(织金、纳雍造林)驻华代表对审计部门所做的工作表示赞赏；省人大领导称赞审计机关提出的意见切实可行。1992年，对全省驻境外贸易、非贸易机构和企业情况进行调查，向省政府提供了调查报告，为加强和改善贵州投资环境，提高利用外资发挥了一定作用。1993年，全省完成外资审计103项，审计总金额13.5亿元。省审计局向世界银行和联合国粮食计划署提交了4份对外审计公证报告和管理意见书，同时，向有关部门和项目单位提交了10份审计总体报告，并向省人民政府报告了涉外项目审计情况，对促进贵州涉外项目的顺利发展起到了积极作用。

六、开展专项资金审计，提高资金使用效益

近几年来，全省先后开展了教育经费、计划生育经费、公安交警、工商行政罚没收入、民政救济、救灾款、退休养老和待业保险基金、医疗卫生经费、广播电视经费的审计。为贯彻中共中央、国务院《关于坚决制止乱收费、乱罚款和各种摊派的决定》，全省对59个公安交警系统财务收支进行了审计，查出截留、坐支挪用罚没款、欠税、漏税、乱收费、乱罚款等违纪资金389万元，并按规定作了处理。1991年，贵州遭受严重自然灾害，全省对救灾捐赠款物的接收、分配、使用、管理进行了审计，重点抽查了104个区、乡，走访了721户受灾户，并与民政部门密切配合，两次在《贵州日报》上公布了全省救灾物款发放情况，赢得了群众称赞和各级政府的好评。1992年，对省教委及4个市的教育费附加专项资金进行审计，审计金额为6713万元，发现挪用资金68.52万元。针对存在的问题提出了6条建议，引起了省政府和有关部门的重视。1992年，全省对17个地、市、县及省级管理的退休养老基金、待业保险基金进行了审计，审计金额1.8亿元，占全省此项基金总额的56%。经过审计，发现挤占挪用此项基金及管理费117万元、扶持生产自救金使用回收率较低。审计机关提出了加强和改进此项资金的建议，省政府批转了省审计局的审计报告，对促进劳动工资制度改革，保障社会安定起了一定的积极作用。

1993年，对19个省、地、市、县环保部门管理的1992年度环保排污费收支进行了审计，审计发现挤占挪用排污费及环保补助资金142.2万元，还有环保补助资金用于购置监测仪器设备比例过于偏低、排污费征收计划的制定缺乏科学性、内控制度不健全等问题。针对这些问题，提出了加强环保排污费管理的建议，引起省政府和环保部门的重视。根据省政府安排，对中国黄果树山水风光游及中国国际名酒节活动经费来源和使用情况进行了审计，查清了“两节”活动经费来源、支出及结存情况。针对查出的问题提出了完善“两节”活动的建议，受到省政府领导的好评。

七、开展审计调查，为宏观经济决策服务

全省审计机关针对改革中出现的新情况、新问题和经济活动中的倾向性问题，组织了一些专项审计调查，向政府及有关决策部门报告，提出改善管理，加强宏观控制的建议，发挥了审计监督在宏观控制和管理方面的参谋作用。1989年，全省统一对中小学危房改造费的投入管理使用效益进行审计调查，使专款专用，保证了中小学校正常教学。对6个城市新菜地开发建设基金进行审计调查，提出的建议得到政府的采纳，为解决人民菜蓝子问题作出了努力。1990年，对85个受灾县自然灾害救济专项资金进行审计调查，查出民政部门挤占、挪用、虚列支出、虚报冒领等违纪资金66.8万元，省政府领导批示，按审计机关提出的处理意见办。1991年，根据国家计委、建设部、建设银行、审计署等部门的通知精神，对44户商品房屋开发公司的开发现状及经营成果进行审计调查，通过调查，为城市房屋综合开发，统一规划，集聚资金，加强财务核算，提高经营管理水平提出了很好的建议。1992年，全省在粮油销价提高后对粮食部门盈亏及财政收支影响情况进行调查，共调查了18个粮食局、75个平价粮油经营企业。调查结果表明：粮食销价提高后，虽然粮食企业增加了收入，但因提价补贴减少，粮食企业不仅没有受益，反而增加了亏损，增亏幅度达42.83%。同时还发现粮食企业超亏挂帐严重，截止1991年底，累计挂帐4.8亿元。这一调查情况，为粮食部门加快体制改革，适应市场经济的发展提供了依据。

1993年，对全省1992年的债券发行和集资审批管理工作进行了审计调查。调查表明，全省36家企业，债券发行额达5.7亿元。债券集资的投向，主要用于冶金、电力、化工、烟、酒、高新技术等国家和省级重点项目的建设，为缓解企业资金短缺起了积极作用。但在债券发行中存在着审批条件不完整，部分企业违背由经济实体进行担保的规定，对企业债券集资的使用监督不够的问题。省政府在审计调查报告上批示，要求有关部门按照国家有关规定，加强全省企业债券的发行管理、检查、监督工作。

八、内部审计和社会审计有了新的发展

截止1993年底，全省已建立内审机构1419个，其中专职机构838个，配备内审人员2865人，其中专职人员1692人。五年来，全省内审机构审计了7770个单位，查出损失浪费金额4190万元，促进增收节支金额6832万元，纠正违纪金额34616万元。全省社会审计发展较快，到1993年底止，已成立审计事务所95个，从业人员527人，其中中级以上职称的有238人，审批注册审计师135人。1989—1992年，全省社会审计组织接受国家审计机关委托事项449项，审计资金总额93196万元，查出违纪违规金额1356万元，应上缴财政319万元。接受其他部门、单位委托事项21620项，社会审计在审计数量和服务质量上都有明显的提高。

此外，在审计机关基础建设中抓了精神文明建设、法制建设、干部培训和审计科研工作，并取得了成绩。

西藏自治区审计局

审计机关成立以来，全自治区两级审计机构共审计了309个单位，查出各种违纪金额12710万元，应上交财政金额2361万元，已上交财政1247万元，罚款26万元。各级审计机关还查处了损失浪费金额373万元，贪污贿赂和玩忽职守造成国家经济损失等违法犯罪案件6起，移送司法、监察等部门处理13人。

一、开展对党政部门和事业单位的审计

几年来共审计了122个各级各类行政事业单位，查出各种违纪金额1677万元，其中应上交财政658万元，已上交财政462万元。在审计过程中，特别注重对有资金分配权、有预算外收入、罚没收入和违纪问题较多单位的审计，对违

纪现象比较严重或较为典型的单位,除责成单位和有关责任人员做出检查外,还进行了《通报》批评、罚款等处罚,累计罚款12.47万元,另外还移送司法机关处理2人,从而有力地推动了我区党政部门的廉政建设。

二、开展企业审计

几年来,共审计了工业、交通、商业、外贸、物资等各类骨干企业105个,查出违纪金额8347万元,其中隐瞒截留应交国家税利和其他财政收入1533万元,挤占挪用专项资金326万元,骗取财政拨款和补贴49万元,违反规定,乱发钱物及奖金、津贴、补贴等322万元。应予追缴财政979万元,已上交财政702万元。还查处了企业损失浪费金额373万元。对违反财经纪律比较严重的单位和个人在按规定予以处理的同时,还作了罚款处理,罚款金额累计13.59万元,并将5起贪污贿赂等违法犯罪案件以及11名责任人员移送司法、监察部门处理。

全区审计机关还积极开展了企业承包经营终结审计、厂长(经理)离任责任审计。几年来共审计了各类承包经营企业(包括厂长、经理离任责任审计)62个,占审计企业总额的59%,查出违纪金额4744万元,应上交财政462万元。处以罚款3.1万元,已上交财政263万元。自治区审计局和部分地区审计局还根据发现的问题,在审计报告中提出了意见和建议,受到政府和有关部门的好评。

三、开展财政税收审计

全区审计机关积极组织财政税收审计试点,为全区全面开展这项工作探索路子,积累经验。几年来,对一个地区财政进行了试审,对3个县级财政进行了审计,查出各种违纪金额105万元,收缴入库金额82万元。通过试审锻炼了审计干部,自治区审计局和部分地、市审计局已基本具备了审计财政税收部门的条件。

四、开展基本建设审计

几年来共审计了各类基本建设项目89个,审计自筹基建资金5822万元.查出资金来源不落实,挪用专项资金搞楼、堂、馆、所,漏交建筑税等违纪问题2324万元。通过审计,对其中的17个项目分别作出了停建、缓建、撤销或削减投资的处理,归还挤占挪用的专项资金484万元,促进增收节支68万元。

五、开展对外援项目执行单位审计

1990年,受国家审计署委托承担了对联合国粮食计划署援助项目——拉萨市3357项目执行单位的审计任务。连续审计了三年,审计总金额达2952万元,查出挤占挪用专项资金等违纪金额47万元,资金不到位等有问题资金135万元,分别发出了《审计结论和处理决定》或《审计意见通知书》和公证性审计报告。

六、开展专项审计和审计调查

全区审计机关紧密围绕各个时期政府的中心工作,抓重点、有针对性地开展专项审计和审计调查。几年来共完成了专项审计及审计调查14项,写出专题调查报告或专项审计报告11篇,综合分析报告3篇,受到了政府及有关部门的肯定。1991年,自治区审计局派出审计小组对昌都地区教育资金使用、管理及分配情况进行了审计调查,审计调查覆盖面达66.67%,审计教育资金额占应审教育资金总额的62.5%。调查结束后写出了审计调查报告,对昌都地区教育资金使用、管理、分配过程中存在的四个方面的问题提出了五点建议和意见,受到自治区领导的好评。

七、建立健全了内部审计机构

自治区的内部审计工作主要集中在中央驻西藏的部门和单位。几年来,全区共建立内审机构38个,内部审计人员近100人。各内审机构在机构不健全、人员不足的情况下,都能以认真负责的态度,积极地开展审计监督工作,有的内审机构还取得了较为优异的成绩,正日益成为审计战线上的一支重要力量。

几年来,西藏自治区审计机关的基础建设

也有了发展。加强了机构建设和精神文明建设。在培训审计干部工作中着重培养藏族干部,把他们放在审计工作第一线,在实践中提高他们的能力和才干。还开展了审计理论研究和交流,几年来在报刊上发表的文章有20多篇,促进了审计理论研究,加强了审计工作宣传。

陕西省审计厅

1989—1993年五年中,全省共审计了45964个(次)单位和项目,查出各种违纪资金39.1亿元,其中收缴财政资金5.05亿元,减少财政拨款和补贴1.25亿元,追还挪用的专项资金1.64亿元,促进增收节支4.9亿元,减少损失浪费2.85亿元。查出百万元以上违纪单位120个,重大贪污贿赂案55起,违纪责任人员受党纪政纪处分的有87人,移交司法机关追究法律责任的122人。

一、财税金融审计

从对宏观经济的间接调控和监督出发,按照两部一署《关于对地方财政收支进行检查的通知》要求,对财税部门主要审计财务决算及税收计划执行情况、税收减免情况,重点检查和纠正隐瞒截留财政收入、越权减免税收、虚列财政支出、乱开减收增支口子等问题进行了审计。五年来,共查出各类违纪资金5.38亿元,其中通过审计增加财政收入1.04亿元。对人民银行和各专业银行、保险公司及其分支机构的审计,着重检查财务收支的合规、合法性和自有资金使用情况,共查出违纪资金2.94亿元,收缴财政3466万元。1993年,根据中央加强宏观调控措施,整顿金融秩序的要求,对工商银行、农业银行信贷资金的投放、使用情况和用信贷资金办经济实体情况进行了行业审计,查出和纠正了违规拆借资金等问题,有力促进了宏观调控措施的落实。

二、工交、中央企事业单位的审计

重点对承包企业和国有大中型企业进行了审计。到1991年底,完成了对第一轮承包企业的审计任务。全省共审计了1486户承包企业,其中经营成果不实、虚盈实亏的企业535户,查出各类违纪资金3.7亿元,收缴财政4854万元。对承包基数不合理、短期行为严重、分配过于悬殊等影响改革和发展生产的问题,分别予以纠正,有的向政府及经济主管部门及时作了反映,并提出了改进意见,受到了政府和部门的重视,较好地发挥了对承包经营的促进作用。1991年,按照中央和省政府关于搞好国有大中型企业的精神,研究制定了配套措施,重点对效益下降幅度较大,亏损增加较多的大中型企业进行了审计。1992—1993年,以邓小平南巡谈话和十四大精神为指导,围绕企业转换经营机制工作开展审计,强化对企业国有资产管理及损益、经营自主权的落实、全民所有制转为股份制和外部环境的审计和审计调查,对采购、销售、资金管理、使用效益等关键环节实行重点监督,达到了促进市场经济的建立和企业完善内部管理,增强自我约束机制,提高效益和竞争能力的目的。

三、商粮贸企业、事业单位的审计

1989—1991年,围绕治理整顿,针对流通领域经济秩序比较混乱的状况,由省厅统一部署,分别对粮食、外贸、石油、物资、旅游、机械、电子、纺织、轻工、交通等系统进行了行业审计,揭露若干倒卖国家重要物资和紧俏商品、违反财经制度、影响经济秩序的重大问题,查出各类违纪资金3.6亿元,收缴财政8000多万元,为维护正常的经济秩序,促进经济的健康发展作出了努力。1992年,根据政府领导的批示,全省开展了对粮食行业审计,查出违纪资金2.8亿元,收缴财政和抵顶专项拨款6200多万元。促进和支持了粮食价格改革,受到省政府领导的表扬。

四、基本建设审计

治理整顿期间，主要进行了三项审计：一是对大中型新开工项目自筹基建项目的资金来源的事前审计；二是对停缓建项目的跟踪审计。共查出违纪资金 3.53 亿元，计划外投资 2576 万元，概算不合规列入 2580 万元，资金来源不正当 5204 万元，核实投资缺口 1.65 亿元，决定收缴财政 1227 万元，归还原资金渠道 3911 万元，纠正虚列虚报 2.16 亿元。还对 245 个建设项目作出停缓建和撤销决定，压缩投资 4.5 亿元，促进建设单位节约支出 1.23 亿元，收回投资 3858 万元。1992 年，实行新建项目开工前审计制度，继续开展对自筹基建项目资金来源的事前审计，进一步开展对施工企业、城市公用企事业和城市建设维护资金、环境保护专项资金的承包经营责任审计，年度决算审计和经常性审计。1993 年，全面开展了对基建项目的开工前审计和竣工决算审计，加强了对重点项目在建期的全过程审计监督并就加强基建项目及资金管理问题向省政府写出了专题报告，经省政府批转全省各地执行。

五、农业专项资金审计

重点审计了发展粮食专项资金、老区发展资金、“两扶”资金、农业综合开发资金、“三北”防护林体系建设资金和扶贫专项贴息贷款等。共查出各类违纪资金 1.09 亿元，追回挤占挪用资金并归还原资金渠道 4647 万元，审计结果引起了各级政府的重视。1993 年，除继续抓好对农业总体投入及效益情况的审计外，还对省、地、县三级土地管理部门的行政事业性收费、代征的税费、财政专项拨款和专项工程征地款的征收管理、使用情况进行了行业审计，重点查处了隐瞒、截留、越权减免耕地占用税，非法交易、炒买炒卖土地以及乱收费、乱罚款等问题。

六、政府部门、事业单位的审计

到 1990 年底，政府部门、事业单位的定期审计已基本达到经常化、制度化、规范化。1990—1933 年，围绕纠正行业不正之风和促进党政机关廉政建设，重点开展了对有资金、物资管理、分配、使用权的经济主管部门和罚没收入较多的执法部门的审计，先后对公安、卫生、教育、出版、广播电视、政府驻外办事处等系统进行了行业审计，共审计 19271 个单位，查出违纪资金 2.95 亿元，收缴财政 2389 万元。1993 年结合反腐败斗争，对工商行政管理部门和交警系统的罚没收入的征收管理情况开展了行业审计，对省级 14 个部门管理的预算外资金进行了会审，及时查处和纠正了存在的问题。同时，对一些遵守财经纪律较好的单位进行了通报表扬，对其实行一定时期内的免审，并适当延长审计周期。通过正面引导，鼓励先进，抓住重点，抑制违纪，促进了党政机关、事业单位的廉政建设，违纪率逐年下降。

七、利用外资审计

根据审计署授权，每年对世界银行贷款和联合国援助的 19 个项目、143 个执行单位审计一次，五年共审计 480 个(次)单位。查出违纪资金 3.33 亿元，揭露了一些严重违纪问题，促进提高了外资的管理水平和外资使用效益。同时，对中外合资合作企业进行了试审。

八、内部审计和社会审计

到 1993 年底，全省内部审计机构发展到 2661 个，内部审计干部发展到 6925 人。五年中，共审计了 41665 个单位和项目，纠正违纪违规资金 17.6 亿元，促进增收节支 3.75 亿元，减少损失浪费 6.5 亿元。到 1993 年底，审计事务所发展到 151 个，从业人员达到 1593 人，接受委托承办审计查证事项 71900 多项。随着业务领域不断扩展和工作质量不断提高，不仅办理查证、咨询、验资等业务，还开展了承包经营、基建预决算、乡镇企业、资产评估等项审计业务，涌现出了一批收入过百万元的骨干事务所，取得了较好的社会效益和经济效益。

此外，还加强了审计调查和审计宣传，为政府的宏观决策提供了信息，通过宣传扩大了审计的社会信誉；在基础建设中，推动了审计机关“三化”建设和精神文明建设，还通过多种形式对干部进行了教育培训；开展了审计科学研究、学术交流和对外友好往来。

甘肃省审计局

1989—1993年，甘肃省各级审计机关围绕党的经济工作中心，积极开展审计监督工作。五年对29476个单位(项目)进行了审计，取得了成绩，为维护正常的经济秩序和振兴甘肃经济做出了贡献。

一、认真履行审计监督职能

1.严肃查处各种违纪问题，增加了财政收入。五年共查处截留隐瞒财政收入、乱挤乱摊成本费用、挤占挪用专项资金等违纪金额20.6亿元，其中，应上交财政资金2亿元，已上交财政1.5亿元，堵塞了国家财政收入流失口子。同时还促进增收节支1.3亿元，追还被挤占挪用资金2.6亿元，减少财政拨款或补贴2397万元。

2.开展财经法纪审计，打击经济领域的违法犯罪活动。各级审计机关在财务收支审计的基础上，抓住大案要案进行专项审计。共查出百万元以上违纪大案215起，违纪金额9.6亿元，对违纪单位和责任人处以罚款575万元；查出贪污贿赂案65起，移交司法机关处理97人，移交监察机关、给予行政处分的有57人。

3.坚持和改进行政事业单位定期审计，促进了廉政建设。对行政事业单位定期审计，重点审计了有资金分配权、有预算收入、有罚没收入和违纪问题较多的单位。全省共对18397个(次)行政事业单位进行了定期审计。通过审计，查出了一些严重铺张浪费、用公款吃喝及滥发钱物问题。

4.适应治理整顿需要，加强了流通领域经济活动审计。1989、1990两年，全省审计机关根据当地政府安排，对68个流通领域公司进行了重点审计清理，查出违纪金额2565万元，有五个公司被撤并。省审计局承担了蓓蕾企业公司、甘肃国际公司、甘肃经济协作公司等五大公司的清理任务。

二、发挥审计在宏观调控中的作用

五年来，全省审计机关根据转变政府职能，加强宏观调控的要求，充分发挥高层次监督作用，增强宏观意识，把审计重点转到为宏观调控服务方面来，取得了成效。

1.围绕党和政府的中心工作，抓住经济生活中一些带有典型性、倾向性、普遍性问题进行审计调查。1989—1993年全省审计机关共调查单位(项目)5704个，写出各类调查报告898篇，其中有224篇被各级政府和有关部门采用。通过调查，对一百多户商业企业承包经营合同履行情况和省属企业财务决算情况以及部分工业企业经济效益情况进行了分析。通过审计调查，了解了情况，剖析了存在问题，为领导宏观决策提供了依据，受到了各级党政领导的重视和好评。

2.突出了对财政、金融、税务等综合经济管理部门的审计。全省共审计财税、金融机构1309个，查出各类违纪资金2.6亿元。重点审计了这些部门财政收支情况、财政决算的真实性、合法性以及财政信用资金、信贷资金管理情况等，促使他们健全了制度，加强了监督。

3.开展行业审计。我们利用行业审计量大、面宽、反映问题集中的特点，采用统一布置、统一时间、统一汇总、统一处理口径等方法，进行行业审计。1989年，对全省14个地(州、市)85个县(市、区)906个独立核算粮食企业粮油价格补贴及各项资金情况进行审计，查出违纪资金2956万元，上交财政资金1474万元，抵减平价亏损573万元；1990年，对116户物资行业、16个旅行社、50个烟草公司进行了审计，共查出违纪资金2648万元；1991年，对全省部分县(区)食品行业生猪经营亏损情况进行了审计，分析了亏损原因；1992年对，全省三分之一的供销社及外贸企业经营情况进行了审计。通过审计，针对管理中存在的漏洞，提出了改进建议，促进加强行业管理，扭转亏损局面。

三、深化企业审计，搞好国有大中型企业

根据中央关于搞好国有大中型企业的指示精神，对国有大中型企业开展了审计。1989—1993年，全省共审计工业、商粮贸、物资等企业3651个，查出违纪资金7.3亿元。

1. 全省共审计承包经营企业2446个，主要是对承包经营合同执行情况、经营成果的真实性等进行评价，为准确地考核、选拔、使用干部提供依据。

2. 在财务收支审计的基础上，逐步向检查企业内控制度和效益审计延伸。1991年以来，围绕深化企业改革，以经济效益为中心，开展了“两个延伸”审计。全省选择了一些国有大中型企业和地方骨干企业实行经常性审计，在检查企业财务收支真实性、合法性的同时，注重分析影响企业经济效益的原因，帮助企业堵塞漏洞，健全内部控制制度，挖掘内部潜力，提高经济效益。

四、加强了对基本建设项目的审计

1989—1993年，全省共对1772个基建项目进行了审计，查处挪用基建资金等违纪问题6956万元，节省基建投资6215万元。首先抓了自筹基建资金来源审计和基建项目开工、复工前审计。为了遏止基建规模不断扩大、基建投资不断膨胀的势态，开展了基建项目自筹资金来源审计，重点审计有无乱拉资金搞基建及资金是否落实，共查出此类问题3.3亿元，归还原资金渠道7868万元。还开展了基本建设停缓建设项目跟踪审计。根据清理整顿建设市场的要求，压缩基建规模，减少损失浪费，对各级政府决定停缓建设的基建项目进行了跟踪审计。1989、1990两年共审计停建、缓建、撤销、削减基建项目99个。同时，对基建项目在建和竣工决算开展了审计。1991年以来，全省审计机关在以前年度试审基础上，选择国家或地方重点建设项目进行在建期间和竣工决算审计，三年共审计重点建设项目171项，促进合理、有效、正确地使用建设资金。

五、推行专项资金和利用外资审计

1. 加强了农业资金审计。我省各级审计机关始终把农业资金审计作为重点，突出抓了扶贫资金、水利资金、发展粮食生产专项资金及“两西”资金的审计工作。共完成农业专项资金审计1286项，查出挤占、挪用专项资金用于搞基建、买汽车、经商办企业等违纪金额9990万元，追还被挤占、挪用资金4659万元。通过审计，加强了农业资金管理，促进了农业发展。

2. 对利用外资审计，主要集中在利用世行贷款和世界粮食组织援款项目审计上，还初步开展了“三资企业”审计。五年共审计利用外资项目372个，对引大入秦、关川河流域治理工作等进行了连续审计。

六、社会审计和内部审计工作有了进展

1991年以来，在改革开放的新形势下，适应建立社会主义市场经济发展要求，社会审计事业发展很快。至1993年底，全省已建审计事务所92个，从业人员已达617人，开展了验资、查证、咨询服务等多方面业务。至1993年底，全省共承担审计机关和社会委托审计事项14746项。几年来，我省各内审机构在搞好财务收支审计的基础上，不断拓宽审计领域，提高审计质量，为改善经营管理，提高经济效益，严肃财经法纪发挥了积极作用，已成为增强企业自我约束机制，健全内部控制的重要手段。

五年来，我们加强了在职干部的业务培训，共举办工业、财政、金融、经济效益、审计程序与质量控制及新会计制度等短训班15期，培训人员605人次。还开展了学历教育。省审计局委托兰州商学院和金城联合大学委培审计专业学生，1989年毕业大专生45人，1992年毕业本科生44人。与院校联办两期审计专业证书培训班共136人。1992、1993年组织进行了两次中级、初级职称考试工作，对部分人员进行了考前培训。

青海省审计局

1989年以来，全省审计部门在各级党政机关的领导下，认真贯彻国务院关于有关审计工作一系列的方针政策，按照审计署“抓重点，打基础”，“积极发展，逐步提高”的工作方针，积极开展审计监督工作，取得了较好的成绩。五年来，共审计13745个单位，查出违纪违规金额55379万元，应上交财政金额12248万元(已上交财政2878万元)，共减少财政拨款补贴398万元，查出损失浪费金额18291万元，移送贪污贿赂案11件，移送监察等部门处理案9件，移送司法机关处理15人。审计工作的主要实践与成果是：

一、重点抓财税部门审计

在财税审计工作中坚持了“上审下”的原则，累计已审计了215个(次)财税部门，对县以上财税部门基本审过二遍。查出违纪金额1.28亿元，收缴财政3358多万元。同时省、州、地、市审计局都对乡级财政进行了试审。查出的主要问题是：截留转移财政收入，虚列财政支出，扩大集市贸易税收分成，越权减免税收等。对上述问题各级审计局都按规定作了纠正。

二、开展对金融保险企业审计

五年来，除每年对12个金融保险企业实行经常性审计外，还对人民银行、建设银行系统63个县以上支行实行了全行业性的审计监督。例如，1991年共审计32个县以上建设银行支行，查出违纪违规金额542万元，上交财政266万元。省审计局对省建行黄河上游水电建设办事处弄虚作假，乱挤乱摊成本，开假发票报帐等违纪55万元的问题进行了认真查处，收缴财政47万元，对该办事处作了通报批评，对主要负责人作了罚款处理。

三、开展基建审计

对基本建设项目坚持开工前审计及在建工程、竣工决算审计。1990—1993年省局重点完成了审计署下达的青海铝厂、龙羊峡水电站、李家峡水电站、青海油田三项工程建设、青海钾肥厂一期竣工决算等国家重点基本建设项目的审计，查出了这些项目在建设中的违纪违规问题。针对基本建设审计中发现的问题，省审计局制定了基本建设项目全过程审计监督办法。为保证国家重点建设项目，开发黄河上游水电资源，发展青海经济，起到了积极作用。

四、重点抓专项资金审计

从1992年开始，到1993年底基本结束了对13个第一期农业综合开发项目实施的审计监督。乐都县审计局对县洪水坪农业开发项目坚持先审计、后付款的办法，效果比较好，受到了省、地、县政府领导的好评。

五、分层次，抓重点进行审计

全省各级审计机关开展了对工交、商粮、物资、外贸等企业的审计。1989—1993年，共审计了1839个企业。审计总金额达150亿元，查出乱挤乱摊成本费用，隐瞒截留利润，漏交“两金”等违纪问题总金额1.92亿元，已收缴财政3050万元。各级审计机关还结合当地实际，从有利于生产和发展经济出发，为企业加强内控制度和财务管理等提出了许多好建议。例如，大通县审计局在对县农机厂审计中，针对现在的问题提出了建议，经农机厂采纳后，半年内实现扭亏为盈，受到县政府和企业的好评。

六、进行承包经营经济责任审计

1989—1993年全省各级审计机关累计对1338个企业进行了承包经营经济责任审计。事前、期中、终结审计已逐步形成了制度，省局在1990年就印发了全民所有制企业承包经营责任制审计暂行办法。五年来，已对400名厂长(经理)进行了离任审计，取得了成效，受到政府的重视。例如，海南藏族自治州人民政府和共和县人民政府十分重视承包经营经济责任审计工作，及时批转了州、县审计局制定的承包经营责任和厂长(经理)离任审计试行办法。

七、坚持行政事业单位财务收支定期审计

1989—1993 年，累计共审计 9700 个单位，全省各级审计机关对行政事业一级核算单位基本审过二次，从 1991 年起逐步向二级核算单位延伸。1992 年，已将定审项目改为经常性审计。1991 年，全省各级审计机关对 101 个有罚没收入的单位进行重点检查，发现有 4 万元的罚没款不合法，100 多万元被拖欠，还有少数执法部门坐支、挪用罚没款。对联合国教科文组织的外援项目审计也列入了经常性审计的范围。

八、内部审计和社会审计逐年发展

截止 1993 年底，全省已建立内审机构 230 个，配备内审人员 634 名。1989——1993 年共完成审计项目 678 个，查出违纪金额 6000 万元，促进增收节支 500 万元。在改善企业内部经营管理和促进提高经济效益方面发挥了较好的作用。由于内审部门在搞活大中型企业，促进内控制度建设等方面做了大量的工作，受到了单位领导的重视。青海社会审计起步较晚，从 1991 年下半年起才有较大发展。到 1993 年底，全省已建立社会审计组织 28 个，从业人员 111 人(其中：具有高、中级专业技术职称的占从业人员数的 47%)。1989—1993 年各个审计事务所在审计部门的指导和关怀下，紧紧围绕经济工作中心，努力开拓业务，积极承办各项审计事项，接受各级审计机关和社会各界的委托，在财务收支，经济责任的查证，经济案件的鉴证，工商企业注册资金验证和年检，资产评估等方面做了大量的工作，取得了较好的社会效益，赢得了社会信誉。据统计，社会审计组织近五年来共查证审计业务 400 多项，查出违纪金额 2000 多万元，应上缴财政 1000 多万元。

五年来，还加强了审计调查，为各级政府领导宏观决策提供信誉；狠抓了法规制度建设、精神文明建设和干部教育培训工作。

宁夏回族自治区审计局

几年来，宁夏回族自治区的审计工作，在自治区党委、政府和国家审计署的领导下，取得了成绩，全面发挥了审计监督作用。截止 1993 年底，全区共审计了 1.75 万个单位，查出各种违规金额 6.4 亿元，其中收交财政金额 8605 万元，减少财政拨款和补贴 386 万元，追还挪用的专项资金 7212 万元。查出 100 万元以上的违纪单位 55 个，贪污案 10 起，违纪责任人员受到党纪政纪处分的有 22 人，移交司法机关追究责任的有 47 人。各级审计机关有 309 份建议和审计调查报告被政府和有关综合经济管理部门采纳，促进加强了宏观调控，对改革和经济建设的顺利进行起到了积极作用。

一、几年来的主要工作

1. 财政金融审计。几年来，共对财税、金融部门的 747 个单位进行了审计，查出违纪金额 20480 万元，其中应交财政金额 3748 万元。1993 年从财政收支审计入手，对全区 12 个地、县 1992 年财政赤字问题进行了审计和审计调查，弄清了发生赤字的原因，有针对性地提出了解决的办法和建议，受到自治区党政领导的重视和赤字县地方政府的欢迎。金融审计从 1985 年开始，先后对 5 家银行系统和保险机构进行了行业审计。1990 年以来，对全区金融、保险机构实行经常性审计制度。1993 年，围绕中央宏观调控的重点部署开展审计监督，取得了明显成效。

2. 工业交通审计。共审计了 1493 个单位。1985 年以来，对工交企业先后开展了厂长离任经济责任审计、年度决算审计，实行了对重点企业的经常性审计，并在财务收支审计的基础上，逐步向检查内控制度和经济效益方面延伸。各级审计机关先后对 586 个实行承包经营责任制

的工交企业进行了审计，审计覆盖面达85%。1991年以来，自治区审计局对纺织行业亏损情况和区属部分企业留利及分配使用情况的审计调查，各级审计机关对第一轮承包经营终结审计后的综合分析，对企业转换经营机制和落实自主权方面的审计调查等，为各级政府和有关部门加强宏观调控提供了依据。

3. 商粮外贸审计。共审计了1776个单位。1985年以来，先后对粮食、物资、旅游、外贸系统进行了行业审计，对企业存在的严重损失浪费、潜亏等问题及时进行了纠正、处理。1991年对粮食经营亏损情况、物资企业联营投资效益情况和地方外贸企业第一轮承包期末超亏情况进行了审计调查，针对查出的问题提出了改进的意见，引起了党政领导和有关部门的重视。

4. 基本建设审计。共审计了2352个单位。1986年开始，对自筹基本建设资金来源进行审计，经过一段实践，总结出“计划之前审资金，计划之后审程序”的经验，形成常规性审计制度。明确规定，自筹资金基建项目不经资金审计不准列入年度计划；对列入计划的建设项目，按照开工条件进行程序审计，不经审计，不批开工。1986年和1987年，开展了建设项目的开工前审计和竣工决算审计。1989年以来，在控制固定资产投资规模中，把技术改造项目纳入基建审计。在审计全民所有制建设项目的同时，对大型集体所有制建设项目也进行了审计。这项审计工作，起到了控制固定资产投资规模的作用。

5. 行政文教审计。全区共审计了7215个单位。1986年开始，推行行政事业单位定期审计制度。在一级预算单位全部覆盖、违纪金额大幅度下降的基础上，1990年开始抓重点，向二三级预算单位延伸，还相继开展了中小学教育经费、民政事业费等专项审计。同时还对社会集团购买力失控，滥发奖金、补贴、实物，以及行政经费超支和救灾款物使用情况进行了审计调查，取得了成效。

6. 农林水审计。对管理分配农业资金的主管部门和使用农业资金的单位共审计了1791个(次)。1983年来，坚持对支农扶贫专项资金进行重点审计，逐步对农林水各业进行了行业审计，对农林水实行承包经营的企业进行了承包经营责任审计，针对一些普遍性、倾向性问题开展了审计调查。各级审计机关还加强了对乡镇审计的指导，对促进管好乡(镇)、村集体资产起了积极作用。

7. 世界银行贷款审计。1984年以来，自治区审计局先后对7个世行贷款和国际援建项目的279个执行单位进行了连续审计。向世界银行提交审计报告1篇，管理意见书1份，向审计署提供审计报告27篇，向项目执行单位提出管理建议27份。

根据审计署的授权，先后对中央在宁夏的外贸、电力、铁路、邮电、烟草、气象等企事业单位进行了审计监督，共审计了58个单位，查出违纪资金1340万元。近几年，还对驻宁中央单位的财务收支状况、内审工作情况等进行了审计调查，对这些单位改善经营管理、提高经济效益，起了较好的作用。

8. 内部审计和社会审计开展比较快。截止1993年底，全区实有内部审计机构128个，配备专职、兼职内部审计工作人员288人。先后审计了2833个单位，查出违纪金额7007万元，促进增收节支352万元。全区已建社会审计组织26个，从业人员200多人。自1990年开业以来，共办理各类审计查证和咨询服务9111项，审计查证金额22亿元，查出违纪和有问题金额1704万元。推动了内审和社会审计事业的发展。

此外，在培养审计工作队伍，加强审计法制建设和开展审计科学研究、学术交流方面，做了一些工作，并取得了成效。

二、几条基本经验

1. 把围绕党的中心工作为经济改革服务作为指导思想。1992年以来，把审计工作的重点放在加强财政金融、重点企业、重点建设项目、农业资金和重点部门的审计上，旨在规范重大经济行为，促进宏观管理，使审计工作越来越为党政领导重视。

2. 不断探索总结，理顺审计工作中几个重要关系。在审计起步阶段，“监督与服务”的关系问题一度困扰着人们的思想。自治区审计局经过总结，提出“通过审计监督实现服务”作为处理监督与服务关系的原则，摆正了监督与服务的关系。在审计发展阶段，“审计与被审”的关系问题，曾经影响到工作上的相互支持、配合和审计结论的落实。自治区审计局推广了农业银行审计中试行的“自审自查”和银南地区推行的“审计回访制度”，有效地促进了审计结论和决定的落实，增加了审计机关与被审单位的相互理解和支持。在审计工作的全面发展中，解决好“全面审和重点抓”的关系问题，又显得十分迫切。为解决这个问题，我们开展了“行业审计”的作法，每年都在全面布置的基础上，有重点地选择两三个行业或专项资金，集中力量进行行业和专项资金审计，并且做到：统一领导，统一计划，统一行动，统一处理口径。这样，不仅保证了审计重点，也带动了全面审计工作的开展。

3. 按照“三化”要求，下功夫提高审计质量。审计质量是审计全过程各项工作成效的综合反映。确保审计质量，关系到能否有效地发挥审计较高层次监督的职能作用。1990 年以来，各级审计机关制定了《审计工作规程和审计工作质量规定》、《审计目标责任管理和考核奖惩办法》、《落实审计结论和决定的若干规定》等制度，初步形成了审计质量自我约束机制。与此同时，自治区审计局还总结推广了“分级管理，严把三关”的审计质量管理责任制，即：审计小组把好事实关；审计股(处、科)长把好审计底稿审查关；审计局长把好定性处理关。实行上述制度，层层把关，有效地提高了审计质量。

4. 从宏观控制和管理着眼，开展审计调查和综合分析。审计调查是在经济改革新形势下产生的一种新的审计监督形式。我们既注意利用和分析历年审计资料，又突出重点，充分利用调查资料，调查结束后及时进行总结、归纳，梳辫子、理问题、查原因、找对策，写出有事实、有内容、有分析、有对策的审计调查或综合分析报告。各级审计机关通过审计调查和综合分析向政府和有关主管部门提出的报告，引起了领导上的重视，或批转、指示，或作为参考，为促进宏观调控发挥了一定作用。

新疆维吾尔自治区审计局

1989—1993 年，是自治区审计工作发展、改进、提高的五年。这五年中，各级审计部门紧密围绕自治区经济工作中心，积极开展审计监督，在财政、金融、基建、外资和国营企业、事业领域对 29081 个单位进行了审计，查出违纪违规问题的金额 152312 万元，已上缴财政 8784 万元。有 93 名违纪责任人受到党纪、政纪和刑事处分。同时，就经济生活中的一些重要问题，对 6500 个单位开展了审计调查，提出 1213 份调查报告，其中 386 份被党政领导和有关部门采纳。审计工作在我区改革开放和经济建设中发挥了积极的作用。

五年来，自治区各级审计机关主要抓了以下几项工作：

一、财政税务审计

为了促进我区财政管理工作，提高财政资金使用效益，各级审计机关把财政审计作为重点项目，按照分级审计的原则，实行“上审下”办法，对地、县两级财政审计了两遍以上。1992 年，按照自治区人民政府领导的指示，对 13 个地、州级 1991 年财政预算执行情况进行了审计调查，各地、州、市还对 83 个县级财政情况进行了审计调查。主要是核实财政赤字的真实性，分析财政赤字的构成及其产生的原因，了解有无用专项资金搞基本建设的问题。通过审计调查发现，地、县财政赤字增加，赤字金额增大的主要原因有四个：一是地、县经济基础薄弱，财政收入长期上不去；二是中央财政对自治区财政的补贴办法由递增补贴改为定额补贴，补贴额有所减少；三是机构、人员膨胀，政策性支出增加，财政支出增长；四是财力分布不平衡，地州之间、地县之间、县县之间财力有差距，县级财政比地区财政困难。审计调查结束之后，审计机关向所调查的96个地、州、县分别提出了审计调查报告，自治区审计局向自治区人民政府作出综合性报告，引起各级党政领导的重视，对加强我区财税管理，促进增收节支发挥了积极作用。

二、企业承包经营审计

为了配合企业制度改革，根据审计署和自治区人民政府的部署，五年来，各级审计机关投入相当多的人力和时间，开展企业承包经营责任审计。到1993年底，全区共审计了4472个(次)企业。审计结果表明，77.82%的企业完成和基本完成承包指标，22.18%的企业未完成承包指标。查出盈亏不实的金额7910万元，违纪违规金额38865万元，损失浪费金额2694万元。近年来，一些审计机关还结合企业财务收支审计和承包审计，延伸检查了经济效益和内部控制制度，1993年，开展了资产、负债和损益审计，提出了改进经营管理、提高经济效益的建议，促进了企业经营承包责任制的完善。1993年，审计机关对424个企业的国有资产损益情况进行了审计，其中保值单位101个、增值单位132个，损失单位41个，盈亏不实单位150个。

三、农业资金审计

五年来，各级审计机关按照自治区党委和人民政府关于大力加强农业基础的各项政策，积极开展对“农业发展专项资金”、“农田水利资金”、“发展粮食生产专项资金”、“财政支农周转金”、“菜地基金”、“棉花基地建设专项资金”和“扶贫资金”的审计或审计调查。重点抓了扶贫资金审计，对自治区确定的30个投入扶贫资金的县每年都进行连续审计。全区累计对117个县(次)、260个乡镇(次)、195个主管部门(次)和514个经济实体(次)进行了审计调查，走访了820个村，38976个贫困户，调查总金额27570万元，查出违纪金额879万元。经过连续审计，违纪问题逐年减少，违纪金额占调查总金额的比例，1987年为5.1%，1989年和1991年分别下降到4.1%和1.2%。在审计中发现一些地方在扶贫资金使用和管理方面存在不少问题，及时向当地政府提出了处理意见和改进建议，很多建议被采纳。这项审计工作得到了各级党委、政府的重视和肯定。1993年，全区对37个县的123个农业综合开发资金用款单位1991、1992年的资金管理、使用及效益情况进行了审计。发现挤占挪用该项资金的现象比较严重，资金到位迟，配套资金不落实。自治区审计局还对6个县、市的农业资金总体投入情况进行了审计调查。

四、外资运用审计

几年来，自治区审计机关对世界银行等国际金融组织对新疆的援款项目坚持每年逐个审计一次，主要检查财务收支和资金到位情况以及经济效益、工程质量和开发进度，重点抓了阿勒泰2817项目的审计监督。对世界银行提出了合乎要求的公证报告，对援款使用单位提出了改进经营管理的审计报告，这项审计工作的质量受到世界银行和审计署的肯定。

五、行政事业单位定期审计

到1992年底，全区对12325个单位(次)的财务收支进行了定期审计，审计总金额85.6亿元，查出违纪违规问题的金额13720万元。一些审计机关在工作中还帮助被审计单位制定了财务管理制度，健全了内部控制制度，促进了政府部门的廉政建设。

此外，审计机关还开展了基建工程项目开工前的审计、自筹基建项目资金审计、金融机构财务收支定期审计和一些中央企事业单位的财务收支审计。

在审计工作中，注意抓了法制化、规范化建设。在法制化建设方面，一是通过学习、研究，增强审计人员严格审计执法的意识。同时，还加强了审计队伍建设和廉政建设，提高了审计干部的政治素质和业务能力。在审计科学研究、信息宣传方面也做了很多工作并取得了成绩。

五年来，自治区的内部审计和社会审计也得到发展。在内部审计方面，到1993年底，全区建立了706个部门、企事业单位的内部审计机构，配备内审人员1489人。各内审机构围绕本部门、本单位经济工作中心任务，以经济效益审计、内部控制制度审计为重点，开展了各项审计监督工作，共审计了9273个单位，查出损失浪费金额6436万元，促进增收节支金额3628万元，通过审计已纠正违纪违规金额17358万元。1993年初，成立了自治区内部审计研究会这一群众性学术团体，成为审计机关联系广大内审人员的纽带。在社会审计方面，截止1993年底，全区已建有独立法人资格的审计师事务所123个，其中建材、农业、畜牧等行业分所15个，从业人员1300多人，其中经考核批准的注册审计师707人。全区16个地、州、市和80%的县、市、区都建立了审计师事务所。五年来，全区社会审计组织接受委托，承办审计查证、咨询业务共64412项，特别是面对集体经济、乡镇企业做了大量的工作，完成了国家审计和内部审计涉及不到的一些工作任务，赢得了声誉。

总结几年来自治区的审计工作，一条很重要的经验就是牢固树立审计工作为新疆改革开放和发展民族地区经济建设服务的指导思想。1992年自治区审计局提出“突出特色、抓住重点、改进方法、讲求实效”的自治区审计工作基本思路。各级审计机关按照上述基本思路，着重对财政、大中型企业、农业资金和预算外资金进行了审计和审计调查，收到了较好的效果，其中财政、预算外资金审计调查报告，受到了自治区人民政府的重视和充分肯定。1993年，自治区审计局确定了审计工作的基本思路是转变思想观念，强化审计监督，改革审计方法，突出服务效果，为自治区改革开放和经济发展服务。一年来，各级审计机关积极贯彻落实这一基本思路，在强化各项审计措施，深化重点审计内容上有了新进展。

地方审计机关的机构设置及领导成员名单

北京市审计局

市局现有18个处(室)，6个直属分局，2个事业单位，实有631人。连同18个区(县)审计局，全市共有审计人员1705人。

领导干部任职情况

局　长　刘　林　1987.2—1993.3
　　　　翟鸿祥　1993.5—
党组书记(正局级)
　　　　张剑平　1992.4—
副局长　张奇鹏　1983.9—1992.5
　　　　尚天林　1987.2—
　　　　高庆忱　1987.2—1991.6
　　　　张剑平　1989.4—
　　　　翟鸿祥　1992.5—1993.5
　　　　钟维禄　1992.5—
　　　　齐国生　1993.8—
局纪检组长(副局级)
　　　　田明月　1991.3—1993.8
　　　　沈志德　1993.8—

天津市审计局

市审计局设有15个处(室),还设有直属分局1个,事业单位3个。全市审计机关共有干部、职工1356人。其中:市审计局及直属单位460人,各区、县审计局896人。

领导干部任职情况

局　长　张玉琦　1983.8—1990.3
　　　　靳祥麟　1990.3—
副局长　郭世懋　1990.2—1991.6
　　　　孙　煌　1990.2—1993.2
　　　　姜新泉　1992.4—
　　　　王志铭　1992.4—
顾　问　(副局级)
　　　　张继儒　1983.8—1989.12
纪检组组长
　　　　李焕臣　1990.6—1993.2
总经济师　戴敏义　1991.6—1992.3

河北省审计厅

截止到1993年12月31日,河北省审计厅1993年9月6日由河北省审计局更名为河北省审计厅,内部机构设有14个处、室,编制158人,已配备干部职工147人。全省审计系统共有审计机构187个,其中地、市审计局12个,县(市)、区审计局174个。共有编制4282人,已配备干部职工4479人。现有审计人员中大专学历以上的1479人,占总人数的33%。现有审计人员的专业技术职称,初级职称的965人,占22%,中级职称的543人,占12.7%,高级职称23人,占0.5%。

领导干部任职情况

局长(厅长)　燕长和　1985.8—1993.9
　　　　陆　生　1993.9—
副局长(副厅长)
　　　　焦荣渭　1983.7—1993.9
　　　　吴　陵　1983.7—1989.1
　　　　崔继让　1983.7—1991.1
　　　　邵积庆　1990.6—
　　　　陆　生　1991.1—1993.9
　　　　陈金如　1993.12—

山西省审计局

至1993年底,省审计局设置内部机构共19个。全省共有审计机关129个,配备审计干部、职工3066人(编制为3101人),其中省局机关213人;地、市、县(区)局2853人。在实有人员中,党员1400人,占45.7%;团员858人,占28%;大学文化程度158人,占5.1%;大专文化程度799人,占26%;中专文化程度978人,占31.8%。具有中级以上专业技术职称的552人,占18%;有初级专业技术职称的526人,占17.2%。

领导干部任职情况

局　长　杨崇春　1988.3—1990.4
　　　　王培忠　1990.11—1993.3
　　　　董福山　1993.5—
副局长　董廷林　1983.4—1990.10
　　　　马儒冠　1983.4—
　　　　马永清　1988.3—
　　　　辛　超　1990.11—
　　　　芦振基　1991.8—
　　　　石维景　1991.8—

内蒙古自治区审计局

全区现有编制2524人,截止1993年末实有人员2534名。其中:专业干部1958名,占总人数的78.7%;具有中专以上文化程度的1779名,占总人数的70.2%;具有中级以上技术职称的518名，占专业干部总数的20.4%；少数民族480名，占总人数的18.9%。内蒙古自治区审计局现有编制245人，其中：行政编制210人，事业编制35人。1993年实有人数194名。设有10个职能处室，两个事业单位。此外，在自治区东部地区设有自治区审计局驻海拉尔审计处和驻赤峰审计处。

领导干部任职情况

局　长　王国盛　1987.4.23—

副局长　钱世昌　1983.6.30—

孙秉文　1983.6.30—

孙占魁　1991.8.29—

辽宁省审计厅

辽宁省审计厅成立于1983年9月。到1993年底，省本级和14个市，100个县(市、区)全部成立了审计机关，现有审计干部3478人，其中省厅配备239人，市县区配备3239人。

省审计厅内部机构设置16个处室，3个事业单位。省厅还在23个省直委、办、厅(局)设立了派出机构。

领导干部任职情况

厅　长　傅万忠　1988.5—

副厅长　王继维　1985.6—

梁恩奇　1985.6—

闵春辉　1986.8—

纪检组长(副厅级)

潘殿源　1992.5—

吉林省审计局

全省审计机关，共有审计人员2308人。省局设有18个处(室)、审计人员152人，下辖5个直属单位。

领导干部任职情况

局　长　刘克志　1991.5—1992.12

董立春　1993.2—

副局长　董立春　1984.7—1993.2

李　辉　1985.1—1992.11

刘克志　1988.3—1991.5

袁玉岫　1990.5

孙青山　1992.5—

黑龙江省审计局

省审计局设有17个处(室)，5个直属单位和1个特派员办事处。还设有14个地(市)级审计局和69个县(市)级审计局，以及66个市属区审计局。全省审计机关共有3638名审计人员，其中省局336名。

领导干部任职情况

局　长　田　棻　1985.9—1993.4

宋厚德　1993.3—

副局长　孙延贵　1983.6—1991.1

宋厚德　1986.11—1993.3.3

卢儒生　1991.5—

贾奎玉　1991.1—1993.6

李明光　1992.12—

张成国　1992.12—

副局级巡视员

吕殿文　1985.9—1990.5

副局级审计员

殷沛胜　1987.10—1991.3

张军科　1991.3—1992

赵　广　1992.12—

纪检组长　贾奎玉　1987.10—1991.1

李明光　1992.4—1992.12

于作云　1992.12—

上海市审计局

至1993年底，上海市审计局共设10个处室，3个事业单位。全市13个区、6个县以及浦东新区均设有审计机关。1993年末，上海市审计机关人员编制为1645名，已配备1178名，其中市审计局编制为600名，已配备419名；区审计局编制为778名，已配备522名，县审计局编制为267名，已配备237名。在全市审计机关干部中，具有大、中专以上文化程度的有1032人，占87.61%；具有专业技术资格的有676人，占57.39%；党、团员有695人，占59%；年龄在45岁以下的中青年干部有950人，占80.65%。

领导干部任职情况

局　长　汪宗熙　1988.7—1993.5
　　　　靳曾德　1993.5—
副局长　靳曾德　1987.8—1993.5
　　　　郁云龙　1989.1—
　　　　郑健龄　1992.7—
总经济师(正局级)
　　　　赵洪元　1989.1—1993.5
总会计师(副局级)
　　　　徐惠勇　1984.5.—1990.9
　　　　於　榕　1992.7—
巡视员(副局级)
　　　　徐康年　1988.1—1990.1
　　　　冯德康　1990.6—1992.8

江苏省审计局

全省共118个审计局，其中省辖市审计局11个，县(市)审计局64个，区审计局42个。省审计局下设11个处室和3个直属单位。全省审计机关共有人员3415名。其中：男2399名，女1016名；35岁以下的1803名；大专以上学历1757名；有高、中级职称的1555名；党团员2367名。

领导干部任职情况

局　长　李松庆　1988.4—
副局长　朱守信　1989.9—1991.10
　　　　袁有江　1988.8—1992.9
　　　　包汉良　1990.10—
　　　　余效明　1991.5—

浙江省审计局

全省11个市(地)和83个县(市、区)都设置审计局。省局设12个处(室)，2个事业单位和2个派出机构。全省实有审计人员2423人，其中省局192人。

领导干部任职情况

局　长　张升耀　1983.12—
副局长　姚雏白　1983.12—
　　　　李修业　1985.3—1989.2
　　　　邹兆学　1989.2—
　　　　盖有杰　1991.5—
　　　　陈正兴　1993.9—
正局级巡视员
　　　　李修业　1989.2—1992.6
总审计师(副局级)
　　　　吴永昌　1986.3—

安徽省审计局

到1993年底，安徽省已经建立省、地(市)、县(市、区)审计机关120个。配备审计人员2587人，省局设有15个处(室)和5个事业单位。还设立了内部审计机构2269个，配备内部审计人员6025人，组建审计师事务所120个，审核批准了849名注册审计师。形成了国家审计和内部审计、社会审计所组成的审计体系。

领导干部任职情况

局　长　孙　杰　1987.10—1993.3
　　　　朱成林　1993.3—
副局长　陈仲祥　1983.9—1993.11
　　　　刘茂贤　1983.9—1990.10
　　　　武尚瑞　1987.8—1993.11
　　　　祝德智　1990.1—
　　　　黄庆禄　1993.9—

汪元义 1993.9—

纪检组长(副局级)

解长道 1993.10—

副局级调研员：

费勤荣 1993.9—

福建省审计局

全省地(市)、县(市)地区共设置90个审计局。到1993年底，省审计局设有13个处(室)和2个事业单位，2个审计事务所。

领导干部任职情况

局 长 温海树 1989.10.13—

副局长 高匡衡 1984.3.1—1993.3

温海树 1984.12.22—1989.10.13

黄时强 1984.12.22—1990.10.24

陈丽群 1989.10.13—

庄表峰 1990.11.4—

江西省审计局

到1993年底，省审计局设有12个处(室)和4个事业单位。

领导干部任职情况

局 长 王仲发 1983.9—1990.6

池宝库 1991.4—

副局长 刘忠义 1983.9—1991.5

骆凤田 1983.11—1992.3

陈志刚 1988.4—1993.12

谌模有 1991.9—

山东省审计厅

截止1993年底，全省已建各级审计机关154个，其中省厅1个，市地局17个，县级局136个。全省定编人员5050人，其中行政编制3156人，事业编制1894人；实有人数5029人，占定编人数的99.6%，其中行政编制3169人，事业编制1860人。现有人员中，省厅231人，市地局1303人，县级局3495人。文化程度：中专、高中2362人，大专以上2224人。具有初级以上专业技术职称的2591人，能担任主审的占65%左右。1993年底，省厅定编人数291人，其中行政编制175人，事业编制116人；中专、高中63人，大专以上文化程度151人。全厅共设职能机构15个，其中行政职能机构12个，事业机构3个。

领导干部任职情况

厅 长 方 向 1988.5—

副厅长 李常佐 1987.8—1993.12

张玉忠 1990.3—

张兆喜 1990.3—

王谦华 1993.9—

纪检组长 韩荣祥 1993.1—

河南省审计局

截止1993年底，全省审计机关共有176个，职工共有4655人，其中，省审计局302人，市地级审计局1101人，县(市、区)级审计局3252人。职工中，具有大专以上文化程度的2000人，占43%；具有中级以上职称的1225人，占26.3%，初级职称的1147人，占24.6%。省局机关内设15个处室和4个事业单位。

领导干部任职情况

局 长 李成炎 1988.6—

副局长 王福民 1988.8—1992.1

张祥沛 1990.4—

任永源 1992.3—

冯义申 1993.12—

纪检组长 刘长秀 1993.5—

总审计师　王小烈　1993.5—

湖北省审计厅

1989年，湖北省审计厅（1993年7月改为审计厅）定编235人，其中事业编制65人。1992年定编270人，其中事业编制100人。1993年实有人数251人，内部机构设有13个处室，并设有3个直属事业单位。1989年，经省编委批准，省审计厅在省体委、石化厅、煤炭厅等35个部门设立了派驻机构，定编131人，实行双重领导，业务以省审计厅领导为主。1989年，全省114个县（市、区）以上人民政府全部建立了审计机关，定编3774人（其中事业编制854人），实有人数2009人（事业编制1133人）。1993年全省审计机关定编4131人，实有人数4057人（事业编制1080人）。

领导干部任职情况

局　　长　姚建华　1988.5—1991.4
　　　　　吴定富　1991.4—
副 局 长　梁正明　1986.2—
　　　　　彭炳南　1988.5—1993.3
　　　　　吴定富　1990.9—1991.4
　　　　　徐成义　1992.1—
　　　　　高　林　1993.2—
　　　　　彭世泽　1993.2—
纪检组长　徐成义　1986.10—
调研员（副局级）
　　　　　刘俊梅　1987.2—1990.4
　　　　　王殿仁　1992.6—1993.7
总审计师　李开业　1988.10—1993.4

湖南省审计局

领导干部任职情况

局　　长　余有亮　1989—1993.2
　　　　　张连华　1993.3—
副 局 长　张连华　1991.8—1993.2
　　　　　胡金亮　1989—1991.6
　　　　　杨　�　1989—
　　　　　刘林玉　1991.6—
总会计师　罗思贤　1989—1992.8
局党组成员　奉继松　1993.4—

广东省审计局

到1993年，共设有16个处室、1个分局、1个特派办、1个培训中心、2个事务所。全省20个市、121个县（区）都建立了审计机关。

领导干部任职情况

局　长　严　省　1983.7—1991.5
　　　　孙平波　1991.5—
副局长　黄造华　1987.2—
　　　　刘礼权　1989.8—1993.3
　　　　孙亚余　1991.5—1992.12
　　　　方振慰　1992.4—
　　　　刘伯龙　1993.5—
　　　　魏纪元　1993.8—
纪检组长（副局级）
　　　　刘伯龙　1992.2—1993.5

海南省审计局

1989年1月至1989年7月，海南实行“小政府、大社会”体制，省审计局合并在省经济监督厅。设置审计4个业务处，人事秘书、综合法规等由厅统一管理。1989年7月，省审计局从省经济监督厅独立出来，作为正厅级单位设置，内部机构设置为9个处室。截至1993年底止，省局有编制130人，其中事业编制50人，已配备干部102人，内部机构设置13个处、室、所。

全省审计系统共有审计机构 23 个(包括省局),其中地市级审计局 2 个、县(市)区审计局 20 个,总编制 635 人,共调配干部 498 人,其中行政编制 361 人,事业编制 274 人,在这些人员中,党员 230 名,团员 108 名,具有大专以上文化程度的 242 人,高级专业技术职称 5 名,中级专业职称 102 名,初级职称 119 人。

领导干部任职情况

局　长　杨　辉　1989.1—1989.7
副局长　田相其　1990.5—
　　　　郭长春　1993.9—
　　　　刘远晋　1993.9—
党组纪检组组长
　　　　阮冠之　1993.9—

广西壮族自治区审计署

1993 年底,广西共有审计机关 106 个,其中:自治区审计署,14 个地、市审计局,82 个县、市审计局,9 个自治区辖市区局定编人数 1934 人,实有 1840 人。自治区审计署下设 15 个内部机构。

领导干部任职情况

审计长、党组书记
　　　　覃立勋　1985.6—1993.2
　　　　叶学明　1993.2—
副审计长　赖　俊　1984.3—
　　　　石　奎　1984.3—1993.2
　　　　张绍荣　1993.2—
审计专员(副厅级)
　　　　郑博然　1993.6—

四川省审计局

1993 年末,四川省省级和 23 个市、地、州,220 个县(市、区)均建立了审计局,全省配备审计干部 4734 人,其中,具有大专以上学历的 1850 人,占总人数的 39.1%;共产党员 2167 名,占 45.8%。全省还有 85 个审计局聘请了近 300 名民主党派和无党派人士担任特约审计员。到 1993 年底,省局设有 14 内部机构和 3 个事业单位,已调配干部 207 人。

领导干部任职情况

局长、党组书记
　　　　吉福仓　1989.1—1993.2
　　　　甘道明　1993.9—
正局级巡视员
　　　　阎承涛　1990.11—1993.10
副局长、党组副书记
　　　　李公才　1989.1—1989.10
　　　　詹君美　1989.4—
　　　　董玉良　1992.5—
机关党委书记
　　　　李为民　1991.1—1993.11
总审计师　陈光汉　1991—
副局级巡视员
　　　　付开科　1991.6—1993.1

贵州省审计局

截止 1993 年底,全省已建立 97 个省、地、州(市)、县(市、市辖区、特区)审计局,其中,地、州(市)审计局 9 个,县(市、市辖区、特区)审计局 87 个。省审计局下设 14 个处、室和 2 个事业单位,省审计局派驻各委、厅、局审计处(组)有 23 个。全省定编数为 2110 人,其中事业编制 511 人。截止 1993 年底,已配备审计人员 1875 人,其中:省审计局 217 人(含派驻机构人员),地、州(市)审计局 400 人,县(市、市辖区、特区)审计局 1258 人。在审计人员中,具有大专以上文化程度的有 569 人,占总人数的 30.3%;中专、高中文化程度的有 1069 人,占总人数的 57%;中级以上技术职称的 231 人,占 12.3%;党员 786 人,占 41.9%;年龄在 35 岁以下的有

1083人，占57.7%。

领导干部任职情况

局　长　孙树林　1985.8—1990.8
　　　　马三民　1990.9—
副局长　陈仕斌　1985.10—
　　　　张安利　1987.2—
　　　　杨明容　1990.9—
　　　　袁文洁　1990.10—1993.9
总审计师(副局级)
　　　　徐德扬　1992.8—

云南省审计厅

全省17个地、州、市和127个县(市)均设立审计局(处)，加上省厅，共145个机构。1989年省审计局内部机构13个、直属单位4个，1991年11月，增加为5个。1993年11月，省审计局更名为省审计厅。全省审计系统历年实有职工人数：1993年为2510人。

领导干部任职情况

局　长　张映海　1989.1—1993.5
　　　　程映萱　1993.5—
副局长　赵九如　1989—1989.4
　　　　兰志杰　1989—1992.7
　　　　冯　毅　1991.7—
　　　　祝培礼　1992.7—
　　　　向可辉　1993.7—

西藏自治区审计局

西藏自治区审计局设5个处(室)，定编40人，现实有31人。

领导干部任职情况

局　　长　顾锦华　1992.1—
副 局 长　赵建设　1992.9—
党组成员　周忠祥　1992.9—

陕西省审计厅

领导干部任职情况

局　长　孟　宪　1989.1—1992.7
　　　　张和林　1992.7—1993.6
副局长　张和林　1989.1—1992.7
　　　　李淑琴　1989.1—1993.8
　　　　张靖方　1992.7—1993.8
机关党委书记
　　　　姚凤岐　1989.1—1993.8
副局级调研员
　　　　李建言　1989.1—1989.9
　　　　康同邦　1989.3—1991.11
厅　长　张和林　1993.6—
副厅长　李淑琴　1993.8—
　　　　张靖方　1993.8—

甘肃省审计局

截止1993年底，省及14个地(州、市)、85个县(市、区)均建立了审计机关，共100个，人员1890人。省局有14个处(室)，4个直属机构，人员222人，并在14个厅(局)设立了派驻机构，人员50人。

领导干部任职情况

局　长　史成祝　1987.12—1991.5
　　　　杨　立　1991.5—1993.3
　　　　高存弟　1993.3—
副局长　张培中　1983.9—1991.5
　　　　杜玉璋　1983.9—1991.5
　　　　庞一娟　1986.8—
　　　　韩汝坤　1991.5—
　　　　王维国　1991.5—
　　　　孙永廉　1991.8—

青海省审计局

截止 1993 年底，省局编制为 169 人（其中事业编制 68 人），实有 148 人（其中具有高级专业技术职称的 2 人，初、中级专业技术职称的 53 人），内设 10 个处级机构。州、地、市、县（区、行委）审计局共有编制 713 人（其中事业编制 237 人），实有 629 人（其中具有初、中级专业技术职称 110 人）。

领导干部任职情况

局　长	王志玉	1984.4—1991.12
	李万柳	1992.1—
副局长	赵连栋	1985.6—1992.1
	杨奇连	1989.6—1990.12
	杨维耀	1991.7—
	薛彦亭	1992.10—

宁夏回族自治区审计局

截止 1993 年底，全区审计系统编制 783 人，实有 752 人，共设审计机关 29 个。自治区审计局共有编制 201 人，实有 186 人，共设 11 个处室，还有两个事业单位。全区在各级主管部门和大中型企业曾建立内部审计机构 307 个，配备内审人员 754 人。到 1993 年底实有内审机构 128 个，专兼职内审人员 288 人。社会审计组织发展较快，截止 1993 年底，已建立审计事务所 26 个，从业人员达到 200 多人，批准的注册审计师有 115 人。

领导干部任职情况

局　长	易昌元	1988.11—
副局长	王　真	1983.7—
	杨佐有	1991.5—

新疆维吾尔自治区审计局

到 1993 年自治区审计局实有 207 人，其中行政编制 153 人，事业编制 54 人。局内设职能处（室）14 个，直属事业单位 3 个。截止 1993 年底，全区 107 个县以上审计机关定编人数为 2386 人。实有人数为 1760 人，占定编人数的 73.76%。审计队伍中，具有专业技术职称的 526 人（其中高级职称 18 人，中级职称 192 人），占总人数的 29.89%；有大专以上文化程度的 769 人，中专 619 人，高中 185 人，分别占总人数的 43.69%、35.17%和 10.51%；35 岁以下的 1013 人，占总人数的 57.56%；汉族 1260 人，维吾尔等少数民族 500 人，分别占总人数的 71.60%和 28.40%；党员 651 人，团员 409 人，分别占总人数的 36.99%和 23.24%。

领导干部任职情况

局　长	张沫如	1986.7—1991.11
	黄文媛	1991.11—
副局长	艾山足能	1983.5—1991.12
	黄文媛	1983.5—1991.11
	张万山	1983.12—
	宋欲立	1991.11—
	阿布都拉·沙依提	1991.10—1993.11
纪检组长	张文正	1990.10—

地方党政领导谈审计

北 京 市

市长陈希同：

1. 审计工作，在改革开放当中，特别是在治理、整顿和全面深化改革当中的重要性。尤其是今明两年，在治理、整顿和全面深化改革这个调整阶段，更为重要。没有审计工作，我们很难完成这两年中央提出来的治理、整顿任务。大家知道，我国的经济搞活了，但在宏观调控方面，还存在着相当混乱的现象，这种混乱现象在流通领域、生产领域都有，特别是流通领域很严重。要治理它、限制它，就要用新的方法，建立起新秩序。靠什么去建立，靠出主意、想办法，运用新的调控手段。靠审计，靠国家规定的审计法规，靠一整套规章、制度。你们要查处贪污问题，铺张浪费问题，虚报问题。在财政、税收方面的跑、冒、滴、漏问题，要凭借国家审计机关，依法进行审计。使他们没法越过国家的法规，必须老老实实地依法办事，必须按政府的规定办事，他要乱来不行。尤其是在建立商品经济新秩序这个阶段，没有审计部门作为国家的权力机关不行，他们不接受审查，抗拒审查，审计机关就要对他们制裁，宪法规定，审计机关是各级政府极其强有力的一个助手。我们搞商品经济，越来越觉得审计的重要。所以，任何忽视审计工作的思想和做法都是不对的。今天，区、县的领导都来了，从市里起，一直到区、县，都要认真抓审计局的工作，把审计局的工作做好，支持他们的工作，特别是在审计局成立时间不长的情况下，好多方面还不完善，人少、客观条件也差的很多，更需要给予大力支持。

2. 审计部门包括内部审计，在短短五年里，一年比一年有进步，一年比一年做出的成绩大，五年共审计 4348 个单位，去年是 1868 个单位，占 43%，五年查出违纪金额 11 亿元，去年是 3.8 亿元，占 33%，五年入库 2.2 亿元，去年是 8000 多万元，占 36%。这个成绩，这些数字表明，去年是你们工作效率最高的一年，工作更广泛更深入的一年，是生气勃勃的一年。有了这些钱办教育、修立交桥、搞补贴就好办了。另外，你们在五年当中，还查出贪污、诈骗、投机倒把触犯刑律的 110 多人，这些坏家伙受到了刑事惩处，打击这些不法分子，就是保卫了改革。还有对奉公守法的也进行了表扬，我看了你们送来的审计报告，说到某某单位不错，经过审计，没什么问题。当然，你们的审计评价，不能随便乱说，好就是好，不好就是不好，一定要有事实根据。这样，你们就要付出很大的劳动代价，要做很多深入细致的工作，要排除各种干扰才能达到这个目的。

还有你们审计帮助了企业，通过审计使企业节约了资金，减少了浪费。这样的审计，各单位很欢迎。你们还给他们出主意想办法，这都是成绩。所以说通过审计以后，被审计单位，健全了自己的帐目，加强了对经济活动的分析，对提高经济效益起到了一定的促进作用。审计部门现在的作用就更大了，比如说现在的管理部门，不守规矩的，跑、冒、滴、漏的，违法组织收入的，浪费国家钱财的，都怕审计，审计局有审计局的权威，有相当一部分单位，怕审计局比怕财政局、税务局更甚。

3．继续加强队伍建设。希望这支队伍越来越精，越来越好，素质越来越高。人员编制还不够，你们调干部要宁缺毋滥，千万注意这个事，要搞好以老带新，再加上培训，使之真正成为一支素质高、有本领的审计干部队伍。

另外一个问题，就是保持廉洁。这一点非常重要，如果有一点不廉洁的事被别人抓住了，你们的威信就要丧失。所以，这支审计队伍应当是最廉洁的，大公无私的，不谋私利的。对这支队伍的政治素质要求是很高的。

4．关于审计干部的待遇问题，听说审计比其他国家机关更苦一点（计委主任王军插话：他们自己要求更严一点），工资、副食补贴等全算在一起，人均每个月150元（市长助理王宝森插话：财、税、审平均月工资110元，是企业平均工资的55％）。当然，我们首都什么时候都要按照中央的一些规定执行，不许乱来，不许任何不守纪律、不顾大局的事情发生。虽然清苦，但是，不准攀比。作为市政府的领导，要关心群众生活，对审计机关给予适当的照顾。我去年讲了，比照财政、税务给予适应照顾，以后你们就看财政局，财政局享受什么待遇，你们就享受什么待遇，就按这个原则执行。职工宿舍问题也很重要，市计委、各区县要帮助审计干部有计划地解决宿舍问题。

5．关于支持审计工作的问题，有没有阻挠审计局依法独立行使监督权的领导人，今天，区、县长都在座，你们要支持他们的工作。审计局审计出来的问题，你们别护犊子，护犊子的结果，就要倒大霉，使你们的企业垮台。从严要求，才能使经济建设事业向前发展。

6．内部审计是很重要的，内部审计搞好了，外部审计就容易了。这几年内部审计发展的很快，这是行政、企事业单位自我管理、自我审计的好形式。内部审计人员做了很多有益的工作，内审人员很辛苦，我在这里向你们表示慰问和感谢。

7．对于审计干部的任免，区、县长不能想任免谁，就任免谁，区、县委组织部门不能这样干，市委组织部也不能这么干。必须按照市里的规定，征求上一级审计部门的意见，如区、县与市审计局有异议，报市政府裁决。审计干部要有相对的稳定性，如果工作需要提拔当区、县领导干部，可以提拔，但不要轻易调他们改行。

（摘自1989年2月27日在全市审计工作会议上的讲话。）

天　津　市

市长聂璧初： 就如何更好地发挥审计监督作用谈几点意见：

1．审计工作要更好地贯彻党的基本路线，为促进经济发展服务。前不久召开的市委五届八次全体（扩大）会议，对去年的工作进行了回顾总结，并研究确定了今年我市工作的基本方针和工作任务。各级审计部门要认真学习市委五届八次全体（扩大）会议精神，结合自己工作特点，认真贯彻落实。要善于从政治上观察和处理问题，站得更高一些，想得更远一些，更加坚决地贯彻党的基本路线，要牢牢抓住经济建设这个中心，反复强调，专心致志地把经济建设搞上去。

作为综合经济监督部门，监督的目的是为了发展生产力，促进有计划的商品经济。要继续坚持“一审、二帮、三促进”的工作原则，帮助被审计的单位加强管理，堵塞漏洞，提高效益。也就是我多次说过的，要在为经济建设服务中搞好监督执法，在监督执法中搞好服务。要利用审计部门接触面广，了解和掌握实际情况比较多的优势，善于对带有典型性、普遍性的问题，从宏观上进行分析研究，找出问题的原因，提出解决的办法和建议，及时向政府和有关部门反映。

2．掌握好政策界限。在审计工作中，一定要掌握好政策界限。总的要求是，既要维护财经纪律，又要有利于经济建设和改革开放的发展。我赞成审计部门去年提出的三点意见，一是要区分钻改革空子和工作失误的界限。对那些挖国家收入,以权谋私问题要依法严肃处理。确属工作失误,要帮助其吸取教训;二是要区分违纪和违规的界限,在处理上应有所区别;三是要区分有意违纪和技术上处理不当造成问题的界限,不断提高财务管理水平。另外,对重大情况或在掌握政策上比较复杂的问题要及时向上级请示、多打招呼、多商量。希望审计系统不断研究新情况、新问题,总结经验,把政策界限掌握得更好。

3. 各级领导要更加重视和支持审计工作。这几年的实践证明,加强审计监督,对于促进廉政建设、促进资金的合理有效使用、促进各部门单位加强管理,减少浪费、提高效益都具有不可替代的作用。因此,各级政府、各个部门的领导,都要重视和支持审计工作,按照李鹏总理的要求,政府的主要负责人,要直接管审计部门。我体会,一把手管审计有两个好处,一是审计部门确实是一把手的得力助手。因为要把经济情况、财政情况搞清楚,要检查各部门经济搞得怎么样,往往要借助于审计部门。二是可以支持审计部门与违纪违法的现象进行斗争,有利于审计部门顺利地开展工作。所以各部门的主要负责同志,也就是行政一把手,要直接管审计。同时还要尽可能地帮助审计部门解决困难,充实人员,创造必要的工作和生活条件,促进审计机关更好地发挥监督职能作用。

4. 要加强审计队伍的建设。我市的审计队伍是比较年轻的,但经历了改革开放的锻炼和考验,思想作风和队伍素质都是比较好的。由于审计工作政策性很强,要求审计干部必须不断地学习、提高自身的政策水平和业务能力。各级审计部门要分期分批对审计干部进行培训,这项工作要坚持不懈。要有计划、有重点地组织一些审计干部,特别是青年干部到实际部门去进行锻炼,也可以和其他经济部门进行交流,通过交流、培训、锻炼,使审计人员不仅掌握业务,还要了解经济全局的情况;不仅成为审计工作的骨干,还要成为全市经济工作的骨干。

(摘自1992年1月18日在市审计工作会议上的讲话。)

河 北 省

副省长郭洪岐: 在1991年河北省审计工作会议上指出:审计工作必须坚持审计监督和支持服务两手抓。总结多年的经验教训,我们往往有偏差。曾有一度不仅是审计部门,包括维纪执法部门,对经济工作和改革开放,一度强调支持服务多了,检查监督不够;后来又一度转向检查监督多了,支持服务又不要了。这两种倾向都是不对的,都是片面的,都是对经济建设、对治理整顿、对改革开放不利的。应当坚持辩证法,反对片面性。在审计工作中,既要发挥它的审计监督职能,及时查处纠正违法违纪现象,同时也不要忘记,审计工作还担负着为经济建设服务、为改革开放服务这一重要任务。所以,不能走极端,要把这两点很好的统一起来。这一点应当引起大家注意。

审计工作必须坚持实事求是,实事求是是我们党的思想路线,是我们制定方针政策的一条重要原则。从总的看,我认为我们审计工作是坚持了实事求是这一原则的,所以是做得好的。但是,也不可忽略,在审计工作当中没有坚持实事求是、脱离实际倾向还是存在的,或者说没有坚持实事求是,在有些地方,在有些环节上,脱离实际的倾向还是存在的。我们要时刻注意这一点。

省长叶连松: 在听取省审计厅厅长陆生同志的汇报后指出:审计机关成立十年来河北的审计工作取得了很大成绩。各级审计部门根据《宪法》和有关法律、法规、政策规定,紧紧围绕经济建设这个中心,严格执法,依法审计,尽职尽责,做了大量工作,取得了很大成绩。审计部门要认真总结经验,进一步深化改革,加大依法审计的力度,增强信心,鼓舞士气,努力把审计工作提高到一个新水平。审计工作面临着新形势,任务十分艰巨。审计工作在社会主义现代化建设中处于重要地位，发挥着日益重要的作用。特别是当前深入贯彻党的十四届三中全会精神，建立社会主义市场经济体制的情况下，对审计工作提出了新的更高的要求。审计工作必须围绕经济建设这个中心展开，为改革开放和经济建设服务。

叶连松省长在1993年全省审计工作暨表彰会议上，在谈到“加强审计工作，是加快建设社会主义市场经济体制的客观要求”时指出：第一，审计监督在深化企业改革，建立现代企业制度中具有重要作用；第二，审计部门在建立和完善市场体制中具有促使企业平等竞争的保障作用；第三，审计机关在加强和改善宏观经济调控中具有监督作用。

山　西　省

山西省委常委、副省长郭峪怀： 1992年1月10日在全省地市审计局长会议上指出：要注意发挥审计体系的整体功能。随着经济建设的发展，审计的任务将越来越重，单靠国家审计机关是不行的。为此，去年省政府连续转发了省审计局的两个文件，一个是要加强和改进内审工作，明确任务，健全机构，充实人员，加强内审建设；另一个是授权各地审计事务所对城乡集体经济组织进行审计监督，也就是说单靠国家审计还不够，要开展社会审计。这是省政府在加强和改进审计工作方面采取的两项重要措施，各地要认真贯彻执行，尽快把我省的内部审计和社会审计工作搞上去。同时还要做好组织协调工作，使审计体系的整体功能得到更好的发挥。

内蒙古自治区

原自治区主席布赫指出： 我区近几年的审计工作做得是比较好的，而且工作越做越细，越做越深。既体现了监督，又体现了服务；既体现了严肃性，又体现了灵活性。审计机关是国家专门设立的机关，代表国家行使审计监督权，地位十分重要。

自治区党委书记王群强调： 要强化审计和经济监督，搞好宏观调控和总量平衡，实行科学有效的宏观管理。

原自治区人大常委会主任巴图巴根强调： 全区审计机关在深化改革中，积极履行审计监督职能，在严肃财经法纪.保护国家资财，促进增收节支，反对腐败，推动廉政建设方面发挥了积极作用，取得了一定成绩。今后各级政府还要进一步强化审计工作，充分发挥审计监督作用。

自治区主席乌力吉指出： 10年来，全区广大审计干部兢兢业业，任劳任怨地做了大量卓有成效的工作。通过履行审计监督职责，严肃了财经法纪，在促进增收节支，推动廉政建设，维护经济秩序，保证国有资产安全增值和为加强宏观管理服务方面都发挥了重要的作用。

自治区党委副书记白恩培指出： 审计工作是一项很重要的工作，在严肃财经法纪，维护经济秩序方面有着其他部门不可替代的作用。特别是在建立社会主义市场经济体制中，审计工作越发显得重要。因此，审计工作只能加强不能削弱，特别是在机构改革中，政府转变职能，有的部门可能撤并，而审计部门只能加强。

自治区副主席云布龙指出： 审计工作非常重要，在改革开放中一刻也离不开审计。特别是在改革开放中产生的无组织、无纪律，违反财经法规，不按国家规定办事，甚至采取上有政策，下有对策的情况下，审计部门的担子就更重了。

吉　林　省

省长王忠禹： 1989年初，在听取审计工作汇报时指出：现在的审计大量是事后审计，能不能搞些事前审计，预防出问题。审计不只是业务审计，不只是查帐，包括超前性、预测性的东西，这对省政府的决策有作用。在大量事后审计中发现一些倾向性、苗头性问题，提出解决的措施和建议，这也是一种事前审计。这是一个高水平的要求，要探索。他在1992年1月22日，与全省审计工作会议代表座谈中，在谈到审计工作的地位、作用时指出：审计工作在国民经济中处于非常重要的地位，我们各级党委和政府的同志，要充分认识和发挥审计部门的作用。有的同志反映的问题，我也知道一些，但太具体的不知道。怎么才能了解具体情况呢？只有通过我们审计部门这个很重要的战线了，通过加强审计，来反映事物的本来面貌。我没有搞过审计，但我想，从审计的本身来讲，就是反映事物的本来面貌，揭露真相。看你办这件事，做这项工作，是不是合理、合法、合规。合理的，给予支持；不合理的，给你指出来，按合法的程序办，恢复事情的本来面貌。所以说，我们各级领导，要提高这个认识。一定要认识到，审计工作在国民经济中的地位和作用。

副省长刘希林： 1993年2月18日，在全省审计工作会议上强调：要从微观入手，从宏观着眼，使审计工作在促进宏观调控方面发挥作用。审计机关是宪法规定的专司经济监督的机关，是重要的宏观调控部门，应该在加强宏观控制方面发挥应有的作用。审计部门要想政府之所想，急政府之所急，多调查，多研究，帮助各级政府出主意，想办法，提供更多的有情况、有分析、有措施的宏观调查报告。

省委书记何竹康： 1993年6月22日在听取省审计局关于审计省直7家银行、保险机构情况汇报时指出：对金融机构审查是很必要的，工作很快抓住了要害。审计局集中力量来抓，问题都清楚了，我们可以思考一些问题，当务之急是限期收回。他在1993年8月24日，听取了省审计局前八个月工作情况汇报时说：1993年全省审计工作搞的不错，工作主动，有活力，为建设发达的边疆近海作出了贡献，你们的工作是有效的。上半年工作的特点是，工作搞的实，认认真真，对每项工作都搞的清清楚楚，发挥了宏观调控作用，全省审计机关上上下下各尽其责。你们敢碰硬，不怕得罪人，不回避矛盾。

黑龙江省

副省长陈云林： 1992年1月22日在全省审计工作会议上指出：审计工作要紧紧围绕全省的经济工作中心开展审计监督。一是要围绕搞好国营大中型企业开展审计工作。搞好大中型企业，其中很重要的一条就要转变政府职能，推进企业经营机制转换，为企业发展创造一个好的外部环境。政府对企业的微观管理要减少，宏观调控要加强。因此，审计部门要在深化改革搞活大中型企业中找准自己的位置，通过有效、公正的审计，保证企业在深化改革中健康地向前发展，解决企业的短期化行为问题。二是要围绕发展农业开展审计监督。去年我省农业能在大灾之年取得丰收，审计部门是做了贡献的。当前，我们在引进外资、加强农业开发方面出现了好势头，引进外资的数额加大，进入我省的内资也将增高。审计部门要加强监督，保证这些资金有效合理地使用，为推动农村改革、全省农业开发服务。三是围绕促进财政收支平衡开展审计监督。几年来，审计机关为平衡全省财政收支做出了重要贡献。今年要继续开展这项工作，控制乱花乱用，把有限的资金用到刀刃上，保证财政收入，为全省“财政保盘子”工作做贡献。四是围绕发挥金融机构的良性效能开展审计监督。这几年金融机构出的问题较多，李鹏总理也提出了要把它作为重点，解决“人情贷”、“关系贷”等问题。由于专业性强，希望审计部门认真总结经验，继续努力把这项工作开展下去。五是要围绕加强廉政建设开展审计监督。当前贪污、受贿等不正之风比较严重，党中央、国务院对此十分重视。这个问题关系到国家长治久安，审计部门严肃查处，通过开展经常性审计监督,促进廉政建设。

上　海　市

副市长黄菊：1989年2月1日在上海市审计工作会议上指出:五年来,上海审计工作取得的成绩是有目共睹的。上海审计机关认真贯彻审计署关于审计工作“边组建、边工作”、“抓重点、打基础”的方针,积极履行审计监督职能,艰苦创业、勤奋学习、忠于职守。审计工作为上海的经济振兴、改革开放和促进党政机关的廉洁,发挥了很好的作用。审计工作还处在初创阶段,要认识长期性和经常化。经济越是搞活,越要加强管理和监督。发展商品经济,审计必须加强。当前在治理整顿时期,更要发挥审计监督作用,就是“治理整顿”三、五年后,也要发挥审计的监督作用。只有各方面配套进行,才能保证我们整个社会的健康发展。因此,希望审计部门的干部要树立审计监督长期性、经常化的观念。

副市长庄晓天：1991年2月12日在上海市审计工作会议上指出:党中央、国务院十分强调提高经济效益,决定今年在全国范围开展一个“质量、品种、效益”年活动。审计工作要把通过审计监督,促进企事业单位提高经济效益,作为当前一项头等任务来抓。审计工作离不开监督,尤其是对一些由于主观原因造成经济效益不高的企业,完全可以通过审计监督,发现问题,找出原因,提出建议,促进其改进提高。有的可以按户提出建议,有的可以按行业提出建议。审计机关运用“一审二帮三促”的基本方针,在促进调整产品结构、提高产品质量、降低成本费用、减少损失浪费、控制基建规模、控制社会集团购买力、压缩政策性亏损、提高各类资金的使用效益、完善企事业单位的经营管理和财务管理等方面是大有可为的。

副市长徐匡迪：1993年4月22日在市审计局调研时指出:审计工作是国家进行宏观经济调控的重要手段之一。在计划经济向社会主义市场经济过渡中,政府应该依法治理经济,间接进行调控和监督,审计工作就是其中之一。任何单位,不管所有制如何,都必须依法经营,仅从这点说,就需要审计。今后,要把审计作为重要部门,放到重要位置,作为重要工作来抓。当前,开展审计工作很困难,原因在于向社会主义市场经济过渡时期,如何处理好经济发展与依法审计的关系。审计部门要克服困难,切实把审计工作做好。一是要正确处理依法监督与促进经济发展的关系。要建立地方审计法规,使经济行为规范化;二是要加强对重大基建工程项目的审计。这些项目投资大,要实行全过程审计监督,以减少浪费现象。审计机关要加强对社会审计人员的管理。一是要严格资格审查,不够资格的要清退;二是要禁止用行政命令方式开拓业务,规定不得审计本行业;三是要加强检查和行业整顿,对有严重问题的要吊销执照。同时,要搞好培训、考核,包括案例分析、职业道德教育、与国际审计接轨等,做到警钟长鸣,这样队伍素质才会提高。

浙　江　省

省委副书记、省长沈祖伦：1990年在全省审计工作会议上指出:各级审计机关要认真学习、贯彻执行李鹏总理的指示,严格审计执法。这几年的事实告诉我们,只有严格执法,才能有力地维护财经纪律和经济秩序,促进治理整顿和深化改革方针的贯彻,加强廉政建设和改善社会风气,更好地实现社会的稳定。对这一点,各级审计机关要进一步提高认识,各经济部门和企业对于严格审计执法这件事,都有一个进一步提高认识的问题。还有一个树立正确对待审计的观念问题。有问题要审计,没有问题也要审计。

副省长王钟麓：1991年在全省审计工作会议上指出:今年的政府工作安排重点是抓经济工作,要以提高国民经济整体素质为中心,把经济工作的重点放在"打基础、上水平、增效益"上来。特别是搞活大中型企业、保持农业的稳定增长、改善财政困难状况。这些工作与审计工作紧密相关，审计机关在促进这些工作发展方面可以起到积极的作用，希望审计部门：1. 紧紧围绕增强大中型企业活力这个中心环节，从改善企业外部环境、减轻企业不合理负担和深化企业改革、加强企业管理、提高经济效益两个方面开展审计调查，加强审计监督；2. 继续探索重点建设项目和利用外资项目的审计，使我们的基本建设在国家产业政策的指导下，能够做到少投入、多产出、增效益，避免由于这些方面决策失误、重复布点、铺张浪费、效益不好而造成重大损失；3. 继续加强对执法部门、经济管理和监督部门的审计，促进这些部门依法秉公办事，自觉抵制乱收费、乱罚款、乱摊派；4. 继续加强对财政金融部门的审计，进一步促进财政金融部门正确执行国家的财政信贷政策，带头维护财经纪律，正确处理中央与地方、国家和企业的关系，加强宏观调控，保持财政收支平衡和金融稳定，促进经济持续、稳定、协调地发展；5. 各级审计机关紧紧围绕经济建设这个中心，有计划地搞一些专项调查审计，拿出一些有情况、有分析、有建议的、质量较高的审计调查报告；6. 审计监督工作要强调依法办事，这个原则不能变。但在治理整顿、改革开放的过程中，经济发展情况比较复杂，审计处理时要本着"自查从宽、被查从严、实事求是、宽严适度"的精神来掌握，做到是非要分清、政策要清楚、处理要恰当。

安 徽 省

常务副省长邵明： 当前，我们正面临着深化改革，扩大开放，加快经济发展步伐的新形势。审计工作必须适应这个新形势，有效地发挥审计监督职能作用，促进经济建设更快更好地发展。

必须肯定，审计监督是保证改革开放正确方向和国民经济健康发展的积极力量。审计机关成立8年来，紧密围绕经济工作这个中心，实行"一审二帮三促"的指导思想，在维护国家财经法纪，帮助国家机关和国营企业改进财务管理，提高经济效益，加强廉政建设等方面，做了大量艰苦细致的工作，发挥了重要作用。可以说，我们的审计队伍是维护国家利益、企业长远利益和人民群众根本利益的忠诚"卫士"，社会主义建设和企业、事业单位的经济"医生"，各级党委和政府的得力"参谋"。那种认为"经济要上，审计要让"的观点是不正确的。

当然，审计工作也要随着形势的发展而不断改进。要认真贯彻执行"加强、改进、发展、提高"的工作方针。经济要上，审计也要跟上。首先，从事审计工作的同志必须进一步解放思想，转变观念。改革开放是一项前无古人的伟大事业。我们应当鼓励人们大胆地试，大胆地闯。在这个过程中，审计部门将会遇到许多新课题。我们不能用简单化的办法去处理，更不能用管理产品经济的老规章加以限制和扼杀，而要坚持生产力标准，即看是否有利于发展社会主义社会的生产力，是否有利于增强社会主义国家的综合国力，是否有利于提高人民的生活水平，对的就坚决支持，不完善的就帮助它完善起来，错的就建议改正。审计部门既要对具体单位、具体对象进行审计监督，也要注意研究带有普遍性、典型性的问题，从宏观管理方面向政府如实反映情况，提出改进建议，使审计监督真正成为政府宏观调控的一个重要手段。

改进审计工作，还应当正确处理监督与服务的关系。以搞好国营大中型企业为例，一方面，审计工作要支持企业按照国家法律、法规和政策自主经营；另一方面，对于那些违反财经法纪的行为，必须依法审计、依法处理。审计要促进企业眼睛向内、改进管理，遵守财经纪律，把更多的注意力放到转换企业经营机制上，促进企业面向市场，挖掘潜力，提高效益，扭亏增盈；还要注意纠正分配过分向个人倾斜的不良倾向，摆正国家、企业、个人三者利益关系。

要努力加强宏观分析，积极为领导决策服务。审计部门在充分发挥监督职能的同时，要十分注意加强自身的思想建设、作风建设和组织建设，不断把我省的审计工作提高到一个新水平。（摘自《经济要上审计要跟上》）

常务副省长汪洋： 党在十四大提出，强化审计和经济监督，健全科学的宏观管理体制与方法。这是建立社会主义市场经济体制的内在要求，也是加快安徽经济与社会发展的客观需要。我省审计事业已经走过十个年头，有力地促进各部门、各企事业单位的法制意识、管理意识和效益意识，为党政领导机关的宏观决策提供了重要的经济信息和政策建议，充分发挥了经济卫士和参谋助手的作用。

建立社会主义市场经济体制，审计工作只能加强，不能削弱。市场经济在某种意义上讲就是法制经济。市场经济越是发展，审计事业越是要强化。我省的审计机关应当按照党的十四大关于强化审计和经济监督的要求，切实得到加强，并要按照优胜劣汰的原则充分调动起审计人员的积极性。要大力发展审计咨询，把审计事务所作为第三产业来办，发展壮大我省的注册审计师队伍。各国有大中型企业应当根据《全民所有制工业企业转换经营机制条例》的要求，健全、完善内部审计制度，积极开展内部审计工作，促进企业健全自我约束机制，改善经营管理，提高经济效益。

强化审计监督，目的在于更好地促进改革开放和经济发展。各级审计机关应当从三个方面下功夫，一是要进一步突出审计重点，把审计重点逐步转移到财政、税收、信贷、重点专项资金和重点建设项目等方面来。二是在审计处理问题时，一定要区别不同情况，把原则性和灵活性结合起来。总的标准，就是要根据邓小平同志去年南巡谈话提出的“三个有利于”来衡量。具体到我们省来说，就是要看是否有利于安徽经济更快更好地发展。三是从宏观着眼，从微观入手，加强对宏观经济调控和微观经济管理中带有倾向性、普遍性问题的研究，有针对性地提出建议和善后措施。这样，审计就能真正发挥既监督又促进的作用。这就要求在掌握大量情况、数据的基础上进行更高层次的分析，向领导决策机关反馈，以求改进宏观管理。应当说，审计机关是了解情况最真实、最客观的一个部门，全体审计人员一定要朝着这个方面努力，更好地为安徽的改革开放和经济发展服务。

面对建立社会主义市场经济体制这一新的形势，审计队伍的政治素质、业务素质都应当进一步提高。要善于运用社会主义市场经济的新观点、新办法来分析问题、研究问题、解决问题。要掌握、运用电子计算机等新的先进工作手段。各级政府应当进一步重视和支持审计机关的工作，尽力帮助审计机关解决困难，切实改善工作条件，鼓励广大审计人员为振兴安徽经济献计献策。

（摘自《加强审计工作促进安徽改革开放和经济发展》一文。）

福　建　省

省长贾庆林： 1992年1月22日与全省审计工作会议部分代表座谈时指出：审计工作要牢固树立为经济建设服务的指导思想。以经济建设为中心，是全党上下形成的一个共识，这是来之不易的，是付出很大代价而取得的。因此，我们各项工作都要树立服从于经济建设这样一个指导思想。

要研究新情况，解决新问题。审计工作要从经济生活中的难点、热点出发，通过审计，为经济发展找到出路。我们福建是改革开放的综合试验区，有许多新生事物，出现许多新情况，面临许多新问题，因此，审计工作必须从实际出发，按照李鹏总理的指示精神，抓住审计工作重点，为落实中央工作会议十三届八中全会，为搞好国营大中型企业服务，为农业和农村工作服务。没有重点，就没有政策，要着力把这些工作做好。与此同时，要对经济生活中出现的问题认真调查研究，采取措施，运用我们审计的特殊的监督手段来解决这些问题。

要进一步加强审计队伍建设。李鹏总理讲审计是较高层次的监督，这话听起来简明通俗，这对审计工作提出很高要求，也象国外把银行家、会计师、法官、律师、外交官等等看成是高尚的职业一样，审计也是高尚的职业。但是我们的政治素质、业务素质也要和高尚的职业相适应。因此，审计部门要加强自身建设、加强队伍建设，要加强对干部的培训和教育，通过政治、业务学习，提高审计人员素质；要健全审计法制建设，严格审计执法，做到依法审计，客观公正。

副省长陈明义： 在1992年1月22日与参加全省审计工作会议代表座谈时指出：福建是综合改革试验区，还要进一步扩大开放，进一步深化改革，我们要进一步加强审计工作，充分发挥审计监督职能作用，推动和保证我省改革开放的顺利进行。各级政府要帮助审计部门解决工作和生活上的实际问题，要按照《宪法》和《审计条例》的规定，确定分管领导，审计部门要由市长、专员、县长直接领导，有些地、市把审计工作归口到同级政府办公室、财委领导是不符合《宪法》规定的，省政府很明确，审计工作由贾庆林省长直接领导，我协助他工作，各地市县要依法理顺审计部门的领导归属关系。

江 西 省

副省长张逢雨： 在1989年全省审计工作会议上指出：在审计工作中要坚持"一审二帮三促进"的原则，只要是利于生产力发展的，审计部门要坚决支持，对违反《审计条例》和违反财经纪律的行为要坚决进行斗争，做到有法必依，执法必严，违法必究，查出了问题，就要依法处理，树立审计的权威。

省长吴官正： 在1992年全省审计工作会议上指出：审计人员要带着帮促和研究经济的目的去审计，克服单纯查帐的思想，真正做到审、帮、促一体化，达到审计一家，整顿百家，提高一家，控制一片的目的。对审计查出的问题，要提出可行的改进意见和措施，并从中提出带共性的问题，提出促进宏观经济调控的建议，为政府的决策提供可选依据。只有这样审计工作才会生机勃勃，才会有广阔的前景。要正确处理依法审计和实事求是处理问题的关系，即坚持履行市场监督职能和依法审计的原则，又区别不同情况，实事求是处理，把原则性和灵活性结合起来。判断各方面工作的是非得失，一定要以"三个有利于"为标准，符合"三个有利于"的就要大力支持、积极帮助，违背"三个有利于"的就要严肃审计查处，使审计监督真正为建立社会主义市场经济体制服务。

山 东 省

省长赵志浩： 1990年4月在听取省审计局汇报指出：审计工作要有权威，对违纪的要严肃查处，另一方面又要注意帮助被审计单位改善管理，提高效益。审计是宪法规定的制度，是经常性的工作，不一定是有了问题才去审，通过审计发现好的典型要发扬，要推广经验，这样审计的形象就完美了，对审计就亲切。审计不全是查问题，也要帮助。权威是工作权威，权是国家给的，威是通过工作树立起来的。

审计工作要紧紧围绕经济工作中心进行。经济工作的重点就是审计工作的重点，政策向哪个方面倾斜，审计工作也要向哪里倾斜。如农业资金、水利经费、教育经费、外经外贸等。农业资金这块钱比较多，要管好用好，避免损失浪费和随便挪用。现在有一些县、乡干部纪律观念、群众观念很差、胆子很大，什么钱都敢花，要加强监督，不然就不好向人民交待，如果监督不严造成损失，我们就是官僚主义。

省委副书记、副省长李春亭： 在1993年全省内部审计经验交流会上指出：强化内部审计是加强审计监督的一个重要方面，是企业转换经营机制的需要。转换经营机制，是当前深化企业改革的中心环节，其根本目标是推动企业真正成为自主经营、自负盈亏、自我发展、自我约束的市场竞争主体。“自我约束”是企业健康发展的重要保证。《全民所有制工业企业转换经营机制条例》颁布实施后，企业自主权扩大了，这就更加需要通过加强内部审计，来保证企业经营成果的真实、合理、合法，实现责权利的统一。

加强内部审计，是企业改善经营管理、提高经济效益的需要。我国要逐步建立现代企业制度，其核心是按照市场要求，强化企业管理，提高经济效益。前段时间，省政府专门召开了全省企业管理会议，在《关于加强企业管理工作的若干意见》中明确要求企业要加强内部审计工作，内部审计监督范围广、掌握信息及时、全面，能够发现企业生产经营中的问题和薄弱环节，有针对性地提出改进建议，促进改善经营管理，提高经济效益。

强化内部审计也是政府转变职能，加强宏观调控的需要。政府转变职能，要求对经济工作的管理由以微观管理为主向宏观管理为主转变；组织经济运行的方法由以直接管理为主向以间接管理为主转变，充分发挥政府和企业两方面积极性，在宏观指导和微观运行上协调协作。内部审计既担负对微观经济活动的监督管理，又具有为宏观调控服务的作用。

各级党委、政府要充分认识内审工作的重要性，切实加强对内审工作领导，要把内部审计列入政府工作的重要议事日程。分管审计工作的政府领导同志，既要抓好国家审计，也要抓好内部审计，采取切实措施，积极引导部门和单位在改革中进一步加强内部审计。

省委常委、省纪检书记张全景： 在1991年全省审计工作会议上指出：审计工作与党风党纪和廉政建设有着十分密切的联系。特别是在我们党执政和改革开放的形势下，有些同志贪图安逸、追求享受，一切向钱看，违反财经纪律、贪污受贿、投机倒把等案件大幅度增长。去年省纪委系统查处各类案件14565起，其中涉及经济问题的达4037件，占27.7%，除计划生育案件6932件外，占其他各类案件的52.88%。当然反对腐败的斗争是长期的，措施也是多方面的，而加强审计就是一个非常重要的手段和不可缺的措施。

省委常委、副省长陈建国： 在1993年审计工作情况新闻发布会上的讲话（摘要）：我省社会主义审计事业是随着改革开放和经济建设不断发展壮大的。十年来，各级审计机关紧紧围绕经济建设这个中心，认真履行《宪法》赋予的审计监督职能，坚持依法审计原则，不断扩大审计领域，提高工作质量，做了大量卓有成效的工作，在严肃财经纪律，维护经济秩序，改善经营管理，提高经济效益，加强宏观调控，促进廉政建设等方面都发挥了重要作用，为全省经济发展做出了积极贡献。随着审计工作的发展，已经形成了包括国家审计、内部审计和社会审计在内的比较完善的审计体系，建立了一支政治业务素质较高的审计队伍。审计部门已经成为促进改革开放和经济建设的一支重要力量。

副省长马世忠：

1. 内部审计工作要适应经济形势发展的要求。今年是“八五”计划的第一年，总的看，我省政治、经济、社会稳定，整个经济形势继续朝着好的方向发展。在肯定成绩的同时，应当看到，我省经济生活中确实还存在不少的困难和问题，经济效益下降、财政困难增加、一些主要经济关系不顺等问题，在我省也不同程度地存在着，集中表现是企业，特别是国营大中型企业活力不强，效益不高。我省经济能不能持续稳定协调发展，能不能在今后十年实现第二步战略目标，关键就在于国营大中型企业是不是充满生机活力，能不能创造出较高的劳动生产率和经济效益。为此，中央和省委工作会议确定把经济工作的重点转移到调整结构和提高效益的轨道上来，把增强大中型企业活力和提高企业效益提到了突出的位置来抓，要求动员全社会的力量，打一场“攻坚战”。

搞好企业，从根本上说，要靠进一步深化改革，加强管理和技术改造，使企业逐步成为自主经营、自负盈亏的社会主义商品生产者和经营者，具有自我改造和自我发展的能力，达到李鹏总理提出的六条标准。这就需要从改善企业外部环境和优化内部经营机制两个方面入手，采取有力措施，进行综合治理。中央、国务院和省委、省政府提出了一系列政策措施，企业经营的外部环境正在逐步得到改善。现在各行各业、各单位都在结合自已的实际情况研究贯彻落实的措施，全省上下已经形成了搞活企业的大气候。但是仅有好的外部环境是不够的，对企业来说，完善内部经营机制应作为主攻方向。

形势的发展，对内审工作提出了新的更高的要求，当前全省内审工作重要而紧迫的任务，就是进一步加强监督工作，通过各项审计，促进企业认真贯彻落实中央、国务院和省委、省政府关于搞好国营大中型企业的各项政策措施，帮助企业优化经营机制，增强经营活力，提高经济效益。各级内审机构和广大内审人员要认清形势，把为搞好企业、提高经济效益服务作为当前内审工作中心任务来抓，认真履行职责，发挥应有的作用。同时，也要充分利用当前的有利时机，积极争取领导的重视和支持，把内审工作加强起来，部门和单位的领导同志，要充分认识内部审计对于企业增强活力，提高经济效益的重要地位和作用，学会运用审计手段来加强和改进内部管理，提高决策水平，挖掘生产经营潜力，提高经济效益。

2. 紧紧围绕搞好企业，提高经济效益开展内部审计工作。要促进企业强化内部控制，增强自我约束能力。企业内部机制所包含的内容是很广泛的，自我约束是一个重要方面，自我约束搞好了，就能够保证企业正常的生产和经营，健康地发展，也是保证企业取得好的效益的一项重要措施。内部审计是企业自我约束机制的重要组成部分，有责任对企业财务收支的合法性和经营活动的效益性进行督查，从而发挥其防护性和建设性两方面的作用。要在检查纠正违纪问题的同时，向检查有关的内部管理制度和经济效益延伸。内部控制系统评价是一种重要的现代审计方法，运用这一方法，一方面可以准确地找出企业管理方面存在的漏洞和薄弱环节，加以重点分析研究，提出建议，促进企业提高管理水平。另一方面可以提高审计效率和质量。例如，目前较普遍反映的企业潜亏问题就是企业自我约束能力不强、财务管理薄弱的反映，内审工作要加强对这方面的监督。通过审计促进企业改善管理，提高效益，同时，也深化内部审计工作。

要为完善企业内部承包经营责任制服务。中央决定，“八五”期间继续坚持和完善承包经营责任制。并作为转换企业经营机制的第一条措施。内审机构要围绕完善企业内部承包和内部分配为重点，深化承包经营责任审计，为兑现奖惩、效益工资和确定承包人的经济责任提供依据。部门内审机构要特别注意搞好这项工作，要通过审计搞清底数，明确责任，按规定办事，对不符合国家规定，消费基金增长过快，分配过分向个人倾斜，影响企业发展后劲的问题，要向领导反映，促使企业兼顾国家、企业和职工个人三者之间的利益，兼顾长远和当前的利益。

要帮助企业用好用活资金，提高资金使用效益。经济运行是否正常实质上是资金运行是否正常的表现。当前企业资金运用中有一种不正常现象，一方面资金相当紧张，另一方面，大量的资金被损失浪费或相互拖欠，不能产生应有的效益，成为困扰企业的一个突出问题。内审机构要充分发挥熟悉企业生产、经营和财务情况的优势，急企业所急，帮企业所需，开展资金使用效果审计，不仅要发现问题，还要善于分析原因，向领导提出建议，促进企业合理安排资金，加速资金周转，提高资金使用效益。“三角债”是当前经济正常运转的严重障碍，中央把清理“三角债”作为搞活企业的突破口来抓，部门内审机构要积极做好这项工作。要重点对本行业亏损额大、盈利下降幅度大、管理水平差的企业，进行审计，找出影响效益的主要因素，分析原因，促进企业改善经营管理，调整产品结构，降低消耗，增产节约，增收节支。要积极同有关职能部门配合，在生产技术领域开展审计，向科学技术要效益。部门审计机构，要从加强行业管理的需要出发，组织开展行业经济效益审计。

要当好参谋和助手，做好辅助领导决策的

工作。一些部门审计机构通过开展行业审计或调查，为部门领导决策发挥了重要作用。兰陵美酒厂审计处介绍了这方面的经验，几年来，他们通过大量的市场营销信息资料，分析市场变化趋势，对该厂产品的生产、销售进行了三次审计论证，厂领导根据审计建议，对生产进行了三次大的调整，增加效益1000万元。各级内审机构要学习推广这方面的经验，抓住企业生产经营中的突出问题及时搜集有价值的信息，加强对审计情况的综合分析，写出有观点、有分析的报告，提出针对性强、有份量的建议，为改善企业管理，提高经济效益出谋献策，当好厂长（经理）的参谋和助手。

要维护企业合法的经济权益。中央和省政府为搞好企业制定了一系列政策措施，落实这些政策措施，就能够为企业创造一个良好的外部环境，我们内审部门，身在企业，最了解企业的苦衷，要积极反映情况，促进搞好企业各项政策措施的落实。目前，乱集资、乱摊派、乱收费的问题虽然有所收敛，但仍未从根本上得到解决，内审工作要在这方面做些调查，如实反映情况，促进及早解决。对企业外部承包的工程预决算和技术改造项目、经济合同、联营企业等方面，也要加强监督，逐步形成经常性审计制度。

3. 要进一步加强对内审工作的支持和领导。内部审计离不开各级领导的重视和支持。各级政府要研究制定本地区的内部审计法规和政策，调动部门和单位的积极性，推动内审工作的发展。部门和单位领导要切实把内审工作提到议事日程，经常听取汇报，给内审交任务、压担子。今后，企业每年的财务决算都要由内审机构进行审计；实行内部承包经营的单位，承包结束时，必须经过审计才能兑现奖惩和效益工资；单位用自筹资金搞的基建、技改工程，要先审计后办理结算手续，企业对外签订经济合同，要建立内审机构审签制度。要教育广大职工树立自觉接受审计监督的观念，主动配合审计，支持内审人员依法办事。对查出来的问题，要认真研究纠正，对阻挠和破坏审计工作的，要给予严肃处理，为内部审计创造良好的工作环境。各有关部门要把所属单位是否建立了有效的内部审计制度，作为考核企业管理的重要内容。要发挥部门审计的龙头作用，带动和影响整个行业系统内审工作的发展。大中型企业要学习推广鞍钢的经验，除了厂长、经理亲自分管内审工作以外，有条件的，可设立审计委员会和总审计师，在厂长、经理领导下具体负责内审工作。

目前，我省内审工作的发展还不够平衡，一些应建内审机构的部门和单位还没有建立，已建机构中人员不适应工作需要的，要采取措施，尽快充实加强。对部门内审机构的设置，组织人事部门要在政策允许的前提下，尽量给予照顾。随着审计业务的拓展，内审工作的重点逐步转向经济效益审计，开展经济效益审计，涉及的面比较广，仅有财务知识，一些问题解决不了，要选调懂经营管理、工程技术和法律知识的同志充实审计队伍，逐步形成以会计师、经济师、工程师为骨干组成的人才结构。从几年来的实践看，以审计机构和专职审计人员为中心，在有关的职能部门设兼职审计员，形成内部审计网络的办法，有利于充分发挥内部审计的作用，要总结这方面的经验，加以推广。各部门、单位要加强对内审人员的思想教育和作风培养，深入进行四项基本原则教育、艰苦奋斗教育和职业道德教育，培养廉洁奉公、客观公正、忠于职守、认真负责的良好作风，努力建设一支政治素质好、业务水平高、领导满意、群众信任、适应工作需要的内部审计工作队伍。

各级审计机关要建立健全指导机构，充实指导力量，完善指导制度，搞好业务培训，深入调查研究，总结推广经验，有针对性地进行分类指导，逐步建立起内审机构的质量管理体系，促进提高内审工作水平。

（摘自1991年12月5日在山东省内部审计工作经验交流会上的讲话）

河　南　省

副省长刘源： 1989年2月25日在全省

审计工作会议上指出:1. 在治理整顿中发挥审计监督作用。审计监督的出发点和落脚点应该服从和服务于全省中心工作、中心任务。当前,审计的主要任务,一是按照国务院关于清理固定资产投资在建项目的决定和省委、省政府的具体部署,加强对停缓建项目的跟踪审计;二是要通过对财政收支的审计,促进完成省政府提出的狠抓增收节支,努力实现财政收支平衡的目标;三是要通过对银行的财务收支和信贷资金的审计,防止和纠正滥发基建贷款和擅自动用信贷资金搞本系统基建的问题,促进金融部门,加强信贷管理;四是要通过对政府机关、企事业单位的经常性审计,促进政府机关为政清廉和深化企业内部改革。2. 坚持依法审计,为深化改革服务。依法审计是审计监督的根本原则,在审计中,一定要坚持实事求是,一切从实际出发的原则,既要查处违法违纪问题,又要支持和保护改革。3. 审计机关要做为政清廉的表率。一是要切实抓好自身的廉政建设;二是要促进政府机关为政清廉,勤俭办事;三是审计监督是一个较高层次的监督,对财税、工商等部门实行经济监督,促进这些部门为政清廉。4. 认真贯彻实施《审计条例》,切实加强审计工作。一是政府要支持审计机关依法独立行使审计监督权。审计机关依照国家法律、法规和政策规定,进行审计监督,其他行政机关、社会团体和个人不得干涉。审计机关作出的审计结论和决定,只要定性准确,符合实际,被审计单位和有关人员应执行;二是各级政府帮助审计机关逐步解决工作中的实际问题,为审计工作提供良好的条件。在机构改革中,审计机关不能撤并;三是审计工作业务性强,工作人员素质要求比较高,各级审计部门要进一步搞好业务培训,改善人才结构,以适应扩大审计领域和提高审计工作质量的要求。

省委副书记、副省长胡笑云: 1990 年 3 月 18 日在全省审计工作会议上指出:目前,我省的审计体系已趋健全,审计队伍不断壮大,审计工作已摸索出了一些经验,局面已经开创,凡有经济活动的单位都要接受审计监督的观念越来越被社会广泛接受,审计监督的权威性正在树立,广大审计工作者在困难的条件下,努力工作,忠于职守,在维护财经纪律,压缩投资规模,整顿金融秩序,改变社会风气,加强廉政建设,增加财政收入,提高经济效益等方面发挥了积极作用,为我省经济建设的持续稳定、协调发展作出了应有的贡献。

目前一些地方和单位截留、隐瞒国家财政收入,挤占挪用专项资金,擅自扩大基建规模,挥霍浪费国家资财等违犯财经法纪的问题相当严重,影响了治理整顿方针的落实。为保证我省经济的健康发展,迫切需要审计部门大力加强对各项经济活动的审计监督。第一,搞好重点项目审计。第二,加强财税、金融审计。第三,为宏观调控和政府经济决策提供依据。

省委常委、常务副省长宋照肃: 1993 年 1 月 9 日在全省审计工作会议上指出:改革开放和经济建设迅速发展的新形势,对审计工作提出了新的任务和更高的要求。在加快社会主义市场经济建设和政府转变职能的情况下,审计部门要不断地改革审计的方式、方法,调整审计的内容和范围,尽快把审计工作的重点转到为宏观调控服务上来。在指导思想上,要坚持以经济建设为中心,从过去注重审计监督转到监督与服务并重上来。对目前经济建设中存在的突出困难和问题,不仅要靠各经济部门共同努力解决,也要靠审计部门加强宏观监督,搞好审计服务来解决。在审计范围上,要从侧重于覆盖面向重点行业、重点项目、重点资金转移。要强化对财政、金融等宏观经济管理部门的审计,加强对事业经费多、预算外收入多、罚没收入多的经济执法部门的审计,切实抓好重点建设项目和重点专项资金的审计。在审计内容上,要从侧重于财务收支审计向内控制度和经济效益审计转变。凡属企业法定经营权范围内的问题,审计监督不干预。对企业举报其他单位摊派人力、物力、财力等问题,要及时调查处理。在问题的查处上,要正确处理依法审计和实事求是的关系。要按照小平同志提出的"三个有利于"的标准来评判是非,使审计监督既充分发挥宏观管理的职能，又更好地保证经济建设的健康发展。在审计力量的安排上，要从以国家审计机关为主，向充分发挥审计体系的整体功能转变，加强内部审计，大力发展社会审计。各级政府对审计工作要加强领导，关心、支持审计部门的工作。在机构改革过程中，审计机构只能加强，不能削弱。人员编制不减，力量不足的要适当充实加强，特别要注意充实一些具有宏观经济管理知识的人才。要加强廉政建设和作风建设，树立秉公办事、廉洁奉公的良好形象。要按照“三防四实”的要求，进一步转变作风，深入基层，加强调查研究，创造性地开展工作。要善于总结和推广先进经验，狠抓各项工作的落实，努力开创我省审计工作新局面。

省委常委、常务副省长范钦臣： 1993 年 9 月 15 日在庆祝省审计局成立十周年大会上指出：1. 审计机关成立十年来，取得的成绩是显著的。十年来，全省审计部门在省委、省政府和审计署的正确领导下，认真贯彻执行党的路线、方针、政策，紧紧围绕经济建设中心，积极开展审计监督，为我省经济的健康发展和改革开放的顺利进行作出了重要贡献。2. 正确认识在建立社会主义市场经济体制的新形势下，强化审计监督的重要性和必要性。(1)强化审计监督是建立和发展社会主义市场经济体制的需要。市场经济是法制化的经济，放开不等于不管，搞活不等于搞乱。为了维护市场经济的健康发展，必须通过审计监督，严肃财经法纪，维护经济秩序，保障社会主义市场经济体制和改革开放的健康发展。(2)强化审计监督，是加强宏观调控的需要。当前经济领域里的一个突出问题是宏观调控失控。要通过对各种经济的监督，促进国家各项宏观经济政策的贯彻执行，发现和反馈宏观政策、法规在执行中出现的一些问题，为政府修订或调整政策提供决策依据。(3)强化审计监督是转换企业经营机制、深化改革的需要。建立社会主义市场经济体制的中心环节是转换国有企业的经营机制。在转换企业经营机制过程中，审计机关肩负着重任。通过审计，一方面维护企业合法权益，促使落实企业自主权；另一方面，监督企业的国有资产保值增值，防止国有资产的流失。

湖 北 省

省长郭树言： 审计工作很重要。从建立市场经济机制、从加强宏观调控、从决策系统的角度来说，审计工作在整个现代化建设中，是党和政府形成正确决策的一个非常重要的工作。无论是党或政府都必须要有一个很健全的反馈系统，让它来校正、完善和实现自已的决策。

而今现代化的决策系统，已经基本建立健全。党委系统有纪律检查委员会；政府系统有审计、监察，监督政府系统的各个部门。现在，经济工作中存在很多问题，至于经济决策、经济问题等方面主要靠审计来反馈。总之，反馈我们的问题，检查我们的不足，这样能够使领导同志保持清醒的头脑，而且促进对存在的问题下决心进一步解决。

审计可以通过抽样办法，抽查出一定数量，进行分组、归类，甚至量化，确定一个百分点，来界定完成程度，并找出其中基本规律。这样，我们才有一个基本概念，知道是基本落实还是基本没落实。当然要想做好这项工作，要求大家实事求是，敢于面对真理，敢于面向实际，不歪曲事实，不谎报军情，不掩盖矛盾，这是我们审计队伍应具备的最基本的素质。

因此，审计在我们科学决策中，是一个非常重要的环节。这个环节只能加强，不能削弱。因为我们要做出科学的决策还寄希望于审计这样一些反馈环节、监督环节。随着市场经济体制的建立，随着宏观调控的加强，没有这些环节，那只能是盲人瞎马。

过去，全省各级审计机关紧密围绕经济工作中心，抓住影响宏观经济方面的突出问题开展审计和调查，积极反馈，反映了许多重要情况，起到了很大作用。我们认为，全省审计工作主要有这么三个特点：

一是大家能够以改革开放的观念，即以党的基本路线来指导审计工作的开展。现在，社会上还有少数人认为审计就是查帐、算帐，是阻碍改革的，把审计工作与改革开放对立起来，这是错误的。我看我们省审计工作在这方面是主动的。思想统一，能紧跟改革开放的形势，积极研究政策界限和出台的经济措施，能实事求是；按照“三个有利于”的标准划清是与非、对与错，做到既有工作的原则性，又有工作的灵活性。审计工作一方面要支持、保护改革开放；另一方面又要使其健康发展。对确实存在的问题，要进行审查，进行处理。

二是全省审计机关能拧成一股绳，整个工作很有效率。审计机关，一方面，要根据国务院的要求和审计署的布置，每年都有自己的工作计划和工作重点；另一方面，根据省情，我们往往还要提出要突击的或要重点抓好的几件事情。我提出一些工作后，省审计局会同各地、市、州、县集中力量，把工作做得很有成绩。件件有交待，事事有回音，而且很及时。从这点上，我看到审计工作具有雷厉风行的作风、具有对工作的高度责任感和事业心，有很强的组织性和纪律性。我很感动。也说明我们这个队伍过得硬，能打仗，有效率。

三是审计队伍是廉洁的。审计部门要审计别人，如果对自己不严格要求，那不行。我们审计部门的同志不仅对别人要求严格，而且对自己要求更加严格。能廉洁自律，身体力行。我每天大概要处理十几封人民来信，一年大约三千多封。在这些来信中，我可以看到反映一些部门的问题，但至今还没有看到一封反映审计部门问题的人民来信。这一点，我也很感动。

（在 1992 年全省审计工作会议上的讲话摘要）

副省长韩宏树： 第一、要充分肯定内部审计工作取得的成绩。现在全省有内审机构 3950 多个，已配内审人员 8130 多人。从去年六月至今年六月，共审计 1079 万多个单位，查出各种违纪金额 5.85 亿元，促进增收节支 7300 多万元，减少损失浪费 5800 多万元；查处万元以上的贪污贿赂案件 164 起，金额达 551 万元，移交司法机关处理的 284 人；还积极探索了经济效益审计的路子，加强了内审工作制度建设，对省直单位派出了 33 个审计机构，这些内审机构在开展本单位审计工作的同时，还着重抓了系统内部审计工作的指导。总起来讲，内部审计对治理整顿、深化改革、促进经济发展发挥了重要作用。

第二、要进一步认识内审工作的重要作用。内部审计是我国审计体系中的一个重要组成部分，也是部门、单位加强管理和经济监督的一个重要力量。各级领导和内审人员要充分认识到，内部审计不是可有可无，而是根据形势发展的需要必须要有的。

1. 严肃财经纪律的需要。大力加强对各项经济活动的审计监督，严格财经纪律，这是党和国家赋予审计机关包括内审机构的一项既艰巨的任务又光荣的职责。从这几年内审查出的大量违纪问题来看，部门、单位的内审机构在严格财经纪律方面是能充分发挥作用的，是可以大有作为的。

2. 促进企业加强管理，提高经济效益的需要。审计工作要为经济工作中心服务，就是为了促进企业加强管理，提高经济效益。内部审计不仅有查处违反财经纪律问题的任务，而且有促进单位搞好生产、经营、管理，提高经济效益的任务。对于完成这两方面的任务，内部审计更具有明显的优势。内部审计已成为现代化的企业管理不可缺少的一个重要手段，是提高企业经济效益的得力帮手。

3. 加强廉政建设，惩治腐败，纠正行业不正之风的需要。内审机构通过开展财务收支审计、违纪专案审计和审计调查，可以及时发现和纠正各种乱罚款、乱收费、乱摊派的行为，发现和查处弄虚作假、钻改革空子、损公肥私的违纪问题以及贪污受贿等违法犯罪案件。

第三、要把内审工作提高到一个新水平。作为审计监督体系重要组成部分的内部审计，一定要围绕党和国家的经济工作中心，抓住重点，积极开展审计监督。

1. 积极参与纠正行业不正之风的斗争。要按照国务院8月23日的电话会议和省政府9月27日召开的第八次全体(扩大)会议精神,对那些以权谋私、办事不公、走后门、目无法纪等问题加强审计监督。要在整治"三乱"工作中,积极发挥作用。对查明的情况和问题,要及时向上反映,并依规依法严肃处理。

2. 积极开展经济效益审计。当前,有些企业生产大幅度下降,亏损不断增加,内部审计要通过对企业的生产工艺、内部控制、经营管理、财务核算等方面加强调查分析,帮助企业改善经营管理,提高经济效益。

3. 认真搞好内部承包经济责任审计。要本着国家利益、企业集体利益和职工个人利益三兼顾的原则,积极开展企业内部承包经营责任的审计监督;要按照国务院的规定,认真搞好承包兑现审计,未经审计,不得兑现;内部审计发现违规违法问题,有权依法依规进行处理。

4. 打击经济领域犯罪活动,认真查处贪污受贿的大案要案,为惩治腐败和加强廉政建设发挥更大作用。

第四、进一步加强对内部审计工作的领导。几年来的内审工作实践证明,凡是各级政府、主管部门、单位领导亲自抓的,内审工作效果就明显;反之,内审工作就难以开展。对一个部门、单位来说,一把手要亲自抓内审。能否搞好内审工作,关键在领导。

1. 各级政府和各个部门、企事业单位都要认真按照省政府今年五月批转省审计局《关于加强内部审计工作报告》的通知要求,切实把内部审计工作列入重要议事日程,定期布置和检查工作,支持内部审计依法依规行使审计监督职权,并帮助内审人员排忧解难。对于打击、报复内审人员的事件,上级领导要根据事实情节作出严肃处理。

2. 内审人员自身要放开手脚,大胆工作。要敢于审计,敢于处理,敢于上报情况,努力作出成绩,争取领导的重视与支持。

3. 各级审计机关要建立健全内审指导机构,配备专人抓内审工作。各派出的省直内审机构在完成自身审计任务的同时,对本系统的内审工作也要加强指导。对内审机构在工作中遇到的困难和问题,国家审计机关要积极向政府和有关部门反映,认真帮助解决。对至今应建还没有建立内审机构的单位,要以审促建。对内审机构健全,人员力量较强,基本控制住违法违纪问题的部门和单位,除给予通报表扬外,还可在一定时期内免予审计。

(摘自1990年10月10日在湖北省内部审计工作会议上的讲话)

湖 南 省

省长陈邦柱: 第一个问题,我认为审计工作是很重要的工作,它具有很重要的地位,它对维护财经法纪,保证经济秩序正常运行,促进经济发展,促进廉政建设,起了重要作用,审计工作有极其重要的地位,是一项重要工作,因而要高度重视。这是第一点意见。

第二个问题,我们这几年来,特别是去年,我认为审计部门的广大同志,作了很多工作,在维护财经法纪,促进经济建设等方面,做了大量工作,而且工作很有成绩。你们进行了一些重点审计,都抓住了当前经济生活中的关键问题进行审计,对经济建设起了很大的作用。

第三个问题,今年审计工作应该进一步作好。审计工作主要是要全面地认真贯彻党的基本路线,以经济建设为中心,坚持四项基本原则,坚持改革开放,把经济搞上去。促进两个文明建设,加强社会治安综合治理,保持社会稳定,这是我们的中心任务。那么作为审计工作来讲,要认真贯彻全国审计工作会议精神,结合湖南省的实际,把会议精神贯彻好。怎么做好呢?原则上同意你们的意见。第一是要认真按照财经法规办事,这是我们的依据,一定要坚持,但也要结合湖南的实际。希望同志们在贯彻中央总的精神下,结合实际,对省委、省政府所决定的也要认真贯彻。二是审计工作要抓重点,因为全省都审计,有5万多个单位,大家非常辛苦。这个问题,我完全同意你们的意见,突出重点。特别是对关键问题,一定要重点审计。我有点想法,审计要抓重点,但不要过频审计。我的意思是任何单位都应该接受审计,这没有什么含糊的。但一定要突出重点。三是在审计工作中,一定要全面的审计,现在我们是这样做的,还要继续这样做,因为。审计一个企业既要审查它违反财经法规这方面的问题,但对它的权益没有得到的那部分也要帮它审计,就是有关方面乱摊派和上级主管部门没有执行《企业法》的也要进行审计。四是现在这个审计好象都是事后审计,应把整个审计工作作在更前面一点,帮助他们自觉地来执行法纪。我看了你们几个审计报告,后面有些很好的建议,既审计存在的问题,又提出一些建议,除了处理以外,还提出今后应该怎么办。每个审计报告都是这样,这很好。

第四个问题,我们审计工作既然这样重要,所以,各级政府一定要按国家规定,加强领导。国家规定的是省、市、县长必须主管审计,我们也是这样,请各个地、市、州、县长必须主管审计,还请一位分管的同志具体负责,这一条必须明确。另外,审计工作矛盾和各种不同的看法很多,所以各级政府,特别是主管的负责人要支持他们依法审计。要把审计工作列入政府重要的议事日程之一,每年都要定期听取审计工作汇报,以便掌握审计工作的情况,并对他们提的问题及时进行研究。还有,就是要尽力为审计部门创造一定的工作条件,也就是创造软、硬环境,使大家能在具备基本条件下开展工作。

第五个问题,希望审计部门加强自身队伍建设。因为,审计工作这样重要,而且这项工作政策性法制性很强,又很复杂。因此,必须加强审计机关自身建设,特别是领导班子的建设,这对搞好审计工作是至关重要的。要认真学习政治理论,学习马列主义、毛泽东思想,学习邓小平同志的重要著作,提高我们的理论修养。同时,建议大家要学习经济,你不学习怎么去搞审计呢?要学习经济,研究经济,研究全局,研究宏观。这样审计工作才能抓住关键,得出正确结论。希望大家一定要加强队伍建设。另外,你们是执法部门,既要勤政又要廉政,把党和国家给你们的权力用好,坚决杜绝一切行业不正之风。当然我们审计队伍是好的,但一定要加强这方面的教育,加强这方面的工作。执法部门要为党为人民树立良好的形象,把工作作好。

(1992年1月21日在全省审计工作暨表彰大会上的讲话摘要)

海 南 省

省委书记邓鸿勋: 做好审计工作,在我们经济特区,还有着更为重要的意义。在我们经济特区,多种经济成分并存,对外经济交往增多,各项经济政策比较优惠,有较多市场竞争的条件。对于国营企业单位,这既是一个机会,也存在着风险,对于整个宏观经济运行,这是一个活力,但如果失去必要的调控,也有可能出现消极的影响。为了扬利除弊,我们更需要做好审计工作。也就是说,更需要通过审计维护国家利益,维护社会主义财产的安全和权益,维护特区的经济秩序,促进国民收入的正确分配、集中和再分配,促进各项国有资金的有效利用,提高经济效益,加快建设速度,等等。实践证明,越是开放,越是搞活,越是需要加强监督。审计作为一项有效的经济监督,在特区建设中,发挥着重大的作用。审计具有客观公正性,而且涉及面广,是一个可靠的信息来源。各级党委和政府,通过审计,可以了解到经济活动的许多真实情况,还可以了解到干部在经济工作中的真实能力和业绩,有利于我们分析形势,指导全局的工作,有利于我们考察干部,教育干部,使用干部。审计工作如此重要,各级领导应当重视审计工作。要加强这个部门(包括政府审计机关、各单位内部审计机构和社会上的审计事务所)。为他们创造必要的工作条件,指导和支持他们更好地发挥作用。

省长刘剑峰: 审计监督面广,凡有国家资金的单位，都属审计监督的对象。审计还是一种经常性的监督，有问题的单位要审计，没有问题的单位也要进行审计。因此，通过审计可以获得大量经济活动的情况，各级审计机关要发挥这方面的优势，充分利用审计结果，加强综合分析，及时发现经济活动的新特点、新问题，总结经验教训，提出改进工作的意见和建议。各级政府和有关部门，要重视审计部门提供的信息和意见，在改进宏观调控，指导改革开放和经济建设上，作为决策的重要依据。要注意采纳审计部门的正确意见，采取必要措施，及时改进工作。

当前经济活动中存在的一个问题是：有禁不止，屡查屡犯。在有的企业中，随心所欲，玩忽职守，甚至徇私舞弊，造成国家资财严重损失，企业连连亏损，债台高筑，资不抵债，但却继续在搞高报酬、高奖金，吃住在高级饭店，肆意挥霍国家资财，置国家法纪于度外。要解决这个问题，需从多方面努力，从审计来说，就是要严格执法，形成强大的威慑力。

省长阮崇武： 1993 年 5 月 24 日在听取全省审计工作情况汇报时说：审计的职能作用是监督，要通过监督为特区改革开放和开发建设服务。对已经改组的股份制企业，特别是上市公司，审计要尽早介入，越早进行审计越好；不要等到问题出来了，弄大了再去审，而且要实行跟踪。搞股份制一开始可能存在不成熟、不规范的问题，审计要帮助他，把问题告诉他们，让他纠正过来。要保护股民的利益，真正的股民利益是企业的发展，而不是一开始就分光吃光。对股份制企业的审计是对企业的爱护，是法律赋予的职权；也是对人民负责，对社会负责。关于税收，在特区，税赋是很轻的，从个人到单位，都应当形成自觉纳税的意识。这可以促进人民群众关心国家大事，也是民主意识和参予意识的物质基础。现在，偷税漏税现象比较严重，审计应当严肃查处。税收存在的问题是多方面的，要作具体分析。对有意偷漏的，要从严处罚，不能补交了就完事。

四　川　省

常务副省长蒲海清： 1993 年 5 月 26 日到省审计局了解工作，在谈到搞好今后审计工作时指出：要认清形势，转变观念。当前，我国经济处于转轨阶段，社会主义市场经济给我们提出了许多新问题，如股份制、财政体制、金融体制等的变化，房地产、三资企业的兴起，这些也给审计工作提出了新任务。因此，审计工作者决不能停留于过去那一套思想观念和工作方法，一定要去研究新情况，尤其应该注意审计与国际惯例接轨问题。在谈到审计体系时他又说：要强化国家审计，充分发挥内审和社审的作用，审计事务所现在还处于发展初期，一定要靠自己要有高水平的服务质量，来赢得信誉和社会地位。

贵　州　省

省长王朝文：1990 年 6 月 12 日在全省审计工作会议上指出：当前，一些地方和单位截留隐瞒国家财政收入，挤占挪用专项资金，不重视经济效益，挥霍浪费国家资财等违反财经法纪的问题比较普遍；一些经济主管部门执法不严，甚至执法违法，侵犯企事业单位权益的现象也时有发生。解决这些问题，除了加强财政金融管理，改革完善行政管理机制外，就是加强审计监督。

严格审计执法，关键是要逐步实现审计工作的制度化、法制化、规范化。依法办事的核心问题是法制化，因此，要加强审计执法的研究。审计执法部门首先要从有利于促进经济发展，有利于维护国家财经法规出发，结合经济生活实际进行审计执法研究，搞好法制建设。既要维护国家法规的严肃性，也要考虑客观实际的可能性，在研究中注意把两者结合起来，统一起来，坚持实事求是的原则。

云南省

省长和志强： 1989年2月25日在全省审计工作会议上指出：审计工作成绩显著，任务艰巨，要加强领导，提高水平。1. 成绩显著。五年来，审计部门积极履行审计监督职能，在保证改革开放，维护财经纪律，提高经济效益，为宏观调控服务等方面，发挥了重要作用，取得了显著成绩。这五年来，经过审计部门的努力工作，证明了审计机关建立的必要性。审计机关的重要性也越来越突出了，审计工作的地位和作用，也被广大干部和群众所认识，并为全社会逐步理解。我们的审计队伍，也随着工作的进展得到锻炼和提高。现在已经成长为一支领导和群众信得过、能够战斗的审计队伍。2. 任务艰巨。我们改革十年，取得了巨大成就。现在回顾十年改革的建设的经验，有这么几个方面，第一条就是坚持两手抓，一手抓发展商品经济，一手抓政治思想和政法工作。第二条当前要抓的，就是要大力加强宏观调控。第三条就是要加强监督系统。第四条，就是要强调把我们的经济活动逐步纳入法制的轨道，加强法制建设。3. 要加强领导。首先，政府要支持审计部门依法行使监督职能。其次，作为省政府及各级政府，特别是各级政府的主要领导同志，要善于充分运用审计这个监督手段，为宏观调控服务，为政府的决策服务，为治理环境和整顿秩序服务。4. 提高水平。在充分肯定我们工作成绩的同时，我们应该清醒的认识到，由于审计机关建立不久，很多工作还不适应任务的要求，我们的审计覆盖面还不大，审计队伍无论是在政治素质和业务素质上，都有待于提高。我相信，我们共同努力，一定能够建立起一支有权威的审计队伍。

副省长金人庆： 1991年1月24日在听取省审计局工作汇报时指出：1991年的审计工作，要进一步明确审计工作的重要地位和作用，继续贯彻“积极发展，逐步提高”的工作方针，更好地发挥审计较高层次监督管理的职能，进一步加强和改进审计工作，既要保证必要的覆盖面，有一定的量的保证，又要更好地把力量放在提高审计质量上，强调提高和发展。为此：(1)进一步突出重点，提高和发展要在重点上下功夫。我赞成把地方政府、综合经济管理部门、经济监督部门、重点企业、重点资金作为重点审计的内容。(2)结合第一轮、第二轮企业承包的衔接和完善，特别是结合今年是“质量、品种、效益年”，着重抓一下企业的效益审计。要对企业的技术改造和技术革新资金进行重点跟踪审计，使其真正发挥作用，提高企业经济效益。(3)要进一步发挥审计为宏观调控服务的作用。不仅要进行点上的审计，还要注重对一些重大的经济活动、经济现象的专项审计、专项调查，这比一个单位点上的审计有更大、更高的作用，也有利于提高审计质量。(4)进一步抓好内部审计和社会审计。这么大的审计面，光靠国家审计队伍有一定困难，要依靠群众的力量，依靠部门、企业、社会的力量，大家共同搞。(5)进一步加强法制建设，使审计工作法制化、制度化、规范化。(6)进一步抓好队伍建设。你们是执法单位，是从事监督管理的单位，队伍素质要求高，既要为人正派，清正廉明，甘于过清贫生活，又要积极工作，勤勤恳恳，很不容易。

书记普朝柱： 1993年9月23日在全省审计机关先进集体先进工作者表彰大会上指出：十年来，我省各级审计机关，坚决执行审计署、省委、省政府关于“边组建，边工作”、“抓重点，打基础”、“积极发展，逐步提高”的方针，努力学习，辛勤劳动，为保证我省改革开放和经济建设的顺利进行，做了大量的卓有成效的工作。至1992年底，仅审计上缴国家财政的违纪款项就达4.6亿元。取得了成绩应充分肯定。我代表中共云南省委向审计监督战线上的全体同志们表示亲切的问候！

陕西省

副省长徐山林： 1993年2月12日在全省审计工作会议上指出：1. 审计工作在促进我省改革开放和经济建设中发挥了积极的重要作用。过去的一年，改革步伐明显加快，对外开放有了新的突破，20项兴陕工作进展顺利，整个经济发展呈现出良好的势头，全省经济进入一个较快的增长时期。国民生产总值达500亿元，比上年增长10.6%，比改革初期的1980年翻了一番半，使国民经济又跃上了一个新台阶。工农业总产值806亿元，增长12.1%，粮食总产达102亿公斤，财政收入第一次突破50亿元大关。这些成绩的取得，是全省人民、各行各业共同努力的结果，当然也与审计部门同志们的辛苦工作分不开。这些年来，审计机关坚持正确方向，在发挥审计体系整体功能，突出对重点单位的审计监督，加强自身建设等方面，都做了大量工作。通过履行监督职能，查处经济活动中的严重违纪问题，帮助企业改善外部环境，挖掘内部潜力，提供审计调查报告，对维护财经纪律、提高经济效益、发挥间接宏观调控作用、促进廉政建设等都起到了积极作用；2. 强化审计监督是建立和完善社会主义市场经济体制的需要。审计是执法机关，是国民经济宏观调控的重要部门。在建立和完善社会主义市场经济体制过程中，审计监督工作对发挥政府职能、促进市场健康发育和企业转换经营机制有着重要作用；3. 认真履行监督职能，为发展经济服务。审计机关是政府的职能部门，面临的任务十分艰巨。这次会议对今年全省审计工作的安排，是符合我省经济工作要求的，我完全同意。审计工作具有多方面作用，通过审计，一方面是纠正和处理严重违纪问题，保证改革健康进行，另一方面是促使企业搞好经营管理，提高经济效益；4. 充分发挥间接宏观调控作用，为政府当好参谋。审计作为财政财务综合性的经济监督部门，是政府获取情况和信息，调控经济的重要渠道。全省审计机关每年都要审计成千上万个单位和项目，围绕经济工作中的主要问题还要对数千个单位进行审计调查，了解和掌握着经济活动中大量的可靠的情况和信息。要加强对分散的微观审计情况进行综合分析，围绕企业转换经营机制、利用外资、减轻农民负担等开展专项审计调查，找准存在的主要问题，分析产生的原因，提出有针对性的办法和建议，及时向政府报告情况。向政府反映情况，不能遮遮掩掩，避重就轻。要敢于讲真话，反映实际情况。只有实事求是及时地反映情况，提供有价值信息，才能使政府的决策建立在可靠的基础之上，真正发挥审计机关的参谋作用，也才能赢得各级政府对审计工作的重视和支持。

甘肃省

省长贾志杰： 在1990年1月听取审计工作汇报后指出：审计工作的重点，应放在改进工作，提高水平，要在提高审计质量，加强宏观调控上下功夫。要正确处理好三个关系：一是微观审计和宏观审计的关系；二是一般和重点的关系；三是审计别人和加强自身建设的关系。

副省长穆永吉： 在1991年1月全省审计工作会议上指出：党的十三届四中、五中全会提出把搞好治理整顿作为全党的中心任务，各级人民政府要充分认识审计工作在治理整顿中的重要地位和作用。我国实行改革开放取得了重大成效，但在宏观调控方面工作没有跟上去，使得经济活动中出现相当混乱的现象。各级政府要善于发挥审计部门的作用，使审计工作在治理整顿中发挥更大的作用。要加强审计法制建设。审计机关是政府的行政执法部门，要做到有法必依、违法必究。审计人员一定要敢于审计、善于审计。所谓敢于审计就是要以法律为武器，坚持秉公执法，以过硬的作风和违法乱纪行为作斗争，敢于担风险；所谓善于审计，就是要掌握好政策界限，对审计查出的问题要做到定性准确、处理恰当，宽严适度，不出偏差。各级政府要切实加强对审计工作的领导，及时研究解决存在的问题。

副省长张吾乐：　分别在1991年1月、1992年2月召开的全省审计工作会上指出：强化审计监督是建立社会主义市场经济的客观需要。市场经济本身有很多特征，其中一个重要特征，就是市场经济是法制经济，是严格按照一定的法律法规运转的。强化审计监督是保证市场经济依法运行的一个重要手段。随着《全民所有制工业企业转换经营机制条例》的实施，企业将逐步走向市场。我国的市场经济是公有制基础上的市场经济，要保护国有资产，必须强化审计监督。审计工作一定要支持企业经营机制转换。这是建立社会主义市场经济体制的中心环节，经济体制改革的中心内容。

副省长崔正华：　1993年9月在全省审计机关成立十周年纪念大会上指出：建立社会主义市场经济体制，必须强化审计监督。审计干部必须充分认识审计监督对规范市场行为，保护国有资产完整的重要性。在贯彻《全民所有制工业企业转换经营机制条例》工作中，各级审计机关要维护企业的合法权益，帮助企业改善外部环境，促使政府转变职能，促进企业自主权的落实，帮助企业改善经营管理，强化自我约束机制，促进企业健康发展。审计机关要积极参与宏观调控，监督国家宏观经济调控措施的贯彻执行，不断健全和完善监督体系，保证国家宏观调控机制的运行和措施的及时到位。在当前和今后一个时期，全省审计机关要围绕经济建设这个中心，为振兴甘肃经济服务。

青　海　省

副省长卞耀武：　1990年在全省审计工作会议上指出：审计工作在去年的治理整顿，深化改革中发挥了作用，取得了一定的成绩，工作是有很大进步的。审计机关，对政府各部门，金融机构和有国家资产的企事业单位实行审计监督，对其他监督部门还有个再监督的问题。这都体现了审计监督的高层次和权威性。通过几年来的大量工作，审计的作用已为社会所承认，去年海东地区各县审计局对社会集资，改造学校危房情况作了调查，我觉得这就是一个很有意义的工作，我曾作过批示，要求各级财政部门和教育部门要认真对待这方面资金的使用与管理，每一元钱都要用好，对确有责任的人要严肃查处。

省委副书记田成平：　1991年1月28日在全省审计工作会议上指出：审计工作是党的重要工作之一，不仅是经济工作的内当家，也能帮助政府、企事业单位加强财务管理，严格执法执纪，提高政府管理经济工作效能。同时，也能在党风建设、廉政建设上发挥重要作用。审计工作在为我们考察某个部门工作实际成效、领导干部工作实绩方面也同样发挥了重要作用，给予了公正评价。

省长金基鹏：　1991年1月28日在听取审计工作汇报时指出：审计工作要适应新形势的需要，突出重点，改进工作，为治理整顿、深化改革和发展经济服务。当前特别要通过审计监督工作，帮助企业建立规章制度，提高企业素质和经济效益。审计工作既要重视通过审计发现问题，查处违法违纪案件，更要重视通过审计，帮助企业加强内部制度建设，堵塞漏洞。

省长田成平：　1993年在全省审计工作会议上指出：监督和服务是辩证的统一，监督也是服务。他说，十四大报告提出，检查监督是政府职能的一个重要方面。通过审计监督，目的是为了更好地为改革开放和经济建设服务。审计机关是在改革开放中产生的，几年来，从无到有、逐步发展，在维护财经法纪，加强廉政建设，增收节支等方面发挥了重要作用。

新疆维吾尔自治区

自治区人大常委会副主任何德尔拜：1989年2月和1990年4月在自治区审计工作

会议上指出：当前，治理、整顿、改革的新形势，对审计工作提出了新的任务和更高的要求。作为审计机关，就是要通过加强审计监督去积极加强宏观调控，从而促进治理整顿和深化改革的顺利进行，为新疆的稳定奠定良好的基础。正如李鹏总理所指出的，审计机关对于经济活动的检查，是比较高层次的检查，是宏观调控体系的的一个重要组成部分，审计工作在治理整顿和深化改革过程中正在发挥越来越大的作用。在我们的经济生活中，违法违纪现象是较为普遍的，特别是财经领域的违法违纪现象，不仅干扰和影响正常的经济秩序，给我们经济上造成很大的损失，而且破坏了党和人民群众的密切关系，影响党和政府在人民群众中的威信。审计机关严肃查处这些问题，正是为了消除不稳定因素，是直接为治理整顿和深化改革服务的。所以说，大力加强审计监督是势在必行的。

自治区党委副书记张思学： 1991年2月在自治区审计工作会议上指出：审计是经济综合监督部门，是国民经济宏观调控体系的组成部分。加强和改进审计工作，是一项长期任务。首先，要树立为自治区政治稳定和经济发展服务的的指导思想。审计工作不但要搞好监督，查处违纪问题，而且更重要的是要通过监督搞好服务，帮助被审计单位健全内控制度，加强经营管理，提高经济效益，保证国民经济持续、稳定、协调地发展。要把审计工作同我区社会经济的发展紧密地结合起来。衡量审计工作的好坏、成果的大小，不能只看查出了多少问题，要看在增收节支、提高经济效益、促进生产发展方面提出了多少行之有效的好建议，做了多少实实在在的工作。其次，要集中精力抓好重点单位、重点资金、重点项目的审计，要求审计一个，搞深搞透一个，从而以点带面，影响一片。……各级党委和政府要支持审计机关依法独立行使审计监督权，以保证审计机关能顺利地查处违纪违法问题，在他们遇到责难的时候，为他们说句公道话。

自治区副主席王乐泉： 1993年2月在自治区审计工作会议上指出：在整个经济工作中，审计是一项重要的工作，是国家管理经济不可缺少的一个重要方面。1992年，全区审计机关审计了5000多个单位，特别是有两件大事搞得很好。一件是财政审计，另一件是预算外资金审计。

内部审计工作概况

部分单位内部审计工作简介

内部审计工作综述

随着党的各项改革开放政策的贯彻实施，1989年至1993年我国内部审计工作得到了蓬勃发展。各级内部审计机构为搞活国有大中型企业，努力适应企业深化改革的需要，增强市场经济观念，加强和改进内部审计工作，不断拓宽审计领域，提高审计工作质量，在严肃财经法纪、改善经营管理、提高经济效益、维护企业合法经济权益等方面发挥了重要作用，为保证经济改革的顺利进行做出了应有的贡献。

一、内部审计队伍迅速扩大素质提高

党的改革开放政策促使我国产生了内部审计，内部审计队伍又在改革开放中得到发展和壮大。随着改革的深入，各级内部审计机构发挥着越来越重要的作用，越来越多的企业、事业单位的领导人认识到建立健全内部审计制度是改善本单位经营管理、提高经济效益、加强自我约束机制的内在需要，更加重视和支持内部审计工作，内部审计机构和人员都有了较快发展（见表一）。辽宁、江苏、山东、河南、湖北、湖南、广东、四川等8个省的内部审计人员都超过3万人。国有大中型企业已普遍建立了内部审计机构，开展了内部审计工作。从行业看，大中型企业比较集中的煤炭、地矿、铁路、邮电、交通、电力等系统内部审计机构已经形成了比较完整的网络。继鞍山钢铁公司率先成立审计委员会后，又有中国石化总公司、东风汽车公司、沈阳飞机制造公司、天津电缆总厂等一批大中型企业成立了审计委员会，上海彭浦机器厂已经实行了总审计师制度。内部审计人员的知识结构日趋合理，素质不断提高。已经由组建初期的会计人员为主逐步转变为以会计师、工程师、审计师三师为主的结构。全国内部审计人员已有三分之一具有中级以上的技术职称，个别行业已达到50%。目前，我国已初步建立起一支能适应改革开放需要的业务素质较高的内部审计队伍。

表一：

内部审计机构、人员发展一览表

项目 时间	已建内审机构		已配内审人员	
	合计（个）	其中专职机构（个）	合计（人）	其中专职人员（人）
1989年	63177	37662	158844	86561
1990年	75514	45323	194781	102645
1991年	86404	52912	241213	120551
1992年	87646	52326	249047	119832
1993年	78498	43206	212624	99032

二、内部审计领域不断拓宽成效显著

五年来，广大内部审计人员积极贯彻党的以经济建设为中心的基本路线，紧紧围绕提高企业经济效益开展审计工作，不断拓宽审计领域，提高审计工作质量。在财务收支审计的基础上积极开展经营目标审计、投资审计、联营审

计、经济合同审计、基建工程预决算审计以及对内部控制系统评审等，取得了显著成效(见表二)。

审计成果一览表

表二：

单位：亿元

金额 项目 时间	审计单位(个)	已纠正违纪金额	减少损失浪费金额	促进增收节支金额	移送贪污贿赂案(件)	移送监察部门处理(人)	移送司法部门处理(人)
1989年	282057	72.5	12.2	21.5	1186	4283	2405
1990年	356359	80.9	17.4	28.9	1157	3779	2250
1991年	431694	79.3	34.2	30.5	2144	2013	2155
1992年	378600	86.6	35.6	32.2	1297	1355	1410
1993年	335583	136.9	40.0	35.8	1042	1075	996
合计	1784293	456.2	139.4	148.9	6826	12505	9216

1.加强财务收支审计严肃财经纪律。各级内部审计机构始终把财务收支审计作为一项基础工作来抓，并针对本单位、本行业的不同特点，采取多种审计形式，使财务收支审计的范围不断扩大，质量不断提高。据统计，从1989—1993年五年中，内部审计机构纠正各类违纪金额共计456.2亿元。通过开展财务收支审计，不但纠正了生产和管理中的一些违纪违规行为，严肃了财经纪律，也促进企业加强了财务管理，维护了社会主义企业的良好形象，内部审计开展好的单位违纪金额逐年下降。例如，湖北省1992年就有3000多个内部审计机构建立了财务决算审签制度，为维护财经纪律，加强廉政建设发挥了应有的作用。邮电部审计局从1989年开始连续三年组织全行业内部审计机构对本系统的财务决算进行审计，三年共查出各种违纪金额2.1亿元，已纠正违纪金额1.4亿元。洛阳玻璃厂是国家二级企业，厂属有1个矿山、12个分厂、28个销售中心，厂审计处每年审计覆盖面都达到98%左右，由于加强自我约束机制，目前该厂已成为无违纪单位。

2.围绕提高企业经济效益开展工作。我国的内部审计已经从财务收支审计向效益审计发展，围绕提高企业经济效益开展工作，取得了较好的效果。据统计，1989—1993年，全国各级内部审计机构通过审计促进增收节支148.9亿元，减少损失浪费139.4亿元。例如，鞍山钢铁公司审计处针对长期影响经济效益的最佳精矿品位值的问题开展经济效益审计，组织12个部门的56名同志参加，用了二个半月的时间，完成了这个项目，确定了最佳精矿品位值，解决了公司长期想解决而没有解决的问题，这一审计成果1年可为公司创经济效益3473.4万元。大庆石油管理局审计处为了充分发挥现有资金使用效益，在全油田开展了一次涉及38个二级单位的采购资金和物资积压情况审计，审计金额14.3亿元。审计人员经过几个月的艰苦工作，先后查阅帐簿1505本，各种凭证单据22.7万多张，采购合同4390份，发现了物资管理和物资采购方面的一些漏洞，及时提出了处理意见，并协助有关单位先后清理在途资金和应收货款3400多万元，为提高油田资金使用效益起了重要作用。

3.维护企业合法权益减少经济损失。各级内部审计机构通过开展基建工程预决算审计、经济合同审计、联营审计，核减工程支出，减少经济损失，在维护企业合法权益方面做出了重要贡献。例如，辽宁省邮电管理局审计处继续加强基建工程项目审计，为企业节约了大量资金。仅1992年就完成开工前审计44项，施工审计12项，竣工决算审计50项，审减工程支出1681万元，为维护企业经济利益起到积极作用。东风汽车公司审计处几年来在合同管理中坚持“控制重点,检查一般”的原则,一年中共审计重大经济合同315份,为企业节约资金7000多万元。北京汽车摩托车制造公司审计处1991年对联营项目进行审计,为企业收回联营分利1246.6万元。沈阳市建设银行稽核审计处1991年对536份信贷合同进行审计,提出20条完善信贷合同的建议,收回逾期贷款184万元,避免了国家资金的流失。

4.参与改革为企业转换经营机制服务。随着改革开放的深入发展,承包经营、租赁经营、企业联营、企业集团、股份制公司、“三资”企业相继出现。特别是邓小平同志南巡讲话和《全民所有制工业企业转换经营机制条例》的颁布实施,又为改革的深入发展带来了新的生机和活力,同时也为内部审计工作的发展带来了新的机遇。实践证明,企业改革需要审计,审计工作的开展可以促进改革的顺利进行。沈阳金杯汽车股份有限公司审计处对48户承包经营和租赁经营的企业进行审计,使企业完善了租赁办法和风险金上缴制度,较好地解决了企业结算资金占用过大,利息负担过重的问题。上海石化总厂审计处积极参加总厂转换经营机制有关课题的调研,提供制定改革方案的数据和资料,为领导经营决策提供依据;认真研究中央给企业的各项优惠政策,为企业用好用足各项政策献计献策;参与总厂产品的价格方案制定,使总厂所属的炼化部计划外产品上市后当年增加利润3000多万元,深受领导欢迎。上海第一百货商店审计室为适应大商业、大市场、大流通的发展趋势,围绕着组建企业集团、股份制公司、优化服务,调整销售方法努力工作。变事后审计为事前审计,开展投资项目效益测算,资信调查,可行性研究及协议、合同、章程的审查工作。为企业深化改革、转换机制、提高效益发挥了积极作用。北京建工集团总公司审计处努力适应集团管理的需要,改进和加强内部审计工作,本着“分层次,有重点”的原则,使企业内部审计在市场经济体制下发挥了既监督又服务的作用。

5.发挥部门优势加强行业管理。我国的部门内部审计机构较好地发挥了行业管理的职能作用,对本行业的专项资金管理等问题进行审计,及时纠正和解决了行业中带有倾向性的问题,收到了好的效果。例如,山西省交通厅审计处组织全省529名内部审计人员对本系统的143个单位的公路运输管理费专项资金进行了全面审计,查出有问题的金额1383万元,其中违纪金额777.9万元。针对审计中发现的问题,审计处向管理局提出了五个方面的建议,为改善运输管理费资金的管理,纠正和杜绝违纪现象起到了促进作用。上海市仪表局审计处先后三次组织全局性的经济效益审计,针对审计中发现的对外加工中存在的影响经济效益的薄弱环节,提出了九个方面的建议,及时进行整改,建立健全各项规章制度,为企业增加效益达1650万元。

三、我国内部审计工作的基本经验

我国内部审计工作经过几年的发展,部门、地区和单位的内审工作已逐步实现了法制化、制度化和规范化,并积累了不少好经验。1989年审计署颁布了《审计署关于内部审计工作的规定》,各省、自治区、直辖市,以及许多部委和单位也都制定了本地区、本行业和本单位的内部审计工作规定。承包经营责任审计办法、定期审计办法、经济合同审计办法、基建工程预决算审计办法等一系列的规定性文件也相继出台,为内部审计工作的开展提供了依据。目前全国已经在财务决算审计、经济合同审计、承包经营责任审计、厂长(经理)离任审计、定期审计等方面逐步形成制度。总结我国内部审计工作几年来的经验主要有以下几点:

1.实行内部审计制度是社会化大生产和商品经济发展的必然。我国内部审计是经济改革和经济发展的产物,从1983年开始,从无到有,从小到大,逐步发展起来。建立社会主义市场经济体制,作为市场经济主体的现代化企业,更加需要强化自我约束机制。内部审计是自我约束机制的重要组成部分,它是企业自我发展的需要。正是因为这一原因,许多大型企业在转换经营机制、精简机构过程中,加强了内部审计。

2.找准位置,做出成绩,争取领导的重视和支持,是内部审计工作发展的关键。内部审计是设在部门、企业、事业单位的内部机构,在本单位主要负责人领导下进行工作的。内部审计的地位决定,内审人员要自觉置身于单位领导之下,正确履行职责,当好领导的参谋助手。有"为"才有"位",工作做出成绩,抓出成果,才能取得领导的重视和支持,内审工作才能得到发展。

3.内部审计要围绕单位的中心开展工作,并与有关部门协同配合,才能有更大的作为。内部审计要以加强内部管理,提高效益为重点开展工作,企业转换经营机制,要为企业领导履行好经济责任发挥作用。

4.部门内部审计机构和国家审计机关驻部门的派出机构要在行业宏观管理中发挥作用。几年来,部门内审机构和审计机关驻部门派出机构组织内审人员开展了不少专项审计调查和行业审计,及时向上反映情况,促进解决行业中带有普遍性和倾向性的问题,为部门改进管理发挥了积极作用。

5.加强基础工作,搞好组织建设,提高内审人员素质,是做好内部审计工作的重要保证。

6.国家审计机关和部门内审机构切实加强对内部审计工作的指导,才能促使内部审计工作更好地发展。审计机关和主管部门内审机构加强对内审工作的指导,帮助解决工作中遇到的问题,调动中央和地方两个积极性,是比较成功的经验,符合我国的国情。目前已有20个省、自治区、直辖市和299个地、市、县审计机关建立了审计体系指导机构,从事审计体系指导工作的人员已有1766人。经过几年来的实践,许多地方和部门都总结了一套指导工作方面的经验,如定期召开经验交流会,组织理论研究,帮助培训内审人员,进行工作计划指导和考核评比等。有些地方还创造抓主管部门推动行业内审工作,培养试点单位以典型推动一般,定期开展表彰活动和扩大宣传等行之有效的方法。

(审计体系指导司供稿)

中国核工业总公司

中国核工业总公司(原核工业部)审计室成立于1984年6月,现有在编人员10人,内部设综合审计处(含办公室)和企业审计处,审计室主任张孝浩,副主任宋桂楷。为适应总公司内部审计工作的需要,总公司审计室还分别在四川成都和陕西西安设立了两个派出审计处,并先后在华北、华东和深圳地区建立了联合审计组。这些机构代表总公司审计室对本地区的企事业单位进行审计监督。由于军工行业的特殊性,审计署于1992年5月发出审综发114号《对国防科工委关于国防科技工业企事业单位审计分工规定请示的复函》,明确将118个一类军工企事业单位划归核工业总公司加强内部审计,审计署进行抽审。使核工业审计部门具有对所属绝大部分大中型企事业单位行使相对封闭的审计职能。

核工业系统的审计工作不断发展,建立了总公司、管理局(公司)、企事业单位三级审计体系。截止1992年末全系统已建审计机构和设置专职审计人员的单位有155个,占应建单位总数的90.6%,其中大中型企业基本上都建立了内部审计机构。全系统现有审计人员391人,其中具有助师以上职称的306人,占总人数的78.3%,具有中级以上职称的有222人,占总人数的56.8%,审计人员中有中专以上学历的274人,占70%,其中大专以上学历的164人,占41.9%。已经初步建立起一支具有较高的政治业务素质的内审队伍。

几年来,核工业审计工作坚持"积极发展、逐步提高"的方针,紧密围绕总公司核电开发、军转民和发展内外经贸三个主攻方向,加强改进审计工作,审计工作的重点在财务收支审计的基础上,已逐步向经济效益审计和内部控制制度审计延伸,取得了新的成绩。1989年至1992年四年间,全系统完成各类审计项目4330

个，查出违纪违规金额17781万元，查出损失浪费金额2119.8万元，促进增收节支1678.3万元。查出万元以上贪污案件4起，移送监察、纪检和司法部门处理共81人。审计工作在维护财经法纪，推动廉政建设，加强宏观调控，改善经营管理，促进经济发展和提高经济效益方面发挥了重要作用。审计战线涌现出一批先进集体和先进个人。1991年，八一二厂、七一〇厂、二〇六大队三个单位和章永根等四名同志被能源部授予审计工作先进集体和先进个人的称号。1992年，又有八个先进审计工作集体和14名先进审计工作者受到了总公司的表彰。

几年来，我们主要做了以下几项工作：

1. 做好财务收支审计，维护财经纪律。财务收支审计是各项审计工作的基础，我们着重抓了制度建设，促进财务收支审计向制度化、规范化、法制化发展。结合总公司的实际情况，建立行政事业单位定期审计制度和对企业财务收支审计制度，并于1989年制定下发了总公司有关违反财经法规处罚的规定。每年由总公司审计室批复下达上审下的工作计划并与一年一度的财税大检查相结合，分别由总公司审计室、派出审计处、地区联审组和各管理局（公司）组织实施审计，每年的审计覆盖面都在三分之一以上。通过审计增强了企事业单位遵纪守法的自觉性。1989年总公司审计室还制定了工业企业、施工企业、地质勘探和行政事业单位的年度会计决算审计制度，规定各级审计部门必须对本单位的年度决算进行审计签证，凡未按规定进行审计的年度决算，上级财务部门不予受理。审计部门在决算过程中进行审计，把审计出的问题解决在决算报表上报前，促进了决算报表的真实准确。仅1992年的决算审计就审出有问题的金额2753万元，绝大部分在上报前进行了纠正处理。

2. 加强对重点基本建设和转民投资项目的审计。核工业正处在转民时期，核电和其他民品项目处于建设高潮，这些项目投资大、周期长、配套项目多，有的涉及中外合作者经济利益和合作关系。因此，我们始终把对重点工程项目的审计作为重要任务。这几年分别对秦山核电工程、八一六厂大化肥工程、405—1工程、四〇四厂钛白粉工程、大亚湾核电工程等上百个项目进行了审计，评价工程投资效益，纠正存在的问题，避免损失浪费。从1989年开始历时两年时间组织对76个转民项目进行效益评审，并根据各项目存在的不同问题，分别对核工业系统重点民品项目建设作出较为准确的总结分析，提出了处理意见。总公司审计室对二七九厂和七一三矿转民投资效益的审计报告，引起总公司领导的重视，蒋心雄总经理对报告作了批示，批转有关部门研究解决。

广东核电合营有限公司是中外合资巨大工程项目，他们很重视内部审计工作，公司合营章程规定设总审计师和副总审计师领导审计部工作。由于其权限和职责明确，这几年审计部围绕着加强和完善公司的内控制度促进改善经营管理，提高经济效益做出贡献，取得了经验。

3. 加强企业承包经营审计和厂长（矿长）、经理任期经济责任审计，促进企业承包经营责任制的贯彻落实。1989年总公司制定了《承包经营责任审计实施办法》，明确了各级审计部门对承包经营的全过程加强审计监督，并且规定内部承包必须坚持“先审计、后兑现”。1990年底总公司工业企业第一轮承包期满，经总公司常务会议决定，对42家承包经营的工业企业全面进行承包终结审计，共抽调75名同志，组成八个审计组，历时半年多，全面完成了任务，向总公司领导提交了《关于工业企业第一轮承包经营审计情况的总结报告》，为考核企业承包结果，搞好新一轮承包，完善承包机制提供了重要依据。按照1987年制定的《核工业部厂（矿）长、经理离任经济责任审计试行办法》的规定，这几年一直坚持按照干部管理权限对离任的厂（矿）长、经理进行审计，未经审计的不得离任。增强了厂（矿）长、经理的责任心，也为人事部门考核干部提供了重要依据。

4. 围绕中心工作开展审计调查，为加强宏观管理服务。总公司审计部门在安排年度审计工作任务时，要求各级审计部门围绕单位经营管理方面的重要问题和带有普遍性、倾向性问题进行审计调查。总公司审计室先后组织了对总公司援外的八七一工程投资情况、地勘单位转民效益情况、新疆矿冶系统转民投资效益、各单位注入清欠资金使用情况以及大中型企业转换经营机制提高经济效益等方面的问题进行了审计调查,并向总公司领导提交了调查报告。通过调查除全面反映情况外,还针对调查中发现的问题,提出了改进建议,为领导的宏观经济决策提供了重要依据。

人民武装警察部队

1989年武警部队审计机构普遍得到加强,1991年按现行编制规定,各总队和总部直属院校,应建立专门审计机构的已全部建立。全部队的专职审计人员从1988年初到1990年底,增加近55%,现行审计编制员额已基本配齐;支队一级普遍按规定配备了兼职审计员,1992年底,支队兼职审计人员约占应配数的97%。审计队伍的充实,从组织上较好地保证了审计工作的开展。几年来主要做了以下几项工作:

1. 进行了定期审计。武警部队按照“上审下”的原则,从上到下逐步开展了以各级财务收支为重点的定期审计。1990年,武警部队的审计年平均覆盖面已由1988年的60%左右提高到80%以上,1991年底已达90%左右,1992年通过开展支队级以上单位决算审计,定期审计覆盖面已达到了100%。

2. 对生产经营和基建进行审计。1989年开始大部分总队或院校审计部门会同生产经营部门开展了以经济效益为主的生产经营方面的审计,1989年至1992年,共审计生产经营单位483个;部分总队和院校的审计部门会同基建营房部门对所属的重点工程项目组织了联合审计,共审计工程项目392个。

3. 进行了离任审计。1989年开始逐步试行了经济责任离任审计制度,1989至1992年,全部队办理司务长离任审计占离任审计总人数的88%。通过离任审计,提高了基层干部及司务长的工作责任心及管理水平。

4. 进行了专项审计。1989年重点组织了13个总队审计部门对本总队上年度上级拨给的救灾补助经费使用情况进行了专项审计;1990年组织了各总队审计部门对本总队1987至1989年三年后勤基层设施经费(包括各级自筹和地方资助)的使用情况进行了全面的专项审计,审计总金额2亿多元;1991年根据总部工作部署,组织开展了对武警部队1990年通信专项经费的审计,审计总金额6000多万元;1992年根据中央军委指示,结合实际,组织实施了对全部队支队级以上单位经费收支决算审计。通过审计,比较全面地掌握了各项经费的收支情况和摸清了各级经费“家底”,进一步深化了财务管理。

5. 开展经费物资跟踪问效审计试点。1992年各级根据总部关于开展经费物资跟踪问效试点工作部署,经过计划安排,选点立项,检查指导,验收总结等,全部队经费物资跟踪问效试点单位或项目86个,跟踪问效的经费近2亿元,1992年还抓了两个总队的车辆装备专项审计试点项目,并对试点情况进行了总结,为今后部队开展车辆装备专项审计摸索了路子。

6. 进行制度建设。1989年下发了《关于建立审计工作报告和统计报表制度的意见》。1990年,结合武警部队实际,以司、政、后名义转发了《中国人民解放军关于违反财经法规处罚的暂行规定》。1991年印发了《中国人民武装警察部队中队司务长离任审计暂行办法》及《审计工作程序(格式)》。1992年印发了《武警部队经费物资跟踪问效制度(试行)》等制度规定。这些规章制度的建立,有力地保证了审计工作的正常开展。

7. 召开审计会议。1991年初组织召开了武警部队第四次审计工作会议。主要任务是:传达全国、全军审计工作会议精神;总结1988年以来武警部队审计工作情况,部署武警部队今后一个时期审计工作任务;组织交流部队开展审计工作经验；研究制定武警部队审计工作的发展、规划和目标。会上对 7 个审计工作先进单位和 36 名审计工作先进个人予以通报表彰。

8. 进行人员培训。1989 年至 1990 年总部委托西安技术学院先后举办了 3 期审计干部轮训班。1991 年委托解放军武汉军事经济学院举办审计函授大专班，1991 年 9 月 1 日开学；各总队、院校组织了支队一级兼职审计人员的短期培训班。通过办班，对全部队的专职、兼职审计人员基本上达到了至少轮训一遍的要求。

中国人民银行

几年来，中国人民银行系统的稽核监督工作，坚持围绕各个不同时期国家金融工作中心，实施多种稽核形式的稽核监督，有效地保证了中央银行货币政策和宏观调控措施的贯彻落实，为促进有中国特色社会主义金融事业的发展作出了贡献。

几年来，中央银行稽核监督工作，以“抓重点，打基础”和“巩固基础，积极发展”作为指导方针，查各级、各类金融机构 20 多万家，投入 336 万多个工作日，共查出各种违规金额 3736.8亿元；对金融机构共罚息 2.95 亿元，罚款 7393 万元；追回多付利息补贴、多付手续费 23 亿元；追回欠缴的财政性存款 136.6 亿元，追缴存款准备金 35.4 亿元。1990—1992 年，还向被稽核单位提出改进工作建议共 164144 条，其中被采纳的在 80%以上。目前中央银行稽核监督工作在中央银行全部工作中处于十分重要的地位。

一、开展金融政策执行情况稽核

1989 年，中国人民银行各级稽核部门开展了对金融机构挪用流动资金贷款搞固定资产投资及贷款投向贷款，促进了金融机构的信贷存量、增量朝着符合国家产业政策方向倾斜。同年，稽核部门还会同有关部门承担了 1988 年信贷、现金大检查的后续检查工作。

1990 年，中国人民银行各级稽核部门核查贷款累放额 2317 亿元，各种清算凭证 128.1 万张，金额 62 亿元，查出积压清算凭证 21.5 万张，余额 17.9 亿元，分别占 16.8%和 28.9%。还对全国 5036 个金融机构使用清理拖欠注入资金情况实施了稽核。

1991 年，开展的对部分金融机构集体、个体贷款专项贷款，共稽核出低质量贷款 514 亿元，向监察、司法部门移送案件 266 起。并对 4062 家各类金融机构实施了常规现场稽核。

1992 年，着重稽查了金融机构执行国家金融政策、法规情况和金融业务活动中不真、不实问题。查出违规发放“五从严”贷款 539.6 亿元，“八不贷”贷款 34.6 亿元，开展了对农业银行贷款质量的专项稽核以及对 4728 家金融机构实施了常规稽核。

二、开展内部稽核提高宏观管理水平

几年来，中国人民银行和一、二级分行共对本系统 1553 家分支机构和直属企、事业单位实施内部稽核，检查内容包括信贷、会计、储蓄管理、外汇管理、国库、货币发行业务及对新开工基建项目的事前稽核等。

三、创造多种稽核监督形式

非现场报送稽核。在“重在稽核、力求规范、循序渐进、讲求实效”的思想指导下，五年来，各级人民银行共对 29477 家金融机构报送的业务资料进行监测分析。天津、铁岭、佛山、荷泽等地人民银行，还积极利用电子计算机开发非现场报送稽核监督软件程序。

开展委托稽核，扩大稽核覆盖面。这几年，中国人民银行委托农业银行共对 30120 个农村信用社进行了现场稽核。通过委托稽核，纠正违规问题，对于促进农村信用社增强贷款风险意识，加强内部管理起了积极作用。

风险监督在试点中探索前进。1991 年，为适应金融业务发展需要及针对金融机构所面临的经营风险增大的现实，人民银行北京等省

(市)分行根据总行的统一部署,率先对当地交通银行进行风险监督试点。1992 年,为配合世界银行对我国中央银行稽核部门技术援助项目的对应工作,继续在沈阳、大连、西安、武汉等 13 家分行对交通银行系统进行以资本充足性、信贷资产质量、控制大额贷款为主要内容的风险监督试点,并在此基础上,拟订出了《对交通银行风险监督试行办法》。

四、加强基础建设

1. 业务规章制度不断完善。五年间,相继颁发了《金融稽核检查处罚规定》、《中国人民银行稽核程序》、《中国人民银行稽核专业岗位职务规范》、《中国人民银行金融性公司派驻员工作暂行规定》等 10 多项规章制度。

2. 稽核机构和干部队伍逐年发展壮大。1989—1992 年,稽核机构由 1354 个增加到 1930 个,各级行总稽核的配备由 670 人增加到 1043 人,专职稽核干部由 5665 人增加到 7856 人。

3. 中央银行稽核监督理论研究、业务宣传和信息反馈工作进一步加强。1989、1991 年举办了二期总稽核研讨班,就"建立具有中国特色的社会主义金融体系"等问题进行了研究。编写出版了《中央银行稽核》《中央银行稽核监督实例》等书籍。

4. 干部培训逐步正规化。1989—1991 年,总行举办了三期稽核处长培训班。1992 年举办了第一期稽核处长岗位培训班。各级人民银行也以多种形式培训稽核干部,据不完全统计,1989—1992 年,共培训干部 7263 人次。

此外,1992 年,中国人民银行和中国金融工会全国委员会还组织开展了金融系统稽核工作"双先"(先进集体、先进工作者)表彰活动。

中国有色金属工业总公司

1989 年以来,有色金属工业内部审计工作紧紧围绕经济效益这一中心,在巩固财务收支审计的基础上,积极开展经济效益审计,广泛开展了厂(矿)长(经理)离任经济责任审计、经营承包责任审计、内部控制制度审计和其他专项审计(调查)等,不断开拓内审工作的新领域,扩大审计成果,为深化改革,维护国家利益和企业合法权益,加强企业管理,提高经济效益有效地发挥了监督服务作用。

一、几年来取得的主要成绩

据统计,几年来,全系统共完成审计项目 4813 个,查出并纠正违纪违规金额 40101 万元,促进增收节支金额 16755 万元,查出损失浪费金额 5992 万元,查处贪污贿赂案 26 件,受党纪政纪处分的 182 人,移交司法机关处理的 49 人。其中:1989 年完成审计项目 1226 个,查出并纠正违纪违规金额 8329 万元,促进增收节支金额 3820 万元,查出损失浪费金额 1190 万元,查处贪污受贿案 4 件,受党纪政纪处分的 72 人,移交司法机关处理的 23 人;1990 年完成审计项目 928 个,查出并纠正违纪金额 12827 万元,促进增收节支 2828 万元,查出损失浪费金额 1475 万元,查处贪污贿赂案 9 件,受党纪政纪处分的 66 人,移交司法机关处理 12 人;1991 年完成审计项目 1442 个,查出并纠正违纪违规金额 7140 万元,促进增收节支金额 6751 万元,查出损失浪费金额 1944 万元,查处贪污贿赂案 7 件,受党纪政纪处分的 33 人,移送司法机关处理的 6 人;1992 年完成审计项目 1217 个,查出并纠正违纪违规金额 11805 万元,促进增收节支金额 3356 万元,查出损失浪费金额 1383 万元,查处贪污贿赂案 6 件,受党纪政纪处分的 11 人,移交司法机关处理 8 人。

二、业务培训

为了提高审计人员的业务素质,这几年,总公司举办了三期审计业务研讨班,结合实际情况,采用不同方式进行,有的从大学里请老师讲课,有的请具有丰富实践经验的老同志主授,有的采用理论与实际相结合的方法,先学习理论知识,然后结合当年的审计任务组织学员分别到有关单位进行审计，三期参加学习的人数达150余人。另外，为了提高审计工作效率和质量，培养既懂业务又会使用计算机的“两懂”人才，促进审计工作的规范化，总公司还于1992年举办了两期计算机业务研讨班，学习计算机的基本知识和操作使用，118人参加了学习，其中大多数人基本掌握了计算机的操作使用方法。

三、审计机构设置和人员配备

实行劳动、人事、工资三项制度改革以后，在大量精减机构、分流人员的情况下总公司审计部门机构仍保持独立设置，并将人员编制由7人增加到10人。在所属企事业单位中，不少单位加强了审计工作，健全了审计机构，增加了审计力量，如抚顺钻厂成立了审计委员会，厂长王恩慧担任审计委员会主任，审计处为办事机构，共六人，设有正副处长二人；江西铜业公司还建立健全了所属二级单位的审计机构。但也有些单位将审计机构与其他部门合并，审计人员数量明显减少，力量有所削弱。据统计，1992年底，全系统有审计人员848人。审计机构189个，其中独立设置的审计机构84个，占44%，与监察部门合并的52个，与财务部门合并的41个，与其他部门合并的12个。

四、审计业务基础建设

为了加强审计业务管理，使审计工作实现制度化、法制化和规范化，我们结合有色金属工业审计工作的特点，先后制定了《中国有色金属工业总公司内部审计工作实施办法》、《厂长(经理)离任经济责任审计办法》、《行政事业单位定期审计办法》、《内部审计工作考核评比办法》、《审计工作优秀成果评选标准》等制度，并于1990年表彰了审计工作先进集体24个，先进个人61人，通过开展表彰先进活动，增强了广大审计干部做好审计工作的积极性。1991年11月在湖北宜昌，中国内审学会颁发全国内部审计优秀成果奖，总公司所属南昌公司审计处和宝鸡有色金属加工厂审计处曾受过奖励。1992年总公司审计部组织了审计工作优秀成果评选，经各单位推荐和有关地区公司评选，总公司评委会评定，共有45个单位、59个审计项目被评为总公司审计工作优秀威果。这次评选活动极大地推动了内部审计工作的开展，提高了审计业务水平。同时，为了满足广大审计工作人员的需要，我们编写了《有色金属工业企业常用财经审计法规条款选编》、《中国有色金属工业总公司内部审计项目资料汇编》等书，供大家借鉴、参考。

随着经济体制改革的不断深入，审计领域不断拓宽，审计工作任务重，要求高，难度大，单纯靠手工方法处理审计业务已很难适应形势需要，为此，我们抓紧开发了常用财经审计法规条款库、内部审计统计通用报表等软件，现在正在着手进行财务收支审计软件的开发工作，进一步推动审计办公自动化，提高审计工作效率。

清华大学

一、内部审计工作组织建设和制度建设

清华大学审计室于1986年3月开始组建，是在校长领导下的处级内部审计机构。根据精简高效的原则配备审计工作人员，正式定编五人，现有人员职称结构和知识结构比较合理。

经过几年实践，逐步建立了能够适应内审工作需要的审计制度和审计业务规范。校务会议通过的《清华大学内部审计工作规定》，已作为学校内审工作的主要依据，此外还制定了《定期审计实施细则》、《关于校办企业厂长(经理)离任审计暂行规定》等审计制度。为了提高审计工作质量和效率，先后制定一些审计业务规范：《内部审计工作程序规范》、《财务决算的审计规范》、《会计电算内控制度审计提纲》、《审计报告立卷归档规范》、《计算机形成磁盘档案的规定》等；为了加强审计工作的内部管理，提高工作效率，制定了《审计室职责任务和工作量计算》、《审计员岗位责任制》等。还会同兄弟院校编辑

成《北京地区委属院校内部审计制度和规范汇编》，汇编包括审计制度、专项审计规范、内部管理和审计档案等18个文件。

二、内部审计工作的主要成效

1．专项审计成效显著。在国家教委审计局的指导下，完成了对学校教育事业费、科学事业费管理和使用的审计监督。几年来共完成并形成审计档案的审计项目有107个，每年审计涉及校内单位都在30个以上，查出违纪和违规金额10万元以上的单位或项目31个，为学校收回资金124万元，减少事业费支出52万元，减少投资47万元；已纠正违纪违规金额近千万元。此外，配合监察、纪检查处经济违纪案件10余起，先后受行政处分10人，为严肃财经法纪，加强廉政建设发挥了作用。

2．大量的审计调查，为加强财务管理和经营决策，建立和健全规章制度，提供了情况和依据。做过的重要审计调查有：《关于房地产管理情况审计调查》、《经费支出的结构分析》、《财务决算的经济指标分析》、《委属理工院校有关经济数字分析和比较》、《社会服务的经济效益和社会效益的审计调查》、《对外投资情况审计调查》、《暂付款情况及问题的审计调查》、《校办厂成本管理的审计调查》、《后勤系统改革情况的审计调查》、《对与我校有经济关系单位的资信调查》等。审计调查是简化了审计程序的一种审计形式，能及时反映情况，起参谋助手作用。

3．自觉接受审计监督的意识加强，一般违纪逐年减少。经过内部审计、学校财务大检查，以及国家审计机关来校审计，使得一般违纪逐年减少，以违反专控为例，1989年21.75万元，1990年3.2万元，1991年只有个别事例发生；又如自筹基建违纪，曾经发生自上基建项目，资金来源不正当，挪用工会活动费和农转工养老金等问题，从1989年起教委审计局规定先由学校初审才能立项，自筹基建违纪基本得到控制。此外，私设小金库、截留学校资金等也逐年减少。

4．审计理论研讨和计算机审计有进展。我们坚持边干边学边总结，先后在《教育审计的实践和探讨》、《高等学校审计》、《教育研究》、《教育审计》等书刊上发表论文共10余篇；参加全国文教审计研讨会、教育系统审计会议等，交流文章20余篇。审计工作应用计算机和计算机审计也做了不少工作：实现了文字处理、数据表格、文档资料等计算机管理；自编计算机审计程序有：《委属高校财务决算审计通用程序》、《定期审计报表数据处理系统》、《帐表、凭证等数据库的通用查询和统计》、《审计档案资料管理》、《通用制表》、《常用财经法规摘编》和《经济效益及指标通用分析和计算》等，对提高审计质量和效率有积极作用，并提供部分兄弟单位使用。

三、内部审计工作的主要做法

1．根据学校管理工作的内在需要，加强和改进审计工作。学校内审是学校内部自我约束机制的一个重要环节，它是根据单位领导的委托来进行监督、管理和评价的，是为学校深化改革，增强经济实力，提高办学质量服务的。因此，内部审计工作必须根据学校管理工作的内在需要来改进和加强。

（1）根据学校事业发展的需要制定审计工作计划和开展审计工作。审计计划主要是根据学校的中心工作，财经管理上存在的问题制定，并多方面征求意见，特别是主管财务、校办企业和后勤等各方面校领导的意见。制定出切合学校实际的审计工作计划。改变了那种遇到什么审什么的办法。使内审工作有计划有目的的进行。（2）根据学校财经管理中存在的问题确定审计重点和对策。例如，我们分析多年的决算资料，发现公务费在事业费中的比例，近几年逐年直线上升，从14.68%上升到22.85%。因此，审计计划把后勤承包列为审计重点，效果显著，节省了事业费支出52万元。又如：学校教育经费确实严重不足，但在资金、物资的管理使用、社会服务的收入分配上，都存在效益不高和浪费现象，要求把工作重点逐步转向效益审计，增强内部审计的作用；针对对外投资效益低、借出资金及预付款项风险大、暂付款数额大等问题，采取措施，定期检查利用暂付应收科目转移资金问题，健全投资和预付等制度，提高资金使用效益，减少风险。(3)根据学校经济活动复杂多样，扩大审计领域，改进审计方法。除大量的财务收支和财经法纪审计外，重视了经济效益审计工作。此外，还对经营承包、基建工程预决算、基建工程质量、自筹基建的资金来源、涉外经济合同、经济纠纷及责任、仪器设备的管理和使用进行了审计，这都是从学校财经管理的实际需要安排的。同时，还做了大量的审计调查，及时地反映情况。在改进审计方法方面，充分利用计算机作为审计辅助手段。为了增强审计效果，在确定审计项目时就要考虑审计成效，审计终了要充分讨论和分析占有的资料，提出评价意见和改进工作建议，不断提高审计工作质量。

2. 为提高办学效率，重视经济效益审计。在学校开展经济效益审计内容是相当丰富的，例如，提高经费使用效果、指导预算外资金使用流向、提高校办产业和社会服务效益等。几年来，我们一直坚持把效益审计放在重要位置。由于目前评价经济效益的标准尚需建立和健全，要进行专项的效益审计还有不少困难，我们从学校的实际出发，充分认识财务收支审计和经济效益审计既有区别，又有互相渗透的特点，除专项效益审计外，在财务审计中注意评价被审计单位效益，在财经法纪审计中，检查浪费回收资金，在审计调查中进行效益分析。这样也能达到加强管理和提高效益的成果，并提供大量经济分析数据和情况，为管理决策服务。

3. 接受审计机关的指导，不断加强审计监督。我校是审计机关实行经常性审计的单位。审计署每年至少来校审计一次，国家教委审计局和北京市审计局先后来校审计过五次，检查和评价了我校"七五"期间一亿多元基建工程项目。在财务审计中，查出大量违纪违规金额，监督和评价了学校教育资金的管理和使用，促进了学校财经管理。国家教委审计局来校审计，也是对内部审计的指导，促进内审机构的审计业务水平的提高和审计业务的开展。审计过程中，内审部门密切配合，如实提供情况；审计终了，为被审计单位核实情况，答辩事实，使审计结论客观，处理适度；作出审计结论和决定后，协助监督执行。

4. 加强学习，转变观念，主动适应改革形势发展的需要。随着改革的深化，经济政策和法规以及财务会计制度都有较大变化，企事业单位内部机构设置和权限下放，内部审计的内容、范围和权限也随之发生了变化，内审工作面临困难。为此，我们在深入领会小平同志讲话的基础上，还认真学习了《全民所有制工业企业转换机制暂行条例》等新的财经法规和制度，不断转变观念。坚持内部审计必须根据单位的内在需要来加强和改进；在审计依据上，除执行国家财经法规外，要把学校的规章制度作为重要的审计依据，特别是当前财经法规及会计制度不断改革的形势下，内部审计要多提供情况，为学校用好用足政策服务；在审计职能上除坚持监督这一基本职能外，要综合发挥审计的监督、评价和鉴证作用。

北京建工集团总公司

北京建工集团总公司原称北京市建筑工程总公司，是一个具有 40 年历史，拥有 10 亿元资产，8 万名职工和 3100 余名高、中级专业技术人员的大型综合性施工企业，曾为北京市的城市建设做出过巨大的贡献。

一、内部审计机构的沿革

该总公司的内部审计机构是 1985 年成立的，8 年来随着审计业务的不断增加，审计机构也随之发展壮大，1990 年审计处的人员有 10 人，处内划分为常规审计组、直属审计组和综合审计组，并且建立起总公司系统的内部审计网络体系。14 个大型企业全部建立起了审计机构，还在机关聘请了审计咨询员，在所属分公司车间聘有兼职审计员，在施工队聘有审计通讯员。1991 年底共有专职、兼职审计人员近 400 人，其中专职审计人员 59 人，具有大专以上学历的有 51 人，占 86%；具有高、中级技术职务的有 32 人，占 54%；年龄在 30—50 岁之间的有 46 人，占 78%。总公司的内部审计机构是全国内部审计工作试点单位之一，多次获得北京市内部审计工作先进集体称号，1990 年获全国内部审计优秀成果奖，1991 年获建设系统审计工作先进集体称号。审计处的两任处长赵智先和李鸿第分别担任中国内部审计学会理事、建筑审计学会副秘书长、北京市建筑审计学会副会长兼秘书长职务，并为国际内部审计师协会会员。

二、内部审计制度的建立与发展

为了搞好内部审计工作，总公司先后建立起十多种不同类型的审计模式。其中有经济效益审计、内部控制系统审计、经理(厂长)离任审计、承包经营审计、财务合规审计、法纪审计、财务决算审签、固定资产投资审签、联营经济合同审签以及委托审计和审计调查等。总公司颁发的《内部审计工作规定》、《内部审计工作试行程序》、《内部审计工作考核评比办法》、《内部审计处罚暂行规定》和《内部审计工作条例》等内部审计规章制度。随着企业转换经营机制，一些新的审计制度，如工程项目承包审计、项目经理离任审计和多种经营企业审计等项制度也在陆续建立和发展起来。

几年来，内部审计部门建立了以下几项制度和办法：1986 年建立了年度财务决算审签办法。本着“提前插入，密切配合，事先发现，不误决算”的原则，在实践中创造了三审定案的审签方法。即平时掌握月度、季度会计报表情况，在 11 月底出“小决算”时进行预审，对年度财务决算草表进行初审，对正式的决算报表进行审签。1989 年重新修订了这个办法。实行年度财务决算审签办法，对提高企业财务决算报表的质量，正确反映经营成果，起到了监督促进作用，并为其他审计工作打下良好的基础。

1986 年建立了经理(厂长)离任审计办法。强调先审计后离任的原则，离任者要向审计部门提交“企业资产清点表”和“述职报告”等资料，规定凡未经审计者，一般不办理调离企业或离、退休手续，还就有关人事(组织)部门、审计部门的责任做了明确规定。1990 年重新修订了这个办法。为了确保这项工作的质量，他们采取 8 个有关业务部门联审的办法，保证了这项制度长期贯彻实施。

1990 年制定了多种经营企业审计暂行办法。办法明确规定了多种经营企业审计的适用范围，强调企业的年度财务决算必须经审计部门审签方可进行年终奖励分配兑现；承包经营合同的签订和执行结果必须经过审计公证；经理(厂长)离任必须履行离任审计手续。为了解决多种经营企业审计面广、工作量大的问题，特别注意发挥了兼职审计人员的作用，从而保证了这项工作的顺利开展。

1989 年制定了内部审计工作考核评比办法。这个办法的主要特点：一是按照机构建设、审计实务、审计指标、技术规范、内部管理和审计效果划分为 6 个部分 30 个考核项目，详细规定了考核内容与标准，对审计工作的要求更加具体化、标准化；二是进一步理顺了审计工作的领导体制，促使企业主要领导主动把审计工作管起来；三是把考核的结果与政府审计挂钩，对总分达到 90 分以上的单位，可以取得市审计局免于重点审计的资格，大大调动了企业进行自我约束，搞好内部审计工作的积极性。

1989 年制定了内部审计处罚暂行规定。规定对于适用范围、处罚原则、处罚方式、领导责任及责任人责任等都做了具体规定。在执行当中遵循教育为主、处罚为辅的原则，起到了强化内部审计监督手段的作用。还特别规定，内部罚款要从自有资金中开支，由总公司财务部门收帐，保持了审计清政廉洁的作风。

三、内部审计工作实践

北京建工集团总公司开展内部审计工作，树立为企业服务的指导思想，贯彻“一手抓效益，一手抓法纪”的方针，1989—1992 年共完成各类审计 527 项，查出有问题金额 6556 万元，其中纠正违纪金额 3382 万元，发现损失浪费促进增收节支963万元。4年中共提出各类建议1403条，被采纳1365条，占97%，不仅对加强企业管理，提高经济效益发挥了重要作用，而且在近三年中未出现重大罚没问题。主要做法是：

1. 重点抓好经济效益审计。各单位的审计部门，每年除了搞好各项常规审计工作之外，还要保证完成两个效益审计项目。在实践中注意效益审计和内控制度审计相结合，从宏观着眼，微观入手，力争做到“短平快、见实效”。1990年以建设部组织的百户施工企业效益审计调查为契机，根据审计资料和有关数据，客观反映了当时造成施工企业经济效益滑坡几方面的问题，如建筑市场招投标压价情况严重；预算定额及取费标准未能与建筑产品价格同步调整；工程款拖欠严重，影响资金周转、加大成本负担；企业管理存在薄弱环节，定额管理、限额领料制度未能很好贯彻执行、损失浪费比较严重等等，引起了有关方面的注意。审计报告中的一些内容和数据被建设部采用，得到了有关领导部门的支持。北京市建委及时作出决定，恢复了原计提技装费的办法。1991年内部审计部门又选择了施工企业较关键的水泥管理和使用问题，在两个公司同时开展专项效益审计，提出了一些建设性意见，一年就可以节约水泥几千吨，节约资金近百万元。

2. 加强审计监督，严肃财经法纪。把严肃财经法规，维护财经纪律视为审计部门的重要职责，做到层层抓、随时抓。五建公司在财务决算审签中，一次对基层财务报表提出23项问题，纠正的金额达153万元，占发现问题金额的97.4%。1989年总公司审计处接受纪检部门委托，仅用三个月时间就查清了某公司一个材料员的经济犯罪问题，迫使他不得不去坦白自首。同年与市审计机关密切配合，还发现了一个处长利用职权挪用巨额公款的重大问题，检察机关列为大案要案查处。

3. 开展各类常规审计，不断拓宽内审工作领域。在认真搞好效益审计、财务收支合规审计的同时，还开展了多种常规审计工作。在近几年的时间里对126位公司、分公司一级的经理（厂长）进行离任审计，承包经营审计等项工作也都在不断深化。为了防止投资决策失误，在固定资产投资审签和联营经济合同审签中，强调要搞好事前审计。1989年初，通过审计经营公司领导，决定终止了一项联建宾馆投资总额7500万美元的计划，避免了损失。

四、审计理论研究及科研成果

几年当中，他们先后在《中国审计》、《审计研究》、《审计理论与实践》等刊物上发表过十余篇较有价值的文章，有的在建设部和北京市的审计论文竞赛中获奖，有的被编入《全国内部审计优秀成果精萃》一书。在中国内部审计学会第一届第三次理事会上提出的关于建立“总审计师制度”的构想和建议，已被一些企业采纳并付诸实施。为了适应审计工作现代化的要求，1990年建立了计算机审计科研小组。与有关部门合作，1991年底完成了“财务合规基础辅助审计软件”的研制工作，作为一项科技成果，经审计署、北京市审计局、中国人民大学及有关方面的教授专家鉴定，证明该软件“在全国建筑施工企业中尚属首创，在同行业中居领先水平，有较大的实用性，有助于提高审计工作效率和质量。该软件把以往的手工查帐方式，改为计算机辅助审计方式，在审计手段和方法上有一个较大的突破。”

鞍山钢铁公司

作为企业生产经营工作良性运行的一项重要保障措施，内部审计工作在鞍钢以她令人瞩目的成就受到人们越来越普遍的关注，并以勃勃的生机与活力大步地向前迈进。时至今日，在鞍钢的深化改革紧锣密鼓地进行的情况下，公司上下对审计工作的态度更是明确而又坚决。总经理李华忠对内审计工作明确提出：越是深化改革，越是要强化审计监督；未来的审计工作要拓宽领域，突出效益，再上水平。

鞍钢的企业内审工作发展到今天，得益于

审计方向的正确性和实用性。这是鞍钢始终坚持的“一手抓监督，一手抓效益”。对此，鞍钢称之为“监督与服务并举”，“审计与效益共存”。升华到审计工作的指导思想上，就叫做“一审、二帮、三效益”。效益是结果，也是宗旨。

在这样一种指导思想下，内审工作取得了成效。

在内审工作起步不久的1988年，违纪金额达到7898万元，而那一年全年实现利润不过15.9亿元；在以后几年中，违纪金额呈逐年大幅度下降的趋势。1989年为6368万元，1991年为706万元，到了1992年，则仅为605万元，另一方面，经济效益审计则越搞越红火。截止1991年的前六年中，通过经济效益审计为企业增加效益8678万元，1992年一年增创的效益高达3429万元。企业内部审计这种理财、生财的双重性作用，在鞍钢得到了很好的验证；一手抓监督，一手抓效益，这种指导思想的实现，也确实使鞍钢的审计工作结出了丰硕的成果。

鞍钢的审计机构是1984年9月组建起来的。目前，公司总部设审计处，二级公司分别设立二级审计处或审计室。其中，公司总部审计处又下设了14个直属的副处级审计室，有各类审计人员80多人。

鞍钢的审计工作管理体制体现了“集中管理、专业配套”的精神，就是说，通过集中管理，坚持上审下，来体现审计工作的权威性；审计队伍由“三师”组成，专业配套，从而可以灵活应付多种情况，有效地开各类审计工作。这样一种审计工作管理体制也就恰巧适应了“一手抓监督，一手抓效益”的审计工作指导思想。此外，为了处理好审计同其他工作之间的相互关系，鞍钢又组建了由公司总经理任主任，有生产、计划、财会、纪检、监察和工会等部门负责人参加的审计委员会，从而把审计工作和审计工作责任同其他各项工作挂上了钩，审计的地位也由此而得以突出。

在这样一种指导思想和管理体制之下，鞍钢的审计工作开展得就比较得心应手了。事实也证明，鞍钢的企业内审工作这些年来始终是在健康的轨道上运行。这包括如下两方面内容：

在审计监督上，逐步形成了一个企业上下各方齐抓共管，制度健全、责任明确的审计监督防范体系。具体来说，鞍钢的审计监督是在这样一种发展过程中不断得到强化和完善的，即：由最初的事后监督发展为事前、事中和事后监督紧密结合，重在事前和事中的审计监督，从而防止许多违纪问题的发生，这也就改变了审计监督跟在案件后面跑的被动局面；在审计工作责任上，变审计人员对审计负责为全公司上下有关部门、有关人员共同负责。为实现这一目的，鞍钢先后制定了《行政职能部门重大财经违纪事项为零责任制》和有关考核办法，明确了违纪标准，并规定财经纪律不达标，取消单位的“评先”资格，从而改变了审计工作由审计部门唱独脚戏的局面。

在促进增效上，经济效益审计由窄到宽、由浅到深，迅速发展，日益完善。具体来说，鞍钢的经济效益审计的发展变化大体上体现了这样一个过程，即：从简单管理审计发展到决策审计，从单一的企业生产、管理领域的审计，延伸到企业间的横向经济联合和企业外的市场经济效益等方面的经济效益审计。在经济效益审计的指导思想上，则变“服务增效”为“参与增效”，即：提倡审计要积极参与企业的有关经济工作，在参与中开展有效的审计，从而增强了经济效益审计的针对性，把握住各时期经济效益审计的重点，妥善地解决了如何确定经济效益审计的审计方向问题。

总之，鞍钢的企业内审工作在短短的几年中，有了长足的发展，取得了成绩，而这种成绩的取得又有赖于鞍钢抓住了企业内部审计的特殊性和确定的切实可行的指导思想。即“一手抓监督，一手抓效益”。企业最终目的是提高经济效益，因此，审计监督，也必须是促进企业提高经济效益的一种保障措施。所以，在搞好审计监督的同时，审计工作必须牢牢抓住经济效益不放。鞍钢的审计之所以受到企业内部各方面的普遍重视与欢迎，其原因之一也就在于此。

第一汽车集团公司

中国第一汽车集团公司审计处成立于1985年7月，现有审计人员39人，其中，处级干部3人、科级干部7人、一般干部29人，高、中级职称人数占70%以上，下设六科一室。

审计处的工作性质是经济监督，主要任务是：根据中华人民共和国审计条例和审计署关于内部审计工作的规定，在本单位主要领导人的直接领导下，依照国家法律、法规和政策，对本部门及其下属单位的财务收支、经济效益、财务计划和预决算执行情况，国有资产的管理和使用情况，各项基金的提取和使用，国家财经法规的贯彻执行情况及与财务收支有关的经济活动进行审计监督。

几年来，在审计署和机电部审计局的指导下，我们本着财务收支审计和经济效益审计并举的原则，紧密围绕工厂中心工作，在深化改革、节约挖潜、加强管理、提高效益、转换经营机制、维护财经纪律等方面，做了许多工作，发挥了内部审计特有的优势。通过审计，累计为企业增加效益和节约开支达2000多万元，在一些重大问题的决策上起到了领导参谋和助手的作用。实践证明，内部审计不是可有可无的，而是非设不可的，特别是在当前企业转换经营机制加强自我约束，内审的地位尤为重要。

1992年，我们根据中央工作会议和邓小平同志在南方重要讲话精神及审计署和机电部对审计工作的要求，结合工厂的中心工作，大力推进改革的步伐，进一步解放思想转变观念，增强改革开放意识，积极服从服务于改革，突出了以经营管理、经济效益审计为中心这个主题，提出：以财务收支审计为基础，以经济效益审计为重点，逐步向生产、经营、技术领域拓展，对企业实行全方位审计的工作方针。一年来，在抓管理、堵漏洞、降成本、增效益等方面做了许多工作，取得了一定的成绩，全年完成审计项目117项，写出审计报告80多份，节约资金88.4万元，增加效益额431万元，全年通过审计为企业增加经济效益519.4万元，为经济效益超历史最好水平做出了贡献。

一、拓宽审计领域开展内控系统评审

内部控制是企业转换经营机制所必须具有和加强的一种自我约束手段，因此，我们抽出主要力量对物资采购供应部门的物流环节进行全面经济评审，从健全经营目标、计划执行、采购价格、经济合同、产品质量、资金占用、理顺关系等方面的管理制度，到运行情况进行调查分析，确定控制点，进行健全性、复合性、实质性测试，找出薄弱环节和失控点，提出改进意见，促进物资流通系统加强管理，提高效益。

二、抓宏观控制为企业决策服务

一汽由于生产设计能力不足，这几年新产品不断增加，部分汽车零部件的生产需要外委，每年外委支出2亿元左右，对汽车成本影响很大，在管理上也存在一些问题，例如，选点远、价格高等问题。为了解决这个问题，由审计处牵头，生产处、计划处参加，对全厂外委情况进行全面调查，针对调查中发现的问题，提出了建议，并制定了《关于严格控制外委加工的规定》加强了对外委工作的管理。

三、把提高经济效益作为内审工作出发点

根据1992年工作方针和质量、效益"两个总体战"的要求，结合企业转换经营机制，加强自我约束的能力，我们把工作目标放在加强内部管理，挖掘内部潜力上，向管理要效益，向节约要效益。针对在燃料煤采购管理与使用上存在的问题进行了专题审计调查，发现执行经济合同不严肃，国家统配煤矿的合同履约率低(70%以下)。为保证生产和生活用煤，要用大量的计划外煤来补充，而计划外煤的价格每吨高于计划内煤30～50元，这部分煤的差价每年就达1500多万元，如能提高国家统配煤到货合同履约率10%，每年就可节约资金300多万元。为此，供应部门采取措施，鼓励采购人员蹲在煤

矿催发运煤，千方百计提高合同履约率，节约开支。

四、开展基本建设工程审计控制资金外流

1992年审计基建工程预(决)算37项，审计预算额为856.2万元，审定额为767.8万元，审减额为88.4万元，占原预算额的10.3%，为厂节约了资金，增加了效益。

五、开展经营承包审计完善经济责任制

为了落实1992年奋斗目标，审计部门参与了经济承包工作，对部分专业厂(处)承包指标的落实、执行情况，进行了跟踪审计，及时发现问题，采取措施，确保奋斗目标的完成，大力宣传取得成绩比较突出单位的经验，促进增收节支工作的开展，并对执行中各项指标完成情况的真实性、准确性、可靠性进行审计，为承包兑现做好准备。

六、开展财务收支审计维护财经纪律

为了避免重复检查，我们把财务收支审计与每年一次的财务大检查结合起来一道去做，减轻了基层的负担。我们的工作方法是，实行审计人员分片包干，从自查开始到结束，审计人员经常在下面帮助自查，发现问题及时协调，妥善处理，这样既进行了监督，又体现了服务，深受基层的欢迎，效果也比较好。由于自查工作抓得细、抓得实，近几年在国家审计时，没发现重大违纪问题，维护了财经纪律，保证改革开放的顺利进行。

山东省冶金工业总公司

一、内审机构巩固发展

山东冶金审计机构，到1993年初已建42个，占应建机构的87.5%，比1988年增加10.5%，专职审计人员达到140人，比1988年101人增加39人，兼职审计人员共60多人。其中总公司20个直属企业全部建立了审计机构，审计人员由1988年的76人增加到101人，有3个企业建立了审计委员会。在广大审计人员的努力下，1988年以来有6个企业11次先后被冶金部和山东省评为全国冶金系统和山东省内审先进单位，11名同志先后12次被冶金部和山东省评为先进审计工作者，总公司审计处先后二次被冶金部评为全国冶金系统先进单位，一次被山东省评为全省内审先进单位，有一项研究成果被中国内审学会评为优秀成果奖。为了开展审计理论研讨，于1989年成立了山东冶金审计学会。

二、勇于改革开拓前进

几年来，山东冶金内审工作随着改革开放的深入，比较好地实现了思想观念的转变，由单纯的财务收支审计向以经济效益审计为中心方面转变，由单纯的监督职能向监督与服务并举的职能转变，审计领域越来越宽广。

这几年，共开展审计项目1198项，查纠违纪金额2468.5万元，查出损失浪费金额346.7万元，纠正帐表差错3.5亿元，为企业增收节支4349万元，提出审计建议2626条，被采纳2478条，占90%以上，开展内控评价项目47项，审计在维护财纪纪律，促进企业管理，提高经济效益方面越来越发挥出它的重要作用。

1."六五"期间所开展的审计项目不但巩固下来，而且有所发展。财务收支审计、厂长离任审计、经济合同审计已经形成制度，成为内审的必审项目。通过财务收支审计使违纪金额逐年减少，公司直属企业每年财税大检查罚没款项年年减少，1989年为300多万元，1990年为150多万元，1991年为70多万元，1992年为50多万元。几年来共对30多名厂矿长进行了离任审计，使离任干部清清楚楚离开，接任干部明明白白接任，为有关部门考核、使用干部提供了依据，促进了在职干部的廉政勤政建设。这项审计在企业内部对下属分厂二级单位也开展起来了。几年来共开展合同审计达6000多份，通过审计对违反合同法规定或不合理合同提出修改、终止的意见，为维护企业合法权益发挥了作用。

2. 把经济效益审计摆在内审工作的中心位置。几年来，效益审计取得了比较好的效果，引起各级领导的重视，使效益审计项目逐年增加，审计领域不断拓宽，经济效益逐年增长。在经济效益审计中，有工资基金审计，物资采购与物资管理审计，工程项目预决算审计，产品成本审计，现代化管理成果和质量管理成果审计。对生产领域也进行了有益的探讨，例如，对张店钢铁厂球团出矿率的审计，使出矿率提高6%，当年增收44万元；对青岛钢铁总厂的高速线材达产调查和对第二耐火材料厂一次投入产出率的审计，都取得较好的效果。莱芜钢铁总厂多年坚持产品成本审计，1989年以来通过审计降低产品成本2000多万元。由于广大审计人员的努力，几年来冶金系统开展经济效益审计共为企业增加经济效益5000多万元，1992年冶金总公司直属企业就有4个审计机构年审计效益超过100万元，6个企业的内审人员年平均为企业增加效益15万元以上。

3.“七五”初期新开拓了承包经营责任审计。这项审计在冶金系统已经形成了检验各企业全年生产经营成果、兑现奖惩的必审项目。审计重点是检查承包经营者是否全面完成了承包合同，在承包经营中是否违反财经纪律，有无短期行为，分配是否合理，有无虚盈实亏、潜亏等现象。通过审计为承包者作出恰如其分的评价，给总公司领导为下个年度承包提供可靠信息。这项审计不仅总公司对直属企业形成了必审制度，而且企业内部对分厂对二级单位也形成了制度。

4. 内控评价方法在冶金企业推广应用。1991年在总公司内部选择了12个企业进行了内控评价试点。到年底提供16份报告，有固定资产构造、使用、管理、报废审计，有物资采购管理审计，有货币资金审计，有油料管理审计，有产品成本审计等等，试点工作取得了成效，积累了经验。内控评价试点总结在中国审计学会、中国内审学会召开的内控研讨会上发表。内控评价经过试点于1992年在冶金系统推广，效果很好。烟台冶炼厂对阳极模采购的内控评价报告被中国有色总公司评为三等成果奖；湖田石灰石矿的水泥包装物内控评价不但促进了物资管理，还为企业提高效益11万元，被山东冶金总公司评为优秀成果奖；潍坊钢厂产品销售内控评价报告被潍坊市审计局评为优秀成果奖；张店钢铁厂球团矿出矿率内控评价报告被淄博市评为质量管理成果奖；烟台钢管厂物资采购及管理、固定资产内控评价报告，青岛钢铁总厂、山东耐火材料厂的固定资产管理内控评价报告分别被本厂评为优秀成果奖并受到厂领导的表彰。内控评价之所以得到各级领导的重视，是因为通过内控评价不仅加强了企业内部控制，促进了企业管理，而且还为企业增加效益。实践证明，内控评价是内审工作的发展方向。

三、充分发挥部门审计的作用

1. 制定五年创水平上台阶规划，促进内审建设。1991年，总公司审计处从有计划地指导内审建设出发，以总公司名义，对机构建设、三化建设、审计工作要求、审计职业道德、基础工作等方面制定了五年发展目标，三个台阶标准，要求1995年各企业内审登上第三个台阶。这一规划有力地促进了内审建设，各企业内审机构普遍地建立了内审工作标准、审计质量标准、各类台帐、规章制度、审计办法等。总公司统一建立的内审规章制度，审计办法达20几种，各企业按照规划要求具体地制定了实施细则，规划自己的活动，目前登上了第三个台阶的已达25%，登上了第二个台阶的占50%。

2. 每年召开一次全省冶金审计工作会议，总公司领导到会讲话，还邀请冶金部审计局、山东省审计厅的领导到会讲话，传达上级指示，总结工作，部署当年工作，表彰先进。这样的会议已召开七次，既能提高企业领导及审计人员的审计意识，又为内审工作指明了方向。

3. 对直属企业每年下达审计项目计划，改为从1993年起下达项数、效益、内控评价计划，不再下达项目计划，以便使企业在安排审计计划时，紧紧围绕本企业实际和厂长的意愿，使企业更具有灵活性。

四、注重审计宣传和理论研讨

山东冶金审计学会诞生于1989年3月，共选理事25人。学会始终把宣传审计、开展学术研讨、交流内审工作经验作为中心工作。现已组织系统内审计人员撰写论文185篇，先后举办理论研讨会7次，并创办了《山东冶金审计》刊物，已出版11期，刊载论文60多篇。为扩大审计影响，组织开展了审计知识竞赛，共有3200多人参赛。学会举办审计学习班（统计、档案、内控、基建、新会计制度学习班）六次，培训内审人员210多人次，还向上级有关学习班推荐学员100多人次。为提高冶金内审人员业务水平，内审机构普遍订购了《中国审计》、《审计研究》、《山东审计》、《财经审计法规汇编》、《审计资料》、《审计情况》等审计刊物。审计学会还先后组织了对审计论文、审计档案、内控评价案例审计成果评比，共评出优秀论文26篇，其中有12篇论文被中国冶金审计学会评为优秀论文，有一篇被山东省社科联评为三等奖；评出优秀审计报告、调查报告23份，其中有6份报告被中国冶金审计学会评为优秀报告；评出内控评价好案例11份。还发动会员编写出版了《财会审计常见错弊》（300例）一书，在全国发行，还参与中国冶金审计学会出版的《冶金工业审计》编写工作。目前学会已发展会员450名，理事单位47个。

东风汽车公司

东风汽车公司（原第二汽车制造厂）于1984年8月成立审计室以来历经三个发展阶段。1984年8月—1985年10月为“启蒙认识，筹建机构”阶段，成立审计室，配备专业审计人员。1985年10月—1989年8月为“提高认识，实现四有”阶段，成立审计处，实现“有机构、有人员、有制度、有成效”的“四有”审计目标。1989年8月—1992年底为“上水平，求发展，实现内审工作上台阶”阶段。几年来审计工作取得了长足的进展，在改善经营管理，建立并完善企业自我约束机制，提高经济效益诸方面作出了重要的贡献。

一、加强管理监督，完善企业自我约束机制

1. 开展财经法纪审计，提高企业自控能力。几年间，我们共审计公司内部二级财会单位72厂次，每年财审覆盖率达50%左右，共查出有问题金额8000余万元，上交帐外资金调帐增加效益4000万元。我们还配合纪委监察等部门查证经济专案多起。为配合国家财务审计，我们多次召开财会科长座谈会，传达学习国家对企业经常性审计的要求，编印了《常见违纪事项政策界限和处罚规定》，发给各单位学习并要求严格执行，每年安排各单位自查自改。通过经常性审计开展财经法纪审计，查证经济专案，违纪金额逐年减少，维护了财经纪律，堵塞漏洞，促进廉政建设。

2. 开展基建工程审计，使建设资金处于受控状态。1991年公司决定在我处增设基建审计科，主要任务是对公司“八·五”规划内项目实行全过程监控，变以前的事后审查、损失浪费已成事实为现在的事前把关、事中监督，把隐患消除在建设过程之中。近两年来，基建审计工作人员本着边组建、边工作的指导思想，积极开展工作，根据各个建设项目的实际情况分别开展了招投标审计，开工前审计，施工过程审计，竣工审计以及对“八·五”规划内主要项目实行全过程监控的同步审计，取得很好的效果，至今没有发现建设工程项目中大的违纪、超标和损失浪费事项。公司的建设资金基本上处于受控状态，基本建设方面的自控能力有了较大幅度的增强。

3. 不断探索新的监督形式，提高监督效果。1992年，公司加快转换经营机制，采取一系列改革措施。在改革不断深化的过程中，公司领导作出具有战略意义的决策：“在二汽的企业改革过程中，其他机构要精减，但审计的力量要加强。”根据领导决策和公司实际情况，我们积极探索不同的监督方式，以期既要支持改革，搞活企业，又要强化监督，维护总体利益，保证下放的权力不被滥用，企业的经营权利不受侵害。我们制定了《二汽所属重要经营管理部门派驻审计人员的暂行办法》，并向供应部门试点派驻两名审计人员，协助东风实业开发公司和襄樊管理部建立自己的内审机构，对其下属单位进行审计监督。在公司新一轮经营承包工作过程中，我们参与对二级单位目标责任制的制订，并及时制定了《东风汽车公司厂长（经理）任期目标责任审计暂行办法》，明确公司二级单位主要行政领导人的经济责任，通过审计监督，促使承包单位主要行政领导人增强责任心，围绕公司总体目标提高管理水平，提高经济效益。

二、经济效益审计和内控制度评价工作逐步开展

1.经济效益审计是现代企业内审工作的重点。几年间，我们不断拓宽经济效益审计领域，主要包括：横向经济联营审计，重大特殊经济合同效益性审计，原材料资源开发投资审计，企业兼并审计，工程预决算审计，科技成果效益审计，产品质量责任审计以及专项效益审计调查等，取得了较为显著的成效。

2.内控制度评审已经起步，还有待于全面展开。公司领导对内控审计十分重视，前任厂长陈清泰同志曾指出：“开展内控制度审计是企业自身的需要，我们有很多好的政策和好的管理办法，但执行起来往往走样，确实需要审计。”1992年，根据部审计局安排，在1991年原材料管理内控制度审计的基础上，我们对公司基建工程开工报告和合同管理开展了内控制度评审，同时开展了对供应部门的钢材采购内控制度全面的较为规范的审计评价，取得了很好的效果，受到国家审计署的高度评价。

三、加强经济合同管理审计

审计处成立后，总厂决定设立合同管理审计科，负责全厂合同统一的归口管理和审查全厂重大经济合同（一般指100万元以上的合同）。逐步建立起以专业厂（处）审计为主，公司审计处以合同归口管理和审计重大特殊合同为主的两级合同审计体系。通过对经济合同开展事前、事中和事后审计，取得了令人瞩目的成效。1989年根据何光远部长的批示，机电部在全行业推广学习我公司经济合同管理与审计的经验。

四、开展集团行业审计与管理

根据审计署《关于内部审计工作的规定》、机电部《关于加强行业审计监督管理的意见》以及联营章程、合同，我们开展了企业集团审计工作。企业集团审计具有行业管理和审计实务两方面的职能。我们开展的主要工作内容是：1.抓各计划单列厂及联营合资厂的组织建设和业务建设；2.制定集团年度工作规划要点；3.每年召开一次集团审计工作会议，传达上级审计会议精神，总结交流经验，评比表彰先进单位和个人；4.抓信息交流，出版《审计简报》，宣传审计工作；5.参加机电部审计局组织的国家经常性审计；6.开展集团内部联营合资厂年终决算审计，几年间，我们共审计集团成员厂家48厂次，查出有问题金额4500万元；7.组织集团内审计干部培训教育，提高人员素质。

五、积极开展内审学术理论研究

1992年我们成立了东风汽车工业联营公司审计学会（现为东风汽车集团审计学会），为集团广大内审人员提供了学习交流研究的场所。我们有60%的审计人员撰写审计学术论文和工作总结材料达50多篇。

广东核电合营有限公司

广东核电合营有限公司从1985年2月成立之日起，就充分重视内部审计工作。在公司合营合同和章程中，规定设立总审计师和副总审计师，并明确其权限和职责范围。

公司实行董事会领导下的总经理负责制。总经理以下设工程部、生产部、人事部、财务部、质保部、秘书部和审计部。

审计部编制11人，这几年实有9人左右。正、副总审计师分别由港方和中方推荐，由董事会任命，下设3名审计主任。

审计部对人员素质要求较高，除要求有好的品德和熟悉业务外，还要求掌握英语，以便阅读大量的英文合同、程序等文件，并编写英文审计报告。目前审计部有3名港方员工，大部分中方审计师在香港中华电力公司接受过在职培训。

1989—1992年审计部完成的工作如下表：

	1989	1990	1991	1992
专项审计	12	14	14	13
专题调研		2	5	3
内部控制验证	22	28	16	7
事前评审				＞50

审计部还汇编了《政策手册》和《合同与采购手册》，开展了有关内部控制以及合同与采购的培训工作。

合营公司实行董事会领导下的总经理负责制。公司一切重大问题由董事会决策。审计部每半年向董事会提交一份内部审计报告，每月向总经理部提交一份审计小结和计划。董事会和总经理的支持有助于提高审计工作的权威性。

合营公司实行分级授权的管理体制。各项业务运作及其接口亦建立了相应的程序和制度。内部控制制度已逐步完善，为内部审计创造了比较良好的环境。

这几年，审计部既致力于对程序的执行实施监督，又致力于完善各类程序和制度，也对良好的审计环境的建立做出一定的贡献。

审计部围绕着加强和完善公司的内部控制制度开展审计，采取的主要方式是：

1.专项审计。专项审计包括事中和事后审计，即将运作的结果与既定的预算、计划和程序等进行比较。这是审计部按年度计划开展的例行的、规范化的审计工作。

2.专题调研。对公司某些资源（人力、设备等）进行调研，作出量化分析，供领导决策或协助归口单位加强对该资源的内部控制。这类调研往往缺乏既定的标准。

3.内部控制验证。在发现某项运作不符合既定程序时，为便于及时纠正，对其开展时间短、见效快的内部控制验证。随着内部控制系统日益完善，内部控制验证项目已逐渐减少。

4.事前评审。近几年，审计部参与了越来越多的对合同和商务问题的事前评审工作。对一项运作，从准备工作开始就实施内部控制，无疑比事中和事后审计更有意义，但也对审计人员的知识面、实践经验和预见能力提出了更高的要求。

几年来，审计部的工作重点主要是：

1.由于大亚湾核电站投资巨大，绝大部分支付是通过合同实现的，因此除了例行的财务收支审计外，合同审计是前几年审计工作的重点。合同审计可分为事前、事中和事后（决算）三阶段。

（1）事前评审。近几年，审计部参与了几乎所有金额超过5万美元的非竞争性合同以及超过50万美元的竞争性合同的事前评审。评审的重点是：从立项、招标、开标、评标、推荐直至签订合同是否符合公司的有关政策与程序，包括承包商资格的认可、开标的监督、招标和评标的公正性、价格的合理性以及合同的完备性等。必要时还参与合同的谈判。

（2）事中审计。包括定期审计以及变更与索赔等商务问题的评审依据是合同与有关程序。定期审计的重点是合同管理的内部控制状况，包括：支付、变更与日工控制、进度、预算控制及预测等。变更、索赔与违约罚金的评审，则要根据合同条款、双方证据、律师意见、对日后工程的影响等因素，进行综合考虑，提出建议。

（3）事后（决算）审计。一般放在工程临近决算时进行。重点是对工程量的全面核算，核查承包商是否已全面履行其合同规定的义务，审核遗留问题的商务处理办法等。

2.除了对大型合同进行审计外,审计部还十分重视对零星采购的审计。虽然其金额较小,但因涉及面广,内部控制较困难,出现差错和舞弊的可能性大。除加强经常性审计外,强调对承包商的资格审查、选择长期定点供应商、限制非竞争性采购以及加强对采购人员的培训等。

3.由于公司会计制度和程序比较严密,财务审计的重点是:各项财务运作的合规性,各类会计资料的完整性、准确性、及时性以及电子数据处理审计。

4.其他管理审计的重点是:是否已建立适当而有效的制度和程序,该运作的关键点是否得到了有效的控制,其总体运作是否符合公司的目标和计划。

辽宁省邮电管理局

1989年以来,辽宁省邮电审计工作按照努力上新台阶的目标积极开展工作,遵循"积极开展,逐步提高"的方针,按照"统筹安排,全面部署、突出重点"的原则,紧密围绕通信建设的重点,不断拓宽审计领域。坚持以提高审计质量为前提,以财务收支为基础,积极实现三个延伸,即从事后审计为主逐步向事前、事中审计延伸,从财务收支审计为主,逐步向以财务收支审计为基础,效益审计为重点的方向延伸;从常规审计入手,逐步向较高层次审计监督延伸。经过努力,基本实现了审计工作的制度化、法制化、规范化,使审计工作有长足的发展。几年来,全系统共完成审计项目2056个,审计单位1246个,审计覆盖面年平均87.26%,审计总金额为150亿元,查出违纪违规金额2116万元,其中违纪金额346万元,上缴财政金额34.08万元,企业内部罚没金额117.02万元,促进企业增收节支金额3167.88万元,查处各类经济案件5起,严肃了财经纪律,维护了企业合法权益。几年来,我局审计处注重审计理论研究,并在理论与实践的结合上取得了一定成果,获得中国内部审计学会"内部审计优秀成果奖"、邮电部"邮电审计先进单位"、辽宁省"内部审计先进集体"等奖励。还有38个市、县邮电局审计机构和28名个人被地方审计机关授予"内部审计先进单位"和"先进个人"等称号。几年来的主要工作是:

一、以财务收支审计为基础开展常规审计

几年来,辽宁省邮电系统坚持了以财务收支审计为基础,采取将年度会计决算,承包经营责任审计相结合的方法,开展常规审计。共对167个通信企业进行了审计,单位覆盖面年均56.8%,基本做到了对重点单位,收支大户年审一次,所有被审对象两年审一次。在常规审计中发现违纪违规金额840万元,增强了企业遵纪守法观念。使审计违纪违规率由1989年的2.71‰,下降到1992年的1.48‰。

二、积极开展经济效益审计

根据邮电企业生产过程就是用户消费过程的特点,几年来,坚持从专项经济效益审计入手,努力探索综合经济效益审计的指导思想,制定了《经济效益审计办法》,几年来共开展经济效益审计149项,提出审计建议242条,可望为企业增收1465.45万元。特别是专项效益审计见效快,收益大,1992年仅市话计费效益审计一项就为企业增收170多万元。

三、广泛开展基建审计

为维护企业合法权益,防止基建计划缺口过大等问题,我局从1991年开始对全省基建项目进行大规模审计监督。至1992年末,共完成基建审计项目273项,通过审计核减工程价款2901.84万元,其中重点工程项目施工阶段审计46项,审计投资额3890万元,审减工程价款435.46万元,为原投资额的11.2%;抓住竣工后结算的时机,进行竣工决算审计123项,审计结算资金13067.77万元,审减工程价款1091.29万元,为结算资金的8.3%。结合经济合同的审计签证,对3970项零星工程进行了审计,审减

工程价款1375.09万元。基本建设项目审计赢得了省邮电系统各级领导的好评和相关部门的欢迎。

四、搞好离任审计

几年来，为适应局(厂)长负责制，先后对131名领导干部进行了离任审计，审计率为100%，审结后提升10人，平调89人，免职14人，正常离退休16人，其他2人。为领导和有关部门考核使用干部，提供了可靠的依据。

五、探索内控制度评审

为了保证业务资金合理使用，1991年对全省经营报刊业务的61个单位进行了全面审计。通过运用测试提纲和流程图，对内部控制点的重点审计，发现违纪违规金额156万元，收缴22.2万元。1992年又对39个市、县邮政储蓄部门850个邮政储蓄网点内控制度进行了评审，找出邮储管理薄弱环节和失控点五大方面，提出审计建议25条，为内控制度评审积累了经验。

六、加强了审计调查工作

1989年以来，先后开展了成本费用、通信发展基金筹集及使用情况、工资及增长基金、公用电话使用情况、地方优惠政策落实情况及用户欠费情况等六大专题进行了审计调查，均取得了不同程度的收效。特别是1991—1992年进行的用户欠费情况审计调查，效果尤为明显，得到了各级领导的重视。到1992年末，全省隔月用户欠费由1991年8月份1967万元，下降到1293万元，下降幅度为34%，减少资金占用647万元，既加速了资金周转，又增加了企业效益。

七、加强审计综合管理工作

几年来，省邮电系统审计队伍不断壮大，至1992年末，独立的审计机构46个，比1988年增加了30个；审计人员184人，比1988年增加了49人。其中，中级职称人员41人，高中、中专以上学历152人。

为了提高审计人员素质，几年来共举办10天以上培训班23个，培训审计人员406人次。其中经济效益、基建工程、微机应用等培训班，对审计人员更新知识，提高能力，起到了较好的作用。

为了使审计工作逐步实现制度化、法制化、规范化，我局提出了系统的审计制度建设总体设想，陆续制定了《辽宁省邮电系统内部审计工作规则》、《辽宁省邮电审计程序实施细则》、《辽宁省邮电基本建设项目审计办法》、《辽宁省邮电审计工作巡视检查制度》等16个审计制度及实施办法，收集并印发了《辽宁邮电审计工作文件选编》。

大庆石油管理局

一、内审机构和人员配备情况

大庆石油管理局是国家特大型石油勘探开发企业，1984年建立内审机构，当时与大庆市审计局一个机构两块牌子。1987年5月，根据油田企业内在需要，管理局独立设置审计处，下设5个科室，即综合科、法规科、财务审计科、基建审计科、经济责任审计科。截止1992年底，全局二级单位已建立了58个审计科，配备专职审计人员192名。其中，具有中级以上职称的人员为78名，初级职称人员为69名，具有大中专以上学历的人员为135名，并在三级单位聘请兼职审计人员868名。目前，已基本形成了专兼结合、上下结合的审计组织体系，较好地适应了审计工作发展的需要。

二、内审工作经验和成果

几年来，全局共审计了2481个单位，完成各类审计项目1351项，审计总金额380亿元，审计查出违纪违规方面有问题金额21592万元，取得直接经济成果2.12亿元，为保证油田的持续稳产，深化改革，加强管理，提高经济效益和反腐倡廉维护财经纪律等方面，较好地发挥了内审监督作用。1989—1992年，局各级审计部门共获得石油天然气总公司颁发的优秀审计项目奖17个。大庆石油管理局年年获得总公司“审计工作先进单位”，1990年，还获得中国内审学会颁发的“内审优秀成果奖”。有40多篇审计论文在国家、省、部和市级审计、管理书刊上发表，《审计干部岗位规范》被总公司以文件形式下发各油田执行。

（一）促进经济效益的提高是内审工作的中心任务。

1. 推行油田基建项目管理审计，不断提高基建投资的使用效果。1989年以来，局审计处针对油田基建管理体制的新变化，在油田基建投资上实行了投资效益项目管理审计，按项目管理程序，从计划立项、项目概算、施工图预算、施工合同、内控制度、施工组织措施、节约挖潜措施，直至竣工验收及工程结算等环节，进行了全过程跟踪审计。几年来，共审计基建投资总额36亿元，取得合理调整投资流向8377万元，节约挖潜、降低工程投资支出3198万元。通过项目管理审计，进一步完善了基建项目管理程序，提高了基建工作的透明度，把审计监督贯穿服务于整个基建过程中，较好地解决了审计处理难的问题。更重要的是，开展对工程项目全过程审计监督，达到了提高投资效果，降低工程造价，完善内控制度，提高管理水平的审计目的。

2. 有效地开展物资管理效益审计。局审计处在前几年开展物资采购合同审计的基础上，1992年又在全局范围内对1990年以来物资采购管理工作进行了管理效益审计。在这次审计中，全局各单位通过追回预付款，对质次物资做退货处理，对积压报废物资进行挖潜利用，避免经济损失1028万元，挽回经济损失729万元，节约采购资金1237万元，共增加经济效益3049万元；建立完善各种内控制度985项5144条，提出合理化建议1955条。同时，还查处贪污受贿等违法违纪问题44件47人，其中，移交司法机关20件20人，给予党政纪律处分15件16人，单独罚款处理7件8人，查清待处理2件2人，共收缴赃款2.08万元，收缴罚没款2.07万元，清理了物资系统内部的蠹虫，促进了廉政建设，保证了油田生产建设所需物资供应，较好地发挥了内部审计的监督、保证和预防作用。

3. 开展经济合同审计，维护企业合法经济利益。在贯彻审计工作逐步向效益审计转变的同时，大庆石油管理局还不断探索事前审计的新方法，力求把问题消灭在合同履行之前，收到了明显效果。局热电厂审计科针对电厂建设初期，物资、设备采购量大，非标准设备较多且价格较乱的实际，仅1992年，通过事前审计签证方法共审计52份经济合同，就核减设备价款103.2万元，有效地减少了不必要的经济损失。

4. 开展成本管理审计。近年来油田采油成本、钻井成本上升过快，已引起局领导的关注。为了查找分析成本升高的主要原因，局审计部门组织开展了采油、钻井成本管理审计工作，针对生产、技术和管理方面存在的问题，提出了加强管理，挖掘内部潜力，提高效益的途径、方法和措施，促进了油田经济效益和社会效益的提高。同时，局审计部门为了向技术进步要效益，开展了油田两类机采设备产液量效益审计评价，提出了使用抽油机或电泵最佳液量的分界线，为领导和有关部门正确选择机采设备提供了决策依据，受到局厂领导的高度评价。

（二）加强管理，维护财经法纪的严肃性，是内审工作的重点。

1. 局审计处针对油田运输市场、外委机加产品、外委工程预决算等管理薄弱和带有倾向性的问题开展内审监督工作，为油田节约支出达2580多万元。1989年以来，局审计处还会同有关部门每年编制矿建工程标准预算，严格工程结算审查，与编制前相比，每平方米节约造价5.98元，几年来，共节约矿建投资1000多万元。

2. 把财务收支审计纳入审计工作重要议事日程，坚持“重点单位审计经常化，经常性审计单位抓重点”，增强了各单位内部约束机制，进一步解决了财经纪律屡查屡犯的问题。经过几年来的努力,从内容到方法上进一步完善,形成了就地审计、报送审计、交叉审计、上审下、同级审等一整套方法。另外,财务收支审计在抓好查处各种违纪问题的同时,更加注重向检查内控制度和效益方面延伸,标本兼治,在治本上下功夫,使定期审计的工作重点放在帮助被审计单位健全完善内控制度上,放在提高被审计单位管理水平和经济效益上,取得了明显效果。1989年以来,通过深化财务收支审计,共纠正违纪违规金额18965万元,先后帮助被审计单位建立健全财务管理内控制度340多项,使全局财务违纪问题得到进一步控制,1991年审计收缴违纪金额比1990年下降了52%,1992年审计查出的违纪金额比1991年下降了11.9%。

3. 服务于深化改革,是内审工作的方向。大庆油田近年来陆续对所属二、三级单位实行了各种形式的内部承包责任制。为了加强对这些单位的审计监督工作,为全局宏观调控和深化改革提供重要的科学依据,1989—1992年,全局共完成承包审计249项,提出管理建议198条,促进了内部承包单位建立自主经营、自负盈亏、自我发展、自我约束的运行机制,得到了局有关单位和职能部门的重视。现在全局许多承包单位和承包人都把审计部门当做企业生产经营的“把关人”,主动请审计人员登门审计。承包经营企业升级和评选先进时,也邀请审计部门参加评定并具有否决权。

4. 加强审计工作的法制化、制度化、规范化建设,是提高审计工作质量和效果的重要保证。局审计处在认真学习贯彻国家各项财经法规同时,结合大庆油田的实际,先后制定了各种内部审计规章制度38个,并把这些规定、制度、标准和办法汇编成39万字的《大庆石油管理局内审工作手册》。成立了法规科,使制度化建设得到进一步加强。在完善制度的基础上,还在全局审计系统自上而下地实行审计工作目标管理办法,将审计工作从量到质集中概括为审计单位(资金)覆盖率、违纪金额漏审率、审计计划执行率、审计结论执行率、审计程序合规率、人年均取得直接经济成果等七大目标,并将管理目标纳入全面质量管理PDCA循环系统,做到审计工作有计划安排(P)、实施计划有措施(D)、审计期间有检查(C)、完成任务有总结和下步安排(A),提高了审计工作质量和效果。1992年,在审计人员没有增加的情况下,审计工作却比上年增加了38.6%,审计综合成果比上年增加了31.8%。

上海港务局

上海港是我国最大的港口,也是世界十大亿吨港口之一,与160多个国家和地区的600多个港口有着贸易运输往来。上海港务局既是一个代表上海市政府行使港口管理职能的行政机构,又是一个从事船舶装卸、货物储运及旅客发送服务的集团性企业,下辖40个企事业单位。根据国务院关于港口管理体制改革的部署,我局由交通部下放到上海市,并实行“以收抵支、定额上交、财务包干”的以港养港财务管理体制。

在这样一个政企合一的大型港口中,如何加强对港口财务收支及其经济活动的审计监督,特别是国务院提出企业转换经营机制后,如何更好地为转换机制服务,这是内审部门所面临的一个重大课题。从1989—1992年,我们在上级审计机关的关心和指导下,从港口行业特点出发,在内审的队伍建设、工作重点等方面作了大量探索和实践,充分发挥了审计监督作用。据统计,几年来我局共开展审计项目1587个,审出有问题金额1223.26万元,其中违纪金额276.3万元,促进增收节支金额621.87万元。

一、建设一支适应港口需要的内审队伍

本着“以审促建”的精神,我们在实践中边摸索、边宣传,以出色的工作争取领导的重视和支持,经过八年多努力,基本建立和稳定了一支人数为37人的专职审计队伍。局设立审计处,下属主要公司设立了审计科(室)或配备了专职

审计员。专职审计队伍的平均年龄 41 岁，其中大专以上文化占 59.5%，中级职称占 48.6%。另有事业单位等兼职审计员 40 多人。

从港口政企合一的特点出发，我们注意运用内审队伍的整体力量，由局审计处行使指导和领导的双重职能。指导，即在平时指导公司审计科(室)或专职审计员，自行开展本单位的财务收支、经济合同等常规审计；领导，即按照局年度审计工作计划确定的审计项目，统一调度力量，实行上对下审计。以充分发挥局、公司两级审计人员的作用，弥补力量不足。同时以审代训，以老带新，让内审人员在实务中得到锻炼。我们把专职审计人员分成四个审计小组，每月定期组织交流、学习。每年除分批选送内审人员外出参加上级机关举办的培训班外，还根据本局审计工作实际情况，自行组织专题培训。如 1990 年是财务收支审计标准规范培训，1991 年是“两个延伸”培训，1992 年是工程预决算审计培训，理论联系实际，帮助审计人员尽快提高业务。

二、建立适应港口特点的常规审计方法

在财务收支审计中，我们注意做到规范化。根据港口会计核算和财务管理的特点以及我局的薄弱环节，于 1989 年制订出《上海港财务决算审计标准》，对审计内容、程序、方法以及使用表式等作了具体规定，颁发执行。使财务收支审计成为内审部门每月、季、半年和年终必做的常规工作，并由此而形成一套较齐全的审计表式、用纸、台帐等内审基础工作。1992 年上半年又结合企业转换经营机制和会计制度改革，对财务收支审计内容作了修改，突出资产、损益的真实性准确性审计，使这项审计的重点更明确。每年年终，我们除对局、公司进行年度财务决算审计外，还对当年“以港养港”的收支情况进行审计，督促局计划、基建、财务等部门管好、用好养港资金，并将以港养港审计中遇到的诸如内贸装卸费率偏低等问题，及时向上级有关部门提出建议，以促进以港养港财务管理体制的进一步完善。据统计，这几年中，共查出帐实差错金额 297.76 万元，帐务差错金额 295.90 万元。

三、开展经济责任审计深化港口内部改革

我们把经济责任审计作为内审部门参与改革，支持改革的一项重要工作，几年来共开展经济责任审计 173 项，其中承包目标年度审计 56 项，承包终结审计 59 项，经理(厂长或行政负责人)中间离任审计 58 项。在审计实践中，我们把经济责任审计同财务收支、财经纪律、经济效益的审计结合起来，把各种审计结果包括财政、审计机关检查出的问题积累起来，作为承包经营和中间离任审计的资料，用这一方法来避免重复审计、交叉审计，并解决任务重、力量少的矛盾。在承包期中，结合年度财务决算审计，审计处每年组织力量对 19 个主要公司的产量、利润等承包目标的年度完成情况进行审查，监督各承包公司在财务收支合规合法真实准确的基础上，按进度完成承包合同所确定的各项承包目标。由于抓住了承包期中审计，不仅减轻了承包终结审计的工作量，在承包终结审计时能着重对资产、债权债务和留利分配进行审查，而且使“先审计后兑现”的原则能每年得以贯彻，有效地督促各承包公司认真兑现承包合同。

每当局属各企业事业单位的经理(厂长或行政负责人)离任，我们都按组织部门的通知及时实施审计。对他们在任期内的业绩作出评价，同时督促他们在离任前对审出的问题，提出解决办法，落实处理。这样较好地分清了接离任经理的经济责任，使离的经理“走得明白”，接的经理“接得清楚”。这项工作对内审部门来讲已逐渐从“我要审”变为“要我审”，现在许多经理在离接任前都会主动到审计处要求审计。

四、抓好“两个延伸”为提高经济效益服务

几年中特别是近两年来，我们在财务收支审计的基础上，向审查内控制度和经济效益延伸。在开展财务收支和其他专项审计时，运用内控检查评价这一现代审计方法，先对被审计单位的内部会计控制制度和内部管理控制制度的健全程度和有效程度进行测试，提高了审计质

量。我们还在营业收入，燃材料，生产工具，固定资产等方面开展了专项内控制度审计，找出了失控点，提出有针对性的审计意见，帮助企业整章建制，完善管理。如审计处根据局长指示，对两个集装箱装卸公司与香港和记黄浦集团进行合资项目的资产评估时，从内控入手对两个公司的固定资产进行全面清查，查出帐帐、帐卡、卡物不符的金额达126万元，帮助公司摸清家底，保证了合资项目的顺利进行。

在开展经济效益审计时，我们注意从现有的内审力量和业务水平出发，抓住“三个关键点”，正确选择课题，做到每开一个项目都能收到实际效果。一是针对企业管理中的弱点。如1991年通过对一个公司大型装卸堆存工具管理效益的审计，以点带面，找出全局在生产工具管理上存在的共性问题，协助财务、科技部门修改完善了会计核算办法和定额管理制度，当年在全局货物吞吐量比上年增加4.5%的情况下，生产工具的摊销费用下降5.4%，节约了费用支出。二是针对港口建设中的重点。1991—1992年我们共开展基建和更新改造工程项目的预决算审计118个，核减投资61.4万元。既严格了工程项目的核算与管理，又维护了企业的经济利益。三是针对领导关心的热点。1992年初审计处对局长十分关心的亏损单位“港务工程公司”和新建单位“吴泾装卸仓储公司”开展利税目标审计，在进一步审查以前年度收支情况和核实当年可预见成本增长因素后，运用本量利等管理会计方法，帮这两个公司计算出精确的保本点，提出相应的措施和意见。并且在以后月份中进行跟踪审计，促使港务工程公司在当年做到收支平衡，吴泾装卸仓储公司实现利润503.4万元。

郑州铁路局

郑州铁路局地处中原，位于全国路网中心，属铁道部直接领导的铁路运输大型企业，下设郑州、武汉、西安、洛阳、襄樊、安康等6个铁路分局。管内财务决算单位近500个。截止1992年末，全局有职工近38万人、固定资产216.57亿元。

几年来，郑州铁路局内部审计工作又有新的发展，共审计3792个单位，为1985－1988年的192%；实现促进增收节支金额7948.8万元，为1985－1988年的200%，人均增收85万元。1989－1992年，连续四年被河南省审计局评为“内部审计先进单位”；1990－1992年，连续三年被铁道部审计局授予“全路审计工作先进集体”；1990年，荣获中国内部审计学会“内部审计优秀成果奖”。

按照加强内部审计工作的精神，郑州铁路局内部审计体系进一步有所完善，根据铁路单位点多、线长、流动、分散的特点，路局于1990年6月发出郑铁编委(1990)16号文件《关于加强审计机构定员的通知》，决定在局审计处增设直属审计科；在铁路局基层单位较多的铁路地区设立审计组(为分局审计科派出机构)。增加定员33名。1990年10月，又在关于调整机构的郑铁编委(1990)31号文件中，要求全局多种经营系统完善和强化本系统的审计监督工作。截止1992年底，全局基本上形成了“纵向贯到底，横向成网络”的内部审计体系。各级审计机构共配备审计人员93人，其中：具有高级技术职称的11人，中级技术职称的35人，具备中专以上学历的共82人，年龄在40岁以下的42人，41—50岁的24人，51岁以上的27人。在人员结构上，以财会人员为主，还配备了一定数量的工程技术人员，运输收入审计人员，为搞好全局审计工作进一步奠定了基础。

自1989年以来，全局各级审计机构紧密联系和围绕本单位的经济工作实际，不断总结经验，坚持了微观审计与宏观调控相结合，监督检查与指导帮助相结合，财务收支审计与内部控制系统评审、经济效益审计相结合，常规的审计制度与多种形式的专项审计相结合的方法开展审计工作，不断拓宽审计领域，扩大审计项目，不断探索符合铁路实际情况的内部审计新路子。

拓宽和深化经济效益审计，由单一的财务收支审计逐步发展到以经济效益审计为重点，是内部审计工作上新台阶的重要起点。自1989年以来，全局各级审计机构把经济效益审计作为重点工作认真组织落实。在开展运输收入审计、投资管理效益审计、资金运用效益审计、经营管理效益审计、工程概预算审计等专项经济效益审计项目的基础上，积极向被审计单位全方位实施经济效益审计延伸，使审计监督领域向着企业经营管理的各个角落不断拓宽。例如，对郑铁车轮工厂的经济效益审计，通过对产品成本效益和废钢铁管理效益的审计，发现该厂影响经济效益提高的因素有12个。针对存在的问题，经与该厂有关部门和厂领导多次交换意见，提出了解决问题的具体建议。经过预测，这些建议落实以后可获经济效益168.2万元，截止1992年底，已实现经济效益120.4万元。为促进企业经济效益的提高，拓宽和深化了经济效益审计，自1989年以来，全局经济效益审计项目(单位)逐年提高10%，如今已稳定在年效益审计项目(单位)数占年审计单位(项目)数的三分之一左右。

积极探索内部控制系统评审。开展内部控制系统评审，能较全面地反映被审计单位经营管理的健全性、合理性、有效性，发现薄弱环节，及时加以改进，有利于发挥审计监督作用。1989年，根据全局经济业务的特点，研究制定了现金、银行存款、材料物资、固定资产、低值易耗品、大修资金、更改资金、专项工程资金、运输成本管理与核算，以及会计核算等10个运营系统的内部控制制度模式。1992年，在总结运营系统开展内部控制系统评审的基础上，又分别搞出10个运输收入和12个施工企业内部控制制度模式，目前正在全局推广应用。实践表明，建立内部控制制度模式，开展内部控制系统评审，有利于提高审计效率和工作质量，促进被审计单位健全管理制度，加强企业经营管理。

开展安全生产项目资金效益跟踪审计。围绕全局中心工作，在安全生产上找准审计部门的位置。1991年，在全局范围内组织开展了对全局用于安全生产方面的投资92个项目的5207.88万元进行了资金使用效益跟踪审计，以保证用于安全生产方面的投资切实用在安全生产上，提高投资效益，优化投资效果，提高设备质量，为领导及时掌握工程进度及资金使用情况提供了翔实、可靠的资料。实践表明，审计部门从加强资金管理的角度介入安全生产，对保证安全生产项目资金切实用在安全生产上，促进安全生产，是很有必要的。1992年，对全局用于安全生产项目投资8605.3万元，继续纳入了当年年度审计工作重点，并在审计的方式方法、重点内容等方面进行了新的探索。

开展系统(行业)审计。为了掌握有关的信息的数据，摸清被审计行业(系统)的管理状况，进行综合分析，找出带有倾向性的问题，提出建设性意见，为领导宏观决策提供可靠的科学依据。1991年，按照铁道部审计局关于在全路开展工务系统审计的要求，对全局12个工务段，2个线路工程段1990年度的大、中维修资金、防洪及其他代办工作资金2174.6万元使用效益进行了审计。同年，根据局领导指示，对月山、武昌南、宝鸡、梅家坪、紫荆岭、六里坪、洛阳等机务段1990年的财务收支进行了行业审计，并对1988年以来各项经济技术指标的完成情况进行了审计调查。1992年，铁道部审计局在郑州铁路局总结部分机务段审计的基础上，又组织全路开展机务系统审计。郑州铁路局组织审计力量，本着加强管理，提高效益的目的，通过对全局22个机务段1991年度的财务收支、内控制度和经济效益审计，共提出审计建议140条，解决难点问题90余条，收到了明显效果，促进了各机务段加强经营管理和经济效益的提高。例如，洛阳、三门峡西机务段机车换型剩余的机车配件，经审计建议调剂解决后，使价值270万元的电力机车配件发挥了应有的作用，提高了资金使用效益。

平顶山矿务局

1989年以来，我局的内审工作，在国家审计署、中煤总公司的帮助指导下，认真贯彻执行“加强、改进、发展、提高”的审计工作方针，深入开展审计工作。到1992年末，共完成审计项目193项，审计出各类有问题资金4058万元，提高经济效益2194万元，收缴违纪资金473.63万元。多年来一直被评为全国煤炭系统“内审先进单位”，1990年被中国内审学会评为“内审优秀成果奖”，1991年被能源部评为审计工作先进单位。全局局矿两级审计网络已经形成，建立起一支内审队伍，至1992年末共设审计机构34个，配备审计人员105人，其中，有专业技术职称的53人，具有大专以上文化程度的55人，分别占全部审计人员的50.5%和52.4%。

几年来主要做了以下几个方面的工作：

一、开展财务审计

在深化改革进程中，我们认为作为国家骨干企业，必须自觉服从国家宏观调控，严格执行国家政策法令，才能保证和促进改革的健康发展，几年来通过对46项财务收支审计项目的实施，对全局各单位经营工作各环节的检查监督，对财务管理、内控制度的审计和评价，大大提高了各单位领导和工作人员正确理解和严格执行财政法规的自觉性，建立和健全了以岗位责任制为核心的企业管理内控制度，形成了强有力的自我控制约束机制，为企业提高管理水平提供了条件，加速了全局深化改革的进程。

二、开展承包经营终结审计

1990年，为全面考核承包人在承包期内的工作业绩和责任，对21个实行承包经营的以矿(处、厂)长为首的承包集团进行了承包终结审计，对各承包集团承包指标完成情况进行了全面核实，对取得的成绩和存在的问题分别做出了客观公正的评价。评定出承包经营好的单位10个，比较好的9个，一般的2个。审计结束后，对承包经营好的、比较好的承包集团签订了延续承包合同，对2个承包经营一般的承包集团，更换了承包人。承包终结审计，有效地保证了全局承包经营工作的健康发展，发挥了审计为改革保驾护航的作用。

三、开展经济效益审计

揭示生产技术、经营管理工作中存在的问题，挖潜力促效益，是内审工作发展的方向。几年来，我们通过对六个生产矿、一个地面厂的经济活动和经济效益进行审计和评价，取得了好的效果，共审计出直接影响经济效益的金额496万元。对被审计单位生产技术、物资消耗、产品质量、费用支出等方面存在的问题提出30多条建议和整改措施，节约了开支，降低了消耗，提高了产品质量，增加收入784万元。比如，在对十一矿、十二矿进行审计时，发现了经济效益差的三个主要原因：一是采煤方法与地质条件不适应，导致投入大、效果差，少出煤9.5万多吨，提出了改变采煤方法和采面布置建议，实行以后提高了产量，增收340多万元；二是煤层配采和煤质管理有问题，致使煤质下降2～4级，根据审计建议，强化了煤质管理，严格岗位责任制奖罚考核，提高了煤质，增收124.4万元；三是材料消耗定额考核不严，回收复用制度执行不力，多支出材料费190多万元。通过审计，实行材料超耗与工资挂钩，加强了回收材料的管理，降低消耗223万元。

四、开展专案审计

我们在执行各项审计工作中，十分注意对经济活动中违规、违纪和违法的界限，凡属于触犯刑律的事件，坚持跟踪专案审计，一查到底。几年来与局纪检、监察部门联合进行了5项较大的专案审计，查出违纪、违法金额上千万元，其中贪污、受贿金额几十万元。1989年，在对林业处的专案审计中，查出违纪金额212万元，其中贪污、受贿金额13.68万元，受党纪、政纪处分的4人，有5人移交司法机关处理。

此外，还开展了基建投资效益审计，定期送达审计，年度财务决算审计等，共有114项。通过内部审计的开展，将全局所有经济活动都纳入了有效的审计监督之内，保证了经营活动的合规、合法，并为促进完善内控制度，挖掘潜力，提高效益发挥了积极作用。

广州市二轻局

广州市二轻局有165个企业（含实体公司19个），其中全民所有制企业43个，集体所有制企业122个。自1984年11月组建审计处之后，各公司于1985年先后成立了审计科，各工厂企业也陆续配备了审计人员，形成了二轻系统的三级审计网络。至1992年底止，全系统设置专职审计机构20个，配备专职审计人员58人（局审计处9人，各公司审计科42人，工厂7人），其他小型企业配备兼职审计人员145人，共有专兼职审计人员达203人。自1989年起，市属四个县（番禺、增城、从化、花县）的二轻局亦陆续建立专、兼职内审机构。1990年10月成立了审计师事务所二轻办事处。

我局审计处建立以来，在各级审计机关的指导下，积极开展各种审计工作。从1989年至1992年底，共审计了638个单位（项目），其中承包经营和任期目标责任审计512项，厂长（经理）离任审计146项，财务收支审计6项，经济效益审计9项，定期审计5项，专项审计37项，查出应纠正违纪金额1590万元，损失浪费金额403万元，促进增收节支金额165万元，查出贪污贿赂案件6宗，贪污受贿金额26万元，移交司法机关处理的3人，送监察纪检部门处理的1人。1992年以来，我们还根据上级审计机关关于要积极开展经济效益审计的要求，先后分别对广州指甲钳厂和新桥锁厂开展经济效益审计，还抽审了24户亏损企业，协助企业减亏或扭亏，提高经济效益。审计师事务所二轻办事处成立两年多来，也积极开展工作，进行了离任审计13项，联营企业结业审计5项，合资企业产权转让审计1项，承包审计3项，资产评估和验资52项，财务建帐建制2项，为基层查帐3项，还协助企业查回应收款150万元，追回铝锭8吨多，价值7万多元。1992年被市总工会评为“老有所为先进集体”，受到局和市总工会的奖励。

为了调动审计人员的工作积极性，我们按照《广州市二轻系统公司审计工作竞赛评比试行办法》，每年都对各公司的审计工作进行总结评比，并召开审计工作表彰会，交流工作经验，对评选出来的先进单位，获奖单位和个人给予奖励，促进了审计工作的深入开展。

为了使审计工作法制化、规范化，结合本系统的实际，制定了27个审计工作规则和办法，并编印了《广州市第二轻工业局审计工作制度汇编》。1991年下半年，根据全国内审试点单位第三次协作会议的精神，制定了《广州市第二轻工业局审计工作上新台阶规划》，明确提出从1991—1995年的内审工作要向着“一个充实，两个扩大，三个提高，四个发展”的方向前进。

为了不断提高审计人员的理论水平和业务能力，积极参与市审计学会的各种审计学术研讨活动和审计业务知识培训。1990年12月，我们召开了有60位厂长（经理）参加的二轻系统厂长（经理）审计理论研讨会，撰写了论文32篇，通过交流，提高了与会者进一步探讨审计理论的积极性。几年来，我们的审计人员积极撰写论文，参加各种学术讨论，《加强审计监督维护社会稳定》一文被选用参加市社科联的（90）广州市建立社会稳定机制理论与对策研讨会，《对开展经济效益审计的探讨》、《浅谈经济效益审计的内容、原则和标准》、《对内部审计若干问题的探讨》、《浅谈经济效益审计》以及《谈谈承包经营责任审计的依据和审计的重点》等五篇论文，被选用参加市审计学会的学术研讨会，《从审计的产生和发展看内部审计的形成及其地位和作用》被编入市审计学会出版的《审计理论与实践》一书，《谈谈加强审计监督与坚持四项基本原则的关系》获得省审计学会1990年审计学术成果三等奖，并编入《论文选编》，1990年获得中国内部审计学会授予的“内部审计优秀成果奖”。

我们还加强了审计人员的培训工作。1992年5月，根据广州市委组织部、市经委、市人事局等8个单位发的穗组字(1990)91号文《广州市关于积极开展企业管理干部岗位培训工作的意见》以及《广州市工业企业干部岗位培训教学计划教学大纲》的内容，经市经委批准，委托广州市联合职工大学第二轻工业学院举办了二轻系统审计人员上岗培训班。参加学习的有局、公司、基层企业三级的审计人员共110人，经过考试全部合格，由市经委颁发了上岗证书，达到持证上岗的目的。1992年下半年，局审计处还派出8人参加了市审计局委托市财贸干部学院举办的行政管理审计干部岗位培训班，脱产学习了一个月。到1992年底，全系统参加各种审计业务培训人员达423人(次)，其中我局自行举办培训班3次，有258人(次)参加，并有162人(次)参加了市审计科培中心办的学习班，有3人参加轻工部在清华大学办的培训班。通过一系列的学习培训，大大提高了审计人员的业务水平和工作能力。1992年11月，还有2人参加了全国审计职称统考，均考取了审计师和助理审计师的职称资格。1992年7月，局审计处的9名工作人员，经市审计局中级技术职务评审委员会评定了职称，其中，审计师8人，助理审计师1人。到1992年底，在全系统58名专职内审人员中有高级职称1人，中级职称的15人，初级职称的35人，占专职审计人员的88%，在115名兼职审计人员中，有各种专业技术职称的60人，占兼职审计人员的52%，整个审计队伍的素质有了较大的提高。

经过几年的努力实践，二轻系统的审计工作受到各级审计机关的好评，曾多次在轻工部和省、市的审计工作会议上介绍经验，局审计处在1989年被评为广州市审计工作先进单位，全系统有4位同志被评为广州市审计工作先进工作者；1990年局审计处和下属的工艺美术工业公司审计科双双被评为轻工部的轻工业审计工作先进集体；局审计处1992年6月被评为全省二轻系统内审工作先进单位；并被评为1992年度局机关先进集体。

上海石油化工总厂

上海石化总厂内审机构建于1984年，组建以来在审计署和中国石化总公司的关心和帮助下，内审工作发挥了较好作用，取得了一定的成效，为内审工作的发展打下了良好基础。回顾近几年来，我厂内审工作紧紧围绕企业的中心坚持“以合规审计为基础，以效益审计为重点，以提高经济效益为目的”的工作方针，以维护国家财经法规，加强自我约束机制，改进经营管理，提高企业经济效益为出发点，在完善制度建设，充实审计力量，拓宽审计领域等方面发挥了积极作用。

一、健全内审网络充实内审人员

随着我国经济体制改革的不断深入，内审工作的不断发展，为适应内部审计高层次经济监督的需要，根据我厂组建初期审计机构设置不全，人员配备不足的现状，1989年初，我们提出了“关于进一步加强审计监督，建立审计网络的意见”。并逐步付诸实施，明确了审计领导关系，即由厂长主管，财务副厂长协管，建立并完善了审计网络，内部审计机构由6个发展为18个，专兼职审计人员由42人增加到102人(其中专职70人)。总厂审计室本部机构相应作了调整，加强领导力量，增设2名副处级审计员，理顺了内部管理关系，设立生产、工程、综合三个审计科。人员编制由原来的14人增加到18人(均要求配备专业技术人员，其中高级4人，中级9人，初级5人)现有14人，中高级专业人员占64%。全厂审计人员结构也由原来单一财务人员逐步形成了由财务、经济、工程三方面组成的多结构人员，至此，我厂的内审网络基本形成，人员结构日趋合理，为加强总厂内部监督机制打下了坚实的基础。

二、加强基础管理完善内审制度

几年来我厂内部审计工作在"制度化、法制化、规范化"建设方面迈出了可喜的步伐。1990年初，根据审计署关于内部审计工作的有关规定，结合本企业的特点和内审工作发展需要，我们对1987年制定的总厂内部审计工作规定作了修订，重新颁发了《上海石油化工总厂内部审计工作的规定》。同时，我们着手对现行审计制度规定进行全面的充实和修订，于1991年初汇编成《金山审计手册》，内容包括：审计文件选编、审计工作规定、岗位职责、审计方法和程序以及11项专项审计制度等五大部分。此后又制订了企业自有资金审计办法，内控制度评审办法等单项审计制度，为我厂内审人员开展和加强内审工作提供了制度保证。此外，我们还制定了全厂审计系统内实行审计报告制度和审计会议制度，档案管理办法以及内审系统专业竞赛考评办法，同时，还注意了对计算机技术在审计管理中应用项目的开发，并取得了进展，进而促进了审计队伍的建设，改进了内审工作。

三、围绕企业中心任务不断拓宽审计领域

几年来，总厂各级内审机构，紧紧围绕企业生产经营活动，在开展财务合规审计的同时，不断拓宽审计领域，开展了利税目标、联营效益、经济合同、资金和物资使用效果、检查评价内控制度、经理(厂长)任期经济责任制以及科研成果转化生产力等方面的审计。并有针对性地开展专项审计调查，自1989—1992年累计开展审计项目610项，查出有问题金额21031万元，促进增收节支8045万元。

1. 参与总厂深化改革，为转换经营机制服务。一是围绕增强企业活力，适时开展审计调查，促进改善外部环境和挖掘内部潜力，开展了影响大中型企业搞活的各种因素和减轻大中型企业负担的调查，开展了落实中央搞好国营大中型企业12条措施的情况调查，开展了转换企业经营机制条例落实情况调查，为上级和总厂领导加强宏观控制，进行科学决策提出了依据。二是在总厂股份制改制过程中收集、分析、汇总了大量资料，参与资产全面清查，配合境内外会计师事务所开展前三年会计业绩审计和资产评估。在参与企业重组的效益测算中，对股份公司以外的15个国有企业的债权债务进行全面清理，并对其自立和发展条件进行详尽的测算，为领导制订方案，作出决策提供依据。

2. 适应企业经营决策需要，开展利税目标动态审计。利税目标审计，我厂已开展多年，成为一项经常性审计项目。在方法上作了改进，运用综合系统方法，定量分析方法。即"一个联合"(联合审计)，两个步骤(阶段性审计，定期跟踪审计)，三种方法(调查表法，系统法，滚动计划法)的利税目标动态审计。1992年总厂实现利税的计划指标17.2亿元，绝对额比上年增加1.9亿元，如加上原料涨价等因素，较上年增长18%以上，而上半年实际完成仅为年计划的43.3%，根据各单位的预测，全年只能完成15.19亿元，比计划指标要少2.01亿元。于是我们在7月初进行利税目标审计。针对存在问题提出增利保利措施：减少非计划停车，合理调整产品品种，挖掘化纤生产潜力，降耗节支，适当压缩库存以及多销快收等，预测全年可实现17.2亿元。从7、8两个月的实际情况看，经济效益并不理想，1～8月实现利税仅为年计划的51%。于是我们又分别于9月11月进行了二次动态跟踪审计，经与有关部门共同分析，测算，实地调查，除了生产上尚有潜力可挖及审计建议尚未完全到位以外，发现有一单位尚有1000万元货款未到，有一单位虚增发出商品，扣减了当月利润700余万元。采取这些措施，预测全年可完成17.2亿元，经过努力年终实际完成与审计结论一致。

3. 开展工程项目预决算和经济合同审计，为企业经济活动把关增效益。几年来我们对外委外协的工程项目预决算和经济合同的合规性、合法性和有效性进行审计，为防止和减少企业损失作出了积极的贡献。1992年我们共审计

了外委项目与经济合同457项，审核总额9935万元，核减金额1648万元，核减率16.59%。我厂二级单位的审计部门也加强了对大型工程项目的审计，如对1#乙烯康复增量改造项目进行审计，审减金额达704万元。通过开展对工程项目预决算审计监督，达到了提高投资效果，降低工程造价，完善内控制度，提高管理水平的审计目的。

4.开展联营投资效益审计。为使横向经济联营走向健康发展轨道。几年来对我厂现有的18家国内联营企业进行较为全面的审计。1992年我们共审计了12个联营单位，查出了各种违规金额达200多万元，保证了企业经济效益的完整，同时也促进了联营单位的健康发展。

5.开展自有资金审计提高资金使用效果。几年来我们针对总厂大修理资金严重不足的现状，从帮助完善内控制度，严格划分资金渠道等方面着手，选择了二个大修资金赤字较大的单位进行专项审计。有一个下属厂在1990年末大修基金赤字高达3766万元，是该厂年度提取数的两倍多。对此，在分析的基础上找出该厂在管理上、资金渠道上有违规问题，提出了8条审计建议，该厂根据审计报告及时进行整改，并制定了相应的措施，抑制了大修基金赤字增长的势头。在对总厂一个下属厂的自有资金提取和使用的合规性、有效性进行审计中，对该厂在自有资金提取使用中存在更改项目挤入大修理支出，材料以领代耗，帐外物资达300多万元等问题，及时提出了六条意见和建议。

6.开展财务合规与经济效益有机结合的综合审计。1989年为探索财务审计与效益审计的有机结合，我们选择一个生产单位开展兼容二者的挖潜增效综合性审计取得了明显的成效。这项审计调查是一次比较全面的综合性审计，也是一次在审计形式和内容上都有所突破和拓宽的成功尝试，从生产技术、经营管理和财务收支三个方面着手，针对内部管理上的薄弱环节提出物资管理和财务管理以及增效措施建议，得到该厂领导的认可并增加了14%的利税计划指标。此后我们在对厂长任期目标经济责任的审计中亦采用这种综合性的审计方法，取得较好效果。

7.开展科研成果转化为生产力，提高科研资金使用效果的审计调查。1991年结合质量品种效益年活动，为加速企业的技术进步，提高科研开发资金的使用效果，开展了对科研单位科研成果转化生产力的审计调查，发现有一项科研项目投入资金1000万元以上，已总结鉴定的103个项目中，约有2/3的科研成果未转化为企业的生产力，而且在已转化的成果中形成规模生产能力和经济效益较为明显的项目所占比重较小。据此提出了六项对策与建议，对总厂的科研成果转化将起推动作用。

8.检查评价内部控制制度，促进企业改善经营管理。几年来我们在开展财务合规审计，拓宽经济效益审计的基础上，延伸检查评价内部控制制度。在方法上，采取先收集查阅有关制度规定，然后确定控制点，列出调查提纲进行检查评价。有一个下属单位定的制度多而全，但可操作性不强，在材料库耗管理、物耗管理和经济合同管理制度上也存在执行不严的情况，造成一定的经济损失，针对这种情况，提出了加强内控制度，改善企业管理的建议。在1992年进行物资审计时，从检查评价内控制度入手，发现由于物资管理中一些环节失控，造成帐外物资480余万元，积压物资达1500余万元。经过审计提出了健全和完善内控制度方面的具体建议，健全了制度，加强了管理。

四、建立内部审计学会开展理论研讨

为了进一步提高内审人员的审计理论水平，开展各种学术活动，增强审计工作的科学性和有效性。我们组建了上海石化总厂审计学会，现在拥有会员78人，分布在总厂各个单位。总厂审计学会在石化总公司审计学会和总厂社联的关心指导下，在各其他学会的密切配合下，广泛开展各种学术活动，深入进行内审理论研究，有力地促进了总厂审计工作的发展。

1.开展学术研究活动。学会成立后围绕企业的中心工作，紧扣审计要点，提出了学会工作计划，确定了深化效益审计的途径，评价内部控制制度的方法，自有资金审计的程序等几个方面的研究课题，开展理论探讨。几年来共收到十多篇论文和经验交流材料，在全国内审学会，内审试点单位交流会，石化总公司审计学会等组织的学术交流会上进行交流，其中，《完善内审促发展，奋力爬坡上台阶》，《试论企业内部的经济效益审计》等论文，刊登在《审计研究》、《中国石化企业管理》等一些全国性专业杂志上，《审计工作要从企业实际出发，为发展生产提高效益服务》及《利税目标动态审计》两篇论文，分别荣获 1989 年和 1991 年上海市“潘序伦优秀论文奖”。

2. 组织业务培训，提高审计人员素质。随着审计队伍的不断扩大，审计人员的业务素质亟待提高。几年来，我们采取多种形式，通过多种渠道，对内审人员进行业务培训。一是选送到审计署、总公司举办的审计人员学习班学习；二是组织去先进单位学习取经；三是内部举办多期实务培训班学习审计的基础知识，学习审计的程序方法，学习单项审计的内容、要求与方法，以及审计工作底稿、审计报告编写等方面的内容。接受培训的有 200 多人次，同时我们还根据不同时期出现的热点问题举行知识讲座，例如，当各单位开展对外委外协工程项目与经济合同审计时就组织预决算学习班，当总厂进行股份制改制时组织“股份制企业和股票知识”的专题讲座。此外，我们还采取“以审代培，以老带新”的方法以及组织经验交流会来提高内审人员实际业务工作能力，从而有效地促进内审工作的开展。

3. 创办内部通讯《金山审计》。1990 年以来为了传播审计信息，交流审计工作经验，宣传国家财经审计法规和推广审计研究成果，创办了内部通讯《金山审计》。几年来随着审计工作的发展，审计信息量的增加，去年初进行了扩版，并由原来的四通打印改为印刷厂排版，受到了有关方面的关注。

杭州市木材总厂

国家二级企业——杭州木材总厂（杭州市木材公司）是一个集木材加工、经营和综合利用于一体的大型企业，拥有 26 个分厂和 26 个科室部门，职工达 2500 多人。是全国木材行业的重点企业和浙江省最大的森工企业。

1987 年初，总厂开始实施内部审计制度。1990 年 1 月，正式成立独立的内审机构——审计室。现有专职审计人员 4 名，兼职人员 10 名。

磨轴围绕“磨心”转。六年来，审计室无论是在发挥内审职能上，还是在抓好自身基础建设上，都集中体现这样一点：一切围绕企业经济工作转。

一、主动开展工作

1. 开展经济合同审计，维护企业的合法权益。经济合同是买卖双方进行交易的一种契约。但是经济合同又因签订者法律意识的薄弱而带上“盲目性”的色彩，会给企业造成重大损失。有鉴于此，审计室主动出击，把经济合同纳入审计监督视野，推出了二条措施：一是制订经济合同制度，建立合同统计台帐，实行合同专用章、法人授权证明书制度，统一使用合同示范文本，抓好经济合同的基础管理工作。二是组建由总厂、分厂领导，专兼职合同管理员及审计人员组成的合同管理网络。

审计工作的重点放在经济合同的合法性、完整性和效益性上。总厂规定：凡涉及预算款、定金、赊销、代销、联营、租赁和招标的金额较大的合同由审计室审核，并实施跟踪动态监督管理；分厂、部门签订的一般经济合同仅将副本报审计室审核、登记、备案。几年来，审计室共起草、修改、审核经济合同 2073 份，合同签订金额 35608 万元，履约率 100％，有力地促进了生产经营的正常进行和经济效益的提高。总厂（公司）已连续 6 年被评为杭州市“重合同守信用单位”。在对经济合同开展事前、事中审计的同时，还根据不同的情况，分别采用协调或诉讼等方式，努力解决经济合同履行过程中出现的经济纠纷。几年来，主要通过协调方式共处理经济纠纷42起，催回呆帐、欠款99万元。

2.开展离任经济责任审计，完善承包责任制。审计室在分厂、部门主要负责人离任之际对其在任期内的业绩进行全面审计，作出客观公正的评价。从1990年开始，根据总厂内审制度的规定和总厂厂长的决定，审计室对即将离任的包装箱分厂、刨花板分厂、供应科、杭州市木材公司综合经营部、杭州装潢家具厂等分厂、部门的主要负责人进行了离任经济责任审计。对其任期内的财务、会计、经营、管理和财经法纪等经济责任履行情况进行审计。通过审计，查清了家底，发现了问题，较全面、系统地评价了企业的经营、财务状况等，为继任的负责人接任后提高企业的经营管理水平，创造更好的经济效益提供了较为有益的条件。例如，在1992年对供应科科长进行离任审计时，发现由于该科基础管理较差，内部不协调，核算不正确，致使受托代管的重油的收、发、存中入库帐面多计300余吨，漏收发出油300余吨的货款，盘亏300余吨。通过审计，供应科继任科长根据审计建议派专人收回了大部分查实的漏收油款，修订、完善了油库岗位责任制，编制了收、发、存报表，调整了油库帐面数，从而减少了损失，提高了企业的管理水平。

3.开展物价审计，加强企业内部控制。审计室负责全厂的物价管理和审计工作，对各种产品的供应价、劳务收费标准实行集中管理、审核，负责办理调价、定价审批备案手续。几年来共审核，办理调价、定价99次，发挥了价格的经济杠杆作用，保证了企业生产经营的正常进行，促进了经济效益的提高，总厂（公司）被评为杭州市1992年度价格监测优胜单位。

对主要物资进厂价格进行重点审计。对占企业流动资金比重较大的木材进货，实行总厂、部门的双重管理，由审计室对每一份进货发票对照合同逐项审核，登记台帐，发现问题，即与木材经理部联系，办理拒付手续，几年来共审核木材进货合同586份，金额14837万元，审查出价格、运杂费等差错及重复托收金额113万元。由于及时办理了拒付手续，使企业减少了不必要的支出。

4.开展多方面的专项审计，提高企业的经营管理水平。审计室对企业的财务会计活动进行财经法纪审计。1990年3月，在正常的财会人员工作调动中，发现原材料出纳员有挪用公款的嫌疑。审计室受命对此进行了专项审计。在做了大量的调查取证工作后，确认该出纳员严重违反会计法，利用职务之便，采用弄虚作假，编制假帐表，共挪用公款7575.07元。在问题基本查清后，审计室向厂长呈上了审计报告，提出了包括责令该出纳员应立即退赔公款和利息损失，撤销其会计员资格，加强现金管理，健全财务管理制度等在内的六条处理意见和建议，并将此案移交检察院处理。审计室还对胶合板库存材料、总厂科协财务收支情况、“小金库”情况、木材应用研究所实验工场加工业务等12项项目进行了专项审计或调查，每年还配合财务部门积极开展税收财务物价大检查工作。

二、抓基础不放松

1.设立独立的内部审计机构，完善内部审计制度。总厂（公司）1987年起开展内审工作，当时设1名兼职审计员挂靠在计划财务科。开展了财务、合同、物价审计等工作并取得了一些成效，初步发挥了内审在企业深化改革中的自我约束作用。随着改革的深化，企业内部经营形式多样，生产经营活动日益频繁复杂。为强化企业的内部控制制度，总厂于1990年1月设立了独立的内审机构——总厂审计室，并初步形成了内审网络。厂长周寅生多次强调：监督机构不能削弱，特别是分厂承包后，财务管理、审计监督机构一定要加强。几年来的实践证明，机构落实是搞好内审工作的组织保证。审计室的单设，使得其地位比较超脱，从而具有独立性、权威性、客观性，更有利于对企业的经营活动、经济责任等进行客观公正的评价、鉴证和监督服务活动。

2.加强制度化建设，确保内审工作的开展。为了使内审工作逐步做到制度化、法制化、规范化，使内审工作做到有章可循，按规行事，依法查处。审计室从一开始就注意抓好内审工作的制度建设，针对企业经济合同管理工作进行审计。为强化对合同审计的全过程管理，制订了本企业的《经济合同管理制度》。对合同的签订、履行、变更、解除的全过程及纠纷的处理作了明确的规定，变事后检查为全程监督。审计室单独设置后，制订了总厂(公司)《内部审计暂行规定》，对内审组织机构、人员、职权、任务、工作程序、审计工作报告和联系制度等作了明确、具体的规定，增强了审计工作的可操作性。此外，还制订了企业内部《物价管理制度》，保证了物价审计工作的顺利进行。

3.重视专业培训，提高内审人员的素质。总厂(公司)十分重视对内审人员素质和审计室人员结构的要求，审计室所配备的专职内审人员不仅思想意识较好，作风正派，且都具有大专文化水平；不仅配备具有审计、财会、统计知识的人员，而且还配备具有企业管理、法律知识的人员。从而使企业的内审工作得以多形式、深入地开展并取得较好的效果。同时，总厂(公司)也十分重视对内审人员的专业培训和知识更新工作。12名专兼职内审人员均经过杭州市审计局举办的内审干部培训班的专业培训，其中有一人参加中国审计学会举办的审计干部培训班学习，一人参加审计署委托省审计局、省电大举办的《审计专业证书》教育并结业。

西安杨森制药有限公司

西安杨森制药有限公司是中国——比利时合资企业，目前在我国合资医药界中规模最大、品种最多、剂型最全，1992年被评为全国十佳合资企业的第一名。

西安杨森实行董事会领导下的总裁负责制，下设14个部门和京、沪、 、秦四个办事处，总裁等12名外籍专家常年在重要的管理部门实施着日常管理。

1989年试产试销，同年底设立内部审计，从此，西安杨森步入全方位引进国际先进管理经验的阶段。

一、组织机构

现行组织机构设置和报告系统如图：

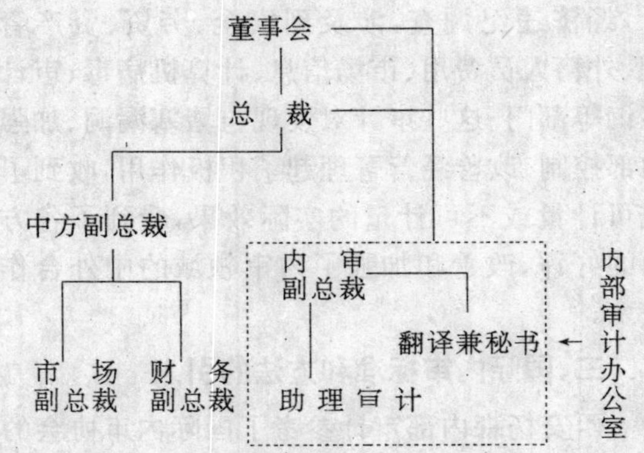

内审副总裁由董事会聘任，向总裁和董事会报告工作。

在此报告系统之外，还有一个内部审计委员会。它是一个专业协作机构，由董事长、总裁、内审副总裁、中外方内审代表、公司外部审计代表六人组成。任务是建立和发展委员会成员之间的联系和配合，交流经验，研究西安杨森内审计划和重要的内审报告。

与内部审计相配合，公司还接受中外合营者及会计师事务所的定期不定期审计，它们共同形成了西安杨森的审计体系：

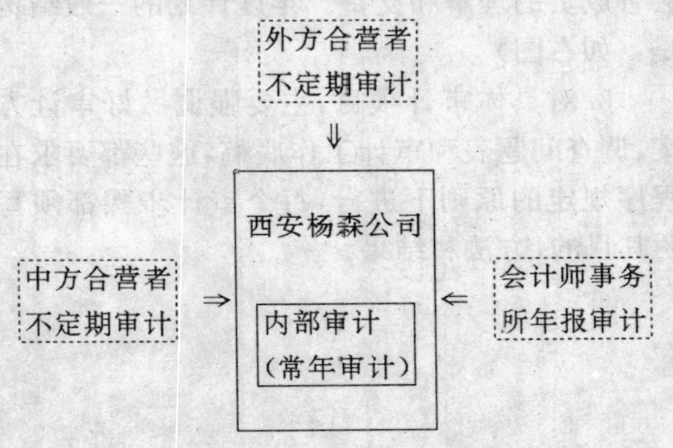

二、任务和作用

我们的任务是：摸索合资企业内审的路子，充分表现内审的价值，实现公司各时期的经营目标。

我们把内审的宗旨规定为：促进公司管理部门适当地、有效地和高效率地履行他们的职责。

三年来，我们以极有限的人力，完成了多方面较大量的审计任务，主要有财务报表、财务收支审计，内控评价与程序设计，内控政策遵循审计，经济违纪调查，涉及到安全、劳资、资产管理、外籍人员费用、市场信息、计算机病毒、审计咨询等部门。这些审计对发现与堵塞漏洞、加强内部控制、改善经营管理起了积极作用，收到了或可计量或不可计量的实际效果，受到了各方面的好评，改善和加强了内审领域的中外合作关系。

三、国际内审标准和方法的引入

西安杨森内部审计参考了国际内审协会的内审职业标准和美国约翰逊集团（外方合营者的母公司）的内审手册作为自己的工作指南，并试图结合自己的实际情况有所创新。

现已形成的工作特点主要是：

1.根据实际情况，配合公司的总体目标，恰当地确定内审的战略和发展规划。如1992年我们提出了新的内审使命："优良的控制和系统"。在这个目标下，规划出从现时起两年内的机构设置、审计重点区域、审计战术和部门费用预测等。

2.编制好年度内审计划，并取得内审委员会各成员的理解和支持。年度计划的一般结构是：（如右图）

3.对具体审计项目，主要强调做好审计方案、调查问题表和审计工作底稿，这些都要求在程序规定的原则下进行，每个审计步骤都须写明其目的、方法和结果。

西安杨森　　年
内审计划

审计项目	摘要	天数	小时数	分季天数 一	二	三	四
人力资源（人头数）							
1.常规审计	----						
2.非常规审计	----						
3.配合审计	----						
4.内审管理	----						
合计							

4.审计监督和内部审计通报

我们利用内部审计机动性较强的特点，常穿插进行一些对某一日常经营行为进行检查的活动。有些活动是随意的突击性的，有些是总裁授意的，有的是根据反映临时安排的，有些是结合审计跟踪进行的。这些活动的开展可不经过严格的审计程序和大量的文字工作，可以边检查，边提出问题，边督促纠正。几个事项的检查情况可以合并在一起报告，采用"内部审计通报"的形式，把问题、建议与纠正结果一次反映。这种检查活动是正常审计的补充，投入少，收效快，可以更好地起到耳目和参谋的作用，又较为被审者所欢迎。

四、内审的整体与个体发展

内审的整体与个体发展是实现内审战略和计划目标的基础，这对于我们这样刚起步的内审组织来说尤为重要。

过去几年，我们对整体发展的要求是：

——审计重点：财务收支、内部会计控制、固定资产系统。

——使命：优良的内部控制和系统。

——组织机构：如前所述。

对个体发展的要求：

——审计专业再教育，

——专业英语及计算机培训。

今后，我们的整体发展规划是：

——审计重点：在原基础上增加效益、管理与计算机审计。

——使命：应变控制与高效。

——组织机构：(如右图)

未来的个体发展方向将是：

——持续的审计专业再教育和综合性的管理专业再教育，中高级专业技术职称的取得。

——计算机审计的系统知识与熟练技能。

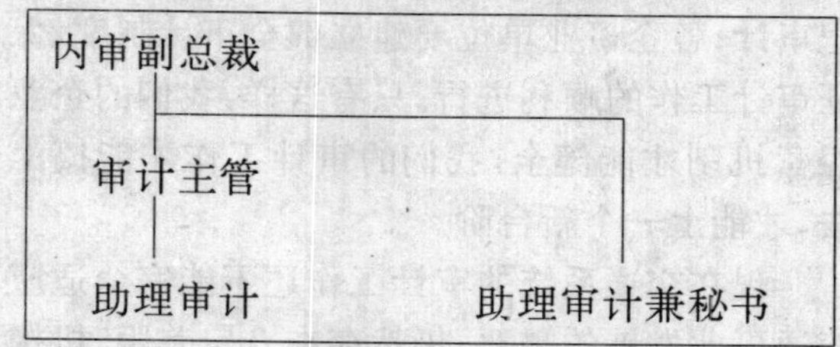

部门、单位领导谈内部审计

交　通　部

部长黄镇东：

我作为部长和部党组书记，对交通经济工作负有重大责任，有经济工作就要有审计工作，要全力支持交通审计工作，做我们各级审计人员的坚强后盾。同志们也要严格按国家方针政策办事，如果在工作中出了什么问题，由我负责，如果大家按章办事，依法审计，还遇到打击报复，一定要严肃处理。在今后的审计工作中，特别是审计队伍自身建设中，有什么事情要办，我一定支持。这就是我的态度。我们要保持和发扬过去的成绩，共同把交通审计工作搞得越来越好。几年来，大家对审计工作有了一定的认识，但并不是所有的领导都提高了认识。加之有些同志因年龄原因退下来了，新的同志又接上了工作，因此，仍有必要反复强调审计工作的重要性。审计工作的范围很广，不仅仅要进行违纪审计、财务收支审计，还要有效益审计。这很重要。因为进行效益审计可以帮助企业找出亏损或效益不好的原因，找到扭亏为盈的途径。因此，审计工作是不可缺少的。

从改革开放十多年正反两方面的经验来看，审计工作更显重要，也充分证明了审计工作必不可少。改革开放是主流，但也有一些歪风邪气，趁改革之机，钻改革空子，搞违法乱纪，这些都需要制止和纠正。审计是纠正歪风邪气的重要手段，可以发现问题，堵塞漏洞。实际上，审计工作是“两手抓”的一个方面，是“两手抓”的具体体现。因此，越是改革，越是开放，越要加强审计工作。

从加强企事业单位的经济管理、财务管理来看，也充分说明了审计工作的重要性。现在企业经济管理、财务管理水平有了很大提高，取得了很大的成绩，特别是这几年从国外吸取了许多好的经验。但是，我们也要看到违反财经纪律的问题仍然不少，这就迫切需要审计。

一个企业的领导，不重视审计，就不能说是一个全面的、合格的好领导。领导抓经济工作，要抓好财会工作，提高财务管理水平，同时，审计工作不能丢，财会工作和审计工作是相辅相成的，目标是一致的，都是为了提高效益。应把审计工作作为提高管理水平的一项重要手段来对待。各级领导要大力支持和宣传审计工作，使审计工作家喻户晓、深入人心；要经常关心审计，布置审计工作，检查执行情况，千万不能忘记审计；各企事业单位要建立健全审计制度，保证审计工作的顺利进行。只有这样，我们的企业经营机制才能健全，我们的审计工作才能搞上去，才能上一个新台阶。

现在交通系统的审计工作还不能完全适应交通事业发展的需要，仍然存在一定差距。机构不健全，人员不齐，有的单位机构有，但人员少；有的单位把审计工作看作是安置性工作，这种认识很不全面；还有的单位审计人员素质很低，这样差距就更远了。审计工作业务性和政策性很强，没有一定的业务知识，很难搞好审计工作。我们要高度重视审计队伍的自身建设。审计工作做为经济工作中必不可少的一项工作，要完成好各项任务，首要的就是审计干部要不断加强自身建设。现职审计干部也有一个不断提高素质的问题。工作中光靠实践还不够，各级审计部门要加强工作岗位上的培训，各级审计干部也要树立刻苦钻研精神，力争抽出一定的时间进一步学习审计理论，充实自己的理论知识，拓宽知识面。

（摘自 1991 年 5 月 14 日在交通部审计工作会议上的讲话）

化学工业部

部长顾秀莲：

目前，我国正处于加快改革开放和社会主义现代化建设的新阶段，化学工业作为国民经济的重要基础产业部门，要实现十四大所提出的在本世纪末国民生产总值提前翻两番的宏伟目标，就必须要有快于全国平均发展水平的速度，化学工业面临着十分艰巨而又光荣的任务。为此，除了各级政府的大力支持和全国 350 万化工职工的共同努力外，还必须开阔思路，锐意开创，加快改革开放的步伐，培育和完善化工市场体系，调整和优化化工产业结构，提高化工经济效益，通过进一步改革经济管理体制和建立健全科学的宏观管理体制和方法，增强宏观调控能力，强化包括审计在内的各种约束机制，努力推进化工企业转换经营机制。在这一新的形势下，加强化工内部审计工作具有十分重要的意义。

1. 有利于改进企业管理，提高经营决策水平。这既是我们长期的奋斗目标，也是内部审计的一项重要职能。通过对企业各种经济活动的审计，从微观入手，宏观着眼，揭露矛盾，解决矛盾，最终促进企业各项制度的完善和加强。由于审计具有独立、客观、公正的特点，通过审计，可以为领导在纷繁复杂的事务和各种矛盾交织中提炼出真实的数据信息，为领导驾驭矛盾、正确决策提供可靠依据，起到“智囊”和参谋助手的作用。因此，内审的目的与企业经营的目的是完全一致的。

2. 有利于促进对外开放。近年来，化工企业改革开放的步伐明显加快，多种渠道吸引外资，积极发展外向型经济，参与世界经济大循环。“入关”后，这一趋势还会有很大的发展。在这种情况下，企业需要进一步加强和健全内部约束机制，避免吃亏上当，维护企业的合法权益。

3. 有利于健全社会主义法制。加强审计工作是社会主义法制建设的需要，建立审计制度是《宪法》的要求，《中华人民共和国审计条例》对内审的地位和作用做了明确的规定，中央在《全民所有制工业企业转换经营机制条例》等许多有关经济体制改革的重大决策性文件中都强调要加强审计监督。市场经济是法制经济，客观要求经济关系和市场准则法制化、规范化。当前我国市场规则还不够健全，企业在脱离传统体制成为真正的市场竞争主体的过程中，还会遇到许多困难和矛盾，特别需要内部审计的监督和保护。因此在新形势下加强内审工作不是可有可无，而是必行之举、必善之事，不是权宜之计，而是大势所趋，长远之策。

化工内部审计制度建立近十年来，化工审计在各级领导和国家审计机关的重视、关心和广大内审人员辛勤努力下，积极开展审计监督，在促进企业管理、提高经济效益、维护企业合法权益和严肃财经纪律等方面，取得了可喜的成绩，为发展化学工业做出了贡献。当前，在社会主义市场经济条件下，开展审计工作还存在不少困难和不足，要以社会主义市场经济为轴心，进一步研究和探索在新形势下如何强化审计监督，提高审计质量和效果，在努力实践和学习他人成功经验的基础上，不断改进和创新，努力推进化工审计事业的全面发展，为繁荣和发展化学工业做出贡献。为此，还应做好和继续做好以下几项工作：

一是各级领导要进一步提高对审计工作的认识，切实加强对审计工作的领导。各部门、单位的领导要从思想上真正认识到加强内审工作是建立社会主义市场经济的内在需要，提高重视审计、支持审计的自觉性。同时还要善于运用审计手段，来推动各方面工作。根据我主管审计工作的体会，各单位都应由主要行政负责同志主管审计，设立独立的审计机构，配备得力的审计人员。

二是抓住有利时机，进一步完善和加强各级内审机构和加快化工审计队伍建设。市场经济为发展企业内审带来了机遇，也带来了挑战，要抓住机遇，珍惜机遇，迎接挑战。争取在一个较短的时间内，化工审计队伍在数量、规模、素质上，有较大的增长和提高，以适应市场经济的需要。

三是继续坚持抓重点、重实效的方针。解放思想，更新观念，围绕化工企业转换经营机制，提高经济效益这个中心工作，每段时期和每个单位都应有侧重地做几件大事，抓几个典型，以点促面，抓出实效。

四是加强学习、培训工作，提高全体化工内审人员的整体素质，并强化化工审计的宣传工作。通过强化审计宣传，增强全社会特别是领导对审计的认识和了解。

五是要加强精神文明建设和新时期思想政治工作，加强干部队伍的组织建设，努力造就一支素质好、凝聚力强、能战斗和适应改革开放需要的跨世纪的化工内审队伍。

（摘自关于《强化审计监督为发展社会主义市场经济服务》）

能　源　部

部长史大桢：

今天我想重点讲一讲转变观念，高度认识在新时期加强审计工作重要性的问题。李鹏总理在接见全国审计工作会议代表时说：“审计监督围绕经济工作中心，在维护国家财经法纪，提高经济效益，加强廉政建设等方面，发挥了积极作用。审计在社会上的影响日益扩大，初步树立了权威。这不仅增加了收入，节省了开支，更重要的是维护了国家财经纪律和正常的经济秩序。这是经过艰苦工作取得的成果。”我们能源系统审计工作的成绩也是十分明显的，在去年召开的能源审计工作“双先”表彰会上总结出六项成绩、五条经验，并把评选出来的“双先”代表所体现出来的高尚风貌归纳为五种精神，由能源部授予他们“经济卫士”的光荣称号。1991 年的工作又有了新的进展，在认真搞好财务收支审计的基础上，还围绕提高“两效”和搞好大中型企业等问题，对电力、煤炭、石油等行业开展了大型审计调查。这项工作你们做得很好，为政府进行宏观调控和为企业服务，都发挥了积极作用。

我们在总结成绩时，也要看到我们工作中的不足，主要是：审计工作发展不平衡，一些单位的领导对这项工作还不够重视；一些单位在执行国家财经纪律方面还有不少问题，违纪金额还很大，有的单位甚至屡查屡犯。我们对此应有清醒的认识，看到问题的严重性。这就要求大家转变观念，从新的历史时期的高度，充分认识加强审计监督的重要性和迫切性。

一、要从保障社会主义事业的高度来认识审计工作。江泽民同志曾指出，进一步搞好国营大中型企业，不仅是发展经济，提高人民生活水平的需要，而且是防止和平演变，巩固和发展社会主义制度的需要。李鹏总理也曾说过，和平演变不能仅仅看成是意识形态、政治思想领域的问题，也应看到还有经济上的一面。江泽民总书记和李鹏总理说得很深刻，很有教育意义。我们干的是社会主义事业，我们的言论和行动都要符合社会主义的原则和要求。

我们实行政府转变职能，企业转换经营机制，是使企业能适应社会主义市场经济的要求，建立起自主经营、自负盈亏、自我发展和自我约束的新机制，其目的是让企业在坚持社会主义方向原则下，更好地开展生产经营活动，使企业为我们从事的社会主义事业的胜利增强实力。因此，我们对企业一方面通过划清政企的职责的办法，为企业创造实现“四自”的外部条件，另一方面又要求企业坚持社会主义方向，坚持按照党和国家的政策法规办事，不要干违法违纪违规的事。从实践看，我们的大多数单位做得是比较好的，但也有一些单位做得不那么好，他们违反国家财经法规，挖国家肥自已，使国家该收的钱收不上来，应该有的经济效益体现不出来，致使国家财政紧张，阻碍了国民经济的正常发展，减缓了社会主义建设的进程。审计工作在社会主义革命和建设中是一项很重要的工作，起着保驾护航的作用，起着防止和平演变的作用。从宏观上看，你们又是维护社会主义制度的“政治卫士”。

二、从端正行业作风的高度认识审计工作。改革开放越是深入，经济越是发展，越是要加强廉政建设，开展反腐败斗争。腐败现象虽然发生在少数人身上，但破坏力大，败坏了社会主义风气，败坏了党的风气，为人民群众所深恶痛绝。可以这样认为，党政干部是否为政清廉，已经成为人心向背和改革成败的大问题。行业不正之风，利用垄断产品的特殊条件搞权钱交易，容易在我们队伍中产生蛀虫，败坏队伍，败坏行业形象，影响生产，影响改革，我们必须以坚决的态度进行纠正。这些问题，除加强思想教育工作外，还要加强审计监督，帮助企业在“内功”上下功夫，严肃财经纪律，提高经济效益。

三、从经济工作以提高经济效益为中心的高度认识审计工作。社会主义企业根本任务是在提高劳动生产率和经济效益的基础上，为社会提供产品，为国家积累资金。在分配上，正确处理国家、企业、个人三者的利益关系。能源部党组在三届能源工作会议上都提出了提高“两效”的要求，审计部门要通过审计监督来保障“两效”的提高。截留国家收入，乱挤成本，短期行为，化大公为小公，牺牲国家利益，换取好处，用于发额外的奖金，这些都不符合社会主义办企业的方向和要求，最终是要把国家搞穷，企业搞垮，把职工搞散，腐蚀干部。谁不坚持社会主义办企业的方向，谁就不应该当领导，如果哪个领导不支持、重视审计工作，就不能算一位好的领导干部，至少是一个缺门的干部。

四、从加强自我约束机制的高度认识审计工作。自我约束机制，是指加强企业的法律约束、纪律约束和制度约束，通过这些约束来规范企业的行为，保证企业的发展方向。《宪法》和《审计条例》规定了在我国建立审计制度，企业内部审计制度，就是一种很强的自我约束机制。谁把这个职能取消了，你那个企业就会变得乱糟糟的，无法无天的，不能保持正确的方向。我们企业深化改革要精简机构，提高经济效益，每个企业都要照办，但国家同时也指出，今天人浮于事是一个普遍现象，并不是因为加强了审计，加强了监督，加强了纪检，就等于不再人浮于事了。这种说法是不对的。企业违反财经纪律的现象比较多，说来说去就是没有这种完善的自我约束机制，没有一种法的概念。

我们能源系统的审计工作，要根据这次全国审计工作会议和李鹏总理的指示，认真贯彻“加强、改进、发展、提高”的审计工作方针，加强对大中型企业的审计，改进审计工作方法，不断拓宽审计领域，在财务收支审计的基础上，向经济效益和内控制度方向延伸，不断提高审计干部的政治、业务素质，提高审计工作水平。

从能源部党组和能源部领导，到各级能源企事业单位的领导，都要提高认识，加强对审计工作的领导，在政府转变职能，企业转换经营机制，适应社会主义市场经济的过程中，审计工作一定要加强，不能减弱，审计机构不得撤并，审计干部的工资、福利等待遇不得低于财会人员的水平，我们一定要从思想上、组织上、工作上、保证审计工作顺利发展，我也希望广大从事审计工作的同志们，振奋精神，艰苦创业，坚持方向，钻研业务，无私奉献，为能源工业的健康发展做出更大的贡献。

（摘自1992年在能源审计工作会议上的讲话）

冶 金 部

副部长黎明：

1．提高认识，认真总结经验，使冶金审计工作尽快适应冶金工业生产建设的发展需要。几年来，冶金内部审计工作认真贯彻执行“积极发展、逐步提高”的审计工作方针，广大冶金审计工作者开拓进取，努力工作，促进了冶金工业生产建设的发展，也为冶金审计工作本身打下了继续前进的基础，成绩比较显著，部党组是满意的。

冶金审计工作是新事物，一些人还不太了解，加之审计又是监督性质的工作，困难是很大的。但广大冶金审计工作人员知难而进，为维护财经纪律，改善经营管理，提高经济效益，发挥了重要作用。从实践情况看，搞好冶金审计工作，需要有两个积极性。一方面，审计工作者要努力工作，做出成绩，取得领导的重视和支持；另一方面，各级党政领导对审计工作的重视和支持直接关系到审计工作的发展。这两个方面相互作用，密不可分。在某些情况下，审计工作能否搞好，领导的重视和支持是关键性因素。许多审计工作搞得好的单位的实践，都说明了这一点。例如，太原、鞍山、攀枝花、本溪钢铁公司、长城特殊钢公司、成都无缝钢管厂、上海第五钢铁厂等单位的领导，认识到审计是商品经济发展到一定阶段的产物。冶金内部审计完全是企业自身发展的需要，特别是在企业深化改革、扩大自主权以后，更需要加强对经济活动的监督和自我约束。因而内部审计工作在企业生产经营中的作用和效果越来越明显，领导在工作中越发感到离不开审计部门。

党的十三届五中全会通过的《中共中央关于进一步治理整顿和深化改革的决定》中，要求“大力加强对各项经济活动的审计监督，严格财经纪律”。冶金审计工作要认真贯彻落实《决定》提出的要求，加强审计监督。深化改革决不意味着取消或削弱监督，恰恰相反，越是扩大开放，越是深化改革，越是搞活经济，越要加强各方面的监督，并要在财务收支审计的基础上，向检查经济效益、内部管理控制制度方面延伸，向深层次监督发展。社会主义企业内部审计是经济体制改革的产物，是新事物。企业内部审计如何为深化改革服务？是新课题，需要大家积极探索、大胆实践。冶金行业各级领导同志要加强对本地区本单位内部审计工作的领导，重视和支持审计工作，充分发挥审计机构的作用；审计工作者在开展工作时，要因地制宜，多作调查研究，及时总结经验，不断进取，为冶金工业生产建设作出更大的贡献。

2．强化审计监督，处理好监督与服务关系，抓重点，重效果。各单位要认真贯彻党中央、国务院关于加强审计工作的精神，建立健全内部审计机构，充实审计人员，建设一支精明强干的审计队伍。我国的内部审计工作开展时间不长，繁重的审计任务和人力不足之间的矛盾很突出。要解决这一问题，需要一个过程。但对于大中型冶金企业来说，建立健全内部审计机构，调配好审计人员，是一件刻不容缓的任务。因为这是在深入进行改革开放中，建立和完善企业自我约束机制的需要，是一种重要的内部控制手段。同时，要通过多种形式，大力宣传审计工作，包括审计知识、审计成果实例等，使广大干部群众了解审计工作、支持审计工作。

在审计工作中，要正确认识和处理监督与服务的关系。内部审计是企业单位内部的一个部门，它既有监督职能，又有管理和服务职能，因此要遵循“一审、二帮、三促进”的原则，使企业的审计工作服从服务于企业的中心工作。做到既监督又服务，通过审计监督，改善企业的经营管理，提高经济效益。

要注意改进工作方法，善于抓重点，提高工作效率。党的十三届七中全会提出开展“质量、品种、效益年”活动，这是一项长期任务，通过这项活动的开展，把全部经济工作转移到以经济效益为中心的轨道上来。冶金内部审计要掌握这个重点，搞好经济效益审计。各单位可以结合实际，先抓一两个影响经济效益提高的大项目，进行审计，做出成效来，再推而广之。同时，可以选择一些带普遍性的经济课题，开展专题审计和审计调查，进行综合分析、研究，提出建议，作好单位领导的参谋和助手。

3. 不断提高审计人员的政治业务素质，为实现审计工作法制化、制度化、规范化努力工作。加强审计监督，提高审计质量，实现审计工作的“三化”，关键在于审计人员的素质。各单位要把建设审计队伍，提高审计人员的政治业务素质，作为一项战略任务来抓。广大冶金审计工作者要从两个方面提高自己：一方面，坚持党的“一个中心，两个基本点”基本路线，结合新时期的经济体制改革实际学习马列主义、毛泽东思想，坚定社会主义信念，提高执行党的基本路线的自觉性；另一方面，要通过各种方式、各种渠道，认真学习国家的各项政策法规和审计知识，多思考，多研究，不断提高业务能力。同时，还要养成实事求是、廉洁奉公的良好工作作风。各级领导要关心审计人员，支持他们依法审计，改善他们的经济待遇和生活条件，做到与财务人员一视同仁。只有这样，才能稳定和壮大冶金审计队伍，实现审计工作的“三化”，使新兴的审计上一个新台阶。

（摘自 1991 年 9 月 29 日在全国冶金审计工作会议上的讲话）

北京汽车工业总公司

总经理马守平：

几年来，北京汽车工业总公司的审计工作坚持以提高经济效益为中心，正确处理监督与服务的关系，取得了较好的成效。我们从实际工作中体会到，加快发展北京汽车工业，提高管理水平和经济效益，建立自我约束机制，必须把审计工作摆到重要位置，下力量抓好。

（一）充分认识内部审计在转换企业经营机制中的重要作用。内部审计工作有促进和制约两个方面的作用。过去，一些企业领导同志往往只看到审计工作的制约作用，对审计的促进作用认识不足，甚至出现“经济要上，审计要让”、“经济要搞活，审计要关闸”等不正确的说法。这种认识的实质，是把审计监督与搞好大中型企业对立起来，把搞活理解为不受任何制约，把审计监督简单地理解为“挑刺”、“找毛病”。改革的目的是解放和发展生产力。为了保证企业生产经营活动的正常进行，对企业经济效益做出正确评价，审计工作是不可缺少的。随着改革的不断深入，内部审计工作的重要性越来越明显。

1. 内部审计工作为企业领导经营决策提供依据。内部审计工作，从一般的查错防弊，发展到效益审计、内部控制审计；从事后审计发展到事先审计，审计工作全面介入企业的生产经营活动，审计部门提供了大量信息，为领导做出正确的决策提供了依据。

2. 内部审计工作促进企业加强管理。一个现代化的企业，不但规模大，组织结构也非常复杂，为了使企业各部门、各生产单位步调一致地按照统一的目标开展工作，必须有完备而严格的管理制度和内部控制系统。内部审计与内部控制系统是密切相关的。内部审计可以对各部门、各生产单位的经济效益和内部控制系统进行评价，对各方面的经济活动从审计的角度进行监督，发挥其促进和制约作用。

3. 内部审计工作维护企业合法权益。企业在进行经济活动中，要同外部发生各种复杂的经济关系，都涉及企业的利益保障问题。在改革开放中，企业经济活动的方式越来越多样化，如中外合资合作、股份制、国内联营、引进技术、兼并企业等，需要通过审计保障企业资产的安全，保障企业经济权益不受侵犯。从企业内部来说，正确处理国家、企业、个人三者利益关系，也需要发挥审计的作用。几年来，在我们总公司系统大中型企业中开展了经济合同审计，也有些企业开展了联营审计。事实说明通过内部审计，可以维护企业合法的权益不受损失，并为企业创造效益。

4. 内部审计工作健全了企业自我约束机制。依法审计，是审计工作的重要原则。审计的依据，包括法律依据、理论依据、事实依据、资料依据等。最重要的首先是法律依据，如国家和地方的法规、政策、企业管理制度等。在改革开放过程中，企业扩大了经营自主权，增强了活力；内审要帮助企业用好用活这些自主权，提高经济效益，同时建立起自我约束的机制，依法经营，依法治厂，使权利和义务、企业经济效益和社会效益一致起来，保证国有资产不受侵犯和损失，正确处理国家、企业和职工三者利益关系。这几年，通过审计，加强了财务管理，维护了企业合法权益，保护了国家和企业财产的安全。

(二)解放思想，转变观念，围绕提高企业经济效益开展内部审计工作。

1. 解放思想，转变观念。当前，我国改革开放和经济形势越来越好。贯彻国务院发布的《全民所有制工业企业转换经营机制条例》，对审计工作提出了更高要求，必须解放思想，转变观念，坚持为经济建设服务的宗旨，不断适应新形势发展的需要。当前我们把工作重点放在认真贯彻《全民所有制工业企业转换经营机制条例》和中央12号文件上，以转换企业经营机制为重点，加快各项改革步伐，促使企业主动走向市场，真正成为自主经营、自负盈亏、自我发展、自我约束的商品生产者和经营者。

2. 紧紧围绕提高企业经济效益开展内审工作。在质量、品种、效益年活动中，审计部门主要抓了企业经营实亏和暗亏的调查。总公司根据审计调查，针对不同企业存在的问题，采取了相应措施，在1991年生产经营出现了好形势，全系统没有一个亏损企业。

3. 开展了经营承包审计和经济效益审计。在经营承包审计中，根据审计结果进行奖惩兑现，做到了“不审计不兑现”，保证了各项承包任务的完成。在经济效益审计中，减少了资金占用，提高了经济效益。几年来的审计工作实践证明，审计工作既是监督又是服务，寓服务于监督之中，对内部审计工作的评价，最根本的是要看对促进企业经济效益的提高作用有多大。

(三)切实加强内部审计工作的管理与建设。

1. 各级领导要支持审计工作。审计工作是经济体制改革的产物，总公司目前已着手制定审计工作的“八五”规划。把审计工作的发展纳入公司整体发展规划，使审计工作跟上改革开放的步伐。对审计部门来说，要以自身的工作成效来树立自已的形象，提高在企业中的地位，以利于工作的开展。

2. 提高审计工作人员的素质。审计部门是经济监督部门，审计工作人员必须坚持四项基本原则，作风正派，忠于职守，秉公办事，不徇私情；要有高度的负责精神，工作认真细致，实事求是；要有较高的专业素质和法律、管理、技术等方面的知识，有比较丰富的审计实践经验；要结合企业经营管理的特点和经济形势的发展，不断提高审计人员的知识水平和业务能力。

3. 健全和完善内部审计机构。审计机构应在组织上保持独立性，以利于开展工作；保持专职性，审计机构不负担其他管理工作，机构设置本着精简和效能原则，要建立兼职审计人员队伍，形成审计网络。

4. 加强审计制度建设，使审计工作逐步走向制度化、规范化、法制化。

(摘自《充分发挥内部审计在企业转换经营机制过程中的作用》)

沈阳飞机制造公司

总经理唐乾三：

江泽民总书记在党的十四大报告中强调指

出:“我国经济体制改革的目标是建立社会主义市场经济体制,要加快政府职能的转变,在进一步改革财经管理体制的同时,强化审计监督和经济监督,健全科学的宏观管理体制与方法。”这就明确指出强化审计监督是建立社会主义市场经济体制的需要,是经济体制改革,加强宏观管理的重要内容。作为企业的领导者,只有重视和加强内部审计,完善企业自我约束机制,才能保证企业的健康发展。沈阳飞机制造公司在企业转换经营机制中,解放思想,更新观念,在发展生产的同时不断加强了内部审计监督,使公司各项经济指标创历史最好水平,1992 年提前八年实现了翻两番的战略目标。几年来的实践使我深深地体会到:市场经济就是法制经济,企业要健康走向市场,必须注重和加强内部审计监督,强化自我约束机制,使企业健康地走向市场。

1. 加强内部审计,是企业健康发展的必备条件。内部审计是我国审计监督制度的一个重要组成部分,它属于高层次的综合性财政经济监督。在维护国家财经法纪和经济秩序,促进改革开放健康发展,促使企业合理使用资金,讲求效益,保障国有资产保值增值,监督宏观调控措施的执行,促进和完善管理,加强廉政建设等方面,发挥着重要作用。公司审计处成立八年来,本着“以监督的职能服务于改革,以改革的精神搞好审计”的原则,正确地发挥了审计监督与服务的作用。开展承包经营责任审计,积极开拓经济效益审计,在企业经济体制改革中起了重要作用。例如,汽车二厂是公司生产吉普车的专业厂,自组建以来所用成品都由该厂代管的供应科负责。由于该厂与供应科分属两个单位,生产供应工作不协调,造成大量物资积压。审计处在承包经营责任审计签证中针对这一问题,详细分析了原因,从有利于生产、有利于协调、有利于管理的角度出发,建议公司将成品供应科从供应部门划分出来归汽车二厂直接管理。厂领导采纳了审计处的建议,于 1993 年 1 月正式将供应科划归汽车二厂领导,使生产与供应紧密协调,统一领导,完善了专业生产厂供、产、销一体化的管理体制。审计处实行承包经营责任审计签证制度后,加强了会计核算基础工作,提高了会计核算质量,增强了干部职工的法制观念,保证了公司承包机制的顺利进行。例如,有些单位存在的成本挂帐、潜在亏损、承包指标不实问题,通过审计得到了解决。在对 14 厂厂长进行离任审计时,发现 14 厂负责研制的纺织机摇架,从 1989 年投产到 1992 年末,成本挂帐高达 814 万元,经审计处对成本挂帐的原因进行了分析,找出了原因,提出了处理意见。审计监督,对承包单位是一个约束,开展的承包经济责任审计签证制度,促进了承包经营机制的正常运转。因此,公司正式宣布,只有经过审计的单位,才能进行承包兑现,并将实行承包经营责任审计内容列入公司第四期承包方案,作为制度规定下来。事实证明,只有加强内部审计,才能做到严格的自我约束,保证企业经济的健康发展。

2. 开展效益审计,是提高企业管理水平不可缺少的一环。企业转换经营机制的目的是提高经济效益,提高经济效益是一切经济工作的中心,也是企业领导者最关心的问题。我公司开展经济效益审计,作了两个方面的尝试。一是对技术改造项目跟踪审计,看投资的方向对不对,是不是发挥了作用。针对部分购置和自制设备论证不足,造成资金紧张和浪费的情况,审计部门及时对专用资金的使用情况进行了审计调查,提出了建议。厂领导立即责成技术改造办公室根据审计建议修改了技改项目计算制度,从而为公司以后的技术改革提供了可靠的依据。二是依靠审计揭露生产经营中的问题,促进企业完善管理。我公司生产的三种客车销量很好,但经济效益一直不高,已成为厂领导关注的一个大问题。经审计处对客车进行效益审计,发现了一些问题,他们从众多的协作厂中一共搜索了 14 万个数据,查出了成本偏高等 6 个方面的问题,提出了降低成本,提高效益的 11 条改进措施,经过落实客车成本得到了降低,效益有所提高,按年计划计算这项审计为公司创直接经济效益数百万元。不难看出,加强内部审计工作,是搞好企业不可缺少的一环,通过对企业管理中存在的薄弱环节，进行跟踪审计监督，及时发现问题，调节了企业内部的失控点，提高了企业管理水平和经济效益。

3. 开展基建工程项目审计，维护企业的合法权益。审计处在开展财务收支审计，承包经营责任审计及效益审计的基础上，积极开展了基建工程项目审计，探索从事后审计向事前审计发展的新路子，在维护企业的合法利益，提高现代化管理水平上发挥了重要作用。我公司是国家“一五”期间重点建设的老企业，为了发展航空技术，开发民品，公司每年都要筹集几千万元的资金用于技术改造，这对于处于微利经营条件下的我公司来说，搞好资金计划和平衡是极为艰难的，但在另一方面，多年来一些基建、技改项目经常处于预算大于计划，结算大于预算的超支状态，已成为公司经营管理的一大难题。例如，公司近年来先后竣工的地下车库、数控厂房、动力管线改造三项工程，计划投资额为1986.57万元，实际支出2821.53万元，超支834.96万元。严重扰乱了技改资金的使用计划，造成了其他技改项目因资金短缺而难以进展。为此责成基建处、技改办、计划处自己查找原因，他们都说超支的主要原因是外部因素。在这种情况下，公司果断决定，暂缓对基建处、技改办、财务处、计划处四个单位及其主管领导执行效益工资及年度承包兑现，并责令审计处对三项工程费用的合理性、合规性进行审计。审计处经过三个多月的紧张工作，终于查清超支的主要原因，其中管理不善是工程费用增加的重要因素，并提出了加强设计更改的审核费用控制，实行项目经理负责制，开工前搞预算和集中进行事前审计，建立投资控制的经济责任制，在条件成熟时实行技改项目公开投标的管理办法的意见，公司领导很重视审计的意见，并责成有关部门认真落实审计意见。例如，今年公司利用专项技改贷款建设阳极化厂房，就是根据审计建议试行了项目经理负责制，通过审计，双方核减工程费用261.69万元，为企业减少了不必要的支出。开展基建工程项目审计，不仅提高了企业现代化管理水平，而且维护了企业的合法权益，使内审在企业经济发展中，越来越显示出它具体的生命力。

4. 领导的重视和支持，是搞好内部审计的重要保证。李鹏同志曾指出：“审计部门在社会主义经济建设中担负重要任务，工作难度较大，希望地方各级政府加强领导，为他们创造工作和生活条件。”审计工作本身就是要挑毛病，揭露问题，如果没有领导的大力支持，就可能遇到很大的阻力。为此我公司决定：(一)配备好审计部门的班子和审计人员，选拔有开拓精神、公正廉洁、敢于揭露问题的人员做审计工作；(二)为了给他们创造一个很好的工作环境，在建立审计机构的同时，建立了内部审计制度，在公司干部缩编的情况下，还破例为内审机构配备了处、科级审计人员；(三)支持审计部门提出的正确意见，树立审计部门的权威，实践证明，企业内部审计能否发挥作用，领寻是关键。只有领导亲自抓审计，为内审部门撑腰，才能加强审计的制约力，为企业步入市场创造条件。

金杯汽车股份有限公司

董事长兼总裁赵希友：

1. 适应改革的需要，提高对内审工作重要性的认识。公司改革内部经营管理机制以来，对所属各企业全都实行了各种不同形式的承包经营责任制，工厂经营者同公司普遍签定了“承包合同”，与公司的关系由单纯的上下级关系变成了契约关系。为保证这些承包合同以及企业资产评估的科学性、准确性、权威性，就必须有一个权威的部门进行审查认定，这就需要有审计部门进行审计才能做好上述工作。在改革过程中，有的承包者认为企业承包了，自己想咋的就咋的；有的承包者急功近利有短期行为，等等。这些都可以通过审计来得到解决。我觉得，为防止改革中的失误就应当伴有监督，审计正是强化和完善这种监督的一种好形式。几年来，我们的内审工作随着改革的产生而产生，随着改革的深化得到了不断的加强和完善，它为我们各项改革都得以顺利地进行并取得较好的效果提供了可靠的保证。

2. 加强审计，破除"大锅饭"观念。在商品经济条件下，社会主义企业不完善的一个方面是存在着吃"大锅饭"的思想，主要反映在相当多的企业管理者，包括企业的厂长、科长、科员，对企业的经营活动管理不善，在用钱上大手大脚，不是算计着花，而是花完了算，更不像花自己钱那样，事先看看自己兜里有多少钱，然后算计这钱应该怎样花好。通过审计发现了问题，揭露了矛盾，提出了改进措施，促使人们转变思想，更新观念，达到最终提高经济效益的目的。

3. 通过强化审计，改进了我们管理工作基础比较薄弱的问题。经过几年的努力，我公司的生产秩序、产品质量、现场管理等都有了很大的进步，但是，就整个管理基础来讲还比较薄弱，管理上的漏洞也很多。审计部门针对在材料的采购上，强调保供不注重效益的问题，外协配套件质次价高的问题，进行审计并采取了改进措施，对材料的采购建立起了严格的比质比价采购制度，对物资部门的考核不单纯看它是不是保证了生产的供应，还要看它采购的材料是不是质量最好、价格最低。例如，对下属的一个企业管理环节失控进行了定额资金内控制度的审计，发现储备资金由于一些环节失控，造成超储积压 50 万元，经审计提出了改进建议，强化了关键控制点，处理了超储积压，缓解了资金紧张，加强了物资管理，挽回了一些经济损失。

4. 加强审计，维护企业合法权益。通过对合同的审计，纠正了经济合同中由于语言模糊造成的违约责任界限不清的毛病，完善了对合同的管理，体现了合同的严肃性和法律效力，维护了企业的合法权益。自公司成立以来，合同审计为企业减少损失 327 多万元。通过内部审计发现问题，在企业内部纠正解决，也防止和减少了在外审计时挨罚的现象，维护了企业的利益和名誉。

南京化学工业(集团)公司

总经理郭克礼：

内部审计工作作为企业管理的重要手段之一，对企业生产经营活动的开展起着积极的推动作用。深化经济体制改革，发展社会主义市场经济，就是要使国有大中型企业转换经营机制，真正成为自主经营、自负盈亏、自我发展、自我约束的社会主义商品生产者和经营者。在这个过程中，强化企业内审工作是企业完善内部约束机制的必然要求，它对促进企业经营机制的转换有着十分重要的意义。

1. 健全审计机构，完善和强化内审队伍。建立健全审计机构、搞好审计队伍的建设是企业开展内审工作的重要保证。我公司于 1986 年 7 月就成立了审计处，下设财务收支审计科和经济效益审计科，开展各项审计工作。近两年来，随着企业经营机制的转换，公司根据集团化管理的需要，确立了"资金、利润、成本"三个中心的管理体制，并逐步下放经营管理权限，使各二级单位产供销一体化，直接面对市场参与竞争。同时对二级单位中产品或经营活动相对独立的车间级单位实行产销一体化的分厂制。根据这一变化，为了搞好对各单位、部门生产经营活动的监督和服务，提高企业经济效益，我们在企业的内审工作上加强了力量，对较大的二级单位设置专职内审机构，对较小的单位则明确负责内审工作的领导和兼职部门，逐步形成了由专、兼职部门组成的两级内审机构和内审队伍。目前，全公司内审人员已有 28 人，其中具有中级以上职称 13 人。在健全内审机构的同时，公司又适时地修订和完善了相应的规章制度，使企业内审工作在不断得到加强的过程中逐步走向法制化、规范化和制度化，从而为企业更好地开展内审工作奠定了基础。

2. 拓宽审计领域，发挥内审工作的监督职能。围绕提高企业经济效益目标，充分发挥内审工作在企业生产经营管理活动中的监督职能，是企业审计工作的立足点和出发点，企业的内审工作只有拓宽领域，渗透到企业活动的各个方面，才能真正发挥内审工作在强化和完善企业内部管理中的积极作用。近两年来，公司的审计工作坚持以财务收支审计为基础，积极拓宽审计领域，逐步向经济效益审计、内控制度审计等领域延伸。公司在开展了以经济责任为主体的厂级干部离任审计、外向型经济责任审计、横向经济联合投资效益审计等工作。对厂级干部离任审计时，通过对企业领导任期内国有资产的保值、增值和债权、债务情况进行鉴证，对干部的任期目标完成情况及工作业绩作出合理的评估，使公司对离任干部的工作能力、管理经验等方面有了明确的认识，同时对下属二级单位今后工作的目标制定和评价考核有了可信的依据，为强化和完善内部管理，推动企业的发展创造了条件。通过对控股企业投资效益的审计，充分地掌握了合资企业的财务状况、经营成效以及在执行会计准则、会计核算中的问题和不足，督促其改进和完善相应的工作，有效地维护了我公司的合法权益。

3. 开展审计调查，充分体现内审工作的服务职能。内审工作在发挥其监督职能的同时，要充分发挥审计工作的优势，围绕企业生产经营管理中的重大问题，搞好调查研究，做到监督与服务相结合，寓监督于服务之中，为企业搞好生产经营活动和领导的科学决策提供良好的服务。五年来，公司审计部门进行了流动资金、闲置固定资产、五项基金、帐外物资、亏损产品等18项调查，先后发现了企业流动资金短缺、固定资产闲置、帐外物资较多等企业生产经营管理中的困难和问题，积极开展专题调研，分析原因，寻找解决问题的办法，取得了良好的效果。在专题调查过程中，公司审计部门曾先后提出了79条加强和完善企业管理方面的建议，为企业领导的科学决策提供了重要的依据，促进了企业工作的开展。例如，1990年公司审计部门通过开展流动资金审计调查，找出了公司流动资金短缺的8个原因，针对这些问题提出了紧缩开支、降低产品积压、降低原燃料库存、调整产品结构、清理三角债、恢复托收承付结算等方面的建议，使公司作出了关于进一步强化资金管理、缓解当前资金严重匮乏的7条决定，改善了企业资金紧张状况，稳定了企业的生产经营活动。

我公司近年来开展企业内部审计的实践，使我们深深认识到，一个企业要在法定的范围内搞活经济，稳步走向市场，离不开审计监督。企业经济要发展，审计工作要加强，已成为我们的共识。今后我们要进一步强化企业内部审计工作，使之在企业生产经营活动中发挥更大的作用。

（摘自1993年5月28日讲话）

铁道部第十五工程局

局长张崇岩：

我局的内部审计工作在服务于、服从于铁路改革，强化企业管理，提高经济效益，维护财经纪律和加强廉政建设等方面都发挥了重要作用。总结几年来的审计工作，我体会到，内审工作是企业自我约束，自我管理，自我发展的重要手段，审计部门是领导的参谋和助手，而搞好内审工作的关键是领导的重视和支持。

1. 审计部门是领导的参谋和助手。审计监督是高层次的监督。随着社会主义市场经济体制的建立，国家对经济的管理将由行政手段的直接管理变为以经济和法律手段的间接管理，而审计是市场经济体制中不可缺少的管理手段，发展市场经济离不开审计，尤其在当前转换经营机制过程中，更离不开审计监督工作。为此，在经营管理中，我们自觉地把强化审计监督作为强化内部约束机制的重要措施。局里对重大问题的决策和研究计划、预决算、工资奖金分配、调级、机构改革等重要会议都要请审计部门参加。在经营机制转换中，我也十分重视审计工作职能的转换，注重把以往审计工作局限于财务收支的审计向经济效益和内控制度审计延伸。根据上级要求,我们向审计部门交办了一些对全局有指导意义的工作。为了准确考核实行负责制单位任期目标,我们推行了对单位行政主要负责人的奖罚必须经审计后才能兑现的制度。为了压缩非生产性支出,我们把上级规定的招待费开支年终审计办法改为事前审计,实行报销前先经审计部门审计制度。这样,就使审计部门成为加强企业内控制度的好参谋和得力助手。

2. 加强审计部门的建设是搞好企业管理的关键。搞好审计部门的建设,我们重点从以下三个方面给予重视和支持。

一是健全审计机构,配备审计人员。刚开展审计工作时,我们局只配了一名专职审计员,隶属于财务处领导,如今,全局已有 26 名专职和 171 名兼职审计人员的队伍。在机构改革中,我们提出了审计工作只能加强,不能削弱的要求,在精减机构、压减机关人员的改革中,审计部门的定员不但没压减,而且还把工程处的定员由原来的 2 人,调增到 3 人,第五工程处根据内控制度的需要配了 5 人。

二是重视审计人员素质的提高。审计人员素质的提高是强化审计工作的关键,为了提高审计人员素质,我们除有计划地选送部分审计人员参加培训外,还鼓励其自学成才。近几年来,全局专职审计人员中通过脱产、自学、函授等方式取得大专文凭的有 11 人,还有 10 名同志正在攻读大学本科。

三是加快审计工作的硬件建设。为提高审计工作效率和办公自动化程度,我们积极支持审计部门硬件建设,为局审计处和七个工程处的审计科配备了照相机、收录机等办公用具,局审计处还配备了电子计算机,实现了办公自动化。同时每年还给审计处安排了 4000 元的计算机技术开发费,为强化审计工作提供了物质基础。

3. 加强领导并大力支持审计工作。内部审计工作是在单位领导之下,为企业利益进行监督服务的,是企业领导者的参谋、助手和耳目,因此必须大力支持他们的工作。当他们工作中取得成绩时及时给予表扬鼓励。我局审计处从 1988 年起,连续五年被铁道部、总公司、局评为先进单位,获得 15 块奖状(牌)。五年来,在 26 名专职审计人员中,有 6 人次获得铁道部荣誉称号,有 4 人次获得总公司荣誉称号,有 25 人次受到局、处奖励,从而大大地激励了审计人员做好审计工作的积极性。当他们工作中遇到困难时及时帮助其排忧解难。审计工作有时不被人理解,这时候最需要的是领导的理解和支持,领导要甘当审计工作的后台。随着社会主义市场经济的发展,内审工作在企业生产经营中所起的作用将越来越重要。作为一个企业管理者,只有高度重视和支持审计工作,才能保证企业沿着社会主义方向胜利前进。

(摘自 1993 年 5 月的讲话)

上海市第一百货商店股份有限公司

总经理吴正林:

我店坚持"开拓经营与管理并重"的原则,注重在改革开放的同时,加强经济监督体系,1984 年底,成立审计科。在公司领导的高度重视下,内审人员围绕提高企业经济效益这个中心,抓住企业领导关心的热点问题,进行了审计实践和探索,取得了成效。

第一,加强内审是企业发展的重要组成部分。内审工作是企业内部较高的经济监督层次。几年来,我公司内审工作领域不断拓宽,涉及了企业经营和管理的深层次问题,为商店经营和决策的制订提供了依据。内审工作是企业发展和自身管理的内在需要,它不是可有可无,也不是其他部门随意可取代的,内审部门已成为企业领导加强企业管理,提高经济效益,促进企业走向市场的重要参谋和助手。

1. 实行内部控制评价,提高企业自我约束能力,企业改革越深入,管理工作越重要。现代审计的任务是针对企业管理方面的薄弱环节，完善内控制度，促进提高经营管理。公司内审着眼基础柜台管理，编写了《柜台基础管理手册》，内容与柜台业务管理密切相关，对搞好柜台服务，加强管理起了较好的作用。内审在总结前五年的内审实践，完成了《内审管理规范》，从制度上确立了内审在企业中的地位，体现了企业内审三化的成果。

2. 开展经济效益审计。企业改革的目的是转换经营机制，改进经营管理，提高经济效益。经常开展经济效益审计是企业内部审计的生命力所在。开展对经营效益典型柜部进行审计，以点带面，取得了成效。1990 年内审人员对玩具部进行经营效益审计，该部 1989 年扩大销售达 2949 万元，完成利润 373 万元。在改革开放的四年中，销售和利润分别提高了 3 倍和 4 倍。内审人员在效益审计中总结了该部具有创新意识、开拓经营、运用营销策略和优质服务，取得突出经营效益的经验，建议公司领导对玩具部成功经验组织推广。公司经理室非常重视审计意见，专门印发了《玩具部一路领先的秘诀》简报并加上了按语，在全商店作了介绍，推动了全店各部效益的提高。

第二，加强内审是企业改革与发展的需要。1992 年，我公司经营机制发生了重大的变化，经市府批准，3 月 15 日成立第一百货商店（集团），4 月 30 日核心层企业——上海市第一百货商店改制为上海市第一百货商店股份有限公司。围绕企业一系列的改革措施，公司重视指导内审机构积极探索新课题，参与机制转换的前期准备和转制全过程，为企业改革措施的落实提供了服务，发挥了保驾护航的作用。

（1）开展机制转换选择的决策审计。1992 年是商店实行承包递增方案的最后一年，也是国营企业可试行税利分流方案的第一年，同时又面临着商店可选择推行股份制的试点。针对三种不同的经营机制，内审人员在熟悉三个方案不同政策和核算方法的基础上进行了效果审计，对以上三个方案因政策不同，纳税率不同、税后利润分配不同，而产生的不同效果进行了前三年对比测算和后三年的预测对比。通过有分析、有建议的事前预测审计，以及对有关政策的权衡，认为推行股份制能促进企业经营机制的转换，实行产权重组，两权分离，把企业真正推向市场，加大改革的力度。审计报告为经理室作出选择股份制试点的决策提供了依据。内审积极参与股份制设立、资产评估、股票发行、筹资上市的全过程，为公司领导决策提供了有价值的信息。

（2）资金投向的决策审计。企业集团的组建，股份制公司的设立，进一步壮大了经济力量，把企业推向市场，提高了竞争能力，而集团对外的投资、控股、协作以及资金投向、资金融通、经营决策以及经济效益、经济责任的评价也需要内审机构来承担。为实现集团的规模经营、规模效益，公司将以股票溢价筹集的资金在近三年内投入几个规模大、设施新、建设期较长的大项目，如淮海路分店经营规模为 5500 平方米，六合路“姐妹楼”6.7 万平方米，中日合资“新世纪商厦”14.4 万平方米，以及沪西商厦 5 万平方米等，项目建成后公司经营规模将为现大楼面积的十倍。这些项目投入产出情况如何？内审人员运用盈亏分界点，净现值法等现代化的科学方法进行了分析预测及经济效果评价，为公司领导提供具有最大成功可能的方案，测算资料均列为项目批准书附件。如对沪西商厦的预测审计，对商厦的地理位置和经济环境、投资规模和竞争能力，设计方案和实施进度，资金来源与投资计划的审查，对销售、利润等主要经济指标的预测，对该项目的经济效益进行评估。经预测，净现值 1.65 亿元，贴现投资回收期为 10 年。现值指数 2，该投资效果比较好，立项是有根据的，方案可取，经立项审批，该项目已顺利进入基建阶段。

（3）开展投资效益审计。我公司股份制改制后，国有股占总股本的 50%，如何对公司最大的股东负责，公司内部审计受董事会、监事会和公司总经理室的领导，开展对公司全资分公司和投资分公司的审计监督，以确保国有资产的完整和增值，如 1992 年先后对太仓分店、昆山分店进行了审计,分析了影响分店效益提高的因素,提出了建设性审计意见,审计建议被公司领导采纳,并作了促进效益提高的审计决定。

企业越是走向市场,越是需要加强自我约束机制。内审工作是企业自我约束机制的重要组成部分,必须加强和改善。公司内审将进一步遵循"强化审计监督,为社会主义市场经济服务"的指导思想,通过实践,完善内审制度,把内审工作不断推向纵深,以改进企业经营管理和提高经济效益为重点,开展审计监督,为深化商业企业改革服务。

(摘自 1993 年 5 月的讲话)

北京轮胎厂

厂长戴本森:

我厂是全国五百家最佳经济效益企业之一。1992 年预计达到产量 100 万自然套,工业产值 3.9 亿元,销售收入 3 亿元,实现利税 6000 万元的目标,是全国轮胎行业的重点企业。我厂的内审工作是从 1985 年开始的,围绕提高企业经济效益这个中心,抓住一些"热点"、"重点"、"难点"问题开展工作。通过实践,显示了内审工作在企业经营管理中的重要作用。

几年来,我厂的内审工作领域是逐年扩大的,并涉及到企业管理的深层次问题,为厂领导确定经营方针和重大决策提供了依据。我深深体会到内审工作是企业发展的需要,它不是可有可无的,也不是其他部门所能代替的,而是不可缺少的。在深入落实《条例》进一步转换企业经营机制的形势下,搞好企业的内审工作必须抓好以下工作。

1. 强化财务收支审计完善财务管理制度。为适应改革形势的要求,必须强化财务收支审计,完善企业财务收支审计,完善企业财务管理制度,促使企业加速资金流转,用最少的钱办最多的事,达到少投入多产出的目的。通过财务收支审计,监督资金运用,减少费用,控制消耗,降低成本。企业资金的流动、财务的收支,必须在一定的约束机制下运行,否则,提高经济效益就是一句空话。

2. 加强经济合同审计和工程预决算审计。企业走向市场以后,为了维护自身的利益,必须增强法律保护意识,依法护厂、依法兴厂,按规章办事。内审工作在这方面,发挥了重要作用。企业在发展过程要举办合资,利用外资,还要进行工程建设,内审工作面临的任务很重,要进行购销合同审计,要进行合资、外资协议审计,还要进行工程建设的预决算审计,通过审计,充分发挥内审的监督作用。

3. 抓好专项审计提高经济效益。在抓专项审计中,我们过去做了一些尝试,积累了一定经验。专项审计和专业管理的有机结合,是搞好专项审计的前提。企业转换经营机制对企业管理提出了新的要求,加强专项审计,对提高经济效益大有益处。下一步将对产品质量、节能降耗、科研开发、物资管理等方面进行专项审计。专项审计也是效益审计,抓住企业管理的薄弱环节,找出内部影响效益提高的因素,从而达到提高企业管理水平,提高企业经济效益的目的。所以,专项审计是强化企业内部约束机制,适应企业机制转换的一个重要方面。

4. 强化内部分配审计,落实分配约束责任。落实好分配约束责任,是企业处理好国家、企业、职工三方面利益关系的中心。在这项工作中,内审工作的重要性将越来越突出。为适应转换机制的要求,提高企业的凝聚力和向心力,达到对干部负责和对职工利益负责的目的,进行内部分配审计是非常重要的。

随着内审工作的深入开展必然涉及到企业内部管理较深层次的问题,因此,厂领导要齐抓共管,促使内审工作在转换企业经营机制中发挥出更大的作用。

天津电缆总厂

厂长刘德彬:

第一，内审工作十分重要

我厂的内审工作，是从1985年开始的，到现在已有七年了，对内审工作的认识是随着企业改革的不断深化和内审工作的实践而逐步加深的。开始我认为审计工作就是查帐，是上级审计机关对厂执行财经法纪的监督，企业内审是自已审自己，作用不大。当时我把审计科靠挂在财务科，任命财务科长兼任审计科长，只配备了一名专职审计员，使审计工作处于应付状态。1986年接到领导部门组建独立的审计机构的通知，通过学习国家审计暂行条例，使我认识到我国实行审计监督制度，在宪法上已有明文规定，内部审计是国家审计的重要组成部分，1986年6月建立了内审机构，把财务科长抽出来担任审计科长，配备了3名专职审计员做内审工作。随着企业改革的深化，使我进一步认识到加强内审建设是完善企业自我约束机制的一项重要内容，是提高企业自我约束机制的重要组成部分。搞好内审工作，是企业开放搞活、健康发展的保证。因此，在企业深化改革中，审计部门只能加强，不能削弱，削弱了，不利于改革的深化发展。

第二，加强内审工作的领导建立机构配备人员

1. 成立审计领导小组，加强审计工作领导。审计领导小组由我任组长，由书记和总会计师任副组长，由纪检、监察、财务、法律办等有关部门领导成员组成审计领导小组，统一领导内审工作。日常审计工作由副组长、总会计师负责。

2. 重视人才的使用，配备了能胜任审计工作的人员。我厂审计处现配备了7名专职审计员，其中会计师3名，助理会计师1名，财院大专毕业生3名，以保证审计工作的持续发展。

3. 完善审计体制建设，建立专兼职相结合的审计网络体系。为了充分发挥审计部门的监督和服务作用，扩大审计队伍，在各分厂、车间、处室，聘任了由工程技术人员、管理干部、老工人组成三结合的审计队伍，共67名兼职审计人员，全厂各分厂、车间、部门都配备了兼职审计员，使审计部门形成一个完整的网络化体系，为推动内审工作向高层次发展，创造了条件。使审计工作在财务收支审计、经济效益审计、内控管理审计中发挥出较好的作用。

第三，怎样发挥审计部门和审计人员的调控作用

1. 充分发挥审计人员的经济监督作用。我厂审计部门从1986年开始，每月对财务决算报表的真实性、正确性、合规性、效益性进行一次审计，每月向厂领导写一份决算审计报告，使领导能及时掌握和了解财务收支执行情况和每个产品的月盈亏情况。通过查错防弊，加强了核算，提高了管理水平，从1986年开始，到1992年底历年的财税物价大检查中从未发现重大财务违纪问题。随着企业改革的深化，多种经营有了较大的发展，我厂“三产”部门已发展到46个，这些部门的共同特点是领导和财务人员绝大部分是从一般干部和工人中抽调出来的，政策观念、管理知识和业务素质差。为了确保“三产”部门的健康发展，责成审计部门每年对“三产”部门的财务收支和内控管理进行一次审计监督，要求审计部门把工作重点放在帮助“三产”部门加强帐目和财务管理上，对促进和加强“三产”部门的管理，提高经济效益取得了成效。

2. 充分发挥审计人员的参谋助手作用。审计部门在经济效益和内控管理审计中针对市场放开，材料价格多变的情况，建议成立价格领导小组，加强对价格工作的领导，厂领导及时采纳了这个建议。1987年初成立了价格领导小组，针对市场变化情况，每月对材料采购和产品销售价格进行一次分析，及时制定出相应的经营决策，既增强了市场竞争能力，又提高了经济效益。在经济合同审计中，为了提高合同的合法性、可行性、效益性，节约开支，责成审计部门重点搞好“三外”（外包工雇工、外协作、外采购）经济合同审计，不经审计部门签章，任何部门不准付款。对经济合同进行审计，取得了好的成果。

3. 充分发挥审计人员在深挖企业内涵潜力、提高经济效益方面的骨干作用。在挖掘企业潜力，提高经济效益和内控管理水平的工作中，

责令审计部门把经济效益审计的重点同实现双增双节措施密切结合起来，以专兼职审计人员做为骨干，全面发动，明确重点，抓好经济效益专项攻关审计。从1986—1992年，经过审计提高经济效益的金额达3106万元。

（摘自1993年5月的讲话）

彭浦机器厂

厂长齐心荣：

我们彭浦机器厂是以生产经营建筑工程机械履带式推土机（系列）和氧气为主的国有大型企业，是机电部和上海市的重点骨干企业。在改革开放的大潮中，我厂内审工作不断加强，走过了初创期的成长、巩固和发展阶段，不断上台阶的历程。在企业转轨变型后，内审工作能否不断适应市场经济的客观要求，这既对内审提出了新的挑战，又给内审带来了新的发展机遇。

1. 我厂内审的发展历程和取得的成绩。自1985年末我厂组建审计组以来，不断健全内审组织，加强审计工作的运行，稳步前进，迈上了“五个台阶”。即：由组建时的审计组起步；半年后成为监督审计科；1988年成为专职审计室；1990年设总审计师和厂审计委员会；1991年审计室列入我厂矩阵式管理体制的横向系统，成为代表厂部行使指令性职权的综合管理部门之一，从而使我厂内审机构与企业转制相适应，使其具有超脱、公正、高层次的地位。

多年来，我厂内审人员遵循廉洁、公正、严格、奉献的精神，不畏艰辛，在实践中摸索前进，凭着对建设具有中国特色的社会主义审计事业的执着追求，使企业内审工作由“边组建、边工作”的游击式，很快进入“抓重点、打基础”的正轨。内审人员为了企业的合法、稳定、长远效益，主动参与企业经营活动中的重点、热点、难点的监督和服务，选择审计对象和内容，以求得企业各阶段目标的实现，增强企业活力，提高企业的经济效益。由于内审人员的奋发努力和艰辛劳动，不断拓展审计领域，丰富审计的内容，积累了资料和经验，逐步形成并建立起定期必审，专项必审和选审项目制。审计工作迈上经常化、制度化、规范化建设的轨道，审计工作出现了新飞跃，使审计工作由财务审计向内控管理和效益审计转变，由事后审计向事前、事中和跟踪的全过程审计转变，由单一的局部事项审计向带有全局性的系统事项审计转变。

2. 效益审计是企业内审工作的关键环节。通过内审组织的不断健全和内审观念的转变，我厂内审的触角已经伸向企业经营管理的各系统和层次，覆盖面包括财务会计、工程项目、加工制造、联营定点、合同管理等各个方面，充分发挥了高层次综合经济监控和服务的作用，并取得显著的成效。但是，现代企业的经营行为是以取得稳定、持续的效益增长为其出发点和归宿的，这是企业各项工作的中心，这就决定了效益审计在内审工作中的特殊地位，使其成为企业内审工作的关键环节。在这方面，我厂对制氧车间的三次审计给我的感受尤其深刻。制氧车间是我厂创利大户，每天盈利高达万元，年利润达370万元左右。1988年该车间出现效益滑坡，减产9.58%，减利12.66%。审计室及时察觉，开展了对该车间的效益审计，揭示了效益滑坡的主客观两方面存在的五大症结，分析了原因，提出了相应的建议，为我厂采取有效对策和措施提供了依据。在车间和全厂有关部门的共同努力下，迅速扭转了制氧车间效益滑坡的局面，到年底利润超过上年水平。

3. 发挥内审高层次综合经济监督的职能。1990年四季度，在分析、预测企业在新的一年面临形势时，厂领导提出：1991年是困难的一年，又是看得见发展的一年，挑战和机遇并存、困难和希望同在，只要不畏艰难，各项工作抓早、抓紧、抓细、抓实就有希望。在这个思想指导下部署了1991年年初的工作。然而，在二月下旬出现了生产进展不快，经济效益不好的状况。审计室会同职工代表（兼职审计员）进行联合审计。审计人员抓住生产计划的“实施与调整”，各级管理人员到现场服务的“深入与及时”，经济责任的"明确与考核"，产品质量的"保证与控制"等主要环节，从生产指挥，设备状态，劳动力平衡以及材料配套供应方面进行全面的审计调查，收集大量的资料、数据，运用对比、分析，从主客观两方面揭示问题，查找主观差距。通过大量的数据和事实，反映出抓生产的副厂长在生产要素发生变化时，措施不力，致使某些卡壳环节的小困难酿成影响全局的大困难，终于造成一步被动，步步被动的不利局面。根据审计部门的建议，厂领导采取有力措施，使三月份120A推土机月产量创造了历史最高水平，比二月份多完成19台，二季度销售收入和利润分别比一季度提高了167%和145%。

4. 决策审计是企业内审工作的重要支柱。如果说企业的核心目标是利润，那么企业经营者的首要职责就是通过正确决策努力挖掘潜在利润。回顾我厂内审工作的发展历程，我的许多决策思路萌发于内审所提供各种信息的积累和综合。例如，企业产品结构的调整是根据内审对亏损产品的审计进行的。1989年后企业面临种种困难，审计部门在对产品结构效益审计中，提出生产非标设备占用资金多，周期长，效益差，甚至个别产品发生亏损，建议以市场为导向，大力发展技术进步产品，适应市场需要。这个建议为我调整产品结构，改变非标设备生产方式的决策提供了思路，形成了"三上一调"的产品结构调整方向。即：上工程机械，上气体生产，上第三产业，调整非标产品的经营方式，以适应市场需求。由此引出对企业进行全面技术改造和生产组织方式进行大规模调整。

事实雄辩地证明：内审是企业步入市场经济的客观需要，它的作用具有不可替代性。我认为内审具有对企业自主经营、自我发展、自我约束的三大功能，又有五大作用。即：(一)对企业经营活动和行为具有监督、耳目作用；(二)对完善企业重大决策的参谋作用；(三)维护企业的合法权益的卫士作用；(四)对改善经营管理，提高企业素质和效益的作用；(五)对干部和职工队伍精神文明建设的促进作用。

（摘自1993年5月15日的讲话）

河南省周口地区味精厂

厂长李怀清：

近几年，随着改革的深入发展，内部经营机制的转变，我们不断强化内审工作，设立了审计处，配备20名审计人员，下设事前跟踪审计、财务审计、承包审计、基建审计四个业务科室。内审机构紧紧围绕提高企业效益这个中心，本着从小到大，先易后难，积极发展，巩固提高的原则，有计划地开展了各项审计工作，取得了显著成效。

1. 取得领导支持，服务中心工作。一个企业要健康发展，要在市场经济中具有竞争能力，就必须练好内功，建立一个完善的自我约束机制，根据国家法律进行经营活动。在企业内部机制中，审计工作是保证企业健康发展的一个重要的内部约束机制，是企业实施计划、管理、监控、调节的重要手段，也是提高企业管理水平和经济效益的一个主要途径。内部审计要在自我约束机制中发挥其职能作用，必须有厂领导的重视和支持，必须有明确的指导思想，积极服务中心工作。内审工作通过对钱、物、经济手续的审计，堵塞各种漏洞，降低成本费用，提高经济效益，保证企业健康发展。审计处结合实际提出了"服务、监控、挖潜"的六字方针。服务，就是服务于全厂总计划、总目标，服务于领导宏观决策；监控，就是通过审计手段，监督企业各项制度措施落实到位，控制违纪行为发生；挖潜，就是通过调查研究，对比分析，挖掘内部潜力，提高企业效益。根据"六字"方针，围绕把好资金关、物资关、资产关、经营成果关开展审计工作，有效发挥审计职能作用。

2. 坚持事前审计，严肃财经法纪。企业的各种经营活动，各种繁杂的财务手续都要经过资金收支这个关口。作为内审把住资金收支关口，防止违纪问题发生则尤为重要。几年来，我们一直坚持实行费用开支事前审计制度，所有资金支出票据均要先审计后报帐，各种车辆修理均由审计人员参与现场结算。这项工作繁杂具体，业务性强，我厂每年支出几亿元，不论是哪个口的业务，哪位领导签字，都要经过审计，按厂统一的财务制度来检查签证，不合规的支出票据，不论什么理由，什么人员一律不予报销。事前审计保证了支出手续的严肃性和票据的规范合法，各项财务规章制度得到了贯彻落实，有效制止各种违纪行为，严肃财经纪律；顶住乱收费乱摊派等不正之风，维护企业合法权益。

3. 适应市场经济需要，开展物资跟踪审计。在社会主义市场经济体制下，竞争激烈，商品流通渠道，商品价格变化大，捕捉商品信息，掌握市场行情，运用经济规律，完善购用手续，则成为企业提高经济效益的重要手段。我们根据商品购销中存在的问题，有针对性地开展物资跟踪审计。通过对物资采购渠道、价格、质量及物资用向的审计，及时处理物资管理使用中的问题，有效地制止跑、冒、滴、漏。1992 年通过审计，近 20 种物资一年节约支出 30 多万元。1991 年初，我们对玉米收购进行审计，一年节约玉米收购费用近 20 万元。今年二月，我们对各车间领用的物资使用情况进行跟踪审计，对涂改领料单多领物资归个人使用的进行了罚款，对基建队多领、冒领建筑材料等问题，追回物资价值 5 万多元，减少了损失浪费。

4. 加强资产和基建审计，保证国有资产保值增值。几年来，我厂采取"滚雪球"的办法，加强生产技术改造，不断扩大生产规模，使固定资产由 1984 年的 500 万元，增加到现在的二亿多元，生产能力由 400 吨增加到现在的 60000 吨，企业健康发展，成果捷报频传。作为内部审计，为加强财产管理，确保国有资产保值增值，也采取一些切实可行的措施：一是不断加强流动资产审计，确保流动资产不亏库不流失；二是加强固定资产审计，保证提足折旧和大修基金，提高设备利用率；三是坚持对技改项目进行预决算审计，防止技改中的大手大脚、损失浪费；四是加强联营企业审计，澄清企业家底，使联营建立在可靠基础上；五是开展基建决算审计，防止基建决算中的虚报冒领、高估冒算等问题。（摘自 1993 年 5 月 20 日的讲话）

（本部分根据审计体系指导司供稿摘要整理）

全国内部审计工作先进单位和先进个人

先进单位名单

北京化工二厂
北京汽车工业总公司
北京市高等教育局
北京市建筑工程总公司
电子工业部第十二研究所
中国铁道建筑总公司
交通部第一公路工程总公司
中国远洋运输（集团）总公司
中国农业科学院

中国五金矿产进出口总公司
中国建筑材料工业地质勘查中心
中国食品工业总公司
航天工业总公司第二研究所
中国海洋石油总公司
中央电视台
中国旅游学院
审计署驻冶金部审计局
审计署驻邮电部审计局
审计署驻国家烟草专卖局审计特派员办公室
天津市电缆总厂
天津市司法局
河北轮胎厂
河北省粮食局
唐山钢铁(集团)公司
河北省食品进出口公司
山西太原钢铁公司
山西省交通厅
山西杏花村汾酒厂
太原市审计局
山西省电力工业局
内蒙古自治区兴安盟物资处
内蒙古自治区广播电视厅
内蒙古自治区包头钢铁稀土公司
瓦房店轴承厂
辽宁省交通厅
凌源钢铁公司
国营鞍山化纤毛纺织总厂
金杯汽车股份有限公司
大连港务局
沈阳重型机器厂
辽宁省审计厅
阜新矿务局
鞍山钢铁公司
铁道部大连机车车辆工厂
辽宁省邮电管理局
沈阳飞机制造公司
中国石化大连石油化工公司
抚顺铝厂
辽宁省丹东市凤城满族自治县农村信用联社
吉林造纸厂
吉林省集安市审计局
吉林省四平联合化工厂
吉林省通化钢铁公司
吉林化学工业公司
中国第一汽车集团公司
黑龙江省粮食局
黑龙江省水利厅
哈尔滨汽轮机厂
中国第一重型机械集团公司
国营桦林橡胶厂
佳木斯市供销合作社联合社
黑龙江省五常县交通局
哈尔滨铁路局
大庆石油管理局
中国石化大庆石油化工总厂
上海汽车工业总公司
上海彭浦机器厂
上海港务局
上海市第一百货商店股份有限公司
上海市审计局
上海市电力工业局
宝山钢铁(集团)公司
上海航道局
上海石油化工股份有限公司
江南造纸厂
江苏省交通厅
南京化学工业(集团)公司
无锡市三利纺织印染集团公司漂染厂
江苏省徐州公路运输总公司
无锡轻工业学院
中国人民建设银行江苏省徐州市中心支行
南京无线电厂
浙江省乡镇企业局
浙江横店企业集团公司
杭州制氧机厂
绍兴钢铁总厂
浙江省电力工业局
安徽省马鞍山钢铁公司
安徽省芜湖市审计局

安徽省交通厅
合肥工业大学
福建省第六建筑工程公司
江西红星企业集团
上饶地区粮食局
江铃汽车集团公司
济南塑料一厂
山东省冶金工业总公司
山东省潍坊建筑安装工程公司
日照市粮油集团总公司
山东省陶瓷公司
山东省聊城市百货大楼
山东兰陵美酒厂
青岛碱厂
山东省烟台汽车运输集团公司
山东鲁南化肥厂
山东省教育委员会
山东省供销合作社联合社
山东省审计厅
山东煤炭工业管理局
济南铁路局
胜利石油管理局
中国人民银行山东荷泽地区分行
中国人民保险公司山东省分公司
河南省周口地区味精厂
中国洛阳浮法玻璃集团公司
河南省粮食厅
中国第一拖拉机工程机械公司
河南省安阳钢铁公司
河南省民权县审计局
郑州铁路局
河南省邮电管理局
中国长江动力公司(集团)
武汉钢铁(集团)公司
湖北省荆襄磷化学工业公司
中国农业银行湖北省荆门市分行
湖北省交通厅
湖北省国营五三农场
江汉石油管理局
湖北省襄樊市审计局
公安县审计局
湖北省审计厅
东风汽车公司
中国农业银行湖北省分行
涟源钢铁股份有限公司
湖南省国营钱粮湖农场
湖南省怀化地区粮食局
湖南省旅游局
湖南师范大学
湖南省烟草专卖局
中国工商银行湖南省分行
广州市审计局
南海市经济委员会
深圳市石油化工(集团)股份有限公司
广东省对外经济贸易委员会
广州市第二轻工业局
广东省审计局
广东省农垦总局
广东核电合营有限公司
中国银行广东省分行
广西壮族自治区交通厅
海南钢铁公司
中国第二重型机械集团公司
四川省南充地区粮食局
重庆钢铁(集团)公司
江津市教育委员会
东新电碳股份有限公司
四川化工总厂
长城特殊钢公司
成都无缝钢管厂
中国农业银行四川省绵阳市分行
四川省地质矿产局
重庆建筑工程学院
中国第五冶金建设公司
国营八一二厂
贵州省遵义医学院
水城钢铁公司
云南省粮食厅
云南汽车厂
陕西省机械工业厅

国营西北第四棉纺织厂
西安飞机工业公司
西安华山机械制造厂
西安杨森制药有限公司
酒泉钢铁公司
青海省物资管理局
宁夏回族自治区煤炭工业厅
新疆维吾尔自治区商业厅
新疆维吾尔自治区钢铁公司

先进个人名单

李志宝　北京市宣武区教育局
包英俊　北京造纸一厂
刘新志　北京市密云县供销合作联合社
于慧芬　北京市公安局崇文分局
邱　琦　中国房地产开发集团公司
周玉琴　冶金工业部钢铁研究总院
张治安　国家安全部审计局
冯　韬　中华全国总工会审计室
周灿龄　中国石油化工总公司
王春茂　天津市劳改局清泊洼农场
冷绍球　天津市机械工业管理局
齐锡龙　天津市第三建筑工程公司
曹东方　中国海洋石油渤海公司
王兴福　河北省交通厅
王保华　唐山市建设委员会
丁宝华　河北省廊坊市第二商业局
王荣贞　石家庄市糖烟酒总公司
王书文　河北省农垦事业管理局
高天来　开滦矿务局
吴龙云　电子工业部第五十四研究所
冷锡如　邯邢冶金矿山管理局
周志福　中国人民武装警察部队学院
马振范　华北石油管理局
张宝珍　山西省太原交通电器批发公司
田玉莲　大同市煤气公司
孔志斌　山西省教育委员会
张纯俊　阳泉市煤炭工业局
任　君　山西省石油总公司
宋必胜　大同矿务局
陈俊瑛　铁道部第三工程局
赵杰东　长治清华机械厂
卢双棋　中国工商银行山西省分行
崔艳君　包头供电局
王桂香　科尔沁左翼中旗供销合作社联合社
朱　好　内蒙古自治区巴彦淖尔盟交通处
毕　有　内蒙古自治区大兴安岭林业管理局根河林业局
赵艳秋　辽宁省抚顺市第二运输公司
吴光东　沈阳市市政建设工程公司
梁　芝　沈阳市供销合作总社
孙继保　丹东汽车制造厂
赵庆义　朝阳重型机器厂
孙秀婷　辽宁省交通厅
李　莉　阜新市轻工业局
袁治平　本溪钢铁公司
柴中山　锦州发电厂
李秀莲　大连理工大学
刘连仁　机械工业部大连组合机床研究所
陶　愚　鞍山钢铁公司
刘金荣　沈阳飞机制造公司
佟维礼　辽河石油勘探局
梁文春　中国农业银行辽宁省朝阳市支行
卜其吉　中国人民建设银行沈阳市分行
曹树森　吉林省延边朝鲜族自治州林业管理局
李有良　前郭尔罗斯蒙古族自治县供销合作社联合社
王恒珍　辽源市商业局
丁玉林　浑江市供销合作社联合社
李桂青　长春市房地产管理局
谷怀远　镇赉县商业局
李福申　吉林省邮电管理局
王玉春　卫生部长春生物制品研究所
孟庆福　黑龙江省教育委员会
孟繁轲　黑龙江省交通厅
陈宗愈　哈尔滨市粮食局
刘贵臣　哈尔滨市机械工业局

马立明　黑龙江省牡丹江林业管理局
黄寿华　牡丹江市城乡建设委员会
冷淑芳　鸡西市煤炭公司
葛贵芳　黑龙江省电力工业局
周鑫华　黑龙江省牡丹江国营农场管理局
闵效英　中国石化大庆石油化工总厂
陈升云　林业部大兴安岭林业管理局松岭林业局
吴　杰　中国银行黑龙江省分行
王俊利　上海市机电工业管理局
张一平　上海真空电子器件股份有限公司
马思隐　上海市粮食局
李尉玉　上海市轻工业局
沈国强　上海市教育局
张　毅　上海海关
徐伯振　上海石油化工股份有限公司
孙同新　连云港市轻工业公司
李　娟　南通华联商厦
朱永富　江苏省水利厅
唐成亮　镇江市纺织工业局
朱震荣　扬州化工厂
吴树楠　江苏省邮电管理局
傅巍年　椒江市商业局
张中达　浙江新昌制药股份有限公司
罗炳声　开化县乡镇企业管理局
陈百河　杭州制氧机厂
余树华　亳州古井酒厂
吴云生　安徽大学
边夏凤　中国第十七冶金建设公司
陈培坤　厦门联合发展(集团)有限公司
黎海东　漳州糖厂
任茂荣　福建煤田地质公司
何念祖　江西长征机器厂
周多能　江西樟树粮油公司
徐声龙　江西省水利厅
吴让益　江西省修水县供销合作社联合社
方　宏　江西省宜春地区邮电局
申兆伦　山东省泰安汽车运输总公司
李廷贵　国营青岛第二橡胶厂
王文博　枣庄市医药管理局
孙本达　威海市物资总公司
王　波　烟台市海阳县二轻工业公司
石振海　济南市石油化学工业局
李建波　山东省黄金工业总公司
庄德宇　山东鲁西建材总公司
陈　旭　山东省淄博市城乡建设委员会
陈先才　山东省定陶县供销合作社联合社
高书谱　山东省化学工业厅
吕恕良　山东省莱芜市对外贸易总公司
赵崇儒　国营山东省邹平棉纺织厂
华义铭　山东省平原县粮食局
管绍华　山东省地质矿产局
吕茂祥　济南汽车制造总厂
陈会孟　潍坊市邮电局
邱汉青　山东省青州卷烟厂
李惠南　山东省气象局
吕其祥　洛阳耐火材料厂
朱素占　国营第七五五厂
冯希周　河南省周口地区味精厂
王留智　河南省水利厅
陈培德　洛阳轴承厂
吴岩昌　河南省南阳棉纺织厂
王清义　河南省汝州市小屯乡政府
邹晓武　洛阳市供销合作社
周芝荣　平顶山矿务局
汝永阳　机械工业部洛阳轴承研究所
孙广元　郑州铁路局
王天成　洛阳建筑材料工业专科学校
王　磐　河南省漯河市烟草专卖局
王守印　洛阳铜加工厂
蔡　辉　湖北省十堰市公安局
谢大富　宜昌八一钢铁(集团)股份有限公司
吴汉平　英山县卫生局
詹俊鳞　汉川县乡镇企业管理局
柴卓敏　华新水泥厂
刘　兰　沙市市商业局
田明清　咸宁地区邮电局
李相铎　湖北省国营长港农场
黄艳清　武汉市交通委员会
夏宜智　湖北省商业厅

洪　伟　华中电力集团公司
詹金梅　中国五环化学工程总公司
邵章棋　华中农业大学
郭怀训　武汉船舶工业公司
熊清和　中国人民银行湖北省荆州地区分行
徐碧云　湖南省东江水泥厂
李焕英　湖南省浦沅工程机械总厂
王勋作　零陵地区商业局
于志美　株洲市劳动局
张跃进　株洲冶炼厂
李玉灿　核工业中南地质勘探局三〇六大队
林贤通　汕头市粮食企业集团公司
江树荣　广东省高州市教育局
陈显国　珠海市平沙管理区
吴真浩　广东省揭东县供销合作社联合社
曾木金　广东省电力工业局输变电工程公司
刘德泉　广州市第二商业局
陈醒潮　广州市第二轻工业局
李远韶　清远市汽车运输总公司
何应华　深圳华联纺织(集团)有限公司
陈瑞漓　广西国营金光农场
陈运义　三亚市工业局
王恒健　攀枝花市交通局
冯正祥　万县港务管理局
袁仕发　新达机械总厂
张小燕　内江市商业局
张小莉　重庆市机械工业管理局
张光锦　四川齿轮厂
周鸿翔　四川省建筑工程总公司
白俊杰　峨嵋山盐化工业(集团)股份有限公司
陈清源　西南石油地质局第二地质大队
谯　玲　中国科学院成都分院
周素芳　江陵机器厂
张映陶　交通银行重庆分行
张秀翠　中国人民保险公司成都市分公司
袁潮荣　贵州省商业厅
沈广胜　贵州省交通厅
安顺国　楚雄市供销合作社联合社
瘳　坤　云南省卫生厅
朱义洪　长岭(集团)股份有限公司
庄治芳　西安宾馆
曹世龙　陕西省宝鸡酒精厂
杨文俊　电力工业部西北审计分局
刘尔铭　水利部黄河水利委员会黄河中游治理局
马善纪　中国西北航空公司
李德鹏　中国航空工业总公司飞行实验研究院
刘丹凤　郑州铁路局安康分局
谢玉华　甘肃省酒泉地区物资局
孟钦贤　天水铁路电缆工厂
战乃震　青海省水利厅
李英举　兰州铁路局西宁分局
马汉义　宁夏回族自治区永宁县粮食局
朱茹芝　乌鲁木齐市纺织品公司
刘　健　新疆生产建设兵团农六师
谢积珍　新疆石油管理局

解放军审计工作概况

难
军
立足
，影响
计工
际，一
审计和
限的军
算外
。

军委、总部首长对军队审计工作的指示和批示

1989年至1993年，中国人民解放军审计机构逐步健全，审计人员逐步增加，审计工作全面展开，取得了可喜的成果，审计法制、科研、训练等各项工作都有新的发展。

中央军委副主席刘华清

严格执行财经制度和财经纪律，是过好紧日子的制度和纪律保证，也是保持全军高度集中统一的一个重要方面。各级审计部门要认真[illegible]责，秉公办事，严格把好财经关。对违犯财经[illegible]和制度的人和单位，要敢于坚持原则，坚决[illegible]止。军委坚决支持你们。

[illegible]989年12月19日在全军后勤工作会议[illegible]话）

[illegible]上半年，搞一次全面的决算审计，是必[illegible]过审计，查清哪些单位好，还是不好，哪[illegible]不合理？

（1991年8月11日在听取总后工作汇报[illegible]指示）

加强我军的财经审查工作是十分重要的。此次核查工作很有成绩，一定要严格财经纪律，保持勤俭建军的原则，把有限的钱用在关键项目上。所查出的违纪现象，应限期纠正。有领导责任的，领导应作检查，不得再犯，凡是个人违法，应作严肃处理。

（1992年7月25日批示）

财务审计工作成绩显著。……现在军费很紧张，我们必须强化管理，向管理要效益。我认为，应主要从两方面着手：一个是完善各项制度，加快经费、物资供应标准化、制度化的步伐；再一个是加强审计和监督，堵塞漏洞。

（1993年1月13日在军委扩大会议上讲话）

中央军委副主席张震

各级都要加强后勤管理，搞好审计监督，精打细算，勤俭节约，保证把有限的经费用在正地方。

（1993年8月在成都军区视察时指示）

中央军委委员、总后勤部部长傅全有

审计工作很重要，军委首长很重视。这次调整精简，审计部门还增加了人，也说明了这个问题。六年多来，审计部门在各级党委、首长的领导下，围绕部队中心任务，认真履行职责，积极开展审计，做了大量工作，取得了很好的成绩，为维护财经纪律，端正党风军风，促进部队建设，做出了很大贡献。特别是1992年的决算审计，在摸清经费家底，正确使用经费、纠正不正之风，查处违纪案件等方面，成绩很大，反映很

好。总的讲，部队和各级领导还是很欢迎审计工作的。

今后，审计工作还要注意抓好以下几点：一要针对审计工作专业性强、政策性强的特点，首先搞好审计队伍建设，包括思想建设、业务建设、作风建设，提高人员素质。在这方面，必须首先解决好热爱本职工作，甘为审计事业做贡献的问题。二要抓紧建立、健全法规制度，依法办事，依法审计。审计工作开展时间还不算长，要特别注意加强立法建设。三要围绕质量建设方针和部队的中心任务开展审计工作。从提高效益，更好地保障部队建设出发，认真履行好自己的职责。四要关心和爱护审计队伍。我们做领导工作的，要积极为干部改善工作、生活条件。要把这件事列入议事日程，引起重视，认真加以解决。（1992 年 11 月 17 日在听取解放军审计署领导工作汇报后指示）

在军委首长的重视和关怀下，这几年，军队审计工作取得了很大成绩。部队反映是好的，特别是去年的决算审计，取得了显著成效。这主要是靠军委和各级党委的正确领导，靠全军和各大单位决算审计领导小组的有力指导，靠机关各部门的通力协作，靠广大指战员的积极支持。同时，与审计、财务战线上同志们的辛勤工作是分不开的。实践证明，我军审计队伍的素质是好的，是很有战斗力的。

从军队建设来讲，强化审计监督，是加强管理，提高军事经济效益，提高后勤保障能力的需要；是贯彻落实新时期军事战略方针，保证有限的经费真正用在军队建设重点上的需要；是发扬艰苦奋斗、勤俭建军优良传统，加强部队思想作风建设的需要。各级审计机关，要充分认识强化审计监督的重要意义，认真研究审计工作面临的新情况和新问题，不断完善审计制度，改进审计方法，提高审计质量，使审计工作更好地为部队建设服务。当前和今后一个时期，在强化审计监督方面，要着重抓好以下几个问题：

一、审计监督要为军事经济宏观调控服务

审计监督是宏观军事经济调控的重要组成部分。通过审计监督，随时掌握军事经济工作的运行情况，并针对存在的问题及时采取有效措施，以维护国家、军队的财经法纪和经济秩序，促进改革开放和廉政建设健康发展，保证经费物资的合理投向投量。当前，以建立社会主义市场经济体制为目标的经济体制改革，已经发展到了一个新的历史阶段。与这一形势的要求相比，我军后勤工作现行的体制和标准制度还有许多不相适应的地方，这就要求各级审计机关要从宏观着眼，微观入手，通过审计监督，提出改进和完善政策、法规以及深化改革的意见，为军委和总部的宏观决策提供高质量的咨询服务。

二、围绕提高军事经济效益开展审计工作

我们强调提高军事经济效益，从根本上说，就是要在不降低后勤保障水准的前提下减少经费物资消耗，在经费物资紧缺的情况下不断提高保障水平。多年的审计实践证明，在审计工作中强调提高军事经济效益，是坚持战斗力标准在审计工作中的具体体现。因此，必须把提高事经济效益作为开展审计工作的出发点和点。军事经济工作的内容很丰富、很具提高军事经济效益的因素也很多。因此，审作一定要突出重点。结合我军后勤工作实是要加强对年度预算和预算执行情况的检查，正确掌握军费的投向投量，保证有费真正用到部队建设上。二是要加强对经费使用的审计，促使各级管好用好生产收益三是要加强对大中型建设项目的审计，纠正和制止损失浪费现象，提高投资效益。四是要加强企业审计，促进企业经营机制转换，改善经营管理，提高企业竞争能力和经济效益。总之，要通过审计监督，促使部队牢固树立过紧日子的思想，克服花钱大手大脚等铺张浪费现象，充分发挥军费保障的整体效益。

三、审计监督在廉政建设中发挥积极作用

在发扬优良传统、加强廉政建设中，审计机关肩负着重大的责任。中央军委《关于发扬优良传统加强廉政建设的决定》中提出要坚决克服和纠正的五种不正之风，有三种涉及经济工作内容，与审计监督密切相关。各级审计机关一定要认真学习领会《决定》精神，深刻认识发扬优良传统、加强廉政建设的重要意义，在抓好自身廉政建设的同时，把财经法纪审计，作为一项经常性的长期的任务，坚持不懈地抓下去。要与全军各条战线共同努力，坚决刹住以权谋私、权钱交易的歪风，坚决克服经济工作中的违法违纪现象，坚决制止讲排场、摆阔气、挥霍浪费等奢侈之风，为促进部队廉政建设作出贡献。

四、要抓紧建立健全审计法规制度

社会主义市场经济是法制经济。审计工作要适应社会主义市场经济的要求，做到依法开展审计工作，依法处理违纪问题，首先必须有一套完善的审计法规制度。要根据新形势下审计工作的实际需要，加强审计法规建设，抓紧对现行审计法规规章进行修订、充实和完善，逐步使年度预算审计、专项经费审计、自筹资金建设项目开工前审计、基建项目竣工决算审计和生产经营投资立项审计制度化。要严格审计执法，对违犯财经法纪的要严肃处理，切实做到有法必依，执法必严，违法必究。

五、各级党委要重视和支持审计工作

审计监督是综合性的较高层次的经济监督，涉及面宽，政策性强，难度较大，必须取得各级党委的重视和支持。各级党委要把审计工作列入重要议事日程，经常过问，及时指导，支持审计人员依法履行职责，帮助他们解决实际问题。要敢于揭露问题，暴露问题，克服“报喜不报忧”的不良风气。各级审计机关要按照《审计条例》的规定，建立审计报告制度，及时向党委、首长和上级审计机关反映情况，报告工作，取得党委、首长的重视和支持。要加强审计队伍建设，用建设有中国特色社会主义的理论武装广大审计人员的思想，教育大家热爱本职工作，视党的事业重于泰山，看个人名利淡如水，廉洁自律，克己奉公，实事求是，兢兢业业，圆满完成军委、总部和各级党委交给的各项审计任务。

(1993 年 2 月 13 E 在全军决算审计工作表彰大会上讲话)

深化军事经济改革，强化军队审计监督。

(1993 年 8 月为《中国人民解放军审计五年》题词)

总后勤部政委周克玉

坚持原则，刚直不阿，依法审计，一丝不苟。

(1991 年春节为《军队审计》题词)

通过决算审计，可更好地确立我们整个审计工作的权威，发挥其检查监督作用，在实践中锻炼和壮大队伍，从而进一步加强和改进审计工作。随着改革开放的深入和有计划商品经济的发展，审计工作越来越重要。我们党的监督，部队各方面工作的监督，有好几个机构，如法院、检察院，是法律的监督；党的纪律检查委员会是党内的监督；经济收支上有我们审计的监督。法律的监督、党内的监督，许多问题与经济活动内容有关，都离不开审计的监督，或者说审计监督占主要的成份。无论是法律方面、党内方面、行政方面，违反纪律涉及到经济内容的占相当的比例。这是现阶段发展商品经济出现的新特点。现在，我们审计队伍人员少，远远不能满足经济监督的需要。在精简整编时，审计队伍主要是个健全的问题。要加强这支队伍建设，除了进一步理顺体制外，更重要的是提高审计队伍的政治、业务素质，现在人少，要一个顶两。

提高政治素质，一个是思想路线问题，一个是党性问题。思想路线就是实事求是，审计工作要重证据，重调查研究，认真细致，把各方面的情况搞得清清楚楚，有根有据。现在审计很难，白条子、假条子都有，特别是生产收益部分的开支，帐外有帐，帐内有假，情况很复杂，审计的难度非常大。我想最重要的一个是坚持实事求是的思想路线，再一个是坚持党性原则，坚持依法审计。没有刚正不阿的精神，这个事情就很难办好。审计工作就是要敢于碰硬，不要怕人骂，甚至打击报复，也要顶得住，没有这种精神，审计工作搞不上去，也很难做到实事求是。要时刻牢记我们是代表党和人民的利益从事这项工作的。

搞好明年的决算审计，最重要的是各级党委、政治机关、纪委要大力支持。党委、政治机关、纪委一定要把审计工作看作是维护国家法纪、提高军事经济效益、拒腐倡廉、促进党风和部队建设的一项重要工作。讲廉洁、讲监督，我看审计是一个非常重要的战线。我希望决算审计能够得到各级党委、政治机关的支持。政治机关要出来讲话，要支持审计工作，保证审计工作顺利进行。各级党委、首长要出来讲话，支持审计工作，不这样，审计工作就不好展开。我们总后系统在这个方面一定做出好样子，总后党委、总后政治部、总后纪委，一定要做审计工作的支持者，做“后台”。谁对你们刁难，我们要出来说话。如果你们审计遇到阻力，搞不下去，我们要出来做工作。（1991年12月11日在全军审计工作会议上的讲话）

这几年审计工作成绩很大。从领导角度来讲，对审计工作要支持保护。贯彻党的财经方针政策，纠正不正之风，是一个很重要的问题，也是审计工作的一项重要任务。审计工作难度大、任务重，如果领导不支持、不保护，审计监督就难以进行。对审计工作，军委非常重视，总后党委很支持，各军区的领导也是很支持的。我们还要进一步关心支持审计工作。审计监督在某种意义上说就是找问题，对不符合财经规定的违纪问题，就是要审查。当然，审计也不全是找问题，更多的是帮助被审计单位管好用好经费，节约开支，提高经费使用效益，为加强部队建设服务。审计干部不要怕得罪人，要坚持原则，坚持党性。即将召开的决算审计表彰大会就是对审计工作中坚持原则，敢于同违法违纪现象作斗争的先进单位和个人的表扬和支持，对这些同志一定要支持，要保护。现在审计力量远远不适应当前部队工作需要，特别是生产经营，摊子越来越大，情况越来越复杂，加上市场经济对军事经济工作提出许多新的问题。因此，审计队伍要壮大。人数增加很多不容易，主要靠提高审计干部的素质。我考虑是否可以培训一些兼职审计人员，依靠群众，依靠大家来进行监督，这也是我们的传统。（1993年2月12日在看望全军审计工作会议代表时讲话）

强化审计监督，为提高经济效益为反腐倡廉作出更大贡献。

（1993年7月25日为《中国人民解放军审计五年》题词）

总后勤部副部长张彬

审计要认真贯彻执行军委江主席的指示。……在效益审计和管理审计上下功夫、作文章，帮助各级党委和首长当好家、理好财，成为各级党委和首长的得力助手。

审计要继续宣传勤俭办事、过好紧日子的思想。要通过审计监督，帮助各级各部门把年度经费计划安排好，从宏观上把握、控制经费的投向投量，确保各级各部门把有限的经费用在部队建设最急需的地方。同时，要大力宣扬艰苦奋斗、勤俭建军的先进事迹，揭露铺张浪费的败家子作风，促进部队继承和发扬艰苦奋斗的优良传统，形成勤俭节约光荣、铺张浪费可耻的良好风气。

审计工作要为加强宏观调控当好参谋。审计监督是宏观调控的一个重要手段，在这方面是大有作为的。各大单位审计局根据力量安排一下，搞点像成都军区组织的倾斜经费审计调查，考察一下各类经费到底保障到什么程度。审计要为宏观调控、制定政策、部队建设多做贡献。要围绕后勤改革的重大课题，在一段时间内集中一定力量，扎扎实实地抓住几个问题，向领导机关提出有事实、有分析、有说服力的审计建议,为宏观决策当好参谋。

审计工作要抓重点,在提高效益上下功夫。每年抓好几个重点项目,切实审出成果来。今年要抓三个重点:第一个重点是装备。装备审计要搞好协同,解放军审计局组织军兵种和军区有重点地搞点审计调查。第二个重点是基建。特别是专项的,改造机场、码头、营房,效果到底怎么样。你们审了一些重点项目,为部队节省不少钱,今后还要继续抓。在这方面发挥监督作用。第三个重点是生产经营收支。有些项目不是赚钱而是赔钱,还有些单位存在跑冒滴漏,审计要在管理上下功夫。总之,需要你们办的事情太多,你们要有重点地抓几项大事,审出成果来。通过审计,进一步改进管理,堵塞漏洞,增收节支。

(1991年1月8日,在全军审计工作会议上的讲话)

加强审计监督,促进部队建设。

(1991年2月为《军队审计》题词)

决算审计这件事,得到军委领导的同意。目的是进一步加强军队建设,搞好质量建军。近几年来,军事经济工作中出现了一些分散主义、本位主义倾向,给其他方面也带来了一些影响,通过决算审计,来纠正部队财经管理上存在的一些问题,这是军队建设大局的需要。

首先,要好好宣传决算审计的意义。使各级军政首长、领导机关、上上下下都充分认识到,这次决算审计是贯彻落实从严治军、勤俭建军方针,加强军队政治建设,质量建设的重要措施,它的作用和影响远远超出审计工作的范围。要使各级都重视这次审计,支持这次审计,积极配合审计,自觉接受审计。各级都要积极组织宣传,上下都要做好动员工作。

第二,要组织好审计力量。办好这件事要联合作战,光靠审计和财务部门不行,审计、财务两家是主力,此外,还要吸收司、政、后机关的力量,尽量扩大队伍,没有一定的力量,要完成这项任务是很难的。我们考虑总部主要复审、抽审军区以上机关,军区主要复审、抽审军一级单位,军主要搞师以下,分期、分批、分阶段进行。总部对军区机关各部门的复审工作,可以采取对调互查的方式,这样,既有利于交流经验,又可以回避本单位的老关系,还可避免打击报复的问题,审计组超脱一点,就能够比较客观公正地进行复审,提出复审报告或作出复审结论。

这次决算审计,在这么短的时间内,要把所有的“芝麻”和“西瓜”都搞清楚,恐怕不行。还是要抓重点,抓主要的单位、主要的问题。对经费少的部门,就不用费那么多的时间去审,对经费较多、问题较多的部门,应多下点力量,多用点时间。如果平均使用力量,效果也不会好。正常的经费一般不用太多的精力去查,要把主要的精力用在查预算外经费、“家底”经费和容易藏污纳垢的地方。因此,在报表设计上,我赞成把应该反映的主要问题要反映得细一些,以便于综合分析,从中总结经验教训。下一步健全制度就有针对性了。

第三,要坚持实事求是,客观公正。随着改革开放和商品经济的发展,经济领域中出现许多新情况、新问题,有些情况很复杂。………一定要组织好,通过复审,发现哪个单位自审不认真,就要补课。各级都要明确分工,先自审,后复审,再抽审,一级审一级,要结合好、协调好,防止重复审计。

明年这个仗,打得好,一定会取得预想的结果,真正把问题揭露出来,吸取教训,健全制度,堵塞漏洞。审计中发现财经管理工作搞的好的单位,要注意总结和推广他们的经验;同时要注意发现一些真正有份量的问题或预想不到的问题,认真分析发生问题的原因,提出对策和解决问题的办法。我们这几年,标准、制度、措施、办法搞得不少,应该说基本是对路的,但就是执行得不好,或者叫执法不严。这几年,审计部门做了大量工作,对维护财经纪律,加强财经管理,促进宏观调控,提高经济效益起了积极作用。审计人员确实很少,但很精干,扎扎实实办了些实事,受到了各级领导的赞扬,军委首长对你们的工作也给予充分肯定。我想,从效益角度上讲,增加审计人员是合算的，增加一个人的经费，可能增加几倍、十几倍、甚至几十倍的效益。你们可以聘请一些退下来的老同志，以弥补审计力量的不足。聘请的老同志要有本事，懂得业务。如果确实需要，花点钱也可以，一本万利的事是可以干的。

（1991年12月12日在全军审计工作会议上讲话）

强化审计监督，调控军事经济

（1993年8月为《解放军审计五年》题词）

总后勤部副部长王太岚

军队财务、审计部门，是军委、总后的重要参谋部门和业务管理部门，为军委当好参谋，管好家理好财，是我们的重要职责。军队财务、审计工作，履行保障军队质量建设的重大职责，在确定军费分配的方针原则上，在控制经费的投向投量上，在维护财经纪律和各项规章制度上，都起着其他部门无法代替的重要作用。做好这项工作，既不能离开党委的领导和支持，更不能离开党委的检查和监督。否则，就会失去方向和后盾，很难完成中央军委和总后党委所赋予我们的重要任务。特别是在军费紧缺和发展社会主义市场经济的新形势下，只有进一步加强各级党委对财务、审计工作的领导，才能有效克服财务管理中的松、散、乱现象，进一步提高军事经济效益，从根本上保证新时期军事经济工作的健康发展。审计部门在平常工作中，凡政策性比较强、把握不准的问题，一定要事先向党委请示报告。这要作为一项纪律，严肃认真对待。

审计工作政策性很强，每一项活动都涉及国家、军队的政策、法律和规章制度。由于在新形势下，各种违章、违纪、违法行为，变得越来越隐蔽，涉及的关系越来越复杂，审计部门对此实施检查监督，阻力可能会越来越大。在这种情况下，我们必须进一步增强审计监督工作的责任心和光荣感，要积极取得各级党委重视与支持。审计工作具有一定的独立性，不受任何单位和个人的干扰。但这种独立性又是相对的，必须在各级党委领导下开展工作。因此，我们要紧紧依靠各级党委，及时汇报工作，如实反映情况，引起党委的重视，取得党委的支持。真正做到了这一点，审计监督工作的困难就容易克服，权威性也就会逐步建立起来。审计部门要围绕加强宏观调控开展工作，重点搞好对综合管理部门管理的经费、重点建设项目、大宗型专项经费的审计检查。搞好对生产经营中企业的资产负债、损益情况的审计检查。要把微观审计和宏观审计有机地结合起来，保证各项管理落实到位。要针对军事经济活动中带政策性、普遍性、倾向性的问题，继续组织好专题审计调查，从宏观上和深层次上发现问题，分析原因，提出意见，为军委和总部提供决策咨询。

财务部门和审计部门，要按照各自的职责分工开展工作，加强团结、互相尊重、互相支持、互相配合，共同把军费管理好、用好，提高军事经济效益，为加强部队建设服务。要注重跟踪问效，搞好对经费使用的考察监督。对军费的全程管理，既包括科学分配，又包括分配后的跟踪问效。对军费的分配使用来说，要做到科学管理，必须从决策、分配到考察、反馈，形成一个完整的闭环系统。考察、反馈就是通过跟踪问效，不断发现问题，纠正偏差。这是我们审计部门的一项重要职责。因此，要把审计监督与强化管理密切结合起来，以审计促管理、促效益。审计工作不单纯是"堵洞"，更主要的是预防各种漏洞的产生，防患于未然。要把握住事前、事中、事后的三个环节的审计，变被动审计为主动审计。要建立和完善财务、审计、纪检部门互相配合、协调工作的监督检查体系，把军事经济管理提高到一个新的水平。

全军各级审计机关，要发扬我军财经工作的传统，发扬求真务实的工作作风，深入实际，为部队服务。军队审计工作，是实实在在的工作，来不得半点虚假，不能搞形式主义，做表面文章。更不能睁一只眼，闭一只眼，当老好人。今年，财务、审计部门要组织调查组，对沿海开放地区和驻边远、艰苦地区的部队进行调查。通过这次调查研究要切实发现带普遍性、倾向性、影响部队凝聚力和战斗力的重要问题，掌握事关全局的第一手材料，进行解剖分析，从宏观上提出可靠的、能够解决实际问题的、上下都欢迎的办法。今后，深入实际调查研究，在各级财务、审计部门要形成制度，要讲求调查研究的方法和成效，确实做到不虚此行。

（1993 年 2 月 10 日在全军财务、审计工作会议上讲话）

审计部门要参与经费计划安排，审查预算执行情况，要对经费开支的全过程实施审计，各部门怎么安排的，审计部门要掌握。审计部门是高层次的综合性的经济监督部门。解放军审计署是军委的审计署，要监督全军的财经工作。各级都要依法确立审计机关高层次监督的地位。审计部门要事先参与决策，不要当“消防队”。决策不当造成的浪费是最大的浪费，做工作一定要注意抓住重点，突出重点。

（1993 年 2 月 12 日在看望全军审计工作会议代表时讲话）

加强军队审计，实现保障有力。

（1993 年 8 月为《中国人民解放军审计五年》题词）

解放军审计组织机构

军队审计机构调整和领导变动情况

1989 年至 1992 年 8 月，中国人民解放军审计机构编制基本没变，军委和军区两级审计机关的主要领导干部，根据有关规定和工作需要作了一些调整。

1992 年 8 月后，根据中央军委命令，中国人民解放军审计局改名为中国人民解放军审计署，集团军和部分省军区、基地相继建立审计处，其沿革如下：

1992 年 8 月 26 日经中央军委批准。中国人民解放军审计局改名为中国人民解放军审计署，下设办公室、事业审计局、装备审计局、工程企业审计局。于同年 10 月 10 日开始按新编制机构办公。

中国人民解放军审计机关设置分为三级，即：中国人民解放军审计署、各军区、军兵种、国防科工委审计局、各集团军和部分军级单位审计处。中国人民解放军审计署在中央军委领导下，负责组织领导全军审计工作，业务上接受中华人民共和国审计署的指导。军区、军兵种、国防科工委审计局在本级首长和解放军审计署的领导下，负责本级和所供单位的审计工作。集团军和部分军级单位审计处，在本级首长和上级审计机关领导下，负责本级和所供单位的审计工作。

1989 年 1 月 5 日，中央军委主席邓小平签发命令，任命任兴德少将为中国人民解放军审计局副局长。

1989 年 8 月 24 日，中央军委主席邓小平签发命令，任命肖玉栋少将为中国人民解放军审计局副局长。

1990年6月30日，中央军委主席江泽民签发命令，任命任兴德少将为中国人民解放军审计局局长。同年7月3日，中央军委决定任兴德局长为中央军委纪律检查委员会委员。

1992年9月30日，中央军委主席江泽民签发命令，任命任兴德少将为中国人民解放军审计署审计长。

1992年9月25日，中央军委主席江泽民签发命令，任命马盛友少将为中国人民解放军审计署副审计长，赵维谦大校（1993年7月晋升为少将）为中国人民解放军审计署副审计长。

各军区、军兵种、国防科工委审计局领导名单

沈阳军区
局　长　倪友章（1985.11—1992.10.）
　　　　刘　才（1992.10—）
副局长　王学忠（1986.12—1992.6）
　　　　万太礼（1992.6—）

北京军区
局　长　马庆堂（1985.8—1990.9）
　　　　张荣春（1990.9—1992.9）
　　　　王师淼（1992.9—）
副局长　曹俊元（1985.8—）

济南军区
局　长　孙书堂（1985.8—）
　　　　任君明（1985.10—1989.10）
　　　　韩运海（1990.3—）

南京军区
局　长　徐金达（1985.9—1993.10）
　　　　宋　毅（1993.10—）
副局长　沈芳清（1985.9—）

广州军区
局　长　罗本荣（1985.8—1991.6）
　　　　伍国德（1991.6—）
副局长　崔为衡（1985.8—1990.9）
　　　　牟方本（1990.9—）

成都军区
局　长　曾金秋（1985.8—1992.2）
　　　　任大卫（1992.2—）
副局长　冯长德（1988.7—1991.7）
　　　　李　震（1991.7—）

兰州军区
局　长　赵西乾（1988.7—1993.10）
副局长　张云发（1985.9—）

海　军
局　长　葛叙恩（1985.8—1992.12）
副局长　李健家（1988.3—）
　　　　赵文儒（1992.9—）

空　军
局　长　张瑞兴（1988.12—）
副局长　韩富林（1988.12—1990.10）
　　　　茅永贤（1990.10—1991.6）
　　　　范崇本（1991.7—）

第二炮兵
局　长　王存良（1988.8—1993.2）
副局长　胡富宝（1993.4—）

国防科工委
局　长　谭惠林（1989.7—）
副局长　谭惠林（1985.12—1989.6）

解放军审计机关的任务和职权

1.审计机关的任务。五年来，中国人民解放军各级审计机关的任务，随着审计工作的全面展开而不断扩大和发展。主要是：(1)对本级各部门和下级单位的预算及执行情况和决算，专项经费收支和预算外经费收支，进行审计监督。(2)对各类装备、物资的订购、分配、管理、使用及其有关经济活动，进行审计监督。(3)对基本建设规模、计划，建设项目立项、资金来源、概预算和竣工决算，建设单位经费收支及其有关经济活动，进行审计监督。(4)对生产经营单位的财务收支、经营管理及其经济效益进行审计监

督。(5)对军队经济活动中的重要问题，进行专题审计调查，并向本级和上级机关报告调查结果，提出加强宏观管理和调控建议。(6)对国家和军队法律、法规规定的其他审计事项，以及本级和上级首长授权或委托的审计事项，进行审计监督。

2.审计机关的职权。审计机关在审计过程中，可以行使下列职权：(1)要求被审计单位提供与审计事项有关的经费预算、计划、决算、报表、帐簿、凭证和其他文件资料。被审计单位不得拖延、拒绝、隐匿、谎报。(2)检查被审计单位的帐目、资金、财产和与经费收支有关的经济活动，参加被审计单位有关会议。被审计单位不得设置障碍，干扰检查。(3)向有关单位和人员调查审计中的有关事项，并索取有关证明材料，复制有关文件资料，进行现场拍照、录像，被调查单位和人员应当配合，不得拒绝或隐匿。(4)要求有关主管部门对正在进行的违反财经法规、损害国家和军队利益的行为，及时采取措施制止。制止无效时，通知财务部门扣抵或暂停拨款。(5)为保全证据，保护国家和军队资财，可以对被审计单位采取封存帐册和资财等临时措施。

审计机关对违反财经法规的被审计单位，依法进行下列处理、处罚：责令停止违反财经法规的行为；追还被侵占、挪用的经费、物资；收回应当上缴的经费、物资；没收非法所得；罚款；通报批评。

审计机关对违反财经法规、应当追究责任的单位负责人和直接责任人员，可以建议有关部门给予纪律处分；情节严重、构成犯罪的，可以提请司法机关依法追究刑事责任。

解放军审计署职责、内部机构设置及其主要任务

1.解放军审计署职责。解放军审计署是主管全军审计工作的机关，其主要职责是：(1)根据国家的财经方针、政策、审计法规和军委、总部有关规定，拟制、修订军队的审计法规和规章，组织实施审计监督；(2)组织领导对全军的生活、公务、事业经费、预算外经费收支及有关经济活动实施审计监督；(3)组织领导对全军装备、科研设备、物资器材订购、分配使用、管理及其效益实施审计监督；(4)组织领导对全军基本建设计划、概(预)算、拨款、决算的执行情况及其效益实施审计监督；(5)组织领导对全军工厂、马场、农场和其他生产经营单位的财务收支及其效益实施审计监督；(6)对严重侵占国家和军队资财、损失浪费及其它损害国家和军队利益等违反财经法纪的行为，实施审计监督；(7)对全军的财经规章、经费供应标准的贯彻执行实施审计调查，参与军队财经法规的研究制定工作；(8)组织全军审计人员的专业训练，专业技术职务资格考试和评定工作，开展军内外审计学术研究和国内外审计信息交流，反映审计工作情况，交流审计工作经验；(9)指导全军企业内部审计机构和审计事务所的审计工作；(10)承办军委、总部首长交办的审计事项，向军委、总部报告审计工作。

2.解放军审计署内部机构设置及其主要任务。解放军审计署设办公室、事业审计局、装备审计局、工程企业审计局，它们的主要任务是：

(1)办公室。负责政策、法规研究，草拟、修改重要文件，向中央军委、总部和有关部门反映情况，汇编制订审计工作计划，建立审计管理制度，组织审计理论研究，编辑审计简报和审计要讯，论证审计编制体制，承担外事工作和对外宣传，指导编辑出版《军队审计》杂志，协调各业务局的审计事项，管理审计业务经费，承办审计干部专业技术职务评审和办公自动化、文书、档案、信访及机关后勤保障等工作。

(2)事业审计局。负责组织对全军团以上单位公务、事业经费年度预决算审计监督，重点审计三总部业务部门及其所属单位；组织对预算外经费的收支、管理实施审计监督；对三总部事业部门的战备物资储备费、物资周转金的收支、管理情况进行审计监督；组织专题和专项审计调查工作；起草事业审计工作计划、实施方案和

有关事业审计的规章制度，收集、整理有关资料；参与对全军人员生活、公务、事业经费标准制度的调查、修订工作；承办署首长交办的有关事项。

(3)装备审计局。负责组织对全军装备购置费、后勤装备购置费收支、管理及使用效益的审计监督，重点审计总部有关事业部门；组织对全军装备维修管理费收支、管理及使用效益的审计监督，重点审计总部有关事业部门；组织对全军科学研究费收支、管理及使用效益的审计监督，重点审计总部有关部门和科研单位；对总部有关事业部门军品订货、军援、军贸及外汇管理情况的审计监督；组织对全军装备和物资储备、保管及使用效益的审计监督；组织对装备、科研有关预算外经费的收支、管理情况的审计监督；起草装备审计工作计划、实施方案和有关装备审计的规章制度；参与有关装备、科研、外汇规章制度的研究、修订工作；组织专题和专项审计调查工作；承办署首长交办的有关事项。

(4)工程企业审计局。负责组织对全军大中型工程项目前期准备、规划、投资、拨款，以及出包工程招标和经费收支情况的审计监督；组织对全军大中型工程施工单位的内控制度、施工组织、现场管理以及工程质量的审计监督；组织对自筹工程投资来源、建设情况及其效益的审计监督；组织对违反基本建设程序、擅自搞楼堂馆所等计划外工程的审计监督；组织对全军房地产开发经营，绿化、环保工程经费收支及其效益的审计监督；组织对全军大中型企业和生产经营单位财务收支及其经济效益的审计监督；组织对大中型企业承包经营和厂长(经理)经济责任审计；组织对全军在编农场、马场生产经营情况的审计监督，重点审计大中型农场和马场；组织对全军中外合资、合作经营企业经营情况的审计监督；起草基建、企业审计规章制度；制订审计工作计划和实施方案；参与有关基建、企业财务规章制度的研究修订工作；检查指导全军内审机构和审计事务所的工作；承办署首长交办的有关事项。

解放军审计工作简介

军队审计主要成果

1989年到1993年，中国人民解放军审计，在军委、总部首长和各级党委、首长的领导下，紧紧围绕部队中心任务，深入开展经济监督，为提高部队战斗力和后勤综合保障能力服务，取得了明显成绩，赢得了军委、总部、各级部队的信任和赞誉。其主要成果是：

1.积极开展年度预算审计，加强军费宏观调控。从1989年起，中国人民解放军各级审计机关与财务部门密切配合，对团以上单位的年度预算进行审计，压减一般开支，优先保障重点，连续五年共压减计划外工程、专控商品等开支9.6亿多元，同时为解决基层实际问题等调增预算4亿多元，从宏观方面有效地控制了军费的投向投量，部队建设急需的方面增强了经费保障的力度。

2. 积极开展宏观审计调查，深化军队后勤改革。实行经费倾斜和标准化供应，是财务管理体制的重大改革。1989 年初，任兴德副局长带领审计、财务部门联合审计调查组，对师以下部队经费供应保障情况作了比较深入细致的审计调查，如实反映了部队经费供应管理情况，提出了建设性意见，为军委、总部研究制订经费倾斜政策和实施经费供应标准化提供了依据。对师以下部队实行经费供应标准倾斜政策后，1991 年又带领审计调查组进行跟踪审计。在综合分析的基础上，提出了加强经费管理、严格执行标准等建议的审计报告。总部首长认为："这个报告对军委、总部了解经费倾斜政策的效果，有了比较清楚的认识，心中有底了"。1989 年，解放军审计局还会同有关部门，对驻京军事机关、部队、科研单位自动化建设情况进行审计调查，针对自动化建设投资方向、提高整体效益等问题，提出了《关于加强全军自动化建设的审计建议》，总参首长认为，审计机关的建议"是非常及时的，必要的"，对改善全军自动化建设起了很好的推动作用。

3. 积极开展效益审计，提高军事经济效益。1989 年到 1993 年，中国人民解放军的审计已从传统的财务收支审计向效益审计发展。五年来，全军有组织、有计划、有重点地开展了装备审计、基本建设审计、生产经营审计、预算外经费审计和一些专题审计调查，有效地控制了经费的投向和投量，节省了开支，提高了经费的使用效益。仅在 1993 年开展的企业经济效益审计调查中，全军取得的经济成果即达 3.5 亿元。同时，也揭示了决策失当、贷款多、亏损、资产流失、管理乏力等问题。在审计中，注意帮助被审计单位改善管理，挖掘潜力，减少浪费，提高效益。某军区审计局对 180 多个生产经营项目进行效益审计，帮助企业收回三角债、处理积压物资、改善经营管理，提高经济效益 1400 多万元。效益审计赢得了被审计单位的欢迎，正不断向广度和深度发展。

4. 积极开展财经法纪审计，促进部队廉政建设。中国人民解放军各级审计机关坚决贯彻军委首长关于严肃财经纪律的指示，结合各项审计工作深入开展财经法纪审计，严格审计执法。维护了财经法纪，挽救和教育了一批干部，促进了部队廉政建设。

5. 军队审计自动化建设迈开了步子。解放军审计局于 1991 年 3 月，在武汉组织了对《军队审计信息系统总体方案论证》的评审会。来自国家审计署、武汉大学、华中理工大学、国家科委管理学院、军事经济学院、空军雷达学院、武汉市经济信息中心、武汉市审计局等单位的专家、教授听取了课题组的研制报告和技术报告，审阅了全部文档资料，对该项成果进行了审查和认真的讨论。该系统涉及业务范围广泛，规模宏大。专家们认定，该项目在技术上具有以下特点：针对军队审计特点，正确地运用了结构设计思想，有效地采用了综合归类抽取的方法，对军队审计信息系统总体进行分析与设计。形成了 12 种约 40 万字的文档资料；在系统分析阶段，正确地运用信息系统分析与设计的理论方法，成功地采用了功能与数据双向引导技术，克服了现行系统数据形式化和过程规范化不够完善的状况，强化了数据驱动的设计思想；该系统是 15 个子系统组成的大型系统，采用了"自顶向下，逐步求精"，合理地选择了数据流图自顶向下的方法，为系统提供了良好的应变能力；该项目在数据的管理和使用上提供了数据接口，解决了数据的交换问题；在计算机辅助审计设计中，运用优化技术和侧重于数据的决策支持算法，借助于友好的对话设计，为审计工作提供了一种辅助手段；在数据库和网络的分析与设计中，提出了切实可行的发展规划，为军队审计自动化建设，提供了科学和实践依据；在分析论证中，编制了一套工具软件，用来自动生成和维护文档，加快了论证工作的进度，提高了文档的质量。评委会一致认为：总体设计方案，设计结构合理、层次逻辑清晰，符合审计法制和条例。其方法合理、技术先进、方案可行、文档资料齐全，处于国内领先水平。该系统的研制成功，使军队审计业务管理有了一套科学的现代化手段，克服了自动化建设中的盲目性、低水平重复开发等弊端，为军队审计工作走向制度化、法制化、规范化打下了基础。

6.全军决算审计成绩显著，为军委、总部决策提供了重要依据。根据中央军委的决定，1992年，在全军团以上单位开展了经费决算审计。全军共抽调数万人，组成7000多个自审、复审小组。全军各单位本着边审边改的原则，狠抓平衡超支，收回借垫款等整改工作，共取得经济成果32.5亿多元。通过决算审计，进一步摸清了各级经费家底情况；深入揭示了军队财经管理方面存在的主要问题；查处了一批违纪违规问题；解决了一批经济悬案；揭露了一批违法案件。从而有力地促进了部队思想作风建设，为从严治军、勤俭建军、加强部队质量建设办了一件实事，较好地完成了军委赋予的任务。

全军决算审计领导小组认真研究分析了军队财经管理形势，向军委呈报了《全军决算审计工作总结报告》。军委于1992年11月批准转发了这个报告。各级按规定纠正和处理了审计出的问题，有关部门积极采纳了审计建议，落实整改措施，巩固和发展了决算审计成果。

各级审计机关和广大审计人员在决算审计实践中受到了锻炼，开阔了眼界，增长了才干，积累了经验。通过实践，进一步认识到在社会主义市场经济条件下强化审计监督的必要性和重要性，学会了运用法规政策处理问题的原则和方法，提高了综合分析能力和审计业务水平。在全军决算审计工作中，涌现了一批坚持原则好、执行政策好、完成任务好、遵守纪律好的先进单位和个人。经团以上单位评议推荐，上级决算审计办公室审查报经三总部和各大单位党委批准，通报表彰了277个财务管理先进单位，299个决算审计工作先进单位，1039名决算审计工作先进个人，同时，有424名同志荣立三等功，4200多人荣获嘉奖。其中，三总部决定通报表彰全军决算审计工作先进单位42个、全军财务管理工作先进单位42个、全军决算审计工作先进个人80名。（名单附后）

军队审计工作基本经验

五年来，各级审计机关和广大审计人员按照“抓重点、摸经验、打基础”的工作方针，勇于实践，积极开拓，不断探索适合我军特点的审计路子，逐步积累了一些经验，主要有：

1.坚持党对军队审计的领导。坚持党对军队的绝对领导，是我军的根本原则和优良传统。在审计实践中，全军审计人员认真贯彻党的路线、方针、政策和军委、总部的指示、决定，军委、总部及部队各级党委交办的审计事项都认真去办，审计中遇到的重大问题及时请示，审计工作情况定期报告。军委和总部领导对审计工作非常关心，多次对审计工作作了重要指示和批示。各总部、军区、军兵种及部队各级党委也很重视军队审计，听取汇报，给予指示，支持审计部门和人员依法独立行使审计监督权。军委和各级党委的重视和支持，是我们做好审计工作的重要保证。

2.从政治上观察和处理审计业务问题。军队审计要坚持正确的政治方向，增强政治敏感性，把做好审计工作同加强部队政治思想作风建设，保持部队高度集中统一，增强部队战斗力、凝聚力、综合保障能力紧密地联系起来。如在预算审计中，注意从审查经费安排入手，考察经费使用方向和使用效益。在装备审计中，不仅审查装备经费使用管理情况，更重要的是考察装备经费是否有效地转化为部队战斗力。在基建审计中，不仅注重提高基建经费使用效益和基建项目的经济效益，而且注重考察建设过程和结果是否有利于培养部队艰苦奋斗、勤俭建军的作风。

3.运用唯物辩证法指导审计工作。在审计实践中，全军审计人员认真学习运用唯物辩证法指导审计工作。1990年7月，召开了全军审计工作经验交流会，总结、交流了这方面的经验。任兴德局长作了题为《运用马克思列宁主义哲学思想指导军队审计工作实践》的报告，把实践经验上升为理论认识。在全军决算审计中，全军广大审计人员注意从实际出发，学习和运用唯物辩证法分析新情况，解决新问题，较好地处理了以下几种关系：一是正确处理监督与服务的关系，通过强化审计监督，为加强军队建设服务；二是正确处理宏观与微观的关系，从微观审计入手，发挥审计的宏观调控作用；三是正确处理重点和一般的关系，在突出审计重点的同时兼顾一般；四是正确处理原则性和灵活性的关系，坚持依法审计，实事求是地处理问题；五是正确处理教育与处罚的关系，坚持教育为主，严肃处理违纪违规问题。

4. 坚持抓好重点、难点、弱点审计。坚持抓重点、难点、弱点审计，是马克思主义关于矛盾普遍性和特殊性相结合的原理在审计工作中的具体运用，是近几年来审计工作的基本思路。这个思路，既符合我军审计力量的现状和审计工作发展趋势，也符合我军经济工作的现实情况，并为扎扎实实、卓有成效地开展审计工作指出了方向。所谓重点，就是指宏观审计和效益审计。在宏观审计方面着重抓好预算审计，重点是军以上单位；在效益审计方面着重抓好装备购置费和维修费审计、大中型工程和部队出包工程预决算审计、大中型企业经济效益审计，重点是投资大、效益伸缩性强的单位和项目。所谓难点，就是财经法纪审计和为深化改革服务的审计调查。我们把财经法纪审计作为难点，每年抓住几个比较突出的单位，突出的问题，严肃查处，对经济领域中的违法乱纪现象起到遏制、教育、警戒作用。同时，围绕后勤改革，积极开展审计调查，为领导机关决策当好参谋，为深化改革服务。所谓弱点，就是部队财经管理中的薄弱环节。各级审计机关针对预算外经费管理中存在的问题，加强审计监督，帮助问题多的单位健全制度，加强管理，堵塞漏洞。实践证明，抓好重点、难点、弱点审计，也就抓住了关键和要害，较好地发挥了审计监督的职能作用。

5. 切实抓好审计队伍的自身建设。中国人民解放军各级审计机关非常重视审计队伍的政治思想作风建设，1990 年初，解放军审计局根据军委、总部的指示精神，结合审计工作特点，对加强审计队伍的思想作风建设，提出了“学习、求实、公正、廉洁、服务”的要求。几年来，各级审计干部认真学习马列主义、毛泽东思想和邓小平同志关于建设有中国特色社会主义的理论，坚定社会主义方向，坚持四项基本原则，在思想上、政治上、行动上同党中央保持高度一致；同时，用大力气抓院校审计专业建设和在职短期集训，积极组织学术论文和工作经验交流，督促全军审计人员刻若钻研审计专业知识，逐步提高了审计工作水平和质量，工作认真、细致、扎实，提出的审计报告、结论、建议，实实在在，经得起检验。

各级审计机关坚持依法审计，实事求是、客观公正地处理审计中的问题；同时，结合审计工作特点，制订了加强廉政建设的具体措施，严格遵守审计纪律，主动接受被审计单位监督，受到了部队广大官兵的欢迎。我军审计工作的声誉和影响正在逐步扩大，部队接受审计监督的观念逐步树立起来，审计工作的局面已经打开。

军队企业及主管部门
内部审计业绩

全军企业及其主管部门建立审计机构 141 个，编配专职审计人员 392 人，兼职审计人员 85 人。在本单位、部门负责人的领导下，遵照全军年度审计工作要点结合本身实际做了大量工作。其主要审计概况如下：(1)财务收支常规审计。平时参与经常性的财务审核，监督资金收支合法合理性、真实性和效益性。报告期终了审计会计报表、决算的真实性、准确性。纠正错弊，向单位领导报告实际情况。沈阳军区 7416、7019 工厂审计科，审计 1989 年财务决算时，应用因素分析法分析销售数量、成本、销售费用、价格、税金的变动对利润下降的影响，为改进企业管理、降低成本费用起到积极作用。(2)经济效益审计。南京军区7315工厂运用价值工程对民品生产工艺过程进行分析。7428工厂运用量、本、利分析法进行产量、成本控制，均收到了较好的成果。广州军区对所属企业广泛开展效益审计。对企业资产、产品成本、结构、消耗定额、库存材料等全面进行考核。事前参与论证和制订计划，事中跟踪审计，事终分析各项指标完成情况。(3)经济责任审计。在总结1988年以前实行经济责任审计经验的基础上，自1989年始，各大单位普遍开展了厂长、经理、中层领导干部任期、离任经济责任审计，工厂、马场、农场等生产经营承包责任审计，主管部门直接组织离任厂长、经理经济责任审计等，均取得了比较好的效果。南京军区主管部门，为保证企业改革搞活顺利进行，落实厂长、经理承包经营责任制，组织企业内审人员对工厂同主管部门签定的经济承包指标分年度逐项进行考核与监督。明确了承包者的政绩，找出了存在的薄弱环节和问题，完善了承包责任制，推动了企业深化改革。广州军区1990年在厂长、经理离任审计中纠正了多报利润，清理了往来款。兰州军区开展承包经营审计之后企业有关经济指标均出现上升势头。各企业承包期间上交利润和税金分别是承包前的2倍、1.5倍，人均实现利润、税金比承包前增长30%、34%，企业留利增长8.5%，人均收入增长28.9%，企业增加生活用房6.6万平方米。调动了广大职工的积极性，搞活了企业，增强了后劲。(4)开展合同审计。沈阳军区部分企业在经济合同审计中认真坚持经济合同法，深入细致地分析合同的有关指标和甲乙双方的经济责任，尽最大可能减少事后隐患或纠纷。有个工厂落实审计建议及时收回外欠款。空军主管部门认真审查经济合同质量，发现有问题的合同及时采取补救措施，挽回损失，撤销无效合同8份，避免了后患。南京军区7318工厂审计科，1989、1990年抽审73份购销合同，其中条款不清、责任不明的30份，占42%，无法律效力的21份，占29%，引起了厂领导和有关部门的高度重视。(5)其他专项审计。清理了资金，回收了长期拖欠的款项，节省企业资金，提高了使用效益。牡丹江军马场审计科查清了该场历年累计应收款。7212工厂审计监察室与有关部门配合挖掘内部潜力，减少流动资金占用。新疆军区生产处审计室和三个工厂对专项基建工程进行审计，核减预决算。(6)财经法纪审计，协助司法部门查证经济案件。(7)进行审计调查。经过审计实践，内部审计在企业改革、发展、管理方面显示了很强的生命力，知名度得到提高，力量有所增强。为了表彰内审机构和人员成绩，推动内审深入开展，有的大单位进行了评比奖励。沈阳军区1989年度评选了6个先进审计科，13名优秀内审人员，22个优秀内审项目，2篇优秀审计论文。1990年度评选了7个先进审计科，18名优秀内审人员，18个优秀内审项目，5篇优秀审计论文。军区给予褒奖，对全区尤其是企业震动很大。兰州军区于1990年度评选了5个内审先进单位，印发了11篇内审工作经验，有4个先进单位在军区审计工作座谈会上做了经验介绍。成都军区内审先进单位7018工厂，在1990年全军审计工作经验交流会上做了大会发言。这些典型都是在普及内审工作中产生和发展的。他们代表了内审工作的方向和质量，并将推动全军内审工作为企业的改革和发展服务，也并将使内部审计沿着制度化、法制化、规范化的轨道健康地发展。

军队审计事务所审计业绩

军队审计事务所是经过法定程序批准，受军队、国家和地方审计部门管理、指导的社会审计机构，是军队审计体系的组成部分。它对加强军事经济监督，严肃财经法纪，提高军事经济效益，有着重要作用。

1. 军队审计事务所的建立。为适应国家经济体制改革和新时期军队经济工作的发展，健全军队审计体系，充实审计力量，根据《中华人民共和国审计条例》及国家审计署《关于社会审计工作的规定》，解放军审计局于1989年2月呈报《关于军队系统成立审计事务所的请示》，国家审计署于1989年3月正式批复，批准成立中国新兴审计事务所及其分所，同意在7个大军区设立19个审计事务所及分所的安排。在此之前，经有关部门批准，新疆军区审计事务所和沈阳军区金城审计事务所已先后在乌鲁木齐市和沈阳市建立。截止1993年底，全军在北京、沈阳、成都、昆明、乌鲁木齐、武汉、广州、大连等城市建立了16家审计事务所，拥有固定审计人员108人，特邀审计人员58人。其中：具有高级职称的51人，中级职称的68人。

2. 军队审计事务所的职能和性质。军队审计事务所严守国家和军队的政策、法律、法规和制度，维护委托者的合法权益，其基本职能是服务。与军队审计机关相比，其特点：一是受托审计，委托是审计的前提，具有被动性；二是为委托方服务，接受委托后，通过自己的审计业务为其服务，审计报告中所提的意见供委托方参考，没有强制性；三是它在审计过程中的职权是由委托方授予的，其范围不超出委托方的职权。

中华人民共和国审计署规定，军队审计事务所是独立承办审计查证和咨询服务的事业单位，实行有偿服务，自负盈亏，独立核算，依法纳税；审计事务所应具有一定数量能独立从事审计工作的骨干力量，与其承办的业务相适应；审计事务所应有一定数量的固定工作人员，其他人员可根据需要聘请；审计事务所工作人员，可根据国家和军队审计机关的规定评定审计专业技术职务。

成立审计事务所，应经军队、国家和地方审计机关审查批准，向当地工商行政机关办理登记。应具备的条件是：章程、办公场所、符合要求的自有资金、与业务规模相适应的具有审计师以上资格的执业审计师和法定代表人。军队审计事务所的服务对象主要是军队系统的机关、团体、院校、企事业单位和经济组织。其业务范围主要是办理审计查证、咨询、公证、资产评估、财会培训等。

3. 军队审计事务所主要业绩。军队审计事务所自成立以来，以为军队服务为宗旨，坚持服务第一、信誉第一、质量第一，积极开展委托审计、咨询服务活动，完成如下主要工作：基建工程项目审计共完成48项，核减工程预决算款273.4万元，追回多计算工程款，避免经济损失325.8万元，普遍受到委托单位好评；企业承包经济责任审计共完成31项，客观公正评价企业法人的业绩，肯定了企业的经济成果，指出了存在的主要问题，提出了完善承包制和加强经营、财务管理的建议，维护了企业和委托单位的利益；经营效益审计共完成14项，纠正错弊187万元，增收节支、扭亏为盈117万元，有两个企业经过审计综合措施经济效益在两年内翻了两番，有力地推动这些企业深化改革，改善管理，克服或减少损失浪费，提高资金利用率和利润率；企业资金验证共完成561项，在验资过程中，热情帮助企业完善经济核算办法，加强财务管理和以成本核算为中心的各项会计事务处理，指导企业按要求提供注册所需的全部资料，使之顺利地领换营业执照和办理其他有关事项；违纪审计共完成14项；参加审计部门进行定期报送审计和其他常规审计32项，咨询服务共完成6项。大连金城审计事务所接受沈阳军区后勤部经贸局驻大连办事处委托，审计论证所属长途客运公司连续几年亏损的情况。经认真审核帐目、单据和有关业务资料，深入车场、仓库等基层调查取证、了解情况，综合分析、研究后指出公司亏损的10个原因，提出8条改进管理的建议。办事处采纳审计建议后，认真指导公司改善经营管理，经过一年的工作，长途客运公司面貌开始改观，由上年亏损97万元变为盈利20余万元。使公司沿着健康轨道发展。经过审计企业得到发展，职工获得实惠，这是对审计事务所最生动的宣传，提高了知名度，广开了业务门路；事务所多次参加审计机关、部队组织的企业、基本建设等训练审计、财务人员的授课活动。军队审计事务所中获得高级职称的多、老同志多。他们授课不仅传授基础理论、专业知识，尤其将多年积累的工作经验、部队传统作风传授给新一代审计人员，为军队审计队伍建设作出了积极贡献。

4. 军队部分审计事务所名录：

北京新兴审计事务所

法人代表：王国福

地址：北京市复兴路22号

邮政编码：100842

电话：6886720

沈阳军区金城审计事务所

法人代表：李春辉

地址：沈阳市和平区十三纬路5号

邮政编码：110003

电话：67461(军)

沈阳军区大连金城审计事务所

法人代表：宋荣贵

地址：大连市西岗区八一路青春街32—2号

邮政编码：116013

电话：283187

广州军区中南审计师事务所

法人代表：陆丰田

地址：广州市东风东路534号东风大厦10楼1017号

邮政编码：510063

电话：75628(军)

成都军区审计事务所

法人代表：黄代玉

地址：成都市西较场

邮政编码：610015

电话：83482

成都军区审计事务所昆明分所

法人代表：李军

地址：昆明市青年路7216工厂

邮政编码：650021

电话：33240

兰州军区乌鲁木齐审计事务所

法人代表：王仲民

地址：乌鲁木齐市健康路26号

邮政编码：830042

电话：215056转5357

海军海鹰审计事务所

法人代表：赵堂华

地址：北京市西三环中路19号

邮政编码：100841

电话：6857233

空军北京兰天审计事务所

法人代表：张瑞兴

地址：北京东城区北萝卜甸99号

邮政编码：100720

电话：6776506

沈阳军区空军兰天审计事务所

法人代表：贾敷敬

地址：沈阳市沈河区万柳塘路69号

邮政编码：110015

电话：47420

南京军区空军兰天审计事务所

法人代表：宋文祥

地址：南京市玄武区汉府街18号

邮政编码：210018

电话：3388773

广州军区空军兰天审计师事务所

法人代表：唐宏池

地址：广州市小北路243号

邮政编码：510052

电话：3334446

成都军区空军兰天审计事务所

法人代表：梁鸿雁

地址：成都市武侯祠大街87号

邮政编码：610041

电话：87342

兰州军区空军兰天审计事务所

法人代表：姜照明

地址：兰州市焦家弯后勤大院

邮政编码：730020

电话：980530

第二炮后金箭审计事务所

法人代表：王剑萍

地址：北京市南礼士路头条1号丙13号

邮政编码：100820

电话：837562或837540

武汉新兴审计事务所

法人代表：庄树森

地址:武汉市罗家墩122号 电话:334812转47539
邮政编码:430035

军队审计教育培训、科研和期刊简介

审计教育培训

中国人民解放军审计教育培训分专业教育培训和在职教育培训。专业教育培训主要是武汉军事经济学院在校培训,在职教育培训主要是各级审计机关组织短期在职培训班。

(一)专业教育培训。武汉军事经济学院1986年开设审计专业,现已取得很大发展。

1. 完善了军队审计学科建设,初步形成了具有军队特色的审计学科体系。专业基础课为:审计学原理。主要研究审计的基本理论、基本知识和基本方法。专业课包括:军队审计。主要研究军队预算审计的理论与实务。包括:预决算审计,生活费审计,装备审计,科研审计,物资审计,油料审计,基本建设审计,预算外经费审计,军事经济效益审计等内容;军队企业审计。主要研究军队企业审计的理论与实务。包括:企业资金来源审计,企业货币资金和结算资金审计,工业企业审计,军队农场、马场审计,军人服务社审计,企业化招待所审计,军队公司审计,企业财经法纪审计,企业经济合同审计,企业经济责任审计,企业内部审计等内容;军队基本建设审计。主要研究军队基本建设审计的理论与实务。包括:建设项目可行性研究审计,投资决策审计,基本建设计划审计,施工准备审计,概预算审计,建设项目资金来源审计,材料设备审计,基本建设支出审计,施工单位审计等内容;电算化审计。主要研究电算化审计的基本理论与实务。包括:电算化审计的概念、特征、对象、内容、步骤和方法,计算机审计,如对经济管理信息系统本身及其提供的经济信息的审计,计算机辅助审计,如利用计算机的功能,辅助审计人员完成某项审计工作。

专业辅助课:国外审计,帮助学员了解国外审计的一些基本情况。专业英语,帮助学员掌握一些常用的审计专业词汇。审计史,帮助学员了解国内外审计发展的历史。

2. 培养了一批合格的军队审计人才。军事经济学院招收的军队审计专业学员,一是经过地方高考的青年学生,二是部队在职的财务、审计干部。截止1993年,军队审计专业共招收本科学员254名、大专学员30名;已毕业本科学员124名,大专学员30名。1990年毕业的首届军队审计专业44名本科学员,经过基层锻炼后,分别充实到军队各级审计机关或部队。给军队审计队伍增添了新的血液,提高军队审计队伍的整体水平。

3. 开展了审计函授教育。为改变部队广大审计干部学历层次低、审计知识缺乏的现状,军事经济学院还开办了一期审计大专函授班,采取个人自学、集中授课的形式进行培训。这批函授学员经过考试,有103名获得了审计函授大专文凭。

(二)在职教育培训。1989—1993年,全军各级审计机关还举办基础理论、工程审计、企业审计等各类在职审计干部培训班。为提高全军各级审计人员的理论水平和业务水平,起了重要作用。

审计理论研究

中国人民解放军审计理论研究是随着审计工作的发展逐步开展起来的。五年来,广大审计人员和教学科研人员密切配合,对审计理论和实务进行了深入研究和探讨,取得了可喜的成果。1993年6月,在无锡召开了全军审计理论研讨会,着重研讨社会主义市场经济条件下,如何强化军队审计监督问题。研讨会共收到论文124篇,提交大会交流63篇,其中大会发言26篇,书面发言37篇。经过专家评审,有18篇获等级奖,其中:一等奖2篇,二等奖6篇,三等奖10篇。这些论文集中反映了近年来军队审计理论研究成果。在这次研讨会上,还成立了中国人民解放军审计理论研究中心,组成了研究中心第一届理事会(名单附后)。

1.审计基础理论研究取得了明显成果。广大审计工作者和从事教学科研的理论工作者,紧紧围绕军队建设和改革,结合审计实践,对军队审计的本质、属性、职能、地位、作用和方法等基础理论进行了认真研究和探讨,先后出版了《军队审计学》、《军队审计》、《军队基本建设审计》、《军队企业审计》、《军队审计案例》、《中国人民解放军审计五年》(1986—1990)、《市场经济与军队审计》等专业审计著作,初步形成了具有我军特色的审计基础理论体系。军事经济学院审计教研室提出的"军队审计学科建设"论证报告,获全军教学科技成果一等奖。这些成果,不仅在理论上有所发展、有所创新,而且在实际工作中具有一定的实用价值,对完善我军审计学科体系,促进审计理论研究,推动审计事业的发展作出了贡献。

2.审计发展战略研究有了良好的开端。在开展审计基础理论、审计实务研究的基础上,还特别重视审计发展战略的研究。几年来,我们坚持运用马克思主义的基本原理,围绕军队建设和改革,深入研究审计工作面临的形势和任务,在"抓重点、打基础、摸经验"的基础上,提出了"抓重点、难点、弱点"的审计工作方针,研究了"八五"期间的审计发展规划,提出了审计工作逐步向宏观审计、效益审计发展的思路。在军内外有关学术会议或刊物上发表了《军队审计应逐步向高层次发展》、《军事经济效益审计初探》等研究成果,受到了学术界的好评,使审计发展战略的研究有了一个良好的开端。

3.运用唯物辩证法指导审计实践的研究逐步深入。我军审计工作取得较好成果,是广大审计人员在审计实践中坚持研究和运用唯物辩证法的结果。大家认真学习和运用马克思主义哲学思想指导审计实践,注重正确处理审计工作中的局部与全局、主要矛盾与非主要矛盾、主观与客观、共性与个性、世界观与方法论等方面的关系,在理论研究方面有了良好开端。同时,还认真总结了贯彻党的实事求是的思想路线,正确处理监督与服务、宏观与微观、重点与一般、原则性与灵活性、教育与处罚等关系的经验。这些研究成果,对于指导新时期军队审计实践具有重要意义。

4.审计应用理论研究有了进一步发展。广大审计工作者结合审计实践,开展对审计应用理论的研究,在改进审计方式、方法上有了长足的发展。针对事后审计的缺陷,改进定期报审方法,强化事前审计监督;针对宏观经济管理中存在的带倾向性、普遍性问题,研究和运用审计调查方法,为领导机关宏观决策提供咨询服务;针对审计中数据多、信息量大的特点,积极开展电算化审计理论研究,在开发和应用计算机审计技术方面已经迈开了步伐。

5.积极参加审计学术交流活动。各级审计机关的大多数领导同志分别参加了全国或所在省、市的审计学会,并担任理事或常务理事,积极参与审计学会组织的有关活动,交流学术成果，学习地方审计经验，促进了军队审计理论研究活动的开展。解放军审计局的代表作为中国审计学会成员应邀到澳大利亚考察；请有关部门收集了 30 多个国家的军队审计工作资料。

审计期刊介绍

《军队审计》杂志为双月刊，是军队审计系统唯一的专业性刊物。每期发行量为 4500 册。《军队审计》杂志辟有本刊特稿、理论探讨、工作研究、预算审计、预算外经费审计、决算审计、企业审计、基建审计、承包责任审计、效益审计、定期审计、财经法纪审计、电算化审计、国外审计、建议与呼声、观察与思考、经验交流、审坛新风、审计杂谈、信息之窗、知识园地等栏目。经国家新闻出版署批准，《军队审计》杂志自 1993 年起正式向全国发行。《军队审计》杂志自创刊以来，对军队审计理论与实务进行了有益的探讨，发表了大量的研究成果，受到了全军各级后勤首长和审计界广大读者的好评，同时为军队审计专业教学提供了资料。

附：总参谋部、总政治部、总后勤部 1993 年 1 月 29 日通报表彰全军决算审计、财务管理先进单位和先进个人名单：

全军决算审计工作先进单位

81043 部队决算审计领导小组办公室
黑龙江省军区决算审计领导小组办公室
81123 部队
81156 部队
51361 部队决算审计领导小组办公室
51116 部队后勤部财务处
51414 部队
52997 部队
54774 部队后勤部财务处
55085 部队
55151 部队
32404 部队决算审计领导小组办公室
83013 部队
83483 部队
53508 部队
54014 部队财务处
广州军区政治部办公室管理处
成都军区审计局
西藏军区审计处
贵州省军区后勤部
84810 部队决算审计领导小组办公室
兰州军区审计局
新疆军区审计处
36430 部队
37502 部队决算审计领导小组办公室
37010 部队决算审计领导小组办公室
37032 部队
海军后勤部秦皇岛办事处
86634 部队
86775 部队
39111 部队后勤处
86261 部队
80305 部队决算审计领导小组办公室
80306 部队后勤部财务处
89813 部队勤务站
89970 部队
58001 部队后勤部财务科
58301 部队后勤部财务科
军事博物馆决算审计领导小组办公室
后勤工程学院原院务部财务处
59191 部队
59334 部队

全军财务管理工作先进单位

81054 部队后勤部财务处
81134 部队
81178 部队
81244 部队
51101 部队
52823 部队
51344 部队
51384 部队

54650 部队
青岛警备区
55281 部队
83226 部队后勤部
上海警备区后勤部财务处
83544 部队
53204 部队
湖南省衡阳军分区
广州军区工程科研设计所
56005 部队后勤部财务处
35201 部队后勤部财务处
四川省军区后勤部
84087 部队后勤部财务处
青海省军区后勤部
兰州军区司令部通信部
36171 部队
37001 部队后勤部
38610 部队后勤部
37592 部队
海军政治部办公室
86983 部队
86601 部队
86497 部队
空军政治部办公室
80302 部队后勤部财务处
80590 部队后勤部财务科
89765 部队
89950 部队后勤部财务处
57051 部队供应管理处财务科
57405 部队后勤部财务科
88200 部队管理处财务科
总政直属工作部财务物资处
59152 部队
59137 部队

全军决算审计工作先进个人

李振多　李文鸿　王应龙　李宝财　王海明
曹光荣　周坤民　靖广福　陈国胜　李书富
刘华林　李明华　郭根虎　宇清光　李昱方
高军虎　李生荣　吴定中　刘鸿昌　吴宝林
刘永厚　杨玉增　顾仁达　韩义春　王永臻
许国祥　韩运海　赵敬荣　吴志德　俞定友
黄建设　张盛浪　杨学良　武继光　黄建群
于良先　严玉志　蒋光宇　王新旗　许思聪
胡之木　蔡志敏　汪晓春　李云民　王丽荣
田德臣　邵桂生　田应龙　李新录　藤建模
钟清贵　季汉军　任恩平　曾金秋　康禄祥
蔡志国　郭海玉　贺雅娟　邢加顺　康中利
赵宽福　高峰翔　武根海　焦怀玮　李景春
赵西乾　屠有林　朱建新　赵钦起　张兴贵
杨松青　李振发　何平志　李宗江　李长兴
葛叙恩　李洪志　庄永昌　陈国忠　刘火生
唐宏池　孙庆利　李爱国　高四法　张瑞兴
熊相华　范崇本　江玉辉　午亚平　刘新华
冯殿名　朱　杰　王长年　谭庆祥　郑洪涛
陈道德　李宗耀　保德林　王　杨　刘德谦
周淑珍　王树顺　陆茂昌　胡廷海　陶　伟
于俭民　贾吉平　祝普恭　陈守龙　李海明
张国荣　梁选德　曲长山　刘瑞锋　路陆喜
董清福　苏祖仁　汪　洋　李　全　李春华

附：

中国人民解放军审计理论研究中心第一届理事会名单

顾　　问：常凤举　马英贤　马盛友
　　　　　肖玉栋
理 事 长：任兴德
副理事长：赵维谦　刘化绵
秘 书 长：赵维谦(兼)
副秘书长：黄守忠　肖文八
常务理事(按姓氏笔划排列)
马庆堂　王国福　王师淼　王存良　刘　才
刘化绵　李健家　曲阜来　伍国德　任大卫
任兴德　孙书堂　张瑞兴　郭　玉　赵西乾
赵维谦　胡富宝　倪友章　徐金达　蒋本厚
葛叙恩　谭惠林

社会审计概况

社会审计工作综述

社会审计工作的巩固提高和加速发展

1989年1月1日起施行的《中华人民共和国审计条例》中，专列了社会审计一章，从而以国家行政法规的形式，明确了社会审计工作的性质、业务范围以及社会审计组织的性质、管理指导机关，使社会审计进入一个新的历史时期。1989—1993年的社会审计工作大体可以分为两个阶段：

1. 巩固提高阶段。《审计条例》发布后，审计署根据国务院的授权，制订了《关于社会审计工作的规定》，并要求各地认真贯彻"总结经验、巩固提高、健康发展"的方针，进一步端正业务指导思想，积极开展业务，提高事务所自身管理水平，审计机关要制定分类指导方案，继续加强管理，扎扎实实做好工作。1990年4月起，审计署陆续制定了《社会审计工作规程》等业务规则，使审计事务所从事业务有所遵循。1991年10月审计署发布《注册审计师制度(试行)》，明确注册审计师是依法从事审计查证和咨询服务的专业人员，担任注册审计师应经过考试。审计事务所向委托方提交的审计报告，应有负责该项目的注册审计师签字。这标志着对社会审计从业人员的资格有了规范化的要求。这个阶段的巩固提高工作，为步入大力发展阶段打下了坚实的基础。

2. 大力发展阶段。1992年6月党中央、国务院做出了《关于加快发展第三产业的决定》，指出审计咨询业是与科技进步相关的行业，是加快发展的重点之一。7月国务院发布《全民所有制工业企业转换经营机制条例》中明确规定：政府要采取建立和发展审计事务所等措施，为企业提供社会化服务，并且给审计事务所规定了具体任务。10月，江泽民总书记在党的十四大报告中，提出我国经济体制改革的目标是建立社会主义市场经济体制，要求大力发展包括审计咨询业在内的第三产业。1993年11月十四届三中全会通过的《关于建立社会主义市场经济体制若干问题的决定》，更明确提出着重发展会计师、审计师和律师事务所。为了适应建立社会主义市场经济体制的需要，落实加快发展第三产业的战略部署，审计署修订了加快发展社会审计咨询业初步方案，提出要大力发展审计事务所，并制定了"八五"、"九五"的发展目标和相应的政策措施。我国的社会审计咨询业与其他第三产业行业一道，步入了大力发展阶段。

社会审计组织机构建设

《审计条例》的贯彻施行，促进各地加快了建立审计事务所的步伐。各级审计机关积极主动给予审计事务所物质、人员方面的帮助；机电、铁路等部门筹组审计事务所的积极性很高；中国人民解放军继审计署批准成立新兴审计事务所之后，相继在各大军区以及海军、国防科工委、二炮等军兵种建立了审计事务所。1993年全国审计事务所的数量比1988年增长1.4倍(见表一)，而且形成了与经济发展程度大体相一致的地域分布(见表二)。

表一

社会审计组织机构发展情况

年　　份	审计事务所个数	较上年增长%
1988年末	1415	—
1989年末	2148	51.8
1990年末	2321	8.1
1991年末	2502	7.8
1992年末	2812	12.4
1993年末	3375	20.0

表二

一九九三年审计事务所地域分布状况一览表

地区	县以上行政区划数	审计事务所数	地区	县以上行政区划数	审计事务所数
审计署	——	30	河　南	175	192
北　京	19	60	湖　北	114	138
天　津	19	48	湖　南	140	141
河　北	191	193	广　东	137	181
山　西	131	150	广　西	118	92
内　蒙	113	117	海　南	23	26
辽　宁	115	150	四　川	239	248
吉　林	68	91	贵　州	96	95
黑龙江	147	110	云　南	145	107
上　海	22	51	西　藏	86	—
江　苏	118	117	陕　西	118	146
浙　江	98	120	甘　肃	100	92
安　徽	122	116	青　海	52	26
江　西	111	120	宁　夏	29	26
福　建	91	95	新　疆	112	128
山　东	150	169			
合　计				3199	3375

社会审计工作业务发展

1989—1993年，各地审计事务所坚持为改革开放和社会主义经济建设服务，承办了大量业务(见表三、四)，发挥了很好的作用。

表三

社会审计业务发展情况表

年　份	审计机关委托审计(项)	其他部门单位委托查证(项)	咨询服务(项)	培训人员(人)
1988年	4542	81399	7523	23017
1989年	11998	585748	18239	27294
1990年	22970	404794	21634	28366
1991年	13013	428873	18455	33576
1992年	13589	748603	20877	34428
1993年		993860	39640	91762
合　计	69307	3355178	128781	277406

表四

一九九三年社会审计业务项目分类表

业务项目类别	项目数
财务收支审计	48441
承包离任审计	26998
清理债权债务	5042
经济案件鉴定	4255
验资年检	817070
资产评估	18870
基建预决算审计	31698
咨询服务建帐建制	15895
担任审计顾问(户)	23745
其他审计查证	41486
培训人员(人)	91762

审计事务所开展的主要业务项目有：

1.注册资金的验证和年检。注册资金的数额，标志着企业经济实力的大小，是企业在经营活动中承担民事责任的依据。一些企业为了在对外交往中处于有利地位，采取不正当手段以少充多，以小充大，从事与自己经济行为能力不相符的活动，甚至骗钱骗货。辽宁省鞍山市审计事务所在市工商局的支持下，在全国率先开展了企业注册资金的验证业务。1988年国家工商局在《企业法人登记管理条例实施细则》中，将审计事务所等机构出具的验资证明，作为企业办理工商登记申请营业执照时必须提交的证件。注册资金的验证和年检工作，打击了“皮包公司”的违法经营活动，维持了经济秩序。

1989—1993年全国审计事务所办理的验资项目共有253万项。

2.经济案件鉴定。审计事务所接受各级人民法院、检察院以及仲裁机关委托承办的经济案件纠纷、经济犯罪案件鉴定工作，为这些机关准确定案、调处纠纷、打击犯罪，提供了可靠的依据。上海市徐汇审计事务所近两年办理经济案件鉴定72项，其中在全市有影响的大案要案占相当比重，《上海检察》杂志载文称其为“反贪肃贿的好帮手”。据统计，1989—1993年全国审计事务所共办理经济案件鉴定业务10.4万项。

3.办理股份制试点企业的审计和资产评估，为加快改革开放步伐发挥了应有作用。如福建省审计师事务所，1992年前三季度先后承接包括福日集团、闽东电机集团、省汽车集团在内的31家企业以联营或转换股份制为目的的资产评估任务。这些企业评估前帐面净值为31800万元，评估后重估价值为43600万元，净增值11800万元，在社会上引起很大的反响。1991—1993各地审计事务所共办理资产评估业务2.9万项，维护了资产所有者的合法权益。到1993年底，已有中国、天津、山东、济南、河南、武汉、重庆、新疆、北京立达、北京中机等10个审计事务所取得了承办上市公司资产评估资格。

4.基建工程决算审计。针对一些地方基本建设投资宽打窄用，预决算高估冒算的现象比较严重的现象，各地审计事务所相继接受建设单位的委托，开展了基建预决算审计业务，为建设项目节约了大量的资金。江苏各地审计事务所1989—1992年验证工程决算2416项，验证总金额20.18亿元，经审计核减1.35亿元，核减率为6.6%。

5.主管部门指定的查证事项。为了维护国家利益，明确经济责任，许多部门充分利用审计事务所的查证工作协助施行管理。上海、黑龙江等省市的民政部门与审计机关联合发文确定，为加强管理，保护社会团体的合法权益，在社团登记和年检时，由审计事务所对其资金来源、缴付、收入、负债情况进行审计验证。国家旅游局决定在对旅游企业的年检审核中实行审计验证制度，旅行社呈报行业管理考核的各项经济指标时，应同时提交审计事务所的验证报告。此项工作有力地配合了旅游企业的行业管理工作，国家旅游局领导同志讲：审计做了一件大好事。

6.各种税费款项的计提拨交审计。四川、云南等省总工会与审计局联合发文，对工会经费的计提拨交进行审计；广东省开展了对私营企业纳税审计试点；抚顺、哈尔滨、苏州等市审计事务所开展了商业网点建设费审计；福建、湖北、新疆、九江等省市审计事务所开展了退休养老保险基金审计；湖北省审计事务所开展了退休统筹工资总额审计；福建省审计事务所开展了待业保险基金审计；湖北省的黄州、应城等市开展了保险理赔审计；云南、鞍山海城、长沙等地审计事务所开展了交通规费审计。1991年中国人民解放军所属新兴审计事务所接受总后勤部委托，对全军226个企业化工厂391个附属企业应纳能交基金、预算调节基金进行了清收。

7.担任审计会计顾问，提供咨询服务。针对一些企业尤其是集体企业、乡镇企业存在的财会人员素质不高，基础工作差，帐目不清等问题，各地审计事务所广泛开展了建帐建制，财会咨询服务等业务，收到了较好的效果。据1989—1993年统计，共办理此类业务12.8万项。1993年全国审计事务所共为23745家企业担任了审计会计顾问。

建立注册审计师制度

1989—1993年社会审计的从业人员较前有了显著的增长(见表五)。为了提高从业人员的素质，同时提高社会审计工作规范化水平，审计署决定在审计事务所中实行注册审计师制度(前称执业审计师制度，1992年11月2日改称注册审计师)。注册审计师的工作机构是审计事务所。注册审计师的管理机关，在全国为审计署，在各地区为各省、自治区、直辖市审计局。担任注册审计师应经过考试，凡热爱中华人民共和国，拥护社会主义制度，具有大专以上学历，并从事过5年以上财经工作，现在审计事务所工作的中国公民，可以申请参加注册审计师考试。取得中级以上审计专业技术任职资格，并具有1年以上从事社会审计工作经历的人员，或者已取得会计师职称并在审计事务所担任主审1年以上的人员，或者不具有规定的职称，但从事财经工作20年以上并担任主审2年以上的人员，申请担任注册审计师，经过考核合格，可以免予考试。注册审计师实行年度注册考核制度，审计署和各省、自治区、直辖市每年对注册审计师履行职责的情况进行一次考核，称职者准予年度注册。到1993年，通过考核全国共批准注册审计师15726余人，占同期全部从业人员的43.9%(见表六)。

1992年11月26日，中国注册审计师协会在北京成立。中国注册审计师协会是由注册审计师和审计事务所组成的全国性社会团体，在审计署的指导下开展工作。协会的宗旨是：加强各审计事务所之间的联系和业务合作，团结广大注册审计师和其他社会审计工作者，正确执行法律、法规、规章，遵守职业道德，提高业务水平和工作质量，促进社会审计事业的健康发展，在政府主管部门与注册审计师、审计事务所之间起桥梁和纽带作用，为改革开放和社会主义现代化建设服务。

吕培俭审计长在协会成立大会上讲话。他提出：协会要逐步对注册审计师及审计事务所实行行业管理。他要求协会团结教育会员认真学习党的基本路线和有关的方针、政策，依法开展业务；推动审计事务所之间加强业务合作，协调业务工作；加强业务指导，组织交流经验，帮助培训人才；制定业务规范、职业道德标准，加强审计事务所和注册审计师的队伍建设；反映会员的合理要求和建议，维护会员的正当权益，为注册审计师服务。

协会选举产生了领导人，建立了常务理事会和秘书处，安排了近期工作。到1993年3月全国各省、自治区、直辖市均成立了注册审计师协会，中国社会审计事业开始向国际通行的民间协会管理的模式迈进。

(审计体系指导司供稿)

表五

审计事务所从业人员发展情况

年份	全部从业人员		其中中级以上职称人员	
	总数	较上年增加%	总数	较上年增长%
1988年末	7358	—	2533	
1989年末	14039	90.8	5263	107.8
1990年末	18342	30.6	7273	39.2
1991年末	20747	13.1	7924	8.9
1992年末	25842	24.6	10606	33.8
1993年末	36319	40.5	16845	58.8

表六

一九九三年注册审计师一览表

地区	从业人员数	注册审计师数	地区	从业人员数	注册审计师数
审计署	794	523	河南	2549	875
北京	736	193	湖北	1839	830
天津	583	76	湖南	1126	328
河北	1447	1119	广东	1855	894
山西	1678	392	广西	729	279
内蒙	927	527	海南	171	52
辽宁	1751	670	四川	3143	1240
吉林	1097	700	贵州	527	175
黑龙江	1560	763	云南	579	171
上海	1886	459	西藏	—	
江苏	1788	425	陕西	1593	645
浙江	1136	641	甘肃	617	523
安徽	1149	396	青海	111	108
江西	929	354	宁夏	187	110
福建	1025	338	新疆	788	462
山东	2019	1458			
合计				36319	15726

中国注册审计师协会

罗进新同志在中国注册审计师协会成立大会上的开幕词

(1992年11月26日)

各位领导、各位同志:

中国注册审计师协会成立大会现在开幕。

今天,应邀出席协会成立大会的有关部委的领导和代表有:民政部副部长陈虹、国家税务局副局长张相海、国有资产管理局副局长鞠庆麒、国务院办公厅二局副处长刘学军。他们在百忙中抽出时间莅临大会,是对注册审计师事业的关怀和支持。让我们表示热烈的欢迎和衷心的感谢!

在会议期间,来自全国各地审计机关的代表和协会理事候选人将欢聚一堂,认真学习贯彻党的十四大报告中关于加快发展审计咨询业的决定,讨论通过中国注册审计师协会的章程及其它有关文件,选举产生中国注册审计师协会理事、常务理事、会长、副会长,研究确定中国注册审计师协会今后的工作方向和任务等。

协会作为政府主管部门与审计事务所之间的中介组织,将充分发挥桥梁、纽带作用,推动各审计事务所之间加强业务合作。中国注册审计师协会的成立,标志着我国社会审计工作发展到了一个新阶段。它将团结广大注册审计师,树立良好的职业道德,依法开展各种业务,不断提高工作水平,为促进社会主义市场经济体制的建立和企业经营机制的转换提供优质服务,为加快我国改革开放和现代化建设的步伐作出新的贡献。

吕培俭同志在中国注册审计师协会成立大会上的讲话

(1992年11月26日)

同志们:

值此中国注册审计师协会成立之际,我代表审计署向大会表示热烈的祝贺,并通过大会向全国注册审计师和审计事务所的工作人员致以亲切的问候。同时,向多年来重视、关心和支持注册审计师事业的领导和同志表示衷心的感谢。

协会成立大会是在党的十四大之后不久召开的。我们成立协会,是为了贯彻十四大精神,推动注册审计师事业加快发展,为我国建立社会主义市场经济体制和现代化建设服务。

大家知道,我国的审计事务所和注册审计师是在改革开放中建立和发展起来的。1983年审计机关成立后,一些地方根据经济发展的需要,自行建立起审计事务所、审计公司等社会审计组织,办理各方面委托的查证查帐、集体经济审计、会计审计咨询等业务。1985年党中央听取审计署汇报的决定事项中,同意试办社会审计组织,支持了这个新生事物的发展。1988年国务院颁发《审计条例》对社会审计组织的地位和职能作出规定后，审计事务所迅速发展。到1992年第三季度末，全国建立了2600多个审计事务所，从业人员达2万余人，其中有6700多人具有注册审计师资格，办理了大量社会委托的审计和咨询业务。实践证明，审计事务所是改革开放和商品经济发展的客观需要。

根据党中央、国务院的有关指示，我国要大力发展审计咨询业，这是为了建立社会主义市场经济体制，吸收和利用资本主义市场经济条件下社会监督制度的经验。从资本主义社会民间审计发展历史看，它是社会生产力和商品经济发展到一定阶段的产物。特别是出现股份制企业后，实行所有权与经营权分离，经济利益关系日益复杂。所有者为了保护自己的合法权益，防止经营者营私舞弊，就需要有处于第三者地位的民间审计人员接受委托，对企业的经营和财务状况进行审计，提出客观公正的报告。这种民间审计，成为商品经济活动中各方利益的共同需要，便形成了一种社会监督制度。

从我国经济体制改革的发展情况来看，建立和发展注册审计师制度，是十分必要的。首先，国有企业转换经营机制，实行政企分开，企业要成为独立的法人实体和市场竞争主体，并承担国有资产保值增值的责任。政府要转变职能，对企业由直接管理为主改为间接管理为主，需要强化审计监督。但是，我国国有企业数量众多，审计机关不可能建立庞大的机构对所有企业进行审计，只能审计少数重点企业和政府给予补贴的企业，其他多数企业要由审计、财政机关认可的注册审计师、注册会计师进行审计。审计机关在必要时进行抽审。有些国有企业进行股份制试点，在国有企业之间还有各种形式的联营和互相参股，他们之间的经济利益需要注册审计师和注册会计师进行公证审计。其次，我国的所有制结构，除国有经济外，还有大量集体经济及私营经济、个体经济，他们不属于审计机关的审计范围，需要由注册审计师、注册会计师审计财务收支，办理查证、咨询等业务。第三，近几年扩大开放，中外合资经营、合作经营企业和外商独资企业大量增加，依照现行法规，这些企业，包括属于审计机关审计的国家控股合资经营企业，也须由注册会计师审计，提出维护双方合法权益的公证报告。我们已向国务院建议，在新的立法中规定注册审计师也办理此项业务。第四，在社会经济活动中发生的较为复杂的经济纠纷和经济案件，工商行政管理机关和司法机关需要委托注册审计师或注册会计师进行查证、咨询。因此，我们必须提高对发展注册审计师事业的重要意义的认识，充分发挥其在改革开放和发展经济中的作用。

今年6月，中共中央、国务院发出了《关于加快发展第三产业的决定》，将审计咨询业列入科技进步相关的新兴行业，是加快发展第三产业的重点之一。在党的十四大报告中，把发展审计咨询业作为发展第三产业的一项重要内容。最近，国务院专门召开会议，对加快发展第三产业进行部署。我们协会要认真贯彻党中央和国务院的指示，推动注册审计师事业加快发展。为了适应建立社会主义市场经济体制，建立社会监督体系，我们应当有一支几十万名合格的注册审计师、注册会计师队伍。但是，现在审计事务所、会计事务所的从业人员加在一起还只有38000人左右，其中注册审计师、注册会计师只有14000人左右，这支队伍远远不能适应客观需要。因此，我们要认真学习领会党的十四大和中央、国务院关于加快第三产业发展的精神，进一步解放思想，更新观念，增强改革开放意识，把加快发展注册审计师事业，作为我们的一项紧迫任务。发展注册审计师事业，应当实行“大力发展，积极提高”的方针。要根据经济发展的需要和发展注册审计师事业的条件，制定规划，争取到1995年，在城市、县和部分经济发达的乡、镇建立起审计事务所。现有的审计事务所，要充实力量，逐步扩大注册审计师队伍。对现有人员要有计划地进行培训，实行考试考核制度，使审计事务所都有一定数量的注册审计师。所有注册审计师，都要努力学习马列主义、毛泽东思想和邓小平同志关于建设有中国特色社会主义的理论，精通审计、会计业务，熟悉财政经济法规和有关的经济管理知识，胜任本职工作。有条件的审计事务所，要下功夫培养一批懂得国际审计标准和会计标准的注册审计师，能够承办涉外和境外的审计事项。审计事务所要逐步成为自主经营、自负盈亏、自我发展、自我约束的独立经济实体。审计事务所同其它社会审计组织之间，要互相支持，密切配合，以良好的业务质量、职业道德，开展平等竞争。

中国注册审计师协会是注册审计师组成的专业团体，也是政府主管部门与注册审计师及审计事务所之间的桥梁和纽带。协会要逐步对注册审计师及审计事务所实行行业管理。就此我提几点建议：第一，团结教育会员认真学习党的基本路线和有关的方针、政策，依法开展业务，为加快改革开放和经济建设服务；第二，推动审计事务所之间加强业务合作，协调业务工作；第三，加强业务指导，组织交流经验，帮助培训人才；第四，制定业务规范、职业道德标准，加强审计事务所和注册审计师队伍的建设；第五，反映会员的合理要求和建议，维护会员的正当权益，为注册审计师服务。

在已成立注册审计师协会的地方，审计机关要改进对审计事务所管理的方式。今后主要负责建立机构、注册审计师的审批和业务监督检查。要大力支持协会行使行业管理职能，使协会和审计事务所逐步成为真正的民间组织。

我相信，经过几年的艰苦努力，注册审计师事业将有一个大的发展，为我国的改革开放和经济建设作出新的贡献。

罗进新同志在中国注册审计师协会成立大会结束时的讲话

（1992年11月29日）

同志们：

这次中国注册审计师协会成立大会暨社会审计工作会议开了三天半，今天就要结束了。会议时间紧，内容多，与会同志团结一致，辛勤工作，共同努力，使会议达到了预期的目的，较为圆满。现在我对会议做一简要小结。

一、这次会议的主要收获

在这次会议上，我们学习和贯彻了党的十四大精神，研究了落实《中共中央、国务院关于加快发展第三产业的决定》的具体措施，总结交流了经验，讨论了社会审计的工作任务，研究了进一步推动引导审计咨询业快速发展的问题。主要收获是：

（一）提高了认识，进一步明确了方向。经过认真学习领会党的十四大和中央、国务院关于加快发展第三产业的精神，大家感到深受鼓舞，进一步解放了思想，更新了观念，提高了对发展社会审计重要意义的认识。同志们从我国社会主义现代化建设的发展战略来认识大力发展社会审计的重要性，从建立社会主义市场经济体制的要求来考虑我国社会审计的发展方向，从而开阔了视野，清晰了思路。同志们还进一步增强了改革开放意识，增强了加快发展社会审计的紧迫感。大家认为，发展社会审计的形势喜人，同时形势也逼人。我们只有努力提高自身的思想素质、业务能力和技术水平，吸收和借鉴资本主义市场经济条件下社会监督制度的经验，不断研究和解决新情况、新问题，才能适应我国经济体制深入改革和扩大对外开放的要求，推动注册审计师事业加快发展，更好地为我国建立社会主义市场经济体制和现代化建设服务。这次会议，同志们统一了思想，明确了方向，为我们今后顺利开展工作打下了良好的思想基础。

通过学习讨论，会议代表就审计事务所的发展问题基本形成了共识，同意吕审计长提出的“大力发展、积极提高”的方针，审计事务所必须有一个大的发展，数量要增加，队伍要扩大，业务范围要拓宽，业务量要增长。不能安于现状，更不能削弱、阻碍它的发展。在发展的过程中，审计事务所必须有一个大的提高，人员素质要提高，人员构成要更合理，业务质量要过硬，社会效益更为明显。

代表们也一致同意，审计事务所是民间审计组织，不能搞成审计机关的附属物，对它的管理最终要实行民间协会进行管理的模式，政府和审计机关则是通过立法、审批、监督来引导其健康发展。即制订有关社会审计的法律、法规，审批注册审计师和审计事务所，监督检查他们的工作情况。审计机关对审计事务所的管理工作，要按照这个发展方向进行改进，要在政府转变职能的过程中积极创造条件，逐步实现这个过渡。

(二)交流了情况，总结了经验。这次会议，各省、自治区、直辖市、计划单列市审计局的领导同志，负责社会审计管理指导的同志和审计事务所所长共聚一堂，充分利用会上会下时间交流近年来社会审计工作的情况，相互学习，共同提高。会议共收到各地推荐的经验材料 80 多篇，有 8 位同志在大会上作了发言。通过交流，进一步总结了经验。

大家除对崔副审计长在工作报告中总结的四点经验表示赞同外，还特别强调了发扬开拓精神的重要性。从会议介绍的经验看，无论是审计机关的管理指导还是审计事务所开拓业务，凡是取得较好成效的，一条很重要的经验就是象小平同志讲的那样：看准了的，要大胆地试，大胆地闯。社会审计是一个新事物，没有现成的经验可循，道路要靠我们自己去探索，要解放思想，勇于开拓，不等不靠。敢试敢闯的前提是看准了的，就是要适应改革开放和现代化建设的需要，能够为党和政府一个时期的中心工作服务。敢试敢闯要取得预想的效果，必须努力学习党和政府的方针政策，钻研业务，提高水平。很多地方在开展基建决算、资产评估等方面取了较好的效果，就在于一是看得准，这些业务项目确实是改革开放急需的，社会效益好的；二是加强培训学习，具有这方面的人才，胜任这方面的工作；三是开拓精神强，有了立法积极干，用足政策；没有立法的，争取立法。不论在什么情况下，始终认准注册审计师和审计事务所是社会的需要，信心十足地真抓实干，必能抓出成效。

(三)建立了全国的协会，研究中国注册审计师协会今后的工作。这次会议，全体代表认真讨论，通过了《中国注册审计师协会章程》，选举产生了协会理事会、常务理事会、会长、副会长。今后全国社会审计工作的行业管理有了一个工作班子。王宸生会长在筹备报告中谈到的下一步协会工作的设想，得到了会议代表的肯定和赞同，不少同志提了很好的建议。协会要围绕行业管理这个总目标扎扎实实地开展工作，近期的内容主要是，从实际出发，组织精干的工作机构，学习贯彻十四大精神和有关方针政策，开展审计标准研究，草拟职业道德标准，筹备注册审计师考试等工作。根据大家的意见，协会要尽快将培训工作搞起来，以提高会员业务水平，适应形势发展的需要。这是一件新事，没有经验，需要探索。在这个过程中，审计机关对注册审计师协会要加强指导，并互相协调、配合。目前，两个单位做具体事情的同志，可能分开，也可能没分开，但是不同的工作应分别由审计机关或协会出面办理。例如召开经验交流会、表彰先进、检查业务工作质量、协调业务纠纷等应以协会的名义办理为宜。

协会理事要担负起自己的职责。按照《章程》规定的任务做好自己的工作，可以相信，通过协会全体理事的共同努力，中国注册审计师协会将充分发挥中介组织的作用，在政府主管部门与注册审计师、审计事务所之间当好桥梁和纽带，保证完成各项应尽的职责。

二、需要强调的几个问题

这次会议，大家结合加快改革开放的实际，讨论提出了一些问题和看法，有的已经通过交流经验，沟通了情况，统一了认识，有的需要再说一说，强调一下。

(一)要以认真严格的态度做好管理工作。最近在听取审计署汇报时，李鹏总理要求审计事务所严格管理，要有一套严格的管理制度。这很重要。几年来，审计机关对社会审计的管理工作是有成绩的，这也是社会审计之所以能够健康发展的重要因素。在大力发展、加快发展的时候，必须以认真严格的态度做好管理工作，这与充分尊重事务所的自主权是相一致的。

组建审计事务所一定要认真执行审批标准。当前特别要注意不能再搞与行政机关"一个机构两块牌子"。党政机关干部到审计事务所工作的，一定要按照现行规定，免去一头的职务，不能两头兼职务。个别地方发生审计局长、办公室主任兼所长，审计局和事务所工作人员分不清，一个人两副面孔的事情，影响不好。据了解，现在还有极个别地方仍然存在这种情况，请各省、自治区、直辖市审计机关认真查一下。现在审计系统以外的其他部门举办的审计事务所多了起来，也不能允许他们和举办单位或者举办单位的职能处室搞"一个机构两块牌子"。

考核批准注册审计师要严格。注册审计师是审计事务所内从事业务工作的专业人员，要具有一定的业务能力和政策水平。通过考试是卓有成效地控制注册审计师质量的重要途径，在目前以考核方式批准注册审计师的条件下，一定要严格执行审计署的规定，不能自行其是，降低标准，以免影响行业整体质量水平。注册审计师年度注册考核办法已经会议代表讨论，待修改后下发执行。年度注册考核是保证注册审计师队伍素质的重要制度，各审计事务所、各主管审计机关一定要认真抓好这项工作，切忌流于形式。

审计事务所办理业务要严格执行国家的法规，执行《社会审计工作规程》，认真严肃，一丝不苟，个别环节上的松懈极有可能影响这项业务的整体质量。审计事务所对出现业务质量问题的苗头要十分重视，推行工效挂钩工资分配制度的前提是先要妥善解决质量控制问题。出现差错，要及时进行处理，教育大家，避免此类事件再次发生。

(二)加强人才培训工作。在当前建立社会主义市场经济，加快改革开放步伐情况下，加强对审计事务所工作人员的培训有很重要的现实意义。首先是我们审计对象将要发生变化，企业推向市场，执行向国际惯例靠拢的新会计制度，如果我们还按老办法审计当然不行；其次是科技进步，计算机记帐的推广，要求审计人员也会使用计算机；其三是业务范围扩大，如资产评估、"三资"企业审计要求我们具有相应的知识技能。"书到用时方恨少"。至于同志们反映的审计事务所业务范围受到限制，不能办理某些业务的问题，随着形势的发展应当能够得到解决。即使外部环境进一步改善，能否胜任工作，能否在竞争中处于有利地位，很重要因素是人才，要充分认识人才培训的重要性和紧迫性。培训工作要分层次进行，省级协会要根据自己的情况，因地制宜地搞好培训工作。

(三)关于审计事务所可否经商办企业问题。审计事务所经商办企业，不利于集中精力搞好社会审计工作，不利于树立客观公正的形象，审计事务所既对企业实行社会监督，又要自己经商办企业，是难以使人相信你是超脱的、客观公正的，一些国家和地区对注册会计师持有公司股票都有严格的规定。有鉴于此，审计事务所不要经商办企业，也不要借审计事务所的名义经商办企业。

(四)正确理解审计事务所的民间性质。我们讲审计事务所要办成民间组织，主要是指它不是政府审计，也不是审计机关的附属机构，而是依法建立的、独立行使职能的民间审计组织。过去我们一直强调审计机关与审计事务所是管理指导关系，就是要将事务所与审计机关的职能处室区别开来。审计事务所与国家审计不同，它不是政府机关，不行使政府强制性审计监督的职能，它的活动是在企事业等单位委托的前提下，进行公证性的社会监督。有人讲，只有个体、私营审计事务所才是民间的，这种说法不全面。为了正确反映所有制结构的情况，国家统计局、工商局最近对我国经济类型作了划分。私营经济和个体经济的主要特点是生产资料归公民私人所有，以雇佣劳动和个体劳动为基础。而实行企业化经营，国家不再核拨经费的事业单位属于国有经济，其生产资料归国家所有。以这个标准看，我们现有的审计事务所基本上都不属于私营经济的范畴。因此民间组织与个体、私营之间不能划等号。至于个别同志提出要组建个体审计事务所的问题，要根据实际情况分析研究。国外个体的或者是合伙制的会计师事务所，承担无限连带责任，出了问题以全部家庭财产作为赔偿依据，管理上也有相应的法律。目前我们国家还不具备这样的外部法律环境。我们的注册审计师制度刚刚起步，考试制度还没有建立。况且审计事务所的业务质量，不仅仅是靠注册审计师个人的水平，还有集体研究，所长把关、党纪、政纪的约束等等。总的看，现在搞个体审计事务所的条件尚不成熟。

同志们，我们这次会议就要结束了，大家回去以后，要及时将会议的情况向审计机关领导汇报，向社会审计工作者进行传达。使这次会议的精神变成各级审计机关、各审计事务所和广大社会审计工作者的实际行动，胜利实现我们确定的发展目标。

中国注册审计师协会章程

（1992年11月26日协会成立大会通过）

第一章　总　　则

第一条　中国注册审计师协会（英文译名：China Association of Certified Public Auditors 缩写 CACPA）是由注册审计师和审计事务所组成的全国性社会团体，在中华人民共和国审计署指导下开展工作。

本协会经中华人民共和国民政部注册登记。

第二条　本协会的宗旨：加强各审计事务所之间的联系和业务合作，团结广大注册审计师和其他社会审计工作者，正确执行法律、法规、规章，遵守职业道德，提高业务水平和工作质量，促进社会审计事业的健康发展，在政府主管部门与注册审计师、审计事务所之间起桥梁和纽带作用，为改革开放和社会主义现代化建设服务。

第二章　任　　务

第三条　本协会的任务是：

（一）贯彻执行《中华人民共和国审计条例》和国家有关社会审计工作的方针、政策、法律、法规、规章，宣传社会审计工作；

（二）对有关注册审计师及其审计事务所的发展问题进行调查研究，为政府有关部门决策提出建议；

（三）反映会员的合理要求和建议，协调会员间、会员与其他有关方面的关系，维护会员的正当职业权益；

（四）组织交流注册审计师及其审计事务所工作经验，举办学术讲座，开展业务培训，提供咨询服务，出版社会审计书刊，促进会员提高业务水平；

（五）对会员进行思想、法制、职业道德教育，监督、检查会员执行法纪和遵守职业道德情况，对违反者进行批评、教育、处理；

（六）根据国家和审计机关发布的有关社会审计的法规、规章，制订社会审计业务工作规范性文件；

（七）开展与国内其他相关团体的联系。交流、搜集、研究国外民间审计的信息、情况，借鉴有益的经验，开展国际交流与合作；

（八）承办国家和审计机关授权或委托的其他事项。

第三章　组织机构

第四条　本协会每四年召开一次全国会员代表大会。常务理事会认为有必要时，或经半数以上理事要求，可以提前或延期召开。

第五条　全国会员代表大会的职权是：

（一）讨论决定本协会的工作方针和任务；

（二）审议批准理事会的工作报告；

（三）选举本协会理事；

（四）制定、修改本协会章程。

第六条　本协会的领导机构为理事会。

理事会由全国会员代表大会选举理事若干名组成，理事任期四年，可以连选连任。

理事候选人由各地区按照民主协商的原则推荐。在被推荐的侯选人中，审计事务所工作人员应占半数以上。任期内理事的工作单位、职责发生变化，推荐地区可以提出更换理事人选的意见。

理事会工作会议一般每年举行一次。常务理事会认为有必要时，可以提前或延期召开。

第七条 理事会的职权是：

（一）召开会员代表大会，并向大会报告工作；

（二）组织执行大会决议，审议年度工作计划，听取年度工作报告；

（三）审查本协会年度经费收支；

（四）选举会长一人、副会长若干人、常务理事若干人；

（五）邀请名誉会长一人；

（六）任命秘书长一人、副秘书长若干人；

（七）根据常务理事会的建议，决定免去、增补理事；

（八）代表本协会进行各项活动和交往，指导地方协会的工作；

（九）其他应由理事会行使的职权。

第八条 本协会常务理事会在全国会员代表大会和理事会闭会期间，行使理事会职权。

常务理事会的任期与理事会同。

第九条 常务理事会下设秘书处，在秘书长领导下负责处理日常工作；并可根据需要，设置若干专业委员会组织开展工作。

第四章 会 员

第十条 本协会会员分为团体会员和个人会员。

凡经中华人民共和国审计署或省、自治区、直辖市审计机关批准成立的审计事务所，和经省、自治区、直辖市民政部门批准成立的地区注册审计师协会及其他同类协会组织，可以申请加入本协会，为团体会员。

个人会员由下列人员组成

（一）注册审计师；

（二）社会审计界、审计界知名人士和专家学者；

（三）审计机关从事社会审计管理和指导工作的人员。

第十一条 会员入会均须履行入会登记手续。

本协会为各省、自治区、直辖市注册审计师协会、中华人民共和国审计署管理指导的审计事务所及不属于地方协会的个人会员办理入会登记手续；已经加入各省、自治区、直辖市注册审计师协会的会员，在该协会被批准加入本协会后，同时成为本协会会员，不另办理入会登记手续。

会员入会登记的具体办法由秘书处制定。

第十二条 会员有下列权利：

（一）在本协会内有选举权和被选举权；

（二）优先参加本协会举办的各项活动；

（三）向本协会反映对有关部门的意见和要求；

（四）对本协会的工作提出批评建议；

（五）监督本协会的财务收支。

第十三条 会员有下列义务；

（一）遵守本协会的章程，执行本协会的决议；

（二）积极参加本协会活动，承担本协会委托的任务，关心本协会的建设；

（三）恪守职业道德，维护社会审计声誉；

（四）按规定缴纳会费。

第五章 经 费

第十四条 本协会的经费来源为：会费收入；本协会举办的事业收入；政府有关部门事业费拨款；社会资助；其他收入。

第十五条 本协会经费支出主要用于宣传社会审计、调查研究、交流经验、创办书刊等。本协会经费收支按国家规定的财务制度办理，接受中华人民共和国审计署的监督。本协会秘书处定期向理事会报告经费收支情况。

第六章 附 则

第十六条 本章程经会员代表大会通过后

施行，报中华人民共和国审计署、民政部备案。修改时亦同。

第十七条　本协会终止时，须由五分之一以上的理事提出提案，并经理事会同意，提交会员代表大会表决，经三分之二以上代表同意通过，中华人民共和国审计署审核后，报中华人民共和国民政部注销。

第十八条　本章程的解释权属于本协会理事会。

第十九条　本协会会址设在北京。

第二十条　本章程经本协会成立大会通过之日起生效。

中国注册审计师协会 第一届理事会会长、副会长、常务理事、秘书长名单

会　长：王宸生

副会长：罗进新

常务理事(以姓氏笔划为序)：

王宸生　王德升　刘　林　李必全

李吉英　罗进新　邵伯岐　蔡克儒

秘书长：李吉英

中国注册审计师协会 第一届理事会理事名单

(以姓氏笔划为序)

(共85名)

弓中岩　马德奎　王文龙　王孝永　王连平
王国福　王宸生　王培忠　王维国　王智玉
王裕民　王裕美(女)　王德升　艾晓明
石　奎　卢友树　冯世联　白建国　兰志杰
朱钢寰　齐玉坤　刘　军　刘　林　刘占林
刘礼权　刘树棠　刘墨池　孙　煌　孙青山
孙秉文　李　勇　李万成　李必全　李吉英
李春波　李春福　李常佐　李淑琴(女)
李毓栗　杨子亨　吴定富　吴洪元　吴维安
余有亮　张军科　张锡华　张燕敏(女)
阿不都拉·沙依提　陈冬生　陈起源
邵伯岐　武尚瑞　林乐波　林其秋　郁云龙
易昌元　罗进新　祝培礼　莘仲娥(女)
徐建新　徐惠勇　徐德扬　高廷枢　郭立身
涂名荣　诸晓东　黄兰茹(女)　黄清河
萧英达　阎承涛　盖有杰　梁恩奇　彭贤浩
董凤熙　焦荣渭　温时清　谢子良　蓝清泉
雷春杰　蔡良林　蔡克儒　廖荫环　潘德荣
薛彦亭　瞿三益

部分审计事务所工作简介

中国审计事务所

中国审计事务所，为适应改革开放和国民经济发展的需要，于1988年经审计署批准，国家工商行政管理局核准注册正式建立开展业务。本所是面向全国各界，具有独立法人资格的审计、会计、经济管理咨询机构。1991年又经国家国有资产管理局批准授予资产评估资格。

中国审计事务所宗旨，是接受国内外经济机构、国际经济组织、企业、社会团体及其他单

位和个人的委托，提供审计、会计和经济管理方面的咨询服务。在承办一切业务活动中，严格遵守中华人民共和国有关法律、法令和规章制度，坚持客观、公正、独立的原则，与委托单位密切合作，信守合同，注重质量，讲究效率，为委托单位保守秘密，维护委托人的合法权益。

建所以来，随着业务不断发展，人员规模不断扩大，已发展为具有较强实力，可以接受委托承办各类大中型项目的审计、会计、经济管理的咨询机构。目前从业人员已达150多人，在全部人员中，具有大专以上学历的占85%，其中既懂专业又会外语的15人。具有各类专业技术职称的120人，其中具有高级职称的审计师、会计师、经济师、工程师等55人，注册审计师85人。另外还拥有一批专家、教授、学者担任本所顾问。

中国审计事务所，现任所长(法人代表)李必全，副所长马文祥、李军生，总审计师陆希安，顾问刘占林。下设财务审计部，证券业务审计部，外资审计部，资产评估部，事业发展部，培训部，综合业务部，事务部，人事部。在京内外设有分支机构13个。

中国审计事务所极其重视业务制度建设和队伍建设。根据国家有关法律、法令、财务会计准则和社会审计规程，建立了科学的审计程序、严格的质量管理和职业道德规范等一整套制度办法。对执业人员的各种业务和外语培训达200多人次，其中一部分还派往国外进修学习。经过不断实践，基本形成了规范化管理，具有一支较高水平的专业咨询队伍，保证了业务发展的需要，目前本所年承办大中型项目的能力可达200个以上。

中国审计事务所建所五年来，始终坚持质量第一，信誉第一，客观公正的原则，面向社会，接受各界委托，截止现在已办理各类项目(包括帮助国家工商局审查企业年检报告)近1800项，回头客户占40%左右，审计金额达600多亿元，提出改善管理建议400多项，为国家和经济实体挽回经济损失1亿多元，帮助许多企业建帐建制、理顺帐目，取得了明显的经济效益、社会效益，工作质量受到客户好评，赢得了较高的信誉。

1. 承办工商企业验资和行业年检审计验证工作。五年来协助工商行政管理部门，先后对1000多个企业实有资本进行审验，核实资金200多亿元，查出资金不实5000多万元。协助旅游行政管理部门进行旅游行业年检审计。除承办中央一类旅行社的审计，还组织培训各地方审计事务所，对658个一、二类旅行社连续两年进行年检审计，搞清了行业各项经济指标的执行情况，核实了财务收支，纠正了违纪和差错，提出建议。所有这些，对工商行政和旅游管理部门加强企业的监督、维护社会经济秩序起到积极作用，同时也为企业法人在经营活动中的资信程度和改善管理，提供了公证和依据，受到有关部门高度赞扬。

2. 承办基本建设预、决算审计。几年中先后对新疆油田、津京唐高速公路、北京医院、协和医院、北医大、清华大学、北京大学、全国总工会等重点工程和数十项其他工程预决算进行审计，查出高估冒算、差错、不合理开支、违纪等，为甲方和国家节约投资9000多万元，所提改进措施意见，对国家加强投资管理、改善基建财务发挥了作用。

3. 接受最高和地方司法机关或当事人委托，对经济案件进行鉴定30余项，鉴定金额1.5多亿元。在审计鉴定中，以国家颁布的经济法规为准绳，同时考虑在改革开放中，某些政策法规不健全，当事人缺乏经验的情况，实事求是进行公证，对损害国家利益案件，分清是损公肥私，钻改革空子，侵犯国家利益，还是工作失误使国家蒙受损失等界限。审计经济合同、债权债务纠纷事件，在分析合同协议条款，审计查证核实帐目，深入调查基础上，对各方责权利进行有说服力的界定。如某合同纠纷案，乙方控诉甲方，合作五年来以效益不好种种理由未分给应得49%的利润。我们受法院委托查清了甲方五年的成本帐目，不仅取得了很好的经济效益，而且实际利润比帐面增加850多万元。法院依据本所提供的审计报告，与当事双方协商得到圆满解决，未予开庭审判，维护了双方合法权益，受到当事人和司法机关的好评，称赞中国审计事务所是经济案件的“法医”。

4. 接受委托承办大中型企业经济效益审计60余项，提供改善经营管理的建议200多项，受到企业或上级的欢迎。承办某集团公司原材料公司的经济效益审计。对其五年的经营活动进行了系统的综合审计分析，作出评价，公司投资效益取得明显成绩，投资方向正确，发展前景乐观，符合公司长远利益。但也指出投资报酬率不高，大中型项目占用投资多，建设周期长，见效慢，某些管理措施、决策需要进一步改进，有针对性地提出五个方面的建议，公司领导认为，这些建议对公司今后开发和经营工作很有益处，并对我所表示感谢。某发电公司对所属发电企业进行了大量投资，但几年来返回的利润不多，公司对一些企业效益情况又不很清楚，在审计人员的帮助下，查清了影响投资效益的原因，并提出改进管理工作意见和措施，使公司进一步做到心中有数，为公司解决问题提供了可靠的依据。有的企业采纳审计人员的一项建议，很快获得数十万元的经济效益。由于效益审计使企业感到在管理上有帮助，一些公司、企业连续几年委托我所进行审计。

5. 承办厂长(经理)离任审计，对企业法人任期内的经济责任进行客观公正评价，为上级单位或董事会，考核了解干部业绩提供重要依据，也使当事人对自己任期内的功过得到心悦诚服的确认。如承办某大型技术开发公司经理离任审计，审计组对经理五年任期内的经营活动、财务状况和经济效益进行全面系统的检查分析，肯定其任期内的成果，指出存在的问题和不足，并提出了以进一步提高经济效益为中心，努力增强企业活力等8个方面的建议。公司反馈意见认为，所作审计分析，对改进公司工作，改善公司经营状况和本人的提高都是有帮助的。又如某公司经理离任时，上级单位认为其有经济问题，导致公司亏损，双方认识不一。经本所接受委托审计查证，是由于帐实不符，记帐错误等原因，致使公司虚亏实盈，作出客观公正的结论，使离任经理功过分明，争执得到解决。事后该经理对其新就职的公司，又聘请我所进行财务清查评估，帮助建立完善财务管理制度。

6. 承办了大量的财务收支审计、财产清盘和担任审计会计顾问，帮助主管部门对下属单位加强监督管理，维护国家经济利益，帮助企事业单位建帐建制，改善财务管理。在承办某总公司委托进行“三清一查”中，查出一些企业由于财务管理混乱，经营不善等原因，国家投资不少，受益不多，甚至资不抵债。如交通技术开发公司，一项投资200万元，一年多亏损270万元。某贸易总公司，委托我所审计时提供的会计报表，由于各种漏列、帐实不符、帐据不符、帐帐不符等达1000多万元，同时存在资金长期外借不进行结算，投资去向，效益情况不明，均无人过问。审计后引起公司领导的重视，又委托我所帮助指导进一步整顿、健全财务管理。北京一家报社财务工作薄弱，财务处理不合规，经审计查证调帐，利润由原来的帐面数7.8万元，增至132.1万元，并补交税款52万元，帮助企业弄清了家底，维护了国家利益。

7. 承办国外贷款、援款项目审计公证。建所五年接受政府审计机关委托，按照国际审计准则和惯例，进行审计查证，出具公证报告78份，为委托单位提供审计咨询，帮助委托单位了解外资项目的执行管理情况，帮助被审计单位加强管理，提高项目执行的能力。此外，还接受部分国家驻中国使馆的委托，对外国给予我国的一些援款项目进行审计公证，受到信赖和好评。

8. 承办资产评估业务。中国审计事务所是国家国有资产管理局第一批批准的具有资产评估资格的审计事务所。已承办10余项国有资产转让和中外合作、合资的资产评估业务，评估值达5亿多元，评估过程中，我所采用科学方法，先进技术，并聘请有权威的专家，对评估报告进行核实确认，维护了国有资产的保值增值和合作双方的权益。如对某科学院一个研究所的资产评估中，使该所的200多万元资产避免了流失，受到该所和国有资产管理局的好评。

9. 连续五年接受国务院、北京市税收、财务、物价大检查办公室的委托，对中央、市属160多个公司企事业单位检查；接受40多个企事业单位委托，对本单位执行财经纪律情况帮助自查。共查出违纪、差错等金额1.5亿多元，其中上缴和补交国家财政3000多万元，并作了许多调帐和纠正差错的工作。在检查中，我所审计人员不仅按国家政策规定，严格检查违纪行为，还对在检查中发现的一些政策性问题积极提出我们的建议，因此不仅受到大检查办公室的口头表扬和物质奖励，还受到被查单位的赞誉。

10. 面向全国培训社会审计和会计人员，提高业务素质，扩大知识面。中国审计事务所从1990年以来，已办培训班40多期，共培训人员3500多人，培训内容有：资产评估、基建预决算、经营承包审计、经济效益审计、新会计制度、旅游企业审计验证、计算机等。为许多社会审计组织和企事业单位，扩大业务领域，提高经营管理水平，提供了新知识和技能的培训服务。

中国审计事务所根据中央深入改革开放和发展第三产业的精神，本着“立足竞争，积极发展，总结经验，稳步提高”的指导思想，积极努力增强实力，扩大服务领域，为发展我国社会主义市场经济，提供更多的服务，做出新的贡献。

北京市审计事务所

北京市审计事务所，于1987年经北京市人民政府批准，并经北京市工商行政管理局注册登记正式成立。建所以来始终坚持“质量第一、服务第一、信誉第一”三个第一的服务宗旨和以信誉求发展，以效率求效益的办所方针。先后制定了“质量管理”、“道德规范”、“法律责任”、“岗位责任”、“工作规程”、“审计报告编写规范”、“工作纪律”等内部控制、管理制度、办法。从业人员由建所初期的8人，发展到现在已形成包括高级审计师、高级经济师、高级工程师、经济律师各类专业人员共39人（其中注册审计师15人）的固定队伍，并取得北京市国有资产管理局确任的资产评估正式评估资格。在完成的委托业务中，由于坚持了“三个第一”的服务宗旨，从未发生任何责任或技术事故。工作质量、工作态度、工作作风都取得了委托方的好评，在社会上树立了很好的信誉。业务领域不断拓宽，五年多来完成各项委托业务2500余项。完成的业务范围，包括了社会审计业务范围内的所有业务。特别几项较大的基本建设预决算的审核和资产评估，都取得了委托单位、被审计单位、以及该项业务主管部门的好评。例如：对亚运会市政工程成本的审核，共核减工程成本1700余万元；对国家重点项目石景山发电厂改建工程主厂房、贮煤仓、贮灰场大坝、锅炉本体安装等工程施工图预算审核，共核减预算造价660余万元。所有核减金额都能顺利地与施工单位协商定案。在审核过程中，还帮助施工单位改进了核算方法，健全了核算制度。北京市公安交通管理局工程处，是负责亚运会市政工程的标志制作安装和划线工程的单位，该单位的成本从未接受过审核检查，成本核算很不规范。在审核过程中帮助其健全了核算制度，完善了核算方法。审核结果核减成本160万元，占700万元预算成本的22.8%，施工单位不仅完全接受核减金额，还表示感谢，并同事务所建立了长期业务关系。再如：对北京市大型企业——北京光学仪器厂固定资产的评估，机器仪表2000多台套，房屋建筑物100多个项目，结构和用途不同，建筑时间从50年代到80年代，历史资料损失较多，给评估工作带来很大难度。由于准备工作充分，我们的技术力量较强，在不到40天的时间里，就完成了评估操作，并提出了评估报告。房屋建筑评估结果增值251%。整个评估结果很快得到北京市国有资产管理局的认可，并对评估方法，评估报告及评估资料给予了充分肯定，多次在有关会议上介绍北京市审计事务所的评估工作。

北京市审计事务所已经成为一支有一定影响的社会审计力量。按照形势的要求，不断地加强自身建设，进一步提高从业人员的业务素质，完善为客户提供优质服务的手段，以更好地适应深化改革、发展社会主义市场经济的要求。

山西省审计事务所

山西省审计事务所于1987年3月成立。现有从业人员91名，其中40人具有中国注册审计师资格，占总人数的44%；具有高级会计师、工程师等专业技术职称的37人，占总人数的41%；具有中级专业技术职称的51人，占总人数的56%。该所技术力量雄厚，专业人才门类齐全。

所内机构健全，分工明确，下设“六部一室”：办公室；业务联络部；审计业务部；资产评估部；培训咨询部；基建审计部；经济案件鉴定部；

该所在省内还设有9个分所：汾西矿区分所；冶金太钢分所；机电分所；建筑分所；医药分所；国防工办分所；铁三局分所；乡镇企业分所；粮食分所。

6年来，该所不断拓宽业务领域，积极为社会各界提供审计服务，共开展了10项业务：(1)对2001户企业的财务收支进行了审计，审计总金额43.28亿元，查出违纪违规金额9216.8万元，上缴财政1012.6万元；(2)对2877户企业的注册资金进行了验证，验证总金额达53.2亿元；(3)鉴定经济纠纷案件31起，鉴定总金额3101万元；(4)连续五年派出256人次参加财务、税收、物价大检查，查出违纪违规金额9192.6万元，上缴财政2486.2万元；(5)对143户企业的厂长(经理)承包经营、离任经济责任进行了审计，审计总金额19.46亿元，查出违纪违规金额2073万元，上缴财政14.4万元；(6)担任31户企业的审计、会计和经济管理咨询顾问，提出合理建议300余条；(7)对31户企业的债权债务进行清理，清欠金额879万元；(8)对24户企业的资产进行评估，评估总值1.25亿元；(9)举办培训班4期，培训各类业务骨干349人；(10)对15个企业的基本建设项目进行审计，审计总金额1.45亿元，查出违纪违规金额1150万元。

通过审计咨询服务，为维护企业合法经济权益，严肃财经纪律，帮助企业加强经营管理，提高经济效益，发挥了社会审计应有的作用。

该所在注重培养人才，健全机构，拓宽业务渠道的同时，还狠抓内部制度的建设，先后建立健全了各项规章制度18项，使工作逐步走向了制度化。这些规章制度主要有：分所管理办法、聘用人员管理规定、工作人员待遇规定、财务管理制度、正副所长岗位责任要求、各部室正副主任岗位要求、主管会计出纳员岗位要求、文印打字员任务与要求、车辆管理办法、审计工作程序和资产评估组织章程方案等。

该所一贯坚持服务第一、信誉第一、质量第一的宗旨，竭诚为企业提供服务，取得了很好的社会效益和经济效益。如：1992年为山西国际大厦部分基建工程结算进行审查，施工单位提出结算金额731万元，审查后结算金额516万元，核减215万元。1992年9月对某开发公司进行审计，查出漏交各种税金721万元，并及时进行了收缴，为国家挽回了损失。几年来，该所的工作受到了社会各界的欢迎和赞誉，先后送来锦旗、镜框50余件，表扬信100余封。并连续四年被山西省审计局评为先进集体。

天津审计事务所

天津审计事务所成立于1988年8月，是经国家审计机关批准，工商行政管理机关注册登记，具有法人资格的独立承办审计查证和咨询服务的事业单位。事务所实行有偿服务，自收自支，独立核算，依法纳税。1992年1月，经天津市国有资产管理局批准，取得了国家国有资产管理局颁发的资产评估资格证书，依法承办企业整体评估及各类资产的单项评估业务。1993

年3月，经国家国有资产管理局和中国证券监督管理委员会确认，取得国家首批从事证券业务的资产评估机构资格，使资产评估领域扩展到对股票公开发行、上市交易的企业资产进行评估以及与证券业务有关的资产评估业务。

天津审计事务所内部机构设有8部1室，即：审计查证一部、二部，主要承办财务收支、经济效益、经济责任的审计查证，注册资金验证、年检和经济案件鉴证业务；资产评估部，主要承办各类企业，包括股票公开发行、上市交易企业的资产评估工作；外资部，主要承办外商投资企业的注册资金审验及委托查证业务；咨询一部、二部，主要从事担任企业事业单位的常年审计会计咨询顾问业务；基建预决算审计鉴证部，主要承办基建工程项目、技术改造项目的预算、决算的审计鉴证业务；培训部，主要负责审计会计人员的业务培训工作；办公室，负责事务所行政、财务工作及电子计算机房的管理。天津审计事务所还在天津港保税区设有一个具有独立法人资格的分支机构——天津津华审计事务所，为天津港保税区，天津经济技术开发区的企业、事业单位服务。

天津审计事务所拥有一批经验丰富、从事财会审计等工作多年的专业人员，包括教授、高级审计师、高级会计师、高级经济师、高级工程师，审计师、会计师、经济师、工程师以及财会审计管理等专业大学毕业的研究生、本科生，其中80%已取得“注册审计师”称号，天津审计事务所从业人员中职龄人员占65%，从组织上保证了社会审计事业的长远发展。

天津审计事务所按照国家审计署《关于社会审计工作的规定》，为委托人提供优质高效的服务，并积极拓宽社会审计工作业务领域，几年来，承办财务收支、经济效益、经济责任的审计查证事项103项，帮助委托人查出违纪金额4593万元，提出各项建议400余条；承办经济案件鉴证事项6项，鉴证金额1058万元；承办企业注册资金验证和年检事项634项，验证检查金额191354万元，承办基本建设工程预、决算审计验证事项345项。经审验削减（或增加）预、决算金额504.58万元，占原基本建设工程预、决算金额4526.29万元的11.15%，承办企业资产评估事项27项，评估资产总金额411145.95万元；参加历年税收财务物价大检查27项（户），查出违纪金额2153万元，上缴国库508万元；承办旅行社审计验证事项14项，验证金额2634万元，等等。

天津审计事务所一贯坚持“质量第一、服务第一、信誉第一、效率第一”的指导思想，严格遵循“依法办事、客观公正、诚实信用、保守秘密”的职业道德，竭诚为社会各界提供优质服务，业务范围不断扩大，社会信誉不断提高。

1990年接受天津市人民政府经济协作办公室的委托，对某公司进行财务收支审计，查出该公司原任经理的重大经济问题，该经理已被司法机关收审；1992年接受深圳某集团公司的委托，对其天津分公司的财务及资产状况进行审计，查出该分公司管理混乱，挪用公司资金48万元等问题，司法机关已立案查处，委托方对天津审计事务所的出色工作深表感谢；1991年天津审计事务所对天津市某厂实施委托审计，经审查核实，该厂在原材料、基本生产、自制半成品、产成品、发出商品和其他应收款等六个方面存在“潜亏”因素达130余万元，帮助企业澄清了家底，为企业消化“水份”提供了可靠依据；1992年天津审计事务所对24个项目，33个企业实施了资产评估工作，评估值为41亿元，其中国家大型企业五户，评估资产总值达32.9亿元，评估结果均已得到国家国有资产管理机关的确认，为企业转换经营机制、促进经济发展做出了贡献。

内蒙古自治区审计事务所

我所自1992年2月组建以来，本着艰苦创业、打好基础、积极进取、勇于开拓的原则，接受委托，在承办财务收支、经济效益、经济责任审计查证，完成基建项目概算审计验证、办理注册资金验证和国有资产评估，接受财税物价大检查等工作中，取得了较好的效果，受到了委托单位的好评，赢得了较好的信誉，为企业提供咨询服务，改善经营管理，提高经济效益，推动社会主义市场经济的发展，发挥了积极作用。

组建之初，面临着审计查证咨询任务缺少，起步难的情况，接受了中国旅行社内蒙古分社、中国国际旅行社呼和浩特分社、中国康辉旅行社3个旅游单位的审计验证工作，按时按要求完成了验证任务。接着又根据畜牧局领导的要求和政府有关领导的指示，对牧工商联合总公司经济责任和财务收支进行了审计查证。这个单位是一个经营管理混乱，规章制度不健全，责任不明，4年连续亏损的资不抵债的企业，经审计查证，核实了亏损，查明了原因，弄清了责任，提出了建议，使委托单位领导、被查证单位领导都表示满意，而后又承担了审计署、国家计委下达区局审计的元宝山露天矿及配套工程的审计，经过查证，按照上级要求的范围，按期较好地完成了任务，使我所的工作迈出了第一步，得到了锻炼。

为了拓宽业务渠道，我们采取主动上门，千方百计"找米下锅"，所领导和顾问先后走访了冶金厅、医药总公司等十几个厅局和单位，介绍情况，联系业务，通过上述活动，接受了自治区工会委托，对其所属劳动服务公司及下属招待所、商店、小餐厅、食堂、托儿所等单位的财务收支和经济责任进行审计查证，核实了3年亏损，查清了潜在亏损，帮助查明了亏损原因，基本澄清了责任，提出了改进经营管理建议，尔后，又承办了自治区标准计量局委托，对其所属劳动服务公司1985－1991年度的盈亏情况和财务收支进行审计查证。自治区电子器材公司、内蒙古聋儿听力语言康复中心，霍克旗铜矿二期扩建工程的审计查证，按要求较好地完成了委托任务。

随着市场经济的发展和企业实行股份制试点，我们抓准时机，开拓了国有资产评估业务。为承揽此项业务，经过积极努力，取得了资产评估资格。自10月份以来，在两个多月的时间里，对24个单位开办经济实体的国有资产进行了评估，如对内蒙古电力安装集团公司的资产评估，这个公司是由包头第二热电厂供热公司、建筑安装公司、呼市电力建筑安装公司等六个单位组成的集团公司，申报评估总额1263万元，要求在一周内完成，为了保证如期完成任务，我们立即派出评估组，加班加点，星期天不休息，经过六天实地查证，依据重置成本法和现价法，评估资产价值2025万元，按要求较好地完成了评估任务，比申报额增值762万元，此外，经过努力，争取到财检项目18个，为此，我们派出7个财检组，较好地完成了任务。如对内蒙古某公司的财检，查出了漏交两金、挤占成本46万元，收缴财政44.1万元，又如对某粮库财检，发现违纪获取加价收入，挤占费用、漏交两金20.8万元，再如对某贸易大厦查出漏交奖金税18.5万元，已全部收缴。

建所以来，我们始终把工作质量和优质服务放在重要位置，以质量和服务赢得信誉求发展，一年来我所完成的项目，绝大部分做到了委托单位、被检查单位及其主管部门的满意，由于我们在接受委托时强调服务第一，想单位之所想，急单位之所急，严格按照委托单位的要求，既保证质量、又抓紧时间完成任务，从而赢得了信誉，而且招来了一些回头客。

此外，我们在开展审计查证业务的同时，结合所内工作实际，也相应建立一些必要的工作制度，为逐步规范化，制度化打下了初步基础。

吉林省审计事务所

吉林省审计事务所成立于1987年5月25日，是经吉林省编制委员会、吉林省审计局批准，吉林省工商行政管理局注册登记成立的全民所有制事业单位。批准编制为24人，另从社会上招聘24名各类专业技术人员。全所形成了有高级工程师、高级会计师、高级经济师和各有关经济学科的中级职称人员及律师、翻译等组成的适应各种业务需要的审计咨询队伍。其中，中国注册审计师28人，审计师5人，助理人员10人；大学本科28人，大专14人；经济专业8人，会计专业29人，工程技术专业8人，法律专业1人。

事务所有以下几个特点：1. 管理人员的年龄、学历层次和主要经历的组合比较合理。2. 全所人员年龄结构、专业结构比较合理，编制内人员从20岁至55岁，分布均匀。专业结构几乎囊括了社会审计所需各专业学科，完全适应社会审计各类咨询服务的需要。3. 内控制度完善，有各种类内控制度38个，688个条款，有效地保证了各项业务合理、高效、有序地进行。4. 各项服务业务规程规范标准，符合审计署、中国证券监督管理委员会、财政部及其他经济管理部门的要求，使服务质量始终保持在科学、有效和较高的层次上。

几年来，事务所全方位地进入社会，参与竞争、通过优质服务，不断提高社会信誉和知名度，不断开拓新业务。

原来承担的财务收支、经济效益、经济责任查证事项，已发展成为以行业为重点，辐射全行业的咨询服务。仅1992年，就对吉林省新闻出版、粮食、林业、物资、冶金、电力等七个行业的98户企业进行审计咨询和17户企业的财务经济顾问。帮助纠正违纪金额15774万元，提出改进意见340多条，受到咨询单位的好评。

咨询服务已从中小型企业向国省营大中型企业和经济联合体深入，并承担改组转制企业的审计咨询。

同时，业务服务种类不断增加。除对原开展的财务收支，经济案件鉴证；基建工程预决算的审查验证；注册资金的审验和年检；财务税收，物价大检查等业务外，又增加了对改组转制企业和发行内部股票企业的委托审计；资产评估；对国外借款、援款及国内配套项目的查证；对企业工资、奖金、股息、红利、利润分配的审核与验证；编制财会、合同、协议、章程、契约等文件；特别是开展了审计会计电算化，编辑、设计电脑软件，组装调试、维修硬件，培训电算化人员。就服务对象上，已涉猎到与经营管理、审计、会计、统计等有关的各行业、各领域。一个全方位的面向整个经济市场的服务格局基本形成，今后仍将不断地继续向前探索发展。

黑龙江注册审计师事务所

黑龙江注册审计师事务所在黑龙江省审计局的指导下，认真落实审计署提出的“抓重点、打基础”、“积极发展、逐步提高”的工作方针和《审计署关于社会审计工作的规定》，坚持服务第一、质量第一、信誉第一、社会效益第一的宗旨，团结、奋斗、务实、开拓，基础建设、“三化”建设、业务工作等方面都有了较大的发展，为社会主义经济建设发挥了积极作用。1989年以来，主要工作有以下方面：

1. 扩大组织规模建设，适应审计咨询业发展。为使本所的规模适应大力发展审计咨询业的要求，本所内设机构由原来一科一室扩建为流通部、公共事业部、产业部、建设施工部、验资评估部、培训证券部、协调管理部和办公室，并组建了税务分所、创业分所、水利分所、林业分所、轻工分所、六分所、七分所、八分所等分支机构。并且将黑龙江审计事务所更名为黑龙江注册审计师事务所。这不仅保证了业务工作向专、深、精、广发展，而且扩大了业务领域。

2. 建立知识多元的队伍，适应社会需求。为增强承办各种委托事项的能力，本所打破了知识结构单一的格局，建立了一支由审计、财会、基建工程、经济管理、电子计算机、外语等专业人员构成的社会审计队伍。从业人员98名，其中在编人员29人。从业人员中具有中级以上专业技术职称的占75%。并且特约了28名专家、学者、教授作为本所“松散型”的技术顾问。

3. 全方位拓展业务，适应社会主义市场经济发展。为促进市场经济发展，本所的工作方向由承办省局委托审计为主转向社会咨询服务。面向社会开展了财务收支、经济效益、经济责任、经济案件、财产抵押贷款、纳税、基建工程结算、工会会费等鉴证业务；注册资金验证和中外合资、合作企业资本金验证业务；建帐建制、资产评估、股份制企业财务鉴证、担任企业审计和财会顾问、旅行社经济指标年检业务；培训审计、财会、经济管理人员业务。承办各种委托事项 2231 项，其中：委托审计和财务大检查 158 项，上交国库违纪资金 1768.20 万元；资产评估 105 项；担任企业顾问 186 户；办班 13 期，培训审计、财会、经济管理人员 473 名。

新闻记者于 1992 年 5 月 15 日采访了本所社会审计工作情况，黑龙江日报头版、生活报和黑龙江广播电台分别报导了本所的业绩。1992 年上半年，黑龙江日报报导了本所对东方股份企业集团财务情况审计鉴证的消息，对社会审计向股份企业拓展业务起到了导向作用。

4. 加强制度建设，适应“三化”要求。为使社会审计工作实现规范化、法制化、标准化，本所建立了审理制度、职业道德规范等 10 几个内控管理制度。并于 1992 年实行了工效挂钩，促进了本所事业的发展。

上海审计师事务所

上海审计师事务所原名上海市审计事务所，创建于 1987 年，是上海地区建立最早的一个审计师事务所。该所现有专职工作人员 50 多人，其中具有高、中级技术专业职称的有 23 人，约占 45%，工程技术人员 6 人，目前已有一支业务素质好，作风扎实，有能力承办各类高层次的审计查证、资产评估和专项咨询等业务的审计队伍。

该所业务面向全市，热诚为社会服务，为上海改革开放、发展经济服务。他们在开展审计业务中一贯强调优质服务，坚持客观公正、实事求是的职业道德标准，把保证审计质量、注重社会效益放在首位。对受托各类审计查证业务，审计中都强调要关心企业管理和效益，要维护委托单位的合法权益。涉及行业性的问题，事务所通过审计还主动向主管部门提出改善财务管理、提高经济效益的建议。如该所在市民政局的支持下，对本市社会团体全面开展财务收支审计，在此基础上针对多数社团财务管理薄弱，财务力量不足的情况，提出合理化建议，并具体协助市民政局草拟了本市社会团体财务管理规定和会计核算办法，经市财政局审定后在 1992 年起全面试行，还参与组织全市社团财务干部的培训工作，有力地促进社团组织提高了财务管理水平。又如 1992 年该所接受市××公司委托对其所属 12 户企业进行 1991 年度承包经营责任审计，通过逐户审计后，主动综合材料，向公司经理和财务等部门负责人汇报了审计情况，指出有些企业年度利润不实，有的企业库存物资大量积压高达数百万元，有的企业应收帐款两年以上没有及时清催的就有一、二百万元等问题，并针对问题提出加强管理的建议，公司经理认为这次审计有深度，对企业改进管理有帮助。

该所在审计质量管理上建立了审计项目质量控制的办法，有质量控制的原则、内容和要求，各级分工职责明确，各个环节措施具体，执行情况良好。为了适应行业经济改组和推行股份制企业的需要，他们组织高级会计师等专业人员参加资产评估专业培训，制定了资产评估实施办法，设计了一套评估工作底稿。按照评估程序，坚持客观公正、公平合理的原则，开展资产评估业务，去年就有 20 个项目，其中整体评估 5 项，均得到市国有资产管理局的认可。该所已取得了国有资产评估的资格证书。又如他们受托基本建设工程决算审计验证，在审计中不仅查实工程项目决算中高估冒算的问题，也注意是否有应该增加的漏项，客观公正地维护甲、乙双方的合法权益。

该所在 1992 年还加快了发展咨询业务的步伐，现有常年提供审计咨询顾问的客户 50 户，其中大中型企业占 90%。咨询服务的内容也有扩展，从会计核算、财务管理一般的综合性咨询发展到基本建设工程项目管理、世界银行贷款等专项咨询，在企业转换经营机制和改善管理、提高效益等方面当好顾问单位的参谋。

该所在开展审计业务中始终坚持“质量第一、信誉第一、服务第一”的宗旨，近年来服务领域不断拓宽，审计业务稳步发展，也获得社会的好评。

江苏省审计师事务所

江苏省审计师事务所成立于1988年8月。在1992年全省审计师事务所评比中被评为先进事务所。现有分支机构16个。本所设有4部1室，有从业人员44人，其中，具有高、中级专业技术职称的会计师、审计师、工程师有25人，经专家评审、国家批准的注册审计师12人。另外，还设有30余人的人才备用库，随时特约参加审计查证。各类专业技术人才齐备，具有承办诸如徐州矿务局、南化公司等特大型企业财务收支审计查证和大型企业集团资产评估业务项目的能力。拥有资产200万元，与省内外100多个审计事务所建有联网协作关系。

几年来，江苏省审计师事务所先后接受审计机关委托，完成审计任务74项；接受社会各方面委托，完成大型查证、咨询、鉴定、验证业务项目811项，审计查证总金额约200亿元。并先后培训财会、审计人员164人次，担任96个单位常年审计、会计顾问。

几年来，通过审计查证，共调整核增企业利润3832万元，核减纠正了企业多报利润和虚盈实亏金额1535万元，核实补缴税金1339万元，促进企业提高了管理水平，维护了国家利益，完善了承包责任制。通过基建工程预决算验证，核减预决算支出486万元，有的工程决算核减率高达三分之一，维护了建设单位和施工单位的合法权益，节省了基建投资。通过提供经济管理咨询服务，使有关单位增加收入节约支出315万元。通过国有资产评估，正确体现了国有资产的价值量，保护了国有资产有关各方的合法权益。在1992年对6个中外合资项目评估中，被评资产价值2000万元，评估升值1250万元，升值率62.5%；对一家股份制改组企业进行资产评估，经营性净资产（国家股本）评估升值率达73.34%。在接受司法部门和工商部门委托办理经济案件鉴定和注册资金验证中，通过卓有成效的服务，保证了司法办案和工商管理的需要。

江苏省审计师事务所以其优质服务在社会上赢得信誉。其承办的大量查证咨询业务，普遍得到委托客户的欢迎和感谢。财务收支决算的验证，曾得到财政部门好评；对各单位注册资金的验证工作，受到工商部门赞誉；一年一度的税收财务物价大检查工作，受到省审计局的表扬。省审计局曾对该所审计过的单位，有意识地抽查了8户，都没有发现审计有质量问题。

江苏省审计师事务所除了自身拥有近百户稳定的常年客户外，由于受省审计局直接管理指导，服务对象均为省级单位，因此还可以以其优势牵头组织全省行业性的常年审计查证业务。江苏省审计师事务所在江苏全省社会审计组织中具有一定的威信和影响。

随着改革开放步伐加快，江苏省审计师事务所进一步增强了市场意识、竞争意识和质量意识，在对外不断开拓新的业务领域的同时，内部进一步健全岗位责任制，特别是实行了注册审计师责任制和承包制，加强质量控制，使各项工作更加适应于市场经济的需要。

温州市审计师事务所

温州市审计事务所成立于1987年10月，是经国家审计机关批准，工商行政管理机关注册登记的全民事业单位，事务所设所长室、验资评估部、查证鉴证部和咨询顾问部，另外下设工交办事处、城建办事处、农业办事处、民建办事处等机构。全所现有工作人员58人，其中固定人员10人，特约聘任48人，会计师、审计师、经济师、工程师等中级以上职称的占 74%，其中，注册审计师 11 人，还聘请了部分高级会计师、工程师和长期从事财经工作、在社会上享有威望的专业人员协同工作。目前，本所已具有一定的专业技术力量和健全的服务网络，是浙南地区一支实力较强的社会审计队伍。

根据《审计条例》的有关规定，本所受理政府审计机关、各社会团体、企事业单位、各种联营企业、股份制企业以及城乡集体经济组织和个人委托，承办财务收支，经济效益、经济责任(包括承包经营、企业兼并和厂长、经理离任审计)审计查证事项；经济案件鉴定事项；注册资金的验证和年检；基建工程预、决算的验证；建帐建制、资产评估、清理债权债务；培训审计、财会和其他经济管理人员；担任企事业单位常年审计顾问等。

温州市审计师事务所成立以来，在温州市审计局的领导和有关部门的支持下，紧紧围绕经济建设中心，为改革开放服务，面向社会，坚持质量第一、服务第一、信誉第一的宗旨，艰苦创业，积极开拓，到 1992 年底共承办各类委托审计项目 123 项，注册资金验证 373 户，业务收入 34.65 万元，取得了较好的经济效益和社会效益，受到了社会的好评。如：1992 年接受温州市中级人民法院委托，对某县法院一审已判 7 年徒刑的×××贪污一案，经审计查证该案 9 年的财务收支后，认定原定案数据有误，市中级法院非常重视查证结果，并召开有关会议重新审理，最后改判无罪释放。后来，当事人感激万分地从某县城赶到本所致谢，还送来一块写着“秉公办事”的镜匾。又如，某城市信用社的股东对董事长兼经理的经济问题有怀疑，双方发生口角、打架、抄家等纠纷。本所接受委托审计查证后，召开股东及全体职工会议，宣布审计结果，平息了纠纷，使股东们团结一致，工作更有起色，给本所送来了“依法审计客观公正发展金融保障建设”的锦旗。

在邓小平同志南巡讲话和党的十四大精神鼓舞下，全所努力开拓，积极进取，并以优质服务赢得社会信誉；使我市社会审计工作跃上了新台阶。

为了更好地为社会主义市场经济服务，本所内部建立和健全了规章制度，制订了《温州市审计师事务所章程》、《社会审计工作规程》、《特约审计办事处工作细则》、《常年审计咨询、顾问工作细则》、《考核奖惩办法》等制度，使全所工作有章可循、奖勤罚懒，逐步走上了制度化、规范化的轨道。

随着改革步伐的加快和经济的发展，社会审计面临着新的挑战和机遇，全所将努力抓住契机，进一步解放思想，更新观念，增强竞争能力和挖掘后劲，拓展业务领域，多方位开展优质服务，为建立社会主义市场经济体制作出新贡献！

山东审计师事务所

随着改革开放的不断深化，社会审计事业有了较大发展。几年来，我所在省审计局直接管理和指导下，适应商品经济发展的需要，大力开展业务，在激烈的竞争中，迎着困难抓机遇、上水平，取得了较好业绩和社会信誉，为发展社审事业做出了贡献。

几年来，承接审计查证事项 1153 项，查证金额 426358 万元，为国家节约投资、资产增值、增收节支减少损失 22749 万元。其中：注册资金验证 915 项，验证金额 119530 万元，核减虚报 2662 万元，占 2.23%；基建预决算验证 139 项，验证资金 9557 万元，核减高估冒算 1137 万元，占 11.9%；资产评估 16 项，评估资产 27811 万元，增值 18557 万元，增值率 66.73%；引进项目(资金)可行性经济评估 19 项，评估金额 225218 万元；经济案件鉴定 8 项，鉴定金额 345 万元；咨询服务 12 项，采纳建议增收节支 393 万元。

为社会和内部审计、社会审计培训专业人才 2525 人。一是结束以前年度招的五科函授生

1010 人结业证书工作，完成第一期大专《专业证书》班 900 人的教学任务；二是举办内审、社审基础知识和专业技术培训班 615 人。上述培训人员均完成规定教学内容，考试合格发给证书。

上述业绩的取得，突出抓了以下几方面的工作：

1. 抓基础建设，适应事业发展需要。

一是不断完善办事机构功能，设立非独立法人分所，扩大服务范围。在所长负责制组织领导下，为适应事业的发展需要，设置七部一室，1992 年下半年组建七个非独立法人分所；为协助所长决策重大业务事项，协调各业务部和分所的业务工作，把好业务质量关，设总审计师一人。

二是组建一支素质较高的服务队伍，抓好两方面人才工作。抓基本队伍建设，即聘请政策、专业水平较高的离退休人才，培养青年人才；建立人才库，即特约有一定专长的人才，形成人才网络。

三是建立健全工作制度，逐步实现工作制度化、规范化、办公现代化。到 1992 年，已建立实施综合性管理制度五项，专业和专项性工作规程、办法五项；配备微机和复印机各二台。

2. 迎着困难上，大力开拓高新难业务。

在激烈的竞争中，以质量、信誉求生存，是建立在常规情况下采取的稳健性竞争。要想在生存的基础上求发展，就要在竞争中审时度势，扬长避短，发挥自身优势，开拓进取，抓重点保常规，开辟新领域，在高、新、难的业务上下功夫。

一是开辟引进项目(资金)可行性经济评估业务。为扩大社会审计的影响，提高知名度，我所与中国银行共同研究开辟了这项新业务。经济评估，涉及经济信息、技术、政策、效益诸多方面的了解、预测和判断，是一项较高层次工作，难度大影响也大。经过几年的实践、认识，逐步熟悉掌握，摸索出一套工作规程，为引进项目(资金)提供经济决策依据，取得了一定的经济和社会效益，形成了自己的“专利”。从 1989 年，由过去的中行外汇贷款为主要对象，发展为以国外借款和中外合资为主要对象的经济评估工作。

二是积极开展资产评估工作。这项工作的开展，是在抓机遇、积极协调下开始的。我所从 1990 年开始抓培训、立章工作，到 1991 年 3 月批准评估资格，当年承办 5 家企业，1992 年上升到 11 项，评估的资产也成倍增长。在近两年评估工作中，由于我们优质高效的完成实行股份制企业、中外合资企业、国有企业的单项和整体资产评估，得到部门、单位的好评，受到省国有资产管理局的确认与表扬，社会信誉较高。

三是把基建工程预决算验证作为一项重点业务来抓。该项业务是一艰巨复杂的工作，常因核减或核增造价引起争议，各方矛盾比较突出。在此情况下，我们坚持依法办事，实事求是，维护各方合法权益，协调各方矛盾，合理解决争端。几年来，由于把这项业务作为重点抓，并始终坚持“三个第一”的宗旨，客观公正，精心验证，取得各方认可，委托事项逐年递增，声誉较高。

河南省审计师事务所

河南省审计师事务所是依据《中华人民共和国审计条例》，经河南省审计局呈报省人民政府批准，由河南省工商行政管理局登记注册，于 1985 年 3 月正式成立，是具有独立法人资格的专业从事审计查证和咨询服务的机构。总部设在郑州市纬二路 27 号。

建所以来，经过 8 年艰苦创业和不断发展，河南审计师事务所现已颇具规模。内设 5 部 1 室(资产评估部、基建审计部、企业审计部、事业审计部、咨询开发部及办公室)，下属 2 个独立法人分所和 12 个非独立法人分所，现共有工作人员 162 人。其中，具有大中专以上文凭的 135 人，占总人数的 83%；具有高中级职称的各类专家、教授共计140人，占总人数的86%。已有51人取得中国注册审计师资格。同时聘请高级会计师董凤熙、高级经济师杨立村等数名在河南有声望的经济、金融界专家担任顾问，并初步建立了一个汇集各类专业人员的人才库。河南审计师事务所目前是河南省规模最大、实力最强、影响广泛、信誉可靠的社会审计组织，对河南经济的振兴起着不可忽视的作用。

河南审计师事务所内部实行所长负责制、全员职工合同聘用制。所长张锡华是省审计局精心挑选派出的省局副总会计师、高级审计师，具有丰富的管理经验和较高业务水平。各部室主任及分所所长都由年富力强、富有开拓精神和事业心的同志担任。

在执业过程中，河南审计师事务所严守国家法规和国际惯例，坚持质量第一、服务第一、信誉第一的宗旨，遵循独立、客观、公正的原则，恪守职业道德，信守合同，讲究效率，保守秘密。过去八年承办过千余项业务，服务质量、信誉给社会留下了良好的形象，为振兴河南经济，发展社会审计做出了积极贡献。同时，本着收支平衡、略有节余、自我发展的精神，现已形成百万元以上的资产和风险基金，是一个有较强业务承办能力和责任赔偿能力的社会审计组织。

河南审计师事务所建所以来，接受国家机关、事业单位、审计机关和国有、集体及个体经济组织的委托，承办了资金验证、资产评估、审计会计咨询、鉴证、公证、破产、清算、财务收支、经济效益、经济责任等审计事项，培训了大量的审计、会计人员，客户遍及全省各个行业。尤其是1992年以来，成功开展了数家大中型企业股份制改造的资产评估业务，如对中国第二砂轮厂和郑州百文集团股份有限公司、河南思达科技发展有限总公司的资产评估，促进了企业实行股份制的规范化。在受托单位中，有相当一部分属大型、超大型和有相当难度的项目，如以现代化管理和优质服务著称全国的商业骄子——亚细亚商场，以“白鸽牌”产品蜚声海内外的中国第二砂轮厂，有“中国医药工业航空母舰”之称的中原制药厂，国家重点工程七里岗水泥厂，河南彩色电视中心等。在审计查证中，注意把重点放在核实企业盈亏和资产保值、增值以及注意向内控制度和经济效益方面延伸，同时重视审后意见反馈，受到了委托单位和政府有关部门的普遍好评和信任。《河南日报》、《郑州晚报》、《河南质量报》、《河南法制日报》、《河南经济税务报》，以及《河南电视台》、《中州审计》等新闻单位都对河南审计师事务所的工作做了大量报导，产生了良好的社会效应。

河南审计师事务所热切期望与同仁交流信息，欢迎客户和各界的批评监督和指导，努力为建立社会主义市场经济，为发展社会审计做出贡献。

湖南省审计事务所

湖南省审计事务所成立于1988年5月，在审计署和省审计局的具体指导和各有关部门的支持下，从无到有，从小到大，逐年发展壮大。已形成了一支能适应社会审计需要的队伍，具备了良好的业务基础和较高的社会信誉，拓宽了审计查证、验证、咨询服务领域，形成了一定经济实力和根基。

（一）机构设置和人员情况。全所设4科1室：即查证验证科、咨询培训科、基建预决算验证科、资产评估科、办公室。全所41人，设所长1人，副所长3人。其中专业人员39人，行政人员2人。41人中在编人员16人，聘用专业人员25人，具有高级职称5人，中级职称33人。有审计师、会计师、工程师、律师、经济师等，业务人员知识结构比较全面。

对聘用人员采取择优录用、重点培养和相对稳定的办法，按年度筛选聘任。经过筛选聘任的同志，思想素质和业务素质都比较高，其中有10位同志连年选聘，有的在审计事务所已连续聘用工作了5年。这些同志通过重点培训和连续工作，有丰富的社会审计工作经验，工作质量和信誉都比较高。

在编人员除司机和打字员以外，全部是注册审计师，经过了一至二次以上的专业技术培训，基本上都参加了资产评估培训班，并取得了资产评估资格结业证书。这支队伍完全适应咨询服务等社会审计业务的需要，能满足客户委托的要求，出色地完成任务。

(二)面向社会，全面开拓业务。从1988年5月建所以来，在国家审计机关指导下，全所同志共同努力，大胆、积极、全面地开拓审计咨询业务。已经开拓的业务范围有：1、财务收支、经济效益、经济责任的查证事项；2、经济案件的鉴定事项；3、注册资金的验证和年检；4、基建工程预决算的验证；5、建帐建制，帮助清理债权债务；6、企事业单位资产评估，中外合资单位中方资产评估等；7、经济管理咨询服务；8、培训审计、财务、会计和其他经济管理人员；9、银行抵押贷款资产评估；10、担任审计、会计、经济管理的常年顾问；11、城乡集体单位、个体(私营)单位及经济组织的各项审计事项。该所还接受委托参加了“三大检查”和行业审计。1988年5月至1992年12月，完成“三查”项目154项，收交财政2500万元，财政返回本所收入300多万元。对粮食行业核实挂帐亏损审计12户，收缴财政208万元。单位委托审计查证21户，省局委托审计业务20项。林业厅委托林业资金计提收交审计12个县，收交单位125户，收缴金额500余万元。基建工程预决算验证审计，为委托单位挽回损失590多万元。经济案件、资产评估、承包经营审计等项目194项。靠信誉、靠质量和登门服务开拓业务，收到委托单位赠送的锦旗23幅，受到社会各界的好评。

湖南省审计事务所实行事业单位企业化管理，自负盈亏，独立核算。通过几年的努力，已积累400多万元。

(三)建立健全内部管理制度。为了保证审计事务所各项业务的顺利进行，几年来逐步完善了各项内部管理制度。

1、建立了以岗位责任制为主的所长、副所长、科长、副科长、科员主审、助审、后勤人员的分工负责制和岗位责任制。

2、建立健全了业务质量管理办法。实行所长、副所长、科长、主审(组长)层层把关的质量管理办法。

3、制定了聘用人员管理制度和聘用人员报酬分配办法。

4、制定了顾问咨询、承包经营责任离任审计、资产评估、基建预决算鉴证等业务的工作程序和实施办法。

5、建立湖南省审计事务所下设分所的管理范围和办法。

这些制度和办法的建立和实施，有效地保障了社会审计工作的顺利进行。

海南省审计师事务所

海南省审计师事务所成立于1987年7月，建省办经济特区后，又与香港梁学濂会计师事务所合作，于1989年8月成立中外合资海南审计会计师事务所，合址办公，分开核算。近年来，随着海南省改革、开放的步伐加快、力度增强，审计事务所的业务，也得到了较快的发展。

至1992年，海南省审计师事务所已有专职人员35人。其中注册审计师11人，助理人员21人，后勤管理人员4人。文化程度大学本科3人，大专15人，中专3人。具有高级职称的4人，中级职称的11人。属于审计专业15人，会计专业10人，工程专业3人，法律专业1人。拥有资金100多万元。

审计师事务所承办的业务越来越多。在1992年承办财务收支、经济责任、经济效益、经济案件的审计查证和鉴定项目共有58宗，比1991年增加1倍，比1990年增加2倍。其中有些是全系统审计的，如省对外经济贸易总公司、省民族对外贸易总公司、省电子工业总公司等，都是对每个独立核算单位进行查核，由全系统汇总测算业务分析，延伸审计经营管理的优劣和经济效益的高低，当好“经济保健师”，为各公司转换经营机制提供了良好可靠的基础。由于深受这些企业所信赖，我所受邀担任常年审计顾问。又如省高级人民法院委托对某电冰箱总厂的破产清算、省工商行政管理局委托对某联营企业改名和变更投资人、三亚市城郊人民法院委托对某公司经理渎职损失等3个经济案件，我所经过深入审查，取得充分证据与客观事实相一致的基础上，作出了“电冰箱总厂不应将外地独立核算厂的亏损1000多万元并入本厂亏损造成破产逃债”；“某联营企业正经理××背着股东和董事会私刻印章改名和变更投资人是违法行为”；“某公司经理为解决出口货源而投资于扩大产品生产，因国际市场变化，出口不成的损失应与渎职损失区别对待”的审计查证报告，得到委托单位的认可，证明了利用社会审计监督可为加快改革，扩大开放发挥“保驾护航”的作用。

1992年接受企业委托验证注册资金和年检的工作共达796家，比1991年增加1倍，验证注册资金56亿元，比1991年增加1.3倍。由于我所坚持保证质量的前提，以方便企业，服务第一，实行工商审计一条龙服务、咨询、验证，及时为企业解决验资中的问题，深得企业和工商部门的好评，为海南经济的发展做出了一定贡献。

此外，我所还积极接受税收、财务、物价大检查办公室的委托，组织较强的队伍投入大检查服务，完成119个企事业单位的重点检查，共查出违纪违规应补交各种税收、“两金”、利润2100多万元，已入库金额达1600多万元，获得大检查办评比1992年度工作优胜奖。

海南省审计师事务所由于坚持质量第一，服务第一的方针，客观公正，依法审计，业务发展很快。1992年全年收入170万元，比上年增长385.7%。除了照章纳税和必要的成本费用开支外，结余100多万元，为事业的发展添置了办公设备，积累了资金，增强了社会审计事业发展的后劲和活力。

华西审计事务所

华西审计事务所于1989年9月经成都市工商行政管理局核准注册登记后开始办理业务。

该所是审计署管理，由审计署驻成都特派员办事处代管的事业单位，实行自收自支、独立核算、企业化管理。华西审计事务所实行所长负责制，所长、法人代表雷春平，副所长戴明、洪鑫康。所内设查证部、工程部、咨询部、资产评估部、综合部、事务部、培训部等机构。至1992年底，事务所有工作人员86人，其中固定人员14人，聘用人员72人；有注册审计师20人，有高级审计师、高级会计师、高级工程师、高级经济师等26人，博士生导师1人，教授、副教授9人，讲师、会计师、工程师30人。

华西审计事务所坚持“服务第一、客观公正、实事求是”的原则，面向社会承办各类审计、咨询、公证等业务，开业几年来，已办理各类业务共561项，社会效益、经济效益显著。

1、年度财务报表审签。根据国务院《全民所有制工业企业转换经营机制条例》和国际上的习惯做法，该所率先开展了承接企、事业单位年度财务报表审签工作。1992年以来，已接受委托为36家企、事业单位审签了年度财务报表，查出违纪违规调帐金额2亿多元，维护了国家、集体和个人的合法权益。

2.审计查证业务。几年来共为法院、检察院、企业的管理部门办理各类经济案件、经济纠纷业务32起，为法院判案和有关部门解决纠纷提供了必要条件。如，1990年受四川省高级法院委托，对兰州碳素总厂诉成都化工三厂侵权一案进行审计，通过对帐证、供货、供电、供水记录的调查取证，查明了近2年双方联营的经济往来事项和生产销售状况，为法院顺利判决提供了有效服务。

3.工程预、决算业务。在开业的几年中，先后承办工程预、决算业务23项,为建设单位挽回经济损失250万元。在审查的决算中,审出的违纪违规金额最低占决算的7%,最高的达30%。如1990年一企业委托审查一自来水安装工程,审减金额占原决算的30%,维护了建设单位的合法权益。

4. 咨询顾问工作。已为163户企、事业单位提供常年审计、会计、经济法规咨询服务和审计助查服务,使企业在日常工作中能做到按国家法规办事,将违纪消除在日常工作中,并为企业在日常的经济活动中提供了好的参谋,避免各种损失。

5. 资产评估业务。该所获得了国家国有资产管理局颁发的资产评估资格证书,并拥有大批经验丰富的会计师、审计师、工程师,这些人员同时已获得资产评估个人资格证书,能对企业做出综合资产评估、单项评估、无形资产评估等。

6. 验资年检业务。适应工商行政管理需要,查验企业的申请注册资金与实有资金是否相符,有无办企业的条件,企业资金来源是否合法、合规。四年共验资186项,验证金额28127.72万元。

7. 培训业务。为企事业单位培训审计、财会人员,包括基础培训和在岗提高培训,开业以来共办财务大专班、基建培训班、新会计制度培训班等10期,培训人员1057人。为企业财会、审计人员适应不断发展变化的形势充实新的知识。

甘肃省审计事务所

甘肃省审计事务所自1988年10月成立以来,由小到大,不断发展壮大。内部机构已发展到现在的社会审计一部、社会审计二部、咨询鉴证部、资产评估中心、办公室、咨询服务中心、业务联络部等7个科级建制单位,具备了多门类、全方位开展社会审计业务的能力。从业人员49人,其中:编制内职工24人,长期聘用人员25人,从业人员中具有大专以上学历的占人员总数的90%以上,其中有24人获得注册审计师证书,已组建了一支具有高、中、初三级审计、会计、法律、工程技术人员为骨干力量的,政治素质好、政策水平高,业务能力强、办事效率高、竞争意识浓,并且注重信誉,讲求质量的社会审计队伍。业务项目也由过去主要以财务收支审计和验证企业注册资金为主发展到现在同时开展司法案件鉴定、专案审计、基建审计、厂长(经理)离任审计,经济效益审计,资产评估,中外合资、独资企业财务收支和清算的审计鉴证。被审对象已向全民大中型企业、股份制企业、"三资"企业、私营企业延伸。

甘肃省审计事务所全体从业人员在工作中始终坚持"质量第一、信誉第一、服务第一"的宗旨,为深化企业改革,维护财经法纪,帮助企业改善经营管理,提高经济效益,发挥了积极作用。仅1992年一年对120个项目,150个单位进行了审计鉴证,审计总金额6.05亿元;对35户企业进行税收、财务、物价大检查;为445户企业核验了注册资金,验证资金3.06亿元;接受司法部门委托,鉴定经济纠纷案件8起;对14户企业的资产进行了评估,评估资金总额5600万元;一年中为企业提供合理化建议400余条,同时帮助企业建章建制,担任企业常年审计、会计咨询顾问,提供经营管理咨询等业务,赢得了社会各界的信任,取得了较好的社会效益和经济效益。

甘肃省审计事务所在接受审计验证等项目时,坚持以社会效益为主,同时也抓经济效益,在向企事业单位收费时,严格按照省财政厅、省物委批准的《事业单位收费许可证》规定,坚持低标准收费,有时考虑到企业实际情况,给予照顾,适当减免收费。在财务支出上坚持勤俭节约、精打细算的原则,截止1992年底已积累资金50余万元,拥有固定资产100余万元。

本所在开展各项业务时,坚持以事实为依据,以现行财经法规为准绳,引导企业经营活动沿着改革开放和经济建设道路健康发展。如我所受托对兰州市一家中港合资企业进行审计时，排除多方干扰和困难，经过细致认真的工作，客观公正地作出了审计结论，依法维护了中港双方的合法权益，缓解了双方多年的矛盾和分歧，在省内产生了较大的影响，为社会审计进一步赢得了信誉。

另外，我所在接受法院、检察院等司法部门的委托，对经济案件和经济纠纷进行审计鉴证和会计技术鉴定时，立足于客观事实，不偏不倚，兼听则明，力求公正地作出鉴定结果。如我所接受了对甘肃省第一桩审计行业的行政诉讼案，审计中经过深入调查，认真查证有关资料，认定被审计单位混淆了当期费用和下期费用的界限，实际并未完成承包计划，为这桩牵扯多方的行政诉讼案找出了原因，也为法院依法判案提供了重要依据。

甘肃省审计事务所在受托对基建项目施工结算进行审计时，立足于客观实际，深入调查，维护委托方的利益。例如：在审计省里某委搬迁楼基建工程时，审计人员经过细致、精确的计算，核减了98.9万元，其中剔除了不属于该基建工程的支出1.5万元和不应负担的开支97.4万元。另外在对某研究院的基建项目审计时，发现此项目投资额大，施工历时6年至今仍未全部竣工，在审计此项工程时，审计人员从细微之处着手，发现并核实施工单位高估冒算，增大投资额达107.8万元，经审计后核减了这笔投资，减少了国家财政的开支。

1991年，甘肃省审计事务所经国有资产管理部门批准，首批获得资产评估资格，并成立了专门的资产评估机构——甘肃省审计事务所资产评估中心。中心不但拥有会计、审计业务人员，而且结合资产评估的特点，配备了中级以上职称的土建、安装、机械等工程技术人员，其中已有18人经培训考试合格获得资产评估资格证书。随着我国国有资产清查工作的进行，中心积极开拓资产评估业务，承办了几项大的资产评估工作。1992年底，中心结合省外贸××公司下属毛纱厂的财务收支审计，对该厂资产进行了清理、核查和整体评估，评估人员经过内查外调，全面公正评估了各项资产，为该厂提供了准确的资产数据，替企业搞清了家底，并进一步弄清了各项资产的资金来源及产权归属，得到了企业的好评，收到了良好的社会效益。

根据社会审计的特殊性质，甘肃省审计事务所坚持“一审二帮三促进”的原则，为被审单位提供了多方面的咨询服务。1992年7月在审计兰州市某研究中心过程中，发现该单位没有严格按照会计制度规定做帐，帐务处理混乱，给审计带来了不少困难(该中心在委托省审计事务所之前，曾委托某会计事务所审计，终因帐务太乱而未能继续下去)，审计组进点后发现该中心下属独立核算的经销部也同样存在类似问题，考虑到该中心当时经营困难，在没有增加审计费用的情况下，主动承担了审计该中心经销部两年半的帐册、凭证、报表等有关财务资料的任务。经过审计组认真细致的工作，历时两个多月终于将企业的资产、盈亏、经营状况、债权债务全部查清，理清了多年的乱帐，并为企业出谋划策，建立健全内部控制制度，帮助财务人员提高业务素质，取得了被审单位的信任和好评，该企业提出要求愿意签订长期协议，聘请我所会计师担任常年的审计顾问。

回顾过去走过的道路，甘肃省审计事务所在实践中摸索前进，逐渐以优质高效地完成委托任务而赢得了社会各界的信任和好评，工作局面逐步打开，在缺乏经验和没有捷径的前提下，不断开拓业务领域，探索新路子，自已开创出一个发展、完善社会审计的广阔天地。在新的形势下，面临新的、更多的机遇和挑战，甘肃省审计事务所全体从业人员一定能够不负众望，解放思想，更新观念，抓住机遇，使社会审计工作上一个新的台阶。

部分审计师事务所名录

中国审计事务所

管理机关:中华人民共和国审计署
成立时间:1988年4月26日
办公地址:北京市海淀区白石桥路甲4号
邮政编码:100086
联系电话:2562843 2563334 2544285
2544284 2569796
所　　长:李必全(高级审计师)

北京市审计事务所

管理机关:北京市审计局
成立时间:1987年10月
办公地址:北京市宣武区菜市口胡同16号
邮政编码:100052
联系电话:3031250　3032760
所　　长:刘树棠(高级审计师)

北京立达建筑审计事务所

管理机关:北京市审计局
成立时间:1989年4月
办公地址:北京市丰台区丰台路口60号
邮政编码:100073
联系电话:3811144转304、3811144转418
所　　长:郑锦达(高级会计师)

北京市丰台审计事务所

管理机关:北京市丰台区审计局
成立时间:1988年11月
办公地址:北京市丰台北大地90号
邮政编码:100071
联系电话:3817618
所　　长:房柏龄(审计师)

北京市饮食服务业审计事务所

管理机关:北京市审计局
成立时间:1988年8月
办公地址:北京市宣武区珠市口西大街120号
惠中饭店1120、1121、1133室
邮政编码:100050
联系电话:3012255转1120、1121、1133
所　　长:王莲芝(高级审计师)

北京市朝阳区审计事务所

管理机关:朝阳区审计局
成立时间:1988年4月26日
办公地址:北京市朝阳区农展北路麦子店
邮政编码:100026
联系电话:5011122转732
5061345　5001674
所　　长:赵世杰(高级审计师)

北京铁路审计师事务所

管理机关:铁道部北京铁路局
成立时间:1988年5月
办公地址:北京海淀区复兴路6号
(铁路局院内)
邮政编码:100038
联系电话:3222765
所　　长:丁焕新(审计师)

北京市昌平审计事务所

管理机关:北京市昌平县审计局
成立时间:1988 年 5 月
办公地址:北京市昌平县西环路 2 号
邮政编码:102200
联系电话:9745711 9741075
所　　长:朱宗良(会计师、注册审计师)

北京市西城审计事务所

管理机关:北京市西城区审计局
成立时间:1988 年 9 月
办公地址:北京市西城区复兴门外真武庙四条六里六栋
邮政编码:100045
联系电话:3267768
所　　长:李树本(注册审计师)

北京中机审计事务所

管理机关:中华人民共和国审计署
成立时间:1990 年 12 月 15 日
办公地址:北京市西城区月坛南街 26 号
邮政编码:100825
联系电话:8528261 转 2612
所　　长:李河元(高级会计师、注册审计师)

北京市大兴审计事务所

管理机关:北京市审计局大兴分局
成立时间:1988 年 6 月
办公地址:北京市大兴县黄村兴政街 23 号
邮政编码:102600
联系电话:9242740
所　　长:朱登明(代所长、会计师)

上海审计师事务所第七分所

管理机关:上海市审计局
成立时间:1988 年 5 月 3 日
办公地址:上海市延安西 526 号
邮政编码:200050
联系电话:2523130 转 289
所　　长:朱达智(高级经济师)

上海杨浦审计师事务所

管理机关:上海市杨浦区审计局
成立时间:1987 年 5 月
办公地址:上海市通北路 540 号三楼
邮政编码:200082
联系电话:5453647 5454370
所　　长:宋钟岳(会计师)

上海市川沙审计师事务所

管理机关:上海市审计局
成立时间:1988 年
办公地址:上海浦东新区川沙镇东泥弄 9 号
邮政编码:201200
联系电话:8921813 8982685
所　　长:陈文彬(注册审计师)

上海审计师事务所

管理机关:上海市审计局
成立时间:1987 年
办公地址:上海市淡水路 345 弄 14 号
邮政编码:200025
联系电话:3202981 转 33 3736619
所　　长:徐惠勇(高级会计师)

上海审计师事务所第四分所

管理机关:上海市审计局
成立时间:1988 年 11 月 12 日
办公地址:上海市江西中路 14 弄 5 号
邮政编码:200002
联系电话:3292774
所　　长:钱德明(高级会计师、注册审计师)

上海黄浦审计师事务所

管理机关:上海市黄浦区审计局
成立时间:1987 年 4 月
办公地址:上海市广东路 162 号
邮政编码:200002
联系电话:3297050 3235783

所　　长:章孝棠(经济师、注册审计师)

上海闵行审计师事务所

管理机关:上海市闵行区审计局
成立时间:1988 年 5 月 6 日
办公地址:上海市闵行区华坪路 69 弄 20 号
邮政编码:200240
联系电话:4355214
所　　长:时霖

上海公正审计师事务所

管理机关:上海市虹口区审计局
成立时间:1987 年 4 月
办公地址:上海市武进路 181 号三楼
邮政编码:200080
联系电话:325215 转 313 3564571
所　　长:吴锡生(高级会计师、注册审计师)

上海审计师事务所第一分所

管理机关:上海市审计局
成立时间:1988 年 1 月 14 日
办公地址:上海市秣陵路 203 号 338 室
邮政编码:200070
联系电话:3179234 转 32850
所　　长:许显从(高级审计师、注册审计师)

上海东华审计事务所

管理机关:国家审计署驻上海特派员办事处
成立时间:1988 年 5 月 10 日
办公地址:上海市法华镇路 100 号
邮政编码:200052
联系电话:2400832
所　　长:林秋实(高级审计师)

松江审计师事务所

管理机关:松江县审计局
成立时间:1988 年 3 月 10 日
办公地址:上海市松江县谷阳南路底
邮政编码:201600
联系电话:7823830 7823365
所　　长:李国娟(注册审计师、会计师)

天津审计事务所

管理机关:天津市审计局
成立时间:1988 年 8 月
办公地址:天津市和平区南京路 305 号天津津联大厦 16 楼
邮政编码:300052
联系电话:713824 713828
所　　长:白建国(审计会计师、注册审计师)

天津红桥审计事务所

管理机关:天津市红桥区审计局
成立时间:1988 年 1 月 16 日
办公地址:天津市红桥区勤俭道政府主楼六楼
邮政编码:300131
联系电话:671184
所　　长:苏幸华(审计师、执业审计师)

天津市宝坻审计事务所

管理机关:宝坻县审计局
成立时间:1989 年 8 月 10 日
办公地址:天津市宝坻县城吴镇东城南路
邮政编码:301800
联系电话:921369
所　　长:冯国昌(会计师、注册审计师)

河北省审计事务所

管理机关:河北省审计局
成立时间:1984 年
办公地址:河北省石家庄市友谊南大街 45 号
邮政编码:050051
联系电话:335342
副 所 长:齐玉坤

河北省宁晋县审计事务所

管理机关:河北省宁晋县审计局
成立时间:1990 年 5 月 4 日
办公地址:河北省宁晋县城关镇东关街
邮政编码:051630

联系电话:(03274)5873
所　　长:刘朝栋(注册审计师)

张家口市审计事务所

管理机关:张家口市审计局
成立时间:1984 年 12 月
办公地址:河北省张家口市桥东区东建街 15 号
邮政编码:075000
联系电话:211794
所　　长:杨敬飞(注册审计师)

河北省沙河市审计事务所

管理机关:沙河市审计局
成立时间:1989 年 3 月 7 日
办公地址:河北省沙河市建设路北端审计局
邮政编码:054100
联系电话:(03286)801264
所　　长:张自修(执业审计师、经济师)

邯郸市审计师事务所

管理机关:邯郸市审计局
成立时间:1988 年 10 月 1 日
办公地址:河北省邯郸市人民路 176 号
邮政编码:056002
联系电话:(0310)315795 310901 转 249
所　　长:段海云(注册审计师)

河北省张家口市桥东区审计师事务所

管理机关:桥东区审计局
成立时间:1988 年 9 月
办公地址:河北省张家口市桥东区怡安街 5 号
邮政编码:075000
联系电话:(0313)210165
所　　长:武桂荣(注册审计师)

河北燕赵审计事务所

管理机关:河北省审计局
成立时间:1992 年 12 月 19 日
办公地址:河北省石家庄市友谊南大街 45 号
邮政编码:050051
联系电话:(0311)335325
所　　长:黄溹泉(注册审计师、会计师)

赵县审计事务所

管理机关:赵县审计局
成立时间:1988 年 10 月
办公地址:河北省赵县建设东路
邮政编码:051530
联系电话:(03219)941457
所　　长:王晶民(执业审计师)

昌黎县审计事务所

管理机关:昌黎县审计局
成立时间:1990 年 5 月
办公地址:县政府招待所前 3 楼
邮政编码:066600
联系电话:663051
所　　长:董元才(会计师、注册审计师)

辛集市审计事务所

管理机关:辛集市审计局
成立时间:1985 年 1 月
办公地址:河北省辛集市束鹿大街 16 号楼
邮政编码:052360
联系电话:221979
所　　长:杜智良(注册审计师)

山西省万荣县审计事务所

管理机关:山西省万荣县审计局
成立时间:1988 年 7 月
办公地址:山西省万荣县南街
邮政编码:044200
联系电话:22130
所　　长:张守俭(审计师)

山西省审计事务所

管理机关:山西省审计局
成立时间:1987 年 3 月 1 日
办公地址:山西省太原市新建南路文源巷 8 号
邮政编码:030001
联系电话:221892
所　　长:牛如芳(高级审计师)

山西省临汾地区审计事务所

管理机关:
成立时间:1988 年 3 月
办公地址:山西省临汾市平阳南街 48 号
邮政编码:041000
联系电话:(0357)2677 7478
所　　长:霍兴亮(执业审计师)

左权县审计事务所

管理机关:左权县审计局
成立时间:1989 年 6 月
办公地址:山西省左权县城内辽阳街 50 号政府行政二科楼内
邮政编码:032600
联系电话:2281、2685
所　　长:张福良(审计师、执业审计师)

山西省五台县审计事务所

管理机关:五台县审计局
成立时间:1990 年 3 月
办公地址:山西省五台县政府招待所 119 房间
邮政编码:035500
联系电话:(03633)22146
所　　长:温卓峰(助理审计师)

山西东原审计事务所

管理机关:山西省审计局
成立时间:1993 年 4 月
办公地址:山西太原钢铁公司行政处院内
邮政编码:030003
联系电话:(0351)343660
所　　长:张安定(会计师)

内蒙古自治区审计事务所

管理机关:内蒙古自治区审计局
成立时间:1992 年 2 月
办公地址:呼和浩特市新城区桥靠:内蒙古审计局宿舍院内
邮政编码:010020
联系电话:44824
所　　长:王裕民(注册审计师、会计师)

锡林浩特市审计事务所

管理机关:锡林浩特市审计局
成立时间:1990 年 12 月
办公地址:内蒙古锡林浩特市察哈尔街市经济委员会办公室西屋
邮政编码:026000
联系电话:5452
所　　长:孔庆福(注册审计师)

哲里木盟审计事务所

管理机关:哲里木盟审计处
成立时间:1989 年 3 月
办公地址:内蒙古通辽市永清大街 57 号
邮政编码:028050
联系电话:36840
所　　长:王建民(审计师、注册审计师)

呼伦贝尔盟审计事务所

管理机关:呼伦贝尔盟审计局
成立时间:1989 年 9 月
办公地址:内蒙古海拉尔市胜利三路十八号
邮政编码:021008
联系电话:222676　223919
副 所 长:李春颖(注册审计师)

呼和浩特审计事务所

管理机关:呼和浩特市审计局
成立时间:1988 年 1 月
办公地址:内蒙古呼和浩特市利民街 25 号

邮政编码:010010
联系电话:633497
所　　长:薛家礼

赤峰市审计事务所

管理机关:赤峰市审计局
成立时间:1988 年 7 月
办公地址:赤峰市长青街中段
邮政编码:024000
联系电话:337714
所　　长:郭世均(审计师)

盖州市审计师事务所

管理机关:盖州市审计局
成立时间:1988 年 4 月 30 日
办公地址:辽宁省盖州市红旗大街中段
邮政编码:115200
联系电话:712822
所　　长:董庆荣(注册审计师)

宽甸审计师事务所

管理机关:宽甸县审计局
成立时间:1988 年 9 月 26 日
办公地址:辽宁省宽甸县政府后楼
邮政编码:118200
联系电话:22079
所　　长:佟明章(注册审计师)

铁岭市银州区审计事务所

管理机关:银州区审计局
成立时间:1987 年 4 月
办公地址:辽宁省铁岭市红旗街永红小区
邮政编码:112000
联系电话:25150
所　　长:李桂珍(会计师、执业审计师)

彰武县审计事务所

管理机关:彰武县审计局
成立时间:1988 年 3 月
办公地址:辽宁省彰武县人民政府院内
邮政编码:123200
联系电话:21050
所　　长:李瑞文(执业审计师)

北镇满族自治县审计师事务所

管理机关:北镇满族自治县审计局
成立时间:1988 年 5 月 27 日
办公地址:辽宁省锦州市北镇满族自治县政府院内
邮政编码:121300
联系电话:22046
所　　长:金宝达(注册审计师、会计师)

辽宁审计师事务所

管理机关:辽宁省审计厅
成立时间:1988 年 6 月
办公地址:沈阳市沈河区南一经街 105 号
邮政编码:110014
联系电话:224573
所　　长:杨忠仁(会计师、注册审计师)

兴华(辽宁)审计师事务所

管理机关:审计署驻沈阳特派员办事处
成立时间:1989 年 8 月
办公地址:沈阳市皇姑区庐山路 13 号
邮政编码:110031
联系电话:664989 663650 640026
所　　长:刘墨池(高级审计师)

大洼审计师事务所

管理机关:大洼县审计局
成立时间:1989 年 4 月
办公地址:辽宁省大洼县大洼镇
邮政编码:124200
联系电话:663981
所　　长:周德深(注册审计师)

海城审计师事务所

管理机关:海城市审计局
成立时间:1986 年 10 月

办公地址:辽宁省海城市北关街
邮政编码:114200
联系电话:24548
所　　长:刘志峰(注册审计师)

本溪审计师事务所

管理机关:本溪市审计局
成立时间:1986 年 1 月 17 日
办公地址:辽宁省本溪市平山区人民路三十六号
邮政编码:117000
联系电话:220015 220020 248624
所　　长:杨树森(会计师、注册审计师)

大连经济技术开发区审计师事务所

管理机关:大连经济技术开发区监察审计局
成立时间:1991 年 4 月
办公地址:大连经济技术开发区龙江路 24 号
邮政编码:116600
联系电话:7612895 7611573
所　　长:刘忠烈(副教授、执业审计师)

辽宁省鞍山审计师事务所

管理机关:鞍山市审计局
成立时间:1986 年 2 月 1 日
办公地址:辽宁省鞍山市铁东区五一路 9—3 号
邮政编码:114002
联系电话:531466　531454
所　　长:高廷枢(高级审计师)

沈阳市于洪区审计事务所

管理机关:沈阳市于洪区审计局
成立时间:1988 年 8 月
办公地址:沈阳市于洪区黄海路 37 号
邮政编码:110141
联系电话:514229 533656
所　　长:刘光武

沈阳市苏家屯区审计事务所

管理机关:沈阳市苏家屯区审计局
成立时间:1988 年 6 月
办公地址:沈阳市苏家屯区翠柏路 14 号
邮政编码:110101
联系电话:915919
所　　长:王崇林(注册审计师)

锦州铁路分局审计师事务所

管理机关:锦州铁路分局
成立时间:1989 年 5 月
办公地址:辽宁省锦州市凌河区和平路五段四号
邮政编码:121000
联系电话:铁路电话　锦州 3270 3564
所　　长:史贺祥(审计师、执业审计师)

吉林省和龙县审计事务所

管理机关:吉林省和龙县审计局
成立时间:1988 年 11 月
办公地址:吉林省和龙县和龙街 44 号
邮政编码:133500
联系电话:(04433)3906
所　　长:崔日亨(审计师)

吉林市审计师事务所

管理机关:吉林市审计局
成立时间:1985 年 5 月 3 日
办公地址:吉林省吉林市北京路 91 号
邮政编码:132011
联系电话:233200
所　　长:于永宽(注册审计师)

吉林省审计事务所

管理机关:吉林省审计局
成立时间:1987 年 5 月 25 日
办公地址:吉林省长春市大经路 115 号
邮政编码:130041
联系电话:819949 819948
819950 819843
所　　长:温时清(高级工程师)

白城市审计师事务所

管理机关:白城市审计局
成立时间:1987年9月16日
办公地址:吉林省白城市中兴东大路89号
邮政编码:137000
联系电话:223953
所　　长:贾俊生(审计师)

吉林省公主岭市审计师事务所

管理机关:吉林省公主岭市审计局
成立时间:1987年7月15日
办公地址:吉林省公主岭市公主岭大街42号
邮政编码:136100
联系电话:213537
所　　长:赵亚芳(会计师、执业审计师)

吉林省延边州审计师事务所

管理机关:延边州审计局
成立时间:1987年6月10日
办公地址:吉林省延吉市新兴街爱丹路28—7
邮政编码:133000
联系电话:514799
所　　长:许春山(高级审计师)

吉林市昌邑区审计师事务所

管理机关:昌邑区审计局
成立时间:1988年10月
办公地址:吉林省吉林市天津路20号楼103—2房间
邮政编码:132001
联系电话:445297
所　　长:孙梦兰(中国注册审计师)

九台市审计师事务所

管理机关:九台市审计局
成立时间:1988年5月20日
办公地址:吉林省九台市政府后三楼301、303、304房间
邮政编码:130500
联系电话:3617　3547
所　　长:王德成(注册审计师)

安达市审计事务所

管理机关:安达市审计局
成立时间:1987年4月1日
办公地址:黑龙江省安达市南二道街
邮政编码:151400
联系电话:223645
所　　长:张国臣(审计会计师)

黑龙江省齐齐哈尔市富拉尔基审计事务所

管理机关:黑龙江省齐齐哈尔市富拉尔基审计局
成立时间:1988年
办公地址:黑龙江省齐齐哈尔市富拉尔基和平大街中段
邮政编码:161041
联系电话:84538
所　　长:李桂芹(会计师)

巴彦县审计事务所

管理机关:巴彦县审计局
成立时间:1990年2月
办公地址:黑龙江省巴彦县巴彦镇人民大街
邮政编码:151800
联系电话:21410
所　　长:刁国志(会计师)

绥化地区审计事务所

管理机关:绥化地区审计局
成立时间:1987年
办公地址:绥化市中直北路17号
邮政编码:152000
联系电话:226304
所　　长:刘江(审计师)

依兰县审计事务所

管理机关:依兰县审计局

成立时间:1988 年 8 月
办公地址:哈尔滨市依兰县依兰镇中央大街
邮政编码:154800
联系电话:3227
所　　长:任雅峰(审计师)

哈尔滨铁路审计事务所

管理机关:黑龙江省审计局
成立时间:1989 年 7 月 21 日
办公地址:黑龙江省哈尔滨市南岗区西大直街167 号
邮政编码:150006
联系电话:铁路电话 23171
所　　长:田玉林(会计师)

集贤县审计事务所

管理机关:集贤县审计局
成立时间:1987 年 5 月 23 日
办公地址:黑龙江省集贤县福利镇前进街
邮政编码:154900
联系电话:62627
所　　长:宫凤翔(审计师)

黑龙江省七台河市审计事务所

管理机关:七台河市审计局
成立时间:1987 年 1 月
办公地址:黑龙江省七台河市桃山区景丰路
邮政编码:154600
联系电话:264880
所　　长:曹廻光

佳木斯审计事务所

管理机关:佳木斯市审计局
成立时间:1987 年 7 月
办公地址:黑龙江省佳木斯市永安街
邮政编码:154002
联系电话:246597 247743
所　　长:李春福(注册审计师、会计师)

克东县审计事务所

管理机关:克东县审计局
成立时间:1989 年 5 月
办公地址:黑龙江省克东县保安街
邮政编码:161800
联系电话:22622
所　　长:张永长(执业审计师)

黑龙江注册审计师事务所

管理机关:黑龙江省审计局
成立时间:1986 年
办公地址:哈尔滨市南岗区银行街 4 号
邮政编码:150001
联系电话:349108
所　　长:刘书亭(高级审计师、注册审计师)

江苏省审计师事务所

管理机关:江苏省审计局
成立时间:1988 年 8 月 8 日
办公地址:南京湖南路裴家桥 13—1 号
邮政编码:210009
联系电话:312972
副 所 长:吴维安(高级会计师)

江苏省镇江市审计师事务所

管理机关:江苏省镇江市审计局
成立时间:1987 年 5 月 25 日
办公地址:江苏省镇江市健康路六号五环俱乐部六楼
邮政编码:212001
联系电话:411447 428643
副 所 长:周大中(法人代表、注册审计师)
江明(注册审计师)

阜宁县审计师事务所

管理机关:阜宁县审计局
成立时间:1988 年 8 月
办公地址:江苏省阜宁县政府院内
邮政编码:224400

联系电话:213059
所　　长:周其胜(注册审计师)

盐城市审计师事务所

管理机关:盐城市审计局
成立时间:1988 年 2 月 4 日
办公地址:盐城市解放中路 68 号
邮政编码:224001
联系电话:326761 321577 327596
327594 327593
所　　长:方祥祺(审计师、注册审计师)

宜兴市审计师事务所

管理机关:宜兴市审计局
成立时间:1986 年
办公地址:江苏省宜兴市宜城镇荆溪中桥南堍
邮政编码:214200
联系电话:(05218)704358
所　　长:朱立平(审计师)

南京市审计师事务所

管理机关:南京市审计局
成立时间:1984 年 6 月 15 日
办公地址:南京市中山南路大香炉 38 号
邮政编码:210004
联系电话:452275 406144 451309
所　　长:蔡良林(审计师、注册审计师)

江苏省泰州市审计师事务所

管理机关:泰州市审计局
成立时间:1988 年 5 月
办公地址:江苏省泰州市人民东路审计大楼
邮政编码:225300
联系电话:(05241)226172
所　　长:唐松寿(会计师、注册审计师)

盐城市郊区审计师事务所

管理机关:盐城市郊区审计局
成立时间:1989 年 7 月
办公地址:江苏省盐城市解放北路 41 号
邮政编码:224001
联系电话:325827
所　　长:马振岳(会计师、注册审计师)

兴化市审计师事务所

管理机关:兴化市审计局
成立时间:1988 年 10 月
办公地址:江苏省兴化市丰收北路 27 号
邮政编码:225700
联系电话:232734 234929
所　　长:许庆华(会计师)

常州市郊区审计师事务所

管理机关:常州市郊区审计局
成立时间:1989 年 8 月 2 日
办公地址:江苏常州兰陵路工人新村郊区政府内
邮政编码:213001
联系电话:23508
所　　长:王玉清(注册审计师、会计师)

无锡县审计师事务所

管理机关:无锡县审计局
成立时间:1987 年 5 月
办公地址:无锡市广勤路 397 号
邮政编码:214012
联系电话:444319 441573
所　　长:毛　晨(审计师)

浙江省绍兴县审计事务所

管理机关:浙江省绍兴县审计局
成立时间:1988 年 4 月
办公地址:浙江省绍兴市越城区延安路 200 号
邮政编码:312000
联系电话:(0575)538429
所　　长:李昌宏(审计师)

浙江省金华县审计师事务所

管理机关:浙江省金华县审计局
成立时间:1988 年 9 月 16 日

办公地址：浙江省金华市文化路33号
邮政编码：321000
联系电话：339503　320492
副 所 长：：张柏松（助理经济师）

江山市审计师事务所

管理机关：江山市审计局
成立时间：1988年4月1日
办公地址：浙江省江山市江滨路18—2号
邮政编码：324100
联系电话：423954
所　　长：胡志远（经济师、注册审计师）

浙江省瑞安审计师事务所

管理机关：浙江省瑞安市审计局
成立时间：1988年1月
办公地址：浙江省瑞安市浦后街7号
邮政编码：325200
联系电话：623640
所　　长：尤淑贞（注册审计师、会计师）

宁波市镇海审计事务所

管理机关：宁波市镇海审计局
成立时间：1988年5月
办公地址：浙江省宁波市镇海区胜利北路97号
邮政编码：315200
联系电话：271314　273140
所　　长：王年成（审计师）

杭州市下城区审计师事务所

管理机关：杭州市下城区审计局
成立时间：1988年9月
办公地址：杭州市下城区人民政府内
邮政编码：310006
联系电话：774764
所　　长：缪祥度（注册审计师）

景宁审计师事务所

管理机关：景宁县审计局
成立时间：1988年8月20日
办公地址：浙江省景宁县鹤溪镇建设路
邮政编码：323500
联系电话：21475
所　　长：沈嵘标（审计师、注册审计师）

温州市鹿城区审计师事务所

管理机关：温州市鹿城区审计局
成立时间：1987年11月24日
办公地址：浙江省温州市环城东路27号中山大楼三楼
邮政编码：325003
联系电话：336086
所　　长：黄庆火（审计师）

浙江省上虞市审计师事务所

管理机关：浙江省上虞市审计局
成立时间：1989年4月
办公地址：浙江省上虞市百官镇龙山路35号
邮政编码：312300
联系电话：214561
所　　长：张娟娟（注册审计师）

宁波市江东审计师事务所

管理机关：宁波市江东区审计局
成立时间：1989年12月20日
办公地址：浙江省宁波市江东曙光路92号（区政府内）
邮政编码：315040
联系电话：339691
所　　长：徐可平（注册审计师）

乐清审计师事务所

管理机关：乐清审计局
成立时间：1988年5月18日
办公地址：浙江省乐清市乐成镇县前路4号
邮政编码：325600
联系电话：526264　524754　526254
所　　长：李振葆（注册审计师、审计师、会计师）

温州市瓯海区审计师事务所

管理机关:温州市瓯海区审计局
成立时间:1991年3月
办公地址:浙江省温州市瓯海区政府院子内
邮政编码:325005
联系电话:227971转832
所　　长:黄文新(注册审计师)

泾县审计师事务所

管理机关:泾县审计局
成立时间:1988年7月13日
办公地址:安徽省泾县城关镇苏红东路72号
邮政编码:242500
联系电话:22714
所　　长:何鸿宝(注册审计师)

无为县审计事务所

管理机关:无为县审计局
成立时间:1989年
办公地址:安徽省无为县无城镇新马路统建一号楼
邮政编码:238300
联系电话:(05656)23293
所　　长:周仕保(注册审计师)

芜湖县审计事务所

管理机关:芜湖县审计局
成立时间:1988年4月
办公地址:安徽省芜湖县湾沚镇荆江东路10号
邮政编码:241100
联系电话:892164
所　　长:顾玉财(审计师)

安庆市审计事务所

管理机关:安庆市审计局
成立时间:1988年4月
办公地址:安徽省安庆市龙止路15号
邮政编码:246004
联系电话:(0556)516693
所　　长:储茂虎(高级审计师)

安徽省审计师事务所

管理机关:安徽省审计局
成立时间:1987年10月
办公地址:安徽省合肥市庐江路41号
邮政编码:230001
联系电话:241231
所　　长:郭立身(高级审计师、会计师)

巢湖地区审计事务所

管理机关:巢湖行署审计局
成立时间:1988年6月23日
办公地址:巢湖行署大院西三楼
邮政编码:238000
联系电话:212332
所　　长:黄冶庚(执业审计师)

福建省审计师事务所

管理机关:福建省审计局
成立时间:1987年10月
办公地址:福建省福州市斗门
邮政编码:350013
联系电话:578956
所　　长:陈忠钟(高级审计师)

福建泉州审计师事务所

管理机关:泉州市审计局
成立时间:1987年6月
办公地址:福建省泉州市区花巷内许厝埕46号
邮政编码:362000
联系电话:(0595)235467 239044
所　　长:张慈希(注册审计师、审计师)

福建省闽西审计师事务所

管理机关:龙岩地区审计局
成立时间:1989年3月1日
办公地址:福建省龙岩市登高东路
邮政编码:364000
联系电话:(0597)324703

所　　长:郑贵豪(注册审计师)

福建省晋江审计师事务所

管理机关:福建省晋江市审计局
成立时间:1987年1月12日
办公地址:福建省晋江市青阳(晋江市审计局办公大楼内)
邮政编码:362200
联系电话:(0595)564401
所　　长:杨厚泰(注册审计师)

福安审计师事务所

管理机关:福安市审计局
成立时间:1988年10月
办公地址:福建省福安市解放路9号三层
邮政编码:355000
联系电话:32673
所　　长:黄鼎光(注册审计师)

福建省安溪审计师事务所

管理机关:福建省安溪县审计局
成立时间:1987年6月15日
办公地址:福建省安溪城关中山路
邮政编码:362400
联系电话:(05054)232350
所　　长:肖良川(会计师、注册审计师)

闽侯审计师事务所

管理机关:闽侯县审计局
成立时间:1988年11月3日
办公地址:福建省闽侯县甘蔗镇街心路31号(工商大楼三楼)
邮政编码:350100
联系电话:(05011)22776
所　　长:林佑霖(审计师)

福鼎县审计师事务所

管理机关:福鼎县审计局
成立时间:1988年10月
办公地址:福建省福鼎县城关解放路135号
邮政编码:355200
联系电话:(05033)52871
所　　长:陈良珠(审计师)

南平市审计师事务所

管理机关:南平市审计局
成立时间:1988年8月
办公地址:福建省南平市三元路78号
邮政编码:353000
联系电话:623152
所　　长:饶星生(会计师、注册审计师)

福州审计师事务所

管理机关:福州市审计局
成立时间:1987年4月
办公地址:福州市王庄四区综合大楼四楼
邮政编码:350011
联系电话:661217　661254
所　　长:陈莉娟(审计师、注册审计师)

莆田市涵江区审计师事务所

管理机关:莆田市涵江区审计局
成立时间:1990年11月
办公地址:福建省莆田市涵江区府路7号
邮政编码:351111
联系电话:357842
所　　长:郑秀梅(助理审计师)

安福县审计师事务所

管理机关:安福县审计局
成立时间:1986年8月
办公地址:江西省安福县武功山大道79号
邮政编码:343200
联系电话:622515
所　　长:刘保华(审计师、注册审计师)

永新县审计事务所

管理机关:永新县审计局
成立时间:1987年6月1日
办公地址:江西省永新县禾川镇湘圩街24号

邮政编码:343400

联系电话:2853

所　　长:贺求贤(会计师、审计师、注册审计师)

龙南县审计会计事务所

管理机关:龙南县审计局、财政局

成立时间:1988年4月30日

办公地址:江西省龙南县审计局院内

邮政编码:341700

联系电话:(07084)22195

所　　长:胡扬信(审计师)

会昌县审计事务所

管理机关:会昌县审计局

成立时间:1987年6月1日

办公地址:江西省会昌县湘江镇水东街32号

邮政编码:342600

联系电话:22233

所　　长:梁福荣

江西省铜鼓县审计事务所

管理机关:江西省铜鼓县审计局

成立时间:1987年9月

办公地址:江西省铜鼓县城北路2号

邮政编码:336200

联系电话:722237

所　　长:方铭兰(注册审计师)

景德镇市审计事务所

管理机关:景德镇市审计局

成立时间:1988年7月1日

办公地址:江西省景德镇市新村北路立交桥西头

邮政编码:333000

联系电话:225625

副 所 长:王毅(审计师)

江西省樟树市审计事务所

管理机关:樟树市审计局

成立时间:1989年5月4日

办公地址:江西省樟树市药都路

邮政编码:331200

联系电话:332363

所　　长:梅光武(注册审计师)

江西省横峰县审计事务所

管理机关:横峰县审计局

成立时间:1989年10月1日

办公地址:江西省横峰县审计局院内

邮政编码:334300

联系电话:2462

所　　长:唐佐国(注册审计师)

武宁县审计事务所

管理机关:武宁县审计局

成立时间:1987年7月

办公地址:江西省武宁县审计局办公楼

邮政编码:332300

联系电话:358

所　　长:熊里胜(助理审计师)

波阳县审计事务所

管理机关:波阳县审计局

成立时间:1986年4月6日

办公地址:江西省波阳县政府大院内

邮政编码:333100

联系电话:238

所　　长:左永华(注册审计师)

宜春地区审计师事务所

管理机关:宜春地区审计局

成立时间:1986年7月

办公地址:江西省宜春市环城西路124号

邮政编码:336000

联系电话:226314

所　　长:施瑞兴(会计师)

江西省审计师事务所

管理机关:江西省审计局

成立时间:1985 年 5 月 1 日
办公地址:江西省南昌市东湖区马家池 45 号
邮政编码:330006
联系电话:771283
所　　长:李水芳(审计师、注册审计师)

山东审计师事务所

管理机关:山东省审计局
成立时间:1986 年 3 月 15 日
办公地址:山东省济南市共青团路石棚街 15 号
邮政编码:250012
联系电话:627371　622905
所　　长:潘德荣(高级审计师)

烟台市芝罘区审计师事务所

管理机关:烟台市芝罘区审计局
成立时间:1990 年 9 月 24 日
办公地址:山东省烟台市新城里大街 29 号
邮政编码:264001
联系电话:225282
所　　长:崔焕礼(注册审计师)

山东省博兴县审计师事务所

管理机关:山东省博兴县审计局
成立时间:1985 年 5 月 15 日
办公地址:山东省博兴县博城四路 59 号
邮政编码:256500
联系电话:(05432)321762　321013
所　　长:王增友(审计师)

济南市历城区审计师事务所

管理机关:济南市历城区审计局
成立时间:1990 年 10 月
办公地址:济南市历城区洪楼西路 37 号
邮政编码:250100
联系电话:(0531)801643
所　　长:李志祥(会计师、注册审计师)

青岛台东审计师事务所

管理机关:青岛市台东区审计局
成立时间:1988 年 12 月
办公地址:山东省青岛市昌邑路 2 号
邮政编码:266021
联系电话:331506　263185
所　　长:宋本琪(高级审计师)

高唐县审计师事务所

管理机关:山东省高唐县审计局
成立时间:1989 年 4 月 1 日
办公地址:山东省高唐县金城路西首路南
邮政编码:251300
联系电话:(05413)52307
所　　长:陈文魁(注册审计师)

山东威海审计师事务所

管理机关:威海市审计局
成立时间:1989 年 3 月
办公地址:山东省威海市统一路东平街九号
邮政编码:264200
联系电话:(0986)231787
所　　长:胡桂敏(注册审计师)

商河县审计师事务所

管理机关:山东省商河县审计局
成立时间:1988 年 5 月
办公地址:山东省商河县县政府办公楼
邮政编码:251600
联系电话:210485　210272
所　　长:赵光臣(审计师、注册审计师)

平原县审计师事务所

管理机关:平原县审计局
成立时间:1989 年 5 月
办公地址:山东省平原县共青团路 124 号县审计局院内
邮政编码:253100
联系电话:(05442)211192
所　　长:李振河(审计师)

曲阜市审计师事务所

管理机关:曲阜市审计局
成立时间:1989 年 6 月
办公地址:山东省曲阜市春秋路市政府综合办公楼
邮政编码:273100
联系电话:411903
所　　长:魏长柱(注册审计师)

济南天平审计师事务所

管理机关:济南市纺织工业局、审计局
成立时间:1990 年 3 月
办公地址:山东省济南市顺河街 133 号二楼
邮政编码:250001
联系电话:621687
所　　长:刘瑞芳(会计师)

山东日照审计师事务所

管理机关:山东省日照市审计局
成立时间:1988 年 6 月 30 日
办公地址:山东省日照市兴海路 94 号
邮政编码:276800
联系电话:(05400)222870
副所长:陈宝祥(注册审计师)

山东济南审计师事务所

管理机关:济南市审计局
成立时间:1986 年 3 月
办公地址:山东省济南市新生大街 51 号二楼
邮政编码:250001
联系电话:621575　615268　628642
所　　长:王义祥(高级审计师)

山东省邹城市审计师事务所

管理机关:邹城市审计局
成立时间:1988 年 9 月
办公地址:邹城市市政府院内
邮政编码:273500
联系电话:(05475)214624
所　　长:姜会敏(审计师)

河南审计师事务所

管理机关:河南省审计局
成立时间:1985 年 3 月
办公地址:河南省郑州市纬二路 27 号
邮政编码:450003
联系电话:559587
所　　长:张锡华(高级审计师)

漯河市源汇区审计事务所

管理机关:漯河市源汇区审计局
成立时间:1989 年 7 月
办公地址:河南省源汇区政府院新四楼
邮政编码:462000
联系电话:21963
所　　长:崔林丛(经济师、注册审计师)

新乡市审计师事务所

管理机关:新乡市审计局
成立时间:1985 年 4 月 20 日
办公地址:河南省新乡市人民路 183 号
邮政编码:453000
联系电话:(0373)224685　222473
所　　长:赵恤民(注册审计师)

河南省镇平县审计事务所

管理机关:河南省镇平县审计局
成立时间:1988 年 6 月 4 日
办公地址:河南省镇平县中山街 51 号
邮政编码:474250
联系电话:21667
所　　长:史更子(会计师)

郑州审计师事务所

管理机关:郑州市审计局
成立时间:1985 年 3 月
办公地址:郑州市互助路市委北院
邮政编码:450007
联系电话:(0371)445527 775059

所　　长:范玉仙(高级审计师、注册审计师)

河南省夏邑县审计事务所

管理机关:夏邑县审计局
成立时间:1988 年 8 月
办公地址:河南省夏邑县审计局院内
邮政编码:476400
联系电话:23370
所　　长:冯金璋(审计师、注册审计师)

开封市审计师事务所

管理机关:开封市审计局
成立时间:1985 年 11 月
办公地址:河南省开封市自由路西段一号
邮政编码:475000
联系电话:551995
所　　长:刘宏斌(审计师)

宁陵县审计事务所

管理机关:宁陵县审计局
成立时间:1988 年 3 月 20 日
办公地址:河南省宁陵县审计局内
邮政编码:476700
联系电话:
所　　长:张泽清(会计师、执业审计师)

南阳市审计师事务所

管理机关:南阳市审计局
成立时间:1987 年 12 月
办公地址:河南省南阳市工业南路
邮政编码:473000
联系电话:25113
所　　长:柏高树(审计师、注册审计师)

河南省洛阳市老城区审计事务所

管理机关:河南省洛阳市老城区审计局
成立时间:1988 年 10 月 21 日
办公地址:河南省洛阳市中州中路 17 号
邮政编码:471009
联系电话:353854
所　　长:郭显文

郏县审计事务所

管理机关:郏县审计局
成立时间:1988 年 3 月
办公地址:河南省郏县政府东楼
邮政编码:467100
联系电话:(03844)561103
副 所 长:刘延生

河南省濮阳市市区审计师事务所

管理机关:濮阳市市区审计局
成立时间:1989 年 3 月 19 日
办公地址:河南省濮阳市中原路东段市区办公楼院内
邮政编码:457001
联系电话:492680
所　　长:杨可治(注册审计师)

永城县注册审计师事务所

管理机关:永城县审计局
成立时间:1987 年
办公地址:河南省永城县牌坊街审计局三楼
邮政编码:476600
联系电话:22834
所　　长:郑永夫(注册审计师)

河南省周口地区审计事务所

管理机关:河南省周口地区审计局
成立时间:1987 年 4 月 21 日
办公地址:河南省周口市人民路北一巷
邮政编码:466000
联系电话:(03851)224674
(03851)222633 转 209
所　　长:刘天恩(注册审计师)

灵宝县审计事务所

管理机关:灵宝县审计局
成立时间:1988 年 8 月 8 日
办公地址:河南省灵宝县城黄河路 53 号

邮政编码:472500
联系电话:(03888)663033
所　　长:樊品三(审计师)

河南省信阳地区审计事务所

管理机关:河南省信阳地区审计局
成立时间:1985年5月
办公地址:河南省信阳市八一路地区审计局院内
邮政编码:464000
联系电话:223998
所　　长:杨永静

社旗县审计事务所

管理机关:社旗县审计局
成立时间:1988年10月
办公地址:河南省社旗县建设路96号
邮政编码:473300
联系电话:21608
所　　长:周金泽(注册审计师)

黄石港区审计事务所

管理机关:黄石港区审计局
成立时间:1989年4月20日
办公地址:湖北省黄石市黄石港区沈下路
邮政编码:435002
联系电话:220648
所　　长:汪从发(注册审计师)

武汉新兴审计事务所

管理机关:解放军审计署、湖北省审计局
成立时间:1989年10月25日
办公地址:武汉市罗家墩122号
邮政编码:430035
联系电话:334812转47597
所　　长:庄树森(高级审计师)

武汉市汉阳区审计事务所

管理机关:武汉市汉阳区审计局
成立时间:1984年12月
办公地址:武汉市汉阳区平山正街25号
邮政编码:430050
联系电话:441034
所　　长:郭年春(注册审计师)

应城市审计事务所

管理机关:应城市审计局
成立时间:1987年
办公地址:湖北省应城市粮贸街18号
邮政编码:432400
联系电话:23684
所　　长:蒋德洪(审计师)

房县审计事务所

管理机关:房县审计局
成立时间:1989年7月1日
办公地址:湖北省房县审计局内
邮政编码:442100
联系电话:24001
所　　长:陈明(审计师、注册审计师)

宜城县审计事务所

管理机关:宜城县审计局
成立时间:1987年7月15日
办公地址:宜城县城关镇交通路23号
邮政编码:441400
联系电话:22852
所　　长:史传斗(审计师)

武汉市审计事务所铁路分所

管理机关:武汉市审计局
成立时间:1989年4月21日
办公地址:武汉市解放大道1589号
邮政编码:430012
联系电话:271390
所　　长:徐建新(注册审计师)

武汉市第一审计事务所

管理机关:武汉市审计局
成立时间:1990年8月

办公地址:武汉市汉口胜利街263号
邮政编码:430014
联系电话:217086
所　　长:吴章宪(高级审计师)

洪湖市审计事务所

管理机关:洪湖市审计局
成立时间:1987年7月
办公地址:洪湖市图书馆内(新洪路123号)
邮政编码:433200
联系电话:422990
所　　长:郭翔(审计师、注册审计师)

鄂州市华容区审计事务所

管理机关:湖北省鄂州市华容区审计局
成立时间:1989年3月
办公地址:湖北省鄂州市华容区华容镇楚藩大道
邮政编码:436030
联系电话:(0711)581346
所　　长:陈锦池(审计师)

硚口区审计事务所

管理机关:武汉市硚口区审计局
成立时间:1984年7月
办公地址:武江市汉口中山大道130号(三楼)
邮政编码:430033
联系电话:533571
所　　长:杨德地(高级审计师)

湖北省汉川县审计事务所

管理机关:汉川县审计局
成立时间:1987年6月20日
办公地址:湖北省汉川县城关西大街37号
邮政编码:432300
联系电话:22020
所　　长:潘义刚(审计师)

鹤峰县审计事务所

管理机关:鹤峰县审计局
成立时间:1988年5月
办公地址:湖北省鹤峰县容美镇沿河路19号
邮政编码:445800
联系电话:22290　22558
所　　长:罗展(审计师)

武汉市审计事务所钢城分所

管理机关:武汉市审计局
成立时间:1984年10月
办公地址:武汉青山红钢城24街坊62门1号
邮政编码:430080
联系电话:664552
所　　长:鍾焕言(高级会计师)

宣恩县审计事务所

管理机关:宣恩县审计局
成立时间:1988年
办公地址:湖北省宣恩县珠山镇民族路21号
邮政编码:445500
联系电话:22580
所　　长:谢昌权(注册审计师)

湖南省审计事务所

管理机关:湖南省审计局
成立时间:1988年5月
办公地址:湖南省长沙市朝阳(村)路七号
邮政编码:410001
联系电话:297402
所　　长:唐会忠(高级审计师)

长沙市审计事务所

管理机关:长沙市审计局
成立时间:1986年1月
办公地址:长沙市蔡锷中路一条巷21号
邮政编码:410005
联系电话:431105　431106
所　　长:黄乐道(高级审计师、注册审计师)

湖南省常德市审计事务所

管理机关:湖南省常德市审计局

成立时间:1990 年 9 月 20 日
办公地址:湖南省常德市北引桥新四村
邮政编码:415003
联系电话:226280　214293
所　　长:王志夫(会计师)

湖南省株洲县审计事务所

管理机关:湖南省株洲县审计局
成立时间:1989 年 1 月 18 日
办公地址:湖南省株洲县渌江镇
邮政编码:412100
联系电话:612380
所　　长:吴国旗(注册审计师)

湖南省芷江侗族自治县审计事务所

管理机关:湖南省芷江侗族自治县审计局
成立时间:1989 年 4 月 1 日
办公地址:湖南省芷江镇凯旋路 125 号
邮政编码:419100
联系电话:22293
所　　长:王泽大(注册审计师)

洪江市审计事务所

管理机关:洪江市审计局
成立时间:1989 年 10 月 10 日
办公地址:湖南省洪江市幸福西路 6 号
邮政编码:418200
联系电话:23149
所　　长:王旭东(会计师)

平江县审计事务所

管理机关:平江县审计局
成立时间:1988 年
办公地址:湖南省平江县城关镇三犊源
邮政编码:410400
联系电话:22440
所　　长:李望桃(审计师)

湖南省宁乡县审计事务所

管理机关:湖南省宁乡县审计局
成立时间:1988 年 4 月
办公地址:湖南省宁乡县城关镇
邮政编码:410600
联系电话:882486
所　　长:李放平(会计师、注册审计师)

湖南省常德市鼎城区审计事务所

管理机关:鼎城区审计局
成立时间:1988 年 10 月 10 日
办公地址:湖南省常德市武陵镇迎宾路
邮政编码:415101
联系电话:385101
所　　长:龚玉祥(会计师、注册审计师)

华信审计事务所

管理机关:国家审计署
成立时间:1991 年 9 月 3 日
办公地址:湖南省长沙市华达宾馆五楼
邮政编码:410001
联系电话:414347　430053
所　　长:杜　鸣(高级审计师)

广州市白云审计师事务所

管理机关:广州市白云区审计局
成立时间:1989 年 3 月 8 日
办公地址:广州市广园东路云泉直街 17 号 104 室
邮政编码:510500
联系电话:7708509
副 所 长:梁志洪(注册审计师)
　　　　　徐敬图(注册审计师)

梅州市梅江区审计师事务所

管理机关:梅州市梅江区审计局
成立时间:1985 年 7 月
办公地址:梅州市江南学艺路
邮政编码:514021
联系电话:242503
所　　长:卜添胜(工程师、注册审计师)

广东华　会计师事务所

管理机关：广东省审计局、广东省财政厅
成立时间：1987年4月1日
办公地址：广州市东山区东华北路50号（省商业大厦）20楼
邮政编码：510080
联系电话：7768388转2002、7768388转2012
所　　长：阮达观（注册会计师、高级审计师）

南海市审计师事务所

管理机关：南海市审计局
成立时间：1987年5月
办公地址：广东省佛山市南桂西路23号102
邮政编码：528200
联系电话：630187
所　　长：谢朝均（执业审计师）

深圳南方审计事务所

管理机关：国家审计署
成立时间：1990年9月
办公地址：深圳市华强北路赛格工业园2栋9层西
邮政编码：518028
联系电话：3357291
副 所 长：赖汉雄（审计师）
　　　　　贾元惠（高级会计师）

陆丰县审计师事务所

管理机关：陆丰县审计局
成立时间：1989年7月1日
办公地址：广东省陆丰县政府办公楼507
邮政编码：516500
联系电话：821420
所　　长：李达民（注册审计师）

梅州市审计师事务所

管理机关：梅州市审计局
成立时间：1989年6月
办公地址：梅州市梅江二路71号314楼
邮政编码：514021
联系电话：244005　243684
所　　长：侯荣福（高级会计师、注册审计师）

广东省汕头市审计师事务所

管理机关：广东省汕头市审计局
成立时间：1987年7月29日
办公地址：广东省汕头市外马路261号6楼
邮政编码：515031
联系电话：543018　554950
所　　长：翁水木

深圳市罗湖审计师事务所

管理机关：深圳市罗湖区审计局
成立时间：1989年6月15日
办公地址：深圳市文锦中路联兴大厦南座13楼
邮政编码：518001
联系电话：2284866　2284867
所　　长：蔡明强（注册审计师）

广东光明审计师事务所

管理机关：广东省民盟
成立时间：1986年
办公地址：广州市德政中路德政新街18号二楼
邮政编码：510030
联系电话：3371029
所　　长：方正（执业审计师）

广东海丰县审计师事务所

管理机关：广东海丰县审计局
成立时间：1989年5月
办公地址：广东海丰县政府大院内
邮政编码：516000
联系电话：（07647）622995
所　　长：杨振雄（注册审计师）

高要县审计师事务所

管理机关：高要县审计局
成立时间：1987年3月
办公地址：广东肇庆市城中路107号

邮政编码:526040
联系电话:225346
所　　长:苏进强(注册审计师)

东莞市审计师事务所

管理机关:东莞市审计局
成立时间:1989 年 12 月 21 日
办公地址:东莞市城区马齿巷六十号之一
邮政编码:511700
联系电话:215352
副 所 长:朱煜基(法人代表、注册审计师、审计师)

海康县审计师事务所

管理机关:广东省海康县审计局
成立时间:1987 年 7 月
办公地址:广东省海康县雷城镇西湖大道一横路
邮政编码:524200
联系电话:(07600)813730
所　　长:梁美才(注册审计师、审计师)

广州审计师事务所

管理机关:广州市审计局
成立时间:1985 年 1 月 24 日
办公地址:广州市环市东路 336 号七楼
邮政编码:510060
联系电话:3303528　3340627
副 所 长:岑炽强(审计师)
陆少莲(审计师)

连县审计师事务所

管理机关:连县审计局
成立时间:1989 年 7 月
办公地址:广东省连县连州镇莲塘路 8 号
邮政编码:513400
联系电话:(07639)23504
所　　长:黄树升(执业审计师)

广东省潮阳市审计师事务所

管理机关:广东省潮阳市审计局
成立时间:1990 年 1 月 12 日
办公地址:广东省潮阳市政府院内前楼三楼
邮政编码:515100
联系电话:822481
副 所 长:郭钟填、宋义平、林佑雄(均为注册审计师)

惠来县审计师事务所

管理机关:惠来县审计局
成立时间:1989 年 11 月
办公地址:广东省惠来县惠城镇环城西路县总工会前面楼 206 号
邮政编码:515200
联系电话:686851
副 所 长:陈隽淡(注册审计师、法人代表)

南华审计事务所

管理机关:国家审计署
成立时间:1988 年 8 月 8 日
办公地址:广州市天河南一路 18 号 2 楼
邮政编码:510620
联系电话:5519013
副 所 长:陈　锦(会计师、注册审计师)

吴川县审计师事务所

管理机关:吴川县审计局
成立时间:1987 年 6 月 22 日
办公地址:广东省吴川县人民政府五楼
邮政编码:524500
联系电话:564838
所　　长:李　明(注册审计师)

云浮市审计师事务所

管理机关:云浮市审计局
成立时间:1989 年 6 月 23 日
办公地址:云浮市解放中路二十二号(市府五楼)

邮政编码:527300
联系电话:822221
所　　长:邓　伟(注册审计师)

陆川县审计师事务所

管理机关:陆川县审计局
成立时间:1988 年 11 月 1 日
办公地址:广西陆川县陆城镇新洲路 180 号
邮政编码:537700
联系电话:222127
所　　长:江宏金(助理审计师)

百色市审计师事务所

管理机关:百色市审计局
成立时间:1986 年 4 月
办公地址:广西百色市审计局
邮政编码:533000
联系电话:224039
所　　长:赵品熙(注册审计师)

宾阳县审计师事务所

管理机关:宾阳县审计局
成立时间:1988 年 7 月
办公地址:宾阳县审计局内
邮政编码:530400
联系电话:222501
所　　长:磨志宏(助理审计师)

海南省审计师事务所

管理机关:海南省审计局
成立时间:1987 年 7 月
办公地址:海口市海府路 57 号
邮政编码:570003
联系电话:332291 335493
所　　长:陈起源(高级审计会计师、注册审计师)

海口市审计师事务所

管理机关:海口市审计局
成立时间:1988 年 1 月
办公地址:海口市滨海新村 494 号
邮政编码:570005
联系电话:751260
所　　长:廖宝成(注册审计师)

海南琼海市审计师事务所

管理机关:海南琼海市审计局
成立时间:1989 年 4 月
办公地址:海南琼海市南门路 4 号二楼
邮政编码:571400
联系电话:24674
所　　长:王家栢(注册审计师)

陵水县审计师事务所

管理机关:陵水县审计局
成立时间:1989 年 7 月
办公地址:海南省陵水县政府大楼四楼
邮政编码:572400
联系电话:22147
所　　长:罗洪基(注册审计师)

万宁县审计师事务所

管理机关:万宁县审计局
成立时间:1989 年 6 月 15 日
办公地址:海南省万宁县万城镇人民街(科委大院二楼)
邮政编码:571500
联系电话:23010
所　　长:黎志清(执业审计师)

通什市审计师事务所

管理机关:通什市审计局
成立时间:1989 年
办公地址:海南省通什市审计局
邮政编码:572200
联系电话:
所　　长:何廉川(执业审计师)

海南省三亚市审计师事务所

管理机关:海南省三亚市审计局

成立时间:1989 年 10 月 25 日
办公地址:海南省三亚市河东一路 23 号
邮政编码:572000
联系电话:272246
所　　长:陈颖林(注册审计师)

璧山县审计事务所

管理机关:璧山县审计局
成立时间:1989 年 7 月
办公地址:重庆市璧城镇向阳街 68 号
邮政编码:632760
联系电话:426797
所　　长:徐晓中(注册审计师)

成都金牛审计事务所

管理机关:成都市金牛区审计局
成立时间:1988 年 9 月
办公地址:四川省成都市金府路 19 号
邮政编码:610036
联系电话:(028)768293 转 627 或 643
所　　长:刘文质(高级会计师)

四川省兴文县注册审计师事务所

管理机关:四川省兴文县审计局
成立时间:1989 年 1 月
办公地址:四川省兴文县中城镇外井坝
邮政编码:644400
联系电话:22116
所　　长:张稀(审计师)

万县市审计师事务所

管理机关:万县市审计局
成立时间:1988 年 12 月 15 日
办公地址:四川省万县市白岩支路 43 号
邮政编码:634000
联系电话:(0819)224785、(0819)225236
所　　长:程茂生(会计师、高级讲师、注册审计师)

阆中市审计事务所

管理机关:阆中市审计局
成立时间:1988 年 6 月
办公地址:四川省阆中市官莱园街 14 号
邮政编码:637400
联系电话:22406
所　　长:李健敏(执业审计师)

南江县审计事务所

管理机关:南江县审计局
成立时间:1989 年 3 月 8 日
办公地址:南江县南江镇城北路 7 号
邮政编码:635600
联系电话:22515
所　　长:胡家光(执业审计师)

雅安审计师事务所

管理机关:雅安市民建、市工商联
成立时间:1987 年 8 月
办公地址:四川省雅安市大南街五号
邮政编码:625000
联系电话:223489
副 所 长:张永谦(高级审计师、注册审计师)

郫县审计事务所

管理机关:郫县审计局
成立时间:1988 年 8 月
办公地址:四川省郫县一环路西北段 34 号
邮政编码:611730
联系电话:(08231)62227
所　　长:蒋德瑞(注册审计师)

天全县审计师事务所

管理机关:天全县审计局
成立时间:1989 年 12 月
办公地址:四川省天全县区西街 45 号
邮政编码:625500
联系电话:22401
所　　长:高泽芬(执业审计师)

四川省审计事务所第三分所

管理机关:四川省审计局
成立时间:1990 年 10 月 1 日
办公地址:成都市署袜北一街 93 号
邮政编码:610016
联系电话:673200 转 361
所　　长:黄汝明(高级经济师、注册审计师)

江北县审计事务所

管理机关:江北县审计局
成立时间:1989 年 8 月 10 日
办公地址:四川省江北县两路镇(江北县人民政府办公楼)
邮政编码:631120
联系电话:(0811)721615
所　　长:陈凌陶(高级会计师、注册审计师)

四川省南充地区审计师事务所

管理机关:四川省南充地区审计局
成立时间:1988 年 7 月 28 日
办公地址:南充市涪江路一号
邮政编码:637000
联系电话:224150、225690
所　　长:杨俊照(注册审计师)

四川省新都审计事务所

管理机关:四川省新都县审计局
成立时间:1988 年 8 月
办公地址:新都县政府大院内
邮政编码:610050
联系电话:372419
所　　长:邹维凯(注册审计师)

纳溪县审计事务所

管理机关:纳溪县审计局
成立时间:1987 年 11 月 16 日
办公地址:四川省泸州市纳溪县政府内
邮政编码:646300
联系电话:423362
所　　长:肖开维(执业审计师)

简阳县审计事务所

管理机关:简阳县审计局
成立时间:1989 年 4 月 20 日
办公地址:四川省内江市简城镇马号街 5 号
邮政编码:641400
联系电话:22382、23441
所　　长:李勇(注册审计师)

合川市审计事务所

管理机关:合川市审计局
成立时间:1990 年 7 月 1 日
办公地址:合川市云盘街 147 号
邮政编码:631520
联系电话:24483
所　　长:王文海(审计师、经济师)

自贡市审计师事务所

管理机关:自贡市审计局
成立时间:1987 年 9 月
办公地址:四川省自贡市擅木林体育路 2 号
邮政编码:643000
联系电话:228374、228477
所　　长:张淑君(审计师)

四川省南充市审计师事务所

管理机关:四川省南充市审计局
成立时间:1991 年 8 月
办公地址:四川省南充市人民东路 38 号市府大院二号办公楼
邮政编码:637000
联系电话:224621
所　　长:曹鹤才(注册审计师)

平坝县审计事务所

管理机关:平坝县审计局
成立时间:1989 年 1 月 1 日
办公地址:贵州省平坝县城关镇中山东路十二号

邮政编码:561100
联系电话:
副 所 长:陈星增(注册审计师)

黔西南州审计事务所

管理机关:黔西南州审计局
成立时间:1988年
办公地址:贵州省兴义市黔西南州审计局
邮政编码:562400
联系电话:22786
所　　长:曾传敏(执业审计师)

黔东南苗族侗族自治州审计事务所

管理机关:黔东南苗族侗族自治州审计局
成立时间:1988年1月11日
办公地址:贵州省凯里市永乐路18号
邮政编码:556000
联系电话:21604
所　　长:李竹君(会计师、注册审计师)

玉溪地区审计事务所

管理机关:玉溪行署审计处
成立时间:1990年3月
办公地址:云南省玉溪市新兴路135号
邮政编码:653100
联系电话:227737
所　　长:甘德毅(注册审计师)

云南省曲靖市审计师事务所

管理机关:云南省曲靖市审计局
成立时间:1989年8月
办公地址:曲靖市南宁北路11号
邮政编码:650000
所　　长:李荣武(审计会计师)

红河州个旧审计事务所

管理机关:红河州审计局、个旧市审计局
成立时间:1988年6月
办公地址:云南省个旧市五一路金融巷
邮政编码:661400
联系电话:23675
所　　长:朱永龄(会计师、注册审计师)

兰坪白族普米族自治县审计事务所

管理机关:兰坪白族、普米族自治县审计局
成立时间:1989年12月23日
办公地址:云南省兰坪县(县城)文化路
邮政编码:671400
所　　长:李润屋(经济师、注册审计师)

云南省大理市审计师事务所

管理机关:云南省大理市审计局
成立时间:1990年7月17日
办公地址:云南省大理市下关幸福路10号
邮政编码:671000
联系电话:20171
所　　长:牟静仙(注册审计师)

大理白族自治州审计师事务所

管理机关:大理白族自治州审计局
成立时间:1988年12月
办公地址:大理市下关建设路94号三楼
邮政编码:671000
联系电话:34369
所　　长:周应周(高级会计师、注册审计师)

鹤庆县审计事务所

管理机关:鹤庆县审计局
成立时间:1990年9月6日
办公地址:鹤庆县审计局院内富贵巷6号
邮政编码:671500
所　　长:李树芳(助理会计师、注册审计师)

陕西省乾县审计师事务所

管理机关:陕西省乾县审计局
成立时间:1989年9月
办公地址:陕西省乾县城关镇南环路
邮政编码:713300
联系电话:21038
所　　长:李旭祥(注册审计师)

汉中市审计事务所

管理机关:汉中市审计局
成立时间:1991年12月
办公地址:陕西省汉中市汉台街14号二楼
邮政编码:723000
联系电话:217685
所　　长:张向东(注册审计师)

西安市闫良区审计事务所

管理机关:西安市闫良区审计局
成立时间:1989年1月
办公地址:陕西省西安市闫良区文化西路中段
邮政编码:710089
联系电话:(029)952641
所　　长:刘维敏(注册审计师)

西安市审计事务所

管理机关:西安市审计局
成立时间:1988年10月
办公地址:陕西省西安市青年路98号
邮政编码:710003
联系电话:717466 772778
副 所 长:雷春杰(法人代表)王建刚(副所长)

汉中地区审计事务所

管理机关:汉中地区审计局
成立时间:1989年5月
办公地址:汉中市前进东路口
邮政编码:723000
联系电话:(0916)214619
所　　长:李振武(注册审计师)

兰州审计事务所

管理机关:兰州市审计局
成立时间:1985年6月28日
办公地址:兰州市城关区鼓楼巷28号
邮政编码:730030
联系电话:466844
所　　长:刘书堂(注册审计师)

甘肃省审计事务所

管理机关:甘肃省审计局
成立时间:1988年10月
办公地址:兰州市民主东路89号
邮政编码:730000
联系电话:418413　418420　418421　418422
所　　长:艾晓明(兼党支部书记、审计师)

新疆生产建设兵团审计事务所

管理机关:新疆生产建设兵团审计局
成立时间:1990年7月
办公地址:乌鲁木齐市光明路15号
邮政编码:830002
联系电话:218247转456
所　　长:方端(高级会计师)

吉木萨尔县审计事务所

管理机关:吉木萨尔县审计局
成立时间:1988年3月28日
办公地址:新疆吉木萨尔县文明东路
邮政编码:831700
联系电话:县总机转
所　　长:马忠连(注册审计师)

天山区审计师事务所

管理机关:天山区审计局
成立时间:1989年1月21日
办公地址:乌鲁木齐市新华北路56号
邮政编码:830002
联系电话:(0991)210989　210991
所　　长:赵鸿绪(注册审计师)

托克逊县审计师事务所

管理机关:托克逊县审计局
成立时间:1987年6月1日
办公地址:新疆托克逊县城西大街
邮政编码:838100
联系电话:22633

所　　长:孟西华(审计师)

木垒县审计师事务所

管理机关:木垒县审计局
成立时间:1988年10日
办公地址:新疆木垒县园林东路
邮政编码:831900
联系电话:82277
所　　长:赵述武(注册审计师)

巴音郭楞州审计师事务所

管理机关:巴音郭楞州审计局
成立时间:1988年10月
办公地址:新疆库尔勤市梨香路市财政审计楼三楼
邮政编码:841000
联系电话:24154
所　　长:马世范(会计师)

阜康审计师事务所

管理机关:阜康市审计局
成立时间:1988年11月7日
办公地址:新疆阜康市天山街247号(劳动就业管理局三楼)
邮政编码:831500
联系电话:22700
所　　长:冯汉英(注册审计师、会计师)

博尔塔拉蒙古自治州审计师事务所

管理机关:博尔塔拉蒙古自治州审计局
成立时间:1988年12月23日
办公地址:新疆博尔市青得里大街81号
邮政编码:833400
联系电话:22956
所　　长:吴茂华(注册审计师)

温宿县审计师事务所

管理机关:温宿县审计局
成立时间:1989年5月22日
办公地址:新疆温宿县工商行政管理局一楼
邮政编码:843100
所　　长:彭铁生(注册审计师)

审计教育培训、出版、科研事业、学术团体

审计教育培训

审计教育培训概述

1989—1993年,审计教育培训工作得到了进一步发展,已经初步形成了一个学历层次、专业设置较为合理,培训种类较为齐全的审计教育培训体系,使审计教育培训工作逐步纳入正规化、制度化、科学化的轨道。审计教育培训管理水平和办学效益都有显著提高,并取得可喜成绩。

一、审计院校教育

审计院校教育,现有一所南京审计学院,同时在三所院校委托办学,全国还有53所大、中专院校开设了审计专业,可以培养研究生、本科生、专科生、中专生(含职业高中)等各层次的审计专门人才。

1. 南京审计学院。1987年南京审计学院正式成立,实行审计署与南京市联合办学、双重领导,以审计署领导为主的管理体制。1989年正式成为审计署直属院校。1992年又经国家教委批准,南京审计学院升为本科院校,并从1993年秋季招收本科生242名。南京审计学院已成为我国审计学科唯一的专门高等院校。

2. 三所委托办学院校。审计署委托武汉大学、中山大学、南开大学三所院校每年为审计署培养审计专业的本科生各60人,研究生各7人。1985—1993年已毕业本科生705人,研究生23人。

全日制审计院校教育工作五年来以调整、巩固、提高、发展为主要内容,逐步调整审计专业课程设置,巩固现有办学条件,提高专业教学质量,稳步发展审计专业高等教育。(见附表)

二、审计成人教育

1. 成人学历教育。(1)电大审计专业。1989—1993年,电大审计专业共毕业7500人,其中:1989年中央电大审计专业毕业生约1500人;1990年中央电大审计专业毕业生约1500人;1991年中央电大审计专业毕业生约1500人;1992年中央电大审计专业毕业生约2000人;1993年中央电大审计专业毕业生约1500人;目前电大审计专业在校生约5000人。

(2)南京审计学院管理干部学院。1992年经国家教委批准南京审计学院管理干部学院正式成立,并在同年秋季首批招收审计干部专修班学员82人,93年招生58人,学制2年。同时,管理干部学院的夜大、函授大学已列入国家教委1993年秋季招生计划,首批招生108人。

2. 在职干部培训。审计教育培训工作在突出马克思主义理论教育的基础上,认真贯彻落实《1991—1995年审计教育培训发展规划》,讲求实效,强化专业知识与宏观管理意识的教育,举办各类在职干部培训班,努力提高审计人员政治、业务素质和实际工作能力。五年来,全国各级审计机关共举办各类在职干部培训班2000多期,培训干部2.3万人次,其中审计署办班93期,培训干部7079人次。1990年审计署作为国家公务员试点单位,署机关450人,经过培训,成绩合格,顺利通过了公务员培训考试阶段。

(1)岗位培训。根据审计署审人发(1990)356号文件和审人教(1991)26号文件精神,全国大多数省、市、自治区审计局和驻部门审计机构广泛开展了岗位培训工作,争取五年内有

70%的审计干部达到持证上岗标准。

(2)中外培训合作项目。1992年与德国审计院合办两期局、处级干部培训(研讨)班,培训干部120人。同时,邀请国际审计组织和国外知名审计、会计专家来华进行学术交流和访问讲学达百余人次。通过合作办班和交流讲学,使我国审计人员学习了解国外的一些有益的审计技术方法和经验,对中国审计事业的发展起到了一定的积极作用。

(3)出国人员培训。1989年以来,审计署每年委托外语院校举办一期脱产外语培训班,五年共举办五期,培训104人。同时,审计署为审计事业培养高层次的审计业务骨干积极创造条件,五年共派出36人出国参加短期审计培训班,13人出国进修,即将出国进修的有1人。

(4)继续教育。利用卫星电视在寒、暑假期间进行审计专业大学后的继续教育,是更新、扩展、充实审计知识的有效途径,四年中利用卫星电视台,播出了《审计专题》,《审计理论研究》,《会计电算化与计算机审计实务》和《审计技术方法》等课程,约有2万人次参加了继续教育的学习。

三、审计教育培训基础建设

1. 教育培训机构。审计署设干部培训中心,下设教育处、电教处、培训处、办公室,负责指导、协调全国审计教育培训工作。全国各省、市、自治区及计划单列市审计局也相应设立了审计干部培训机构。

2. 审计教材建设。为适应审计干部教育培训的需要,五年来,全国出版发行的审计教材、参考书、工具书等达一百多种,其中审计署组织编写的审计教材有53本,音像教材496学时。

3. 培训基地建设。全国审计系统已建成使用的省、市级培训基地共25个(其中审计署有烟台、怀柔二个直属基地),并配备有一定数量的专兼职教师,形成了相应规模的审计干部培训基地体系。

四、主要措施

1. 提高认识、加强领导。审计署于1992年成立教育培训工作领导小组,由审计长、副审计长任组长、副组长,由署综合司、人教司、机关党委、干部培训中心的负责同志任小组成员,负责领导、协调审计教育培训工作。各省、市、区审计局也视情况成立教育培训工作领导小组,领导协调本地区教育培训工作。

2. 加强政治思想教育,并与各级党委密切配合,协调一致,组织审计教育培训工作者认真学习马列主义、毛泽东思想,努力提高对本职工作重要性的认识。

3. 要深入研究探讨教育培训工作,积极创造条件,使审计专业的教育培训工作规范化、制度化、正规化,提高教育培训工作的科学管理水平。

4. 建立在职干部定期学习制度和考核制度,逐步形成处以上干部先培训后提升的制度。

附表一:

四所有关审计学专业院校1989年—1993年招生分配情况统计表

	学校名称	毕业生数						招生数					
		合计	89年	90年	91年	92年	93年	合计	89年	90年	91年	92年	93年
本科	中山大学	271	58	60	58	57	38	198	38	40	40	40	40
	南开大学	235	22	56	50	58	49	229	49	60	40	40	40
	武汉大学	341	62	65	65	78	71	250	65	65	40	40	40
	小计	847	142	181	173	193	158	677	152	165	120	120	120
专科	审计学院	1597	344	245	251	375	382	1802	344	250	400	450	358
本科								242					242
总计		2444	486	426	424	568	540	3398	496	415	520	570	720

附表二：南京审计学院机构设置情况

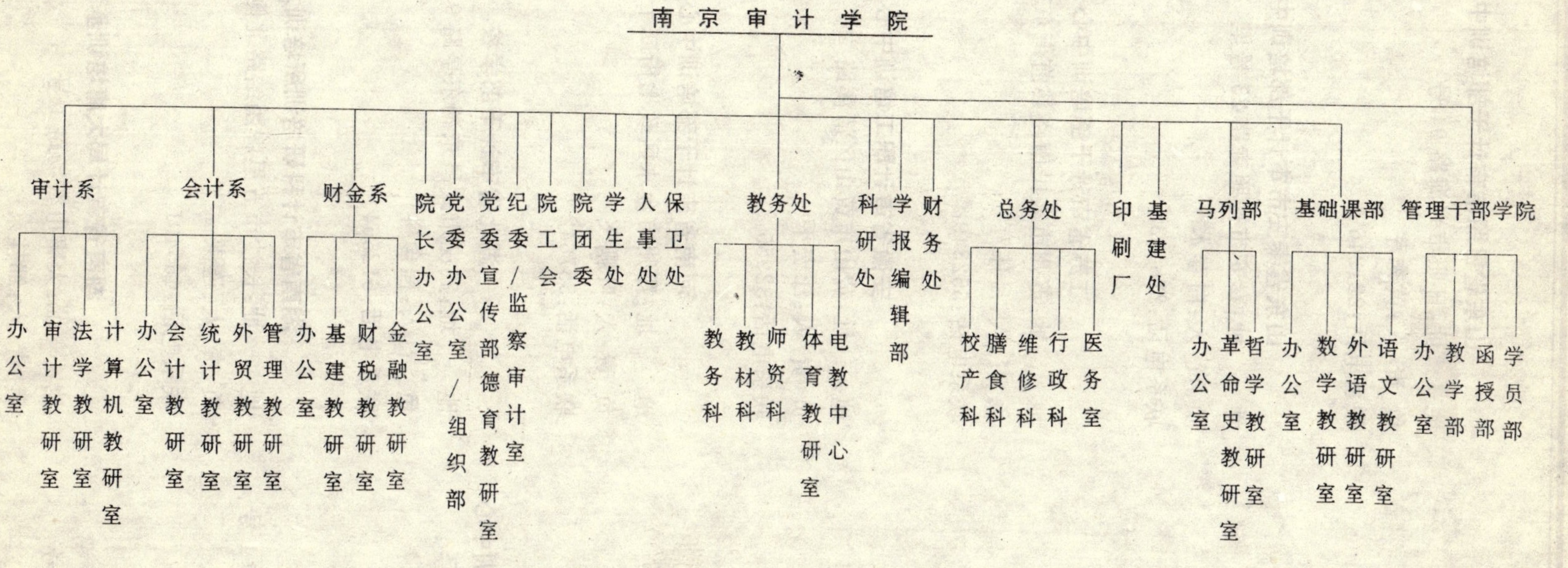

各地审计干部培训机构设置情况

上海市审计局审计培训中心

地　　址：上海市南市区康家弄 42 号
负 责 人：于　榕
联系电话：3289383

山西省审计干部培训中心

地　　址：太原市新建南路文源巷 8 号
负 责 人：肖清益
联系电话：434442

黑龙江省审计干部培训中心

地　　址：哈尔滨市香坊区公滨路 42 号
负 责 人：天忠良
联系电话：51295

陕西省审计干部培训中心

地　　址：西安市南四府街 101 号
负 责 人：赵学启
联系电话：771658—338

宁夏回族自治区审计局审计科研培训中心

地　　址：银川市解放西街育新巷 24 号
负 责 人：袁善久
联系电话：544192

青海省审计科研培训所

地　　址：西宁市南川西路副 342 号加 1 号
负 责 人：张文江
联系电话：44438

山东省审计干部学校

地　　址：济南市历下区浆水泉路 11 号
负 责 人：杨春支
联系电话：838629

山东省日照市审计干部培训中心

地　　址：日照市兴海路 94 号
负 责 人：黄秀芹
联系电话：221246

山东省泰安市审计干部培训中心

地　　址：泰安市普照寺路 25 号里
负 责 人：白春木
联系电话：228443

江苏省审计干部培训中心

地　　址：苏州市人民南路县前街东首
负 责 人：吕伟庭
联系电话：552349

安徽省审计职工培训中心

地　　址：黄山市黄山区清溪路
负 责 人：汪宏平
联系电话：32955

河南省审计干部培训中心

地　　址：郑州市金水区政七街二十七号
负 责 人：叶鹏飞
联系电话：557642

湖北省审计干部学校

地　　址：武汉市武昌东湖东亭路 9 号
负 责 人：程含科
联系电话：612564

湖南省审计科研培训所培训大楼

地　　址：长沙市五里牌团结路北侧
负 责 人：连谦
联系电话：435401

湖南省审计局大庸培训基地

地　　址：大庸市教场路 1 号
负 责 人：邹桂泉
联系电话：27553

海南省审计培训科研所

地　　址：海口市海府大道琼苑路57号
负 责 人：郭长春
联系电话：338274

广西社会审计协会桂林培训处

地　　址：桂林市龙隐路龙隐小区内
负 责 人：刘红光
联系电话：510100

贵州省审计局科培中心

地　　址：贵阳市安云路碧六巷4号
负 责 人：赵克明
联系电话：624443

云南省审计科研培训中心

地　　址：昆明市西站交林路
负 责 人：许文星
联系电话：5157077

吉林省审计干部学校

地　　址：吉林长春市西郊路朝阳小区7—8号
负 责 人：刘兴然
联系电话：79577

（审计署培训中心供稿）

审计出版事业概况

前进中的审计出版事业

审计机关成立以来，审计署和省、自治区、直辖市审计局，以及国务院一些部门的审计机构，陆续创办了一批审计刊物，到1993年底，审计署和各省、自治区、直辖市审计局主办的审计刊物达到27个。为适应审计教育和培训的需要，审计机关和科研教育单位编辑出版了各种图书、教材和专著约500种。这些刊物和图书的出版发行，对指导工作、交流信息和经验，繁荣审计理论研究，开展教育培训，提高审计人员素质，推动审计事业发展，起到了积极作用。存在的问题是审计图书重复较多，创新太少，商品化倾向较浓，学术研究气氛较薄，质量有待提高。

为了加强审计宣传，协调和指导审计图书刊物的出版工作，保证审计书刊质量，推动审计事业发展，根据国务院批准的《审计署‘三定’方案》精神，经国家新闻出版署同意，中国审计出版社于1988年10月20日正式成立。这是审计出版事业前进的重要一步。

中国审计出版社是审计署直接领导下的事业单位。它本着坚持四项基本原则，为社会主义现代化建设服务，为经济体制改革服务，为审计事业服务的宗旨，根据国家新闻出版署和审计署颁发的有关规定，积极宣传党和国家关于审计工作的方针政策和任务，努力做好审计刊物图书出版工作。重点出版审计期刊、审计教材、专著、文献资料和国外审计译著；同时，出版与审计业务有关的社会、经济、监督理论及有关财政、税务、金融、经济法规、企业管理和计算机审计等方面的书刊。

审计署领导对中国审计出版社的工作非常关心。出版社成立后不久，吕培俭审计长亲自主持署办公会议，研究审计出版社工作问题。会上确定出版社应以“注重质量，兼顾效益，为审计事业服务”作为工作方针，确定了出版社的机构设置和人员编制。

审计出版社是1988年底在原《中国审计》编辑部的基础上建立起来的，当时共有工作人员18名，经过五年的边组建、边工作、边提高，到1993年底，有正式职工50名，另聘请离退休老干部和临时工10余名。机构设置共分6个处室，即期刊编辑室、图书编辑室、总编室、办公室、出版发行处、财务处。另外，在北京海淀图书城开设了图书经营门市部，归出版发行处管理。

审计出版社负责刊物和图书的编辑出版发行，出版的刊物有《中国审计》和《财经审计法规》。

《中国审计》是审计署主办的综合性、指导性审计专业刊物。主要宣传党和国家有关审计工作的方针、政策、任务，开展审计理论和实践的探讨，报道审计理论研究的最新成果和审计工作动态，交流审计队伍建设经验，指导审计工作开展。主要栏目有：审计论坛、理论探索、本刊专访、调查思考、工作研究、经验交流、内审风貌、社会审计、乡镇审计、奉献篇、审计案例、审计一得、烽火台、劲草等。《中国审计》创刊至1993年12月，共出版104期，计860万字。《中国审计》的发行量逐年提高，四年翻了一番。1989年每期发行量为5.2万份，1992年达10.5万份。

《财经审计法规》于1986年1月创刊，每月1辑，主要收集选编国家和国务院各主管部门颁发的法律、条例、规定、办法，其范围包括综合、审计、财政、金融、税务、计划、工交、基建、商贸、物资、行政事业、农林、科教文卫及其他法规内容。《财经审计法规》是审计机关依法进行审计监督的依据，也是广大财会人员、企业经营管理人员贯彻执行国家有关财经法规的指南。从创刊至1993年12月，共出版84集，420万字。《财经审计法规》的发行量增长较快，五年内增加了两倍多。1989年每集发行量为4万册，1993年达13万册。

图书的出版工作是从1989年开始的，1989年8月出版第一本书，四年多来，共出版图书250多种，近5000余万字。其中主要是审计和经济类图书。

每种书发行量最高超过10万册，一般在1.5万册左右，个别的为5千册左右，与专业性比较强的出版社相比，发行量是比较高的。

由于书刊质量的提高，发行量不断扩大，从而取得了较好的经济效益。在经济上，署里给予出版社大力支持；出版社自身也努力改善经营管理，开源节流，提高经济效益，到1993年底，出版社除固定资产和流动资金外，还积累了相当数量的生产发展基金、奖励基金和福利基金。同时，职工生活福利也有较大改善。这些，都为出版社的发展打下了坚实的基础。

一、办刊物在指导性和可读性上下功夫

《中国审计》是审计署主办的指导性刊物，《财经审计法规》则是审计和财会工作的工具书，对于指导和推动审计工作都有较大的作用。近年来，审计出版社在刊物的质量上下了较大的功夫，尤其是办好《中国审计》，努力提高它的指导性和可读性。在加强指导性方面，编辑人员经常学习审计工作的方针政策、国务院和审计署领导的有关指示以及一定时期内审计工作的重点，配合审计工作的形势，组织指导性的文章。同时，请署领导和有关同志写一些结合当前形势有指导意义的文章。在栏目设置上，根据改革开放和审计工作发展的需要，逐步增加了财政审计、基建审计、农业资金审计、内审风貌、社会审计和乡镇审计等栏目，增强了对审计工作的指导作用，扩大了读者面。

从1990年起，在提高可读性方面下功夫，注意改进文风，提倡写一事一议的文字精炼生动的短文章，取得了较好效果。短文章逐年增多，在创刊初期的1985年，平均每篇文章占2.1页，1990年为1.44页，1991年和1992年均为1.36页。同时，不断改进封面和版式设计，使严

肃的刊物办得比较生动活泼，得到了读者的好评，认为《中国审计》从形式到内容都有很大改进，从中能学到很多东西，对工作很有帮助。

由于刊物质量的提高，指导性和可读性增强，在宣传审计，扩大审计影响，交流工作经验，学习审计知识，增强领导和群众的法纪观念，提高干部素质，指导审计工作的开展等方面，都起到了较好的作用。《中国审计》的发行量也逐年增加，1989 年发行量为 5 万余份，1990 年增至 6 万余份，1991 年扩大了版面，由每期 3 个印张增至 4 个印张，发行量达 8.5 万份，1992 年发行量超过 10 万，达 10.5 万份。《财经审计法规选集》根据读者需要，不断改进编辑工作和提高印制质量，受到了读者的欢迎，发行量增长较快。1989 年为 4 万册，1990 年为 7 万册，1991 年为 9 万余册，1992 年达 13 万册。

二、出图书在质量和社会效益上做文章

审计出版社成立时间较短，开展图书编辑出版工作仅三年多时间。在图书编辑出版工作中，把图书质量和社会效益放在第一位，同时兼顾经济效益。

在注重质量方面，首先是抓好选题，按照新闻出版署给审计出版社规定的出书范围，在调查研究的基础上，根据审计工作和教育培训中的需要，选择一些实用性和可操作性强的图书，并兼顾一些理论性的图书；同时，还出了一些审计工作的工具书，以及与审计有关的财会、经济管理和监督方面的图书。如《审计学原理》、《中国审计年鉴》、《财经审计法规》、《工业企业内部审计》、《企业承包经营责任审计》、《审计应用文写作》、《审计师专业知识必备》、《审计程序与实例》、《现代会计实务》、《中外合资合作企业会计》、《会计学原理》、《中国审计史》等，不仅有一定的理论深度，而且实用性较强，对于审计和财经管理人员学习理论和业务知识，提高素质，起到了良好的作用，受到了读者的欢迎。从 1992 年起，适当拓宽了图书的范围，为与会计制度改革相配合，出了一些新的财务会计，以及国际会计等图书。

其次是严格按程序办事，把好三审关。保证图书质量，坚持三审制度很重要。责任编辑对自己负责编辑的图书，认真审读、修改和作技术处理，内容上有不同意见或内容与审计工作方针政策有抵触的，与作者协商修改，质量不好的书坚决不出。编辑室主任除对出书计划作出安排外，对所出图书的内容进行审读，及时同责任编辑商议。由于审计出版社尚未配备总编，其工作由社长兼管。社长对重要的图书进行审读，其余图书委托返聘的老同志审读。这样经过严格把关，保证了图书质量，提高了社会效益。

另外，在版式设计、校对等方面切实把好质量关。发行方面也注意加强宣传，并提高发行质量，保证把读者订购的书送到读者手里。由于发行环节很多，既有出版社的工作，又有邮电部门和其他单位的工作，丢书的现象很难避免，而且也很难查清。因此，审计出版社规定，凡是读者来信反映未收到书刊的，一律给予补发，以取得读者的信任。

由于注重了图书质量，取得了较好的社会效益和经济效益，曾受到新闻出版署领导的表扬，《新闻出版报》并为此发表了专题文章，介绍审计出版社抓好选题，提高质量，取得较好社会效益和经济效益的经验。

由于图书质量好，受到读者欢迎。审计出版社所出图书，平均发行量在 1.5 万册左右，有的图书发行量达到 10 万册，最少的也在 5 千册以上。从 1991 年开始，再版书不断增加，达到当年出书的 1/4。

三、以质量和信誉取得领导和群众支持

审计工作涉及面广，而且有国家审计、内部审计、社会审计，单位和人员比较多。审计出版社所出书刊，主要是审计书刊，同时包括财政金融以及经济管理和监督方面的内容。总之，读者和作者的面都比较宽。要把出版社办好，关键是要注重质量和讲求信誉，竭诚为审计事业服务，为读者服务，以取得各级领导、广大作者和读者的信任。

几年来，审计出版社一直把提高书刊质量，

为审计事业服务和读者服务作为宗旨，取得他们的关心和支持。

审计署和审计系统的各级领导，对办好审计出版社，提高书刊质量给予了极大的关心和支持。署领导亲自确定了办社方针，为《中国审计》撰写和审定指导性文章，组织编写和审定一些重要的书稿。各地审计机关的领导亲自撰写稿件，给刊物踊跃投搞，有的主编了质量较高的图书。并积极宣传审计出版社的书刊。这些都有力的促进了出版社的工作，并增强了大家办社的信心。

许多专家学者以及广大读者对出版社的工作也给予了大力的支持。仅《中国审计》每月收到的稿件，平均有600多份，而采用率仅为1/10，来稿提供的信息量大，挑选的余地大，这对提高刊物质量起了重要作用。提供的图书稿，理论和实践结合较好，质量较高，由于领导和群众的支持，使出版社所出的书刊质量较好，在读者中赢得了良好的信誉。许多读者反映，审计出版社的书刊内容充实，可读性强，对学习理论和指导实际工作都很有益，因此都想订阅，因而近年来发行量增长较快。除《中国审计》1989——1992年三年翻了一番外，《财经审计法规》1988年为2万份，1992年达13万份，四年增加了5倍多，图书发行增长更快，发行码洋1992年比1989年增加了10倍以上。

四、提高素质　改善管理

审计出版社是一个新单位，软件和硬件基础都比较弱。人员来自四面八方，除一部分同志政治、业务素质较好外，多数同志虽然工作积极性较高，但对编辑、出版、发行等业务工作不熟悉。面对这一情况，要办好出版社，既要保证社会效益，又要兼顾经济效益，就必须不断总结经验，改进经营管理，在工作中学习、提高。

首先是树立对工作的高度责任感。出版工作的环节很多，经过这几年的努力，已形成了一支政治和业务素质都比较好的队伍。不论是编辑、审稿、校对，还是发行、财务工作，只要稍一出现差错，很快就会家喻户晓，以致当面提意见，或来信查责任，造成不良影响。出版社要求大家树立高度的责任心，对工作认真负责，严格要求，严格把关。几年来，书刊的质量没有出过大的差错，而且不断提高。

其次是增强团结，互相学习。出版社的风气较好，同志间不搞你是我非，和睦相处，矛盾较少，一旦出现矛盾，都能从搞好工作的愿望出发，及时妥善解决。因此也就有了一个互相学习、共同提高的气氛。现在，一般都能胜任自己的工作。有些1989年以后调来的同志，目前已成了业务骨干，能独立完成组稿、编辑任务。

第三、在管理方面，注意向老出版社学习，并不断总结实践经验，制订了组稿、编辑、校对、发行、财务等方面的规章制度近20项。社领导、处室领导和办事人员分级分工负责，在职权规定范围内的事，大胆放手，让各级自己去办，出了问题，总结经验，及时改进。这也有利于素质的提高。现在，经营比较有秩序。从1991年开始，全社已推行微机管理，除了财务和发行利用微机外，图书的编辑，出版计划，刊物的计划和有关资料，均已使用微机管理，使工作效率有了较大的提高。

第四、注意关心同志生活，在业务发展，效益提高的基础上，不断创造条件，改善大家的生活福利。根据完成任务的数量和质量，适当地增发一些奖金和劳务费。在职称、住房等方面，也都努力争取署有关部门的支持，一般都比较满意。在改善生活福利方面，既要注意做得公平，力求合理；又要提倡发扬风格，不斤斤计较个人得失。

《中国审计》及部分省级审计期刊简介

《中国审计》是中华人民共和国审计署主办的综合性、指导性审计专业月刊。主要宣传党和国家有关审计工作的方针、政策、任务，开展审计理论和实践的探讨，报道审计理论研究的最新成果和审计工作的新动态，交流审计队伍建设经验，指导审计工作发展。主要栏目有特稿、专题报道、专访、调查思考、研究与探索、经验交流、内审风貌、社会审计、乡镇审计、大视角、审计第一线、审计员札记、审计透视、读者天地、劲草等。《中国审计》是广大审计工作者的良师益友，也是广大财会人员、企业经营管理人员、经济工作者、社会科学工作者、财经院校师生了解审计工作的重要参考读物。

主编：崔建民
地址：北京市海淀区白石桥路甲4号
电话：2567398
邮编：100086

《审计理论与实践》

主办：北京市、辽宁省、天津市审计学会和审计科研所
主编：刘大贤
地址：北京市宣武区西便门内大街69号
电话：3034849
邮编：110032

《湖北审计》

主编：吴定富
地址：湖北省武昌洪山路5号
电话：721064
邮编：430071

《山东审计》

主编：王泽青
地址：济南市文化西路117号
电话：626263
邮编：250012

《山西审计》

主编：董福山
地址：太原市新建南路文源巷18号
电话：434752
邮编：030001

《广东审计》

主编：彭永美
地址：广州市广州大道北390号
电话：5514546
邮编：510075

《浙江审计》

主编：姚雏白
地址：杭州市保叔路157号
电话：753544
邮编：310007

《现代审计》

主编：彭政
地址：成都红星中路一段9号
电话：672727
邮编：610017

《安徽审计》

主编：孙杰
地址：合肥市庐江路41号审计大楼5楼507室
电话：247461
邮编：230001

《上海审计》

主编：徐惠勇
地址：上海市淮海中路1850号武康大楼208室
电话：4376328
邮编：200031

《江苏审计》

主编：余效明
地址：南京北京西路70号
电话：3302609
邮编：210013

《湖南审计》

主办:《湖南审计》编辑部
地址:长沙市朝阳路7号
电话:20563
邮编:410001

《江西审计》

主编:周文荣
地址:南昌市贤士二路七号
电话:213432
邮编:330006

《云南审计》

主编:祝培礼
地址:昆明市西站交林路
电话:8182241
邮编:650031

《广西审计》

主编:谭聚文
地址:南宁市星湖路北二里
电话:551327
邮编:530022

《宁夏审计》

主编:陈醒民
地址:银川市城区育新巷24号
电话:544414
邮编:750001

《内蒙古审计》

主编:钱世昌
地址:呼和浩特市新华大街1号
电话:661122转3982
邮编:010055

《东北审计》

主编:张夫
地址:沈阳市大东区大北关街2号 哈尔滨市道里区霞曼街32号 长春市自强街130—1号
电话:8853727 472777 861727
邮编:110041 150010 130042

《青海审计》

主编:杨维耀
地址:西宁市南川西路付342号加1号
电话:44438
邮编:810012

《陕西审计》

主编:田春雨
地址:西安市南四府街101号
电话:771658
邮编:710002

《中州审计》

主编:张和建
地址:郑州市纬二路27号
电话:5943994
邮编:450003

《新疆审计》

主办:《新疆审计》编辑部
地址:乌鲁木齐市中山路49号
电话:210843
邮编:830002

（中国审计出版社供稿）

审计科学研究

审计科学研究回顾

1989年以来，审计科研工作在邓小平同志建设有中国特色的社会主义基本理论指导下，为审计工作更好地促进社会主义市场经济体制的建立和完善，围绕“抓重点，打基础”和“积极发展，逐步提高”的审计工作方针，本着为审计实践服务的宗旨，积极探索，努力工作，在审计法制建设、审计业务制度建设、审计工作规范建设、审计理论体系建设及审计科研基础建设等方面，取得了可喜的成果，促使审计科研工作上了一个新台阶。

一、围绕经济工作中心开展审计科研

1989年，我国进入了治理经济环境，整顿经济秩序和全面深化改革的时期。我所撰写了《论国家审计的起源及其发展规律》的论文，从理论上论证了国家审计是完善国家经济管理和促进廉政建设的一项重要制度，要求正确地把握国家审计的发展规律，要防止不顾客观规律取消国家审计制度的事实再次发生，以进一步健全我国的国家审计制度，完善我国的经济管理，促进廉政建设。同时，我所还重点就“审计在治理整顿、深化改革中的地位和作用”、“承包经营责任审计”、“中国企业审计模式”等专题开展研究，并提出专题研究报告，为领导决策提供依据。

为审计实践服务，是审计科研工作的出发点及生命力所在。1990年，随着第二轮承包的到来及国务院批转国家体改委《在治理整顿中深化企业改革 强化企业管理的意见》，为完善企业承包经营责任制和更好地开展承包经营责任审计，我所组织编写了《审计监督与完善承包经营责任制》一书，回答了承包经营责任审计中遇到的各种问题，受到广大审计工作者的欢迎，发行达四万余册，为承包经营责任审计工作的顺利开展提供了有益的指导。

1991年，为适应在审计工作中认真区分违纪与违规的要求，我所经过广泛深入的调查研究，提出了划分违纪与违规的基本原则，课题研究报告作为全国审计工作会议参阅文件印发，起到了较好的参考作用。

随着经济体制改革的不断深化，搞好国营大中型企业成为我国经济工作的中心任务。怎样立足审计，充分发挥审计的监督与促进作用，为搞好国营大中型企业服务，同样成为审计实践和审计科研工作的一大重要课题。为此，我所先后编辑了《审计监督与搞好国营大中型企业》和《审计促进经济发展实例》二书，立足审计为搞好国营大中型企业献计献策。

审计工作发展的深层次问题，即是怎样通过审计，促进被审计单位改善经营管理，提高经济效益。1991年全国审计工作会议及时提出了“逐步向检查有关的内部控制制度和经济效益方面延伸”的要求。在审计实践初步摸索的基础上，迫切要求从理论上进行总结，给予指导。1992年初，我所组织了专题研究，并广泛发动

各地审计科研部门共同探讨。1992年10月，召开了“一个基础，两个延伸”课题研讨会，探讨其概念、范围、内容，及实施的必要性、程序、方式、方法等，并编辑出版了《审计工作“一个基础两个延伸”理论与实务》一书，为推动并指导这一工作的深入开展发挥了积极作用。

二、抓审计机关自身建设的重点，深入研究

审计机关的自身建设及审计工作的逐步完善，是审计科研工作的一项长期的基础性的研究课题。几年来，我所主要围绕审计工作法制化、制度化、规范化（以下简称审计工作“三化”），由具体到一般，再由一般到具体，由实践到理论、再返回实践，进行了层层深化的研究。1988—1989年，就审计技术方法进行了广泛的调查、总结、研究，就审计计划、内部控制制度的研究和评价、审计证据、审计工作底稿、审计报告等专题，在北京、沈阳、西安、广州、上海等地多次组织研讨会，并汇编出版了《审计实用技术研究》一书，为系统总结、研究，逐步形成我国的审计技术方法体系作了必要的准备。

1990年，在调查研究的基础上，为深化研究审计工作“三化”，我所成立课题组，并发动各省市审计科研部门共同研究，经过充分的调查、准备，于1990年10月召开了专题研讨会，就审计工作“三化”的理论依据和实践背景，“三化”的概念、内容及相互关系，“三化”建设的原则和目标，以及“三化”建设所面临的困难及应采取的措施等问题，进行了广泛、深入的研讨，并汇编出版了《审计工作法制化制度化规范化》一书，为审计工作“三化”建设及其研究，起到了积极的推动和促进作用。

审计科研的价值最终取决于是否能指导审计实践。1991年，又发动并组织各省市审计科研部门就审计工作规范化进行深入的专题研究，重点探讨了审计业务规范和审计管理规范，于1992年召开了审计工作规范化研讨会，分析了审计工作规范化的现状，探讨了审计工作规范体系，及加快实现审计工作规范化的有效途径和步骤，并编辑出版了《审计工作规范理论与实务》一书，为促进审计工作的规范化，保证审计工作质量和提高审计工作效率，发挥了审计科研积极的指导作用。

围绕审计工作规范化，我所几年来还就审计标准、审计工作考核标准、会计信息系统与审计分析等课题进行了研究，编著的《会计信息系统与审计分析》一书被选为审计继续教育教材，得到了较好的评价。

此外，我所开发的《微机辅助审计系统》软件于1991年底通过部级鉴定。

三、为建设审计理论体系，多方位开展研究

历史的研究是一切社会科学理论得以确立的基石。经过潜心的研究，我所于1989年出版了《审计简史》，粗线条地勾画出世界审计发展的历程，揭示了审计的本质特性及其发展规律。为了深层次研究我国审计的特色，我所还组织对中国革命根据地审计作了专题研究，完成了解放区审计史料的搜集、整理和鉴定工作，汇编出版了《中国革命根据地审计史料汇编》，为进一步探寻新中国审计的特点及其曲折发展的历史根源，作了准备。

为完善我国的审计体制建设，我所还就审计组织体系和审计管理体制进行了专题研究，系统地提出了自己独到的见解，为改进和完善我国的审计体制提供了有益的理论参考。

古为今用，洋为中用。借鉴国外审计制度建设的有益经验，是改进我国审计制度的必要途径。几年来，我所编译了《世界审计法规》、《最高审计机关国际组织第十三届大会论文选编》等，并编辑内部资料《国外审计动态》等，介绍了国外审计的发展现状，为我国的审计法规建设，及改进审计技术与方法等，提供了有益的借鉴。

此外，我所还编辑了《审计情报》和《审计剪报》，并与中国审计学会共同编辑《审计研究资料》。通过《审计情报》，追踪和反馈国内外审计领域的多种信息；通过《审计剪报》，搜集并综合提供国内中央及省级报纸上刊登的有关审计工作的文章，为全面了解国内外的审计工作发展情况，起到了积极的作用。

为了适应在社会主义市场经济模式下开展审计工作的需要,我所结合财政、金融、会计等改革情况,以《经济改革信息》的形式,向署领导及时提供财政、税务、金融、会计改革等方面的信息,为其决策提供参考。

四、立足国内研究,积极开展国际学术交流

在立足国内研究的基础,为了借鉴国外的有益经验,并宣传我国的审计工作,我所还积极开展了国际学术交流。

1989年10月,我所与外资司共同筹备、组织,在北京召开了中国—巴基斯坦审计理论研讨会,交流了承包经营审计、内部控制审计、审计程序和审计计划等专题。1990年12月,又赴巴基斯坦参加了中巴审计理论研讨会,提交了《内部控制评价在实践中的应用》等论文,并编译出版了《内部控制评价》。通过研讨,双方加深了对内部控制评价概念的认识,并揭示当时在内部控制评价中的不足,探讨其在审计实践中的应用前景,促进了双方最高审计机关制定和完善有关内部控制评价的政策和方法,得到了中巴双方审计机关领导的赞赏。

1990年7月,我所还与署内有关司局等单位共同筹备、组织了中墨审计研讨会,主要就公共债务审计问题进行了专题讨论。1991年10月,还派研究人员赴墨参加了墨中审计研讨会,并提交了《中国国家审计的作业规范》和《中国国家审计与内部审计的关系》等论文,圆满完成了交流和学习的任务。

在1991年5月召开的最高审计机关亚洲组织第五届大会上,我所派人员翻译和联络工作,并提交了《在改善公共财务管理中审计的使命、战略和方法》的国家论文,受到多方好评。

五、加强基础建设,增强科研后劲

几年来,我所在《人民日报》、《光明日报》、《经济日报》及《中国审计》、《审计研究》等报刊上共发表论文百余篇,出版各类著作20余种,取得了可喜的成果。同时,从长远出发,加强了审计科研基础建设,充实了审计科研人员。加强了科研人员的培训工作,分别有多人参加了国内或国外的审计业务培训。现有高级研究人员5名,中级研究人员21名。并逐步建立、完善了岗位责任制度,根据岗位设置和人员状况,实行一人多岗或一岗多人,严格了考核。在科研方面,改善了科研手段,配置了小型计算机,完成了外文期刊目录检索工作。在图书资料方面,已拥有中文图书1000余种6000余册,中文期刊50余种;外文图书近700种800册,外文期刊70余种,为审计科研上新台阶奠定了基础。

展望未来,我所拟在探索社会主义市场经济体制下的审计基本理论与技术方法、审计工作"三化"、国外审计制度比较等方面进行重点研究,为加强、改进、发展、提高我国的审计工作发挥出更好的作用。

(审计署科研所供稿)

部分省级审计科研单位简介

天津市审计局审计科学研究所

天津市审计局审计科学研究所设有办公室、研究室、情报室、《审计理论与实践》编辑部、天津市审计学会秘书处等,负责人迟捷。

几年来,天津市审计局审计科学研究所研究的主要课题包括"审计在宏观控制中的地位和作用"、"我国社会主义审计组织体系与领导体制"、"审计在经济监督体系中的地位和作用"、"审计机关如何进行经济效益审计"、"审计向较高层次经济监督发展问题的探讨"。研究成果分别发表于《审计研究》、《审计理论与实践》等刊物。在审计工作规范化研究中,根据天津市审计工作实际情况,制定了《天津市审计机关作业规程》,并被市审计局以正式文件发布,于1992年9月1日起施行。

此外,还编写出版了《被审单位违纪违规种种表现》、《怎样与审计部门打交道》、《审计作业指南》等著作,并编辑内部参考资料《审计情报

与信息》，与北京市、辽宁省有关单位合办《审计理论与实践》。

辽宁省审计科研所

辽宁省审计科研所是全省审计科研工作的具体负责部门。下设有研究室、情报资料室、编辑室和办公室，现有人员14名，负责人戴金玉。

辽宁省审计系统科研工作实行统一计划、统一组织、统一协调、统一检查和考核。每年下达指令性科研课题计划和指导性科研课题计划。每年举行1－2次全省优秀审计论文评选活动，每年组织召开3－4次理论研讨会。几年来，研究的主要课题有：审计基础理论、经济效益审计、经济责任审计、承包审计、常规审计、审计技术方法、审计作业规程、审计工作“三化”、定期审计、农业审计、财政审计、审计高层次监督、乡镇审计、市场经济与审计监督等。共评出优秀审计论文370篇，出版审计论文集5册，出版审计著作多部，包括《审计概论》、《工业审计学》、《商业审计学》、《农业审计》、《行政事业审计》、《中国审计大辞典》等。许多科研成果直接用于审计工作实践，如《审计作业规程》。与北京市、天津市审计学会、中国审计科研所合办《审计理论与实践》杂志（月刊），自办《审计文汇》（月刊）。

黑龙江省审计科学研究所

黑龙江省审计科学研究所设有科研科、情报资料科、办公室和审计学会秘书处，所长白玉贵。

几年来，黑龙江省审计科学研究所积极开展审计科学研究，1987年与齐齐哈尔审计局等共同研究厂长（经理）离任经济责任审计，合写的《厂长（经理）离任经济责任审计》获全国首届审计优秀论文一等奖。在审计基本理论研究中，论文《审计与会计的关系》被审计署审计科研所收入其编辑的《审计基本理论研究》一书；在审计工作规范化研究中，论文《关于审计人员规范》被审计署审计科研所收入其编辑的《审计工作规范理论与实务》一书。同时，还编辑出版了《内部审计》、《厂长（经理）离任经济责任审计》、《审计史初探》、《审计论丛》等，受到各界好评。

上海市审计局科培中心

上海市审计局科培中心设有科研室、教研室、培训室和办公室。负责人李春。

几年来，开展研究的主要课题包括：《国家审计准则》的研究，成果包括六个部分，对审计工作提出了规范；《审计工作“三化”》的研究，提出了一套较为系统的我国审计工作“三化”的理论和方法，论文《论审计工作制度化法制化规范化》被审计署审计科研所收入其编辑的《审计工作法制化制度化规范化》一书；《审计在经济监督体系中的地位与作用》的研究，从理论上探索和确立审计是较高层次的经济监督，及在理论与实践的结合上进一步研究审计监督在宏观控制中的地位与作用；《审计法》的研究，以《中华人民共和国宪法》为依据，以《中华人民共和国审计条例》为基础，回顾总结施行情况并联系实际，提出《审计法》建议稿，共9章46条。《对企业集团审计》的研究，就企业集团审计发展的现状、审计对象、指导思想、基本内容及有待解决的问题进行研究，并提出对策。此外，还就经济效益审计、“一个基础、两个延伸”、审计工作质量控制、乡镇审计、依法审计、定期审计、社会审计等开展研究。

江苏省审计科研所

江苏省1984年11月成立审计科研培训中心，1989年底改设审计科研所，现设有审计科研组、江苏省审计学会秘书处、《江苏审计》编辑部，所长徐培勤。

几年来，科研所在全省系统内逐步建立了审计科研网络和科研工作管理制度，组织省局及省辖市局开展审计科研活动，并配合省审计学会开展了多形式的学术研讨活动。主要进行的研究课题包括审计工作“三化”，经济效益审计，“一个基础、两个延伸”等。在审计工作“三化”研究方面，《浅谈审计工作“三化”标准及其实现途径》被审计署审计科研所编入《审计工作法制化制度化规范化》一书。《审计证据及取证用证规范化》、《审计工作综合考核规范化探讨》等被审计署审计科研所编入《审计工作规范理论与实务》一书。此外，还与省局有关业务处共同研究制定了《江苏省审计局关于审计取证用证若干问题的暂行规定》，并在全省施行。在经济效益审计研究方面，组织全省开展研究，共撰写论文20多篇，其中《国家审计机关开展效益审计思考的几个问题》和《关于经济效益审计几个问题的探讨》分别在《审计研究》和《审计研究资料》发表。在“一个基础两个延伸”研究方面，共组织省、市局撰写论文23篇，收集实例23个。其中《谈谈“两个延伸”》等四篇论文被审计署审计科研所编入《审计工作“一个基础，两个延伸”理论与实务》一书。同时，我所还精选论文和实例，编印了江苏省审计理论与实务丛书之一——《审计工作“两个延伸”论文和实例》一书。

此外，科研所还配合省审计学会对审计的职能、乡镇企业审计、审计质量、审计是较高层次监督等课题开展了研讨。

浙江省审计科学研究所

浙江省审计局于1984年6月成立浙江省审计科培中心，1986年8月改名为浙江省审计科研培训所，1992年浙江省审计局调整职能分工时，将培训职能划归省审计局人事教育处，1993年2月，浙江省机构编制委员会正式下文，同意浙江省审计科研培训所更名为浙江省审计科学研究所。科学研究所所长由副局长姚雒白兼任，副所长胡宾。

浙江省审计科学研究所的职能主要是：负责制订全省审计科研计划，并指导实施；根据审计署、省局部署的科研计划要求，负责有关课题研究；负责《浙江审计》月刊的编辑出版工作；组织中国审计出版社出版书刊和《浙江审计》杂志的发行；负责浙江省审计学会的日常事务；承担浙江省审计局下达的其他临时性任务。

浙江省审计科学研究所（包括以前的中心、科培所）历年完成的主要课题有：审计在宏观调控中的地位和作用；承包经营审计；审计工作法制化制度化规范化；审计工作规范化；关于强化部门内部审计的探讨；关于“两个延伸”的探讨；审计如何促进外向型经济发展等。其中如《论审计工作制度化法制化规范化》、《试论审计工作规范化》、《审计报告编写的实践与理论》等论文，分别被收入审计署审计科研所编辑的《审计工作法制化制度化规范化》和《审计工作规范理论与实务》等著作。此外，正在进行的课题有：审计与经济效益研究；审计在社会主义市场经济体制下的地位和作用等。

安徽省审计科学研究所

安徽省审计科学研究所于1986年6月正式成立。现设有科研室、办公室、编辑室，所长戴坤。

七年多来，科研所坚持以专题研究和专题研讨会为主要形式，以抓重点、分层次、小型多样的方法，积极开展审计基础理论和应用理论研究，并取得了一定的成果。

1.积极参与了审计署审计科研所、中国审计学会组织的重点审计课题研究，主要完成了《中国社会主义审计的社会属性》、《审计工作“三化”》、《经济效益审计研究》等三项重点课题研究任务。

2.认真组织召开全省审计理论专题研讨会12次，研究课题41个，提交审计科研论文364篇，并指导地、市审计机关召开小型审计理论与实务研讨会39次，同时还组织参与了华东地区组织的审计科研活动7次。

3.开展优秀审计论文评奖活动，在全省先后进行三次优秀审计论文评奖活动，我省有两项成果获中国审计学会首届优秀审计论文奖，有25项成果获安徽省优秀审计论文奖。

4.编辑发行审计报刊，宣传和推广科研成果。1985年12月创办《安徽审计》杂志，已出刊44期；1989年创办《审计导报》，已发行139期，并不定期编辑发行《安徽审计科研资料》，共计45期。

几年来，主要取得的科研成果包括：

提出专题研究成果13项，综述性研究成果11项。并主持编辑出版《安徽审计论文集》两册,《审计案例选编》一部。同时,我省审计科研人员还与有关科研机构、大专院校学者、教授合著《审计管理概论》、《审计管理实务》、《审计方法概论》和《现代内部审计实用大全》等,其中《审计管理概论》获安徽省社会科学成果二等奖。此外,搜集整理的安徽革命根据地审计史料(约40万字),被审计署审计科研所编入《中国革命根据地审计史料汇编》。

福建省审计科研所

福建省审计科研培训中心于1984年成立,1988年6月省审计局调整内部机构时将其分设为审计科研所与审计干部培训中心。现审计科研所主要承担及组织开展审计署、省审计局安排的研究课题,审计信息资料的收集编纂和《福建审计》的编辑出版等工作。设有学术研究科、编辑出版科、情报资料科,编制15人。原科研所所长徐金熙(已离休),现任科研所所长熊志仁,副所长刘以锬。

几年来,配合各个时期审计实践和审计工作宣传的需要,相继开展了"福建审计工作的特点"、"内部审计"、"经济责任审计"、"审计工作三化"、"审计质量控制"、"高层次监督问题研究"、"经济效益审计"、"加强和改进审计工作"等专题研究,并召开研讨会。分析和总结了综合改革试验区审计工作的特殊性、社会性、复杂性、灵活性、探索性等特点,对审计工作重点、方法和内容进行了比较全面的研究,举办了专题学术报告会。在审计工作"三化"研究中,科研所撰写的《关于审计工作制度化法制化规范化的探讨》及《审计业务文书规范》等,分别被收入审计署审计科研所编辑的《审计工作法制化制度化规范化》及《审计工作规范理论与实务》二书。此外,还有三篇论文分别获得中国审计学会首届优秀审计论文二等奖和三等奖。

江西省审计科学研究所

1984年4月,江西省审计局设立科研培训室,1988年7月,正式成立江西省审计科研所,核定编制30人,现设有科研管理部、学会工作部、咨询部、编辑部和办公室,实有人数15人,其中高级审计师、高级工程师和高级编辑人员4名,中级审计、编辑人员3名,所长周文荣。

几年来,江西省审计科研所贯彻为审计实践服务的宗旨,坚持科研与管理相结合、理论与实践相结合的原则,积极开展审计科研工作。主要工作包括:

1. 科研管理。科研管理工作贯彻"计划一实施一考核一奖罚"的工作步骤,并逐步形成规范。1990年12月颁布了《江西省审计科研工作管理办法》和《江西省审计科研奖励办法》。主要内容包括:省审计科研所每年向全省下达的审计科研课题计划分为指令性计划和指导性计划两类,并实行分类管理;科研工作列入全省审计系统目标管理考评的范畴,采取计分的办法,逐项考评,并给予精神和物资奖励。

2. 课题研究。课题研究是审计科研工作的基础和核心。从1986—1992年,全省共完成审计科研课题343项,其中由省审计科研所直接组织完成的重大课题20余项。主要包括:1986年7月完成审计署下达的《内部审计作用与方法》的课题研究;1988年9月至1989年12月,完成江西省科委下达的《电子数据处理审计系统研究规划报告》软科学课题研究任务,并通过了省科委的课题鉴定;1990年1月至10月,完成了审计署、江西省社联下达的《审计工作法制化制度化规范化》研究课题;1990年12月完成了江西省社联下达的《行政事业单位定期审计规范化》等。其中《审计工作法制化制度化规范化研究》和《审计科研管理规范化》等论文被审计署审计科研所收入其编辑的《审计工作法制化制度化规范化》和《审计工作规范理论与实务》等书籍。

3. 刊物编辑。为扩大审计宣传,交流审计工作经验,江西省审计局于1984年5月创办了《江西审计研究》,1985年6月改名为《江西审计》(双月刊),至1992年底共出刊64期。此外,1987年1月江西省审计科研所还创办了内部资料《审计科研参考资料》,至1992年底共出刊62期,对交流审计情报、信息,推动审计理论研究起到了积极的作用。

4.图书情报工作。到1992年底，共有各种经济类藏书1000多种2000多册，经济类期刊100多种，并与全国各审计期刊、会计、财政、税收、金融期刊及有关大专院校学报建立了70多个资料交换关系。1990年又建立了全省审计情报计算机检索中心，开展审计情报专题服务。

5.学会工作。江西省审计学会成立于1985年4月。现江西省审计学会和江西省审计科研所融合在一起，共同开展群众性的科研活动，学会工作侧重于论文的评优工作。从1986——1992年共举办了三次全省性的优秀论文评选活动。其中1986年评选出优秀论文21篇，1988年评选出优秀论文46篇，1992年评选出68篇论文。此外，还出版学会专刊。

6.书籍出版。从1988年起，审计科研所着手审计书籍的出版工作，到1992年底，由江西省审计干部撰写的各种内部及公开出版的书籍达20余种，其中审计科研所自己编写了《审计知识竞赛》等。

7.为了提高广大审计干部的业务素质，科研所还组织了各类专题学术讲座，1991年举办了全省性的审计知识竞赛等各类活动，使审计科研活动生动活泼、丰富多彩地广泛开展起来。

山东省审计科学研究所

山东省审计科学研究所于1984年成立，主要任务是承担国家、省重点审计科研项目，组织管理全省审计科研工作，编辑出版审计刊物，编修《山东省志·审计志》，负责山东省审计学会秘书处日常工作。设有科研室、情报室、办公室和编辑部，所长王洪泉。

几年来，共承担审计科研任务11项，获得省级以上各种科研成果奖12项，其中一等奖9项，二等奖3项；组织开展全省性审计科研活动，下达课题研究任务110项，并进行了6次课题成果验收评奖活动，评出获奖成果79项；组织或配合省审计局、审计学会举办各种审计学术报告会、研讨会、座谈会等10余次，交流学术论文近200篇；编辑出版《山东审计》、《山东审计研究资料》、《审计文摘》和《报纸刊物审计目录索引》等，收集整理有关山东审计史料350余万字，编辑出版了《山东革命根据地审计史料·老同志回忆录》两辑，编辑整理《山东审计史料》一书，约110万字。

湖北省审计科研所

湖北省审计局于1986年成立湖北省审计科培所，1989年更名为湖北省审计科研所。科研所、学会秘书处合署办公，共同组织全省审计科研活动，承担重点课题研究任务。科研所现设有科研科、情报科、办公室。所长何立民，副所长吕传珍。

几年来，共承担并完成全国和省级审计科研项目约20个，组织召开学术研讨会19次，交流论文800余篇，为繁荣我省审计学术研究、促进全省审计事业发展作出了贡献。1989年组织了“审计在治理整顿、深化改革中的地位作用和任务”的专题研究，论文获中国审计学会首届优秀审计论文一等奖。1990年—1991年完成了《对经济效益审计若干问题的探讨》等学术论文。1992年参加了审计署审计科研所组织的审计工作规范化和“一个基础、二个延伸”的重点课题研究，其论文分别被收入审计署审计科研所编辑的《审计工作规范理论与实务》、《审计工作“一个基础两个延伸”理论与实务》。同时，还编辑出版了《论文选编》4册，以及内部刊物《审计科研动态》92期，登载论文、经验、信息约800余篇。

湖南省审计科研培训所

湖南省审计科研培训所成立于1984年12月，现设有科研室、培训室、《湖南审计》编辑部、情报资料室、办公室等，定编30人，现有人员21人，其中高级技术职称1人，中级技术职称7人，所长连谦。

湖南省审计科研培训所成立以来，一直坚持为审计实践服务的原则，在审计科研方面，先后承担和完成了审计署下达的《审计程序研究》、《湘赣革命根据地审计史料的收集和研究》、《审计监督在治理经济环境、整顿经济秩序中的地位、作用和任务》、《审计作业规范化研究》等课题，其中《审计结论和审计决定规范初探》被审计署审计科研所收入其编辑的《审计工作规范理论与实务》一书，另外，还出版了审计专著、书籍4册。在培训方面，共举办各类培训班45期，培训人员4000余人次，现已建立了由院校教授、经济学科专家、审计实践工作者组成的教师网络。在杂志编辑方面，和湖南省审计学会联合主办《湖南审计》(双月刊)，另还编辑《审计财经法规选编》。

广东省审计局政策研究室

广东省审计局于1985年成立审计科研培训中心，1988年秋成立省审计局调查研究室，1991年秋改名为政策研究室。设有理论研究组、《广东审计》编辑部、书刊发行组。主任彭永美，副主任张洪泉。

几年来，主要进行了以下课题研究：

1. 对审计程序进行研究，成果被审计署审计科研所编入《审计技术方法研究》一书，并获广东省优秀审计论文一等奖，中国审计学会优秀审计学术论文三等奖。

2. 对内部审计的职能和作用进行研究，精选论文汇编，出版《论文选编》。

3. 对内部控制进行专题研究，论文于1991年在《广东审计》专辑发表。

4. 对审计查帐技术方法进行研究，出版了《查帐技术方法与案例分析》一书。

5. 对项目审计质量进行专题研究，在《广东审计》发表了《试论审计项目质量控制标准》系列论文8篇。

6. 对"一个基础两个延伸"进行研究，论文《浅议"一个基础两个延伸"》被收入审计署审计科研所编辑的《审计工作"一个基础两个延伸"理论与实务》一书。

广西壮族自治区审计署科学研究所

广西壮族自治区审计署科学研究所的前身是广西壮族自治区审计署科研培训中心，成立于1984年8月，1992年2月划分为科研所和干部培训中心，负责人雷民军。

几年来，在审计科研活动中主要研究了以下课题：审计基本理论(即审计的定义、职能、任务和作用)，承包经营责任审计，审计在治理整顿、深化改革中的地位、任务和作用，审计组织体系和领导体制，少数民族地区审计工作特点，审计工作"三化"，在财务收支审计基础上向检查内部控制制度和经济效益方面延伸等。科研成果在1987年广西壮族自治区第二次社科优秀成果评选中，有二篇论文分别获得二等奖和三等奖；在1990年广西壮族自治区第三次社科优秀成果评选中，获一等奖一篇、三等奖一篇、佳作奖二篇；在《发展广西壮族自治区民族经济、文化、教育》有奖征文中，有一篇获优秀论文奖；有一项科研成果被收入《广西社会科学览要》等。在中国审计学会组织的首届审计优秀论文评比活动中，有二篇分别获得二、三等奖。论文《论中国社会主义审计组织体系》被审计署审计科研所收入其编辑的《审计基本理论研究》一书，《关于审计工作"三化"问题的研究》、《审计机关审计报告的定义和分类》等论文分别被审计署审计科研所收入其编辑的《审计工作法制化制度化规范化》和《审计工作规范理论与实务》二书。

此外，还与广西壮族自治区审计学会合办《广西审计》杂志。

四川省审计科学研究所

四川省于1984年12月成立审计科研培训中心，后调整为审计科学研究所。现设有办公室、科研室、情报室、编辑室、审计学会办公室，工作人员21名，所长彭政，副所长杨建乐、张仆。

几年来，科研所积极从事审计科学理论及相关科学的研究，从理论角度把审计实践中一些新颖、超前、有思辩意义的观点和作法，加以归纳、总结、推广和提高，并指导实践，为实践服务。科研成果受到审计系统、四川省社会科学界和地方党政部门的好评。其中《经济效益审计》

和《审计质量控制》分别被审计署、四川省人民政府授予二等奖和三等奖。科研所主办了《现代审计》杂志，另编辑《四川审计情报》，主要向全国审计系统交换、传递、传播审计工作动态和国家审计情况信息。

科研所曾荣获省级先进科研单位称号。

陕西省审计研究所

陕西省审计研究所设有《陕西审计》编辑部、科研信息室和图书资料室。所长田春雨，副所长李宝玺、鄢培录。

几年来，主要从事的科研活动及取得的成果如下：

1987—1989 年，对陕甘宁边区时期的审计工作开展课题研究，出版了《陕甘宁边区的审计工作》一书，获全国首届审计论文评比一等奖。1990—1991 年，开展审计质量控制研究，着重对审计质量的标准、审计质量控制的主要内容、关键控制部位和关键控制点、方法等实务性较强的部分进行了具体系统的论述，出版了《审计质量控制概要》一书。

1992 年，参与审计署审计科研所关于一个基础、两个延伸的探讨，其中两篇论文被收录《审计工作"一个基础两个延伸"理论与实务》一书。

1991—1992 年，参与审计署审计科研所关于审计工作规范化的研究，其中《国家审计作业质量控制指南》被收入审计署审计科研所编辑的《审计工作规范理论与实务》一书。

青海省审计科研培训所

青海省审计科研培训所成立于 1984 年，为省审计局直接领导和管理的事业单位，承担审计科研、情报资料、审计干部培训、《青海审计》杂志编辑与内部发行、省审计学会秘书处日常事务等工作。设有审计科研、情报资料、干部培训、杂志编辑、学会工作五个组，现有人员 15 名，负责人张文江。

几年来完成的科研课题主要有：《我省审计工作发展趋势初探》、《审计在国民经济管理中的地位与作用》、《审计组作业规则》、《试论审计工作的"三化"问题》、《青海省审计报告编写规范》、《继续搞好"一个基础"，积极开展"两个延伸"》、《审计如何为搞好国营大中型企业服务》等。

此外，还收集审计情报，交流审计信息，编发《审计文摘与信息》，收集有关国内审计、财经资料，为审计科研提供服务；编辑《青海审计》；进行干部培训，举办电大审计专业班 3 期，审计基础知识班 31 期，审计专项业务班 8 期；具体负责省审计学会年度工作计划的编制，并组织实施、开展审计学术研究，组织经验交流。

宁夏回族自治区审计局审计科研培训中心

宁夏回族自治区审计局审计科研培训中心于 1984 年 7 月成立，负责科研、培训、信息、审计学会、电大工作站、《宁夏审计》编辑部的工作，设有科研科、信息科、培训科、电大工作站，编制 15 人，负责人陈醒民。

几年来，科研培训中心充分依靠各级审计机关、广大审计干部及宁夏回族自治区审计学(协)会，围绕党的各个时期的中心工作，密切联系我区审计工作实践，积极而卓有成效地开展了审计科学研究。组织力量，先后进行了 51 个重点课题的研究，召开了 18 次专题理论研究会，累计参加 1716 人次，收到各类学术交流材料 400 余篇。同时，还广泛地开展了群众性的审计科研活动，共撰写审计学术论文、调查报告、工作研究及审计案例分析等 700 余篇。几年间，先后有 2 篇论文分别获得中国审计学会优秀审计论文二、三等奖，有 6 篇论文获得第 3—5 届宁夏社会科学优秀成果奖，有 68 篇论文获"宁夏首次审计优秀论文奖(1983 年—1989 年)"。

(审计署科研所供稿)

审计学术团体

审计学术研究概述

中国审计学会在第二届理事会期间，根据我国经济发展的形势，安排一系列的审计理论研究重点课题，作了较为系统的研讨，取得了初步成果。

一、社会主义审计基本理论问题的研究

审计的若干基本理论问题，如社会主义审计的定义、职能等，对审计业务的建设和审计事业的发展，具有很重要的影响。但从我国建立审计工作以来，出现了多种多样的论点。这在新兴的审计理论园地中论说纷纭是有益的；但争论不一则不利于业务建设和课堂教学。因而，在1989年组织了广泛的讨论，根据我国的国情和审计实践的情况，经过反复探讨，对审计的定义、性质、对象、范围、职能、作用和任务等基本理论问题，取得意见比较集中、一致、明确的研究成果。

1. 审计的性质，是一种具有独立性的经济监督活动；

2. 审计的对象，是被审计单位的财政、财务收支及其有关经济活动；

3. 审计的职能，一种意见认为是监督；另一种意见认为除监督外，还有评价、鉴证等职能；

4. 审计的定义，可以概括为：审计是由专职机构和人员，依法对被审计单位的财政、财务收支及其有关经济活动的真实性、合法性和效益性进行审查，评价经济责任，用以维护财经法纪，改善经营管理，提高经济效益，加强宏观调控的独立性经济监督活动。

这一研究成果已在1989年《审计研究》第二期发表。它对建设我国审计的理论基础，以及引导学术研究和业务建设，起了一定的作用。

当然，这些基本理论问题涉及面广，内容丰富，随着社会主义审计工作的发展而将不断深化，所以上项意见只是初步研讨的成果，有待于经过一段时期之后，加以验证，使之更为成熟和完善。

二、审计在治理整顿和深化改革中地位、作用与任务的学术讨论

根据党的十三届五中全会提出的治理整顿和深化改革的任务，中国审计学会在1989年对此安排课题进行了学术研究。经过一些省、市审计学会分别组织研讨形成若干论点，然后在湖北省襄樊市进一步集中讨论，对加强审计监督，严肃财经法纪，提高经济效益，增强宏观控制，推动廉政建设，促进国民经济持续、稳定、协调地发展等方面做了系统的研讨。

主要论点有：

1. 关于审计的指导思想。有三种看法：一是认为必须贯彻治理整顿和深化改革的方针，为党和国家的中心工作服务，体现抓重点的精神，强化监督意识，促进国民经济持续、稳定、协调地发展；

另一种看法是，围绕五中全会提出的治理整顿和深化改革的各项任务，有计划、有重点地积极开展审计监督，严肃财经法纪，提高经济效益，加强宏观调控，推动廉政建设，促进国民经

济持续、稳定、协调地发展；

再一种看法是，既要针对治理经济环境的问题，加强财经法纪的审计；又要考虑发展经济的要求，强调促进双增双节，开展效益审计；同时，为了适应日益繁重的审计任务，还需表明充分发挥国家审计、内部审计和社会审计的群体作用。

2. 对于审计在治理整顿和深化改革的地位，大家认为，有三个方面：(1)综合性的经济监督地位；(2)宏观间接调控和微观自我约束的地位；(3)高层次监督的地位。

3. 对于审计在治理整顿和深化改革中的作用，大家认为，主要表现在以下几个方面：对社会总需求的膨胀起抑制作用；对开展双增双节和提高经济效益起促进作用；对严肃财经法纪与搞好廉政建设起威慑作用；对维护经济秩序的正常运行起制约作用；对经济改革的健康发展起保证作用；对加强宏观调控起推进作用。

4. 关于在治理整顿和深化改革中审计的重点，大家认为，最主要的是对财政金融和重点企业进行审计；以及对控制固定资产投资规模进行审计；对预算外资金进行审计。

在这个课题的研讨中，大家还认为，审计在治理整顿和深化改革中肩负着十分繁重的任务，必须采取有效措施加强审计工作。如：大力宣传审计的重要性和必要性；坚持依法审计；加强审计质量控制；搞好审计工作“三化”，以及完善审计组织体系和审计队伍的建设，等等，提出了若干建议。

三、进行审计组织体系与领导体制的探讨

由天津市审计学会和贵州省审计学会牵头，先在华北和西南地区，就社会主义审计组织体系与领导体制问题，组织了学术探讨。1991年6月，在安徽省屯溪市对这个课题集中进行研究，对社会主义各种审计组织的领导和归属关系，相互协调及与外部环境之间保持的关系，以及还需要研究解决的问题，提出了积极的建议，其要点已在1991年《审计研究》第四期刊登。

四、承包经营责任审计的研究

根据我国经济改革对企业实行承包经营的形势，学会把承包经营责任审计列为课题，由北京市审计学会牵头，组织了许多地区的审计学术组织作了研究讨论。1989年10月，在北京市的怀柔县集中进行讨论，对承包经营责任审计的特征和重点，国家审计与内部审计、社会审计进行此项审计的方式和方法，以及完善承包经营审计应当研究的问题等项，形成了研究成果和建议。编辑成专著，由中国财政经济出版社于1991年出版。其主要观点如下

1. 承包经营责任审计有一定的理论基础，这就是：(1)社会主义的公有制，以及在公有制基础上实行的有计划的商品经济；(2)实行两权分离及其形成的经济责任制；(3)以承包经营合同契约形式建立的法定行为。

2. 承包经营责任审计的主要特点是：审计主体的单一化和审计客体的多元化；审计内容的综合性以及审计时期的长期性、阶段性和连续性。

3. 承包经营责任审计的重点，有二种意见，一是主张只对承包合同的执行和终结进行审计，包括承包任务完成情况的评价，财产资金的核实，财务收支合法性的审查，以及经济责任履行情况的评价等项；二是主张对承包合同的签订也要进行审计，包括承包基数的评估，债权债务的核实等等。

4. 承包经营审计的方式，要发挥各种审计组织的整体力量来加强此项工作，如国家审计机关进行重点单位的审计；委托或授权内部审计与社会审计进行其它单位的审计；同时，企业内部审计根据自己的条件，也应开展对本企业及其内部所属单位的审计活动，等等。

在讨论中，对现行承包经营责任审计遇到的问题作了深入的探讨，如有些单位承包基数不准确，财产资金未核实，企业承包后以包代管使经营管理不健全，出现短期行为使生产后劲不足，经营变化过多对承包任务难以考核，等等；为今后完善承包经营责任制和承包经营责

任审计提出了若干有益的建议。

五、组织经济效益审计的研讨

经济效益审计是现代审计的主要内容，根据我国具体情况如何发展此项审计业务，必须理论联系实际，开展深入的研讨，以形成中国式的经济效益审计体系。中国审计学会把它作为重点课题，由湖北省审计学会牵头，组织各地审计学会广泛进行研究。通过总结实践经验，分析审计案例，从微观与宏观两个方面，就其概念、性质、范围、作用，以及审计程序、内容、方式和方法等方面，广泛地加以探讨，提出一百多篇学术论文。1992 年 4 月，在江苏省苏州市组织了专题研讨，六个大区都根据研究的成果，在会上作了学术报告；许多学者、专家也阐述了各自的看法。这次历时较长，范围较广的研究结果，对我国开展经济效益审计的重要性和必要性；对它的涵义、性质、对象和职能，实施审计的程序、方式、方法和特点，以及与相邻工作的关系等，都形成了初步的意见。此项成果除在 1992 年《审计研究》第 3 期摘要刊登外，现已编成专辑，由中国审计出版社出版。其主要论点如下：

(一)经济效益审计的重要性和必要性。

经济效益审计是现代化大生产和商品经济发展的产物，是审计发展的必然趋势；我们要发展有计划的商品经济，建立计划经济与市场经济相结合的运行机制，实行改革开放搞活的政策，从加强宏观调控和微观监督两个方面来看，都需要开展经济效益审计。

开展效益审计是审计机关紧紧围绕经济工作中心开展审计监督的重要体现；

开展效益审计能更好地适应当前搞好大中型企业的迫切需要；

开展效益审计是加强和改进审计工作的重要组成部分；

开展效益审计能够有效地提高审计人员的政治和业务素质；

社会主义国家的审计机关必须尽快跟上现代审计的步伐，积极推进效益审计的开展。

(二)经济效益审计基本理论问题。

关于经济效益审计的一些基本理论问题，如性质、对象、职能、涵义等，过去存在有若干分歧的意见，影响着理论研究和实际业务开展。经过这次广泛组织讨论，有些问题已取得一致意见，有的问题则趋于比较集中的看法，有利于今后形成适合我国情况的经济效益审计的确切概念。

1. 经济效益审计的性质。几个地区研讨的结论，都认为是“独立的经济监督活动”，即对被审计单位经济效益的形成过程、实现途径及其体现结果进行审查、评价的一种独立性经济监督活动。

2. 经济效益审计的对象。不少同志认为，财务收支审计的对象是被审计单位的财务收支过程，即主要是反映财务收支、财务状况、财务成果的会计资料；而经济效益审计的对象是被审计单位的经济活动过程及其结果，这种活动过程既包括财务活动过程，又包括其它的经济活动过程，如生产、技术、经营等领域的决策、管理等活动。

3. 经济效益审计的职能。过去有两种论点，一是只有经济监督一种职能；一是除监督外还有其它职能。通过这次讨论，取得了一致的意见，即经济效益审计具有监督、评价、鉴证等职能。

4. 经济效益审计的涵义。在讨论中，根据实践经验反复研究、分析、对比，集中为以下几种意见：

(1)经济效益审计是由独立的审计机构或人员，运用现代科学技术方法和一定标准，对国民经济再生产过程的资金运动和经济活动进行监督、评价、鉴证，确定其合理性、有效性，提出改进建议，以提高经济效益为直接目的的一种经济监督活动。(2)经济效益审计是审计者受财产所有者的委托，依据有关法律、法规和标准，对行政机关、企事业单位的经济活动进行监督、评价或鉴证，以促进其提高经济效益，加强宏观调控的一种独立性的经济监督活动。(3)经济效益审计是由审计机构或人员，依据有关法规和标准，运用审计程序和方法，对被审单位或项目的经济活动的合理性、经济性、有效性进行监督、评价和鉴证，提出建议，促进其改善管理，提高效益的一种独立性经济监督活动。(4)经济效益审计是由审计专职机构或人员，采用专门的程序和方法，取得审计证据，对照选定标准，以评价、衡量和证实被审计单位或项目经济活动所体现经济效益的优劣，以促进改善经营管理，提高经济效益，加强宏观调控的一种独立性经济监督活动。

(三)经济效益审计的程序，方式和方法的特点。

1. 项目选择。我国国家审计范围广，被审单位多，进行经济效益审计必须有计划、有重点地进行，边实践、边总结、边改进，不断提高，逐步深化。当前的主要问题之一，是选择什么单位或项目进行审计，使之对提高微观和宏观的效益都能发挥作用？华北地区课题组对选择项目提出的意见：

(1)对本地区经济发展、财政收入实现有很大影响的工商企业；(2)生产工艺不太复杂的经营性亏损企业或行业；(3)盈利逐年下降的大中型企业；(4)消耗高、严重影响经济效益的企业；(5)开工不足，达不到规模效益，或者生产过剩，产品滞销的企业；(6)投资效益不高的建设项目，等等。

2. 审计程序。(1)准备阶段，首先要确定审计目标，然后就须进行重要性、必要性、可行性的研究，还要选定适当的评价标准。(2)实施阶段，要注意经济效益审计涉及面广，问题较多，所以先要确定项目中的审计要点，按此进行检查、取证、分析、评价；其中要注意审计证据的充分性、真实性、相关性和时效性，据此逐步深入地进行分析，作出评价意见。(3)报告阶段，由于提高经济效益是被审计单位很关心的问题，所以审计报告草稿不仅要征求其意见，必要时还应由其充分讨论，提出必要的措施，再形成审计报告，这样，根据报告批准后所作出的审计决定就能顺利地被接受和执行。(4)后续阶段，是经济效益审计一般要采用的必要程序，以检查预期效果是否按时实现；一些国家审计机关委托被审单位的内审部门代为检查，及时反馈情况，也是有效的。

3. 审计方式。经济效益审计的领域较广，除涉及资金、成本、盈利等项外，还会遇到一些生产、技术、经营等问题，国家审计机关缺少工程技术与经营管理的专门人才，可以采取以下方式加以解决：

(1)有些简单的审查损失浪费的项目，只要审计人员具有一般的生产、技术、经营知识，是能够实施的；而这方面的知识是审计人员应当逐步学习和具备的；国外对审计人员就有此项要求。(2)有些较为复杂，涉及生产、工艺、经营等问题的项目，可以采取联合审计的方式，例如同被审计单位的内审机构联合或主管部门联合进行审计，由于提高效益审计是共同的要求，一般是行之有效的。(3)有些特殊的项目，审计机关在当地政府的支持下，可以向有关部门、企业、科研单位临时聘用各该项目所需的专门人才参加审计。

4. 审计方法。一些单位进行经济效益审计常常采用大量的现代管理或管理会计的方法，运用种种的数学公式或经济模型，而又不采用应有的审计程序，只按这些公式或模型所运算的结果，就作为实施效益审计的全部过程及其审计结论，使被审计单位很难执行，因此，强调效益审计的方法必须切合适用，通俗易懂，便于实施，并应考虑以下问题：

(1)经济效益审计仍要采用一般的审计方法，如审阅法、核对法、分析法、盘点法、询证法等，它既适用于财务审计，同样可用于效益审计。(2)经济效益审计为了某些项目的特殊需要，采用一些现代管理或管理会计的方法，如净现值法、价值工程法、量本利分析法、系统工程法、线性规划法、期量分析法等，其用途除选择审计重点，分析有关问题外，主要仍是取得审计证据，并应按审计项目的不同内容而适当地加以采用，如净现值法在于取得投资效果的证据，价值工程在于取得成本效益的证据，期量分析在于取得流动资金利用效果的证据等。所以，并非实施经济效益审计就一定要采用种种现代管理方法，更不是应用了这些方法才算是经济效益审计。

（四）经济效益审计与相邻工作的关系。经济效益审计与相邻工作——如财务审计、财务管理、财务分析、经济管理、经济活动分析等关系密切，借助于这些工作，才有利于经济效益审计提高时效，取得必要的参考资料，深入研究问题；但是，更应看到这些相邻工作不能代替经济效益审计，其内容并非经济效益审计的系统过程，其结果也不是经济效益审计所作出的结论。必须明确这种区分，才有利于明确经济效益审计的职能，建立经济效益审计的理论和方法体系，使此项审计工作能够独立地不断发展。

六、组织内部控制系统评审的研究

这个课题由山东省审计学会、内审学会、审计局科研所共同承担。1988年，经过学习国外经验和作了较为系统的理论研究之后，深入到潍坊市的6个企业，依据我国具体情况，形成内部控制的理论框架、控制模型及其评审方法。同时，组织部分财经院校教授、审计科研人员与企业审计人员参加研讨，构成初步的内部控制系统评审理论和实务。其后，进一步推广到济南、淄博、威海、枣庄几个地区的国家审计机关和山东省内的钢铁、一轻、化工3个系统、不同生产类型的28个企业中进行实验，证实了这种现代审计的方法不仅可以提高审计的效率和质量，并且能够促进企业改进经营管理，提高经济效益，因而得到地区和企业领导的支持与赞扬。经过为期三年的理论探索，试点实践，科学验证，系统总结之后，才取得了初步成果。1991年11月，在淄博市召开了内部控制系统评审研讨会，形成一套在理论与实务方面都比较系统的材料。这些研究成果，已在1991年《审计研究》第6期刊登。其主要论点如下：

1. 内部控制的目的，主要在于：维护财产物资的完整，保证财务收支的合法，保证会计信息的正确，保证经营决策、方针、政策和计划的贯彻执行，保证经济活动的经济性、效率性和效果性，保证实现经营目标。大家认为，内部控制的内容，就是根据这些目的而形成的控制点并组成为若干控制系统。

2. 内部控制的构成因素，主要包括组织结构、岗位责任、业务程序、处理手续、检查标准、人员素质、内部审计等项。

3. 内部控制的定义，可以表述为：内部控制是在一个单位中，为了实现经营目标，维护资产完整，保证会计信息正确，遵守国家财经法规，贯彻经营决策、方针和政策，以及保证经济活动的经济性、效率性和效果性而形成的一种内部自我调整、制约和控制的系统。

4. 内部控制的评价方法，包括两个层次，一是健全性的评价、二是符合性的评价，可以采用调查表、流程图等方法。在这个课题的研究过程中，还按企业的九个基本业务系统，提出了各个系统的控制模型的初步意见。

5. 内部控制系统的评价结果，主要用于确定审计的范围，重点和方法。

以评价内部控制系统为基础的审计方法，是现代审计的主要标志之一，将是我国审计方法的发展方向。通过这个课题研究取得的成果，可以提供审计实践参考，并在实践中加以修改完善。

中国审计学会学术活动

1989年3月在山东省召开"内部控制"课题研讨会。

1989年3月29日—4月2日在贵州省安顺市举行"审计基本理论"课题研讨会。

1989年10月17日—20日在北京市怀柔县举行"承包经营审计"课题研讨会。

1989年11月20日—23日在湖北省襄樊市召开"审计在治理整顿、深化改革中的地位、作用和任务"课题研讨会。

1990年7月、9月，"审计组织体系和领导体制问题"课题组分别在贵州、天津举行学术讨论会。

1990年举办了全国第一次优秀学术论文评选活动，共评选出一等奖论文8篇，二等奖论文33篇，三等奖论文44篇。

1990年10月由鞍山钢铁公司牵头组织讨论“审计计划”重点课题。

1990年11月，上海审计学会组织讨论“审计在国民经济监督体系中的地位和作用”重点课题。

1990年湖北省审计学会召开“经济效益审计”课题研究。

1991年8月4日—9日中国审计学会在秦皇岛举行效益审计学术研讨会。

1991年11月5日—9日，中国审计学会和中国内部审计学会在山东省淄博市召开“内部控制系统评价”专题研讨会。

1992年4月27日—5月1日中国审计学会在江苏省苏州市举行第二届第三次理事会，会议重点对经济效益审计的理论和方法进行研讨。

1992年12月在深圳、广州召开了“经济特区审计”、“境外企业审计”理论研讨会。

1993年9月在北京怀柔召开中国审计学会第三届理事会，总结了第二届理事会期间审计理论研究工作，并讨论研究制定今后学会审计理论研究的重点课题。

中国内部审计学会学术活动

中国内部审计学会在审计署党组的指导和支持下，积极贯彻党的十四大精神，遵循建立社会主义市场经济体制，转换企业经营机制，建立现代企业制度等一系列方针政策，围绕审计工作的重点开展了一些有益的活动，五年来，取得了一定的成绩。

一、发展健全学会组织

中国内部审计学会于1990年11月在宜昌召开了第一届第四次理事会，进行了换届选举。产生了第二届理事会，并于1991年7月经民政部批准，由原来的中国审计学会专业学会升为国家一级学会。1992年在昆明召开了第二届第二次理事会。几年来，进行了组织发展工作，目前，全国已有10个省、市和21个部门、行业以及一些企事业单位成立了内部审计学会，并建立了团体会员登记及会费的交纳制度。近年来，还根据我国内部审计工作的发展，对国际内部审计师协会会员进行调整和补充，参加的会员人数由原来的482人增加到550人。由于新老交替，人员的调整还在继续之中。

二、组织内部审计学术交流

1.在1990年11月宜昌会议上，对100家有优秀学术成果的单位进行了表彰，并授予“内部审计优秀成果”的称号。

2.1991年元月组织六个企业负责人和四所财经院校的审计学者进行了“经济效益审计”的理论研讨。其后编写了《内部效益审计》一书，作为内部审计人员的培训教材。

3.1991年11月在山东淄博市召开了内部控制系统评审学术研讨会。

4.1992—1993年按大区和部门组成课题组，进行了“在转换经营机制中，如何发挥内部审计的作用”的理论研讨，并在1993年10月审计署和中国内部审计学会联合召开的全国内部审计工作经验交流及学术研讨会上进行了大会交流。

5.组织境外企业审计研讨。境外企业审计是中国审计学会与中国内部审计学会共同组织研讨的课题。由广州市审计学会牵头，福建、海南等省和深圳、厦门、珠海等市的审计学会以及几所大专院校的专家学者参加，从1992年以来分别进行了专题讨论。

三、进行国际内部审计学术交流

1.参加了国际上各种内部审计的学术交流会。1989—1993年,中国内部审计学会分别派出了代表团参加了国际内部审计师协会第48—52次年会。特别值得一提的是1991年国际内部审计师协会成立五十周年,李鹏总理在1月30日向国际内部审计师协会发了贺电,高度评价了我国内部审计在改善经营管理,提高经济效益方面的重要作用。

几年来,中国内部审计学会分别派代表团先后参加在美国奥兰多、新西兰以及南太平洋地区组织的内部审计学术研讨会。1993年派人参与了国际内部审计实务标准的修订工作,并将《标准》修订本译成中文。

2.考察国外企业内部审计。几年来组织多批内部审计人员到国外考察内部审计工作。主要有美国、加拿大、澳大利亚、新西兰,还有香港地区,对国外一些大企业、集团公司的审计进行考察,从机构设置、人员配置、素质要求、审计领域、审计程序、技术方法等了解了不少好的经验,对开阔思路,取人之长很有好处。

3.接待国外内部审计专家、学者来访和学术交流。这几年我们邀请了英国、美国、澳大利亚等国家的内部审计学者、专家来我国讲学,并接待了一些国家的内部审计代表团前来访问,进行学术交流。1993年3月,国际内部审计师协会理事会主席法莱赫梯到北京访问,中国内部审计学会组织了座谈会,法莱赫梯先生在会上介绍了国际内部审计的发展趋势。

四、培训内部审计人员

培训内部审计人员,提高内部审计人员的业务素质,一直是学会的一项重要工作。几年来一直坚持办短期培训班,已培训2000多人次。1991年还办了六期厂长研讨班。同时为保证培训学术质量,促进内部审计人员知识更新,还编写了一套中国内部审计丛书,包括《企业会计学》、《企业财务管理》、《企业效益审计》、《企业财务审计》,既有理论,又有实践,可操作性强,反映较好,上述四书均已出版。

五、办好刊物,扩大宣传

《审计研究》是中国内部审计学会与中国审计学会联合办的一份审计刊物。几年来刊登了大量内部审计的稿件,若干内部审计理论和实务的稿件,由《审计研究资料》刊登。通过这两个刊物,对宣传内部审计,提高人们对内部审计的认识,提供新的内部审计理论和方法,推动内部审计工作,发挥了一定作用,是一份受广大内部审计人员欢迎的刊物。

部分审计学术团体简介

北京市审计学会

北京市审计学会于1984年11月15日成立,现有600多个团体会员单位,会员2000多人。学会会长王乃武,副会长蒋志方、杨树滋、王德升、张以宽、沈克俭,秘书长尚天林。

天津市审计学会

天津市审计学会于1985年6月28日成立。第三届理事会共有理事90人,学会会长靳祥麟、副会长管锦康、郭世懋、吕延年、庞宗荃、侯贵国、孙煌。秘书长孙煌。

上海市审计学会

上海市审计学会于1985年成立。第二届理事会共有理事47人,学会会长顾树桢、副会长汪宗熙、鲍友德、徐正旦、徐惠勇、林秋实、赵洪元、顾福佑,秘书长为沈家桢。

河北省审计学会

河北省审计学会于1984年5月23日在石家庄市成立。1991年选举产生第二届理事会,共有理事72人,会长焦荣渭,副会长刘志兰、刘德光，秘书长曹春。

山西省审计学会

山西省审计学会于1985年8月26日成立，1989年选举产生第二届理事会，共有理事93人。学会会长赵秉安，副会长马永清、董廷林。秘书长阎正民。

内蒙古自治区审计学会

内蒙古自治区审计学会于1990年8月成立。第一届理事会共有理事38人，会长钱世昌，副会长孙秉文，范遊凯。秘书长云大平。

黑龙江省审计学会

黑龙江省审计学会于1985年10月15日在哈尔滨成立，1992年1月25日选举产生第三届理事会，共有理事92人，学会会长田棻，副会长宋厚德、卢儒生、贾奎玉、范垂生、吕殿文、赵晓风、殷沛胜、谭广和、魏书松、李健青。秘书长刘中祥。

吉林省审计学会

吉林省审计学会于1985年10月15日在长春市成立，1992年1月选举产生第二届理事会，共有理事88人，学会会长刘克志，副会长董立春、李辉、袁玉岫、徐世友、胡春周、金世学。秘书长高文俊。

辽宁省审计学会

辽宁省审计学会于1985年成立，1988年7月选举产生第二届理事会。现有理事122人，会长傅万忠，副会长罗国英、闵春辉、云生才、赵捷、徐杰、沈其煜、倪友章、张国才，秘书长崔永瑞。

山东省审计学会

山东省审计学会于1985年11月24日成立，第二届理事会共有理事96人，学会会长于延浩，副会长方向、翟熙贵、李常佐、胡建学、张龙魁、谢大文、张本正、任辉、孙书堂，秘书长王泽青。

江苏省审计学会

江苏省审计学会于1985年9月12日在南京成立。1989年2月选举产生第二届理事会，共有理事72人，学会会长李松庆、副会长朱守信、张开辉、陈本相、张华，秘书长张华。

浙江省审计学会

浙江省审计学会于1985年10月20日成立，第二届理事会共有理事47人，学会会长姚雏白，副会长王道振、杨存浩、吴永昌，秘书长吴永昌。

福建省审计学会

福建省审计学会于1985年5月成立。1988年选举产生第二届理事会，共有理事72人，学会会长高匡衡，副会长张幼昌、张建民、黄时强、邱声权、杨子亨、李炎汉，秘书长徐金熙。

江西省审计学会

江西省审计学会于1985年4月成立。1988年选举产生第二届理事会，共有理事106人，会长刘仲义，副会长骆凤田、滕国荣、陈志刚，秘书长肖仁寿。

河南省审计学会

河南省审计学会于1985年4月在郑州市成立。1989年7月选举产生第二届理事会，共有理事76人，学会会长王英杰，副会长李成炎、邢德祥、王福民、王存炎、程保立、树炳亭，秘书长刘国斌。

湖南省审计学会

湖南省审计学会于1985年1月在长沙市成立，1989年4月选举产生第二届理事会。共有理事72人，会长罗思贤，副会长胡金亮、白心恕、杨鹓，许哲民、罗青育、陈本立、林宝谦、罗晓凡，秘书长张立志。

湖北省审计学会

湖北省审计学会于1985年4月在武汉市成立。1988年10月选举产生第二届理事会，1992年12月选举产生第三届理事会，共有理事151人，会长曹金祥，副会长杨时展、孔祥桢、姚建华、吴定富、陈启明、余秉立、刘瑞林、柳亚东、梁正明、彭炳南、刘宗勖、王殿仁。秘书长邓国准。

广西审计学会

广西审计学会于1985年7月成立，1990年12月选举产生第二届理事会。共有理事72人，会长覃立勋，副会长石奎、王镜芝、喻瑞祥、欧阳三。

四川省审计学会

四川省审计学会于1985年11月27日在成都市成立。1990年11月选举产生第二届理事会，共有理事100人，会长吉福仓，副会长阎承涛、詹君美、陈光汉、刘北晨、王潮源、撒寿兰、吴应熊、张思武、元毓盛。秘书长彭政。

贵州省审计学会

贵州省审计学会于1985年4月22日成立，1988年5月选举产生第二届理事会，共有理事84人，会长许自楚，副会长马三民、朱远骥、李学诗。秘书长卓慈德。

安徽省审计学会

安徽省审计学会于1985年成立，第二届理事会共选出理事86人，会长孙杰，副会长陈仲祥、刘茂贤、武尚瑞、黄惠忠、杨联、周舜臣、李有德。秘书长戴坤。

新疆维吾尔自治区审计学会

新疆维吾尔自治区审计学会于1986年2月成立，第二届理事会共有理事72人，学会会长张沫如，副会长艾山足能、黄文媛、李健智、吐尔逊·克比尔、韩清明，秘书长潘滔。

甘肃省审计学会

甘肃省审计学会第一届理事会共有理事58人，会长张培中，副会长王国祥、刘纪元、庞一娟。秘书长向全福。

陕西省审计学会

陕西省审计学会于1985年6月在西安成立。1988年11月选举产生第二届理事会，共有理事80人，会长孟宪，副会长李建言、张和林、王家彦、侯志兴、韩志有、王长水。秘书长龚松舟。

青海省审计学会

青海省审计学会于1986年1月26日成立，1992年1月30日选举产生第三届理事会，共有理事58人，会长王志玉，副会长李万柳、杨维耀、贾国明、秘书长赵连栋。

宁夏回族自治区审计学会

宁夏回族自治区审计学会于1985年9月在银川市成立。1988年10月选举产生第二届理事会，共有理事63人，会长王强，副会长易昌元、王真、任振荣、郭江源、杨润霖、平瑞华。秘书长陈醒民。

云南省审计学会

云南省审计学会于1986年6月成立。第二届理事会共有理事41人。学会会长程映宣，副会长蓝志杰、和建元、祝培礼、冯毅，秘书长马小章。

海南省审计学会

海南省审计学会于1993年6月12日成立。第一届理事会共有理事68人。会长杨辉，副会长刘桂苏、田相其、唐南椿，秘书长郭长春。

国际学术交流活动

1989年接待了美国林肯州勒卜拉斯大学的审计教授3人来访，在北京作了题为“美国会计标准与审计标准”、“内部控制及其评价方法”的学术报告。

1989年10月邀请英国肯特大学坎特伯雷学院院长约翰·格林教授来华，在京作了题为“当代绩效审计”的学术报告。

1989年11月，邀请澳大利亚审计署杨长凤局长来华作了题为“经济效益审计”的专题报告。

1989年12月，与日本九州大学和早稻田大学的教授代表团举行了审计学术研讨会。

1990年6月邀请美国佛罗里达州国际大学会计学院默特·迪坦霍夫教授来华作了“经济效益审计”的专题讲座。

1990年11月接待了美国民间审计代表团。

1993年接待了美国南加州大学的三位教授来访，在北京做了“美国审计、会计教育的发展”、“计算机审计”等学术报告。

（中国审计学会供稿）

精神文明建设

精神文明建设综述

邓小平同志说："搞社会主义现代化建设，必须是改革开放，加现代化科学技术，再加上我们的政治优势。"政治优势的重要组成部分就是精神文明建设，它是搞好经济建设的保证。

近年来，改革开放进一步促进了审计事业的发展，同时也对审计工作提出了更高的标准和要求，"加强和改善国家对经济的宏观调控，强化审计监督，使审计工作再上一个新的台阶。"是审计战线今后一个时期的目标。

署党组一班人在认真抓好各项审计工作的同时，还特别重视抓审计系统的精神文明建设。在全国审计工作会议上，多次强调：搞好精神文明建设始终是我们审计工作的一个重要方面，要坚持"两手抓"，"两手都要硬"。特别是要加强各级领导班子建设，使之成为政治原则性强、廉洁奉公、团结协作、作风民主、具有凝聚力和战斗力的领导核心。加强廉政和法制建设，使每一个审计干部都能自觉做到：懂法、守法、维护法。在社会上树立"廉洁公正、文明守纪、业务过硬"的审计干部形象。

1990年6月，审计署在北京召开全国审计机关劳动模范、先进集体电话表彰大会，对在审计工作中做出优异成绩的个人和集体进行了表彰。授予相里永桂等36名审计人员、北京市崇文区审计局等61个单位以全国审计机关劳动模范、先进集体荣誉称号。国务院秘书长罗干、国家人事部副部长程连昌、中国财贸工会主席刘培华以及财政部、北京市的有关领导也应邀出席了大会。会上，罗干同志宣读了李鹏总理致全国审计机关表彰先进大会的祝贺信，程连昌、刘培华及吕培俭审计长还分别发表了讲话。领导同志的讲话，特别是李鹏总理的贺信，充分体现了党中央、国务院对审计工作的关怀，给予了审计系统全体人员以极大的鼓舞和鞭策。通过这次表彰活动，审计战线掀起了一个"比、学、赶、超"的热潮，有力地推动了审计工作和社会主义精神文明建设的发展。

由于审计任务的不断增加，审计队伍也逐步壮大，审计署驻地方派出机构已由原来的11个增加到了16个。这些驻地方特派员办事处审计任务很繁重，大部分同志常年在审计第一线独立作战，一些办事处还处于"边组建，边工作"的阶段。因此，加强特派员办事处的思想政治工作，解决面临的种种困难，加快办事处的建设，保证各项审计任务的完成，显得尤为重要。1991年8月，审计署在大连召开了驻地方特派员办事处思想政治工作会议，与会同志学习了《审计署党组关于加强驻地方特派员办事处思想政治工作的意见》和《审计署驻地方审计特派员领导工作规划》；总结交流了各地方特派员办事处组建几年来思想政治工作的经验，并就如何进一步加强特派办思想政治工作、领导班子建设、队伍建设等问题提出了明确的要求。李金华副审计长到会并代表署党组作了题为《认真总结经验，进一步加强驻地方派出机构思想政治工作》的报告。这次会议之后，署机关及部分地方审计机关也相继召开了思想政治工作会议。

各地审计机关注重抓队伍的思想建设，普遍开展了"以廉为荣，以苦为乐"教育，形成了严于律己，自觉清廉的"小气候"。贵州省下发了

《关于开展创建文明审计机关和争做合格审计人员活动的决定》,提倡发扬"廉洁、公正、严格、奉献"精神;湖北省在机关目标管理责任制中,把建设"文明处室"作为考核工作成绩的重要标准;辽宁省大力开展"学雷锋、讲奉献、送温暖"活动,为"希望工程"捐款1.2万元;审计署机关也开展了"立足本职建功立业"、"为审计事业献计献策"、为希望工程捐款、为灾区人民捐款、捐物、为农村捐书等活动。强有力的思想政治工作,促进了审计系统精神文明建设,涌现出一大批"拒吃请、拒馈赠、遵纪守法、勇于奉献"的模范人物。审计署驻哈尔滨特派员办事处崔长起同志是精神文明建设中的杰出代表,他为维护社会治安,保卫人民群众生命财产安全,勇斗歹徒,献出了年青的生命。黑龙江省、哈尔滨市授予他"哈尔滨市勇敢市民标兵"、"市级治安模范"、"省政府直属机关优秀共青团员标兵"的荣誉称号。

各地审计机关在抓好队伍思想建设的同时,还积极开展各种健康有益的活动。举办不同形式的座谈会、运动会、联谊会、诗歌朗诵会、演讲比赛、歌咏比赛、书法比赛、知识竞赛、参观科技展览和革命老区等寓教于乐的活动,激发全体职工的政治热情、创造出和谐、活泼的工作、生活、学习环境,提高了队伍的凝聚力和战斗力。

在党的"十四大"精神鼓舞下,在审计署党组的领导和全体审计人员的共同努力下,审计系统的精神文明建设,为审计工作上一个新的台阶,起到很好的保障和促进作用。

精神文明建设文件

关于表彰全国审计机关劳动模范先进集体的决定

近几年来,各级审计机关和广大审计人员,在党中央、国务院和地方党委、政府的领导下,认真贯彻以经济建设为中心,坚持四项基本原则,坚持改革开放的基本路线,执行抓重点、打基础和积极发展、稳步提高的审计工作方针,艰苦奋斗,克服困难,勇于开拓,秉公执法,为维护财经法纪,提高经济效益,增加财政收入,促进深化改革,做出了显著成绩,涌现出一大批模范人物和先进单位。

为总结经验,鼓励先进,发扬成绩,促进审计工作的进一步发展,审计署、人事部、中国财贸工会联合召开电话表彰大会,对在审计工作中做出优异成绩的个人和集体予以表彰,特决定授予相里永桂等36名审计人员以全国审计机关劳动模范、北京市崇文区审计局等60个单位先进集体荣誉称号。这是劳动模范和先进集体的光荣,也是审计战线全体同志的光荣。

希望被授予劳动模范和先进集体称号的同志和单位,谦虚谨慎,戒骄戒躁,继续发扬艰苦奋斗、无私奉献和积极进取精神,在审计工作中做出更大成绩。

各级审计机关和全体审计人员,要以先进集体和劳动模范为榜样,大力加强思想政治工作,扎扎实实搞好精神文明建设,努力完成各项审计任务,充分发挥审计监督作用,为治理整顿、深化改革和稳定发展国民经济，做出新的贡献。

中华人民共和国审计署
中华人民共和国人事部
中国财贸工会全国委员会
1990年6月27日

吕培俭审计长在全国审计机关劳动模范、先进集体表彰大会上的讲话

（1990年6月27日）

同志们：

今天，我们在这里隆重举行由审计署、人事部和中国财贸工会联合召开的全国审计机关劳动模范、先进集体表彰大会。李鹏总理给表彰大会发来贺信，充分体现党中央、国务院对审计工作的关怀，也是对审计机关和全体审计人员的极大鼓励和鞭策。现在我代表审计署，向受到表彰的劳动模范和先进集体致以热烈的祝贺！感谢你们为我国的审计事业作出了贡献。

审计机关成立六年多来，在党中央、国务院和地方党委、政府的领导下，认真贯彻执行以经济建设为中心，坚持改革开放的基本路线，艰苦奋斗，积极开拓，做了大量工作，取得了显著成绩。审计工作对于维护财经法纪，整顿经济秩序，提高经济效益，增加财政收入，推动廉政建设，转变社会风气，发挥了积极作用。这是各级审计机关和全体审计人员勤奋努力的结果，这次大会表彰的劳动模范和先进集体是他们的优秀代表。

经过各级审计机关和广大审计人员评选出的劳动模范和先进集体，有一般干部，也有领导干部；有参加工作多年的老同志，也有比较年轻的同志；有审计业务人员，也有政治工作和行政工作人员；有县市审计局，也有司局一级单位。他们的共同特点是，政治立场坚定，认真贯彻执行党的路线、方针和政策，坚持四项基本原则和改革开放；热爱审计事业，有高度的责任感和无私奉献精神；有的刻苦钻研业务，勇于探索，勤奋工作，做出了优异成绩；有的刚正不阿，秉公执法，在维护财经法纪方面做出了突出贡献；有的严于律己，遵守职业道德和审计工作纪律，清正廉洁，自觉抵制不正之风。他们是各级审计机关和广大审计人员学习的楷模。

当前全国上下正在认真贯彻党的十三届四中全会以来党和国家一系列重大的决定。审计工作要更好地为治理整顿、深化改革服务，促进政治、经济和社会的进一步稳定发展。今年二月召开的全国审计工作会议，确定了治理整顿期间审计工作的任务、方针和目标，各级审计机关和广大审计人员都要为之实现而努力奋斗。为此，我就加强审计机关和审计队伍建设问题讲几点意见：

第一，认真学习马列主义，毛泽东思想和邓小平同志等老一辈无产阶级革命家的著作。马克思主义是党的路线、方针和政策的理论基础，是认识世界和改造世界最有力的武器，是做好审计工作的根本指导思想，我们一定要密切联系实际认真学习。当前学习的重点是马克思主义哲学，在掌握科学的世界观和方法论上下功夫。通过学习坚定无产阶级立场，正确贯彻四项基本原则和改革开放，经得起政治风波的考验。要学会运用辩证唯物主义和历史唯物主义的观点和方法观察分析形势，提高执行党的基本路线的自觉性和解决实际问题的能力，推动审计事业的发展。各级审计机关要把学习马克思主义列入重要议事日程，形成制度，长期坚持。

第二，刻苦钻研业务，提高工作水平。为使审计队伍的素质适应经济工作方针、政策，学习宏观经济管理知识，学习审计业务知识。各级审计机关要组织审计人员到实践中锻炼，鼓励探索创新，边工作，边学习，边总结，边提高。要解决好工作同学习的矛盾，抽调人员特别是各级领导骨干进行培训，提高他们的政策、思想和工作水平，更好地完成审计工作任务，进一步发挥审计监督在治理整顿和深化改革中的作用。

第三，加强思想政治工作，深入持久地开展学习雷锋的活动。要加强形势教育，积极维护安

定团结和社会的稳定。要加强基本国情的教育，深刻认识我国实行社会主义制度的历史必然性，坚定走社会主义道路的信念。要加强全心全意为人民服务的教育，正确对待金钱、名誉和地位，树立正确的人生观。要在各自的岗位上开展学习雷锋的活动，特别是各级领导干部要以身作则，率先垂范，人人争做雷锋式的审计人员。

第四，加强廉政建设。审计机关是搞经济监督的，在廉政建设方面应当有更严格的要求。我们这支队伍在廉政方面的形象，总的说是好的。我们要保持和发扬艰苦奋斗，廉洁奉公的精神，自觉遵守审计职业道德和工作纪律，树立起廉洁、公正、严格、有奉献精神的好作风，代代相传。

第五，改进工作作风，密切联系群众。要认真贯彻执行《中共中央关于加强党同人民群众联系的决定》，组织审计人员特别是领导干部，采取多种形式深入基层，结合审计业务开展调查研究，听取群众意见，了解实际情况，总结好的经验，帮助解决问题。机关干部下基层要有甘当小学生的精神，虚心向基层工作同志和群众学习，汲取营养，丰富提高自己。下基层一定要注重实效，防止搞形式主义，并要形成经常制度。

同志们，这次表彰大会是对审计机关和审计队伍建设的一次检阅，也是对审计工作的一个推动。希望受到表彰的单位和同志，遵照李鹏总理的指示，谦虚谨慎，戒骄戒躁，密切联系群众，进一步发挥带头、骨干和桥梁作用，做出新的贡献。审计战线要掀起一个个人与个人，单位与单位之间比先进，学先进，赶先进的革命竞赛，加强精神文明和物质文明建设，推动社会主义审计事业不断向前发展。

国家人事部程连昌副部长在全国审计机关表彰先进大会上的讲话

（1990年6月27日）

同志们：

全国审计机关劳动模范、先进集体表彰大会今天在这里隆重召开，我谨代表国家人事部，向表彰大会表示热烈祝贺！向受到表彰的36名劳动模范和60个先进集体致以崇高的敬意！并借此机会，向全国审计机关广大干部职工表示亲切的慰问。在全国认真贯彻党的十三届四中全会以来重大决定和七届人大三次会议精神，进一步治理整顿，深化改革的新形势下表彰在审计工作中为人民做出突出贡献的先进个人和集体，是非常有意义的。

审计工作，在我国社会主义建设事业中，具有特别重要的地位和作用。近些年来，各级审计机关和广大审计人员在党中央、国务院的领导下，认真贯彻执行治理整顿，深化改革的方针，克服困难忘我工作，在增加国家财政收入，提高经济效益，整顿经济秩序，维护财经纪律，查处违纪行为，促进廉政建设等方面，发挥了积极的作用，取得了显著成效，为维护社会的政治、经济的稳定，作出了重大的贡献。

这些成绩的取得是与审计机关广大干部职工艰苦奋斗，团结协作，恪尽职守，无私奉献分不开的。这次大会表彰的先进模范人物和集体，就是他们中的优秀代表。他们认真学习马列主义、毛泽东思想，自觉执行党的路线、方针和政策；他们有高度的政治觉悟，立场坚定，坚持四项基本原则，旗帜鲜明地反对资产阶级自由化，自觉维护团结和稳定的大局；他们中有的以雷锋和新时代的雷锋张子祥为榜样，在平凡的岗位上作出了不平凡的事迹；有的尽职尽责，一丝不苟，年年超额完成各项审计工作任务，一审二帮三促进，取得了明显的经济效益；有的为政清廉，一身正气，依法审计，不徇私情，敢于向违法违纪行为和不正之风作坚决的斗争；有的热爱审计事业，言行身教培养人才，钻研业务，勇于开拓，在审计科研、教育方面创造了丰硕的成果；还有的严于律己，以身作则，善于做思想政治工作。重视抓革命传统和职业道德的教育，团结干部职工共同奋斗。他们不愧是审计战线的模范和表率。

为适应改革开放，促进经济建设的需要，审

计工作发展得很快，在治理整顿期间审计部门又面临着艰巨繁重的任务，因此，加强审计队伍自身的建设，尤为重要。我们高兴地看到，各级审计部门在队伍建设方面，作了大量的卓有成效的工作，一手抓审计监督，一手抓精神文明建设。如：深入进行国情教育，开展学习雷锋和张子祥的活动；建立健全内部管理制度，实行目标管理责任制和岗位责任制；贯彻《中共中央加强同人民群众联系的决定》，制定改进工作作风，加强廉洁奉公，为人民服务的措施；有计划有组织地开展专业培训教育等，这些工作，对促进审计机关干部职工队伍的政治、业务素质和管理水平的提高，加强审计队伍的建设，保证审计事业顺利发展，具有十分重要的意义。

我相信，通过这次表彰活动，大力宣传审计机关劳动模范和先进集体的先进事迹，树立典型，掀起一个"学先进，比先进，赶先进，超先进"的热潮，必将推动审计工作和社会主义精神文明建设的新发展。

我衷心希望，受到表彰的全国审计机关劳动模范和先进集体，谦虚谨慎、戒骄戒躁、再接再励，保持和发扬成绩；希望审计机关广大干部职工，学习劳动模范的先进思想和先进经验，发扬艰苦奋斗，开拓进取的革命精神，献身审计事业，为我国四化建设贡献更大的力量。

中国财贸工会主席刘培华在全国审计机关表彰会上的讲话

（1990年6月27日）

同志们：

在我们党诞生六十九周年的前夕，在全国政治、经济和社会进一步稳定发展的形势下，国家审计署、人事部、中国财贸工会今天在这里召开全国审计机关劳动模范、先进集体电话表彰会，授予36位同志全国审计机关劳动模范、60个单位全国审计机关先进集体的光荣称号。这对于进一步加强审计机关的队伍建设、完成审计机关肩负的光荣任务，必将产生积极作用和深远影响。在此，我代表中国财贸工会向受到表彰的劳动模范和先进集体表示热烈的祝贺，向兢兢业业、任劳任怨战斗在全国各地的广大审计职工表示亲切的问候！

审计工作在国民经济和四化建设中占有十分重要的地位，对于加强国家资金和有关经济活动的审计监督，对于严肃财经纪律、维护经济秩序、推进廉政建设、提高经济效益、保证改革开放和四化建设的顺利进行，都具有极为重要的作用。几年来，广大审计职工在党中央、国务院领导下，认真贯彻党的方针、政策，以经济建设为中心，坚持四项基本原则，坚持改革开放，艰苦奋斗，依法审计，为推动治理整顿、深化改革、发展经济，为维护正常的经济秩序和社会的安定，做出了积极的贡献。

这次表彰的劳动模范和先进集体是审计机关广大职工的优秀代表，他们的先进思想和模范事迹集中体现了全体审计职工坚定的政治立场、严明的组织纪律、良好的职业道德、高度的主人翁责任感和朴素的工作作风。我们深信，通过这次表彰先进，树立榜样，交流经验，在审计机关必将形成一个见先进就学的浓厚气氛，掀起一个学先进的热潮，推动审计工作的发展。

同志们，党的十三届六中全会和全国人大七届三次会议提出进一步发扬党的优良传统，紧密联系群众，充分相信群众，发挥职工群众的积极性，继续落实治理整顿和深化改革的任务，以促进国民经济持续、稳定、协调地发展。新的形势和任务要求审计机关更加有效地做好审计工作。刚才，国务院罗干秘书长宣读的李鹏总理代表党中央、国务院为表彰会所写的贺信，对审计工作已经取得的成就作了充分的肯定，对审计机关今后的任务提出了明确的要求。这对于全国各级审计机关和广大审计职工既是极大的鼓舞也是殷切的期望。我们广大审计职工，在党中央和国务院的领导下，在各级党委和政府的领导下，一定会贯彻落实好两会精神，贯彻落实好总理贺信精神，增强主人翁责任感，发挥主人翁积极性，加强对国家资金和有关经济活动的审计监督，保证治理整顿和深化改革的顺利进行；一定会不断增强民主参与、民主监督的能力。围绕审计监督任务，广泛开展合理化建设活动，参与审计工作的管理；一定会进一步强化职业道德，努力提高自身的素质和水平，廉政勤政，提高服务质量，去实现既定的目标。

劳动模范、先进集体是审计职工队伍中的骨干和中坚，希望同志们以这次受到表彰为新起点，加强学习，努力实践，团结群众，创造新成绩，取得新经验，为发展审计工作做出新贡献。

各级财贸工会和审计机关的工会组织，各级审计主管部门，要更多地关心、支持和爱护劳动模范和先进集体，为他们创造更好的工作环境和工作条件；同时要大力宣传他们的先进思想和先进经验，让这些先进思想和经验普及开来，在全国审计机关中开花结果。

同志们，我们坚信，在这次表彰会的推动下，蕴藏在广大审计职工中的社会主义积极性必然进一步迸发出来，齐心协力，为实现治理整顿和深化改革的任务，为我国政治、经济、社会的稳定发展，做出更大的贡献！

谢谢。

全国审计机关表彰大会代表的倡议书

（1990 年 6 月 27 日）

全国审计机关广大职工同志们：

在中国共产党建党六十九周年的前夕，审计署、人事部、中国财贸工会联合召开全国审计机关劳动模范、先进集体电话表彰大会，授予 36 名劳动模范和 60 个先进集体荣誉称号，这是我国审计机关的一件大事。李鹏总理给大会发来贺信，充分体现党中央、国务院对审计工作的关怀和鼓励，使我们感到无比激动和振奋。请允许我们代表全体劳动模范和先进集体向领导和同志们表示衷心的感谢。

我们被评为劳动模范和先进集体，感到十分光荣。我们深知，荣誉是各级党政领导、各级审计机关和广大审计人员共同艰苦努力取得的，我们只是做了应做的工作，光荣应当属于党，属于审计战线的全体同志。我们一定戒骄戒躁，谦虚谨慎，再接再励，积极进取，努力工作，创造更为优异的成绩。

今年是九十年代的第一年，是我们国家治理整顿、深化改革关键性一年。我们要认真贯彻执行党的十三届四中、五中、六中全会决定和七届人大三次会议精神，努力完成各项审计任务，为治理整顿、深化改革和稳定发展国民经济，为实现社会主义现代化的战略目标，进一步作出贡献。为此，我们代表全体劳动模范、先进集体向全国审计机关和广大职工提出如下倡议：

一、认真学习马列主义、毛泽东思想，坚定政治立场，坚持四项基本原则和改革开放，反对资产阶级自由化。

二、热爱审计事业，刻苦钻研业务，积极探索，勇于实践，勤奋工作，讲求实效，努力做好本职工作。

三、保持和发扬艰苦奋斗、廉洁奉公的优良传统，自觉遵守审计职业道德和工作纪律，坚持依法审计原则，坚持同违法违纪行为、损失浪费和消极腐败现象作斗争。

四、深入开展学习雷锋的活动，全心全意为人民服务，树立起廉洁、公正、严格、有奉献精神的好作风。

全国审计机关劳动模范名单

（1990 年）

北京市审计局宣武分局

相里永桂

天津市河北区审计局

刘慈麟（女）

河北省永年县审计局

张从贤

山西省晋城市郊区审计局

都成器

山西省阳泉市审计局

刘喜红
内蒙古自治区镶黄旗审计局
明珠尔(蒙古族)
辽宁省岫岩满族自治县审计局
姜学明
辽宁省新宾满族自治县审计局
郑文革
吉林省长春市审计局
李瑞莲(女,满族)
黑龙江省依兰县审计局
李玉坤
上海市青浦县审计局
顾建平
江苏省无锡市审计局
孙海涛
浙江省泰顺县审计局
吴成煦
安徽省萧县审计局
吕轩法
福建省永春县审计局
苏德才
江西省崇仁县审计局
刘宝林
山东省安丘县审计局
陈奎升
河南省卫辉市审计局
何宪景
湖北省黄冈县审计局
吴子清
湖北省保康县审计局
徐昌莲(女)
湖南省双牌县审计局
刘桂娣(女)
广东省龙门县审计局
何咏棠
广西壮族自治区横县审计局
李宗燕
海南省审计局
唐南椿
四川省忠县审计局
杨前进
贵州省开阳县审计局
卢永康
云南省曲靖地区行政公署审计处
许 任
西藏自治区昌都地区审计局
嵇晓光(女,朝鲜族)
陕西省三原县审计局
王捷藩
甘肃省天水市北道区审计局
胡尚志
青海省贵南县审计局
乔树兴
宁夏回族自治区中卫县审计局
李天凤
新疆维吾尔自治区疏附县审计局
沙吾提·玉买尔(维吾尔族)
审计署综合司
张晓东
审计署农林文教司
厉 萍(女)
审计署驻机械电子部审计局
钟复生

全国审计机关先进集体名单

(1990 年)

北京市崇文区审计局
北京市门头沟区审计局
天津市审计局直属分局审计三科
天津市红桥区审计局
河北省保定市审计局
河北省遵化县审计局
山西省万荣县审计局
山西省交口县审计局
内蒙古自治区临河市审计局
内蒙古自治区哲里木盟审计处
辽宁省大连市审计局

辽宁省盖县审计局
吉林省四平市审计局
吉林省吉林市审计局
黑龙江省哈尔滨市审计局
黑龙江省绥化地区行政公署审计处
黑龙江省牡丹江市审计局
上海市审计局工交审计一处
上海市长宁区审计局
江苏省徐州市审计局工交审计科
江苏省沭阳县审计局
江苏省武进县审计局
浙江省杭州市审计局
浙江省义乌市审计局
浙江省慈溪县审计局
安徽省芜湖市审计局
安徽省阜阳地区行政公署审计局
福建省厦门市审计局
江西省宜春地区行政公署审计局
江西省宁都县审计局
山东省淄博市审计局
山东省平邑县审计局
山东省烟台市审计局
河南省南阳地区审计局
河南省周口地区审计局
湖北省武汉市审计局
湖北省枝江县审计局
湖南省汉寿县审计局
湖南省鄗县审计局
广东省广州市审计局
广东省郁南县审计局
广西壮族自治区柳州地区行政公署审计局
广西壮族自治区防城各族自治县审计局
海南省海口市审计局
四川省自贡市审计局
四川省三台县审计局
四川省重庆市南岸区审计局
贵州省仁怀县审计局
贵州省荔波县审计局
云南省大理白族自治州审计局
云南省禄丰县审计局
陕西省渭南地区审计局
陕西省户县审计局
甘肃省民勤县审计局
青海省海东地区行政公署审计局
宁夏回族自治区平罗县审计局
新疆维吾尔自治区克拉玛依市审计局
新疆维吾尔自治区乌苏县审计局
审计署驻上海特派员办事处审计二处
审计署驻济南特派员办事处审计三处

关于评选全国审计系统先进集体、劳动模范和先进工作者的通知

（审人发〔1993〕115号）

各省、自治区、直辖市审计局、人事（劳动人事）厅（局）：

为贯彻落实党的十四大关于强化审计监督的精神，充分发挥审计监督在社会主义市场经济体制和经济管理中的作用，推动两个文明建设，总结经验，树立典型，鼓励先进，发扬成绩，审计署、人事部决定，召开全国审计系统先进集体、劳动模范和先进工作者表彰大会。现将有关事项通知如下：

一、评选的范围和名额

先进集体的评选范围为全国审计系统的机关、事业单位。

劳动模范和先进工作者的评选范围为全国审计系统干部、工人（不含内审和社会审计组织和个人）。对工人授予劳动模范称号，对干部授予先进工作者称号。

推荐表彰的名额见附表一。

二、评选条件

（一）先进集体：

1、自觉坚持党的基本路线，遵守国家的法律、法令。

2、班子团结，在群众中威望高，并能结合审计工作和本单位实际卓有成效地开展思想政治工作。

3、有开拓创新精神，审计工作成绩优异；为政清廉，自觉抵制各种不正之风方面有突出表现。

4、重视人才培养，并取得显著成绩。

（二）劳动模范和先进工作者：

1、自觉坚持党的基本路线，在政治上、思想上、行动上与党中央保持一致。

2、在工作中能坚持原则，忠于职守，依法审计，能充分发挥业务骨干和模范带头作用。

3、热爱审计事业，出色地完成本职工作和各项任务，有突出贡献。

4、廉洁奉公，团结同志，为人正派，敢于向社会各种不良倾向做坚决斗争。

三、评选的方法和要求

审计系统先进集体、劳动模范和先进工作者由各省、自治区、直辖市审计部门、人事部门统一组织评选，报审计署、人事部审批。

评选、推荐工作采取自下而上逐级推荐审核上报，要注意重点评选推荐基层单位和一线职工。要认真做好组织、宣传工作，通过评选活动，向广大职工进行一次热爱审计事业的教育。

请各省、自治区、直辖市于1993年7月31日以前，将评选出的先进集体、劳动模范和先进工作者的登记表和先进事迹材料（一式五份），以及劳动模范和先进工作者二寸黑白免冠平光纸近照三张报审计署人事教育司。事迹材料要实事求是，重点突出，内容具体，文字准确，字数在3000左右。

四、奖励办法

按照"以精神奖励为主，物质奖励为辅"的原则，对评选出的劳动模范，授予"全国审计系统劳动模范"称号，对评选出的先进工作者授予"全国审计系统先进工作者"称号，颁发奖章和证书，享受部、省级劳动模范和先进工作者待遇；对先进集体授予"全国审计系统先进集体"的称号，颁发奖状。

五、组织领导

全国审计系统表彰先进集体、劳动模范和先进工作者，是审计系统的一件大事，是庆祝审计事业开创十周年的一项重要内容，时间紧、政策性强，请各地审计、人事部门加强领导，精心组织，认真评选。保证评选表彰工作顺利进行。

为搞好这次评选表彰活动，由审计署、人事部的领导同志和有关单位负责人组成全国审计系统先进集体、劳动模范和先进工作者评选表彰领导小组。领导小组下设办公室负责日常工作，办公地点设在审计署人事教育司。

六、这次表彰大会拟与全国审计工作会议同时召开。邀请先进集体代表、劳动模范和先进工作者到京参加会议。具体事宜另行通知。

附表：（略）

关于推荐全国审计系统先进集体、劳动模范和先进工作者的通知

（审人干字〔1993〕59号）

署机关各单位，各特派员办事处，驻国务院部门审计局、审计特派员办公室，南京审计学院：

根据审人发[1993]115号通知精神，为迎接全国审计系统先进集体、劳动模范和先进工作者表彰大会的召开，做好署机关、派出机构的推荐工作，现将有关事项通知如下：

一、推荐的范围和名额

根据规定，分配给署机关、派出机构推荐表彰的先进集体2个，劳动模范或先进工作者名额1个。署机关各厅、司、局，直属事业单位，驻国务院部门审计局、审计特派员办公室，各特派员办事处，南京审计学院可各推荐先进集体1个，劳动模范或先进工作者1名。先进集体只推荐处级单位，劳动模范和先进工作者必须是在审计机关工作一年以上的职工。

由于人员编制、机构设置等情况的不同，各单位可根据实际决定推荐或不推荐。

二、推荐先进集体、劳动模范和先进工作者的条件按审人发[1993]115号通知第二项执行。

三、推荐的方法和步骤

推荐工作，要依据评选推荐条件和名额，采

取领导与群众相结合的方法进行，切实做到事实准确，评价恰当，群众公认。

各单位推荐的先进集体、劳动模范和先进工作者先报署参加统一评审，产生出署机关、派出机构的先进集体2个，劳动模范或先进工作者1名后，再参加全国审计系统的评审。请各单位于1993年6月30日前将登记表（样式附后）一式三份，先进事迹材料（3000字左右）一式五份，报署人事教育司。

附件（略）。

关于成立全国审计系统表彰会领导小组的通知

（审人发〔1993〕306号）

人事部，各省、自治区、直辖市审计局（厅），署机关各单位：

根据审人发[1993]115号文件精神，为开好全国审计系统先进集体、劳动模范和先进工作者表彰会议，经审计长办公会研究决定，成立全国审计系统表彰会领导小组，领导小组下设办公室（设在署人事教育司），负责承办日常工作。

领导小组成员名单：

组长：吕培俭

副组长：郭振乾

副组长：程连昌（人事部常务副部长）

成员：马怀平

刘达朱

杨池生

程四林（人事部考核奖惩司司长）

办公室成员名单：

主任：马怀平

成员：于少庭

刘天贵

周和平（人事部奖惩处处长）

张　艳（人事部奖惩处副处长）

审计署、人事部关于表彰全国审计机关先进集体和先进工作者的决定

（审办发〔1993〕338号）

各省、自治区、直辖市审计厅（局）、人事（劳动人事）厅（局）：

近几年来，在党中央、国务院和地方党委、政府的领导下，各级审计机关和广大审计职工认真贯彻执行党的基本路线和十四大精神，解放思想，实事求是，艰苦奋斗，精心探索，围绕加快改革开放和经济发展，积极开展审计监督，取得显著成绩，涌现出一批先进集体和先进个人。

为表彰先进，激励广大职工以更高的热情做好审计工作，进一步推动审计机关的两个文明建设，审计署、人事部决定：授予北京市审计局外资外贸审计分局等51个单位“全国审计机关先进集体”称号，授予王满贵等31名同志“全国审计机关先进工作者”称号。

希望受表彰的集体和个人，谦虚谨慎，戒骄戒躁，继续发扬成绩，争取更大光荣。各级审计机关和全体审计职工，要以先进模范为榜样，认真学习贯彻邓小平同志建设有中国特色社会主义的理论和党的十四届三中全会精神，适应加快改革的要求，进一步加强和改进审计工作，充分发挥审计监督在维护国家财经法纪和经济秩序，监督宏观调控措施的落实，促进完善宏观管理等方面的作用。要坚持两手抓、两手都要硬的方针，大力加强思想政治工作和廉政建设，积极投身反腐败斗争，为加快改革开放和现代化建设作出新的贡献。

中华人民共和国审计署

中华人民共和国人事部

一九九三年

全国审计机关先进集体名单

（1993年）

北京市审计局外资外贸审计分局
北京市房山区审计局
天津市红桥区审计局
河北省涿州市审计局
河北省丰南县审计局
山西省长治市审计局
山西省文水县审计局
内蒙古自治区赤峰市审计局
内蒙古自治区临河市审计局
辽宁省盖州市审计局
辽宁省昌图县审计局
吉林省四平市审计局
黑龙江省牡丹江市审计局
黑龙江省哈尔滨市审计局
上海市松江县审计局
江苏省南京市审计局
江苏省灌云县审计局
浙江省杭州市审计局
安徽省淮南市审计局
安徽省五河县审计局
福建省建瓯市审计局
江西省南昌市审计局
江西省瑞金县审计局
山东省淄博市审计局
山东省烟台市审计局
山东省青州市审计局
河南省南阳地区审计局
河南省巩义市审计局
湖北省应城市审计局
湖北省襄樊市审计局
湖南省江华瑶族自治县审计局
湖南省汉寿县审计局
广东省珠海市审计局
广西壮族自治区柳州市审计局
海南省三亚市审计局
四川省重庆市审计局
四川省渠县审计局
贵州省遵义县审计局
云南省禄丰县审计局
云南省宣威县审计局
西藏自治区日喀则地区审计局
陕西省咸阳市审计局
陕西省神木县审计局
甘肃省灵台县审计局
甘肃省民勤县审计局
青海省海西蒙古族藏族自治州审计局
宁夏回族自治区银南地区审计局
新疆维吾尔自治区乌鲁木齐市审计局工交科
新疆维吾尔自治区英吉沙县审计局
审计署驻铁道部审计局运输审计处
审计署驻济南特派办企业审计二处

全国审计机关先进工作者名单

（1993年）

北京市	王满贵
天津市	张津生
河北省	林治先
山西省	罗永福
内蒙古自治区	李本成
辽宁省	戚长翰
吉林省	陈庆义
黑龙江省	王玉润
上海市	罗　新（女）
江苏省	刘灿经
浙江省	吴治中
安徽省	王九龄
福建省	蔡贤赞
江西省	彭纪芳
山东省	高福林
河南省	张河阳
湖北省	刘宗勖
湖南省	何忠民（女）

广东省	何丽娟(女)	陕西省	白鸿治
广西壮族自治区	韦时猛(壮族)	甘肃省	肖德肃
海南省	王志新	青海省	孙培德
四川省	李文洲	宁夏回族自治区	仇华培
贵州省	滕代福(侗族)	新疆维吾尔自治区	刘元西
云南省	环向寅	审计署直属机关	袁德平
西藏自治区	丹珍多杰(藏族)		

审计工作大事记

一九八九年

1月

4日，李鹏总理对我署1988年12月23日上报的《关于清查中央国家机关今年九、十月份节日滥发钱物问题的报告》批示："由审计署写一通报，点名批评几个管钱、管物、有钱、有物的单位见报。"根据李总理的批示，我署草拟了《关于清查九、十月份节日滥发钱物情况的通报》稿和新闻发布稿。12日，经国务院总理办公会议讨论通过。14日，《人民日报》头版作了报道。

9日至10日，我署召开驻国务院各部门派出机构负责人会议，研究1989年各单位审计工作计划。罗进新副审计长参加了会议。

16日至20日，全国审计工作会议在北京举行。19日，国务院总理李鹏、副总理姚依林接见会议代表，听取汇报并作了重要指示。这次会议主要内容：贯彻党的十三届三中全会精神，总结五年审计工作经验，研究部署1989年审计工作，更好地为治理整顿和改革服务。

2月

11日，人事部以人中编发[1989]7号文，批复我署设立10个事业单位，编制286人。10个单位是：审计科研所、审计干部培训中心、烟台培训基地、计算机室、文印室、机关招待所、机关幼儿园、审计事务所、审计出版社、机关服务中心。

14日，我署印发李鹏总理、姚依林副总理接见全国审计工作会议代表时作的重要指示，请各省、自治区、直辖市和计划单列市审计局组织认真学习，并结合实际情况贯彻执行。

18日，根据国务院关于清理固定资产投资在建项目的有关要求，我署与国家计委联合发出《关于对停缓建项目进行跟踪审计的通知》，要求各级审计机关对已决定停缓项目进行跟踪审计。同日，我署发出《关于建立重大违纪案件报告制度的通知》，决定从1989年起，在全国建立审计查处重大违纪案件的报告制度。

24日，我署向国务院呈报《关于审计五大公司的汇报提纲》。3月3日，李鹏总理、姚依林副总理听取我署审计五大公司情况汇报，吕培俭审计长作了汇报。

3月

20日至4月4日，全国人大七届二次会议在北京举行，吕培俭审计长作为江西省全国人大代表出席会议。

29日，我署向人事部报送《审计署试行国家公务员制度的实施方案》。4月4日，人事部以人录发[1989]7号文件批复，原则同意我署的实施方案。

4月

5日至6日，全国省委书记、省长会议在北

京举行，吕培俭审计长参加会议。

7日，中央政治局常委会议讨论清理整顿公司问题。会上，吕培俭审计长汇报了我署审计五大公司的情况。

20日，吕培俭审计长召开署务会议，部署贯彻七届人大二次会议精神，强调在治理整顿中要进一步加强审计工作，在宏观方面发挥审计监督作用。

26日，根据《国务院办公厅转发审计署关于在部分城市增设审计特派员报告的通知》精神，我署与人事部联合发文，确定在天津、太原、深圳、西安四城市增设审计特派员及其办事处。

27日，李鹏总理主持召开国务院常务会议，讨论审计五大公司问题，吕培俭审计长、李金华副审计长、办公厅高奇同志参加了会议。

30日，吕培俭审计长会见应监察部邀请前来访问的匈牙利监察委员会主席巴拉依·拉斯洛，双方介绍了各自的工作情况。

5月

15日至31日，以郑力副审计长为组长的国务院清理固定资产在建项目检查组，赴广东、广西、海南检查压缩固定资产投资规模情况。

29日至6月3日，吕培俭审计长赴海南省，完成李鹏总理交办任务。

6月

9日，我署致信党中央、国务院、中央军委，表示坚决拥护平息反革命暴乱的重大决策。

12日，署机关召开全体党员大会，传达学习党中央、国务院关于平息反革命暴乱的重要指示。同日，崔建民副审计长带领我署慰问组，前往总参装甲兵部慰问解放军某部戒严部队，并赠送了慰问品。

12日至21日，以郑力副审计长为团长的中国审计代表团，出席在西柏林召开的最高审计机关国际组织第十三届大会。会议期间，代表团还出席了最高审计机关亚洲组织第十四届理事会，并同一些国家审计机关负责人进行了双边友好活动。

19日至7月2日，署特邀顾问、中国内部审计学会会长祁田同志，率代表团赴美国参加国际内部审计师协会第48届年会，并考察了内部审计工作情况。

21日，吕培俭审计长签署中华人民共和国审计署第一号令，发布实施《中华人民共和国审计条例施行细则》。

22日至24日，吕培俭同志出席党的十三届四中全会，于明涛、罗进新同志作为中顾委委员和中纪委委员列席会议。

7月

5日，吕培俭审计长主持召开审计长扩大会议，学习讨论党的十三届四中全会文件，研究提出在审计工作中贯彻执行的具体措施。同日，吕培俭审计长签署中华人民共和国审计署第二号令，发布实施《关于社会审计工作的规定》。

17日，中央政治局会议讨论审计五大公司问题，吕培俭审计长列席会议并作了汇报。

25日，根据李鹏总理对徐州电厂电煤供应有关问题的批示，我署会同能源部进行了调查，向李鹏总理呈报《关于徐州电厂电煤供应问题的调查报告》。

26日至28日，我署在北京怀柔培训基地召开部分省市审计局和特派员办事处同志参加的停缓建项目跟踪审计座谈会，交流经验，提出今后工作意见。吕培俭审计长、郑力副审计长、国家计委陈光健副主任参加会议并讲了话。

29日至8月2日，我署在北京怀柔培训基地召开驻地方审计特派员会议，讨论对消费基金过快增长进行审计调查问题，确定经常性审计重点单位，以及加强办事处建设等问题。吕培俭审计长和李金华、郑力副审计长参加会议并讲了话。吕审计长在讲话中强调要严格审计执法。

8月

15日，李鹏总理主持召开国务院全体会议，通报经济情况，部署今后几个月的工作。会上，吕培俭审计长通报了我署对五大公司的审计结果。16日，中央电视台新闻联播节目播送了这一条消息。17日，《人民日报》等报纸作了报道。

19日，我署向国务院呈报《关于对停缓建固定资产项目跟踪审计情况的报告》。9月3日，国务院办公厅转发了这一报告。

31日，根据李鹏总理批示，我署对中信集团兴业公司出口电解镍问题进行了调查，向李鹏总理呈报《关于对电解镍"退运"情况的调查报告》，李鹏总理圈阅。同日，我署与国家计委联合发出《关于开展基本建设项目联合审计的通知》，确定对山东横石电厂等八个重点基建项目进行联合审计。

9月

5日，我署发出《关于对中央部门及其企事业单位和地方政府财政收支实行经常性审计监督的通知》，决定从1989年起，对中央部门及其直属企事业单位、金融机构和省、自治区、直辖市和计划单列市政府财政收支，分批实行经常性审计监督。第一批实行经常性审计的单位有442个。

12日，我署向李鹏总理呈报《关于对路脱斯工厂审计问题的报告》。20日，李鹏总理圈阅。同日，郑力副审计长带领基建检查组再次赴广东、广西、海南，检查压缩固定资产投资规模情况。

13日至18日，我署在北京怀柔培训基地召开各省、自治区、直辖市审计局长座谈会，研究在审计工作中贯彻党的十三届四中全会精神，以进一步加强审计监督，为治理整顿和惩治腐败服务。吕培俭审计长讲了话。

21日，国务院清理整顿公司领导小组决定，由我署牵头对华洋公司、南亚国际实业公司和华兰德国际工程技术公司进行检查。26日，我署审计长会议作了具体安排，确定由李金华副审计长负责这项工作。

27日，根据田纪云副总理的批示，我署对河北冀县供销社和农业部门的良棉厂进行了审计调查，向田副总理呈报了《关于对冀县棉花经营中非法牟利问题的调查报告》。

10月

3日至13日，巴基斯坦副审计长哈立德·拉菲克率审计代表团来京参加"中巴审计专题研讨会"。12日，吕培俭审计长会见了代表团全体成员。

12日，我署向党中央呈报《关于审计署恢复党组的请示》。12月20日，党中央以中委[1989]219号文，同意我署恢复党组，吕培俭同志任党组书记。同日，中央组织部以组任字[1989]65号文，同意崔建民、罗进新、李金华、郑力同志任党组成员。

29日，我署发出《关于对集体经济组织进行审计问题的通知》，就审计集体经济组织的有关问题作出规定。

30日至11月3日，吕培俭审计长参加中央工作会议。

11月

6日至9日，吕培俭同志出席党的十三届五中全会，于明涛、罗进新同志作为中顾委委员和中纪委委员列席会议。

14日，我署与人事部、中国财贸工会联合发出《关于召开全国审计系统劳动模范先进集体表彰大会的通知》,决定于1990年6月召开全国审计系统劳动模范、先进集体表彰大会。

20日,我署向国务院呈报《关于挤占挪用粮食收购资金典型案件查处情况的报告》。12月7日,国务院秘书长罗干作了批示。

20日至23日,中国审计学会在湖北襄樊召开学术讨论会,讨论审计在治理整顿、深化改革中的地位、作用、任务。审计学会会长于明涛、副会长王宸生参加了会议。

28日,审计署、国家计委、财政部、建设银行联合发出《关于设置固定资产投资审计收缴违纪资金及罚款专户的联合通知》。

29日,我署编发第一期《审计工作通讯》。根据署决定,《审计工作通讯》的主要任务是:通报中央、国务院领导关于审计工作的重要指示,交流审计工作、审计机关建设、内部审计和社会审计等方面的情况和经验,推动和指导审计工作。

12月

2日,吕培俭审计长签署中华人民共和国审计署第三号令,发布实施《审计署关于内部审计工作的规定》。

4日,我署发出《关于召开审计署机关、派出机构思想政治工作暨先进工作者、先进集体表彰会的通知》,决定于1990年3月召开署机关、派出机构思想政治工作暨先进工作者、先进集体表彰会。14日,吕培俭审计长签署中华人民共和国审计署第四号令,发布施行《行政单位定期审计制度》。

15日,署机关召开全体党员大会,布置署机关党员重新登记工作,机关党委书记罗进新同志作了部署,吕培俭审计长讲了话。

18日,我署与国家计委联合发出《关于开展基本建设项目开工前审计的联合通知》,要求各级审计机关和计划部门相互配合,认真做好这项工作。

一九九零年

1月

3日,署党组向署内各单位、各派出机构发出《关于恢复审计署党组的通知》。同日,吕培俭同志主持召开审计署党组恢复后第一次会议,研究抓好党员重新登记工作和建立党组学习中心组制度的问题。

15日至19日,罗进新副审计长参加最高审计机关亚洲组织在马尼拉召开的公共债务审计研讨会。3月9日,向国务院呈报《关于参加国际公共债务审计研讨会的报告》。

24日,署党组向党中央、国务院呈报《关于组织机关干部下基层的报告》。

2月

1日，根据罗干秘书长的批示，我署对上海石化总厂和浙江、上海地区部分用户进行了调查，向国务院呈报《关于上海石油化工总厂销售液化气索取票外款问题的调查报告》。15日，罗干秘书长作了批示。18日，李鹏总理圈阅。

10日，根据李鹏总理的批示，我署对光大公司在香港的光大路脱斯显象管制造有限公司进行了审计，向国务院呈报《关于对光大路脱斯显象管公司审计情况的报告》。26日，罗干秘书长作了批示。

22日至27日，全国审计工作会议在北京召开。会议主要内容是：贯彻党的十三届五中全会精神，讨论在治理整顿期间充分发挥审计监督作用，研究部署一九九零年审计工作任务，使审计工作更好地为治理整顿和深化改革服务。

24日，李鹏总理、姚依林副总理在中南海听取全国审计工作会议汇报并作了重要指示。李鹏总理充分肯定了审计部门成立六年来取得的成绩，认为审计工作对整顿财经纪律、增加财政收入、加强廉政建设、改善社会风气起到了良好作用。他指出，审计是较高层次的监督部门，是宏观调控体系的一个重要组成部分，各级政府要加强对审计工作的领导，使其在治理整顿和深化改革中发挥更大作用。同时李鹏总理号召，要向“新时代的活雷锋”张子祥学习，发扬无私奉献的精神。

25日，由吕培俭审计长任主编、中国审计出版社编辑出版的第一部《中国审计年鉴》正式发行。

3月

7日至12日，吕培俭同志出席党的十三届六中全会，于明涛、罗进新同志分别作为中顾委委员和中纪委委员列席会议。

15日，我署召开全体职工大会，听取“新时代的活雷锋”张子祥同志作报告。罗进新副审计长在会上讲话，号召审计战线全体工作人员，要学习张子祥同志全心全意为人民服务的精神。

20日至4月5日，吕培俭审计长作为全国人大代表出席七届全国人大三次会议。

28日，根据李鹏总理指示，我署对洛阳市政府在治理整顿期间违反财经纪律的问题作了进一步核实，以《审计要情》向国务院领导同志报告。31日，李鹏总理作了批示。

31日，署党组向党中央、国务院呈报《关于干部下基层安排落实情况的报告》。

4月

7日，署机关和派出机构在北京召开表彰先进工作者、先进集体大会，向44名先进工作者和22个先进集体颁发了证书和奖状。

9日，吕培俭审计长主持召开署务会议，传达贯彻七届人大三次会议精神，部署各单位认真组织学习，并在审计工作中贯彻执行。

17日，根据李鹏总理指示，我署对中国国际信托投资公司对外负债及其偿还能力进行了审计调查，向国务院呈报《关于中国国际信托投资公司对外偿债能力的调查报告》。

23日至28日，应西班牙审计法院的邀请，吕培俭审计长率中国审计代表团访问西班牙。5月12日，向国务院呈报《关于中国审计代表团访问西班牙情况的报告》。

5月

26至28日，吕培俭审计长到鞍山钢铁公司对内部审计工作进行调查研究，对开展企业内审工作提出重要意见。他指出，作为现代化的企业管理，内部审计是一个不可缺少的重要手段；内审工作必须寓服务于监督之中，在加强财经法纪审计的同时，抓好经济效益审计，帮助企业领导管好企业，挖掘潜力，提高企业的经济效益和社会效益，这是企业内部审计工作发展的方向。

6月

4日至6日，李金华副审计长代表吕培俭审计长应邀赴美参加美国政府会计师协会年会。

5至9日，应我署邀请，最高审计机关亚洲组织主席、印度尼西亚最高审计委员会主席穆罕默德·尤素福率印尼审计代表团访问我国。6日，吕培俭审计长主持同外宾会谈。下午，李鹏总理会见外宾。

7日至9日，应我署邀请，马来西亚审计长依夏克·宾·塔丁来我国进行友好访问。8日，吕培俭审计长同塔丁一行会谈。下午，李鹏总理会见外宾。

11日至15日，吕培俭审计长率中国审计代表团，出席了在南朝鲜举行的最高审计机关亚洲组织第十五次理事会。会议主要讨论并通过了吕培俭审计长关于1991年在北京举办最高审计机关亚洲组织第五届大会和第四届国际研讨会的筹备工作报告以及1991年大会的议事规则、日程和议程草案。7月3日，我署向国务院呈报《关于参加最高审计机关亚洲组织第十五次理事会的报告》。

12日，署党组根据党的十三届六中全会决定的要求，经过调查研究，结合实际情况制定了《审计署党组贯彻〈中共中央关于加强党同人民群众联系的决定〉的实施意见》，并上报党中央。

15日，我署以《审计要情》向国务院领导同志反映《国家重点建设项目资金使用存在不少问题》。20日、21日、24日，李鹏总理、邹家华国务委员、罗干秘书长分别作了批示。

22日，国家机关党工委验收通过我署党员重新登记工作。署党组书记、审计长吕培俭同志和机关党委书记、副审计长罗进新同志参加验收汇报会，署机关党委负责人作了汇报。

26日至29日，我署在北京举办审计立法国际研讨会，美国、英国、意大利、西班牙四国审计机关的官员应邀出席。会议由罗进新副审计长主持。吕培俭审计长于26日举行欢迎宴会，29日向代表颁发研讨证书并讲话。

27日，全国审计机关先进集体、劳动模范表彰大会在北京召开，对评选出的60个先进集体和36名劳动模范进行表彰，并颁发了奖状和证书。国务院秘书长罗干同志到会，宣读了李鹏总理致大会的贺信。吕培俭审计长在会上讲了话。

30日，我署向国家编制委员会报送《关于审计署内部机构作适当调整的请示》。8月9日，国家编委以国机中编[1990]8号文，批准我署成立外事司，将原财政一、二司合并为财政审计司。

7月

1日，署机关召开全体党员大会，庆祝中国共产党成立69周年。署党组书记、审计长吕培俭讲了话。副审计长、机关党委书记罗进新同志作了机关党员重新登记工作总结。

2日，我署和江苏省联合向国家教委报送《关于申请改变南京审计学院领导体制的函》。12月28日，国家教委以教计[1990]137号文批复，从1991年起，将南京审计学院改为审计署直属高等学校。

6日，我署向国家编制领导小组报送《关于设立北京、长春、重庆特派员办事处的请示》。9月27日，我署和人事部联合发出《关于在长春、重庆两城市增设审计特派员及其办事处的通知》。

11日，我署向国务院呈报《关于审计光大实业公司香港总部的报告》。27日，罗干秘书长作了批示。

14日，我署向党中央、国务院上报《关于贯彻执行〈中共中央关于进一步治理整顿和深化改革的决定〉情况的报告》。

31日，根据李鹏总理、姚依林副总理的批示，我署会同中国人民银行，对深圳股票市场的情况进行了调查，向李鹏总理、姚依林副总理呈报《关于深圳股市狂热情况的调查报告》。8月6日，李鹏总理、姚依林副总理圈阅。

8月

5日，为了深入开展基本建设领域的治理整顿工作，加强重点建设，审计署和国家计委1990年安排对82个国家重点建设项目进行审计、检查。上半年已完成47个项目的审计、检查工作，审计署、国家计委联合向国务院呈报《关于今年上半年对47个国家重点项目审计检查情况的报告》。21日，邹家华国务委员作了批示。23日、24日，李鹏总理、姚依林副总理分别圈阅。

7日，根据李鹏总理的指示，我署以中国审计事务所名义，对新华社香港分社掌握的国家外汇资金和行政经费进行审计。

20日，根据罗干同志批示，我署对班禅官邸修缮组等三个单位的有关简要情况作了初步了解，向国务院办公厅报送《关于对班禅官邸修缮组等三个单位开展审计的报告》。9月3日，罗干秘书长作了批示。12月3日，经进一步审计后，我署又向国办作出《关于对班禅官邸修缮组等三个单位审计工作进展情况的报告》。

22日，根据《中华人民共和国保守国家秘密法》的有关规定，我署会同国家保密局制定了《审计工作中国家秘密及其密级具体范围的规定》，下发各地审计机关和署派出机构执行。

9月

1日，我署发出《审计署关于加强廉政建设纠正行业不正之风的通知》，要求各地审计机关和署各派出机构，认真贯彻国务院电话会议指示精神，切实加强廉政建设，改进机关作风。

3日，吕培俭审计长签署审计署第14号令，发布施行《关于审计机关办理行政诉讼的暂行规定》。

8日，党中央以中委[1990]177号文，同意崔建民同志任审计署党组副书记。同日，党中央以中委[1990]178号文，同意刘鹤章同志任审计署副审计长。27日，国务院以国任字[1990]115号文，任命刘鹤章同志为审计署副审计长。

16日至23日，应我署邀请，印度新任主计审计长索米亚访问我国。17日，吕培俭审计长同索米亚一行举行工作会谈。下午，李鹏总理会见外宾。

29日，我署向国务院呈报《关于加强廉政建设纠正行业不正之风工作部署情况的报告》。

10月

12日，遵照李鹏总理批示，我署对人民日报《情况汇编》反映“广深珠高速公路工程进展缓慢”问题进行了全面审计调查，向国务院呈报《关于广深珠高速公路工程审计调查报告》。

19日，我署向各地审计机关和署各派出机构发出《关于贯彻中共中央、国务院〈关于坚决制止乱收费、乱罚款和各种摊派的决定〉的通知》，要求各级审计机关加强对收费、罚款、集资、摊派的监督检查。

11月

5日，根据李鹏总理指示，罗干秘书长主持会议，研究关于审计省级财政收支的有关问题。李金华副审计长汇报了我署上半年对31个省、自治区、直辖市和计划单列市1989年本级财政收支进行审计的情况。会议确定，对审计出的问题一定要严肃处理，并尽快将此事提交总理办公会议讨论。

12 月

25 日至 30 日，吕培俭同志出席党的十三届七中全会，于明涛、罗进新同志分别作为中顾委委员和中纪委委员列席会议。

30 日，署党组向党中央、国务院呈报《关于一九九零年机关干部下基层情况的报告》。

31 日，我署向国务院呈报《关于审计世界银行贷款执行情况的报告》。

一九九一年

1 月

5 日，李鹏总理主持会议，听取关于召开全国审计工作会议和审计省级财政处理问题的汇报，并作了重要指示。会议同意审计署为适应审计执法的需要，起草关于审计执法的补充规定，报国务院审定；为加强审计监督，设立审计罚没收入过渡科目；县以上审计机关根据工作需要，应允许到银行查对有关帐目；在天津市设立“京津冀审计特派员办事处”；今年可采用设立非领导职务系列的办法，先解决省级、计划单列市和特派员办事处机关的问题；原则同意审计署审计省级财政收支情况的处理意见；同意审计署根据会议精神将汇报提纲改写为向国务院的正式报告，由国务院批转各地区、各部门贯彻执行。

8 日至 12 日，全国审计工作会议在西安召开。会上，传达了李鹏总理 1 月 5 日关于审计工作的指示。吕培俭审计长作了题为《加强和改进审计工作为治理整顿和发展经济服务》的工作报告。会议结束时，崔建民副审计长作了总结报告。

8 日，我署就 1990 年上半年对 31 个省、自治区、直辖市和计划单列市 1989 年本级财政收支审计情况，向国务院呈送《关于审计省级财政情况和处理意见的报告》。

11 日，应亚洲开发银行的要求，依据《中华人民共和国审计条例》的有关规定，我署与中国人民银行联合印发《关于亚洲开发银行贷款项目进行审计的通知》，要求有关单位遵照执行。

12 日，根据李鹏总理指示，我署对中原油田、胜利油田、锦州石化公司、锦州炼油厂、锦西炼油化工总厂、抚顺石化公司、抚顺石油一厂及辽阳石油化纤总公司等 8 户企业兴建楼堂馆所、购置小汽车和职工个人消费基金的情况进行了审计调查，向国务院呈报《关于对中原油田等八户企业生活消费情况的调查报告》。

22 日至 26 日，为解决署机关办公分散等问题，署机关由装甲兵招待所和工程兵招待所迁入西南饭店集中办公。

26 日，根据王丙乾国务委员对“中国航海技术咨询公司非法经营等问题进行核查”的批示，我署进行核查后，向王丙乾国务委员呈报《关于中国航海技术咨询公司非法经营问题的核查报告》。

31 日，吕培俭审计长主持召开署务会议，崔建民副审计长传达中共中央政治局常委会关于 1991 年工作要点和国务院总理办公会议关于听取审计署工作汇报的会议纪要；吕培俭审计长对审计工作落实两个会议精神作了部署。

2 月

4 日，根据“国阅(1991)4 号”会议纪要同意在天津市设立“京津冀审计特派员办事处”的精神，我署向国家编制领导小组报送《关于在京津冀设立审计特派员办事处的请示》。3 月 15 日，吕培俭审计长签发任命署驻京津冀特派员的第 35 号令。

14 日，国务院发出《批转审计署关于审计省级财政情况和处理意见的报告的通知》。通知指出，审计署对省级财政进行审计，是履行宪法赋予审计机关的职责，目的在于促使地方政府和财税部门带头遵纪守法，维护中央政令的统一，加强财税管理，改变目前财经纪律松弛和财力过于分散的状况。各级人民政府对此应引起高度重视，带头执行国家财政法规，任何人不能以言代法，随意开政策性口子，不能以采取越权减免税或其他违反国家有关规定的办法，解决资金不足问题。

3 月

6 日，根据李鹏总理的指示，我署对新华社香港分社财务收支情况审计后，向李鹏总理和罗干秘书长呈报《关于审计新华社香港分社财政收支情况的报告》。

7 日，我署在人民大会堂隆重举行聘请 13 位民主党派成员和无党派人士担任特约审计员大会，并向他们颁发聘书。聘请民主党派和无党派人士担任特约审计员，是贯彻党中央有关指示，加强我国审计监督制度建设的一项重要措施。全国人大常委会副委员长彭冲、国务委员王丙乾、全国政协副主席马文瑞、审计署审计长吕培俭、中共中央统战部常务副部长蒋民宽，民盟中央常务副主席高天和特约审计员代表在会上讲了话。

11 日至 15 日，吕培俭审计长率中国审计代表团访问印度尼西亚，受到了热情友好的接待。其间，双方就 1991 年 5 月在北京举行最高审计机关亚洲组织第五次大会和第四次国际研讨会的有关事宜进行了会谈。苏哈托总统接见了吕培俭审计长一行。27 日，我署向国务院呈送《关于中国审计代表团访问印度尼西亚的情况报告》。

15 日，我署与中央统战部联合印发《关于聘请民主党派成员和无党派人士担任特约审计员的意见》，要求各省、自治区(不含西藏)、直辖市和计划单列市审计局和党委统战部搞好聘请特约审计员的工作。到年底，共有 14 个省、自治区和 10 个计划单列市审计局进行了这项工作，共聘请特约审计员 188 名。

25 日至 4 月 9 日，吕培俭审计长作为全国人大代表出席七届全国人大四次会议。

28 日至 4 月 8 日，应我署邀请，蒙古人民共和国经济管理代表团对我国进行友好访问。吕培俭审计长会见了代表团全体成员，郑力副审计长主持了 29 日的工作会谈。

4 月

3 日，中国内部审计学会在国家机械电子部礼堂举行经济效益审计报告会，庆祝国际内部审计师协会成立五十周年。中国内部审计学会会长祁田主持了报告会。会上，宣读了李鹏总理给国际内部审计师协会的贺信、吕培俭审计长的致词和中国审计学会会长于明涛给大会的贺信。

12 日，吕培俭审计长主持召开署务会议，通报全国七届人大四次会议有关情况和最高审计机关亚洲组织第五届大会准备工作情况，传达罗干秘书长和关于纠正行业不正之风的讲话精神。吕审计长要求机关各单位认真组织学习会议文件，领会精神，联系审计工作实际，围绕如何搞活大中型企业、缓解财政困难、促进廉政建设等问题，研究加强和改进审计工作，进一步发挥审计监督在宏观调控中的作用。

22日，根据国办发[1988]16号文件批准审计署在兰州设立审计特派员办事处的精神，吕培俭审计长签发任命署驻兰州特派员的第37号令。

28日，应我署邀请，最高审计机关国际组织主席、德国联邦审计院院长扎维尔伯格博士及夫人一行5人来华，代表最高审计机关国际组织出席最高审计机关亚洲组织第五届大会和第四次国际研讨会。扎一行在李金华副审计长的陪同下，会前顺访了哈尔滨、沈阳、大连等地。李金华副审计长与德方就中德审计合作项目的实施问题进行了商谈。

5月

8日至14日，我署在北京成功主办了最高审计机关亚洲组织第五届大会和第四次国际研讨会。亚洲审计组织22个成员国的78名代表和一些国家、地区及国际组织的16名观察员出席了大会。最高审计机关国际组织主席扎维尔伯博士格到会祝贺。14日，李鹏总理在人民大会堂河北厅会见了各国代表团团长和一些国际组织首席观察员。会议期间，吴学谦副总理出席大会开幕式，并致贺词。全国人大常委会副委员长陈慕华和国务委员、北京市市长陈希同为各国贵宾分别举行了招待会。大会选举中华人民共和国审计署审计长吕培俭为最高审计机关亚洲组织本届主席，选举日本会计检查院院长中村清为秘书长。30日，我署向国务院呈报《关于主办亚洲审计会议情况的报告》。

15日，根据李鹏总理3月31日在七届人大四次会议《信访快讯》特刊第七期反映的问题的批示，我署对中国华能集团公司所属单位中国华能工程技术开发公司的问题调查后，向李鹏总理呈报《关于对中国华能工程技术开发公司住饭店吃回扣问题的调查报告》。

应我署邀靖，印度尼西亚最高审计委员会主席M·尤素福先生率印度尼西亚审计代表团，在参加“亚审会”之后，由罗进新副审计长陪同访问了杭州、上海和苏州。

22日，根据李鹏总理“为稳定和加强审计队伍，今年可采用设立非领导职务序列的办法，先解决省级、计划单列市和特派员办事处机关的问题”的指示精神，我署印发《关于审计机关设立行政非领导职务试点工作的通知》，要求各地审计机关，参照监察机关的做法，提出试点实施方案，报请当地党政领导批准后实行。

24日，郑力副审计长会见以闫相基副委员长为首的朝鲜监察委员会代表团。

6月

1日，根据国务院法制局《关于清理行政法规、部门规章罚没条款的通知》，我署向国务院呈报《关于审计法规、规章罚没条款清理情况的报告》。

6日至10日，我署在怀柔培训基地召开大中型企业内部审计工作座谈会。会议的主要议题是，贯彻党中央、国务院关于改进企业内部审计制度的指示精神；研究讨论内部审计在搞活大中型企业中如何进一步发挥作用的问题。

13日，我署向国务院报送代拟的《国务院关于加强审计执法的若干规定(送审稿)》。9月12日，国务院向各省、自治区、直辖市人民政府，国务院各部委、各直属机构发出《国务院关于加强审计执法几个问题的通知》。

14日，我署以《审计要情》向国务院领导反映投资银行呆帐准备金的问题。李鹏总理、罗干秘书长、刘仲藜副秘书长分别于20日、22日和24日作了批示。

19日，根据中宣部、司法部关于“二五”普法宣传教育的工作部署，我署成立由罗进新副审计长负责的普法宣传教育工作领导小组，并向中宣部、司法部报送《关于审计机关开展专业普法宣传教育的第二个五年规划》。9月3日，经中宣部、司法部同意，我署将《规划》印发各地审计机关贯彻执行。

中旬至7月，署领导分赴西北、华东、华北、中南、西南和东北，对当前审计工作情况进行调查研究，并同各省、自治区、直辖市、计划单列市和一些市县审计局及署驻地方特派员办事处的负责同志，就审计工作促进大中型企业增强活力问题进行座谈。7月12日、13日和15日，吕培俭审计长主持召开署务会议，听取赴各地调查研究和分片召开座谈会情况的汇报，并进行了讨论。7月15日，我署印发《审计工作促进国营大中型企业增强活力意见》，要求各地审计机关结合实际情况研究贯彻执行。

7月

9日，吕培俭审计长签发审计署第48号令，发布施行《关于农业资金审计的规定》。

27日，我署向江苏、安徽、浙江、河南、湖北、湖南、四川、贵州等审计局发出《关于加强对国内外捐赠灾区款物进行审计监督的通知》。8月3日至11日，罗副审计长率领工作组赴灾情最重的安徽、江苏两省，代表署领导和机关看望奋战在抗灾第一线的广大审计干部和职工，并了解和指导工作。10月16日，我署向民政部发出《关于对民政部接收捐赠款物的审计结论》。10月26日，《人民日报》公布"审计署对中国国际减灾十年委员会和民政部接收、处理国内外捐赠洪涝救灾款物情况和审计结论"。发表了题为"让捐赠者放心，使灾区人民满意"的本报评论员文章。12月29日，我署向国务院呈送《关于对民政部和八省接收、分配国内外捐赠款物进行审计的情况报告》。

31日至8月6日，我署在大连召开驻地方派出机构思想政治工作会议，李金华副审计长作了题为《认真总结经验，进一步加强驻地方派出机构思想政治工作》的报告。8月15日，署党组批转《审计署驻地方派出机构思想政治工作会议纪要》和《审计署驻地方审计特派员领导工作规则》，要求各特派员办事处结合各自的实际情况认真贯彻执行。

8月

14日，为加强和改进审计工作，署决定建立审计工作巡视制度，并成立巡视组，其主要任务是：检查监督地方审计机关、署派出机构履行审计工作职责和执法情况；帮助总结经验和研究存在的问题；办理署领导交办的事项。

23日，我署向国家教育委员会报送《关于申请成立南京审计学院所属管理干部学院的函》。11月11日，根据国家教委计[1991]20号文件批复，南京审计学院管理干部学院正式成立。

27日至29日，我署在怀柔培训基地召开驻国务院部门审计机构工作会议。会议由崔建民副审计长主持，主要议题是：听取搞活大中型企业审计调查情况的汇报；开展行业审计、审计调查情况；研究如何进一步发挥驻部门审计机构优势，开展行业审计和审计调查等问题。

9月

8日，我署召开全体职工大会，罗进新副审计长传达田纪云副总理关于向灾区人民捐赠衣被的指示，并就进行此项工作作动员和布置。之后，我署向安徽、江苏两省审计局捐款8万元，广大干部职工踊跃支援灾区人民，通过中国减灾十年委员会向灾区人民捐款34867元；捐赠衣被4773件，于25日送往灾区安徽省黄山区。

8日至11日，应我署邀请，英国审计长约翰·布恩偕夫人率团来华访问。9日，吕培俭审计长、郑力副审计长同布恩先生一行举行工作会谈。10日，邹家华副总理在钓鱼台国宾馆亲切会见布恩一行。在华期间，外宾到广州、深圳等地进行了参观访问。

18日，根据李鹏总理4月13日在一封《人民来信》反映农业银行1990年减少收入70多亿元问题的批示，我署对农行审计后，向李鹏总理和李贵鲜国务委员呈送《关于农业银行一九九零年由盈变亏问题的审计报告》。

23日至27日，吕培俭同志出席中央工作会议。

10月

5日至12日，应我署邀请，突尼斯审计法院院长侯赛因·谢里夫一行三人访问了我国。10日和12日，吕培俭审计长、郑力副审计长同他们举行了工作会谈。10日，陈慕华副委员长在人民大会堂接见了代表团。外宾还到上海、广州进行了参观访问。

9日，吕培俭审计长签发审计署第59号令发布施行《执业审计师制度(试行)》。同时，我署印发《关于贯彻执行〈执业审计师制度(试行)〉若干问题的通知》，要求各地审计机关和各审计事务所认真贯彻执行，研究部署本地区的考核工作。

20日，署批准《审计研究》自1992年1月起由双月刊改为月刊。

25日，我署向国务院办公厅报送《加快发展社会审计查证咨询行业初步方案》。

11月

11日，我署与中国人民银行联合发出《关于审计机关查核单位以个人名义在银行或其他金融机构存款的通知》。

19日，为健全审计系统计算机应用技术成果鉴定制度，加强成果管理，促进成果推广应用，我署成立计算机应用技术成果鉴定领导小组。组长由崔建民常务副审计长担任。

25日至29日，吕培俭同志出席党的十三届八中全会，于明涛、罗进新同志分别作为中顾委委员和中纪委委员列席会议。

12月

10日，根据《国务院批转审计署关于审计省级财政情况和处理意见的报告的通知》精神，我署在年内对19个省、自治区和计划单列市的财政收支进行审计后，向国务院呈送《关于审计地方财政情况的报告》。

10日，我署对北京第十一届亚洲运动会组委会财务收支、资金使用、物资管理等情况审计后，下达《关于对北京第十一届亚洲运动会组织委员会财务收支的审计结论和决定》。24日，我署向国务院呈报《关于审计北京第十一届亚运会财务收支情况的报告》。

17日至21日，全国审计工作会议在北京国谊宾馆举行。会议的议题是：贯彻中央工作会议、党的八中全会精神和中央、国务院关于加强、改进审计工作的指示，总结审计工作经验，讨论制定1991——1995年《审计工作发展纲要》，部署1992年的审计工作。

20日，李鹏总理在国务院第一会议室，与参加全国审计工作会议的代表座谈，并作了重要指示。

22日，我署《审计简报》反映的“农业综合开发资金投入和使用中存在的问题”在国务院办公厅《昨日情况》上刊载。27日，国务委员陈俊生同志作了批示。

25日，我署在国谊宾馆举行办公楼奠基仪式。吕培俭审计长、崔建民、李金华、刘鹤章副审计长，张百发副市长，以及首都规划办、市建委、市开发办、西城区政府、市城建设计院、北辰集团等有关单位的负责同志参加了奠基仪式，吕审计长、张副市长等讲了话。

25日至26日，署机关召开第一次党代表大会。机关22个党支部的50名代表、署机关第二届党委委员和纪委委员参加会议。会议选举产生了中共审计署机关第三届委员会和纪律检查委员会。

一九九二年

1月

3日，我署对1990年度我国正在执行的71个世界银行贷款项目进行审计后，向国务院报送《关于世界银行贷款项目1990年度审计情况的报告》。

8日至16日，应印度主计审计长索米亚的邀请，吕培俭审计长率中国审计代表团一行4人访问印度。印方对这次访问非常重视，给予高规格礼遇，拉奥总理会见吕审计长一行。2月1日，我署向国务院报送《关于中国审计代表团访问印度情况的报告》。

9日，我署印发李鹏总理1991年12月20日与全国审计工作会议代表座谈时的讲话，要求各省、自治区、直辖市和计划单列市审计局、署各派出机构认真贯彻执行。

11日，我署发出《关于成立全国审计系统干部教育培训工作领导小组的通知》，吕培俭审计长任领导小组组长，李金华副审计长任副组长。

20日，我署分别印发《改进内部审计制度增强大中型企业的活力》和《内部审计发展规划》的通知，要求各省、自治区、直辖市审计局，署驻部门各派出机构结合本地区、本行业情况贯彻执行。

21日，为促进完善供电工程贴费管理办法，根据我署对湖北、河南、吉林三省电力部门1988——1990年供电工程贴费收支的审计情况，我署与国家计委联合向国务院报送《关于供电工程贴费审计情况的报告》。

2月

2日，根据国务院1988年批准的审计署“三定”方案的执行情况，我署向中央编委报送《关于审计署“三定”方案需要研究解决的几个问题的报告》。

12日，捷克和斯洛伐克联邦共和国检察部代表团一行7人，在监察部副部长何勇和捷克和斯洛伐克驻华大使朱达陪同下来署。吕培俭审计长会见代表团并进行工作会谈。

17日，应全国人大财经委员会的要求，吕培俭审计长向全国人大财经委汇报1991年审计工作情况。委员们在听取汇报的发言中，肯定了审计工作取得的成绩，并对进一步开展审计监督工作提出了意见和建议。

21日，我署召开民主评议党员工作总结表彰大会，署机关300多名党员和要求入党积极分子参加大会。署党组书记、审计长吕培俭和党组成员、副审计长、机关党委书记罗进新向先进党支部和优秀党员颁发奖状、证书和纪念品。

22日，为贯彻中央工作会议精神，落实全国审计工作会议提出的任务，充分发挥财政审计在改革开放中的作用，我署向各省、自治区、直辖市和计划单列市审计局，审计署驻地方各派出机构发出《关于做好一九九二年财政审计监督工作的通知》，对审计的指导思想、范围和重点等提出了要求。

24日，为贯彻中央《关于抓紧培养教育青年干部的决定》，培养一支德才兼备的中青年审计干部队伍，署党组作出《关于培养教育中青年干部的意见》。

24日，我署在组织部分省、自治区、直辖市审计局对公安主管部门1991年罚没收入情况进行审计后，以《审计简报(增刊)》反映了查出的问题，为中央办公厅和国务院办公厅《昨日要情》所采用。29日，乔石同志在上面批示："可告审计署，赞成他们加强对执法部门的检查，这对解决以罚代刑也是很有必要的"。

26日，根据国务院《关于继续严格控制固定资产投资新开工项目的通知》(国发[1991]43号)精神，我署与国家计委、建设部联合印发《固定资产投资项目开工前审计暂行办法》，要求各省、自治区、直辖市和计划单列市审计局、计(经)委、建委(建设厅)，审计署各派出机构遵照执行。

3月

3日，根据李鹏总理关于有重点地加强对金融机构审计监督的指示精神，我署印发《关于对金融机构贷款审计的实施方案》，要求各省、自治区、直辖市和计划单列市审计局，署驻上海、济南、郑州、广州、成都派出机构切实加强领导，认真贯彻执行。

18日，为贯彻落实李鹏总理关于有重点地加强对金融机构审计监督的指示精神，我署与中国人民银行联合印发《关于对金融机构信贷资金进行审计有关问题的通知》，要求各级审计机关对各专业银行和交通银行的有关分支机构1991年度和1992年第一季度或上半年贷款管理与运用情况进行审计。

20日至4月3日，吕培俭审计长作为全国人大代表出席七届全国人大五次会议。

4月

18日至22日，吕培俭审计长率中国审计代表团参加在沙特阿拉伯首都利雅得召开的最高审计机关亚洲组织第十八次理事会。吕审计长作为最高审计机关亚洲组织主席主持理事会，会议顺利完成预定的各项议程。5月3日，我署向国务院报送《关于中国审计代表团参加最高审计机关亚洲组织第十八次理事会情况的报告》。

20日，根据国务院职称改革领导小组关于进一步完善专业技术职务聘任制和评聘工作转入经常化的精神，我署与人事部联合印发《审计专业技术资格考试暂行规定》及其《实施办法》的通知，要求各省、自治区、直辖市和计划单列市审计局、人事(劳动人事)厅(局)或职改部门，通力协作，把考试工作做好。为加强这项工作的组织领导，24日，我署与人事部联合成立审计专业技术考试领导小组，李金华副审计长任组长。

21日，为贯彻国务院国发(1992)14号文件精神，我署向各地审计机关发出《关于审计系统开展纠风工作情况和意见的通报》。随后，召开了第二次纠风工作会议。署纠风领导小组组长、副审计长罗进新到会讲话，强调在新形势下要继续深入开展纠风工作，决不能停顿和动摇。

22日，我署对中国国际减灾委员会、民政部接收和处理国内外捐赠洪涝救灾款物的情况进行审计后，作出审计结论。6月4日、5日，《人民日报》、《法制日报》和《人民日报》(海外版)相继作了捐赠款物审计情况的报道，社会反响良好。

5月

15日，我署以《审计要情》向国务院领导反映中国船舶工业贸易公司严重违反外汇管理规定的问题。9月12日和10月14日，我署分别作出《关于审计中国船舶工业贸易公司财务收支的结论和决定》和《关于对中国船舶工业贸易公司申诉的复议决定》。

6 月

2 日至 11 日，应我署邀请，印度副主计审计长、审计委员会主席帕比特拉·库马尔·沙卡先生率代表团访问我国。吕培俭审计长会见了代表团，郑力副审计长同代表团举行了工作会谈。代表团还访问了上海、广州和珠海等地。

23 日，李鹏总理主持国务院第 192 次办公会议，研究发展注册会计师事业问题，我署罗进新副审计长参加了会议。会议明确："会计事务所与审计事务所应同时并存，但要有一个合理的分工。"据此，我署 7 月 15 日向各地审计机关发出《关于审计事务所与会计师事务所关系问题的通报》。

26 日至 7 月 14 日，我署贯彻小平同志南巡重要讲话和中央政治局全体会议精神，署领导分头到一些地方进行调查研究，分三片召开了省、自治区、直辖市和计划单列市审计局长座谈会，还召开了署驻各地特派员会议，重点讨论加强和改进审计工作，适应加快改革开放新形势的问题。

29 日，为促进股份制试点企业的健康发展，确保国有资产保值增值，提高使用效益，根据《审计条例》和《股份制企业试点办法》，我署与国家体改委联合发布《股份制试点企业审计暂行办法》。《办法》从发布之日起施行。

7 月

1 日，署机关召开全体党员和要求入党积极分子大会，纪念建党 71 周年。会上，机关党委书记罗进新讲了话；13 名新党员进行了庄严宣誓；举行了中共党史知识竞赛的决赛。副审计长、机关党委书记罗进新，副审计长李金华、郑力向参加党史知识竞赛决赛的优胜者发了奖。

4 日，为做好审计专业技术资格考试工作，根据 1992 年全国审计专业技术资格考试工作会议精神，我署与人事部联合印发《审计专业技术资格考试工作若干问题的原则意见》，要求各省、自治区、直辖市审计局、人事(劳动人事)厅(局)或职改部门，中央和国家机关各部、委，各人民团体贯彻执行。11 月 22 日，首次在全国范围举行审计专业技术资格甲种考试。

15 日至 19 日，我署在烟台培训基地召开驻部门审计机构工作会议。会议的主要内容：(一)听取驻部门审计机构贯彻中央 2 号、4 号文件的情况汇报；(二)研究驻部门审计机构在新形势下如何搞好审计工作的问题。崔建民常务副审计长参加会议并讲话。

21 日至 24 日，我署在怀柔培训基地召开思想政治工作座谈会，署机关和在京事业单位的党支部书记和宣传委员共 34 人参加。会议的主题是，深入贯彻小平同志南巡重要讲话精神，讨论在改革开放的新形势下如何加强和改进机关的思想政治工作，促进审计工作发展。会上，副审计长、机关党委书记罗进新讲了话，会议研究制定了《署机关经常性思想政治工作实施要则》。吕培俭审计长在会议结束时作重要讲话。

25 日，为适应审计工作发展的需要和为制定审计工作方针、政策和长远规划提供依据，我署完成了第二次全国审计对象基本情况的调查。据调查，全国审计对象共 86 万 4 千多个，比前次调查增加 1 万 4 千多个。

8 月

1 日，我署发出关于认真贯彻《全民所有制工业企业转换经营机制条例》的通知，要求各级审计机关和审计人员认真学习、切实贯彻执行国务院发布的这一《条例》，进一步解放思想，加强和改进审计工作。

3 日至 8 日，为更好借鉴国外先进审计工作经验和方法，促进我国公共工程审计工作的发展，我署在江西庐山召开了有奥地利、印度、日本、荷兰、菲律宾、新加坡、英国、美国、中国专家和亚洲开发银行官员参加的公共工程审计国际研讨会。郑力副审计长参加会议，并作研讨会总结发言。

9日至21日，应我署邀请，泰王国审计长普拉亚特·斯雷瓦特先生率泰王国审计代表团一行6人访问我国。10日，吕培俭审计长、崔建民副审计长与代表团进行了会谈。代表团还访问了天津、上海和昆明等地。

15日至23日，应我署邀请，墨西哥众议院财政审计署审计长哈维尔·卡斯蒂罗·阿亚拉一行5人访问我国。17日，全国人大常委会副委员长彭冲在人民大会堂会见并宴请代表团一行；吕培俭审计长、刘鹤章副审计长与哈维尔审计长举行了工作会谈。

25日，根据国务院发布的《全民所有制工业企业转换经营机制条例》中"建立和发展会计事务所、审计事务所、……等社会服务组织"的规定，我署向国务院报送《关于加快我国审计事务所发展的报告》。

9月

9日，我署向国务院报送关于《中华人民共和国注册审计师条例》(送审稿)及其说明的报告。

11日至12日，我署在北京召开有十省市审计局负责同志和有关同志参加的聘请特约审计员工作经验交流会，崔建民副审计长主持会议，统战部副部长刘延东到会讲了话。会上，各地交流了贯彻《中共中央关于坚持和完善中国共产党领导的多党合作和政治协商制度的意见》，开展聘请特约审计员工作的情况和经验，研究提出了进一步开展这项工作的意见和建议。

26日，郑力副审计长率审计署体育代表队，参加在国家奥林匹克中心举行的中央国家机关首届职工运动会。吕培俭审计长和刘鹤章副审计长出席开幕式，观看比赛，并与全体运动员合影。

28日，遵照李鹏总理1991年底关于"审计部门要把税收作为一个重点加以审计"的指示，我署对31个省、自治区、直辖市和计划单列市的流转税减免情况进行审计调查后，向国务院报送《关于流转税减免情况的审计调查报告》。11月20日，根据李鹏总理的批示，国务院发出《关于加强流转税管理的通知》。

10月

5日，我署召开"立足本职、建功立业"事迹报告会。署党组副书记、常务副审计长崔建民、副审计长李金华和机关全体干部职工参加了大会。会上，3名优秀党员代表和1名下基层锻炼的同志汇报了在立足本职、建功立业活动中的思想、工作情况和体会。他们为审计事业无私奉献和积极进取的精神使大家深受教育。

5日至9日，吕培俭同志作为中共中央委员出席党的十三届九中全会，于明涛、罗进新同志分别作为中顾委委员和中纪委委员列席会议。

10日，我署向党中央、国务院报送《关于传达贯彻江泽民、李鹏同志在中央民族工作会议上讲话情况的报告》。

12日至18日，吕培俭和李金华同志作为中央国家机关代表出席党的第十四次全国代表大会，并分别当选为新的中央委员会委员和中央纪律检查委员会委员；于明涛和罗进新同志作为党的十三大选举产生的中顾委委员和中纪委委员列席会议。在十四大报告中两处提到审计，即："进一步改进计划、投资、财政、金融和一些专业部门的管理体制，同时强化审计和经济监督，健全科学的宏观管理体制与方法"；"发展我国商业、金融、保险、旅游、信息、法律和会计审计咨询、居民服务等第三产业"。

17日至30日，经国务院批准，吕培俭审计长率中国审计代表团，出席在美国华盛顿召开的最高审计机关国际组织第十四届大会。吕培俭审计长以最高审计机关亚洲组织主席身份在会上作了地区工作报告。

11 月

2 日，为适应社会审计工作发展需要，我署向各地审计机关发出《关于执业审计师改称注册审计师的通知》。

2 日至 8 日，应我署邀请，澳大利亚审计长约翰·泰勒访问我国。3 日上午，吕培俭审计长、郑力副审计长与泰勒先生举行工作会谈；下午，全国人大常委会副委员长彭冲在人民大会堂会见泰勒夫妇。在华期间，泰勒夫妇还访问了西安和广州等地。

4 日至 5 日，署党组成员集中学习党的十四大文件，重点研究如何贯彻十四大关于强化审计监督的精神，提出了贯彻落实的六项措施。

16 日至 20 日，李金华副审计长率中国审计代表团参加在印度新德里举行的中印两国国有企业审计研讨会，并作大会发言。

23 日，中央通知，金基鹏同志任审计署副审计长、党组成员。

24 日，李鹏总理主持国务院总理办公会议，听取审计署关于强化审计监督问题的汇报。出席会议的有田纪云副总理，王丙乾、陈俊生国务委员、罗干秘书长，国务院有关部门的负责同志列席会议。李鹏总理和国务院其他领导同志在听取汇报后作了重要指示，指出：审计署成立以来，审计工作有了很大发展，在经济监督工作中发挥了重要作用。原则同意审计署提出的关于强化审计监督的意见。今后，审计工作要把重点放在经济执法部门、国有资产以及科技、教育事业费使用的审计监督上，逐步减少直接对企业的审计，在高层次的宏观管理监督上发挥作用。会议还对审计财政，审计机关编制，发展社会审计组织等问题作出明确指示。

24 日，遵照李鹏总理 9 月 15 日在陕西汉江制药厂姚本国来信上的批示，我署会同监察部对信中反映的汉中地区镇巴县领导干部经济问题进行调查后，向李鹏总理报送了调查报告。

25 日至 28 日，根据中英两国审计长 1991 年签定的协议，首届中英国家审计研讨会在署怀柔培训基地召开。我署有关司局、署驻地方派出机构和部分省(市)审计局的同志共 67 人，英方代表 5 人参加了研讨会。研讨会由郑力副审计长主持，双方就政府部门审计和财政审计两个专题宣读了论文，并进行了讨论。研讨会取得了圆满成功。

26 日，中国注册审计师协会在京成立。民政部陈虹副部长、国家税务局张相海副局长、国家国有资产管理局鞠庆麟副局长和我署吕培俭审计长，崔建民、罗进新、李金华、郑力副审计长，周光春、祁田、王宸生特邀顾问等参加了成立大会。吕培俭审计长代表审计署向大会表示热烈祝贺，王宸生顾问代表协会筹备组作了关于中国注册审计师协会筹备工作的报告。大会通过了《中国注册审计师协会章程》及有关文件，选举王宸生同志为协会会长，罗进新同志为副会长，选出协会理事 85 名，常务理事 8 名。

27 日至 29 日，全国社会审计工作会议在北京国谊宾馆举行，崔建民、罗进新副审计长到会讲话。会议总结了 9 年来社会审计工作，交流了经验，研究了下一步的工作，讨论修改了《审计事务所会计制度》稿和《注册审计师年度考核办法》稿。

12 月

2 日至 12 日，应泰王国审计署新任审计长杰瓦纳的邀请，我署常务副审计长崔建民率团赴泰考察访问。在泰期间，泰王国副总理文殊会见了考察团全体成员；考察团考察了泰部分审计机关，与泰审计署交流了工作情况。这次考察访问达到了预期目的。

3 日，为适应审计工作发展需要，我署发出《关于印发审计情况统计报表的通知》，对原审计情况报表作了修改，要求各省、自治区、直辖市和计划单列市审计局，署各派出机构从 1993 年 1 月起按新表填报。

14 日至 18 日，全国审计工作会议在北京国谊宾馆举行。会议议题是:贯彻党的十四大精神,讨论强化审计监督在宏观管理中发挥作用的问题。会上转达了李鹏总理和国务院其他领导同志听取审计署汇报时的重要指示,确定了今后一个时期强化审计监督的主要任务和措施。这次会议标志着我国审计事业进入一个新的发展阶段。

23 日,为贯彻党的十四大关于强化审计监督的精神,指导后一个时期的审计工作,我署印发《审计署关于强化审计监督的意见》,要求各省、自治区、直辖市和计划单列市审计局,署各派出机构,南京审计学院,新疆生产建设兵团审计局结合实际情况贯彻执行。

26 日,我署向党中央报送《关于学习贯彻党的十四大精神的报告》。

一九九三年

1 月

7 日,中国注册审计师协会召开第一次常务理事会,王宸生会长主持会议。会议主要研究了协会 1993 年的工作安排,常务理事的分工和协会编制等问题。

18 日,我署向国务院报送《关于加强信贷资金管理的审计报告》。

2 月

5 日,署机关党委召开 1992 年总结表彰大会,机关全体干部职工参加了大会。副审计长、机关党委书记罗进新作党委工作总结并提出 1993 年工作安排意见。吕培俭审计长,崔建民、金基鹏、罗进新、郑力副审计长向署机关 1992 年度先进个人颁发了荣誉证书和奖金。

5 日,我署向国务院报送《关于加强和改进养老保险基金和待业保险基金管理的审计报告》

6 日,吕培俭审计长参加了国务院第十五次全体会议。会议通报了国内经济情况和国际形势;讨论了政府工作报告。

26 日,经国家教委研究,同意将南京审计学院建为本科院校。

3 月

2 日,为加强审计事务所的会计核算和会计管理工作,我署制定印发了《审计事务所会计制度(试行)》。

5 日,我署向国务院报送《关于对一批重点建设项目审计情况的报告》。

5 日至 7 日,吕培俭审计长作为中共中央委员出席党的十四届二中全会。

13 日至 17 日,应中国内部审计学会邀请,国际内部审计师协会理事会主席约翰·丁·法莱赫梯先生及其夫人一行来华访问。14 日,中国内审学会会长祁田会见了外宾。

14 日至 27 日,崔建民副审计长作为全国政协委员出席全国政协八届一次会议。

15 日至 31 日,刘鹤章副审计长作为全国人大代表出席八届全国人大一次会议。

20日，根据党中央、国务院《关于切实减轻农民负担的紧急通知》精神，我署向各省、自治区、直辖市和计划单列市审计局印发了《湖北省审计局关于农民经济负担审计调查情况》，并要求各地审计机关借鉴湖北省审计局的作法，选择几个县对农民经济负担问题进行审计调查，向党政领导反映情况，提出建议，促进减轻农民经济负担。

4月

2日，署党组召开会议，学习传达全国人大、全国政协会议文件和中央经济情况通报会精神。8日，署党组研究提出在审计工作中贯彻的意见。13日，署党组召开扩大会议，围绕《政府工作报告》，对如何强化审计工作进行了讨论。

3日，为贯彻国务院纠风办关于1993年纠正部门和行业不正之风工作要点报告的通知(国发[1993]17号)精神，我署向各省、自治区、直辖市审计局，各特派员办事处，南京审计学院，署机关各单位转发署纠风办1993年纠风工作意见，要求深入学习，提高认识，加强领导，继续刹风整纪，发挥审计监督在纠风中的积极作用。

13日，根据党中央、国务院关于认真贯彻执行《全民所有制工业企业转换经营机制条例》的通知要求，我署与国家体改委、国家经贸委联合发出《关于印发〈全民所有制工业企业转换经营机制审计监督规定〉的通知，要求各省、自治区、直辖市和计划单列市体改委、经委(计经委、生产委)、审计局遵照执行。

13日，为实现审计工作规范化，保证审计机关依法行使审计监督权，提高审计工作效率和工作质量，我署向各省、自治区、直辖市审计局，各特派员办事处、驻国务院部门审计局和审计特派员办公室印发了《审计署关于实行审计工作程序的若干规定》。

15日，白俄罗斯驻华使馆临时代办沙里莫先生拜访我署，崔建民副审计长会见了外宾。

18日至26日，应我署邀请，荷兰审计法院院长亨克·康宁先生一行2人来华访问。19日上午，吕培俭审计长、郑力副审计长同他们举行了工作会谈。下午，国务委员罗干在人民大会堂会见了康宁院长一行。访问期间，外宾先后在北京、桂林和深圳进行参观访问。

5月

4日至7日，以财政审计为主题的第二届中印审计研讨会在我署北京怀柔培训基地举行。印度副主计审计长兼审计委员会主席斯瓦苏伯拉马涅先生一行5人前来参加研讨，吕培俭审计长、郑力副审计长会见了印度客人。研讨会由郑力副审计长主持，吕培俭审计长出席开幕式并致词。会上双方代表宣读了各自的论文。会后，外宾到西安、广州和深圳等地进行了访问。

5日至15日和28日至6月5日，根据国务院领导的指示，吕培俭审计长、金基鹏副审计长先后率工作组赴四川、陕西两省，对《国务院关于坚决制止乱集资和加强债券发行管理的通知》(国发[1993]24号)等文件的贯彻落实情况进行检查。工作组回京后向国务院汇报了检查情况。

11日，根据中央、国务院《关于严禁党政机关及其工作人员公务活动中接受和赠送礼金、有价证券的通知》(中办发[1993]5号)精神，我署向各省、自治区、直辖市和计划单列市审计局，各特派员办事处，驻国务院部门审计局、审计特派员办公室发出通知，要求把赠送礼金和有价证券问题作为审计监督的一项经常性内容，严格执行财经纪律。

18至19日，我署在北京怀柔培训基地召开驻地方特派员座谈会。会上，吕培俭审计长、崔建民副审计长讲了话。李金华、郑力、刘鹤章副审计长参加了会议。

24日至26日，以吕培俭审计长为团长的中国审计代表团，出席在澳大利亚举行的最高审计机关亚洲组织第十九次理事会。吕审计长作为亚审组织主席主持了这次会议。会议期间，吕审计长与澳大利亚国家审计署泰勒审计长还签订了中澳两国审计机关进一步加强合作的意向书。

6月

4日，我署《审计简报》反映湖北、四川两省银行挤占挪用农副产品收购贷款的问题，并指出这是打“白条”的重要原因。10日，国务院副秘书长何椿霖批示：“建议请人民银行查处，请贵鲜、罗干同志批示”。11日，国务院秘书长罗干批示：“同意认真查处”。14日，国务委员李贵鲜批示：“同意严肃查处，我已另件批示人民银行有关部门和金融纪检组查处”。

9日至19日，审计标准国际咨询研讨会在安徽黄山召开，崔建民副审计长主持了这次会议。

10日，应我署邀请，英国威尔士大学会计系教授、英格兰、威尔士特许会计师协会理事理查德·麦克夫先生来署座谈。麦克夫先生介绍了英国审计体系和审计与会计实务的新发展等情况，回答了我署参加座谈人员提出的问题。中国注册审计师协会副会长罗进新会见了麦克夫先生。

24日至7月1日，应我署邀请，俄罗斯预算监察委员会副主席萨维里耶夫·尼古拉·尼古拉维奇先生一行3人来华访问。25日，吕培俭审计长会见了客人，郑力副审计长与其进行工作会谈。访华期间，外宾还到杭州、上海参观访问。

28日，我署向国务院领导同志报送《关于对国家专业投资公司审计情况的报告》。

29日，根据国务院《关于集中资金保证当前经济工作重点需要的通知》，我署与国家计委、国家经贸委、建设部和人民银行联合发出关于加强对新开工建设项目资金来源审计的通知，要求各级计委、经委、建委和各专业银行与审计机关相互支持，搞好新开工建设项目资金来源的审计工作。

7月

1日，根据国务院“4·3专案”联席办公会议决定，我署与财政部组成的联合调查组，在调查中诚会计师事务所为北京长城机电科技产业公司出具虚假审验报告等问题后，向国务院报送了调查情况材料。29日，《人民日报》以《一家不公正的公证机构》为题，披露了“中诚事件”。

1日，中央通知，郭振乾同志任审计署副审计长、党组副书记。

4日至18日，应我署邀请，德国联邦审计院院长扎维尔伯格博士偕夫人来华访问。16日，吕培俭审计长与扎维尔伯格院长共同签署了两国最高审计机关第二期技术合作项目执行协议，周光春顾问代表南京审计学院授予扎维尔伯格博士以名誉教授称号。访华期间，外宾还到甘肃、山东、青海三省参观访问。

17日至8月9日，根据中央和国务院的决定，吕培俭审计长率赴海南、湖南调查组调查中央6号文件的贯彻落实情况。7月29日和8月12日，吕审计长代表调查组向国务院汇报了调查情况。

8月

9日，根据国务院的要求，我署向党中央、国务院报送《关于贯彻落实中央6号文件情况的报告》。

19日，吕培俭审计长列席中央政治局常委扩大会议，会议听取关于对各地贯彻中央六号文件情况的调查汇报。

20日至25日，李金华副审计长作为中纪委委员出席中纪委二次全会。

27日，署领导向署机关全体干部职工传达了中纪委二次全会精神。

28日，我署向驻地方特派员办事处发出《关于认真贯彻落实中纪委二次全会精神的通知》，要求各特派办组织党员和干部认真学习江泽民同志的重要讲话和全会文件；有重点地进行自查自纠；发挥审计监督在加强宏观管理和廉政建设中的作用。

9月

8日，根据国务院领导的批示，审计署、财政部组成联合调查组，对海南新华会计师事务所为“中水（海南）长城国际投资集团”出具虚假验资报告等问题进行调查后，向国务院报送调查报告。22日，国务委员罗干批示：“同意所提建议，对这类出虚假验资报告的会计事务所应依法严惩。”

8日至9日，中国审计学会第三届理事会第一次会议在审计署北京怀柔培训基地召开。于明涛会长代表第二届理事会作工作报告。吕培俭审计长到会祝贺并讲话。会议聘请王丙乾为学会名誉会长，选举于明涛为学会会长，袜田、王宸生、田一农、崔建民、管锦康、阎金锷、汤云为为学会副会长。

15日，我署在国谊宾馆召开纪念审计署成立十周年大会。署机关干部职工、离退休老同志和署驻部门派出机构的干部职工参加了大会。吕培俭审计长作了报告，全国人大常委会副委员长王丙乾作了重要讲话，国务院副秘书长李世忠到会祝贺。

作为向审计机关成立十周年的献礼，我署编辑出版了《审计工作重要文件选编》。江泽民总书记、李鹏总理、薄一波、姚依林同志、荣毅仁副主席、陈慕华、王丙乾副委员长，以及审计署第一任审计长于明涛同志，为这本书题词。

21日，署机关召开全体职工大会，吕培俭审计长作开展反腐败斗争动员报告，要求深入学习文件，提高认识，统一思想，加强领导，分级负责，处以上领导干部对照中央提出的廉洁自律五条要求进行自查自纠。

10月

4日，国务院第十次常务会议研究确定：李贵鲜同志协助李鹏总理负责审计等工作。

11日，我署向国务院报送了《关于审计省级财政情况的报告》。11月12日，李鹏总理对报告作了批示。

15日，我署将根据全国人大常委会和国务院的立法计划草拟的《中华人民共和国审计法（草案）》及其说明报送国务院审核。

17日至20日，我署和中国内部审计学会在武汉联合召开全国内审工作经验交流及学术研讨会。会议围绕企业在转换经营机制过程中，内部审计如何发挥作用这一主题进行了研讨；10个单位介绍了内审工作先进经验；崔建民副审计长作了报告。这次会上，还对内审工作成绩突出的178个单位和200名内审工作先进个人进行了表彰。

27日至29日，我署在北京怀柔培训基地召开部分省市区审计厅局长座谈会。吕培俭审计长在会议结束时就当前审计工作的几个问题讲了话。

31日，八届全国人大四次会议通过《注册会计师法》。该法第43条规定：“在审计事务所工作的注册审计师，经认定为具有注册会计师资格的，可以执行本法规定的业务，其资格认定和对其监督、指导、管理的办法由国务院另行规定”。

11月

1日，国务委员陈俊生对我署反映《湖北一些地方乱占滥用耕地问题严重》的《审计简报》作了批示：请登《信息参考》。

6日，国务委员李贵鲜来我署检查指导工

作。吕培俭审计长汇报了我署工作情况，副审计长郭振乾、崔建民、金基鹏、李金华、郑力、刘鹤章及署机关党委书记罗进新等在座。

10日，根据党中央关于学习《邓小平文选》第三卷的决定，我署向各特派员办事处发出关于认真学习《邓小平文选》第三卷的通知。

11日至14日，吕培俭、郭振乾作为中共中央委员出席党的十四届三中全会。

12日至20日，应巴基斯坦审计长的邀请，金基鹏副审计长率中国审计代表团一行4人访问巴基斯坦，受到热情友好接待。金基鹏副审计长与巴审计长哈桑分别代表两国审计机关签署了中华人民共和国审计署与巴基斯坦伊斯兰共和国审计长公署第二个谅解备忘录。

15日至17日，中国注册审计师协会一届二次理事会在河南郑州召开。崔建民副审计长在会上讲了话，罗进新副会长作了工作报告。会议选举罗进新为协会新一届会长，聘请王宸生为名誉会长。

12月

16日，国务院印发《审计署职能配置、内设机构和人员编制方案》(国办发[1993]89号)。

16日至20日，应我署邀请，马来西亚副审计长卢斯力·侯赛因先生和印度主计审计长助理达兰姆先生来我国进行友好访问。吕培俭审计长会见宴请了马来西亚和印度客人；郑力副审计长与外宾举行了工作会谈。

23日，根据中办、国办关于元旦春节期间严禁用公款吃喝送礼铺张浪费的通知精神，我署向各特派员办事处发出通知，要求各级领导干部带头遵守纪律，廉洁自律，并切实负起责任，管好部属；对顶风违纪的，要严格执行纪律，决不姑息迁就。

25日，为纪念毛泽东诞辰100周年，我署举办文艺会演。署机关各单位职工演出了颂扬毛泽东主席丰功伟绩的节目。

31日，我署就贯彻执行《注册会计师法》有关问题，向各省、自治区、直辖市审计局，各计划单列市审计局发出通知，指出：按照《注册会计师法》第43条的规定，审计事务所与会计师事务所具有同等的法律地位；在国务院的《规定》出台之前，审计机关仍要依照现行有效的《审计条例》的规定，对审计事务所进行管理和指导；审计事务所仍要依照现行有效的行政法规的规定，正常执业。 (审计署办公厅供稿)